Hans Lungwitz
Die Psychobiologie der Sprache

Mit einem Anhang:
Beispiele zur biologischen Wortverwandtschaft

Überarbeitet und herausgegeben
von Reinhold Becker

3. erweiterte Auflage

Georg Thieme Verlag
Stuttgart · New York

*Bibliografische Information der
Deutschen Nationalbibliothek*

Die Deutsche Nationalbibliothek verzeichnet diese
Publikation in der Deutschen Nationalbibliografie;
detaillierte bibliografische Daten sind im Internet
über http://dnb.d-nb.de abrufbar.

Aktuelle Informationen finden Sie unter
www.thieme.de/detailseiten.html.

Die Drucklegung des Buches wurde unterstützt
von der Hans-Lungwitz-Stiftung, Berlin.

1. und 2. Auflage siehe Vorwort zu dieser Ausgabe.

Wichtiger Hinweis: Wie jede Wissenschaft ist die Medizin ständigen Entwicklungen unterworfen. Forschung und klinische Erfahrung erweitern unsere Erkenntnisse, insbesondere was Behandlung und medikamentöse Therapie anbelangt. Soweit in diesem Buch eine Dosierung oder eine Applikation erwähnt wird, darf der Leser zwar darauf vertrauen, dass Autoren, Herausgeber und Verlag große Sorgfalt darauf verwandt haben, dass diese Angabe dem **Wissensstand bei Fertigstellung des Werkes** entspricht.

Für Angaben über Dosierungsanweisungen und Applikationsformen kann vom Verlag jedoch keine Gewähr übernommen werden. **Jeder Benutzer ist angehalten,** durch sorgfältige Prüfung der Beipackzettel der verwendeten Präparate und gegebenenfalls nach Konsultation eines Spezialisten festzustellen, ob die dort gegebene Empfehlung für Dosierungen oder die Beachtung von Kontraindikationen gegenüber der Angabe in diesem Buch abweicht. Eine solche Prüfung ist besonders wichtig bei selten verwendeten Präparaten oder solchen, die neu auf den Markt gebracht worden sind. **Jede Dosierung oder Applikation erfolgt auf eigene Gefahr des Benutzers.** Autoren und Verlag appellieren an jeden Benutzer, ihm etwa auffallende Ungenauigkeiten dem Verlag mitzuteilen.

© 2010 Georg Thieme Verlag KG
Rüdigerstraße 14
70469 Stuttgart
Unsere Homepage: http://www.thieme.de

Printed in Germany

Umschlaggestaltung: Thieme Verlagsgruppe
Satz: Ziegler + Müller, Kirchentellinsfurt
Druck und Buchbinderei:
AZ Druck und Datentechnik GmbH, Kempten

ISBN 978-3-13-154263-2

1 2 3 4 5 6

Vorwort

Die menschliche Sprache ist Teil des menschlichen Denkens. Denken ist Hirnrindenfunktion. Sprachentwicklung ist Hirnentwicklung. Wer das „Rätsel der Sprache" lösen will, muss die Struktur und Funktion des Organismus verstehen, insbesondere des Nervensystems einschließlich der Hirnrinde, des Organs des Bewusstseins. Die psychobiologische Forschungsmethode setzt dazu an den Reflexausdrücken an, den Kontraktionen jeglicher Art.

Die hier vertretene Auffassung, dass alle Sprachen als Ausdruckserscheinungen des Organismus neurobiologisch einheitlich zu begreifen sind, ebenso wie es der menschliche Organismus mit seinem Nervensystem und seinen Ausdrücken überhaupt ist, stellt die Sprachwissenschaft auf ihr biologisches Fundament.

Die psychobiologische Wortkunde geht über eine philologische Beschreibung im herkömmlichen Sinn hinaus. Sie umfasst die verschiedenen, nämlich die pragmatischen, ethischen und ästhetischen Beschreibweisen und zählt zur pragmatischen Wortkunde auch die biologische Morphologie der Buchstaben und Wörter, die Physiologie und Pathophysiologie ihrer Entstehung, einschließlich des Sprechens und Schreibens, Hörens und Lesens und ihrer Assoziationen, die Logik usw., Disziplinen, die von Lungwitz als Überschneidungen der Wortkunde mit der Biologie, der Physiologie, der Philosophie und anderen Wissenschaften mehr aufgefasst und abgehandelt werden. Die Aufhellung der biologischen Zusammenhänge zwischen phänomenalem Individuum, Wort und Wortanalyse, die sogenannte Bedeutungslehre, ist Hauptgegenstand der Untersuchung, also nicht allein die Klärung der Frage, welchen Gegenstand ein gewisses Wort (in den verschiedenen Sprachen) bezeichnet, sondern wie es zu verstehen ist, dass dieses Wort gerade diesen Gegenstand bezeichnet und dass diese bestimmte Buchstabenreihe so lautet, wie sie lautet, und gerade die ist, die sie ist, und wieso eine gewisse Funktion gerade mit dieser Buchstabenreihe einer bestimmten Wortbedeutung beschrieben wird.

Hans Lungwitz zeigt grundsätzliche Gegebenheiten der Sprachbiologie auf. Breiter Raum ist darin den Wortgefühlen gewidmet, gefolgt von den optischen und akustischen Bezeichnungen der Sinnesgegenstände sowie von den Wortbegriffen, der „inneren Sprache". Sprechen und Schreiben sodann werden als neuromuskuläre Ausdrücke nach der Gefühlsqualität differenziert, die ihnen eignet. Die strikte Unterscheidung von Erlebnis und Beschreibung, Phänomenalität und Phänomenologie ermöglicht den Nachweis, dass sie biologisch einander genau entsprechen. Die Klärung der biologischen Verwandtschaft der Wörter tritt an die Stelle des „methodischen Irrtums" (Lungwitz) der historischen Etymologie, Wörter, die sie voneinander nicht weiter ableiten kann, als unverwandt oder in ihrer Herkunft als dunkel zu bezeichnen.

Das Werk führt in das naturwissenschaftlich-biologische Verständnis der Laute, Buchstaben und Wörter ein, in ihre Entstehung, Bedeutung und Verwandtschaft.

„Die Psychobiologie der Sprache", bisher als Bestandteil des heute kaum mehr zugänglichen „Lehrbuchs der Psychobiologie" von seinem Verfasser Hans Lungwitz eher darin versteckt als ans Licht gebracht, liegt mit dieser stark erweiterten Ausgabe erstmals einzeln geschlossen vor.

Reinhold Becker

Zu dieser Ausgabe

„Die Psychobiologie der Sprache" erschien erstmals 1933, im Brückeverlag Kurt Schmersow in Kirchhain in der Niederlausitz, gesetzt in der dortigen „Buchdruckerei für fremde Sprachen Max Schmersow", und zwar als dritter Band des über fünftausend Seiten zählenden „Lehrbuchs der Psychobiologie" (1933–1956), in dem Hans Lungwitz, der alte Sprachen und Medizin studiert hatte, seine Erkenntnisse aus beiden Disziplinen zu einer umfassenden Anthropologie vereinte.

Die für die Sprachwissenschaften so fruchtbare Zeit der zwanziger und dreißiger Jahre des vorigen Jahrhunderts – zum Beispiel erschien im selben Jahr wie die Erstauflage dieses Buchs auch Leonard Bloomfields „Language" (New York 1933) – ging jedoch an dem Beitrag von Lungwitz vorüber. Allerlei Widrigkeiten hinderten seine nachhaltige Rezeption (der Verlag wurde zerbombt, Deutsch als internationale Wissenschaftssprache verstummte mit dem Krieg, usw.). Daran vermochte auch die von dem Nervenarzt J. L. Clauss und dem Sprachwissenschaftler W. J. Huppertz gemeinsam besorgte zweite Auflage des Bandes (Berlin 1979) nichts zu ändern, war sie doch in dem gegebenen Rahmen des Lehrbuchs eher nur von archivarischem Interesse.

Vornehmlich aber standen Entwurf und Aufbau des „Lehrbuchs der Psychobiologie" einer Verbreitung seines sprachwissenschaftlichen Teils von Anfang an entgegen. Denn die „Psychobiologie der Sprache" blieb als „§ 38 der Ersten Abteilung des Lehrbuchs" Torso, in ihrer Hinwendung zu einer radikal biologischen Auffassung von Sprache, allein für sich betrachtet, befremdlich; zudem unverständlich, und Lungwitz sah selber das Studium der beiden ersten Bände seines Lehrbuchs, die er zugleich mit dem dritten Band herausgab, als Voraussetzung für den Zugang zu diesem an, eine Erwartung, die sich kaum erfüllte.

Dabei enthält der erste Band des „Lehrbuchs" mit dem Untertitel „Das Wesen der Anschauung. Der Mensch als Reflexwesen. Von den Eigenschaften und Funktionen" (2. Aufl. Berlin 1970) bereits die entscheidenden Bestandteile, welche „Die Psychobiologie der Sprache" erst zu einem folgerichtig in sich geschlossenen, eigenständigen Lehrstück von grundlegender Bedeutung machen, das bis heute unerreicht geblieben ist. Dieser Teil des Gesamtwerks war daher für die vorliegende Ausgabe unentbehrlich. Mit ihm aufgenommen wurden dazu die Sprachabschnitte aus dem zweiten Band („Die neun Sinne", 2. Aufl. Berlin 1982), aus dem vierten Band („Der Mensch als Organismus. Die Kultur", 2. Aufl. Berlin 1970), aus dem fünften Band („Die Weltanschauung. Der Charakter", 2. Aufl. Berlin 1969) sowie aus dem sechsten Band („Das Wesen der Krankheit und der Genesung", 2. Aufl. Berlin 1953).

Der Text blieb im Wesentlichen unangetastet, ist jedoch dort gekürzt, wo er für den Sprachinteressierten zu ausführlich in andere Wissensgebiete übergreift. Um seiner flüssigeren Lesbarkeit willen wurden ergänzende Anmerkungen des Autors in die fortlaufende Beschreibung eingebunden, die zahlreichen Querverweise ins Lehrbuch der Psychobiologie gestrichen, Abkürzungen aufgelöst, die Kursive anstelle von Sperrdruck gesetzt, die Rechtschreibung den neuen Regeln angepasst, lateinische Namen der Anatomie auf die gültige Pariser Nomenklatur umgestellt und mit ihren deutschen Bezeichnungen tabellarisch hinzugefügt, die Beispiele zur biologischen Wortverwandtschaft in den Anhang verwiesen sowie letztlich die alphanumerische Kapiteleinteilung in das dekadische System überführt, vereinfacht und neu gegliedert. Verzichtet wurde hingegen auf die Einarbeitung einer normierten Lautschrift (wie z. B. des Alphabets der International Phonetic Association IPA), da dies nicht der Absicht des Autors entspräche, schwankende Gefühlsnuancen von Laut und Wort zu beschreiben, und weil sich darüber hinaus damit nur ein Quidproquo ergäbe. Zur besseren Orientierung ist das Sachverzeichnis neu verfasst und um ein psychobiologisches Glossar ergänzt.

Rat und Hinweise gaben Prof. Dr.-Ing. Tech. h.c. Jens Blauert (Ruhr-Universität Bochum), Prof. Dr. phil. Ute Jekosch (Technische Universität Dresden), Priv.-Doz. Dr. med. Hans-Peter Wunderlich (Hans-Lungwitz-Institut, Dresden). Dr. med. Rolf-Dieter Dominicus M.A. (Ratingen) stellte die Erstausgabe mit den handschriftlichen Anmerkungen des Verfassers (jetzt im Hans-Lungwitz-Archiv in Dresden) zur Verfügung. Die Hans-Lungwitz-Stiftung (Berlin) hat das Vorhaben nachhaltig unterstützt. Die philologisch gelehrte Anfertigung des Manuskripts besorgte M. Ed. Axel Fröscher (Bielefeld). Der Verlag hat es gedruckt. Ihnen allen sei Dank.

Wer sich über das Werk von Hans Lungwitz weiterhin unterrichten will, sei auf sein „Lehrbuch" wie zitiert verwiesen. Einen Überblick mit Literatur bietet mein 2003 in den „Würzburger medizinhistorischen Mitteilungen" (Band 22, S. 40–66) erschienener Aufsatz „Die Psychobiologie von Hans Lungwitz (1881–1967)".

Reinhold Becker

Inhalt

1

Das Beschriebene (die Phänomene)

1.1 Klassifikation der Objekte

Die Erkenntnis von der biologischen Funktion der Hirnrinde, hier in Sonderheit des biologischen Zusammenhangs des Beschriebenen, der phänomenalen Aktualitäten, mit seiner Beschreibung, den phänomenologischen Aktualitäten, enthält auch die Lösung des „Rätsels der Sprache".

Die Psychobiologie lehrt aller Erfahrung nach, dass die Hirnrinde das Organ des Bewusstseins ist, dass also die bewussten und die unbewussten Prozesse (Wahrnehmung und Denken) sich in der Hirnrinde vollziehen. Die Funktion der übrigen Nervenzellen verläuft vorstufig zu der Funktion spezifischer Elemente der Hirnrinde, der von mir sogenannten *Denkzellen;* sie ist noch nicht mit dem Erscheinen des Bewussten verbunden, wobei jedoch außer Zweifel steht, dass subkortikale Nervenzellen als letzte Stationen vor der Rinde als „Schaltzellen" am Funktionsablauf der Denkzellen beteiligt sind.

Das Bewusste, die Aktualität, *erscheint* nun, wie jedes Erleben bestätigt, *in dreierlei Grundform: als Gefühl, als Gegenstand der Sinneswahrnehmung und als Begriff,* letzterer als Erinnerung an Gefühltes bzw. an gegenständlich Wahrgenommenes. Wir sprechen somit von den Gefühlsobjekten nach den verschiedenen Sensualitäten und von den Gegenständen nach ihrer Zugehörigkeit zu den verschiedenen Sinnesgebieten, also auch nicht nur von den optischen oder Sehgegenständen, sondern zudem von den akustischen oder Hörgegenständen, von den taktilen oder Tastgegenständen usw., letztlich von den Erinnerungen an sie als dem „Begriffenen", wobei die Objekte der begrifflichen Wahrnehmung als solche „ebenso gut" vorhanden sind wie die Objekte der Gefühlswahrnehmung oder die Gegenstände der Sinneswahrnehmung.

Dieser Dreifaltigkeit der Objektität entsprechen der Bau und die Funktion der Hirnrinde, und zwar spreche ich, gestützt auf diesbezügliche Daten der Histologie, der normalen und pathologischen Physiologie sowie der Entwicklungsgeschichte des Denkens, von der *Gefühls-* oder *sensilen Sphäre,* von der *Gegenstands-* oder *modalen Sphäre* und von der *Begriffs-* oder *idealischen Sphäre,* die weniger anatomisch umschriebene Zellkomplexe als vielmehr funktionelle Einheiten bilden.

Bei der Angabe von *gemeinsamen* Eigenschaften und Funktionen der Objekte gelangt die Psychobiologie zu ihrer Klassifikation in genische und trophische. *Genik* und *Trophik, Zeugung* und *Ernährung* sind die beiden Gebiete, in denen sich sämtliche Objekte einordnen. – Ich sage „genisch" und nicht „genetisch". „Genisch" bedeutet „zeugerisch", genetisch dagegen „entwicklungsgeschichtlich". Substantiv zu genisch ist Genik oder Genetik, zu genetisch Genese. Die Genik ist das gesamte Liebesgebiet, also die „platonische" oder die „sinnliche" Liebe, die Trophik umfasst auch den Beruf. Letztens sind die genischen und die trophischen Objekte zu klassifizieren als *weibliche* (runde, gehöhlte, leere, negative) und *männliche* (gerade, gestreckte, volle, positive) Anordnungen, eine Klassifikation, die sowohl für die Phänomene gilt wie auch für ihre Beschreibung, die Phänomenologie.

Diejenigen kortikalen Bezirke, bei deren Hochfunktion bestimmte optische und akustische Aktualitäten erscheinen, nämlich die Buchstaben, Wörter und Sätze, sind im Prinzip genauso organisiert wie die übrigen Areale der Hirnrinde. Deshalb werden hier der eigentlichen Sprachbeschreibung einige allgemeine Tatsachen der Psychobiologie des Zentralnervensystems und seiner Ausdrücke vorangestellt, da ohne ihre Kenntnis ein gründliches Verstehen der menschlichen Sprache nicht möglich ist. Denn sie ist nichts weiter als Teil des menschlichen Erlebens überhaupt, biologische Funktionseigentümlichkeit der Hirnrinde, des Organs des Bewusstseins.

In diesem Abschnitt (1) werden die Phänomene so weit, wie es für das Verständnis ihrer Beschreibung geboten erscheint, klassifiziert und beschrieben.

1.2   Von den Gefühlen

1.2.1   Die Gefühlsspezies

Die Gefühle sind die Aktualitäten der Gefühls- oder Sensilzellen der Hirnrinde. Die Gefühlszellen bilden zusammen die sensile Denksphäre; diese ist das kortikale Zentrum des sympathischen und parasympathischen Nervensystems und erstreckt sich über die Großhirnrinde und über die Kleinhirnrinde als *funktionelle Einheit*. Die sensile Sphäre zerfällt in die verschiedenen Felder, die zu den Sinneszentren gehören; es hat also das optische, akustische, taktile usw. Zentrum auch eine spezielle sensile Sphäre, als Feld der gesamten Gefühlssphäre.

Wie alle anderen Zellen, so hat auch jede Sensilzelle ihre spezifische Funktionskurve. Mit dem Funktionshöhepunkt koinzidiert das Erscheinen des Objekts, der Aktualität, also des (spezifischen) Gefühls. Passiert die aktuell funktionierende Zelle ein relativ schwacher Strom von *Passformen*, verläuft also die Funktionskurve relativ flach, dann ist die Aktualität von geringer Helligkeit, von geringer Intensität, sie ist eine *Stimmung*, spezifisch wie das Gefühl, wie jede Aktualität überhaupt. Die Stimmung ist ein noch nicht scharf ausgeprägtes Gefühl, ein Gefühl von geringer Helligkeit oder Intensität; die fetalen und frühkindlichen Gefühle sind Stimmungen, noch nicht ausdifferenzierte, diffus lokalisierte sensile Aktualitäten. Für (wechselnde) Stimmung kann man auch *Laune* sagen; jemand ist gut- oder schlechtgelaunt, d. h. in guter oder schlechter Stimmung. Vielfach verwendet man das Wort „Laune", besonders im Plural „Launen", zur Bezeichnung nervöser Stimmungen, die auch *Verstimmungen* heißen (ängstliche, traurige, freudige usw. Verstimmung); sie sind Aktualitäten infantilistischer („zurückgebliebener" Sensilzellen).

Die Gefühle oder die Gefühlsreflexe werden vielfach als *Affekte* bezeichnet. Wir verstehen unter „Affekt" einen besonders gesteigerten sympathischen Reflexablauf, mit oder ohne sensile Aktualitäten, einen Ablauf, der sowohl der Intensität wie der biologischen Entwicklungsstufe nach krankhaft ist. Eine Affekthandlung ist eine abnorme Aktion der Skelettmuskeln, an der eine relativ große Zahl sympathogener Passformen beteiligt ist.

Wir unterscheiden *Grundgefühle* und *Mischgefühle* (Gefühlsnuancen, Interferenzgefühle). Die Bezeichnungen wie überhaupt alle Beschreibungen der Gefühle sind gegenständlicher oder begrifflicher Art, Wörter als Gegenstände oder als Begriffe; abgesehen von einigen speziellen Wörtern werden, oft unter Anfügung des Wortes „Gefühl", zur Beschreibung der Gefühle solche Wörter verwendet, die Gegenständliches beschreiben, z. B. „Haltungen", das sind sensorische Ausdrucksabläufe, die genetisch zu bestimmten Gefühlsspezies gehören und an denen die Gefühlsspezies, jeweils vorwiegend die eine, beteiligt sind. Außer nach der Motorik werden die einzelnen Gefühle auch nach der Lokalisation (z. B. Magenhunger, Herzangst, Brustschmerz usw.) und nach der Situation, auf die sich ein Gefühl richtet, (z. B. Nahrungshunger, Wissensdurst, Examensangst, Heimweh, Trauer über Ehr-, Geldverlust, Reue über …, Freude über …) bezeichnet.

Die *Grundgefühle* sind: Hunger, Angst, Schmerz, Trauer, Freude.

Der *Hunger* ist das Höhlen-, das Leeregefühl, er „entspricht" einem hohlen, runden, leeren gegenständlichen Individuum, einer gehöhlt angeordneten gegenständlichen Aktualitätenreihe. Man beschreibt den Hunger fast-synonym auch als Bedürfnis, Durst, Sehnsucht, Mut, Verlangen, Begehren, Begierde, Neugier, Trieb, Mangel, Not, Wunsch, Wille usw. Gestauter Hunger ist Hass, sein Ausdruck Wut.

Die *Angst* ist das Öffnungsgefühl (Öffnung als Struktur), sie „entspricht" einer hohlen, runden, aber im Verhältnis zur Hungerhöhlung engeren Umrandung. Sie ist das Gefühl des Eingeengt-, Bedrängtseins, des Zwanges, der Hemmung, des Staunens, der Erwartung, Unsicherheit, des Schwankens, des Trotzes, der Zurückhaltung,

Scham, Scheu, der Vorsicht, Sorge usw., gehört also zu dem Stadium der Erlebnisse, in dem das Erlebnis zwar weitergeht, aber in einem verlangsamten Tempo derart, dass man es als ein Müssen und zugleich Widerstreben, als ein Zögern, ob ich etwas tun kann, soll, darf oder nicht, ob ich dem Bevorstehenden gewachsen bin oder nicht, usw. beschreibt.

Der *Schmerz* ist das Schwellengefühl, das Gefühl der Trennung, des Abschieds, der Entscheidung, des Drehens, Bohrens, Windens, Überwindens, Brennens, Schlagens, Kämpfens, Leidens (Mitleidens), der Pein usw., kurz das Gefühl der Überschreitung der Schwelle. Man spricht von „seelischem" und von „körperlichem" Schmerz. Diese Unterscheidung erkennen wir nicht an. Schmerz ist Schmerz. Es gibt Schmerz mit begleitenden organischen Veränderungen (z. B. Schneiden, Zerren, Quetschen, Entzündungen usw. – als Begleiter, nicht etwa als Ursachen des Schmerzes), und es gibt Schmerz ohne solche gegenständliche Veränderungen.

Die *Trauer* ist das Gefühl der Kleinheit, des Stück- oder Teilseins, der vollzogenen Trennung, des Ausgestoßenseins, des Los-Seins, Vernichtetseins, der Verlassenheit, der Niedergeschlagenheit, des Niedergedrücktseins („Depression"), der Ermattung, des Kummers, Grames, der Enttäuschung, der Niederlage.

Die *Freude* ist das Gefühl der Größe, des Ganzseins, der Vollendung (des Werkes), der Erreichung des Zieles, des Erfolges, des Sieges, des Glückes, der Seligkeit, des Stolzes (zu unterscheiden vom Angststolz), des Frei-, Erlöstseins, der Erhabenheit (Ehrgefühl), Gehobenheit, Macht, Überlegenheit, Befriedigung, Zufriedenheit, Genugtuung, des Erfülltseins („Vollgefühl"), der Sättigung, des Behagens usw. Gestaute Freude ist Ekel (Übersättigung, Überdruss, Völlegefühl).

Mischgefühle (Gefühlsnuancen): Eine Hungerzelle ist eine Sensilzelle, die vorwiegend (über fünfzig Prozent der überhaupt aufnehmbaren Passformen) Hungeranteile, dazu Passformen aller übrigen Gefühlsspezies aufnimmt. Je zahlreicher die anwesenden Hungeranteile sind, desto ausgeprägter ist der Charakter der Zelle als Hungerzelle, der Aktualität als Hungergefühl. Es gibt also kein hundertprozentiges Hungergefühl, wie

es keine Sensilzelle gibt, die ausschließlich Hungeranteile aufnähme. Die quantitative Relation der Passformenspezies in der Zelle und die Veränderung dieser Relation (Variationsbreite) sind spezifisch; dieser Relation entspricht die Aktualität als Symbol (zunächst) aller die Zelle bildenden Passformen, sie ist also entsprechend dieser Relation „gemischt", „nuanciert": je zahlreicher z. B. in einer Hungerzelle die Angstanteile sind, desto mehr ist die Aktualität Hungergefühl nach der Angst hin nuanciert, desto mehr angsthaltig ist das Hungergefühl, ohne aber den Charakter als Hungergefühl zu verlieren; wir können dann von einem „ängstlichen Hunger" sprechen. Das Analoge gilt für die übrigen Gefühlsspezies: wir sprechen von schmerzlicher, trauriger, freudiger Erwartung (das ist Angst), von brennender Sehnsucht, von ängstlichem Schmerz, von schmerzlicher Trauer, von trauriger Freude usw.

Im Einzelnen seien folgende Mischgefühle angeführt; auf Vollständigkeit erhebe ich hier keinen Anspruch. Zu der Gefühlsspezies gebe ich jeweils die an der Nuance meistbeteiligten Komponenten an. Jede Nuance ist natürlich spezifisch.

Hoffnung: Hunger plus Freude (freudiger Hunger, freudiger Mut, guter Mut, Zuversichtlichkeit).
Sorge: Hunger plus Angst, auch reine Angst (ängstlicher Hunger, Missmut, Bedenklichkeit, oft mit starker Trauerkomponente).
Geiz (auch Ehrgeiz usw.): Schmerz plus Hunger (hungriger Schmerz, oft mit starker Angstkomponente). Hunger plus Schmerz (schmerzlicher Hunger) ist Habsucht.
Neid (Scheelsucht, Eifersucht): Schmerz plus Angst plus Hunger.
Zorn: Hass plus Angst. Eine ähnliche, aber schmerzhaltige Nuance ist Hohn, Ironie.
Ärger: Schmerz plus Trauer (schmerzliche Trauer) oder Trauer plus Schmerz (trauriger Schmerz).
Reue (Schuldgefühl, Zerknirschung usw.): Trauer plus Angst (und Schmerz).
Trost: Trauer plus Freude.
Abscheu: Angst plus Ekel oder Ekel plus Angst.

Wie oben bemerkt, sind vielfach die Bezeichnungen von sensorischen Ausdrucksabläufen, also *Verhaltensweisen* oder *Haltungen,* auch als Bezeichnungen der vorwiegend beteiligten Gefühls-spezies gebräuchlich, wie ja überhaupt die Be-schreibung der Gefühle (mit gegenständlichen und begrifflichen Wörtern) ein indirektes Verfah-ren ist. Besonders gilt dies für die Gefühlsnuan-cen, für die – bei ihrer Mannigfaltigkeit – spezielle Bezeichnungen noch kaum vorhanden sind. Um-gekehrt werden Verhaltensweisen auch nach der vorwiegend beteiligten Gefühlsspezies bezeich-net. Hier einige Beispiele, ohne Sonderung der normalen und der krankhaften Formen.

Die Verhaltensweisen oder Haltungen, die vor-wiegend *Hungerausdrücke* sind, werden vielfach nach dem Hunger oder seinen Fast-Synonymen bezeichnet: Arbeitslust, Arbeitstrieb, Wissens-durst, Neugierde, Willenskraft, Habsucht, Macht-gier, Rachedurst, Sehnsucht, Verlangen nach … usw.; es ist aber klar, dass, wie schon angemerkt, eben das Hungergefühl wie alle anderen Gefühle „nach" den entsprechend-gefühligen gegenständ-lichen Anordnungen bezeichnet wird und dass sy-nonyme oder fast-synonyme Bezeichnungen des Hungers wie z. B. Verlangen, Begehren usw. solche der entsprechenden Ausdrucks-, Verhaltenswei-sen sind.

Zur *Angstgruppe* gehören z. B. Vorsicht, Miss-trauen, Verstecktheit, Verlogenheit; Verzagtheit, Feigheit; Einsamkeit, Weltflucht; Gewissenhaftig-keit (Angst und angsthaltiger Schmerz, die Auf-gabe soll möglichst gut gelöst werden), Flatterhaf-tigkeit, Flüchtigkeit, Liederlichkeit (Angst vor der Vertiefung in die Aufgabe); Sparsamkeit (Angst vor der Ausgabe), eine Art der Verschwendung (Angst vor dem Besitz); Demut („ich schaff's ja doch nicht"), Unterwürfigkeit; Aufsässigkeit, eine Art des Trotzes, Verstocktheit, Eigensinn usw. – Mit dem Wort „Angst" wird sehr oft das Wort „Furcht" fast synonym gebraucht. Furcht bezeich-net hinsichtlich der Gefühligkeit eine Haltung, die zwar der Angsthaltung ganz ähnlich ist, aber doch mehr die schmerzliche Demut, Selbstverneinung ausdrückt, während die Angsthaltung (eine Art der) Hemmung ist. Die Unterscheidung, wonach die Furcht stets „ein Objekt habe", die Angst dage-gen „objektlos" auftrete, ist unrichtig.

Zur *Schmerzgruppe* gehören z. B. Mitleid, Erbar-men, Grausamkeit, Brutalität, Kampfeseifer (mit Waffen und Worten), Schlagfertigkeit, Wendig-

keit, Listigkeit, Fixigkeit, Fleiß; Heftigkeit, Wider-spenstigkeit, Aggressivität, Gereiztheit, Peinlich-keit, Empfindlichkeit (oft stark angsthaltig).

Zur *Trauergruppe* gehören z. B. Niederge-schlagenheit, Kampfmüdigkeit, Phlegma, Teil-nahmslosigkeit, Pessimismus, Versunkenheit, Nachträglichkeit, Vergrämtheit, Schwermut, Schwerfälligkeit, Trägheit; eine Art der Anhäng-lichkeit, Dankbarkeit, Treue (oft auch Angst vor der Veränderung, Dankbarkeit oft auch Freude; Trauer insofern, als die Bewegung verlangsamt ist); eine Art des Trotzes als angsthaltige Trauer, auch ziemlich freudehaltig; Vertrauen als freude-haltige Trauer.

Zur *Freudegruppe* gehören z. B. Heiterkeit, Fröh-lichkeit, Macht-, Erhabenheitshaltung, Selbstbe-wusstsein, Anerkennung, Festigkeit, Großmut, Wohlwollen, Freigebigkeit usw. Ausdruck angst-haltiger Freude ist eine Art der Verschwendung (Angst, Besitzer zu sein), eine Art der Reue (Besitz erworben zu haben, Freude zu erleben); mehr schmerzhaltig, aber auch ziemlich angsthaltig sind die Überhebung, Selbstüberschätzung, Ge-spreiztheit, Großtuerei usw. Dazu gehören auch submanisches und manisches Verhalten (Über-heiterkeit, lächerliches, läppisches Verhalten, Großtuerei usw.).

Die Gefühle werden wie alle anderen Objekte *pragmatisch, ethisch und ästhetisch* beschrieben. Die pragmatische Beschreibung klassifiziert nach richtig und falsch, die ethische (moralische, reli-giöse, juristische) Beschreibung nach gut und böse, die ästhetische Beschreibung nach schön und hässlich. Alle diese Klassifikationen gehen ein in die Klassifikation nach gesund und krank, normal und abnormal. Aber wie immer die Ge-fühle beschrieben werden, es werden immer die fünf Grundgefühle und ihre Nuancen beschrie-ben; es gibt also keine besonderen pragmati-schen, ethischen und ästhetischen Gefühle neben den Grundgefühlen und ihren Nuancen, und diese sowie ihre Ausdrucksweisen werden verschieden, nämlich pragmatisch, ethisch und ästhetisch be-schrieben, sie kommen im pragmatisch, ethisch und ästhetisch beschriebenen Erleben vor, und nur insofern kann man von pragmatischen, ethi-schen und ästhetischen Gefühlen sprechen, als die Erlebnisse sich derart klassifizieren lassen.

Über die kranken Gefühle hier nur soviel: Krankheit ist Infantilismus, kranke Gefühle sind infantilistische, d.h. Aktualitäten „zurückgebliebener" (auf infantiler Differenzierungshöhe stehengebliebener) Sensilzellen, die sich im Laufe der Zeit zwar stoffwechselmäßig (im Sinn der Wucherung, Hypertrophie) verändert, aber nicht höher differenziert haben. Die kranken Gefühle sind von den gesunden phänomenal (eben im Sinn des Infantilismus) unterschieden und werden im Einzelnen mit speziellen Zusammensetzungen wie Überfreude, übermäßiger Schmerz, neuralgischer, rheumatischer usw. Schmerz, Überängstlichkeit usw. oder nach den Ausdrucksweisen bezeichnet (Ruhelosigkeit, Rastlosigkeit, Zornmütigkeit, Unzugänglichkeit, Überheblichkeit, Gereiztheit, Bissigkeit, Depremiertheit, Faulheit, maniertes Gebaren, kindische Heiterkeit usw.).

1.2.2 Lokalisation der Gefühle

Jedem *inneren Organ* sind in jedem Rindenzentrum bestimmte sensile Zellen zugeordnet, und zwar Zellen der verschiedenen Gefühlsspezies, also Hunger-, Angst-, Schmerz-, Trauer-, Freudezellen. Es finden sich also im optischen Zentrum, und ebenso im akustischen, taktilen usw. Zentrum, Sensilzellen, die dem Verdauungsorgan (d.h. den einzelnen Teilen des gesamten Traktus einschließlich der Anhänge), andere, die dem Atmungsorgan, andere, die dem Herz-Gefäß-Nierentraktus, andere, die dem Zeugungsorgan zugeordnet sind. Die Anzahl der Gefühlszellen, die in jedem Zentrum dem einzelnen Organ zugeordnet sind, ferner ihr Entwicklungs- und Funktionsgrad – nicht alle Gefühlszellen sind bis zur wachaktuellen Funktionsweise entwickelt – ist verschieden; es können hier die Hunger-, da die Angst-, da die Schmerz- oder die Trauer- oder die Freudezellen oder Stauungszellen oder solche, deren Aktualitäten Gefühlsnuancen sind, an Zahl oder Entwicklungsgrad überwiegen; der Variationen gibt es ungezählte, auch im Sinn der Pathologie. Die den inneren Organen zugeordneten Gefühle nenne ich die *Organgefühle*.

Die den Sinnesorganen zugeordneten Sensilzellen finden sich dagegen nur in dem je entsprechenden Zentrum vor, also die dem Auge, dem Ohr, der Haut (als taktilem und thermischem Sinnesorgan) usw. zugeordneten Sensilzellen nur im optischen bzw. im akustischen bzw. im taktilen bzw. im thermischen Zentrum usw. Die den Skelettmuskeln und Knochen zugeordneten Sensilzellen liegen im statischen, im kinästhetischen und im topischen Zentrum; ich bezeichne diese drei Zentren zusammen als das koordinative Zentrum. Die Sinnesorgane und das Skelett mit seinen Muskeln kann man als die *äußeren Organe* bezeichnen. Die ihnen zugeordneten Gefühle nenne ich die *Sinnesgefühle*.

Die Aktualitäten der den inneren wie den äußeren Organen zugeordneten Sensilzellen werden zumeist nach eben diesen Organen oder ihren Funktionen bezeichnet. Die den *inneren Organen* zugeordneten Gefühle benennen wir also nach den zu den vier Organsystemen gehörenden Einzelorganen; diese Organe oder Organteile sind die Stellen, wohin die entsprechenden Gefühle lokalisiert sind. Viele dieser Gefühle, insbesondere die Schmerzgefühle, sind nur als krankhaft aktuell.

Die den *inneren Organen* zugeordneten Gefühle sind:
1. *Magen-Darm-Traktus:* Mundgefühle (Hunger nach Festem, Flüssigem [Durst, auch zu (2)], Gasigem; Angst usw.); Magengefühle (Magenhunger, -angst, -schmerz, -trauer, -freude [Sättigungsgefühl], Magenhass, -ekel als Stauungsgefühle usw.); Darm-, Leber-, Pankreasgefühle usw. (hauptsächlich als Symptome aktuell)
2. *Gefäßtraktus:* Herzgefühle; Gefäßgefühle, Gewebsgefühle (Gewebshunger, -durst usw.; hierher gehören auch die Nerven-Gehirn-Gefühle wie z.B. Denkhunger, -angst [Gefühle der Leere im Kopf], gewisse Kopfschmerzen [„beim Denken", vergleiche „Kopfzerbrechen"], gewisse Nervenschmerzen, Denkfreude usw.); Milz-; Nieren-, Blasengefühle
3. *Atmungstraktus:* die in die Brusthöhle als Atmungsorgan lokalisierten Gefühle (Atmungs- oder Lufthunger, -angst usw.)
4. *Genitaltraktus:* Genitalgefühle.

Die den *äußeren Organen* zugeordneten Gefühle sind:

5. *Sehgefühle* (Sehhunger, -angst usw.)
6. *Hörgefühle* (Hörhunger, -angst usw.)
7. *Tastgefühle* (Berührungshunger, -angst usw., nicht zu verwechseln mit den Tastgegenständen, d.h. den taktilen gegenständlichen Objekten)
8. Riechgefühle
9. Schmeckgefühle
10. *Thermische Gefühle* (thermischer Hunger usw., nicht zu verwechseln mit den thermischen Gegenständen, d.h. den Kälte-Wärme-Graden als thermischen gegenständlichen Objekten, thermischer Schmerz bei Rheumatismus usw.)
11. *Kinästhetische* oder *Lagegefühle*
12. *Statische* oder *Kraftgefühle* (Druck-, Gewichtsgefühle)
13. *Topische* oder *Richtungsgefühle* (Orientierungsgefühle).

Diese letzten drei Gruppen werden gemeinsam auch als *koordinative* oder Muskel-Knochen-Gefühle, auch Bewegungs-, Rhythmusgefühle usw. bezeichnet.

Das Gefühl ist *lokalisiert* an die Stelle des der aktuellen Gefühlszelle zugeordneten sympathischen Organs, d.h. die *Entfernung,* in der das Gefühl erscheint, der Ort des Gefühls fällt mit dem Ort des zugeordneten Organs zusammen.

Die Lokalisation der Gefühle ist im Allgemeinen nicht so präzis wie die der Gegenstände. Das Gefühl „Herzangst" z.B. ist „in" die Herzgegend, also diffus in einen mehr minder umfangreichen Bezirk lokalisiert. Je intensiver (heller) ein Gefühl, desto präziser ist es auch lokalisiert. Abgesehen von der Intensität ist am präzisesten der Schmerz, am wenigsten präzis die Trauer lokalisiert. Je mehr sich im Gange der Entwicklung die Sensilzellen, somit auch ihre Aktualitäten differenzieren, desto präziser wird auch die Lokalisation; so wissen wir z.B., dass junge Kinder über den Ort, „wo es wehtut", keine genaue Auskunft geben.

Alle Gefühle sind bis zur Körpergrenze lokalisiert, keines darüber hinaus. Die Gefühle machen die sogenannte *Innenwelt* aus.

Die Lokalisation ist ein wichtiges *Unterscheidungsmerkmal gleichnamiger Gefühle.* So unterscheiden sich z.B. Magenhunger von Lungen-(Luft-)hunger, Luftangst von Genitalangst, Kopfschmerz von Brustschmerz, Herztrauer von Genitaltrauer, Magenfreude von Lungenfreude usw., weiterhin gewisse genische von gleichnamigen trophischen Gefühlen prägnant nach der Lokalisation. Der situative Zusammenhang, innerhalb dessen ein gewisses Gefühl auftritt, kennzeichnet das Gefühl, wenigstens bis zu einem gewissen Genauigkeitsgrad, als Aktualität von Sensilzellen eines *bestimmten* Zentrums. So ist „Magenhunger" Bezeichnung für die Aktualitäten einer großen Anzahl von Sensilzellen, die in den verschiedenen Zentren liegen; verläuft ein Erlebnis, zu dem ein gewisses Magenhungergefühl gehört, im akustischen Zentrum (z.B. Küchengeräusche mit vorausgehendem oder interkurrentem Magenhunger), dann werden wir annehmen müssen, dass dieses Gefühl Aktualität akustischer gastraler Sensilzellen ist. Tritt eine Liebesangst vor oder im Verlaufe von einer Berührung des Liebespartners auf, so ist sie Aktualität taktiler genischer Sensilzellen; diese sind der Haut oder dem Genitale oder genischen Anteilen anderer Organe zugeordnet; sofern das Gefühl wenig intensiv und unsicher lokalisiert ist, ergibt sich aus der psychobiologischen Analyse der dem Gefühl entsprechenden Ausdrucksbewegung mit der überhaupt möglichen Sicherheit die Erkennung der Zuordnung. *Lokalisation, situativer Zusammenhang (Situation) und Ausdrucksbewegung (Motorik)* sind die wichtigsten Tatsachen, an denen die Zuordnung auch solcher gleichnamiger Gefühle erkennbar ist, die sich nicht ohne Weiteres phänomenal hinreichend unterscheiden.

1.2.3   Genische und trophische Gefühle

Sämtliche Gefühle sind in die Klasse der genischen (Liebes-)Gefühle oder die Klasse der trophischen (Ernährungs-)Gefühle einzuordnen. Wir unterscheiden also Liebeshunger, -angst, -schmerz, -trauer, -freude, -hass, -ekel, -neid (Eifersucht) usw. („Liebe" und „Hass" sind also keine Gegensätze) und andererseits Ernährungs- (Magendarm-, Gefäß-, Lungen-, Arbeits-)hunger, -angst,

-schmerz, -trauer, -freude, -hass, -ekel, -neid (Brotneid) usw. Demgemäß teilen wir die (sympathischen und die sensorischen) Reflexsysteme in zwei Hauptklassen ein: in die genischen und die trophischen, sprechen also auch von den *genischen* und den *trophischen Organen*. Das Genitale ist Empfangs- und Ausdrucksorgan vorwiegend von genischen Reflexsystemen. Mund, Magen, Darm und Anhänge, Lunge usw. sind vorwiegend an trophische Reflexsysteme angeschlossen. Herz und Blutgefäße nehmen eine Art Mittelstellung ein: sie sind genisch und trophisch in einem der Äquivalenz mehr minder nahekommenden Verhältnis, während das zum Gefäßtraktus gehörende Nierensystem vorwiegend trophisch ist; wir rechnen das gesamte Gefäßsystem zu den trophischen Organen. Eine Mittelstellung nehmen auch die Haut und ihre Differenzierungen (Auge, Ohr usw.) sowie die Skelettmuskeln ein, d.h. sie setzen sich aus etwa gleichvielen genischen und trophischen Anteilen zusammen (es kann aber nicht etwa ein Organteil oder ein Reflexsystem bald als genisches, bald als trophisches funktionieren). Zum genischen Organ gehören auch trophische, zum trophischen Organ auch genische Systeme, die eine oder die andere Sorte ist aber in der Mehrzahl. Weiterhin weist aber auch jedes genische Reflexsystem trophische Ingredienzien, weist jedes trophische genische Ingredienzien auf; es verkehren also in jedem genischen Reflexsystem auch (aber in der Minderzahl) trophische Passformen, in jedem trophischen auch (aber in der Minderzahl) genische Passformen, und dies gilt auch für die Denkzellen, wie für jede Zelle überhaupt. *Genisch heißt also eigentlich „vorwiegend genisch", trophisch „vorwiegend trophisch".* Zum Beispiel sind Spermatozoon und Ei genische Passformenkomplexe, aber es ist kein Zweifel, dass sie – ebenso wie das Genitale (z.B. Wachstum des schwangeren Uterus usw.) – auch trophische Bestandteile enthalten. Die Unterscheidung des Proto- und des Deutoplasmas oder des Bildungs- und Nahrungsdotters ist ferner nicht etwa eine „reine" Trennung der Genik und der Trophik, sondern gibt nur eine Relation an: Auch der protoplasmareichere Teil des Eies hat seinen Stoffwechsel, auch im Deutoplasma vollziehen sich zeugerische Vorgänge.

Der Organismus setzt sich also aus genischen und trophischen Anteilen zusammen. Die genischen Anteile sind in der Hauptsache zu einem Organsystem zusammengefasst, dem Genitale und seinen Nervenbahnen; die genischen Systeme der trophischen Organe stehen alle mit den genitalen genischen Systemen in Verbindung, bilden mit diesen zusammen den *genischen Persönlichkeitsanteil.*

Die *trophischen Anteile des Organismus* sind in der Hauptsache zu *drei Organsystemen* zusammengefasst: dem Verdauungstraktus (Mund-Magen-Darm und Anhänge), dem Gefäßtraktus (Herz-, Blut-, Lymphgefäße, Nieren-Blase) und dem Atmungstraktus (Luftröhre-Lunge); ich bezeichne diese drei Systeme auch kurz als *gastrales, vasales und pulmonales Organsystem.* Auch dem Genitale gehören trophische Reflexsysteme an, die mit den übrigen trophischen Systemen in Verbindung stehen und mit ihnen zusammen den *trophischen Persönlichkeitsanteil* bilden.

Die gleichnamigen genischen und trophischen Gefühle unterscheiden sich wiederum nach *Lokalisation, Situation* und *Motorik,* abgesehen von der rein *phänomenalen Verschiedenheit,* die darin liegt, dass die genischen Gefühle im Gegensatz zu den trophischen allesamt *lüstige* sind, besonders ausgeprägt die genitalen und die hypertrophischen genischen Gefühle.

Wir sagen: weder hat die Genik den biologischen Vorrang vor der Trophik noch umgekehrt. Der Mensch besteht aus trophischen und genischen Reflexsystemen, er ernährt sich und liebt, arbeitet und zeugt. Die Reflexe verlaufen, wie sie verlaufen, nämlich gemäß ihrer biologischen Funktionsperiodik, in normaler oder in abnormaler Weise (Periodik, Intensität usw.).

1.2.4 Weibliche (negative) und männliche (positive) Gefühle

Wie alle Objekte sind auch die genischen und die trophischen Gefühle als weibliche (negative) und männliche (positive) zu klassifizieren. Es gibt also weibliche und männliche genische und weibliche und männliche trophische Gefühle.

Die Wörter „weiblich" und „männlich" werden in mehrfacher Anwendung gebraucht. Einmal bezeichnet man mit „weiblich" das „zum Weibe Gehörige", mit „männlich" das „zum Manne Gehörige"; in diesem Sinn ist jegliche zur Frau bzw. zum Mann gehörige Aktualitätenreihe (jeder Körperteil), ja jede einzelne Aktualität weiblich bzw. männlich. Nun sind aber Frau und Mann Kombinationen runder und gerader Anordnungen, und man bezeichnet nun wieder die runden (gehöhlten, leeren) Anordnungen oder Objektreihen als „weiblich", die geraden (gestreckten, vollen) Anordnungen oder Objektreihen als „männlich". Sonach sind die Frau wie der Mann je eine Kombination von weiblichen und männlichen Anordnungen und in diesem Sinn „bisexuell", nämlich von der Keimzelle her, und zwar weist die Frau mehr runde als gerade, der Mann mehr gerade als runde Anordnungen auf, eine Tatsache, die ich so beschrieben habe: die Frau ist *superfeminin*, der Mann *supermaskulin*. Im „unisexuellen" Sinn kann für „weiblich" immer „negativ", für „männlich" immer „positiv" gesagt werden. Funktionell bezeichnet ist das Weibliche (Runde, Gehöhlte) das Aufnehmende und Abgebende, gleichgültig ob es sich an der Frau oder am Mann oder einem diesen Individuen analog konstituierten Organismus (Tieren, Pflanzen, Mineralien) vorfindet, und das Männliche (Gerade, Vorragende) das Aufgenommene und Abgegebene (Aufzunehmende und Abzugebende), gleichgültig, wo es sich vorfindet, also z. B. auch an der Frau oder sonst einem vorwiegend hohl angeordneten Passformenkomplex.

Nun sind die runden Anordnungen hunger- oder angst- oder schmerzgefühlige, die geraden Anordnungen schmerz- oder trauer- oder freudegefühlige, wie in Abschnitt 1.3.5 des Genaueren dargelegt werden wird, und zwar sind die hungergefühligen Reihen in einem relativ (zu den zum assoziativen System gehörigen angstgefühligen Reihen) weiten Rund, die angstgefühligen in einem engeren Rund, die trauergefühligen in relativ kurzen Geraden, die freudegefühligen in langen Geraden angeordnet, während die schmerzgefühligen Reihen sowohl in gewundenen usw. Rundungen wie in gedrehten usw. Geraden angeordnet sind, als Rundungen oder als Gerade auftreten. *Demgemäß sind Hunger und Angst weibliche (negative), Trauer und Freude männliche*

(positive) Gefühle, während *Schmerz* als *weibliches oder* als *männliches Gefühl* auftritt. Die weiblichen Gefühle entsprechen im Sinn der assoziativ-genetischen Zusammengehörigkeit – das Reflexsystem besteht aus Gefühls-, Gegenstands- und Begriffszellen – den weiblichen Gegenständen und Begriffen, die männlichen Gefühle den männlichen Gegenständen und Begriffen. So bezeichnen wir (siehe 1.2.1) auch den *Hunger* als das Gefühl der Leere, als das *Höhlengefühl*, *Angst* als das Gefühl der Enge, der Bedrängung (Beklemmung usw.), als *Öffnungsgefühl* (Öffnung strukturell, nicht funktionell gemeint), *Schmerz* als Drehungs-, *Schwellengefühl*, *Trauer* als *Kleinheitsgefühl*, Teil- oder Stück- (Zerstückelungs-)Gefühl, *Freude* als *Größengefühl*, indem wir, wie schon betont, für die Beschreibung der Gefühle nur einen indirekten Weg, nämlich den über die gegenständlichen oder begrifflichen Wörter zur Verfügung haben und hierbei die Gefühle „nach" (gemäß) den ihnen entsprechenden Gegenständen, auch Ausdrucksweisen, bezeichnen und weiter beschreiben. So sprechen wir auch vom Hunger als dem hohlen, leeren Gefühl, von der Angst als dem drängenden, schnürenden, engenden Gefühl (eng, mit Angst, angustiae, angina, anguis usw. sprachbiologisch nächstverwandt), vom Schmerz als dem bohrenden, drehenden, schneidenden usw. Gefühl, von der Trauer als dem depressiven, dumpfen, schweren (Schwermut), in kurz-langsamen Rhythmen verlaufenden Gefühl, von der Freude als dem erhebenden, erhabenen, freihinschwebenden Gefühl, dem Vollgefühl (Sättigungsgefühl) usw. Hiernach sind auch die Gefühlsnuancen einzuordnen; es sind also Hass, Neid, Zorn usw. weibliche (negative), Trost, Vertrauen, Großmütigkeitsgefühl usw. männliche (positive) Gefühle, während die Schmerznuancen als weibliche oder als männliche Gefühle auftreten.

Die Bezeichnung „weibliche" oder „männliche" Gefühle darf hier nicht dahin verstanden werden, dass Gefühle der Frau bzw. des Mannes gemeint seien. Die Formel *Gefühle der Frau* und *Gefühle des Mannes* besagt lediglich folgendes: Die „Welt" ist die Summe der Aktualitäten des Menschen; dazu gehören auch die Gefühle; diese sind wie alle anderen Aktualitäten entsprechend der Differenz der Denkzellen der einzelnen Menschen individualspezifisch, vergleichsweise also analogisch (menschlich); sie sind ferner – bei weiterer Klassifikation (Vergleichung) – gruppenspezifisch, und so kann man von „Gefühlen der Frauen oder der Frau" und „Gefühlen der Männer oder des Mannes" sprechen. Diese Gefühle sind aber niemals andere als Hunger, Angst, Schmerz, Trauer, Freude und Nuancen, und diese klassifizieren sich ihrer biologischen Beschaffenheit nach als weibliche (negative) und männliche (positive). Diese Gefühle erlebt jeder Mensch, ob Mann oder Frau, in spezifischer Intensität, Häufigkeit usw. – entsprechend der jedem Einzelnen eigentümlichen Anzahl an Reflexsystemen der einzelnen Gefühlsspezies. Man kann in dieser Hinsicht die Menschen vergleichen und klassifizieren, auch Frauen und Männer vergleichen und eine Statistik aufstellen, welche Gefühle mehr bei den Frauen und welche mehr bei den Männern vertreten sind, usw. Man wird dabei lediglich von den Ausdruckserscheinungen (Verhaltensweisen und Mitteilungen) ausgehen können und diese psychobiologisch analysieren und nach den Gefühlsspezies klassifizieren.

Bei der vergleichenden Analyse des Verhaltens ist zu bedenken, dass innerhalb jeder sich entwickelnden Gruppe von Reflexsystemen die Hungersysteme den Anfang machen, dann die Angst-, die Schmerz-, die Trauer- und zuletzt die Freudesysteme folgen. Normaliter ist der Mensch mit ungefähr gleich vielen Reflexsystemen der verschiedenen Grundgefühlsspezies ausgestattet: dies eben ist die gleichmäßige, die harmonische Entwicklung, ist die Gesundheit; hierbei brauchen keineswegs alle Sensilzellen bis zur aktuellen Funktion differenziert zu sein (z. B. sind es die Schmerzzellen nur in relativ geringer Anzahl). In Krankheitsfällen finden wir die eine oder andere Gefühlsspezies „gewuchert" (hypertrophiert), es besteht Disharmonie, auch im Ablauf der Gefühle.

Es sind also Hunger und Angst weibliche, Trauer und Freude männliche Grundgefühle, Schmerz ist ein weibliches oder ein männliches Grundgefühl. Dabei sind mit weiblich und männlich nicht die „Gefühle der Frau" bzw. die „Gefühle des Mannes" gemeint, sondern spezielle Gefühlsreihen von spezieller (nämlich runder und gerader) Anordnung. Eine einzelne, d. h. isolierte, aus dem Zusammenhang gelöste (absolute) sensile Aktualität kommt ebenso wenig vor wie eine isolierte modale oder idealische Aktualität. Streng genommen ist *Gefühl* Bezeichnung für eine einzelne sensile Aktualität; was man aber gemeinhin mit „Gefühl" meint, ist ein mehr minder lange anhaltendes sensiles Erlebnis, eine *Gefühlsreihe*. Und diese Reihen sind angeordnet, jede in einer speziellen Weise, wie das auch für die Gegenstands- und die Begriffsreihen („die Gegenstände" und „die Begriffe") zutrifft; anders, also „nicht geordnet", „frei von Koordinatik" ist irgendein Ablauf, irgendeine Aktualitätenreihe überhaupt nicht vorstellbar: Jeder Ablauf, jede Reihe – auch die „ungeordnete", das ist eine unklar oder unrichtig geordnete – ist geordnet, d. h. eine Aktualität folgt auf die andere entsprechend der spezifischen essenziellen und koordinativen Lokalisation. Und diese Anordnung der Objekte ist rund (gehöhlt) und gerade (gestreckt), weiblich und männlich. Es werden also mit weiblich und männlich zunächst die Anordnungen der Objekte bezeichnet, nicht Verschiedenheiten der Objekte selber, der Substanzen, sodass man von einer weiblichen und einer männlichen Substanz sprechen könnte. Nun sind aber die weiblich angeordneten Objekte, also auch Gefühle, die zur Gruppe des Hungers und der Angst gehörigen (die Hunger- und Angstgefühle, hunger- und angstgefühligen Gegenstände und Begriffe), die männlich angeordneten Objekte die zur Gruppe der Trauer und der Freude gehörigen (die Trauer- und Freudegefühle, trauer- und freudegefühligen Gegenstände und Begriffe), während die zur Gruppe des Schmerzes gehörigen Objekte in der einen oder der anderen Anordnung aufeinander folgen. Somit werden auch die Hunger- und Angstreihen selber als weibliche, die Trauer- und Freudereihen selber als männliche bezeichnet und schließlich nicht nur die Reihen als solche, sondern auch jede einzelne zur Reihe gehörige Aktualität, also jedes Gefühl, jeder Gegenstand, jeder Begriff, genau wie wir ja auch schließlich jede zur Frau gehörige Aktualität als „weiblich" (im bisexuellen Sinn), jede zum Mann gehörige Aktualität als „männlich" (im bisexuellen Sinn) bezeichnen, gleichgültig ob sie Glied einer runden oder geraden Anordnung ist.

Die Anordnung zu runden oder zu geraden Reihen ist bei den meisten Gefühlen nur unscharf ausgeprägt, entsprechend ihrer unscharfen Lokalisation. Diese Tatsache darf aber nicht zu dem Irrtum führen, dass die Gefühle „unräumlich" seien; sie sind vielmehr wie alle anderen Aktualitäten, wie alles Gegenwärtige, Existente raumzeitlich, also essenziell und koordinativ lokalisiert. Eine „unräumliche Aktualität" ist eine ebenso sinnlose Formel wie eine „unzeitliche Aktualität"; die Aktualität, das Gegenwärtige ist „hier und jetzt", niemals nur „hier" oder nur „jetzt". So auch das Gefühl.

1.3 Von den Gegenständen

1.3.1 Entwicklung und Gefühligkeit der Gegenstände

Jedes vollständige kortikale Reflexsystem besteht aus sensilen, modalen und idealischen Denkzellen; diese sind miteinander assoziiert, es fließen also Passformen in die sensilen, aus diesen (abgesehen von sensorischen Zuflüssen) in die modalen und in die idealischen Denkzellen ein. Dieses Einfließen ist ein biologischer Umwandlungsprozess aus der Sensilität in die Modalität bzw. Idealität: Die sensilen Passformen, die hierzu gemäß ihrer Spezifität fähig sind, verändern sich zu modalen bzw. zu idealischen Passformen, wie sich auch die modalen Passformen, die hierzu fähig sind, zu idealischen verändern. Wir unterscheiden also die *Gefühligkeit*, die *Gegenständigkeit* und die *Begriffigkeit* der Passformen. Sensile Passformen sind solche, die zu über fünfzig Prozent, also vorwiegend „gefühlig" sind; je mehr sie sich in Richtung Modalität verändern, desto mehr nimmt ihre Gegenständigkeit zu, ihre Gefühligkeit ab, bis die Gegenständigkeit überwiegt: dann sind die Passformen modale geworden, in die modale Denksphäre eingetreten. Je mehr sich die modalen Passformen in Richtung Idealität verändern, desto mehr nimmt ihre Gegenständigkeit ab, ihre Begriffigkeit zu, bis die Begriffigkeit überwiegt: dann sind die modalen Passformen idealische geworden, in die idealische Denksphäre eingetreten. Die sensilen Zellen stehen auch direkt

mit idealischen Zellen in Verbindung (über die Kollateralen der sensilen Neuriten); Die Passformen, die aus der sensilen Zelle in die idealische einfließen, machen demnach den Veränderungsgang aus der Sensilität in die Idealität durch. Die in die modalen Zellen aus der sensilen Sphäre einfließenden Passformen sind mit den in die gleiche Modalzelle aus der sensorischen Zuleitungsbahn einfließenden Passformen nächstverwandt, sodass modale Aktualitäten auch bei fehlendem sensorischen Zufluss auftreten können, z. B. im Traum.

Wir sagen: *Die Welt der Gefühle ist genetisch die primäre* (bereits beim älteren Fetus aufdämmernd vorhandene); *die Welt der Gegenstände entwickelt sich aus und nach der Welt der Gefühle, die Welt der Begriffe aus und nach der Welt der Gefühle und der Gegenstände.*

Das Gefühl als solches, die sensile Aktualität als solche wandelt sich nicht in die modale oder idealische Aktualität um, sondern der Passformenkomplex, mit dessen Bildung die Funktionshöhepunkt der sensilen Zelle, also das Erscheinen des Gefühls zusammenfällt, löst sich von eben diesem Höhepunkt an in Teile auf, die andere Verbindungen eingehen usw., dabei auch mit anderen Passformen die Zelle verlassen und – je nach der Spezifität – mit anderen Passformen in die nunmehr aktuell funktionierende Modalzelle eintreten und sich im Sinn der biologischen Symbolik an dem Passformenkomplex beteiligen können, mit dessen Bildung die Funktionshöhepunkt der modalen Zelle, also das Erscheinen des Gegenstandes zusammenfällt. Eben diese Überwanderung sensiler Passformen in die Modalsphäre und in die Idealsphäre ist ein *biologischer Umwandlungsprozess*. Hier sei daran erinnert, dass die Mehrzahl „Passformen" nur in der Beschreibung existiert und dass wir die Passformen, die die Reflexbahnen passieren, im Verhältnis auf die Aktualität eigentlich als Vorstufen und Nachstufen, Vor- und Nachformen, prä- und postsensile, -modale, -idealische Passformen bezeichnen müssten, der Einfachheit halber aber kurz von Passformen sprechen.

Die *Gefühligkeit* ist sonach nicht etwa ein neben dem Objekt, außerhalb oder innerhalb des Objekts separat Existentes, nicht ein Anhängsel des Objekts, als welches man bisher den *Gefühlston* auffasst, der sich von einer Vorstellung auf eine andere verschieben könne usw. Will man den Ausdruck „Gefühlston" beibehalten, dann kann man damit nur den Gefühligkeitsgrad des einzelnen Gegenstandes oder Begriffs sowie die koinzidenten oder interkurrenten sensil-sympathischen „Erregungen" („Gefühlserregungen") zusammenfassend bezeichnen. Die Schwankungen des Gefühlstons sind dann die Schwankungen des Gefühligkeitsgrades und der Intensitäten der sensil-sympathischen Funktionen. „Gefühlston" ist also eine quantitative Bezeichnung; er gibt die Gefühlsqualität oder -spezies nicht an. Der Gegenstand ist gefühlig, heißt vielmehr: Es hat eine biologische Umwandlung der sensilen Passform in Richtung Modalität stattgefunden, die Sensilität hat sich biologisch zur Modalität verändert, die modale Passform ist „anders" als die sensile, es haftet ihr „Gefühl" (als Gefühligkeit) nicht separat an, sondern sie ist eine biologisch-homogene Umwandlungsform der sensilen Passform. Diese Umwandlung kann sich – je nach der Spezifität der einzelnen Passformen – verschieden weit vollziehen, die genetische Entfernung des einzelnen Gegenstands von der Sensilität, das ist der „*Grad*" der *Gefühligkeit*, ist verschieden, d. h. spezifisch für jede modale Aktualität und auch spezifisch variabel. Je geringer diese genetische Entfernung, desto höher der Gefühligkeitsgrad, desto näher steht der Gegenstand als biologische Homogenität der „Gefühlsbeschaffenheit". *Gesetz: Der Gefühligkeitsgrad der einzelnen Gegenstände (und Begriffe) ist umgekehrt proportional der genetischen Entfernung von der Sensilität; der Gefühligkeitsgrad ist spezifisch.*

Mit dem Wort „Gefühligkeit" wird ebenso wenig eine „besondere" Eigenschaft im Sinn der „Eigenschaft e parte" des Objekts angegeben wie mit dem Wort „Objekt" selber, sondern es bezeichnet das Objekt als Ganzes hinsichtlich seiner genetischen Entfernung von der Sensilität, gibt also eine „Eigenschaft e toto" an. Die Angabe der Gefühls*spezies* dagegen, zu der der Gegenstand im genetisch-assoziativen Sinn gehört, also die Bezeichnung eines Objekts z. B. als hunger- oder als angstgefühlig usw. gibt eine Eigenschaft e parte an (*vorwiegend* hungergefühlig usw.); auch in die-

sem Sinn verwenden wir das Wort Gefühligkeit. Die Verschiedenheit der genetischen Entfernung von der Sensilität lässt sich *vergleichen*: man spricht von höheren oder geringeren Gefühligkeitsgraden, und auch die Gefühligkeit der Aktualität der gleichen Zelle ist bei ihrem jedesmaligen Erscheinen innerhalb einer gewissen (spezifischen) Variationsbreite verschieden, aber immer spezifisch. Hierbei werden also die Objekte als je ein Ganzes, als Homogenitäten verglichen und bezeichnet. Beschreibung ist nun freilich Angabe von Eigenschaften und Funktionen; auch die Eigennamen wie überhaupt die Substantiva machen da keine Ausnahme: sie sind, als phänomenologische Reihen, dem Beschriebenen konstitutiv nächstverwandt, sind Wörter, die alle Eigenschafts- und Funktionsbezeichnungen ebenso symbolisch involvieren, wie das Beschriebene Symbol aller seiner Eigenschaften und Funktionen ist. Die Bezeichnung „Haus", „Baum" oder allgemeiner „Gegenstand" oder noch allgemeiner „Objekt" gibt nicht eine Eigenschaft e parte oder eine bestimmte eigenschaftlich determinierte Funktion an, sondern alle Eigenschaften und Funktionen des so Bezeichneten, das Ganze symbolisch zusammengefasst. So verhält es sich auch mit den Wörtern Gefühligkeit, Gegenständigkeit, Begriffigkeit.

Es sei ausdrücklich betont, dass „*Gefühligkeit*" nicht mit „*Gefühl*" als sensiler Aktualität verwechselt werden darf. Das Gefühl ist selbstständige Aktualität, Gefühligkeit dagegen bezeichnet das biologische Gesamt des Gegenstands und des Begriffs hinsichtlich der genetischen Entfernung von der Sensilität. Das Analoge gilt für „Gegenstand" und „Gegenständigkeit", „Begriff" und „Begriffigkeit".

Das Objekt ist spezifisch, die Gefühligkeit (und die Gegenständigkeit und Begriffigkeit) ist *spezifisch*. Wie das Objekt nur einmalig, nur mit sich selbst identisch, „es selbst", nie zweimal dasselbe ist, so die Gefühligkeit. Das Objekt ist immer-anders, heißt auch: die Gefühligkeit ist immer-anders. Auch das Objekt als Aktualität der gleichen Zelle ist immer-anders, und zwar innerhalb einer gewissen Variationsbreite; das Objekt als Aktualität der gleichen Zelle wird „wiedererkannt", d. h. eben, es ist beim jedesmaligen Erscheinen anders (im Sinn der Nächstähnlichkeit) als vorher und

13

nachher. Also schwankt auch die Gefühligkeit der Aktualität der gleichen Zelle innerhalb der *spezifischen Variationsbreite* sowohl hinsichtlich des *Grades* (d.h. die genetische Entfernung z.B. des Gegenstands G der Zelle g ist bei jedesmaligem Erscheinen innerhalb spezifischer Grenzen anders, ist variabel, die in die aktuelle Zelle eintretenden Passformen sind in mehr minder großer Zahl biologisch mehr minder nahe der Sensilität) als auch hinsichtlich der *Nuance*.

Mit dem Wechsel der Gefühligkeit hat die *Helligkeit* des Objekts nichts zu tun. Die Helligkeit entspricht der Anzahl der die aktuell funktionierende Zelle passierenden Anteile, der Intensität des Passformenstroms. Ob jeweils mehr oder minder zahlreiche Anteile die aktuelle Denkzelle passieren, in jedem Fall können diese Passformen eine (ungefähr) gleiche genetische Entfernung von der Sensilität haben, gleichmäßig weit in Richtung Modalität (bzw. Idealität) entwickelt sein. Ein wenig heller Gegenstand kann also die (ungefähr) gleiche Gefühligkeit haben wie ein sehr heller.

Die Gefühligkeit eines Gegenstands (und eines Begriffs) mindert sich im Gange seiner *Differenzierung*. Die Differenzierung ist ein biologischer Vorgang derart, dass die Aktualitäten sich im Sinn einer Zunahme an Präzision verändern. Die Aktualitäten junger Denkzellen sind noch unpräzis, verschwommen; die „Verschwommenheit" primitiver (sowie primitiv gebliebener, z.B. solcher von Neurotikern) Aktualitäten ist nicht mit der „Verschwommenheit" weit entfernter Aktualitäten zu verwechseln, die dem Grade der Begriffigkeit gemäß ist. Je älter – bis zu einem gewissen Höhepunkt – die Zellen werden, desto präziser, eben differenzierter (schärfer unterschieden) werden ihre Aktualitäten. Hierbei mindert sich in gewissem Maße der Gefühligkeitsgrad – immer im Sinn der Spezifität, d.h. so, dass z.B. der Gegenstand M, obwohl Aktualität einer älteren Zelle, doch höhergefühlig sein kann als der Gegenstand N, der Aktualität einer jüngeren Zelle ist, dagegen weniger gefühlig als die verschiedenen M, also M′, M″, M‴ …, die vorher, als die Denkzelle m jünger war, aktuell gewesen sind. So ist einem Kind ein neues Spielzeug, auch dem Erwachsenen ein neuer Gegenstand usw. zunächst

hochgefühlig; aber alsbald lässt die Gefühligkeit („das Interesse") nach, um so rascher, je rascher die Differenzierung der betreffenden assoziativen Systeme (deren Aktualitäten jene Gegenstände sind) vor sich geht. Diese Differenzierung vollzieht sich in der Weise, dass die aktuellen Funktionskurven der betreffenden Reflexsysteme mehrfach oder vielfach hintereinander in kurzen Intervallen stattfinden, der Gegenstand (genauer die Gegenstandsreihe, das modale Individuum) also entsprechend häufig aktuell ist; dies eben heißt: den Gegenstand genauer oder genau kennen lernen. Hierbei mindert sich auch die Intensität der zugehörigen sensil-sympathischen Reflexe. Das Seltene bleibt hochgefühlig („wertvoll"); alles, was häufig vorkommt, verliert an Gefühligkeit (Wert). Man sagt, man habe sich an eine Sache usw. „gewöhnt", sie „interessiere nicht mehr so sehr" usw. Jemand liest ein Buch zum ersten Male „mit besonderem Interesse"; die zweite Lesung kann da schon weniger gefühlig sein, falls es sich nicht um ein Studium handelt; aber auch da nimmt die Gefühligkeit bei häufiger Wiederholung der Lesung ab, man kennt nun den Text. Nicht selten ist alsdann der betreffende Zellkomplex überhaupt nicht mehr aktuell: das Buch wird beiseite gelegt und nie mehr gelesen; es gibt Menschen genug, die ein Buch überhaupt nie zweimal lesen. Wir formulieren das *Gesetz: Mit zunehmender Differenzierung des Objekts mindert sich seine Gefühligkeit; der Grad der Minderung ist spezifisch und liegt stets innerhalb der spezifischen Variationsbreite der die genetische Entfernung des Objekts von der Sensilität kennzeichnenden Gefühligkeit.*

Jeder neuerliche sensil-modal-idealische Reflexablauf ist eine symbolische Analogie aller vorigen und künftigen, also auch der Genese des assoziativen Systems, und so vollziehen sich auch am ausdifferenzierten System die Funktionskurven mit den beschriebenen Schwankungen der Gefühligkeit, und zwar als Minderung und Mehrung, während die Differenzierung, allerdings unter Schwankungen, zu einer Minderung der Gefühligkeit führt.

Eine gegenständliche (und begriffliche) Reihe ist von mehr oder minder intensiven *sensil-sympathischen Reflexen* begleitet. Sind diese entsprechend hochintensiv, dann kann die Reihe der gegenständlichen (oder begrifflichen) Aktualitäten mehr minder häufig von sensilen Aktualitäten von mehr minder hoher Intensität (Helligkeit) unterbrochen sein: *Interkurrenz* sensiler, modaler (und begrifflicher) Aktualitäten. Ferner können die koordinativen Aktualitäten, die die Ausdrucksvorgänge der mehr minder intensiven sympathischen Reflexe registrieren, interkurrieren, z.B. Herzklopfen (besonders in neurotischen Fällen). Höhere Intensitätsgrade der sympathischen Reflexe nennt man gewöhnlich „Gefühlserregungen". Hierbei können die Gegenstände (und Begriffe) sozusagen wie Inseln vom erregten Meer umbrandet sein – und so kann die Meinung entstehen, als ob die Gegenstände (und Begriffe) selber besonders hochgefühlig seien, während sie tatsächlich hinsichtlich des Gefühlsgrads nur innerhalb der spezifischen Variationsbreite verbleiben, also den möglichen Höchstgrad der Gefühligkeit erreichen können, aber nicht zu erreichen brauchen. Ein Besitzstück kann relativ geringfühlig sein; sobald aber der Verlust droht, können sich relativ hochintensive Funktionen der zugehörigen sensil-sympathischen Reflexsysteme vollziehen; hierbei kann das Besitzstück spezifisch höhere Gefühligkeitsgrade erreichen, „wertvoller" sein als vorher. Droht der Verlust eines relativ hochgefühligen Besitzes, z.B. eines Andenkens, einer „Kostbarkeit", eines geliebten Menschen oder Tieres usw., dann sind auch die zugehörigen sensil-sympathischen Reflexe in hoher Funktion. Wie die Abgabe kann auch die Aufnahme mit mehr minder hochintensiven Gefühlskurven verlaufen, sodass der aufzunehmende oder aufgenommene Gegenstand, der an sich vielleicht hochgefühlig ist, interkurrent mit Gefühlserregungen auftritt und so als besonders hochgefühlig, wertvoll gilt. – Bei hohen Gefühlserregungen ist stets auch die Reihenfolge der assoziierten phänomenalen und phänomenologischen Gegenstände und Begriffe in gewissem Ausmaße eine andere als bei geringen sensil-sympathischen Funktionsintensitäten, d.h. die Reflexschaltung (Funktionsperiodik) ist je nach dem Intensitätsgrad der an einem Erlebnis beteiligten sensil-sympathischen Funktionen (besonders bei Interkurrenz aktueller Gefühle) verschieden; dies ist eine allenthalben zu beachtende biologische Tatsache.

Diese Darlegungen treffen für die Aktualitäten *aller Zentren* zu. So ist z.B. jeder akustische Gegenstand (und Begriff) spezifisch-gefühlig, der Grad der Gefühligkeit kennzeichnet die genetische Entfernung von der Sensilität (also dem zugehörigen Gefühl) und schwankt innerhalb der spezifischen Variationsbreite. Ein Satz, eine Melodie kann mehr- oder mindergefühlig sein, ein Gedicht kann, wie man unter Mitbezeichnung der koinzidenten sensil-sympathischen Reflexe sagt, mit oder ohne Gefühl vorgetragen werden. Die Helligkeit (Lautheit) der Aktualitäten und die Tonhöhe haben damit nichts zu tun. Höre ich ein Tremolo, die „erregte Stimme" eines anderen Menschen, dann ist diese akustische Gegenstandsreihe mehr- oder mindergefühlig, je nach der genetischen Entfernung von der Sensilität. Ich erlebe nur einen gegenständlichen akustischen Ablauf, der an die Stelle der singenden, sprechenden Person lokalisiert ist, also das Tremolo als gegenständlichen Ablauf mit geringen rasch erfolgenden Schwankungen der Tonhöhe; erst aus allerlei Erfahrungen schließe ich, dass das Tremolo von sympathischen Erregungen des Singenden begleitet sein kann, aber nicht zu sein braucht. Im ersteren Fall ist das Tremolo „natürlich", die hochintensiven sympathischen Reflexe finden ihren Ausdruck pulmonal, also in Form von entsprechenden heftigen Lungenkontraktionen, und hierbei ist auch die Funktion der an der Lautbildung beteiligten querstreifigen Muskeln gemäß dem Anteil sympathogener Passformen modifiziert, derart, wie sich am raschen geringen Schwanken der Tonhöhe anzeigt; die tremolierte Melodie kann beim Sänger von sensilen Aktualitäten unterbrochen sein, die Gefühligkeit aber schwankt nur in geringen Grenzen, gemäß der so gut wie gleichbleibenden Lokalisation in den Sprechapparat. Tremolo ohne begleitende Gefühlserregungen des Sängers ist „gemacht", „künstlich", d.h. spezieller „rein" sensorischer Rhythmus („willkürlich"); wer „hören" kann, unterscheidet ohne Weiteres den „natürlichen" vom „künstlichen" Rhythmus. Vergleiche auch das Tremolo der Geiger, Cellisten usw. (Hin-und-her-Wackeln mit der Hand). Auch beim Hörer können sich koinzidente Gefühlserregungen einstellen, ohne dass die Gefühligkeit der Melodie sich wesentlich ändert. Auf alle Fälle aber nimmt die Gefühligkeit der Melodie zu, sobald sie sich dem Hörer nähert, ihm „nahe geht"; auch hierbei können sich Gefühlserregungen einstellen. Die eigene Stimme ist stets etwa gleichgefühlig, und zwar relativ hochgefühlig, mögen Gefühlserregungen koinzidieren oder nicht (siehe oben). Man darf eben die Gefühligkeit, die genetische Entfernung von der Sensilität, nicht mit den Gefühlen verwechseln, auch falls sie interkurrieren. – Die Gefühligkeitsgrade der Aktualitäten der übrigen Zentren sind ziemlich konstant.

Die Gefühligkeit kann man auch mit *Interesse* bezeichnen, die Gefühligkeit eines Gegenstands also mit dem Interesse, das ich „an ihm nehme", das ich „für ihn habe". „Inter esse" heißt eigentlich „dazwischen sein", bezeichnet also die Tatsache, dass sich jemand in einer bestimmten Umgebung befindet, sich mit bestimmten Gegenständen oder Begriffen beschäftigt („er ist bei der Sache", „seine Interessen liegen auf kaufmännischem Gebiet" usw.). Über diese einfache Angabe des Dabeiseins hinaus liegt in dem Wort Interesse speziell die Betonung der Intensität des Dabeiseins; insofern deckt sich Interesse mit *Aufmerksamkeit*.

Die Gefühligkeit des Objekts ist sein *Wert*. Je höhergefühlig also ein Gegenstand ist, desto wertvoller ist er, desto „mehr Wert wird auf ihn gelegt", desto größer ist das Interesse, das „an ihm genommen" wird, das „für ihn besteht".

1.3.2 Spezies der Gegenstände nach der Gefühligkeit

Die Aktualität der zu einer Sensilzelle genetisch gehörigen Modalzelle (und Idealzelle) bezeichnen wir nach der Spezies der Sensilzelle, sprechen also von *hunger-, angst-, schmerz-, trauer-, freudegefühligen usw. Gegenständen* (und Begriffen), wie wir von sensilen, modalen und idealischen Hunger-, Angstzellen usw. und weiterhin von Hunger-, Angstsystemen usw. (Reflexsystemen oder Gefühlssystemen) sprechen. Ein hungergefühliger Gegenstand ist Aktualität einer Modalzelle, in der vorwiegend (über fünfzig Prozent aller anwesenden Passformen) Hungerbestandteile anwesend sind. Je höher der Prozentsatz der in der Denkzelle anwesenden Hungerbestandteile ist, desto „rei-

ner" ist der Charakter der Aktualität als hungergefühlig (*Reinheitsgrad der Gefühligkeit*). Die Relation der verschiedenen Passformenspezies ist spezifisch, und auch die Veränderung der Relation ist spezifisch und liegt innerhalb einer spezifischen Variationsbreite. Je nachdem der Prozentsatz der zugleich in der Zelle anwesenden Angst- oder Schmerz- oder Trauer- oder Freudebestandteile usw. höher oder niedriger ist, ist die Nuance der Gefühligkeit, die Aktualität als Ganzes verschieden. Das Analoge gilt für die zu den übrigen Gefühlsspezies genetisch-assoziativ gehörigen Gegenstände.

Unter allen Denkzellen hat jeweils eine den aktuellen Funktionsgrad erreicht, wird jeweils eine vom relativ stärksten Durchfluss passiert; niemals sind zwei Objekte zugleich vorhanden, es gibt nur ein Objekt: *das* Objekt als immer-anders. Es ist also niemals ein Gefühl und ein Gegenstand oder ein Begriff zugleich aktuell, ebenso sind niemals zwei Gefühle oder zwei Gegenstände oder zwei Begriffe zugleich da. Ein Erlebnis kann sich aus Gefühlen, Gegenständen und Begriffen zusammensetzen, das Bewusste also jetzt in der sensilen, jetzt in der modalen, jetzt in der idealischen „Denksphäre" liegen; dieser „bunte Wechsel" findet gemäß der Funktionsperiodik der beteiligten Denkzellen statt. Diese Interkurrenz von Gefühlen darf man aber weder mit der Gefühligkeit der zum Erlebnis gehörigen Gegenstände und Begriffe noch mit einem höheren Grad dieser Gefühligkeit verwechseln, noch darf man umgekehrt die Gefühligkeit eines Gegenstands als ein zugleich mit diesem Gegenstand aktuelles Gefühl auffassen. Es ist also z. B. ein hungergefühliger Gegenstand nicht ein Gegenstand, der zugleich mit einem Hungergefühl aktuell sei, sondern er ist Aktualität einer zu einem Hungersystem gehörigen Modalzelle, und der Grad der Gefühligkeit entspricht der genetischen Entfernung des Gegenstands von der Sensilität.

Somit ist auch die Formel „ein hungergefühliger Gegenstand ist ein solcher, bei dessen Erscheinen (Anblick usw.) ich Hunger fühle (empfinde usw.)" nicht ganz korrekt und kann nur bei einer induktiven Erläuterung der Gefühligkeit oder als Beschreibung der Interkurrenz von Gegenstand und Gefühl zugelassen werden.

In der Genese sind zuerst Gefühle, dann Gegenstände, dann Begriffe da; in der Genese z. B. eines kortikalen Hungersystems ist zuerst das Hungergefühl, dann der hungergefühlige Gegenstand, dann der hungergefühlige Begriff da. Ist das System fertig ausgebildet, braucht aber keineswegs immer zuerst das Gefühl, dann der Gegenstand, dann der Begriff aktuell zu sein, sondern es kann auch zuerst der Gegenstand oder der Begriff und dann das Gefühl aktuell sein oder die sensile oder die modale oder die idealische Aktualität überhaupt „ausfallen", d. h. die betreffende Denkzelle während dieser Funktionswelle unaktuell bleiben. Es kann also auf einen hungergefühligen Gegenstand das Hungergefühl während des Hungerstadiums eines Erlebnisses folgen. Der hungergefühlige Gegenstand ist Aktualität einer zum Hungersystem gehörigen Modalzelle; die Passformen, die diese Zelle passieren, fließen über den Neuriten ab und machen hierbei einen involutiven Prozess durch, der bis zur Umwandlung der postmodalen Passformen in präsensile (also der sensorischen in sympathische) Passformen gehen kann; und diese präsensilen Passformen können nun über Kollateralen, die vom Neuriten jenseits der Hirnrinde aufsteigen, in die zum System gehörige sensile Zelle fließen und an deren neuerlicher Aktualität im Sinn der biologischen Symbolik beteiligt sein. Es versteht sich, dass diese Passformen nicht allein die Funktionsintensität dieser sensilen Zelle bestreiten, sondern sich anderen sympathischen Passformen anschließen, die „sowieso" in diese sensile Zelle einströmen; die sensile Aktualität kann auch ohne diesen postmodalen Zufluss gemäß der Funktionsperiodik entstehen. Man muss also sagen, dass auf einen hungergefühligen Gegenstand während der Hungersituation das zugehörige Hungergefühl zeiträumlich folgen kann, und dass Passformen der betreffenden Modalzelle nach entsprechender Umwandlung an diesem Gefühl im Sinn der biologischen Symbolik beteiligt sein können. Man darf aber nicht sagen, dass diese Tatsache zu einer Definition der Hungergefühligkeit ausreiche. – Das Gleiche gilt für die übrigen Gefühlsspezies.

Somit charakterisiert die Gefühlsspezies die innerhalb der nach ihr benannten Situation auftretenden Gegenstände und Begriffe hinsichtlich der Art, auch Nuance der Gefühligkeit. Auch kann die folgende oder können die folgenden Situationen relativ stark nach einer vorausgehenden Situation nuanciert sein, falls diese nämlich besonders intensiv war. An eine intensive Hungersituation z. B. kann sich also eine stark hungernuancierte Angstsituation oder der ganze Erlebnisrest als stark hungerhaltig anschließen; das Analoge gilt für jede andere Gefühlsspezies. Dieser Sachverhalt zeigt sich besonders klar bei Neurotikern mit hypertrophierter Gefühlsspezies (Gefühlsneurotikern): Der Angstneurotiker z. B. erlebt gemäß der Hypertrophie seiner Angstzellen relativ intensive und anhaltende Angstsituationen sowie zahlreiche stark angsthaltige andersgefühlige Situationen, und von Manchem habe ich schon gehört: „Mein ganzes Leben ist eine große Angst", „vor lauter Angst kann ich meines Lebens nicht mehr froh werden" usw.; analog z. B. der Schmerzneurotiker: „Mein ganzes Leben ist schmerzlich", „ist ein großes Leid", „leben heißt leiden" usw., sagt er seufzend. Mit fortschreitender Besserung ändert sich gemäß der Atrophie bzw. Normalisierung (Nachentwicklung aus der infantilistischen Beschaffenheit) der kranken Denkzellen und Reflexsysteme das gesamte kranke Erleben im Sinn der Normalisierung, also auch der Korrektur der Gefühligkeit. – Die Variationen sind unzählig; sie erfolgen alle innerhalb der Spezifität und so auch nach dem Schema Hunger, Angst, Schmerz, Trauer, Freude. Ihnen entsprechen auch die zugeordneten Ausdrucksbewegungen hinsichtlich der Nuance.

1.3.3 Lokalisation der Gegenstände – Gesetz der Entfernung

Ebenso wie jede sensile Aktualität ist auch jede modale Aktualität, jeder Gegenstand lokalisiert, erscheint in einer (seiner) Entfernung. Die Entfernung ist spezifisch; mit dem Erscheinen des Gegenstandes ist stets und ohne Weiteres die Entfernung, d. h. der zeiträumliche Punkt, „an" dem oder wo sich dieser mit dem Punkt identische Gegenstand befindet, gegeben. Die „Entfernung vom Subjekt" (d. h. die Entfernung schlechthin) ist eine spezifische Eigentümlichkeit des Gegenstandes, somit der aktuellen Modalzelle. Die Lokalisation ist also nicht ein besonderer Akt, etwa derart, dass zunächst der Gegenstand da ist und nun erst lokalisiert wird; sie ist auch nicht „Funktion" der Akkommodation des optischen, akustischen usw. Sinnesorgans; die Entfernung und so das Jetzt und Hier, das Gegenwärtigsein des Gegenstandes, des Objekts überhaupt ist nicht ein irgendwie von diesem Separates, sondern eo ipso mit ihm gegeben.

Gegenwärtig sein heißt: raumzeitlich „bestimmt" sein oder einfach: raumzeitlich sein. Vom Gegenwärtigen, Aktuellen lässt sich weder „das Zeitliche" noch „das Räumliche" wegdenken. Freilich „liegt" die Aktualität nicht im („leeren") Raum oder in der Zeit, derart, dass der Raum, die Zeit sozusagen Behälter der Dinge wären; wer diese letztere Deutung der Raumzeitlichkeit verficht, also eine vom Objekt getrennte Raumzeitlichkeit fingiert, kann niemals eine genügende Aufklärung darüber geben, wie das sonach an sich unräumliche und unzeitliche Objekt gegenwärtig, wie also das Gegenwärtige – gegenwärtig sein könne, wie bei (fingierter) Einordnung des sonach unzeitlichen und unräumlichen Objekts „in" den Raum und „in" die Zeit dieses Objekt jetzt und hier, d. h. eben selber zeiträumlich sein könne, wie Raum und Zeit sozusagen in das Objekt übertreten könnten, sodass es nunmehr gegenwärtig, jetzt und hier ist. Die Psychobiologie lehrt: Das Objekt ist zeiträumlich, ist Symbol der zeiträumlichen Unterschiede, d. h. der Vor- und Nachobjekte, das Objekt ist somit eo ipso lokalisiert, erscheint eo ipso in „seiner" (der spezifischen) Entfernung.

Mit dieser Zeiträumlichkeit ist nicht zu verwechseln das *richtungs-, lage- und kraftmäßige Eingeordnetsein* des Objekts, also die koordinative Symbolkomponente. Dass die Zeiträumlichkeit nicht aus der Anwesenheit der koordinativen Symbolkomponente hinreichend zu verstehen ist, ergibt sich schon daraus, dass die koordinativen Aktualitäten (also im Gegenständlichen die Lage-, Kraft- und Richtungspunkte) selber anschauungsgemäß entfernt, lokalisiert, zeiträumlich sind.

Die anschauungsgemäße Entfernung (Lokalität) *des Objekts entspricht dem Grad der Gefühligkeit* derart, dass das Objekt um so näher liegt, je höhergefühlig es ist (*Gesetz der Entfernung*). Die genetische Entfernung des Objekts von der Sensilität stimmt also zur anschauungsgemäßen Entfernung des Objekts. Man beschreibt populär diese Tatsache mit Formeln wie: Diese Sache liegt mir fern, geht mich nichts an, ist mir gleichgültig, interessiert mich wenig oder gar nicht usw., andererseits: Diese Sache geht mir nahe, geht mich (etwas) an, interessiert mich sehr, liegt mir nahe usw.; das Hemd sitzt mir näher als der Rock usw.; meine nächsten Angehörigen, fernstehende Personen usw.

Die Aktualität z der Denkzelle Z ist also spezifisch und zwar gemäß dem Gefühligkeitsgrad entfernt, erscheint anschauungsgemäß an einem bestimmten Punkt, der näher liegt als die Lokalität der wenigergefühlten Aktualität m und entfernter liegt als die höhergefühlten Aktualitäten. Diese anschauungsgemäße Lokalität des Objekts wechselt wie der Gefühligkeitsgrad nur innerhalb spezifischer Grenzen. Das Gesetz gilt für jede Gefühlsspezies. *Objekte gleichen Gefühligkeitsgrades, welcher Gefühlsspezies sie auch angehören mögen, sind gleichweit entfernt*; sie treten natürlich nicht zugleich auf, sondern nacheinander und werden (auch) hinsichtlich der Entfernung, d. h. metrisch verglichen. „Identisch" können die Entfernungen zweier Objekte ebenso wenig sein wie die Objekte selber. Koinzident mit dem spezifischen Wechsel des Gefühligkeitsgrades eines Gegenstands können die Funktionskurven der zum Reflexsystem gehörigen sensil-sympathischen Apparate mehr oder minder intensiv sein; man darf diese Tatsache aber nicht dahin missverstehen, als ob der Gefühligkeitsgrad des Gegenstands über den Rahmen der Spezifität hinaus nach oben oder nach unten schwanken könne, indem man die Gefühligkeit des Gegenstandes mit den mehr minder hellen Gefühlen oder den mehr minder intensiven sensil-sympathischen (koordinativ, also ausdrucksgemäß registrierbaren) Abläufen verwechselt.

Je weiter die Modalzellen genetisch von der Sensilität entfernt sind, desto näher liegen sie der Idealität, desto begriffiger und desto geringfühliger sind ihre Aktualitäten. Bei weiterer Entfernung kann auch die Assoziation des phänomenalen Individuums mit den Wortzellen, deren Aktualitäten die Bezeichnung dieses Individuums ist, unsicher sein, d. h. abwechselnd zu der einen oder zu der anderen von mehreren Wortzellgruppen verlaufen. Dass sich bei Entfernungsänderungen *auch die Koordinatik* ändert, indem die bei verschiedenen Entfernungen auftretenden Aktualitäten je eine andere (spezifische) koordinative Symbolkomponente haben, wurde schon gesagt. Die Helligkeit der Aktualitäten steht zur Entfernung in keinem bestimmten Verhältnis; es kann also eine nähere Aktualität heller sein als eine entferntere und umgekehrt. Die Helligkeit steht ja auch zum Gefühligkeitsgrad in keinem bestimmten Verhältnis, sondern entspricht der Intensität des die aktuelle Zelle passierenden Passformenstroms.

Das Gesetz der Entfernung gilt für *alle Objekte*, also für die optischen, akustischen, taktilen usw. Es gilt auch für die *Begriffe*; die Individualbegriffe sind unter den Begriffen die höchstgefühligen und nächstlokalisierten, die Endbegriffe die geringstgefühligen und weitestentfernten. Auch die *Gefühle* sind verschieden weit entfernt, d. h. je spezifisch entfernt, z. B. ist der Herzschmerz lokativ vom Kopfschmerz oder Hautschmerz verschieden und sind die einzelnen Hautschmerzaktualitäten wiederum lokativ verschieden usw. Auch die sensile Sphäre entwickelt sich im Gange der Entwicklung des gesamten Organismus. Die infantilen Gefühle sind genetisch andere als die Gefühle der Erwachsenen, wie jede Erfahrung zeigt und wie es ja auch gar nicht anders sein kann. Es muss also den einzelnen Gefühlszellen und ihren Aktualitäten eine größere oder geringere genetische Entfernung zur Modalität, den Gefühlen also ein geringerer bzw. höherer Grad von Gegenständigkeit zugesprochen werden. Hierzu stimmt auch die Tatsache, dass die Entwicklung des Organismus wie der Hirnrinde eine Erweiterung im Sinn der zunehmenden „Vergegenständlichung" ist, dass also die gegenständliche Welt (dann auch die begriffliche Welt) entwicklungsmäßig an Ausbreitung, Reichhaltigkeit sehr viel mehr als die Gefühlswelt gewinnt. Man darf also schließen, dass die jeweils neu auftretenden Gefühle, soweit sie den jeweiligen peripheren Regionen zugeordnet sind, also entfernter sind, auch gegenständiger (und somit gewissermaßen „wenigergefühlig") sind als die bisher

existenten. Hiernach gilt das Gesetz der Entfernung auch für die Gefühlswelt.

Die *Genauigkeit* (Präzision) der *Lokalisation* ist verschieden. Je heller und je präziser die Aktualität ist, desto genauer ist sie lokalisiert. Dies gilt für alle Zentren. Ganz allgemein bestehen aber zwischen den einzelnen Zentren Unterschiede in der Genauigkeit der Lokalisation der Aktualitäten. Die optischen Gegenstände sind – wenigstens bei den „Augentieren" (also den Gehirnwesen, deren Sehzentrum reicher entwickelt ist als die übrigen Zentren) – am genauesten lokalisiert. Weniger genau die akustischen Gegenstände, zumal die reinen Töne. Die taktilen und die thermischen Gegenstände sind in gewissen Regionen sehr genau, in anderen (z. B. Rückenregion) weniger genau lokalisiert. Die gustatorischen und die olfaktorischen Gegenstände sind allesamt auf die beiden Bezirke Mund bzw. Nase lokalisiert, ohne dass die einzelnen Gegenstände jedes Sinnes sich lokalisatorisch merklich voneinander abheben. Die koordinativen Gegenstände sind genau lokalisiert.

Die gegenständliche Welt liegt also zum Teil außerhalb, zum Teil innerhalb des Organismus. Unter den Sinnesfunktionen sind die optischen und die akustischen am reichsten entwickelt, und die Mehrzahl der optischen und der akustischen Gegenstände liegt außerhalb des Organismus. Mit Rücksicht auf diese biologische Dominanz des optischen und des akustischen Zentrums kann man die Lokalität der Gegenstände kurz und ungenau verallgemeinernd so beschreiben: *Die Welt der Gegenstände ist die Außenwelt. Die Welt der Gefühle ist die Innenwelt*; sie erstreckt sich bis zur Körperoberfläche, und diese bildet den Übergang in die Außenwelt, gehört also als Grenzbezirk der Gefühlswelt zu dieser, als Grenzbezirk der Gegenstandswelt zu dieser. Das Gefühl, das besonders prägnant den Übergang von der Gefühls- zur Gegenstandswelt demonstriert, ist der Hautschmerz, also der in die Haut lokalisierte taktile und thermische Schmerz; die übrigen Hautgefühle sind weniger präzise lokalisiert. Die Außenwelt überschneidet sich also innerhalb gewisser Sinnesgebiete lokalisatorisch mit der Innenwelt, ohne aber darin mit ihr als der Gefühlswelt identisch zu sein.

Die Außenwelt erstreckt sich bis zum *Horizont.* Der Horizont ist die jeweils von der Sensilität genetisch am weitesten entfernte modale Aktualitätenreihe; sie ist schon hochgradig (aber unter fünfzig Prozent) begriffig und unter allen Gegenständen am wenigsten gefühlig. Der Horizont ist die *Grenze der Gegenstands- zur Begriffswelt.* Im Laufe der Entwicklung der Hirnrinde des Menschen, speziell der modalen Denksphäre, „erweitert sich der Horizont". Er liegt beim ganz jungen Kind ganz nahe, derart, dass der kindliche Körper nur zum Teil innerhalb des Horizontes liegt. Erst allmählich reifen von der Sensilität genetisch weiter entfernte Modalitäten bis zu aktueller Funktion heran, erscheinen also weiter entfernte Gegenstände, rückt der Horizont weiter ab. Diese Entwicklungen vollziehen sich schematisch in der Weise, dass zuerst die hungergefühligen, dann die angst-, dann die schmerz-, dann die trauer-, endlich die freudegefühligen Aktualitäten erscheinen. An einem neu auftauchenden Komplex sind zunächst die hohlen Umrisse da, an sie schließen sich engere Kreise an, die in die Schwelle übergehen; an der Schwelle erscheint „der Kern" als primäre schmerzgefühlige Aktualitätenreihe des den Umriss Erfüllenden, Geraden, das nunmehr zerlegt, stückweise hervortritt und dann in seiner Gänze sich präsentiert, entweder als vom Umriss, der Höhlung sich Ablösendes und Abgelöstes oder als die Höhlung füllend zum Komplex gehörig. In dieser Weise „lernt" der Mensch jeden neuen Komplex „kennen"; in dieser Weise vollzieht sich alle Forschung. Den modalen Vorgängen entsprechen hinsichtlich der Reihenfolge die konfungenten Gefühlsreflexe: Hunger, Angst, Schmerz, Trauer, Freude.

Die Entfernung des Objekts vom Subjekt kann nicht gemessen werden. Messbar ist lediglich die interobjektive oder *interpolare Entfernung,* die Entfernung der Objekte voneinander, und zwar gelten die gegenständlichen zeiträumlichen Maße in erster Linie (direkt) den Gegenstandsreihen, übertragen (indirekt) für Gefühls- und Begriffsreihen.

Das *Messen der Entfernung zweier Gegenstände* voneinander ist die Abgrenzung einer Gegenstandsreihe, deren erster und letzter Gegenstand diejenigen sind, deren Entfernung voneinander gemessen wird. Die zwischen beiden Punkten liegenden Gegenstände können ersetzt werden von standardisierten Gegenständen (Messinstrumenten wie Metermaß usw.), und die Reihe dieser Gegenstände kann (einzeln oder in der Mehrzahl) zahlenmäßig beschrieben werden. Phänomenal ist nur das Objekt da, und zwar als immer-anders; die Objekt*reihe* als solche und damit alle Messung sind lediglich *phänomenologische* Tatsachen. Die anschauungsgemäße Entfernung z. B. der Sonne (Aktualität einer speziell nahe der Grenze gegen die Idealität liegenden Modalzellgruppe) ist überhaupt nicht messbar; messbar ist nur die Entfernung der Sonne von einem anderen Gegenstand, z. B. von der Erde oder „mir" als einer Gegenstandsreihe; diese interobjektische Entfernung sowie ihre zahlenmäßige Entsprechung ist also lediglich Beschreibungstatsache, mit der die Tatsache der polaren Entfernung nicht verwechselt werden darf. An Missverständnisse gewöhnt, betone ich, dass es mir natürlich nicht einfällt, die logischen mathematischen Berechnungen irgend anzuzweifeln; ich zeige nur ihren biologischen Ort auf und weise darauf hin, dass man auch die mathematische Beschreibweise nicht mit der so beschriebenen Phänomenalität verwechseln, also z. B. die errechnete „Entfernung der Sonne" nicht mit der anschauungsgemäßen polaren Entfernung der Sonne identifizieren darf.

1.3.4 Genische und trophische Gegenstände

Wie die Gefühle, so klassifizieren sich auch die Gegenstände nach Genik und Trophik. Wir unterscheiden also genische und trophische Gegenstände; andere gibt es nicht. Die genischen und die trophischen Gegenstände sind hunger-, angst-, schmerz-, trauer-, freudegefühlig usw. Die genischen bzw. trophischen Gegenstände sind die Aktualitäten der zu den genischen bzw. trophischen Reflexsystemen gehörenden Modalzellen. Über die Organisation der genischen und der trophischen Reflexsysteme habe ich berichtet, und es bleibt hier zu betonen, dass auch die sensorischen Reflexsysteme genische und trophische sind und mit den genischen bzw. trophischen sympathischen Reflexsystemen den genischen bzw. trophischen Persönlichkeitsanteil bilden. Wie für die

Sensilzellen, so gilt auch für die Modalzellen (wie überhaupt für alle Zellen): Genisch sind die Zellen, die vorwiegend (über fünfzig Prozent aller eintretenden Passformen) genische, in der Minderzahl trophische Passformen aufnehmen; trophisch sind die Zellen, die vorwiegend (über fünfzig Prozent aller eintretenden Passformen) trophische, in der Minderzahl genische Passformen aufnehmen. Wir müssen also streng genommen von vorwiegend genischen und vorwiegend trophischen Zellen und Aktualitäten sprechen; dieses „vorwiegend" ist aber, wie bereits betont, in den Wörtern genisch und trophisch mitgedacht.

So wie es keine „rein" (einhundert Prozent) genische oder trophische Aktualität gibt, existiert auch *kein „rein" genisches oder trophisches* zusammengesetztes *Individuum*. Alle diese Individuen bestehen vielmehr aus genischen und trophischen Aktualitäten und sind streng genommen vorwiegend genisch und vorwiegend trophisch; dieses „vorwiegend" wird aber wie bei der Beschreibung der Aktualität implizit mitgedacht. Ein assoziatives System setzt sich also aus genischen und trophischen Aktualitäten in spezifischer und spezifisch variabler Relation zusammen; diese Zusammensetzung ist individual-, gruppen-, und artspezifisch. Ein Individuum, das für die eine Spezies genisch ist, kann für die andere trophisch sein usw.; natürlich sind die beiden Individuen nicht „dieselben", sondern nur nahe verwandt und gleichnamig. Für den Juwelier sind Perlen und Edelsteine trophische Individuen; für den „Liebhaber" sind sie genische Individuen; für manche Juweliere sind sie stark genisch „akzentuiert" (er „liebt" seine Kostbarkeiten), für manchen Käufer stark trophisch akzentuiert (er will sein Geld anlegen); endlich sind sie für manchen Händler, solange er im Geschäft ist, stark trophisch, sobald er aber z.B. seiner Geliebten ein Kollier schenkt, stark genisch. Analoges gilt für den Buchhändler, der zugleich Bibliophile ist, für den Bankier, der zugleich Chrysophile oder Numismatiker ist, für den Pferdezüchter, der zugleich „Philippos" oder Hippophile ist, für den Förster, der über das berufliche Interesse hinaus Wild und Wald liebt, usw. Diese Variationen können darin bestehen, dass einmal vorwiegend die

trophischen, das andere Mal vorwiegend die genischen Anteile eines Individuums aktuell sind, oder dass der eine Mensch ein Individuum überhaupt als trophisch, der andere das gleichnamige Individuum als genisch erlebt. Solche Unterschiede in der Struktur und Funktionsperiodik der assoziativen Systeme finden sich auch in verschiedenen Lebensaltern (z.B. ist die Mutterbrust für den Säugling trophisch, die Frauenbrust für den erwachsenden und erwachsenen Menschen genisch) und natürlich besonders ausgeprägt bei verschiedenen Spezies. Auch diese Variationen können innerhalb der normalen Grenzen liegen oder sie überschreiten; in den letzteren – krankhaften – Fällen besteht eine Atrophie (Involutio praecox) oder eine Hypertrophie der genischen oder der trophischen Anteile eines genischen oder eines trophischen Assoziationssystems; so kann die Liebe zum Beruf und der Beruf zur Liebhaberei werden.

Der allgemeinen Struktur der Individuen aus genischen und trophischen Aktualitäten entspricht die *Beschreibung*. Sie ist Symbolanalyse und stellt die Eigenschaften und Funktionen des Beschriebenen wortlich heraus, ist dem Beschriebenen konstitutiv nahverwandt; sie ist selber genisch oder trophisch, besteht aus genischen und trophischen phänomenologischen Aktualitäten. Es zeigt sich das Gesetz: *Jedes einfache oder zusammengesetzte Individuum wird genisch und trophisch beschrieben*; in der Beschreibung treten die genischen und trophischen Konstituenzien (Ingredienzien, Komponenten des Beschriebenen) wortlich auf, oder: Die Beschreibung entspricht der Tatsache der genisch-trophischen Zusammengesetztheit jedes Individuums. Dabei ist die Beschreibung der genischen Individuen vorwiegend genisch, d.h. die genische Beschreibung ist reicher entwickelt (ausführlicher usw.) als die trophische, das Individuum wird als genisches beschrieben, nebenher kann auch der trophische Anteil angegeben werden. Ebenso wird das trophische Individuum hauptsächlich als solches, wird hauptsächlich trophisch beschrieben, nebenher auch genisch. Viele Individuen sind nahezu „zu gleichen Teilen" genisch und trophisch zusammengesetzt; sie werden auch demgemäß nahezu äquivalent genisch und trophisch beschrieben. Die Tatsache der Assoziation zwischen Beschriebenem und seiner Beschreibung fällt zusammen mit der Tatsache der konstitutiven Entsprechung; die Beschreibung, die jemand von einem phänomenalen Individuum gibt, kann also niemals „falsch" sein, derart, dass sie dem beschriebenen Individuum nicht entspricht; sie kann nur von der durchschnittlichen (üblichen, normalen) abweichen und lässt dann untrüglich erkennen, dass, worin, inwieweit auch das Beschriebene vom durchschnittlich Erlebten, von der normalen Phänomenalität abweicht. Die Tatsache allein schon, dass jedes Individuum genisch und trophisch beschrieben wird (werden kann), ist ein vollgültiger „Beweis" für die Zusammengesetztheit des Individuums aus genischen und trophischen Anteilen.

In der Formel „um die Hand anhalten" hat die Hand ausgeprägt genischen Charakter; sie ist aber auch ein typisches Arbeitsgerät. Die Blüte ist das Genitale der Pflanzen, aber die Befruchtung ist mit trophischen Vorgängen verbunden, es entwickelt sich die Frucht, die aus trophischen und genischen Anteilen besteht und demgemäß beschrieben wird. Die sogenannte ungeschlechtliche Fortpflanzung bei niederen Tieren und Pflanzen ist natürlich dennoch ein genischer Vorgang, stets aber verbunden mit trophischen Veränderungen – wie denn eben eine hundertprozentige Genik ebenso wenig existiert wie eine hundertprozentige Trophik. An dieser Tatsache ändert nichts der Gebrauch vieler Wörter im genischen wie im trophischen Sinn, z. B. Produkt, Erzeugnis, Entwicklung usw.; solche Wörter sind eingeschaltet in genische und in trophische Beschreibweisen und gehören zu den sogenannten Äquivokationen, die jeweils sinngemäß zu verstehen, aber nicht etwa „abzuschaffen" sind.

Vom Menschen-, Tier- und Pflanzenreich wird das *Mineralreich* unterschieden. Die Unterscheidung „lebendig" und „tot" ist zur Abgrenzung dieser Reiche untauglich, sie ist *unbiologisch*: jede Aktualität, auch die mineralische, ist Funktionseigentümlichkeit einer Denkzelle und somit „lebendig" wie diese selber. *Wir unterscheiden „organisch" und „anorganisch"* und wissen, dass die Unterschiede der organischen und anorganischen Individuen solche der Organisation der assoziativen Systeme sind (abgesehen natürlich davon, dass jede Aktualität von der vorigen und der folgenden verschieden ist, dass die Aktualität immeranders ist). Somit finden sich alle die Veränderungen, die wir als *Lebensvorgänge* zu bezeichnen pflegen, *auch innerhalb des Mineralreiches*, d. h. eben die Mineralien verändern sich in ihrer spezifischen Weise, aber nie anders als genisch und trophisch, wie auch die Denkzellen, deren Aktualität die Mineralien sind, nie anders als genisch und trophisch sich verändern. Die Chemie spricht von der Affinität der Elemente und beschreibt damit ihr genisches Verhältnis; sie spricht vom Wachsen der Kristalle und beschreibt damit trophische Vorgänge. Die Sonne, ein anorganischer Komplex, gilt als Ernährerin und Zeugerin, und die (angebliche) Entstehung der Himmelskörper aus dem Nebelzustand auf dem Weg der Gasverdichtung, ihr Altern usw. kann nur als genischtrophischer Vorgang gemäß allen chemisch-physikalischen, allen biologischen Vorgängen beschrieben werden.

Die anorganischen Aktualitäten sind entweder zu *anorganischen* Individuen vereinigt oder bilden mit organischen Aktualitäten *gemischte* Individuen. In beiden Fällen sind sie trophisch und genisch, also vorwiegend trophisch und vorwiegend genisch. Viele Arbeitsgeräte und andere Arbeitsgegenstände sind rein anorganisch; sie sind trophische Individuen mit genischen Ingredienzien, die auch in der Beschreibung genannt werden. Der Pflug z. B. ist ein trophisches Werkzeug des Bauern, aber er bereitet die Befruchtung des Ackers vor, seine Funktion wird verglichen mit der des Penis, der Acker mit der Frau (Koitus auf dem Feld als Befruchtungszauber usw.), er hat einen „genischen Einschlag", der allerdings hinter der Trophik weit zurückbleibt, sodass man den Pflug nicht etwa als genisches Werkzeug bezeichnen darf oder bezeichnet (diese Bezeichnung findet sich nur im Witz und in einer Psychoanalyse, die die Genik und Trophik noch nicht unterscheiden gelernt hat). Gewisse Arbeitsgeräte können im genischen Gebiet auftreten, z. B. der Federhalter, mit dem ein Liebesbrief geschrieben wird; die beim Schreiben eines Liebesbriefs betätigten Muskelzellen sind vorwiegend genische, die beim Schreiben eines Geschäftsbriefs betätigten sind vorwiegend trophische, im ersteren Fall sind auch trophische, im letzteren auch genische Muskelzellen beteiligt; ein Liebesbrief ist vom Geschäftsbrief durchaus verschieden. Genische anorganische Individuen sind auch die Kunstwerke; auch sie haben einen mehr oder minder ausgeprägten trophischen Einschlag, auch in der Beschreibung (werden gekauft usw.). Selbstverständlich kann auch die Wissenschaft nur Genisches und Trophisches und zwar genisch und trophisch beschreiben, eine Tatsache, die freilich vielen Leuten, insbesondere denen, die in ihrer mangelhaften Einsicht alles Genische ("Sexuelle") verachten, merkwürdigerweise unbekannt ist oder von ihnen heuchlerisch ignoriert wird.

Wir haben hier über die optischen Individuen gesprochen; was über sie gesagt wurde, gilt analog auch für die zum Bereich der übrigen Zellen gehörenden Objekte. Ganz allgemein ist zu sagen: Die Objekte sind Aktualitäten der Denkzellen, Symbole ihrer Komponenten; diese sind entsprechend der Struktur des menschlichen Organismus genische und trophische; demnach können auch die Aktualität und die Aktualitätenreihe (das zusammengesetzte Individuum) nur genisch und trophisch sein, d. h. vorwiegend genisch oder vorwiegend trophisch. Genik und Trophik sind also nicht mit scharfer Grenze voneinander geschieden, sie greifen ineinander über; diese Tatsache darf aber nicht missdeutet werden, etwa derart, dass man nun Genik und Trophik überhaupt noch nicht oder nicht mehr unterscheidet (Freud) oder eine einheitliche "Urkraft" annimmt, aus der sich die Genik und die Trophik abgespaltet hätten, oder eine Urkraft "Libido" (C. G. Jung) fingiert, die sich unter Umwandlungen in den verschiedenen genischen und trophischen Vorgängen manifestiere. Es lässt sich für derartige Theorien keine phänomenale Tatsache anführen; niemals verwandelt sich die Genik in die Trophik und umgekehrt, stets sind die genischen und die trophischen Individuen, die genischen und die trophischen Eigenschaften und Funktionen voneinander zu unterscheiden und nichts spricht für einen gemeinsamen Ursprung, auch nicht etwa die Tatsache, dass manche Individuen zu verschiedenen Zeiten und im Erleben und Beschreiben verschiedener Zeitgenossen aus mehr genischen oder aus mehr trophi-

schen Anteilen bestehen, oder die, dass sich innerhalb des trophischen Gebiets auch genische und innerhalb des genischen Gebiets auch trophische Funktionen vollziehen. Die Psychobiologie hält sich an die Tatsachen, sie hütet sich davor, die Tatsachen, etwa im Interesse des Einpassens in ein theoretisches System, zu deuten, fiktional zu beschreiben. Und zu diesen Tatsachen gehört auch die, dass es genische und trophische Individuen gibt, genische und trophische Gefühle, Gegenstände und Begriffe und gar keine anderen, und dass diese Individuen auch nur genisch und trophisch beschrieben werden.

1.3.5 Weibliche (negative) und männliche (positive) Gegenstände

Die Aktualität ist jetzt und hier (gegenwärtig, lokalisiert). Die Lokalisiertheit ist eine *essenzielle* und eine *koordinative*, d. h. zu den Symbolkomponenten der Aktualität gehören die koordinativen, nämlich die kinästheto-, die stato- und die topophilen Symbolkomponenten. Die Aktualität ist nicht bloß der Entfernung nach lokalisiert, sondern zugleich (im Sinn der biologischen Symbolik) der Lage, der Kraft (dem Gewicht) und der Richtung nach. Sie ist, als Symbol ("Erinnerung" an die vorausgehenden und folgenden, darüber hinaus alle möglichen Aktualitäten), niemals isoliert, "absolut", sondern stets Glied einer Reihe und innerhalb dieser Reihe koordinativ bestimmt, lage-, kraft- und richtungsmäßig eingeordnet, steht zur vorhergehenden und zur folgenden Aktualität im spezifischen lage-, kraft- und richtungsmäßigen Verhältnis (Zusammenhang). Eben dieser Zusammenhang, dieses Eingeordnetsein ist gegeben in der koordinativen (genauer: koordinatophilen) Symbolkomponente, oder: die Aktualität ist spezifisch eingeordnet als Symbol der koordinativen Symbolkomponenten, der in der aktuellen Zelle anwesenden kinästheto-, stato- und topophilen Passformen.

Die *kinästhetischen, statischen und topischen* (koordinativen) Passformen sind, wie alle anderen, in hunger-, angst-, schmerz-, trauer- und freudegefühlige zu rubrizieren. Das koordinative Zentrum (die Kleinhirnrinde) ist mit allen übrigen Rindenzentren reich assoziiert. Jede Denkzelle nimmt nur spezifische Passformen auf, auch koordinative. Die modale Hungerzelle nimmt also vorwiegend hungergefühlige Passformen auf, also auch vorwiegend hungergefühlige koordinative Passformen, daneben auch Passformen aller anderen Gefühlsspezies. Es findet sich also jeweils in jeder Modalzelle – wir wollen hier paradigmatisch die optischen beschreiben mit dem Hinweis, dass das Analoge für alle übrigen Zentren zutrifft – eine spezifische Kombination (auch) von kinästheto-, stato- und topophilen Passformen, und zwar in einer modalen Hungerzelle vorwiegend hunger-, in einer modalen Angstzelle vorwiegend angst-, in einer modalen Schmerzzelle vorwiegend schmerzgefühlige koordinatophile Passformen usw. Je nach der Kombination, die also der Spezifität der Denkzelle entspricht, bestimmt sich die Koordinatik der Aktualität, hier also des optischen Gegenstandes.

Die kinästhetischen, die statischen und die topischen Aktualitäten registrieren die Lage bzw. die Kontraktionsintensität bzw. die Funktionsrichtung der zugeordneten Muskelzellen, und zwar die hunger- und die angstgefühligen Aktualitäten die Lage usw. der Beuger (der Hunger- und der Angstmuskeln), die trauer- und freudegefühligen Aktualitäten die Lage usw. der Strecker (der Trauer- und Freudemuskeln), die schmerzgefühligen Aktualitäten die Lage usw. der Dreher (deren Anordnung mehr der der Beuger oder mehr der der Strecker nahe kommt oder die Beugern oder Streckern beigesellt sind). Beugungen sind Krümmungen bis zur Kreislinie, die hier nicht als mathematischer „Kreis", sondern allgemein als Rundung zu verstehen ist; Streckungen sind Aufkrümmungen bis zur Geraden; Drehungen sind Spiralen, Schleifen, Ecken, Knickungen. Demgemäß sind die koordinativen Aktualitäten, die ja eben den Beugungen, Streckungen und Drehungen der zugeordneten Muskeln entsprechen, runde, gerade oder gedrehte Reihen, und zwar sind rund die hunger- und die angst-, gerade die trauer- und die freude-, gedreht die schmerzgefühligen Reihen, entsprechend der Gefühlsspezies der zugeordneten Muskeln.

Gehen wir von der Kontraktion der Hungerfasern einer Muskelgruppe aus, so entspricht jeder Kontraktionsphase eine hungergefühlige kinäs-

thetische, statische, topische Aktualität (sofern das koordinative Zentrum, also das kinästhetische, das statische und das topische Zentrum überhaupt aktuell fungieren). Je mehr die Hungerkontraktion in die Angstkontraktion übergeht, desto mehr nimmt der Angstanteil der entsprechend hungergefühligen koordinativen Aktualitäten zu, bis dann die koordinativen Angstzellen, entsprechend der Kontraktion der zugeordneten Angstmuskeln, aktuell fungieren; hierbei hat sich die runde Reihe der hungergefühligen Aktualitäten entsprechend der Änderung der Muskelkontraktionen in die enger gerundete Reihe der angstgefühligen Aktualitäten fortgesetzt, ohne dass natürlich etwa aus einer hunger- eine angstgefühlige Aktualität geworden wäre. Nunmehr erfolgt im vollständigen „Muskelerlebnis" die Drehung, also die Kontraktion von Drehmuskeln der tätigen Muskelgruppe, demgemäß die gedrehte Reihe der schmerzgefühligen koordinativen Aktualitäten; diese Reihe nähert sich mehr der runden oder mehr der geraden Anordnung und ist oft in die hunger-, angst- oder trauerfreudegefühlige eingegangen, sodass allerlei Variationen des Übergangs (der Schwelle) vorkommen, die eine Eduktion der Anordnungen auf rund und gerade gestatten, wobei das Gedrehte als zum Runden oder zum Geraden gehörig, bzw. das Rund und das Gerade auch als gedreht vorkommend angegeben wird. Es folgt die Kontraktion der beteiligten Trauermuskeln, die beginnende Streckung, die sich in kurzen, langsamen Rhythmen an die Drehung anschließt; es hat also die Streckmuskulatur nunmehr das Übergewicht, demgemäß schließen sich an die schmerzgefühligen koordinativen Aktualitäten die trauergefühligen an, entsprechend der Aufkrümmung ebenfalls der Geraden sich nähernd, um so mehr, je mehr nun auch schon die Freudemuskeln sich kontrahieren, also der Freudeanteil der trauergefühligen Aktualitäten zunimmt. Schließlich geht die ganze Bewegung in vollkommene Streckung, Aktionen der Freudemuskeln, entsprechend freudegefühlige gerade koordinative Reihen aus. In dieser Reihenfolge vollziehen sich sämtliche vollständigen Muskelerlebnisse, werden also die Muskelaktionen koordinativ registriert (bei unvollständigen kann diese oder jene Gefühlsspezies zurücktreten); die Delokationen werden im koordinativen Zentrum sozusagen rückgängig gemacht, d.h. die entsprechenden koordinativen Aktualitäten registrieren die Aktionen der Muskeln als undeloziert, d.h. gemäß der Gefühlsspezies, der die Muskeln als Ausdrucksapparate angehören.

Die kinästhetischen Reihen beschreiben wir als links und rechts, hinten und vorn, unten und oben, und zwar kann ein kinästhetischer Punkt „links" oder „hinten" usw. einer runden oder einer geraden Reihe angehören, also hunger- oder angst- bzw. trauer- oder freudegefühlig bzw. schmerzgefühlig sein (selbstverständlich ist der Punkt in jedem Fall ein anderer). Die topischen Reihen beschreiben wir als horizontal (links- und rechtswärts), sagittal (rück- und vorwärts), vertikal (ab- und aufwärts), und auch diese Punkte „linkswärts" oder „vorwärts" usw. gehören runden oder geraden Reihen an. Die statischen Reihen beschreiben wir als waagrecht, senkrecht und pfeilrecht, und zwar gehören die Punkte „waagrecht", „senkrecht", „pfeilrecht" wiederum runden oder geraden Reihen an. Dass beim Rechtshänder die Reihen „links-linkswärts" und die entsprechende statische Reihe „waagrecht", ferner „hinten-rückwärts" und die entsprechende statische Reihe „pfeilrecht", ferner „unten-abwärts" und die entsprechende statische Reihe „senkrecht" überwiegend rund (also hunger-angstgefühlig) sind, die Reihen „rechts-rechtswärts" und die entsprechende statische Reihe „waagrecht", ferner „vorn-vorwärts" und die entsprechende statische Reihe „pfeilrecht", ferner „oben-aufwärts" und die entsprechende statische Reihe „senkrecht" überwiegend gerade (also trauer-freudegefühlig) sind, werde ich bei der Darstellung der Schreibbewegung mitteilen; umgekehrt beim Linkshänder. Zu bemerken ist noch, dass (auch) innerhalb der Koordinatik unzählbare Nuancen (Interferenzen) der jeweiligen Konstitution der Denkzellen und ihrer Aktualitäten vorkommen, also z.B. allerlei schräge Richtungen der Links-Linkswärts-Reihen oder der Waagerecht-Reihen usw. usw. Die Beugung des Körpers z.B. ist topisch eine Ab-vor-links- oder -rechtswärts-Bewegung mit entsprechenden statischen Interferenzen senk-pfeil-waagerecht und kinästhetischen Ingredienzien vorn; die entsprechenden koordinativen Reihen sind vorwiegend hunger- und angstgefühlig, also Rundungen. Die Drehung ist koordinativ eine Interferenzreihe schmerzgefühliger kinästhetischer, statischer und topischer Ingredienzien (Funktion von Drehmuskeln: Obliqui usw.). Die Aufrichtung aus der Beugung ist topisch eine Auf-rück-links- oder -rechtswärts-Bewegung mit entsprechenden statischen Interferenzen waag-pfeil-senkrecht und kinästhetischen Ingredienzien hinten: Überwiegen der Strecker über die Beuger, zuerst Trauerstadium (Beginn der Streckung), dann Freudestadium (volle Streckung). Die Spezifität gilt wie für alle Denkzellen auch für die kinästhetischen, die statischen und die topischen.

Die Tatsache, dass sich jede Aktualität – wir sprechen hier z.B. von den optischen Gegenständen – an einem koordinativen Ort befindet, dass sie koordinativ bestimmt ist, verstehen wir so: Es ist das spezifische koordinative Ingrediens, die spezifische Kombination der spezifischen kinästheto-, stato- und topophilen Passformen in der aktuellen Denkzelle anwesend und Symbolkomponente der Aktualität. Die mögliche Koordinatik der Aktualitäten entspricht den möglichen Aktualitäten des koordinativen Zentrums und ihren Nuancen und Kombinationen. Ein Gegenstand kann zum vorhergehenden, jetzt nicht mehr aktuellen Gegenstand nur links oder rechts, hinten oder vorn, unten oder oben, ferner in waagrechter oder senkrechter oder pfeilrechter Ebene, endlich in links- oder rechtswärtiger-, vor- oder rückwärtiger-, ab- oder aufwärtiger Richtung liegen, d.h. an einem koordinativen Ort, der die spezifischen kinästhetischen, statischen und topischen Bestimmtheiten in symbolischer Homogenität mit den übrigen Symbolkomponenten, also einheitlich darstellt. Weder die kinästhetische noch die statische noch die topische Symbolkomponente noch irgendeine andere ist separat wahrnehmbar, sondern sie sind in die Homogenität des Symbols eingegangen. Die koordinativen Passformen sind in mannigfachster Relation kombiniert, der möglichen Interferenzen (z.B. Schrägrichtungen) gibt es unzählige; so kann ein Gegenstand links-vorn-oben-schräg-aufwärts, ein anderer rechts-hinten-oben-schräg-rückwärts lokalisiert sein usw. usw.

Hierbei kann der Gegenstand, wie ohne Weiteres ersichtlich, Punkt einer krummen, kurvigen, allgemein gesagt: runden oder einer geraden Linie sein, auch einer gedrehten Linie, die ich aber bei „rund" und „gerade" immer mit meine; natürlich ist in jedem Fall der Gegenstand ein anderer. Die koordinative Position des Gegenstandes, nämlich ob der Gegenstand Punkt einer Runden oder einer Geraden ist, entspricht der Anordnungsweise der koordinativen Aktualitäten; sind also die in der aktuellen Modalzelle anwesenden koordinativen Passformen vorwiegend solche, denen rund bzw. gerade angeordnete koordinative Aktualitäten entsprechen, dann ist der Gegenstand Punkt einer runden bzw. einer geraden Linie. Die rund angeordneten koordinativen Aktualitäten sind aber die hunger- und angst-, die gerade angeordneten die trauer- und freudegefühligen; die schmerzgefühligen sind rund oder gerade (eckig, gedreht usw.) angeordnet. Somit ist der Gegenstand Punkt einer runden bzw. einer geraden Linie, je nachdem das koordinative Ingrediens der aktuellen Zelle vorwiegend hunger- oder angst- oder schmerzgefühlig bzw. vorwiegend schmerz- oder trauer- oder freudegefühlig ist. Nun nimmt aber die Hungerzelle vorwiegend hungergefühlige, die Angstzelle vorwiegend angstgefühlige, die Schmerzzelle vorwiegend schmerzgefühlige, die Trauerzelle vorwiegend trauergefühlige, die Freudezelle vorwiegend freudegefühlige Passformen auf. Und so ergibt sich das *Gesetz: Die hunger- und die angstgefühligen Aktualitäten* (kurz: Hunger- und Angstaktualitäten) *sind rund, die trauer- und die freudegefühligen Aktualitäten* (kurz: Trauer- und Freudeaktualitäten) *sind gerade, die schmerzgefühligen Aktualitäten* (kurz: Schmerzaktualitäten) *rund oder gerade (gedreht usw.) angeordnet.* Und zwar sind die Hungeraktualitäten in relativ weiten, die Angstaktualitäten in relativ engen Rundungen, die Traueraktualitäten in relativ kurzen, die Freudeaktualitäten in relativ langen Geraden, die Schmerzaktualitäten in Windungen, Ecken usw. (Runden oder Geraden) angeordnet.

Die hungergefühligen Reihen sind (leere) Einbuchtungen, Höhlungen, Umrandungen. Die angstgefühligen Reihen sind der Schwelle zustrebende (leere) Verengungen der Höhlungen, also Öffnungen (z.B. innerhalb des Darmrohrs Abschlussteile von Darmschlingen, am Magen die zum Pförtner strebende Verengung einschließlich Teile des Pförtners, im Zimmer die zur Tür hinstrebende Verengung usw.). Die schmerzgefühligen Reihen sind als weibliche die Schwellen, der Abschluss der Öffnungen, auch Öffnungen selbst genannt, als männliche die die Öffnung passierenden Geraden; Schwelle wie Gerades kann mehr minder prägnant gedreht, gewunden, verzerrt, eckig, winkelig usw. sein, die Schwelle kann sich ganz zuschließen, das Gerade ein- oder abgeschnitten sein, die Schwelle kann mit der Öffnung verschmelzen (vergleiche Schließmuskeln). Die trauergefühligen Reihen sind kurze, die freudegefühligen lange Geraden, vorragende Anordnungen, die umfasst, in die Schwelle-Öffnung-Höhle aufgenommen, gedreht, gekerbt, zerstückt, zerschnitten, zerrissen werden können und insofern schmerzhaltig sind; alles Erfüllende ist männlich, nur das Hervorragende wird heruntergerissen. Für rund und gerade kann man also auch *gehöhlt* und *gestreckt* sagen. So ist z.B. die Hohlhand rund, gehöhlt, der Handrücken gerade, gestreckt, aufragend, gleichgültig ob die Hand gebeugt, geballt oder ausgestreckt ist; auch bei gebeugter Hand kann der Handrücken niemals eine Ausbuchtung, Höhlung bilden, sondern ist stets eine gerade, bei der Beugung gewinkelt gerade Anordnung (mit gehöhlten Anteilen, z.B. den Buchten zwischen den Knöcheln). Ein Haus ist als Ganzes von außen betrachtet aufragend, ein Gerades, Gestrecktes mit zahlreichen runden, gehöhlten Einsprengseln; von innen betrachtet eine Höhle mit zahlreichen geraden Anteilen. Eine Kugel, die den Lauf des Gewehrs verlässt, ist, sofern sie den Lauf passiert, gerade, gestreckt, auch falls diese Gerade nur ein Punkt (der Kugellänge) ist: Eben dieser Punkt gehört einer Geraden an, und indem sich das Geschoss dreht, einer schmerzgefühligen Geraden; der jeweils berührte Punkt des Laufes ist dagegen Punkt einer (hunger- oder angst- oder schmerzgefühligen) Rundung. Die Stahlmantelgeschosse sind sozusagen verlängerte Kugeln und zeigen prägnanter den geschilderten Sachverhalt. Die Kugel dagegen als Hohlraum (eine Hohlkugel, von innen gesehen) ist ein Rundes. Ein Kind, das den Mutterleib verlässt, ist, insofern es austritt, als Passform ein Gerades, Gestrecktes, obwohl es eine Schädel-, eine Brust-, eine Bauchhöhle usw. hat und ein Mädchen sein kann. Solange es aber im Mutterleib, auch unter der Geburt, sich zusammenkrümmt, ist es ein Hohles, Rundes. *Mit „rund" ist also stets das Gehöhlte, Eingebuchtete, mit „gerade" stets das Vorragende, Vorgewölbte, Gestreckte gemeint.*

Es ist also ein anderes Erlebnis, dass ich an einem Individuum gerade, und ein anderes, dass ich runde Anordnungen wahrnehme. An einem Eisenrohr kann ich die Länge, also gerade Reihen von Aktualitäten „Eisen", oder die Krümmung, also runde Reihen von Aktualitäten „Eisen" erleben; beide gehören zum Komplex „Eisenrohr". Ist das Rohr ganz kurz, also ein Ring, dann überwiegen die runden Anordnungen, der Ring ist *superfeminin*; ist es so lang, dass die geraden überwiegen, so kann es – je nach der Länge – trauergefühlig, ein Stück, oder freudegefühlig, ein Großes sein, ist jedenfalls *supermaskulin*. Erlebe ich die Aktualitätenreihen „Inneres des Rohres", dann ist das Rohr superfeminin, hohl, leer. Ein Eisenstab dagegen ist supermaskulin, die geraden Anordnungen überwiegen die runden. Erlebe ich an einem quer durchgeschnittenen Baumstamm die Jahresringe, dann erlebe ich weibliche Anordnungen am supermaskulinen Individuum. Gehe ich um einen Baumstamm herum, so erlebe ich runde Reihen; blicke ich an ihm empor, so erlebe ich gerade Reihen des supermaskulinen Individuums, usw. Holz, Eisen, Stein usw., kurz alle Substanzen können in runden und in geraden Anordnungen vorkommen: jedesmal sind die Aktualitäten (auch koordinativ) verschieden. Ein Punkt einer geraden Reihe ist niemals Punkt einer runden Reihe. Der Berührungspunkt Kreislinie/Tangente ist als Punkt der Kreislinie ein anderer als als Punkt der Tangente. Niemals hat der Punkt einer Geraden die koordinative Symbolkomponente „rund" und umgekehrt.

Hervorzuheben ist noch folgender Zusammenhang. Die koordinativen Aktualitäten registrieren die Funktionsphasen der zugeordneten Muskelzellen. Indem die Koordinatik der optischen usw. Reihen in der beschriebenen Art und Weise den koordinativen Aktualitätenreihen entspricht, entspricht sie somit auch der Koordinatik der zum Systemkomplex gehörigen Muskeln. Allgemein:

Sämtliche optischen usw. Vorgänge sind hinsichtlich der Koordinatik Entsprechungen der Muskelfunktionen, d. h. aber: *Sämtliche Funktionen* (die vorwiegend koordinativen Veränderungen der Aktualitäten nennen wir „Funktionen") *sind Entsprechungen (Analoga) der Muskelfunktionen.* Die Muskelzellen gehören als Ausdrucksorgane zu ihren Reflexsystemen, die Beuger (Verengerer) zu den Hunger- und Angstsystemen, die Dreher zu den Schmerzsystemen, die Strecker (Erweiterer) zu den Trauer- und Freudesystemen. Zu den Hunger-, Angst- usw. -systemen gehören nun auch die sensilen, modalen und idealischen Hunger-, Angst- usw. -aktualitäten. Mithin ist der Kreis hinsichtlich der Koordinatik geschlossen.

Ein Rundes kann sich immer nur rund, ein Gerades immer nur geradlinig bewegen (koordinativ verändern). Ein *Rad* ist eine Kombination runder und gerader (Speichen) Anordnungen; dreht es sich, dann nehme ich nur die runden Teile des Reifens wie der Speichen wahr. Ich kann also die Speichen derart wahrnehmen, dass die Reihe der Punkte ein konzentrischer (nur unterbrochener) Kreis zum Radreifen ist, oder so, dass ich die Länge der Speiche erlebe. Bewegen sich die geraden Punkte der Speiche, dann fliegt sie aus dem Rad gerade heraus. Dass ich „weiß", dass bei der Raddrehung auch die geraden Punkte der Speichen „noch vorhanden" sind, ist lediglich eine Erinnerungstatsache oder eine Beschreibungstatsache; phänomenal sind sie eben unaktuell, während ich die Raddrehung erlebe, wie sich besonders klar bei großer Geschwindigkeit der Umdrehung zeigt, wobei wir Kreise sehen. Die Erlebnisse sind eben nicht mit einander und auch nicht mit den Beschreibungstatsachen zu verwechseln oder zu identifizieren. Alles Drehen ist übrigens mehr minder schmerzhaltig, schwellenhaft; die bloße Verengung ist keine Drehung. Die Öffnung verengt sich, die Schwelle dreht sich; dreht sich (auch) die Öffnung, dann ist die Bewegung schmerzhaltig und sind Schmerzreihen beteiligt. Je nachdem die Schmerzfasern eines *Schließmuskels* mehr nach der Zirkulären oder mehr nach der Longitudinalen zu angeordnet sind, sind sie weibliche oder männliche; analog die schmerzgefühligen Reihen der Individuen. Sind die Windungen der *Schraube* mehr zirkulär, dann sind sie weibliche Anteile des der Längsachse nach Geraden; sind sie mehr longitudinal, dann sind sie männliche Anteile; in jedem Fall ist die Schraube als Gesamt stark schmerzhaltig, supermaskulin. Sind in einer Höhlung Punkte spiralig angeordnet, dann sind sie, je nachdem sie mehr zirkulär oder mehr longitudinal angeordnet sind, Punkte weiblicher bzw. männlicher Reihen. Die *Schwelle* kann winkelig, eckig sein (z.B. der Türrahmen); man sagt, sie kann aus Geraden zusammengesetzt sein, aber der Fall liegt so: Ich kann einen Türpfosten als Gerade erkennen, dann ist er phänomenal nicht Teil der Schwelle, sondern „selbstständig"; erlebe ich die Umgrenzung der Tür, dann niemals Gerade, sondern immer Rundungen, mögen sie sich auch den Geraden mehr minder annähern, d.h. ich erlebe runde Anteile der Pfosten, deren jeden allein, abgesehen von seiner Zugehörigkeit zur Tür, ich als Gerade erlebe. Dass diese Pfosten, auch falls ich sie „allein" erlebe, zur Tür gehören, ist wieder lediglich Erinnerungstatsache oder Beschreibungstatsache. Eine Schwelle kann zwar zackig, eckig sein und so relativ viele gerade (männliche) Anteile haben, sie ist aber als Ganzes immer vorwiegend rund.

Jeder assoziative Komplex, jedes zusammengesetzte Individuum von mehr oder minder umfangreicher Komplexität („Größe", Verschiedenheit der Teilindividuen) besteht also aus runden und geraden (dazu gedrehten) Reihen von Aktualitäten, die dem Schema nach aufeinander in der Weise folgen, dass sich die geraden an die runden anschließen, sich aus den runden „entwickeln". Auch in dem Entwicklungs-gang der assoziativen Systeme findet sich stets diese Reihenfolge vor. Kurz: *Es gibt nur Rundes und Gerades* (beides auch als Gedrehtes), und zwar *im Gebiet der Genik wie der Trophik*. Die Weite bzw. Enge der Rundungen und die Kürze bzw. Länge der Geraden ist für jeden Vorgang verschieden; innerhalb jedes einzelnen Vorgangs (Erlebnisses bzw. Erlebnisteils) ist die Hungerreihe stets umfangreicher, weiter gerundet als die Angstreihe und die Trauerreihe stets kürzer als die Freudereihe; im Vergleich mit anderen Vorgängen kann aber die Angstreihe weiter sein als die verglichene Hungerreihe und die Trauerreihe länger als die verglichene Freudereihe.

Die Umrandung, die Rundung ist nun das *Negative*, das Gerade das *Positive*. In diesem Sinn sind also rund und negativ, gerade und positiv synonym. Die hunger- und die angstgefühligen Reihen sind negativ, die trauer- und die freudegefühligen Reihen sind positiv, die schmerzgefühligen, je nachdem sie gerundet oder gerade sind, negativ oder positiv. – Diesem eduktiven Sinn der Wörter negativ und positiv, den die Psychobiologie herausstellt, kommt ziemlich nahe der Sinn, in dem diese Wörter in der Physik und Chemie, in der Grammatik und in der Mathematik gebraucht werden. Die Physik spricht z.B. von negativen und positiven Elektronen, die Chemie spricht von elektronegativen (Anion) und -positiven (Kation) Bestandteilen derjenigen chemischen Verbindungen, die in wässriger Lösung den elektrischen Strom leiten (aller starken Säuren und Basen sowie aller Salze), usw. Die Grammatik unterscheidet Negationen und Affirmationen. Ähnlich die Logik, die negative und positive Urteile unterscheidet, und ähnlich die Mathematik.

Diejenigen zusammengesetzten Individuen, die vorwiegend aus Rundungen bestehen, nennt man, soweit es sich um Menschen handelt, *Frauen* oder *Weiber*, soweit es sich um Tiere handelt, *Weibchen*; soweit es sich um Pflanzen handelt, *weiblich*. Diejenigen Individuen, die vorwiegend aus geraden Anordnungen zusammengesetzt sind, nennt man, soweit es sich um Menschen bzw. Tiere bzw. Pflanzen handelt, *Männer* bzw. *Männchen* bzw. *männlich*. Diese Klassifikation erstreckt sich nun auch auf das *anorganische Reich*, wie schon die Sprache erweist, die alle Dinge, auch die anorganischen Individuen, mit einem weiblichen oder männlichen Artikel ausstattet oder mittels spezieller Endigungen jeden einzelnen Gegenstand als weiblich oder als männlich kennzeichnet (das grammatisch „Sächliche", das Neutrum, ist nicht etwa ein Individuum, das weder weiblich noch männlich wäre, sondern ein solches, dessen „Geschlechtscharakter" noch nicht klar differenziert ist).

Die Eigenschaftswörter *weiblich* und *männlich* sind mehrdeutig. Zunächst heißt „weiblich" soviel wie *weibartig*, „männlich" soviel wie *mannartig*, z.B. in der Formel „weibliche, männliche Pflanze". Dieser Sinn liegt übrigens auch in den Wörtern

„Weibchen" und „Männchen" für Tiere. Es wird der Vergleich mit dem Menschenweib und -mann gezogen. Weiterhin bedeutet „weiblich" soviel wie *zum Weibe*, „männlich" soviel wie *zum Manne gehörig*. Hiernach sind alle Teile der Frau, die runden und die geraden, weiblich, alle Teile des Mannes, die geraden und die runden, männlich; ja jede einzelne zur Frau gehörige Aktualität ist weiblich, jede zum Mann gehörige männlich. Weiterhin ist „weiblich" Bezeichnung für die *Merkmale, die die Frau vom Mann unterscheiden*, und „männlich" Bezeichnung für die *Merkmale, die den Mann von der Frau unterscheiden*. Diese Merkmale sind zunächst (für den Primitiven) die Genitalien: das Weib hat da „nichts", eine Öffnung, Höhle, der Mann „etwas", einen Gegenstand, ein Vorragendes. Je mehr sich der Komplex „Weib" und der Komplex „Mann" differenzierten, desto mehr (primäre, sekundäre, tertiäre) Geschlechtsunterschiede wurden aufgefunden, desto mehr entwickelte sich das naive Erleben und Beschreiben der Geschlechter zur Wissenschaft. Man entdeckte, dass die Frau auch Männliches, der Mann auch Weibliches hat, ja dass die Genitalien der Frau und des Mannes Analoga sind (dem Penis des Mannes entspricht die Klitoris der Frau, dem Uterus der Frau entspricht die Prostata des Mannes usw.), dass Frau und Mann ab ovo „bisexuelle" Wesen sind. Die Anatomie und die Physiologie erweiterten sich zu minutiöser Beschreibung, die Psychologie und Charakterologie suchten die „seelischen" Unterschiede zwischen Frau und Mann zu ergründen. Indes bei aller Vertiefung der Forschung blieb die Frage nach dem *Wesen* des Weiblichen und des Männlichen ungelöst. Die Psychobiologie hat erkannt, dass die wesentliche Frage nur entwicklungsgeschichtlich zu lösen ist: Ausgehend von den prägnantesten Merkmalen, der unterschiedlichen Beschaffenheit der Genitalien, die schon vom Primitiven (im phylo- und ontogenetischen Sinn) beobachtet wird, haben wir gefunden, dass überhaupt bei der Frau die runden, beim Mann die geraden Anordnungen überwiegen und dass hierin der wesentliche Unterschied zwischen Frau und Mann besteht. Die Rundungen sind also das „spezifisch Weibliche" an der Frau, die Geraden das „spezifisch Männliche" am Mann. *Die Rundungen* (Einbuchtungen, Höhlen, Öffnungen) *sind „das Weibliche", die Geraden* (gestreckten, vorragenden Anordnungen) *sind „das Männliche".* Oder: *Die Hunger- und die Angstaktualitäten* (und zwar die sensilen, modalen und idealischen) *sind „das Weibliche", die Trauer- und die Freudeaktualitäten sind „das Männliche", die Schmerzaktualitäten sind weiblich oder männlich.*

Bezeichnen wir die Rundungen als „feminin", die Geraden als „maskulin", so ist die Frau ein *superfeminines*, der Mann ein *supermaskulines* Individuum – und ebenso kommen die Bezeichnungen allen anderen vorwiegend aus Rundungen bzw. vorwiegend aus Geraden bestehenden Individuen, auch den anorganischen, zu. Es ist klar, dass *„weiblich" und „männlich" als Bezeichnungen für das „Runde" und für das „Gerade" nicht ausschließlich innerhalb der Genik, sondern auch innerhalb der Trophik Anwendung finden:* auch die trophischen Reihen sind rund und gerade, auch sie sind weiblich und männlich.

Rund, negativ, weiblich sind somit Synonyma, ebenso wie gerade, positiv, männlich. Im Ablauf eines assoziativen Systems schließen sich die männlichen an die weiblichen Aktualitäten (die geraden an die runden) an, gehen raumzeitlich aus den weiblichen hervor. Die Kugel, die den Lauf passiert, das Kind, das sich durch den Geburtskanal durchbohrt, -dreht, -windet, der Mensch, der ein Zimmer, ein Haus verlässt, der Baum, der aus der Erde wächst, usw. – alle Individuen, die aus einer Höhlung austreten, sind eben als Austretende gerade, männlich; ebenso alle Individuen, die in eine Höhle eintreten, als eintretend, z.B. die Speise, der Trank usw. in den Mund, die Luft in die Nase usw., der Speisebrei aus dem Magen in den Darm, der Finger in die Westentasche, der Bleistift in die Hülse, der Degen in die Scheide usw. usw. Ein Übergang von weiblich zu männlich und umgekehrt kommt also niemals vor. Dagegen sind die assoziativen Systeme, wie bezüglich der Genik und Trophik beschrieben, individual-, gruppen- und artspezifisch aus weiblichen und männlichen Anteilen zusammengesetzt, und diese Zusammensetzung ist spezifisch variabel. So bestehen gewisse assoziative Komplexe bei gewissen Völkern vorwiegend aus weiblichen, bei anderen vorwiegend aus männlichen

Reihen (die Sonne, der Mond usw. usw.). Solche Unterschiede finden sich in der Phylogenese wie in der Ontogenese in der Weise, dass innerhalb eines fertigen Systems jetzt mehr weibliche, dann mehr männliche Aktualitäten auftreten, ohne dass dabei das Individuum als Ganzes seinen „Geschlechtscharakter" ändert. Analog kann die Beschreibung bald mehr den weiblichen, bald mehr den männlichen Anteil des Beschriebenen herausstellen. Auch hierin gibt es eine normale Variationsbreite und eine Überschreitung dieser Norm, also krankhafte Erlebnisse und Beschreibungen.

1.4   Von den Begriffen

1.4.1   Entwicklung und Gefühligkeit der Begriffe

Gegen Ende der Fetalzeit reifen Gefühls-, dann Gegenstandszellen zu (fetal-)aktueller Funktion heran. Die Geburt selbst ist ein umfangreicher Entwicklungsschub auch der Hirnrinde; es mehren sich Zahl und Differenzierungsgrad der zu aktueller Funktion fähigen Denkzellen. Bald nach der Geburt – zu individuell verschiedenem Zeitpunkt – setzt auch die (infantil-)aktuelle Funktion von Begriffszellen ein, das erste Wiedererkennen, die erste begriffliche Erinnerung findet statt. Diese Entwicklung schreitet in individual-, gruppen- und artspezifischen Kurven während der folgenden Lebensperioden bis zu einem gewissen Höhepunkt vorwärts.

Die Begriffe sind die *Erinnerungen*. Zu einem vollständigen kortikalen Reflexsystem gehören, wie beschrieben, Gefühls-, Gegenstands- und Begriffszellen. Die Begriffszellen sind mit den zum System gehörenden Gefühls- und Gegenstandszellen derart verbunden, dass sie ihre Passformen aus ihnen erhalten, wobei diese sich aus der Sensilität bzw. Modalität zur Idealität umwandeln. Je nachdem, ob die Begriffszelle mit einer Gefühls- oder einer Gegenstandszelle im System direkt verbunden ist, ist der Begriff Erinnerung „an" das Gefühl oder „an" den Gegenstand. Die Sukzession Gefühl → Begriff und Gegenstand → Begriff nennt man *Wiedererkennen* und *Vergleichen*.

Auch für die Begriffe gilt das Gesetz: Mit zunehmender genetischer Entfernung des Objekts von der Sensilität mindert sich seine Gefühligkeit. Die Gefühligkeit der Begriffe nimmt also ab, je weiter die Begriffszelle von der sensilen Sphäre genetisch entfernt ist; die Gefühligkeit wie ihre Variabilität ist spezifisch. Es gelten die betreffenden Ausführungen über die Gefühligkeit der Gegenstände (1.3.1) auch für die Begriffe. Die Gefühligkeit der Begriffe ist stets geringer als die der zugeordneten Gegenstände; ein gegenständlicher Mensch ist also stets höhergefühlig als die zugehörige Begriffsreihe, das „Erinnerungsbild" dieses Menschen. Je weniger gegenständig, je mehr begriffig ein Begriff ist, desto geringer ist der Grad seiner Gefühligkeit. Mit zunehmender Differenzierung des Begriffs mindert sich – spezifisch – seine Gefühligkeit. Die mit Begriffen koinzidierenden sensil-sympathischen „Erregungen" oder interkurrierenden Gefühle sind in der Regel relativ wenig intensiv.

Wir unterscheiden nach den fünf Grundgefühlen *hunger-, angst-, schmerz-, trauer- und freudegefühlige Begriffe*; das hierzu von den Gegenständen Gesagte gilt auch für die Begriffe. Zu einem hungergefühligen Gegenstand gehört genetisch der entsprechende hungergefühlige Begriff, zu einem angstgefühligen Gegenstand der angstgefühlige Begriff usw. Wir unterscheiden ferner *genische* und *trophische* Begriffe und Begriffsindividuen, stellen uns also Liebespartner (die wir natürlich nur begrifflich umarmen können), Nahrungsmittel (an denen wir uns freilich gegenständlich nicht sattessen können) usw. begrifflich vor. Sinngemäß gelten die Ausführungen über die Gegenstände auch für die Begriffe.

1.4.2   Gliederung der Begriffssphäre

Die Begriffssphäre zerlegen wir in *drei funktionelle Zonen*: der ersten Zone gehören die *„einfachen" Begriffe, die Individualbegriffe* an, die Erinnerungsbilder, die unmittelbar dem erinnerten gegenständlichen Individuum entsprechen; zur zweiten Zone rechnen wir die *primären Kollektivbegriffe*, diejenigen Begriffe, die je das Gemeinsame, den „Typus" einer Gruppe von Individualbegriffen darstellen; zur dritten Zone gehören die *sekundären* oder *finalen Kollektivbegriffe*, auch *Endbegriffe* genannt, das sind diejenigen Begriffe, die je eine Gruppe von Typen, also von primären Kollektivbegriffen, einheitlich umfassen.

Die Begriffszellen *erster Zone* sind hauptsächlich assoziiert mit den Gegenstandszellen, deren Aktualitätenreihe erinnert wird. Karl sieht seinen Vater „leibhaftig", d. h. gegenständlich, er trennt sich dann von ihm und hat nun ein Erinnerungsbild, den zum gegenständlichen Komplex „Vater" gehörigen Begriffskomplex „Vater". Diese Begriffszellen sind der Modalität noch dicht benachbart, ihre Aktualitäten noch ziemlich gegenständig (Karl erinnert sich „so deutlich, als ob der Vater vor ihm stünde" usw.), sie stellen also einen (Karls) Vater begrifflich dar.

Die Begriffszellen *zweiter Zone* sind jede hauptsächlich assoziiert mit einer Anzahl Begriffszellen erster Zone, nämlich denjenigen, deren Aktualitäten in den Typus eingehen, den der Begriff zweiter Zone darstellt. Es wandern also aus diesen Begriffszellen erster Zone Passformen, sich entsprechend, d. h. zu einem höheren Grad von Begriffigkeit umwandelnd, in die Begriffszelle zweiter Zone ein, und die Aktualität dieser Zelle bildet mit anderen gleichartigen, d. h. zum begrifflichen assoziativen System gehörenden Aktualitäten zusammen das begriffliche Individuum, das den Typus aller zum System gehörigen Begriffe erster Zone (Individualbegriffe) darstellt. In unserem Beispiel ist der Begriffskomplex zweiter Zone eine Aktualitätenreihe, die viele Väter als einheitlichen (kollektiven) Typus darstellt, indem sie mehr oder weniger zahlreiche, eine Gruppe von Erinnerungsbildern gegenständlicher Väter (Großväter usw.) in Form einer biologischen Einheit „in sich begreift". Karl kennt natürlich nicht bloß seinen, sondern auch noch andere Väter gegenständlich. Dieser Begriffskomplex zweiter Zone stellt also das Gemeinsame mehrerer oder vieler Väter als gestaltetes, „ganzheitliches" Begriffsindividuum dar, ist ein „Abbild", eine „Idee", in die mehrere oder viele Väter eingegangen sind, die also für alle diese Väter „zutrifft" oder „passt".

Die Begriffszellen *dritter Zone* sind jede hauptsächlich assoziiert mit einer Anzahl Begriffszellen zweiter Zone, nämlich denjenigen, deren Aktualitäten in den finalen Typus eingehen, den der Be-

griff dritter Zone, der Endbegriff darstellt. Die in die Begriffszellen dritter Zone eintretenden Passformen stammen also hauptsächlich aus zum System gehörigen Begriffszellen zweiter Zone, und ihr Übergang ist eine Umwandlung im Sinn einer Zunahme des Grades der Begriffigkeit, wobei die Gegenständig- und die Gefühligkeit entsprechend abnehmen. Man kann natürlich in jeder Zone Unterzonen annehmen, also in der dritten Zone solche Zellschichten, deren Aktualitäten weniger, und solche, deren Aktualitäten mehr, schließlich solche, deren Aktualitäten alle Typen zweiter Zone umfassen. Ich nenne die Aktualitäten aller Begriffszellen dritter Zone „Endbegriffe". Zwischen den Zonen gibt es natürlich Übergänge; sie sind nicht etwa gegeneinander scharf abgegrenzt. In unserem Beispiel stellen also die Aktualitäten der Begriffszellen der dritten, von der Modalität genetisch am weitesten entfernten Zone das Gemeinsame von noch mehr Vätern, schließlich von allen Vätern, das Väterliche schlechthin als gestaltetes, ganzheitliches Begriffsindividuum dar.

Solcher im funktionellen Sinn nach Art einer *Pyramide* sich aufbauende Begriffssysteme gibt es zahlreiche in der Hirnrinde. Die Basis der *primären* Pyramide ist die Anzahl der analogen Gegenstände bzw. ihrer Begriffe erster Zone, die Spitze ist der primäre Kollektivbegriff; dieser kann mit gleichartigen Begriffen die Basis einer *sekundären* Pyramide sein, deren Spitze der zugehörige Endbegriff ist, und diese letztere Pyramide umfasst sämtliche zum System gehörigen primären Pyramiden. In den phylischen und ontischen Frühstadien entwickeln sich Begriffe erster Zone, später Begriffe der zweiten Zone, also primäre Pyramiden dieser Zellsysteme, erst um die (phylische und ontische) Reifezeit entwickeln sich auch Endbegriffe, sekundäre Pyramiden, und diese Entwicklung erreicht ihren Höhepunkt um die Zeit der Lebenshöhe eines Volks oder Einzelwesens, die keineswegs mit der Reife im üblichen Sinn der Pubertät, des „Mündigseins", zusammenfällt. Auch in der Periode der Lebenshöhe sind nicht sämtliche Gruppen analoger gegenständlicher Individuen bzw. ihre einfachen Begriffe Basen selbstständiger Pyramiden, wenigstens nicht sekundärer; wir haben also nicht für alle gegenständliche Gruppen eigene Endbegriffe, jedoch gibt es auch darin individuelle Variationen. Dagegen sind auch die Gruppen, die nicht eigene Endbegriffe haben, anderen Systemen angeschlossen, gehören indirekt somit auch zu sekundären Pyramiden und werden in gewissen Endbegriffen, zumal den ultimären, d. h. den „umfassendsten", mit einbegriffen. Es ist hier von der optischen Begriffssphäre paradigmatisch die Rede. Wie die optische, so ist auch die Begriffssphäre der übrigen Zentren gegliedert, nur ist da im Allgemeinen die Zoneneinteilung weniger ausgeprägt.

Der pyramidenartige Aufbau der Begriffssphäre, der genetisch-funktionell gemeint ist, lässt sich für verschiedene Reflexsystemgruppen nachweisen. Wir sehen ein *Tier*, z. B. ein Pferd gegenständlich, d. h. erleben eine spezielle Aktualitätenreihe, die wir Pferd nennen. Wir können uns dieses Pferdes erinnern; das Erinnerungsbild ist ein Begriffsindividuum erster Zone, ein Individualbegriff. Wir können uns mehrerer Pferde erinnern, und diese Begriffsindividuen sind die Basis einer primären Pyramide, an deren Spitze der primäre Kollektivbegriff steht, ein Begriffsindividuum, das diese erinnerten Pferde einheitlich darstellt. Solcher Begriffstypen gibt es mehrere; sie sind Kollektivbegriffe der verschiedenen Varietäten der Pferde. Diese Begriffstypen sind wiederum Basis einer sekundären Pyramide, an deren Spitze der Gesamtbegriff „Pferd" steht, die endbegriffliche Darstellung aller Pferde, das begriffliche Pferd als allgemeiner Typus, ein analog sämtlichen Pferden gestaltetes, sie in biologischer Einheit umfassendes Begriffsindividuum, sozusagen „*das* Pferd", „das Pferd an sich", „die Idee des Pferdes".

Analoge endbegriffliche Individuen gibt es auch für die anderen Tierspezies. Sie bilden die Basis von Pyramiden höherer Ordnung, an deren Spitze ein umfassenderer Typus steht; so gibt es einen endbegrifflichen Typus aller Säuger, aller Vierfüßer, aller Vögel, aller Insekten usw., und vielleicht existiert in manchen Begriffssphären ein höchstes Begriffsindividuum, das alle die hochkollektiven Begriffe wiederum einheitlich in sich fasst: das *Tier* als solches, das Tier überhaupt, „die Idee des Tieres".

Das Analoge gilt für die begriffliche *Pflanzenwelt*. Ich erinnere mich der gegenständlichen Rose, eben dieser einen Rose; aber solcher einfacher Begriffe gibt es mehrere nächstanaloge, sie sind die Basis einer Pyramide, an deren Spitze der Begriffstypus dieser Varietät Rose (z. B. aller Marschall-Niel-Rosen) steht. Solche Begriffstypen sind wiederum Basis sekundärer Pyramiden, mit höherkollektiven Begriffsindividuen an der Spitze usw. Schließlich mag es einen endbegrifflichen Typus geben, der „die Pflanze als solche" darstellt, der alle Pflanzen „in sich begreift", „die Idee der Pflanze" (vergleiche Goethes Schema).

In gleicher Weise ist auch die begriffliche Welt des *Anorganischen* aufgebaut. Ich sehe ein Haus gegenständlich vor mir, habe dann ein Erinnerungsbild dieses Hauses, ein Begriffsindividuum der ersten Zone. Das Haus sei ein Miethaus, wie es viele gibt. Für jedes dieser Wohnhäuser oder doch für viele oder mehrere existiert je ein Erinnerungsbild, Individualbegriff. Diese Erinnerungsbilder gehen in einen primären Kollektivbegriff, die Aktualitätenreihe einer Begriffszellengruppe der zweiten Zone ein; dieser Begriff ist der Typus der Miethäuser, des Miethauses. Ihm sind genetisch koordiniert Kollektivbegriffe anderer „Haustypen", also der Landhäuser, der Schlösser, der Schulen, der Amtsgebäude, der Kirchen, der Fabriken usw. Analoge Begriffstypen sind Basen sekundärer Pyramiden mit einem umfassenderen Begriffsindividuum an der Spitze, z. B. stellt dieses den Typus aller Wohnhäuser (einschl. Villen, Schlösser usw.) oder aller Amtsgebäude dar. Alle diese hochkollektiven Begriffsindividuen – und damit alle zum Komplex „Haus" gehörigen Begriffsindividuen – gehen endlich ein in ein letztes Begriffsindividuum, „das Haus als solches", das Haus überhaupt, den endbegrifflichen Typus Haus, die „Idee des Hauses", die sozusagen das Charakteristische aller gegenständlichen und begrifflichen Häuser biologisch-einheitlich darstellt. Die Beispiele lassen sich beliebig mehren.

1.4.3   Begriff und Abbildung

Die Begriffe sind nicht mit den „Abbildungen" oder „Bildern" zu verwechseln, die der Mensch von den gegenständlichen Individuen herstellt, also mit Bildhauereien, Bildgießereien, Malereien, Fotografien, Zeichnungen usw., schließlich

Schriftzeichen. Alle diese Bilder sind gegenständlich; sie sind, wie in Abschnitt 6.1 dargelegt, optische Darstellungen der Koordinatik des Dargestellten, und diese stimmt zur spezifischen Gefühligkeit des Dargestellten. Indem die Koordinatik (Gestalt, Gliederung) jedes Individuums spezifisch ist und die Koordinatik seines Bildes ihr (möglichst genau, „naturgetreu") entspricht, ist die Ähnlichkeit zwischen Abgebildetem und Bild gegeben: Je genauer die Koordinatik des Bildes der des Abgebildeten entspricht, desto ähnlicher ist das Bild. Die übrigen Eigenschaften (bis etwa auf die Farbigkeit) und die Funktionen spielen bei diesem Vergleich keine Rolle. Es kann also ein Mensch, ein Tier, eine Pflanze usw. „in" Holz oder Stein oder Metall oder Papier oder „auf" Papier abgebildet werden, das „Material" ist unwesentlich, erhöht weder noch mindert die Ähnlichkeit oder Unähnlichkeit zwischen Abgebildetem und Bild.

Das Bild kann nun ein solches sein, das nur einem einzelnen Individuum entspricht; Frau M. lässt sich porträtieren, so ist das Bild eben nur „ihr" Bild, und Frau M. und alle ihre Bekannten werden das Bild auf Ähnlichkeit mit ihr kontrollieren und dem Maler zu schaffen machen. Es gibt aber auch Bilder, die das Gemeinsame einer Gruppe analoger Individuen darstellen; die Judith des Jan Matsys ist das Bild eben der einen Judith, die den Holofernes getötet hat, die Venezianerin des Pierfrancesco Bissolo dagegen ist „der Typus" der venezianischen Schönen. In dieser gegenständlichen Typisierung liegt eine Art *Abstraktion*, eine *Stilisierung* vor: die optische Darstellung einer mehreren oder vielen analogen Individuen zukommenden Koordinatik in biologischer Einheitlichkeit, eine Art Verschmelzung der Koordinatik jedes zur Gruppe gehörigen Individuums. Damit ist eine Entfernung von dem einzelnen Individuum gegeben, und diese Entfernung, diese Abstraktion kann zunehmen, die Gruppe von Individuen, deren Koordinatik ein Bild, eine Skulptur, eine Zeichnung einheitlich darstellt, größer und größer werden. Die Venus des Giorgione ist das Bild einer schönen, liebesfähigen Frau, darüber hinaus eine abstrakte einheitliche Zusammenfassung aller schönen, liebesfähigen Frauen; Botticellis „Die Wahrheit und die Verleumdung" liegt durchaus

im Abstrakten, stellt die typische Haltung der die Wahrheit sagenden und der verleumdenden Menschen als zwei Frauenbildnisse dar. Courbets „Ringer" zeigt uns den Typus der Ringkämpfer und Klingers Marmorstatue „Badendes Mädchen" ist einfach die Abbildung der mädchenhaften Figur schlechthin. Memlings „Sturz der Verdammten" (Danzig, ehemals Marienkirche) oder Matisses „Tanz" stellen allgemein menschliche Leiber dar.

Der Weg dieser Abstraktion setzt sich weiter fort bis zu Stilisierungen, die mehr und mehr das Grundsätzliche der Koordinatik bildlich darstellen, gleichgültig ob diese Abstraktion von Menschen oder Tieren oder Pflanzen oder anorganischen Individuen ausgeht. Wir zeichnen also zuletzt nur noch einfache runde und gerade und gedrehte Linien, bilden also Höhlen, Öffnungen und gerade gegenständliche Anordnungen ab, als die Aktualitätenreihen, aus denen sich die komplexen Individuen zusammensetzen. Ein Beispiel ist Goethes Schema der Pflanze. *Solche Zeichnungen sind auch die Schriftzeichen.* Andere gleichabstrakte Darstellungen sind die architektonischen Gebilde (Baupläne und die Bauten selbst), Maschinen und Apparate (Zeichnungen der Konstrukteure und ihre Ausführungen) im weitesten Sinn. Zu diesen Apparaten gehört u. a. das Kreuz als die umfassende Darstellung nicht nur der grundsätzlichen Koordinatik der menschlichen Gestalt, sondern aller Individuen überhaupt.

Wir haben hier das Wort „Abstraktion" in einem allgemeinen Sinn gebraucht, erinnern uns aber, dass dieses Wort und ebenso „Abstraktum" bereits in einem bestimmten Sinn von der Sprachwissenschaft verwendet wird, worüber ich in Abschnitt 2.1 berichten werde. Im Interesse einer klaren Terminologie bezeichne ich die „bildliche Abstraktion" als *Stilisierung* und respektiere den Anspruch der Grammatik auf das Recht, Abstraktion und Abstraktum in ihrem speziellen Sinn zu verwenden.

Es leuchtet ein, dass der Weg der Stilisierung große Ähnlichkeit mit dem der begrifflichen Typisierung hat. Ersterer verläuft sozusagen in der Horizontalen, Letzterer in der Vertikalen. Aber Ersterer verläuft im Gegenständlichen, Letzterer eben im Begrifflichen. Die stilisierten Typen sind Darstellungen der Koordinatik des Dargestellten, „das Material" spielt keine wesentliche Rolle; die Begriffe und Begriffstypen dagegen entsprechen den zum System gehörigen gegenständlichen Individuen „im Ganzen", z. B. der Begriff Mensch, auch der Endbegriff Mensch ist nicht bloß die Darstellung der individuellen oder schematischen Koordinatik des gegenständlichen Menschen, sondern stellt den ganzen Menschen, die ganzen Menschen, den Menschen als solchen in der begrifflichen Wesenheit einheitlich dar; das Kreuz z. B. kann nicht Endbegriff des Menschen sein, sondern ist Stilisierung in letzter Eduktion.

Zudem gehören zu den Reflexsystemen, deren modale Aktualitäten die Bilder sind, auch Idealzellen, zu den gegenständlichen Bildern also Begriffsindividuen, Erinnerungen an die gegenständlichen Bilder. Ich kann mich z. B. einiger bildlicher (gemeißelter, geschnitzter, gemalter, gezeichneter) Darstellungen des „Sündenfalls" erinnern; diese Begriffsindividuen der ersten Zone gehen ein in ein Begriffsindividuum der zweiten Zone, das also alle diese Darstellungen in begrifflicher Einheit darstellt. Diese Begriffsindividuen der zweiten Zone können die Basis einer sekundären Pyramide sein, an deren Spitze ein Begriffsindividuum steht, das alle Bilder, die den Menschen etwa im Stadium der Versuchung darstellen, in sich begreift. Ein solcher Typus kann freilich auch als gegenständliche Stilisierung existieren, und derer kann ich mich wiederum erinnern, und dieses Erinnerungsbild kann mit anderen die Basis einer primären und weiterhin sekundären Pyramide bilden, an deren Spitze ein Begriffsindividuum steht, das den Menschen in seinem grundsätzlichen Erlebnis, im Übergang aus der einen in die andere Lebenssphäre darstellt. Die Begriffe der Stilisierungen sind Erinnerungen an die Bilder „im Ganzen", nicht etwa bloß ihrer Koordinatik, sondern auch des „Materials" usw.

Je mehr sich die Stilisierungen der Darstellung der grundsätzlichen Koordinatik, also den einfachen runden und geraden Figuren nähern, desto mehr nähern sich auch ihre Begriffe dem Allgemeingültigen. Die Krümmungen (Kurven) gehen schließlich auf dem Weg der Stilisierung in die Rundung oder in die Gerade ein, die beide auch als gedreht auftreten, und demgemäß sind auch

die Begriffe gestaltet. Wir haben die Erinnerung an eine bestimmte Rundung, z. B. an einen Fingerring; der nächste Kollektivbegriff ist ein Begriffsindividuum, das alle Fingerringe begriffstypisch darstellt; analoge Begriffsindividuen sind begriffstypische Darstellungen anderer Sorten von Ringen. Diese Begriffstypen gehen in einen Kollektivbegriff „Ring als solchen" ein; analoge Begriffstypen sind z. B. „Rad als solches", „Tor als solches", „Mund als solcher" usw. Das endbegriffliche Individuum ist „die Rundung als solche", *das Runde überhaupt*, die begriffliche Zusammenfassung aller überhaupt vorkommenden Rundungen, also die *endbegriffliche Darstellung des Weiblichen*. In gleicher Weise baut sich die begriffliche Pyramide auf, an deren Spitze das endbegriffliche Individuum „das Gerade als solches", *das Gerade überhaupt*, die begriffliche Zusammenfassung aller überhaupt vorkommenden Geraden steht, die *endbegriffliche Darstellung des Männlichen*. Diese beiden Begriffsindividuen sind durchaus allumfassend, sind das „Nonplusultra" der gesamten Begrifflichkeit; ich nenne sie die *ultimären Begriffe*.

Die *Schriftzeichen* (Buchstaben, Zahlen) sind die weitestgetriebenen Stilisierungen. Sie bestehen aus einfachen runden und geraden Linien, sind nur noch Konturen, die für sämtliche gegenständliche, darüber hinaus auch sämtliche gefühlliche und begriffliche Individuen gelten, wie immer sie individuell auch strukturiert sein mögen. Die Schriftzeichen stellen optisch das Grundsätzliche der Koordinatik vollkommen rein heraus. Den gegenständlichen Schriftzeichen, deren jedes eine Rundung oder eine Gerade oder eine lineare Kombination, auch aus rund und gerade, ist, gehören Begriffe zu, ich kann mich an das A oder B usw. erinnern, d. h. an dieses A, an dieses B. Solcher einfacher Begriffe gibt es mehrere, wie es auch mehrere gegenständliche Buchstaben A oder B usw. gibt. Die einfachen Begriffe, die den verschiedenen Buchstaben A (B usw.) entsprechen, gehen in den Kollektivbegriff ein, der alle A (B usw.) begrifflich umfasst, den Begriffstypus A (B usw.) darstellt. Und diese Begriffsindividuen zweiter Zone sind Basis zweier sekundärer Pyramiden, an deren Spitze die Begriffstypen aller Schriftzeichen stehen: an der Spitze der einen „das Runde überhaupt", an der Spitze der anderen „das Gerade überhaupt", also die ultimären Begriffe. Diese umfassen somit begrifflich auch alle Buchstabenkombinationen (Wörter) und Zahlzeichenkombinationen. Diesen entsprechen zunächst auch wieder je ein Begriffsindividuum erster Zone (Erinnerungsbild an dieses Wort, z. B. Rose, das als geschrieben oder gesprochen mit einer bestimmten Rose assoziiert ist), und zu diesen Begriffen erster Zone gehört ein Begriffstypus, der alle zugehörigen Wörter (z. B. alle Wörter „Rose") begrifflich umfasst. Darüber hinaus gibt es aber nur noch Begriffstypen der Buchstaben, zuletzt die ultimären Begriffe. Wie der optische ist auch der akustische Wortbezirk organisiert. Es gibt also auch zu den abstrakten Wörtern Begriffe; diese muss man als *„abstrakte Wortbegriffe"* oder als „begriffliche Abstrakta" bezeichnen. Man kann die letztabstrakten Wörter als *„Endwörter"* (z. B. sein, nichts, etwas) bezeichnen, demnach ihre Begriffe als *„Endbegriffe"* in einem speziellen Sinn, zumal die „Endwörter" zur Beschreibung der phänomenalen Endbegriffe verwendet werden. Zur Verhütung von Missverständnissen sind die Begriffe der Endwörter als „phänomenologische Endbegriffe" oder „Endwortbegriffe" von den phänomenalen Endbegriffen zu unterscheiden und die Epitheta nur zu entbehren, wo beide Endbegriffe gemeint sind, ein Missverständnis also ausgeschlossen ist.

Bei der großen Ähnlichkeit des Weges der stilisierenden mit dem der begrifflichen Typisierung fragt es sich, ob die Stilisierungen nicht einfach gegenständliche Darstellungen der Begriffstypen sind. Es verhält sich damit folgendermaßen. Ein Begriff ist eben Begriff und kein Gegenstand; *eine gegenständliche Darstellung eines Begriffes als solchen ist unmöglich.* Ebenso wenig wie die unmittelbare („naturgetreue") Abbildung eines Individuums die Abbildung seines Begriffes ist, ebenso wenig sind die Stilisierungen sozusagen Übersetzungen von Begriffstypen in die Gegenständlichkeit; alle gegenständlichen Abbildungen (im weitesten Sinn also, einschließlich Skulpturen usw.) schließen sich assoziativ an gegenständliche *Vorlagen* an, gehen von ihnen aus, sind ihnen „nachgebildet". Diese „Vorlagen" sind Aktualitätenreihen von Modalzellen, deren Passformen unter

entsprechender Veränderung auf dem zugehörigen Reflexweg in die als Ausdrucksorgan zugeordneten Muskeln einfließen und in deren Kontraktionen ihren Ausdruck finden. Die Begriffszellen sind mit der Motorik direkt kaum oder gar nicht verbunden, d. h. ihre Neuriten gehen nicht in die Peripherie bis zu Muskelzellen, sondern teilen sich gleich nach Verlassen der Hirnrinde in zwei Fasern, die ebenso wie ihre Äste (Kollateralen) in die Hirnrinde aufsteigen und Assoziationen zu anderen Denkzellen herstellen; unter diesen gibt es auch solche, die direkt oder indirekt zum motorischen Rindenfeld leiten, und die Ströme, die in ihnen fließen, erreichen über dieses Feld die Muskulatur. Auf diesem indirekten Weg ist die Begriffssphäre – wie ja auch die Gefühlssphäre – an die sensorischen Ausdrucksapparate angeschlossen und an ihren Aktionen – je nach der Intensität der idealischen (bzw. sensilen) Funktionen und ihrem periodischen Wechsel – mehr oder minder intensiv beteiligt. So kommen Ausdrucksweisen zustande, die mehr oder minder reichlich aus der Begriffssphäre (oder aus der Gefühlssphäre, sympathogene Passformen) gespeist sind, und zwar vorwiegend aus den jeweils hochfungenten Denkzellen und Reflexsystemen.

Analoges gilt für die *(wortliche) Beschreibung der Begriffe.* Die Begriffe sind untereinander vielfältig assoziiert. Ein Begriffsindividuum ist nicht bloß an *eine* „Pyramide" angeschlossen, sondern direkt oder indirekt auch mit Begriffszellen assoziiert, die anderen Pyramiden angehören; die eine assoziative Zugehörigkeit ist aber die hauptwegige, die übrigen Assoziationen sind Nebenwege. So sind die phänomenalen Begriffe auch mit den ihnen entsprechenden phänomenologischen oder Wortbegriffen assoziiert; ein phänomenales Begriffsindividuum ist direkt *begrifflich,* mit einem Wortbegriff und einer Wortbegriffsreihe zu beschreiben. Das einfache Begriffsindividuum „Mensch", also das Erinnerungsbild eines bestimmten Menschen, ferner aber auch die Kollektivbegriffe „Mensch" sind mit den Wortbegriffen „Mensch" und zahlreichen weiteren, den Menschen beschreibenden Wortbegriffen assoziiert; diese Wortbegriffe „Mensch" werden als solche nicht unterschieden, sie „lauten" allesamt „Mensch", wohl aber werden sie mittels Epitheta unterschieden, also der einfache Begriff „Mensch" als „dieser, der eine Mensch", die Kollektivbegriffe als „Typus Mensch" usw. beschrieben. Der phänomenale Endbegriff „Mensch" ist identisch mit „Gott" oder „Göttin" oder „Engel" und wird so beschrieben, kann aber auch als „Mensch schlechthin" („Mann überhaupt", „Frau überhaupt", „Kind überhaupt" oder „Idee des Mannes" usw.) bezeichnet werden (vgl. Christus, „des" Menschen Sohn und Gottes Sohn).

Von dieser begrifflichen Beschreibung der Begriffe ist die *gegenständliche Beschreibung* zu unterscheiden. Zwar „klingen" die gegenständlichen (optischen und akustischen) Wörter den begrifflichen ganz ähnlich; sie sind einander ebenso ähnlich wie die anderen Begriffe ihren Gegenständen. Die sogenannte „innere Sprache", das ist eben die Wortbegriffsreihe, ist aber nicht bloß mit den zugehörigen gegenständlichen Wörtern, sondern auch mit den entsprechenden phänomenalen Begriffen, also dem begrifflich Beschriebenen assoziiert, während die gegenständlichen Wörter nur mit den entsprechenden gegenständlichen Individuen hauptwegig assoziiert sind, mit den Begriffsindividuen nur in der Weise, dass, wie oben beschrieben, (auch) idealische Passformen unter entsprechender Umwandlung über das motorische Feld der Hirnrinde in die sensorischen Neuriten und über diese in die sensorischen Sprechmuskeln einfließen, somit an deren Aktionen, dem Sprechen, beteiligt sind. Ebenso wie die *Beschreibung der Gefühle* nur eine *indirekte* ist, ebenso kann *auch* ein *Begriff nur* in der *indirekten* Weise gegenständlich beschrieben werden. Mit gegenständlichen Worten können immer nur Gegenstände beschrieben werden; wer Gefühle oder Begriffe mit gegenständlichen Wörtern beschreibt, beschreibt sie *nach Art* der Gegenstände, analog den Gegenständen, d.h. benutzt bestimmte Wörter, die eigentlich Gegenständliches beschreiben, zur Beschreibung von Gefühlen und Begriffen (selbst „Gefühl" und „Begriff" sind ursprünglich Gegenstandsbezeichnungen. Gefühl zu fühlen, althochdeutsch fuolan gleich berühren, tasten; Begriff zu greifen; beides z.B. als Funktion der Hand).

Der geringere oder größere sympathogene Anteil an der Funktion des sensorischen Sprechapparats zeigt sich an der Tonalität und dem Rhythmus, an der oft primitiv-undifferenzierten Struktur (vergleiche Schrei, Interjektionen, Lyrik) der Wörter als akustischer Gegenstandsreihen, an der Nuancierung ihrer Koordinatik – aber Gegenstände bleiben bei alledem die Wörter. Und sie bleiben es auch im Fall der koordinativen Nuancierung nach der Begrifflichkeit hin, also in dem Fall, dass ideogene Passformen in stärkerem Maße sich an den Sprechfunktionen beteiligen, d.h. Begriffe beschrieben werden (wie man kurz und ungenau sagen kann). Wer also *„aus der Erinnerung"* erzählt (ein Reisender von seinen Erfahrungen, ein Zeuge vor Gericht über einen Vorfall usw.), beschreibt unter starker Beteiligung ideogener Passformen Gegenständliches gegenständlich. Dabei kann ihm das berichtete Erlebnis „klar vor dem geistigen Auge stehen", wie man die Tatsache der (als solche noch nicht erkannten) begrifflichen Aktualität bezeichnet; es kann die der beschriebenen gegenständlichen Situation entsprechende begriffliche Situation aktuell sein und danach die Wortreihe geschrieben oder gesprochen werden. Bei alledem werden niemals Begriffe (Begriffsreihen, begriffliche Situationen) direkt beschrieben, sondern immer nur Gegenständliches, und zwar hier mit koordinativer Nuance zur Begrifflichkeit hin. Auch für diese Beschreibung, also für die der Begriffe (kurz und ungenau gesagt), stehen gewisse Wörter zur Verfügung; im Allgemeinen ist das Kennzeichen der Begriffsbeschreibung das *grammatische Tempus* (die zeitliche Koordinatik): Während die Gefühle und die Gegenstände in der Form der Gegenwart beschrieben werden, werden die Begriffe regelmäßig in den Formen der Vergangenheit und der Zukunft beschrieben, selten in der Form der Gegenwart (z.B. bei unseren Darlegungen über das Wesen der Begriffe, in allen Fällen, in denen die Koordinatik der beschriebenen Gegenstände mit der der zugehörigen Begriffe übereinstimmt). Weiteres über Tempora im Abschnitt 2.7.

Die eigentlich adäquate Beschreibung der Begriffe ist die begriffliche Beschreibung, die Beschreibung in Wortbegriffen. In dieser begrifflichen Weise können wir auch Gefühle und Gegenstände beschreiben, wobei die Assoziation von dem Gefühls- oder Gegenstandskomplex über die zugehörigen Begriffszellen (die nicht jedesmal aktuell zu fungieren brauchen) zu den entsprechenden Wortbegriffszellen verläuft. Bei der begrifflichen Beschreibung der Begriffsindividuen kann auch kein Zweifel bestehen, dass die Begriffsindividuen als solche, als Begriffe beschrieben werden. *Inadäquat ist* dagegen *die gegenständliche Beschreibung der Gefühle und der Begriffe*, ihre Beschreibung in gegenständlichen Wörtern. Jeder, der die biologische Struktur und Funktion der Hirnrinde und der Reflexsysteme nicht kennt, muss dem *Irrtum* anheimfallen, *als ob mit den gegenständlichen Wörtern nun auch gegenständliche Eigenschaften und Funktionen der Gefühle und der Begriffe angegeben würden*; ja er wird diesen Irrtum noch nicht einmal als solchen erkennen, sondern *wähnen, dass tatsächlich Gefühle und Begriffe mit gegenständlichen Eigenschaften und Funktionen ausgestattet seien*, sich gegenständlich, als Gegenstände verhalten, und wird die Beschreibung geradezu als „Beweis" für diese (vermeintliche) Tatsache anführen.

Die Psychobiologie lehrt, dass und inwiefern die gegenständliche Beschreibung der Gefühle und Begriffe inadäquat ist, dass wir die Gefühle und Begriffe *analog* oder „*nach*" den Gegenständen beschreiben und entsprechend der Struktur der Hirnrinde, der Reflexsysteme gar nicht anders beschreiben können, dass aber dabei die Gefühle und die Begriffe keineswegs aus ihrer Wesenheit als Gefühle bzw. Begriffe herausgenommen, keineswegs ihnen gegenständliche Eigenschaften und Funktionen zudiktiert werden.

1.4.4 Begriff und Gefühl

Wir haben bisher das Verhältnis von Begriff und Gegenstand erörtert. Aber auch die Gefühlszellen sind mit Begriffszellen direkt assoziiert, es kann der Zufluss von Passformen aus der sensilen Zelle direkt in die zum System gehörigen Begriffszellen überwandern, wobei sich die sensilen Passformen in idealische umwandeln. Es gibt also Erinnerungen an Gefühle. Bezeichnen wir die Erinnerungen an die Gegenstände als *Gegenstandserinnerungen* oder *-begriffe*, so die Erinnerungen an die Gefühle als *Gefühlserinnerungen* oder *-begriffe*.

Heller als die anderen Gefühlsbegriffe sind meist die Schmerzbegriffe, die Erinnerungen an Schmerzgefühle. Ich kann mir einen früheren Zahnschmerz sehr wohl begrifflich vorstellen; jemand beschreibt „aus der Erinnerung" genau die Lokalisation einer überstandenen Ischias: Er hat begriffliche Vorstellungen der Schmerzgefühle, wie sie das Bein hinabzogen. Solche Begriffe sind durchaus zu unterscheiden von den gegenstandsbegrifflichen Vorstellungen, etwa des Beines, in das die Schmerzen lokalisiert waren. Man kann sich sehr wohl an Kopfschmerzen erinnern, auch ohne sich den Kopf begrifflich vorzustellen, in dem die Schmerzen lokalisiert waren; und diese Schmerzbegriffe sind unterschieden von der Beschreibung der Schmerzen, der man nicht selten auch die Bezeichnung „Erinnerung" beilegt. Die Schmerzbegriffe weisen entsprechend ihrer größeren Helligkeit auch eine deutlichere Koordinatik auf als die übrigen Gefühlsbegriffe: Der Anordnung der früheren Schmerzen entspricht die Koordinatik der erinnerten Schmerzen, der Schmerzbegriffe.

Das Analoge gilt für die übrigen Gefühle und Gefühlsbegriffe.

Die Tatsache ferner, dass es ein *Wiedererkennen von Gefühlen* gibt, erweist die Existenz von Gefühlsbegriffen, ist ohne ihre Existenz unverständlich. Ziemlich präzis kann, wenigstens eine Zeit lang, z. B. ein Schmerz erinnert werden; man kann diesen früheren Schmerz auch „aus der Erinnerung" beschreiben. Nun hat der Kranke neuerdings Schmerzen. Er „weiß" einigermaßen genau, dass jetzt seine Schmerzen z. B. geringer oder größer sind als vor einem Jahr oder gestern oder kurz vorher. Er kann den Unterschied nicht bloß in Worten angeben, sondern erlebt phänomenal den Intensitätsunterschied des heutigen vom vorigen Schmerz, er erkennt den Schmerz hinsichtlich seiner Intensität wieder. Dieses Wiedererkennen ist nur möglich bei Existenz von Erinnerungen an die früheren Schmerzen, also von Schmerzbegriffen. Ohne die Existenz dieser Schmerzbegriffe sind auch eine Beschreibung der früheren Schmerzen „aus der Erinnerung" und der wortliche Vergleich mit dem jetzigen Schmerz unmöglich. Das Analoge gilt für die übrigen Gefühlsspezies.

Terminologisch sei angemerkt, dass ich die Gefühlsbegriffe und die gefühligen Begriffe, also z. B. Schmerzbegriffe und schmerzgefühlige Begriffe, nicht unterscheidend kennzeichne. Ganz korrekt muss man von schmerzgefühligen (usw.) Gefühlsbegriffen und Gegenstandsbegriffen sprechen, doch sind Missverständnisse nicht zu gewärtigen, und die umständlichen Formeln erübrigen sich für die laufende Darstellung.

1.4.5   Lokalisation der Begriffe

Die Welt der Gefühle ist die *Innenwelt*; die Welt der Gegenstände ist die *Außenwelt*; die Welt der Begriffe ist das *Jenseits*. Die Welt der Gefühle erstreckt sich bis zur Körpergrenze, die der Gegenstände bis zum Horizont, die der Begriffe liegt sozusagen jenseits des Horizontes, wobei wir uns freilich nicht denken dürfen, die Gegenstände bewegten sich über den Horizont hinaus und existierten nun (als Gegenstände oder als Seelen oder Geister) im Jenseits weiter, sondern uns klar sein müssen, dass die Begriffe ihre spezifische Zeiträumlichkeit haben, die sich, wie die Begriffe selber, klar von der gegenständlichen und gefühllichen Welt abhebt und die jedermann unmittelbar erlebt, eben als „jenseitig", sozusagen „unirdisch" („überirdisch", „metaphysisch"), im Gegensatz zu dem „Diesseits", der Welt der Gegenstände und der Gefühle. – „Gefühllich" ist Eigenschaftswort zu „Gefühl", wie „gegenständlich" zu „Gegenstand" und „begrifflich" zu „Begriff"; „gefühllich" ist also nicht mit „gefühlig", „gegenständlich" nicht mit „gegenständig", „begrifflich" nicht mit „begriffig" zu verwechseln. Die gefühlliche Welt ist die Gesamtheit der Gefühle.

Die Welt der Gegenstände ist also am *Horizont* zu Ende, sagen wir genauer: Der Horizont ist die weitestentfernte modale Aktualitätenreihe; es gibt nicht einen Horizont als eine Art Grenzlinie und an dieser wären die entferntesten Gegenstände postiert. Es ist auch fiktional zu fragen, was „hinter dem Horizont" liege, fiktional schon insofern, als die Frage den Gedanken involviert, man könne am Ende doch über den Horizont hinaussehen oder -forschen und vielleicht allerlei Gegenständliches „dort drüben" entdecken.

Die Psychobiologie lehrt, dass der Horizont weder eine besondere „Linie" noch eine feststehende „Linie" ist, sondern dass Horizont Bezeichnung für die entfernteste modale Aktualitätenreihe ist und dass er sich im Laufe der menschlichen Entwicklung erweitert – gemäß der Entwicklung der Modalsphäre der Hirnrinde. Je weiter entfernt die Gegenstände sind, desto begriffiger sind sie, desto mehr nähern sie sich der Wesenheit des Begrifflichen. Und an der Grenze der Modalität beginnt die Idealität, an die letzten Modalzellen schließen sich die Begriffszellen an; ihre Aktualitäten können wir dem Wesen des Begrifflichen und der begrifflichen Zeiträumlichkeit nach am besten erläutern, indem wir uns die Gegenstände gemäß der Vergrößerung ihrer Entfernung immer weniger gegenständig denken, bis die Gegenständigkeit hinter der Begriffigkeit zurücktritt und das Objekt nun eben Begriff ist. Die Begriffssphäre entwickelt sich übrigens, wie erinnert sei, schon von frühester Kindheit an in gewissem Verhältnis zur Modal- und zur Sensilsphäre, nicht etwa entwickelt sich erst die Modalsphäre zu Ende und beginnt dann erst die Entwicklung der Idealsphäre. Zu jeder Gegenstandszelle gehört dem Schema nach eine Begriffszelle; sie bilden zusammen mit der zugehörigen Gefühlszelle ein kortikales Reflexsystem. Also auch zu nahe liegenden Gegenständen existieren Begriffe, nicht etwa bloß zu den Grenzgegenständen; die obigen Ausführungen sollen nur das Wesen des Begrifflichen, die begriffliche Zeiträumlichkeit erläutern.

Die Lokalisation des Begriffs ist wiederum eine *essenzielle* und eine *koordinative*. Der Begriff ist gegenwärtig, jetzt und hier und zugleich (begrifflich!) lage-, kraft- und richtungsmäßig bestimmt, Glied einer Reihe. Die Begriffe stehen also (auch) in einem koordinativen Verhältnis zueinander, bilden zusammengesetzte Individuen wie die Gegenstände und die Gefühle, bilden „Ganzheiten". Die Lage- und die Richtungskomponente wird man ohne Weiteres zugeben. Gegen die Kraft- oder Gewichtskomponente wird man geltend machen, dass Begriffe nicht auf die Waage gelegt werden können. Das freilich nicht; die statophile Komponente ist wie die kinästheto- und die topophile eben begrifflich zu verstehen, es ist also die Rede von begrifflicher Kraft (wir können uns

z. B. eine betätigte Waage begrifflich vorstellen usw.).

Der Begriff ist lokalisiert, heißt, er erscheint in einer (seiner) *Entfernung*. Die Entfernung ist spezifisch und korrespondiert mit dem Grad der Gefühligkeit, wie bei den Gegenständen beschrieben. Der Grad der Gefühligkeit eines Begriffs im Verhältnis zu dem Grad der Gefühligkeit der anderen (entfernteren oder näheren) Begriffe entspricht dem Grad der Gefühligkeit des zu diesem Begriff gehörigen Gegenstands im Verhältnis zu dem der anderen (entfernteren oder näheren) Gegenstände. Der Begriff eines zehn Meter entfernten gegenständlichen Hauses ist ungefähr gleich weit wie dieses entfernt, seine relative Gefühligkeit entspricht der Gefühligkeit des gegenständlichen Hauses, d. h. so wie dieses gegenständliche Haus höhergefühlig ist als ein anderes hundert Meter entferntes, so ist auch dieses begriffliche Haus höhergefühlig als der Begriff des hundert Meter entfernten Hauses.

Die Entfernung der Begriffe kann natürlich nicht mit dem gegenständlichen Metermaß *gemessen* werden. Sie ist ja eben begrifflich; man kann versuchen, sie mit einem begrifflichen Metermaß zu messen, und in der Tat ist eine solche begriffliche Schätzung häufig. Diese Schätzung misst aber, genau wie die gegenständliche Messung, die interobjektive Entfernung, also die Entfernung zwischen zwei Begriffsindividuen. Die Entfernung von „mir" kann immer nur gemessen werden als Entfernung zwischen „meiner Objektität", also z. B. meiner Vorderseite, und dem anderen Objekt; ich kann mir also meine Vorderseite begrifflich vorstellen und ihre Entfernung von einem anderen Begriff schätzen. Hierbei handelt es sich aber stets um Begriffe der ersten Zone. Diese Schätzungen erinnern uns an das Schätzen der Entfernung der Gefühle. Die Gefühle sind an Stellen lokalisiert, wo sich gegenständliche Organe, Organteile vorfinden, ein Schmerz z. B. in die Gegend meines Fußrückens, mehr oder minder hell und präzis.

Die *Entfernung der Begriffe der zweiten und der dritten Zone* ist nicht mehr zu schätzen. Diese Begriffe sind im Allgemeinen wenig hell, eher verschwommen, unklar, entsprechend wenig präzis lokalisiert. Der Kollektivbegriff aller Ärzte („der

Gott Äskulap") „schwebt mir vor", aber es ist unmöglich, über seine Entfernung irgend genauere Angaben zu machen. Erst recht der Endbegriff aller Männer (Väter) „Gott" ist zwar lokalisiert, spezifisch entfernt, aber diese Entfernung ist nicht mehr zu schätzen. Beim Eintritt in die zweite Begriffszone gelangen wir zeiträumlich in den Bereich der *Unendlichkeit* und *Ewigkeit*. Indem aber die Begriffe erster Zone ebenfalls in der spezifisch begrifflichen Weise lokalisiert sind und ihre Entfernung nur ungenau zu schätzen ist, ihre Zeiträumlichkeit den Übergang zu der der Begriffe zweiter Zone bildet und somit zu der begrifflichen Zeiträumlichkeit überhaupt gehört, können die Bezeichnungen Unendlichkeit (räumlich) und Ewigkeit (zeitlich) auch für die Zeiträumlichkeit der Begriffe erster Zone gelten. Unendlichkeit und Ewigkeit sind also *die Bezeichnungen für die begriffliche Zeiträumlichkeit*.

Unendlichkeit bedeutet nicht etwa einen Raum, der „kein Ende" hat, oder – das Wort hat auch zeitlichen Sinn – eine Zeit („einen Zeitraum"), die „kein Ende" hat. Das Gleiche gilt für „Ewigkeit". Jede zeiträumliche Vorstellung ist begrenzt; es liegt im Wesen der Zeiträumlichkeit, dass sie *irgendwie messbar* ist, und diese Tatsache wird uns wiederum verständlich daraus, dass es eine Zeiträumlichkeit als solche, als Separatum, als ein Irgendwas, worin die Dinge sich befänden, nur in der Fantasie gibt, und auch da nicht phänomenal, sondern lediglich phänomenologisch. Die Aktualität ist zeiträumlich, jetzt und hier und zugleich Glied einer Reihe. Nicht ist die Aktualität, das Objekt, da und daneben die Zeiträumlichkeit, Raum und Zeit, sondern existieren, Objekt sein, heißt: zeiträumlich sein. Und nun wissen wir, dass die Aktualität niemals isoliert, absolut, herausgeschnitten aus der Reihe vorkommt, dass die Reihen assoziative Systeme, komplexe Individuen bilden, in diesem Sinn abgegrenzt sind. „Unabgegrenzte Individuen" ist Contradictio in Adjecto, eine Absurdität. „Unendliche Reihen" („unendliche Größen") ist eine mathematische Fiktion als Rechenpfennig. Unendlich ist auch nicht die Kreislinie: Auch sie beginnt und hört auf, und der Satz „Anfang identisch mit Ende gleich Unendlichkeit" ist ein doppelter Denkfehler: Zwei Punkte sind nicht identisch, und Anfang und Ende können nicht weggedacht werden. Wir messen niemals Zeit und Raum, sondern immer Aktualitätenreihen und beschreiben die Messung mit zeitlichen und räumlichen Wörtern, Zeit- und Raumangaben. Wir können also immer nur Aktualitätenreihen metrisch abgrenzen, auch begriffliche, und *Unendlichkeit und Ewigkeit sind nichts anderes als die metrische Beschreibung solcher Reihen, für die das gegenständliche Maß nicht mehr verwendbar ist*: Diese Reihen sind eben die Begriffe, für diese gilt das begriffliche Maß, und dieses Maß wird umso ungenauer, je „höher" die Begriffe sind, je weniger scharf ihre Entfernung, ihre Lokalisation ist. Es ist klar, dass die Zeiträumlichkeit der entferntesten Gegenstände, der Himmelskörper, sich der begrifflichen Zeiträumlichkeit annähert; man versucht, diese noch gegenständliche Zeiträumlichkeit metrisch zu beschreiben, und kommt so zu den sogenannten astronomischen Zahlen, in deren Unbestimmtheit man schon das Charakteristische der begrifflichen Zeiträumlichkeit angedeutet findet. Das gegenständliche Maß ist auch nicht verwendbar zur Messung des Seienden als solchen. Dieses kann überhaupt nicht gemessen, also auch nicht metrisch zeiträumlich beschrieben werden. Die Aktualität ist der Punkt, und der Punkt hat weder Dauer noch Ausdehnung. Dass das Seiende ist, kann man also korrekterweise nicht mit zeiträumlichen Wörtern wie Ewigkeit, Unendlichkeit, Anfang, Ende usw. beschreiben.

1.4.6 Erinnerung und Wiedererkennen, „Engramme"

Das Wort „Erinnerung" wird in mehreren Sinnganzen verwendet.

Man kann mit Erinnerung die *Aufnahme ins Innere* überhaupt, ferner die *Aufnahme in die Denksphären* speziell bezeichnen, die Abgabe demgemäß als Äußerung.

Weiterhin ist die *Aktualität selber Erinnerung.* Die Aktualität ist immer-anders, sie ist unterschieden von den Vor- und Nachaktualitäten, nicht etwa bloß beschreibungsgemäß, sondern phänomenal. Diese Tatsache, dass die Aktualität Verändertheit ist, phänomenal unterschieden wird, als Unterschiedenheit auftritt, verstehen

wir und können wir nur verstehen aus ihrer Symbolnatur: Sämtliche Vor- und Nachaktualitäten sind Symbolkomponenten der Aktualität, somit an ihr im Sinn der biologischen Homogenität (biologischen Summe) beteiligt. Demnach ist die Aktualität Erinnerung an alle Vor- und Nachaktualitäten, das Gegenwärtige Erinnerung an das Vergangene und Künftige, Symbol der raumzeitlichen Unterschiede. Dass damit auch die Grundlage allen Vergleichens, der unmittelbare Vergleich gegeben ist, werde ich im nächsten Abschnitt darlegen. Mit dem Wort „an" ist übrigens das partielle Verhältnis der ineinander übergehenden Aktualitäten, das „Genitive" betont, also die Tatsache, dass aus der jetzt aktuell fungierenden Denkzelle nur gewisse Passformen in die nächstaktuelle übergehen, dabei aber eine allgemeine nähere oder entferntere Verwandtschaft zwischen allen Passformen besteht, sodass die Aktualität Erinnerung zunächst „ihres Gleichen", der eigenen Vor- und Nachaktualitäten, darüber hinaus aber aller Aktualitäten, aller Passformen überhaupt ist, d.h. biologisches Symbol des Makrokosmos. Und ferner ist in dem „an" die Tatsache des zeiträumlichen Anschlusses der Aktualität an die Vor- und die Nachaktualität und über diese an alle anderen Aktualitäten angegeben.

In ihrer vierten Bedeutung ist *Erinnerung synonym mit Begriff.* Das „Erinnerungsbild" der Psychologie hat die Psychobiologie als Begriffsreihe, als Aktualitätenreihe von Begriffszellen der Hirnrinde erkannt. Ich erinnere mich an meinen Freund X, heißt also: Die meinem gegenständlichen Freund X entsprechende Begriffsreihe ist aktuell. „Ich erinnere mich" konstatiert lediglich die Tatsache, dass diese Erinnerung, dieses Begriffsindividuum, aktuell ist (genauer: gewesen ist; während ich beschreibe, ist das Beschriebene nicht mehr oder höchstens interkurrent aktuell). Auf den „Einfall", der ja auch nichts weiter als Begriffsreihe ist, muss man bekanntlich warten; er lässt sich nicht herbeikommandieren, auch nicht wegkommandieren, und es gibt auch keine Kommandostelle – außer in der Fantasie.

Nicht selten bezeichnet man auch die *Beschreibung von Vergangenem als Erinnerung*, z.B. jemand erzählt seine Kriegserlebnisse, veröffentlicht seine „Memoiren". Es werden hierbei gegenständliche Geschehnisse mit Beteiligung ideogener (und auch sympathogener) Passformen am sprachlichen Ausdruck beschrieben. Genauer ist es, nicht die Beschreibung in gegenständlichen Worten, sondern das Beschriebene, sofern die Idealität an der Beschreibung besonders stark beteiligt ist, als Erinnerung zu bezeichnen. Die Beschreibung kann auch in begrifflichen Worten erfolgen; diese sind Erinnerungen an die entsprechenden gegenständlichen Worte, und man sieht hier, dass es missverstanden oder missverständlich ist, die gegenständliche Beschreibung als Erinnerung zu bezeichnen. Also: Ein Begriffskomplex ist Erinnerung an eine gegenständliche Situation; ich kann diese Erinnerung begrifflich, in begrifflichen Worten, die selber Erinnerungen an die entsprechenden gegenständlichen Worte sind, beschreiben oder in gegenständlichen Worten, indem in die beteiligten sensorischen Reflexbahnen besonders zahlreiche idealische Passformen, sich entsprechend umwandelnd, eingehen und so am Ausdruck beteiligt sind (Beschreibung aus der Erinnerung).

Hierher gehört die Verwechslung des *Zählens* mit der Erinnerung. Ich kann eine Reihe von Aktualitäten, von zusammengesetzten Individuen, gleichgültig ob es sich um gleiche oder ungleiche handelt, zählen, also die eine mit eins, erste, die folgende mit zwei, zweite, usw. bezeichnen, d.h. die aufeinander folgenden Individuen sind mit den entsprechenden Zahlwörtern assoziiert, und während das eine Individuum aktuell ist, ist das andere noch nicht oder nicht mehr aktuell. Natürlich ist auch mit der Zählung die Tatsache des Unterschiedenseins, also die Tatsache, dass die Aktualität ea ipsa, rein anschauungsgemäß Erinnerung zunächst an ihre eigenen Vor- und Nachaktualitäten (an das Gleiche), weiterhin an alle möglichen Aktualitäten überhaupt ist, und somit die Tatsache des unmittelbaren Vergleichs angegeben, aber weder liegt beim Zählen ein mittelbarer (begrifflicher) Vergleich noch ein Wiedererkennen vor noch ist das Zählen selber Erinnerung „an" das Gezählte, sofern man nicht jedes Beschreiben als Erinnerung an das Beschriebene bezeichnen und so den Sinn des Wortes in unzulässiger Weise überdehnen will. Es wird lediglich aus der Tatsache der Assoziation des jetzt aktuellen

Individuums mit einem gewissen (bestimmten oder unbestimmten) Zahlwort *geschlossen*, dass dem zahlenmäßig so bezeichneten Individuum so viele andere bzw. gleiche Individuen vorausgegangen sind, wie die Zahl angibt. Dieser Schluss ist „das Wissen" hiervon und darf korrekt nur lauten: Ich weiß, dass dem zahlenmäßig bezeichneten Individuum so und so viele andere oder gleiche Individuen vorausgegangen sind (nicht aber: Ich erinnere mich, dass …). Sagt aber jemand, ich erinnere mich …, so beschreibt er eben aus der Erinnerung oder aus dem wiedererkennenden Vergleich. Natürlich kann auch Wiedererkanntes zahlenmäßig beschrieben, gezählt werden, aus dieser Tatsache wird ja eben der irrige Schluss gezogen, dass jedem Zählen ein Wiedererkennen vorausgehen müsse; tatsächlich braucht dies, das sei hier betont, nicht der Fall zu sein, wie sich besonders klar an der Begriffszählung zeigt. Für die Begriffe ist Wiedererkennen überhaupt unmöglich, wohl aber kann ich auch Begriffe zählen, z.B. sagen, ein gewisses Begriffsindividuum ist zehn- oder hundert- oder x-mal oder schon oft usw. aktuell gewesen.

Die Begriffe schließen sich genetisch an Gefühle und an Gegenstände an. Niemals kommt ein Begriff früher vor als das Gefühl oder der Gegenstand, dem dieser Begriff entspricht. Stets ist genetisch zuerst das Gefühl oder der Gegenstand da, dann erst der zugehörige Begriff. Sind die Systeme einmal entwickelt, dann kann natürlich auch der Begriff früher aktuell sein als das zugehörige Gefühl oder der zugehörige Gegenstand, oder es ist in gewissen Situationen überhaupt nur der Begriff aktuell. Es kann ferner die zugehörige Gefühls- oder Gegenstandszelle involviert sein, überhaupt nicht mehr bis zum aktuellen Funktionsgrad fähig sein. Zu einer Gefühls- oder Gegenstandszelle, die noch nicht bis zu aktueller Funktion entwickelt ist, gehört aber niemals eine bereits aktuell funktionierende Begriffszelle. Ich kann mir, auf einer Reise und zwar in der Nähe des Zieles befindlich, den Bahnhof begrifflich vorstellen, in den der Zug einfahren wird; aber diese begriffliche Vorstellung schließt sich an eine gegenständliche Reihe „Bahnhof" an, wie ich sie bereits erlebt habe. Ich kann mir, nachdem ich erfahren habe, dass der Bahnhof seit meiner letzten

Anwesenheit umgebaut worden ist, eine begriffliche Vorstellung machen, wie er nunmehr wohl aussehen möge; aber auch diese Begriffsreihe schließt sich in allen ihren Teilen an bereits erlebtes Gegenständliches an. Gegenständliches, das ich noch nicht erlebt habe, kann ich mir auch nicht begrifflich verstellen; wohl aber kann ich mir begrifflich vorstellen, wie ein Gegenständliches, das ich erlebt habe, künftig aussehen könnte: Es ist dann das Erlebnis des Gegenständlichen immer noch (wie stets) die Voraussetzung für die Existenz der Erinnerung, aber die Erinnerung kann die topophile Symbolkomponente „künftig" enthalten, sie ist auf diese Weise „in die Zukunft lokalisiert", stellt das vergangenheitlich erlebte Gegenständliche begrifflich als künftig dar. Natürlich braucht die so erinnerte Gegenständlichkeit im Fall ihrer neuerlichen Aktualität mit der „in die Zukunft lokalisierten" Begrifflichkeit nicht hinsichtlich der begrifflich „geschauten" Veränderung übereinzustimmen; eine mehr minder weitgehende Entsprechung ist aber möglich: Es haben sich dann die betreffenden Gegenstandszellen in einer solchen Weise biologisch geändert. Derartige begriffliche „Voraussichten", die im phänomenologischen Gebiet „Pläne" genannt werden, haben nichts mit dem Hellsehen und Prophezeien zu tun, auch nichts mit dem „Wiedererkennen", von dem sogleich die Rede sein wird. Diese begrifflichen Reihen sind ja eigentlich keine „Voraussichten", sofern man mit diesem Wort meint, es sei Gegenständliches vorausgesehen worden, sondern es sind gegenwärtige Begriffe mit der topophilen Symbolkomponente „künftig" – weiter nichts.

Die Reflexsysteme, die Denkzellen haben je ihre spezifische Funktionsperiodik, funktionieren also in gewissen (spezifischen) Perioden aktuell. Es stellen sich also die Begriffe, die Erinnerungen, in periodischen Intervallen, gemäß der spezifischen Funktionsperiode der einzelnen Begriffszelle, ein. Diese Intervalle sind kürzer oder länger, gewisse Erinnerungen sind in kürzeren, andere in längeren, andere in ganz langen Zwischenräumen aktuell. Während des Intervalls, also während der unaktuellen, unbewussten Funktionsweise der Begriffszellen sind die gegenständlichen Individuen und Ereignisse, deren Erinnerungen die Ak-

tualitäten dieser Begriffszellen sind, „vergessen". Ob die zu vergessenen Ereignissen gehörigen Erinnerungen jemals wieder aktuell werden, ist nicht sicher vorauszusagen; höchstens kann man aus speziellen Erfahrungen heraus eine Wahrscheinlichkeitsrechnung anstellen. Es kommt ganz auf die Funktionsperiode und die Lebensdauer der Begriffszellen an. Zu vielen gegenständlichen Aktualitäten entwickeln sich überhaupt keine Begriffe: An diese gegenständlichen Erlebnisse kann man sich auch nicht erinnern. Die Struktur der Systeme ist individuell verschieden: Woran sich der Eine erinnern kann, das kann dem Anderen aus dem *Gedächtnis* („denken" hier soviel wie begrifflich denken) entschwunden, dem Dritten gar nicht erst ins Gedächtnis eingegangen sein (bei ihm haben sich keine Begriffszellen zu diesem Modalkomplex entwickelt, wenigstens nicht bis zu aktueller Funktionsweise).

Gedächtnis ist also Bezeichnung für die aktuelle Funktion der Begriffssphäre. Der *Gedächtnisschatz* ist die Gesamtheit der Begriffe; gewöhnlich sind die der ersten Zone gemeint. Er ist bei dem einen Menschen (Tier, Gehirnwesen mit Begriffen) kleiner oder weniger hell als beim anderen: Je nachdem hat der eine ein *schlechtes*, der andere ein *gutes* Gedächtnis, eine schlechte oder gute Merkfähigkeit. Man findet nicht selten, dass sich zwar Begriffszellen sehr rasch bis zu aktueller Funktion entwickeln, dass z. B. ein Kind „gut auffasst", rasch lernt; aber die Fähigkeit zu aktueller Funktion ist von kurzer Dauer, nach einem oder ein paar Tagen ist das Gelernte vergessen („zum einen Ohr geht's hinein, zum anderen heraus" usw.). Es kann natürlich auch anders sein, die Erinnerung lange erhalten bleiben (das einmal Gelernte „sitzt"). Meist sind erst nach mehrfachem analogen Ablauf der Gegenstands- und der zugehörigen Begriffsreihen (Wiederholung, Repetition) die letzteren bis zu einer gewissen Stabilität der Fähigkeit zu aktueller Funktion differenziert. Kommandieren lässt sich da nichts; der Lehrer mag so viel tadeln, drohen, strafen, wie er mag: Die Entwicklung der Begriffszellen (oder irgendeiner anderen Zelle usw.) kann er nicht erzwingen, nicht mit Worten oder Taten herbeizaubern – und das Kind kann das ebenso wenig. Mancher Mensch hat zur mathematischen, andere haben zur geografischen oder zur physikalischen oder zur sprachlichen usw. Gegenständlichkeit eine reichliche oder geringe Begriffsentwicklung; der Eine ist ein guter Schüler in alten, der Andere in neuen Sprachen, der Dritte in Geschichte usw. Es kommt auf die Struktur und Funktion der Hirnrinde an, und diese lässt sich auf keine Weise fördern oder hemmen, sie ist eine biologische Eigentümlichkeit des Menschen. Der Lehrer kann nur zeigen und beschreiben, Anschauungs- und Beschreibungsunterricht erteilen – das ist „lehren"; ob der Schüler das Dargebotene annimmt und behält, ist nicht von einem mystischen schlechten oder guten Willen abhängig, sondern ist Sache der biologischen Struktur und Funktion seiner Hirnrinde.

Die Reihe der Funktionswellen der einzelnen Begriffszellen machen ihre *Lebensdauer* aus; diese ist eine Gesamtkurve, die die einzelnen Funktionskurven symbolisch in sich vereinigt. Gewisse Begriffszellen sind schon in den ersten Monaten des extrauterinen Daseins bis zu (frühinfantiler) aktueller Funktion entwickelt, aber von ihnen hat keine eine längere Lebensdauer, sie gehen alsbald wieder zugrunde. Auch aus den späteren Monaten, aus den ersten Lebensjahren sind im Allgemeinen keine Begriffszellen mehr erhalten, wenigstens nicht aktuell funktionierende. Nur wenige Menschen können sich an einzelne Szenen aus den ersten Lebensjahren erinnern, und das auch nur dunkel. Aus späteren Jahren sind im Allgemeinen zahlreichere Begriffszellen als aktuell funktionierende erhalten, noch zahlreichere aber sind zugrunde gegangen, ja die Zahl der erhalten gebliebenen ist normaliter ein ganz geringer Bruchteil der im Laufe der Entwicklung bis zu aktueller Funktion gediehenen Gesamtzahl von Begriffszellen (dies gilt natürlich auch für Gefühls- und Gegenstandszellen). Auch die erhalten Gebliebenen funktionieren in späteren Zeiten nicht mehr „genau so" wie in infantilen Zeiten, sie haben sich vielmehr genetisch-biologisch verändert, sind immer so alt wie das gesamte Individuum; die Erinnerungen sind also nur mehr oder weniger „naturgetreu".

Zu keinem Zeitpunkt „ruht" die Veränderung der Hirnrinde – „ruht" in dem Sinn, dass die Veränderung den geringsten Bruchteil einer Sekunde aussetzte; fortgesetzt entfalten sich „neue" (d.h. bereits angelegte, aber noch unentwickelte) Denkzellen zu aktueller Funktion, und sämtliche, auch die aktuell fungierenden Denkzellen, ändern sich unablässig, demgemäß auch die Aktualitäten; fortgesetzt gehen auch Denkzellen zugrunde oder sinken in ihrer Funktionsintensität ab. Bis zum Zeitpunkt der Lebenshöhe (zwischen dem vierzigsten und sechzigsten Lebensjahr etwa) überwiegt die Zunahme der Zahl der aktuell fungierenden Denkzellen, insbesondere der Begriffszellen; von da an überwiegt die Abnahme. Das Gedächtnis beginnt „nachzulassen", mehr und mehr „entfallen" einem Erinnerungen, wogegen vielfach infantile (aus der Kindheit erhaltene) Begriffszellen wieder zu aktueller Funktion aufsteigen – nach langer Funktionspause, d.h. unaktueller Funktion. Der senile Mensch ist nicht mehr aufnahmefähig, Neues versteht, begreift er nicht mehr, die Hirnrinde verödet, anorganisiert sich.

Die *Veränderungsgeschwindigkeit* der einzelnen Denkzellen ist spezifisch. Sie hat an sich mit der Lebensdauer nichts zu tun; Zellen von relativ großer Veränderungsgeschwindigkeit können länger aktuell fungieren als solche von geringer Veränderungsgeschwindigkeit. Die Veränderungsgeschwindigkeit ist lediglich ein spezifisches Merkmal der einzelnen Zelle und ihrer Aktualität. Ganz allgemein ist zu sagen: *Die Gefühls- und die Begriffszellen haben eine relativ geringe, die Gegenstandszellen eine relativ große Veränderungsgeschwindigkeit.* Im Einzelnen gibt es aber Gegenstandszellen von geringerer Veränderungsgeschwindigkeit, als sie gewissen Begriffszellen eigentümlich ist; hiervon später. Die allgemein gekennzeichnete Differenz der Veränderungsgeschwindigkeit ermöglicht das *Wiedererkennen*.

Das Wiedererkennen von Gegenständen und Gefühlen ist nur insoweit möglich, als die Veränderungsgeschwindigkeit der Begriffszellen eines kortikalen Reflexsystems geringer ist als die der zugehörigen Gegenstands- und Gefühlszellen. Das Wiedererkennen besteht darin, dass das Gefühl, der Gegenstand als Aktualität der gleichen Denkzelle erkannt wird, die schon früher aktuell fungierte. Das Wiedererkennen involviert den Unterschied der gegenwärtigen von der früheren Aktualität der gleichen sensilen bzw. modalen

Denkzelle, ist also eine Art Vergleich der gegenwärtigen mit der früheren „gleichen" Aktualität.

Die wortliche Beschreibung stellt den Grad, die Art der Veränderung im Einzelnen heraus.

Je weniger die Veränderungsgeschwindigkeit der zu einem Gegenstands- oder Gefühlskomplex gehörigen Begriffszellen von der dieses Gegenstands- oder Gefühlskomplexes differiert, desto weniger ausgeprägt ist das Wiedererkennen möglich. *Bei gleicher Veränderungsgeschwindigkeit* ist es überhaupt unmöglich: Der Gegenstand, das Gefühl erscheint als „neu", als noch nicht dagewesen; mag er/es auch für andere Leute (mit hier differenter Veränderungsgeschwindigkeit) noch so oft dagewesen sein, der Mensch mit gleicher Veränderungsgeschwindigkeit der beteiligten Zellkomplexe wird, von seinem Standpunkt aus mit vollem Recht, bestreiten, dass der ihm neu erscheinende Gegenstand, das zum ersten Mal ihm erscheinende Gefühl schon mal dagewesen sei. Er kann sich dieses Gefühls, dieses Gegenstandes *zwar erinnern*, d.h. es ist nach dem jetzigen Gefühl, dem jetzigen Gegenstand der zugehörige Begriff aktuell, aber er kann dieses Gefühl, diesen Gegenstand *nicht wiedererkennen*. Nur aus dem *phänomenologischen* Vergleich, aus den geglaubten Mitteilungen anderer Menschen mit hier differenter Veränderungsgeschwindigkeit, überhaupt aus der anderweiten, aber zum Komplex assoziierten Erfahrung kann geschlossen werden, dass das jetzige Gefühl, der jetzige Gegenstand schon dagewesen ist, wenn er auch nicht wiedererkannt wird. Bei gleicher Veränderungsgeschwindigkeit entspricht der Begriff nicht einer früheren Beschaffenheit des Gefühls oder Gegenstandes, sondern immer bloß der aktuellen.

Die Veränderungsgeschwindigkeit kann immer nur innerhalb der assoziativen Systeme verglichen werden, soweit das Wiedererkennen in Betracht kommt; es ist also die Veränderungsgeschwindigkeit der sensilen, der modalen und der idealischen Zellen eines Systems zu vergleichen. Das Wiedererkennen gilt ja auch immer nur für die Aktualitäten *eines* Systems; nur das Gefühl, der Gegenstand eines Systems kann begrifflich wiedererkannt werden. Der Vergleich einer Aktualität mit der einer anderen Denkzelle ist nicht „Wiedererkennen", sondern eben Vergleich, eine

andere Art Vergleich als das Wiedererkennen. Diese andere Art Vergleich ist als phänomenal in der bereits beschriebenen anschauungsgemäßen Unterschiedenheit der Aktualität gegeben, als phänomenologisch in der verschiedenen Beschreibung der verschiedenen Individuen und der wortbegrifflichen Erinnerung an die erste Beschreibung, also in dem Wiedererkennen der jetzigen Beschreibung als different von der vorigen. Die Differenz der Veränderungsgeschwindigkeit der Begriffe und der Gegenstände und Gefühle gilt natürlich auch für die Wörter, für die phänomenologischen Bezirke. Ich kann auch Wörter wiedererkennen; dies obwohl die Wörter eine sehr viel geringere Veränderungsgeschwindigkeit haben als die phänomenalen Individuen (vergleiche: etwas in Worten festhalten, fixieren). Ein Haus ist von einem Baum phänomenal unterschieden; „das Haus wiedererkennen" heißt nicht, es vom Baum zu unterscheiden; das Wiedererkennen ist etwas ganz anderes: Wiedererkennen kann ich nur gleiche Aktualitäten, Aktualitäten gleicher Zellen. Nur insoweit Aktualitäten des Hauses mit solchen des Baumes zusammenfallen könnten (was aber kaum der Fall ist), wäre ein Wiedererkennen dieser Aktualitäten möglich. Ebenso unterscheidet sich rein phänomenal die Beschreibung des Hauses von der des Baumes; hier ist indes eine Gemeinsamkeit gewisser phänomenologischer Aktualitäten beider Beschreibungen möglich, z.B. falls das Haus als groß, aufwachsend, verfallend, welk, verwitternd, alternd usw. beschrieben wird wie der Baum auch. Der phänomenologische Vergleich besteht hier also in dem Wiedererkennen der Wörter, die für beide Individuen gelten, z.B. zuerst für das Haus gebraucht wurden, jetzt für den Baum angewendet werden. Von beiden Individuen werden „gleiche" Eigenschaften und Funktionen wortlich angegeben, und die Veränderungsgeschwindigkeit der zu diesen Wörtern gehörigen Wortbegriffe ist geringer als die dieser gegenständlichen Wörter, sodass ich sie beim jetzigen Aktuellsein als schon mal gesprochen (gehört) oder geschrieben (gelesen) wiedererkenne und nun weiterhin mit neuerlichem Wiedererkennen gleicher Wörter die wortlichen Assoziationen verbinde, die die Zugehörigkeit der zuerst wiedererkannten Wörter sowohl zur Beschreibung des Hauses als zu der des Baumes herausstellen.

Ganz allgemein ist nun zu betonen, dass das Wiedererkennen der Gefühle viel weniger genau möglich ist als das der Gegenstände. Die Gefühlsbegriffe sind überhaupt wenig hell, und die Veränderungsgeschwindigkeit der Gefühle ist im Allgemeinen von der Veränderungsgeschwindigkeit der zugehörigen Begriffe so wenig verschieden, dass ein Wiedererkennen eines Gefühls überhaupt nicht oder nur unpräzis möglich ist, am präzisesten noch hinsichtlich der Intensität und Dauer.

Diese Ungenauigkeit gilt auch für die vergleichende *Beschreibung* der Gefühle. Die Intensität kann nur geschätzt werden, eine exakte Messung ist unmöglich; auch die vergleichende Messung der Ausdrucksbewegungen würde nur experimentelle, also unter bestimmten Umständen ermittelte Resultate haben, obendrein auf den Gefühlsanteil der sensorischen Ausdrucksbewegung nur unsichere Schlüsse zulassen und keinerlei Auskunft über die Intensität der aktuellen Gefühle der Versuchsperson geben. Auch die Zahl der zu einem Gefühlsablauf gehörenden Aktualitäten (die Dauer und Ausdehnung des Gefühls) kann geschätzt, also das rezente Gefühl und das im Akt des Wiedererkennens erinnerte Gefühl hinsichtlich der Dauer vergleichend beschrieben werden, aber diese Beschreibung kann nur dann einen Anspruch auf eine gewisse Exaktheit erheben, falls zu Beginn und Ende der verglichenen Gefühlsabläufe ein Zeitmesser abgelesen wurde. Ganz abgesehen davon, dass die Beschreibung der Gefühle an sich ein indirektes Verfahren ist, kann die Beschreibung der Unterschiede an Intensität, Dauer, Nuance, Differenziertheit nur eine ungefähre („grobe") Schätzung insofern sein, als die Begriffszellen seit Ablauf des erinnerten Gefühls sich ja ebenfalls verändert haben, also der Gefühlsbegriff nur ungefähr jenem Gefühl entspricht, ferner die Differenz der Veränderungsgeschwindigkeit der Gefühlsbegriffs- und der Gefühlzellen in jedem Fall verschieden ist und der Grad der Verschiedenheit vom Beschreibenden überhaupt niemals erkannt und angegeben werden kann. So sind zwar die Aussagen über wiedererkannte Gefühle – wie alle anderen Aussagen – bare und wahre

Auskünfte über die rezente Hirnfunktion des Aussagenden, aber ihrem Wesen nach unexakt, ungenau, oft in Widerspruch stehend zu den klinischen Beobachtungen der Physiognomie, der Haltung, des Verhaltens.

Besonders wichtig ist die Kenntnis dieser Tatsachen für die Beurteilung von Veränderungen *neurotischer* Krankheitszustände. Nicht selten behaupten Kranke weitgehende Besserungen ihrer Gefühlsneurose, z. B. ihrer Ängste, Schmerzen usw., während ihr ganzes oder spezielles Verhalten dieser Angabe widerspricht; die Ängste, Schmerzen usw. können sich gewiss gebessert haben, aber es können sich auch nur die beteiligten Begriffszellen hinsichtlich ihrer Kapazität derart verändert haben, dass die Erinnerung einem viel intensiveren Gefühl entspricht, als es jemals da war und als es jetzt als wiedererkanntes da ist. Umgekehrt kann eine weitgehende Besserung eingetreten sein, ohne dass der Kranke sie erkennt und angibt; die Kapazität der entsprechenden Begriffzellgruppe kann sich dauernd oder suggestiv-vorübergehend derart verringert haben, dass ihre Aktualitäten, die Erinnerungen einem viel weniger intensiven Gefühlsablauf entsprechen, als er tatsächlich gewesen ist und als er jetzt als wiedererkannt da ist. Ich betone, dass es sich hierbei um den im Akt des Wiedererkennens stattfindenden Vergleich z. B. der Intensitäten handelt, nicht um Angabe der „absoluten" Intensität des rezenten Gefühls; diese kann groß oder gering sein und demgemäß beschrieben werden. Die echte Heilung ist die Entwicklung der kranken Zellen in Richtung Norm. An dieser Entwicklung nehmen auch die kranken Gefühlsbegriffzellen teil. So ist es verständlich, dass die Erinnerungen an die kranken Gefühlsintensitäten bei den fortwährenden entwicklungsmäßigen Veränderungen, somit auch die Beschreibung aus dem wiedererkennenden Vergleich, unsicher, schwankend sind. Bei vollendeter Genesung ist die Erinnerung an die ehemals kranken Gefühle *als solche* überhaupt nicht mehr möglich: Die ehemals kranken Gefühlszellen und ebenso die zugehörigen Begriffzellen sind eben nunmehr normal; der ehemals Kranke kann sich nur beschreibungsmäßig erinnern, dass er in gewissen Situationen z. B. kranke Angst gehabt habe, dieser Angst *als solcher* kann er sich aber nicht mehr erinnern. So verstehen wir, dass er die nunmehr normale Angst mit der ehemaligen kranken Angst verwechselt (z. B. sagt, er habe immer noch Angst); er hat dann noch zu lernen, dass es die normale Angst gibt und dass niemand gesünder als gesund werden kann. Die Diagnose, wie weit der Heilweg zurückgelegt ist, kann nur aus der psychobiologischen Analyse des Ausdrucks (Verhaltens) einschließlich des phonetischen oder grafischen Ausdrucks, also der Beschreibung gestellt werden. –

Das Wiedererkannte wird als solches mit den Worten beschrieben: Dieses Objekt ist schon einmal oder mehrmals aktuell gewesen. Mit diesen und ähnlichen Wörtern wird das Objekt auch hinsichtlich des *Differenzierungsgrads* beschrieben, auch solche Objekte, die nicht wiedererkannt werden. Eine erstmalig erscheinende Aktualität ist weniger differenziert, als sie es normaliter nach mehrfacher Wiederholung ist. Der Grad der Differenziertheit kann zahlenmäßig beschrieben werden mit der Angabe, wie oft das Objekt aktuell gewesen ist. Man könnte sagen, dass dieser Angabe notwendig ein begrifflicher (mittelbarer) Vergleich vorausgehe, dass sie das Wiedererkennen voraussetze. Tatsächlich braucht dies nicht der Fall zu sein; so können z. B. Begriffe, für die es ein Wiedererkennen nicht gibt, auch Endbegriffe, mit den Worten „diese Erinnerung, diese (begriffliche) Vorstellung ist schon oft (ein dutzend-, hundert-, x-mal usw.) dagewesen" beschrieben werden; damit wird nicht angegeben, dass der aktuelle Begriff „mit sich selber", d. h. mit einer früheren Erscheinungsform, mittelbar verglichen, somit wiedererkannt wird, sondern es wird der Begriff aus dem unmittelbaren Vergleich zahlenmäßig beschrieben, es wird gezählt und damit implizit der Differenzierungsgrad des Begriffs angegeben. Der Gottesbegriff z. B. ist entsprechend der spezifischen Periodik der beteiligten Denkzellen, also in gewissen Zwischenräumen, aktuell (bei vielen Leuten in wöchentlichen Perioden, alle Sonntage im Gottesdienst); den jeweils aktuellen Gottesbegriff kann ich aber von den vorhergehenden Erscheinungen wiedererkennend nicht unterscheiden, ich kann mit den Worten „ich gedenke Gottes allwöchentlich" nur den unmittelbaren Vergleich, implizit den Grad der Differenziertheit

des aktuellen Gottesbegriffs angeben – wobei der Grad der Differenziertheit der Veränderungsgeschwindigkeit entsprechen kann, aber nicht zu entsprechen braucht. Meist ist eine solche Angabe Glied einer weiter ausgedehnten Beschreibung, z. B. des Kirchgangs, der gottesdienstlichen Handlungen usw.

In dieser Weise kann ich auch Gegenstände und Gefühle beschreiben. Die Beschreibung des Differenziertheitsgrads eines Gemäldes kann lauten: „Dieses Gemälde habe ich schon oft gesehen"; im Fall des Wiedererkennens kann die Beschreibung ebenso lauten, im Einzelnen wird sie ergänzt werden, z. B. mit den Worten: „Die ganze Zeit war das Gemälde verstaubt, jetzt erst, nachdem es abgewaschen worden ist, leuchten die Farben", usw. Mit solchen Beschreibungen werden immer auch einzelne eigenschaftliche und funktionelle Veränderungen des Wiedererkannten angegeben; der *Grad* der Differenziertheit schlechthin aber wird mit unbestimmten oder bestimmten Angaben der Häufigkeit des Aktuellseins angegeben, wobei es dahingestellt bleibt, ob diese Häufigkeit eine tatsächliche oder lediglich eine behauptete (eben dem Differenziertheitsgrad entsprechende) ist.

Das hier Vorgetragene gilt für alle Hirnrindenzentren. Wir haben also eine optische, akustische, taktile, thermische usw. Erinnerung (Gedächtnis) und können optische, akustische, taktile, thermische usw. Gefühle und Gegenstände wiedererkennen.

Die Psychobiologie gibt eine klare Vorstellung von dem Wesen und der Entstehung (auch) der Erinnerungen, der Begriffe. Die Fiktion, es würden in den „Erinnerungszellen" sogenannte *Engramme* oder Erinnerungsbilder niedergelegt und durch gewisse von den „Empfindungen" ausgehende Reize „ekphoriert", erübrigt sich nunmehr. Auch in allen Ganglienzellen, also auch in den Begriffszellen, spielen sich ständig biologische Veränderungen ab, die spezifisch sind; spezifisch ist auch die Aktualität, die koinzident mit dem Funktionshöhepunkt, mit dem Höhepunkt des spezifischen Aktes, im Zellkern erscheint und die in der spezifischen Weise, wie es tatsächlich geschieht, die positive „Hauptsubstanz" phänomenal darstellt. Wir brauchen also keine „Engramme" und keine „latenten Dispositionen" und können auch nicht damit einverstanden sein, dass man die biologischen Veränderungen oder einzelne Phasen derselben mysteriös mit Engramm oder latenter Disposition bezeichnet.

1.4.7 Vergessen und Versprechen

Ein Gefühl, ein Gegenstand ist jedesmal, so oft es/er aktuell ist, „neu", „noch nicht dagewesen", gleichgültig ob es/er tatsächlich zum ersten Mal aktuell ist oder schon oft aktuell war, solange die zum System gehörige Begriffszelle noch nicht aktuell funktioniert. Wir erkennen diese Tatsache z. B. an den Beobachtungen des Verhaltens ganz junger Kinder. Ein Gefühl, ein Gegenstand ist *vergessen*, heißt: Die zum System gehörige Begriffszelle befindet sich in unaktueller Funktion. Man kann das „*Vergessen*" von dem begrifflichen „*Nicht-daran-Denken*" unterscheiden, wobei mit „Vergessen" das Ausbleiben der Erinnerung im assoziativen Zug einer Aktualitätenreihe, eine begriffliche „Lücke", mit „Nicht-daran-Denken" einfach die unaktuelle Funktion der Begriffszellen angegeben wird. Falls die Funktion der Begriffszelle entsprechend der spezifischen (längeren oder kürzeren) Periode wieder bis zu dem Höhepunkt aufsteigt, mit dem das Erscheinen des Begriffs, der Erinnerung zusammenfällt, ist das Vergessen sozusagen durchbrochen oder aufgehoben, die Erinnerung eben wieder aktuell. Steigt aber die Funktionskurve überhaupt nicht mehr bis zu jenem Höhepunkt auf, dann bleibt das zugehörige Gefühl, der zugehörige Gegenstand vergessen. Letzterer Fall liegt vor, sobald sich die Begriffszelle in der allmählichen Auflösung befindet; im Gange der Involution kann ein Stadium erreicht werden, auf dem die Funktion noch bis zum traumaktuellen Höhepunkt ansteigt: Dann sind diese Begriffe, diese Erinnerungen „im Traum" aktuell, analog solchen Begriffszellen, die überhaupt nur traumaktuell funktionieren können oder bis zur wachaktuellen Funktion noch nicht entwickelt sind.

Wie in Abschnitt 1.4.6 ausgeführt, gehen im Laufe des Heranwachsens des Menschen sehr zahlreiche Begriffszellen zugrunde und entwickeln sich andere zu aktueller Funktionsfähigkeit.

Es werden also sehr zahlreiche Gefühls- und Gegenstandserlebnisse vergessen, nur ein sehr geringer Bruchteil, dessen Größe individuell verschieden ist, bleibt in der Erinnerung erhalten. So oft diese Begriffszellen ihren aktuellen Funktionsgrad erreichen, sind die Erinnerungen aktuell. Die Funktionsperiode kann eine sehr lang hingestreckte Kurve sein, dann sind die Erinnerungen entsprechend selten aktuell. Auf Kommando lassen sie sich nicht herbeizaubern, aber auch nicht „verdrängen", „unterdrücken". Sie können sehr flüchtig auftauchen, es können sich andere Aktualitäten von größerer Helligkeit anschließen.

Das Vergessen kann sich im phänomenalen und im phänomenologischen Bezirk abspielen; es werden also auch Wörter vergessen, indem die zugehörigen Begriffszellen im Gang der Funktionskurve unaktuell bleiben oder involutiv aufgelöst sind. Oft nähert sich die Funktionskurve ganz dicht dem Höhepunkt, die Situation, derer man sich erinnern möchte, taucht begrifflich ganz dunkel auf, der Name, dessen man sich erinnern möchte, „läuft einem auf der Zunge herum", wird aber begrifflich nicht wachaktuell, wenn man diese Aktualität im Zuge der Assoziationen erwartet, während er zu einer Zeit, in der ganz andere Reflexsysteme in Präfunktion sind, plötzlich interkurrent auftreten kann (*paradoxe Aktualität*, Einfall). Das Vergessen oder Sich-nicht-erinnern-Können genannte Unaktuellsein von Begriffszellen koinzidiert vielfach mit hohen Gefühlserregungen, mit aktuellen Funktionsgraden der zum Komplex gehörenden Sensilzellen, kommt ferner bei suggestiver usw. Einengung der Rindenfunktion (suggestive, hypnotische, hysterische, epileptische usw. Amnesie) vor. Ein Kind „kann" seine Schulaufgabe zu Hause sehr gut, hat aber in dem Moment, da es das Gelernte vor dem Lehrer und der Klasse hersagen soll, spurlos alles vergessen; es möchte sich zwar erinnern (Hungerreflexe, „das Kind hat den guten Willen"), aber nun kommt die (nicht selten nervös, also hypertrophisch erlebte) Angstsituation: Angstgefühle sind aktuell, und solange die Gefühle aktuell sind, sind es eben nicht die „gesuchten" Begriffe, das Kind „ist wie vor den Kopf geschlagen", die Angstreflexe finden ihren Ausdruck an inneren Organen (Herzklopfen, Gefäßspasmen, Darm-, Blasenkontraktionen usw.), und hierbei kann die sensorische Innervation z. B. der Sprechmuskeln „ausgeschaltet" sein oder können vorwiegend die Angstmuskeln innerviert sein: Der Kehlkopf schließt sich krampfig, das Kind „bringt (beim besten Willen) kein Wort heraus", vox faucibus haeret. Sobald die Angstsituation vorüber ist, ist die „vergessene" Begriffsreihe aktuell und kann das Kind die Aufgabe glatt hersagen. Das Schimpfen, Drohen usw. des Lehrers ist mithin ganz verkehrt: Die Angst ist hierbei nur intensiver, nur Lösung der Angst (liebevolles, wahrhaftiges Aufklären) hilft. Analoges liegt vor beim alltäglichen Vergessen von phänomenalen Begebenheiten oder Namen und anderen Wörtern. Auch da handelt es sich um eine Art Prüfung, um einen Zwang, die Aufgabe (den Namen zu finden, zu nennen) zu lösen, um eine Angstsituation; man „kommt davon nicht los", bis dann plötzlich der vorher mühsam, aber vergeblich gesuchte Name einfällt, aktuell ist. Auch in anderen Gefühlssituationen kann Vergessen vorkommen, können also zum Komplex gehörige Begriffszellen unaktuell bleiben. Das Vergessen in Situationen, in denen sich in der Regel die Erinnerung einstellt, rechnet zu den sogenannten *Fehlleistungen*.

Freud hat diese Fehlleistungen, denen er als Erster forscherische Aufmerksamkeit gewidmet hat, mit seiner Verdrängungstheorie verständlich zu machen versucht: Es sollen auch da „psychische Kräfte" am Werk sein, die den mit peinlichen Affekten (Libidoquanten) „besetzten" Namen ursprünglich (in der infantilen Situation) zunächst einmal verdrängt hätten („Urverdrängung") und nun neuerdings verdrängen oder aus der Verdrängung nicht auftauchen lassen. Wir brauchen zum Verständnis des Namenvergessens und anderer Fehlleistungen der mystischen Kräfte nicht; wir verstehen die Fehlleistungen als spezielle Reflexabläufe, wie wir auch die zwangsneurotischen Symptome, denen die Fehlleistungen nahe stehen, als spezielle Reflexabläufe, biologisch verstehen.

Ein *„Versprechen"* wie z. B. „meine Mutter ist mir das Liebste unter der Erde" (statt unter der Sonne oder auf der Erde) deuten wir nicht als Kennzeichen dafür, dass einstige Todeswünsche gegen die Mutter verdrängt worden seien und diese verdrängten Wünsche sich nun gegen die „Zensur" des Vorbewussten oder Bewusstseins durchsetzten, sondern verstehen es einfach als spezielle Reflexabläufe, wie sie in normalen und (zahlreicher und in besonderen Formen) in krankhaften Situationen vorkommen. Der als Beispiel angeführte Satz wurde von einer angstneurotischen Frau ausgesprochen auf meine Frage nach ihrem Verhältnis zu ihrer Mutter; diese Frage war für sie eine infantilistisch erlebte Prüfung, und in die zu dieser Prüfung biologisch gehörende Angstsituation fiel jener Ausspruch, Kennzeichen der krankhaften Undifferenziertheit der dem Ausdruck entsprechenden Assoziationen, der neurotischen Fehlleistung. Analog ist auch das normaliter gelegentlich vorkommende Versprechen zu verstehen: Auch da wird die Situation als Prüfung erlebt, aber freilich im normalen, nicht im krankhaften (infantilistischen) Sinn, der Ausspruch ist die Leistung, die entscheidet, ob die Prüfung bestanden ist oder nicht, und in das zu diesem Erlebnis biologisch gehörende Angststadium fällt das (Vergessen oder) Versprechen, ein Zeichen der Unsicherheit der Assoziationen, mögen diese begrifflich-bewusst oder -unbewusst (d. h. mit bewussten begrifflichen Überlegungen oder ohne solche) ablaufen, ein Zeichen des Zweifels, ein Geschwister des Irrtums und der Lüge. Eine andere Art des Versprechens (und entsprechend der übrigen Fehlleistungen) kommt so zustande, dass ein (gegenständliches oder begriffliches) Wort einer soeben abgelaufenen Wortreihe (eines assoziativen Wortsystems) in der nächstfolgenden Wortreihe an Stelle eines anderen, eigentlich hinpassenden Wortes wieder aktuell ist. Diese Wortzellen gehören also beiden assoziativen Systemen an, und der relativ stärkste Passformenstrom fließt beim Versprechen nicht durch die Wortzellgruppen, deren Aktualität das „eigentlich passende" Wort ist, sondern durch die Zellgruppe, deren Aktualitäten eben schon im anderen Zusammenhang da waren. Auch hier handelt es sich um eine spezielle Reflexschaltung, entsprechend der spezifischen Funktionsperiodik; eine Angstsituation braucht da keineswegs vorzuliegen. (Beispiel: Die Mutter ist über die Genesung ihres Kindes hoch beglückt, spricht mit dem Arzt über die Krankheit und sagt freudig bewegt: „Ihnen verdanke ich, dass mein Kind krank geworden ist!") Auch diese Art des Versprechens kommt bei Gesunden und Kranken vor, beim Neurotiker im Sinn der Zwanghaftigkeit. Auf die Deutung (auch) all dieser Vorgänge als ein Spiel „psychischer Instanzen" und anderer mystischer Kräfte verzichten wir und halten uns an die einfachen biologischen Tatsachen. Dies gilt auch für die übrigen Arten der Fehlleistungen wie Fehlgreifen, Fehlschreiben, Fehlsingen, Fehlhören, Fehlsehen, Fehlgehen, Verfehlen von Verabredungen usw., usw.

1.4.8 Der Vergleich

Vergleichen heißt: Gleiches und Ungleiches an den Vergleichsobjekten erleben und beschreiben, die Objekte hinsichtlich gewisser Eigenschaften und Funktionen als gleich oder ungleich erleben und beschreiben. Wir haben also einen *phänomenalen* und einen *phänomenologischen Vergleich*. Verglichen kann werden entweder ein Objekt, ein Individuum „mit sich selber", d. h. mit seiner früheren Erscheinung, mit sich, wie es bei dem vorhergehenden Aktuellsein beschaffen war (*Individualvergleich*), oder ein Individuum mit dem anderen (*Interindividualvergleich*).

Die Psychobiologie lehrt, dass immer nur *das* Objekt existiert, und zwar als immer-anders. Die Aktualität ist immer nur eine, ist der biologische (mathematische) Punkt, dessen Erscheinen mit der Spitze der Funktionskurve der aktuellen Zelle zusammenfällt. Es existieren niemals zwei oder mehrere Objekte, Aktualitäten oder gar Individuen als Aktualitätenreihen gleichzeitig; es ist immer nur eine, erst diese, dann diese Aktualität da. Die bisher allgemein anzutreffende Meinung, man könne zwei oder mehrere Bewusste zu gleicher Zeit haben, übersieht völlig, dass ja dann diese Mehrzahl von Objekten ein und denselben Ort einnimmt, zu ein und derselben Zeit erscheinen müsste; es kann aber realiter ein Objekt nicht am selben Ort wie ein anderes sein und zur selben Zeit wie ein anderes da sein – eine uralte Erkenntnis, angesichts derer es schwer verständlich ist, dass immer noch von einer simultanen Mehrzahl von Objekten gefabelt wird (es wird die Phänomenologie mit der Phänomenalität verwechselt). Zudem ist der „Blickpunkt" einer, niemals zwei zu-

gleich; selbst das Doppeltsehen ist nicht eine simultane Wahrnehmung zweier optischer Objekte, sondern eine oft sogar relativ langsame Aufeinanderfolge des links- und des rechtsgesehenen Objekts (normaliter geht die Reihenfolge so rasch vor sich, dass die beiden Objekte so gut wie verschmolzen erscheinen).

Es existieren also niemals die Vergleichsobjekte zugleich, sondern das Objekt wird stets verglichen mit einem Vorobjekt (beim Hellseher auch mit einem Nachobjekt). Nun besteht zwischen den einzelnen aufeinander folgenden Aktualitäten keine eigentliche Grenze (diese müsste ja wieder Aktualität sein), die Aktualitäten gehen ineinander über, so ähnlich wie die Bilder eines Films. Und die Tatsache, dass die Aktualität immer-anders, unterschieden ist, verstehen wir als Identität mit der Tatsache, dass die Aktualität biologisches Symbol aller möglichen Aktualitäten ist. *Mit der Unterscheidung ist implicite ein Vergleich gegeben.* Indem die Aktualität als solche, als unterschieden von den Voraktualitäten erscheint, ist sie rein phänomenal verglichen. Die Aktualität enthält ja Symbolkomponenten, die auch den vorigen Aktualitäten angehörten, darunter solche, die sich relativ wenig umgewandelt haben, die somit als „gleich" im Sinn von „analog" (nicht aber als „identisch") bezeichnet werden können. So ist der Satz *„Anschauen ist Vergleichen"* berechtigt. Niemals wird ein Individuum erlebt, das nicht in irgendwelchen Hinsichten (Eigenschaften und Funktionen) direkt oder indirekt assoziierten anderen Individuen gliche, ähnlich, verwandt wäre; jedes dieser anderen Individuen gleicht, ähnelt wieder anderen Individuen usw., sodass eine direkte und indirekte Gleichheit, Ähnlichkeit, Verwandtschaft rein phänomenal gegeben ist, entsprechend der Symbolnatur der Aktualität. Diesem *unmittelbaren Vergleich* gemäß ist auch die Beschreibung „unmittelbar vergleichend"; die phänomenologischen Aktualitäten „gleichen" in dieser Hinsicht ganz den phänomenalen. Ich kann also niemals in anderen Buchstaben, Silben, Worten beschreiben als in solchen, die auch in anderen Verbindungen, Reihen vorkommen, und es gibt auch keine phänomenologische Aktualität oder Aktualitätenreihe (Buchstaben usw.), die nicht in irgendeiner Hinsicht Gleiches mit anderen Aktualitäten aufwiese.

Dieser unmittelbare Vergleich, gegeben in der Symbolnatur der Aktualität, ist die Grundlage allen *mittelbaren Vergleichens*. Der mittelbare Vergleich setzt die aktuelle Funktion der Begriffssphäre voraus, d.h. er findet nur während der Zeit statt, in der die Begriffssphäre zu aktueller Funktion fähig ist. Der Begriff ist Erinnerung an Gegenstand oder Gefühl. An das aktuelle Vergleichsobjekt schließt sich – beim mittelbaren Vergleich – ein Begriff an, der Erinnerung an das nicht mehr aktuelle Vergleichsobjekt ist. Der *Individualvergleich* ist das *Wiedererkennen*: Aus dem Zellkomplex, dessen Aktualität das (gegenwärtige) Individuum ist, gehen Passformen in den zugehörigen Begriffskomplex über, der eine geringere Veränderungsgeschwindigkeit hat als der Gegenstandskomplex. Also es ist erst das gegenständliche Individuum aktuell, dann das zugehörige Begriffsindividuum, die Erinnerung an das gegenständliche Individuum, wie es früher beschaffen gewesen ist. Mit dem Aktuellsein dieses Begriffsindividuums ist der *unmittelbare* Vergleich mit dem rezenten gegenständlichen Individuum gegeben und *zugleich* der *mittelbare* Vergleich zwischen dem rezenten gegenständlichen Individuum und „ihm selbst", wie es früher war. Ich sehe ein zweistöckiges Haus; daran schließt sich der zugehörige Begriffskomplex (von geringerer Veränderungsgeschwindigkeit) an, ein (z.B.) begriffliches einstöckiges Haus, die Erinnerung an das Haus, als es noch einstöckig war. Es findet der unmittelbare Vergleich statt zwischen Begriff und rezentem Gegenstand und damit zugleich der mittelbare (sozusagen „über den Begriff gehende") Vergleich des rezenten zweistöckigen mit dem gleichen früher einstöckigen Haus. Innerhalb der Idealität gibt es nur den unmittelbaren Vergleich.

Beim Individualvergleich werden die Aktualitäten des gleichen assoziativen Systems, das Individuum „mit sich selber" verglichen. Beim *Interindividualvergleich* werden Aktualitäten verschiedener assoziativer Systeme, verschiedene Individuen miteinander verglichen. Der Mechanismus ist in beiden Fällen der gleiche. Ich sehe z.B. ein Gemälde von Hodler neben einem Gemälde

von Corinth, ich nehme zuerst den Hodler, dann den Corinth wahr, d.h. in der Modalsphäre meiner Hirnrinde, optisches Feld, ist eine spezielle Zellgruppe, eine Zelle nach der anderen aktuell, deren Aktualität das Gemälde Hodlers ist, alsdann eine zweite Zellgruppe, deren Aktualität das Gemälde Corinths ist. Die beiden Zellgruppen sind insofern nahe verwandt, als ihre Aktualitäten Gemälde sind. Ebenso sind die zugehörigen Begriffsindividuen nahe verwandt. Die Verwandtschaft geht so weit, dass aus jedem der beiden Gegenstandskomplexe Passformen in jeden der beiden Begriffskomplexe einströmen, in mehr oder minder großer Anzahl *(Teilkongruenz)*. Es ist also jetzt Corinth aktuell, darauf der Begriffskomplex Hodler mit gewissen Aktualitäten, die (kaum verändert) auch zum Begriffskomplex Corinth gehören, sobald dieser aktuell ist. Der Begriffskomplex Hodler ist also nicht mehr der „reine" Hodler, wie er im Anschluss an das gegenständliche Gemälde Hodlers auftritt, sondern eine Art Legierung Hodler-Corinth; je zahlreicher die Corinth-Anteile sind, desto mehr Vergleichspunkte zwischen beiden Gemälden sind in dieser begrifflichen Einheit gegeben, desto ähnlicher sind sich die Gemälde. Genau wie beim Wiedererkennen ist also in und mit der Erscheinung des Begriffskomplexes der unmittelbare Vergleich mit dem Gemälde Corinths gegeben und damit zugleich der mittelbare Vergleich zwischen dem Gemälde Corinths und dem Hodlers. Alle interindividualen Vergleiche sind eine Art Wiedererkennen: Es wird das „Gleiche" an den Vergleichsobjekten wiedererkannt, es wird am rezenten Individuum etwas wiedererkannt, das auch dem anderen Individuum, an das der (wiedererkennende) Begriff Erinnerung ist, eigentümlich war. Auch für diese Art Wiedererkennen gilt hinsichtlich der in der Veränderungsgeschwindigkeit des beteiligten Begriffskomplexes liegenden Ungenauigkeit das im vorigen Abschnitt Gesagte. Außer allen mittelbaren Vergleichen finden stets auch unmittelbare zwischen den gegenständlichen Individuen statt, die mittelbar verglichen werden.

Je weniger die Individuen verglichen werden, desto weniger (entfernter) sind sie miteinander verwandt, desto weniger Passformen fließen aus den gegenständlichen Komplexen in die zugehörigen beiderseitigen Begriffskomplexe, desto weniger gemeinsame Anteile finden sich in den Begriffskomplexen vor, desto weniger „erinnert" der eine Begriffskomplex an den „anderen" Gegenstandskomplex. Die Vergleiche oder die Vergleichsmöglichkeiten sind also nicht etwa „willkürlich" ausgesucht, sondern sind biologische Eigentümlichkeiten der Hirnrindenstruktur und -funktion. Auch die „bei den Haaren herbeigezogenen" Vergleiche machen da keine Ausnahme, sie zeigen nur die besondere Art der Rindenstruktur und -funktion innerhalb der beteiligten Gebiete an. Der Vergleich ist natürlich immer nur ein Vergleich und nicht die Konstatierung einer Identität (die es ja auch realiter gar nicht zwischen zwei Individuen gibt). Also auch das „Gemeinsame" ist immer nur Analogie, Gleiches, Ähnliches, niemals „dasselbe". Demnach „hinkt" jeder Vergleich – eben als solcher; er braucht aber nicht „auf allen Vieren zu hinken".

Es ist klar, dass die den zwei gegenständlichen Vergleichsindividuen im Begriff Gemeinsamen zur Spezifität des Begriffsindividuums gehören; sie können zwar mehr minder betont Teile des Begriffsindividuums sein, aber auch die Teile sind doch – eben Teile des Ganzen, gehören zum Ganzen. Es können also z. B. die Nasen zweier Menschen verglichen werden; sie sind auch begrifflich natürlich Teile des Gesichts, des Kopfes usw., und die Gemeinsamkeit kann ziemlich umschrieben sein, also der Vergleich sich eben ausgeprägt auf die Nasen beschränken. Trotzdem sind mindestens die Gesichter neben den Nasen nicht ganz auszuscheiden; die Nasen gehören zur Ganzheit des Gesichts und diese zur Ganzheit des Kopfes, des Menschen überhaupt, und bei keinem noch so präzisen Vergleich können die Nasen isoliert verglichen werden, es sei denn, man hätte sie abgeschnitten. Vielfach aber werden Eigenschaften und Funktionen der Individuen als Ganzheiten verglichen, genauer: Individuen auf gewisse Eigenschaften und Funktionen verglichen. Dabei sind die Gemeinsamen im Begriff biologisch aufgegangen, das Begriffsindividuum als Ganzes hat das spezielle Gemeinsame, so z. B. beim Vergleich zweier Individuen hinsichtlich der Farbigkeit. Ich kann eine rote Rose mit einem roten Tuch vergleichen; Rose und Tuch haben außer der Farbigkeit

kaum Gemeinsames, es kann aber, sofern nicht bloß die vergleichende Beschreibung vorliegt, der phänomenale Begriff „rote Rose" (wie jeder Begriff der ersten Zone nur schwachfarbig, die höheren Begriffe sind überhaupt nicht mehr farbig) im Anschluss an das rote Tuch aktuell sein, können also auf direktem oder wohl immer indirektem Weg Passformen aus dem Gegenstandskomplex „rotes Tuch" in diesen Begriffskomplex eingeströmt sein, sodass der Vergleich hinsichtlich rot stattfindet, indem der ganze Begriffskomplex „rote Rose" aktuell ist.

Wir haben hier ein Beispiel für den *indirekten oder kombinierten Vergleich.* Er findet über Zwischenstationen der Vergleichspartner statt. Diese brauchen direkt nicht miteinander verwandt zu sein, direkt nichts Gemeinsames zu haben, wohl aber hat es jeder von beiden mit Individuen, die – nun wieder direkt oder indirekt – untereinander näher verwandt sind als jene. So gliedern sich ja Gruppen, Familien, Sippen, Arten usw. ab, genauer: So erkennen wir diese Gruppierung begrifflich. Ich kann ein Haus mit einem Elefanten direkt kaum vergleichen. Wohl aber über Zwischenstationen, indirekt: Ich kann z. B. das Haus als Aufenthaltsort von Bewohnern beobachten und den Elefanten als Aufenthaltsort des Elefantenfetus erinnern, oder ich kann den Mörtelbelag des Hauses mit der grobkörnigen Haut des Elefanten oder beide Individuen mit Messinstrumenten, also metrisch (hinsichtlich Größe, Umfang usw.) vergleichen. Hierbei sind immer längere Reihen, auch begriffliche Überlegungen (Wortbegriffsreihen) die Mittelglieder zu der begrifflichen Vorstellung, die endlich das „Tertium comparationis" aufweist. Indem direkt oder indirekt sämtliche Aktualitäten miteinander verwandt sind, ist auch der – direkte oder indirekte – Vergleich eine ganz allgemeine anschauungsgemäße Tatsache.

Für den *phänomenologischen Vergleich* gilt das bisher Gesagte ebenfalls. Die phänomenologischen Aktualitäten sind ja ebenfalls Phänomene; jede Aktualität ist Symbol, unterschieden, rein phänomenal verglichen. Auch im Phänomenologischen gibt es den *unmittelbaren* Vergleich und den *mittelbaren,* und zwar den *Individual-* und den *Interindividualvergleich.* Indem ich ein Wort lese oder schreibe oder höre, ist eo ipso der Vergleich mit allen anderen Buchstaben und Wörtern gegeben, ferner kann ich das gleiche Wort wiedererkennen und endlich mit anderen Wörtern vergleichen. Der Mechanismus ist der gleiche wie im phänomenalen Gebiet. Ich beschreibe einen Gegenstand, z. B. eine Geige, danach einen anderen Gegenstand, nämlich eine Bratsche. An die zweite Wortreihe (das Satzindividuum) schließt sich die Erinnerung an die erste, derart, dass gewisse mehr oder minder zahlreiche Passformen aus dem modalen Zellkomplex, dessen Aktualitäten das Satzindividuum ist, in den Begriffszellkomplex einfließen, dessen Aktualitäten die erinnerte (erste) Wortreihe, die Erinnerung an die Beschreibung der Geige ist. Damit ist im unmittelbaren Vergleich das Gemeinsame der Beschreibung der Bratsche und der Erinnerung an die Beschreibung der Geige sowie zugleich im mittelbaren Vergleich das Gemeinsame beider Satzindividuen gegeben – genau wie vordem von der Phänomenalität beschrieben. Und so gibt es auch im Phänomenologischen den *indirekten* Vergleich, wobei die Vergleichspartner (Buchstaben, Wörter, Sätze) erst über Zwischenstationen mit einem Begriffskomplex assoziiert sind, der – in entsprechend entfernter Form – Erinnerung an beide Vergleichspartner ist. Sooft wir sprechen, vergleichen wir; auch hier ist der Vergleich eine anschauungsgemäße Grundtatsache.

Der phänomenologische Vergleich (*Beschreibungsvergleich*) ist nicht mit der *vergleichenden Beschreibung* zu verwechseln oder zu identifizieren. Letztere ist Beschreibung der Individuen „aus dem phänomenalen Vergleich", schließt sich an den phänomenalen Vergleich an. Ich vergleiche z. B. phänomenal eine Geige mit einer Bratsche und beschreibe die eine oder die andere oder beide aus diesem Vergleich. Die Beschreibungen als solche werden dabei interindividuell nicht verglichen. Späterhin braucht der vergleichenden Beschreibung der mittelbare phänomenale Vergleich des Beschriebenen nicht jedesmal voranzugehen: Ich kann „aus der Erinnerung", d. h. aus dem unmittelbaren Vergleich der zu den beschriebenen gegenständlichen Individuen gehörigen Begriffsindividuen oder aus dem mittelbaren Vergleich des einen gegenständlichen Individuums (z. B. der Geige) mit dem erinnerten Ver-

gleichspartner, also dem zugehörigen Begriffsindividuum (z. B. der Bratsche), beschreiben. Zu vielen gegenständlichen Individuen gibt es mehrere Begriffsindividuen, nämlich zu mehreren intervallären Erscheinungen eines gewissen gegenständlichen Individuums je ein Begriffsindividuum, das von seinesgleichen zeitlich (hinsichtlich der topophilen Symbolkomponente) verschieden und übrigens mit seinesgleichen teilkongruent ist; ich kann nun das gegenständliche Individuum, das in Zwischenräumen mehrfach aktuell war, aus der Erinnerung derart beschreiben, dass ich jedes einzelne Aktuellsein aus dem zugehörigen Begriff und diese verschiedenen Begriffe aus dem unmittelbaren Vergleich beschreibe, auch mit zeitlichen Angaben, auch mit Zählung der Häufigkeit ihres Aktuellseins, auch mit der Angabe, dass ich das gegenständliche Individuum bei jedesmaligem Aktuellsein wiedererkannt habe (wie ja eben die Existenz eines zugehörigen Begriffsindividuums erweist). Damit beschreibe ich aber nicht aus dem Wiedererkennen; diese vergleichende Beschreibung findet nur statt, falls das gegenständliche Individuum soeben aktuell ist. Das Zählen schließt sich an den unmittelbaren Vergleich an; das Wiedererkennen ist nicht notwendige Voraussetzung des Zählens; wohl aber kann das Zählen durch den mittelbaren phänomenologischen Vergleich ergänzt werden, also durch das phänomenologische Wiedererkennen der zahlenmäßigen Beschreibung der nicht wiedererkannten phänomenalen Individuen.

Auch Buchstaben, Wörter, Sätze lassen sich vergleichend beschreiben, also aus dem Vergleich beschreiben (*vergleichende Sprachkunde*); sie werden hierbei als phänomenale Individuen behandelt, die verglichen – eben diesen Vergleich nennt man hier den phänomenologischen – und aus dem Vergleich beschrieben werden können. Es ist klar, dass die phänomenologischen Vergleiche unmittelbar in ihre vergleichende Beschreibung übergehen.

Diese Darlegungen gelten für alle Rindenzentren. Aus den vielfältigen Vergleichen ergeben sich *die Klassifikationen* der Individuen.

2 Die Beschreibung (Phänomenologie)

2.1 Einführung

Die Anschauung ist die Subjekt-Objekt-Beziehung.

Das Objekt (Gefühl, Gegenstand und Begriff) ist die Aktualität, das Bewusste, die Erscheinung usw. Das Objekt ist immer-anders, Verändertheit, (nur) mit sich selbst identisch; nie ist es zweimal dasselbe, am selben Ort, zur selben Zeit. Als Verändertheit ist das Objekt unterschieden von allen anderen (möglichen) Objekten; da sein, existieren heißt: unterschieden sein, unterschieden sein aber heißt: Erinnerung sein, Erinnerung an alle Objekte, von denen unterschieden wird, d. h. an alle möglichen Objekte überhaupt. Das Objekt ist also selbst Erinnerung an alle möglichen Objekte, die Aktualität selbst Erinnerung an alle möglichen Aktualitäten, d. h. das Objekt ist biologisches Symbol aller möglichen Objekte, die Aktualität ist Symbol aller möglichen Aktualitäten. Diese anschauungsgemäße Tatsache, dass das Objekt Symbol aller möglichen Objekte ist, verstehen wir aus der Psychobiologie der Hirnrinde, aus dem kortikalen Verkehr von Passformen, wie ich ihn in Abschnitt 2.3 dargestellt habe. Hieraus verstehen wir auch die anschauungsgemäße Tatsache, dass das Objekt als Symbol nicht ein Mosaik der es bildenden Symbolkomponenten ist, sondern biologische Einheit, Homogenität.

Im optischen und im akustischen Zentrum der Hirnrinde finden sich Bezirke von modalen und idealischen Denkzellen, deren Aktualitäten die gegenständlichen und die begrifflichen Wörter sind. Diese *phänomenologischen* oder Wortbezirke sind mit den *phänomenalen* Bezirken direkt und indirekt assoziiert. Die Reihen der Buchstaben und Wörter sind die *Beschreibung* (Phänomenologie). Es wandern also von den phänomenalen Bezirken Passformen zu den phänomenologischen Bezirken, und zwar in bestimmter Assoziation, und sofern die phänomenologischen Denk-

zellen aktuell sind, läuft die Beschreibung des assoziierten Beschriebenen ab. Die phänomenalen Aktualitäten „lösen sich auf", d.h. aus den aktuellen phänomenalen Zellen bewegen sich Passformen zu den Wortbezirken. Die Beschreibung folgt genetisch auf die beschriebenen Phänomene; bei weiterer Entwicklung braucht nicht jedesmal das Beschriebene vor der Beschreibung aktuell gewesen zu sein. Die Beschreibung ist also Symbolanalyse. Symbolanalyse ist ja auch jede andere assoziative Reihe, und andererseits ist auch eine Zeichnung oder eine Melodie eine Beschreibung der assoziierten Objekte; indes bezeichnen wir nur die Wortreihen als Beschreibung („Beschreibung im engeren Sinn"). Dass jede Aktualität einer symbolanalytischen Reihe selber Symbol, also im Sinn der biologischen Homogenität „synthesiert" ist, die Analyse also immer auch Synthese ist, und ferner, dass die phänomenologischen Aktualitäten ebenfalls Phänomene, Symbole, Objekte sind, ergibt sich aus dem gesamten Sachverhalt von selber.

Es ergibt sich auch von selber, dass die Beschreibung dem Beschriebenen immer „nur" *entsprechen* kann, niemals mit dem Beschriebenen identisch ist, niemals das Gesamt des Beschriebenen *als solches* darstellen kann, sondern „Stückwerk" ist. Dass aber mancher Denker in Ansehung dieses Tatbestands die Beschreibung nun (überhaupt) als „Fiktion" bezeichnet, verrät nur die Ratlosigkeit, die dem fiktionalen Denken eigentümlich ist. Wir wissen: es gibt eine fiktionale Beschreibung und eine tatsachengerechte Beschreibung; als „Stückwerk" ist die Beschreibung aber keineswegs fiktional, auch die tatsachengerechte Beschreibung ist entsprechend der biologischen Funktionen der Hirnrinde „Stückwerk" und kann gar nichts anderes sein („Partialität der Beschreibung").

Es gehört auch ins fiktionale Denken, mit dieser Tatsache sozusagen unzufrieden zu sein und in ihr einen „Beweis" für die Existenz eines Unbeschreiblichen in der Erscheinung zu sehen, eines X, das eben darin seine „Übersinnlichkeit", seine „Seelenhaftigkeit", seine „Göttlichkeit" erweise, dass es für die menschliche Beschreibung unerfassbar, unerreichbar sei. Dass die Beschreibung ihrer Natur nach „Stückwerk" ist, heißt ja nur: sie ist mit dem Beschriebenen nicht identisch, sie stellt das Gesamt des Beschriebenen nicht als solches, als eben dieses Gesamt dar; dieses Gesamt ist ja eben das Beschriebene und ist nur mit sich selbst identisch. Die Beschreibung ist nun aber selbst Aktualitätenreihe, und diese ist wie jede einzelne Aktualität ebenfalls ein Gesamt: Jede Aktualität ist Symbol sämtlicher möglicher Aktualitäten, also die phänomenologische Aktualität ist Symbol auch aller möglichen phänomenalen Aktualitäten. „Phänomene" sind ja eben „Aktualitäten", aber wir müssen ja die beschriebenen irgendwie terminologisch von den beschreibenden unterscheiden. Die phänomenologische Aktualität, selbst Phänomen, „umfasst" also im Sinn der biologischen Symbolik als Homogenität auch „das Gesamt" des Beschriebenen, nur eben tritt dieses Beschriebene nicht als solches in der Beschreibung auf, indem ja eben beide „Sorten" von Aktualitäten verschieden sind, sondern das Beschriebene gehört zu den Symbolkomponenten der beschreibenden Aktualitäten und natürlich auch umgekehrt.

Die Tatsache also, dass das Beschriebene niemals „ganz", d. h. in allen Einzelheiten beschrieben werden kann, dass immer nur gewisse Passformen aus den phänomenalen Zellen in die phänomenologischen einwandern, berechtigt keineswegs zu der Fiktion, es stecke in der Erscheinung ein Irgend, das sich der Beschreibung entziehe. Unbeschreibbar ist das Unbewusste, und das Nicht-Seiende ist das Nicht-Beschreibbare. Das Beschreibbare, das Bewusste ist aber Symbol des Unbewussten, nicht aber aus „Teilen" zusammengesetzt, die zugleich nebeneinander existierten und deren einzelne oder viele unbeschreibbar oder nicht beschreibbar seien usw.

Man hört sagen, das „Leben" selber lasse sich doch nicht beschreiben. Nun gewiss, „das Leben" ist eine anschauungsgemäße Tatsache, die Aktualität ist immer-anders, ist Verändertheit, d. h. sie

eben belebt, lebendig; in diesem Sinn gibt es keine „toten" Aktualitäten. Das Seiende ist das Lebendige, und dieses eben ist das Beschreibbare. Das „Sein als solches" oder das „Leben als solches" sind lediglich Worte, ich wenigstens habe noch niemals „Sein als solches" oder „Leben als solches" phänomenal wahrgenommen. Die resignierende oder polemisch als Trumpf vorgebrachte Meinung, man könne das Leben selber nicht beschreiben, ist eine fiktionale Klügelei. Es gibt realiter kein „Leben als solches" (außer als Wortreihe), sondern nur Lebendiges, anschauungsgemäß Lebendiges, und „das Leben" im Lebendigen separat vom Lebendigen aufsuchen und beschreiben wollen, ist ein roh-dämonistischer Gedanke, den man beliebig weiterspinnen kann (nach Art des Zwangsdenkens): Das Leben des Lebens usw. könne man doch nicht beschreiben … ebenso wenig wie das Sein des Seienden oder das Sein des Seins. Es gibt kein „Sein als solches" (außer als Wortreihe), sondern nur das Objekt, das wir eben als Seiendes (usw.) bezeichnen.

Genau so ist die Frage nach dem „Wesen" aufzufassen: ebenso wenig wie im Lebendigen das Leben drinsteckt, ebenso wenig wie das Seiende ein Doppeltes ist, nämlich ein „Ding" und ein Sein, das in dem Ding enthalten sei und es erst zum Seienden mache, ebenso wenig ist das Wesen ein im Ding enthaltenes Geheimnisvolles, das dem Ding irgendwie, aber immer nur magisch denkbar, Ursache seiner „Erscheinung" sei, das irgendwie, aber immer nur magisch denkbar, vom Ding selber getrennt oder trennbar sei, ein „Wesen für sich" ganz analog der in „der Materie" hausenden Seele, Kraft, Ursächlichkeit usw. Sondern das Seiende, die Aktualität ist das „Wesende", man kann auch sagen „das Wesen", und wer das Seiende, das Wesende als solches erkannt hat, wer aus der fiktionalen Deuterei (Zerlegung, Zer-zweifelung in Seele – Leib, Ursache – Wirkung usw.) herausgewachsen ist, der hat eben „das Wesen der Dinge" erkannt.

Die Aktualität ist immer-anders, ist Verändertheit, heißt: Wir nehmen niemals die Aktualität isoliert, abgegrenzt, sozusagen herausgeschnitten aus dem Fluss, aus der „Flucht der Erscheinungen" wahr; der „ruhende Pol" ist eine „Utopie". Die Aktualität ist zeiträumlich, jetzt und hier, aber sie hat nicht Dauer und nicht Ausdehnung. Sie ist die

Spitze einer Funktionskurve, sie ist der mathematische Punkt. Sie lebt. Es gibt keinen Stillstand, sondern lediglich Unterschiede der Veränderungsgeschwindigkeit; mit „Stillstand" kann realiter immer nur eine relativ geringe Veränderungsgeschwindigkeit gemeint sein, nicht aber „absoluter Stillstand", nicht ein „Zustand", während dessen Dauer das Objekt gänzlich unverändert bliebe, „absolviert", abgelöst aus der Veränderung wäre. Die Aktualität, das Objekt, ist immer Glied einer Reihe, derart, dass eben das Objekt immer-anders ist. Es folgt nicht auf ein irgendwie Abgegrenztes ein anderes Abgegrenztes und dann ein drittes, wobei jedes Abgegrenzte als solches auch außerhalb des Bewusstseins erhalten bliebe und zu Zeiten wieder ins Bewusstsein treten könnte, sondern sämtliche Vor- und Nach-Aktualitäten sind Symbolkomponenten der Aktualität, jede Aktualität geht als Symbolkomponente in die nächste Aktualität ein. Die Vor- und Nach-Aktualitäten existieren nicht mehr oder noch nicht, sind unexistent, unseiend, unbewusst, unaktuell. So gehen die Aktualitäten ineinander über, und eben dies heißt: Die Aktualität ist immer-anders.

Das Immer-anders-Sein des Objekts gilt auch für die Beschreibung: Auch als phänomenologisch ist das Objekt immer-anders. Auch der Buchstabe, geschrieben oder gesprochen, der allerkürzeste Laut ist keine „einzelne", d.h. keine isolierte Aktualität, sondern ein „Immer-anders". Weder ein Buchstabe noch gar ein Wort entspricht einer isolierten phänomenalen Aktualität, d.h. die Aktualität wird niemals als isolierte beschrieben, sondern immer nur als „Glied einer Reihe" im oben angegebenen Sinn, als Verändertheit, als immer-anders. Was also auch immer hier oder anderwärts jemals über die Aktualität ausgesagt wird, beschreibt sie als Glied einer Reihe, als Verändertheit, Bewegtheit, gleichviel ob es sich um Haupt- oder Eigenschafts- oder Tätigkeitswörter oder irgendwelche „Partikel" handelt. Selbst das Wort „sein" beschreibt nicht ein „absolutes Sein", sondern das „Im-Fluss-Sein", das Verändert-Sein; das Seiende ist nicht ein „Zuständliches" im absoluten Sinn (ein solches „ist" ja eben gar niemals da), sondern das Veränderliche. Das Nicht-Seiende ist das Nicht-Beschreibbare; das aber, was ist,

„ist" veränderlich. Wer aber entgegnet, das Wort „sein" müsse oder könne doch – wenigstens auch – das „absolute Sein", also das Seiende als Absolutes bezeichnen, befindet sich in einem erkenntnistheoretischen Irrtum, indem er die Existenz eines „absolut seienden" Objekts annimmt, oder in einer Fiktion, indem er zu dem veränderlichen Seienden ein unveränderliches Seiendes (allemal im magischen Sinn) hinzudenkt und damit den Sinn des Wortes „sein" in mystisch-zweiflerischer Deuterei verballhornt.

Der anschauungsgemäßen Tatsache des Immer-anders-Seins entspricht die phänomenologische Tatsache der „Reihe", der „Mehrzahl", der Veränderung, Bewegung, des Werdens und Vergehens usw. Phänomenal ist immer nur die Aktualität da, niemals sind es zwei oder drei Aktualitäten zugleich; phänomenal gibt es keine Reihe, keine Mehrzahl, keine Bewegung, keine Veränderung als solche, sondern lediglich das Objekt als Verändertheit, Bewegtes, Verändertes, wohl aber gibt es Bewegung, Veränderung usw. phänomenologisch, als abstrakte Bezeichnung des Bewegten, Veränderten als solchen. Die Mehrzahl, die Reihe ist abgrenzbar nach Dauer (Zeit) und Ausdehnung (Raum), die also ebenfalls nur phänomenologisch existieren. Die Reihe entspricht dem Immer-anders-Sein des Objekts als der Aktualität der gleichen oder verschiedener assoziierter Denkzellen.

Wir haben somit *das Grundsätzliche aller Beschreibung* ermittelt: Die phänomenologischen Aktualitätenreihen entsprechen den assoziierten phänomenalen Reihen, ihr Ablauf, selbst Veränderung, stellt den Ablauf, die Veränderung der assoziierten phänomenalen Aktualitäten phänomenologisch dar, beide Veränderungen entsprechen einander, die Beschreibung ist also die wortliche Darstellung der Veränderung des Beschriebenen. *Alle Beschreibung ist Entwicklungsgeschichte* (im Sinn der Evolution und der Involution, des Werdens und Vergehens), ist, selbst Übergang, wortliche Darstellung des (beschriebenen) Übergangs. Über die reflexmäßige Entsprechung der Sprache bzw. der Schrift und des Beschriebenen siehe Kapitel 3 ff.

Die Beschreibung setzt sich zusammen aus Haupt-, Eigenschafts-, Zahl-, Für- und Zeit- oder

Tätigkeitswörtern, ferner aus den verschiedenen Arten von „Partikeln". Die Zahlwörter sind als Wortklasse mit den Fürwörtern nahe verwandt, diese wiederum mit den Hauptwörtern und diese mit den Eigenschaftswörtern und den Zeitwörtern. Nur einige Beispiele: „Eins" ist nächstverwandt mit dem allgemeinen Artikel „einer, eine, eines"; „eins", die „Einzahl", ist der, die, das, jener, jene, jenes, ich, du, er usw., die „Mehrzahl" ist die, diese, jene, wir, ihr, sie usw., hierzu: irgendeiner, einige, alle, jeder, allein, ganz, welcher von beiden, keiner, wie viel, wie groß, so viel, so groß, usw. Die „Für"-wörter stehen, wie schon der Name sagt, „für" die substantivische Bezeichnung der beschriebenen Objektreihe (des beschriebenen Individuums) oder auch „vor" den Substantiven, und die Substantiva sind zum Teil substantivierte Eigenschafts- oder Zeitwörter, zum Teil eine Art Grundform für Eigenschafts- und Zeitwörter (z.B. der Gute, die Wärme, das Denken; Haus – häuslich, Bau – bauen usw.). Die Partikel sind zum Teil (die meisten Adverbien und Präpositionen) von Eigenschafts-, Haupt- oder Fürwörtern abzuleiten, zum Teil (die meisten Konjunktionen und Interjektionen) „primitive" Wortgebilde, die sich als solche im Assoziationsgefüge erhalten haben.

Alle Bezeichnungen geben Eigenschaften und Funktionen des Bezeichneten an. Funktion heißt Tätigkeit. Das Wort „Funktion" hat sich aber, besonders in der Wissenschaft, derart eingebürgert, dass ich es beibehalte.

Die Hauptwörter sind „Eigennamen" (im engeren oder weiteren Sinn, also nomina propria, appellativa, collectiva usw.); sie haben einen summenhaften Charakter: Wie die Zahlen außer eins und null Summen sind, so ist das Hauptwort die phänomenologisch überhaupt darstellbare Summe der Eigenschaften und Funktionen des Beschriebenen, an das Hauptwort schließen sich die analytischen Reihen an, in denen die in ihm summenhaft-wortlich dargestellten Eigenschaften und Funktionen einzeln auftreten. Das Hauptwort ist die genaueste Entsprechung des damit Beschriebenen, es bezeichnet dieses „am deutlichsten", es ist ihm im Sinn der phänomenal-phänomenologischen Entsprechung konstitutiv am ähnlichsten, seine Konstitution aus Symbolkom-

ponenten ist in dem genannten Sinn der des Beschriebenen nächstanalog, es führt ein assoziativer Hauptweg vom Beschriebenen zu „seinem" Eigennamen. Von hier aus verstehen wir, dass im magischen Denken das Wort für das damit Bezeichnete steht. Den Namen eines Menschen aufschreiben und das Papier verbrennen, heißt: ihn selbst töten. Statt des Namens kann auch eine Abbildung (nach dem Muster der Bilderschrift) gezeichnet und diese verbrannt oder zerstochen werden, wobei dem Abgebildeten eben dieses Schicksal zustößt. Den Namen verfluchen oder segnen, heißt: den So-Bezeichneten verfluchen oder segnen. Wer seinen Namen nennt, begibt sich in die Gewalt dessen, der ihn nun kennt. Den Namen Gottes soll man nicht nennen, und man soll von ihm kein Bildnis noch Gleichnis machen. Der Bildmagie ist der Wortzauber verwandt. Nomen est omen; wie jemand heißt, so ist er. Der primitive, aber auch der neurotische Mensch legt sich gern „hochklingende" Namen bei; der „Hochstapler" nennt sich Graf oder Prinz usw. Die neurotische Angst, seinen Namen zu nennen, ist weitverbreitet (vergleiche die sogenannte „Vorstellung", bei der der Name unkenntlich gemurmelt wird, usw.). Das Kind zaubert wie der Primitive mittels der Namennennung den damit Bezeichneten herbei, z.B. die Mutter, den Vater usw., und man „zitiert" Geister (moderne Spiritisten!), den Teufel oder Gott persönlich oder in Form von Anzeichen (feuriger Dornbusch des Moses, Geisterbeschwörungen usw.). In alledem ist eine magische Deutung eines Tatbestands gegeben, der hier klargestellt sei.

Zwar kann ein Hauptwort für mehrere Beschriebene gelten, können die betreffenden Zellen also von mehreren phänomenalen Komplexen aus erreichbar sein, aber alle diese Individuen, für die ein Hauptwort gilt, sind in Hinsicht auf die in diesem Hauptwort sich summativ darstellenden Eigenschaften und Funktionen nächstverwandt. Ebenso kann ein Beschriebenes (phänomenales Individuum) mit mehreren Hauptwörtern beschrieben werden; diese sind insofern unterschieden, als die Entsprechung im einen Fall genauer ist als im anderen, das eine Hauptwort die Konstitution des Beschriebenen genauer phänomenologisch wiedergibt als ein anderes Hauptwort. Die konstitutive Analogie zwischen den Hauptwörtern und den mit ihnen Bezeichneten, die „Nähe" der phänomenal-phänomenologischen Entsprechung, hat also bei den verschiedenen Hauptwörtern, die gemeinsam ein Individuum beschreiben, verschiedene Grade, ist abgestuft, doch stehen auf alle Fälle die Hauptwörter dem mit ihnen Beschriebenen immer noch, wenn auch vielfach nur in geringem Grad, konstitutiv näher als die zugehörigen Eigenschafts- und Zeitwörter. Das nächstentsprechende Hauptwort ist die „eigentliche Bezeichnung", der Eigenname im engsten Sinn, die anderen zum assoziativen System gehörigen Hauptwörter sind hauptwortliche Nebenbezeichnungen, die sich vielfach dem Charakter der Eigenschafts- oder Zeitwörter annähern und oft nur substantivierte Eigenschafts- oder Zeitwörter sind. Man muss also von *konstitutiver Entfernung* des Beschriebenen von seiner Beschreibung sprechen; unter allen zur Beschreibung eines phänomenalen Individuums gehörenden Wörtern stehen die Hauptwörter der Konstitution des Beschriebenen am nächsten. Dies gilt auch für die relativ wenigen Hauptwörter, mit denen die Gefühle bezeichnet werden; z.B. entspricht das Hauptwort „Hunger" so nahe wie überhaupt möglich dem damit beschriebenen Gefühl. Dabei ist zu bedenken, dass die phänomenal-phänomenologische Analogie zwischen Gefühl und Wort schon insofern eine relativ weit entfernte ist, als eben ein Gefühl ein Gefühl, ein Wort aber eine modale oder idealische Reihe ist.

Je weiter die Hauptwörter konstitutiv vom Beschriebenen entfernt sind, umso größer kann die Zahl der mit einem Hauptwort beschriebenen (assoziierten) Individuen sein, „größer" relativ gemeint, d.h. in einem phänomenal-phänomenologischen Assoziationssystem P kann die Zahl der beschriebenen Individuen kleiner oder größer sein als in einem System Q bei etwa gleicher konstitutiver Entfernung der betreffenden Substantiva von ihren bezüglichen phänomenalen Individuen, aber in jedem der Systeme kann die Zahl der mit einem Hauptwort beschriebenen Individuen mit der konstitutiven Entfernung der Hauptwörter vom Beschriebenen zunehmen. Am weitesten (im Rahmen der Substantivität) konstitutiv entfernt sind die *Abstrakta*. Diese beschreiben also die relativ zahlreichsten „konkreten", nämlich phänomenalen Individuen; mit den betreffenden Wortzellen sind die relativ zahlreichsten Phänomenalzellen hauptwegig assoziiert. In vielen phänomenal-phänomenologischen Systemen gibt es Eigennamen im engsten oder engeren Sinn überhaupt nicht; es sind da zur Bezeichnung eines bestimmten Individuums einem konstitutiv entfernteren Wort Adverbien usw. beigefügt. Der Kater, der sich in meiner Wohnung aufhält, ist „mein" oder „unser Kater"; er heißt zwar Peter, aber dieser Name ist, wenn auch gebräuchlich als Name männlicher Katzen, doch nicht so naheanalog, dass allein am Namen erkennbar ist, dass überhaupt ein Kater und noch dazu unser Kater gemeint ist. Der *Gattungsname* „Katze" umfasst alle männlichen und weiblichen Katzen, ist also konstitutiv von allen Katzen, also auch von unserer Katze, weit entfernt, steht einem Abstraktum schon nahe. Mit „unserem Kater" sind nun Abstrakta assoziiert wie z.B. Zutraulichkeit, Gewandtheit. Diese Hauptwörter sind substantivierte Eigenschaftswörter (und diese adjektivierte Zeitwörter); sie entsprechen wie diese konstitutiv nur relativ entfernt unserem Kater als dem phänomenalen Individuum. Zutraulichkeit ist vielen Katzen, Gewandtheit allen Katzen eigentümlich; darüber hinaus sind viele andere Individuen zutraulich oder gewandt. Diese Abstrakta entsprechen also der Konstitution des Beschriebenen nicht viel anders als die zugehörigen Adjektiva. Immerhin ist dieser unser Kater, von dem ich Zutraulichkeit und Gewandtheit aussage, sozusagen phänomenale Darstellung dieser Abstrakta; man könnte die Zutraulichkeit oder die Gewandtheit personifikativ darstellen, indem man diese (oder eine andere so beschriebene) Katze darstellt. Also zwischen „unserem Kater" und den genannten Abstrakta besteht eine immerhin etwas nähere konstitutive Entsprechung als zwischen „unserem Kater" und den Eigenschaftswörtern zutraulich oder gewandt. Das Gleiche gilt für die substantivierten Verben und die Verba selber.

Das Abstraktum *Recht* gehört zu den Verben „rechten", „richten", „regere" usw. und zu den Adjektiven „rechtlich", „gerecht", „richtig", „rectus", usw. „Recht" ist die abstrakte Beschreibung aller Individuen, die sozusagen das Recht personifikativ (eigenschaftlich und funktionell) darstellen, also z. B. des Richters, der Richter, ferner aber auch des Gesetzbuches, der darin enthaltenen Paragraphen usw. *Glaube* ist die abstrakte hauptwortliche Beschreibung eines, mehrerer, vieler Menschen von bestimmter eigenschaftlicher und funktioneller Beschaffenheit. Glauben, eigentlich gelauben, steht zu sanskritisch lubh, begehren, gern haben, lieben. Glaube bezeichnet also eigentlich ein Gefühl und die ihm entsprechende Äußerung, dann aber eine ganz spezielle Gesinnung und das ihr entsprechende Verhalten, auch die Gotteslehre einer Gemeinschaft, und ist so Abstraktum. Das zugehörige Eigenschaftswort ist „gläubig", das Zeitwort „glauben". „Glaube" beschreibt die gläubigen Menschen als solche (als gläubige). Ein Mensch hat außer der Eigenschaft „gläubig" noch viele andere, wie er auch viele Funktionen hat; ein gläubiger Mensch ist aber im Ganzen ein bestimmtes Individuum, er ist nicht ein x-beliebiges (sozusagen neutrales) Individuum und dazu gläubig, sondern hat eine spezielle Konstitution, die auch mit dem Adjektiv „gläubig" beschrieben wird. Und ein Mensch, der glaubt, ist ebenso ein spezielles Individuum. „Glaube" umfasst sozusagen das Eigenschafts- und das Zeitwort, das Substantiv ist mehr als das Adjektiv oder das Verb, es steht konstitutiv dem Beschriebenen näher, näher auch als „Gläubigkeit", das also dem Adjektiv und Verb näher steht, mehr eigenschaftlichen und verbalen Charakter hat (so wie „Tugend" sich von „Tugendhaftigkeit" unterscheidet, usw.).

Die Abstraktion ist gewiss eine Ablösung („Abziehung") von der Phänomenalität, aber nicht etwa derart, dass das Abstraktum mit dem So-Beschriebenen in gar keinem Verhältnis mehr stünde, sondern derart, dass das Abstraktum konstitutiv relativ weit vom Beschriebenen entfernt ist. In der Abstraktion gibt es wiederum *verschiedene Entfernungsgrade*, und je weiter entfernt von der Phänomenalität ein Abstraktum ist, desto zahlreicher können die Individuen sein, für die das Abstraktum „passt" oder „gilt". Höchstabstrakte Wörter (entsprechend den Endbegriffen) sind z. B. Leben, Sein, Werden, Vergehen, Veränderung, Bewegung usw. „Leben" beschreibt in letzter Abstraktion das (alles) Lebendige als solches, als lebendig oder lebend, stellt genauer als „leben-

dig" oder „lebend" phänomenologisch die Konstitution des (alles) Lebenden dar, wie „Sein" des (alles) Seienden (vgl. εἶναι sein und leben). Wer „tote Objekte" von „lebendigen Objekten" unterscheidet, der gebraucht das Wort „Leben" noch nicht letztabstrakt, sondern erst assoziiert mit allem, was er als lebendig im Gegensatz zum Toten bezeichnet. Im weiteren Sinn ist das gegenständliche Wort „Leben" ein letztes Abstraktum, wie „Leben" als Wortbegriff ein Endbegriff; Gegensatz hierzu ist dann „Tod", nicht als hauptwortliches Abstraktum für „tote Objekte" (die Objekte sind alle lebendig), sondern als aushilfsweise gebrauchtes Wort für den polaren Gegensatz, also synonym mit Nicht-Leben, Nichts usw. Auch „Nichts" und „Etwas" und Synonyma sind letztabstrakte Wörter.

Selbstverständlich darf man das Abstraktum „Leben" nicht mit dem So-Beschriebenen verwechseln oder identifizieren. „Leben" (und ebenso „Sein", „Veränderung" usw.) ist ein Wort, nicht aber das mit ihm Beschriebene. Es gibt kein Individuum „Leben" außer als phänomenologisches; es gibt phänomenal nur „Lebendiges", „Lebendes". Das „Leben" steckt auch nicht im „Lebendigen" drin, sondern ist abstrakte Beschreibung des Lebendigen, des Objekts als lebendig.

Die *Hauptwörter* werden zum Teil ohne feste Regel als *Begriffe* bezeichnet. Man kann eine Anzahl von Individuen mit einem Wort bezeichnen; dieses „begreift" also alle diese Individuen beschreibungsmäßig in sich. Insbesondere werden die Abstrakta als Begriffe bezeichnet. Andererseits bezeichnet man „die innere Sprache", die Reihen der „gedachten" Wörter als begriffliches Denken, darüber hinaus die Erinnerungen, die Erinnerungsbilder, „Ideen" überhaupt. Die „gedachten" Wörter, also die Aktualitäten der optischen und akustischen Wortzellen, ähneln den zum System gehörigen gegenständlichen (also geschriebenen oder gesprochenen) Wörtern ebenso wie die Erinnerungsbilder anderer Gegenstände diesen Gegenständen. Man bezeichnet nun vielfach auch die „gedachten Wörter" oder „Ideen" als Abstrakta, müsste sonach die „Idee" eines gegenständlichen Abstraktums als zwiefach-abstrakt bezeichnen! Man ist hier manchmal genötigt, im Interesse einer Verständigung sich „vorläufig" auszudrücken. Die terminologische Verwirrung muss aber ein Ende haben. Die Psychobiologie versteht unter *Abstraktion* die konstitutive Entfernung der Wörter von dem Beschriebenen. Sie versteht unter *Begriffen* die Aktualitäten bestimmter Denkzellen, also die „Erinnerungsbilder" phänomenaler und phänomenologischer Art. Sie teilt die Begriffssphäre in drei Zonen ein (siehe 1.4.2) und spricht von *Kollektivität* oder *Typisierung* der Begriffe, also von Kollektivbegriffen, und zwar solchen erster und zweiter Ordnung. Dies gilt auch für die Wortbezirke; es gibt also gegenständliche und begriffliche Wörter, auch Abstrakta, und es gibt auch Kollektivbegriffe der Wörter, auch der Abstrakta (Wortkollektivbegriffe). Den Vorgang der Kollektivierung und der Abstraktion bezeichnen wir als *Eduktion* (statt des nicht ganz treffenden Wortes „Reduktion").

Die *Eigenschaftswörter* stellen einzelne Eigenschaften des Beschriebenen heraus. Diese stehen selbstverständlich im Zusammenhang mit dem Gesamt des Individuums, geben also implizite, d.h. im Sinn der biologischen Symbolik, ebenfalls dieses Gesamt beschreibungsmäßig (also gemäß der Partialität aller Beschreibung) wieder, aber derart, dass die Konstitution des Eigenschaftswortes von der des Beschriebenen, wie bereits dargelegt, im Sinn der Entfernung stärker unterschieden ist als die des zugehörigen Hauptworts. Auch die Eigenschaftswörter sind je mit mehreren oder vielen Individuen assoziiert; diesen Individuen kommen die Eigenschaften zu, die mit den Eigenschaftswörtern, mit denen die betreffenden Individuen assoziiert sind, bezeichnet werden.

Auch die *Funktionen* – sie werden mit den Tätigkeits- oder Zeitwörtern angegeben – gehören streng genommen zu den Eigenschaften. Die Partizipien der Tätigkeitswörter sind ja auch wieder Eigenschaftswörter, ferner werden nicht wenige Tätigkeitswörter substantiviert, wie es umgekehrt nicht wenige verbifizierte Haupt- und Eigenschaftswörter gibt. Indes sind die Funktionen eine besondere Klasse der Eigenschaften und insofern von den übrigen Eigenschaften (den Eigenschaften im engeren Sinn) zu trennen. *Was bezeichnet man denn mit Funktion?* In der Denkzelle befinden sich jeweils allerlei Sorten von Passformen, darunter auch solche, die aus dem koordinativen

Zentrum (zusammenfassende Bezeichnung für das topische, statische und kinästhetische Zentrum) stammen, die also das „koordinative Ingrediens" der Denkzelle, somit die koordinative Symbolkomponente, d.h. das Richtungs-, Kraft- und Lagemäßige der Aktualität sind. Nun ist die Aktualität, auch die der gleichen Denkzelle, immeranders. Die Veränderung ist stets eine solche der ganzen Zelle, der Aktualität als eines Gesamts, doch können sich vorwiegend die koordinativen oder vorwiegend die übrigen Passformen der Denkzelle, also Symbolkomponenten der Aktualität, ändern. Der Veränderung der koordinativen Passformen der Denkzelle entspricht also die Veränderung der Koordinatik der Aktualität, und eben diese Veränderung ist die Funktion; der Veränderung der übrigen Passformen entspricht die eigenschaftliche Veränderung der Aktualität. Die jeweilige Zusammengesetztheit der Zelle, ihre Konstitution, der im Sinn der biologischen Symbolik die Konstitution der Aktualität entspricht, ändert sich innerhalb der Spezifität, und zwar stets „im Ganzen", vorwiegend aber hinsichtlich Koordinatik oder vorwiegend hinsichtlich übriger Passformen oder Symbolkomponenten; demgemäß sind auch die phänomenal-phänomenologischen Assoziationen verschieden.

Der Mensch Karl, der an mir vorbeigeht, ist, solange ich ihn optisch wahrnehme, Aktualitätenreihe der gleichen Zellgruppe des Sehzentrums, die in unmittelbar aufeinander folgenden Rhythmen den aktuellen Funktionsgrad erreicht; hierbei ändert sich die Konstitution der beteiligten Zellen vorwiegend hinsichtlich des koordinativen Ingrediens, im Übrigen so wenig, dass die ganze Reihe der Aktualitäten immer der nämliche Mensch, nämlich Karl ist, d.h. Karl ist jeweils an einer anderen Stelle, er geht an mir vorüber, und dies eben ist jetzt seine Funktion. Ein andermal bleibt Karl vor mir stehen; er ist dann ebenfalls Aktualitätenreihe der gleichen Zellgruppe, aber diesmal finden nur geringe Veränderungen auch der Koordinatik statt, die Funktion verläuft anders, auch wohl in geringerer Geschwindigkeit als im ersten Fall, nämlich als gewisse Bewegungen „am Ort". Selbstverständlich ist die Veränderung des koordinativen Ingrediens der aktuellen Zelle nicht die Ursache oder Bedingung der Funktion der Aktualität, sondern beide entsprechen einander im Sinn der biologischen Symbolik; die Aktualität ist eben auch Symbol des koordinativen Ingrediens der Zelle. Auch ist die koordinative Veränderung nicht die gesamte Veränderung; diese ist vielmehr immer auch eine eigenschaftliche, also eine totale, nur ändert sich gemäß der Spezifität der aktuellen Zelle in dem einen Fall vorwiegend die Koordinatik, im anderen Fall vorwiegend „das Übrige", das man als das Eigenschaftliche (im engeren Sinn) bezeichnet.

Die Funktionsbezeichnungen sind die *Zeit*- oder *Tätigkeitswörter*. Sie stellen vorwiegend die koordinative Eigenschaft des Beschriebenen phänomenologisch dar, entsprechen vorwiegend der Koordinatik des Beschriebenen, d.h. indem diese immer-anders ist, dem Immer-anders-Sein besonders der Koordinatik, vorwiegend der koordinativen Veränderung. Die übrigen Wörter entsprechen ebenfalls, in der oben geschilderten Unterschiedenheit, dem Gesamt des Beschriebenen, aber im Gegensatz zu den Zeitwörtern entweder gleichmäßig seiner Konstitution oder die sonstigen Symbolkomponenten (nicht so sehr die koordinativen) vorwiegend betonend. Die Veränderung (auch) der koordinativen Symbolkomponente jedes Individuums ist spezifisch, auch hinsichtlich der Variationsbreite; entsprechend gibt es verschiedene, aber spezielle Funktionsbezeichnungen. Es besteht nicht etwa ein Widerspruch zwischen der genannten Differenzierung (der grammatischen Klassifikation) der Wörter und der Tatsache, dass die (sichtbare) Schrift die optische Darstellung der Koordinatik der Schreibbewegung ist. Beim Schreiben werden außer koordinativen Passformen auch solche abgegeben, die über das Auge und den Sehnerv ins Sehzentrum wandern, sodass im Fall aktueller Funktion der betreffenden Zellen die Schrift optisch erscheint. Auch bestehen direkte Assoziationen zwischen Beschriebenem und Beschreibung. Gewisse Passformen wandern in Zellgruppen, deren Aktualitäten Eigenschaftswörter, andere in solche, deren Aktualitäten Zeitwörter sind, usw. Die Anordnung der beschreibenden Aktualitäten entspricht aber stets der Koordinatik der Schreibbewegungen und ihrer Derivate (Druck usw.); die Schrift ist nicht die Koordinatik der Schreibbewegungen,

sondern, wie gesagt, ihre optische Darstellung. Analoges gilt für die akustische Beschreibung.

Ich habe oben gesagt, *alle Beschreibung* sei *Entwicklungsgeschichte*. Für die Zeitwörter leuchtet dies ohne Weiteres ein, sofern man bedenkt, dass z.B. ein Mensch während einer Tätigkeit (Funktion) von noch so kurzer Dauer nicht „derselbe" bleibt, sondern sich evolutiv oder involutiv verändert. Das Zeitwort gilt ausgeprägt für eine Reihe; man könnte die Zeitwörter auch Raumwörter nennen, indem jede Reihe zeitlich und räumlich gemessen, d.h. in zeitlichen und räumlichen Maßen beschrieben wird. Wie steht es aber mit den anderen Wortklassen? Gewisse Partikel gleichen hierin den Zeitwörtern, z.B. „und", „oder", „damit", „weil" usw., womit ein Fortgang einer Reihe, der Anschluss einer weiteren angegeben wird. Beschreiben aber die Haupt-, die Eigenschafts-, die Zahlwörter nicht das Beschriebene, wie es ist (genauer: gewesen ist), d.h. wie es im Moment der Erscheinung beschaffen ist? Inwiefern gibt das Wort „rot" eine Veränderung an? Und kennzeichnet nicht gerade der Eigenname „das Bleibende" an einem Individuum? Und drei Bäume *sind* doch drei Bäume, das Zahlwort gibt also doch „ein Zuständliches am Beschriebenen" an?

Es kommt hier nicht darauf an, dass die Beschreibung auf das Beschriebene folgt, dass dieses also während der Beschreibung nicht mehr aktuell ist (wobei natürlich in einem Erlebnis die phänomenalen Reihen von phänomenologischen unterbrochen, letztere also zwischen erstere eingeschaltet, interkurrent sein können). Es kommt darauf an, dass eine einzelne, isolierte Aktualität, z.B. von roter Farbe, niemals vorkommt, dass die Aktualität vielmehr immer-anders ist, weder Dauer noch Ausdehnung hat, also auch nicht Eigenschaften, die einer solchen (nicht vorhandenen) Dauer oder Ausdehnung entsprechen könnten. Das Wort Dauer darf ja auch nicht so aufgefasst werden, als ob es ein („absolutes") Unverändertsein des als „dauernd" Bezeichneten behaupten wolle; es bedeutet realiter nichts anderes als „Zeitabschnitt", so wie Ausdehnung „Raumabschnitt", d.h. es wird das Immer-anders-Sein des Objekts als Reihe von Objekten beschrieben und diese Reihe zeitlich und räumlich gemessen, abgegrenzt (zusammengesetztes Individuum). Es wird auch die Aktualität niemals als isoliert beschrieben; die Eigenschaftswörter gelten niemals für die isolierte Aktualität, sondern stets für die Aktualität als Glied der Reihe, als immer-anders. Und diese Reihe selber ist ebenso wenig wie die Aktualität zweimal dieselbe, sie ist ebenfalls immer-anders, „im Fluss" (was ja wohl – πάντα ῥεῖ – keine Neuigkeit ist). Die Eigenschaftswörter können also „naturgemäß" nur Veränderliches (im Sinn von Immer-anders-Seiendem, in Veränderung, Bewegung Begriffenem) beschreiben, und vom Veränderlichen lässt sich schlechterdings nichts („Absolut"-)Unveränderliches angeben, das Veränderliche kann nicht zugleich unveränderlich sein oder als unveränderlich beschrieben werden.

Es ist also Irrtum und Fiktion zugleich anzunehmen, dass (die) Eigenschaften des Veränderlichen unveränderlich seien oder dass mit einem Eigenschaftswort (oder irgendeinem anderen Wort) ein Unveränderliches des Veränderlichen (im obigen Sinn) angegeben werde. Gewiss ist die Veränderungsgeschwindigkeit der Individuen verschieden; ein Stück Eisen verändert sich eigenschaftlich langsamer als ein Stück Buchenholz oder eine Kartoffel. Aber selbst bei geringster Veränderungsgeschwindigkeit ist das Individuum doch veränderlich, immer-anders. Das „Unveränderliche", synonym mit dem „Unbewussten", ist das Unbeschreibbare, das Noch-nicht- und Nicht-mehr-Beschreibbare. Beschreibbar ist nur das Existente; was noch nicht existiert, noch nicht (bewusst) ist, also das Unexistente, Unbewusste, Unaktuelle, dessen Symbol das Bewusste ist, kann auch noch nicht beschrieben werden – und selbst diese Beschreibung, nämlich dass das Unbewusste das Unbeschreibbare ist, beschreibt das Bewusste, nämlich als Symbol aller möglichen Aktualitäten, die jetzt noch nicht oder nicht mehr da sind, existieren, bewusst sind, die also „unbewusst" sind. Das Existente, Bewusste, die Aktualität ist nun aber das Veränderliche, das Immer-anders-Seiende; das Unbewusste „ist" das Noch-nicht- oder Nicht-mehr-Veränderliche, das Unveränderliche – nicht in dem Sinn, dass das Unbewusste nun eben das „Ruhende", das „Beständige" sei, sondern in dem Sinn, dass es als unbewusst noch nicht das Bewusste, das Veränderliche sei.

Ein „unveränderliches Bewusstes" ist eine Contradictio in Adjecto; man könnte diese Formel höchstens für den Alltag zulassen als Bezeichnung für ein relativ langsam Veränderliches, das man wohl auch „beständig" nennen kann; auch dieses Wort bezeichnet eigentlich lediglich „das Bestehende" als solches, als bestehend, existierend, nicht aber (wie der Fiktionalist meint) als „herausgelöst aus dem Fluss", als „absolut unveränderlich", man kann aber „beständig" als Bezeichnung für relativ Langsam-Veränderliches gelten lassen, wie „unbeständig" als Bezeichnung einer relativ hohen Veränderungsgeschwindigkeit. „Absolut", von lateinisch absolvo, heißt „abgelöst"; es hat den Sinn „rein abgelöst", „hundert Prozent abgelöst" angenommen, das Absolute ist das aus der „Flucht der Erscheinungen" ganz und gar Abgelöste, das von der Welt Unabhängige, schließlich das Göttliche, das im schöpferischen Kausalnexus zur „Welt" steht, usw. Man muss im Interesse der Verständigung diese Bedeutung als vorhanden anerkennen, aber wissen, dass es realiter ein solches Absolutes nicht gibt, und dass es sich um eine Fiktion handelt; es gibt nur gewisse Objekte von sehr geringer Veränderungsgeschwindigkeit, die geringste haben die Endbegriffe. Das Nicht-Veränderliche, Nicht-Beständige usw. „ist" der polare Gegensatz zum Veränderlichen, Beständigen usw., ist das Nichts, das Subjekt, die Psyche usw., das Nicht-Beschreibbare, und auch diese Wörter beschreiben nicht etwa das Nicht-Beschreibbare, sondern sind objektische Bezeichnungen, die die polare Gegensätzlichkeit der Anschauung wortlich angeben und zwar das dem Objekt polar Gegensätzliche „meinen" (sozusagen aushilfsweise, indem ja eine schriftliche oder mündliche, also wortliche Kennzeichnung nur eben in – Worten erfolgen kann).

Die Eigenschaftswörter geben also nicht Eigenschaften einer isolierten Aktualität an, sondern der Aktualität als immer-anders, als Glied einer Reihe. Mit „rot" wird nicht eine „ruhende" Aktualität beschrieben, sondern ein Veränderliches, man kann auch sagen: ein Vorgang. Die Aktualität „ist" rot, „während" sie ist, aber dieses „während" und „sein" ist eine Veränderung, ein Übergang, ein Vorgang; und ein Vorgang ist nicht ein von der sich verändernden Aktualität Verschiedenes, sondern eben eine Objektreihe ist mit dem Wort

„Vorgang" beschrieben. „Baum" ist nicht Bezeichnung für ein Individuum, das irgendeine Zeit „so ist", sondern für ein sich unablässig veränderndes Individuum, für eine Reihe, für eine Reihe von Aktualitäten, die abläuft und die bei jedesmaligem Ablauf anders ist als vorher und nachher; diese Reihe heißt zwar jedesmal „Baum", aber aus dieser Tatsache darf nicht geschlossen werden, dass der Name ein Unveränderliches „am" Baum, etwa das „Baumsein" beschriebe, sondern nur, dass diese spezielle Reihe mit dem Wort „Baum" assoziiert ist und im Allgemeinen auch bleibt, solange sich die menschliche Hirnrinde in einer gewissen Periode ihrer Entwicklungs- und Funktionskurve befindet; im Übrigen beschreibt „Baum" eine bestimmte Reihe und ist selber eine bestimmte Reihe. „Drei Bäume" beschreibt eine Reihe (im Sinn einer mathematischen Summe), die zwar als solche eine relativ geringe Veränderungsgeschwindigkeit haben kann, aber doch eben sich verändert, wird und vergeht, sich aus eins, zwei und zu vier, fünf usw. oder wieder zwei, eins usw. entwickelt. Phänomenal sind die drei Bäume niemals zugleich da, sondern lediglich ist die Aktualität da als immer-anders, und dieses Immer-anders-Sein ist in diesem Fall die Reihe, die als „drei Bäume" beschrieben wird. Und dass die Baumgruppe bei jedesmaligem Erscheinen immer wieder mit „drei Bäume" bezeichnet wird, ist nicht ein „Beweis" dafür, dass an diesen Bäumen mindestens die Dreiheit mindestens eine Zeit lang „absolut" unveränderlich sei, sondern zeigt nur, dass die phänomenale Baumgruppe (als immer-andere Aktualität verstanden) mit der Wortreihe „drei Bäume" assoziiert ist und dass die Gruppe wie ihre Bezeichnung und beider Assoziation eine sehr geringe Veränderungsgeschwindigkeit hat. Man darf nicht außer Acht lassen, dass jedes Zahlwort von zwei an eine Summe angibt und nicht ein Nebeneinander von so und so viel „koexistenten" Einsheiten; es ist also das Wort eine Reihe wie jede andere und beschreibt mathematisch-summativ eine Reihe, wie andere Wörter in ihrer Weise die ihnen assoziierten Reihen beschreiben. Indem jede Veränderung, jeder Vorgang Entwicklung im Sinn der Evolution oder Involution ist, kann auch die Beschreibung, wie immer sie lauten mag, nur Entwicklungsgeschichte sein.

2.2 Naive und wissenschaftliche Beschreibung

Entsprechend der Entwicklung der Hirnrinde ist die *Beschreibung* eine *vorwissenschaftliche* (naive, populäre) oder eine *wissenschaftliche*. Übergänge und Mischformen finden sich in vielen Bezirken der Beschreibung vor; es können in eine wissenschaftliche Beschreibung „Enklaven" naiver Beschreibung eingestreut sein, auch kann bei einem Menschen eine bestimmte Beschreibung (die „fachliche") hoch wissenschaftlich sein, während die übrigen Wortbezirke relativ wenig entwickelt sind, daselbst also nur eine alltägliche Beschreibung möglich ist; diese Ungleichmäßigkeit findet sich auch in der Wortbegriffssphäre. Man ist dann wohl erstaunt, bei einem sonst so gelehrten Menschen so wenig Einsicht in Verhältnisse anzutreffen, die weniger gelehrten Leuten verständlich sind. Sieht man aber ein wenig genauer zu, so findet man bei jedem Menschen eine Differenzierung der Beschreibung derart, dass jeder in gewissen „Fächern" genau oder besonders genau „Bescheid weiß", in anderen weniger oder gar nicht; ja solche Menschen, die in mehreren Fächern sachverständig beschreiben können, sind nicht gerade zahlreich. Diese Differenzierung der Beschreibung kann nun wieder innerhalb oder außerhalb der normalen Variationsbreite liegen; außerhalb der Norm liegen die Atrophie und die Hypertrophie gewisser kleinerer oder größerer Wortbezirke: Im ersteren Fall ist die Beschreibung daselbst abnorm verkümmert, im letzteren Fall ist sie übermäßig wortreich und bei allem Wortgepränge verschwommen, pseudo- oder paralogisch, hyperkritisch, hyperskeptisch, spintisierend, grüblerisch, verfilzt und so fort, allemal primitivistisch. Solche „einseitige" Worthypertrophie findet sich bei naiven und gelehrten „Zwangsdenkern"; ihr allgemeines Kennzeichen ist das Bizarr-Konstruierte, Starr-Formalistische, die beschreibungsmäßige Inkongruenz mit dem Beschriebenen, eine Art „Verstiegenheit", die freilich, besonders im Gebiet der abstrakten Beschreibung (der sogenannten Geisteswissenschaften), nicht immer leicht zu diagnostizieren ist, ja des Öfteren mit „Geistreichigkeit" oder „Genialität" verwechselt wird, umso leichter, als sich mehr minder zahlreiche normnahe Bestandteile vorfinden können, auch solche, die erst späterhin bei entsprechender Weiterentwicklung der Hirnrinden sich als „richtig" (vorausgewusst) herausstellen, d. h. anerkannt werden. Daher die irrige Meinung, dass zum Wesen des Genies eine gewisse Abweichung vom Durchschnittlichen, von der Norm gehöre.

Je nach dem „Gegenstand" und der Differenzierungsstufe sind die Beschreibweisen verschieden. Wir haben eine naive und eine wissenschaftliche physikalische, chemische, biologische, psychologische, medizinische, juristische, religiöse, ästhetische usw. Beschreibweise. Die phänomenalen Individuen sind zwar direkt oder indirekt mit allen Wortzellen assoziiert, aber zwischen gewissen Phänomenen und gewissen Worten bestehen engere, entwickeltere, „feste" Assoziationen, diese Phänomene werden also „hauptwegig" mit diesen Wortreihen, diesen Beschreibweisen beschrieben und stehen mit anderen Beschreibweisen nur „nebenwegig" in Verbindung. Gewisse Wörter gehören nur zu einzelnen Beschreibweisen, die sogenannten Fachausdrücke, Termini technici. Die Analyse, d. h. die wortliche Darstellung des „Sinns" oder der „Bedeutung" dieser und anderer Wörter gehört ebenfalls zur speziellen Beschreibweise.

Die Menschen werden hauptsächlich medizinisch, juristisch, religiös, soziologisch usw. beschrieben, die Tiere medizinisch, mit gewisser Einschränkung auch religiös (Totemtiere), soziologisch usw., die Pflanzen botanisch (physiologisch, klassifikatorisch usw.) sowie in ihrem Verhältnis zu Mensch und Tier beschrieben. Die Mineralien dagegen werden hauptsächlich klassifikatorisch, geologisch, physikalisch und chemisch beschrieben. Also: Das Organische wird hauptsächlich „biologisch", das Anorganische „mechanisch" beschrieben. Die Psychobiologie beschreibt alles Seiende biologisch.

Die Hirnrinde, überhaupt die Gesamtheit der Reflexsysteme, entwickelt sich bis zur Lebenshöhe des Individuums; auch nach Überschreiten dieses Höhepunkts finden noch Entwicklungen statt, aber nicht mehr so zahlreich und nicht mehr so intensiv. Während der Entwicklungsperiode sind die Reflexsysteme, also auch die Rindenzel-

len und ihre Assoziationen im Allgemeinen in der Differenzierung aus der Unreife in höhere und höchste Reifegrade begriffen; entsprechend sind die Aktualitäten im Allgemeinen geartet, die phänomenalen wie die phänomenologischen. Gewisse Teile der Hirnrinde sind früher als andere ausgereift; es gibt also Gebiete des Erlebens und der Beschreibung, die die für dieses Individuum höchstmögliche Präzision schon früher als die anderen Gebiete erreicht haben, wie eben überhaupt die Entwicklung „abgestuft" (innerhalb oder außerhalb der normalen Variationsbreite) erfolgt. An den Höhepunkt schließt sich die Involution an. Diesen individuellen Entwicklungskurven entsprechen volkliche: Auch die *„ethnische Hirnrinde"*, das Volk als Ganzes, hat eine Entwicklungskurve, mit einer ansteigenden und einer absteigenden Strecke, und zu allen Zeiten gibt es Menschen, die in einzelnen oder vielen Gebieten den Zeitgenossen „voraus" sind, früher so reif sind, wie es im Allgemeinen erst die Nachfahren sein werden. Am spätesten, falls überhaupt, reifen die Gebiete der abstrakten Beschreibung aus.

Das Kennzeichen der Entwicklungsperiode ist der *Zweifel*, die *Unsicherheit*, die *geringe Präzision* der Aktualitäten und ihrer Assoziationen, die (stets mehrwegige) Deutung. Die Aktualitäten werden zweifelhaft erlebt und beschrieben, und auch die Beschreibung ist zweifelhaft. Dies ist das Zeitalter des *rohen* oder *verfeinerten* (verdünnten) *Dämonismus*, des Kausalismus oder Motivismus. Der Mensch zerlegt sich und seine Umgebung, zerlegt die Welt in das Seiende und das dieses Seiende Bewirkende, sich an ihm und in ihm Offenbarende; er rätselt in sich und seine Mitmenschen eine „Seele", die er irgendwie wesenhaft oder unwesenhaft denkt, hinein und spricht dieser eine unerklärliche, unfassbare Macht zu, auch die, den Leib zu verlassen, auch die, im „Jenseits" eine ewige Existenz zu führen, wieder zu erscheinen usw. Auch den Tieren wird zu Zeiten eine solche Seele angedeutet – und bald auch den Pflanzen, bald auch den Mineralien, bald dem Seienden überhaupt (so z. B. die Monadenlehre des Leibniz, die Lehre von der Atomseele usw.). Diese Deutungen gelten nicht bloß innerhalb der religiösen Beschreibweise, wie das vielfach irrtümlich angenommen wird; sie gelten innerhalb des gesamten

Erlebens, des phänomenalen wie des phänomenologischen, soweit eben die Hirnrinde den Reifegrad des metaphysikfreien Denkens noch nicht erreicht hat. Eine spezielle Beschreibweise bildet sich heraus: die *Psychologie*, die, mag sie naiv oder gelehrt sein, grundsätzlich so beschreibt, als ob im Physischen das Metaphysische, das Psychische wohne und wirke. Sie untersucht daraufhin speziell den Menschen, dann aber auch die Tiere, während von Pflanzenpsychologie oder gar Mineralpsychologie noch nicht „offiziell" die Rede ist. Es zeigt sich auch hierin der Zweifel, ob den Wesen außer den Menschen eine Seele zuzusprechen sei oder nicht, der Zweifel am „Wesen" der Seele, ihrem Verhältnis zum Leib usw., der Zweifel an Ursache und Wirkung, der kausal-dämonistische Zweifel.

Sonach spricht man von *seelischen und leiblichen* (psychischen und physischen) *Eigenschaften und Funktionen* der „beseelten" Wesen. Es besteht der Zweifel, ob die physischen Eigenschaften und Funktionen für sich auftreten oder auftreten können oder in verschiedenartig, z. B. als „Wechselwirkung" oder „Parallelismus" gedachter Abhängigkeit von psychischen Eigenschaften und Funktionen, und der gleiche Zweifel besteht gegenüber den psychischen Eigenschaften und Funktionen. Die spekulative (an sich zweifelhafte) Entscheidung für Selbstständigkeit oder Abhängigkeit bringt keine Lösung des Leib-Seele-Problems, keine Lösung der Frage nach dem Wesen der Dinge, dem Wesen der Eigenschaften und Funktionen. Was ist eine Eigenschaft, was eine Funktion dem Wesen nach? Ein Physisches oder ein Psychisches? Ein Muskel kontrahiert sich, was geschieht da? Elektrische Ströme lassen sich nachweisen, wie sich auch der Muskel bei elektrischer Reizung kontrahieren kann; aber das ist nicht alles. Wirkt sich an den physischen Eigenschaften und Funktionen nicht offensichtlich ein Psychisches aus? Und wie macht es „die Seele", dass sie sich ins Physische umwandeln oder sich sonstwie am Physischen manifestieren kann? Wie verursacht „die Seele" das eigenschaftliche und funktionelle Verhalten des Physischen? Was sind „psychogene Erscheinungen" dem Wesen nach? Und wie kommt es, dass „die Psyche" das Physische gerade in dieser und nicht in einer anderen Beschaffenheit, ja überhaupt in einer Beschaffenheit „ins Bewusstsein rückt"? Wird aber die Psyche als Parallelreich der Physis aufgefasst, wie ist das Psychische zu Eigenschaften und Funktionen gekommen, wie sind diese wesentlich zu verstehen, wie sind sie überhaupt erfahrbar? Sie sind doch nicht objektisch! Und andererseits, was ist das Eigenschaftliche, das Funktionelle „am" Objekt, wer oder was verursacht diese geheimnisvolle Bestimmtheit der Qualität und der Funktion? Sitzt die Eigenschaft, die Funktion im „Ding", oder wird ihm die Eigenschaft von innen oder von außen (und von wem?) beigelegt, wird es von einer inneren oder äußeren Kraft bewegt? Und wie ist das Verhältnis der einen Eigenschaft und Funktion zur anderen? „Natürlich" kausal! Aber wie kann die eine Eigenschaft und Funktion die andere bewirken, welche „Kraft" ist da am Werk? Beim Menschen und Tier (vielleicht?) die Seele, seelische Kräfte, Energien, Instanzen und andere Dämonen, wie aber bei der Pflanze, beim „toten" Mineral, bei den dem menschlichen Zugriff entzogenen Dingen bis zu den Sternen hin, die rot oder blau oder weiß leuchten und in mathematischen Kurven ihre Bahn ziehen? Die Frage nach der Macht und der Allmacht taucht auf – der ganze bunte Rätselschwarm des animistisch-dämonistischen, des magischen, des kausalen Denkens.

Die Psychobiologie lehrt: Es gibt keinen Seelenbereich, keine seelischen Erscheinungen und Vorgänge, Eigenschaften und Funktionen; die Seele ist der negative Pol der Anschauung, ist das Nichts gegenüber dem Etwas, und dem Nichts kann man keine Eigenschaften und Funktionen zubilligen. Das Etwas aber ist die Aktualität, das Objekt, das Symbol, die biologische Homogenität, nicht also ein Mosaik von „Teilchen", deren jedes ja selber Aktualität sein würde, sondern ein Homogenes. Die Eigenschaften sind nicht Besonderheiten „am" oder „im" Objekt. Das rote Objekt ist nicht ein Objekt und obendrein rot, sodass man das Rot auch wegnehmen könnte und dann das „eigentliche" Objekt übrig behielte. Der Stein ist nicht ein Stein und obendrein hart, sodass man die Härte wegnehmen könnte und der Stein nun als solcher übrig bliebe. Der Baum ist lang oder dick oder rund usw. heißt nicht, man könne ihm diese Eigenschaften wegnehmen und dann immer noch oder erst den Baum „als solchen" wahrnehmen. Der heiße, glühende Ofen ist ein anderer Ofen als der kalte, wie schon „der Augenschein", noch mehr aber die wissenschaftliche Betrachtung lehrt; der jetzt heiße Ofen mag Aktualität der gleichen Zellgruppe sein wie der jetzt (d. h. später als das vorige „Jetzt") kalte Ofen, aber die Aktualitäten, deren Reihe beide Male der Ofen ist, sind beide Male andere Homogenitäten, das erste Mal diese, das andere Mal jene thermophilen optischen Symbolkomponenten enthaltend. *Die Eigenschaften sind also phänomenal vom Objekt, dem sie zugehören, nicht getrennt*; sie „haften" ihm nicht an, das Objekt „hat" streng genommen diese Eigenschaften nicht (d. h. es ist nicht als Objekt da und außerdem die Eigenschaften, die es „hat"), sondern das Objekt ist, wie es ist, Homogenität, biologisches Symbol, zu dessen Komponenten auch diejenigen gehören, die an den assoziierten phänomenologischen Aktualitäten wiederum im Sinn der Symbolik beteiligt sind. Die Eigenschaften treten sozusagen getrennt vom Objekt erst als Wörter auf, existieren getrennt vom Objekt erst in der Beschreibung. Eigenschaften als solche, als phänomenale Aktualitäten, gibt es nicht (vergleiche aber Kant!); die Aktualität ist Symbol aller ihrer Eigenschaften und Funktionen, darüber hinaus aller Eigenschaften und Funktionen überhaupt.

Also *auch die Funktion ist nicht ein vom Objekt Getrenntes*: Dieses ist nicht außer oder neben seiner Funktion da, die Funktion sitzt nicht im Objekt drin oder tritt von außen her an das Objekt heran und setzt es „in Funktion". Wieder erinnern wir uns an metaphysische Deutungen, die „hinter" oder „in" der Objektreihe, der „Ordnung" der Dinge, eine transzendente oder immanente Kraft oder Macht wähnen, die die Funktion verursache und damit etwas (Vorbedachtes!) bezwecke oder, selbst Funktion, die objektive Funktion hervorrufe, bewirke, bedinge, bezwecke, eine Kraft oder Macht, für die doch nun wieder eine Ursache angenommen werden müsste, falls wir uns nicht mit dem Spinoza'schen Paralogismus oder Alogismus „causa sui", ohne zur Ruhe zu kommen, behelfen wollen. Die Psychobiologie zeigt und lehrt, dass (auch von den „Psychologen") immer nur Objekti-

sches wahrgenommen und beschrieben werden kann, dass die Auffassung, man könne auch Nicht-Physisches oder Noch-nicht-Physisches wahrnehmen und beschreiben, eine Fiktion ist, die auch Fiktion bleibt, obwohl diese Auffassung ausgesprochen oder stillschweigend (implizit) allgemein verbreitet ist. Es wird also auch mit dem Wort „Funktion" nur Physisches beschrieben, das Objekt als immer-anders. Und die Funktion ist kein neben dem Funktionierenden, die Veränderung kein neben dem Veränderlichen, die Bewegung kein neben dem Bewegten Bestehendes. Funktion, Veränderung, Bewegung als solche existieren phänomenal überhaupt nicht, sondern lediglich das Objekt als immer-anders, und eben dieses Immer-anders-Sein wird als Objektreihe und in letzter Abstraktion mit Funktion, Veränderung, Bewegung usw. beschrieben. Dass die einzelnen Funktionsbezeichnungen (Zeit- oder Tätigkeitswörter) ebenso wie die Eigenschaftswörter „weniger abstrakt" sind als das allgemeine Wort „Funktion", dem Beschriebenen also konstitutiv näher stehen, ergibt sich aus den Darlegungen dieses Abschnitts.

2.3 Beschreibung von Eigenschaften und Funktionen

Die Konstitution der Denkzelle (jeder Zelle) und ihre Veränderung sind spezifisch. In der Denkzelle befindet sich jeweils eine gewisse (eben spezifische) Anzahl gewisser Passformen, und die Veränderung der jeweiligen funktionellen Situation bleibt, solange die Zelle besteht, innerhalb bestimmter (spezifischer) Grenzen. Niemals geht die Veränderung der Zelle über ihre Spezifität hinaus. Die Annahme, dass eine Zelle, solange sie besteht, sich über ihre Spezifität hinaus verändern könne, ist offenbar unsinnig. Entsprechend kann sich auch die Aktualität der Zelle Z immer nur innerhalb der Spezifität verändern: Sie ist also bei jedesmaliger Wiederkehr anders als vorher und nachher, aber dieses Anders-Sein liegt innerhalb der Spezifität.

In der Zelle finden sich – in einem spezifischen Verhältnis zueinander – jeweils verschiedene Spezies von Passformen vor; sie sind nach den fünf Grundgefühlen (siehe 1.2.1) zu klassifizieren, ferner auch nach ihrer Umwandlungsfähigkeit zu Passformen für Zellen anderer Zentren. So enthält z. B. die optische Modalzelle zwar selbstverständlich nur optische modale Passformen, darunter befinden sich aber solche, die zum thermischen oder akustischen oder statischen usw. Zentrum „Affinität" haben, sich also zu Passformen für Zellen eines gewissen Zentrums umwandeln können, wie im Einzelnen zu beschreiben ist. Im Gange einer Funktionsperiode der Zelle wechseln sowohl die Gesamtzahl der jeweils anwesenden Passformen wie das Verhältnis der einzelnen Spezies zueinander wie die Spezies selber – und zwar innerhalb der Spezifität der Zelle. Dementsprechend verändert sich die Aktualität der Zelle.

So stehen auch die koordinativen Passformen (das koordinative Ingrediens) zu den übrigen in der Zelle anwesenden Passformen oder zum Gesamt der Zelle in einem bestimmten (spezifischen) Verhältnis, und dieses wechselt auch innerhalb der Spezifität. Auf die nahe Verwandtschaft der stato-, topo- und kinästhetophilen Passformen habe ich schon hingewiesen; in der Zelle befindet sich jeweils eine biologische Proportion dieser drei Spezies und ihre Veränderung erfolgt proportional – kann dabei aber derart erfolgen, dass die Relation der Gefühlsspezies wechselt, also z. B. bei etwa gleichbleibender Gesamtzahl der statophilen Passformen für eine Anzahl hungergefühliger eine entsprechende Anzahl angst- oder freudegefühliger usw. Passformen in die Zelle eintritt, und ferner kann die Veränderung derart erfolgen, dass z. B. für topophile Passformen „rechtswärts" nach und nach ein Äquivalent topophile Passformen „linkswärts" usw. eintritt – wie betont, innerhalb der Grenzen der Spezifität der Zelle.

Demgemäß ändert sich die Aktualität der Zelle. Die topophile Symbolkomponente ist das Richtungsmäßige, die kinästhetophile das Lagemäßige, die statophile das Kraftmäßige der Aktualität, d. h. die Aktualität erscheint als Punkt einer bestimmt (spezifisch) gerichteten (vor- oder rückwärts usw.), bestimmt „gelagerten" (links oder rechts usw.) und in bestimmten Kraftverhältnissen (senkrecht usw.) verlaufenden Reihe, die Aktualität ist richtungsmäßig, lagemäßig, kraftmä-

ßig, mit einem Wort: koordinativ bestimmt. Die thermophile Symbolkomponente ist das spezifische Wärme-/Kältemäßige, die akustophile ist das Ton- oder Lautmäßige der Aktualität usw. Alle Symbolkomponenten bilden die Homogenität. Die statophile Symbolkomponente z. B. der optischen Aktualität entspricht den optischen statophilen Passformen der Denkzelle, die sich zu statischen Passformen umwandeln können, die thermophile Symbolkomponente entspricht den optischen thermophilen Passformen, die sich zu thermischen Passformen umwandeln können, usw.

Der Aktualität sind die sie bildenden Symbolkomponenten sozusagen nicht anzusehen; sie sind in die Homogenität eingegangen. Die Aktualität ist aber immer-anders, und diese Tatsache des Unterschieden-Seins wird als konstitutive Verändertheit beschrieben; jede Veränderung ist also konstitutiver Art, eine *Konstitutionsänderung*, konstitutive Veränderung ist eigentlich ein Pleonasmus. Einem optischen Individuum ist nicht anzusehen, dass z. B. thermophile Symbolkomponenten an der Homogenität teilhaben und in welchem Verhältnis zu den übrigen Symbolkomponenten; es ist einfach optisches Individuum, und die thermophilen usw. Symbolkomponenten sind auch optisch, entsprechen gewissen optischen (und zwar den thermophilen) Passformen der aktuellen Zelle. An diese optische Reihe kann sich aber eine thermische anschließen, ich kann z. B. einen Ofen berühren und nun eine thermische gegenständliche Wahrnehmung (Wärme oder Kälte) haben; hierbei hat das optische Individuum Ofen thermophile Passformen abgegeben (genauer: aus dem Zellkomplex, dessen Aktualität der Ofen ist, sind thermophile Passformen ausgetreten), diese sind auf dem Assoziationsweg ins thermische Zentrum gelangt und an den thermischen Aktualitäten symbolisch beteiligt. Man sagt, der Ofen ist warm oder kalt; er wird gemäß der ihm folgenden Aktualitätenreihe beschrieben. Bei hinreichender Erfahrung (hinreichender Anzahl analoger Assoziationsabläufe) brauche ich den Ofen nicht mehr anzufassen, sondern beschreibe ihn ohne Weiteres als warm oder kalt, dies „ohne Weiteres" aber doch mit der Einschränkung, dass eine Reihe sonstiger Aktualitäten (gewisser Umstände, z. B. Wärme oder Kälte im Zimmer) mit diesen Wortzellen assoziiert ist oder doch gröbere Veränderungen des optischen Individuums Ofen vorliegen (Rotfärbung usw.). Mit diesen und vielen anderen Erfahrungen ist dann schließlich der Satz assoziiert, dass alle Individuen eine spezifische thermophile Symbolkomponente enthalten; dieser Satz ist auf dem Weg der Eduktion bzw. Deduktion gewonnen.

Somit wird erkannt, dass die Aktualität Symbol, d.h. homogene Darstellung „ihrer" Symbolkomponenten ist, also auch die thermophile Symbolkomponente usw. in dieser Homogenität „enthält", ohne dass sie oder eine andere Symbolkomponente separat wahrnehmbar wäre (sie wäre ja dann selber Aktualität, Symbol!). Demnach ist die Aktualität verschieden je nach der Spezifität der (aktuell funktionierenden) Denkzelle, also je nach der Konstitution, je nach der Spezies der in der aktuellen Zelle anwesenden Passformen und nach ihrer relativen Zahl. *Die Zahl der Passformen überhaupt prägt sich aus in der Helligkeit der Aktualität, die zahlenmäßige (quantitative) Relation der verschiedenen Passformensorten und die Spezifität der einzelnen Passformen dagegen in der spezifischen eigenschaftlichen und funktionellen Beschaffenheit,* an der nun freilich wiederum auch die Helligkeit teilnimmt.

So sprechen wir der Aktualität auch die spezifische koordinative (genauer: koordinatophile) Symbolkomponente zu. Die Aktualität ist stets hier und jetzt, ist gegenwärtig, aber sie steht in einem bestimmten richtungs-, lage- und kraftmäßigen Verhältnis zur folgenden und vorhergehenden, sie ist raumzeitlich und zwar auch koordinativ bestimmt, ist spezifisch eingeordnet, nie isoliert, sondern Glied einer Reihe, und zwar nicht einer beliebigen, sondern „ihrer" Reihe. So eben, d. h. spezifisch auch im koordinativen Sinn, vollzieht sich die Objektänderung. So, wie sich an ein optisches Individuum eine spezifische thermische Reihe usw. anschließen kann (sie braucht es nicht, die thermische Assoziation kann unaktuell sein), so kann sich auch eine statische, topische, kinästhetische, mit einem Wort: eine (spezifische) koordinative Reihe anschließen. Aus dem optischen Zellkomplex wandern die koordinativen Passformen über den Assoziationsweg zum koordinati-

ven Zentrum und können dort an Aktualitäten beteiligt sein. Und so, wie wir das optische Individuum gemäß der sich anschließenden thermischen Reihe als warm oder kalt (und zwar so-warm oder so-kalt) beschreiben, beschreiben wir gemäß der koordinativen Reihe das optische Individuum als richtungs-, lage- und kraftmäßig bestimmt, als eingeordnet in ein richtungs-, lage- und kraftmäßiges Verhältnis. Auf die Aktualität A folgt die Aktualität B, so hat sich die Aktualität in einer gewissen Weise verändert, zwischen B und A besteht ein gewisses Richtungsverhältnis, ferner ein bestimmtes Lageverhältnis (B liegt links oder rechts usw. von A) und ein bestimmtes Kraft- oder Gewichtsverhältnis (B ist leichter oder schwerer als A, es besteht ein spezifisches Gleichgewicht zwischen B und A, die Reihe ist senkrecht oder waagerecht usw.); diese spezifische Koordinatik ist aber in A und B symbolisch gegeben, die Aktualität kann sich nur so, wie es geschieht, koordinativ verändern, wobei es grundsätzlich gleichgültig ist, ob B Aktualität der gleichen (also genauer A') oder einer anderen Zelle als A ist. Und wiederum ist die Aktualität B Symbol (auch) ihrer eigenen Koordinatik, steht also zu A und zu C im spezifischen koordinativen Verhältnis.

Ein Automobil fährt mit einer gewissen Geschwindigkeit die Straße entlang: Es ändert sich vorwiegend die Koordinatik des Zellkomplexes, dessen Aktualität das Auto ist, also auch die Koordinatik dieser Aktualitätenreihe „Auto" selbst; dass im Zellkomplex während der Bewegung des Autos immer auch viele andere Zellen aktuell sind, sobald ich das Auto mehr seitlich oder mehr von hinten usw. sehe, versteht sich ohne Weiteres. Hierbei ist die eigenschaftliche Veränderung des Autos unbeträchtlich. Stehen dagegen mehrere Autos nebeneinander, dann ändert sich, indem ich eines nach dem anderen wahrnehme, die Koordinatik der einzelnen Zellkomplexe, deren Aktualität ein bestimmtes Auto ist, nur geringfügig, ja unmerklich, vielmehr folgt hier eine Aktualitätengruppe „Auto" von je spezifischer Koordinatik auf die andere. Auch hierbei ist die eigenschaftliche Veränderung des einzelnen Autos der Reihe unbeträchtlich, ja unmerklich. Beobachte ich dagegen ein gegen einen Baum prallendes und dabei verunglückendes Auto, dann schließt sich an die koordinative Veränderung „Fahrt" eine solche der einzelnen Teile des Autos im Verhältnis zueinander an, und falls es in Brand gerät, auch eine eigenschaftliche Veränderung, usw.

Die Aktualität ist also jetzt und hier, gegenwärtig, sie ist anschauungsgemäß (entsprechend dem Grad der Gefühligkeit, siehe 1.3.3) entfernt. Zu dieser Raumzeitlichkeit kommt aber noch hinzu die Koordinatik, die ebenfalls mit räumlichen und zeitlichen Wörtern beschrieben wird. Gegenwärtigkeit und Entfernung sind nicht ein anschauungsgemäßes Erfassen gewisser Symbolkomponenten; auch das Immer-anders-, somit Unterschieden-Sein, das Erinnerung-Sein, Symbol-Sein der Aktualität ist anschauungsgemäße Tatsache, also eine solche, an der sich nicht das Vorhandensein bestimmter Symbolkomponenten präsentiert. Wohl aber präsentiert sich an der Tatsache, dass die Aktualität als in die Reihe eingeordnet, als im spezifischen lage-, richtungs- und kraftmäßigen Verhältnis befindlich angeschaut wird, die an der Homogenität beteiligte spezifische koordinatophile Symbolkomponente. Man kann irrealiter zur Erläuterung sagen: Denkt man sich die Koordinatik aus der Aktualität weg, so bleibt die Aktualität immer noch gegenwärtig, also hier und jetzt, und spezifisch entfernt, aber sie würde nicht als im geordneten Zusammenhang befindlich, nicht als Glied einer geordneten Reihe, sie würde quasi isoliert erscheinen. Eine solche „dekoordinierte" Aktualität würde höchstwahrscheinlich als raumzeitlicher Punkt immer noch mit dem Blickpunkt zusammenfallen; keineswegs ist die raumzeitliche Lokalisiertheit „Funktion" der koordinativen Symbolkomponente. Nun gibt es aber realiter niemals eine Aktualität ohne koordinatophile Symbolkomponente; sie ist stets gegenwärtig und entfernt und koordinativ bestimmt, ist als raumzeitlicher Punkt eingeordnet, ist auch hinsichtlich der Koordinatik Erinnerung an die vorige(n) und die folgende(n) Aktualität(en), auch koordinativ unterschieden, spezifisch. Auch bei Störungen der Koordinatik ist die Aktualität stets gegenwärtig und spezifisch entfernt und die Koordinatik, das Zusammenhangsmäßige nicht etwa erloschen, sondern eben nur gestört. Selbstverständlich ist der koordinative „Ort" des raumzeitlichen Punktes von diesem

selber phänomenal nicht getrennt (die Aktualität ist homogen); es gibt also phänomenal nicht einen separaten anschauungsgemäßen Entfernungsort und einen separaten koordinativen Ort. Übrigens sind die koordinativen Aktualitäten ebenfalls ja spezifisch entfernt, anschauungsgemäß lokalisiert. In der *Beschreibung* aber müssen wir Entfernung und Koordinatik trennen, und diese Differenzierung hat zuerst die Psychobiologie ausgeführt. Wir sprechen somit von der *essenziellen* und der *koordinativen Lokalisation* oder *Lokalität* der Aktualitäten.

Die koordinative Veränderung der optischen Aktualität entspricht in gewisser Weise den *Funktionen der Augenmuskeln*, registriert im koordinativen Zentrum. Die äußeren Augenmuskeln (Orbitalmuskeln) sind gemischte, aus Muskelzellen zusammengesetzte, die sensorische Hunger- oder Angst- oder Schmerz- usw. Ausdrucksapparate sind. Die Kontraktion z.B. des inneren geraden Augenmuskels (Musculus rectus medialis) ist nicht einfach sensorischer Hungerausdruck oder Angstausdruck usw., sondern die einzelnen Fasern des Muskels sind als sensorische Ausdrucksapparate den Reflexsystemen der verschiedenen Gefühlsspezies zugeordnet. Zwischen den Fasern des einzelnen Augenmuskels, aber auch zwischen den einzelnen Augenmuskeln selber, besteht ein wechselndes Gleichgewicht, registriert im statischen Zentrum. Nähert sich, wie man gemeinhin sagt, ein Gegenstand dem Auge, akkommodieren die Augen auf diesen Gegenstand, so heißt das: Innerhalb eines gewissen Komplexes, der das sich nähernde Individuum als Ganzes, als zusammengesetztes Individuum ausmacht, vollzieht sich eine gewisse Änderung der Aktualitäten, die in jeder Entfernung nacheinander auftreten: Viele verschwinden (werden unaktuell), neue tauchen auf, an einem Menschen nehmen wir zunächst das Gesicht nur „verschwommen" wahr, dann treten die einzelnen Gesichtspartien, Züge usw. hervor, und zwar unter Veränderung immer „deutlicher", je näher der Mensch herankommt; und dabei findet auch die entsprechende koordinative Veränderung statt.

Diesem Hergang entsprechen die Funktionen der jeweils beteiligten Augenmuskeln, z.B. der Musculi recti mediales; sie kontrahieren sich nicht „einheitlich", sondern es kontrahieren sich die verschiedenen Muskelzellen nacheinander, erst die Hunger-, dann die Angstmuskelzellen usw., oder bei gerader Richtung die Trauer-, dann die Freudezellen – wobei, wie gesagt, stets sämtliche Muskeln in einem gewissen tonischen Verhältnis sich befinden. Entsprechend verlaufen die koordinativen Aktualitäten – und entsprechend der jeweiligen funktionellen Situation der Augenmuskeln, die also den „optischen Bestand" motorisch wiedergibt, ist der Augapfel gestellt. *Wie die Koordinatik des Griffels der der Schreibmuskeln entspricht, so entspricht die Koordinatik des Augapfels der Koordinatik der Orbitalmuskeln.* Und ferner: *Wie die Koordinatik des Griffels der der Schrift und diese der des bezeichneten Gegenstandes entspricht, so entspricht die Koordinatik des Augapfels der des optischen Gegenstandes,* entsprechen die „Ausschläge" des Augapfels den koordinativen Veränderungen des optischen Gegenstandes. Die Gefühligkeit usw. des optischen Gegenstandes prägt sich also motorisch aus in den Funktionen der zugeordneten Muskelzellen; die Koordinatik speziell aber prägt sich auf dem Weg über diese Muskelfunktionen in den Ausschlägen des Augapfels aus. Die koordinativen Aktualitäten, die einem funktionellen Zustand der Orbitalmuskeln entsprechen, registrieren nur diesen letzteren; eine direkte modale koordinative Registrierung der Stellungsänderungen des Augapfels findet niemals statt, wohl aber besteht die Erfahrung, dass einer gewissen Stellung des Augapfels gesetzmäßig eine gewisse funktionelle Situation der Orbitalmuskeln entspricht, sodass die koordinative Registrierung der letzteren implicite, indirekt auch die Stellung des Augapfels anzeigt.

Die Ausschläge des Augapfels sind eine Reihe von Stellungen, deren jede einer gewissen funktionellen Situation sämtlicher Orbitalmuskeln entspricht. Ferner besteht ein genauer Parallelismus zwischen den Ausschlägen der Augäpfel und den koordinativen Veränderungen, dem Ortswechsel der optischen Reihen: Geht die Reihe z. B. nach rechts, so bewegt sich auch der Augapfel nach rechts, geht sie kurvig, so bilden auch die Stellungspunkte der Augäpfel die kongruente Kurve, und zwischen dem Erscheinen der Aktualität und der Einstellung des Augapfels liegt eine so geringe Zeit, dass die zurzeit gültige Beschreibung ja überhaupt eine Koinzidenz von Ding und Punkt und Blickpunkt annimmt. Die Stellungspunkte der Augäpfel sind natürlich keine optischen Aktualitäten dessen, an dem die Stellungsveränderungen wahrgenommen werden; er erfährt von ihnen nur in Form der den Muskelfunktionen entsprechenden koordinativen Reihen. Sie sind auch nicht Mittel zum Zweck der optischen Wahrnehmung, sie „dienen nicht dazu", die Macula lutea dem Sehding gegenüberzustellen, sondern sie sind einfache biologische Tatsachen: Die Augäpfel stellen sich so ein, dass die Blicklinien sich in einem Punkt, dem Blickpunkt, schneiden, der mit dem Ort der Aktualität beinahe zusammenfällt, und zwar erscheint diese Aktualität in demjenigen Reflexablauf, dessen Enderscheinung die Orbitalmuskelkontraktion ist, deren Koordinatik der der Augäpfel entspricht. Hierbei vollziehen sich auch andere Reflexe, z. B. sympathische, deren Enderscheinungen Gestaltveränderungen des Bulbus, Kontraktionen der Binnenmuskeln, der Blutgefäße (auch des retrobulbären Raumes) usw. sind – all dies in einer Konfunktion, wie sie eben den okularen Teil des Sehaktes jeweils ausmacht, also die Aufnahme und Abgabe von Passformen – nicht bewirkt, sondern begleitet, und zwar im Sinn einer spezifischen Einheitlichkeit.

Jede Funktion ist als vorwiegend koordinative Veränderung vorwiegend Ortswechsel, *vorwiegend*, nicht ausschließlich: Es ändert sich ja die Aktualität stets als Ganzes. Je nach der Veränderungsgeschwindigkeit der Aktualität, vorwiegend der Koordinatik, findet der Ortswechsel mehr oder minder geschwind statt, und je nach der Spezialität der koordinativen Änderung (ob links- oder rechtswärts usw.) ist der Ortswechsel „bestimmt". *Zur Funktion gehört immer auch eine eigenschaftliche Veränderung,* diese tritt eben nur hinter der koordinativen zurück. In den Funktionsbezeichnungen aber sind die eigenschaftlichen Veränderungen mit angegeben, d. h. die einzelnen Tätigkeitswörter geben implicite die im Zusammenhang mit eben der beschriebenen Funktion sich vorwiegend ändernde Eigenschaft oder Eigenschaftsgruppe an („vorwiegend" heißt hier: vorwiegend unter den Eigenschaften), oder mit anderen Worten: *Die Tätigkeitswörter „lau-*

ten" nach den Eigenschaften oder Eigenschaftsgruppen, deren Veränderung die koordinative Veränderung charakterisiert. Die Funktion ist ganz allgemein vorwiegend koordinative Veränderung; das Eigenschaftliche der Funktion ist ihr Spezielles, ihr Besonderes. Dabei ist zu bedenken, dass die Koordinatik selber eine Eigenschaft der Aktualität ist, dass also gewisse Tätigkeitswörter die eigenschaftliche Veränderung der Koordinatik als solcher angeben, die Funktion als spezielle Veränderung der Koordinatik, diese (auch) als Eigenschaft genommen, bezeichnen, z.B. die spezielle Veränderungsgeschwindigkeit der Koordinatik, die Funktion hinsichtlich der Geschwindigkeit des Ablaufes angeben (stehen, gehen, laufen, rennen usw.), wobei die übrigen Eigenschaften unerwähnt bleiben. Nach den Klassen der Eigenschaften lassen sich sonach die Tätigkeiten, die Funktionen und ihre Bezeichnungen, klassifizieren.

Ich gebe hierzu eine Aufstellung der Eigenschaftenklassen der optischen gegenständlichen Individuen und der zu jeder dieser Klassen gehörigen Funktionsbezeichnungen. Natürlich kann ich nicht sämtliche Wörter hersetzen, auch gehören viele Tätigkeitswörter verschiedenen Klassen an (siehe Tabelle Seite 73).

Man könnte meinen, gewisse Tätigkeitswörter gäben doch vorwiegend die eigenschaftlichen Veränderungen an, z.B. gäbe das Wort „erröten" an, dass sich eine Veränderung der Farbe vollzöge. Zweifellos gibt dies das Wort an, aber es „betont" das Werden und zwar ein spezielles Werden, nämlich ein Rot-Werden; das Werden ist vorwiegend koordinativ, ist eine Funktion, die Eigenschaft rot charakterisiert lediglich das Werden, gibt eine bestimmte Eigenschaft jeder Phase des Werdens an, das eine größere Veränderungsgeschwindigkeit hat als z.B. die mit dem Wort „sein" bezeichnete Funktion. Auch der Satz „das Gesicht ist rot" gibt vorwiegend die Funktion an, die Tätigkeit des Gesichts, aber diese vollzieht sich so langsam, dass sie gemeinhin überhaupt nicht als Veränderung aufgefasst wird; realiter gibt es aber, wie früher dargelegt, keinen „absoluten" Stillstand. Einem solchen entspricht auch nicht die Formel „das rote Gesicht", also die Angabe einer Eigenschaft; auch die „Phase" einer Veränderung

ist ja nicht absoluter Stillstand, die Erscheinung („Phase", φαίνομαι erscheine) ist immer-anders, so kann auch eine Eigenschaft nicht ein Unveränderliches am anschauungsgemäß Veränderlichen sein. Aber *bei der Angabe einer Eigenschaft bleibt der koordinative Wechsel, der natürlich auch stets stattfindet, nebensächlich*, nur implizit im Sinn der biologischen Symbolik angegeben. Auch die Formel „das rote Gesicht" beschreibt eine Reihe, aber eben eigenschaftlich; und „das rote Gesicht" selber ist eine Reihe. Es ist also sehr wohl zu unterscheiden: „das rote Gesicht", „das Gesicht ist rot", „wird rot, errötet" usw., oder: „der warme Ofen", „der Ofen ist warm", „der Ofen wärmt" usw.

Die Eigenschaften sind solche, die wir aus der Anwesenheit bestimmter Symbolkomponenten verstehen (z.B. warm, kalt, laut, stumm, klingend, rauschend, duftend, stinkend, schmackhaft, schwer, rund usw.), und solche, die wir aus dem Gesamt der Aktualität, des Individuums verstehen (z.B. Gefühligkeits-, Entwicklungsgrad, Helligkeit, Farbigkeit, Zugehörigkeit zum Optischen, Akustischen usw., Aggregatzustand). Jene können wir als *Eigenschaften e parte*, diese als *Eigenschaften e toto* (Eigentümlichkeiten) bezeichnen. Demgemäß sind gewisse Funktionsbezeichnungen je von einer Eigenschaft e parte oder einer Eigenschaft e toto determiniert. „Eigenschaft e parte" soll nicht heißen, dass die Eigenschaft ein Separatum der Aktualität sei, oder dass die Symbolkomponente, aus deren Anwesenheit in der Homogenität wir die betreffende Eigenschaft verstehen, eben diese Eigenschaft verursache oder bedinge, sondern nur angeben, dass eine gewisse Eigenschaft einem gewissen Ingrediens der aktuellen Zelle entspricht. Die Eigenschaft wird nicht „hervorgebracht", sondern ist eine biologische Tatsache wie die Aktualität selber, auch bringt nicht eine Symbolkomponente die andere, eine Eigenschaft die andere hervor, sondern die Aktualität verändert sich, und zwar in zeiträumlichem Zusammenhang mit anderen, mit allen Veränderungen.

Die Eigenschaft oder die eigenschaftliche Veränderung als solche ist nicht selber Funktion. „Rot" ist nicht Funktion der Rose, ebenso wenig wie die Differenz der jeweils vorhandenen Rot-

Optische modale Individuen.

Eigenschaftenklasse	Funktionsbezeichnungen
(1) Veränderung allgemein	verändern, geschehen, bewegen, fungieren, tun, machen, schaffen, sein, werden, entstehen, vergehen, sich entwickeln, aufnehmen, abgeben, leben, sterben usw.
Genik (Zeugung)	zeugen, empfangen, tragen, gebären, befruchten, vermehren, säen, blühen, herzen, küssen, umarmen, heiraten, vereinigen, tanzen, produzieren, brüten, glauben, lieben usw.
Trophik (Ernährung)	ernähren, essen, trinken, atmen, erwerben, verdienen, arbeiten, alle Berufs- bezeichnungen (kaufen, verkaufen, schneidern, schustern, schreiben usw.), viele Wörter, die auch genischen Sinn haben (schaffen, produzieren, denken usw.)
(2) Gestalt (Koordinatik)	gestalten, formen, bilden, runden, (an-)ecken, spitzen, glätten, verlängern, kürzen, verkleinern, schmälern, höhlen, strecken, verlängern, vergrößern, wachsen, erweitern, ragen, zu-, abnehmen, messen usw.
(3) Kraft (Statik)	wiegen, wägen, erwägen, be-, erschweren, erleichtern, schwächen, kräftigen, stärken, schwanken, fallen, stoßen, drücken usw.
(4) Lage (Kinästhetik)	liegen, lagern, reiten, fahren, schwimmen, fliegen, fallen, folgen, folgern usw.
(5) Richtung (Topik)	richten, lenken, leiten, erheben, erhöhen, steigen, fallen, sinken, senken, fördern, hindern, (ab)schrägen, queren, kreuzen, beseitigen, verrücken; werden und vergehen auch im zeitlichen Sinn, vertagen, verjähren, altern, verjüngen usw.
(6) Geschwindigkeit	ruhen, stehen, gehen, laufen, eilen, rennen, wandern, beschleunigen, verlangsamen usw.
(7) Gefühligkeit	hungern, hassen, ängstigen, schmerzen, trauern, freuen, ekeln, beneiden, zürnen, ärgern, höhnen usw., begehren, verlangen, wünschen, wollen, schrecken, drohen, schneiden, stechen, bedauern, bekümmern, erheitern, lachen, weinen, drehen, winden, anstrengen, härten, mildern usw.
(8) Helligkeit	erhellen, verdunkeln, verdüstern, dämmern, verheimlichen, verstecken, verhüllen, verbergen, offenbaren, erklären usw.
(9) Farbigkeit	blauen, bläuen, röten, rösten, vergilben, vergolden, schwärzen, versilbern, weißen usw.
(10) Aggregatzustand	– festigen, härten, erweichen, schmelzen usw. – fließen, strömen, verflüssigen, rinnen usw. – lüften, vergasen, atmen, hauchen, glänzen, leuchten, strahlen usw.
(11) Optik	sehen, schauen, blicken, gucken, blinzeln usw.
(12) Akustik	hören, reden, lauten, schellen, tönen, rufen, krachen, krächzen, keuchen, heulen, lachen usw.
(13) Taktilik	berühren, kitzeln, kratzen, schlagen, klopfen, stoßen usw.
(14) Thermik	wärmen, erkälten, frieren, rösten, heizen, brennen, schmelzen usw.
(15) Olfaktorik	riechen, duften, stinken usw.
(16) Gustatorik	schmecken, süßen, bittern, säuern usw.

nuance von der vorigen oder künftigen; „warm" ist nicht Funktion des Ofens und so fort. Auch die Funktion wird nicht vom Funktionierenden hervorgebracht, ist nicht etwa eine Funktion der Funktion. Es existieren nicht eine „Masse" und dazu gewisse Eigenschaften und Funktionen, die diese Masse aus sich hervorbrächte oder die ihr von außen angehängt oder importiert würden, wobei sie selber unverändert bliebe, sondern es existiert die Aktualität als Symbol, als Homogenität, als immer-anders, und je nachdem dieses Immer-anders-Sein vorwiegend ein koordinatives oder vorwiegend ein solches anderer Symbolkomponenten ist, entspricht ihm eine Funktionsbezeichnung (ein Tätigkeitswort) oder ein Eigenschaftswort. In dem Satz „die Rose ist rot" bezeichnet „ist" die vorwiegend koordinative Veränderung, die Funktion abgesehen von der Eigenschaft „rot", und „rot" die Eigenschaft abgesehen von der Funktion; die Funktion ist aber stets mit eigenschaftlichen Veränderungen einheitlich verbunden, und eben die jetzt mit der jetzigen Funktion einheitlich verbundene eigenschaftliche Veränderung wird mit dem Eigenschaftswort (hier „rot") angegeben; das „rot" charakterisiert, determiniert, spezialisiert die Funktion. Der Satz „der Ofen wärmt" beschreibt eine Funktion des Ofens, mit der einheitlich verbunden sich eine Veränderung der thermophilen Symbolkomponente, vorwiegend im Gesamt der eigenschaftlichen Veränderung, vollzieht. Eben diese einheitliche Verbundenheit (im Sinn der biologischen Symbolik) wird mit dem speziellen Wort „wärmen" beschrieben.

Spezielle Bezeichnungen sind klassifikatorische: Sie geben Eigenschaften und Funktionen einer Gruppe von Individuen an, und sie sind selber gruppiert. Je zahlreicher die Individuen sind, die mit einem bestimmten Wort relativ nah assoziiert sind, desto mehr nähert sich die Bezeichnung der *Allgemeinbezeichnung,* die also als Eigenschaftswort eine allen Individuen zukommende Eigenschaft, als Tätigkeitswort eine allen Individuen zukommende Funktion angibt. Je geringer umgekehrt die Zahl der mit einem Wort angeschlossenen Individuen ist, desto mehr nähert sich dieses der *Einzelbezeichnung,* die eine nur einem einzigen Individuum zukommende Eigen-

schaft oder Funktion, die *spezifische* Eigenschaft oder Funktion, angibt.

Die Aktualität ist einmalig, nie zweimal dieselbe, nur mit sich selbst identisch; dies gilt auch für die Aktualitätenreihe, das zusammengesetzte Individuum. „Wiederholung" gibt es nur als Analogie. Demnach kann über die Aktualität als solche, über das Individuum als solches, nur Spezifisches ausgesagt werden. Die Eigenschaften, die Funktionen *dieses* Individuums sind spezifisch (*individualspezifisch*). Diese Rose hier, die gegenwärtige Rose, ist nur einmal da; sooft „sie" wieder aktuell ist, ist sie anders, nächstanalog der „gleichen" („nämlichen") Rose, die vorher aktuell war, entfernter analog anderen Rosen usw. Das Rot dieser Rose ist, sooft sie aktuell ist, anders, ja auch das Rot zweier der Aktualitäten, deren Reihe eben diese Rose bildet, ist nicht dasselbe, sondern höchstens das Gleiche, das Nächstanaloge. Für dieses spezifische Rot haben wir nun aber keine andere als eine spezielle Bezeichnung, nämlich rot oder Wörter, die Rotnuancen angeben. Sämtliche Wörter sind ja mit mehreren Individuen assoziiert, einzelne Wörter als Einzelbezeichnungen derart, dass dieses Wort ausschließlich mit einem einzigen Individuum assoziiert wäre, gibt es nicht. Wohl aber treten Wörter als Einzelbezeichnungen in der Art auf, dass sie in der Beschreibung eines einzelnen Individuums determiniert sind von solchen Wörtern, die mit jenen zusammen nur für das beschriebene Individuum gelten. Das spezielle Wort „rot" ist in der Formel „dieses Rot" spezifiziert, gibt so eine spezifische Eigenschaft an. Die Allgemeinbezeichnung „sein" ist in der Formel „dieses Sein" spezifiziert, gibt eine spezifische Funktion an.

Der Vergleich der Eigenschaften und Funktionen mehrerer Individuen ergibt nun eine nähere oder entferntere Analogie gleichnamiger Eigenschaften und Funktionen, also eine Klassifikation, die, entsprechend der Assoziation der Reflexsysteme, eine kleinere oder größere Anzahl von Individuen umfasst. Diejenigen Eigenschaften und Funktionen, die innerhalb der Analogie besonders weit differieren, sind spezifisch in einem engeren Sinn. Die Vorgänge z. B. in der einzelnen Denkzelle sind spezifisch; sie sind aber Analoga der Vorgänge in den übrigen Denkzellen; innerhalb dieser

Analogie bestehen aber so weitgehende Differenzen gewisser Vorgänge, dass diese nun für jede einzelne Denkzelle spezifisch im engeren Sinn sind; diese gesamte Spezifität jeder einzelnen Denkzelle prägt sich aus in der Spezifität der Aktualität, die somit von der der anderen Denkzellen unterschieden ist. Wir sprechen also von spezifischen Eigenschaften und Funktionen der Denkzellen und (als Gruppe) weiterhin von den spezifischen Eigenschaften und Funktionen der einzelnen Denkzelle, endlich von der spezifischen Eigenschaft und Funktion im engsten Sinn, nämlich derjenigen, die innerhalb der Analogie von den Eigenschaften und Funktionen aller anderen Denkzellen am meisten differiert (Haupteigenschaft und Hauptfunktion).

Die analogen Eigenschaften und Funktionen sind gleichnamig, werden mit gleichen Wörtern beschrieben, z. B. die analoge Farbe vieler Rosen als rot. Diese Wörter sind mit allen zur Gruppe gehörigen Individuen relativ nah assoziiert; sie sind spezielle Bezeichnungen, also solche, die für die ganze Gruppe von assoziierten Individuen gelten. Diese Eigenschaften und Funktionen einer Gruppe werden nun wieder mit denen anderer Gruppen verglichen und sind mehr oder minder entfernte Analoga zu ihnen. Wir sprechen sonach von *gruppenspezifischen* Eigenschaften und Funktionen als denjenigen, die innerhalb der Analogie besonders weit differieren, und auch von der gruppenspezifischen Eigenschaft und Funktion als derjenigen, die innerhalb der Analogie am weitesten differiert. So ist die gruppenspezifische Funktion der Denkzellen eine (nur in vielen Worten darzulegende) Funktion, die darin gekennzeichnet ist, dass auf ihrem Höhepunkt die Aktualität erscheint. Diese Funktion ist nur den Denkzellen, keiner anderen Zellspezies eigentümlich. Die spezifischen Funktionen aller Sensiloder aller Modal- oder aller Idealzellen usw. sind in der bekannten Weise unterschieden; sie sind ebenfalls gruppenspezifische Funktionen.

Die Gruppen umfassen eine kleinere oder größere Zahl von Individuen; die Familien, Ordnungen, Klassen, Rassen, Arten usw. sind solche Gruppen. Demnach sprechen wir von spezifischen Eigenschaften und Funktionen dieser Gruppen, gemeinhin von gruppen- und *artspezifischen*

Eigenschaften und Funktionen, zum Unterschied von den individualspezifischen.

2.4 Konfluenz der Beschreibung

Diejenigen Denkzellen, deren Aktualitäten die Buchstaben und ihre Reihen (Wörter, Sätze) sind, bezeichnen wir als *Wortzellen*. Sie finden sich im optischen und im akustischen Zentrum und sind Gegenstands- und Begriffszellen. Wir unterscheiden also den optischen und den akustischen Wortbezirk, die gesehenen (geschriebenen, gedruckten usw.) und die gehörten (gesprochenen) Wörter und ihre Begriffe. Die Wörter sind die *Beschreibung* (*Phänomenologie*); die Beschreibung ist vom *Beschriebenen* (der *Phänomenalität*) wohl zu unterscheiden. Zwar sind die optischen und akustischen Buchstaben usw. ebenfalls gegenständliche und begriffliche Reihen, Reihen von Phänomenen, wie das Beschriebene; ihre Unterschiedenheit von dem Beschriebenen geben wir aber so an, dass wir die Phänomene der Wortbezirke mit „Phänomenologie", die der übrigen Bezirke, also das Beschriebene, mit „Phänomenalität" bezeichnen oder auch von der *Beschreibung der Erlebnisse* sprechen. Die Buchstaben, Wörter, Sätze werden weiterhin beschrieben; sie sind also mit anderen Wörtern assoziiert, deren Reihen die Wortkunde oder Sprachkunde sind.

Mit den Wortzellen sind alle Denkzellen des optischen und des akustischen sowie die aller übrigen Zentren mehr minder reichlich direkt oder indirekt assoziiert, und zwar sind diese Assoziationen zwischen optischen Individuen und ihrer Beschreibung sowie zwischen akustischen Individuen und ihrer Beschreibung intrazentral und interzentral, die Assoziationen zwischen den Individuen der übrigen Zentren und ihren Beschreibungen nur interzentral. Es kann also ein optisches Individuum derart beschrieben werden, dass ich die gedruckte usw. Beschreibung *lese*, oder derart, dass ich die betreffenden Wörter selber *schreibe* (im letzteren Fall sind die Schreibbewegungen Ausdruck der Passformen, die den Reflexweg über die optischen Denkzellen, deren Aktualitäten das Beschriebene sind, zurückgelegt haben, wobei auch optische Passformen abgegeben werden, die sich über den Nervus opticus usw. zu den Wortzellen bewegen, deren Aktualitäten die geschriebenen Buchstaben sind), oder derart, dass ich die betreffenden Wörter *ausspreche* (wobei die aus dem optischen phänomenalen Bezirk herkommenden Passformen gemäß der Reflexschaltung in Form von Aktionen der Sprechmuskeln ausgedrückt und hierbei akustophile Passformen abgegeben werden), oder endlich derart, dass nicht ich die betreffenden Wörter ausspreche, sondern *ein Anderer* sie *spricht*, die akustischen Passformen also von einem Anderen ausgehen, die akustischen Aktualitäten so-spezifisch (auch lokalisatorisch) sind, dass ich sie als Wörter des anderen Menschen erlebe und beschreibe. Analog verhält es sich mit der Beschreibung akustischer Individuen. Die Individuen der übrigen Zentren dagegen sind nur interzentral mit den Wortbezirken assoziiert, indem von den betreffenden Zellkomplexen Passformen in der Sprech- oder Schreibmotorik ihren Ausdruck finden und dabei opto- bzw. akustophile Passformen mit abgegeben werden usw.

Vielfach ist *die gleiche Wortzellgruppe mit Denkzellen verschiedener Zentren assoziiert*, beschreibt also das gleiche Wort Individuen verschiedener Sensualität. Dies eben bezeichne ich mit *Konfluenz der Beschreibung*. Den optischen Gegenstand „Zucker" beschreiben wir z. B. als „süß"; dieses Wort ist aber auch Bezeichnung für einen gewissen Geschmack. Die Entwicklung dieser Konfluenz geht so vor sich, dass sich zunächst die optisch-gustatorische Assoziation „Zucker – bestimmter Geschmack" ausbildet, dieser Geschmack mit dem Wort „süß" assoziiert ist und nun auch die Assoziation „Zucker – süß" sich herstellt, ohne dass jedesmal die gustatorische Aktualität zwischengeschaltet zu sein braucht. So beschreiben wir kurzerhand den Zucker als süß; wir beschreiben den Zucker hinsichtlich der gustatophilen Symbolkomponente. „Süß" ist trophische Bezeichnung und kann als solche auch den trophischen Anteil genischer Individuen angeben, also in genischen Beschreibungen auftreten. So sprechen wir z. B. vom „süßen Kuss", vom „süß schmeckenden Kuss" (zu „süß" vergleiche sanskritisch swad – schmecken); der Kuss ist die genische Differenzierung des fötal-infantilen Saugens,

bei dem sich an die taktile Reihe (Berührung der Lippen) eine vorwiegend trophische (also *auch*genische) gustatorische Reihe anschließt: der Geschmack der Milch, der später als „süß" bezeichnet wird. Nach der Differenzierung des „Küssens" vom (trophischen) „Kosten" besteht die unmittelbare Assoziation der genischen taktilen Reihe „Kuss" mit dem Wort „süß", das den trophischen Anteil des ursprünglichen wie des differenzierten Vorgangs, und zwar hinsichtlich der gustatophilen Symbolkomponente, zugleich aber auch die an den Kuss sich anschließende genische Geschmacksreihe bezeichnet. Bei noch weitergehender Entwicklung der phänomenal-phänomenologischen Assoziationen wird auch die gustatophile Symbolkomponente solcher optischer (usw.) Individuen, die nicht mehr geküsst oder gekostet werden, mit „süß" bezeichnet, z. B. ein Gesicht, ein Mädchen; hier handelt es sich um ästhetische Beschreibung, wie auch bei der Bezeichnung akustischer Reihen als „süß" (z. B. süßer Wohlklang, süße Stimme, süße Melodie; es wird so die gustatophile Symbolkomponente der mit dem Wort „süß" assoziierten akustischen Aktualitäten angegeben). Im indirekten Verfahren werden auch Gefühle als „süß" bezeichnet, z. B. „die Liebe", speziell die Liebesfreude; es bestehen also auch (indirekte) Assoziationen zwischen bestimmten Gefühlszellen und den Wortzellen, deren Aktualitäten das Wort „süß" ist. Aus der Tatsache, dass das Wort „süß" zunächst und speziell gewisse trophische Geschmäcke bezeichnet und ferner, dass die genischen Geschmäcke gegenüber den trophischen zurücktreten, folgt die Berechtigung des Schlusses, dass auch innerhalb genischer Beschreibung das Wort „süß" trophisch ist (also nicht ein genisches und ein trophisches Wort „süß" existieren), und zwar da den trophischen Anteil genischer Vorgänge angibt; hierfür spricht auch die oben kurz skizzierte Entwicklungsgeschichte dieser Assoziationen. Das Wort „süß" hat als vorwiegend trophisch auch genische Anteile (Symbolkomponenten), wie sich aus vorstehender Erörterung, auch aus dem allgemeinen Tatbestand, ergibt.

Wir bezeichnen einen Stein als hart. „Hart" ist zunächst Bezeichnung bestimmter taktiler Modalreihen; zwischen diesen taktilen Modalzellen und den Wortzellen, deren Aktualitäten das Wort

„hart" ist, bestehen also interzentrale Assoziationen, z. B. derart, dass die motorische Reflexstrecke von den taktilen Modalzellen zu den Sprechmuskeln führt, und bei deren Kontraktionen auch solche akustophile Passformen abgegeben werden, die im Sinn der biologischen Symbolik an den Aktualitäten „hart" beteiligt sind. Mit der taktilen Reihe, die wir mit „hart" bezeichnen, sind nun gewisse optische Individuen assoziiert; wir nehmen z. B. einen Stein optisch wahr, berühren ihn und sagen „hart". Bei hinreichender Entwicklung der Hirnrinde ist nun der Stein unmittelbar mit dem Wort „hart" assoziiert; die taktile Reihe kann ausfallen; mit „hart" geben wir die taktophile Symbolkomponente (und damit den Kohäsionsgrad) an. Analog sprechen wir von einer „harten Stimme", einem „harten Klang" usw.; das „hart" gibt zunächst die mit einer bestimmten akustischen Reihe assoziierten (interkurrenten usw.) taktilen Aktualitäten an, dann die taktophilen Symbolkomponenten der akustischen Reihe. So sprechen wir auch von „harter Kälte" usw. Die Beispiele lassen sich beliebig mehren.

Für die phänomenal-phänomenologischen Assoziationen gilt also folgendes Grundsätzliche:
1. Jede Modalzelle, jede Modalzellgruppe jedes Zentrums ist mit mehr minder zahlreichen optischen und akustischen Wortzellen assoziiert; jedes Individuum jeder Sensualität ist mit bestimmten Wörtern assoziiert, wird mit bestimmten Wörtern beschrieben. Ebenso sind über modale und idealische Neuronen die Gefühls- und die Begriffszellen der einzelnen Zentren mit bestimmten Wortzellen assoziiert.
2. Unter Konfluenz der Beschreibung verstehen wir folgende Tatsachen:
   – Gewisse Wörter sind mit mehreren Individuen der gleichen Sensualität assoziiert.
   – Gewisse Wörter sind mit (mehreren) Individuen verschiedener Sensualitäten assoziiert. Dazu gehören die „übertragenen" (metaphorischen) Beschreibungen, z. B. „der Vogel jauchzet in den Lüften", „stechender Duft", „schneidende Stimme" usw.

   – In genischen Reihen treten nicht selten trophische, in trophischen genische Wörter auf.
   – Viele Wörter gehören mehreren Beschreibweisen an, z. B. der ethischen und der pragmatischen (z. B. gute Gesinnung, gute Arbeit usw.).

Die Beschreibung der Wörter (Wortkunde) setzt sich aus gegenständlichen und begrifflichen Wörtern zusammen. Eine gewisse Gruppe solcher Reihen ist diejenige, die den Sinn, die Bedeutung der Wörter angibt; ihr Ablauf ist die *Wortanalyse*.

Gemeinhin werden nur die optischen Gegenstände in die Kategorien der *Aggregatzustände* fest, flüssig und gasig eingeordnet. Aber auch die akustischen (usw.) Gegenstände sind hiernach zu klassifizieren; sie sind mit den entsprechenden optischen Gegenständen assoziiert. Wir sprechen freilich im Allgemeinen nicht von festen, flüssigen und gasigen Geräuschen, Tönen, Klängen, sondern von solchen, die von festen, flüssigen oder gasigen optischen Gegenständen „ausgehen", beschreiben also die Aggregatzustände der akustischen Gegenstände „nach" denen der optischen. So klirrt der Stahl, läutet die Glocke, klappert die Mühle, klingt die Saite, rauscht das Meer, brüllt der Sturm usw., d. h. das Klirren des Stahls usw. sind feste akustische Reihen, das Rauschen des Meeres flüssige, das Brüllen des Sturms gasige akustische Reihen. Es finden sich also auch im akustischen Zentrum solidale, fluidale und aëriale Denkzellen. Selbstverständlich sind die akustischen Gegenstände der verschiedenen Aggregatzustände nicht mit den (assoziierten) optischen zu verwechseln, wozu die Konfluenz der Beschreibung verführen könnte. Wir sprechen z. B. von „flüssiger Rede" (Redefluss usw.), aber die Rede als akustische Reihe ist natürlich keine optische Flüssigkeit; die Rede ist vielmehr mit den Wortzellen, deren Aktualitäten das Wort „flüssig" ist, assoziiert; mit diesem Wort ist auch eine große Anzahl optischer Individuen assoziiert. Analog nennen wir eine gewisse Stimme „fest" (er sprach mit fester Stimme), „schleimig" usw., eine gewisse Melodie „hauchzart" usw.

2.5 Die Beschreibung anderer als optischer und akustischer Individuen

Es werden nicht nur optische und akustische, sondern alle möglichen anderen Individuen beschrieben. Die Buchstaben sind aber nur optische und akustische Reihen. Es werden also auch thermische, taktile, koordinative usw. Individuen mit optischen und akustischen Buchstaben und Buchstabenreihen beschrieben. Wir verstehen dies aus der Tatsache der interzentralen Assoziation; über die Konfluenz der Beschreibung siehe 2.4. Die optischen – und zu ihnen stimmend die akustischen – Buchstaben sind, wie dargelegt, Entsprechungen der assoziierten optischen Individuen; dass sich die Buchstaben auch an Individuen anderer Sensualitäten anschließen, ist nur so zu verstehen, dass sie auch diesen Individuen entsprechen. Ein U wird also stets eine weitrunde leere Anordnung beschreiben, eine optische oder akustische oder taktile oder thermische usw., ein O stets eine relativ zum zugehörigen U engere leere Rundung, die zugehörige Öffnung beschreiben, welcher Sensualität das so Beschriebene auch sein mag (siehe 4.1). Ebenso entsprechen die Wörter als Buchstabenreihen der Zusammengesetztheit des Beschriebenen, und zwar die Hauptwörter in nächster, die Nebenwörter in entfernterer konstitutiver Verwandtschaft.

Gewisse optische Individuen werden z.B. eigenschaftlich mit „*warm*" beschrieben; dieses Wort beschreibt zugleich gewisse thermische Individuen, nämlich solche, die mit dem so-beschriebenen optischen Individuum assoziiert sind; zu dem Wortzellkomplex „warm" besteht also eine Assoziation sowohl vom so-beschriebenen optischen als vom so-beschriebenen thermischen Komplex her. Das Wort „warm" beschreibt mit w, m die Höhle, Hülle, mit r die Schwelle, Angrenzung, mit a das freudegefühlige Gerade und ist entsprechend-gefühlig, nämlich freudegefühlig, determiniert mit hunger- und schmerzgefühligen Buchstaben; „warm" beschreibt also eine freudegefühlige Reihe, ein Gerades (a), das sich aus der einen (w) in die andere Höhle über die Schwelle (r) bewegt und sich so in einer reduplikativ angegebenen (w, m) Höhle, Hülle befindet.

So beschreiben wir mit „warm" ein optisches Individuum (a), das umhüllt, eingehüllt (bekleidet usw.), geborgen ist, „warm sitzt", aber auch die „wärmende" Hülle (siehe 4.1). Die gleiche Anordnung haben nun auch die mit dem optischen Individuum assoziierten thermischen Reihen (die sogenannte „abgegebene Wärme", d.h. die sich an das optische Individuum anschließenden thermischen Aktualitäten); sie sind ebenfalls gerade und runde (umhüllende) Reihen, und zwar solche bestimmter Schwingungszahlen, nämlich höherer als die der je zugehörigen thermischen Aktualitäten „kalt". Vom optischen (usw.) Individuum gibt „warm" eine Eigenschaft an, die wir aus der Anwesenheit bestimmter thermophiler Passformen (nämlich solcher, die den mit „warm" bezeichneten assoziierten thermischen Aktualitäten entsprechen) in den aktuellen optischen Denkzellen, also aus dem Beteiligtsein thermophiler Symbolkomponenten an den optischen Aktualitäten, verstehen. Dagegen sind die mit „warm" bezeichneten thermischen Reihen selber „das Warm" oder „die Wärme"; die Bezeichnung ist hier substantivisch, steht also konstitutiv dem thermischen Individuum näher als dem optischen. Die „Schwingungen" genannten koordinativen Veränderungen der thermischen Aktualitäten stimmen zu den koordinativen Veränderungen der mit ihnen assoziierten optischen Aktualitäten, und zwar sind die Schwingungszahlen der thermischen Aktualitäten, d.h. die Wärmegrade, umso höher, je größer die Geschwindigkeit der Bewegung der assoziierten optischen Aktualitäten ist. Mit „warm" werden also implicite „höhere" Geschwindigkeiten der koordinativen Veränderung sowohl des optischen Individuums (z.B. reiben, laufen, drehen usw.) wie des assoziierten thermischen Individuums angegeben (siehe oben). Viele Individuen, die mit „warm" beschrieben werden, bezeichnet man auch mit „weich", einem Wort, das den (hier mit der Anwesenheit bestimmter thermophiler Passformen koinzidenten) Kohäsionsgrad, also die Veränderungsgeschwindigkeit des koordinativen und taktilen Verhältnisses der Teilchen des beschriebenen Individuums, die „Trennbarkeit", schmerzgefühlig angibt und sogleich gewisse koordinative, speziell kinästhetische und statische, sowie taktile (diese hinsichtlich stato-

philer Symbolkomponenten) Aktualitäten beschreibt.

Zu „warm" vergleiche „Schwarm", so viel wie
geschlossene Menge; „Darm", so viel wie aus Teilen („Darmabschnitten") bestehendes (D), in der
Bauchhöhle (m) befindliches Gerades-Geringeltes
(ar); „Arm", so viel wie Gerades-Gelenkiges
(Drehbares und Drehendes), das in der Hülle („Ärmel" usw.) steckt, sich zur Höhle, Hülle, zum
Schutz beugen, jemanden umhüllen („umarmen")
kann; „arm", so viel wie eingehüllt, Schützling,
„barmen", jemanden einhüllen, in Schutz nehmen
(althochdeutsch barm: Schoß); lateinisch „arma"
Waffen, so viel wie Gerades-Dreh-/Wendbares-
Rundes (Schwert und Schild, Rüstung, auch Rundes [Wunde], in das [die] die Waffe eindringt),
wobei zu erinnern ist, dass die erste Waffe der
Arm war, usw.; vergleiche zu warm auch „Wurm",
den in der Höhle, aus der Höhle sich Ringelnden
und Umschlingenden, ferner „war", „wahren"
usw. – Das homologe lateinische formus beschreibt die enge Umhüllung, f und r weisen auch
auf das Eingehüllte hin; hierzu forma: Gestalt, so
viel wie geschlossener Umriss, formica: Ameise, fornax, fornus, furnus: Ofen, der Wärmende,
Heizbare, usw. – Wörter, deren Sinn dem von formus nahverwandt ist, nur dass sie nicht alle auch
Thermisches bezeichnen. – Griechisch ϑερμός
warm, ϑέρμη Wärme, Hitze usw. betonen mit ερ
das Schmerzliche (brennen usw., vergleiche
„heiß"), in diesem Sinn auch die Enge der Umhüllung; ϑ weist neben ε und ρ auch auf das Umhüllte, die Schwelle Überschreitende hin. – Sanskritisch ghar: leuchten, gharmás: Glut, Wärme,
awestisch garema: warm, heiß beschreiben ähnlich wie warm.

Gewisse optische (usw.) Individuen werden
mit „kalt" beschrieben; dieses Wort bezeichnet
zugleich die mit den als „kalt" beschriebenen Individuen anderer Sensualitäten assoziierten thermischen Individuen. Das Wort „kalt" gibt das
freudegefühlige harte (k, t) Gerade, schmerzlich
mit l determiniert, an und ist entsprechend-gefühlig; „kalt" beschreibt also ein aus der Höhle,
Hülle Ausgetretenes, ein unverhülltes Gerades,
sowie auch die leere Hülle (siehe 4.2). So beschreiben wir mit „kalt" ein optisches (usw.) Individuum, das unverhüllt, bloß, entblößt, nackt ist,

indessen auch die leere Höhle. Die gleiche Anordnung haben auch die mit den als „kalt" beschriebenen Individuen assoziierten thermischen Reihen, also die gerade Anordnung; auch runde
Anordnungen werden mit „kalt" bezeichnet; das
Wesentliche ist das Getrenntsein des Geraden
vom partnerischen Runden. Mit dem Wort „kalt"
sind thermische Aktualitäten relativ geringer
Schwingungszahlen assoziiert; diese thermischen
Punkte sind „das Kalt" oder „die Kälte", und „kalt"
ist somit hier substantivisch. Mit „kalt" werden
implicite geringere Geschwindigkeiten der koordinativen Veränderung sowohl des optischen Individuums (z. B. stehen, liegen, erstarren) wie des
assoziierten thermischen Individuums angegeben. So werden viele Individuen, die man mit
„kalt" bezeichnet, auch „hart, starr, gefroren" genannt, mit Wörtern, die gewisse Kohäsionsgrade
und zugleich gewisse koordinative, speziell kinästhetische und statische, sowie taktile Aktualitäten
beschreiben (siehe oben bei „warm").

Es sind also gewisse gerade und runde thermische Reihen mit den Wörtern „warm" bzw. „kalt"
assoziiert; dies ist eine biologische Tatsache. Diese
Assoziationen sind indes, gemäß dem Wesen der
thermischen Gegenstände, variabel, sowohl beim
Individuum als auch bei Gruppen. So werden z. B.
die thermischen Reihen, die im Deutschen mit
„warm" assoziiert sind, im Lateinischen, Französischen usw. mit solchen Wörtern bezeichnet, die
als Homologe dem deutschen „kalt" entsprechen;
lateinisch calidus, französisch chaud entsprechen
unserem „kalt", sind aber mit solchen thermischen Punkten assoziiert, die wir als „warm" bezeichnen; was wir als „kalt" bezeichnen, heißt lateinisch frigidus, gelidus, französisch froid. Zu
calidus steht cal(d)or: Wärme, Hitze, calere: warm
sein; es finden sich aber in vielen anderen Idiomen Homologe vor, die so wie unser „kalt" beschreiben, sodass die historische Etymologie eine
doppelsinnige Wurzel annimmt, eine solche, die
kalt und warm zugleich bedeute. Dieser Auffassung kann man nur für den Fall, dass man „cal"
oder eine konstruierte Wurzel „kele", „kale" als
„Urwort" mit sogenanntem Gegensinn gelten
lässt, beipflichten; die Wurzelsilbe cal würde
dann eben nur die thermischen Aktualitäten ganz
allgemein angeben, wie wir ja beim Gebrauch von

„thermisch" die Kälte mit meinen und die Physik nur von Wärmelehre, nicht aber von Kältelehre spricht; die Differenzierung der Bezeichnungen wäre dann erst später, im Gang der sprachlichen Entwicklung aufgetreten, so, dass im Lateinischen mit den Wörtern der Wurzelsilbe cal nur noch die thermischen Punkte, die wir „warm" nennen, bezeichnet wurden und an die Übrigen ein anderes Wort, z.B. das verwandte gelidus, gelare, gelu usw. (Wurzelsilbe gel) oder frigidus, frigere, frigus (Wurzelsilbe frig) sich assoziierte. Diese etymologische Annahme erweist sich zum Teil als unstatthaft, zum Teil als überflüssig angesichts der Tatsache der genannten Variabilität der thermischen Beschreibung. Die lateinische Wurzelsilbe cal bezeichnet eben das Thermische, das wir mit „warm" benennen, während das homologe deutsche (überhaupt germanische) „kalt", althochdeutsch chalt, calt, kalt, gotisch kalds, angelsächsisch ceald, englisch cold, altnordisch kaldr usw., „das andere Thermische" bezeichnet, also sozusagen umgekehrt wie im Lateinischen angewendet wird. Unser „kalt" stammt ja nicht vom lateinischen calidus (vulgär: caldus) ab, sondern ist ihm lediglich homolog; und dies gilt auch für das mit calidus verwandte gelidus. Während calidus im Wesentlichen wie kalt beschreibt, betont gelidus mehr die Schwelle, das Schmerzstadium, determiniert von g, l als Hinweisen auf das Gleitende des „Gelees", der „Gelatine", des Gefrorenen. Auch frigere betont das Schmerzstadium und ist fast ganz schmerzgefühlig, wie unser frieren, frisch usw. Diese Wörter (gelare, frigere usw.) beschreiben optische Individuen, die hinsichtlich des Kohäsionsgrades als „hart, starr" beschrieben werden, gemäß der Tatsache, dass kalte Individuen hart, starr, gefroren sind. Zu frigere vergleiche fricare: reiben, frigĕre: quietschen, zwitschern (also über die enge Schwelle des Stimmapparats gehen), auch überhaupt die enge Schwelle passieren und passieren lassen, somit erigieren (frigere – erigere), aufrichten, dann frigere mit Dehnung des schmerzlichen i: rösten, dörren (worin wieder Hinweis auf Wärme, Hitze!), rigere: starr sein, usw. Ähnlich die griechischen Wörter ῥῖγος Kälte, ῥιγόω friere usw.

Ebenso wenig wie es im optischen (usw.) Bezirk ein „Warm" oder ein „Kalt", „Wärme" oder „Kälte" gibt, gibt es daselbst ein „Vor", ein „Vorwärts", ein „Auf", ein „Aufwärts", ein „Leicht", ein „Schwer" usw.; diese Wörter beschreiben das assoziierte optische (usw.) Individuum hinsichtlich der kinästheto-, topo-, statophilen Symbolkomponente und zugleich die assoziierte kinästhetische, topische, statische Reihe – so wie „kalt" und „warm" das optische (usw.) Individuum hinsichtlich der thermophilen Symbolkomponente und zugleich die assoziierte thermische Reihe beschreiben. „Vor" gibt die Öffnung-Schwelle an, das zu Überschreitende oder Überschrittene, mit „r" auch das Überschreitende (vergleiche „Tor"), beschreibt also das assoziierte optische (usw.) Individuum hinsichtlich der Lage („vor" mit Dativ) oder Richtung („vor" mit Akkusativ), und zwar derart, dass explizit oder implizit eine Funktion determiniert wird („das Land, das vorm Tor liegt" gleich „das Land vorm Tor"; „Freiwillige vor!" gleich „Freiwillige mögen vortreten!"). Der zu „vor" gehörige Dativ oder Akkusativ gibt das Individuum an, zu dem das funktionierende Individuum in dem mit „vor" bezeichneten lage- oder richtungsmäßigen Verhältnis steht. Das Weiblich-Männliche, das „vor" beschreibt, ist ein kinästhetisches und topisches, ein solches nämlich, dem die kinästhetophilen und topophilen Symbolkomponenten des mit „vor" beschriebenen optischen usw. Individuums entsprechen; „vor" beschreibt also das eine wie das andere. „Vor" ist vorwiegend mit geraden, weniger mit runden kinästhetischen und topischen Reihen assoziiert; dies gilt auch für die so-beschriebenen optischen usw. Individuen: das Vortretende, Vorgehende, Vorragende, Vorn-Befindliche ist gerade, männlich, das Bevorstehende, Vortreibende (Austreibende) ist weiblich. „Vorwärts" ist nur Richtungswort (wärts – so viel wie aus der Höhle über die Schwelle tretend, von der Richtung, vergleiche lateinisch vertere, drehend wenden). Lateinisch ante, griechisch ἀντί mit Betonung des Männlichen (a, t, i); pro: vor, für beschreibt ganz ähnlich wie vor, nur mit stärkerem Hinweis auf das Männliche (pr), ähnlich per, so viel wie durch (Richtungswort), das wieder mit u das Weibliche betont und mit rch die Schwelle und das sie Überschreitende (auch d) angibt, usw.

Ein anderes lage- und richtungsmäßiges Verhältnis sowie die den kinästheto- und topophilen Symbolkomponenten entsprechenden kinästhetischen und topischen Reihen beschreibt *„nach"* (althochdeutsch nah). Es gibt mit n die Schwelle, mit a das sie Überschreitende, mit ch dessen Abgrenzung oder wiederum die Schwelle an, also eine männlich-weibliche Verbindung, deren männlicher Partner das Lage- oder Richtungsmäßige des Individuums ist, dessen mit „nach" determinierte Funktion sich auf den zu „nach" gehörigen Dativ erstreckt, sowie die männlichen kinästhetischen und topischen Reihen, die aus dem Weiblichen hervorgegangen sind, „hinter" denen also das Weibliche liegt. „Nach", „hinter", „hinten", „hinterwärts" („rückwärts") beschreiben vorwiegend Weibliches. „Nach" wird auch gebraucht wie „gemäß" – so viel wie nach gleichem Maß, wie eine „Vor-lage", die also „vorher" da ist und „nach" der ein Folgendes gemessen wird; also der Sinn von „nach" bleibt der gleiche. Lateinisch post beschreibt das aus der Öffnung (o) Hervorgegangene (p, st), das Abgegangene, Hinterlassene (vergleiche po in po-sino gleich pono, Partizip Perfekt positus: ab-gesetzt, pone: hinten, podex: der Popo, Hintere, polluere aus po und luere, lavare, so viel wie abfließen lassen und so verunreinigen, Pollution usw.)

Analog diesen wenigen Beispielen sind alle Wörter, die Beschreibungen von Individuen anderer als der optischen und akustischen Sensualitäten sind, zu verstehen. Es gilt für sie das Gleiche, was wir von der Beschreibung der optischen Individuen dargetan haben und noch dartun werden.

2.6 Über Eigen- und Fremdbeschreibung

Es ist hier die Rede von dem biologischen Mechanismus, wie er beim Beschreibenden vorliegt, also vom biologischen Mechanismus der *Eigenbeschreibung*. Ich kann auch die Beschreibung, die ein anderer gibt, hören oder lesen (*Fremdbeschreibung*); hierbei laufen die phonetischen bzw. grafischen Reflexe nicht bei mir, sondern beim anderen ab. Für die Fremdbeschreibung sind folgende Fälle möglich:

(1) Das beschriebene Individuum wird sowohl vom Beschreibenden wie (analog) von mir vor oder interkurrent mit oder nach der Beschreibung wahrgenommen; es wird z. B. von Max ein Haus beschrieben, das Max und ich wahrnehmen.

(2) Im Gegensatz zum Beschreibenden nehme ich das beschriebene Individuum *als solches* (noch) nicht wahr oder habe es (noch) nicht wahrgenommen und werde es möglicherweise erst später oder überhaupt nie wahrnehmen, wohl aber nehme ich wahr oder habe ich wahrgenommen Abbildungen des beschriebenen Individuums oder ihm ähnliche Individuen oder Teilstrukturen, mit denen oder mit deren Begriffen (Erinnerungen) die Fremdbeschreibung assoziiert ist – meist derart, dass diese meine phänomenalen (gegenständlichen oder begrifflichen) Individuen interkurrent mit der Fremdbeschreibung aktuell sind; z. B. habe ich den Fudschijama als solchen noch nicht erlebt und werde ihn wahrscheinlich auch nicht erleben, dagegen habe ich Abbildungen in Büchern, auf dem Theater (Madame Butterfly) gesehen, mit denen oder mit deren Begriffen die Beschreibung, die Max, der in Japan war und den Vulkan gesehen hat, gibt, assoziiert ist, oder auch, ich habe andere Berge ähnlicher Formation gesehen, mit deren Begriffen die Fremdbeschreibung assoziiert ist, sodass ich mir so oder so „eine Vorstellung machen kann", wie der fremdbeschriebene Vulkan aussehen mag. Bei manchen Fremdbeschreibungen kann ich mir, wie man sagt, „keine rechte Vorstellung machen", d. h. es fügen sich die erinnerten Teilstrukturen nicht zu einem Ganzen zusammen, das als solches mit der Beschreibung derart, dass „sie passt", assoziiert wäre. Der Fall, dass eine Fremdbeschreibung überhaupt nicht mit gewissen phänomenalen Komplexen assoziiert wäre, kommt niemals vor; nur die genannten beiden Fälle sind möglich.

In jedem Fall der Fremdbeschreibung sind Wortzellen aktuell, die ihre Passformen hauptsächlich vom Fremden, also einem Objekt-Individuum, das beschreibt, her erhalten; die Fremdbeschreibung sind Worte des Fremden, also als solche kenntlich. Der Fremde, z. B. Max, ist Aktualitätenreihe einer modalen Zellgruppe meines Sehzentrums; es vollziehen sich gewisse koordinative Veränderungen, die ich mit Sprechbewegungen bezeichne; im Anschluss daran treten gewisse (assoziierte) akustische Wortaktualitäten auf, die ich aus vielfältiger Erfahrung heraus als die Worte des Sprechenden, hier als Maxens Worte bezeichne; es hat vom optischen Komplex „Max" her „Schallleitung" stattgefunden („Schall" ist hier Bezeichnung für die von Max gesprochenen Worte, also für die Eigengeräusche und -klänge seines Sprechapparats); bei gewisser Erfahrung, d. h. nach hinreichend häufiger Wiederholung des genannten optisch-akustischen Erlebnisses, kenne ich Maxens Stimme, auch ohne ihn zu sehen, und assoziiere zu ihr auf idealischem Weg den optischen phänomenalen Begriffskomplex Max. Ich kann auch die Worte eines mir Unbekannten hören, d. h. ich höre Worte, sie sind, wie ich aus unzähligen Vergleichen weiß, in allen Fällen Laute eines Menschen, von diesem Menschen (genauer: von dem Denkzellkomplex, dessen Aktualitätenreihe „dieser Mensch" ist) gehen, wie ich beschreibe, die akustischen Passformen (eigentlich prämodalen Passformen) aus, die in mein Ohr usw. aufgenommen werden und in die betreffenden Wortzellen gelangen.

Die Tatsache, dass mit einem bestimmten phänomenalen Individuum stets nur ein bestimmtes Wort oder bestimmte Worte assoziiert sind (dass z. B. ein Tisch immer Tisch und niemals Krokodil heißt), zeigt an, dass gewisse phänomenale Zellen und ihre Aktualitäten mit gewissen (den assoziierten) Wortzellen und ihren Aktualitäten im Sinn der phänomenal-phänomenologischen Entsprechung nächstverwandt sind; dies gilt für die Eigen- wie für die Fremdbeschreibung. Sehr oft koinzidiert auch die Funktionsperiode der phänomenalen Zellen mit der der assoziierten Wortzellen derart, dass das phänomenale Individuum ganz kurz vor oder nach der zugehörigen Beschreibung (also auch im Sinn der Interkurrenz) auftritt. Im Fall der Eigenbeschreibung in gegenständlichen Worten verläuft die Assoziation über den phonetischen bzw. grafischen Reflexweg; im Fall der Fremdbeschreibung werden nicht diese, sondern andere Reflexwege begangen und ist der auf ihnen sich bewegende Passformenstrom von geringer Intensität im Verhältnis zu dem vom Fremden ausgehenden Passformenstrom, unbe-

schadet natürlich der Verwandtschaft der so assoziierten phänomenalen und phänomenologischen Komplexe. Einige *Beispiele*: Mein optischer Komplex, z. B. ein Denkmal, ist vor der Fremdbeschreibung aktuell, ich nehme also das Denkmal optisch wahr und höre dann von jemandem, sagen wir von Max, den mir bis dahin unbekannten Namen des Dargestellten, des Erbauers des Denkmals usw., also die Fremdbeschreibung; hierbei verlassen akustophile Passformen den optischen Komplex „Denkmal" und erreichen extraindividual (über die sich bewegenden Augenmuskeln) oder intraindividual (über die relativ dünnen optisch-akustischen Assoziationsfasern der Modalsphäre) den akustischen Bezirk, wo sie sich den von Max ausgehenden akustischen Passformen anschließen und in die alsdann aktuell funktionierenden Wortzellen eingehen. Oder: Ich mikroskopiere ein anatomisches Präparat, mein Lehrer steht an meiner Seite und unterrichtet mich über die Einzelheiten; diese habe ich bis dahin noch nicht wahrgenommen, erst nachdem mir der Lehrer gesagt hat, die und die Einzelheiten seien zu sehen, sehe ich diese, d. h. es folgt mein phänomenales Objekt auf die Fremdbeschreibung, von dieser geht die Assoziation aus zu den betreffenden optischen Modalzellen, und zwar wieder entweder extraindividual (über die von den akustischen Wortzellen her innervierten Augenmuskeln, wobei die betreffenden optophilen Passformen mit abgegeben werden) oder intraindividual (über die relativ dünnen akustisch-optischen Assoziationsfasern der Modalsphäre), in der Regel sicher auf beiden Wegen; es folgt also die aktuelle Funktion der phänomenalen Zellen (zeiträumlich, nicht im Kausalnexus!) alsbald auf die aktuelle Funktion der Wortzellen, deren Aktualitäten die Fremdbeschreibung sind. Oder: Ich sehe gewisse der Fremdbeschreibung genau entsprechende Einzelheiten im mikroskopischen Präparat (noch) nicht, dann verläuft die Assoziation wie vorher beschrieben, aber zu solchen phänomenalen Zellen, die von den analogen Zellen des Beschreibenden erheblich differieren, z. B. hinsichtlich des Differenzierungsgrads; dieser kann geringer sein und sich alsbald angleichen, sodass ich nach einiger oder längerer Zeit diese Einzelheiten genau entsprechend der Fremdbeschreibung wahrnehme – oder diese Differenzierung, ein Entwicklungsprozess, vollzieht sich nicht, dann nehme ich eben auch die Einzelheiten nicht genau entsprechend der Fremdbeschreibung, sondern mehr minder anders, Anderes wahr. Oder: Die Assoziation geht von der Fremdbeschreibung über die zugehörigen Wortbegriffe intraindividual zu den assoziierten optischen Begriffen, d.h. es folgt auf die Fremdbeschreibung dasjenige optische Begriffsindividuum (das begriffliche Vorstellungsganze), das zu einem – und zwar dem der Fremdbeschreibung mehr minder genau entsprechenden optischen Gegenstandsindividuum gehört (siehe obiges Beispiel vom Fudschijama). An diesen Beispielen lassen sich alle anderen Sachverhalte dieser Art verstehen.

Die Fremdbeschreibung ist für den Beschreibenden natürlich Eigenbeschreibung. Max beschreibt *seine* Aktualitäten und kann ebenso nur seine Aktualitäten beschreiben, wie ich nur meine Aktualitäten beschreiben kann (und nicht die eines anderen, die ja eben nicht meine sind). Dass Max Aktualitäten erlebt, kann ich nur schließen, und zwar aus der Tatsache, dass ich Aktualitäten erlebe und dass Max ein Mensch ist, wie ich ein Mensch bin; ferner aus der Tatsache, dass ich *nur* meine und nur *meine* Aktualitäten beschreiben kann, also Max, auch ein Mensch, sooft er beschreibt, *nur* seine und nur *seine* Aktualitäten beschreiben kann. Die Aktualitäten eines anderen kann ich auf keine Weise wahrnehmen, sie müssten dann ja meine Aktualitäten (und nicht die des anderen) sein. Aus der Tatsache weiterhin, dass bei mir gewisse phänomenale Aktualitäten mit der Fremdbeschreibung assoziiert sind, und zwar solche, die ich selber ähnlich oder ganz ähnlich beschreibe wie Max, schließe ich, dass die von Max beschriebenen phänomenalen Aktualitäten den bei mir mit der Fremdbeschreibung assoziierten ähnlich oder ganz ähnlich (analog) sein müssen. Populär beschreibt man diesen Sachverhalt mit den Worten: Max und ich nehmen „dasselbe" wahr und beschreiben „dasselbe" – und kommt so zu der Fiktion der „objektiven Welt", einer Welt, die unabhängig von meiner oder deiner Wahrnehmung existiere und gar die „eigentliche Welt", die „eigentliche Wirklichkeit" sei, die sich „in der Seele abbilde" – usw. usw., eine Fiktion von welt-

anschaulich grundsätzlicher Bedeutung, eine grandiose Fiktion und ein grandioser Irrtum, ein grandioses Missverständnis, das erst die Psychobiologie entdeckt und aufgelöst hat. Sind bei mir mit der Fremdbeschreibung Aktualitäten assoziiert, die ich mehr oder minder anders, aber immerhin noch ähnlich wie Max beschreibe, dann ist der Grad der (vergleichsweise festgestellten) Differenz der Fremd- und der Eigenbeschreibung gleich dem Grad der Differenz der beschriebenen phänomenalen Komplexe; eine so weitgehende Ähnlichkeit muss aber vorhanden sein, dass die Assoziation sowohl zu (von) der Eigenbeschreibung als zu (von) der Fremdbeschreibung stattfindet; von einem gewissen Grad der Unähnlichkeit an kommt eine solche gemeinsame Assoziation nicht mehr vor. Solange man diese Sachverhalte nicht psychobiologisch versteht, solange man an die „objektive Welt" glaubt, die von jedermann (ungefähr) gleich wahrgenommen und beschrieben werden müsse (vergleiche Zeugenaussagen!), wird man der menschlichen Persönlichkeit nicht gerecht werden und sich im Gestrüpp der (oft affektgedüngten) Missverständnisse verlieren.

Folgt auf eine Fremdbeschreibung (oder auch eine Eigenbeschreibung) ein phänomenaler Komplex, der bis dahin als solcher bei mir noch nicht aktuell gewesen ist (vergleiche unser Beispiel vom Mikroskopieren, wie diese Fälle überhaupt beim Unterricht sehr häufig sind), dann hat die Beschreibung den nunmehr aktuellen Komplex nicht verursacht, geschaffen, bewirkt, bezweckt, steht also zu ihm nicht im (metaphysischen) Kausalnexus, sondern es hat sich lediglich im zeiträumlichen Zusammenhang mit der Beschreibung eine bestimmte Entwicklung in einem (dem assoziierten) phänomenalen Komplex vollzogen; diese Entwicklung ist lediglich eine biologische Tatsache; sie kann auch ausbleiben – das ist dann auch eine biologische Tatsache. Diese Tatsache widerspricht keineswegs dem Satz, dass das Beschriebene genetisch immer seiner Beschreibung vorausgeht, also nur Aktualitäten beschrieben werden können; in unserem Beispiel ist der Lehrer der Beschreibende und beschreibt er seine Aktualitäten. Was (noch) nicht existiert, genauer: existiert hat, kann auch (noch) nicht beschrieben werden. Bleibt die phänomenale Entwicklung aus, dann hat weder der Unterrichtende noch der Unterrichtete schuld, sondern – es findet eben die biologische Entwicklung nicht statt, weiter lässt sich dazu nichts sagen. Wer beansprucht, er könne biologische Abläufe – und es gibt nur biologische Abläufe – bei sich oder anderen gar mit seinem Wort lenken und leiten, hemmen und anfeuern, sodass sie anders verlaufen, als sie „eigentlich" verlaufen wären oder „eigentlich" verlaufen müssten, der hält sich für einen Zauberer oder Gott, für einen Dämon, für ein Wesen, das außerhalb des Weltgeschehens stünde und von diesem „Standpunkt" aus „wirken" könnte: dies ist freilich die noch heute allgemein gültige fiktionale Auffassung. Lässt man sie einmal gelten, unterstellt man also, dass die Beschreibung eine Veränderung im phänomenalen Gebiet „bewirken" könne, dass das Wort „schöpferische Kraft" habe (z. B. die Sonne herbeizaubern oder stillstehen usw. lassen oder eine Hirnzelle usw. zur Entwicklung bringen könne), dann müsste ein gewisses Wort jedesmal die gleiche phänomenale Folge haben; kommt auch nur ein einziger Fall vor, in dem diese gesetzmäßige Folge nicht eintritt, und solcher Fälle gibt es unzählige, dann erweist sich die Kausalität als Fiktion. Die realische Einsicht erkennt, dass es nur biologische Abläufe gibt, und dass sich diese Abläufe, auch die Entwicklungen, lediglich in zeiträumlichen Zusammenhängen vollziehen. Es kann also z. B. ein Lehrer noch so sehr und noch so geschickt auf einen Schüler einreden, entwickelt sich der betreffende Komplex in der Hirnrinde des Schülers nicht, dann „ist all unser Tun umsonst"; wohl aber findet sehr oft, ja regelmäßig eine gewisse biologische Entwicklung im zeiträumlichen Zusammenhang mit einer Fremdbeschreibung statt, wie die alltägliche Erfahrung lehrt, nur ist niemand an dieser Entwicklung (und ebenso wenig an ihrem Ausbleiben) schuld.

2.7 Zeitliche und räumliche Beschreibung

Die menschliche Hirnrinde ist so gebaut, dass sich an die phänomenalen Reihen (Individuen, Erlebnisse) auch solche phänomenologischen Reihen (Beschreibungen) anschließen, die Raum und Zeit angeben, die Phänomene räumlich und zeitlich beschreiben. So bezeichnen wir das Objekt als *gegenwärtig*, als das Gegenwärtige, und gebrauchen Objekt, Gegenwärtiges, Aktualität, Existentes, Seiendes, Bewusstes, Vorstellung usw. synonym. Die Beschreibung des Objekts als eines Ungegenwärtigen ist fiktional; es kann nicht das Objekt da sein, und zugleich nicht oder nicht mehr oder noch nicht da sein, gegenwärtig sein, existieren. Das Objekt ist das Gegenwärtige; das Gegenwärtige kann nicht zugleich ungegenwärtig oder nicht gegenwärtig sein. Das Ungegenwärtige ist das Unaktuelle, das Unbewusste, womit wir die unterhalb des aktuellen Höhepunkts liegenden Funktionsgerade der Denkzellen bezeichnen. Das Gegenwärtige, Aktuelle, Bewusste kann als solches nicht „ins Reich des Unbewussten" eingehen und daselbst weiter existieren, wie eine fiktional-mystische Theorie annimmt, sondern das Ungegenwärtige, Unbewusste ist das Noch-nicht- oder Nicht-mehr-Existente, das Unseiende, und nur in diesem Sinn sprechen wir von „unbewussten Vorstellungen" usw., nämlich als von solchen Vorstellungen, die nicht mehr oder noch nicht existieren, gegenwärtig sind.

Ich nehme ein Buch wahr, d. h. es läuft eine spezielle Aktualitätenreihe der optischen Modalsphäre ab, die das Buch ist und heißt. Das Buch ist gegenwärtig, Objekt, bewusst usw., streng genommen ist bewusst die gegenständliche optische Aktualität, deren Immer-anders-Sein in diesem Fall das Individuum „Buch" ausmacht; das Buch ist eine spezielle Aktualitätenreihe. Verlasse ich das Zimmer, auf dessen Tisch das Buch liegt, dann kann ich mich des Buchs erinnern, d. h. es kann das „Erinnerungsbild" dieses Buchs, der zugehörige Begriffskomplex aktuell, bewusst sein. Das Buch existiert dann optisch gegenständlich nicht mehr, sondern lediglich begrifflich. Ich kann auch das Buch „aus der Erinnerung" beschreiben; dann existiert das Buch phänomenologisch. Kehre ich ins Zimmer zurück, dann kann das Buch wieder optisch gegenständlich existieren. Dass das Buch in der Zwischenzeit auch als Gegenstand dagelegen hat, ist lediglich ein logischer Schluss, der nicht mit der phänomenalen Existenz des Buches, mit dem Buch als optischem Gegenstand verwechselt werden darf; indem ich diesen Schluss ziehe, existiert das Buch auch nur phänomenologisch. Der Schluss ist Beschreibung; während ich beschreibe, ist das Beschriebene stets unaktuell, nicht mehr oder noch nicht wieder da; es können aber die phänomenalen und die assoziierten phänomenologischen Aktualitäten in bunter Reihe verlaufen (interkurrieren). Keineswegs ist die Beschreibung ein Beweis dafür, dass das Beschriebene zugleich mit der Beschreibung, die phänomenale Reihe zugleich mit der phänomenologischen Reihe existiere, dass es also ein Existentes gebe, auch ohne dass ich es wahrnähme, dass es eine „vom Bewusstsein unabhängige Wirklichkeit" gebe. Die Tatsache, dass ich den genannten Schluss ziehe, oder der Schluss selber ist nicht etwa ein Beweis dafür, dass das Buch, während ich nicht im Zimmer war, dennoch gegenständlich existiert habe. Ein solcher Beweis ist überhaupt nicht zu führen, indem ja tatsächlich, während ich nicht im Zimmer war und das Buch liegen sah, dieses Buch optisch gegenständlich nicht mehr existiert hat. Es darf eben, ich wiederhole es, der Schluss, dass es existiert habe, nicht mit der phänomenalen Existenz identifiziert oder verwechselt werden.

Auch falls mir jemand mitteilt, dass das Buch auf dem Tisch liegengeblieben sei, ja dass er es eben sehe, dann existiert dennoch das Buch bloß phänomenologisch, als „Beschreibungstatsache", und ich kann nun die Beschreibung für richtig halten („glauben") oder nicht. Der Einwand, dass dann das Buch bloß „für mich" nicht mehr optisch gegenständlich existiere, wohl aber für den, der mir mitteilt, dass er es jetzt sehe, ist hinfällig, insofern als diese Mitteilung doch auch *meine* Aktualitätenreihe, eine solche *meines* akustischen Zentrums ist, ich überhaupt nie aus meiner Welt, d.h. aus der Summe der Aktualitäten meiner Hirnrinde, aus der aktuellen Funktion meiner Denkzellen hinauskomme, die Aktualitäten anderer Menschen phänomenal nie erlebe, von ihnen nur beschreibungsmäßig, d.h. innerhalb der Funktion meiner Hirnrinde erfahre und erst daraus *schließe*, dass andere Menschen auch Aktuelles erleben. Ich *schließe* also, dass der Mensch, der mir sagt, er sehe jetzt das Buch auf dem Tisch liegen (falls ich ihm glaube), das Erlebnis „Buch" hat

und beschreibt, und ferner, dass er – genau so wie ich – dieses Erlebnis – und jedes andere – nur hat, wenn er – es hat, dass also auch „für ihn" das Buch optisch-gegenständlich nur so lange existiert, wie – es existiert, wie er es optisch-gegenständlich wahrnimmt. *Es gibt nur eine Welt, die meine;* über meine Hirnrinde kann ich nicht hinaus denken; dass es noch andere Welten gibt (z.B. so viele, wie es Menschen gibt), ist ein zu meiner Welt gehöriger logischer Schluss, eine zu meiner Welt gehörige phänomenologische Tatsache.

Indem ich betone, dass der Schluss wie überhaupt die Beschreibung nicht mit dem Beschriebenen identifiziert oder verwechselt werden darf, sage ich natürlich nichts gegen die *Gültigkeit des logischen Schlusses* als eines solchen. Im Gegenteil betone ich diese seine Gültigkeit, indem ich seine biologische Position klar herausstelle. Der Fiktionalist *unterschätzt* den logischen Schluss, indem er einen phänomenalen „Beweis" für seine Gültigkeit postuliert, also z.B. den logischen Schluss, dass jeder Mensch seine Welt, nämlich die Summe der Aktualität seiner Denkzellen, hat, erst dann gelten lassen will, nachdem er Aktualitäten eines anderen Menschen wahrgenommen habe, diese also die seinigen geworden und somit „nachgewiesen" worden seien – eine Forderung, die eine gänzliche Verkennung der Tatsachen verrät. Und der Fiktionalist *überschätzt* den logischen Schluss, indem er die darin angegebenen Tatsachen, also Beschreibungstatsachen, für einen „Beweis" dafür hält, dass es eine von seinem Bewusstsein unabhängige Welt gebe – während doch die Welt der anderen Menschen lediglich in meiner Beschreibung, als Beschreibungstatsache existiert und gar nicht sonst. In beiden Fällen, die immer gemeinsam vorkommen, ist die Unterscheidung der Phänomenalität von der Phänomenologie nicht hinreichend vollzogen. Der Realist (im psychobiologischen Sinn) weiß, dass sich die Beschreibung immer an ein phänomenales Individuum, das eben so beschrieben wird, anschließt, dass sich die Beschreibung auch bis zu mehr oder minder abstrakten Formulierungen fortspinnen kann, ja dass auch die Beschreibung selber beschreibbar ist, d.h. analysiert werden kann (wobei das analysierte Wort usw. die Stelle eines phänomenalen Individuums innehat), dass aber unter keinen Umständen die phänomenologischen Tatsachen mit den phänomenalen Tatsachen identifiziert oder verwechselt werden dürfen.

Existieren, wahrgenommen, gegenwärtig sein sind also Synonyma. Wir beschreiben das Objekt, das Existente usw. räumlich und zeitlich, nämlich als gegenwärtig. Das Wort *„gegenwärtig"*, „Gegenwart" gehört sowohl zur räumlichen wie zur zeitlichen Beschreibung – wie viele andere Wörter auch; die assoziativen Reihen der räumlichen und der zeitlichen Beschreibung haben viele gemeinsame Glieder (z. B. weit, lang, kurz, Zeitraum, geraume Zeit usw.). „Gegenwärtig" ist: *„hier und jetzt"*. Die Bezeichnung des Objekts als gegenwärtig gibt die Tatsache an, dass es „da" ist, dass es immer nur „hier und jetzt", niemals „nicht hier und jetzt" ist, dass es anschauungsgemäß lokalisiert ist und niemals unlokalisiert, niemals nichtlokalisiert ist. Das Lokalisiertsein des Objekts wird mit zeitlichen und räumlichen Wörtern beschrieben, und so sind Lokalisiertsein und Zeiträumlichsein, lokalisiert und zeiträumlich Synonyma. Die Tatsache der Zeiträumlichkeit kann aus dem Objekt nicht weggedacht werden. Es existiert nicht das Objekt und wird dann erst lokalisiert, wird dann „zeiträumlich bestimmt", sodass die Lokalisation ein besonderer „psychischer Akt" wäre, der sich auf das an sich unzeiträumliche Objekt richte. Im Gegensatz zu Kant u. a. muss ich betonen, dass „der Raum" nicht eine „Anschauung a priori" ist, die vor aller Wahrnehmung eines Gegenstands in uns angetroffen werde, sondern dass das Objekt eo ipso, an sich lokalisiert ist, gleichgültig, ob es Gefühl, Gegenstand oder Begriff ist, gleichgültig auch, ob es phänomenal oder phänomenologisch ist. *Die Kant'sche Auffassung ist spekulativ-metaphysisch:* Das „Gemüt" hat die formale Beschaffenheit, von Gegenständen affiziert zu werden, die an sich existieren und nun erst, sozusagen bei ihrer Berührung mit der in Bereitschaft stehenden räumlichen Anschauung den Charakter des Räumlichen erhalten. Was ist „Gemüt", was seine „formale Beschaffenheit"? Wie soll man sich das Affiziertwerden vorstellen? Was ist die „Anschauung a priori" anderes als ein Mystikum? Was ist „der äußere Sinn" – im Gegensatz zum „inneren Sinn", dessen Form – die Zeit sei? Wieso kommt die Räumlichkeit nur den Erscheinungen des „äußeren Sinns" und nicht denen des „inneren Sinns" zu? Niemals tritt doch phänomenal „die Zeit" getrennt vom „Raume" auf, wie die einfache Beobachtung ausnahmslos lehrt; nur die Wörter, die Zeit beschreiben, sind von denen, die Raum beschreiben, verschieden – und auch noch nicht einmal alle, und auch die phänomenologischen Aktualitäten sind wiederum zeiträumlich, gegenwärtig. Kant fingiert eben eine Welt an sich, die unabhängig von der Wahrnehmung existiere, und da bleibt ihm freilich für die „Erklärung" der Tatsache der Zeiträumlichkeit nichts weiter übrig als eine neue Fiktion, nämlich die der „Anschauung a priori". Übrigens hat die Erörterung des Raumzeitproblems seit Kant keine wesentlichen Fortschritte gemacht; die Lösung kann ohne Kenntnis der biologischen Funktion der Hirnrinde ja auch nicht gefunden werden.

Mit der Kant'schen Lehre, dass Raum und Zeit „Anschauungsformen" seien, ist also meine Lehre, dass das Objekt „anschauungsgemäß zeiträumlich" ist, nicht zu verwechseln. *Es gibt keine Zeit an sich und keinen Raum an sich,* keine Aktualität „Zeit" und keine Aktualität „Raum", das Objekt tritt weder als Zeit noch als Raum auf, sondern ist lokalisiert, und diese anschauungsgemäße Tatsache wird räumlich und zeitlich beschrieben, mit Wörtern nämlich, die Raum- und Zeitangaben sind, so wie andere Wörter Farb- oder Gestalt- oder Gewichtsangaben usw. sind. Die Tatsache der Lokalisation gilt für das Objekt schlechthin, d. h. für jedes Objekt, für jede Aktualität der Denkzelle jedes Rindenzentrums, und jede wird auch zeiträumlich beschrieben. Es ist eine Fiktion, anzunehmen, dass die Zeiträumlichkeit ein irgendwie im Objekt Enthaltenes oder ihm Hinzugetanes oder eine Symbolkomponente sei; die Zeiträumlichkeit ist ebenso wenig enthalten oder hinzugetan wie das Sein, die Objektität selber, und die Beschreibung der Lokalisation mittels Raum- und Zeitangaben ist ebenso wenig ein „Beweis" dafür, dass im Objekt die Zeiträumlichkeit enthalten oder ihm hinzugetan oder hinzugedacht sei, wie die Bezeichnung des Seienden als Seiendes, des Objekts als Objekt „Beweis" dafür ist, dass dem Seienden das Sein, dem Objekt die Objektität separat innewohne oder von einem Deus ex Machina wie der „Anschauung a priori" beigelegt sei. „*Raum*" und „*Zeit*" treten also niemals phänomenal auf, sondern *sind generelle Bezeichnungen für die speziellen Beschreibweisen der Lokalisation des Objekts* oder (sive) des Objekts hinsichtlich der Lokalisation.

Von dieser anschauungsgemäßen Zeiträumlichkeit ist die *Entfernung* des Objekts vom Subjekt wohl zu unterscheiden. Man ist versucht, diese Entfernung mit „Raum" zu bezeichnen, aber ich habe schon hervorgehoben, dass es zwischen Subjekt und Objekt, also zwischen den polaren Gegensatzpartnern Raum und Zeit nicht geben kann, eine Erkenntnis, der schon manche anderen Philosophen – ich erinnere nur an Spinoza und Ziehen – nahe gekommen sind. Raum und Zeit gelten nur für die Objektität. Nur Objekte können beschrieben werden.

Die zeiträumliche Beschreibung der Aktualität besteht nur aus wenigen Wörtern, eigentlich nur aus „gegenwärtig", „jetzt und hier"; diese Beschreibung ist mehr eine grundsätzliche, wesentliche, gibt die *essenzielle Lokalisation* an. Die Aktualität ist der mathematische Punkt, sie hat weder Ausdehnung noch Dauer, ihr Erscheinen koinzidiert mit dem aktuellen Funktionshöhepunkt der Denkzelle, mit dem Übergang der aufsteigenden in die absteigende Kurvenstrecke. Von Messbarkeit der Aktualität kann keine Rede sein. Nun ist zwar die Aktualität immer-anders, Glied einer Reihe, die zwar nicht phänomenal – als Mehrheit zugleich existenter Objekte – vorkommt, wohl aber eine Tatsache der biologischen Symbolik und dazu eine Beschreibungstatsache ist. So beschreiben wir auch die *Reihe* hinsichtlich der Lokalisation und sprechen von *Ausdehnung* und *Dauer,* von *Dimension* in räumlichen und zeitlichen Angaben. Und so bekommen die Wörter Raum und Zeit selber den Sinn von Dimension. Die Reihen sind *messbar.* Sie bilden zusammengesetzte Individuen, Ganzheiten; jede der zugehörigen Aktualitäten ist jetzt und hier, gegenwärtig, und die Reihen der „Jetzt-und-hiers" sind zeitliche und räumliche Dimensionen. Sie werden mit denen anderer Individuen verglichen, sie erweisen sich als variabel, fast unveränderlich: dies sind dann die Zeit- und Raummesser, die Messinstrumente und die Standardmaße, die Raum- und die Zeiteinheiten, mit denen die Dimensionen der anderen Individuen verglichen, nach denen sie „metrisch" beschrieben werden. So messe ich die Aktualitätenreihe „Mensch M" räumlich (mit dem Zentimetermaß: Er hat z. B. eine Größe von 1,83 Metern, einen Brustumfang von 90 Zentimetern usw.) und zeitlich (mit der Uhr: Er atmet 18-mal in der Minute, hat 68 Pulse in der Minute usw.); ich messe eine Landstraße nach Kilometern und nach Stunden, ein Gefäß nach Litern und nach der Zeit, in der es sich füllt oder entleert usw. Man kann diese *Messungen und Maße* als die *essenziellen* von den *koordinativen,* von denen sogleich die Rede sein wird, unterscheiden. Erstere gelten für Individuen, Reihen von so geringer Veränderungsgeschwindigkeit, dass sie vernachlässigt wird, letztere für solche, die gerade hinsichtlich ihrer Veränderung und Veränderungsgeschwindigkeit gemessen werden.

In diesem Zusammenhang wird verständlich, dass mit „*Raum*" nicht bloß die eine Dimension, sondern auch *das Dimensionierte selber* bezeichnet wird, und zwar speziell die runden, hohlen Anordnungen. Wir sagen, eine Wohnung besteht aus sechs Räumen (so viel wie Zimmern), ist geräumig, wird geräumt (so viel wie ausgeleert, zu einem „leeren Raum" gemacht) usw. Die Manöver werden „im Raume" der Stadt X abgehalten, und die Sterne stehen im Himmelsraum. Sprachbiologisch ist das Wort „Raum" vorwiegend hungergefühlig, entsprechend dem mittelhochdeutschen rûm und rûn (vergleiche rund, Rune: so viel wie Geheimnis, Verhüllendes, Verhülltes usw.), althochdeutsch rum, das gotische Adjektiv rums: so viel wie ausgedehnt, leer, niederdeutsch die rümte, niederländisch ruimte: Platz, Weite, freies Feld usw. Ein „enger Raum" ist vorwiegend angstgefühlig. Demnach gibt es auch „Dinge im Raume", d. h. Füllmaterial, das hinein- und herausgehen oder -ziehen kann. Es ist klar, muss aber hervorgehoben werden, dass mit „Raum" hier Aktualitätenreihen selber gemeint sind, das Wort als synonym mit Höhlung, Rundung gebraucht wird, nicht in irgendeinem „philosophischen" Sinn. Man kann so auch von einem „leeren Raume" sprechen (z. B. einem leeren Zimmer, einer leeren Höhle); er ist lufterfüllt.

Das Wort „*Zeit*" wird in einem so konkreten Sinn nicht gebraucht. Es ist sprachverwandt mit ziehen, Zug, Her-zog usw., und dem Worte „Raum" für Rundung entspricht das Wort „Zug" für eine gerade Reihe, die den Raum durchzieht (Eisenbahnzug, Vogelzug, Menschenzug usw.). Zeit, althochdeutsch zīt, angelsächsisch tid, wird auch zu lateinisch daps, Schmaus, Opfermahl, griechisch δαίομαν, δατέομαι, teile, δαιτύς, Portion, Mahl, Opfer usw., indogermanische Wurzelsilbe dep, da(i)p, da in dáti, schneidet, mäht (vergleiche „zeitig", so viel wie erntbar), dáyāte, zerteilt, hat Anteil, dānám, Verteilung usw., lateinisch dare, geben, gestellt. Hiernach heißt „Zeit" so viel wie „Abschnitt, Abteilung" und ist sinngleich mit dimensio. Den gleichen Sinn hat aber auch „Zug" (einen Zug tun, ein Vogelzug, so viel wie eine Abteilung Vögel, ein Zug Soldaten, so viel wie Abteilung usw.) und „ziehen" (althochdeutsch ziohan, zihan, gotisch tiuhan, so viel wie auseinander bewegen) gleich „trennen", sowie „zeugen" gleich „zeitigen" gleich „teilen" usw. Das Wort „Zug" ist vorwiegend hungergefühlig, es beschreibt eine Höhlung, Umfassung, Abgrenzung, die auch zum Ziehenden gehört oder das Ziehende enthält, auch das Gesamt, dies auch als vorwiegend hungrig, weitenhungrig, raumhungrig. Das Wort „ziehen" ist vorwiegend schmerzgefühlig, beschreibt den Übergang als vorwiegend schmerzgefühlig, also das Schwellenstadium; das Ziehende (Gezogene, Gezeugte) tritt aus der einen Höhle, dem einen Raume aus und damit in den anderen ein. In der Reihe Raum – räumen – ziehen offenbart sich die Sinnverwandtschaft von Raum und Zeit. „Zeit" ist also sprachlich so viel wie „das Ziehende", somit Abgegrenzte, Abgeteilte, nur wird „Zeit" nicht als Bezeichnung für gewisse Individuen verwandt (wie „Raum" im genannten Sinn und „Zug"), sondern lediglich als abstrakte Bezeichnung für die eine Dimension, wie „Raum" für die andere. Die mit „Zeit" gekennzeichnete Beschreibweise gibt das Objekt als „zeitlich" an, gleichgültig, ob das Objekt Glied einer runden oder geraden Reihe ist, und ebenso ist „jedes Objekt", das Objekt in jeder Erscheinungsform „räumlich", d. h. die Aktualität ist anschauungsgemäß zeiträumlich, gegenwärtig.

Die Aktualität ist Symbol auch der in der Denkzelle anwesenden koordinativen (eigentlich koordinatophilen) Passformen, „enthält" also die koordinativen Symbolkomponenten, steht in spezifischem lage-, kraft- und richtungsmäßigen Verhältnis zur Vor- und zur Nachaktualität, ist *koordinativ lokalisiert*. Dass die essenzielle und die koordinative Lokalisation phänomenal nicht irgendwie getrennt auftreten, wurde schon im Abschnitt 1.3 betont; die Aktualität ist Homogenität, und die koordinative Symbolkomponente ist nicht ein separates „Etwas" in der Aktualität, sondern eben Symbolkomponente. Auch die Beschreibung der Aktualität als zeiträumlich trennt nicht die essenzielle und die koordinative Lokalisation. Es gibt nicht etwa eine doppelte phänomenale Zeiträumlichkeit. Wohl aber wird die koordinative Lokalisation, also die koordinatophile, und zwar speziell die kinästheto- und die topophile Symbolkomponente, gemäß der Beschreibung der koordinativen, speziell der kinästhetischen und der topischen Gegenstände, der Lage- und der Richtungspunkte, mit solchen Wörtern der zeitlichen und räumlichen Beschreibung, die für die essenzielle Lokalisation nicht verwendet werden, bezeichnet. Also: *Die koordinativen Aktualitäten sind als solche essenziell lokalisiert wie alle Aktualitäten,* und so gelten die Wörter „gegenwärtig", „jetzt und hier", „zeiträumlich" für sie wie für alle Aktualitäten; *sie werden aber obendrein mit anderen zeitlichen und räumlichen Wörtern bezeichnet,* und mit den gleichen Wörtern werden auch die koordinatophilen, speziell die kinästheto- und die topophilen Symbolkomponenten der Aktualitäten bezeichnet, diese also z. B. mit links gelegen, vorwärts gerichtet usw., mit und ohne unbestimmte oder bestimmte metrische Angaben beschrieben. Das „Jetzt-und-hier" wird mittels Angabe der koordinatophilen Symbolkomponente, also der koordinativen Einordnung der Aktualität in die Reihe spezialisiert, definiert; die koordinatophile Symbolkomponente ist aber nicht „das Zeiträumliche" „an" der Aktualität, sondern das Lage-, Kraft- und Richtungsmäßige, „nach" dem das jeweilige „Jetzt-und-hier", das Gegenwärtige als solches mit zeitlichen und räumlichen Angaben definiert wird.

Diese Konfluenz der Beschreibung (2.4) wird ja bisher allgemein dahin missverstanden, dass man einen besonderen *Zeit- und Raumsinn* annimmt. Die koordinativen Aktualitäten sind wie alle anderen zeiträumlich, sie sind aber nicht „Zeit" und nicht „Raum" oder „Wahrnehmungen" der („objektiven") Zeit oder des („objektiven") Raumes. Der Lagepunkt ist weder Zeit noch Raum, der Kraft- oder Gewichtspunkt ist weder Zeit noch Raum, der Richtungspunkt ist weder Zeit noch Raum; wohl aber sind alle diese Aktualitäten wie alle anderen anschauungsgemäß zeiträumlich, d.h. lokalisiert, und ferner sind die zerebellaren Denkzellen speziell mit den Wortzellen assoziiert, deren Aktualitäten die auch sonst üblichen zeitlichen und räumlichen Angaben sind, es werden also die koordinativen Aktualitäten, und zwar besonders die Lage- und die Richtungspunkte mit räumlichen und zeitlichen Wörtern beschrieben. Die Richtungspunkte heißen auch Ortspunkte; aber „Ort" ist nicht mit „Raum" identisch, sondern die „Ortspunkte" werden zeiträumlich beschrieben. In der Beschreibung der Lagepunkte überwiegen die räumlichen Angaben, die Beschreibung der Richtung setzt sich etwa gleichmäßig aus zeitlichen und räumlichen Angaben zusammen, in der Beschreibung der Kraft (des Gewichts, Druckes, der Intensität) können die Zeit und der Raum mitangegeben werden, d.h. können zeitliche und räumliche Wörter ergänzend auftreten. Aber diese Beschreibweise ist keineswegs ein Beweis dafür, dass der Lage- oder der Richtungssinn der vielumstrittene „Zeit- und Raumsinn" seien, vermöge dessen wir überhaupt die zeitliche und räumliche Anschauung hätten. Wer freilich Zeit mit Richtung und Lage mit Raum synonym gebraucht, kann von Zeit- und Raumsinn sprechen, gerät aber in eine babylonische Verwirrung und wird dem Tatbestand obendrein nicht gerecht. Die Psychobiologie kennt keinen Zeit- und keinen Raumsinn; sie kennt aber den Lage- und den Richtungssinn.

Indem die Aktualitäten auch hinsichtlich der koordinativen Symbolkomponenten und indem diese speziell mit zeitlichen und räumlichen Angaben beschrieben werden, ist man berechtigt, von einer Art „doppelter Zeiträumlichkeit" zu sprechen, aber natürlich nur im Sinn der Kennzeichnung einer Eigentümlichkeit der *Beschreibung*. Ich behandle hier beispielsweise die optischen Gegenstände; für die übrigen gilt das Analoge. Die optischen Gegenstände sind derart

lokalisiert, dass sie allesamt „vor meinen Augen" innerhalb des Ausschnittes eines Kreises, dessen Mittelpunkt „ich" bin, auftreten; natürlich gibt es nicht einen solchen Kreis oder Kreisausschnitt für sich, in dem die optischen Gegenstände lägen, sondern die essenzielle und koordinative Lokalisation der Gegenstände ist derart, dass sie zusammen einen Sektor bilden. Es ist offenkundig, dass die allgemeine Lokalisation der optischen Gegenstände, nämlich „vor meinen Augen", essenziell ist und dass sie nicht allesamt die gleiche kinästhetophile Symbolkomponente „Vorn" enthalten. Ein Gegenstand kann im lagemäßigen Verhältnis zu einem anderen weiter vorn oder weiter hinten usw. liegen, er kann sogar im Verhältnis zu „mir" als Objektreihe, zu meinen Augen als Bestandteilen dieser Objektreihe hinten liegen, dennoch ist er stets so lokalisiert, dass ich ihn „vor Augen habe". Das Jetzt und Hier eines optischen Gegenstands „stimmt" stets zu einer gewissen (akkomodativen) Stellung meiner Augen, und zwar zu einer solchen, dass der Gegenstand, wie immer sein koordinatives Verhältnis zu den übrigen Gegenständen sein mag, „vor meinen Augen" lokalisiert ist. Eben diese Tatsache ist ja bisher allenthalben dahin missverstanden worden, dass die „Gesichtswahrnehmung" durch die vom (eigentlichen, menschlich unfassbaren) Gegenstand ausgehenden und ins Auge fallenden Strahlen verursacht werde usw. Die Formel „der optische Gegenstand liegt vor meinen Augen" beschreibt also den Gegenstand hinsichtlich der essenziellen und hinsichtlich der koordinativen Lokalisation; für beides habe ich nur das Wort „vor". Eine Reihe solcher Gegenstände A, B, C, D, E läuft derart ab, dass A, dann B, dann C usw. aktuell ist, d.h. essenziell und koordinativ lokalisiert ist; die Reihe wird hinsichtlich der essenziellen Lokalisation der einzelnen Aktualitäten als dimensioniert, hinsichtlich der koordinativen Lokalisation als lage- und richtungsmäßig (auch als kraftmäßig) „bestimmt" beschrieben; die Beschreibung kann aber nur lauten: A ist von E so und so weit entfernt, A liegt (z.B.) weiter vorn als B, dieses weiter vorn als C usw., die Richtung E → A ist rückwärts usw. (räumliche Beschreibung), ferner: A ist von E z.B. zwei Sekunden entfernt, A ist älter als B oder C usw. (zeitliche Beschreibung), kurz: es werden die essenzielle wie die koordinative Lokalisation mit räumlichen und zeitlichen Wörtern beschrieben.

Aus der Tatsache, dass die Aktualität zur vorigen und zur folgenden in einem (spezifischen) koordinativen Verhältnis steht, folgt, dass auch die Beschreibung in zeitlichen und räumlichen Wörtern dieses *Verhältnis,* also immer nur „*Relatives*" angibt. Diese „Relativität" war schon längst vor Einstein bekannt (vergleiche z. B. das πρός τι des Protagoras); ihre erkenntnistheoretische Klarstellung konte erst der Psychobiologie gelingen. Bezüglich der räumlich beschriebenen Koordinatorik ist ein links gelegener Gegenstand G immer weiter links als ein anderer M und weniger weit links als ein dritter N, also links von jenem und rechts von diesem gelegen; eine andere, d. h. wortbestimmte Benennung für die kinästhetophile Symbolkomponente von G gibt es nicht, sie kann (auch mit Zahlen) nur „verhältnismäßig" bezeichnet werden. Die topophile Symbolkomponente von G kann auch nur gemäß dem topischen Verhältnis von G zu M zu N bezeichnet werden, und zwar gibt es für die einzelnen topischen Punkte „links-seitwärts" usw. überhaupt keine eigenen Benennungen, vielmehr gibt man die Topik an, indem man die Veränderungsgeschwindigkeit angibt. Ein Gewicht ist ferner niemals „absolut" schwer, sondern immer nur „schwerer als …" und „leichter als …". Dies gilt auch für die zeitliche Beschreibung. Die „Zeiteinheiten" ergeben sich aus vielfältigen Vergleichen. Mit „vergangen" bezeichnen wir die bestimmte Topik eines Individuums, aber diese topophile Symbolkomponente ist im Verhältnis zu der des verglichenen Individuums ein „Mehr-" oder „Minder-vergangen", also im Verhältnis zu seiner Topik „Mehr-vergangen" („Weiter-zurück-liegend" usw.) sogar ein „Künftig". Dass, wie man sagt, „die Zeit einsinnig (d. h. in *einer* Richtung) verlaufe", ist unrichtig; nur werden vorwiegend die topischen Punkte (bzw. die topophilen Symbolkomponenten), die man räumlich mit „Vorwärts-Rückwärts" bezeichnet, auch zeitlich beschrieben, eben mit „Künftig-Vergangen", während die übrigen Richtungen viel weniger oft und dann auch nur mit „Künftig-Vergangen" zeitlich beschrieben werden; es entspricht dies der Tatsache, dass wir uns

meist vorwärts bewegen. Grundsätzlich ist jede Richtung auch zeitlich zu beschreiben.

Folgende *Arten der zeitlichen und räumlichen Beschreibung* kommen vor:

(1) Ich kann ein Individuum (einen Menschen, ein Tier, eine Pflanze, eine Sache sowie Kombinationen, also z. B. eine Landschaft usw.) zeitlich und räumlich beschreiben, *wie es ist,* d. h. abgesehen von der – hier unmerklichen – Veränderung (essenzielle Messung). Ich kann die Koordinatik der Teile eines Individuums mit zeitlichen und räumlichen Wörtern angeben, z. B. einen Menschen derart beschreiben: Der Kopf sitzt bei aufrechter Haltung oben, die Füße sind unten, die linke Seite entspricht, falls mir der Beschriebene das Gesicht zukehrt, meiner rechten Seite, er wiegt jetzt und hier an die 160 Pfund, er ist aufgerichtet, die ihn bildenden Aktualitäten enthalten topophile Symbolkomponenten „aufwärts", d. h. ich sehe ihn von unten nach oben an und beschreibe diese Richtung usw.

(2) Ich kann ein Individuum als Ganzes „*mit sich selber*", d. h. mit einer früheren Erscheinungsform *vergleichen* (Individualvergleich) und so, auf dem Weg des Wiedererkennens, die eigenschaftlichen und funktionellen (koordinativen) Veränderungen ermitteln und mit zeitlichen und räumlichen Worten beschreiben. Die vorwiegend eigenschaftlichen Veränderungen als solche, z. B. die Veränderungen der Helligkeit, der Farbe, der Anzahl der das Individuum zusammensetzenden Teile, der Thermik usw. werden nicht in räumlichen oder zeitlichen Angaben beschrieben, wohl aber werden dies die Veränderungsgeschwindigkeiten, und zwar in zeitlichen Angaben. Dagegen werden die koordinativen, insbesondere die kinästhetischen und die topischen Veränderungen als solche wie ihrer Geschwindigkeit nach, also der Ortswechsel und seine Geschwindigkeit und die Funktion und ihre Geschwindigkeit, zeitlich und räumlich beschrieben.

(2.1) Die Geschwindigkeit der vorwiegend *eigenschaftlichen Veränderungen,* kurz die eigenschaftliche Veränderungsgeschwindigkeit (z. B. die Geschwindigkeit, mit der eine Knospe sich zur vollen Blüte entfaltet, ein Individuum älter wird, die Helligkeit eines Gegenstands zu- oder abnimmt, die Farbe eines Gegenstands etwa aus einem Hellrot in ein Dunkelrot übergeht, ein Wasserquantum um zehn Grad wärmer wird usw.) wird „nach der Zeit" beschrieben, manchmal auch unter Zufügung räumlicher Angaben. Mit diesen zeitlichen und räumlichen Angaben wird die spezifische Topik des Individuums (werden die spezifischen topophilen Symbolkomponenten der das Individuum bildenden Aktualitäten), also die Lokalisation hinsichtlich der Topik beschrieben, und zwar im Vergleich (im Verhältnis) zu der Topik des erinnerten (und insofern vorhergehenden, vergangenen) Individuums. Ich sehe z. B. eine vollerblühte Rose und erinnere mich, dass ich diese Rose schon einmal, und zwar eigenschaftlich erheblich verschieden, nämlich halberblüht, gesehen habe; ich erinnere mich auch, dass ein Ortswechsel nicht (d. h. unmerklich) stattgefunden hat. Die Angabe nun, dass ich die Rose „gestern" halberblüht gesehen habe, dass sie „in einem Tage", „innerhalb 24 Stunden" usw. voll erblüht sei, ist Beschreibung der Rose hinsichtlich der Geschwindigkeit ihrer eigenschaftlichen Veränderung, d. h. es wird mit der Zeitangabe die Topik der Rose, ihre topophile Symbolkomponente aus dem Individualvergleich beschrieben, wobei die Topik der erinnerten Rose eine solche ist, die (eben im Verhältnis zu der Topik der rezenten gegenständlichen Rose) mit „gestrig" bezeichnet wird. *Je geringer die topische Differenz* (also die Differenz der topophilen Symbolkomponenten der vorigen und der jetzigen Rose) *und je größer die eigenschaftliche Veränderung, desto größer ist die Geschwindigkeit der eigenschaftlichen Veränderung* (die eigenschaftliche Veränderungsgeschwindigkeit). Die relativ große eigenschaftliche Veränderung hat sich in unserem Beispiel koinzident mit einer topischen Veränderung vollzogen, die relativ gering ist und in der Beschreibung der eigenschaftlichen Veränderung als – demnach relativ hohe – Geschwindigkeit angegeben wird.

Die topophile Symbolkomponente ist das spezifisch Richtungsmäßige der Rose als einer Ganzheit. Ebenso wenig wie diese Ganzheit, dieses zusammengesetzte Individuum, diese Aktualitätenreihe „gleichzeitig" wahrgenommen wird (es erscheint vielmehr eine Aktualität nach der anderen), ebenso wenig ist natürlich die topophile

Symbolkomponente der Rose als einer Ganzheit phänomenal einheitlich, sondern jeder einzelnen Aktualität ist „ihre" (spezifische) topophile Symbolkomponente eigentümlich, die einzelnen Aktualitäten, deren Reihe die Rose sind, stehen zueinander (auch) in einem gewissen richtungsmäßigen Verhältnis. Wir können aber diese topophilen Symbolkomponenten beschreibungsmäßig zusammenfassen, also von der Topik der Rose oder der topophilen Symbolkomponente der Rose sprechen, so wie wir ja auch von einem Ortswechsel usw. der Rose sprechen. In unserem Beispiel hat sich also die Topik der Rose seit ihrem vorigen Aktuellsein nur wenig verändert; die Topik der erinnerten Rose wird als „gestrig" bezeichnet und so die Veränderungsgeschwindigkeit der Rose zeitlich angegeben, in Form einer Zeitangabe metrisch beschrieben. – Dass die Veränderung der Aktualität der Veränderung „ihrer" Denkzelle entspricht, versteht sich von selbst.

Eine andere Rose war vor drei Tagen noch halberblüht und ist jetzt vollerblüht, hat also eine analoge eigenschaftliche Veränderung wie jene erste Rose gehabt, die Veränderungsgeschwindigkeit ist aber viel geringer gewesen; sie wird wiederum gemäß der Topik metrisch beschrieben, nämlich mit den Worten „vor drei Tagen" oder „innerhalb von drei Tagen" usw. Sie kann innerhalb dieser Zeit wiederholt aktuell gewesen sein, war es aber nicht mit dem Helligkeitsgrade wie jenes Mal, das Ausgangspunkt der Messung ist: Eben jene Aktualität wird mit der jetzigen hinsichtlich der Veränderungsgeschwindigkeit verglichen, die jetzige Aktualität wird als die veränderte Wiederholung jener (vor drei Tagen dagewesenen) Aktualität wiedererkannt. Die gegenwärtige (vollerblühte) Rose hat eine spezifische topophile Symbolkomponente, die von der der gleichen halberblühten Rose erheblicher unterschieden ist als im vorigen Fall. *Je geringer bei gleich großer eigenschaftlicher Veränderung zweier Individuen die individuale topische Differenz, desto größer ist die eigenschaftliche Veränderungsgeschwindigkeit.* Die genauere Beschreibung (zeitliche Bestimmung) der topophilen Symbolkomponente erfolgt auf dem Weg des Vergleichs mit analogen Topiken, schließlich mit der Topik von Standardinstrumenten wie Uhren oder Standardperioden wie Tagen, Wochen usw. (Kalender). – Es sei hier besonders darauf hingewiesen, dass sich also topische Veränderungen der Aktualität ohne genau entsprechenden Ortswechsel, d. h. ohne genau entsprechende Lageveränderungen (und auch Kraft- oder Gewichtsveränderungen) vollziehen können; solche Veränderungen koinzidieren zwar immer (die Rose schwankt im Winde usw.), aber sie können größer oder geringer sein als die topische Veränderung. *Eine topische Veränderung ohne* (merklichen) *Ortswechsel ist nur in zeitlichen Wörtern zu beschreiben;* diese Tatsache hat zu dem Missverständnis geführt, dass es einen Zeit- und einen Raumsinn, Zeit und Raum als phänomenal Getrenntes gebe.

Eine dritte Rose hat sich eigenschaftlich „seit gestern" wenig verändert, die Veränderungsgeschwindigkeit ist also eine relativ geringe gewesen. Auch da ist die Angabe „seit gestern" nicht Beschreibung der eigenschaftlichen Veränderung als solcher, sondern ihrer Geschwindigkeit. Mit „gestrig" ist die spezifische topophile Symbolkomponente der erinnerten Rose aus dem Individualvergleich beschrieben; hier koinzidiert die geringe topische Veränderung mit der geringen eigenschaftlichen; diese wird, wie gesagt, gemäß der topischen Veränderung gemessen, zeitlich, d. h. eben hinsichtlich der Geschwindigkeit beschrieben. Die topophile Symbolkomponente kann bei verschiedenen Individuen ungefähr die gleiche sein, und die eigenschaftlichen Veränderungsgeschwindigkeiten der einzelnen Individuen können dabei erheblich verschieden sein; in jedem Fall ist die Geschwindigkeit eine „Richtungsgröße", d. h. wird die Veränderungsgeschwindigkeit in den die Topik zeitlich angebenden Wörtern metrisch beschrieben. Ohne die zeitliche Angabe der Topik gibt es keine Beschreibung der Veränderungsgeschwindigkeit. Die Differenz der verglichenen Eigenschaften eines Individuums ist lediglich eine Veränderungsgröße; die Geschwindigkeit, mit der diese Veränderungsgröße zustande gekommen ist, wird in zeitlichen Wörtern, Zeitmaßen, Zeiteinheiten angegeben, eben in solchen, die die Topik des gegenwärtigen Individuums beschreiben. Dabei existiert aber nicht etwa die Geschwindigkeit für sich und wird nur eben in Zeitmaßen beschrieben; sondern die topophile Symbolkomponente ist das Phänomenal-Tatsächliche, dem die phänomenologische Geschwindigkeitsrechnung entspricht (erläuternd: ohne das es eine Geschwindigkeit und ihre Beschreibung überhaupt nicht gäbe). – Über „Alter" siehe weiter unten.

Es muss ferner betont werden, dass die zeitliche Beschreibung der Topik des gegenständlichen Individuums nicht verwechselt werden darf mit der einfachen, d. h. ohne mittelbaren Vergleich stattfindenden *zeitlichen Beschreibung der Topik begrifflicher Individuen,* also mit der Beschreibung „aus der Erinnerung". Ich kann z. B. sagen: „Ich erinnere mich, gestern eine Rose gesehen zu haben", ohne jetzt eine Rose vor mir zu haben; ich beschreibe so die Rose, die „gestern" gegenständlich aktuell gewesen ist, aus der Erinnerung und gebe mit der Zeitbestimmung „gestern" die Topik des „Erinnerungsbildes" dieser gegenständlichen Rose, des Begriffsindividuums „Rose" an; dieses Begriffsindividuum ist gegenwärtig, enthält aber (auch) eine bestimmte begriffliche topophile Symbolkomponente „Vergangen" (nämlich „Gestrig"), sodass dieses Begriffsindividuum als Erinnerung der „gestern" gesehenen Rose ohne Weiteres erlebt und beschrieben wird. – Ich kann auch eine Rose optisch gegenständlich wahrnehmen und sagen: „Ich erinnere mich, vor drei Jahren eine ganz ähnliche Rose gesehen zu haben" (etwa ein Exemplar einer seltenen Spezies); auch hiermit beschreibe ich nicht die Topik der gegenwärtigen Rose, sondern des Begriffsindividuums, das zu jener früher wahrgenommenen gegenständlichen Rose gehört; es findet ein mittelbarer interindividueller Vergleich statt.

(2.2) Werden also in zeitlichen Wörtern nur die Geschwindigkeiten eigenschaftlicher Veränderungen des Individuums beschrieben, so werden in zeitlichen wie in räumlichen Wörtern die *koordinativen Veränderungen* ebenso wie *ihre Geschwindigkeiten* beschrieben. Auch hierbei handelt es sich um unmittelbare und mittelbare Individualvergleiche: Das Individuum, z. B. ein Automobil, wird wiedererkannt als ein solches, das vorher einen anderen Ort eingenommen hat als jetzt. Der Ortswechsel des Autos von A bis M ist die Reihe A, B, C, D, E … usw., wobei jeder Buchstabe das jeweilige aktuelle Individuum „Auto", bei relativ geringer eigenschaftlicher, aber relativ großer koordinativer Veränderung bezeichnet. Die koordinative Symbolkomponente, d. h. die Koordinatorik des Autos, ist also jeweils erheblich verschieden; fährt z. B. das Auto von rechts nach links, dann ist jeweils die kinästhetophile Symbolkomponente ein „Weiter-links", die statophile ein „Kräftiger" oder „Weniger-kräftig", die topophile ein „Linkswärts" von spezieller Geschwindigkeit. Der Ortswechsel A → M wird gemessen und metrisch beschrieben, und zwar räumlich gemäß (merke wohl: ge-„mäß"!) dem Kilometersystem, zeitlich gemäß dem Stundensystem, und zwar sind diese beiden Beschreibweisen derart miteinander verbunden, dass man sagt: das Auto ist (z. B.) in 20 Minuten 15 Kilometer oder mit einer Geschwindigkeit von 45 Stundenkilometern gefahren. Die Statik des Autos, also seine statophile Symbolkomponente und ihre Veränderung wird nicht zeitlich oder räumlich beschrieben, sondern gemäß den „Pferdekräften" des Motors, also in Krafteinheiten; sie ist der Druck, „mit dem" sich das Auto bewegt, der bei größerer Geschwindigkeit größer, bei geringerer kleiner ist, sie ist die „Wucht" des Ortswechsels (sprachbiologisch ist „Wucht" mit „Ge-wicht" eng verwandt), das horizontal gerichtete Gewicht des Autos, z. B. die Wucht bei einem Zusammenstoß. Die Lageveränderung des Autos wird vorwiegend mit räumlichen Wörtern (räumlichen Maßen), die Richtungsänderung mit räumlichen und zeitlichen Wörtern beschrieben, beide Beschreibweisen konfluieren in der Regel, gemäß der Tatsache, dass eine „reine" Lageveränderung ebenso wenig vorkommt wie eine „reine" Richtungsänderung. So wie bei vorwiegend eigenschaftlichen Veränderungen die Differenz der verglichenen Eigenschaften des Individuums die Größe ist, deren Zustandekommen nach der Geschwindigkeit – und zwar vorwiegend in zeitlichen, die spezifische Topik angebenden Wörtern – beschrieben wird, so ist beim Ortswechsel die Differenz der kinästhetophilen Symbolkomponente, der Lage, diejenige Größe, deren Zustandekommen nach der Geschwindigkeit beschrieben wird – und auch hier geben zeitlich und räumlich die topische Veränderung (Veränderung der topophilen Symbolkomponente) beschreibende Wörter die Ge-

schwindigkeit an, definieren den Ortswechsel hinsichtlich der Geschwindigkeit.

(3) Endlich kann ich die Individuen hinsichtlich ihrer eigenschaftlichen oder koordinativen Veränderung und Veränderungsgeschwindigkeit *untereinander* vergleichen (Interindividualvergleich) und (auch) in zeitlichen und räumlichen Wörtern beschreiben.

(3.1) Von den möglichen Beschreibungen wollen wir hier die *Altersangaben* erörtern. Allgemein wäre Folgendes vorauszuschicken: Das Individuum ist die Aktualitätenreihe eines gewissen Zellkomplexes (assoziativen Systems); die Änderungen des Zellkomplexes oder innerhalb des Zellkomplexes entsprechen Änderungen des Individuums oder innerhalb des Individuums; die Änderungen in ihrer Gesamtheit machen die „Lebenskurve" aus, die aus der E- und der Involutionsstrecke besteht. Die jeweilige Entwicklungsstufe des Individuums beschreiben wir zeitlich als sein *Alter*. Mit „altern" wird speziell die Involutionsstrecke zeitlich beschrieben. Die Lebenskurve ist biologische Eigentümlichkeit des Individuums; sie läuft ab, wie sie abläuft, und alle die Einzelheiten ihres Ablaufs sind biologische Glieder der Reihe, Umstände, deren Gesamtheit eben die Lebenskurve ist. So lässt sich das Altern weder fördern noch hemmen. Die Fiktion, man könne das Altern aufhalten, ist ein Missverständnis der Tatsache, dass die Lebenskurven der einzelnen Menschen verschieden sind, der eine also – entsprechend seiner biologischen Beschaffenheit – anders, anderes erlebt als der andere und früher oder später stirbt als der andere. Die Verschiedenheit der Lebenskurve in ihrer Gesamtheit wie in ihren Einzelheiten deutet der Fiktionalist auf Ursächlichkeit aus („weil der A so und so gelebt hat, ist er älter geworden als der B", „das Leben ist durch das Verhalten, die äußeren Umstände usw. zu verkürzen oder zu verlängern" usw.) und „beweist" seine Fiktionen mittels des Irrealis („wenn der B so gelebt hätte wie der A, z. B. kein Fleisch gegessen, keinen Alkohol getrunken, kein Weib gehabt, weniger gearbeitet hätte usw. usf., dann wäre er ebenso alt geworden wie A" – wobei ganz vergessen wird, dass der B in diesem Fall nicht der B gewesen wäre, der er aber doch nun eben war!). Die Hineindeutung der Ursächlichkeit (Kausalität,

Konditionalismus, Teleologismus) in den Ablauf der biologischen Reihen, in das Geschehen schlechthin, ist das Wesentliche des fiktionalen Denkens.

Die Altersangabe ist zunächst zeitliche Beschreibung des Individuums. „Ich sehe einem Menschen das Alter an", heißt zunächst: Ich vergleiche das gegenwärtige Individuum im Weg des Wiedererkennens mit seiner früheren Erscheinungsform und beschreibe es hinsichtlich der Geschwindigkeit seiner eigenschaftlichen Veränderung, also hinsichtlich der Topik. Ich treffe z. B. einen jugendlichen Bekannten B und sage ihm: „Sieh einer an! Sie sind in den drei Jahren, in denen wir uns nicht begegnet sind, ein richtiger Herr geworden." Ich beschreibe so die eigenschaftliche Veränderung des B im Allgemeinen und mit der Zeitangabe „in drei Jahren" die Geschwindigkeit dieser Veränderung, und zwar als ziemlich hohe, d. h. die topische Veränderung, die Topik des jetzigen B, verglichen mit der des erinnerten B. Es besteht ein „Erinnerungsbild" an den damaligen B (eigentlich B′), ein dem damaligen gegenständlichen B entsprechender Begriffskomplex, dessen Veränderungsgeschwindigkeit geringer ist als die des zugehörigen Gegenstandskomplexes, und es findet ein mittelbarer Vergleich jenes damaligen B′ und des gegenwärtigen B statt. Dieser Vergleich hinsichtlich der Topik wird mit den zeitlichen Wörtern „in den drei Jahren" beschrieben, d. h. es wird die Topik des gegenwärtigen B im Vergleich mit der des damaligen B′ in zeitlichen Wörtern angegeben; die Topik des B ist von der des B′ derartig verschieden, wie das sprachlich ausgedrückt wird in der Formel „in den drei Jahren". Im Verhältnis zu dem B′ ist B topisch derart eingeordnet (in der Reihe der Veränderungen), dass B′ um drei Jahre früher aktuell war als B oder B drei Jahre später aktuell ist als B′. Dieses topische Eingeordnetsein wird in zeitlichen Wörtern (z. B. früher, vor drei Jahren) beschrieben und „mittels" dieser Zeitangabe die Veränderungsgeschwindigkeit des B, hier als eine vorwiegend eigenschaftliche (der Ortswechsel kommt hier nicht in Betracht), definiert. Die zeitliche Beschreibung der Topik kann mit räumlichen Angaben ergänzt werden (z. B. „wir reisten damals nach X" usw.); im Wesentlichen aber ist die Altersangabe eine Reihe zeitlicher Wörter. Ferner konfluiert die Beschreibung der Topik des gegenständlichen B nicht selten mit der Topik des zu B′ gehörigen Begriffskomplexes, d. h. ich beschreibe in bunter Reihe den gegenwärtigen B und den damaligen B′ „aus der Erinnerung"; es geschieht dies oft, während man die Hand vor Augen legt oder die Augen schließt oder vom gegenständlichen B wegsieht – wobei das Erinnerungsbild „deutlich vor Augen steht" (sogenannte „innere Schau").

Eine nähere Beschreibung der topophilen Symbolkomponente ist kaum möglich; man sagt eben: Zwischen B′ und B liegt ein „Zeitraum" von drei Jahren und definiert so die topische Verschiedenheit, die Verschiedenheit der topophilen Symbolkomponente, das „damalige" und das „jetzige" Eingeordnetsein in den Ablauf der Veränderungen. Die topophile Symbolkomponente des B′ kann wie die des B eine solche „Vorwärts" oder „Aufwärts" oder „Rück-" oder „Ab-" oder „Seitwärts" sein, d. h. einer topischen Aktualität (einem topischen Punkt oder Zwischenpunkt, genauer natürlich immer einer topischen Reihe) „Vorwärts" usw. entsprechen – speziell die Topik „Vor-rückwärts" wird (auch) mit zeitlichen Wörtern beschrieben. Stets ist in den Fällen, in denen ein Individuum, hier also B, „mit sich selber" verglichen wird, die topophile Symbolkomponente eine solche, die wir mit dem zeitlichen Worte „vergangen" allgemein und mit Jahreszahlen („Lebensjahren") speziell beschreiben. Das Individuum B ist „älter" als B′ oder B′ war jünger als B, um so viele Jahre, wie die Topik des B phänomenal und ihre Beschreibung phänomenologisch angibt. Die Reihe der Entwicklungsstufen eines Individuums ist hinsichtlich der Topik, und zwar in zeitlichen Wörtern beschrieben, eine derartige, dass das Individuum immer älter wird, bei jedem Aktuellsein älter, „vergangener" erscheint. Nur relativ selten, unter gewissen Umständen („Verjüngungskur", Rekonvaleszenz, Vergnügungsreise, relativ spät erzielte trophische oder genische Erfolge usw.), die aber realiter betrachtet nicht Ursachen, sondern lediglich spezielle Erlebnisse sind, kann ein Individuum im Vergleich „mit sich selber" jünger erscheinen, kann „eine zweite Jugend" erlebt werden, die allerdings nur von kurzer Dauer ist; auch diese Abläufe sind lediglich biologische Eigentümlichkeiten des Individuums; die topophile Symbolkomponente ist hierbei eine solche, die wir als ein „Weniger-rückwärts", „Weniger-vergangen" allgemein und mit Jahreszahlen speziell („Sie sehen ja um zehn Jahre jünger aus") beschreiben.

Das Wort „vergangen" wird in einer mehrfachen Verbindung angewandt. Man bezeichnet auch das Nicht-mehr-Existente als „vergangen" – im Gegensatz zu dem Noch-nicht-Existenten, das man als „künftig" bezeichnet. Demnach sind die „jüngeren", d.h. früheren Entwicklungsstufen des gegenwärtigen Individuums „vergangen", seine „älteren", d.h. späteren, noch kommenden Entwicklungsstufen „künftig" („künftig" gehört sprachbiologisch zu „kommen"). Diese Anwendung des Wortes „vergangen" entspricht der Tatsache, dass gemäß der Verschiedenheit der Veränderungsgeschwindigkeit des gefühllichen oder des gegenständlichen Individuums einerseits und des zugehörigen Begriffsindividuums andererseits die begriffliche Erinnerung an das zugehörige, nicht mehr existente Gefühls- oder Gegenstandsindividuum, und zwar mit der diesem Individuum entsprechenden (allerdings begrifflichen) topophilen Symbolkomponente, aktuell sein kann; ferner die Tatsache, dass wir ein Nicht-mehr-Existentes „aus der Erinnerung" beschreiben können. So sind „die Jugendjahre" die vergangenen oder auch die Vergangenheit, während andererseits ein Individuum umso mehr „vergangen" ist, je weiter es als Gegenwärtiges auf der Lebensbahn vorgerückt ist. Mit diesem „Gegensinn" haben wir bei vielen Wörtern zu rechnen.

Wir haben bisher die Altersangabe als die dem Individualvergleich entsprechende zeitliche Beschreibung der Topik des gegenwärtigen Individuums betrachtet. Darüber hinaus entspricht sie einem *Interindividualvergleich:* Das zeitlich beschriebene Individuum ist nicht nur „mit sich selbst" (im Weg des Wiedererkennens), sondern auch mit anderen, und zwar zunächst mit nahverwandten Individuen, hinsichtlich der Geschwindigkeit der eigenschaftlichen Veränderung verglichen worden. Mit dem gegenständlichen Individuum B sind Begriffskomplexe, die zu ande-

ren gegenständlichen Individuen (zunächst solchen der Gruppe des B) gehören, assoziiert, es können also solche „Erinnerungsbilder" im Anschluss an B aktuell sein und B kann nun hinsichtlich der Topik mit zeitlichen Wörtern im Vergleich zu der Topik verwandter Individuen beschrieben werden. Es wird also das Individuum B hinsichtlich des Alters mit anderen Individuen verglichen und demgemäß in zeitlichen Wörtern beschrieben. Dieser Interindividualvergleich kann mehr oder minder weit ausgesponnen werden, entsprechend der jeweiligen funktionellen Situation der Hirnrinde. Je weniger die Hirnrinde ausdifferenziert ist, desto geringer ist das Netz der interindividuellen Assoziationen, hier speziell der Gegenstands- und der Begriffssphäre, desto weniger differenziert ist auch die topophile Symbolkomponente der Aktualität, desto unsicherer ist die Unterscheidung „jung" und „alt", sowohl phänomenal wie phänomenologisch. Das Kind befindet sich ganz allgemein im Zweifel über „jung" und „alt", wie es sich im Zweifel über „gestern", „heute" und „morgen", „mein" und „dein", „links" und „rechts", „vorwärts" und „rückwärts", „ja" und „nein", „Sein" und „Nichtsein" usw. usf. befindet, und im gleichen Zweifel sind die Neurotiker befangen, nur ist der Zweifel hypertrophiert. Erst allmählich, im Gange des Heranwachsens, der zunehmenden Differenzierung der Hirnrinde, mildern sich diese und andere Zweifel, und der gesunde Erwachsene kann, je präziser sich besonders der topische Sinn ausdifferenziert hat, das Alter der Individuen mit der innerhalb einer normalen Variationsbreite schwankenden Genauigkeit wahrnehmen und beschreiben.

Das Individuum B wird also einmal mit sich selbst, sodann mit anderen Individuen von je differenter Entwicklungsstufe verglichen. Im Vergleich mit sich selber ist B auf alle Fälle, topisch-zeitlich beschrieben, „älter" als die am Wiedererkennen begrifflich beteiligten „Vorstufen" B′, B″, B‴ usw.; mit sich selber, wie es „künftig" sein wird, kann B nicht verglichen werden; über die Gegenwart hinaus ist kein Individuum entwickelt, es kann immer nur gegenwärtig sein; nur in dem Fall, dass die Veränderungsgeschwindigkeit der Begriffszellen größer ist als die der zum System gehörigen Gegenstandszellen (zeitliches Hellsehen), könnte man von einem Vergleich des Individuums mit sich selber, wie es künftig sein kann, sprechen, doch muss eben betont werden, dass sich auch in diesem Fall das Begriffsindividuum an das Gegenstandsindividuum anschließt und die weitere Entwicklung des letzteren keineswegs zu der Beschaffenheit des ersteren zu stimmen braucht.

Unter den mit B verglichenen Individuen finden sich solche, deren Entwicklungsstufen denen der Vorstufen des B selber (ungefähr) gleich sind, die also hinsichtlich der Topik von B etwa ebenso verschieden sind wie seine Vorstufen B′ oder B″ oder B‴ usw. Innerhalb dieser Vergleiche ist B, topisch-zeitlich beschrieben, „vergangen" in einem allgemein oder in Zahlen anzugebenden Maße. Die so verglichenen Individuen gehören einer gewissen „jüngeren" Altersstufe an, die z.B. um acht oder drei Jahre usw. von der des B verschieden ist. Andere im Vergleich auftauchende Individuen sind weiter entwickelt als B; innerhalb dieser Vergleiche ist B „künftig" in einem allgemein oder in Zahlen anzugebenden Maße. Es ist klar, dass es sich hierbei um eine dem verschiedenartigen Vergleich entsprechende verschiedene Beschreibung der Topik des B handelt; gewiss ist jeder Vergleich ein Erlebnis für sich, aber wir erörtern die zeitliche Beschreibung unter dem Gesichtspunkt, dass die topophile Symbolkomponente des B ungefähr gleich bleibt. Ebenso wie der fünfte Mann einer Reihe von zehn Männern z.B. „hinter" dem vierten und „vor" dem sechsten steht, seine koordinative Einordnung also in diesem Sinn „relativ" beschrieben wird, so wird auch die (ungefähr) gleichbleibende topische Einordnung mit den zeitlichen Angaben „älter als …" oder „jünger als …" „relativ" beschrieben.

Aus diesen vielfältigen Vergleichen *ergibt sich eine allgemeine Beschreibung der Individuen hinsichtlich des Alters.* Das Individuum B sei ein „junger Mann". Ich kann ihn mit sich selber vergleichen und demnach die Geschwindigkeit seiner eigenschaftlichen Entwicklung in zeitlichen Maßen, mit denen die Topik des Gegenwärtigen ausgedrückt wird, beschreiben, also angeben, dass er jetzt drei Jahre älter ist als früher. Ich kann den B auch mit anderen Menschen vergleichen und angeben: Er ist drei Jahre älter als M und 30 Jahre älter als N und sechs Jahre jünger als O usw., ferner ist er ebenso alt wie dieser und jener andere; auch die Angabe, B ist 32 Jahre alt, ist zeitliche Beschreibung aus individualen und interindividualen Vergleichen.

Wie die Menschen untereinander, so werden auch die Individuen anderer Gruppen und Arten untereinander hinsichtlich des Alters verglichen. Eine Rosenknospe ist älter als gewisse gleichartige Individuen und jünger als vollerblühte Rosen, d.h. diese Knospe enthält eine topophile Symbolkomponente, die im Vergleich dieser Knospe mit (sich selber und) anderen Knospen als „vergangen", im Vergleich mit vollerblühten Rosen als „künftig" bezeichnet wird. Die Steinbilder, die man auf der Osterinsel gefunden hat, enthalten eine topophile Symbolkomponente „Vergangen"; sie werden verglichen mit analogen Gebilden und die eigenschaftlichen Unterschiede topisch-zeitlich mit allgemeinen oder zahlenmäßigen Angaben beschrieben.

Übrigens gibt es kein über die Funktion des topischen Zentrums hinausreichendes Alter; so ist die Begrenztheit der Historie, die auf etwa fünftausend Jahre zurückreicht, zu verstehen; die „prähistorischen" Ereignisse sind lediglich Beschreibungstatsachen, diese Beschreibung geht vom Gegenwärtigen aus und endet in weit vom Phänomenalen entfernten abstrakten Gebieten, so auch die darin vorkommenden zeitlichen und räumlichen Zahlenangaben: Diese sind lediglich mathematische Größen, die mit einiger (möglichst viel) Logik additiv und multiplikativ errechnet werden, also nur in der abstrakten Beschreibung vorkommende Mehrfache des phänomenal vorkommenden und gemäß der Funktion des topischen Zentrums möglichen Alters. Dies gilt auch für die räumliche Beschreibung.

Bei diesen vielfältigen Vergleichen von Individuen einer und verschiedener Gruppen und Arten werden *Individuen von möglichst gleichmäßiger Veränderungsgeschwindigkeit* vorgefunden; die zeitliche Beschreibung dieser Veränderungsgeschwindigkeit ist somit eine zeitliche Standardangabe, eine „*Zeiteinheit*". Solche Individuen sind speziell die „*Himmelskörper*", in erster Linie die *Sonne* und der *Mond*. Man kann – in kosmologischen Ziffern – ihr Alter angeben. Diese Angabe kann aber immer nur ein Mehrfaches einer „Zeiteinheit" sein. Die „Zeiteinheit" selber ist die zeitliche Angabe der *koordinativen* Veränderung der Sonne. Der (wahrgenommene) Ortswechsel der Sonne vollzieht sich relativ gleichmäßig und mit relativ gleichmäßiger Geschwindigkeit. Die zeitliche Beschreibung der Topik des Ortswechsels der Sonne (des Ortswechsels hinsichtlich der Topik) ist die Angabe der Geschwindigkeit der Sonnenbewegung, gleich der Geschwindigkeit der Umdrehung der Erde; diese Angabe ist *„der Tag"*. Die Sonne ist Aktualitätenreihe einer speziellen, an der Grenze der Modalität zur Idealität liegenden Gruppe von Gegenstandszellen. Die Sonne ist also da („ist aufgegangen"), sobald diese Zellgruppe ihren aktuellen Funktionsgrad erreicht hat. Die koordinativen Passformen dieser Zellgruppe ändern sich nun in einer relativ gleichmäßigen Weise, d. h. die Sonne ist jeweils koordinativ so lokalisiert, dass diese Lokalisation von der vorigen immer gleichmäßig differiert. „Die Sonne geht unter" heißt: Die Funktionskurve der genannten Zellgruppe sinkt ab bis zur unaktuellen Funktionsintensität. Der Ortswechsel der Sonne zwischen Aufgang und Untergang (Orient und Okzident) wird hinsichtlich der Topik, also Geschwindigkeit, zeitlich beschrieben mit der Angabe „ein Tag". Weiterhin wird auch die Nacht zum „Tage" gerechnet, also der Ortswechsel der Sonne zwischen zwei Aufgängen zeitlich-metrisch beschrieben mit der Angabe „ein Tag". Streng genommen kann von einem Ortswechsel der nicht mehr aktuellen, nicht mehr (gegenständlich-optisch) existenten Sonne nicht die Rede sein; es wird mit dieser Zeiteinheit auch lediglich angegeben, dass der genannte Zellkomplex bei neuerlicher aktueller Funktion ungefähr das gleiche oder doch gleichmäßig differente koordinative Ingrediens aufweist wie beim vorigen Mal, dass also während der unaktuellen Funktionsstrecke dieses Zellkomplexes entsprechend geringfügige Veränderungen des koordinativen Ingrediens, der koordinativen Passformen stattgefunden haben. Die Zeitangabe „ein Tag", mag sie nun die Nacht mit umfassen oder nicht, ist also eine aus sehr zahlreichen Beobachtungen der Sonne usw. und zeitlichen Beschreibungen ihres Ortswechsels abstrahierte Beschreibung. Dem jeweiligen Stande der Sonne entsprechen vielerlei Verändertheiten, die wiederum verglichen werden; bei diesen Vergleichen finden sich Anordnungen vor, deren Veränderungen stets („gesetzmäßig") dem Ortswechsel der Sonne und seiner Geschwindigkeit entsprechen: Diese Anordnungen sind die *Uhren,* zunächst die Sonnen-, dann die Pendel-, die Federuhren. Der sich an den Uhren vollziehende Ortswechsel (des Schattens, der Zeiger) wird wiederum hinsichtlich der Topik in Zeitangaben beschrieben, d. h. der Tag als Zeiteinheit besteht nunmehr aus Unter-Zeiteinheiten: Stunden, Minuten, Sekunden usw.; die zeiteinheitlichen Zahlen gehören zum System der Sechs: 60 Sekunden, 60 Minuten, 12 oder 24 Stunden, 30 Tage, 12 Monate usw.

Die Koordinatik der Sonne (entsprechend der koordinativen Passformen des Zellkomplexes, dessen Aktualität die Sonne ist) ändert sich nicht bloß in der zeitlich mit „Tag" beschriebenen Periodik, sondern jede Phase der Tageskurve ist zugleich Phase einer Kurve, deren Periodik zeitlich ein Mehrfaches des Tages ist, nämlich ungefähr das 365-Fache (das System der Sechs trifft hier nicht mehr ganz genau zu, mit Ausnahme der Schaltjahre). Diese Periode ist das Jahr, das *Sonnenjahr.* Der Astronom beschreibt – heutzutage und im Allgemeinen – diese koordinative Periode der Sonne als „Umdrehungszeit der Erde um die Sonne"; phänomenal wird lediglich die Sonnenbewegung wahrgenommen, d. h. die Sonne als jeweils koordinativ (und natürlich auch eigenschaftlich) verändert. Diese Periodik der Sonne stimmt zunächst zu der des Mondes, derart, dass eine zwölfmalige koordinative und eigenschaftliche Veränderung, zeitlich mit „Mond", gleich „Monat", bezeichnet, ungefähr einem Sonnenjahr gleich ist. Immerhin unterscheiden sich die *Kalender-* von den *Mondmonaten* nicht unbeträchtlich. Ferner stimmt die Periodik der Sonne (und die des Mondes) zu der aller anderen Individuen in der Weise, dass die Veränderungen aller Individuen zeitlich im Vergleich zur Sonnenperiodik (oder Mondperiodik) beschrieben werden, also „nach" Sekunden, Minuten, Tagen, Monaten, Jahren, Jahrzehnten usw. Dass die Periodik der Sonne und des Mondes als der Standardindividuen für die Zeitrechnung gewisse Veränderungen aufweist, kommt auch in den Variationen der zahlenmäßigen zeitlichen Beschreibung zum Ausdruck. Ein „absolutes Maß" gibt es nicht.

In dieser Weise entwickelt sich die *Zeitrechnung*. Nun sagen wir: Das Individuum B ist zwanzig Jahre alt, der hundertjährige Geburtstag Arnold Böcklins, des jahrzehntelang Verspotteten, wurde in Form einer Ausstellung von der Nationalgalerie in Berlin gefeiert (1927), in sechs Wochen wird das laufende Jahr zu Ende sein usw. *Alle zeitlichen Angaben, zeitlichen Data, sind zeiteinheitliche Beschreibungen der Topik als des „Indikators" der Veränderungsgeschwindigkeit.*

(3.2) Letztens ist noch zu besprechen die zeitliche und räumliche Beschreibung der vorwiegend *koordinativen* Veränderung des Individuums, sofern diese mit den koordinativen Veränderungen anderer Individuen verglichen wird. Ich sehe einen graubärtigen Mann M; seine topophile Symbolkomponente ist ein „Vergangen", und zwar ein solches „Vergangen", das ich zeiteinheitlich im Vergleich mit der Topik anderer Menschen und mit der Sonne (siehe oben) mit „60 Jahre" definiere; der Mann ist also 60 Jahre alt. Er beginnt nunmehr die Straße gerade vorwärts zu wandern: Es verändert sich vorwiegend seine Koordinatik, insbesondere die kinästheto- und die topophile Symbolkomponente. Eigenschaftliche Veränderungen sind hierbei unmerklich; M wird zwar immer älter, aber diese Veränderungsgeschwindigkeit ist sehr viel geringer als die der Koordinatik. Ich nehme also M jeweils koordinativ anders lokalisiert wahr, eben diese koordinative Veränderung ist sein Ortswechsel; er sei die Reihe A B C D E F … usw. M wird nun hinsichtlich des Ortswechsels verglichen, und dieser Vergleich ist ein anderer als der hinsichtlich des Alters. Im Weg des Individual- und Interindividualvergleichs hinsichtlich der kinästhetophilen Veränderung finden sich Individuen von möglichst gleichmäßiger lokomotorischer Veränderung vor, mag diese mehr oder minder geschwind vor sich gehen. So ist man in langer Entwicklung von den „Längeneinheiten" Fuß, Schritt, Handbreit, Elle (Ellbogen!) usw. zum Meter als dem zehnmillionsten Teil des Erdquadranten gekommen, indem man errechnete, dass der Ortswechsel eines Punktes „der Erde" so gleichmäßig stattfindet wie sonst kein Ortswechsel. Freilich, „absolut" gleichmäßig ist auch dieser

Ortswechsel nicht; so hat man „den Meter" sozusagen stabilisiert und definiert ihn als den Abstand zweier Marken auf dem in Paris aufbewahrten Normalmaßstab bei null Grad Celsius. Die Längeneinheiten liegen im System der Dekaden, der Zehn. Hiernach wird die Reihe A B C D E F … wie jede andere gerade Lokomotion gemessen. Runde Lokomotionen werden nach Winkelgraden gemessen.

Die Geschwindigkeit des Ortswechsels wird wieder in zeitlichen und räumlichen Wörtern angegeben, mit denen die Änderung der topophilen Symbolkomponente beschrieben wird. Diese Änderung ist in unserem Beispiel (das für alle analogen Fälle gilt) nicht eine solche, dass jeweils die topophile Symbolkomponente zeitlich als ein anderes „Vergangen" beschrieben würde, vielmehr sind die jeweiligen topophilen Symbolkomponenten, hier „Vorwärts", zeitlich nicht anders als nach der Geschwindigkeit zu differenzieren. Es ist also während des Ortswechsels A B C D … usw. jeweils eine andere topophile Symbolkomponente „Vorwärts" dem M eigentümlich (ebenso wie jeweils eine andere kinästhetophile), aber alle diese topophilen Symbolkomponenten werden – im Vergleich hinsichtlich des Alters – als „Vergangen" bezeichnet, und zwar zeiteinheitlich mit der Zahl „60 Jahre". Spezielle räumliche Bezeichnungen für die topophilen Symbolkomponenten, die einer gewissen Richtung entsprechen, haben wir ebenfalls nicht; wir geben sie auch mit der Geschwindigkeit an, also z.B. in der Formel: M bewegt sich mit einer Geschwindigkeit von 1 m/sec. vorwärts (seitwärts, aufwärts usw.), legt in einer Sekunde einen Meter vorwärts zurück. Auch diese Angaben beschreiben aus unzähligen Vergleichen; diese sind aber anderer Art als die, aus denen ein Individuum hinsichtlich der topophilen Symbolkomponente zeitlich beschrieben wird.

Im Fall des Ortswechsels werden also die topophilen Symbolkomponenten zeitlich und räumlich beschrieben. Es gibt aber nicht etwa solche topophilen Symbolkomponenten oder topische Aktualitäten, die zeitlich (entsprechend einem „Zeitsinn"), und solche, die räumlich (entsprechend einem „Raumsinn") beschrieben würden; sondern es gibt nur eine „Sorte" von topophilen Symbolkomponenten und topischen Aktualitäten, und diese wird eben zeitlich und räumlich, d.h. mit zeitlichen und mit räumlichen Angaben beschrieben. Die räumliche Beschreibung ist die Richtungsangabe horizontal, vertikal, sagittal, gemäß den „Himmelsrichtungen", dem Kompass, der Windrose. Auch hier haben sich auf dem Weg des Individual- und Interindividualvergleichs „Standardindividuen" auffinden lassen, also solche von möglichst gleichbleibender oder gleichmäßig sich ändernder Richtung: die Magnetnadel (Erdmagnetismus), die Winde und andere. Die zahlenmäßige räumliche Beschreibung der Richtung erfolgt als Geschwindigkeitsangabe im Zentimeter-System und in Winkelgraden; ersteres gehört zum System der Zehn, letztere gehören zum System der Sechs: gestreckter Winkel gleich 180 Grad usw.

In dieser Weise werden die Individuen und ihre Veränderungen, werden die *Erlebnisse* mit zeitlichen und räumlichen Angaben, zeitlich und räumlich beschrieben. Das vollständige Erlebnis – Erlebnisse sind stets Entwicklungen – verläuft in der Reihenfolge Hunger-, Angst-, Schmerz-, Trauer-, Freudestadium, mag das Erlebnis in der Sensilität oder Modalität oder Idealität oder kombiniert in allen drei Denksphären sich vollziehen. Das Hungergefühlige enthält stets eine spezifische topophile Symbolkomponente (z.B. „Horizontal"), die im Vergleich mit (im Verhältnis zu) der des vorangehenden Freudegefühligen als des Endes des vorangehenden Erlebnisses zeitlich als „Künftig", im Vergleich zu der des folgenden Angstgefühligen als „Vergangen" bezeichnet wird, d.h. diese Beschreibung entspricht der spezifischen topophilen Symbolkomponente, wir verstehen die Tatsache dieser Beschreibung aus der Anwesenheit dieser spezifischen Symbolkomponente. Das Angstgefühlige enthält eine topophile Symbolkomponente, die im Vergleich mit der des vorangehenden Hungergefühligen zeitlich als „Künftig", im Vergleich mit der des folgenden Schmerzgefühligen als „Vergangen" bezeichnet wird usw. Aus der Abwesenheit dieser je spezifischen topophilen Symbolkomponenten „im" Hunger-, „im" Angstgefühligen usw. versteht sich die Tatsache, dass die Erlebnisse sich aus den genannten Stadien in der genannten Reihenfolge zusammensetzen. Wir bezeichnen das Hunger- und Angstge-

fühlige als das Weibliche (Gehöhlte, Runde), das Trauer- und Freudegefühlige als das Männliche (Gestreckte, Gerade); das Schmerzgefühlige kann weiblich oder männlich sein. Demnach geht das Weibliche stets dem sich aus ihm entwickelnden, aus ihm hervorgehenden Männlichen zeitlich voraus, ist vor dem Produkt, der Folge, dem Ergebnis usw. vorhanden; niemals ist zuerst das Produkt (pro-ductum!) da und dann erst die Ur-Sache, aus der es sich entwickelt hat. Das Weibliche enthält also eine spezifische topophile Symbolkomponente, die im Vergleich mit der des sich aus ihm entwickelnden Männlichen „Vergangen", im Vergleich mit der des vorangehenden Erlebnisses, zunächst mit dessen freudegefühligem Ende, „Künftig" heißt; der Vergleich findet sehr oft zwischen dem Weiblichen und solchen männlichen Reihen statt, die erfahrungsgemäß Analoga des „aus" dem Weiblichen zu erwartenden Männlichen sind (z.B. Mutter – Kind); der Vergleich ist also ein mittelbarer interindividueller indirekter. Dies gilt auch für die Tatsache, dass auf ein Erlebnis ein anderes folgt; hierbei enthält das Männliche des Erlebnisses A, besonders also das Freudegefühlige, eine spezifische topophile Symbolkomponente, die im Vergleich mit dem Weiblichen des Erlebnisses B „Vergangen" (im Vergleich mit dem Weiblichen des Erlebnisses A „Künftig") heißt.

Die *Entwicklung* eines Individuums setzt sich zusammen aus solchen Übergängen: Jeder Übergang beginnt mit dem Hunger-, setzt sich fort ins Angst-, dann ins Schmerzstadium (Überschreiten der Schwelle, Trennung), dann ins Trauerstadium („Stück-sein") und endet im Freudestadium (das Werk ist vollbracht); nunmehr beginnt der neue Übergang. Und ebenso wenig wie jemals erst das Produkt, dann die Ur-Sache da ist, ist jemals erst das Kind, dann die Mutter, erst der Mann, dann der Jüngling, erst der Greis, dann der Mann da usw. Die Entwicklung „geht also niemals rückwärts" (etwa im Sinn der Freud'schen Theorie von der „Regression"), d.h. wir erleben niemals, dass ein Erwachsener zum Kinde wird und in seiner Mutter Leib geht, dass eine Blüte zur Knospe wird usw., und beschreiben diese in hundert Prozent der Fälle, also gesetzlich auftretende Tatsache mit der abstrakten Zeitangabe: „Die Zeit geht niemals rückwärts". Damit geben wir die Topik der Erlebnisanteile, der sich im Erlebnis aneinanderreihenden Individuen zeitlich an.

Die zu einem Erlebnis gehörigen *koordinativen* Veränderungen, während deren die eigenschaftlichen Veränderungen zwar zurücktreten können, aber nicht ganz unterbleiben, werden ebenfalls in zeitlichen und räumlichen Angaben beschrieben; diese Beschreibweise ist von der vorigen different, wenngleich meist mit jener konfluierend. Ein Individuum bewegt sich rückwärts, heißt nicht: Zeit und Raum gehen rückwärts, sondern heißt: Die topophile und damit zugleich auch die kinästheto- und statophile Symbolkomponente ändern sich, und diese topophile Symbolkomponente ist eine solche, die der Richtung „rückwärts" entspricht; und die Differenz der Topik der einzelnen Etappen des rückwärts gerichteten Ortswechsels, also der topophilen Symbolkomponenten der Aktualitäten dieser Reihe (des sich rückwärts bewegenden Individuums) werden in zeitlichen und räumlichen Angaben beschrieben, wie dargetan.

Die vorstehenden Ausführungen über Raum und Zeit gelten für die Modalität, im Allgemeinen auch für die Idealität und Sensilität. Im Einzelnen ist über Raum und Zeit der Idealität und der Sensilität noch Folgendes zu bemerken.

Raum und Zeit der Idealität

Auch der Begriff ist gegenwärtig, jetzt und hier, essenziell lokalisiert; eine Erinnerung an irgendein „früheres" Ereignis ist, als Aktualität der betreffenden Begriffszellgruppe, eben gegenwärtig. Die Begriffe folgen aufeinander, bilden Reihen, zusammengesetzte Begriffsindividuen – wie die Gegenstände und die Gefühle, und sie stehen zueinander in einem koordinativen Verhältnis. Diese Begriffsindividuen sind ebenfalls zeitlich und räumlich zu beschreiben, zu messen, aber in der spezifisch begrifflichen Art und Weise, die sich von der Gegenstands- und Gefühlsbeschreibung unterscheidet. Die Beschreibung ist entweder eine wortbegriffliche oder, insoweit die idealischen Passformen in die Modalität übergehen (am sensorischen sprachlichen Ausdruck beteiligt sind), eine wortgegenständliche, also im letzteren Fall ein indirektes Verfahren, analog der Beschreibung der Gefühle. Ich kann also z. B. ein Begriffsindividuum „Haus", und zwar ein solches erster Zone, mit den begrifflichen oder gegenständlichen Wörtern „ich stelle mir ein Haus von ca. 20 Metern Breite und ca. 30 Metern Höhe und einem Alter von ca. 15 Jahren vor" räumlich und zeitlich beschreiben. Alle diese räumlichen und zeitlichen Angaben sind nur ungefähre (Schätzungen); ich kann Ausdehnung und Dauer eines begrifflichen Vorgangs nicht mit dem gegenständlichen Metermaß oder mit der gegenständlichen Uhr messen, sondern nur mit begrifflichen Messinstrumenten und Maßeinheiten, d. h. solchen, die den gegenständlichen ebenso entsprechen wie die so beschriebenen Begriffsindividuen den zum System gehörigen Gegenstandsindividuen. Ich kann mir also begrifflich vorstellen, dass jemand mit dem Metermaß die Breite eines Hauses abmisst, und diesen begrifflichen Vorgang beschreiben.

Die Begriffen können untereinander *nur unmittelbar* verglichen werden, sofern man nicht das Eingehen von Begriffen erster Zone in solche zweiter Zone (in Kollektivbegriffe) als mittelbaren Vergleich gelten lässt. Die räumliche und zeitliche Beschreibung der Begriffe ist sonach gegenüber der der Gegenstände eingeschränkt. Ich kann mir ein großes und dann ein kleines Haus begrifflich vorstellen, diese Begriffsindividuen aber nur unmittelbar vergleichen, also in der Weise, dass „das große Haus" nunmehr, d. h. während das Begriffsindividuum „kleines Haus" aktuell ist, zu den Symbolkomponenten dieses Begriffsindividuums gehört, das somit Erinnerung (auch) an das große Haus ist. Lässt man freilich einen Kollektivbegriff, in den unter anderem beide individualbegrifflichen Häuser eingegangen sind, als „Erinnerung an diese Erinnerungen" gelten, dann gibt es auch einen mittelbaren Vergleich der Begriffsindividuen. Aber bei dieser Auffassung wird die Bedeutung der Wörter „Erinnerung", „Wiedererkennen" in einer zu terminologischen Schwierigkeiten führenden Weise erweitert; die begriffliche „Erinnerung", das begriffliche „Wiedererkennen", ist jedenfalls wesentlich von der Erinnerung an ein Gefühl oder einen Gegenstand und dem Wiedererkennen eines Gefühls oder Gegenstands, von dem mittelbaren Vergleich verschieden. Dies gilt also auch für den Vergleich eines Begriffsindividuums „mit sich selber", also mit einer früheren Erscheinungsform: Auch dieser Vergleich ist nur im Sinn des unmittelbaren möglich, aber er kann bei der relativ geringen Veränderungsgeschwindigkeit der Begriffe im Allgemeinen vernachlässigt werden; somit ziehe ich vor, im Allgemeinen nicht von einem Wiedererkennen innerhalb der Idealität zu sprechen; die in ungefähren (auch zahlenmäßigen) Angaben erfolgende Beschreibung des Differenziertheitsgrads eines Begriffsindividuums ist eine Tatsache, die zum Verständnis unseres Bewusstseins, dass eine Erinnerung schon so und so oft da war, vollkommen ausreicht.

Auch für die begriffliche Beschreibung der Begriffsindividuen lassen wir nur den unmittelbaren Vergleich gelten. Eine wortgegenständliche Beschreibung ist wie alle anderen gegenständlichen Individuen unmittelbar und mittelbar usw. zu vergleichen. Es stellt sich eben bei genauer Analyse der Tatsachen heraus, dass nicht sowohl die Begriffsindividuen als solche, sondern vielmehr die zu ihnen genetisch gehörenden Gegenstände „aus der Erinnerung" beschrieben werden. Ist das kortikale Reflexsystem Gefühl, Gegenstand und Begriff einmal entwickelt, dann kann auch nach Involution der Gefühls- oder der Gegenstandszelle (des-zellkomplexes) die Begriffszelle (der-zellkomplex) noch aktuell fungieren, die Erinnerung noch da sein und die Beschreibung aus dem unaktuellen modalen Gebiet des Beschriebenen mit starker Beteiligung idealischer Passformen (unter entsprechender Umwandlung, also ideogener Passformen) gespeist werden. Dies gilt auch für die zeitliche und räumliche Beschreibung. In jedem Fall entwickelt sich die Begriffszelle eines Systems (der-zellkomplex) erst nach der Gegenstandszelle (dem-zellkomplex) zu aktueller Funktion: Erst ist der Gegenstand da, dann die Erinnerung „an" diesen Gegenstand, niemals umgekehrt. Wie der Begriff als Ganzes dem zugehörigen Gegenstand als Ganzem entspricht, so auch die Koordinatik des Begriffs der des Gegenstands, also auch die topophile Symbolkomponente; sie ist natürlich innerhalb der Idealität eine begriffliche. Die Begriffszellen sind auch mit der Idealsphäre des topischen (usw.) Zentrums assoziiert; woher aber jeweils auch die topophilen Passformen

einer Begriffszelle stammen, jedenfalls sind sie solche, so spezifisch, dass sie der Topik des zum Begriff genetisch gehörigen Gegenstands entsprechen. Und die zeitlichen und räumlichen Wörter, mit denen, wie vordem dargetan, die Topik, also die Veränderungsgeschwindigkeit beschrieben wird, geben die Topik des („vergangenen", nicht mehr aktuellen) Gegenstands „aus der Erinnerung" an, d.h. eben an dieser Beschreibung sind zahlreiche ideogene Passformen beteiligt.

Somit verstehen wir, dass ein Begriffskomplex gegenwärtig ist und doch topisch einen gewissen entwicklungsgeschichtlichen Ort einnimmt, dass eine Erinnerung jetzt und hier, aktuell und dabei „Erinnerung", „in die Vergangenheit lokalisiert" ist: Sie enthält eben die spezifische topophile Symbolkomponente, die der erinnerten Gegenständlichkeit entspricht. Die Koordinatik, also auch die Topik der Erinnerung entspricht der Koordinatik, also auch der Topik gegenständlichen Erlebnisses.

Die topophile Symbolkomponente der Begriffe beschreiben wir ein andermal als „künftig". Auch hier handelt es sich um Angaben, die sich aus mittelbaren Vergleichen ergeben. Ich habe meinen Freund W. seit zwei Jahren nicht mehr gesehen, bin nun auf der Reise zu ihm und „überlege", wie er wohl jetzt aussehen mag: Ich stelle mir sein „Bild" vor, d.h. habe die dem gegenständlichen Freunde (wie ich ihn zuletzt sah) entsprechende Begriffsreihe aktuell. Aus der Erfahrung weiß ich, dass sich ein Mensch innerhalb von zwei Jahren in einem gewissen Ausmaße und manchmal recht erheblich verändert. Das Begriffsindividuum, das die Erinnerung an W. ist, geht über in ein solches, das zwar noch vorwiegend aus Erinnerungsaktualitäten an den gegenständlichen Freund besteht, aber auch aus solchen Begriffen, die gewissen älteren gegenständlichen Personen entsprechen, sodass insofern ein „gemischter" Begriffskomplex aktuell ist, den ich so beschreibe: Ich stelle mir meinen Freund vor, wie er (gemäß den Erfahrungen über das Altern der Menschen) jetzt nach zwei Jahren aussehen mag, wie ich ihn also (vermutlich) gegenständlich vorfinden werde. Ich vergleiche somit den Freund „aus der Erinnerung" mit Personen, die älter sind, als er damals (vor zwei Jahren) war, und beschreibe die Topik

101

„aus der Erinnerung" im Vergleich mit der Topik älterer Personen als „künftig".

Dabei ist auch von den Begriffszellen die Rede, die eine größere Veränderungsgeschwindigkeit haben als die zugehörigen Gegenstandszellen; die aktuelle Funktion dieser Begriffszellen und die zugehörige Beschreibung ist das *zeitliche Hellsehen*. Die „hellseherischen" Begriffszellen enthalten (auch) solche topophilen Passformen, ihre Aktualitäten (auch) solche topophilen Symbolkomponenten, dass der zugehörige Gegenstand aus der Erinnerung auch hinsichtlich der Topik, also in zeitlichen Angaben, so beschrieben wird, wie er als Aktualität noch nicht beschaffen war. Der Hellseher dieser Art sagt z.B.: „Nunc tibi cum cura, Lehnin, cano fata futura … Tempus erit tandem, quod te non cernet eandem, immo vix ullam, aut, si bene dixero, nullam." (Lehninsche Weissagung des Abtes Hermann [?] des Zisterzienserklosters Lehnin in der Mark, um 1300; auf obige Verse folgt eine Prophezeiung von ca. 90 Versen; Übersetzung obiger Hexameter: Jetzt will ich dir, Lehnin, sorgfältig die Zukunft künden … Einst wird kommen die Zeit, die dich nicht sehen wird, wie du jetzt bist, vielmehr kaum etwas von dir, oder genau gesagt gar nichts.) Es wird das Kloster Lehnin aus der „vorauseilenden" Erinnerung des Propheten so beschrieben, wie es jetzt, d. h. zur Zeit der Prophezeiung, noch nicht beschaffen war, auch topisch nicht; an der Beschreibung ist der „vorauseilende" (hellseherische) Begriffskomplex mit seiner Topik stark beteiligt. Die topophile Symbolkomponente des Begriffskomplexes ist hier ebenfalls ein „Künftig", aber im Sinn einer im Verhältnis zur Veränderungsgeschwindigkeit des Gegenstandskomplexes rascheren Veränderungsgeschwindigkeit. In den Fällen, für die im vorigen Absatz ein Beispiel (begriffliche „Vorwegnahme" des Wiedersehens mit dem Freunde W.) besprochen worden ist, ist aber die Veränderungsgeschwindigkeit des Begriffs geringer als die des zugehörigen Gegenstands. Der Verwendungsunterschied des Wortes „künftig" ist hier offenkundig. Die Prophezeiungen brauchen übrigens nicht einzutreffen, sie sind dennoch Prophezeiungen, Vorhersagen; auch die Lehninsche Prophezeiung ist abgesehen von einigen Punkten nicht eingetroffen; in irgendeinem Teil ist jede Vorhersage richtig.

Wie dargelegt, ist die Veränderungsgeschwindigkeit der Begriffe erster Zone (der Individualbegriffe) größer als die der Kollektivbegriffe, und unter diesen wieder ist die Veränderungsgeschwindigkeit der Kollektivbegriffe erster Ordnung (der Begriffe zweiter Zone) immerhin noch größer als die der Kollektivbegriffe zweiter Ordnung (der Begriffe dritter Zone); die Veränderungsgeschwindigkeit der Begriffe ist überhaupt sehr gering. Die Begriffe altern also (fast) nicht; ihre topophile Symbolkomponente bleibt, hinsichtlich des Alters der Begriffe, (fast) gleich. Wir erleben nun die Begriffe als umso älter, je weiter sie der Endbegrifflichkeit zu liegen; der Endbegriff ist „am ältesten", obwohl er entwicklungsgeschichtlich später als viele andere Begriffe entsteht. Die Individualbegriffe erleben wir als „am wenigsten vergangen", die Kollektivbegriffe erster Ordnung als „mehr vergangen" und die Kollektivbegriffe zweiter Ordnung als „noch mehr vergangen". „Gott" als Endbegriff „Mensch" ist also „am ältesten", „der Älteste", dazu „der Ewige, Unvergängliche" (Veränderungsgeschwindigkeit gleich null). Diesem phänomenalen Tatbestand gemäß lautet auch die Beschreibung hinsichtlich des grammatischen Tempus.

Die spezifische Differenz der begrifflichen Zeiträumlichkeit von der gegenständlichen zeigt sich besonders an den Bezeichnungen „Ewigkeit" und „Unendlichkeit".

Raum und Zeit der Sensilität

Auch die sensile Aktualität ist jetzt-hier, ist gegenwärtig, zeiträumlich, essenziell lokalisiert. Auch die sensile Aktualität enthält ihre koordinative Symbolkomponente, die ihrer Essenzialität nach natürlich den sensilen Aktualitäten des koordinativen Zentrums, den koordinativen Gefühlen entspricht. Das Gefühl steht also zum Vor- und zum Nachgefühl in einem spezifischen lage-, kraft- und richtungsmäßigen Verhältnis, ist Glied einer Reihe – und diese kann gemessen und metrisch beschrieben werden. Die Messung und die metrische Beschreibung kann gemäß dem Wesen der Gefühle und der Art der Verbindung der Sensilzellen mit der Sprech- und Schreibmotorik nur eine indirekte sein. Eine Gefühlsreihe kann z.B. eine

Stunde dauern und sich über einen gewissen Bezirk erstrecken; die Gefühlsreihe ist also „abgegrenzt" (zusammengesetztes Individuum) und kann nach Dauer und Ausdehnung beschrieben werden. Messung und Beschreibung der Gefühle ist gegenständlich, d. h. wir messen die Gefühlsreihen nicht direkt, es gibt keine sensilen (sympathischen) Messinstrumente oder Maßeinheiten, sondern wir messen mit gegenständlichen Maßen eine gegenständliche Reihe, die hinsichtlich Dauer und Ausdehnung mit der Gefühlsreihe übereinstimmt, und beschreiben die Gefühlsreihe hinsichtlich Dauer und Ausdehnung „nach" gegenständlichen und mit gegenständlichen (oder begrifflichen) Wörtern. Die Uhr, das Metermaß sind, wie früher ausgeführt, gegenständliche Standard-Instrumente, und die Zeit- und Raumeinheiten gehören zur metrischen Beschreibung der Gegenständlichkeit. Das Messen einer Gefühlsreihe „mit der Uhr" und „mit dem Zentimetermaß" ist also ein indirektes Verfahren, wie die Beschreibung der Gefühle ein solches ist. Diese Tatsache darf aber nicht dahin missdeutet werden, dass die Gefühle „unzeitlich" und „unräumlich" seien; die einfache alltägliche Erfahrung widerlegt diese weitverbreitete Auffassung.

Die Gefühle werden vorwiegend nach der Dauer, also zeitlich beschrieben, weniger nach der Ausdehnung, also räumlich. Man sagt: Schon seit einer Stunde habe ich Hunger, die Angst quält mich den ganzen Tag, der Schmerz hat die ganze Nacht angehalten, die Trauer dauert ein Jahr und „ewig währt die Freude" usw. Dagegen sagen wir nicht: Der Hunger ist zwanzig Zentimeter lang oder ich habe einen Meter Schmerz, sondern wir sagen: Der (Magen-)Hunger erstreckt sich über das ganze Epigastrium, die Angst strahlt vom Herzen über die ganze linke Brustseite aus, der Schmerz zieht das ganze Bein hinunter, die Trauer „erfüllt" mein Herz, ich habe ein angenehmes Sättigungsgefühl im ganzen Leib usw. Nicht selten konfluiert die zeiträumliche Beschreibung mit Angaben über die Intensität der Gefühle; so kann eine „kurze" oder „kleine" Freude die Intensität als gering angeben, aber auch die Freude hinsichtlich Ausdehnung und Dauer beschreiben.

Dass es Gefühlsbegriffe gibt, dass und inwieweit ein Wiedererkennen der Gefühle, also ein mittelbarer Vergleich möglich ist, habe ich in den Abschnitten 1.4.4 und 1.4.6 dargetan. Man kann also auch von einem Alter eines Gefühls sprechen und dieses in Zeitangaben beschreiben; jemand sagt z. B., er habe gegen einen Mitmenschen einen alten Hass, der bei der und der Gelegenheit (einer Begegnung vor x Jahren) aufgeflammt sei, oder: Ich sehne mich (hungere) nach einem Wiedersehen mit X seit fünf Jahren, oder: Die Liebe währet ewiglich usw. Hier gelten also mutatis mutandis die Ausführungen über Raum und Zeit der Gegenständlichkeit.

Sämtliche zeitlichen und räumlichen Angaben werden zusammenfassend bezeichnet mit „Zeit" und „Raum". Im Vorstehenden ist dargetan, dass es „Zeit" und „Raum" phänomenal nicht gibt, sondern dass wir das Objekt und seine Veränderung, also die Objektreihe, (auch) mit zeitlichen und mit räumlichen Wörtern beschreiben, also mit Angaben, die zu der allgemein mit „Zeit", und mit solchen, die zu der allgemein mit „Raum" bezeichneten Beschreibweise gehören. So werden auch die kinästhetischen, die topischen und die statischen Aktualitäten (auch) mit zeitlichen und mit räumlichen Wörtern beschrieben – wie jede andere Aktualität. Die zeitlichen und die räumlichen Angaben beschreiben das Objekt als essenziell lokalisiert, die Objektreihe als messbar; auch die koordinativen Aktualitäten werden so beschrieben.

Demnach sind Zeit und Raum, die zeitliche und die räumliche Beschreibung wie die Lokalisation des Objekts und dieses selbst (als Aktualität der Denkzelle) *individualspezifisch.* Erst aus dem Vergleich zeitlicher und räumlicher Beschreibungen ergibt sich die Abstraktion einer „Zeit der Gruppe" und eines „Raumes der Gruppe", wobei die Gruppe eine geringere oder größere Zahl von Individuen umfasst; da sind Zeit und Raum *gruppenspezifisch* (z. B. die „mitteleuropäische Zeit", „Normalzeit", die „Gegenwart" usw.). Dies gilt auch für die Zeitrechnung, für die Anzahl der Zeiteinheiten, mit der eine gewisse Veränderung zeitlich beschrieben wird, und ebenso für die Raumrechnung (Geometrie): auch sie sind individual- und gruppenspezifisch. Der eine legt eine gleiche Strecke in kürzerer Zeit zurück als der andere oder in gleicher Zeit eine längere Strecke als der andere; erst der Vergleich ergibt, wie dargetan, die Zeiteinheit und die Raumeinheit, „nach" denen zeitlich und räumlich gemessen wird, sodass die individualspezifische Zeiträumlichkeit verglichen, auf gruppenspezifische Maße „eduziert" werden kann: Es werden so z. B. die individualspezifischen Zeiten, in der von mehreren Personen eine gleiche Strecke zurückgelegt wird, zeiteinheitlich verglichen und ein Durchschnitt als gruppenspezifische Zeit errechnet usw. Den gleichen Ablauf erlebt der eine als „kurzweilig", der andere als „langweilig" oder als räumlich kürzer oder länger; Dauer und Ausdehnung einer Aktualitätenreihe sind sonach individualspezifisch; der Vergleich erst ergibt einen gruppenspezifischen Durchschnitt. So sind auch die Formeln „die Zeit vergeht (rasch, langsam usw.)", „ich habe keine Zeit", „dazu gehört viel Zeit", „Zeit heilt Wunden" usw. zu verstehen. Zeit und Raum sind nicht ein „an sich", „abgesehen vom Bewusstsein", „unabhängig von der Wahrnehmung" Existentes, sondern sind, wie dargetan, Erlebnis- und Beschreibungseigentümlichkeit des einzelnen, mit entsprechend entwickelter Hirnrinde ausgestatteten Individuums.

2.8 Die Beschreibweisen

Die Beschreibung kann sachlich oder wertend sein. Die sachliche Beschreibung (nicht mit Sachbeschreibung zu verwechseln) gibt Eigenschaften und Funktionen abgesehen von der Gefühligkeit an. Die wertende Beschreibung dagegen gibt die Gefühligkeit an; die Gefühligkeit ist der Wert. Für sachliche Beschreibung sage ich lieber *„pragmatisch"*; erstens werden nicht nur Sachen „sachlich" beschrieben, sondern auch Pflanzen, Tiere, Menschen, Gefühle, Begriffe, also überhaupt alle Objekte, zweitens werden auch Sachen hinsichtlich der Gefühligkeit, also wertend beschrieben, endlich kann auch eine sachliche Beschreibung als solche gewertet werden, und zwar auch als unsachlich, sodass es eine unsachliche sachliche Beschreibung gäbe. Diese Sinnschwierigkeiten sind vermieden, sobald man statt sachlich pragmatisch sagt. Die pragmatische Beschreibung oder Beschreibweise gibt also Eigenschaften und Funktio-

nen aller Individuen an und bleibt pragmatisch auch als Gegenstand der Bewertung; wir sprechen auch lieber von pragmatischen statt sachlichen Urteilen und unterscheiden sie von den wertenden oder Werturteilen. Die *wertende* Beschreibung oder Beschreibweise als solche kann auch pragmatisch beschrieben werden, z. B. in dem Satz „die Ethik urteilt nach gut und böse" usw. Wir unterscheiden also die pragmatische und die wertende Beschreibweise; zu letzterer gehören die ästhetische und die ethische.

2.8.1 Die pragmatischen Beschreibweisen

Man kann „pragmatisch" mit *„tatsächlich"* übersetzen, also tatsächliche Beschreibweise statt pragmatische sagen, doch wäre dieser Terminus insofern leicht missverständlich, als mit tatsächlich das bloße Vorhandensein der Beschreibung angegeben sein kann, nicht die spezielle Art angegeben zu sein braucht. Ich ziehe also das Fremdwort hier vor. Übrigens: *Was ist eine Tatsache?* Eine Tatsache ist eine Sache, sofern sie an einer Tat, einem Geschehen beteiligt ist; hierbei ist „Sache" ganz allgemein, im philosophischen Sinn, also etwa wie Ding, Aktualität, Seiendes usw. gebraucht. Jede Sache „hat" Eigenschaften und Funktionen, kann also auch als Tatsache, d. h. in einem bestimmten Zusammenhang, den man Tatbestand nennt, nur hinsichtlich von Eigenschaften und Funktionen beschrieben werden. Mit Tatsache bezeichnen wir also eine Sache als (mit ihren Eigenschaften und Funktionen) dabei seiend, da seiend, seiend. Es ist Tatsache, dass der Schäferhund den Bettler gebissen hat; es war also der Hund, und zwar ein (bestimmter) Schäferhund, da, und er hat gebissen usw. Tatsache ist das Existente als solches, als existent, mit seinen Eigenschaften und Funktionen.

Sachenkunde

Physik. Die *Mechanik* (Bewegungs- oder Funktionslehre, technische Beschreibweise) beschreibt die gegenständlichen Individuen (Sachen) hinsichtlich der koordinativen und taktophilen Veränderung, also hinsichtlich Veränderung der koordinativen (eigentlich koordinatophilen) und der taktophilen Symbolkomponenten; die Koordination als solche (also abgesehen von ihren Veränderungen) beschreibt die physikalische Strukturlehre (Kristallo-, Metallografie als Morphologie). Die *Akustik* (Lehre vom Schall) beschreibt die Sachen hinsichtlich akustophiler Symbolkomponenten, und zwar im Zusammenhang mit koordinativen Veränderungen, also mechanisch, wie sie auch die akustischen Gegenstände als Sachen mechanisch beschreibt. Die *Thermik* (Wärmelehre) beschreibt die Sachen hinsichtlich thermophiler Symbolkomponenten, und zwar mechanisch. Die *Lehre vom Licht* (von der Strahlung) beschreibt die lichthellen Aktualitäten hinsichtlich koordinativer Symbolkomponenten, ist also die Mechanik (gleich Bewegungslehre) des Lichts, speziell der lichthellen Gase. Die *Lehre von der Elektrizität und vom Magnetismus* beschreibt die koordinativen Veränderungen dieser Gase. Zur Physik gehört die pragmatische *Farbenlehre,* soweit die Farbe den koordinativen Veränderungen der Sachen gemäß ist (z.B. Spektrum); die Malerfarben werden pragmatisch von der Chemie beschrieben. – Die *theoretische Physik* im engeren Sinn ist mathematische, im weiteren Sinn zusammenfassende Beschreibung und insofern philosophisch: Sie fasst die Beschreibungen der einzelnen physikalischen Gebiete zusammen, indem sie allen Sachen Gemeinsames herauszustellen sucht, also eduktiv verfährt.

Chemie. Die Chemie beschreibt die Koordinatik der Sachen im Sinn der Analyse und der Synthese sowie der Aggregatzustände. Die *physikalische Chemie* beschreibt diese Veränderungen im Zusammenhang mit physikalischen Veränderungen. Die *Kristallografie* kann man zur Chemie rechnen, insofern die Kristallformen chemischen Veränderungen gemäß sind. Für die *theoretische Chemie* gilt das oben von der theoretischen Physik Gesagte.

Die *Mathematik* misst die Koordinatik und ihre Veränderungen und beschreibt sie metrisch. Auch das einfache Zählen von Individuen ist eine metrische Beschreibung der Einordnung (also Koordinatik) von Teilen in Gruppen (Ganzheiten höherer Ordnung, entsprechend der Summe). Insofern die „Zahlzellen" der Wortbezirke präzis miteinander assoziiert sind, ist die Mathematik eine „exakte"

Wissenschaft; sie ist aber nicht die einzige: Alle Wissenschaften mit präzisen Assoziationen sind ebenso exakt wie die Mathematik.

Die *Geologie* beschreibt die Koordinatik der Erdrinde. Sie überschneidet sich (konfluiert) vielfältig mit der Physik und Chemie (Mineralogie) sowie mit der Geschichte (die hier Erdgeschichte und weiterhin Kosmologie ist). Die geologische Beschreibung des Erdinneren gehört vorläufig zur Theoretik.

Die *Geografie* beschreibt die Koordinatik der Erdoberfläche. Sie konfluiert vielfältig mit der Physik, soweit diese Strukturlehre ist (physikalische Geografie), andererseits mit der Soziologie, soweit diese Staatswissenschaft ist (politische Geografie). Insofern die geografischen Abgrenzungen politische, juristische, wirtschaftliche, medizinische usw. Besonderheiten zeigen und diese erforscht und beschrieben werden, spricht man von Geopolitik, Geojurisprudenz, Geoökonomie, Geomedizin usw.

Die *Astronomie* beschreibt die Koordinatik der Himmelskörper. Sie konfluiert vielfältig mit der Mathematik sowie mit der Physik. Die *Astrologie* ist nur insoweit Wissenschaft, als sie die Gleichläufigkeiten von Bewegungen der Himmelskörper mit irdischen Bewegungen studiert und beschreibt, also ein Teilgebiet der Koinzidenzlehre ist; deutet sie ursächliche Zusammenhänge hinein, ist sie Mystik, Aberglauben, roher Dämonismus.

Alle Beschreibung ist Angabe von Eigenschaften und Funktionen. Das Beschriebene wird zunächst hauptwortlich bezeichnet, und man kann die Kenntnis und Angabe dieser Bezeichnungen als *Sach- oder Materialkunde* in einem engeren Sinn abgrenzen; sie wird mit zunehmender assoziativer Gruppierung (Klassifikation) der Gegenstände und ihrer Bezeichnungen zu einer *Systematik.* Ein Gegenstand, der physikalisch usw. beschrieben wird, muss natürlich erst einmal hauptwortlich benannt sein. Die Klassifikation der Gegenstände ist in den einzelnen Beschreibweisen mehr oder minder verschieden, indem sich die Klassifikation nach den Eigenschaften und damit auch Funktionen gestaltet, deren Beschreibung der einzelnen Beschreibweise eigentümlich (thematisch) ist. Dass nämlich die Funktionen und ihre Bezeichnungen stets eigenschaftlich determiniert sind, habe ich bereits erläutert. Klassifiziert also z. B. die physikalische Lehre vom Licht die lichthellen Gase nach der koordinativen Veränderung (den Schwingungszahlen), dann muss sie diese einzelnen Gase (Lichtarten) zunächst hauptwörtlich benennen (mit gewöhnlichen oder Fachwörtern), und ferner ist mit der Angabe der Wellenlänge (also der spezifischen koordinativen Veränderung) stets auch *implizit* die Angabe einer oder mehrerer Eigenschaften, z. B. der Farbigkeit, der Wärme-Kälte, der Mischbarkeit usw. gemacht, auch solcher Eigenschaften, die von anderen Beschreibweisen angegeben werden, z. B. von der Chemie oder der Physiologie usw., und alle diese Eigenschaften determinieren die hier physikalisch beschriebene koordinative Veränderung („determinieren" natürlich nicht ursächlich, sondern lediglich zeiträumlich gemeint) und werden auch explizit angegeben. Die koordinative Veränderung kann also weder phänomenal „isoliert", d. h. frei von eigenschaftlichen Determinierungen sein noch als „isoliert" beschrieben werden noch kann das Funktionswort als solches „isoliert", d. h. frei von eigenschaftlichen Determinierungen sein; das Analoge gilt von den Eigenschaften und den Eigenschaftswörtern, d. h. die eigenschaftlichen Veränderungen und ihre Beschreibungen sind funktionell determiniert. So ist es zu verstehen, dass viele Wörter und natürlich ganz besonders die hauptwörtlichen Bezeichnungen eines Beschriebenen (die Eigennamen) in den verschiedenen Beschreibweisen auftreten (vergleiche Konfluenz der Beschreibung, 2.4) und dass solche Wörter, in der einen Beschreibweise auftretend, immer auch „Elemente" der anderen Beschreibweisen, in denen sie vorkommen können, enthalten, also bald zu dem einen, bald zu dem anderen Sinnganzen gehören, ohne dabei ihren eigentlichen Sinn zu ändern. Dies gilt natürlich für alle Beschreibweisen.

Pflanzenkunde

Sie besteht aus der Systematik (Benennung und Klassifikation), der Anatomie, Physiologie, Pathologie und überschneidet sich vielfältig mit der Physik (Mechanik der Pflanze), der Chemie (botanische Chemie), Medizin (Pharmakognosie), der Soziologie (botanische Gruppenkoordinatik, Symbiose usw.) und der Geschichte (Geschichte einzelner Pflanzen oder Pflanzengruppen, Geschichte der Botanik).

Tierkunde

Sie besteht aus der Systematik, Anatomie, Physiologie, Pathologie und Therapie, „Psychologie" und überschneidet sich vielfältig mit der Physik (Mechanik des Tieres, tierphysiologische Physik), der Chemie (zoologische oder tierphysiologische Chemie), der Humanmedizin (tierische Arzneistoffe), der Soziologie (Gesellschaftsleben der Tiere) und der Geschichte (Ontogenese, Phylogenese der Tiere, Geschichte der Tierkunde).

Menschenkunde

Die *Anatomie* benennt und klassifiziert (systemisiert) die Teile des menschlichen Organismus (ἀνατέμνειν – aufschneiden) und beschreibt ihre Koordinatik (Morphologie). Die *Histologie* systemisiert die menschlichen Gewebe und beschreibt ihre Koordinatik. Die (Zell-)*Biologie* systemisiert die Zellen und beschreibt die mit den Namen Stoffwechsel, Wachstum, Fortpflanzung bezeichneten Veränderungen (sogenannte „Lebenserscheinungen"), wie das die menschliche *Physiologie* hinsichtlich des Menschen als Organismus tut (analog der botanischen und zoologischen Biologie und Physiologie); hierher gehört auch die Erbbiologie, sie überschneidet sich mit der Soziologie. Diese Beschreibungen konfluieren vielfältig mit der Physik und Chemie (physiologische Physik und Chemie); man kann die Physiologie als „die Physik des Menschen (des Tieres, der Pflanze)" auffassen, wie ja auch Physiologie und Physik so viel wie Naturlehre sind; es sind aber eben die von der Physiologie und von der Physik beschriebenen Individuen verschieden. Die *Hygiene* (als Beschreibung, nicht als „Praxis") beschreibt die Umstände, unter denen erfahrungsgemäß der Mensch (das Einzelwesen, die Gruppe) gesund bleibt. Die *Pathologie* ist die Beschreibung des kranken Menschen, also die pragmatische Angabe der Eigenschaften und Funktionen des Menschen, die wir als krank, abnorm von den gesunden, normalen unterscheiden; die pathologischen Veränderungen sind danach zu klassifizieren, ob sie innerhalb einer gewissen Variationsbreite oder außerhalb derselben liegen, und demgemäß als „typisch" oder „atypisch" zu bezeichnen (z.B. kann eine Lungenentzündung typisch oder atypisch verlaufen); die Beschreibung hiernach ist die sogenannte *physiologische Pathologie*. Die *Therapie* (als Beschreibung, nicht als „praktische", das ist phänomenale Methode) beschreibt Veränderungen des Kranken zum Gesunden hin (Genesung) und die *dabei* stattfindenden Verhaltensweisen der Umgebung (der Heil-, Pflegepersonen), die therapeutischen Maßnahmen. Die *Psychologie* beschreibt die Verhaltensweisen des Menschen als „psychische" Ausdruckserscheinungen, fingiert also in den Menschen eine Seele hinein und wähnt, ihre „Wirkungen" am Physischen erkennen zu können; auf dieser Grundlage errichten sich allerlei Spekulationen, die sich vielfältig mit der Philosophie überschneiden, auch solche Spekulationen über die „Bewusstseinserscheinungen"; die Psychologie ist Individual- und Kollektivpsychologie (z.B. Völkerpsychologie). Die *physiologische Psychologie* berücksichtigt mehr als die Psychologie, die mehr den Charakter der „Geisteswissenschaft" hat und in diesem Sinn auch die Experimente verwertet, die sogenannten empirischen, speziell die physiologischen und anatomischen Tatsachen, verbleibt aber im Fiktionalen, indem sie grundsätzlich eine Seele in den Leib fingiert oder mindestens „das Seelische" als ein nach physiologischem Muster schreibbares Reich annimmt, ohne zu erkennen, dass sie somit dieses „Seelische" zu einem Leiblichen macht und zwei leibliche (physische) Reiche aufstellt, von dessen einem sie behauptet, es sei das seelische, also dem leiblichen entgegengesetzte; es ist zwar so auch eine Beschreibung möglich, aber sie ist eben mystisch und weltanschaulich einer ernsten Kritik nicht gewachsen. Die *Psychobiologie* beschreibt das gesamte Geschehen als biologisch, wobei biologisch den Sinn von lebenskundlich in allgemeiner Anwendung hat; sie erkennt auch das sogenannte psychische Geschehen als biologisch, beschreibt also nicht ein mystisches Seelenreich nach biologischem Muster, sondern weist

nach, dass ein solches mystisches (dämonistisches) Seelenreich realiter gar nicht existiert und dass die Vorgänge, die man bisher als „psychisch" verursacht („psychogen") oder als in einem mystischen Seelenreich sich vollziehend „dachte", biologische, physische, objektive sind wie die physiologischen, physikalischen usw. auch. Sie beschreibt den Menschen als Reflexwesen und gibt eine klare Vorstellung von den Vorgängen im Nervensystem einschließlich der Hirnrinde, die sie als Organ des Bewusstseins auffasst, beschreibt also auch die Entstehung des Bewusstseins. Sie überschneidet sich vielfältig mit der Philosophie, ja ist selber Philosophie, und zwar *„biologische Philosophie"* (empirische Philosophie schlechthin), überschneidet sich auch mit allen anderen Wissenschaften, indem sie die allgemeinen und die speziellen Grundlagen erkenntnistheoretisch, und zwar in biologischer Auffassung herausstellt, diese Auffassung an die Einzeltatsachen heranträgt und so die Frage nach dem Wesen der Erscheinungen beantwortet.

Die *Pädagogik* (Erziehungswissenschaft) beschreibt die Koordinatik der Gruppe Lehrer – Schüler, also die Systematik des Lehrstoffs, die Entwicklung des Schülers (Zöglings), d.h. des Lernenden als Partners des Lehrers und die Methodik des Unterrichts (Didaktik). Sie überschneidet sich vielfältig mit der Soziologie, mit der Psychologie (besonders der Entwicklungspsychologie), mit der Ethik, indem sie die pädagogischen Wertungen pragmatisch beschreibt, andererseits selbst wertet, also (insoweit) zur Ethik gehört (pädagogische Ethik), und – in analoger Weise – mit der Ästhetik (abgesehen davon, dass Ethik und Ästhetik Unterrichtsgegenstände sind). Das Wort Pädagogik gilt übrigens nicht bloß für die Beschreibung der Erziehung, sondern auch für die Erlebnisgesamtheit der Erziehung (so wie Mechanik, Ökonomik usw. für Beschreibung und Erlebnisgesamtheit des so Beschriebenen gilt).

Die *Wortkunde* beschreibt die Buchstaben, Wörter, Sätze, die menschliche Sprache (in Wort und Schrift), gehört also zur Menschenkunde. Die pragmatische Wortkunde ist zunächst die Philologie, also die Inventarisierung des Wortschatzes (z.B. Thesaurus linguae latinae usw.), die Grammatik und die Etymologie; sie überschneidet sich mit der Morphologie (Morphologie oder Gestalt-lehre bzw. Strukturlehre der Buchstaben und Wörter im historischen und im biologischen Sinn), mit der Physiologie (Sprech- und Schreib-funktionen), mit der Geschichte („alte" und „neuere" Sprachen, Geschichte der einzelnen Sprachen), mit der Philosophie, sofern sie Logik ist. Die Sprache kann auch wertend, also ästhe-tisch und ethisch beschrieben werden (Ästhetik und Ethik der Sprache, diese sowohl als grafische und phonetische Ausdrucksweisen wie auch als optische und akustische Aktualitätenreihen ge-nommen). Die psychobiologische Wortkunde ist in Abschnitt 8.2 kurz charakterisiert.

Die *Soziologie* (Gesellschaftslehre) beschreibt die Gruppenkoordinatik, also die Struktur der Fa-milie, der Sippe, des Stammes, des Volkes, der Ras-se; ihr Thema ist: Was ist „Gesellschaft", wie ver-halten sich die Glieder der Familie, der Sippe usw. zueinander? Sie ist die Morphologie der Zelle „Fa-milie" und ihrer Verbände. In Überschneidung mit der Wirtschaftslehre ist sie „Politik", Staatswis-senschaft, Friedens- und Kriegskunde; in Über-schneidung mit der Psychologie ist sie Sozialpsy-chologie; in Überschneidung mit der Biologie ist sie Sozialbiologie (Familien-, Staatsbiologie usw.), dies im Sinn der Beschreibung der Gruppe als zel-liger Organisation; in Überschneidung mit der Ge-schichte ist sie Geschichte dieser zelligen Organi-sationen als solcher und Geschichte der Soziologie als solcher; in Überschneidung mit der Medizin ist sie Sozialmedizin, -pathologie, -therapie, -hygie-ne usw.; in Überschneidung mit der Psychobiolo-gie ist sie psychobiologische Soziologie.

Die *Ökonomik* (Wirtschaftslehre) beschreibt den Menschen als Arbeiter, als Berufs- und Er-werbswesen, und die Koordinatik der Güter als trophischer Erzeugnisse, also die Mechanik von Fabrikation, Handel und Gewerbe (Industrie, im engeren Sinn nur Fabrikation). Sie ist sozusagen die trophische Schwester zur Soziologie als einer vorwiegend genischen Beschreibweise, d.h. einer solchen, die die Gruppe vorwiegend hinsichtlich der Genik beschreibt. Die Ökonomik beschreibt die trophischen Güter als „Werte", nicht aber wer-tend, sondern pragmatisch, indem sie diese Wer-tungen (auch geschichtlich, d.h. hinsichtlich ihres Wechsels) konstatiert, ohne selber wertend Stel-

lung zu nehmen (weder zu den Gütern noch zu den Wertungen); wertet die Ökonomik, dann ist sie ökonomische Ethik.

Die *Geschichte* (Historie) systemisiert die Indi-viduen hinsichtlich ihres Alters und beschreibt sie in ihren raumzeitlichen Bestimmtheiten eigen-schaftlich und funktionell. Sie kann so Geschichte des Einzelwesens sein (Ontogenese, Individualver-gleiche) oder Geschichte der kleineren oder größe-ren Gruppe (Plethogenese, Interindividualvergle-che), und zwar gilt dies für die verschiedenen Klassen von Individuen, auch für die phänomeno-logischen Individuen (grafische und phonetische Beschreibungen, Überlieferungen). Im Allgemei-nen wird „Geschichte" (Historie) im Sinn von Volks- oder Völkergeschichte gebraucht, und in-nerhalb dieser weiten Beschreibung sind Abteilun-gen: die Kultur- (Sitten-), die politische, die Kriegs- und Friedensgeschichte usw. Weiterhin kann das von jeder anderen Wissenschaft Beschriebene his-torisch beschrieben werden; es gibt also eine Ge-schichte der Physik, der Chemie, des Menschen und „der Menschheit" (Phylogenese) usw., auch eine Geschichte der Sprachkunde, eine Geschichte der Beschreibung als solcher.

Umfassende (philosophische) Beschreibweise

Die *Logik* beschreibt die Koordinatik der Buchsta-ben, Wörter und Sätze, die phänomenologische Koordinatik, also die Koordinatik aller Beschrei-bung. Sie ist auch Bezeichnung für diese Koordi-natik selber, d. h. für den normalen phänomenolo-gischen Assoziationsverlauf. Im engeren Sinn ist Logik Bezeichnung für den normalen (innerhalb der Norm variablen) Assoziationsverlauf, die „Fol-gerichtigkeit" der Wortbegriffe (des sogenannten begrifflichen Denkens) und seine Beschreibung. Die phänomenologische Koordinatik entspricht der phänomenalen Koordinatik, und insofern kann man von einer „Logik des Geschehens" spre-chen. Im eigentlichen Sinn ist Logik aber umfas-sende Beschreibung der Wortfolgen (λόγος – Wort). Die „Logik des Geschehens" ist die Koordi-natik der Geschichte; ihre Abläufe werden prag-matisch ebenfalls nach falsch und richtig klassifi-ziert. Die Erweiterung des Sinns des Wortes „Logik" auf das phänomenale Geschehen ist insofern bedenklich, als damit der Spekulation Vorschub geleistet wird, indem man diese „Logik" als Wirkung einer den Dingen immanenten oder auf sie von außen tätigen mystischen Kraft, eines kausal oder teleologisch wirkenden Ordnungsprinzips auffasst. Will man die Koordinatik des Geschichtlichen besonders herausstellen, dann kommt man zur *Ordnungslehre* (H. Driesch), während die Koordinatik der Individuen abgesehen von ihrem Alter, also außerhalb der Geschichte beschrieben, von der *Gestaltlehre* angegeben wird, die man zur Psychologie oder zur Philosophie rechnen mag. „Unlogik" ist falsche Logik, d. h. von der üblichen (durchschnittlichen, normalen) abweichende phänomenologische Assoziationsfolge.

Die *Erkenntnistheorie* beschreibt den Menschen als erkennendes Wesen, also hinsichtlich der Funktion „erkennen": wie erkannt wird, was „am" oder „im" Menschen erkennt und was erkannt wird, was das Erkannte ist. Eine gewisse Funktion des Menschen wird „erkennen" genannt; „kennen" ist so viel wie stark, kräftig, plötzlich (k) n-mäßig-iterativ die Schwelle überschreiten (vergleiche können mit Betonung der Öffnung-Schwelle; Kind so viel wie das die Schwelle Überschreitende, „Gekonnte"; der und die Kunde so viel wie der und die aus der Höhle über die Schwelle Gehende, zu einer Gemeinschaft [u] Gehörige, der und das Gekonnte und die Beschreibung des Gekonnten als eines solchen; Kunst, König so viel wie Könner [potens, potentia usw.]); speziell beschreibt „kennen" das Überschreiten der Schwelle, also Durchdringen, Zerlegen, als Funktion der Sinnesorgane, während „können" mehr (aber nicht ausschließlich, z. B. ich kann ein Gedicht) die Muskelfunktion angibt (die wir mit „kennen" nicht bezeichnen), und zwar die genische und die trophische. „Erkennen" ist so viel wie gründlich, genau, in den eigenen Bereich, die eigene Abgrenzung (er) aufnehmend kennen, sodass das Erkannte so viel wie das mittels Kennens in meinen Besitz Gelangte ist. Die Erkennung ist substantivische Gesamtbezeichnung des Erkennens; Erkenntnis bezeichnet den gesamten Einzelakt des Erkennens, auch die Gesamtheit der Einzelakte. Das Erkannte ist also das mittels der Funktion der Sinnesorgane in meinen Besitz

Aufgenommene, das Wahrgenommene, zunächst die gegenständliche Aktualität, dann auch die begriffliche Aktualität, indem diese sich an jene anschließt und so einem weiteren Erkennungsakt gemäß ist; dies gilt auch für die phänomenologischen Aktualitäten, und indem die Wörter mit bestimmten phänomenalen Individuen assoziiert sind und sich in einer gewissen Gleichmäßigkeit mit jenen entwickeln, ist das Erkannte auch das Beschreibbare, das Phänomenale, das in (gegenständlichen und begrifflichen) Worten beschrieben werden kann und beschrieben wird. Die Gefühle, die ja überhaupt bisher wissenschaftlich vernachlässigt worden sind, gehören hiernach nicht zu dem „Erkannten", sind noch nicht eigentlich in die Erkenntnistheorie einbezogen gewesen, bis die Psychobiologie dieses Versäumnis nachholte.

Nun zeigt sich in der speziellen Anwendung des Wortes „Erkenntnis" die entwicklungsgeschichtliche Differenzierung des Erkennens. Erkenntnis ist nicht mehr so viel wie Wahrnehmung; wir sagen nicht, dass das Kind Erkenntnis habe, sondern sprechen sie dem Erwachsenen zu, und zwar auch wieder unterschiedlich, je nach der Stufe der zerebralen Entwicklung. Die Überschreitung der Pubertätsschwelle ist (auch) der Eintritt in „die Erkenntnis", die Einweihung in die Geheimnisse des Erwachsenen, die „wissen, was gut und böse ist" – vergleiche Essen vom Baum der Erkenntnis, „er erkannte sein Weib", die antiken Mysterien wobei aus dem μύστης ein „Seher", „Schauer" wurde, usw.; die Pubertätsperiode ist eben auch ein gewaltiger Entwicklungsschub des zerebralen Apparats und seiner Funktionen. Aber diese Erkenntnis ist noch nicht vollendet; sie ist eine Vorstufe der eigentlichen Erkenntnis insofern, als die Aktualität noch gedeutet, d. h. in ein Physisches und in ein Metaphysisches zerlegt wird, als somit das Wesen der Dinge noch nicht erkannt ist, und ebenso wenig die „erkennen" genannte Funktion und das so Funktionierende.

Natürlich geht die Erkenntnistheorie von den Tatsachen aus, aber sie „denkt sie noch nicht zu Ende". Dieses „Zu-Ende-Denken" heißt: das Organ des Bewusstseins (auch) auf seine Funktion untersuchen, die „erkennen" genannte Funktion aus dem Dunkel der Mystik herausheben und biologisch verstehen lernen. Sobald es eine Lehre von der biologischen Funktion des Organs des Bewusstseins (der Hirnrinde) gibt, die zu allen Tatsachen stimmt, der keine einzige Tatsache widerspricht, dann ist das Wesen der Wahrnehmung, der Anschauung, des Erkennens, das Wesen der Dinge geklärt und die eigentliche Erkenntnis erreicht. *Nur diese Erkenntnis, die frei ist von jeglicher Mystik, von jeglichem Dämonismus, mag er auch in der verdünnten Form des Kausalitätsglaubens auftreten, kann hinfort Erkenntnis heißen;* alle anderen Formen und Arten von „Erkenntnissen" sind nur Vorstufen der Erkenntnis.

Die Erkenntnistheorie ist umfassende Beschreibung: Sie beschreibt eduktiv und so vereinheitlichend das Erkennen des Physikers, des Chemikers, des Mediziners usw., also der einzelnen Menschengruppen, der naiven wie der gelehrten, letztens das Erkennen des Menschen überhaupt. Bezeichnet man die Art, wie jemand die Dinge erlebt, als seine Weltanschauung, so ist Erkenntnistheorie auch *Weltanschauungslehre,* aber mehr im Sinn der Überschneidung mit der Geschichte, d. h. die Weltanschauungslehre beschreibt die Weltanschauungen der einzelnen Menschen und Menschengruppen, wie sie den verschiedenen (ontischen und phylischen) Entwicklungsstadien eigentümlich sind (sie ist also nicht etwa Geschichte der Erkenntnistheorie). Diese Wissenschaft war bisher noch nicht eigentlich abgegrenzt und systemisiert, sie findet sich bisher nur im Gebiet der sogenannten Psychologie, besonders der Entwicklungs- und der Völkerpsychologie vor. Als abgegrenzte Wissenschaft gehört sie zur Philosophie. Bisher pflegt man aber Philosophie von Weltanschauung streng zu sondern, indem man Philosophie als „Geisteswissenschaft", Weltanschauung als Erlebnis (mit seiner vorwissenschaftlichen Beschreibung) deklariert. Was aber ist das: „Geisteswissenschaft"? *Geisteswissenschaft* ist so viel wie abstrakt-wissenschaftliche Beschreibung, d. h. Beschreibung, die – gemäß einer besonders weit entwickelten Begrifflichkeit – zu den Phänomenen nur noch einen dünnen Zusammenhang hat, sich sozusagen in sich verselbständigt hat; sie ist im Gegensatz zur *Naturwissenschaft,* die sich allenthalben eng an die Phänomene anschließt, „erlebnisnah" ist, „Nur-

noch-Beschreibung", „reines Denken", im Einzelnen je ein in sich fast abgeschlossener phänomenologischer Komplex von mehr oder minder großer und nicht selten hypertrophierter Ausdehnung. Indes: Auch die sogenannte geisteswissenschaftliche Beschreibung geht allemal von Phänomenen aus, auch die abstrakteste Beschreibung, das entlegenste wortbegriffliche Denken ist wie alle Wissenschaft Naturwissenschaft und kann gar nicht anders sein. Eine gesunde Philosophie wird immer und immer wieder zum Erlebnis zurückkehren, wird sich immer und immer am Erlebnis orientieren und kontrollieren; sie ist lebendig wie das, was sie beschreibt, wie denn auch der echte Philosoph seine Philosophie lebt. So ist auch die Weltanschauung philosophisch zu beschreiben, und so hat die Weltanschauungslehre in der Philosophie, speziell in der Erkenntnislehre, ihren Platz.

2.8.2 Die wertenden Beschreibweisen: Ästhetik und Ethik

Der Kernpunkt des Wertproblems ist die Frage nach dem Wesen des Wertes, also die Frage: *Was ist Wert?* Diese Frage – in ihren Aufsplitterungen, z. B.: Gibt es ein Werterlebnis überhaupt oder ist „Wert" nur Beschreibungstatsache („Urteil")? Was „am" Ding ist „Wert" und wie kommt es, das verschieden gewertet wird? Ist es möglich, dass man ein Ding so beschreiben kann, wie es nicht beschaffen ist (falls nämlich tatsächlich dem Ding Wert nicht „anhaftet"), oder anders beschreiben kann als es beschaffen ist? usw., usf. – ist von Psychologen und Philosophen, besonders auch Wirtschaftstheoretikern, von jeher aufs lebhafteste erörtert worden.

Wir sagen: *Wert ist Gefühligkeit.* Jeder Gegenstand und Begriff ist gefühlig, „hat" also Wert oder „ist" ein Wert. Nur Gegenstände und Begriffe haben Wert, sind Werte. Gefühle sind keine Werte. In erster Linie werden Gegenstände wertend beschrieben. Wert ist – als Gefühligkeit – eine Eigenschaft e toto; sie determiniert die Funktionen, sodass diese auch hinsichtlich ihres Wertes beschrieben werden, z. B. werden auch die Funktionen (das Verhalten) eines hochwertigen Menschen, die Leistungen einer hochwertigen Maschine und ihre Produkte („an ihren Früchten sollt ihr sie erkennen") als hochwertig bezeichnet. Innerhalb eines gewissen Komplexes (Erlebnisses) ist entweder die Gefühls- oder die Gegenstands- oder die Begriffsreihe aktuell, viele Erlebnisse verlaufen auch derart, dass die Gefühls-, die Gegenstands- und die Begriffsaktualitäten interkurrent (in bunter Reihe) auftreten, andere derart, dass die Gegenstands- oder die Begriffsreihen von relativ hochintensiven (aber unaktuell verlaufenden) sensil-sympathischen Reflexen, die koordinativ aktuell registrierbar sein können, begleitet sind, sodass zwar zugehörige Gefühle nicht interkurrieren, aber doch die Aktualitäten im Rahmen der Spezifität höhergefühlig sein können; die Schwankungen des Gefühligkeitsgrads sind Schwankungen des Wertgrads. Die Angabe der Gefühlsspezies, zu der ein Gegenstand oder ein Begriff gehört, ist pragmatische, aber auch, wie noch zu zeigen sein wird, wertende Beschreibung. Die Beschreibung der Gefühle als solcher gehört ebenfalls zur pragmatischen Beschreibung, dagegen zur wertenden Beschreibung nur insofern, als gemäß dem Wechsel der Gefühlsintensitäten der Gefühligkeitsgrad der zugehörigen Gegenstands- oder Begriffsindividuen sich ändert; so können also die Intensitäten der Gefühle sowie der unaktuellen sensil-sympathischen Reflexe (allgemein: „Gefühlserregungen") und schließlich auch die Gefühle selber in die wertende Beschreibung einbezogen, also ästhetisch nach hässlich und schön, ethisch nach böse und gut klassifiziert werden. Für alle Wertungen und Werte gilt das πρός τι des Protagoras. Und die Wertungen sind normal oder abnormal, liegen innerhalb oder außerhalb der normalen Variationsbreite.

Die wertende Beschreibung gibt also die Gefühlsspezies, den Gefühligkeitsgrad, und damit auch die zu einem Erlebnis gehörenden Gefühlsintensitäten oder Intensitäten der sensil-sympathischen Reflexe (Gefühlserregungen) an; so ist der Satz „Wert ist Gefühligkeit" zu erläutern. Die einzelnen Erlebnisse sind zunächst individualspezifisch, dann aber auch, miteinander verglichen, gruppen- und letztens artspezifisch – auch hinsichtlich der Gefühligkeit, also des Werts. Mit der *Wertung* ist die *Wertrechnung* nicht zu verwechseln; letztere gehört zur Ökonomik, zur pragmati-

schen Beschreibung. Die Wertung kann man auch synonym mit „*Gefühlseinstellung*" bezeichnen; zu ihr rechnen wir auch die Ausdrucksbewegungen (Funktionen, Leistungen, Verhalten, siehe oben), sofern wir sie hinsichtlich der Gefühligkeit beschreiben. Selbstverständlich sind nur Reflexwesen (Gehirnwesen) zu Gefühleinstellungen fähig; ästhetisch und ethisch verhalten können sich nur Reflexwesen, in erster Linie Menschen. Reaktionswesen (hirnlose Wesen) werden zwar gewertet, sind aber selber zur Wertung unfähig.

Im Folgenden gebe ich die Grundzüge der Psychobiologie der Ästhetik und der Ethik.

Die Ästhetik

Die Ästhetik beschreibt wertend die Geschmäcke und die Gerüche hinsichtlich ihrer Gefühligkeit und so auch die übrigen gegenständlichen Individuen hinsichtlich gustato- und olfaktophiler Symbolkomponente, also das geschmackliche und geruchliche Verhältnis der gegenständlichen Aktualitäten; das Analoge gilt für die Ästhetik der Begriffe. Die pragmatische Beschreibung der Geschmäcke und der Gerüche – beide Sinne sind ja eng verwandt – gehört zur Physiologie und Psychobiologie. Die Ästhetik gibt wertend die Gefühligkeit an, und zwar sowohl die Gefühlsspezies, der – als gefühlig – der einzelne Geschmack und Geruch genetisch angehört, wie auch die Gefühligkeitsgrade, weiterhin so wertend die Geschmacks- und Geruchskomponenten der anderen modalen Individuen, die überhaupt ästhetisch beschrieben werden. Die Gefühligkeit der Geschmacks- und der Geruchskomponenten eines Individuums kann gleichgesetzt werden; es genügt also, von den geschmacklichen Verhältnissen zu sprechen, wie das die Ästhetik ja auch tut.

Wie jede Erlebnis- und Beschreibweise, so entwickelt sich auch die ästhetische. An eine Frühstufe, in der zunächst die Geschmäcke und Gerüche selber einfach als gut und schlecht klassifiziert werden, schließt sich in den späteren Kinderjahren und dann immer weiter sich entwickelnd die ästhetische Beschreibweise der übrigen Gegenstände, also die Ästhetik im gültigen Sinn an. Das junge Kind „beschmeckt" und „beriecht" alle möglichen Gegenstände, prüft sie sozusagen (auch) auf diese Weise, d. h. es folgen auf die z. B. optischen Gegenstände gewisse (die je assoziierten) Geschmäcke und Gerüche, nämlich diejenigen, an denen die von den betreffenden optischen Modalzellen ausgehenden gustato- und olfaktophilen Passformen im Sinn der biologischen Symbolik beteiligt sind, die also den gustato- und olfaktophilen Symbolkomponenten jener optischen Gegenstände entsprechen. Nach und nach lernt der Mensch die Dinge kennen; auch ohne geschmackliche und geruchliche Prüfung, also ohne diese aktuelle optisch-gustatorische und optisch-olfaktorische Assoziation werden die Dinge wiedererkannt, dagegen werden neu vorkommende Dinge immer noch (und dies oft auch in den späteren Jahren) geschmacklich und geruchlich untersucht. Bei diesem Entwicklungsgang scheiden sich die Gegenstände in die verschiedenen Klassen. Im trophischen Gebiet sind alsdann im Allgemeinen diejenigen Gegenstände, die nicht Nahrungs- und Genussmittel sind, nicht mehr mit aktuellen Geschmäcken assoziiert (ausgenommen etwa beim Chemiker und in manchen Einzelfällen), eher noch mit Gerüchen. Im genischen Gebiet sind alsdann die platonisch geliebten Individuen im Allgemeinen nicht mehr mit aktuellen Geschmäcken, eher noch mit Gerüchen assoziiert – im Gegensatz zu den sinnlich geliebten Individuen; letztere werden geschmacklich (Kuss usw.) und geruchlich in Form aktueller Assoziationen geprüft. Die entwickeltere Ästhetik, speziell die wissenschaftliche Ästhetik, beschreibt die Geschmäcke und die Gerüche als solche kaum mehr oder gar nicht mehr. Dagegen beschreibt sie das geschmackliche Verhältnis der Aktualitäten zueinander, der Individuen zueinander hinsichtlich der Gefühligkeit, also die gustatophilen (und olfaktophilen) Symbolkomponenten, z. B. die „geschmackvolle" oder „geschmacklose" Anordnung des gedeckten Tisches, der Wohnungseinrichtung, der Architektur des Hauses, der Stadt, auch der Arbeitsstätte, Fabrik, Maschine, ferner der ein Kunstwerk (d. h. ein organisches Ganzes) bildenden Teile, also der einzelnen Aktualitäten, die zusammen je ein Gemälde, eine Skulptur, eine Dichtung, eine Melodie, ein Kleidungsstück usw. bilden, auch die Aktualitäten, die zusammen je ein „Naturgegenstand", also

eine Landschaft, ein pflanzliches, tierisches, menschliches Einzelwesen sind. Ich bin der Meinung, dass die Ästhetik ihrem Ursprung gemäß auch die Geschmäcke und Gerüche selber (wertend, also hinsichtlich der Gefühligkeit) beschreiben sollte, zumal es nicht wenige Menschen gibt, die in ihren ästhetischen Werturteilen von Geschmacks- und Geruchsaktualitäten, die sich an die zu bewertenden Individuen assoziativ angeschlossen haben oder anschließen, ausgehen, oft auch von begrifflichen Geschmacks- und Geruchsaktualitäten, also Erinnerungen an jene gegenständlichen Geschmäcke und Gerüche.

Die Ästhetik setzt also an den Geschmacks- und Geruchsaktualitäten an und klassifiziert diese hinsichtlich der Gefühlsspezies als *schlechte und gute;* sie konfluiert hier mit der pragmatischen Beschreibung, in der die Wörter schlecht und gut ebenfalls, also ohne Wertangabe vorkommen, und mit der ethischen Beschreibung, die ihren Zusammenhängen die Wörter schlecht und gut ebenfalls, und zwar wertend verwendet. Dass schlecht und gut auch einfach konstatierende (pragmatische) Bezeichnungen sein können, ergibt sich aus ihrem biologischen Sinn; der Sinn dieser Wörter bleibt unter allen Umständen der gleiche, sie treten nur eben in verschiedenen Sinnzusammenhängen auf. In der wertenden Beschreibung bezeichnen die Wörter schlecht und gut die Individuen hinsichtlich der Gefühligkeit. Die Ästhetik wertet (entsprechend der pragmatischen Beschreibung) die weiblichen, also die hunger-, angst- und (weiblich-)schmerzgefühligen Geschmäcke und Gerüche als schlecht, die männlichen, also die (männlich-)schmerzgefühligen, die trauer- und die freudegefühligen Geschmäcke und Gerüche als gut – „weiblich" hier unisexuell, also nicht so viel wie „des Weibes"; „männlich" hier unisexuell, also nicht so viel wie „des Mannes" (vergleiche 1.2.4 und 1.3.5). Ein vollständiges Geschmacks- oder Geruchserlebnis verläuft – wie alle vollständigen Erlebnisse – in der Weise, dass aus einer weiblichen eine männliche Reihe hervorgeht, sich entwickelt, ästhetisch (und ethisch) also auf eine schlechte stets eine gute Reihe folgt; das Schema aller Erlebnisse ist eben, nach den Gefühlen bezeichnet: Hunger, Angst, Schmerz, Trauer, Freude.

Hierbei wird nicht nach dem Gefühligkeitsgrad, sondern nach der *Gefühlsspezies* gewertet: Die weiblichen (leeren, hohlen) Geschmacks- und Geruchsreihen heißen die schlechten, *wertlosen*, die männlichen (vollen) Reihen heißen die guten, *wertvollen;* jene sind nicht aufnehmbar (sie nehmen selber auf), nicht annehmbar, unangenehm, abzulehnen, diese sind auf-, annehmbar, angenehm. Somit ist auch die weibliche Reihe, sofern sie erfüllt ist oder als erfüllt beschrieben wird, wertvoll (wert-voll). Dies gilt übrigens für *alle* weiblichen und männlichen Anordnungen. Ist nun „wertlos" gleich „nichts wert" („nichtswürdig")? Sprachbiologisch gehört das Wort „Wert" zu werten, werden, so viel wie die Schwelle überschreiten; demnach wird nur das Hervorgehende, der Teil, das Produkt, das Ergebnis, das Fertige, Vollendete, kurz: das Männliche als „Wert" bezeichnet. Also ist das Weibliche „nichts wert"? Hier macht sich der Zweifel geltend, den ich im Abschnitt 6.2.3 geschildert habe: Ist das Weibliche (Runde, Hohle, Leere, Negative, die Null) etwas oder nichts? „Nichts" ist natürlich „nichts wert" (nicht-wert), aber die Null ist nicht nichts, sondern als Umrandung etwas, eine Ziffer, sie ist „null wert"; dass „null wert" nicht „nichts wert" ist, ersieht man z.B. daran, dass man von Null subtrahieren kann (sogenannte „negative Größen"), dass 1 keineswegs gleich 10 oder 100 usw. ist. „Wertlos" ist also nicht so viel wie „nichts wert", sondern so viel wie „null wert". In der Objektwelt gibt es nur Werte, Wertiges; jeder Gegenstand und Begriff ist ja gefühlig; es gibt also kein Objekt, das „nichts wert" wäre; die Formel „nichts wert" gilt nur für das dem Objekt, dem Etwas polar Gegensätzliche, das Nichts. „Null wert" dagegen ist ein Wert; es ist der Wert des Weiblichen, dies hier unisexuell verstanden.

Nun besteht jedes Erlebnis, jedes zusammengesetzte Individuum aus Weiblichem und Männlichem, ist superfeminin oder supermaskulin, mithin, hinsichtlich der Gefühlsspezies gewertet, wertvoll, soweit es männliche Anteile hat, wertlos, soweit es weibliche, leere Anordnungen hat. Aus Vergleichen der einzelnen Individuen ergibt sich hiernach eine Wertskala, deren höhere Grade die „wertvolleren" (mehr wertvollen), deren niedere Grade die „weniger wertvollen" Individuen

einnehmen. Für diese Skala kommt es lediglich auf das Verhältnis weiblich : männlich „am" einzelnen Individuum und den Vergleich der Individuen hinsichtlich dieses Verhältnisses an. Diese Skala verzeichnet lediglich Daten aus Vergleichen hinsichtlich der Gefühlsspezies. Eine Zählung der die runden und die geraden Anordnungen ausmachenden Aktualitäten als Werte und eine Summierung dieser Werte kommt hier nicht in Betracht; die Anzahl der die runden und die geraden Anordnungen ausmachenden Aktualitäten, die Größe der Individuen, ist hier gleichgültig; es kommt nur auf das Verhältnis dieser Anordnungen als solcher an. Die Frau rangiert bei dieser Wertungsweise allemal als „weniger wertvoll" gegenüber dem Mann, es ist eben superfeminin, weist mehr Rundungen auf als der Mann. Dies gilt auch für die superfemininen und supermaskulinen Geschmacks- und Geruchsindividuen, von denen wir hier bei der Erörterung des Ursprungs der Ästhetik sprechen. Ästhetisch schlecht ist so viel wie wertlos, ästhetisch gut so viel wie wertvoll; ein Geschmacksindividuum ist ästhetisch umso schlechter, je mehr weibliche, umso besser, je mehr männliche Anteile es aufweist.

Von dieser Wertung nach der Gefühlsspezies ist durchaus zu unterscheiden die Wertung nach dem *Gefühligkeitsgrad.* Wir sprechen zunächst noch von den Geschmäcken und Gerüchen. Der Gefühligkeitsgrad schwankt innerhalb der Grenzen der Spezifität, in Übereinstimmung mit den Intensitäten der zum Komplex gehörigen sensilsympathischen Reflexe. Je höher der Gefühligkeitsgrad, desto höher der Wert. Aus unzähligen Vergleichen ergibt sich eine Wertskala, die mit der vorigen gar nichts zu tun hat. Hier kommt es gar nicht auf die Gefühlsspezies an, der – als gefühlig – ein Geschmack oder Geruch und weiterhin irgendein Individuum angehört, sondern nur auf den Gefühligkeitsgrad; Wir wollen jene Skala als *„Wertskala e specie"* und diese als *„Wertskala e gradu"* bezeichnen. Ein Individuum, das in der Wertskala e specie eine hohe Stufe einnimmt, kann in der Wertskala e gradu eine niedrige Stufe einnehmen und umgekehrt. Den Gefühligkeitsgrad eines Gegenstands, gleichgültig, um welche Gefühlsspezies es sich handelt, beschreiben wir

z. B. mit den Worten „ich lege Wert auf …", sprechen also von *höher- oder geringerwertigen* (niedrigerwertigen) Dingen, während die Individuen nach der Wertskala e specie als *mehr oder weniger wertvoll* bezeichnet werden. Man kann also etwas Hunger- oder Angst- oder Schmerz- oder Trauer- oder Freude- oder Hass- oder Ekelgefühliges usw. (relativ) hoch oder gering werten. Ein weniger wertvoller Gegenstand kann aber einen relativ hohen Gefühligkeitsgrad haben, also hochwertig sein, ein relativ wertvoller Gegenstand kann einen relativ geringen Gefühligkeitsgrad haben, also relativ geringwertig sein. Ich kann z. B. einen Gegenstand, den ich nach der Skala e specie als schlecht bezeichne, intensiver begehren, er kann mir höhergefühlig, höherwertig sein, als ein Gegenstand, den ich nach der Skala e specie als gut bezeichne. Können wir für die Wertung nach dem Gefühligkeitsgrad die Wörter schlecht und gut überhaupt anwenden? Kann man sagen, etwas, worauf ich großen Wert lege, sei demnach gut (oder schön), während doch dieses Etwas auf der Skala e specie als wertlos, schlecht (hässlich) registriert wird? Ein schlechter Geschmack oder Geruch kann hochgefühlig sein – ist er somit gut oder schön? Hier stoßen wir auf grundsätzliche Unsicherheiten der wertenden Beschreibung; sie werden weiterhin noch mehr hervortreten.

Die entwickeltere, speziell die wissenschaftliche Ästhetik beschäftigt sich nun kaum noch oder gar nicht mehr mit der Wertung der Geschmäcke und Gerüche, sondern mit der Wertung der Gegenstände, in die – gemäß ihrer Spezifität – gustatophile und olfaktophile Symbolkomponenten eingegangen sind. Sie bedient sich hierbei auch noch eines indirekten Verfahrens, an dem schon gar nicht mehr zu erkennen ist, dass „eigentlich" die geschmacklichen Verhältnisse wertend beschrieben werden. Zwar spricht die Ästhetik von geschmackvollen und geschmacklosen Anordnungen, von kostbaren, köstlichen Kunstwerken, von dem „schlechten Geschmack" des Banausen und dem „guten Geschmack" des Künstlers und des Kunstsachverständigen usw., aber sie beschreibt die Geschmackskomponenten der Dinge wertend „an" der Koordinatik (*Form, Figur;* die koordinative Symbolkomponente stimmt zur gustatophilen und olfaktophilen) und an der *Farbigkeit.*

Indem sie wertend angibt, wie die Individuen aus ihren Teilen oder untereinander zusammengestellt sind, wie sich die Dinge hinsichtlich der Farbigkeit zueinander verhalten, „meint" sie immer nur die Geschmackskomponente, und zwar hinsichtlich der Gefühligkeit, die ja natürlich in die Gefühligkeit der Aktualität als eines Ganzen eingegangen ist. So ist die Angabe der Farbigkeit pragmatisch, die Angabe aber, dass diese Farbe schön oder hässlich sei, ist ästhetisch; die Angabe, dass das Gesicht des Fräulein X ein Oval bilde, ist pragmatisch, die Angabe aber, dass dieses Oval schön oder hässlich sei, ist ästhetisch. Die pragmatische (und die ethische) Beschreibung kümmert sich gar nicht um den Geschmack, die Geschmackskomponente und geschmackliche Anordnung der Dinge, unterscheidet sich also ganz präzis von der Ästhetik.

Die entwickeltere Ästhetik klassifiziert nicht mehr nach „schlecht" und „gut", sondern nach „hässlich" und „schön", sie hat sich damit klarer von der pragmatischen und der ethischen Beschreibung differenziert, ihr „Objekt" hat sich aber nicht etwa geändert. Das Wort „hässlich" gehört zu Hass, und Hass ist gestauter Hunger; hässlich ist so viel wie hassgefühlig, hassenswert, und benennt ästhetisch nach dem Tropus „pars pro toto" die weiblichen Geschmäcke und Gerüche sowie die solche Geschmacks- und Geruchskomponenten aufweisenden gegenständlichen und begrifflichen Individuen; speziell werden optische und akustische Individuen ästhetisch beschrieben. Das Wort „schön" ist so viel wie aus der Öffnung-Schwelle hervorgehend, erscheinend (schön, schönen, schonen, scheinen usw. familienverwandt), schimmernd, und benennt ästhetisch nach dem Tropus „pars pro toto" die männlichen Geschmäcke und Gerüche sowie die solche Geschmacks- und Geruchskomponenten aufweisenden (optischen und akustischen) Individuen. Was also ästhetisch schlecht ist, ist hässlich, und was ästhetisch gut ist, schön. Nicht wenige Menschen verwenden diese Wörter auch promiscue, sprechen also von hässlichen und schönen Geschmäcken und Gerüchen und von schlechter und guter Kunst, schlechter und guter Musik usw. (ohne damit zu moralisieren).

Auch die optischen und akustischen Gegenstände und Begriffe, die die Ästhetik beschreibt, werden zunächst nach der *Gefühlsspezies* gewertet, und die Ausführungen über „schlecht und gut" gelten auch für „hässlich und schön". Immer geht das Männliche aus dem Weiblichen hervor, ist das Ergebnis, das Produkt, das Fertige usw., somit das Wertvolle, Schöne, gegenüber dem es Hervorbringenden, dem Weiblichen, das als wertlos, hässlich gilt, wenigstens, sobald es „den Wert (das Männliche) los" ist. Die gesamte Entwicklung z. B. eines Menschen ist ein fortgesetztes Hervorgehen aus einem früheren Zustand in einen neuen, eine ununterbrochene Reihe von Übergängen, und so können auch die jeweiligen Entwicklungsphasen in die *Wertskala e specie* eingetragen und ganz besonders die Entwicklungsstufen, welche die Ergebnisse kritischer und hochkritischer Vorgänge (Geburt, Schuleintritt, Pubertät usw.) sind, als „wertvoller" gegenüber der weiblich gefassten „Vergangenheit" bezeichnet werden, speziell ist der Mensch, der die Pubertätsproben bestanden hat und so ein Held, ein Herr, ein Hehrer, Strahlender, Heller, Hoher, Erhabener, „Würdiger" usw. „geworden" ist, wertvoll, schön im Verhältnis zu dem Kind und seiner Welt, die noch nichtig, wertlos und somit hässlich waren; dies gilt natürlich für Mann und Frau. Beide, Jüngling und Jungfrau, haben sich „entfaltet" und sind schön im Verhältnis zu der gesamten Vergangenheit, aus der sie „hervorgegangen" sind; innerhalb der Kindheit aber ist wiederum jede Entwicklungsstufe schöner als die vorhergehende, schön im Verhältnis zur jeweiligen Vergangenheit, die „überwunden" ist – und die als gut (im pragmatischen, ästhetischen und ethischen Sinn, vergleiche die „gute alte Zeit") nur von demjenigen gepriesen wird, der sie als erfüllt erinnert und die Mühen der Entwicklung vergisst.

Zwischen schön und hässlich gibt es Grade, die den ästhetischen Wert der einzelnen zusammengesetzten Individuen hinsichtlich Gefühlsspezies, d. h. hinsichtlich des Verhältnisses der weiblichen zu den männlichen Anteilen „am" Individuum anzeigen, und diese Grade ergeben sich aus unzähligen Vergleichen. Es ist klar, dass bei allen diesen Erlebnissen und Beschreibungen, in denen es sich um sogenannte „Imponderabilien" handelt, die größte Unsicherheit herrscht; sie wird noch größer im Gebiet der Wertung nach dem Gefühligkeitsgrad.

Für die Wertung nach dem *Gefühligkeitsgrad* gilt: Je höher der Gefühligkeitsgrad, also auch die begleitende Gefühlserregung, desto höher der Wert des Individuums. Man kann also die verschiedenen Individuen daraufhin vergleichen, und zwar kann ein Mensch die einzelnen von ihm erlebten Individuen ästhetisch vergleichen und eine *individuelle Wertskala e gradu* aufstellen, ferner kann ein Mensch seine ästhetischen Wertungen mit denen anderer Menschen vergleichen und eine *überindividuelle Wertskala e gradu* aufstellen; dies gilt übrigens auch für die Wertung nach der Gefühlsspezies, also für die Wertskala e specie. Die überindividuellen Skalen verzeichnen die *Gruppen-* oder *Gemeinschaftswerte,* hier also die ästhetischen. Nun zeigt sich, dass ein gewisses Individuum, dem in der Wertskala e specie ein relativ hoher Platz zukommt, in der Wertskala e gradu einen relativ niedrigen Platz einnehmen kann usw. Terminologisch unterscheiden wir die Individuen nach der Gefühlsspezies gewertet als *mehr oder weniger wertvoll* (bis wertlos), nach dem Gefühligkeitsgrad gewertet als *höher- oder geringerwertig* (niedrigwertig). Eine hungergefühlige Reihe ist also wertlos, null wert, kann aber höhergefühlig, höherwertig sein als eine freudegefühlige, also wertvolle Reihe; das Analoge gilt für die zusammengesetzten Individuen, für die vollständigen Erlebnisse: Eine Frau, die in der Skala e specie eine relativ niedrige Stufe einnimmt, kann in der Skala e gradu eine sehr hohe Stufe einnehmen, sie kann also nach der Skala e specie als hässlich, nach der Skala e gradu als schön bezeichnet werden, und je nachdem, ob sie in der individuellen oder überindividuellen Skala e specie oder e gradu notiert wird, ganz verschiedene Stufen einnehmen. Jede Mutter hält ihre Kinder für die schönsten – innerhalb der Skala e gradu, mag sie sie auch nach der Skala e specie für hässlich halten. Das Analoge gilt für die gegenseitige Wertung (Schätzung) der Liebespartner (sie nenne sich auch „Schatz"), für die Wertung, die der Arbeiter seinem Werk zollt usw.

Die Unsicherheit in der ästhetischen Bewertung und ihrer Terminologie ist klar ersichtlich.

Sie wird noch größer, insofern als der Gefühligkeitsgrad eines Individuums bei fortschreitender Differenzierung, also häufigem Vorkommen, regelmäßig geringer wird: Ein Gegenstand, der *häufiger* vorkommt, ist weniger gefühlig, also geringerwertig, als ein Gegenstand, der *seltener* vorkommt. Ein Gemälde verliert an Schönheitswert e gradu, je länger es in meinem Zimmer hängt, je öfter ich es ansehe, je mehr ich mich „daran *gewöhnt*" habe; an Schönheitswert e specie braucht es nicht einzubüßen. Hieraus ergibt sich eine neue Skala, die *Wertskala e raritate,* und zwar wiederum eine individuelle und eine überindividuelle. Auch diese Werte klassifiziert die Ästhetik nach schön und hässlich.

Eine *Zählung* der ästhetischen Werte findet nur im Groben statt, es gibt keine ästhetischen Standardwert, nach dem sich Werteinheiten (wie Geld) abteilen und so die einzelnen Kunstwerke usw. berechnen ließen. Ein Kunstwerk usw., jeder ästhetisch bewertete Gegenstand wird nur „geschätzt", „taxiert", der ästhetische Wert ungefähr angenommen, hiernach das Kunstwerk usw. als *mehr- oder minderwertig, mehr oder weniger wert* gekennzeichnet, und diese Rechnung ist meist sehr verschieden, je nachdem sie der Künstler oder der Käufer, der Händler oder der Liebhaber vornimmt. Immerhin kann man *Wertskalen e pretio* aufstellen, je eine für die einzelne Gattung von ästhetisch bewerteten Gegenständen, dann auch eine Gesamtskala. Zum Unterschied von der Wertung e specie, die als mehr oder weniger wertvoll bezeichnet, und der Wertung e gradu, die als höher- oder geringerwertig bezeichnet, rechnet die Wertung e pretio ihre Individuen als mehr- oder minderwertig. Diese Rechnung e pretio ist rein pragmatisch, nämlich ökonomisch; sie *rechnet* mit den von der Ästhetik gewerteten Gegenständen, d.h. mit den ästhetischen Werten, bestimmt diese aber nicht, sie ist Mathematik. Selbst ein periodischer Wechsel des Angebots und der Nachfrage (Konjunktur) ist zu bemerken, wenn auch diese Perioden nicht so scharf abgegrenzt sind wie die auf anderen ökonomischen Gebieten verlaufenden Kurven.

Nicht selten interkurrieren in gegenständliche und begriffliche Reihen, die ästhetisch gewertet werden, die zugehörigen Gefühle; man wertet dann auch diese Gefühle gemäß den Gegenständen und Begriffen, obwohl Gefühle keine Werte sind, d.h. man bezeichnet sie *gemäß* den Gegenständen und Begriffen als hässliche oder schöne Gefühle („Freude, schöner Götterfunken" usw.). Hierbei findet nicht bloß die indirekte Beschreibung statt, die wir als wesentlich für alle Gefühlsbeschreibung erkannt haben, sondern dazu eine metaphorische Beschreibung. Auch hiermit erhöht sich die Unsicherheit der ästhetischen Beschreibung.

Kein Wunder, dass man gegenüber der Frage „Was ist denn nun eigentlich ,schön' und ,hässlich', was ,das Schöne' und ,das Hässliche', was der ästhetische Wert?" *resigniert.* „De gustibus non est disputandum" und „Wat dem een sin Uhl, is dem annern sin Nachtigall." Das ästhetische Urteil ist, so sagt man seufzend, eben „Geschmackssache", wohl auch „Gefühlssache", bedarf keiner „Begründung", ist „rein subjektiv" und entbehrt „objektiver Maßstäbe". Die wissenschaftliche Ästhetik hat sich als Beschreibung sozusagen selbständig gemacht, sie ist „Geisteswissenschaft" geworden, hat sich allzu weit von der Phänomenalität entfernt und ist umso weniger phänomenal kontrollierbar, je mehr sie bloß noch eine bestenfalls nach logischen Gesetzen formulierte Wortreihe (eigenen Jargons) geworden, je mehr sie der Inzucht der Gedanken verfallen ist. Auch in der Ästhetik nistet und wuchert der *Zweifel.* Wir verstehen diese Tatsache aus der bei den Einzelnen differenten Entwicklung des Geschmacks- und Geruchszentrums, demnach auch aus der Differenz der gustato- und olfaktophilen Symbolkomponenten der ästhetisch bewerteten Individuen, natürlich auch aus der Differenz der Gefühligkeitsgrade (und der Gefühlserregungen, „Stimmungen"), ferner aus der Differenz der phänomenal-phänomenologischen Assoziationen, schließlich aus der assoziativen Mehrwegigkeit innerhalb der Beschreibung, aus einer Verwirrung, die umso größer geworden ist, je mehr sich die Ästhetik entwicklungsmäßig von ihrem Ausgangspunkt, wo sie Beschreibung der Geschmäcke und Gerüche selber ist, entfernt, je mehr sie sich kompliziert hat (vergleiche die angeführten verschiedenen Wertskalen). Hinzu kommt noch als besonders wichtig die Tatsache, dass (auch) die bisherige Ästhetik häufig noch im magisch-mystischen Denken verläuft, sodass die ästhetischen Werte geradezu als „Seelisch-Geistiges" ausgegeben und so in das Dunkel des Unerforschlichen gerückt werden – worüber man dann unbesorgt endlos fabulieren und dicke gelehrte Bücher schreiben kann. „Denn eben wo Begriffe fehlen, da stellt ein Wort zur rechten Zeit sich ein" usw.

Die Psychobiologie zeigt nun, dass es ein *allgemeingültiges Kriterium* der ästhetisch zu bewertenden Individuen gibt, wonach sich die Ästhetik exakt orientieren, also zweifelfrei angeben kann, was schön und was hässlich ist. Hierüber in Kürze Folgendes.

Ich wies schon darauf hin, dass „Wert" so viel wie das Werdende oder Gewordene, das Hervorgehende, sich Trennende, der Teil (altnordisch vérd, so viel wie Preis, Lösegeld, also der abzugebende oder abgegebene Teil usw.) ist. Nun ist zwar das, woraus der Wert hervorgegangen ist, das Weibliche, die Lücke, diesen Wert los, insofern wertlos, null wert, aber doch nicht „nichts wert". Als Umrandung ist das Weibliche eine Aktualitätenreihe, und jede Aktualität ist gefühlig, ist also „wert", geworden. Als Umrandung ist also das Weibliche genau so gut „wert" oder „Wert" wie das Männliche, der Wert, der die Umrandung verlassen hat. Überdies ist die Höhle immer erfüllt, den „leeren Raum" im Sinn des „mit Nichts Erfüllten" gibt es nur in der fiktionalen Beschreibung, niemals phänomenal; mit irgendetwas ist das Weibliche immer erfüllt, somit „wert-voll". Wir tun also gut, die Angabe der Gefühlsspezies, auch sofern wir hierfür die Bezeichnung „Wert" mitverwenden, in die pragmatische Beschreibung zu überweisen, somit also auch die Wertskala e specie aus der Ästhetik (und Ethik) herauszunehmen. Es wird ja wohl auch in der entwickelten Ästhetik kaum mehr zugegeben werden, dass das Weibliche kategorial hässlich oder schlecht, das Männliche kategorial schön oder gut sei.

Jedenfalls geht die Wertung e specie in die Wertung e gradu ein, insofern als jede Aktualität „Wert" schlechthin ist und nur eben der Wertgrad, eben der Gefühligkeitsgrad verschieden ist. Es kann also eine weibliche Anordnung höhergefühlig, also ästhetisch höherwertig, schöner sein

als eine männliche. Die *psychobiologische oder realische Ästhetik* wertet nun nicht mehr nach weiblich und männlich, sondern nach *normal und abnormal.* In jedem einzelnen Fall ist oder wird hinfort sein das Normale das Höhergefühlige, ästhetisch (und ethisch) Höherwertige, gegenüber dem entsprechenden Abnormen; aus vielen Vergleichen stellt sich eine individuelle und eine überindividuelle *Wertskala e norma* heraus – derart, dass alles Normale schön, alles Abnormale hässlich ist.

Wir knüpfen an die Tatsache an, dass die pragmatische Beschreibung nach *richtig und falsch,* speziell die medizinische (biologische) Beschreibung nach *normal und abnormal, gesund und krank* klassifiziert. Richtig, gesund, normal sind Synonyma und ebenso falsch, krank, abnorm. Normal ist das unter Analogem Häufigste oder Häufigere (der Komparativ genügt für den Vergleich zweier Größen). Die Norm hat eine gewisse Variationsbreite. Eine Eigenschaft, eine Funktion, die innerhalb der normalen Variationsbreite liegen, sind normal, mögen sie auch von gleichen Eigenschaften und Funktionen innerhalb der normalen Variationsbreite abweichen; eine solche Abweichung ist ja auf alle Fälle vorhanden: Eine Eigenschaft, eine Funktion ist nie zweimal dieselbe, die Aktualität ist immer nur mit sich selbst identisch, immer nur „sie selbst". Man vergleicht also möglichst viele Analoga und sondert die häufigst vorkommenden Varianten einer Eigenschaft, einer Funktion als die normalen von den übrigen als den abnormalen. Das Normale ist das Gesunde, das Richtige, der Normale kann nur eben normal, gesund, richtig denken und handeln; einen anderen Maßstab gibt es nicht, *der gesunde Mensch ist das Maß aller Dinge.* Die normale Variationsbreite (das ist die Variationsbreite des Normalen) umfasst alle Variationen gleicher Eigenschaften und Funktionen von einer gewissen relativ geringeren Differenz, darunter auch solche, die in der Nähe der Grenze oder an der Grenze zwischen normal und abnormal liegen, also von der oberen Grenze der Norm ziemlich weit entfernt, aber doch noch nicht abnorm sind. Geht jemand auf der Landstraße, so kann er sich mehr in der Mitte oder mehr links oder mehr rechts halten: er bewegt sich innerhalb der normalen Variationsbreite.

Geht er aber im Straßengraben oder auf dem Acker, dann bewegt er sich außerhalb der normalen Variationsbreite; ist insofern krank. Die Entscheidung darüber, ob ein Vorgang noch normal oder schon abnorm ist, kann besonders für den Laien oft schwierig sein und nur bei sehr großer Einsicht (Erfahrung, Menschenkenntnis) gefällt werden; zu fällen ist sie aber allemal. Die Variationen, die man zur Norm rechnet, mögen mehr oder minder normal, richtig, gesund heißen, dürfen aber nicht als abnormal, falsch, krank bezeichnet werden.

Zu den genannten Synonyma möchte ich auch die ästhetischen (und ethischen) grundsätzlichen Bezeichnungen stellen: *Schön ist das Gesunde*, Normale, Richtige, *hässlich ist das Kranke*, Abnormale, Falsche. Das gesunde Weibliche ist schön, wie es das gesunde Männliche ist; das kranke Weibliche ist hässlich, wie es das kranke Männliche ist. Ein zusammengesetztes Individuum ist schön, soweit es gesund ist, hässlich, soweit es krank ist. Die kranken Geschmäcke und Gerüche sind hässlich, schlecht, die gesunden sind schön, gut. Das Normale kann niemals hässlich, schlecht, das Abnormale niemals schön, gut sein. Die normale Variationsbreite gilt auch für das Schöne; im Rahmen dieser Variationsbreite ist das eine Schöne höhergefühlig, „schöner" als das andere. Was jenseits der normalen Variationsbreite liegt, ist hässlich, wiederum in verschiedenem Grade. Die oder der Geliebte ist schöner (anmutiger, anziehender usw.) als alle anderen gesunden Menschen, nach „Ansicht" der Mutter ist ihr Kind schöner als alle anderen gesunden Kinder. Hässlich aber ist alles Kranke. Die psychobiologische Krankheitslehre, wonach Krankheit Infantilismus, Unausgereiftheit, Zurückgebliebenheit ist und Heilung (im echten Sinn) Ausgleich dieser Entwicklungsdifferenz ist, gibt es einen weiteren Hinweis darauf, dass die Wertung e specie in die Wertung e gradu eingegangen ist: „Gesund" ist, wer die (Pubertäts-)Schwelle überschritten hat, ein Seiender geworden ist, „krank" ist, wer sich noch in der Enge des Übergangs müht, den Übergang noch nicht vollzogen hat, „zurückgeblieben" ist (wie denn auch die Nomaden ihre Kranken zurücklassen, alle Völker ihre Kranken absondern usw.).

Hierbei beschreibt die Ästhetik natürlich immer nur die Geschmacks- (und Geruchs-)Komponenten hinsichtlich der Gefühligkeit, also das geschmackliche Verhältnis der Aktualitäten und Aktualitätenreihen. Zu ihnen gehören natürlich auch die Menschen, und sie werden in erster Linie, wie pragmatisch und ethisch, so ästhetisch beschrieben, also „an" Form, Figur, Farbe gewertet und so eigenschaftlich und funktionell beschrieben.

In den Wertskalen e norma ist das Kranke das Geringer- und Geringwertige („Unwertige"), das Gesunde das Höher- und Hochwertige – wir können unter Hinweis auf die Wertskala e specie auch die Wörter „wertlos" und „wertvoll" verwenden. Dagegen bleiben die Wörter „mehr-" und „minderwertig" besser für die reine Rechnung mit den vorhandenen Werten, also für die quantitative Wertangabe, die Mathematik der Werte vorbehalten; so kann eine größere Menge eines Stoffes weniger oder minder wert sein als eine kleinere Menge eines etwa gleichwertigen Stoffes usw. Indes kommt, wie gesagt, für die Ästhetik diese reine Rechnung weniger in Betracht, wohl aber für die Ethik.

Somit ist, soweit sich das in der hier gebotenen Kürze zeigen lässt, der Satz „gesund ist schön, krank ist hässlich" legitimiert. Nur der Kranke selbst kann diesem Satz widersprechen, aber er ist krank und seine Wertungen sind nicht maßgebend. Die Diagnose, ob z. B. ein Kunstwerk schön oder hässlich ist, kann gewiss oft schwierig sein, zumal in Fällen, in denen der Gesundheitszustand des Künstlers unbekannt ist; ein gesunder Künstler kann nur Gesundes, Schönes produzieren, ein kranker Künstler legt – wie jeder kranke Mensch – in seinen Werken stets auch ein Zeugnis seiner Krankheit ab, das freilich oft nur dem Kenner ersichtlich wird, und insofern sind seine Werke hässlich, schlecht. Ein gesunder Kritiker kann nur gesunde, richtige Urteile abgeben, ein kranker nur solche Urteile, die offenkundig krank, falsch sind oder ein mehr oder minder erhebliches krankhaftes Ingrediens aufweisen, das freilich wieder oft erst für den Kenner ersichtlich ist. Es gibt viele kranke Künstler und viele kranke Kritiker; die Krankheit ist sehr oft Neurose – und zur Neurose gehört oft auch als Symptom die Ablehnung der

Diagnose, der Mangel an Krankheitseinsicht, an Selbsterkenntnis; mit solchen Leuten ist nicht zu rechten. Das Analoge gilt übrigens für die wissenschaftliche Produktion und Kritik.

Man könnte einwenden, dass mit dieser „Umwertung der Werte" die Ästhetik aufhören würde, eine wertende Beschreibung zu sein, und dass sie geradezu eine medizinische Disziplin werden würde. Dieser Einwand ist hinfällig. Wir wissen: Die Welt ist die Gesamtheit der Aktualitäten der Hirnrindenzellen; der kranke Mensch erlebt und beschreibt, soweit er krank ist, krank, falsch, der gesunde Mensch erlebt und beschreibt gesund, richtig. Es sind also auch die ästhetischen (und ethischen) Urteile hiernach zu klassifizieren. Ferner erleben und beschreiben alle Menschen Krankes und Gesundes, auch ästhetisch. *Normal und abnormal sind die grundsätzlichen Klassifikationsmarken für alles Erleben und Beschreiben,* also auch für das wertende, also auch für das ästhetische. Dabei werden die einzelnen Wissenschaften keineswegs „medizinische Disziplinen". Wohl aber ist die Psychobiologie die allgemeine Grundlegung. Die Ästheten sind Psychologen und Philosophen; mögen sie Psychobiologen werden. Im Gegensatz zur bisherigen Ästhetik, in der die unkontrollierbare Meinungs- und oft Affektäußerung, die „geistreiche" Phrase eine allzu große Rolle spielt, urteilt die psychobiologische Ästhetik nach klaren, einfachen, exakten Richtlinien.

Die Ethik

Die Ethik beschreibt speziell die optischen Gegenstände und Begriffe hinsichtlich der Gefühligkeit, also des Werts. Sie klassifiziert nach gut und schlecht (böse). Die ethische Beschreibung der Gegenstände und Begriffe der übrigen Sensualitäten ist, wenn überhaupt, nur gering entwickelt; so spricht man von guten und bösen Worten als akustischen Aktualitäten (die „gute" und die „schlechte" Stimme eines Sängers ist dagegen ästhetische Wertung der Stimme), kann von einer guten und bösen Wärme (Hitze) und Kälte, einem guten und bösen oder schlechten Wetter (auch ästhetisch und pragmatisch zu verstehen), von guten und bösen Berührungen sprechen; mit guten oder bösen Bewegungen meint man optische, nicht koordinative Vorgänge (also nicht die Registrierungen der Bewegungen im koordinativen Zentrum). Die Geschmacks- und Geruchsaktualitäten werden kaum ethisch, sie werden ästhetisch gewertet. Sofern andere als optische Gegenstände (und Begriffe) ethisch beschrieben werden, so stets als mit je bestimmten optischen Individuen assoziiert; ist also z. B. von guten oder bösen Worten die Rede, dann ist immer auch die Person, die sie ausspricht, ethisch mitgewertet. Die ethische Klassifikation der Eigenschaften und Funktionen der Individuen ist stets die ethische Klassifikation der Individuen selber; es gibt also eigentlich keine gute oder böse Handlungsweise eines Menschen, sondern es gibt Menschen, die eigenschaftlich als gut, und solche, die als böse beschrieben werden und deren Funktionen entsprechend determiniert sind; eine gute Handlung ist also die Handlung eines guten Menschen, eines Menschen, soweit er gut ist usw.

Die im Abschnitt über die Ästhetik vorgetragenen Ausführungen über die *Wertung nach der Gefühlsspezies* und *nach dem Gefühligkeitsgrad* gelten auch für die Ethik. Auch die Ethik wertet, sofern sie nach der Gefühlsspezies beschreibt, das Hervorgehende, das Abgegebene, das Produkt, das Vollendete usw., kurz das Männliche als gut, das Hohle, Leere, aus dem das Gerade hervorgeht, also das Weibliche, als schlecht, böse. Aber auch die erfüllte Höhle ist wert-voll, also ethisch gut. Dies gilt natürlich auch für die ethische Funktionsbeschreibung: die Funktionen des Weiblichen sind böse, die des Männlichen und die der gefüllten Höhle sind gut. Und hiernach werden auch die weiblichen Gefühle Hunger, Angst, Schmerz (als Schwellengefühl) mit böse, schlecht, die männlichen Gefühle Schmerz (als männliche Reihe), Trauer (Reue) und Freude als gut bezeichnet. Im Gange der Entwicklung ist also das jeweils Höherentwickelte gut, wertvoll, edel, im Verhältnis zu dem verlassenen Entwicklungsstadium, das demnach schlecht, böse, wertlos, unedel ist. Man spricht aber im Gegenteil von der „guten alten Zeit" usw.; die ethische hinsichtlich der Gefühlsspezies ist also unsicher und so auch die Einzeichnung in die *individuelle* und die *überindividuelle Wertskala e specie.* So werden vom Angststadium aus die folgenden Erlebnisstadien auch als schlecht, böse, die Überschreitung der Schwelle als Über-tretung des Verbots und somit als Schuld, Sünde, die so erreicht Freude (insbesondere die genische Freude, die Wollust), aber auch schon der Hunger nach Freude als „böse Lust" verurteilt, besonders von Angstneurotikern.

Die Unsicherheit ist noch größer in der ethischen Bewertung zusammengesetzter Individuen. Nach der Wertung e specie ist ein Individuum umso wertvoller, je mehr es männliche Anteile, umso weniger wertvoll, je mehr es weibliche, hohle Anteile aufweist. Ein supermaskulines Individuum gilt hiernach allemal als „besser" denn ein superfeminines Individuum, ein Mann als besser denn ein Weib („das Weib ist falscher Art und die Arge liebt das Neue"; „das Leben wäre nicht so schwer, wenn nur das böse Weib nicht wär!"; das Weib als Verführerin, als Schlange, Hexe usw.); andererseits wird die Frau in der Ehe „die bessere Hälfte" genannt – im Ernst oder euphemisierend. Zwischen gut und böse gibt es also Grade, die den ethischen Wert der einzelnen Individuen hinsichtlich der Gefühlsspezies, d.h. hinsichtlich des Verhältnisses der weiblichen zu den männlichen Anteilen „am" Individuum anzeigen, und diese Grade ergeben sich aus unzähligen Vergleichen. Für die Ethik gilt hier das Gleiche wie für die Ästhetik.

Für die Wertung nach dem *Gefühligkeitsgrad* gilt: Je höher der Gefühligkeitsgrad, also auch die begleitende Gefühlserregung, desto höher der ethische Wert des Individuums. Die sensil-sympathischen Reflexe sind an der Wertung nach dem Gefühligkeitsgrad in folgender Weise beteiligt: Der Gefühligkeitsgrad entspricht der Entfernung. Das dem Menschen Nächstliegende, seine nächste Umgebung (einschließlich Angehöriger usw.) ist höherwertig als das Nahe-, Ferner- und Fernliegende. Die möglichen (!) Intensitäten der sensil-sympathischen Reflexe, die mit nächst- und naheliegenden Gegenständen koinzidieren oder interkurrieren, sind normaliter höher als die mit ferner- und fernliegenden Gegenständen koinzidierenden oder interkurrierenden Gefühlserregungen. Man sagt: Der Mensch kann sich mehr über Nächst- und Naheliegendes („was ihn angeht, ihm nahegeht, ihn betrifft" usw.) erregen oder aufregen als über Fernliegendes („was ihn

weniger oder gar nicht interessiert" usw.); „die Sterne, die begehrt man nicht". Im Gegensatz zum Gesunden wertet der Denkkranke (Neurotiker) manche Dinge zu hoch oder zu niedrig. Die möglichen Gefühlserregungen entsprechen also hinsichtlich der Intensität dem Gefühligkeitsgrad der genetisch zum Reflexsystem gehörenden Gegenstände, also ihrem Wert. Die Gefühlserregungen können natürlich auch vor Erscheinen des betreffenden Gegenstands ablaufen, wie andererseits der Gegenstand auch ohne höhere Gefühlserregungen aktuell sein kann und sehr oft ist, ohne dass dabei sich der Wert mindert.

Grundsätzlich sind also alle Aktualitäten gleicher Entfernung, gleichen Gefühligkeitsgrades gleichwertig. Auf dieser Grundlage, die ausgeprägt für das junge Kind gilt (das z.B. einen Stein einem gleich weit entfernten, gleich großen Goldklumpen gleichwertet), stellen sich im Laufe der (ontischen wie phylischen) Entwicklung Differenzierungen derart ein, dass die im Zusammenhang mit den einzelnen Gegenständen möglichen Gefühlserregungen verschieden intensiv sind. Die Erfahrung lehrt, dass mit allen *neu auftauchenden* Gegenständen (und Begriffen) aktuelle Gefühle oder doch intensive sensil-sympathische Erregungen verbunden sind, während mit *„gewohnten"* Gegenständen diese aktuellen Gefühle nur noch unter gewissen Umständen, z.B. bei drohendem Verlust, verbunden sind und in der Regel auch die sensil-sympathischen Reflexe weniger intensiv verlaufen, und zwar intensiver bei *seltener*, schwächer bei *häufiger* vorkommenden (besonders gewohnten) Gegenständen: *Wertskala e raritate*.

Hiernach wird nun der Wert different angegeben, also eine *individuelle Wertskala e gradu* aufgestellt, in der die einzelnen vom Individuum erlebten Gegenstände hinsichtlich des Werts (Höher- oder Geringerwertigkeit) eingetragen werden; sie verändert sich im Laufe der Entwicklung. Aus den Vergleichen der individuellen („persönlichen") Wertungen und Wertskalen ergibt sich eine *überindividuelle Wertskala e gradu*, in der der *gemeine, das ist allgemeine Wert* der einzelnen Gegenstände eingetragen ist. Auch diese Werte wechseln, schwanken gemäß den biologischen Veränderungen der bewertenden und der bewerteten Individuen. Der gemeine Wert ist Beschreibungstatsache, er verbleibt somit beschreibungs- (rechnungs-)mäßig dem bewerteten Individuum, gleichgültig, in welcher Entfernung es sich befindet; phänomenal ist der Wert aber stets eine individuelle, persönliche Angelegenheit. Der gemeine Wert muss erst kennengelernt werden, und dies geschieht im Weg der Vergleiche des Verhaltens (als Ausdruckserscheinungen der „Gefühlseinstellungen") der Hirnwesen, in Sonderheit der Menschen zu den Dingen. Nach dem gemeinen Wert wird „allgemein" gerechnet. Seine Schwankungen entsprechen dem *Angebot* und der *Nachfrage* (Konjunktur), d.h. den jeweiligen Gefühlseinstellungen.

Nach dem Gefühligkeitsgrad gewertet sind die Dinge *höher-* oder *geringerwertig* (niedrigerwertig). Aus unzähligen Vergleichen ergibt sich, dass gewisse Dinge von allen zu einer Gruppe (Familie, Volk usw.) gehörenden Menschen ziemlich oder so gut wie gleichmäßig gewertet werden und diesen Wert längere oder lange Zeit behalten (*wertbeständig* sind). Solche Dinge sind *Standardwerte* und zur Wertmessung geeignet; man vergleicht mit ihnen andere Dinge hinsichtlich des Wertes und kommt so zur *Wertrechnung,* zur *Wertskala e pretio* mit den Bezeichnungen „*mehr oder weniger, minder wert oder -wertig*". Die Wertung ist von der *Wertrechnung* streng zu unterscheiden; jene ist (ästhetisch und) ethisch, diese pragmatisch (ökonomisch, mathematisch). In den Zeiten der Tauschwirtschaft gab man eine Ware für eine andere, z.B. Kaurimuscheln (Indonesien, Afrika), Vieh (pecus – Vieh, peculium – Vermögen, pecunia – Geld) usw.; auch die Bezahlung mit Gold, Silber, Edelsteinen usw. war eigentlich noch Tauschwirtschaft (wenn auch nicht „Naturalwirtschaft"): Es wird Ware gegen Ware gegeben und genommen (ohne Goldwaage war im Mittelalter Handel undenkbar). Später setzte man den Wert eines Gewichtsteils Silbers, dann Goldes als wertbeständiger Metalle gleich 1 *(Werteinheit)* und benannte diesen Wert irgendwie, z.B. Mark; man unterteilte diesen Wert 1 und bezeichnete die Teile irgendwie, z.B. Groschen, Pfennige. Im Vergleich mit dem Wert dieses Gewichtsteils Silber oder Gold war oder ist eine Ware von einem gewissen Wert eben diesem Wert nach mit (z.B.) 10 Werteinheiten zu bezeichnen; eine Ware von 10 Mark Wert ist zehnmal so viel wert wie der Gewichtsteil Gold, der den Wert 1, also 1 Mark hat. Diese Werteinheiten prägte oder prägt man in Metall oder Papier ein und hat so das *Hart-* oder das *Papiergeld.* Geld ist also *Wertzeichen* (wie eine Briefmarke), Angabe des Wertes einer Ware oder der sie produzierenden Arbeit (falls Geld als Lohn gezahlt wird), Quittung für die verkaufte Ware oder Arbeit, somit auch Anweisung auf eine gleichwertige Ware oder Leistung; Geld ist aber nicht selber Ware, kann nicht gehandelt werden, eine Notiz, eine (Bank-)Note kann aus sich selbst heraus nicht mehr oder weniger werden, eine Wertnotiz sich nicht mehren oder mindern, sondern – das liegt im Wesen des Geldes – sich nur gleich bleiben. Somit kann Leihgeld nicht eigentlich Zins bringen, sondern allenfalls eine Risikoprämie (als Entschädigung des Geldgebers dafür, dass er das Risiko eingeht, das Darlehen ganz oder teilweise zu verlieren). Zins bringt von Rechts wegen nur „Beteiligungsgeld": Der Geldgeber hat dann Anspruch auf Gewinnanteil, muss aber auch Verluste mittragen. Der Stoff, aus dem das Geld gemacht ist (und der Ware ist), hat mit der eingeprägten Wertziffer nichts zu tun; man nimmt am besten einen möglichst stabilen Stoff.

Den Unterschied zwischen Wertung und Wertmessung und -rechnung kann man daran erkennen, dass z.B. Gold höherwertig ist als Glas, dass aber eine Menge Glas mehr wert als ein Gramm Gold sein kann. Die Wertung ist eben die Gefühlseinstellung, der Wert der Gefühligkeit der Aktualität, also gleich für jede Aktualität eines homogenen Stoffes (nach der interindividuellen Skala e gradu), unabhängig von der Menge dieses Stoffes. Erst der Vergleich der Werte ergibt die Wertmessung, und die Zählung nach Menge oder Gewicht ergibt die Wertrechnung. Die Wertmessung geschieht nach dem gleichen Grundsatz wie jede andere Messung: als Vergleich mit einem Standard. So misst man die Wärme nach der (unveränderlich gleichmäßigen) Ausdehnung des Quecksilbers bei Wärmezufuhr, die Strecke nach der Länge des Erdquadranten (1 Meter gleich der zehnmillionste Teil), genauer noch (das Maß des Erdquadranten ändert sich gemäß der Feinheit der Messinstrumente oder der Abkühlung der

Erde) nach dem Pariser Normalmaßstab bei null Grad, die Zeit nach der Umlaufzeit der Sonne (1 Sekunde gleich der 86 400. Teil des mittleren Tages), die Masse nach dem „kilogramme des archives" usw.; der Standard muss hinsichtlich dessen, was gemessen werden soll, möglichst beständig sein. Seit Mitte des 19. Jahrhunderts hat sich für die Wertmessung das Gold international eingebürgert: Es ist so gut wie wertbeständig, also vorzüglich geeignet, Standard für die Wertmessung zu sein. Mit dieser Eignung hat gar nichts zu tun die Tatsache, dass Gold hochwertige Ware und als wertbeständig zum Speichern von Wert geeignet ist. Für die Messung ist die Menge des Standardstoffs gleichgültig; es ist also auch für die Wertmessung „nach" dem Golde gleichgültig, wie viel Goldvorrat ein Land besitzt – ebenso, wie die vorhandene Menge Quecksilber für die Wärmemessung gleichgültig ist usw.

Von dem *materiellen* Wert eines Gegenstands ist der *ideelle* Wert zu unterscheiden, das ist der Wert im Zusammenhang mit den an den Gegenstand sich anschließenden Begriffsreihen (Plänen usw.). Der Wert der Begriffe, der *ideale Wert,* ist entsprechend dem Gefühligkeitsgrad im Allgemeinen relativ gering: Handwerk hat goldenen Boden, „Bedarfsartikel" nähren Hersteller und Händler, aber „Gedanken" sind sogar zollfrei, ihr Wert richtet sich nach der „praktischen Verwertbarkeit", wobei freilich eben die praktischen Ergebnisse bewertet werden. Die Leistungen eines begrifflich hochdifferenzierten (sogenannten geistreichen, gedankenreichen, geistig überlegenen) Menschen haben demnach einen höheren Wert als die des „Armen im Geiste", aber hierbei wird wie gesagt nicht die Idee selber, sondern ihre gegenständliche Entsprechung bewertet. – Das Analoge gilt übrigens für die gegenständlichen (optischen und akustischen) Worte.

Nur die *trophischen* Gegenstände sind recht eigentlich mit Geld zu bezahlen, also mit Währungswerten zu vergleichen. Je größer ihr genischer Anteil ist, desto weniger sind sie zu Vergleichen mit Währungswerten geeignet. Die *genischen* Werte, also Eltern, Geschwister, Frau und Kind, Freunde, Kunstwerke, Ehre, Freiheit, Vaterland usw. sind mit Währungswerten nur in dem Sinn zu vergleichen, dass sie normaliter über jeden Geldwert hinausreichen, oder in dem Sinn, dass ihr trophischer Anteil verglichen wird, wobei der Vergleich umso „entfernter" („unangemessener") ist, je geringer der trophische Anteil genischer Individuen ist.

Stellen wir die Skalen e specie und die Skalen e gradu zusammen, so ergibt sich für die ethische Beschreibung die gleiche Unstimmigkeit in der Klassifikation der Werte, wie ich sie für die Ästhetik angeführt habe. Nach der Skala e specie ist das Weibliche schlecht, böse, das Männliche gut und sind die zusammengesetzten Individuen je nach ihrer weiblich-männlichen Kombination schlecht, böse (die superfemininen) und gut (die supermaskulinen). Nach der Skala e gradu dagegen ist das Höhergefühlige, gleichgültig, ob weiblich oder männlich, das ethisch Höherwertige, also Gute, das Geringergefühlige also das ethisch Geringerwertige, das Schlechte, und besteht zwischen gut und schlecht eine Graduierung. Es kann also ein nach der Skala e specie Schlechtes dennoch nach der Skala e gradu Gutes sein usw.

Es erhebt sich dazu die grundsätzliche Frage: Sind „die Dinge" als Werte überhaupt ethisch zu beschreiben, wie sie ästhetisch zu beschreiben sind, z. B. ist ein Haus, ein Goldstück, ein Baum gut oder schlecht, wie sie schön oder hässlich sind? Falls nicht, gehört die Wertlehre in die Ökonomik und nicht in die Ethik. Aber in die Ethik gehört das Verhalten der Menschen untereinander und zu den „Dingen"? Hierauf die Antwort: Zur Wertung, also zum Werterlebnis und zur Wertbeschreibung, sind nur Hirnwesen, in Sonderheit die Menschen fähig, nur insofern sind die Werte überhaupt vorhanden und die Dinge ästhetisch und ethisch zu beschreiben, und nur insofern kann man von ästhetischem und ethischem Verhalten sprechen. Die „Dinge", d. h. hier die hirnlosen Wesen, sind also nicht schön oder hässlich, gut oder schlecht (böse) derart, dass sich diese Eigenschaften im gegenseitigen Verhalten ausprägten (wie das junge Kind noch urteilt, indem es z. B. den Stein, über den es stolpert, böse nennt), sondern sie sind es als von mir usw. gewertet, eben als Werte. Dagegen sind die Hirnwesen, besonders die Menschen, schön und hässlich, gut und schlecht (böse) auch in ihrem gegenseitigen Verhalten, also auch im Werten, in den Gefühlseinstellungen und den entsprechenden Ausdrucksweisen, den trophischen wie den genischen. Alle diese Ausdrucksweisen, die „Verhaltensweisen", sind, abgesehen von primitiven Frühstadien, auf Menschen und andere Gegenstände gerichtet und führen im Wechselspiel zum Austausch von „Gütern", wie wir ja alles Verhalten als Passformenaustausch erkannt haben. Im Trophischen (Ernährung, Beruf) geschieht der Güteraustausch als Kaufen und Verkaufen, im Genischen als Schenken. Also auch dieser Austausch wird gewertet und ethisch als gut oder böse klassifiziert.

Die ethische Beschreibung hat *drei Abteilungen:* die allgemeine Sittenkunde, die Rechtskunde und die Religion; sie konfluieren vielfältig miteinander. Hier in Kürze das Grundsätzliche.

Die *allgemeine Sittenkunde* beschreibt die (genischen und trophischen) Sitten und Gebräuche des Einzelnen und der Gemeinschaft. Das Verhalten des Einzelnen, das ihn selber betrifft, richtet sich immer auch auf die Umgebung, auf die Mitglieder der Gruppe, zu der der Einzelne stets gehört; hierzu rechnen auch Tiere. Der allgemeine Verkehr unter den Menschen wird ethisch danach beurteilt, ob jeder Einzelne Mein und Dein nach den jeweils geltenden Gefühligkeiten (Werten) zu unterscheiden versteht, und zwar auf genischem und trophischem Gebiet. Der Gesunde ist auch hier maßgeblich. Man wird also nicht im Hemd auf die Straße gehen und sich nicht mit Stiefeln ins Bett legen; wer es tut, handelt unsittlich. Die Erwachsenen reden sich mit Sie an; das Du kann „unangebracht", also unsittlich sein. Es kann beleidigend, unanständig, ein „Übergriff" sein, eine Frau auf der Straße anzusprechen; sie als Ortsfremder nach der Wegrichtung zu fragen, steht frei, wenn es auch noch in manchen Kulturen als etwas „unziemlich" gilt (man kann ja einen Mann fragen); dagegen ist es unsittlich, eine Frau, die im Begriff ist, aus ihrer Handtasche etwas zu verlieren, nicht daraufhin anzusprechen. Unmoralisch ist es, zu lügen, mindestens für den ethisch urteilsfähigen Menschen (wenn auch pragmatisch, d. h. hier assoziationstechnisch die Lüge dem Irrtum gleicht); dagegen kann die List erlaubt sein; manche List ist aber unmoralisch, nämlich die krankhafte (Hinterlist, Tücke). Das allgemeine „bürgerliche" Verhalten wird in der Regel nicht niedergeschrieben, sondern mündlich besprochen. Es wechselt innerhalb der normalen Variationsbreite; wer sich außerhalb dieser bewegt, ist unsittlich, böse, schlecht, d. h. er und sein Verhalten sind mit diesen Wörtern assoziiert. Auch im Gange der Entwicklung wechselt die allgemeine Moral; so galt es z.B. vor dem Ersten Weltkrieg als unsittlich, den Rock kürzer als „fußfrei" zu tragen, während bald nach dem Krieg der „kniefreie Rock" aufkam und es unsittlich wurde, mit einem Schlepprock herumzulaufen (was wohl auch kaum vorkam), und danach die Röcke wieder länger wurden usw. (die Mode ist genische Sitte). Die Behörde, die die allgemeine bürgerliche Sitte kennt und Verstöße dagegen rügt, ist die Polizei, in besonderen Fällen das Gericht.

Die *Rechtskunde* beschreibt die wichtigeren sittlichen Verhaltensweisen der Menschen (einer Gruppe) untereinander. Ihre Formulierungen sind die Gesetze. Sie bestimmen nicht ursächlich das Verhalten, sondern sind zusammenfassende und wiederum kommentarisch erläuterte Beschreibungen, die sich gemäß den sich biologisch ändernden Verhaltensweisen ändern, freilich – als zusammenfassende Formulierungen – erst, nachdem hinreichend zahlreiche oder weitgehende Veränderungen der einzelnen sittlichen Verhaltensweisen eingetreten sind (daher: „Es erben sich Gesetz' und Rechte wie eine ew'ge Krankheit fort."). Eine metaphysische Macht wohnt den Gesetzen nicht inne; wohl aber ist es eine Entwicklungstatsache, dass sittlich Kranke, also Schlechte, Böse, gesunden können – nicht, weil es Gesetze gibt oder durch die angebliche „normative Kraft" der Gesetze, sondern, indem sich ihr Verhalten rein biologisch in Richtung Norm ändert, die die Gesetze beschreiben. Das Gesetz kann also einen Verbrecher nicht hindern, Verbrecher zu sein, und einen Guten veranlassen, gut zu sein, wohl aber beginnt jede Heilung, auch die sittliche, mit der Kenntnis der Norm, also mit der Einsicht in die eigene abweichende Beschaffenheit – eine alte Erfahrung: Selbsterkenntnis ist der erste Schritt zur Besserung (γνῶθι σεαυτόν!). Die Rechtskunde beschreibt das Personen- und das Sachenrecht. Die Pflichten und Rechte kommen nur den Menschen zu, wobei Recht und Pflicht für den Gesunden identisch ist; die Tiere werden heutzutage im Gegensatz zur mittelalterlichen und zur primitiven Rechtsordnung nur noch mit Formulierungen der allgemeinen Moral beurteilt, ebenso die Pflanzen (primitiv: Totempflanzen mit göttlichen Charakter); die Sachen sind „rechtlos", d.h. ihr Verhalten wird nicht ethisch beschrieben.

Die *Religion* ist (als Erlebnis) und beschreibt (als Lehre) das sittliche Verhalten des Kindes zu den Eltern (Älteren) und deren Vorfahren, zu den Göttern und zu Gott, somit das Verhalten des Menschen überhaupt zu den Eltern, den Vorfahren, den Göttern oder Gott; sie überschneidet sich vielfältig mit der allgemeinen Sittenkunde.

2.9 Vom Beweis

Ich unterscheide den phänomenologischen und den phänomenalen Beweis. Sie sind sehr häufig vergesellschaftet.

(1) Der *phänomenologische* Beweis ist eine Wort- oder Wortbegriffsreihe, die sich an ein phänomenales Individuum anschließt und bei ihm endet, ist Symbolanalyse wie jede Beschreibung, und zwar eine spezielle Methode der Beschreibung insofern, als sich an die Angabe einer Eigenschaft oder Funktion des Individuums (Behauptung) solche Sätze anschließen, die *aus dem Vergleich* des Individuums mit Analogem beschreiben und deren letzter die Behauptung wiederholt (Syllogismus, logischer Schluss). Der Schluss, dass Cajus sterblich ist, beschreibt den Cajus aus dem Vergleich mit den anderen Menschen hinsichtlich von Sterblichkeit. Der Schluss, dass das Hypotenusenquadrat gleich der Summe der beiden Kathetenquadrate ist, beschreibt eine geometrische Zeichnung aus mathematischen Vergleichen. Fehlen Vergleichspunkte, dann ist auch kein Beweis möglich. Das Seiende ist hinsichtlich des Seins mit anderem Seienden nicht zu vergleichen; das Sein des Seienden, die Objektität des Objekts ist weder beweisbar noch beweisbedürftig. Die Behauptung, dass der Mensch ein Mensch, dass der Baum ein Baum sei, ist weder beweisbar noch beweisbedürftig, man müsste denn beweisen wollen, dass der Mensch kein Baum oder ein bestimmtes Mensch genanntes In-

dividuum tatsächlich ein Mensch sei. Die Existenz ist kein logisches Problem; sie kann nur von neurotischen Denkern (Skeptizisten, Logizisten, Kritizisten) als solches aufgefasst werden, nur von solchen Denkern kann das Postulat erhoben werden, die Existenz der Existenz müsse bewiesen werden, sonst sei sie – eben nicht bewiesen und somit unglaubhaft oder gar – nicht vorhanden. (Hierbei ist natürlich nicht der Kritizismus im Sinn Kants gemeint.) Ebenso wenig ist die Unterschiedenheit, das Immer-anders-Sein, die Spezifität des Objekts beweisbar oder beweisbedürftig; die Unterschiedenheit ist eine allgemeine Eigenschaft, ein Vergleich unmöglich. Nur die Grade der Unterschiedenheit (Ähnlichkeit – Unähnlichkeit) sind zu vergleichen und beweismäßig zu beschreiben. Vielfach fällt die Beschreibung, auch die beweismäßige, mit einer gewissen Entwicklung des Beschriebenen zusammen, sodass es am Ende der Beweisführung präziser, heller ist. – Auch die *Beschreibung selber* ist als existent weder beweisbar noch beweisbedürftig; die Wörter sind Objektreihen, und das Objekt ist anschauungsgemäß „gegeben" und Anschauung ist als solche weder beweisbar noch beweisbedürftig. Wohl aber sind die Wörter hinsichtlich ihrer Anordnung untereinander vergleichbar und kann beweismäßig beschrieben werden, ob sie „taktisch" richtig sind, also den grammatischen Gesetzen und Regeln („Syntax") entsprechen oder nicht, und ob sie *sinngemäß* richtig angeordnet sind, also den logischen Gesetzen und Regeln entsprechen oder nicht. Insofern die Beschreibung ein Glied ihrer selbst zum „Beweisgegenstand" hat, ist die Methode die des phänomenalen Beweises und wird der Beweis geführt ganz oder fast ganz ohne Rücksicht auf den Zusammenhang der Beschreibung mit dem Beschriebenen, auf die von mir sogenannte *phänomenal-phänomenologische Entsprechung.* Hierher gehört auch ein großer Teil der *mathematischen* Beweise. Da ist also die Beschreibung (auch die Mathematik ist Beschreibung) sozusagen selbstständig geworden und vollziehen sich ihre beweismäßigen Assoziationen innerhalb ihres eigenen Bezirks.

(2) Der *phänomenale Beweis* ist die Nachprüfung, ob einer gewissen Beschreibung die Phänomenalität entspricht. Alle Beschreibung schließt

sich an Phänomene an; die Beschreibungen werden verglichen und so eine allgemeine, durchschnittliche Beschreibweise mit einer gewissen (normalen) Variationsbreite herausgestellt. Ob eine bestimmte Beschreibung nach den Gesetzen und Regeln der phänomenal-phänomenologischen Entsprechung erfolgt, kann Beweisthema sein. Der Beweis für meine Behauptung, in meiner Geldtasche befänden sich hundert Euro, wird erbracht, indem ich den Geldbeutel öffne und die hundert Euro vorzeige. Meine Behauptung ist Beschreibung eines Geldbeutels mit hundert Euro; ob diese Beschreibung jetzt, im vorliegenden Fall der Phänomenalität entspricht, muss oder kann für den, der an meinen Worten zweifelt, nachgewiesen werden. Hierher gehört der *experimentelle* Beweis der sogenannten exakten Naturwissenschaften. Eine aus einer Reihe von Tatsachen folgende Beschreibung, die obendrein als solche logisch geprüft sein mag, wird hier erst dann für richtig, gültig erachtet, nachdem der phänomenale Beweis geliefert worden ist; die „beweisende" Phänomenalität ist hier allemal die *gegenständliche*. Es gibt nun aber zahlreiche Fälle, in denen die „beweisende" Phänomenalität nicht Gegenstände, sondern *Gefühle* oder *Begriffe* (Erinnerungen) sind. Und ferner gibt es zahlreiche Fälle, in denen auf die beweisende Phänomenalität nur geschlossen werden kann, diese also vom Beweisenden oder Beweisheischenden nicht selbst erlebt wird, sondern lediglich *Beschreibungstatsache* ist. Der experimentelle (gegenständliche) Beweis darf also nicht als „conditio sine qua non" angesehen werden.

Ein namhafter Gelehrter wandte gegen meine Auffassung von der Funktion der Hirnrindenzellen wörtlich ein, noch niemand habe ein Gefühl in einer Hirnzelle sitzen sehen! Er verlangte also, dass ich meine Auffassung von der Funktion der Gefühlszellen mit der Vorführung des Gefühls als Gegenstands beweisen müsse. Eine solche Forderung ist an sich unsinnig; aber sogar falls es möglich wäre, ein Gefühl als Gegenstand vorzuführen, so kann ich doch nicht eine Gefühlszelle aus der Hirnrinde herausschneiden, präparieren und unterm Mikroskop das spezifische Gefühl sichtbar machen! Meine Auffassung ist die: Das Erscheinen des Gefühls (als Objekts) koinzidiert mit dem Funktionshöhepunkt der Gefühlszelle, ebenso, wie das Erscheinen des Gegenstands und des Begriffs mit dem Funktionshöhepunkt der betreffenden Gegenstands- bzw. Begriffszelle koinzidiert. Ich sage: Die grundsätzlichen Tatsachen der Zellbiologie müssen auch für die Nervenzellen, auch die der Hirnrinde als des Organs des Bewusstseins gelten; ihre Funktion ist spezifisch, wie die Funktion jeder einzelnen Zelle spezifisch ist, und zwar die der Hirnrindenzellen so spezifisch, dass im Moment des Funktionshöhepunkts das Bewusste erscheint. Hierzu stimmen alle Tatsachen, die es überhaupt gibt. An der spezifischen Funktion der Leberzelle (usw.) zweifelt kein vernünftiger Mensch, und doch hat, obwohl es sich hier um gegenständliche Vorgänge handelt, noch niemand gesehen, wie die Leberzelle Glykogen oder Harnstoff herstellt, hat noch niemand die Leberzelle während ihrer biologischen Funktion, in vivo, im Verbande des Organismus beobachtet und wird sie je beobachten können. Ebenso wenig kann jemand die biologische Funktion der Hirnrindenzelle, etwa mikroskopisch oder sonstwie, beobachten, und nun gar so, dass das Objekt, das im Moment des Funktionshöhepunkts der innerhalb des Verbands des Organismus funktionierenden Hirnrindenzelle erscheint, von einem fremden Beobachter wahrgenommen werden könnte – ein vollkommen, ja ausgesucht absurder Gedanke!

Der phänomenale Beweis für die Richtigkeit einer Beschreibung von Gefühlen und von Begriffen kann erstens an ihnen selber geführt werden, freilich nicht in der Weise, dass Gefühle und Begriffe als Gegenstände aufgezeigt werden, sondern in der Weise, dass man die Gefühle Gefühle und die Begriffe Begriffe sein lässt und sie als solche zum phänomenalen Beweis heranzieht, an ihnen als solchen die Beschreibungen von Gefühlen und Begriffen beweismäßig nachprüft, genau so, wie man als Beweismittel für die Richtigkeit der Beschreibung von Gegenständen eben die Gegenstände verwendet. Zweitens kann der phänomenale Beweis für die Richtigkeit einer Beschreibung von Gefühlen und von Begriffen derart geführt werden, dass man gegenständliche Veränderungen hinsichtlich ihrer Gefühligkeit (Spezies, Grad) und Begriffigkeit untereinander und mit analogen

Vorgängen in der Gefühls- und der Begriffswelt vergleicht; es können so gegenständliche Veränderungen, z. B. Ausdrucksbewegungen per analogiam die Richtigkeit der Beschreibung von Gefühlen und von Begriffen phänomenal beweisen. Solche Verfahren wenden wir alle unzählige Male an, auch diejenigen Denker, die sie theoretisch aus Unkenntnis der Tatsachen als ungültig ablehnen. Diese Verfahren haben durchaus die Sicherheit des Experiments, nur verlaufen sie eben nicht oder nicht rein in der gegenständlichen Sphäre; es ist also nötig, anzuerkennen, dass der Bereich des Experiments nicht auf die Gegenständlichkeit beschränkt ist und dass auch solche Untersuchungen, die besondere experimentelle Umstände (sogenannte Versuchsbedingungen) ausdrücklich vermeiden und „nur" das „unexperimentelle" Geschehen beobachten, die gleiche Gültigkeit haben wie das „eigentliche" Experiment, das der exakten Naturwissenschaften. In der geschilderten Weise, als Untersuchung von Ausdrucksbewegungen, wie sie sich unter verschiedenen Umständen vollziehen, geht auch die *experimentelle Psychologie* vor; nur, dass sie eben mit besonderen experimentellen Situationen arbeitet, und zwar mit gegenständlichen, aus ihnen also auch nur Resultate, die der besonderen experimentellen Situation entsprechen, erwarten darf, d. h. Resultate, die sich nur mit Vorsicht auf das unexperimentelle Geschehen übertragen lassen, und ferner, dass sie glaubt, „Psychologie" zu sein, und demgemäß beschreibt, während sie realiter Physiologie ist.

Die Phänomenalität, auf die lediglich geschlossen werden kann, ist das bewusste Erleben anderer Wesen; dieses Erleben ist lediglich Beschreibungstatsache: Die Welt ist die Summe der Aktualitäten meiner Denkzellen; über meine Hirnrinde hinaus kann ich nicht denken, innerhalb meines Denkens vollzieht sich die Beschreibung gewisser Individuen als Gehirnwesen, als Individuen mit bewusstem Erleben. Ich nehme aber niemals die Aktualitäten anderer Menschen usw. wahr. Der Schluss, dass alle Hirnwesen bewusstes Erleben haben, jedes also seine Welt erlebt, ergibt sich aus einer großen Anzahl von Tatsachen und stimmt zu allen Tatsachen überhaupt, wird auch bestätigt durch die Beschreibung mindestens jedes Menschen (abgesehen von der Tiersprache);

diese Beschreibung gilt für die phänomenalen Aktualitäten des Beschreibenden und vollzieht sich als „Fremdbeschreibung" innerhalb meines Denkens, gehört also ebenfalls zur Summe meiner Aktualitäten. Dass also die Welten anderer Wesen existieren, ist lediglich Beschreibungstatsache, für die ein phänomenaler Beweis nur an den Tatsachen, von denen diese Beschreibung ausgeht, geführt werden kann, nicht aber in dem Sinn, dass die behauptete Phänomenalität, also die Aktualitäten anderer Menschen usw., vorgeführt werden könnten. Dieser Beweis ist eigentlich kein phänomenaler mehr, sondern ein phänomenologischer.

Ich habe bei vielen Individuen gegenständlich wahrgenommen, dass jedes ein Gehirn hat, auch gelesen und gehört, dass andere Menschen die analoge Wahrnehmung gemacht haben. Aus diesen Tatsachen, die zu allen anderen stimmen, schließe ich, dass alle Menschen usw., alle Wesen einer bestimmten eigenschaftlichen und funktionellen Beschaffenheit, also auch ich selber, je ein Gehirn haben. Diese Behauptung, die sich an die genannten Tatsachen anschließt, ist phänomenal derart, dass ich jedem den Schädel öffne und das Gehirn gegenständlich vorführe, nicht zu beweisen; auf diese Weise ist auch unbeweisbar, dass ich ein Gehirn, innere Organe, Muskeln, Nerven usw. habe. Mein Gehirn habe ich nie gesehen und werde ich nie sehen, höchstens etwa bei einer Operation als Spiegelbild, wobei ich freilich die physikalischen Spiegelgesetze kennen muss, um überzeugt zu sein, dass ich tatsächlich mein Gehirn sehe, und mich obendrein in einem abnormen Zustand befände, auch nur einen kleinen Teil der Hirnoberfläche sehen könnte. Selbst meine Muskeln habe ich noch nie wahrgenommen, sondern nur die Haut „über den Muskeln", auf deren Existenz ich nur schließe, deren Existenz normaliter lediglich Beschreibungstatsache ist. Dass ich eine Lunge habe, ist phänomenal, d. h. derart, dass ich die Lunge vorzeige, normaliter unbeweisbar, nur aus allerlei Tatsachen zu erschließen. Auch diese Beweise sind eigentlich nicht mehr phänomenale, sondern phänomenologische. Der „exakte, experimentelle" Beweis ist ausgeschlossen und darf auch nicht gefordert werden.

Phänomenal im Sinn des gegenständlichen Experiments sind auch die vitalen Vorgänge im Nervensystem usw. als einem Bestandteil des ganzheitlichen Organismus nicht zu beweisen, und ein solcher Beweis darf auch nicht gefordert werden. Die Behauptung, dass die Leber Glykogen herstelle, kann niemals an der Leber nachgewiesen werden, solange sie Glykogen herstellt; man kann nur aus vielen Tatsachen den Schluss ziehen, dass diese Funktion stattfindet. Die Behauptungen über den Nervenstrom, die Entstehung des Bewusstseins usw. sind lediglich Beschreibungstatsachen, phänomenal nur an den Tatsachen zu beweisen, von denen die Behauptung abgeleitet ist, nicht aber an den behaupteten Tatsachen selber. Beschreibungstatsachen sind keine phänomenalen Tatsachen. Die Beschreibung des Bewussten derart, dass von unbewussten Vorgängen die Rede ist, darf nicht dahin missverstanden werden, als ob behauptet würde, es gäbe phänomenal unbewusste, also bewusste unbewusste Vorgänge oder es gäbe eine Welt des Unbewussten, in der sich phänomenal die behaupteten Vorgänge abspielen. Alle Beschreibung schließt sich an Bewusstes an, und mit „unbewusst" bezeichnen wir Noch-nicht- oder Nicht-mehr-Bewusstes, indem wir das Bewusste analysieren; die Tatsache, dass es Erinnerungen (Begriffe) gibt, beweist phänomenal, dass das Erinnerte einmal existiert hat und nun nicht mehr existiert; dieses Nicht-mehr-Existente kann man aber doch nicht als Existentes bezeichnen, man kann nur aus der Erinnerung beschreiben, dass das Erinnerte einmal existent, bewusst, aktuell war und jetzt nicht mehr existent, nicht mehr bewusst, nicht mehr aktuell ist, sondern eben nur die Erinnerung. Dass wir aus der Erinnerung beschreiben, darf nicht dahin missverstanden werden, als ob Bewusstes, das im Unbewussten weiterexistiere, also unabhängig vom Bewusstsein, etwa gar als „eigentliche Wirklichkeit" da sei. Das Unbewusste ist lediglich Beschreibungstatsache.

Für Beschreibungstatsachen kommt nicht der phänomenale Beweis derart, dass die behaupteten Tatsachen phänomenal, etwa gar dem Postulat nach gegenständlich vorgeführt werden müssten, sondern nur der phänomenologische Beweis, der zur *logischen Evidenz* führt, in Betracht. Und ein schlechter Denker, der die logische Evidenz nicht als vollgültigen Beweis anerkennt! Der logische Schluss ist Methode jedes einigermaßen entwickelten Denkens, speziell Wortdenkens. Wir haben nur zu beanspruchen, dass zu einem logischen Schluss alle einschlägigen Tatsachen stimmen, nicht zwanghaft, mittels Vergewaltigungen, Ausdeutungen zugunsten einer vorgefassten Theorie nach der Devise „Reim dich, oder ich fress dich!", sondern in biologischer Selbstverständlichkeit. *Der Beweis für die Richtigkeit einer Lehre kann niemals ohne logischen Schluss geführt werden;* sie muss in allen ihren Einzelheiten beweismäßig im Sinn der phänomenalen und phänomenologischen Beweismethoden, zu denen eben auch der logische Schluss gehört, beschrieben werden können, *sie muss in allen ihren Einzelheiten zu allen Tatsachen stimmen, es darf keine Tatsache vorhanden sein, die ihr widerspricht.* Widerspricht eine phänomenale Tatsache, dann irrt die Beschreibung. Dieser ebenso einfachen wie strengen Anforderung genügt nicht die fiktionale (kausale, konditionale, finale) Denkweise; sie existiert, und an ihrer Existenz ist nichts zu beweisen, aber sie zeigt zwischen Phänomenalität und Phänomenologie so zahlreiche und schwerwiegende Unstimmigkeiten, Widersprüche, Para- und Alogismen auf, dass ihr gar nichts weiter übrig bleibt, als sich in die Mystik, in die billige These vom Unerforschlichen, in das Reich der unbeschränkten phraseologischen Möglichkeiten zu flüchten.

3

Der Sprechapparat

3.1 Die sensorischen Ausdrucksorgane

Der sensorische Ausdruck findet statt als Kontraktion quergestreifter Muskeln. Indem die sensilen Denkzellen vielfältig mit modalen (und idealischen) assoziiert sind, sensile Passformen also, sich entsprechend verändernd, in die modale Sphäre überwandern und auch als postmodale Passformen in die Peripherie gehen können, sind auch (ehemalige) sensile Passformen an der Funktion der Skelettmuskeln beteiligt; in analoger Weise auch idealische Passformen. Wir müssen daran festhalten, dass im sensorischen Gebiet ausschließlich sensorische Passformen verkehren. Es können wohl auch in spinalen, medullären und subkortikalen Regionen sympathische Passformen in sensorische Reflexsysteme übertreten, aber diese werden dann eben, indem sie übertreten, sensorische Passformen, d.h. sie haben sich zu sensorischen Passformen entwickelt; diese Entwicklung kann verschiedene Grade der Gegenständigkeit erreichen, wie früher beschrieben. Die in die Peripherie fließenden sensorischen Passformen sind postmodale; es können aber auch prämodale Passformen abgegeben werden, diese fließen über subkortikale Reflexsysteme usw., erreichen also die Hirnrinde nicht. Die Muskelzellen haben ferner ihren idiozytischen Passformenverkehr.

Die Funktion der sensorischen Reflexsysteme ist durchaus analog der der sympathischen; so auch die Abgabe: Sie ist spezifisch für jede Passform, für jede Passformspezies. Ich grenze, wie oben beschrieben, auch die sensorischen Reflexsysteme nach den fünf Grundgefühlen namentlich ab, indem ich so dem genetischen und organisatorischen Zusammenhang des sympathischen und des sensorischen Gebiets Rechnung trage, spreche also auch von sensorischen Hunger-, Angst-, Schmerz-, Trauer-, Freudesystemen, also auch Ausdrucksapparaten. Somit gehören die querstreifigen Muskeln in die Klasse der sensorischen Hunger- oder Angst- usw. Ausdrucksapparate. Auch für diese Muskelzellen gilt, dass jede für sensorische Passformen aller Gefühlsspezies, für die *einer* Gefühlsspezies aber vorwiegend (über 50 Prozent der überhaupt aufnehmbaren Passformen) Passformen hat, dass die Relation der aufgenommenen Passformen spezifisch ist und innerhalb der Spezifität wechselt; ferner ist jede Muskelaktion in der Weise kompliziert, dass den verschiedenen Gefühlssystemen zugeordnete Muskelzellen beteiligt sind usw.

Ich nenne die zu *einer* Gefühlsspezies gehörenden Ausdrucksorgane (quergestreifte und glatte Muskeln, elastische Fasern) *konsensuell,* ihren funktionellen Parallelismus *Konfunktion* oder *Synergismus.* Die zu einem Reflexsystem, zu einer Reflexsystemgruppe gehörigen Ausdrucksapparate können entwicklungsgeschichtlich *deloziert* sein, also z.B. longitudinal fungierende quergestreifte Fasern sich in zirkulär oder oblique angeordneten Muskeln und umgekehrt vorfinden, ja ganze Muskeln, z.B. bei zirkulärer Anordnung, sich funktionell dennoch als („ursprünglich") longitudinale, als Trauer- oder Freude-, auch Schmerzausdrucksapparate erweisen und umgekehrt.

Die Intensität der Kontraktion entspricht der Zahl der zu- und abfließenden Passformen. Die Kontraktion ist nuanciert je nach der quantitativen Relation der den verschiedenen Gefühlsspezies angehörenden Passformen, die bei der Kontraktion in den Muskel (Gruppe von Muskelfasern, Prot- und Antagonisten) einströmen, ferner je nachdem an dem Passformenstrom mehr oder minder zahlreiche sympathogene oder ideogene, ferner mehr oder minder zahlreiche genische oder trophische Passformen beteiligt sind. Die Rhythmen der Hungerkontraktionen sind von denen der Angst- und beide von denen der Schmerzmuskeln usw. verschieden. Die genischen

Im Text vorkommende anatomische Bezeichnungen/Nomina anatomica der Sprechmuskeln.

Lateinisch	Deutsch
Cartilago arytenoidea	Stellknorpel („Aryknorpel")
Glottis	Glottis (stimmbildender Teil des Kehlkopfs)
M. arytenoideus	Stellknorpelmuskel
M. arytenoideus obliquus	schräger Stellknorpelmuskel
– pars ary-epiglottica	– Stellknorpel-Kehldeckelteil
M. arytenoideus transversus	Querer Stellknorpelmuskel
M. buccinator	Wangenmuskel
M. constrictor pharyngis	Schlundschnürer
M. constrictor pharyngis inferior	unterer Schlundschnürer
M. crico-arytenoideus lateralis	seitlicher Ringknorpel-Stellknorpelmuskel
M. crico-arytenoideus posterior	hinterer Ringknorpel-Stellknorpelmuskel („Postikus")
M. cricothyreoideus	Ringknorpel-Schildknorpelmuskel
– (rectus, obliquus)	– (gestreckt, schräg)
M. depressor anguli oris	Mundwinkelherabzieher
M. digastricus	zweibäuchiger Muskel
M. genioglossus	Kinn-Zungenmuskel
M. geniohyoideus	Kinn-Zungenbeinmuskel
* (M. glossopharyngeus)	* (Zungen-Rachenmuskel)
– pars glossopharyngea	– Zungen-Rachenteil
– pars perpendicularis	– frei beweglicher Teil der Zunge
M. hyoglossus	Zungenbein-Zungenmuskel
* (Mm. incisivi labii inferiores = Origo mandibularis m. orbicularis oris)	
* (Mm. incisivi labii superiores = Origo maxillaris m. orbicularis oris)	
M. levator anguli oris	Mundwinkelheber
M. levator labii superioris	Oberlippenheber
M. levator veli palatini	Gaumensegelheber
M. longitudinalis (linguae) inferior	unterer Zungenlängsmuskel
M. longitudinalis (linguae) superior	oberer Zungenlängsmuskel
M. masseter	Kaumuskel (im engeren Sinn), „Masseter"
M. mylohyoideus	Unterkiefer-Zungenbeinmuskel
M. omohyoideus	Schulterblatt-Zungenbeinmuskel

Lateinisch	Deutsch
M. orbicularis oris	Mundschließmuskel (Mundringmuskel)
– pars mandibularis	– Unterkieferteil
– pars maxillaris	– Oberkieferteil
M. palatoglossus	Gaumen-Zungenmuskel
M. palatopharyngeus	Gaumen-Rachen-Muskel
M. pterygoideus	Flügelmuskel
– lateralis	äußerer Flügelmuskel
– medialis	Innerer Flügelmuskel
M. risorius	Lachmuskel
M. sternohyoideus	Brustbein-Zungenbeinmuskel
M. sternothyreoideus	Brustbein-Schildknorpelmuskel
M. styloglossus	Griffelfortsatz-Zungenmuskel
M. stylohyoideus	Griffelfortsatz-Zungenbeinmuskel
M. stylopharyngeus	Griffelfortsatz-Rachenmuskel
M. temporalis	Schläfenmuskel
M. tensor veli palatini	Gaumensegelspanner
M. thyreo-arytenoideus	Schildknorpel-Stellknorpelmuskel
– pars externa	– äußerer Teil
– pars interna	– innerer Teil
– pars lateralis	– seitlicher Teil
M. thyreoepiglotticus	Schildknorpel-Kehldeckelmuskel
M. thyreohyoideus	Schildknorpel-Zungenbeinmuskel
M. transversus (linguae)	Zungenquermuskel
M. uvulae	Gaumenzäpfchenmuskel
Mm. vocales	Stimmmuskeln
M. zygomaticus major	großer Jochbeinmuskel
M. zygomaticus minor	kleiner Jochbeinmuskel
Processus vocalis	Stimmbandfortsatz (des Stellknorpels)

* In der Pariser Nomenklatur als eigenständige Muskeln nicht mehr aufgeführt.

Ausdrucksbewegungen sind andere als die trophischen.

Die Lehre vom sympathisch-sensorischen Synergismus beruht auf der Analyse der Ausdrucksbewegungen, zu der die anatomisch-physiologischen Feststellungen stimmen. Das Nervensystem der inneren Organe nennen wir eben das sympathische (hier eingeschlossen das parasympathische), und die kontraktilen Elemente (glatte Muskeln, elastische Fasern usw.) sind die sympathischen Ausdrucksorgane. Diese Teile des Organismus nehmen wir freilich auch nur gegenständlich wahr (bei Operationen usw.); an ihnen vollziehen sich aber Funktionen, die den sensorischen grundsätzlich ganz ähnlich sind und die wir als Aufnahme und Abgabe sympathischer Passformen, also prä- und postsensiler Passformen, beschreiben, wohl wissend, dass wir „Sympathisches" niemals gegenständlich wahrnehmen können. Ein Gefühl ist eben kein Gegenstand, und zu Prä- und Post-Formen kommen wir überhaupt nur symbolanalytisch; das Analoge gilt weiterhin für die idealischen Aktualitäten und die prä- und postidealischen Passformen – und im Übrigen für alle übrigen Sinnesapparate, die ich auch nur optisch-gegenständlich wahrnehme, an denen sich aber die entsprechend spezifischen, also akustischen, taktilen usw. Funktionen vollziehen. Bei der Analyse der unmittelbar sichtbaren Ausdrucksbewegungen erinnere ich mich nun der inneren Vorgänge einschließlich der sensilen und idealischen und sage: Es finden gleichzeitig mit den Skelettmuskelaktionen konsensuelle innere Vorgänge statt, deren biologischer Zusammenhang mit jenen sich in Nuancen eben der sensorischen Ausdrucksbewegungen geltend macht, so z. B. bei der Sprache, an der die Bewegungen der Lungenfasern und der glatten Trachealmuskeln beschreibungsgemäß in jeder Hinsicht beteiligt sind, also Bewegungen, die ich normaliter weder optisch noch akustisch usw. gegenständlich wahrnehme, die ich nur erschließe, indem ich die beim Sprechen erfolgenden optischen oder akustischen oder taktilen usw. gegenständlichen Vorgänge analysiere. Hierbei ist mir auch die Erkenntnis von der Gefühligkeit der Gegenstände unentbehrlich. Ein Angstschrei ist von einem Schmerzschrei, ein Liebesgespräch von einem Geschäftsgespräch leicht zu unterscheiden. Eine Skelettmuskelaktion, also eine mimische oder physiognomische Bewegung (im weitesten Sinn), ist also verschieden, nicht bloß je nachdem, welchem Gefühlssystem die agierenden Muskeln vorwiegend angehören, sondern auch, je nachdem sich mehr oder minder intensive konsensuelle innere Vorgänge (sogenannte Gefühlserregungen) im Verdauungs- oder im Atmungs- oder im Herzblutgefäß- oder im Genitalsystem, allgemein: im trophischen oder im genischen Anteil des Organismus abspielen und in welchem Ausmaß und Verhältnis die sympathischen Systeme mit den sensorischen zusammenarbeiten bzw. entsprechend entwicklungsfähige sympathische Passformen in die sensorischen Bahnen übertreten. Natürlich stehen alle sympathischen und sensorischen Vorgänge in biologischer Verbindung, und so ist jede einzelne Ausdrucksbewegung, ja jede Phase derselben zunächst nach ihren näheren Zusammenhängen, darüber hinaus nach den Zusammenhängen im Rahmen des Gesamtorganismus zu analysieren, ist ein Kennzeichen der Persönlichkeit.

Die Muskulatur ist normaliter optisch nicht wahrnehmbar, sondern nur bei entsprechenden Verletzungen der Haut oder Schleimhaut, die sie überkleiden; aus solchen Erfahrungen weiß man, dass gewisse Veränderungen „unter der Haut" Muskelkontraktionen sind. Die Muskeln sind von allen Zentren her innervierbar, aber auch von subkortikalen und subzerebralen Kernen oder Zellkomplexen her (medulläre, spinale Reflexe). Woher im einzelnen Fall der innervierende Passformenstrom kommt, ist der Muskelaktion als solcher nicht ohne Weiteres anzusehen, sondern aus der Situation zu erschließen. Die Kontraktion nehme ich optisch nur als Gestaltveränderung wahr, weiß aber aus vielen Untersuchungen, dass sich noch andere biologische (auch chemisch-physikalisch beschreibbare) Veränderungen vollziehen. Es ist denkbar, dass diese Veränderungen verschieden sind, je nach der Stelle, von der aus die Innervation erfolgt. Jedenfalls ist der innervierende Passformenstrom ein Strom postmodaler (bzw. postsensiler, postidealischer) Passformen, kann also nicht als optische Aktualitätenreihe auftreten wie der innervierte Muskel. Die Größe des sympathogenen (bzw. ideogenen) Anteils am Innervationsstrom ist (zunächst) lediglich aus der besonderen Art und Weise, dem Rhythmus des Kontraktionsverlaufs, also der Gestaltänderung, zu erschließen; der Gefühligkeitsgrad des optisch erlebten Muskels wechselt hierbei im Rahmen der Spezifität, d. h. geringfügig.

Ausnahmslos sind die quergestreiften Muskeln wie die glatten *zirkulär*, *oblique* (schräg, spiralig) oder *longitudinal* angeordnet; sämtliche Objekte sind ja eben rund oder gerade angeordnet, und sowohl die runden wie die geraden Reihen können als schmerzgefühlige spiralig, gedreht, gewunden, kurvig, schräg angeordnet sein. *Die Anordnung der Muskulatur ist also ein Spezialfall der Anordnung der Objekte überhaupt.* Die Zugehörigkeit der einzelnen Skelettmuskeln zu den zirkulären oder obliquen oder longitudinalen Anordnungen ist bei der vielfältigen entwicklungsgeschichtlichen Verflechtung der Muskelfasern, der Unterschiedenheit der einzelnen Öffnungen und Höhlen hinsichtlich der quantitativen Ausstattung mit den verschiedenartigen Muskelfasern, endlich der architektonischen Differenzierung des Organismus vielfach nicht ohne eingehende Analyse erkennbar.

Von den inneren Organen ausgehend treffen wir die quer gestreiften Muskeln in der Nähe der Ausgänge des Verdauungs-, des Atmungs-, des Genitalorgans, auch sind die Differenzierungen der Haut, Auge und Ohr mit quergestreiften Muskeln ausgestattet, und endlich haben wir die eigentlichen Skelettmuskeln. Je nach ihrer Funktion bezeichnet man die Muskeln namentlich der erstgenannten Gruppe als *Sphinkteren* (Schließer), *Dilatatoren* (Erweiterer) und *Rotatoren* (Dreher), die der letztgenannten Gruppe als *Flexoren und Adduktoren* (Beuger und Verengerer), *Extensoren und Abduktoren* (Strecker und Erweiterer) und *Rotatoren* (Dreher). Die Sphinkteren und Flexoren (einschließlich Adduktoren) sind zirkuläre oder zirkulär fungierende, die Dilatatoren und Extensoren (einschließlich Abduktoren) sind longitudinale und longitudinal fungierende, die Rotatoren sind oblique oder oblique fungierende Fasern. Die zirkulären Muskeln sind entweder sensorische Hunger- oder Angstausdrucksapparate, die longitudinalen entweder Trauer- oder Freude-, die obliquen sind Schmerzausdrucksapparate.

Wie schon bemerkt, setzen sich nicht wenige Muskeln, die je als Einheit gelten, aus Fasern verschiedener Gefühlsgattungen (*gemischte Muskeln*) zusammen, und je nachdem die eine oder die andere Fasergattung für sich oder der Muskel als Ganzes funktioniert, ist die Funktion des Muskels verschieden. Schmerzfasern, z. B. des runden Einwärtsdrehers (Musculus pronator teres), drehen, Hunger- und Angstfasern beugen usw. Bei Stellungsänderungen der Glieder kann ein Beuger „wie" ein Dreher funktionieren, ohne dass aber nun der Beuger ein Dreher geworden wäre. Besonders häufig finden sich Hunger- und Angst-, andererseits Trauer- und Freudefasern, dazu oft auch Schmerzfasern zur „Muskeleinheit" kombiniert. In einer Muskeleinheit sind die Angstfasern bzw. die Trauerfasern kürzer als die Hunger- bzw. Freudefasern.

Mit dem Vorbehalt, dass eine eingehendere kinesiologische Analyse zu dieser oder jener Berichtigung führen kann, seien folgende Beispiele der Anordnung und Funktion quergestreifter Muskeln angegeben.

3.2 Das Ansatzrohr

3.2.1 Lippe

Die Lippen sind im Ruhezustand (Ruhetonus) der Lippenmuskeln leicht geschlossen. Glatte Schließ- und Erweiterungsmuskeln fehlen. Die Muskulatur ist wiederum zirkulär, oblique und longitudinal (radiär) angeordnet. Lippenschließer sind die Mm. orbicularis oris, pars maxillaris et mandibularis. Der Orbicularis ist ein vollständiger Ring; die Kontraktion seiner Hungerausdrucksfasern ist eine Rundung (Vorwölbung, ein „Auslangen") der Lippen bei mäßiger Öffnung; diese kann sich bei Kontraktion der Angstausdrucksfasern bis zum Verschluss verengen (Lippenstellung beim Saugen, beim Kuss usw.). Gewöhnlich kontrahieren sich zugleich die Mm. incisivi inf. und sup., wobei der Mundwinkel medianwärts und etwas aufwärts gezogen wird (letzteres vom M. incis. sup.); sie sind ein unvollständiger Ring. Als solcher ist auch die Gruppe Mm. levatores-depressores anguli oris anzusehen. Die Mm. levatores anguli oris heben bei gemeinsamer Funktion die Unterlippe und helfen so den Mund schließen; jeder einzelne zieht den Mundwinkel aufwärts. Die Mm. depressores anguli oris ziehen bei gemeinsamer Funktion die Oberlippe nach unten und helfen so den Mund schließen; jeder einzelne zieht den Mundwinkel abwärts. Wir können so von einem dreifachen Ring der Lippenschließer sprechen.

Schmerzausdrucksfasern führen die Mm. zygomatici, Mm. levatores labii sup., buccinatores und wohl auch die levatores anguli oris. Ihre Kontraktion beobachten wir bei der schmerzlichen Verziehung oder Verzerrung, dem herben Zukneifen des Mundes.

Trauerausdrucksmuskeln sind hauptsächlich die Pars mandibularis des M. orbicularis oris und Fasern der Mm. depressores anguli oris (Herabziehen der Mundwinkel, der Traurige „lässt die Lippe hängen"), dann aber auch kurze Fasern der Lippenheber (beginnende Erweiterung der Lippenspalte).

Als Lippenerweiterer (Longitudinalmuskeln, Freudeausdrucksapparate) fungieren die Mm. risorius, depressor labii inf. und levator labii sup.

Die Lippenmuskeln funktionieren für sich allein oder synergistisch mit anderen Gesichtsmuskeln. Auch sind vielfach (oder meist) die Schließer und die Erweiterer des Zahnspalts, auch die Zunge usw. beteiligt. Nuancen oder Interferenzen sind z.B. das schmerzliche, herbe, das höhnische, das traurige Lächeln oder Lachen; am Lachen sind die Lippenmuskeln wesentlich mitbeteiligt. Der trotzige Mund ist ängstlich-schmerzlich geschlossen; der „schmollende Mund" ist eine genische Nuance hiervon usw.

Der Freudeausdruck kann lediglich in geringen Kontraktionen etlicher Levator-, Depressor- und Risoriusfasern bestehen: Lächeln, Schmunzeln. Bei stärkeren Kontraktionen wird der Mund breiter (breites Lächeln), die Lippenspalte erweitert sich mehr oder weniger, die Zähne werden sichtbar (Zähnezeigen als Freudeausdruck, bei vielen Menschen, ja ganzen Völkern vorzufinden); zumeist kontrahieren sich hierbei auch konsensuelle mimische Muskeln. Ein noch stärkerer Freudeausdruck ist mit der Kontraktion der den Unterkiefer senkenden Mm. digastrici und geniohyoidei verbunden: freudiges Lachen und Stau-

nen mit offenem Munde, Lachen aus vollem Halse, wobei sich auch konsensuelle Muskeln der Zunge, des Rachens, des Kehlkopfes usw. kontrahieren. – Das „Zähnezeigen" (Zähnefletschen) kann auch eine drohende Geste sein (vergleiche die Formel: „Dem werde ich schon die Zähne zeigen!"). Hierbei sind Hunger- (Hass-), Angst- und Schmerzfasern der Gesichtsmuskeln kontrahiert, die Vorderzähne sind in der Öffnung der von den Mm. orbicularis oris, levatores anguli oris, zygomatici usw. aufwärts und seitlich gezogenen Lippen in ganzer Länge sichtbar, der Unterkiefer ist vom Oberkiefer mittelweit entfernt und nach vorn geschoben (Mm. masseter, pterygoidei, mylohyoidei); dazu gesellen sich Kontraktionen konsensueller Muskeln der Augen, der Nase, des Halses und Nackens usw. – Eine „verbissene Miene" ist Schmerzausdruck oder interferenzieller Ausdruck von Hass und Schmerz, besonders in krampfiger Übersteigerung (beim Fanatiker-Eiferer) usw. – Je nachdem in den mimischen Aktionen genische oder trophische Reflexe zum Ausdruck kommen, ist „die Miene" nuanciert. Ferner ist die Miene bei Lufthunger durchaus verschieden von der bei Nahrungshunger, obwohl beides trophische Ausdrücke sind; und weiterhin ist der „Gesichtsausdruck" des Hungers nach fester Nahrung von dem des Hungers nach Flüssigkeit (Gefäßhunger, Durst) verschieden. Analoges gilt auch für die anderen Gefühlsspezies. Es sind jeweils spezifische Reflexsysteme mit spezifischen Muskelfasern, Drüsen usw. in Funktion. Eine eingehende physiognomische Analyse muss ich hier zurückstellen.

3.2.2 Zahnspalt

Der Zahnspalt ist eine Öffnung besonderer Art insofern, als sie regelmäßig nur einseitig verengert und erweitert wird, nämlich, indem sich der Unterkiefer dem Oberkiefer nähert oder von ihm entfernt. Die Muskeln, die den Unterkiefer dem Oberkiefer nähern, sind Schließer; die Muskeln, bei deren Kontraktion sich der Unter- vom Oberkiefer entfernt, sind Erweiterer; die Muskeln, bei deren Kontraktion sich der Unterkiefer dreht (z.B. beim Mahlen der Speisen), sind Dreher (Rotatoren). Die Schließer sind die zirkulären (Hunger- und Angstausdrucksapparate), die Erweiterer die longitudinalen (Freude- und Trauerausdrucksapparate), die Dreher die obliquen (Schmerzausdrucksapparate).

Im Ruhezustand (Ruhetonus) der Muskeln ist der Zahnspalt leicht geöffnet oder geschlossen; es besteht hierbei ein interferenzieller schwachintensiver Funktionszustand der Muskeln, besonders der Schließer und der Erweiterer, der in geringen Oszillationen auf- und ab schwankt. Die Schließer, deren Kontraktion den Unterkiefer an den Oberkiefer heranführen, sind der M. masseter, der zur Zahnspalte ausgeprägt zirkulär angeordnet ist, ferner entsprechend gerichtete Fasern des M. pterygoideus medialis und der vordere Teil des M. temporalis. Diese Muskeln haben also Hunger- und Angstausdrucksfasern. Drehmuskeln, also Schmerzausdrucksapparate sind die Mm. pterygoidei medialis und lateralis und mylohyoidei, soweit sie schräge Fasern führen; ihre Drehfunktion verläuft derart, dass sich die Kontraktion des Muskels der einen Seite an die des gleichnamigen Muskels der anderen anschließt; hierbei gleitet die untere Zahnreihe an der oberen drehend, mahlend vorüber. Trauer- und Freudeausdrucksfasern sind die Mm. digastrici (vorderer Bauch) und geniohyoidei; auch die Mm. mylohyoidei führen in den am Zungenbein ansetzenden Teilen longitudinale Fasern. Ihre Kontraktion zieht den Unterkiefer (beginnend, dann vollendend) herab, erweitert also den Zahnspalt. Der Unterkiefer kann sich auch vor- und rückwärts bewegen, sozusagen strecken und beugen; das Vorstrecken besorgen die Mm. pterygoidei laterales, das Zurückziehen die Mm. temporales, beide führen auch Schrägfasern, Dreher.

Die Funktionen der Muskeln des Kieferspalts können für sich allein oder synergistisch mit denen der Lippen-, dann der Zungen-Schlundmuskeln, ferner mit denen des Atmungs- und Sprechapparats stattfinden.

3.2.3 Zunge

Die Zungenmuskulatur besteht aus inneren und äußeren Muskeln. Jede Gruppe kann für sich allein funktionieren; ihr Zusammenspiel erfolgt in einer gewissen Weise. Wie jeder Muskel kann die Zunge von jedem Zentrum her innerviert werden;

in der Hauptsache ist sie Geschmacksorgan, sowie Tast- und thermisches Organ und Sprechorgan (also Teil des Sprechapparats); ihre Schleimhaut ist für Flüssigkeiten permeabel (man kann sozusagen durch die Zunge trinken). Sie ist Ausdrucksorgan trophischer und genischer Reflexsysteme. Je nach der Spezies der dominanten Innervationen sind die Funktionsgruppen im Sinn der Ausdrucksweise und der Nuancierung verschieden.

Die *inneren Muskeln* sind derart angeordnet, dass man die Zunge als eine Art Röhre auffassen kann, deren zirkuläre Muskeln nicht rings um das Lumen, sondern quer durch das Lumen ziehen (in dieser Weise also deloziert sind), während die Longitudinalfasern die Wandung einnehmen. Als zirkuläre Fasern fungieren der horizontal gestellte M. transversus linguae (der sich nach hinten in den zirkulären M. palatoglossus und die zirkuläre Pars glossopharyngea fortsetzt) und die vertikal gestellte Pars perpendicularis. Oblique Fasern führt der M. transversus. Längsmuskeln sind die Mm. longitudinales sup. und inf. Bei Kontraktion der Pars perpendicularis formt sich die Zunge zu einem flachen, tellerartigen Gebilde: Hungerausdruck (Bereitschaft zur Aufnahme und zum Transport schluckbarer Stoffe). Kontrahieren sich dazu oberflächliche Fasern des Transversus, dann rollt sich die flache Zunge an den Seitenrändern auf und nimmt eine muldenartige Form an, somit die „Lippenröhre" fortsetzend. Diese seitliche Aufrollung ist auch schon Angstausdruck; er kann sich, bei fortdauernder Hungerkontraktion, so weit steigern, dass sich die seitlichen Zungenränder fast berühren, die Zunge also eine fast geschlossene enge Röhre bildet. Der M. transversus ist vorwiegend Angstausdrucksmuskel. Kontrahiert er sich allein, dann nimmt die Zunge die Form eines zylindrischen Körpers an, die Oberfläche ist eingeengt. Schmerzausdruck ist die Drehung der Zunge um die Längsachse: Kontraktion von quer durch die Zunge laufenden Fasern des Transversus; die Vorderzunge kann eine schraubenförmige Gestalt annehmen, sie spitzt sich zu, d. h. die Zungenspitze wird spitzer. Trauerausdruck ist die Kontraktion kurzer Fasern des oberen und unteren Longitudinalis, also eine Raffung der Zunge, eine beginnende Erweiterung, Aufwölbung der Zunge. Diese Erweiterung setzt sich fort bei der

Kontraktion der Freudefasern der Longitudinales: Die Zunge wird zum vollen lang-geraden Organ.

Bei der Kontraktion der *äußeren Muskeln* bewegt sich die Zunge als Ganzes, als das aus den inneren Muskeln usw. bestehende Organ. Die äußeren Muskeln sind die Hyo-, die Stylo- und die Genioglossi. Die Mm. hyoglossi ziehen die Zunge nach hinten unten an das Zungenbein und den Mundboden heran, wobei sich der Schlund hungerweit einstellt und sich der Kehldeckel senkt bzw. den Kehlkopfeingang schließt. Die Hyoglossi entsprechen ihrer Faserrichtung nach vorwiegend der Pars perpendicularis und sind wie diese gustatorische usw. Hungerausdrucksmuskeln (zirkulär); es ziehen auch Fasern bis zur Zungenspitze, bei ihrer Kontraktion rundet sich die Vorderzunge, indem sich die Spitze hebt, und bei gleichzeitiger Kontraktion der Pars perpendicularis bildet die Vorderzunge eine Art Löffel. Die Mm. styloglossi sind vorwiegend Angstausdrucksapparate: Sie nehmen die Zunge zurück und ziehen sie an den Gaumen, sodass diese Öffnung von der Hinterzunge verengt, ja sogar verschlossen wird; ein Teil der hinteren Bündel der Styloglossi schlägt quere und schräge Richtungen ein und verbindet sich sogar mit den entsprechenden Bündeln der anderen Seite (vergleiche Transversus), die übrigen Fasern ziehen am Seitenrand der Zunge unterhalb der Hyoglossusfasern bis zur Spitze, und bei ihrer Kontraktion rundet sich die Vorderzunge nach unten ein, indem sich die Spitze senkt. Die Mm. hyo- und styloglossi drehen auch die Zunge seitlich hin und her und sind insofern gustatorische usw. Schmerzausdrucksapparate. Man kann diese Muskeln als Zungenzieher und -dreher bezeichnen – im Gegensatz zu den Mm. genioglossi als den Zungenvorstreckern; diese sind also Longitudinalmuskeln und ihre Kontraktion führt zunächst langsam, beginnend (Trauerausdruck), dann in lebhafterem Tempo die Zunge in Richtung Zahn-Lippenspalt und darüber hinaus (Freudeausdruck).

Die Aktionen der äußeren Zungenmuskeln verlaufen also in der Reihenfolge, dass sich die Zunge nach hinten unten, dann nach oben gegen den Gaumen, dann nach vorn bewegt; die vorgestreckte Zunge wird dann wieder von den Mm. hyo- und styloglossi zurückgeholt. Je nach dem Reflexablauf kann sich die Vorwärtsbewegung mehr oder minder weit erstrecken, also an jeden Punkt der Vorwärtsbewegung sich ein mehr oder minder intensives Zurücknehmen anschließen, wie auch umgekehrt das Zurücknehmen mehr oder minder weit gehen, an jedem Punkt sich also (je nach dem Reflexablauf) eine Vorwärtsbewegung anschließen kann. Stets folgt auf ein Einziehen ein Vorstrecken, dann wieder ein Einziehen usw., d.h. die Zungenbewegungen verlaufen ebenfalls nach dem bekannten Schema. Somit liegt die Zunge in der Mundhöhle als ein Gerades im Runden, ist also männlich (schmerz-trauer-freudegefühlig) gegenüber der Mundhöhle und ihrer Öffnung und Schwelle als weiblichen (hunger-angst-schmerzgefühligen) Anordnungen. Als Gerades wird sie von den genannten Muskeln eingezogen, gedreht und vorgestreckt.

Indem nun bei diesen Bewegungen auch die inneren Muskeln funktionieren, verändert die Zunge ihre Gestalt, und zwar in verschiedener Weise, je nachdem, von welchem Zentrum her die Innervation erfolgt, ob also die Zunge Geschmacks- oder Tast- oder Sprechorgan ist usw., und ferner finden speziell bei der Nahrungsaufnahme diese Funktionen nach Art einer Peristaltik statt, also so, dass die Kontraktionswelle von der Spitze zur Basis verläuft. Es besteht z.B. zunächst Tasthunger oder die entsprechende hungergefühlige Tastpunktreihe; diese Aktualitäten sind in die Zunge lokalisiert, ihnen entspricht die Kontraktion innerer Hungermuskeln der Zunge, zunächst der Vorderzunge: Sie bildet eine tellerartige Wölbung. Nun schließen sich Angstkontraktionen an: Die Zunge verengt sich zu einem zylindrischen Körper. Im Ausdruck von Schmerzreflexen spitzt sich die Zunge zu, dann beginnt sie sich zu erweitern (Tasttrauerausdruck) und endlich vollends zu entfalten (Freudeausdruck). Diesen Bewegungen entsprechen die Bewegungen der berührten Stoffe, z.B. Nahrungsmitteln: Die Vorderzunge tastet die Stoffe zunächst in weiteren und engeren Rundungen ab, bohrt sich dann wie ein Stachel oder Löffel in die Speise ein, zerteilt, zerlegt sie, löst einen Teil aus der Speise heraus und fängt nun an, sich zu erweitern, aufzuwölben, wobei sich die Speise nach dem weiter nach hinten zu gelegenen Teil der Zunge schiebt, der sich hungrig gehöhlt hat und nun die analogen Gestaltänderungen vollzieht, wie sie vorher der vordere Zungenabschnitt vollzogen hat und dann wiederum vollzieht (falls die Aktion nicht zu Ende ist). So nähert sich der Bissen der Zungenbasis, den Empfangsstellen der Geschmacksnerven, und nun setzt sich die Zungenbewegung auch als Ausdruck von gustatorischen Reflexen fort.

Die Aktionen der inneren Muskeln verlaufen in gleicher Weise, auch wenn sich die Zunge bis über den Zahnlippenspalt vorgestreckt hat (Kontraktion der Mm. genioglossi): Auch da ist sie zunächst Tastorgan, tastet „nach Aufnehmbarem", nach Speise und Trank (vergleiche Laffen des Hundes, der Katze usw., Heraushängen der Zunge, wenn das Tier Durst hat, Fangzunge des Chamäleons usw.), sie dringt in den Stoff ein, löst einen Teil heraus, umfängt ihn so und lässt ihn über den Zungenrücken gleiten, womit regelmäßig Hungerreflexe, die von hinteren Zungenabschnitten, speziell von gustatorischen Empfangsapparaten ausgehen und deren Ausdruck Kontraktionen der Mm. hyoglossi, also ein Zurückziehen der Zunge ist, und ferner die Lippen-, Zahnspaltreflexe, wie beschrieben, koinzidieren, letztere wiederum in der Weise, dass zunächst Hungerweite des Mundes und des Vorhofs (des Raums zwischen Lippen und Zähnen) sowie des Lippen- und Zahnspalts besteht, dann – bei Anrücken der Nahrung – sich die Angstverengung der Öffnungen einstellt, worauf die Schmerzverengung und -drehung – die Nahrung dringt ein, wird ein- oder mehrmals abgebissen usw. – folgt, dann die Erweiterung mit dem Trauerstadium – die stückweise Aufnahme ist geschehen, der oder die Bissen haben die Schwelle überschritten – einsetzt und sich vollendet – die Höhle ist gefüllt, der Aufnahmeakt beendet; nunmehr kann eine neue Aktionsfolge stattfinden oder die Aufnahme ist beendet, die betreffenden Reflexsysteme gehen in Ruhe über. Natürlich kann die Zunge auch ohne „Last" zurückgezogen werden, falls eben die Reflexe entsprechend ablaufen; sie kann auch ihre Aktionen innerhalb der (leeren oder gefüllten) Mundhöhle vollführen (beim Kauen hilft sie die Speise zwischen die Zähne schieben, einspeicheln usw.).

Beim Menschen, speziell beim Erwachsenen, verlässt die Zunge relativ selten, z. B. beim Trinken aus einem Bach oder einer Wasserleitung, die Mundöffnung; sie verbleibt vielmehr in der Mundhöhle und gestaltet sich je nach der Situation, z. B. bei der Aufnahme von Flüssigkeit zu einer löffelartigen Wölbung oder Röhre usw.

Der Flüssigkeitshunger (Durst) ist als besonders hell in die Mundhöhle lokalisiert. Durch die Schleimhaut der Zunge hindurch kann Flüssigkeit aufgenommen werden; sie geht in die Gefäße der Zunge über, und so kann der Durst, der ein Vasalgefühl ist, gestillt werden. (Übrigens wird auch durch die Lunge und durch die äußere Haut außer anderen Gasen Wasserdampf in großer Menge aufgenommen und so der Flüssigkeitsbedarf zum Teil gedeckt.)

Die Bewegungen der Zunge beim *Sprechen* ergeben sich aus den Darlegungen des Abschnitts 3.3. Das Sprechen wird erschwert, falls die Zunge nach hinten liegt, also die Mm. hyoglossi oder styloglossi gegenüber den Mm. genioglossi das Übergewicht haben; dabei ist der Kehldeckel gesenkt, die Gaumenöffnung verengt, auf dem Kehldeckel ruht der Wulst der Zungenbasis, und die Funktion der Kehlkopfmuskeln muss gegen diese „Last" ankämpfen. Dieser abnorme, in der Regel krampfige Zustand findet sich bei der Phonasthenie (Stimmschwäche, Versagen, Heiserkeit, Schmerzen usw. bei relativ geringer Sprechtätigkeit). Die Zunge berührt normaliter stets mit der Spitze (fast) den inneren Zahnrand und vollzieht in dieser Lage ihre phonetischen Bewegungen; hierauf hat Engel d. Ä. zuerst aufmerksam gemacht.

3.2.4 Gaumen, Schlund

Der zirkuläre Muskel des vorderen *Gaumen*bogens ist der M. palatoglossus; er geht in den Transversus linguae über, sendet aber auch longitudinale Fasern im Seitenteil der Zunge vorwärts. Der zirkuläre Muskel des hinteren Gaumenbogens ist der M. palatopharyngeus; er führt auch oblique und abwärts steigende longitudinale Fasern. Der Tensor veli palatini (Spanner des Gaumensegels) ist wohl als obliquer Muskel aufzufassen. Der Levator veli palatini (Heber des Gaumensegels) ist Trauer-Freudemuskel, bei seiner Kontraktion erweitert sich die Gaumenhöhle. Eine Art Fortsetzung zu ihm ist der M. uvulae; bei seiner Kontraktion hebt sich das Zäpfchen gegen die hintere Rachenwand und verschließt so die Passage vom Schlund zur Nase, erweitert damit auch die Gaumenschlundhöhle. Die Gestaltveränderungen des Zäpfchens, z. B. bei Berührungen, sind Funktionen elastischer Fasern sowie der Muskelfasern usw. der Gefäße.

Die zirkulären Fasern sind Hunger- und Angstausdrucksapparate: Es besteht also zunächst Hungerweite des vorderen, dann des hinteren Gaumenbogens, darauf – bei Annäherung eines Bissens – Einengung des Lumens, Angstkontraktion; dann verengt oder dreht sich die Öffnung entsprechend dem Durchtritt des Bissens, der also die Schwelle überschreitet: Kontraktion obliquer Fasern; nunmehr beginnt sich die zwischen den Gaumenbögen liegende Höhle (Gaumenhöhle), dann die an den hinteren Gaumenbogen sich anschließende Schlundhöhle entsprechend der vollzogenen Aufnahme des Stücks zu erweitern (longitudinale Trauerfasern kontrahieren sich), und weiterhin vollendet sich die Erweiterung, die Erfüllung, Sättigung ist da, Freudefasern kontrahieren sich, während sich der vordere Gaumenbogen vor dem neuen Bissen schon wieder verengt. Diese Aktionen sind hier in erster Linie Ausdruckserscheinungen gustatorischer, taktiler und thermischer Reflexe; die Speise wird sozusagen gustatorisch, taktil und thermisch auf ihre Geeignetheit, die Gaumenöffnung zu passieren, geprüft, d. h. die Reflexausdrücke verlaufen entweder peristaltisch oder antiperistaltisch, im letzteren Fall schließt sich die Gaumenöffnung (Angstausdruck vor dem Bissen) und verlaufen die weiteren Reflexaktionen in Richtung Mundöffnung, wird der Mund nach vorn entleert. – Analog sind auch die phonetischen Aktionen des Gaumens; sie entsprechen den Gutturalen; hierbei wird also nicht geschluckt, sondern die Muskeln „stellen sich ein" und schwingen gemäß dem passierenden Luftstrom.

Die Schlundschnürer (Mm. constrictores pharyngis) bestehen aus zirkulären, aber auch obliquen Fasern, sind also Hunger-, Angst-, Schmerzausdrucksapparate. Die unteren Schlundschnürer (Mm. constrictores pharyngis inferiores) setzen am Schildknorpel an; dieser bewegt sich also bei Kontraktion dieser Muskeln, also Einstellung des Schlundes auf die Hungerweite, Angst- oder Schmerzenge beim Schlucken, hoch nach oben,

höher als es je bei der phonetischen Funktion des Kehlkopfes vorkommt; an dieser Aktion nehmen auch die Muskeln teil, die den Zungengrund und das Zungenbein nach hinten und oben ziehen (Mm. hyo-, styloglossi, stylohyoidei und digastrici). Die Schlundheber (Mm. stylopharyngei, die longitudinalen Fasern der Mm. palatopharyngei sowie inkonstante Längsmuskeln) sind longitudinale Muskeln, erweitern das Schlundrohr. Die Reihenfolge der Hunger-, Angst-, Schmerz-, Trauer- und Freudeaktionen, also der Verengung und Erweiterung, dabei Drehung, ist die peristaltische Bewegung auch des Schlundes; sie entspricht dem Hinein- und Hinabgleiten der Speise, des Getränks, des Speichels.

Analog verhalten sich die Muskeln der *Speiseröhre*, die im zweiten Viertel ihrer Länge in *glatte* Muskeln übergehen. Die Muskelschicht der Schleimhaut besteht aus längs verlaufenden glatten Fasern, die eigentliche Muskularis aus einer inneren zirkulären, auch spiraligen, und einer äußeren longitudinalen Schicht. Hier liegen die Funktionsverhältnisse vor, wie wir sie schon besprochen haben.

3.3 Kehlkopf

Es sind wieder innere und äußere Muskeln zu unterscheiden. Jede Gruppe kann für sich allein funktionieren; ihr Zusammenspiel erfolgt in einer gewissen Weise. Jede Gruppe besteht aus zirkulären, obliquen und longitudinalen Fasern. Außer den Muskeln findet sich am Kehlkopf ein reich entwickelter elastischer Bandapparat vor, der sich an den Funktionen der Muskeln auch als sympathischer Ausdrucksapparat beteiligt. Die Komplizierung in der Anordnung der Muskeln und Muskelfasern, die der Kehlkopf der höheren Wirbeltiere, besonders der Menschen, aufweist, ist mit mannigfachen Delokationen verbunden; wir können hier nur Grundsätzliches mitteilen.

Die *inneren Muskeln* sind: zirkuläre: Mm. arytenoidei transversi, thyreo-arytenoidei partes lateralia, ary-epiglottici (Hunger-Angstfasern); oblique: Fasern der Mm. crico-aryt. lat., ary-epiglottici (besonders aryt. obliqui), thyreo-aryt. partes lateralia (Schmerzfasern); longitudinale: Fasern der Mm. crico-aryt. lat. und post., thyreo-aryt. pars int. (Mm. vocales), thyreo-epiglott. In einem besonders engen Verhältnis zu den inneren Muskeln stehen die Mm. crico-thyreoidei, die „Stimmbandspanner", man könnte sie fast zu den inneren Muskeln rechnen; sie führen longitudinale, oblique und zirkuläre Fasern und werden als recti und obliqui bezeichnet.

Die *äußeren Muskeln* heben und senken den Kehlkopf. Ihre Funktionen sind im Zusammenhang mit den Funktionen der Muskeln des ganzen Sprechapparats zu verstehen. Wir orientieren uns hierüber an den phonetischen Bewegungen des Zungenbeins; ihnen entsprechen die phonetischen Bewegungen des Kehlkopfes als eines Ganzen. Das Zungenbein hebt sich nach vorn (Mm. geniohyoidei, longitudinale Fasern der Mm. mylohyoidei, vorderer Bauch der Mm. digastrici); hierbei richtet sich der Kehldeckel auf, erweitert sich der Stimmraum: Trauer- und Freudeausdruck (beginnende, allmähliche, dann lebhafter vollendete Erweiterung). Ferner hebt sich das Zungenbein nach hinten (Mm. stylohyoidei, hinterer Bauch der Mm. digastrici); hierbei sinkt der Kehldeckel, verengt sich der Stimmraum bis zur Angst- oder Schmerzenge (Angst- und Schmerzausdruck). Das Sinken des Zungenbeins geschieht bei der Kontraktion der Mm. sternohyoidei und omohyoidei, der Stimmraum nimmt hierbei Angst- und Hungerweite an, die herabziehenden Muskeln sind Angst- und Hungerausdrucksapparate, obwohl sie in der Längsachse des Körpers, also longitudinal angeordnet sind (die Mm. omohyoidei bilden allerdings je einen Bogen vom Zungenbein zum Schulterblatt). Man kann die Hebung nach vorn als Streckung, die Hebung nach hinten und die Senkung als Beugung bezeichnen und hat so in der Bewegung des Stimmapparats eine genaue Analogie zur Bewegung der Zunge usw. Die Bewegungen des Kehlkopfes, also des Schildknorpels, vollziehen sich koinzident mit denen des Zungenbeins, bei der Hebung nach vorn und nach hinten sind die Mm. thyreohyoidei, bei der Senkung die Mm. sternothyreoidei tätig: Erstere sind also longitudinale bzw. zirkuläre und oblique Fasern, letztere zirkuläre Muskeln.

Das Strecken und Beugen des Stimmapparats kann man am besten beim stimmlosen Ausspre-chen, also beim Flüstern der Vokale, studieren; hierbei sind die inneren Kehlkopfmuskeln untätig. Beim Flüstern des „offenen" A ist der Stimmraum freudeweit, das Zungenbein nach vorn gezogen, der Schildknorpel ein wenig gehoben. Beim Flüstern von E und I ist der Stimmraum schmerzverengt (auch verkürzt), bei I stärker noch als bei E, das Zungenbein nach oben-hinten gezogen, der Schildknorpel dicht an das Zungenbein gehoben; die Enge des Stimmraums kann mehr oder minder weit gehen, je nachdem, wo sich die „Sprechenge" befindet, er ist weniger eng, wenn das E oder I „vorn", als wenn es mehr „hinten" gesprochen wird (nach Engel d. Ä. liegt hier die Sprechenge vorn zwischen Vorderzunge und Vordergaumen, wobei die Zungenspitze die Innenfläche der unteren Schneidezähne berührt, dabei ist der Stimmraum nur mäßig verengt, weniger als wenn E oder I weiter hinten gesprochen werden). Etwas weiter ist der Stimmraum beim Flüstern von O; Zungenbein und Schildknorpel sind etwas gesenkt, es besteht Angsteinstellung, Kontraktion von Angstfasern der Mm. stylohyoidei, digastrici und der Herabzieher. Hungerweit ist der Stimmraum beim Flüstern von U; dabei sind Zungenbein und Schildknorpel am weitesten gesenkt.

Die geflüsterten Vokale haben eine gewisse „Tonhöhe"; man spricht seit Donders von der Tiefe und Höhe der „Vokaltöne", und zwar hat das U den tiefsten Vokalton, dann folgen O, A, E und I. Bezeichnet man die Funktionsstadien der äußeren Muskeln als *„äußere Einstellungen"*, dann folgt auf die Hungereinstellung, bei der U geflüstert wird, dem Schema nach die Angsteinstellung, bei der O geflüstert wird, dann die Schmerzeinstellung, bei der E und I, und endlich die Freudeeinstellung, bei der A geflüstert wird; einen speziellen Trauervokal haben wir nicht. Es zeigt sich also, dass, je tiefer der Kehlkopf steht, desto tiefer der Vokalton ist und umgekehrt, ferner, dass die tiefen Töne hohl, hunger-, dann angstgefühlig, die höheren Töne eng, gepresst, angst- und schmerzgefühlig, die mittelhohen Töne voll, sonor, freudegefühlig sind.

Mit jeder äußeren Einstellung können nun Funktionsfolgen der *inneren* Muskeln koinzidieren, kann also „mit Stimme" gesprochen werden. Die inneren Muskeln sind ebenfalls zirkuläre, oblique und longitudinale, und ihren jeweiligen *Ein-*

stellungen entsprechen bestimmte Vokale (allgemeiner: Laute), nämlich der Hungereinstellung oder kürzeren Hungerstellung ein U, der Angststellung ein O, der Schmerzstellung ein E oder I, der Freudestellung ein A – ganz analog, wie eben von den äußeren Einstellungen besprochen. Alle diese Einstellungen der inneren Muskeln können mit jeder einzelnen funktionellen Situation, jeder einzelnen Einstellung der äußeren Muskeln koinzidieren, die Reihe also während der Hunger- oder während der Angsteinstellung usw. der äußeren Muskeln ablaufen. In jedem Fall sind die inneren Einstellungen, also auch die Vokale (und stimmhaften Konsonanten), entsprechend der äußeren Einstellung nuanciert, am auffälligsten hinsichtlich der Tonhöhe: Die Tonhöhe der bei tiefstehendem Kehlkopf gesprochenen Vokale ist tief, und je höher der Kehlkopf steigt, desto höher sind die Töne, und zwar sowohl die Hunger- wie die Angst- wie die Schmerz- wie die Freudevokale (innerhalb gewisser Grenzen, von denen alsbald die Rede sein wird). Nehmen wir als Trauervokal etwa ein dumpfes, verschmolzenes AOU an, so wird dies gewöhnlich bei tiefstehendem Kehlkopf gesprochen. Der äußeren Einstellung entspricht also die Spannung der inneren Kehlkopfmuskeln, die Funktion der Kehlkopfspanner: Je tiefer der Kehlkopf steht, desto geringer die Spannung. Über die Nuancen, die sich aus der verschiedenen Größe des Kehlkopfs, der Dicke der Stimmbänder usw. ergeben, Nuancen, die also an sich nichts mit der Einstellung zu tun haben, siehe Abschnitt 4.1.

Innerhalb jeder einzelnen äußeren Einstellung vollziehen sich während der Funktionsfolgen der inneren Muskeln gewisse konsensuelle Spannungen im Sinn des Hebens und Senkens bei ungefähr gleichbleibender Tonhöhe. *Die äußere Einstellung ist sozusagen das Fundament, auf der sich die inneren Funktionsfolgen, demgemäß die Vokale, bewegen.* Sie gibt grundsätzlich die Gefühlsspezies an, innerhalb deren sich der ganze Sprechakt vollzieht, sodass die den einzelnen Gefühlsspezies angehörigen Laute „nach" der „grundsätzlichen" Gefühlsspezies nuanciert sind, sofern sie ihr nicht angehören. Welche äußeren Muskeln also jeweils innerviert werden (z. B. vom optischen Zentrum her), das ist Kennzeichen der hauptsächlichen Gefühlsspezies des phänomenalen Gesamtkomple-

xes (z. B. des optischen), aus dem gewisse Teilkomplexe in Form der in der Ebene der äußeren Einstellung verlaufenden Wörter beschrieben werden. Auch hierin ist die äußere phonetische Einstellung analog der äußeren Einstellung der Zunge, d. h. der jeweiligen funktionellen Situation der äußeren Zungenmuskeln, die die Zunge als Ganzes bewegen und auf deren Ebene sich die Funktionsfolgen der inneren Zungenmuskeln abspielen, analog auch den äußeren und inneren Einstellungen des Auges, des Ohrs usw.

Die auf dem „Fundament" oder der „Ebene" der äußeren Hungereinstellung verlaufenden Laute sind also hungergefühlig oder hungernuanciert (hungerhaltig), die auf dem Fundament der äußeren Angsteinstellung verlaufenden Laute angstgefühlig oder angsthaltig usw. Dem Schema nach folgt auf die Hungerstellung die Angst-, dann die Schmerz-, dann die Trauer-, dann die Freudestellung, auf die Senkung des Stimmapparats die Hebung, auf die Beugung die Streckung. Demgemäß folgt auf die Senkung der Stimme die Hebung, dann wieder die Senkung usw., entweder im Sinn des Ablaufs der entsprechenden äußeren Funktionsstadien oder im Sinn der auf der Ebene einer bestimmten äußeren Einstellung (z. B. der Hungereinstellung, bei tiefer Stimmlage) ablaufenden geringeren oder größeren Schwankungen; es beginnt also das Hungerstadium (relativ tiefe Stimmlage), dann folgt das Angststadium (die Stimme hebt sich, wird enger), dann schließt sich das Schmerzstadium an (die Stimme hebt sich weiter, wird hell, scharf, klingend, wohl auch grell, schneidend, trägt weit, dringt durch usw.), dann das Trauerstadium und das Freudestadium (die Stimme beginnt in die mittlere Tonlage überzugehen und bewegt sich dann darin, es findet also ein „Sinken" der Stimme aus den angst-schmerzlichen Tonhöhen statt, die Stimme wird voller, markiger usw.), und an diesen „Satz", diese Reihe, schließt sich die nächste, wiederum mit gesunkener Stimme, mit dem Hungerstadium an, falls nicht die phonetischen Reflexsysteme in Ruhe übergehen. Gewöhnlich verläuft die Rede auf mittlerer Tonhöhe in relativ geringen Hebungen und Senkungen. Mit dem Heben und Senken der Stimme koinzidiert in der Regel auch eine Zu- und Abnahme der Intensität der Reflexe, also der Lautheit der Wörter, der Helligkeit der akustischen Aktualitäten.

4 Stimme und Sprache

4.1 Vokale

Als *Stimme* bezeichnet man die Klänge oder Töne, die den Funktionen des Kehlkopfes entsprechen. Sobald die Kehlkopfmuskeln über den Ruhetonus hinaus innerviert werden, nimmt der Kehlkopf eine der jeweiligen funktionellen Situation entsprechende „Einstellung" oder „Stellung" ein; gemäß den Schwingungen des Exspirationsluftstroms (seltener des Inspirationsstroms) geraten die Stimmbänder, aber auch die elastischen und knorpeligen Teile des Kehlkopfs in Schwingungen, und hierbei werden unter anderem spezielle Passformen (sogenannte akustophile) abgegeben, die sich im akustischen Bezirk zu den Empfangsstellen der Hörnerven und weiterhin zu den zugeordneten akustischen Denkzellen bewegen und im Sinn der biologischen Symbolik an den entsprechenden akustischen Aktualitäten beteiligt sind. An den Kehlkopf schließen sich die Rachen-, Mund- und Nasenhöhle an; auch die Muskeln der Wandungen dieser Höhlen sowie die Muskeln der Zunge und der Lippen nehmen, wie beschrieben, im Zusammenhang mit der phonetischen Funktion des Kehlkopfs bestimmte Stellungen ein, und die bei den Schwingungen dieser Muskeln sowie der beteiligten elastischen Fasern, Knochen usw. abgegebenen akustophilen Passformen sind ebenfalls im Sinn der biologischen Symbolik an den akustischen Aktualitäten beteiligt, die man Vokale nennt, und die mit den Konsonanten zusammen die *Sprachlaute* sind. Hinzu kommen noch die akustophilen Passformen, die bei den Schwingungen der an den phonetischen Funktionen beteiligten Luft abgegeben werden. Solche Sprachlaute sind schon vielen Tieren eigentümlich; je nach Anordnung, Länge, Spannung der phonetisch schwingenden Fasern sind Klang und Klangfarbe verschieden.

Die *Stimme* entspricht also der phonetischen Funktion des Kehlkopfs, die *Vokale* entsprechen der phonetischen Funktion des gesamten Sprechapparats, also des Kehlkopfs und des „Ansatzrohrs" (abgesehen hier von der beteiligten pulmonal-trachealen Funktion). Zur Erläuterung: Denkt man sich ceteris paribus den Kehlkopf allein, ohne Ansatzrohr phonetisch funktionierend, dann würde bei der Intonation in den verschiedenen Stellungen, Spannungen usw. (siehe unten) die Stimme nur angedeutet nach Vokalen unterschieden klingen – angedeutet etwa so, wie bei der „Intonation" der stimmhaften Konsonanten (m, n, ng, l, r), deren Stimme in den höheren Stimmlagen ganz leicht an e und i, in den tieferen an a, o, u anklingt. Die *Konsonanten* entsprechen gewissen funktionellen Situationen der Rachen-, Nasen-, Mund-, Backenhöhle und ihren Öffnungen-Schwellen. Auch die Vokale können „stimmlos" gesprochen, nämlich „geflüstert" werden; hierbei ist der Kehlkopf als Abgeber akustophiler Passformen unbeteiligt, die akustophilen Passformen werden von den beim Flüstern schwingenden Muskeln usw. des Sprechrohrs, insbesondere des Mundes (einschließlich der Zunge) und der Lippen abgegeben. Die Stellungen des Sprechrohres sind andere, je nachdem Vokale oder Konsonanten gesprochen werden, andere auch, je nachdem, welcher Vokal oder Konsonant gesprochen wird. Die Stimme ist „Eigenton" (genauer: Eigenklang) des Kehlkopfs; gemäß der überwiegenden Beteiligung der laryngogenen akustophilen Passformen können auch die lautenden oder stimmhaften Vokale (ungenau) als Eigentöne des Kehlkopfes bezeichnet werden. Die Konsonanten sind Eigengeräusche der je entsprechenden schwingenden Muskeln usw. bzw. der schwingenden Luftteilchen. Ein Sprachlaut ist niemals eine isolierte akustische Aktualität, sondern stets eine Reihe, ein Vorgang, und entspricht auch stets einem Vorgang, nämlich der koordinativen Veränderung von Muskeln usw., mit der koinzident die Abgabe der akustophilen Passformen erfolgt.

Die Sprechmuskeln kontrahieren sich gemäß der Innervation, die von den verschiedenen Zentren her stattfinden kann; wir unterscheiden nach der vorwiegend beteiligten Gefühlsspezies die verschiedenen „Stellungen". Diese Stellungen bleiben erhalten, solange die Innervation – natürlich mit Schwankungen – anhält. Trifft der Luftstrom die gestellten Muskeln, dann geraten sie in die ihnen eigentümlichen Schwingungen, d. h. koordinativen Veränderungen, und geben hierbei unter anderem ihre akustophilen Passformen ab, die ihnen auf dem Nervenweg zufließen und deren Schwingungen zu denen der sich weiterbewegenden Luftteilchen stimmen. Die akustophilen Passformen sind aber nicht mit den „Luftschwingungen", den schwingenden Luftteilchen, identisch; ihre Schwingungszahlen stehen lediglich in einem gewissen Verhältnis, „stimmen" zueinander, und insofern ist man berechtigt, akustische Vorgänge, also Vorgänge im akustischen Bezirk, die direkt nicht messbar sind, gemäß den ihnen entsprechenden optischen Vorgängen, also indirekt metrisch zu bezeichnen, darf aber, wie es bisher durchweg geschieht, den akustischen Bezirk oder Raum (Hörraum) nicht mit dem optischen identifizieren oder verwechseln.

Die sogenannte Resonanz ist also auch nicht eine Zurückwerfung oder Brechung (Reflexion) von „Luftwellen", sondern von akustischen Passformen, die man gewiss, als akustische verstanden, mit „Schallwellen" bezeichnen kann, nicht aber mit den (optischen) „Luftwellen" verwechseln darf, zu deren Schwingungszahlen die der akustischen Passformen stimmen. Dies gilt auch für die Vorgänge im Sprechapparat; auch für diese werden bisher die Luftwellen mit den Schallwellen identifiziert, d. h. beide Schwingungen werden überhaupt nicht unterschieden. Man unterscheidet da also nicht den akustischen vom optischen Bezirk, den Hörraum vom Sehraum; diesen Unterschied, der übrigens schon geringer erkenntnistheoretischer Einsicht offenbar wird, hat erst die Psychobiologie klar herausgestellt. Die das Sprechrohr beim Sprechen passierenden Luftwellen mögen so groß sein, wie sie sind, sie sind eben nicht mit den Schallwellen, d. h. den Bewegungen der akustischen Passformen identisch; dass diese reflektiert werden, dass es also eine Re-

sonanz gibt, kann nach allen bekannten Tatsachen füglich nicht bezweifelt werden. Die Reflexion, d. h. die so bezeichnete Bewegung akustischer Passformen, geschieht im akustischen Bezirk, wird aber wiederum gemäß den entsprechenden optischen Anordnungen beschrieben.

Im Sprechapparat finden Verengungen, Drehungen und Erweiterungen statt, und zwar an für jeden Laut charakteristischen Stellen, den „Sprechengen", mit besonderer Intensität. Diese Stellen können innerhalb gewisser Grenzen variieren, man kann also „hinten" oder „vorne" sprechen und singen. So kann z. B. die E-Stellung, d. h. die Sprechenge, die dem E entspricht, von den verengten Zahnreihen-Lippen gebildet werden, aber auch bei mittelweitem Mund von dem vorderen Teil des Zungenrückens und des harten Gaumens mit seiner Zahnreihe, indem die Zungenspitze die Innenfläche der unteren Schneidezähne berührt und der vordere Teil des Zungenrückens sich emporwölbt; oder das G kann ganz hinten im Gaumen oder etwas weiter vorn gesprochen werden usw.; man kann „durch die Nase" sprechen, „näseln", indem sich das Gaumensegel der hinteren Rachenwand nicht so weit nähert wie beim „Sprechen durch den Mund", der Weg der akustischen Passformen also mehr durch die Nase als durch den Mund führt (in allerlei Nuancen), usw. Beim „Hintensprechen" („Knödeln") liegt die Zungenwurzel mehr nach hinten als beim „Vornesprechen" und ist die Beweglichkeit des Kehldeckels, wie überhaupt des phonetischen Kehlkopfapparats, erschwert, es bedarf intensiver Innervation, kräftigerer Kontraktionen der beteiligten Muskeln als beim „Vornesprechen", und hierbei finden sich funktionelle oder organische Veränderungen, die bis ins Krankhafte reichen oder sich entwickeln können. Es ist das unbestreitbare Verdienst Engels d. Ä., rein empirisch eine Stimmbildungsweise gefunden zu haben, die diesen Tatsachen gerecht wird; Engel und seine Schüler und Anhänger (einst zusammengefasst im Deutschen Verein für Stimmbildung) üben also systematisch die Technik des Vornesprechens.

Die jeweils entstehende Sprechenge kennzeichnet die Zuordnung der phänomenalen Denkzellkomplexe zu den Sprechmuskeln. Liegt also die Sprechenge am Gaumen, dann erfolgt die Innervation von bestimmten Zellen des Zellkomplexes aus, dessen Aktualitäten das beschriebene Individuum sind, und diese Zellen sind andere als die, von denen aus die Innervation von Sprechmuskeln erfolgt, deren Kontraktion die bukkale Sprechenge ist, usw. Hiernach ist es zu verstehen, dass die einzelnen Individuen mit gutturalen, bukkalen, dentalen usw. Lauten beschrieben werden. Die Innervation des Sprechapparats erfolgt oft auch vom akustischen Zentrum her; alle Wörter aber sind „Beschreibungen".

Die *Höhlenwandungen* bestehen aus zirkulären, obliquen und longitudinalen Fasern; die Öffnungen-Schwellen heben sich in Form eines zirkulären Wulstes ab, an dem oblique und longitudinale Fasern ansetzen. Je nachdem, welche Faserspezies sich vorwiegend kontrahiert, ob die Hunger- oder die Angstausdrucksfasern (zirkulär) oder die Schmerzausdrucksfasern (oblique) oder die Trauer- oder die Freudeausdrucksfasern (longitudinal), unterscheiden wir die *Hunger-,* die *Angst-,* die *Schmerz-,* die *Trauer-,* die *Freudestellung* (oder -einstellung). Die Hungerstellung ist eine mittlere Weite der Höhle und ihrer Öffnung, die Angststellung eine Verengung, die Schmerzstellung eine weitere Verengung bis zum Verschluss mit einer schrägen Verziehung oder auch, falls die Angstenge bis zum oder nahe bis zum Verschluss ging, eine Erweiterung mit Verziehung (je nachdem die Schmerzfasern mehr nach der longitudinalen oder zirkulären Richtung hin angeordnet sind), die Trauerstellung ist vom Verschluss oder von der Verengung an beginnende Erweiterung, die Freudestellung ist vollständige Erweiterung, also Streckung (Kontraktion von Längsfasern). Jeder Stellung kommt eine gewisse Variationsbreite zu; auch kommen unzählige Kombinationen vor. Jeder Stellung, jeder funktionellen Station entspricht im Fall der Schwingungen der kontrahierten Fasern ein bestimmtes Geräusch, ein bestimmter Ton oder Klang. Der Hungerstellung entspricht eine hungergefühlige, der Angststellung eine angstgefühlige, der Schmerzstellung eine schmerzgefühlige, der Trauerstellung eine trauergefühlige und der Freudestellung eine freudegefühlige akustische Aktualitätenreihe; den kombinierten funktionellen Situationen entsprechen je bestimmte akustische Nuancen.

Die verschiedenen Stellungen demonstriert z. B. die Mundhöhle mit der Mundöffnung (unter Beteiligung der Zunge). Der Hungerstellung entspricht ein (geflüstertes) U, der Angststellung ein O, der Schmerzstellung ein E und I, der Trauerstellung Stummheit bis zu einem homogenen UOA, der Freudestellung ein (offenes) A. Die Nuancen sind unzählige; so kann der Hungervokal mehr oder minder an O, der Angstvokal an A (OA) anklingen usw. Der Mund ist bei der Hungerstellung weiter als bei der Angststellung gerundet; er bildet bei der Schmerzstellung eine enge, quere Spalte, die oft (bei stärkerem Schmerzausdruck) verzerrt ist; bei der Trauerstellung ist der Mund geschlossen bis leicht geöffnet; bei der Freudestellung ist er weit offen, wobei die Lippen und die Fortsetzungen zum Gaumen im Sinn zweier Geraden schwingen. Die optischen Buchstaben (Lautzeichen) sind stilisierte Abbildungen der Mundhöhle und -öffnung in den entsprechenden Stellungen.

Auch der *Kehlkopf* ist eine Höhle, aber mit einem sehr komplizierten Öffnungsapparat. Dieser besteht hauptsächlich aus den wahren Stimmbändern und den sie öffnenden und schließenden, verkürzenden und verlängernden, spannenden und entspannenden Vorrichtungen. Oberhalb der wahren Stimmbänder, zwischen ihnen und den sogenannten falschen, liegt der mittlere Kehlkopfraum und darüber der Vorhof mit dem Kehldeckel; man kann diese Abschnitte des Kehlkopfes – der Kehldeckel hebt und senkt sich gemäß der Stimmbildung – noch zum Öffnungsapparat rechnen. Während der Kontraktion zirkulärer Fasern befindet sich der Kehlkopf als Höhle wie als Öffnung in der Hunger- bzw. Angststellung, während der Kontraktion obliquer Fasern in der Schmerzstellung, während der Kontraktion longitudinaler Fasern in der Trauer- bzw. Freudestellung. Auch hier kommen unzählige Kombinationen vor; ihnen entsprechen Nuancen der Vokale. Wir betrachten die grundsätzlichen verschiedenen Stellungen des Öffnungsapparats.

(1) *Hungerstellung.* Kontraktion zirkulärer Fasern, nämlich der Mm. thyreo-aryt. ext., ary-epiglott., aryt. transversi. Letztere drehen die Processus vocales der Aryknorpel nach außen und nähern die Aryknorpel einander. Die Stimmritze

ist spezifisch weit (hungerweit), und zwar derart, dass die Stimmbänder als Rundungen funktionieren, d. h. dass im Luftstrom, also beim Intonieren, zirkuläre, und zwar Hungerfasern schwingen. Der dieser Stellung entsprechende Vokal ist U. Das U ist der typische Hungervokal (hungergefühlige Vokal), der *Höhlenvokal.* Der Kehldeckel ist bei Kontraktion zirkulärer Fasern des M. ary-epiglott. so angezogen, dass der Kehlkopfeingang „hungerweit" ist, um eine mittlere Weite der Rundung schwankt. Die Hungerstellung der Rachenhöhle, Gaumenöffnung, Mundhöhle mit Zunge und Zähnen, Lippenöffnung ist allgemein oben beschrieben.

(2) *Angststellung.* Kontraktion der Angstausdrucksfasern der vorgenannten Muskeln, also gegenüber der Hungerweite mehr oder minder weit gehende Verengerung des Stimmraumes, der Stimmritze, die wie bei der Hungerstellung als Rundung funktioniert (nur schwingen eben Angstfasern). Der dieser Stellung entsprechende Vokal ist O. Das O ist der typische Angstvokal (angstgefühlige Vokal), der *Öffnungsvokal.* Das U „malt" akustisch wie optisch die Höhle, das O die Öffnung. Natürlich ist auch der übrige Stimmraum angstkontrahiert. Die Angstkontraktion kann sich bis zum völligen Verschluss der Stimmritze steigern; dann ist auch der übrige Stimmraum einschließlich des Bronchial-Trachealraums maximal angstkontrahiert (vergleiche Oppressions-, Beklemmungsgefühl). Hierbei vox faucibus haeret, versagt die Stimme, kann man keinen Laut hervorbringen, ist man „sprachlos", angstverstummt – bis die phonetischen Angstreflexe zu geringeren Intensitäten abgesunken oder abgelaufen sind. U wie O sind hohle Vokale.

(3) *Schmerzstellung.* Kontraktion der Mm. aryt. obliqui und obliquer Fasern der Mm. crico-aryt. lat.: Die Stellknorpel drehen sich um ihre Längsachse, die Stimmritze verengt sich zur Linie; auch kontrahieren sich Schrägfasern der Mm. thyreo-aryt. (vocales). Der typische Schmerzvokal ist das E; es kann in I übergehen, auch das I ist Schmerzvokal. Beide, E und I, sind die *Schwellenvokale,* „malen" optisch wie akustisch die Öffnung der Schwelle (und zwar E die weitere, I die engere, feinere Schwelle) sowie das sie Überschreitende. Auch der übrige Stimmraum ist schmerzverengt.

Auch „im Schmerz" kann die Stimme versagen. Schmerzlich ist die klingende, durchdringende, gepresste, herbe, bittere, bissige, schneidende, schnittige, grelle, schrille usw. Stimme; sie „tut weh".

(4) *Trauerstellung.* Sie tritt im vollständigen Erlebnis nach der Schmerzstellung auf, ist also Übergang zur Freudestellung. Die Stimmritze beginnt sich langsam zu erweitern (nach dem Schmerzverschluss), wahrscheinlich, indem sich die Mm. crico-aryt. lat. kontrahieren: Hierbei öffnet sich die Glottis cartilaginea, während sich die Glottis vocalis schließt, und da spricht die Stimme gar nicht oder nur dumpf und dunkel an. Der *Trauerlaut* ist ein dumpfer Vokal, den man aus UOA verschmolzen beschreiben kann; tiefe Trauer ist stumm, wie sie tränenlos ist. Die Stimmritze schwingt als kurze Gerade, der Trauerlaut ist männlich, voll. Er ist der Laut des Müdeseins nach dem Kampf, des Verlassenseins nach der Überschreitung der Schwelle, des *Stückseins.*

(5) *Freudestellung.* Kontraktion der Stimmritzenerweiterer: Im Verhältnis zur (sagittal gestellten) Stimmritze longitudinal angeordneter Fasern der Mm. crico-aryt. post. und vielleicht auch lat. Bei Kontraktion der ersteren sind die Processus vocales der Aryknorpel relativ weit nach hintenaußen gestellt, die Glottis ist dabei erweitert; bei Kontraktion auch der letzteren sind die Aryknorpel auch nach unten gezogen. Hiermit ist eine spezifische Erweiterung und Spannung der Stimmbänder gegeben. Auch ist der in den Stimmbändern enthaltene Teil der Mm. thyreo-aryt., der Mm. vocales, soweit er Längsfasern führt, kontrahiert, die Stimmbänder schwingen als Gerade. Auch der übrige Stimmraum ist freudeweit (Kontraktion longitudinaler Fasern). Der Kehldeckel ist gehoben (Kontraktion der Mm. thyreo-epiglott. usw.). Der typische *Freudevokal* ist das „reine", „offene" A (bei weit geöffnetem Mund gesprochen), ein männlicher, voller Laut, der Vokal des *Vollendetseins* und Vollendethabens, des Fertigseins, der Größe, der erfüllten Pflicht, des Sieges. Malt der Trauerlaut das Stück, so der Freudelaut das Vollendete.

Nuancen. Gemäß der Reihe der funktionellen Situationen des Sprechapparats geht das U in das O über. Es gibt also Zwischenstufen zwischen U und O, sozusagen Interferenzlaute aus U und O, die im Einzelnen nicht beschrieben, sondern nur erlebt werden können. Je mehr sich das U dem O nähert, desto mehr nimmt die Angstkomponente (der Angstgehalt) zu, ohne dass aber da U seinen Hungercharakter verliert. Je mehr sich das O dem U nähert, desto mehr nimmt seine Hungerkomponente (der Hungergehalt) zu, ohne dass es aber den Angstcharakter verliert. Im Griechischen, Französischen usw. steht optisch „ou" für akustisch „u". Viele Menschen sprechen statt u meist den Diphthong ou in vielfältiger Nuancierung; sie gelangen sozusagen zum U über das O und umgekehrt. Auch über das A, das mehr oder minder weit zum O hin nuanciert sein kann, kann man zum U gelangen: in dem Diphthong au (z. B. in aus, Haus), wobei der Akzent auf dem U liegt, das AU also vorwiegend hungergefühlig ist, die Höhle malt (das freudegefühlige A gibt die Füllung der Höhle an); der Diphthong kann aber auch stark angstnuanciert sein (vergleiche z. B. schwäbisch „Hous" statt „Haus"), mit ihm also mehr die Öffnung beschrieben werden. Der Ausruf „au!" ist stark schmerzhaltig, es schwingen also außer Hunger- und Angstfasern des Sprechapparats auch Schmerzfasern, die Mundöffnung ist querverengt, oft verzerrt; der Ausruf setzt sich oft in den schmerzlichen Konsonanten W, oft auch in die Silbe „weh" (auweh!) fort. Eine schmerzliche Nuance ist auch das dem optischen eau entsprechende akustische o der Franzosen. Auch au spricht der Franzose als o, aber dieses o ist etwas anders als das dem eau entsprechende o; jenes malt die Höhle-Öffnung als hunger-angstgefühlig, dieses enthält die schmerzliche Komponente, z. B. beschreibt „l'eau" das Wasser als das sich aus der Höhle-Öffnung Herausdrehende, wie denn auch jeder austretende Wasserstrahl gedreht ist. Ganz allgemein entsprechen die optischen Nuancen der Buchstaben, Wörter, Sätze den akustischen Nuancen, man spricht also immer, wie man schreibt, wobei die verschiedenen Sprachen verschiedene optische Darstellungen der akustischen Nuancen, z. B. Akzentzeichen, Länge-, Kürzezeichen usw. haben; so ist z. B. auch der griechische Spiritus lenis, entsprechend dem französischen („ungesprochenen") h, z. B. in hôtel, keineswegs „belanglos", sondern gibt optisch eine akustische Nuance an.

Das UE ist Interferenzlaut von U und E und wird zu Unrecht als „Doppel-I" angesehen. Das E wird hierbei vielfach über das U geschrieben (als e oder als Doppelstrich ″ gleich *n* oder Doppelpunkt, wobei eben der Eindruck entsteht, als ob es sich um ein Doppel-I handle). Das UE ist schmerznuanciertes U, oft mit deutlicher Angstkomponente (Abwehr in dem Ausruf UEH!, der ein zu H fortgesetztes UE ist). Das E in UE malt die Schwelle, „über" die ein Gerades aus der Höhle U tritt. Gelegentlich hat das UE auch eine deutliche Freudekomponente, indem das E freudenuanciert sein kann. Diese Freudenuance tritt stärker hervor, wenn das E vor dem U steht, im Diphthong „eu", meist „oi, oü, öü" gesprochen (im Französischen dagegen wie „ö", z. B. in heure, gesprochen); in diesem Fall malt das E, das ja separat nicht gesprochen wird, sondern zum Diphthong gehört, also das U nuanciert, das aus der Höhle U austretende Gerade, Männliche (vergleiche „Freude"). Ähnlich UI und IU, z. B. in den bald mehr schmerzlich, bald mehr freudig nuancierten Ausrufen „ui!", „ujeh!", „juchheh!". Ein Juchzer oder Jauchzer ist also ein schmerz- oder freudehaltiger Hungerlaut, beschreibt derart zusammengefasst das Hunger-, Schmerz- und Freudestadium eines Erlebnisses (eines Festes, einer Feier, eines Tanzes, vergleiche Julklapp, Jubel, Juhle, johlen usw.).

Das O geht einerseits in U, andererseits in E und I über, es kann auch als ein dumpfes, hohles A, als verschmolzenes OA, als Angst-A auftreten, das vom Freude-A klar und deutlich unterschieden ist. Das OE ist Interferenzlaut zwischen O und E, ein schmerznuanciertes O (z. B. in dem ablehnenden Ausruf „oe!") oder auch ein freudenuanciertes O (sofern O oder E oder beide deutliche Freudekomponenten haben); in jedem Fall ist der Laut verschieden. Ähnlich OI, z. B. in den bald mehr schmerzlich, bald mehr freudig (nach ai hin) nuancierten Ausrufen „oi!", „hoi!". Ein Interferenzlaut zwischen O und (Freude-)A ist ein freudehaltiges O, das z. B. als Ausruf „o!", „oh!", „ho!" (lat. „oi!") ein freudiges Staunen, auch wohl, sobald das A überwiegt, eine ängstliche (eben staunende) Freude ausdrückt; solcher Interferenzlaute gibt es natürlich viele. In dem Ausruf „oho!" ist meist Angst (der ängstliche Protest) ausgedrückt; diese beiden O klingen auch ganz anders als das O des freudigen Staunens oder der staunenden Freude.

Dem Ablauf phonetischer Hass-, Hohn-, Zornreflexe entsprechen gewisse Nuancen des U und des O. Hass ist gestauter Hunger, Hohn und Zorn sind Nuancen des Hungers und der Angst, auch mit Schmerzkomponenten. Hassausdruck ist Wut, krampfartige Aktionen; ihnen ähnlich ist der Zornausdruck, wenn auch weniger „brutal", mehr angsthaltig; im Hohnausdruck ist die Schmerzkomponente besonders deutlich. So sind auch die phonetischen Ausdrucksweisen und die ihnen entsprechenden akustischen Reihen verschieden: Dem phonetischen Wutausbruch entspricht als Vokal ein U in krampfartigen Rhythmen, dem Zornausdruck ein „polterndes" O, dem Hohnausdruck ein schmerznuanciertes O, verwandt dem hohnnuancierten Schmerz (Hohnlachen: ein schmerzliches Hoho bis Hehe und Hihi, das Lachen der Hexen, das „ironische" Lachen usw.; im Wesentlichen sind Hehe und Hihi Schmerzlachen, oft mit Freudekomponenten, dann mehr an Hähä anklingend, „gemütlich").

U und O sind weibliche Vokale, E und I können weiblich und männlich sein, also entweder die schmerzliche (verzerrte, verdrehte) Öffnung, die Schwelle, oder das schmerzliche (gedrehte) Gerade akustisch malen; im ersteren Fall sind E und I „dunkler", hohler, nach O und U nuanciert (mehr im Munde gesprochen), im letzteren Fall sind sie „heller", nach A nuanciert (mehr zwischen den Zähnen und Lippen gesprochen). Diese Laute sind immer noch „reine" E oder I. Sie können deutlicher nach O und U bzw. nach A hin nuanciert auftreten, somit mehr Angst- und Hunger- oder Freudekomponenten aufweisen. Die funktionelle Situation des Sprechorgans ist demgemäß verschieden. Dem weiblichen E und I entsprechen die Kontraktionen und Schwingungen solcher Schrägfasern, deren Anordnung der zirkulären nahekommt; dabei schwingen auch zirkuläre (also Angst- und Hunger-)Fasern mit. Dem männlichen E und I entsprechen die Kontraktionen und Schwingungen solcher Schrägfasern, deren Anordnung der longitudinalen nahekommt; hierbei schwingen auch longitudinale (also Trauer- und Freude-)Fasern mit. So können sich also das E und das I dem O und U annähern und in solchen Nuancen dem OE

und UE ganz ähnlich klingen, wobei aber der E- und I-Charakter erhalten bleibt, wie umgekehrt in den Nuancen des O und U der O- und U-Charakter; es kommen da Interferenzvokale vor, die sich nur bei genauester Untersuchung auf ihre „Bestandteile" analysieren lassen. Dies gilt auch für die an das A anklingenden, also freudigen Nuancen des E und des I. Den Übergang von E zu A bilden Laute, die man mit AE bezeichnet, ohne zu differenzieren, ob die Nuance zur Gruppe des E oder zu der des A gehört, also das E oder das A überwiegt. Von I zu A führt kein bestimmter Laut, es kann nur das I mehr oder minder freudig nuanciert sein. Dagegen führt von A zu I der Diphthong AI, in dem das I offenkundig freudenuanciert ist (z. B. in dem Ausruf „ai!"). Das AI erinnert an das EI; an der Aussprache sind beide vielfach nicht ohne Weiteres zu unterscheiden, grundsätzlich ist EI vorwiegend schmerzlich, AI vorwiegend freudig.

Das A (Freude-A) entspricht der Kontraktion und den Schwingungen longitudinaler Fasern des Sprechorgans. Je mehr an der jeweiligen funktionellen Situation Fasern anderer Gefühlsspezies beteiligt sind, desto deutlicher ist das A entsprechend nuanciert. Es kann sich speziell dem E und dem O nähern, also schmerz- und angstnuanciert sein, und dem freudenuancierten E und O ganz ähnlich klingen. Zu I führt AI, zu U führt AU, beide oben beschrieben. Das reine Freudelachen ist Haha, ein schmerzliches Ingrediens enthält die Form Hähä, doch kann diese Form auch dem „gestauten" A, dem Ekel-A, das an ein breites AE anklingt, nahekommen. Die Interjektion „Ha!" ist je nach dem „Klang" freudegefühlig oder (falls das a dem o nahekommt, also ein oa ist) angstgefühlig oder freudegefühlig mit Angstkomponenten (Angstgehalt) oder angstgefühlig mit Freudekomponenten (Freudegehalt) – je nach der Relation der beteiligten Fasern, demgemäß je nach der Komposition der in der aktuellen akustischen Denkzelle anwesenden Passformenmasse. Die Interjektion „Ach!" ist entweder ängstlich-schmerzlich (das A klingt an O oder E an) oder traurig (das A enthält Trauerkomponenten) oder freudig mit Angst- oder Schmerz- oder Trauerkomponenten (z. B. drückt es eine staunende Freude aus wie auch „Ah!"). Zu „ach!" gehören achen, ächzen, achern, jachern (ä schmerzhaltig) usw.

Das gestaute A ist der Ekelvokal. Ekel ist gestaute Freude, Überfreude, Übersättigung. Das Ekel-A ist nicht ein schmerznuanciertes A, also AE, sondern ein einheitlicher Laut, der bei weit offener Lippen- und Zahnspalte, weit zurückgezogener, im Korpus aufgewölbter Zunge (Longitudinalfasern) und weiter Stimmritze ertönt, und zwar meist kurz, stoßweise, krampfartig. Dieser A-Laut kann zwar dem AE ganz ähnlich klingen, darf aber nicht mit ihm verwechselt werden. Eine besondere grafische Darstellung findet das Ekel-A nicht; es wird mit E oder AE (Ekel, äx, taedium, ἀηδία usw.) optisch bezeichnet, gemäß der klanglichen Ähnlichkeit. „Vae victis!" sagt der Lateiner und meint damit gewiss auch (je nach der Aussprache) das schmerzliche „Wehe den Besiegten!", doch liegt in dem „vae" auch die übermäßige Freude des Siegers, der Übermut, die Hybris des Sieggewöhnten, des Siegverwöhnten. Ein solches ae kann auch in dem Wort laetitia enthalten sein, als Ausdruck der allzu hohen Freude, des Überglücks (das man bekanntlich „nicht lange ertragen kann", dessen man „überdrüssig" wird); indes kann das ae auch nur eben die Freude ausdrücken – je nach der Aussprache. Dagegen schreit das Kind „eh" oder „aeh" und drückt so Angst und Schmerz, mit „uäh" auch Hunger aus.

Bei der Darstellung der Nuancen erhebe ich keinen Anspruch auf Vollständigkeit; die Nuancen lassen sich überhaupt nicht allesamt beschreiben, viele können nur erlebt werden. Die hier mitgeteilten Grundtatsachen gelten aber für alle möglichen Nuancen, welcher Sprache sie angehören mögen.

Jeder einzelnen Stellung kommt eine kontinuierliche Skala von *Spannungsgraden* zu. Je nach dem Spannungsgrad der einzelnen Faser sind ihre *Schwingungen* verschieden, auch derart, dass bei gleicher Länge der Fasern die mehr gespannten geschwinder schwingen als die weniger gespannten. Je geschwinder eine Faser schwingt, desto größer ist auch die Schwingungszahl der abgegebenen akustischen Passformen (d. h. die Zahl der in der Sekunde stattfindenden Schwingungen), und je größer die Schwingungszahl dieser Passformen, die ja Vor-Formen der akustischen Aktualität sind, desto „höher" ist die „Stimmlage" dieser Aktualität, hier des Vokals oder des Konsonanten. Die Stimmbänder haben eigene Spannvorrichtungen, nämlich die Mm. cricothyreoid., die sich aus zirkulären, obliquen und longitudinalen Fasern zusammensetzen. Je nach der Stellung der inneren Kehlkopfmuskeln, also je nachdem diese sich in Hunger- oder in Angst- oder in Schmerzstellung usw. befinden, kontrahieren sich die entsprechenden Fasern der Mm. cricothyr.; es besteht also zwischen den inneren Muskeln jeder einzelnen Gefühlsspezies und den entsprechenden Fasern dieser äußeren Muskeln stets Konfunktion. Je weniger die Fasern der Mm. cricothyr., welcher Gefühlsspezies sie auch angehören, kontrahiert sind, desto weniger ist das Stimmband, welche Stellung auch vorliegen mag, gespannt, desto tiefer ist der Ton, der der jeweiligen Stellung entspricht. Übrigens ist mit der Kontraktion der inneren usw. Muskeln an sich schon eine gewisse Spannung verbunden; man kann diese als die *aktive Spannung* im Gegensatz zur *passiven* bezeichnen. Auch die veränderliche Stellung der Aryknorpel („Stellknorpel") ist an den Spannungsunterschieden der Stimmbänder beteiligt. Im Zusammenspiel der Muskeln und Bänder des übrigen Sprechapparats endlich vollziehen sich aktive und passive Spannungen, sodass auch die Konsonanten tiefer und höher „klingen", wenn auch nicht so deutlich wie die Vokale.

Auch die *Länge* der Stimmritze und die *Dicke* der Stimmbänder wechselt innerhalb jeder Stellung: die Länge insofern, als die Glottis cartilaginea mehr oder weniger weit offen, der hauptsächlich schwingende Teil der Stimmritze länger oder kürzer sein kann; die Dicke der Stimmbänder insofern, als zwischen Kontraktion und passiver Spannung der den einzelnen Gefühlsspezies angehörenden Fasern der Mm. thyreo-aryt. ein gewisses Verhältnis besteht derart, dass je geringer die Spannung, desto dicker der kontrahierte Muskel. Der geringeren Länge der Stimmritze sowie der geringeren Dicke der Stimmfalten, wobei auch stets höhere Spannungsgrade vorhanden sind, entsprechen höhere Töne; der größeren Länge der Stimmritze sowie der größeren Dicke der Stimmfalten, wobei auch stets niedrigere Spannungsgrade vorhanden sind, entsprechen tiefere Töne. Der Kontraktionsintensität der jeweils funktionierenden Muskeln entspricht die Helligkeit („Lautheit") der Stimme.

151

Die *Skala der Tonhöhen* ist für die Vokale der einzelnen Gefühlsspezies nicht ganz gleich. Die hungergefühligen Vokale (also U und Nuancen) sind vorwiegend tiefere Töne und erreichen geringere Höhen als die Vokale der übrigen Gefühlsspezies, abgesehen von den Trauervokalen, die ebenfalls vorwiegend tiefe bis mittlere („getragene") Tonhöhen innehaben. Die Angstvokale liegen nicht so tief wie die Hungervokale und können sehr hoch steigen (Angstschrei). Noch weniger tief liegen die Schmerztöne, sie können bis zu höchsterlebbaren Höhen ansteigen (Schmerzschrei, Wimmern, Quieken). Die Freudevokale liegen auf mittlerer Höhe, können bis fast zur Hungertiefe absteigen, andererseits bis zu erheblichen Höhen ansteigen („Stimmt an mit hellem, hohem Klang …!"). Analoges gilt für die Konsonanten. Immerhin decken sich die Skalen der Tonhöhen in ziemlichem Umfang; auf zahlreichen Tonhöhen können sämtliche Vokale und Konsonanten vorkommen. Die tieferen Töne nennt man *Bruststimme;* es schwingen dabei die Brustwandungen viel stärker mit als bei der *Kopfstimme,* bei der die oberen Stimmräume stärker mitschwingen. Bei steigender Tonhöhe kontrahieren sich entsprechende Fasern der Kehlkopfheber, bei fallender Tonhöhe Fasern der Kehlkopfsenker. Mit der Hebung des Kehlkopfes koinzidiert die Zunahme der Spannung der schwingenden Muskeln, mit der Senkung die Abnahme der Spannung. Beim gewöhnlichen Sprechen nimmt U die tiefste, O eine etwas höhere, A eine mittlere, E und I die höchste Tonhöhe ein; ebenso kann man das U am besten tief singen, etwas höher O, dann A und am höchsten E und I. Dem Schema nach, das von der Helmholtz'schen Theorie der Vokalbildung bestätigt wird, geht aus dem U das O, aus dem O das E und I und aus diesen Vokalen das A, d. h. aus dem Runden das Gerade, aus dem Weiblichen das Männliche hervor; doch sind viele akustische Erlebnisse unvollständige, wie hier nicht weiter ausgeführt werden soll.

Jeder Mensch hat „seinen" Kehlkopf, „sein" Sprechorgan. Seine Sprache ist hinsichtlich Klangfarbe, Höhenskala, Intensität (Lautheit), Gefühligkeitsgrad, Rhythmik usw. individualspezifisch. Diese individuellen Sprachen ordnen sich zu Gruppen. So unterscheidet sich die Kindersprache von der Sprache der Erwachsenen und die Sprache der Frauen von der der Männer. Die Unterschiede entsprechen den Verschiedenheiten der Sprechorgane hinsichtlich der Größenmaße, besonders der Stimmbänder. So schwingen die Stimmbänder des Mannes, die länger sind als die der Frau und des Kindes, weniger rasch bei gleicher Spannung als die der Frau und des Kindes, die männliche Stimme ist also tiefer als die der Frau und des Kindes. Darüber hinaus gibt es beispielsweise eine Familien-, Sippen-, Stammesund Volkssprache. Auch für die gruppenspezifischen Sprachen gelten die vorstehenden Ausführungen über die Vokale wie die folgenden über die Konsonanten.

4.2 Konsonanten

Die Konsonanten entsprechen gewissen „Stellungen" der Sprechmuskulatur, wobei der Kehlkopf im Ruhetonus verharrt (*stimmlose* Konsonanten) oder konfungiert (*stimmhafte* Konsonanten). Auch die stimmhaften Konsonanten können ohne Stimme „gesprochen", geflüstert werden (wie die Vokale). Geflüsterte Laute sind stets weniger hell als stimmhafte, sie gehören wie die stimmlosen Konsonanten zu den Geräuschen. Den verschiedenen funktionellen Situationen der beteiligten Muskeln, elastischen Fasern usw. entspricht je ein bestimmter Konsonant. Wir unterscheiden auch hier die Hunger-, die Angst-, die Schmerz-, die Trauer- und die Freudestellung der Sprechmuskeln, demnach auch hunger-, angst-, schmerz-, trauer- und freudegefühlige Konsonanten. Jede funktionelle Situation ist kombiniert, an einer Hungerstellung sind auch Angst-, Schmerzund andere Fasern beteiligt, demgemäß sind auch die Konsonanten nuanciert, und der Nuancen gibt es unzählige, die eine Gefühlsspezies wiegt aber jeweils vor.

Nicht nur von den schwingenden Muskeln usw. werden akustophile Passformen abgegeben, die als akustischen Passformen (Vor-Formen) in den akustischen Bezirk eintreten und sich zum akustischen Zentrum bewegen, sondern auch von der die „Sprechenge" durchströmenden Luft, und zwar ist das Verhältnis der *muskulogenen* und der *aërogenen* akustischen prämodalen Passformen, die im Sinn der biologischen Symbolik an einer bestimmten konsonantischen Aktualität beteiligt sind, verschieden, nämlich spezifisch und spezifisch variabel. Besonders groß ist der aërogene Anteil bei den Konsonanten H, CH, SCH, J, L, S, Z, F, V, W (Hauch-, Zisch-, Blaskonsonanten), viel geringer bei G, K, D, T, R, B, P (weiche und harte Platz- oder Explosiv-, bzw. Rollkonsonanten [R]) sowie bei allen stimmhaften Konsonanten, also M, N, NG, stimmhaftem R, L, W. Je größer der aërogene Anteil, desto mehr nähern sich die Konsonanten den „Luftgeräuschen", d. h. den Eigengeräuschen der Luft, und die Hauch-, Zisch-, Blaskonsonanten können, indem der aërogene Anteil sehr groß ist, fast ganz den Charakter von Luftgeräuschen haben, allerdings hinsichtlich der Klangfarbe gemäß dem muskulogenen Anteil, eben als Sprachlaute determiniert. Je nachdem, ob rund oder gerade oder gedreht angeordnete Luftteilchen phonetisch schwingen, also in runder oder gerader oder gedrehter Richtung sich bewegen, sind (auch) die phonetischen „Luftgeräusche" hunger-, angst- oder trauer-, freude- oder schmerzgefühlig, weiblich oder männlich. Die Schwingungen der Luft stimmen zu den Schwingungen der konsensuell funktionierenden Sprechmuskeln; schwingen also rund angeordnete Luftteilchen, so auch rund angeordnete Muskelfasern usw. In geringem Maße sind wohl auch solche akustophilen Passformen beteiligt, die von schwingenden Schleimpartikeln der Schleimhäute abgegeben werden.

Beim ruhigen Atmen ist das „Atmungsrohr" mittelweit, die Stimmritze im Ganzen offen, es besteht Ruhetonus der Sprechmuskeln, allerdings mit den beim Ein- und Ausatmen stattfindenden Schwankungen, die flach verlaufende Kontraktionswellen sind. Hierbei kann ein Luftgeräusch (die Geräusche der aus- und eintretenden Luft) als schwaches Hauchen, eine Vorstufe des konsonantischen H auftreten. Bei der phonetischen Innervation und Kontraktion wird das Atmungs- zum Sprechrohr, und es weicht das Sprechrohr hinsichtlich seiner Weite, speziell an gewissen Stellen (*„Sprechengen"*) spezifisch von der Weite des Atmungsrohrs ab. Solche Sprechengen kommen, abgesehen vom Kehlkopf, *an folgenden Stel-*

len vor: zwischen Zäpfchen und hinterer Rachenwand (beim Vokalisieren legt sich das Zäpfchen an die hintere Rachenwand an und schließt so das Ansatzrohr gegen die Nase ab, Bibendt), zwischen Zungenwurzel und weichem Gaumen, zwischen Zungenrand und Wange, zwischen Zungenspitze bzw. vorderem Teil des Zungenrückens und hartem Gaumen und Oberzähnen, zwischen Ober- und Unterlippe. Die Weite der Sprechengen kann noch zur Hungerweite gehören oder schon Kontraktion von Angstfasern sein, die bis zum Verschluss gehen kann. Die Kontraktionen von Schmerzfasern sind Drehungen, Verziehungen, Verschlüsse der verengten Stellen; bei Kontraktion der beiderseitigen Muskeln nimmt die Enge die Form eines Spaltes an, der mehr oder minder eng ist. Die Erweiterung vom Verschluss an setzt ein mit der Kontraktion von kurzen Längsfasern, Trauerfasern, und kann sich fortsetzen mit der Kontraktion von Freudefasern. Die jeweils stärkstschwingenden Partien kann man als „Vibrationsbezirke" (Hopmann) abgrenzen; ich würde vorziehen, stattdessen *„Schwingungsbezirke"* zu sagen (Vibration ist eine spezielle Schwingungsart).

Die Sprechengen sind die jeweils stärkstkontrahierten Abschnitte des Sprechrohrs, und zwar sind Fasern aller Gefühlsspezies beteiligt, die der einen Gefühlsspezies aber vorwiegend. Die Hungerweite kann in die Angst- und Schmerzenge und diese in die Erweiterungsphasen übergehen, d. h. an die Hungerstellung kann sich allmählich die Angststellung usw. anschließen. Gewisse Konsonanten, die benachbarten Stellungen entsprechen, „klingen", „lauten" ähnlich und können doch verschiedenen Gefühlsspezies angehören, also different-gefühlig sein. So geht das Atmungshauchen oder das H bei Bildung der Gaumenenge allmählich in das gutturale CH über, und dieses ist hierbei zunächst angst-, dann schmerzgefühlig, falls sich an die Kontraktion der Angstfasern die der Schmerzfasern anschließt. Oder bei der Erweiterung der geschlossenen Lippen kann das trauergefühlige B in das freudegefühlige P übergehen, also ein Konsonant B auftreten, der dem P ganz ähnlich ist, usw. Während des Bestehens einer Sprechenge können die übrigen Teile des Sprechrohres alle möglichen Stellungen einnehmen, die allerdings von der Sprechenge her nuanciert sind. So kann z.B., während gutturales CH gesprochen wird, der Mund in U-Stellung sein, und diese ist derart nuanciert, dass der hintere Teil des Zungenrückens gegen den Gaumen gezogen ist, während dies beim stimmhaften oder geflüsterten U nicht der Fall ist, auch rückt beim Sprechen des gutturalen CH beim gewöhnlichen (nachlässigen) Sprechen die Zungenspitze von der unteren Zahnreihe ziemlich weit ab; das bei U-Stellung des Mundes gesprochene CH klingt leicht an U, das bei I-Stellung gesprochene an I an usw. Das Analoge gilt für alle übrigen Konsonanten. Die Gefühligkeit der Konsonanten ist hierbei entsprechend nuanciert.

Das *konsonantische H* entspricht einer mittleren Weite (Hungerweite) des Sprechrohres, also den Schwingungen (vorwiegend) der kontrahierten Hungerfasern und der (rund schwingenden) Luftteilchen. Die in gerader Richtung sich bewegenden Luftteilchen liefern hierbei ebenso wie die longitudinalen Fasern nur einen nuancemäßig mehr oder minder geringen Anteil der akustophilen Passformen. Größer kann der Anteil der akustophilen Passformen sein, den mitbeteiligte Angst- und Schmerzfasern sowie entsprechend schwingende Luftteilchen abgeben. Dabei bleibt aber das H hungergefühlig, tritt eben nur in verschiedenen Nuancen auf. Als solche sind auch die H-Konsonanten zu nennen, die bei den verschiedenen vokalischen Stellungen besonders der Mundöffnung hörbar sind; bei U-Stellung „klingt" also das H etwas anders als bei E-Stellung usw., der Vokal „klingt an", oder H „klingt" an den Vokal an, oft schließt sich der Vokal an das H an. Das H ist das typische Höhlengeräusch, das Geräusch der leeren Höhle, wie das U der Höhlenvokal ist.

Bildet sich eine *Sprechenge „am Gaumen"*, d.h. so, dass sich der Zungengrund dem weichen Gaumen nähert, dann geht das H mehr und mehr in das gutturale CH über, das angst- oder schmerzgefühlig ist. Im letzteren Fall klingt es an das gutturale R an, einen Schmerzkonsonanten, der den Schwingungen obliquer Fasern des Gaumensegels und des Zungengrundes bei intermittierendem Verschluss des Gaumen-Zungenspaltes entspricht. Die Sprechenge kann sich völlig schließen (Kontraktion von Angst- und Schmerzfasern) und

dann plötzlich, „explosiv" erweitern (Kontraktion von Trauer- und Freudefasern); den Schwingungen der erweiternden Fasern entsprechen die Konsonanten G, K, CK, Q, und zwar das G den weich, langsam verlaufenden Kontraktionen der Trauerfasern, der vom Verschluss beginnenden Erweiterung (mit Nuancen zum freudegefühligen K hin), das K, CK, Q den härter, rascher verlaufenden Kontraktionen der Freudefasern, wobei sich die Sprechenge weit öffnet (mit Nuancen zum G hin); das Q ist ein nach U hin nuanciertes K, CK, es folgt stets ein U; das CK ist ein Doppel-K hinsichtlich der Intensität des Verlaufs der Kontraktionen und Schwingungen, also auch hinsichtlich der Helligkeit. Auch beim Sprechen der übrigen Explosivae findet zunächst Verschluss der Sprechenge statt, also Kontraktion von Angst- und Schmerzfasern, die aber akustisch nicht oder nur nuancemäßig zur Geltung kommt. Auch das CH, der Übergangskonsonant von H zu K, wie auch die optische Darstellung dieses Konsonanten anzeigt (für K steht C), wird oft wie K gesprochen, z.B. in Christus; der H-Anteil tritt dann stark zurück. Alle diese Konsonanten heißen *Gutturales*.

Bildet sich eine *Sprechenge zwischen Zungenrand und Wange*, dann geht das H ebenfalls in CH über, das aber ähnlich wie J lautet. Auch dieses CH ist wie das J vorwiegend angst- oder schmerzgefühlig. Zu einem völligen Verschluss dieser Sprechenge kommt es nicht, auch der Erweiterung entspricht kein Konsonant. Liegt die Sprechenge etwas weiter vorn, dann geht das CH in SCH über, indem ein S-Anteil (Zungenspitze weiter hinten als bei S am harten Gaumen) hinzutritt; auch das SCH ist vorwiegend angst- oder schmerzgefühlig. Diese Konsonanten sind die *Buccales*.

Der *Sprechenge zwischen Zungenspitze und hartem Gaumen oder oberer Zahnreihe* entspricht das S in seinen verschiedenen Nuancen; es ist schmerzgefühlig. Der Erweiterung dieser Sprechenge vom Verschluss an entsprechen D und T, D (wie G) vorwiegend trauer-, T (wie K) vorwiegend freudegefühlig. Z ist ein S mit hohem D- oder T-Anteil, also schmerzgefühlig mit hohem Trauer- oder Freudeanteil. Diese Konsonanten sind die *Linguales* (Linguodentales).

Der *Sprechenge zwischen den Zahnreihen und den Lippen* entsprechen F, V und W. V und W haben oft ausgesprochenen Hungercharakter (Schwingungen von Hungerfasern der Sprechenge und rund angeordneten Luftteilchen), oft Angst- und Schmerzcharakter. F ist vorwiegend schmerzgefühlig. Der plötzlichen Erweiterung des Verschlusses entsprechen B als vorwiegend trauer- und P als vorwiegend freudegefühlig (vergleiche G und K, D und T). Diese Konsonanten sind die *Labiales.*

Die *Liquidae* sind M, N, NG, L und R. Einer Stellung derart, dass die Lippen geschlossen und die Gaumenklappe geöffnet ist, sodass die Luft durch die Nase geht, entspricht das M. Es ist hungergefühlig, klingt hohl, ist aber oft nach den übrigen Gefühlsspezies nuanciert, je nachdem die Mundhöhle enger oder weiter ist. Legt sich in der verengten M-Stellung die Zungenspitze an den harten Gaumen, gewöhnlich an die Grenze von oberer Zahnreihe und hartem Gaumen, dann lautet der entsprechende Konsonant N; er ist vorwiegend angst- oder schmerzgefühlig. Das NG ist eine Verschmelzung von N und G (vergleiche CH, SCH, Z als Verschmelzungen); NG ist vorwiegend angst- oder schmerzgefühlig. Berührt die Zungenspitze den harten Gaumen wie bei N, während die Luft zwischen Zungenrand und Wange entweicht, dann ist der entsprechende Konsonant L; er ist vorwiegend schmerzgefühlig, oft nach den übrigen Gefühlsspezies nuanciert, je nach der Art der mitschwingenden Fasern. Das R entspricht den Schwingungen der Zungenspitze gegen den harten Gaumen und ist schmerzgefühlig wie das Gaumen-R.

Wie die Vokale (oder alle anderen Töne oder Klänge) „lauten" auch die Konsonanten (und alle anderen Geräusche, also auch die, die wie z.B. das Schnalzen, Schmatzen usw. nicht eigentlich zu den Sprachlauten gerechnet werden) verschieden je nach der Gefühlsspezies, der der einzelne Laut angehört. So lauten die Hungerkonsonanten hohl, leer, die Angstkonsonanten eng, gepresst, die Schmerzkonsonanten schneidend, herb, stechend, reißend, die Trauerkonsonanten weich, „getragen", die Freudekonsonanten kräftig, markig, hart, voll. Die Konsonanten klingen vielfach an Vokale an oder gehen in diese über, so z.B. klingen die H-Konsonanten bei U-Stellung der Lippen und des Mundes an U an und gehen in U als Pfeif-

ton über. Analog klingen die H-Konsonanten bei der O- oder der E- oder der I-Stellung (Angst- bzw. Schmerzstellung) der Lippen an die Angst- bzw. Schmerzvokale an und können in vokalähnliche Pfeiftöne übergehen. Selbst einen A-ähnlichen Pfeifton gibt es als akustische Entsprechung einer der Freudestellung der Lippen und des Mundes ähnlichen Situation, wobei longitudinale Fasern und gerade angeordnete Luftteilchen schwingen. Das S kann in einen I-ähnlichen Klang übergehen usw.

Jeder Laut (Vokal, Konsonant) *ist spezifisch,* ein akustisches Individuum, Aktualitätenreihe einer bestimmten Modalzelle oder -zellgruppe, die einer bestimmten Gefühlsspezies angehört. Nun sind in jeder Denkzelle jeweils Passformen der verschiedenen Gefühlsspezies anwesend, von der einen Gefühlsspezies aber die (relativ) meisten; eine Hungerzelle enthält also nicht bloß Hungerpassformen, sondern auch Angst-, Schmerz-, Trauer-, Freudepassformen, in der Mehrzahl aber Hungerpassformen; die Relation ist spezifisch, auch spezifisch wechselnd. So ist die Aktualität einer Hungerzelle streng genommen immer bloß eine *vorwiegend* hungergefühlige, sie ist *komplex* im Sinn der biologischen Symbolik. Dies gilt für jede Aktualität. Daraus, dass die Kombination der in der Denkzelle anwesenden Passformen, somit auch die Konstitution der Aktualität (aus Symbolkomponenten) innerhalb der Spezifität jeweils anders ist, verstehen sich die Nuancen der einzelnen Laute. Die Unterschiede sind freilich oft erst aus der Analyse der Situation, innerhalb derer die einzelnen Laute auftreten, der Position innerhalb des Wortes (wobei Assimilation und Kontraste vorkommen), der Gefühligkeit des Beschriebenen usw. zu bestimmen.

Die hunger- und die angstgefühligen Laute sind die *weiblichen,* die trauer- und die freudegefühligen Laute sind die *männlichen;* die schmerzgefühligen Laute sind entweder weibliche oder männliche (negative oder positive). Ein weiblicher Laut kann nie ein männlicher werden, ein männlicher nie ein weiblicher. Ein hungergefühliger kann nie ein angstgefühliger usw. werden, ein angstgefühliger nie ein schmerzgefühliger usw. werden. Es kann aber, wie gesagt, ein hungergefühliger Laut derart nuanciert, z.B. angstnuanciert, auftreten, dass er einem anderen Laut, z. B. einem hungernuancierten Angstlaut, „zum Verwechseln" ähnlich ist; hierbei aber sind die beiden Laute verschiedene, Aktualitäten verschiedener Denkzellen.

Zum Beispiel ist das U der typische Hungervokal. Er klingt jedesmal verschieden, ist einmalig wie jede Aktualität, nuanciert je nach der Komposition der jeweils aktuellen Denkzelle. Die Variationsbreite der Nuancen liegt innerhalb der Spezifität, das U bleibt also immer hungergefühlig, sooft es erscheint, aber es klingt bald mehr dem O, bald mehr dem A, bald mehr dem AU nahe usw., ja die Zahl der möglichen Nuancen ist überhaupt nicht abzusehen und noch weniger aufzuschreiben, zumal zwar der optische Buchstabe dem betreffenden Laut in bestimmter Weise entspricht, aber die Zahl der optischen Buchstaben viel zu gering und besonders die gedruckten viel zu wenig differenzierbar sind, als dass sämtliche lautlichen Nuancen „fixiert", d. h. optisch dargestellt werden könnten. Es kommt hinzu, dass die Anordnung der den Laut U ausmachenden Aktualitätenreihe (genau wie die der optischen Aktualitätenreihe) bei ihrem jedesmaligen Ablauf verschieden ist. Die akustische Aktualität ist wie jede andere der raumzeitliche Punkt; das gehörte, also akustische U ist wie das gesehene, also optische U nicht eine einzige Aktualität, sondern stets eine Reihe, und zwar von Aktualitäten der gleichen oder verschiedener „U-Zellen". Die Anordnung (Koordinatik) ist jedesmal verschieden, und mit der Anordnung sind auch die Aktualitäten nuanciert, das U klingt bald mehr, bald weniger hohl usw. Analoges gilt auch für die anderen Laute.

4.3 Die Laute als Entsprechungen von Vorgängen

Jeder Laut ist eine Aktualitätenreihe, ein Vorgang, und entspricht einer gewissen phonetischen Veränderung des Sprechapparats, die wir Stellungen (Kontraktionen gewisser Sprechmuskeln usw.) und Schwingungen der Muskeln und Luftteilchen nennen und die ein Vorgang ist. Die phänomenal-phänomenologische Entsprechung, d. h. hier zunächst das Verhältnis von Sprechapparat und Sprachlaut, ist die assoziative Zuordnung von Beschriebenem und Beschreibung. Die Sprachlaute entsprechen also, und zwar als „Eigentöne" oder „Eigengeräusche", gewissen Vorgängen, nämlich den phonetischen, des Sprechapparats und der ihn passierenden Luft; sie sind aber zugleich Beschreibungen aller möglichen anderen phänomenalen Vorgänge (Individuen und ihrer Veränderungen), der Aktualitätenreihen der Denkzellen, von denen aus die Sprechmuskeln innerviert werden. Die Sprachlaute und ihre Reihen (Wörter) sind nicht Eigentöne oder -geräusche der beschriebenen Individuen oder Vorgänge; deren Eigentöne oder -geräusche sind vielmehr besondere akustische Reihen, ihnen kann eine sprachliche Beschreibung recht nahe kommen, ähnlich klingen (Lautmalerei).

Das U entspricht als Eigenklang der Hungerstellung des Sprechapparats, wie beschrieben, d. h. den Schwingungen der sich kontrahierenden und kontrahierten Hungermuskeln; er beschreibt also die leere Höhle oder die Höhle als leer, weit, ihre Veränderung als weitgerundete Bewegung, als Bewegung in weitem (d. h. hungerweitem) Rund. Analog beschreibt der Öffnungs- oder Angstvokal die zur Öffnung sich einengende leere Höhlung und ihre Veränderung als enggerundete Bewegung. Der Schwellen- oder Schmerzvokal E beschreibt die zur Schwelle, und zwar zur mäßig engen Spalte sich formende Höhlung (Schwelle zu schwellen, an den Öffnungen-Schwellen finden sich die Schließmuskeln oder analog schwellende oder geschwollene, einengende Anordnungen, vergleiche z. B. die Türschwelle), aber auch das die Schwelle überschreitende Gerade, das Gerade als die Schwelle überschreitend, sowie die Veränderung der Schwelle (weiblich) als mäßig engende, somit einschneidende, teilende, drehende usw. Bewegung, die Veränderung des die Schwelle Überschreitenden als durchschneidende, durchdrehende, durch-, austretende, durchstechende usw. Bewegung. Der Schmerzvokal I beschreibt die Schwelle als ganz eng und das sie überschreitende Gerade als engstzusammengepresst, dünn, fein, spitz, fein gedreht, zerschneidbar und zerschnitten, zerteilbar und zerteilt usw., demgemäß auch die Veränderung der Schwelle als über die E-Enge hinaus einengende, hierbei ziehende, windende, drehende, teilende Bewegung, die des Geraden als ein- und durchdringend, fein, dünn sich ein- und durchdrehend usw. Die als Ersatz für den fehlenden Trauervokal auftretenden Vokalnuancen beschreiben das Stück, das abgetrennte, kurze Gerade und seine Veränderung als langsame, schwerfällige, kurzstreckige Bewegung; solche kurzen Geraden sind auch die Trauermuskeln, ihre Bewegung (Kontraktion, Schwingung) ist die langsam, mit einer gewissen Weichheit, Mattheit erfolgende, vom Verschluss bis zu einer relativ geringen Weite reichende Erweiterung oder Streckung. Das A (Freudevokal) entspricht als Eigenklang der Freudestellung des Sprechapparats, also den Schwingungen der sich kontrahierenden und kontrahierten langen Longitudinalmuskeln, der Freudemuskeln; er beschreibt somit das lange Gerade, Ragende, Erhabene usw. und seine Veränderung als „freudige", d.h. kraftvoll-rasche, „lebhafte", markige, langhin sich streckende Bewegung (optimale Erweiterung oder Streckung).

Hiernach gibt es verschiedene *Bewegungstypen,* d.h. sind die Bewegungen hinsichtlich ihrer Verlaufsweise nach den fünf Grundgefühlen zu klassifizieren und zu bezeichnen (als Hunger-, Angst- usw. Bewegungen). Die koordinativen Veränderungen der Gegenstände sind verschieden, je nach der Gefühlsspezies, der die einzelnen Gegenstände angehören, gleichgültig, welcher Gefühligkeitsgrad, welche Intensität usw. vorliegt; unter allen Umständen behält also eine Bewegung die ihr eigentümliche Verlaufsweise, ihren *Rhythmus* bei. Die bei den Bewegungen von einer gewissen Geschwindigkeit an abgegebenen akustophilen Passformen haben den gleichen Bewegungstypus wie das abgebende Individuum, wie sie ja auch zur gleichen Gefühlsspezies gehören; so haben auch die mit einem phänomenalen Individuum assoziierten akustischen Aktualitäten, also auch die Sprachlaute, den gleichen Bewegungstypus wie jenes und geben somit als Beschreibung gemäß der phänomenal-phänomenologischen Entsprechung auch den Bewegungstypus des Beschriebenen an. Übrigens ist die Lehre von den Bewegungstypen eine wesentliche Grundlage für die *Psychobiologie des Temperaments und Charakters,* die psychobiologische Temperamentlehre und Charakterologie.

Was für die Vokale gilt, gilt auch für die Konsonanten: Auch sie geben als Eigengeräusche den Bewegungstypus der phonetisch kontrahierten und schwingenden Muskeln und der schwingenden Luftteilchen an, ferner auch den Bewegungstypus der beschriebenen Individuen, also der Aktualitäten der Denkzellen, von denen aus die Sprechmuskeln inneriert werden. Natürlich ist die Beschreibung nicht *bloß* Angabe des Bewegungstypus, also der spezifischen Art, des Rhythmus der koordinativen Veränderung, wie des Genaueren dargelegt werden wird. Es zeigt sich sogar, dass die Konsonanten die Bewegungstypen sozusagen eingehender als die Vokale angeben, indem sie besondere Nuancen der einzelnen Bewegungstypen herausstellen und so die vokalische Beschreibung determinieren.

Die *hungergefühligen Konsonanten H, V, W, M* entsprechen den U-Höhlungen und beschreiben sie, aber während U die Höhle „schlechthin" angibt, determinieren die Konsonanten je spezifisch die Höhle hinsichtlich der Anordnung (Koordinatik und koordinativen Veränderung), also hinsichtlich des Bewegungstypus, und zwar je derart, wie man am leichtesten an der Anordnung der einzelnen optischen Buchstaben erkennen kann. Das akustische H malt das hungerweite Rohr, also die Höhle als rohrartig, wobei das Rohr nicht enger oder weiter zu sein braucht als die mit U bezeichnete Höhle, sondern eben nur gleichmäßig weit von Anfang bis zu Ende, während U die Höhle als solche, d.h. als den an einem „Ende" geschlossenen Raum angibt. Die gleichmäßige Weite der rohrartigen Anordnungen impliziert die Möglichkeit der theoretisch beliebigen Länge, das H gibt also, indem es die Höhle als rohrartig beschreibt, implizit eine theoretisch beliebige Ausdehnung an – woraus sich auch seine Verwendung als Dehnungszeichen versteht. Der Bewegungstypus ist demgemäß nuanciert. – Das V malt die Höhle als koordinativ einer Öffnung-Schwelle zustrebend, in der besonderen Art, wie sie die Lippen-Mundstellung beim Aussprechen des V ohne Weiteres erkennen lässt (mäßiges Übergreifen der oberen Vorderzähne über die Unterlippe, mäßiges Einziehen der Unterlippe, mehr rundlicher Spalt zwischen Vorderzähnen und Unterlippe, Mundhöhle hungerweit); der Bewegungstypus ist demgemäß, auch nach einer weichen Note hin nuanciert; im Griechischen steht V (υ) für Ue und y und ου für U, wie im Altlateinischen und nicht selten im altertümlichen Deutsch V für U steht. – Das W entspricht einer ganz ähnlichen Stellung des Sprechapparats wie das V, nur greift die Oberlippe nicht nur über die Unterlippe, sondern beide bilden (mitsamt den Zahnreihen) vertikal voneinander entfernt eine mäßige, aber immerhin weitere rundliche Öffnung; von V zu W zu U oder umgekehrt besteht ein kontinuierlicher Übergang, sodass man W als ein an der Öffnung mäßig, V als ein stärker eingeengtes U bezeichnen könnte. Diese speziellen Einengungsbewegungen als Nuancen der U-Stellung geben die Konsonanten W und V an. – Das M beschreibt die Höhle als „vorn" geschlossen, sodass das sie Erfüllende nicht oder doch nicht in der sonst üblichen Richtung austritt. Hierzu die Anmerkung, dass die hungergefühligen wie überhaupt die weiblichen Laute und Lautzeichen, mit einem Wort: Buchstaben, die Höhle bzw. die Öffnung und Schwelle stets als leer bezeichnen, während die männlichen Buchstaben das Gerade, Erfüllende bezeichnen; die Beschreibung der Höhle als gefüllt findet derart statt, dass sich weibliche und männliche Buchstaben aneinanderreihen (Silben, Wörter). Die Reihe mu beschreibt also die Höhle als leer, die Reihe ma als erfüllt oder beschreibt das Gerade als in der Höhle befindlich usw.; von den „Korrelationstypen", den typischen Methoden der phänomenal-phänomenologischen Entsprechung, ist im Abschnitt 8.1.2 die Rede. Das M gibt also die leere geschlossene Höhle, die Höhle als leer, geschlossen, die Umrandung an; dabei kommt eine „leere" Höhle, ein „leerer" Raum niemals vor, immer ist die Höhle gefüllt, mindestens mit Luft („Nichts ist in der Höhle" ist lediglich Bezeichnung für den anschauungsgemäßen Gegenpol des Etwas), es wird aber eben die Umrandung als solche mit M (usw.) bezeichnet; zur Umrandung kann die ihr zirkulär anliegende Luftschicht (usw.) gehören, deren Schwingungen ebenfalls das M entspricht. Das M beschreibt so auch den Bewegungstypus, also die Hungerbewegung in spezifischer Nuance, so nämlich, wie an den optischen (den geschriebenen, gedruckten) M-Buchstaben ersichtlich.

Die *angstgefühligen Konsonanten CH, SCH, N, NG, V, W* entsprechen wie O Öffnungen und beschreiben sie, aber während O die Öffnung schlechthin angibt, determinieren die Konsonanten die Öffnung je spezifisch hinsichtlich der Koordinatik, geben also Nuancen des Bewegungstypus (der Angstbewegung, das ist die Bewegung im – relativ zur entsprechenden Hungerweite – engeren, dem Ausgang der Höhle, der Schwelle zustrebenden Rund) an. Das angstweite Sprechrohr, dessen Schwingungen das O entspricht, ist beim Sprechen der genannten Konsonanten an bestimmten Stellen (den Sprechengen) etwas enger kontrahiert, und die einzelnen Konsonanten geben lautlich diese verschiedenen Stellen an, dazu auch die spezifische Stellung der schwingenden Muskeln und Luftteilchen. Die Bewegung der akustischen Passformen, die an den einzelnen Konsonanten beteiligt sind, geht also beim Sprechen des gutturalen CH von der „Gaumen-Sprechenge", des bukkalen CH von der bukkalen Sprechenge aus und so fort; je nach dem Ausgangsort, der Koordinatik der beteiligten Muskeln usw. ist die Bewegung der „Schallwellen", die Resonanz usw., verschieden. Dazu ist das gutturale CH etwas härter als das bukkale CH und das SCH, das auch einer etwas weiteren Rundung der Sprechenge entspricht, als die der Enge ist, der CH entspricht. Das N gibt die aus der Koordinatik des optischen Buchstabens ersichtliche Bewegungsweise an, eine Art Rinnen, Schlängeln, ganz ähnlich der mit akustischem NG bezeichneten Bewegungsweise, nuanciert gemäß der Aufhöhung des Zungenrundes bei nasenwärts offener Gaumenklappe. Die angstgefühligen V und W sind enger als die hungergefühligen V und W; W ist etwas weicher als V.

Die *schmerzgefühligen Konsonanten CH, SCH, J, S, V, W, F, N, NG, R, L* entsprechen wie E und I den Schwellen und (zum Teil) den sie überschreitenden Geraden und beschreiben sie; während aber E und I die Schwelle und das sie Überschreitende schlechthin angeben, determinieren die Konsonanten je spezifisch diese Anordnungen und so den Typus der Schmerzbewegung. Die schmerzgefühligen Konsonanten CH, SCH, N, NG, V, W sind (im Sinn der Schwelle) enger als die entsprechenden hunger- und angstgefühligen Konsonanten;

indes kann die Angst- wie die Schmerzstellung der Sprechengen bis zum Verschluss reichen, dem ein Laut nicht entspricht. Auch das schmerzgefühlige gutturale CH ist härter, rauer, gepresster als die bukkalen CH, J, SCH, die ferner die aus der Stellung ersichtliche eigentümliche Bewegungsweise (Sprechengen beidseits, Vereinigung des Luftstroms und des akustischen Stroms an der Mundöffnung mit teilweiser Überschneidung und Wirbelbildung) angeben; bei der gutturalen CH-Stellung bewegt sich der Luft- und der akustische Strom sich drehend durch die Schwelle und einheitlich-gerade, aber gedreht weiter. Das akustische SCH ist weniger eng, als weiblich runder, als männlich voller, denn das (gutturale und) bukkale CH und das S, deren Verschmelzung es ist, gibt also die Bewegung der Schwelle und über die Schwelle als eine mehr rundliche, schraubende, umrührende an. Dagegen beschreiben N und ähnlich NG die Bewegung als eine Art welliges, auch eckiges Rinnen, V und ähnlich W als ein härteres, schärferes bzw. (W) weicheres, milderes Drehen und Wehen (vergleiche das härtere gutturale CH), S als feines, enges, schleifenartiges Schlängeln, F ähnlich dem V als hartes, scharfes, festes Verengen bis fast zum Verschluss und „Forcieren" dieser Enge, also hartes usw. Durchfahren des so eingeengten Stromes (F härter als V), R als Rollen, Reißen, Trennen, Vibrieren, Drehen, Bohren, L als gleichmäßig-glattes, weiches, feines, leichtes Gleiten usw. Alle diese Konsonanten malen also Nuancen des Abgrenzens, Abscheidens, Zerlegens, Teilens – kurz: des Überschreitens der Schwelle.

Die *trauergefühligen Konsonanten G, D, B* entsprechen der beginnenden Erweiterung und beschreiben die Trauerbewegung gemäß dem Ort der Sprechenge nuanciert als langsam, allmählich, weich, matt, leise, kurzrhythmisch (und insofern „plötzlich", zerstückt).

Die *freudegefühligen Konsonanten K, T, P* entsprechen der vollendeten Erweiterung und determinieren die Freudebewegung gemäß dem Ort der Sprechenge (die also nunmehr freudeweit ist) nuanciert als rascher, plötzlich einsetzend, sich hart, fest, kräftig langhinstreckend.

Weitere Determinierungen sind in den Kombinationen von Konsonanten (z = ts; bl, gr, pt usw.) sowie in den Verdopplungen (mm, nn, rr usw.) gegeben. Hierüber Weiteres im Abschnitt über die Wortbezirke. – Über die optischen Buchstaben siehe Abschnitt 6.

Die *Wörter* sind Reihen von Aktualitäten der Modalzellen gewisser assoziativer Systeme des optischen und des akustischen Zentrums, optische und akustische zusammengesetzte Individuen; die Reihen sind die Wörter als Gegenstände (Gegenstandsreihen), während die Reihen der Aktualitäten der zugehörigen Idealzellen die Wörter als Begriffe (sogenannte „innere Sprache") sind. Die Bezirke des optischen und des akustischen Zentrums, in denen sich die „Wortzellen", also die Zellen, deren Aktualitätenreihen Buchstaben und Wörter sind, vorfinden, nennen wir die *Wortbezirke*. Hierüber wird in Abschnitt 7 ausführlich gehandelt werden.

5

Das Schreiben

5.1   Armbewegungen

Auch an den Extremitäten ist die Muskulatur grundsätzlich so, wie beschrieben, angeordnet, auch da haben wir Beuger (einschließlich Adduktoren), Dreher und Strecker (einschließlich Abduktoren), und zwar finden sich an den Armen die Beuger an der dem Stamm zugekehrten Seite, der Innen- oder volaren Seite (vola manus – die Hohlhand), die Strecker an der Außen- oder dorsalen Seite, die obliquen Fasern (Dreher) gehen von außen nach innen oder umgekehrt (Supination und Pronation). Die Anordnung an den Beinen ist grundsätzlich die gleiche, nur entspricht die Innenseite der Arme der Hinterseite der Beine und die Außenseite der Arme der Vorderseite der Beine, und ferner sind mit der Differenz der Einordnung der oberen Extremität in das Schultergelenk und der unteren in das Hüftgelenk auch gewisse Differenzen in der Funktion entsprechender Muskeln der oberen und der unteren Extremitäten gegeben. Gewisse Muskeln funktionieren als Beuger und Strecker und/oder Dreher zugleich; solche Muskeln gehören zu zwei Gelenken und sind zusammengesetzt aus verschiedenen Fasern, deren eine Gruppe dem einen, deren andere dem zweiten Gelenk zugeordnet ist. So beugt der M. extensor carpi rad. long. den Vorderarm und streckt und abduziert die Hand; er gehört mit dem einen Teil seiner Fasern (den Beugern) zum Ellbogengelenk, mit dem anderen Teil (den Streckern) zum Handgelenk; der Muskel besteht also aus Hunger-Angstfasern und aus Trauer-Freudefasern, zuerst kontrahieren sich die letzteren, dann auch die ersteren, es streckt sich hierbei zuerst die Hand, und dann, bei weiterer Innervation, nähert sich die gestreckte Hand dem Oberarm, wird das Ellbogengelenk gebeugt.

Im Folgenden werde ich die Armbewegungen noch näher besprechen.

Außer den Mm. pector. maj. und latiss. dorsi bewegen den Arm folgende Muskeln. *M. deltoid.:* hebt den Oberarm seitaufwärts, abduziert; longitudinale (Freudeausdrucks-)Fasern. *M. supraspinatus:* hilft den Oberarm seitwärts heben; longitudinal. *M. infraspinatus:* rollt den Oberarm auswärts; Dreher, oblique. *M. teres major:* zieht den Oberarm medianrückwärts; longitudinal und oblique. *M. teres minor:* rollt den Oberarm auswärts; oblique. *M. subscapularis:* rollt den Oberarm medianwärts und adduziert ihn; oblique und zirkulär. *M. biceps:* hebt den Oberarm nach vorn, beugt und supiniert den Vorderarm; zirkulär und oblique. *M. coracobrachialis:* hebt den Oberarm nach vorn und adduziert ihn; zirkulär. *M. brachialis:* beugt den Vorderarm; zirkulär. *M. triceps brachii:* streckt den Unterarm; longitudinal. *M. brachioradialis:* beugt und dreht den Vorderarm; zirkulär und oblique. *M. pronator teres:* beugt und proniert den Vorderarm; zirkulär und oblique. *M. palmaris long.:* beugt die Hand; zirkulär. *M. flexor carpi rad.:* beugt die Hand (zirkulär) und proniert den Vorderarm (oblique). *M. flexor carpi uln.:* beugt und adduziert die Hand; zirkulär. Die *Fingerbeuger* sind zirkuläre Muskeln. *M. pronator quadratus:* proniert den Vorderarm; oblique. *M. supinator:* supiniert den Vorderarm; oblique. *M. extensor carpi rad. long.:* streckt die Hand dorso-radialwärts (longitudinal) und beugt den Vorderarm (zirkulär). *M. extensor carpi rad. brev.:* streckt die Hand; longitudinal. Die *Fingerstrecker* sind longitudinale Muskeln. Ebenso der *M. anconaeus,* der den Vorderarm streckt. Der *M. extensor carpi uln.* streckt die Hand dorso-ulnarwärts; longitudinal usw.

Die Streckung des Armes, das abduzierende Hochheben des gestreckten Armes ist Freudeausdruck (Zujubeln, Hochrufen, römischer Gruß usw.). Das Auslangen (Ausholen – holen zu hohlen, höhlen) ist Hungerausdruck; es findet eine Beugung als Beginn des „Heranholens" des Ge-

Im Text vorkommende anatomische Bezeichnungen/Nomina anatomica der Armmuskeln.

Lateinisch	Deutsch
M. anconaeus	Knorrenmuskel
M. biceps brachii	Bizeps (zweiköpfiger Oberarmmuskel)
M. brachialis	Armbeuger
M. brachioradialis	Oberarm-Speichenmuskel
M. coracobrachialis	Rabenschnabelfortsatz-Oberarmmuskel
M. deltoideus	Deltamuskel
M. extensor carpi radialis brevis	kurzer speichenseitiger Armstrecker
M. extensor carpi radialis longus	langer speichenseitiger Armstrecker
M. extensor carpi ulnaris	ellenseitiger Handstrecker
M. flexor carpi radialis	speichenseitiger Handbeuger
M. flexor carpi ulnaris	ellenseitiger Handbeuger
M. infraspinatus	Untergrätenmuskel
M. latissimus dorsi	breiter Rückenmuskel
M. palmaris longus	langer Hohlhandsehnenspanner
M. pectoralis major	großer Brustmuskel
M. pronator quadratus	viereckiger Einwärtsdreher
M. pronator teres	runder Einwärtsdreher
M. subscapularis	Unterschulterblattmuskel
M. supinator	Auswärtsdreher
M. supraspinatus	Obergrätenmuskel
M. teres major	großer runder Muskel
M. teres minor	kleiner runder Muskel
M. triceps brachii	Armdreher (dreiköpfiger Oberarmmuskel)

genstands statt, auch eine Adduktion. Angstausdruck ist eine spezielle Beugung des Armes beim weiteren Heranholen, ferner zur Deckung, z. B. gegen Hieb usw. Schmerzausdruck ist Drehen und Winden des Armes („er rang die Hände"). Trauerausdruck ist langsames Herabsinken (aktives Hängenlassen) der Arme, womit eine spezielle Streckung stattfindet; mit dieser aktiven Bewegung ist nicht zu verwechseln das Herabhängen des ruhenden Armes. Freudeausdruck ist die volle Streckung des Armes, auch im Schultergelenk. Wie schon früher bemerkt, kann die Phase einer Hungerbewegung des Armes, lediglich als Stellung des Armes betrachtet, der Phase einer Freudebewegung gleichen; indes lässt die Reihenfolge der Bewegungsphasen im Allgemeinen kaum einen Zweifel übrig, welche Muskeln funktionieren, welcher Gefühlsspezies die beteiligten Reflexsysteme angehören; die psychobiologische Analyse vervollständigt die Diagnose. Im Übrigen ist jede Bewegungsphase Interferenz der funktionellen Situation der beteiligten Fasern.

Die *Hand* befindet sich in Hungerhaltung, wenn sie zu einem weiten Hohlraum gebeugt, zum Erfassen eines Gegenstands bereit ist. Sie schließt sich nun weiter um den Gegenstand und ist so in Angsthaltung. Sie drückt, presst das Ergriffene (leicht oder heftiger), dreht sich und den Gegenstand (hin und her) oder sich um den Gegenstand und vollzieht so Schmerzausdrucksbewegungen, worauf eine kurzwellige, langsame, zögernde Ablösung (Trauerstadium) und dann die Freigabe (Streckung der Hand, Freudestadium) erfolgt. Die einzelnen Stadien können – wie übrigens bei allen Bewegungen – noch innerhalb der Norm verschiedene Ausdehnung und Intensität haben, hierin aber auch die Norm überschreiten (hypertrophisch sein) oder unterschreiten (atrophisch sein). Das Hungerstadium kann derart ausgeprägt sein, dass es (längere Zeit) beim Auslangen, bei Greifbewegungen bleibt, ohne dass es zum Ergreifen kommt; die Hand bleibt dabei in Hungerstellung, sie bleibt leer. Der Angstausdruck kann ein mehr oder minder hastiges Zufassen und zähes (krampfartiges) Festhalten des Gegenstands sein (so lange, bis die Angstreflexe abgeflossen sind); das hineinspielende oder sich anschließende Schmerzstadium kann ein Zerdrücken, Zerpressen, Zerbrechen, Verdrehen, Verbiegen des Gegenstands sein, eventuell unter Zerschneiden, Verletzen der Hand. Die Angst kann sich aber auch derart äußern, dass die Hand, je näher sie an den Gegenstand herankommt, desto langsamer, zögerlicher sich bewegt: Es verlaufen dann neben Hungerkontraktionen von Armmuskeln und vielleicht auch von Handmuskeln mehr oder minder intensive Angstkontraktionen, die man gemeinhin als „Hemmungen" bezeichnet. Oder die Hand kann sich bereits vor Erfassen des Gegenstands oder ohne dass überhaupt ein Gegenstand zu erfassen ist angstkontrahieren, zur Faust „ballen", meist in Zusammenhang mit anderen Angstausdrücken (Verbergen der geballten Hand, „Faust in der Hosentasche") oder mit mehr oder minder lebhaften Hunger- oder Hassausdrücken, z.B. von Armmuskeln (Herumfuchteln mit der geballten Hand, Kommunistengruß usw.). Oder die Hand kann „ängstlich zurückfahren", wobei sich auch dorsal angeordnete Angst- und Schmerzmuskeln kontrahieren, eine Bewegung, die sich meist leicht von einer freudigen Streckung unterscheiden lässt. – Ein besonders deutliches Trauerstadium ist ein relativ langes Zwischenstadium zwischen Schmerz- und Freudeausdruck, eine relativ lange „Pause" im Bewegungsablauf, als ob die Hand vom Gegenstand nicht recht loskommen könnte, eine fast phlegmatische Verhaltung, eine Verlangsamung der Bewegung, die „traurige Hemmung", wie man diese der Angsthemmung entsprechende Phase treffend bezeichnen kann. – An diese schließt sich also die freudige Handstreckung an, oft intensiv bis zur „übertriebenen" Geste, einer Art Wegschnellen der Hand vom Gegenstand mit weitausgehender Hand- und Armhebung (wie man sie z.B. nicht selten beim manierierten Klavierspiel beobachten kann); diese krampfartige gezierte Geste ist dem hypertrophisch-ängstlichen Wegzucken oft ganz ähnlich.

Die in den Handbewegungen – wie in allen anderen Bewegungen – sich ausdrückenden Passformen können von verschiedenen Stellen her zufließen, also – je nach der Schaltung, d.h. der Funktionsintensität, Funktionsperiodik der Reflexsysteme (Präfunktion) – aus dem sympathischen Bereich stammen oder aus einem der subkortikalen oder kortikalen Zentren usw. So wird z.B. ein Gegenstand optisch, genauer: ein optischer Gegenstand, wahrgenommen; von diesem aktuellen Zellkomplex gehen Passformen in die Motorik des Armes aus, der sich nun je nach der absoluten und relativen Zahl der Passformen (unter denen jeweils eine Spezies vorwiegt) bewegt, im Fall eines „vollständigen Erlebnisses" derart, dass aufeinander folgen: Hunger-, Angst-, Schmerz-, Trauer-, Freudebewegungen. Alle diese – wie überhaupt alle – Reflexe können bewusst oder unbewusst in den verschiedensten Funktionsintensitäten verlaufen, und die eingeschalteten Aktualitäten können sensile oder modale oder idealische sein und in dem einen oder einem anderen Zentrum liegen.

5.2 Schreibbewegungen

Das Schreiben ist eine spezielle Beuge-, Dreh- und Streckbewegung von Finger- und Handmuskeln. Wir sprechen hier immer vom rechtshändigen Schreiben; die Bewegungen beim linkshändigen

Schreiben sind hiernach auch zu verstehen. Zunächst ergreift die Hand den Griffel (sprachverwandt mit Griff als Bezeichnung für die Greifbewegung wie den ergreifbaren oder ergriffenen Gegenstand, z.B. den Degengriff usw., ferner mit graben, γράφειν, s-cribere, reiben, sch-reiben, g-reifen, Riefe gleich Spalte, Riff gleich vorstehende Erhebung oder Spitze, Rippe usw.). Dieses Ergreifen ist eine sensorische Hungerausdrucksbewegung (Hinlangen, Beugen der Finger), sodann eine Angstausdrucksbewegung (Einengen der Finger um den Griffel), wobei auch eine gewisse Drehung, besonders des Daumens stattfindet. Der Griffel ruht also in der von den ersten drei Fingern und der radialen Kante der Mittelhand gebildeten Höhlung. Auch die beiden anderen Finger sind gebeugt. Die Hand ist in einem speziellen Grad gedreht (proniert, M. brachioradialis). In dieser Haltung („Federhaltung") macht die Hand eine Beuge-Adduktionsbewegung, wobei sich der Griffel der Unterlage nähert; diese Bewegung besteht aus einem Hunger- und Angststadium (Verlangen, zu schreiben, Vorsicht beim Ansetzen der Feder usw.). Nun berührt die Feder das Papier, und es beginnt das Schreiben, das ein Eingraben, Einbohren, Einritzen der Feder in die Unterlage ist, wobei das Papier eingerissen, manchmal durchbohrt wird (vergleiche oben: graben, γράφειν [in Wachs, Stein usw.]; ferner ritzen, engl. w-rite, reißen, Riss, Reißbrett, radieren, rasieren, Rune, die in den Buchenstab eingeritzt wurde usw.); insofern ist das gesamte Schreiben vorwiegend sensorischer Schmerzausdruck, wie ja eben die Grundhaltung mittels einer gewissen Drehung des Handgelenks erreicht wird. Innerhalb dieser Grundhaltung vollziehen sich aber nun allerhand „Unterbewegungen", die den Schreibakt nuancieren: Beugungen, Streckungen und Drehungen der Finger, besonders der beiden ersten, sowie der Hand, deren Beugungen und Streckungen hauptsächlich in einer Adduktion und Abduktion bestehen; übrigens findet periodisch auch eine Adduktion und Abduktion (Zeilenbreite!) des Unterarms statt. Jede Phase der Schreibbewegung ist also eine interferenzielle funktionelle Situation zahlreicher den verschiedenen Gefühlsspezies zugehöriger Muskelfasern. So ist z.B. die Schreibabduktion, d.h. die Ulnarwärtsführung der Hand

beim Schreiben eine Interferenz, an der die Mm. flexor carpi ulnaris und extensor carpi ulnaris, also Beuger und Strecker beteiligt sind; analog die Schreibadduktion; bei ersterer ist die Beugung geringer als die Streckung, bei letzterer umgekehrt. Ebenso ist jede Bewegungsphase der Finger beim Schreiben Interferenz von Funktionsstadien der beteiligten Beuger, Strecker und Dreher, wobei die eine Spezies jeweils überwiegt; nach dieser überwiegenden Spezies bezeichnen wir die Bewegung als Hunger- oder Angstbewegung usw. Die Beugungen sind die Abwärts-, die Streckungen sind die Aufwärts-, die Drehungen die eckigen, spiraligen Bewegungen; die Schreibadduktion in Interferenz mit der Fingerbeugung ergibt die runde Abwärtsbewegung, die Abduktion in Interferenz mit der Fingerstreckung ergibt die gerade Aufwärts-Seitwärts-Bewegung usw. Wird bei einer Streckung eine gerundete Linie gezeichnet, dann sind relativ zahlreiche Beuger (Fasern von ihnen) interferenziell beteiligt; wird bei einer Beugung eine gerade Linie gezeichnet, dann sind relativ zahlreiche Strecker interferenziell beteiligt. Die Feder bleibt auf dem Papier, solange die halbpronierte Hand ulnarwärts gebeugt ist.

Je nach dem Verlauf der Reflexe hebt sich in kürzeren oder längeren Zwischenräumen die Feder aus dem Papier mehr oder minder weit heraus, d.h. es folgt auf das mehr oder minder ausgedehnte Schmerzstadium das Trauerstadium, eine Art Abschiednehmen der Feder vom Papier, eine Trennung der Partner, eine langsame, kurzrhythmische Bewegung longitudinaler Finger- und Handmuskeln, eine traurige Schreibhemmung, mit der prägnant eine Richtungsänderung der Schrift gegeben ist: Während der Hunger-Angst-Schmerzbewegung das Annähern und Einsenken der Griffelspitze oder nun bei fortdauerndem Schreiben das Ziehen des nach unten verstärkten und verstärkt sich eingrabenden Grundstrichs entspricht, beginnt mit der Trauerbewegung das Aufsteigen der Schrift (Haarstrich), und zwar je nach dem Verlauf der Schmerzkontraktionen eckig (Fraktur) oder rundlich (Antiqua). Diese Trauerbewegung ist eine Art Schreibpause, aber nicht ein völliges Aufhören der Schreibbewegung, sondern eine Verlangsamung, ein gewisses Hängenbleiben, sozusagen eine Art

Rast nach der Anstrengung. Hierbei kann sich die Federspitze von dem Papier nur so weit abheben, dass sie es immer noch berührt, also ein Schreiben noch stattfindet, oder so weit, dass der Duktus unterbrochen, die Schrift abgesetzt wird. Es folgt nun das Freudestadium (Streckung der Schreibmuskeln): Die Hand macht eine vom Papier weg- oder auf dem Papier weithingleitende Bewegung, je nachdem die Schmerzmuskeln nicht mehr beteiligt sind oder doch noch so intensiv funktionieren, dass ein gewisses Eingraben (Haarstrich) der Feder noch stattfindet.

Die einzelnen Stadien der Schreibbewegung können nun – wie bei allen Bewegungen – unter den anderen hervortreten, und zwar liegt diese Differenz innerhalb oder außerhalb der *normalen Variationsbreite,* im letzteren Fall also im Gebiet der Krankheit, wobei zwischen gesund und krank keine messerscharfe Grenze gezogen werden kann. Einige Beispiele: Der (normale oder abnormal gesteigerte) Schreibhunger äußert sich in einer (langen, allzu langen) Vorbereitung zum Schreiben; Das Papier wird (wiederholt) zurechtgelegt, die Feder (mehrfach) ins Tintenfass eingetaucht, es werden mit der Feder Anstalten zum Schreiben getroffen, auslangende Handbewegungen, die aufs Schreiben abzielen, aber die Ausführung, also die Annäherung der Feder an das Papier und das Eingraben usw. folgt erst relativ spät oder unterbleibt ganz (der „gute Wille", der „Trieb", sagt man, ist da, aber die Ausführung lässt auf sich warten, missrät oder fehlt). – Zur krankhaften Schreibangst ist schon das mehr oder minder krampfige Halten des Griffels zu rechnen: Dann kann die (an sich normale) Vorsicht beim Ansetzen der Feder in einer Form auftreten, dass die Feder erst nach längerem Zögern und Probieren oder überhaupt nicht aufs Papier kommt; es werden allerlei ängstlich-vorbereitende Bewegungen gemacht, die oft als minuziöse Manipulationen mit den Schreibgeräten oder als Zittern der Schreibmuskeln, eine Vorstufe des Schreibkrampfes, auftreten. – Die Akzentuierung des Schmerzstadiums ist bemerkbar als gesteigerte oder übermäßige Funktion von Drehmuskeln: Die Feder dreht, bohrt sich durch das Papier, zerfetzt es, die Schriftzüge sind kratzig, spitz, eckig, die Tinte läuft in die aufgerissenen Papierfasern aus, die sich nun auch in die Feder festsetzen, sodass die Schrift unsauber wird, oder sie ist fein, „wie gestochen" usw. Oder die Dreher funktionieren bereits während des Angststadiums stärker: Dann dreht sich die Feder, bevor sie das Papier erreicht, dreht sich einfach aus den haltenden Fingern heraus in eine Lage, in der nun überhaupt zu schreiben unmöglich ist, usw. Ähnliche Drehbewegungen können auch während des Schreibens stattfinden und dem Duktus einen besonderen Charakter geben. Die Angst- und Schmerzhypertrophie der Schreibreflexe tritt auch als Schreibkrampf auf. – Bei gesteigerter Schreibtrauer beobachten wir eine Verlängerung der oben beschriebenen „Schreibpause", die auch normaliter auf das Schmerzstadium folgt: Der Griffel haftet sozusagen an der Stelle der Richtungsänderung, er gleitet nicht recht weiter, oft erscheint der Buchstabe zerstückt, wie auch die Buchstaben des Worts vereinzelt, getrennt stehen, die Wörter zerstückt sind; diese traurige Hemmung ist – wie die ängstliche – eine Art der Schreibfaulheit. – Bei überbetonter Schreibfreude eilt die Feder in zu flotten, langen, weithingestreckten, manchmal wild ausfahrenden Linien dahin, die Buchstaben sind (zu) groß, ja wenige Wörter füllen die ganze Seite; es finden besonders heftige Extensionsbewegungen statt, ja die Feder kann geradezu vom Papier weggeschleudert werden (vergleiche das entsprechend manierierte Klavierspiel im vorigen Abschnitt).

6

Die Schrift

6.1 Die Koordinatik

Der Griffel (der Bleistift, die Feder, der Pinsel usw.) ist ein Analogon des Fingers, besonders des Zeigefingers (zeigen verwandt mit zeichnen, Zeichen). Mit dem Zeigefinger malen (setzen ein Mal, eine Art Denk-Mal) primitive Menschen, mag man primitiv im phylo- oder im ontogenetischen Sinn verstehen; kleine Kinder und manche Irre, letztere im Sinn des Infantilismus, gehören zu diesen Primitiven. Schließlich malen wir alle gelegentlich mit dem Zeigefinger oder der Hand in die Luft, wie wir uns vielfach mit Finger- oder Hand- oder Armbewegungen (Gesten, Gestikulationen) verständigen (vergleiche Taubstummensprache). Primitive Völker benutzen zum Malen Kot, Blut, farbige Erden, das junge Kind verwendet Harn, Kot, Speichel – wie mancher Irre, der Kulturmensch Farbe, Tinte, die als Pigmentfarben der „farbigen Erde" analog sind. Der Arm, die Hand, der Finger funktionieren wie einarmige Hebel; ihre Bewegungen in den Gelenken entsprechen koordinativ den Kontraktionen der zugehörigen Muskeln. Und diesen Bewegungen entsprechen nun wieder koordinativ die Bewegungen des Griffels, des „Schreibhebels", derart, dass jede Phase der Griffelbewegung Symbol der jeweiligen funktionellen Situation sämtlicher beteiligter Muskeln und Knochen ist.

Die (sichtbare) Schrift ist die optische Darstellung der Koordinatik der Griffel- und damit der Schreibbewegungen. „Koordinatik" ist psychobiologisch die zusammenfassende Bezeichnung für die Topik (Richtung), die Statik (Kontraktionsintensität, Kraft, Gewicht) und die Kinästhetik (Lage) der Bewegungen.

6.1.1 Topik

Die *Topik* (Richtung) der Schrift entspricht also der Topik der Schreibbewegungen. Es ist hier einzuschalten, dass die topischen Objekte, also die Aktualitäten des topischen Zentrums, die Richtungspunkte, wie alle anderen rund und gerade angeordnet sind; die runden sind die hunger- bzw. angstgefühligen, die geraden die trauer- bzw. freudegefühligen; beide Klassen können spiralig angeordnet, also schmerzgefühlig sein. Die Grundrichtungen sind ab- und aufwärts (vertikal), links- und rechtswärts (horizontal), rück- und vorwärts (sagittal). Diese verschiedenen Richtungen sind rund oder gerade angeordnet, also z. B. die Abwärtsrichtung tritt als runde (weibliche) oder gerade (männliche) Aktualitätenreihe auf usw. Weiblich und männlich sind hier immer unisexuell (siehe 1.2.4). Es sind aber die Richtungen abwärts, linkswärts, rückwärts vorwiegend weibliche, die Richtungen aufwärts, rechtswärts, vorwärts vorwiegend männliche Anordnungen. Diese topischen Aktualitäten entsprechen den zugeordneten Muskel-Gelenkbewegungen, hier also den Schreibbewegungen. Eine rund verlaufende Schreibbewegung ist also topisch eine hunger- bzw. angstgefühlige (weibliche), und zwar verlaufen diese Bewegungen vorwiegend ab- oder links- oder rückwärts. Rückwärts gerichtet sind solche Schreibbewegungen, die im Sinn einer Beugung den Griffel ganz (sodass die Schrift aufhört) oder nur so weit, dass sich die Schrift verdünnt, vom Papier abheben; diese Bewegungen sind Angstbewegungen, vergleichbar dem Rückwärtsfallen bei schreckhafter Kniebeugung usw. Vorwärts gerichtet sind solche Schreibbewegungen, die im Sinn einer Streckung den Griffel vorschieben; dabei gleitet er zugleich auf- und rechtswärts, während er bei der Rückwärtsbewegung zugleich ab- und linkswärts gleitet. Eine gerade verlaufende Schreibbewegung ist topisch eine trauer- bzw. freudegefühlige (männliche), und zwar verlaufen diese Bewegungen vorwiegend auf- oder rechts- oder vorwärts, eine drehende Schreibbewegung ist topisch schmerzgefühlig, weiblich oder männlich, je nachdem sie

171

rund oder gerade verläuft. Der Topik der Schreibmuskelkontraktionen entspricht, wie gesagt, die Topik der Griffelausschläge und die der Schrift, die eben die Topik der Schreibbewegungen im Sinn der biologischen Symbolik optisch darstellt. Für die Topik – wie für die Statik und die Kinästhetik – also für die Koordinatik – der Schrift gilt die Bemerkung in Abschnitt 5.2: Wird bei einer Streckung eine runde Linie gezeichnet, dann sind an der Streckungsbewegung relativ zahlreiche Beuger (Fasern von ihnen) interferenziell beteiligt; wird bei einer Beugung eine Gerade gezeichnet, dann sind an der Beugebewegung relativ zahlreiche Strecker interferenziell beteiligt.

Wir haben also abwärts und aufwärts, linkswärts und rechtswärts, rückwärts und vorwärts und in Zwischenrichtungen verlaufende Rundungen, Geraden, Ecken, Schleifen usw. als Bestandteile der Buchstaben. Die runden (gebogenen, „gebeugten") Linien sind die optischen Darstellungen der Hunger- und Angstrichtungen (der weiblichen Richtung), die geraden Linien sind die optischen Darstellungen der Trauer- und Freuderichtung (der männlichen Richtung), die Drehungen, Ecken, Spiralen sind die optischen Darstellungen der Schmerzrichtung (weiblich oder männlich) der Schreibbewegungen. Die Rundungen verlaufen meist abwärts, linkswärts, rückwärts, die Geraden meist auf-, rechts-, vorwärts, d.h. die ab-, links-, rückwärts gerichteten Linien sind meist gerundet, gebogen, die auf-, rechts-, vorwärts gerichteten Linien meist gerade, gestreckt; schmerzgefühlige Drehungen, Ecken, Schleifen finden sich in beiden Richtungen. Die Richtung der Grundstriche verläuft bei der bis in die 1950er-Jahre üblichen Kurrentschrift ab-, links- und rückwärts, die Richtung der Haarstriche auf-, rechts- und vorwärts; beide Richtungen sind „Zwischenrichtungen", Interferenzen entsprechen der interferenziellen funktionellen Situation der jeweils beteiligten Schreibmuskeln. Die Fraktur weist relativ viele gerade Linien (so auch die Grundstriche der kalligrafischen Schrift) und Ecken auf, verläuft also vorwiegend in männlicher Richtung, und der Name „Fraktur" betont das Schmerzgefühlige (frangere – brechen; gebrochene Linien). Die Antiqua weist relativ viele Rundungen, also hunger-angstgefühlige Richtungen auf. Die „aus-

geschriebene" Fraktur nähert sich dem Charakter der Lateinschrift und so fort. Ich betone, dass hier lediglich von der Richtung der Schrift die Rede ist. Je nach der vorwiegenden Richtung sind verschiedene Schrifttypen zu unterscheiden: der topisch weibliche Typus, also der *Typus „ab-links-rückwärts"*, und der topisch männliche Typus, also der *Typus „auf-rechts-vorwärts"*. Diesen Typen können einzelne Buchstaben oder Wörter wie überhaupt die ganze Schrift angehören. Variationen, die oft ins Krankhafte gehen, zeigen sich besonders im Entwicklungsalter sowie bei Neurotikern. Dem topisch weiblichen Typus gehören die von rechts nach links (hebräisch, arabisch) und von oben nach unten (japanisch, chinesisch) geschriebenen Schriftarten, dem topisch männlichen Typus die indogermanischen Schriftarten an.

6.1.2 Statik

Die *Statik* der Schrift ist die optische Darstellung der Statik der Schreibbewegungen. Jeder Funktionsphase der Muskelzelle entspricht hinsichtlich ihrer Kontraktionsintensität eine (möglicherweise aktuelle) Registrierung im statischen Zentrum. Die statischen Aktualitäten, die Kraftpunkte, sind wie alle anderen rund und gerade angeordnet; die runden sind die hunger- bzw. angstgefühligen, die geraden sind die trauer- bzw. freudegefühligen; beide Klassen können spiralig angeordnet, also schmerzgefühlig sein. Die statischen Reihen beschreiben wir mit waagrecht, senkrecht und pfeilrecht, statische Interferenzen mit schräg, schief usw. Eine bestimmte waagrechte statische Reihe entspricht also einer bestimmten (zugeordneten) Muskel-Gelenkbewegung hinsichtlich der Kontraktionsintensität der verschiedenen aufeinander folgenden Funktionsphasen, und zwar einer solchen Bewegung, die wir (auch als optische Reihe) statisch mit waagrecht bezeichnen. Wir unterscheiden runde und gerade (sowie spiralige) waagrechte, senkrechte, pfeilrechte usw. statische Reihen, und zwar überwiegend im Waagrechten, im Senkrechten und im Pfeilrechten die Rundungen, sofern die Reihe topisch linkswärts bzw. abwärts bzw. rückwärts verläuft, dagegen die Geraden, sofern die Reihe rechtswärts bzw. aufwärts bzw. vorwärts gerichtet ist (man kann diese statischen Anordnungen nur in Verbindung mit den topischen beschreiben).

Am Schreiben sind also waagrechte, senkrechte und pfeilrechte Muskel-Gelenkbewegungen beteiligt, d. h. gewisse aufeinander folgende Kontraktionsintensitäten der Strecker, Beuger und Dreher stehen in einem solchen Verhältnis zueinander, dass ihre Reihe waagrecht bzw. senkrecht bzw. pfeilrecht ist. Jede Phase der Schreibbewegung ist nun eine funktionelle Situation einer gewissen Anzahl von Muskelzellen, eine Interferenz der jeweils vorhandenen Kontraktionsintensitäten, und dieser statischen Situation entsprechen Stellung und Druck des Griffels und somit auch des Schriftteils. Der Reihe der statischen Situationen entspricht die Statik des und der Schriftzeichen, des Schriftzuges. Es ist also an der Statik der Schrift die Statik der Schreibbewegung, die Reihe der interferenziellen statischen Situationen der beteiligten Muskeln zu erkennen; es ist an jedem Schriftteil und am ganzen Schriftzug zu erkennen, welche Muskeln und mit welchen statischen Beiträgen sie beteiligt waren.

Die Buchstaben sind demnach zusammengesetzt aus waagrechten, senkrechten, pfeilrechten und schrägen Teilen. Die waagrechten linkswärts gerichteten Teile sind in der Mehrzahl gerundet, in der Minderzahl gerade; umgekehrt die waagrechten rechtswärts gerichteten Teile. Die senkrechten abwärts gerichteten Teile sind in der Mehrzahl gerundet, in der Minderzahl gerade; umgekehrt die senkrechten aufwärts gerichteten Teile. Die pfeilrechten rückwärts gerichteten Teile sind in der Mehrzahl gerundet, in der Minderzahl gerade; umgekehrt die pfeilrechten vorwärts gerichteten Teile. Streng pfeilrecht sind unter den Schriftteilen nur die sogenannten „Punkte" (als Interpunktionszeichen usw.), die ja nicht selten das Papier durchdringen. Indem nun aber das Schreiben im Ganzen ein Eingraben ist, sind alle Schriftteile statisch Interferenzen aus pfeilrecht und waagrecht bzw. senkrecht, befindet sich jeder Schriftteil (Punkt der Schriftlinie) an einem statischen Ort, in dem sich pfeilrecht und waagrecht bzw. senkrecht schneiden. Alle schrägen Linien sind statisch Interferenzen aus waagrecht, senkrecht und pfeilrecht, d. h. jeder Punkt der schrägen Linie befindet sich an einem statischen Ort,

in dem sich waag-, senk- und pfeilrecht schneiden, genauer: Jeder Punkt der schrägen Linie hat eine spezifische statische Symbolkomponente, die dem spezifischen Verhältnis der in der aktuellen Zelle befindlichen verschiedenen statischen (eigentlich: statophilen) Passformen entspricht.

Die statische Symbolkomponente korrespondiert mit der Kontraktionsintensität der betreffenden Phase der Schreibbewegung, also dem *Druck* des Schriftpunktes. Die Kontraktionsintensität der gesamten Schreibbewegung hat durchschnittlich ein gewisses Niveau, einen *tonischen Pegel;* demnach hat die Schrift im Allgemeinen einen gewissen Druck, der als normal anzusehen ist und innerhalb der normalen Variationsbreite schwankt. Ist der Pegel hoch, so haben wir die im Ganzen markante, kräftige, „energische" Schrift, bei niedriger liegendem Pegel die feine, zarte Schrift; die Variationen sind bekannt. Innerhalb jedes einer Schrift eigentümlichen Pegelstandes ist nun der Druck umso stärker, je mehr die pfeilrechte Statik betont ist, je intensiver sich die beteiligten Schmerzfasern der Schreibmuskeln kontrahiert haben. So sind z. B. die senkrechten Runden oder Geraden umso kräftiger, je mehr sich die statische Schmerzkomponente geltend macht, je mehr sich die Feder ins Papier einbohrt. Ob also eine Schrift im Ganzen kräftig oder zart ist, stets ist der pfeilrechte Druck stärker als der waag- und der senkrechte. Das *perspektivische Zeichnen* ist ein Spezialfall dieser Tatsache. Das Schreiben ist ja überhaupt eine Art perspektivisches Zeichnen. Je mehr die pfeilrechte Statik einer Linie betont ist, desto kräftiger ist sie – im Verhältnis zum tonischen Pegel der gesamten Schrift – gezeichnet. So zeichnen wir einen Kreis waagrecht-perspektivisch, indem wir ein liegendes Oval mit verstärktem vorderen oder hinteren (unteren oder oberen) Bogen zeichnen; die Verstärkung ist Zunahme des Drucks im Sinn der pfeilrechten Statik. Einen senkrechten Kreis zeichnen wir ohne perspektivischen Akzent. Eine Rundung aber, wie z. B. das geschriebene O (mit verstärktem Abstrich), ist ein perspektivisch gezeichneter Kreis im Sinne einer senkpfeilrechten Interferenz, sozusagen ein um die senkrechte Achse gedrehter senkrechter oder pfeilrechter Kreis (mit „Kreis" meine ich hier natürlich nicht genau die mathematische Figur).

173

Die Verschiedenheiten des tonischen Pegels der Schreibmuskeln können innerhalb oder außerhalb der normalen Variationsbreite liegen, und zwar kann der Pegel im Ganzen über die normale Variationsgrenze hinaus absinken oder aufsteigen, oder es können nur gewisse Muskelgruppen, z. B. die Hungermuskeln, hinsichtlich ihrer Kontraktionsintensität unter den normalen Pegel absinken oder aufsteigen. Dementsprechend variiert die Statik (Stellung und Druck) der Schrift. Die Kurrentschrift ist schräg von links unten nach rechts oben gestellt – entsprechend der Schreibhaltung, bei der die Hand in halbe Pronation gedreht ist; die Schrägstellung ist statische Interferenz, wie oben beschrieben. Analog ist die Statik der von links oben nach rechts unten gestellten Schrift; hierbei sind die Handbeuger besonders beansprucht. Die Steilschrift setzt sich vorwiegend aus senkrechten Linien zusammen; die Hand ist weniger proniert als bei der Kurrentschrift. Den Abweichungen in der Statik der Schreibbewegungen entsprechen Abweichungen in Stellung und Druck der Schrift, also statische Ungleichmäßigkeiten, z. B. derart, dass sich die senkrechten Striche bald nach der einen, bald nach der anderen Seite neigen usw., ferner absonderliche Verteilung des Drucks – und zwar nun wieder regelmäßig oder unregelmäßig – vorkommt, die Buchstaben (auch die gleichen) hinsichtlich der Größe differieren, Fraktur und Antiqua durcheinander geschrieben werden usw.

Innerhalb der verschiedenen Schreibhaltungen und Schreibweisen, also der Steil- und der Schrägschriften, kann man nun wieder mehrere statische Typen unterscheiden.

Waagrechter Typus

a) *Weiblich:* Vorwiegende Funktion der Beugemuskeln (Hunger- und Angstmuskeln); Schriftzug vorwiegend linkswärts gerichtet (auch bei im Ganzen rechtswärts geschriebener Schrift). Die Buchstaben erheben sich nur wenig über die Schreiblinie, die kleinen und großen, kurzen und langen Buchstaben sind an Größe wenig verschieden, die Rundungen sind liegende Ovale (analoge Kurven) und zahlreicher als die waagrechten Geraden, die bei der Schrägschrift meist schräg ge-

stellt sind; die Schrift kann ziemlich groß sein, die Rundungen sind jedenfalls weit, ausholend, während sie bei Vorwiegen der Angstkontraktionen im Gesamt der Schreibbewegung beim gleichen statischen Schrifttypus enger, gedrängt, kompress sind.

b) *Männlich:* Vorwiegende Funktion der Streckmuskeln (Trauer- und Freudemuskeln); Schriftzug vorwiegend rechtswärts gerichtet. Die Rundungen sind weniger ausgesprochen und weniger zahlreich als die waagrechten Geraden. Die „Trauerschrift" ist plump, gedrungen, schwerfällig, kurzlinig, zerstückelt, „kommt nicht von der Stelle", klebt an der Schreiblinie. Die „Freudeschrift" ist langlinig, großzügig, flüssig, flott, hebt sich frei hochauf, neigt zur Steilstellung. – In beiden Typen weisen die waagrechten Schriftteile auch einen besonderen Druck auf, der geringer sein kann als der pfeilrechte Druck, aber auch von diesem verstärkt werden kann.

Pfeilrechter Typus

Dem pfeilrechten Schrifttypus ist eigentümlich ein (normales oder abnormales) Überwiegen der Kontraktionsintensität der Schmerzfasern (Dreher). Diese Schrift ist „wie gestochen", spitz, zierlich, steif, tief eingekritzelt, reich an Ecken, Schnörkeln, Drehungen, Punkten. Dieser Typus geht auf in den waagrechten oder senkrechten Typus oder ist mit ihm kombiniert.

Senkrechter Typus

a) *Weiblich:* Vorwiegende Funktion der Beuger; Schriftzug vorwiegend abwärts gerichtet. Die Buchstaben erheben sich weit über und senken sich weit unter die Linie (vorwiegend das Letztere), die kleinen und großen, kurzen und langen Buchstaben sind an Größe ausgiebig verschieden, die Rundungen sind bei vorwiegender Funktion der Hungermuskeln nach unten weit, ausholend und zahlreicher als die senkrechten Geraden, bei vorwiegender Funktion der Angstmuskeln enger, gedrängt, kompress.

b) *Männlich:* Vorwiegende Funktion der Strecker; Schriftzug vorwiegend aufwärts gerichtet. Die Buchstaben erheben sich mehr über die Linie als bei a). Die Rundungen sind weniger ausgesprochen und weniger zahlreich als die senkrechten Geraden. Trauer- und Freudeschrift unterscheiden sich wie beim männlichen waagrechten Typus angegeben.

Die Variationen und Kombinationen dieser statischen Typen sind zahlreich; die krankhaften Abweichungen sind gewöhnlich auch Mischtypen, sie zeigen „Störungen des Gleichgewichts" an.

6.1.3   Kinästhetik

Die *Kinästhetik* der Schrift ist die optische Darstellung der Kinästhetik der Schreibbewegungen. Jeder Funktionsphase der Muskelfaser und des Gelenks entspricht eine (möglicherweise aktuelle) Registrierung im kinästhetischen Zentrum. Die kinästhetischen Aktualitäten, die Lagepunkte, die ebenfalls rund oder gerade angeordnet sind, beschreiben wir mit unten und oben, links und rechts, hinten und vorn, und die Lagen unten, links, hinten sind vorwiegend weibliche, die Lagen oben, rechts, vorn vorwiegend männliche. Jede Phase der Schreibbewegung ist Interferenz der jeweiligen Lagen aller beteiligten Muskeln und Gelenke, und dieser kinästhetischen Situation entspricht wiederum die jeweilige Lage des Griffels und des Schriftpunkts. Die Schrift als Reihe ist also auch optische Darstellung der Reihe der kinästhetischen Situationen der jeweils fungierenden Muskeln und Gelenke. Die einzelnen Teile der Buchstaben stehen in einem speziellen lagemäßigen Verhältnis zueinander, in einem lagemäßigen Zusammenhang, der bei der Beschreibung der Topik und Statik schon immer mit gemeint ist, wie ja auch die optische (und jede andere) Aktualität die topische, statische und kinästhetische Symbolkomponente nicht gesondert, sozusagen als Einzelexistenz aufweist, sondern biologische Homogenität ist; überdies gibt es zur speziellen Bezeichnung der kinästhetischen Symbolkomponenten und Aktualitäten nur wenige Wörter.

Die Schrift setzt sich also zusammen aus unten und oben, links und rechts, hinten und vorn liegenden Teilen. Die kinästhetischen Bezeichnungen „hinten" und „vorn" entsprechen den topischen Bezeichnungen „rückwärts" und „vorwärts" und der statischen Bezeichnung „pfeilrecht". Die unten, links, hinten liegenden Teile sind vorwiegend rund (weiblich) angeordnet, die oben, rechts, vorn liegenden Teile sind vorwiegend gerade (männlich) angeordnet – oder: Die runden Anordnungen liegen vorwiegend unten, links, hinten, die geraden vorwiegend oben, rechts, vorn; spiralige Anordnungen kommen hier wie da vor. Abweichungen der Kinästhetik der Schrift liegen im Rahmen oder außerhalb der normalen Variationsbreite; sie entsprechen kinästhetischen Abweichungen der Schreibbewegungen. Überwiegt, in jeder Schreibhaltung, im Gesamt der Schreibbewegung die Funktion der Hunger- und Angstmuskeln, so gehört die Schrift zum kinästhetisch weiblichen Typus, zum *Typus „unten-links-hinten",* d.h. die Schrift ist vorwiegend unten, links, hinten lokalisiert, im Schriftbild überwiegen die unten, links, hinten liegenden (runden, gebogenen) Teile. Überwiegt im Gesamt der Schreibbewegung die Funktion der Trauer- und Freudemuskeln, so hat die Schrift den kinästhetisch männlichen Typus, den *Typus „oben-rechts-vorn",* d.h. die oben, rechts, vorn liegenden (geraden) Teile der Buchstaben überwiegen. Die schmerzgefühligen kinästhetischen Reihen kommen in beiden Typen vor.

Die kranke (d.h. die außerhalb der normalen Variationsbreite liegende) Kinästhetik der Schreibmuskeln prägt sich in der kinästhetischen Abnormität der Schrift aus: Die Teile der Buchstaben wie auch die Buchstaben selber und dann auch die Wörter stehen zueinander in einem krankhaften Lageverhältnis, die Schrift ist lagemäßig ungleich, „wie Kraut und Rüben", die Buchstaben sind verzerrt und liegen bald über, bald unter, bald auf der Schreiblinie usw. Auch diese abnormen Lagen sind entsprechend den genannten Typen zu klassifizieren.

Wie gesagt, sind die Topik, die Statik und die Kinästhetik der Schrift phänomenal nicht zu trennen, sondern lediglich phänomenologisch, d.h. in der psychobiologischen Analyse. Phänomenal sind die topische, statische und kinästhetische, kurz gesagt: ist die koordinative Symbolkompo-

175

nente in die Homogenität des Schriftpunkts, der Schriftaktualität eingegangen. Die Schrift ist die optische Darstellung der Koordinatik der Schreibbewegung, ihre psychobiologische Analyse ist die allgemeine und spezielle Erörterung dieser Entsprechung, die Ermittlung der Reflexabläufe, deren Ausdruck die Schreibbewegung ist. Dieser Teil der psychobiologischen Analyse des Menschen ist die *Grafologie;* diese ist, so verstanden, eine Wissenschaft, sie ist Naturwissenschaft. Ihre Hauptabschnitte sind: allgemeine und spezielle, und zwar normale und pathologische Grafologie. Im Rahmen des Zusammenhangs der Schreibreflexe mit der gesamten Persönlichkeit gibt es auch eine grafologische Charakterologie.

Beim Lesen entspricht die Koordinatik der Augenbewegungen der Koordinatik der Buchstaben (der Schrift oder ihrer Analogie, der gedruckten Buchstaben) und damit der Koordinatik der Schreibbewegungen. – Nicht selten, besonders bei Kindern, bewegt sich die Zunge, der Kopf usw. in einer der Koordinatik der Griffelausschläge entsprechenden Weise mit.

6.2 Die Schrift als Abbild

Die Buchstaben sind Entwicklungsformen („Stilisierungen") von Abzeichnungen gewisser Gegenstände. Onto- wie phylogenetisch geht ein primitives Zeichen dem eigentlichen Schreiben, gehen also primitive Abzeichnungen, Abbildungen den Buchstaben voraus. Man kann solche Zeichnungen, auch diejenigen, aus denen sich im Weg der Stilisierung die Buchstaben und Zahlzeichen entwickeln, als primitive Bilderschrift „bezeichnen" und von der eigentlichen Buchstabenschrift trennen. Indes ist auch jeder Buchstabe Abzeichnung, und insofern ist alle Schrift Bilderschrift.

Ein gewisser Gegenstand (ein gegenständliches Individuum, eine gegenständliche Reihe, Anordnung) wird optisch wahrgenommen. Von diesem aktuellen Zellkomplex (dessen Zellen natürlich nacheinander aktuell sind) gehen Passformen auch in die Schreibmuskeln über und finden in der Schreibbewegung ihren Ausdruck; diese Bewegung wird koordinativ vom Stift mitgemacht, und diese Ausschläge werden koor-

dinativ registriert. Hierbei werden (wie bei den Augenbewegungen) auch optische Passformen abgegeben; diese werden ins Auge aufgenommen, passieren den optischen Apparat bis zur Sehrinde und gelangen dort in Zellen, die nun aktuell fungieren können und deren Aktualitätenreihe die Zeichnung ist. Beim Schreiben werden auch akustische, taktile, beim Malen auch olfaktorische Passformen abgegeben: Man hört die Feder kratzen usw., nimmt die Berührung des Federhalters usw. wahr, riecht die Farbe. Es bestehen übrigens auch direkte Assoziationen zwischen dem Gegenstand und seiner zeichnerischen (geschriebenen, gedruckten usw.) Darstellung, sodass nach dem Gegenstand unmittelbar, d.h. ohne den Weg über die Schreibbewegung usw., seine (schon fertige) Zeichnung aktuell sein kann. So entspricht das Bild dem Abgebildeten, Gezeichneten, Bezeichneten, Beschriebenen – wie der Laut dem akustisch Beschriebenen.

Das Abgebildete und sein Bild sind also miteinander direkt oder indirekt assoziiert. Bei hinreichender Entwicklung des Menschen braucht das Abgebildete (die „Vorlage") nicht jedesmal vor dem Zeichnen aktuell zu sein, die Schreibmuskeln können aus unaktuell funktionierenden optischen oder aus akustischen Zellkomplexen innerviert werden, ferner aus der sensilen oder idealischen Sphäre (entsprechend umgewandelte, also sympatho- bzw. ideogene) Passformen erhalten, wobei wiederum die betreffenden Gefühle und Begriffe nicht aktuell zu sein brauchen, aber aktuell sein können. Das Analoge gilt von jeder Art der zeichnerischen Darstellung, also auch von der Malerei, ferner von der Skulptur usw. Selbstverständlich sind die aktuellen Gegenstände oder Gefühle oder Begriffe, die der zeichnerischen Darstellung eines Gegenstands vorausgehen können, nicht etwa die Ursachen der darstellerischen Bewegungen, sondern lediglich in den Ablauf dieser Reflexe eingeschaltet. – Gefühle und Begriffe lassen sich als solche gegenständlich nicht darstellen, sondern ausschließlich Gegenstände; sofern ich also z.B. ein Haus „aus der Erinnerung" zeichne, verwende ich ausschließlich Linien, die als solche, selbst gegenständlich, einem, und zwar diesem gegenständlichen Haus entsprechen, wobei freilich die Koordinatik des erinnerungsgemäß (ideogen) gezeichneten Hauses von der des gegenständlichen Hauses erheblich differieren kann. Die Schreibmotorik, die im Wesentlichen von dem motorischen Feld der Hirnrinde ausgeht, kann auch von anderen Zentren her Passformen erhalten; dabei ist aber die Zeichnung, sind also auch die Buchstaben doch immer nur Abbildungen optischer Gegenstände (z. B. die Noten als Zeichen für gewisse akustische Gegenstände usw.).

Die *Gefühligkeit* des Abgebildeten entspricht der Gefühligkeit des Abbilds (der Zeichnung, des Buchstabens). Die Reflexverbindung ist auch in der Art spezifisch, dass vom modalen Zellkomplex, dessen Aktualität das Abzubildende ist, in verschiedener, jeweils spezifischer Zahl Passformen, die also bestimmten Gefühlsspezies angehören, in die zugeordneten Schreibmuskelfasern übergehen – so, wie ich das bei der Besprechung der akustischen Beschreibung ausgeführt habe (siehe 4.3). Es sind also bei jeder Phase des Schreibaktes, wie bereits dargelegt, entsprechend der Reflexverbindung mit der Vorlage ganz bestimmte Muskelfasern tätig, und ihre jeweilige Funktionshöhe entspricht der Intensität des Innervationsstroms (der Anzahl der einfließenden Passformen). Diese Muskelfasern gehören somit als Ausdrucksorgane ihrer (sensorischen) Reflexsysteme bestimmten Gefühlsspezies an, demnach auch die Koordinatik ihrer Aktionen, und dieser speziellen Gefühligkeit entspricht die Gefühligkeit des Abbilds, die so mit der Gefühligkeit der Vorlage korrespondiert. Aus der Tatsache dieser assoziativen Zusammenhänge verstehen wir auch die mehr oder minder weit gehende *Ähnlichkeit* des Bildes mit der Vorlage. Die zeichnerische Darstellung eines Hauses, mag diese Darstellung eine primitive Bilderschrift oder ein höherkultürlicher Buchstabe oder eine Reihe solcher – nun schon wieder differenzierter – Buchstaben oder die Zeichnung eines modernen Künstlers sein, kann der Vorlage immer nur ähnlich sein, in einem mehr oder minder ausgeprägten Maße, aber doch so, dass die Gefühligkeit der Abbildung zu der Gefühligkeit der Vorlage stimmt, und der Grad der Ähnlichkeit ist Kennzeichen der „Exaktheit" der betreffenden Reflexorganisation. Ich werde hierauf sogleich zurückkommen. Ebenso wie die Buchstaben sind die Zahlzeichen grundsätzlich primitive oder stilisierte Abbildungen bestimmter Gegenstände.

Innerhalb dieser grundsätzlichen Tatsachen ist die Schrift des Einzelnen individualspezifisch, entspricht also die Gefühligkeit, die Koordinatik der Buchstaben, die M schreibt, der Gefühligkeit, der Koordinatik des von M erlebten Abgebildeten, also *seines* Phänomenalen, und beides, Schrift und Abgebildetes, ist im Sinn der Individualspezifität verschieden von Schrift und Abgebildetem des N usw. Das, womit sich ein Mensch vorwiegend, besonders häufig beschäftigt (z. B. beruflich), was also vorwiegend, besonders häufig aktuell ist, ist im Sinn der Ganzheitslehre ein besonders prägnantes Kennzeichen der Persönlichkeit; so kann auch die Schrift hinsichtlich der Gefühligkeit und Koordinatik mehr oder minder deutlich die Gefühligkeit und Koordinatik des von einem Menschen besonders häufig Erlebten phänomenologisch veranschaulichen. – Dass die Koordinatik der Schrift der Koordinatik der Schreibbewegung, mithin auch ihren hinsichtlich eines geringeren oder größeren Anteils sympathogener oder ideogener Passformen wechselnden Nuancen entspricht, wurde schon dargelegt; man kann also aus der Koordinatik und Gefühligkeit der Schrift bekanntlich einen – je nach der Kenntnis der Materie mehr oder minder sicheren – Schluss auf die „Gemütsverfassung" des Schreibers ziehen, und zwar im Allgemeinen wie im Besonderen („erregte" Schrift, sobald ein von hohen Gefühlserregungen begleitetes Erlebnis beschrieben wird – wichtig für Kriminologen, doch darf die Bedeutung dieser „psychologischen" Untersuchungsmethode nicht überschätzt werden, indem auch der Unschuldige beim Verhör im Allgemeinen wie im Besonderen in Erregung geraten kann und – als Nervöser bestimmt gerät, andererseits der „Hartgesottene" auch diese Schreibprobe bestehen kann).

Die Schrift- oder Zahlzeichen sind vom Menschen nicht etwa aus eigenem oder fremdem (magischem) „Willen", auf Verabredung usw. „geschaffen" worden, sondern biologisch entstanden gemäß der Entwicklung der betreffenden Reflexsysteme. Diese Tatsache der Entwicklung, die sich unter mannigfachen Begleitumständen vollzieht, wird nun im magischen Denken so gedeutet, als

177

ob diese Entwicklung im Ganzen oder in Einzelheiten von einer immanenten oder transzendenten Kraft usw. verursacht sei; aber auch hier ist die kausale Auffassung fiktional. Keine Verabredung ist imstande, einen Buchstaben zu erzeugen; wohl aber vollzieht sich die Entwicklung der Schrift in einer gewissen Koinzidenz mit der Entwicklung der Sprache.

Die jeweilige Organisation der Schreibreflexsysteme ist *individual-, gruppen- und artspezifisch.* Es bestehen also individual-, gruppen- und artspezifische assoziative Zusammenhänge zwischen den phänomenalen Individuen und ihrer optischen (und akustischen) Beschreibung, sowie individual-, gruppen- und artspezifische Gestaltungen der Buchstaben und Wörter. Wie jeder Mensch „seinen" Kehlkopf, „seine" Sprache hat, so hat er auch „seine" Handschrift, sie ist für ihn charakteristisch, symbolisches Kennzeichen seiner biologischen Beschaffenheit. Die einzelnen Gruppen wiederum (Familie, Sippe, Stamm, Volk) unterscheiden sich hinsichtlich Sprache und Schrift. Weiterhin finden sich unter den Schriftzeichen (und Sprachlauten) der indogermanischen Sprachen durchweg Ana- und Homologien – und endlich (Artspezifität) zahlreiche Ana- und Homologien zwischen den indogermanischen und allen anderen Idiomen, ja das Grundsätzliche an Schrift und Sprache ist überhaupt „allgemein menschlich". Die „Wanderung" von Sprach- wie überhaupt Kulturgut kann nur psychobiologisch verstanden werden, nämlich so, dass die Hirnrinden benachbarter oder auch nicht benachbarter Völker („ethnische Hirnrinde") sich in gewissen Zellbezirken, auch Wortzellbezirken, analog entwickeln, dass also mehr oder minder zahlreiche Aktualitäten von mehr oder minder naher Verwandtschaft auftreten. Wo sich solche analogen Entwicklungen nicht vollziehen, gibt es keine Möglichkeit, fremdes Kulturgut zu importieren – ebenso, wie eine neue Lehre sich nicht ausbreiten kann, solange sich die Gehirne noch nicht hinreichend entwickelt haben.

Die primitiven Zeichen sind *Buchstaben* und *Zahlzeichen* zugleich. Auch in hohen Kulturen finden wir Buchstaben als Zahlzeichen, so bei den Hebräern, Griechen, Römern usw. Die Inder benutzten die Anfangsbuchstaben gewisser Zahl-

wörter als Zahlzeichen, anderen Zahlwörtern entsprachen spezielle Zeichen, Abbildungen von Gegenständen (siehe unten). Die arabischen (persischen, bis 1928 auch türkischen) Zahlzeichen sind den indischen zum Teil ganz ähnlich, die deutschen Zahlen sind zum Teil den indischen und arabischen ähnlich, wie diese gruppenspezifisch, auch im Sinn koordinativer Umstellungen verschieden. So ist die indische (Devanagari) ૧ homolog der arabischen ١ und diese der deutschen 1 (auf koordinativer Umstellung); die indische ૨ homolog der arabischen ٢ (die indische Ziffer um 90 Grad nach rechts gedreht) und der germanischen 2; die indische ૩ homolog der arabischen ٣ (wiederum koordinative Umstellung) und der germanischen 3; die arabische ٤ homolog der germanischen 4 (mit koordinativer Umstellung), während die indische Vier ૪ der auf den Kopf gestellten 4 mit abgerundeten Ecken entspricht. Die phönizischen und altgriechischen Zahlzeichen I, II, III, IIII sind den römischen gleich (ohne dass man aber anzunehmen braucht, dass die alten Griechen von den Phönikern und die Römer von diesen Völkern diese offenbar – wie die 0 – artspezifischen Zahlzeichen übernommen hätten); sie sind auch den indischen, arabischen, germanischen Zahlzeichen ähnlich, aber koordinativ umgestellt: So kann die indische ૨ als zwei verbundene liegende Striche statt der senkrechten II, die indische ૩ als drei verbundene liegende Striche statt der senkrechten III aufgefasst werden usw. Die indische Sieben ૭ hat mit der arabischen Sieben ٧ abgerundet Ähnlichkeit, ebenso mit der germanischen 7, mehr aber mit der 9, die im Arabischen mit ٩, im Indischen mit ૯ gezeichnet wird. Die Ähnlichkeit der indischen Zwei mit dem lateinischen Z und einer häufigen Schreib- und Druckweise der germanischen 2 (z-ähnlich) wie auch dem germanischen ȝ fällt in die Augen. Solche koordinativen Umstellungen, z. B. ε statt 3, 9 oder ∂ statt 6 usw., finden sich oft bei den früh-kindlichen Zahlen- usw. Zeichnungen. Diese Beispiele mögen hier genügen.

Die Entsprechung von Gegenstand und Buchstabe oder Zahlzeichen ist im primitiven Stadium derart, dass eine ganz nahe Ähnlichkeit besteht. Die Zeichnung als primitive Form der Buchstaben oder Zahlen gibt die relativ einfache Koordinatik (das Liniengefüge, den Umriss) des Abgebildeten „naturgetreu", also relativ einfach wieder. So zeichnet, beschreibt der Primitive (auch das Kind) die Höhle-Öffnung-Schwelle mit O, 0, □, ◇, v, ∪, ∧, ∩, Π, c, ||, =, >, ɔ usw., ein Gerades mit — oder | oder /, ein Gedrehtes mit ⌣, {, ε, ʊ usw. Mit dem Aufstieg der Entwicklung gestaltet sich auch der Wortbezirk der Rinde aus, gestalten sich auch die Schreibreflexe aus, die Zeichen differenzieren und modifizieren sich, werden reichhaltiger, reicher gegliedert, komplizierter, wie es auch die bezeichneten Gegenstände werden. Es stellen sich Kombinationen ein von rund und gerade, z.B. IV oder VI oder 10 (als Beschreibung z.B. des am Höhleneingang stehenden Speers usw.) oder A, D, G usw., ferner solche von rund und gedreht, wie z.B. ε, 3, ᶆ, ω, ٥ (arabische Fünf) usw. und solche von gerade und gedreht sowie von rund, gerade und gedreht, z.B. B, ℒ, 𝒜, 𝒥, 𝓜 usw. Damit entfernt sich der Duktus der Schrift- und Zahlzeichen im Sinn der Komplizierung, Stilisierung, Stabilisierung mehr und mehr vom speziellen Umriss (der Gestalt, Kontur, Struktur) des jeweils Gezeichneten, die Ähnlichkeit zwischen beiden Gestalten wird immer weniger sinnfällig, schließlich sind die Zeichen (Buchstaben, Zahlen) überhaupt nicht mehr ohne nähere Untersuchung als Abbilder bestimmter Gegenstände erkennbar. Das Analoge gilt übrigens für die akustische Beschreibung: Auch sie differenziert sich derart, dass die koordinative Entsprechung der Lautfolge und des lautlich Beschriebenen sich erst im Weg der psychobiologischen Analyse herausstellt. Hierbei bleibt aber jedes Zeichen wie jedes Bezeichnete eine runde oder gerade Anordnung – beide können auch gedreht sein – oder eine Kombination solcher Anordnungen. Alle runden, geraden, gedrehten phänomenalen Anordnungen werden mit runden, geraden, gedrehten Linien gezeichnet, also optisch beschrieben, wie sie mit runden, geraden, gedrehten akustischen Reihen beschrieben werden.

6.2.1 Buchstaben

Im Gang seiner Entwicklung lernt der Mensch erst akustisch, dann optisch beschreiben, er lernt sprechen, bevor er schreiben und lesen lernt. Die optischen Buchstaben, die sich entwicklungsmäßig an die primitive Zeichnerei (primitiv onto- wie phylogenetisch genommen), an kindliche Kritzeleien anschließen, sind Darstellungen der assoziierten phänomenalen Individuen (des Beschriebenen), zugleich aber auch der assoziierten Laute. Wie beim Sprechen von einem phänomenalen Komplex aus die zugeordneten Sprechmuskeln, so werden beim Zeichnen und Schreiben die zugeordneten Schreibmuskeln innerviert; insofern sind beide Muskelbewegungen in jedem einzelnen Fall einander ebenfalls zugeordnet, sind nächstanalog und stellen die Zeichnungen, Buchstaben, die der Koordinatik der Schreibbewegung entsprechen, auch die Koordinatik der zugeordneten Laute, akustischen Buchstaben dar, die der Koordinatik der Sprechmuskeln entsprechen. Freilich ist zu bedenken, dass die optischen und die zugeordneten akustischen Buchstaben hinsichtlich der Koordinatik nicht „kongruent" sind oder zu sein brauchen, sondern dass gemäß der differenten Anordnung der Schreib- und der Sprechmuskulatur wie überhaupt des Schreib- und des Sprechorgans gewisse Abweichungen vorkommen, immer aber nur solche, die der grundsätzlichen biologischen Übereinstimmung von Lautzeichen und Laut keinen Abbruch tun.

Hieraus folgt – was ja an sich nahe genug liegt –, dass *die Lautzeichen* als *Abbildungen der je entsprechenden Mundstellungen* betrachtet werden können, indem diesen, wie dargelegt, die Laute entsprechen. Der Mensch lernt zuerst sprechen, dann schreiben, d.h. er vollführt erst allerlei Mundbewegungen, die er selber im koordinativen Zentrum registriert und bei anderen Leuten optisch wahrnimmt; an diese Mundbewegungen schließen sich stets Laute an, und zwar an ganz bestimmte Mundstellungen und -bewegungen ganz bestimmte Laute, und mit diesen Lauten werden – wieder in ganz bestimmten Zusammenhängen – phänomenale Individuen bezeichnet. Bei näherem Zusehen erweist sich, dass auch die Zunge, der Gaumen usw. am Sprechen beteiligt sind, und soweit diese inneren Teile des Sprechapparats sichtbar sind, können sie auch mit abgebildet werden, sodass sich die optischen Buchstaben „vervollständigen". Es leuchtet ein, dass die Aufmerksamkeit beim Hören besonders auf dasjenige Organ gerichtet war (und ist), das die Laute „hervorbringt". Auch andere Individuen, nicht bloß der Mensch und sein Mund, „bringen" Laute „hervor", und zwar besteht eine sehr weit gehende koordinative Gleichmäßigkeit, grundsätzlich sogar Übereinstimmung zwischen den Anordnungen und „ihren" Lauten bei den verschiedensten Individuen, d.h. die einzelnen „Eigentöne", „Eigengeräusche" der verschiedensten Individuen sind sich umso ähnlicher, je ähnlicher die Organe, die Anordnungen sind, die sie „hervorbringen". Der Höhlenvokal ist immer ein U, der Öffnungsvokal ein O usw. – in allerlei Nuancen. Das optische U stellt also sowohl das akustische U wie auch die Höhlen dar, die es „hervorbringen", usw. Am nächsten liegt aber die Abzeichnung des Organs, das die menschlichen Laute „hervorbringt", des Mundes. Es liegt meines Erachtens viel näher, dass die Mundstellung z.B. beim Aussprechen des O Vorlage zum optischen Buchstaben O war und ist, als dass diese Vorlage z.B. die Sonne wäre, die keinen Laut „hervorbringt" und nicht O heißt, sondern helios, sol, gotisch sunno, althochdeutsch sunna, mittelhochdeutsch sunne, neuhochdeutsch Sonne usw. Die Sonne ist rund wie viele andere Individuen, sie ist auch „auffälliger" als viele andere „Räder", sie wird auch als Kreis abgebildet, aber daraus folgt noch nicht, dass ihre Assoziation zu dem Buchstaben O genetisch enger wäre als die Assoziation des (sprechenden) Mundes zu dem Buchstaben O und anderen Buchstaben. Meiner Auffassung widerstrebt nicht die Tatsache, dass man sich auch mit Abbildungen von Gegenständen „schriftlich" verständigen kann, diese Abbildungen sind aber keine eigentliche Schrift, Buchstabenschrift. So sind die primitiven Tierzeichnungen usw. gewiss „Mitteilungen", aber keine Buchstabenschrift und auch, wenigstens grundsätzlich, keine Vorstufen der Buchstaben. Selbstverständlich soll mit diesen Ausführungen nicht gesagt sein, dass der Primitive *aufgrund* derartiger Denkakte die Schrift erfunden hätte, dass also jene die *Ursache* dieser gewesen wären; keineswegs. Es wird hier vielmehr der biologische Zusammenhang zwischen Mundstellung, Laut und Lautzeichen dargestellt und aus ihm der Schluss gezogen, dass rein entwicklungsmäßig die Schrift ihren Ausgangspunkt von den

optisch wahrgenommenen Mundstellungen genommen hat, also die Schreibreflexe zunächst von diesem Komplex aus innerviert worden sind und dass dann auch andere (je analog angeordnete) Individuen sich zu den Schreibreflexen und den Lautzeichen assoziiert haben.

Die primitive Schrift ist also die Reihe von zeichnerischen „Abbildungen" der phonetischen Mundstellungen, Mundbewegungen als der assoziativ nächstliegenden, häufigst aktuellen „Vorlagen", dann auch anderer gegenständlicher Anordnungen, solcher, die, als Ganze oder als Teile von Ganzen, einfach strukturiert, also einfach rund (z.B. die Sonne) oder gerade (z.B. der stehende Mensch) oder gedreht (gewunden, eckig usw., z.B. der Blitz), dann auch einfach zusammengesetzt im primitiven Erleben auftraten und auftreten und so ihre koordinative Analogie mit den Mundstellungen, die sich bei ihrer akustischen Beschreibung einstellten und einstellen, besonders leicht erkennen ließen und lassen. Eine solche runde Anordnung wurde (und wird) sprachlich sozusagen „imitiert", indem auf ihren Anblick eine analog runde Mundstellung folgte: Vom optischen Komplex aus ging die Innervation zu den zugeordneten zirkulären Sprechmuskeln, unter denen die Lippen- und Mundmuskeln in Form der Lippen-Mundbewegungen leicht zu beobachten waren, und nun erfolgte ein Laut, eine Lautreihe; solche Assoziationen „runde Anordnung – Mundrundung – Laut" wurden alsbald regel-, ja gesetzmäßig, die Beschreibung wurde reichhaltiger, entwickelte sich, und analog entwickelten sich die Schreibreflexe, sodass sich die zeichnerische Darstellung der Rundung hinzugesellte. Das Analoge gilt für die anderen Anordnungen (gerade, gedreht) und für die Nuancen (enge, weite Rundung usw.) sowie für die Veränderungen der Koordinatik, also die Bewegungen.

Die Stellungen und Bewegungen des Sprechapparats sind ja eigentlich eine spezielle Gruppe der mimischen oder gestischen Entsprechungen zu den Aktualitätenreihen der Denkzellkomplexe, von denen aus die muskuläre Innervation erfolgt, sie sind eine Gruppe der Ausdrucksbewegungen, und es versteht sich so leicht, dass die phonetischen Ausdrucksbewegungen von konsensuellen Bewegungen anderer (mitinnervierter) Muskeln, eben den *mimischen* und *gestischen Bewegungen* ergänzt wurden und werden und dass solche ergänzende Gestik auch illustrativ mitgezeichnet wurde (Hieroglyphen). Welche Anordnungen sich als „Vorlagen" für die Buchstaben zur ursprünglichen Vorlage, den Mundbewegungen und -stellungen, hinzugesellten oder (beim heutigen Primitiven, auch dem Kind) hinzugesellen, das ist Sache der individual- und gruppenspezifischen genetischen Ausgestaltung der phänomenal-phänomenologischen Entsprechung, der Assoziation zwischen den phänomenalen Individuen und der Beschreibung; der Wüstenbewohner erlebt – zwar auch nur Menschliches, aber doch vieles andere und vieles anders als der Küstenbewohner usw. Ferner sind auch die Struktur der phonetischen und grafischen Reflexsysteme, das synergistische Verhältnis der konsensuellen phonetischen und grafischen Reflexe, die phänomenal-phänomenologische Assoziation individual- und gruppenspezifisch, dann natürlich auch artspezifisch. Aus diesen Tatsachen verstehen wir, dass jeder Mensch „seine" Sprache, „seine" Schrift hat, ferner jedes Geschlecht, jede Familie, jede Sippe, jeder Stamm, jedes Volk, jede Rasse spezifisch spricht und schreibt – bei aller grundsätzlichen Analogie der menschlichen Erlebnisse und ihrer akustischen und optischen Beschreibung.

Nach alledem erkennen wir die optischen Buchstaben strukturell als Abbildungen der phonetischen *Mundstellungen* (einschließlich Zungen-Gaumenstellungen); indem jeder Buchstabe eine *Reihe* von Aktualitäten ist, gibt er auch den (ihm entsprechenden) Wechsel der Mundstellungen, also die *Bewegungstypen* und ihre Nuancen zeichnerisch wieder. Wir wollen dies im Einzelnen besonders an den lateinischen Buchstaben nachweisen; diese sind an der deutschen Fraktur im Sinn einer Verschmelzung mit dem altgermanischen Runenalphabet beteiligt. Für die Buchstaben anderer Sprachen gelten die oben angeführten Gesichtspunkte der spezifischen Ausdifferenzierung, womit also eine koordinative Unterschiedlichkeit gegeben ist (der Lateiner zeichnet z.B. die geschlossene Mundhöhle mit M, der Hebräer mit מ und – am Wortende – mit ם, vergleiche auch die U-Rune ᚾ), oft nur derart, dass einzelne Teile gleicher Buchstaben verschiedener Sprachen verschieden eingegliedert sind (z.B. ﬡ, s, ﬡ, hebräisches ם, deutsches ℓ, griechisches σ) oder ein Buchstabe einer Sprache länger oder kürzer ist als der gleiche der anderen Sprache (z.B. j und hebräisch י) oder mannigfache differente Verschnörkelungen vorkommen (z.B. sanskritisch अ, Rune ᚠ, lateinisch A, 𝒜, 𝒶, deutsch 𝒜) usw.

Vokale. Das U malt die offene, leere Mundhöhle (Sanskrit उ), dann auch jede andere leere Höhle, Umfassung, Umgrenzung, Umrandung, das O die leere Mundöffnung usw. (das sanskritische ओ umschreibt das O als Abart des A, sanskritisch अ; ähnlich औ au), das E (Σ gleich umgestellte Rune ᛗ, die E-Rune, vergleiche aber M; vergleiche auch 𝓮, ferner griechisch H gleich Eta, sanskritisch ए, das hebräische Sere ֵ und Seghol ֶ als Vokalzeichen) den etwas weiteren, das I den ganz engen Lippen-Zahnspalt sowie die dem Zahnspalt angenäherte Zungenspitze und so auch den aus der Spalte austretenden Luftstrom (ε, 𝓔, e – Schleifen, gedreht, gewunden, I ganz enge, auch gedrehte Säule [vergleiche sanskritisch इ], im I-Punkt, der auch das enge, gefüllte Loch angibt, als im Übergang befindlich, eben herauskommend bezeichnet, vergleiche das hebräische Chireq, den Punkt als I-Vokal, aber arabisch Punkt als Null), das A endlich zeichnet die freudeweit offene Mundhöhle als gefüllt (Querstrich), sonach das sie erfüllende Gerade, Männliche, vergleiche das hebräische Quames ָ und Pathach ַ (gerade Striche als Vokalzeichen).

Konsonanten. Das H zeichnet das „Sprechrohr", der Strich ist Verbindungsstrich der Rohrwände und gibt ihre Zusammengehörigkeit an. Das geschriebene deutsche 𝒽 ist eine Modifikation des H oder ℋ mit koordinativer Umstellung: Die beiden Aufstriche entsprechen den „Rohrwandungen", der Abstrich dem Verbindungsstrich. – Das V (sanskritisch व) ist eine Modifikation (Vorstufe) des U, eine Zeichnung der leeren zur Öffnung-Schwelle der Zähne-Lippen sich verengenden Mundhöhle. Wurde dieser Buchstabe hieroglyphisch in Form eines Pflocks, Nagels gezeichnet, dann malte man damit das in die Höhlung eingehende, passrechte Männliche zur Bezeichnung der Höhlung (wie das oft geschieht, vergleiche z.B. Pflock, Block und Loch, Locke, Lücke usw.). Das deutsche 𝒲 ist eine reicher gegliederte Modifikation des V oder 𝒱: Dessen Spitze oder untere

Kurve ist verschnörkelt, der Aufstrich mit einem langen absteigenden Schlussstrich versehen (vergleiche a und *a* usw.). – Das W geht vom V aus, es zeichnet die Mundhöhle und die sich anschließenden beiden Lippen, von denen nicht, wie beim V, die obere vorn-über der unteren liegt, sondern die in gleicher Front liegen; es ist ein unten eingekerbtes *V*, also *W*, kann auch als so verschmolzenes Doppel-V angesehen werden. Das hebräische Waw ‏ו‎ (fast wie U gesprochen, ähnlich im Englischen) ist ein koordinativ unterschiedenes V, ein V, dessen Spitze leicht abgerundet (ähnlich wie *V*) ist und nach rechts-oben sieht, und dessen Schenkel etwa einen rechten Winkel bilden, wie auch das V fast rechtwinklig geschrieben werden kann. – Das M malt die lippengeschlossene Mundhöhle (sanskritisch म); die seitlichen Striche zeichnen das Mundrohr, die Einkerbung zeichnet die Lippen. Man kann das M mit dem auf den Kopf gestellten W vergleichen und die Frage aufwerfen, wie es kommt, dass mit der einfachen Umkehrung eines Buchstabens dieser einen vollständig anderen Charakter gewinnt; diese Frage löst der Hinweis auf die gegebene assoziative Tatsache: Man hat eben die Mund-Lippenstellung, die dem akustischen W entspricht, so und die Mund-Lippenstellung, die dem akustischen M entspricht, so gezeichnet, die Reflexe sind eben so und nicht anders verlaufen, und gemäß diesem Ablauf, nicht etwa „aufgrund von Überlegungen" hat man das W und das M gezeichnet. Das *M* ist ein verschnörkeltes M oder *M*; „klein" geschrieben, ist es in dem kleinen deutschen Schreibschrift-*m* enthalten, das aber doch kaum mehr an die ursprüngliche Vorlage erinnert, sondern stark schmerzhaltig geworden ist und so mehr wie die Abbildung einer Säge oder der Wellen des „murmelnden" Baches aussieht.

Dies sind die hungergefühligen Konsonanten. Es gibt da, wie bekannt, Nuancen, sodass die Buchstaben mehr oder minder stark angst- oder schmerzhaltig, V und W auch als angst- und als schmerzgefühlige Buchstaben auftreten können. Weiblich bleiben aber diese Buchstaben; die schmerzgefühligen können freilich auch schmerzgefühliges Gerades, Männliches, zunächst also den austretenden Luftstrom bezeichnen, sie sind aber Zeichnungen von Höhlen, Öffnungen,

Schwellen, zunächst von Mundstellungen, und ganz augenscheinlich wiegen bei diesen Stellungen und ihren Veränderungen die Kontraktionen weiblicher (zirkulärer) Muskeln, also Hunger-Angst-Schmerzverengungen vor (im Gegensatz zu den Erweiterungen beschreibenden Buchstaben wie A, K, P usw.). Dagegen spricht nicht die Tatsache, dass diese Buchstaben sich aus ihren lapidaren Formen und auch oft in der Kurrentschrift aus geraden Linien zusammensetzen: Diese stellen eben die Grenzen der Höhlen, und zwar ihre geraden Anteile zeichnerisch stilisiert dar; diese Buchstaben hören also nicht auf, Höhlen, zunächst die Mundhöhle, zu zeichnen. Überdies können, wie schon gesagt ist und später weiterhin erörtert werden wird, weibliche (und männliche) Anordnungen „nach" dem Partnerisch-Gegensätzlichen beschrieben werden. Das Ausschlaggebende für die Klassifikation der Buchstaben nach weiblich/männlich ist: Welche Spezies von Muskelfasern sind bei den Stellungen, denen die einzelnen Buchstaben entsprechen, vorwiegend kontrahiert, die zirkulären oder die longitudinalen und unter den obliquen die mehr der zirkulären oder die mehr der longitudinalen Anordnung angenäherten? Bezüglich der obliquen Fasern sei zugegeben, dass eine ganz sichere Feststellung nicht immer möglich ist, zumal die einen schmerzgefühligen Buchstaben umgebenden anderen Buchstaben und demgemäß die Stellungen zu Nuancierungen führen; es lässt sich also der Standpunkt vertreten, dass alle schmerzgefühligen Buchstaben als weibliche und männliche auftreten können, wie wir das von den phänomenalen Anordnungen beschrieben haben; wir behandeln aber gemäß unseren obigen Darlegungen die Buchstaben H, V, W, M als weibliche.

Die angstgefühligen akustischen Buchstaben CH und SCH werden optisch in Form der Angabe der Komponenten, aus denen sie verschmolzen sind, dargestellt, so etwa wie eine chemische Verbindung in Form der Buchstaben, die den sie genetisch zusammensetzenden Elementen entsprechen, oder die algebraische Summe in Form der umklammerten Summanden grafisch dargestellt wird. Das akustische CH ist eine Verschmelzung von C (= K) und H zu einem einheitlichen Laut; es gibt verschiedene solcher Konsonanten CH, je nach Lage der Sprechenge klingt das CH verschieden, guttural oder bukkal. Liegt die Sprechenge weiter zahnwärts, dann tritt als Komponente noch S hinzu, und der entsprechende Konsonant lautet SCH. Die Verschmelzung besteht darin, dass weder K noch H auftritt, sondern eben ihre „chemische Verbindung", ein neuer Laut auch von spezifischer Gefühligkeit (CH, SCH angst- und schmerzgefühlig). Man kann, ohne dass der Sachverhalt sich ändert, das C in CH als den optischen Hinweis darauf, dass sich das H nach K hin umgewandelt hat, das S in SCH als optischen Hinweis, dass sich das CH nach S hin umgewandelt hat, auffassen. Jedenfalls gibt es keinen einheitlichen optischen Buchstaben im Lateinischen (und Deutschen usw.), der dem akustischen CH entspricht, und SCH kommt im Lateinischen auch akustisch nicht vor. Das hebräische Chet ⊓ ist ein geschlossenes He ⊓, gemäß der Tatsache, dass das H bei Bildung der Gaumensprechenge in Gaumen-CH übergeht; das ⊓ zeichnet die Öffnung, der linke Schnörkel die sich herausdrehende Luft. Das griechische X ist ein Kreuz (vergleiche das Andreaskreuz), es zeichnet den Weg des Luftstroms durch die Sprechenge, der eine Kreuzung (schmerzgefühlig) ist. Dem XΣ (oder KΣ), an dessen Stelle später das Ξ trat, entspricht das lateinische XS, an dessen Stelle später das X trat (z.B. MAXSUMUS, MAXUMUS). Das K malt die Explosion, Sprengung des Gaumenverschlusses: Vom senkrechten Strich, der den geschlossenen Gaumen andeutet, erheben sich weitausladend zwei Striche, die den Sprengungskegel zeichnen. Schließt sich an das K ein S an, dann kann man diese Reihe als KS oder X zeichnen, gemäß dem lateinischen X, das aus XS übrig geblieben ist, und dem griechischen ξ, stilisiert Ξ, das an die Stelle von XΣ und KΣ getreten ist und die Explosion mit dem Herausdrehen der Luft (vergleiche S) als mehrfach gewundene Schleife oder, im großen Buchstaben, als Rohr mit Projektil malt.

Das N zeichnet mit den beiden senkrechten Strichen Mundboden und Munddecke, mit dem Schrägstrich die Zunge, die sich an die obere Zahnreihe anlegt. Variationen: 𝒩, 𝒩, n, deutsch 𝔑, griechisch N, ν, sanskritisch न, hebräisch ב, ein koordinativ anderes (mit der Öffnung nach links auf den Kopf gestelltes) n, und ן (hebräisches

Schluss-N), dessen Schnörkel das Weiterrinnen zeichnet, wie ja überhaupt das N die rinnende Bewegung malt (vergleiche die N bedeutende Hieroglyphe Fisch oder gewundener Aal usw.). Die Rune X gibt einfach den Übergang an. Das akustische NG ist Verschmelzung aus N und G.

J ist ein modifiziertes I; es zeichnet aber die bukkale Sprechenge und die herausgleitende Luft (sanskritisch य). – S ist eine Spirale (𝒮 eine Art Schleife) und zeichnet die linguodentale Sprechenge (sanskritisch म) und die sich herausdrehende Atemluft, den „spiritus", Hauch (griechisch σ, ς, hebräisch ס); die Rune Ͷ ist eine eckig gezeichnete Spirale, ihr und dem s ähnlich ist das ∕. – Das F zeichnet die überhängende Oberlippe und mit dem kleinen Strich die Unterlippe, also die labiale Sprechenge und die engabfließende Luft. Ähnlich die Rune ᚠ. Das griechische Φ, φ zeichnet (wie sanskritisch फ) die Mundöffnung und die aus ihr ausströmende Luft. – Das R malt das an eine bestimmte Stellung (senkrechter Strich) sich anschließende Drehen, Vibrieren, auch das Drehen des Luftstroms (die Schleife); ähnlich griechisch ρ, stilisiert P, das also eigentlich eine größer geschriebene Drehung ρ ist; sanskritisch ऋ (Vokal) und र (Liquida); das hebräische Res ר gibt ebenfalls den Weg der Luft an und ähnelt dem Schnörkel des R (ohne die Schleife). – Das L zeichnet die Mund-Zungenstellung als Winkel zwischen dem Mundboden und der Zunge, die mit der Spitze die obere Zahnreihe berührt; koordinativ umgestellt die Rune ᛚ, griechisch Λ und λ, dessen geschlängelter Strich die gleitende Bewegung malt, wie hebräisch Lamed ל, sanskritisch ल und ळ.

Das G zeichnet das Gaumenrund mit einer kleinen Öffnung, die die sanfte, allmähliche Explosion und den dabei ausströmenden Luftstrom andeutet (vergleiche etwa eine Spange, die sich sanft ein wenig öffnet), er wird speziell angegeben mit dem kleinen senkrechten Strich, der sich übrigens verlängern und zur Schleife biegen kann (𝒢), wobei die Explosionsöffnung nicht mehr besonders gezeichnet zu werden braucht. Ähnlich zeichnet griechisch Γ Gaumenverschluss (senkrechter Strich) und Öffnung mit Lufthauch (waagrechter Strich), ebenso das kleine Gamma γ, dessen Bogen den Gaumen, dessen aufsteigender Strich mit abschließender Schleife den Durchbruch des Luftstroms malt; ganz ähnlich sanskritisch ग und hebräisch Gimel ﻟ, dessen Bogen den Gaumen, dessen Schnörkel die Sprengung zeichnet. – Das B zeichnet die Lippenstellung vor dem Aussprechen: Die beiden Bogen sind die leicht vorgewölbten Lippen, der senkrechte Strich die Verbindungslinie ihrer Ansatzpunkte; das kleine b zeichnet nur die Unterlippe, in Kurrentschrift (✐) mit der Schlussschleife auch explosive Öffnung und austretenden Lufthauch. Ähnlich griechisch β, während hebräisch Beth ﻟ nur eine Vorwölbung malt, also die Berührungsstelle der beiden Lippen nicht mitzeichnet, und sanskritisch ब dem V व nachgebildet ist. – Das D malt mit dem senkrechten Strich die mit der Spitze an die obere Zahnreihe stoßende Zunge, mit der Rundung den die Zunge überwölbenden harten Gaumen; wird die Figur eckig gezeichnet, dann haben wir das Δ (hebräisch offen das Daleth ﻟ). Die kleinen Buchstaben malen auch das Ausströmen der Luft als sanfte Explosion: δ, d, ✎ (zu letzterem ✎). Vergleiche sanskritisch द, worin Bogen und Strich umgestellt sind.

Vom K war bereits oben die Rede (sanskritisch क). – Das P (sanskritisch प) zeichnet die Sprengungsöffnung, also den Mund nach der Aussprache des Konsonanten; ähnlich π und hebräisch פ, dessen Schnörkel die ausgestoßene Luft zeichnet (auch im P kann diese mit dem senkrechten Strich, der in der Kurrentschrift zur Schleife wird, gezeichnet sein, genau wie im q, Q). – Das T ist ein Kreuz (vergleiche Antoniuskreuz), es zeichnet die an die obere Zahnreihe anstoßende Zunge und den bei der Sprengung des Verschlusses ausgestoßenen Hauch; vergleiche die Rune ↑; wird der untere Bogen von τ ausgezogen, dann ergibt sich hebräisch Teth ﻟ. Sanskritisch ट (Lingual) und त (Dental). – Z ist TS, also eine besondere Zeichnung für diesen diphthongartigen Laut; sie ist eine Kombination von t und s: Der obere Querstrich und der schräg-senkrechte Strich sind ein t, und an dieses schließt sich eine s-ähnliche Schleife an, vergleiche ȝ, worin der obere Bogen der Rest eines t ist, noch unkenntlicher im ζ, während im hebräischen Zajin ﻟ die Ähnlichkeit mit dem t deutlicher erkennbar, das ﻟ nur angedeutet ist (in dem unteren Bogen des ﻟ; die fremdsprachigen Druckbuchstaben zeigen die geschilderten Sachverhalte leider nicht so deutlich wie die geschriebenen Buchstaben), ebenso in der Rune Ψ, worin der obere Teil ein umgekehrtes ↑, der senkrecht fortgeführte Strich ein Rest vom и ist. Analog dem ξ ist das ζ eine zeichnerische Verbindung von Querstrichen, die als stilisiert aufzufassen sind und auch das Explosive anzudeuten geeignet sind (im Ξ entsprechen also die oberen beiden Striche einem K oder X, der untere einem S). – Das C (vor I, E, AE) wurde im Lateinischen als K gesprochen (Kikero, Kaesar) und zeichnet offenbar auch eine Explosion (vergleiche hebräisch Kaph כ und sanskritisch श = ç); insofern ist es auch geeignet, für DS zu stehen, zumal es dem altgriechischen Stigma ϛ ganz ähnlich ist.

Dass die Buchstaben auch *Bewegungen* zeichnen, und zwar jeder die Bewegung bei der ihm entsprechenden Mundstellung, wurde schon besprochen und ist oben angegeben worden. So zeichnet das M eine mahlende, das N eine rinnende, windende, das R eine speziell ringelnde, das S eine speziell spiralige, das L eine gleitende Bewegung usw. Auch hierin stimmen die optischen zu den akustischen Buchstaben.

Die Beschreibung eines phänomenalen Individuums mit mehreren Buchstaben *(Wörtern)* ist die Reihe von (buchstäblichen) Zeichnungen, deren jede einer zu dem Individuum gehörigen Anordnung entspricht; diese Anordnungen sind sämtlich Analoga zu phonetischen Mundstellungen. Das Wort „Tür" zeichnet also das so benannte phänomenale Individuum als Kombination von T-, ü- (ue-) und r-mäßigen Anordnungen, als Höhle-Öffnung-Schwelle (u, e, ue) mit geraden t-artigen (sich plötzlich auftuenden) und sich drehenden (r) Anteilen. Das Wort „Ohr" zeichnet eine Öffnung, ein Rohr (R-ohr) und eine Drehung (man sehe sich ein Ohr an!). Das Wort „Haus" zeichnet eine gleichmäßig Höhle (eine Art Rohr, H), eine auch gerade Anteile aufweisende, Gerades enthaltende oder aufnehmende oder abgebende (a) Höhle (u) und eine s-mäßig gedrehte Anordnung (Schwelle) als das dem „Haus" genannten Individuum spezifisch Eigentümliche, wobei die Vokale au „dominieren", H und s „determinieren". Das Wort „Himmel" zeichnet eine gleichmäßige Höhle, eine feine, genaue Umgrenzung (Schwelle), eine geschlossene Höhle reduplikativ, eine etwas weitere Schwelle und eine l-mäßige Schleife, beschreibt also die mehr oder minder genaue (enge-re, weitere), weithin reichende (mm), sich *wim-melnd*-gleitend bewegende Abgrenzung, „Decke" (gotisch himinis zu himan – bedecken, wozu Hemd gleich Umhüllung) usw.

Wie die akustischen, so sind auch die opti-schen hunger- und die angstgefühligen Buchsta-ben, also U, O, H, V, W, M, CH, SCH, N, NG weibli-che, die trauer- und die freudegefühligen Buchstaben, also A, G, D, B, K, T, P männliche; be-züglich der schmerzgefühligen Buchstaben, also E, I, CH, SCH, J, S, V, W, F, N, NG, R, L gelten die ge-machten Ausführungen: Man kann also anneh-men, dass jeder von ihnen in einer männlichen und einer weiblichen Form vorkommt, mindes-tens gilt dies für die Mehrzahl (etwa mit Ausnah-me von V, W, N, NG, die also auch immer nur weiblichen phänomenalen Anordnungen ent-sprechen, auch solchen an supermaskulinen Indi-viduen).

6.2.2 Schriftzeichen und Bilderschrift

Im Abschnitt 6.2.1 habe ich dargetan, dass die Lautzeichen, das sind die optischen Buchstaben, die *Schriftzeichen* als *Abbildungen der je entspre-chenden phonetischen Mundstellungen* zu betrach-ten sind. In dieser Angabe ist noch nichts über das Verhältnis der Schriftzeichen zur sogenannten Bilderschrift ausgesagt. Nach der gültigen Auffas-sung hat sich die *Buchstabenschrift,* d.h. die Schrift im speziellen Sinn *aus der Bilderschrift ent-wickelt.* Nach Hermann Wirth (Die heilige Ur-schrift der Menschheit, Leipzig 1931) stellen die arktisch-atlantischen paläo-epigrafischen Zeich-nungen und Zeichen, die er mit solchen südlicher Völker im Sinn eines von Norden ausgehenden ge-netischen Zusammenhangs (daher „Urschrift") vergleicht, kalendermäßige Aufzeichnungen dar. „Aus dem Jahressonnenlauf um den Gesichtskreis, aus der Wanderung des Sonnenschattens um den Stab, in Nordamerika wie in Nordeuropa, oder um die Pfähle und die Steinsäulen des ‚dagsmark' oder ‚eyktamark', entstand die Folge der Schrift-zeichenreihe, das Alphabet, als ursprüngliche Fol-ge der Monatszeichen des Gesichtskreissonnen-jahres" (S. 95). Hierzu habe ich Folgendes zu bemerken: Die Funktionen der „grafischen" Re-

flexsysteme sind in phylischen wie ontischen Frühperioden ein „Malen" mit allerlei „naturgege-benen" Farbstoffen. Daran schließen sich primiti-ve Abbildungen von Gegenständen an, und zwar sind die jeweils interessantesten (höchstgefühli-gen), also „sinnfälligsten" Gegenstände jeweils bevorzugte „Vorlagen"; sie werden alsdann auch in den verschiedenen Positionen abgezeichnet, z.B. der Mensch mit erhobenen, gesenkten, gebo-genen Armen, der Mensch in der Geburt, die Son-ne in den Etappen des Tages- und des Jahreslaufs, in den Himmelsrichtungen (zunächst zwei, dann vier, dann acht usw.) und so fort. Die Abzeichnun-gen erfolgen in der Form von Malsetzungen (die Male sind Pfähle, Steine usw.) und Vertiefungen und Erhöhungen der Erdoberfläche abgegrenzter (heiliger) Bezirke, aber auch in Form von Eingra-bungen in Holz, Stein usw. „Standardindividuen" hinsichtlich von Zeit und Raum werden aufgefun-den und sind Vorlagen für kalendermäßige, schicksalsmäßige Zeichnungen und Zeichen, die im Sinn der Koinzidenzlehre kombiniert werden (z.B. Wintersonnenwende und Geburt des Kindes usw.). Weiterhin entwickeln sich die Abbildungen zu den künstlerischen Skulpturen, Gemälden, Zeichnungen, d.h. die primitive Kunst entwickelt sich zu den differenzierten Formen der höheren Kulturen, hier besteht ein klarer genetischer Zu-sammenhang. Eine ganz andere Linie führt zu den Schriftzeichen, den optischen Buchstaben.

Der Mensch lernt eher sprechen als schreiben. Die Abbildung eines Mannes heißt (bzw. hieß) wie der abgebildete Mann „Man", d.h. die phoneti-schen Reflexsysteme sind schon weit ausgeglie-dert zu einer Zeit, in der sich die grafischen noch auf der Stufe des Abbildens befinden. So auch phylogenetisch. An die Stufe des Abbildens schloss und schließt sich die Ausgliederung der grafischen Reflexsysteme zur Stufe des Schrei-bens an. Wir haben also *Bildzeichen* und *Schrift-zeichen* (oder *Lautzeichen,* die optischen Buchsta-ben im speziellen Sinn) zu unterscheiden. Die Entwicklung der Schriftzeichen schloss und schließt sich an die Bildzeichen derart an, dass einzelne der letzteren sich stilisierten und so einstweilen als eine Art Buchstabe dienten; ihre Koordinatik näherte sich der Abbildung der Koor-dinatik der phonetischen Mundstellungen, doch blieben sie immer noch Bildzeichen (z. B. vertrat das Bild des Menschen mit erhobenen Armen Ψ den Laut M im Germanischen, das Bild des Adlers vertrat im Ägyptischen den Laut A [Adler hieß achom] usw.); so sind die Runen (das nordische Futhark) nicht Buchstaben, d. h. Schriftzeichen, sondern Bildzeichen und nur als in Buchenstäbe eingeritzt „Buchenstäbe". Das Schreiben im speziellen Sinn des Zeichnens von Schriftzeichen, sagen wir: das eigentliche Schreiben, konnte erst gemäß der Ausdifferenzierung grafischer Reflexsysteme in der Art der Entsprechung zu den bereits ausgegliederten phonetischen Reflexsystemen einsetzen und sich entwickeln, und eben hierin ist der Tatbestand gegeben, dass die Schriftzeichen Abbildungen der phonetischen Mundstellungen sind, diese Mundstellungen also „abgelesen" und abgezeichnet werden. Den Übergang von den Bildzeichen (Hieroglyphen) zu den Schriftzeichen finden wir in der Art, dass den letzteren je bestimmte Bildzeichen, sozusagen als Illustrationen beigesetzt wurden, oder in der Art, dass Bild- und Schriftzeichen zu einer einheitlichen Struktur verschmolzen (so ist die gotische Schrift des Ulfilas im 4. Jahrhundert n. Chr. entstanden, so ist die deutsche Schrift entstanden). Die Entwicklung der Schrift, die also selbstständig *neben* der Entwicklung der primitiven zur kultürlichen Bildkunst einhergeht, ist natürlich ein rein biologischer Vorgang, nicht etwa „verabredet" und dann „gemacht" worden. Die Schriftzeichen sind die optischen Entsprechungen der Laute, der akustischen Sprache, die Bildzeichen sind dagegen Abzeichnungen optischer Gegenstände. Die Tatsache, dass die Schrift mannigfache Verschmelzungen mit Bildzeichen und überdies die grundsätzliche Analogie, nämlich die Zusammengesetztheit aus rund und gerade (sowie eckig usw.) aufweist, darf nicht dahin ausgelegt werden, dass die Schrift aus der sogenannten Bilderschrift entstanden wäre.

6.2.3 Zahlzeichen

Jedem Geraden entspricht ein gerades Zahlzeichen (nicht zu verwechseln mit der „geraden Zahl" 2, 4 usw.) oder ein gerader Teil in der Gesamtlinie des Zahlzeichens. Die I ist also in jedem Fall Entsprechung eines Geraden, Männlichen, mag dies ein aufrechter Mensch, ein Baumstamm, ein Pfahl, ein Finger, ein Arm usw. sein, die I gibt die Koordinatik jedes geraden Gegenstandes zeichnerisch wieder. Weiteres gibt sie von den geraden Gegenständen nicht an. Jeder gerade Gegenstand kann auch als solcher abgezeichnet werden, also mit einem Gefüge von Geraden, das die spezielle Koordinatik des abgezeichneten phänomenalen Individuums vorführt, ihm also der Gestalt, Struktur nach ähnlich und so mehr oder minder reich gegliedert ist. Das Zahlzeichen beschreibt dagegen den Gegenstand lediglich als geraden. So zeichnet es auch gerade Anteile an zusammengesetzten Individuen, also solchen, die aus runden und geraden Anordnungen bestehende Ganzheiten (Aktualitätenreihen assoziativer Systeme) sind. Eine Frau weist mehr runde als gerade Anteile auf; steht sie aufrecht, dann wird sie als I „gezählt", d. h. das Zahlzeichen gibt die Geradheit, Gestrecktheit zeichnerisch wieder. (Umgekehrt entspricht einem Manne, der sich zur Rundung gebeugt hat, hinsichtlich dieser Rundung die Ziffer 0, siehe unten.) Wird der Strich I als eingegrabene, eingravierte (graben, gravieren, gravis, γράφειν usw.), eingemeißelte Rinne, Ritze, Spalte, also Höhlung aufgefasst, dann ist dieser Strich eigentlich keine I als Zahlzeichen, sondern eine weibliche Zeichnung. Sofern eine solche Zeichnung als Zahlzeichen I gilt, wird „der Graben" sozusagen übersehen, die Rinne als ausgefüllt, die Figur als volle Gerade begrifflich vorgestellt.

So hieß in der pythagoreischen Zahlenmystik 1 Igin, was von γυνή Weib hergeleitet wurde, und zwar sollte die 1 das weibliche Genitale, eine Spalte, darstellen. Die Zwei dagegen, genannt Andras, gezeichnet Ƶ (also eine koordinativ umgestellte 2), sollte das männliche Genitale darstellen; Andras von ἀνήρ Mann. Die Drei, gezeichnet ♄ (ähnlich der 4) hieß Ormis, Hormis, von ὁρμή Begierde, eine Kombination von I und koordinativ umgestellter 2, also gleich Lingam. Die Vier, gezeichnet ℂℂ oder ℬ, hieß Arbas, Schlüssel der Natur, Güte. Die Fünf, gezeichnet ⊄, Quimas, Haken einer Waage, Gerechtigkeit. Die Sechs hieß Calcis, wohl ein Genitiv (? Sexta tenet Calcis perfecto munere gaudens); die Sieben, gezeichnet ⋀, Zenis, Zirkel, Größe; die Acht, **8**, Termenias, Gesundheit (Schlangenform); die Neun, gezeichnet ♂ oder ♭, Ithyphallos, Potenz (3-mal 3 oder 3^2, drei in der zweiten „Potenz"). Die psychoanalytische Auffassung, dass allemal und von Haus aus die 1 den erigierten Penis, die 2, arabisch ٢, den Penis und einen Hoden, die 3, arabisch ٣, den Penis und die beiden Hoden darstelle, sei als Kennzeichen dieser genitomanen Denkweise erwähnt.

Ebenso zeichnet der Buchstabe I die Schwelle (weiblich) und das sie Überschreitende (männlich), aus der Höhle Hervorgehende, ist also ein weiblicher oder ein männlicher Buchstabe, je nachdem er selber als „Rinne" oder als „Füllendes" aufgefasst wird. Wie gesagt, gilt die Ziffer I nur als männliche Anordnung; sie zeichnet das Männliche als im Übergang (über die Schwelle) befindlich, aber auch als hervorgegangenes kurzes oder langes Gerades, gilt also für schmerz- und trauer- und freudegefühliges Gerades (während der Buchstabe I das Gerade nur als auf der Schwelle befindlich, hervorgehend, also schmerzgefühlig beschreibt).

Wie bei der Besprechung der Buchstaben bemerkt, kann eine gerade Linie auch gerade Anordnungen an weibliche Individuen, an Höhlen usw., oder auch an die dem Weiblichen partnerisch-gegensätzliche männliche Anordnung zeichnen; so sind die lateinischen Ziffern fast ausschließlich gerade Linien oder aus solchen zusammengesetzt. Die eigentliche zeichnerische Entsprechung der phänomenalen Rundung ist aber die runde Linie, als Ziffer die Null; sie malt also je nach der Schreibweise die leere Höhle oder Öffnung oder Schwelle, das Weibliche, und ist weiblich. (Über den männlichen und weiblichen Charakter der Zahlen siehe auch Leo Frobenius, Vom Kulturkreis des Festlandes, besonders Kapitel 8.)

Die 2 oder II zeichnet einen Graben, eine Spalte, Schwelle, ein Gehöhltes, Weibliches und ist eine analoge weibliche Anordnung, d. h. eine Rundung mit Ecken. Zwei Striche nebeneinander unverbunden sind keine Zwei, sondern – eben zwei Einsen. Das Zahlzeichen 2 oder II ist dagegen eine Einheit, eine Summe, die beiden senkrechten Striche sind querverbunden zu denken (analog III usw.). Die Zwei setzt sich, bei der II deutlich, aus zwei senkrechten Geraden zusammen, diese bil-

den aber eben als verbunden eine summative Einheit, eben II und nicht I und noch I, I + I. Ein bestimmtes Weibliches, etwa das weibliche Genitale, ist da nicht (wie die Psychoanalyse will) Vorlage, sondern jede Öffnung, jede Spalte, jede Höhle wird zahlenmäßig beschrieben als 2; dass zu diesen Öffnungen auch das weibliche Genitale gehört, ist selbstverständlich, ich will nur sagen, dass das Zahlzeichen nicht ausgerechnet von dieser Öffnung „abgeleitet" ist.

Die 3 ist eine Schleife, homolog der indischen ३, das sind bogig verbundene drei Striche, die wir, koordinativ umgestellt, in der römischen III wiederfinden. Aber diese drei Striche sind als Zahlzeichen nicht drei nebeneinander stehende Einsen, sondern, eben als verbunden, ein Ganzes, eine summative Einheit. Diese Figur gibt ziffernmäßig eine Öffnung (Höhle, Graben) an, in der ein Gerades enthalten ist, ist also biologische Summe von I und II, 1 und 2. Sie ist eine ziffernmäßige Vereinigung von weiblich und männlich und Darstellung *jeder* solchen Vereinigung, nicht bloß der Vereinigung der Genitalien (Lingam), sondern z. B. auch der Vereinigung Mutter und Kind, Eltern und Kind, dreier Finger oder Zehen (als Einheit), eines Menschen usw. mit einer Türöffnung usw. – kurz, die Ziffer 3 oder III malt den Übergang ganz allgemein, *jede* Überschreitung der Schwelle, jeden Aus- oder Eintritt eines Geraden aus einem Runden bzw. in ein Rundes. Die 3 ist wie die 2 ausgesprochen schmerzgefühlig, bezeichnet die Drehung und ist selbst eine gedrehte Linie.

Die 4, geschrieben 4 oder 4 (arabisch ٤, also koordinativ verschieden), ist ein Kreuz, dessen linker und oberer Balken verbunden sind. Die Ziffer zeichnet also die summative Vereinigung. So auch, koordinativ verschieden, lateinisch I I I I, IIII, arabisch ٤ (ebenfalls vier verbundene Striche) indisch ୪ (eine auf den Kopf gestellte 4 mit abgerundeten Ecken). Die 4 ist also eine Darstellung der Schwelle und des sie Überschreitenden, der Verbindung männlich-weiblich, wie jedes Kreuz eine solche Darstellung ist. Auch lateinisch IIII gibt diese Verbundenheit an: die äußeren Striche sind die Umfassung, die inneren das Umfasste. Die IV zeichnet das Männliche neben dem Weiblichen, beide in summativer Verbundenheit (Ehe); sie „muss" nicht gerade Penis und Vagina darstellen, sondern stellt jede analoge Verbundenheit dar, z. B. Daumen neben Hohlhand, Pfahl, Baum, Fahnenstange usw. neben Eingang zum Hof usw., kurz: das Männliche in Verbundenheit mit dem Weiblichen. – Auch das Quadrat ist eine Summe von vier Einern, wird aber nicht als Zahlzeichen verwendet. Es ist eine Rundung mit Ecken, somit weiblich (vergleiche die vulgäre Darstellung der Vulva mit ◊). Eine Öffnung wird eckig bei der Kontraktion entsprechend angeordneter obliquer Fasern. Dies gilt auch für die Ecken der Geraden: diese wird bei der Kontraktion entsprechend angeordneter Fasern „gebrochen". Lateinisch tessera, zu griechisch τέσσερες – vier, ist das Viereck und der Würfel. Die Kombination des Runds mit dem Kreuz findet sich als Rad mit vier Speichen (vergleiche Rad des Ixion, wobei Ixion, der Mensch, das Speichenkreuz, das Achsenkreuz [Ἰξίων, ἄξων, im weiblichen – mütterlichen – Rund] bildet); ferner als Swastika, das Hakenkreuz, das Kreuz mit angesetzten Rundungsteilen, Abbild auch der Sonne, des Sonnenrades oder (pars pro toto) des Sonnenwagens, allgemein Abbild der weiblich-männlichen Verbundenheit, des heiligen Mysteriums, der sakramentalen Ehe. (Man kann aus der Swastika die Ziffern herauslesen, muss sich aber vor dem kabbalistischen Schluss hüten, dass die Ziffern ihren Ursprung aus dem Hakenkreuz genommen hätten; die Ziffern sind selbstständige, mit dem Zählen verbundene Zeichnungen, die selbstverständlich nur aus rund und gerade bestehen können – wie das Hakenkreuz auch, wie alle Zeichnungen überhaupt.)

Die 5, arabisch ٥, ist eine Höhle-Öffnung mit angesetztem Häkchen, das sich zur Ecke modifiziert hat. Lateinisch V ist – wie der Buchstabe V – ebenfalls eine Öffnung und Zeichnung einer solchen. Diese Ziffern malen also Weibliches. Über das Verhältnis zur Hand siehe Abschnitt 6.2.4.

Die 6 (arabisch umgekehrt ٦) ist eine halbe Schleife oder Spirale, schmerzgefühlig. Anstatt der oberen Bogenlinie kann eine Gerade gezeichnet werden, dies wäre dann der männliche Anteil, die untere Rundung der weibliche. Die Annahme, dass die 6 eine Zeichnung des männlichen Genitals sei, ist keineswegs zwingend; es ist lediglich Tatsache, dass manche Leute die 6 so deuten. Auch dass die 6 und VI (eine Verbindung von weiblich und männlich, von der IV koordinativ unterschieden) „sechs" heißt (lateinisch sex, griechisch ἕξ), beweist nicht, dass die 6 das männliche Genitale darstelle, sondern zeigt eben nur, dass diese Figur mit einem Wort assoziiert, das die Gegensätzlichkeit weiblich/männlich speziell bezeichnet. „Sex" hängt mit „sexus" zusammen, und dem griechischen ἕξ ist das deutsche Hecke, Hexe, Hegisse, hegen, hecken usw. homolog; aber auch sexus bezeichnet nicht bloß die genische oder die genitale Gegensätzlichkeit, sondern – vergleiche secus, secundus – der andere, sequi – folgen usw. – die weiblich-männliche Gegensätzlichkeit überhaupt. Die indische ٤ ist eine umgekehrte ٣ mit einem Verdopplungshäkchen (Rest einer ٢).

Die 7 ist ein Haken in mancherlei Modifikationen, eine Art Winkel, eine Öffnung (arabisch ٧), ist also weiblich (vergleiche indisch ७). – Die 8 ist eine Doppelöffnung mit Kreuzung der Schräglinien, weiblich. – Die 9 ist eine umgekehrte 6.

6.2.4 Das Zählen

Wie kommen nun aber die Zahlzeichen über 1 dazu, je eine bestimmte Summe zu bedeuten? Wie andere Gegenstände, so werden auch die Schrift- und Zahlzeichen, die ja selber Beschreibungen sind, wortlich beschrieben, sind mit speziellen Worten assoziiert. Diese Worte, die im Ablauf der „Wortanalyse" auftreten, geben den „Sinn" oder die „Bedeutung" des beschriebenen Wortes oder Zeichens an, d. h. die Eigenschaften und Funktionen, die dem beschriebenen Wort „innewohnen", deren biologisches Symbol es ist – ganz so, wie die Beschreibung eines Gegenstands die Angabe der Eigenschaften und Funktionen ist, deren biologisches Symbol der beschriebene Gegenstand ist. „Wortanalyse" ist der assoziative Vorgang als solcher, die in ihrem Verlauf auftretenden Aktualitäten (also weitere Wörter) als solche sind zusammen die „Wortbedeutung". „Deuten" (zu französisch douter, lateinisch dubitare, griechisch δοιάζειν) heißt so viel wie zweifeln, in zwei Teile zerlegen, speziell von Denkvorgängen, etwa unsicher denken, ohne hinreichende Sachlichkeit und Bestimmtheit auslegen, oft gleich fantasieren, sich in Fiktionen ergehen usw. Mit bedeuten, Bedeutung ist mehr die Sicherheit, Sachlichkeit, Genauigkeit der „Auslegung" angegeben. So wird die Ziffer 1 mit dem Wort „eins", die Ziffer 2 mit dem Wort „zwei" usw. bezeichnet, und diese „Zahlwörter" werden weiterhin so beschrieben (analysiert), dass „eins" eine Einheit, „zwei" eine Zweiheit, „drei" eine Dreiheit usw. bezeichnet, somit 1 und 2 und 3 Zahlzeichen für eine gegenständliche Einheit bzw. Zweiheit bzw. Dreiheit seien. Einige Zahlzeichen sind derartige Figuren, dass die Einheiten, deren Summe das Zahlzeichen und -wort ist, als Bestandteile erkennbar sind; so die I, II, III, IIII sowie die entsprechenden arabischen und germanischen Ziffern, wie oben angegeben. Andere Zahlzeichen, wie 6, 7, 8, 9, sind Linien, an denen sich ihre Summanden als solche keineswegs demonstrieren. Auch die Zahlwörter an sich geben bis auf wenige keinen Aufschluss über die Summanden, deren Summe sie bezeichnen; an dem Wort „acht" ist nicht zu erkennen, dass es gerade so und so viele Einheiten summativ angibt.

Der Primitive (primitiv im phylo- wie ontogenetischen Sinn) zählt in der Weise, dass er jeden zählbaren Gegenstand (genauer: jedes gegenständliche Individuum) einzeln, als Eins oder Einheit aufführt: 1 und noch 1 und noch 1. Die Summe kennt er noch nicht. Die 1 ist Entsprechung gerader Gegenstände; dass diese als Einsheiten, Einsen gezählt werden, ist sonach ohne Weiteres verständlich. Wie aber steht es mit den runden, weiblichen Anordnungen? Ihnen entspricht nicht die Ziffer 1, sondern grundsätzlich die Ziffer 0. „Zählen" die Nullen oder nicht? Tatsache ist, dass auch Rundungen, Nullen gezählt werden, als „einzelne" gelten. Sind die Nullen „Nichtse" oder „Etwasse", ist das Weibliche Nichts oder Etwas? Wir stoßen hier auf ein Grundproblem der Menschheit, das sich etwa in die Hamlet'sche Formel „Sein oder Nichtsein – das ist die Frage" fassen lässt. Offenbar ist 1 Gegensatz zu 0, eins zu Null, der eigentlichen „Ziffer" (arabisch çifr, sanskritisch çûnjas, das ebenfalls leer und null bedeutet und zu griechisch κενός, deutsch „kein", mundartlich „keen" homolog ist, also k-ein wie κ-ενός). Null, nullus, numerus, numen usw.; jemanden als Nummer bezeichnen (eine schöne, feine Nummer!, eine gute/ schlechte Nummer bei jemandem haben, Nummer gleich leichtsinniges Frauenzimmer, Nummer als

Kennzeichen für die namenlosen Gefangenen usw.), heißt: ihm die Männlichkeit, die Persönlichkeit, die Freiheit (zu freien, Freier usw., also Freiheit gleich Erwachsen-, Herrsein) wegnehmen, die Ehre abschneiden (Ehre verwandt mit er gleich männlich, Wehre usw., also Ehre abschneiden so viel wie entmannen), ihn zum „Nichts", zu-nichte, null und nichtig, zum wehrlosen Weibe, Kinde machen, sodass „mit ihm nicht mehr gerechnet wird", er nun nicht mehr „zählt". Aber als Nummer zählt er dennoch? Ja: Null ist die eigentliche Ziffer, nach der alle anderen Zahlzeichen „Ziffern" benannt sind.

Die Lösung des Problems liegt in der Erkenntnis der polaren und interpolaren Gegensätzlichkeit. Die Umrandung ist polar gegensätzlich zum „umrandeten Nichts", sie ist „Etwas" gegenüber dem Nichts, das sie sozusagen einschließt. Die Ziffern, die den Rundungen entsprechen, sind grundsätzlich analog-runde Zeichnungen, aber sowohl die Ziffern wie die ziffernmäßig beschriebenen Rundungen sind assoziiert mit der Wortgruppe „ein-", mit der auch die männlichen Gegenstände und Ziffern assoziiert sind. Eine Rundung wird also niemals mit der Ziffer 1 gezeichnet werden, wohl aber sind viele Rundungen assoziiert mit dem Wort „eine" – und mit diesem Wort ist auch die Ziffer 1 assoziiert: Die 1 wird wortlich beschrieben mit „eins" oder „einer" oder „eine" oder „eines", und sie führt selber den Artikel „die", „eine" als Ziffer wie alle anderen Ziffern. Andere Rundungen sind mit dem Wort „einer" assoziiert (z. B. der Ring), wie andererseits viele Gerade mit dem Wort „eine" assoziiert sind. Ebenso sind Runde und Gerade assoziiert mit „eines", als Bezeichnung des hinsichtlich des Geschlechtscharakters noch wenig differenzierten Existenten. „Ein" ist ein „allgemeiner Artikel". Mit der Wortgruppe „ein", „einer", „eine", „eines" sind sämtliche Gegenstände und auch sämtliche Schrift- und Zahlzeichen, darüber hinaus sämtliche Aktualitäten überhaupt direkt oder indirekt assoziiert.

Die Organisation dieser Assoziationen, also der Geschlechtscharakter der beschriebenen Individuen, ist spezifisch. Ein Rundes kann zu einem Gesamt gehören, dessen Männlichkeit überwiegt; es kann sich dann im assoziativen Ablauf auch zu diesem Runden der männliche („allgemeine" oder „bestimmte") Artikel gesellen. Häufig wird das Runde nach dem ihm partnerisch Geraden artikuliert: der Ring, der Mund, der Schlund usw. Diese Rundungen bilden also mit dem je zugehörigen Geraden (Finger, Ess-, Schluckmaterial usw.) ein assoziatives System, ein Ganzes, und es werden die Rundungen mit den Substantiven, die Geraden mit dem (männlichen) Artikel angegeben, auch falls die männlichen Anteile des Ganzen unaktuell geblieben sind. Im Arabischen ist die Null ein Punkt: Dieser steht für die Rundung, deren Zentrum er ist; sie muss sozusagen hinzugedacht werden, worauf schon Kleinpaul hingewiesen hat, dabei an das französische point, das für ne point steht, erinnernd. Umgekehrt wird ein Gerades oft nach der Rundung artikuliert, in der es sich vorfindet: z.B. die Waffe, die Lanze, die Pike nach der Scheide, Hülle, Hohlhand, in der sie sich befinden, nach der Wunde, die sie schlagen und in der sie stecken. Kurz: die auffällige Tatsache, dass nicht selten Männliches mit dem weiblichen und Weibliches mit dem männlichen Artikel gekennzeichnet wird, ist uns aus der Organisation des phänomenalen Komplexes und der von ihm ausgehenden Beschreibung verständlich.

Die Wortgruppe „ein", „einer", „eine", „eines" ist schmerzgefühlig; „ein" steht dem Wort „sein" nahe, heißt etwa so viel wie „seiend" (es-se, s-ens, sons, sonticus, εἷς, εἶναι, ὄν, unus usw.). Die weibliche Form „eine" beschreibt die Rundung im Moment des Aus- oder Eintritts des Geraden, das „einer" heißt. Der polare Gegensatz zum Umrandung und zum Geraden, also zu „eine" und „einer" oder „ein", ist k-ein oder n-ein, n-ichts, n-iemand, n-oenum, n-on. Das Weibliche ist also „ein" als Umrandung und „n-ein" (gleich nicht ein) als das ihr polar Gegensätzliche, und dieses „n-ein" ist auch dem Geraden polar gegensätzlich: das Nichts dem Etwas, mag dieses in gerundeter oder gestreckter Anordnung auftreten. Diese polare Gegensätzlichkeit ist am Weiblichen sozusagen deutlicher vor Augen geführt: Die Umrandung ist eben gar nicht anders erlebbar als im polaren Gegensatz zum Umrandeten (das, wie ich schon früher betonte, nicht mit der Füllung, dem Geraden verwechselt werden darf), während man das Gerade sozusagen „an sich", „einfach" wahrnimmt;

es muss aber darauf aufmerksam gemacht werden, dass tatsächlich auch das Gerade immer nur im polaren Gegensatz zum Nichts erlebt wird. Der vor der psychobiologischen Erkenntnis ubiquitäre Zweifel „an der Null", „am Weiblichen", dem man ja gern einen „Doppelcharakter" beimisst, erstreckt sich auch auf die zahlenmäßigen Bezeichnungen; unter diesen stimmt das Wort „ein" mit dem allgemeinen Artikel überein. (Für das kleine Kind ist „ein", „eins" anfangs nur Artikel, dann erst Zahlwort.) Ist das Weibliche Etwas oder Nichts? Zählt die Null oder nicht? Ist „n-ein" oder „k-ein" tatsächlich „nicht vorhanden" oder eben nur Bezeichnung für ein „ein", das doch eben „kein" ist? Und „keiner"? Wir wissen: Das Weibliche ist „Etwas" als Umrandung, wie das Männliche „Etwas" ist; dieser Gegensatz weiblich : männlich ist interpolar (interobjektiv). Das Weibliche ist „Nichts", insofern mit „weiblich" das „Nichts in der Umrandung" gemeint ist; dieses ist der Umrandung wie auch dem Männlichen polar gegensätzlich. „Weiblich" hat also in der Tat eine mehrfache Anwendung: Einmal nennt man so die Umrandung, sodann das als polarer Gegensatz zugehörige Nichts, endlich das eine wie das andere, die Umrandung und das zu ihr polar gegensätzliche Nichts; so ist weiblich einmal „Etwas", das andere Mal „Nichts", das dritte Mal Etwas und Nichts zusammen. Demgemäß hat „weiblich" einmal den Sinn von „zum Weibe gehörig" (bisexuell) und ist somit interpolar gegensätzlich zu „männlich" als „zum Manne gehörig" (bisexuell); andererseits hat weiblich den Sinn des zum Männlichen polar Gegensätzlichen (unisexuell), also des Nichts gegenüber dem Etwas.

Diese *assoziative Mehrwegigkeit*, diese Mehrdeutigkeit von weiblich und männlich findet sich, wie die psychobiologische Analyse zeigt, nun eben im menschlichen Denken vor. Das Objekt ist, wie immer seine Reihen angeordnet sein mögen, stets „Etwas", nämlich polarer Gegensatz zum „Nichts"; eben diese Gegensätzlichkeit Nichts : Etwas (usw.), die Zugleichheit, ist die Anschauung. Grundsätzlich ist demnach auch das Objekt als Glied einer Rundung männlich, ist die Aktualität als solche männlich. Vergleiche auch „man", „männiglich", „Mensch" (gleich „männisch") als Bezeichnung für alle, für jedermann, wie denn man, Mann, sanskritisch man, manth so viel wie „hervorgegangen" und so gegenüberstehend, Gegenstand bedeutet. Indes hat sich dieses Wort zu einer engeren Anwendung differenziert: Männlich heißen nur noch die geraden Objektreihen, die trauer- und die freudegefühligen. Die runden Anordnungen, die hunger- und die angstgefühligen, heißen weiblich, und dieses „weiblich" ist mehrdeutig, wie oben angegeben. „Weiblich" als Umrandung „zählt mit", ist „eine"; „weiblich" als polarer Gegensatz zum Etwas „zählt nicht", kann nicht gezählt, nicht beschrieben werden, ist Nichts, nicht-seiend, nicht-ein, n-ein, k-ein. – Mathematisch ist 0 natürlich nicht gleich Nichts, sondern eben eine Ziffer, und 5-mal 0 ist nicht gleich Nichts, sondern eben 5-mal 0; die berühmte Gleichung $5 \cdot 0 = 6 \cdot 0$, also $5 = 6$, ist eine Denkfalle, nämlich überhaupt keine Gleichung.

Auf die primitive Zählweise „eins und eins und eins" folgt bei entsprechender Entwicklung der Hirnrinde die *Entdeckung der Summe,* zunächst der 2. Mit der 2 oder II (usw.) ist eine neue Einheit entstanden, 1 + 1 ist nicht identisch mit 2, sondern nur „gleich" 2 („Gleichung"), d.h. 2 ist die Summe, in die 1 und 1 eingehen, die biologische Einheit, deren beide „Hälften" („Zwei-tel", „tel" gleich Teil) jeweils 1 sind. Die beiden 1 sind demnach verbunden, sind die Aktualitäten eines ganzheitlichen assoziativen Komplexes. „Fügt" man also zu einer 1 eine andere 1, „verbindet" man beide, dann „kommt heraus", „ergibt sich" die 2 – wie aus der Zueinanderfügung zweier Partner die Ehe „sich ergibt". Das Nebeneinander von 1 und 1 ist noch keine Summe; erst aus ihrer Verbindung ergibt sich die Summe, ihre Verbundenheit ist die Summe. So ist denn auch das Zahlzeichen II oder 2 eine Verbindung, eine Verbundenheit, es stellt eben das dar, was bei der Hinzufügung einer 1 zu einer anderen 1 entsteht. Der Additionsvorgang verläuft wie jedes Erlebnis nach dem Schema Hunger, Angst, Schmerz, Trauer, Freude: Die Summanden streben wie Liebende zueinander und gelangen schließlich zur Verschmelzung. Diese Verschmelzung präsentiert sich in der 2 oder II als weibliche Anordnung, als Spalte, Schwelle. Die geraden Linien der II entsprechen den seitlichen Grenzlinien einer Verbindung, die z.B. aus zwei Menschen oder Bäumen oder Pfosten oder Fingern usw. be-

steht. Auch das Zahlwort zwei beschreibt sowohl Zahlzeichen 2 oder II als auch die gezählte phänomenale Verbindung als weibliche Anordnung (Höhle-Öffnung-Schwelle), d.h. das Ergebnis der Verbindung von 1 und 1, die Summe 2, ist eine weibliche Anordnung. Zu dieser Gemeinschaft, diesem Ganzen, gehört „der eine" und „der andere", „der folgende", lateinisch secus, secundus (zu sequi – folgen); die Gemeinschaft, die Summe selber ist als hervorgegangen aus dem Additions-„Vorgang" ebenfalls „die folgende". „Der Zweite" ist der zur 1 Hinzukommende, der integrierende Teil der Zwei (die Endung -te ist so viel wie Teil), der auf den einen Teil folgende (secundus).

Die III ist wiederum nicht ein bloßes loses Nebeneinander von Einern, ebenso wenig wie die 3, die als Schleife der III entspricht, sondern eine summative Einheit aus der weiblichen Zweiheit und dem männlichen Einer, das Ergebnis dieser Verbindung, das auf sie Folgende, das aus der Addition von 2 und 1 Herauskommende. „Drei" ist wortverwandt mit drehen und beschreibt (ähnlich wie zwei) in spezieller Weise die Schwelle und das sie Überschreitende, und zwar als drehend und gedreht (3 eine Schleife). „Der Dritte" ist der zur Zweiheit Hinzukommende, der integrierende Teil der Drei, der auf die Zwei, den Zweiten Folgende. „Drei" bedeutet also nichts weiter als Zwei: die folgende Zahl, die folgende Summe.

Dies gilt auch für die Vier, auch dieses Wort bedeutet so viel wie das Hervorgehende, Folgende. Aus der Verbindung der Dreiheit mit dem Einer folgt, geht hervor, kommt heraus die Vier. Das Zahlzeichen ist eine in den einzelnen Sprachen koordinativ verschiedene Verbindung von vier Einern. Dass diese Einheit gerade „vier" heißt, ist lediglich eine assoziative Tatsache: Sowohl der phänomenale Komplex wie das Zahlzeichen sind mit dem Wort „vier" assoziiert, wie ein anderer phänomenaler Komplex und das ihm entsprechende Zahlzeichen mit dem Wort „drei" assoziiert sind usw. Die verschiedenen Zahlwörter (zwei bis zehn) beschreiben je die hervorgehende Summe in spezieller Weise, bedeuten aber jedes so viel wie „folgend".

So gibt auch „fünf" das aus der Verbindung eines Geraden (f) mit einer Höhle (u in funff bei

Luther, mitteldeutsch funf, mittelhochdeutsch vunf, althochdeutsch funf) oder Schwelle (e in ü des Wortes fünf, in πέντε, i in englisch five, gotisch fimf, lateinisch quinque) Hervorgegangene, Folgende (das im Sanskrit pañkán mit p, a, k als freudegefühlig beschrieben wird) an. Zur Vier „gesellt sich" der Einer, und aus dieser Gesellung „ergibt sich" „das Folgende", die folgende Summe, die mit dem Wort „fünf" assoziiert ist, das eben weiter nichts bedeutet als „folgend". Diese Gemeinschaft stellt das Zahlzeichen 5 oder V usw. dar, also eine Höhle-Öffnung, eine Umfassung, den Umriss, die Abgrenzung einer summenhaften Einheit. Nach Kleinpaul, Tylor u. a. ist die V „Symbol der Hand", die X „Symbol" der Doppelhand. Sicher ist die ausgebreitete, geöffnete Hand eine ausgezeichnete Vorlage für dieses Zahlzeichen: Man zeichnet entweder geradlinig die Kontur von der Daumenspitze bis zum ulnaren Winkel der Hand und von da zur Kleinfingerspitze (V) oder die rundliche Handinnenfläche mit dem Ansatz des Daumens oder Zeigefingers (Ϙ, 5); das indische Zahlzeichen für fünf Կ stellt eine Handinnenfläche mit einem Schnörkel (geschrieben wie bei 𝒱 oder 5) vor oder ist ein modifiziertes प, also Anfangsbuchstabe von pañkán, fünf, wie das griechische Zahlzeichen π Anfangsbuchstabe von πέντε ist. Auch ist die Hand eine vorzügliche (und zwar „physiologische") Rechenmaschine: An den Fingern lernt der Primitive wie auch das Kind zählen, man kann sich etwas an den Fingern abzählen, abfingern, πεμπάζειν, manche Völker zählen an einer Hand bis fünf und verwenden die gleichen Zahlwörter mit einem Zusatz für sechs bis zehn, eine „Handvoll", eine „Handbreit" sind ungefähre Zahlen-, Mengenangaben, das Geld wird in die Hohlhand gezählt, man ergreift mit der Hand, die Hand ist an den „Handlungen", am „Handel" beteiligt usw. Aber auch der Fuß ist eine sehr häufig aktuelle Vorlage für das Zahlzeichen V, 5, ist ja auch der Hand ähnlich geformt und wie diese eine Einheit von fünf Fingern (digitus – Finger und Zehe, englisch digit – Zahl); auch dient der Fuß als Messinstrument (keinen Fußbreit Erde, hundert Fuß hoch usw.). Also die V oder 5 mag der Hand oder dem Fuß nachgezeichnet sein; man muss auch daran denken, dass gewissen Zahlzeichen und -wörter ursprünglich je eine unbestimmte

Summe, eine „Vielheit", „Anzahl", „Menge" grafisch darstellen, z. B. μύριοι, χίλιοι, mille usw., die so viel wie „aus Teilen bestehend" bedeuten, dass also auch V oder 5 einfach ein Ganzes, eine Gesamtheit, „alles" (πᾶν) angibt – wie ja auch die Hand und der Fuß den Besitz, die Macht verkörpern (Hand als Greiforgan, Berührung mit der Hand als Zeichen der Besitzergreifung, manicipium, in die Hand bekommen, „tote Hand" als Bezeichnung für den Kirchenbesitz, Abschlagen der Hand als Strafe am Besitz, Abschlagen eines Fingers oder Fingergliedes als Zeichen des Verlustes, der Buße [bei manchen Völkern ist es üblich, sich bei der Pubertätsfeier, beim Tod eines Angehörigen ein Fingerglied abzuhacken, dazu Bart-, Haarausraufen usw.], Handschlag als Zeichen der Anerkennung, der Ernennung zum Ritter, Gesellen, besitzenden, reifen Mitglied einer Gemeinschaft, als Willkommensgeste, um die Hand anhalten usw; Fuß als Maß, auf großem Fuße leben, auf eigenen Füßen stehen, selbstständig sein, Besitz als das „zu Fuß" umgangene und somit abgegrenzte Gebiet, Abschlagen des Fußes als Entrechtung, Setzen des nackten Fußes ins Brautbett als Zeichen der Besteigung des Brautbettes, also der Ausübung des Jus primae noctis, das dem Vater, Priester, Oberhaupt, Gutsherrn zustand, usw.). – Die „Fünf" ist so viel wie die „Folgende" und ist nicht „von" der Hand oder dem Fuß „abgeleitet"; wohl aber stellt das Zahlzeichen V oder 5 (usw.) die Kontur eines Gesamt, speziell der Hand oder des Fußes dar und ist mit dem Wort „fünf" assoziiert.

Sex, sechs ist wiederum so viel wie hervorgehend, folgend, die Schwelle überschreitend. Zur Fünf gesellt sich der Einer, und das aus dieser Verbindung Hervorgehende heißt sex, sechs, ἕξ, sanskritisch shash (vergleiche secundus). Die VI kann eine Hand und einen Finger zeichnerisch darstellen; in der 6 entspricht die untere Rundung der Höhle (Hohlhand, V), der obere Bogen dem Einer (I). Der Sechste, sextus, ist der zur Fünfheit Hinzukommende, der auf die Fünf, den Fünften Folgende, der Nachfolger, Nachkomme (vergleiche sexus).

Fügt man zur 6 den Einer, dann kommt die Sieben heraus. Auch „sieben" bedeutet nichts weiter als „folgend", „herauskommend". VII mag eine Hand mit zwei Einern zeichnen, 7 aber, arabisch ٧ (koordinativ umgestellte 7), indisch ৩ stellen ähnlich der lateinischen V die Abgrenzung einer Gesamtheit und somit diese selbst dar, geben aber nicht an, dass diese Gesamtheit gerade aus sieben Einsheiten besteht, wie oben für mille usw. erwähnt. Die 7 ist eines der Zahlzeichen, die ebenso wenig wie die Vorlagen, denen sie nachgezeichnet sind, an sich summative Einheiten derjenigen Anzahl von Einsheiten sind, die ihnen im gesamten rechnerischen System zukommt; sie sind ebenso wie ihre Zahlwörter mit solchen phänomenalen Komplexen, die sich aus je einer bestimmten Anzahl von Einsheiten zusammensetzen und deren Umgrenzung sie angeben, assoziiert, und erst die Beschreibung der Zahlzeichen und -wörter selber (Wortanalyse) stellt ihre mathematische Bedeutung, ihren rechnerischen Sinn heraus. So ist das Zahlwort „sieben" gleichlautend mit dem Zeitwort „sieben"; ein Sieb ist eine Höhlung mit vielfach durchlöchertem Boden, das Eingeschüttete passiert die Löcher, soweit seine Bestandteile in die Löcher passen, und bleibt zurück, soweit die Bestandteile zu groß sind, d. h. es findet eine „Auswahl" statt, bei der etwas durch die Löcher des Siebes hindurchgeht, aus dem Sieb herauskommt. „Das Gesiebte" ist sowohl das durch die Löcher Hindurchgegangene wie das Zurückbleibende. Ein Auserwählter ist ein „Gesiebter" (ein aus der Umgebung Hervortretender). Die „böse Sieben" ist Bezeichnung für die Hexe, ein weibliches Wesen, das ausscheidet (gebiert, heckt), und die Hexe fährt im Siebrand (weiblich) spazieren: Wer geschickt ist, kann ihn auf der Landstraße rollen sehen, einfangen und sich der Hexe bemächtigen oder muss sterben (Leixner, Die Sphinx). Das türkische Wort für 7 bedeutet Nachfolger. „Sieben" ist also so viel wie „die Öffnung-Schwelle passieren lassen", „ausscheiden", und das Zahlwort „das die Schwelle Passierende", „Herauskommende", und zwar als Weibliches (7) gezeichnete, d. h. als Kontur, Umgrenzung des Herauskommenden, als Summe. Vergleiche lateinisch septem und septum (saeptum – Gehege, Scheidewand).

Die VIII ist wie die VII verständlich, die 8 ist eine Doppelöffnung, eine Doppel-Vier, arabisch ٨ ist eine umgekehrte ٧ (also 7), Zeichnung der Kontur einer Gesamtheit, indisch ८ zeichnet ein Herauskommendes, Folgendes (Schnörkel). Das Zahlwort acht bedeutet wiederum das (aus der Verbindung der Sieben mit dem Einer oder der Multiplikation der Vier mit zwei) Herauskommende, also die folgende Zahl, Summe.

Die VIIII ist wie die VIII verständlich, IX stellt die Subtraktion X – I dar, 9 (arabisch ٩) ist die umgekehrte 6, zeichnet wie diese die Öffnung und das Herauskommende, die Verbindung eines Runden als Kontur eines Gesamt mit dem als Bogen gezeichneten Einer, indisch ९ zeichnet als Schleife die Schwelle und das Herauskommende (ähnlich der 3). Das Zahlwort neun ist wortverwandt mit neu (novem, novus) und bedeutet ebenfalls die (auf die Acht) folgende, „neue" Zahl (diejenige, die sich an die letzte Ziffer der Tetradenrechnung, nämlich acht, anschließt).

Die X ist eine Doppel-V oder ein Kreuz, das als solches die Kreuzung, die Vereinigung von Weiblich und Männlich, also das Gesamt ähnlich wie 10 (1 männlich, 0 weiblich) zeichnet. Das Zahlwort zehn bedeutet wiederum so viel wie das Herauskommende (vergleiche ziehen), aber auch die Schwelle, Abgrenzung, Umfassung. Die Zehn als Vereinigung von Weiblich und Männlich (Ehe!) mag im Altgermanischen mit lif – Leib, Leben – bezeichnet worden sein und so als Einheit gegolten haben; auch bedeutet „Leib" so viel wie das (B)leibende, das Abgesonderte (λείπειν), und in dieser Bedeutung kann lif auch für die Zehn angewendet worden sein. Fügt man zu diesem Abgesonderten, Abgeschlossenen (Dekadenrechnung) den Einer hinzu, dann benennt man diese Summe mit dem Wort elf, eilf, mittelhochdeutsch einlif, und fügt man zwei hinzu, dann heißt diese Summe zweilif, zwolif, zwölf. Weiteres siehe im Abschnitt 7 (ich verweise ausdrücklich auf diesen Teil, der die angeführten wortbiologischen Zusammenhänge erst voll verständlich macht).

Die Verwendung von Buchstaben als Zahlzeichen ist wie die Verwendung von bloßen Konturzeichnungen als Zahlzeichen lediglich als assoziative Tatsache zu verstehen, wie obenstehend ausgeführt; diese wie jene sind weiterhin mit Zahlwörtern assoziiert, die (und deren Analyse) ihre rechnerische Bedeutung herausstellen. Viele solcher Buchstaben sind die Anfangsbuchstaben von Zahlwörtern. Auf weitere Einzelheiten sei hier, wo ich nur Grundsätzliches geben will, nicht eingegangen.

Wir unterscheiden *positive* und *negative Zahlen* und kennzeichnen erstere mit + (oder gar nicht), letztere mit –; ferner ist + Additions- und – Subtraktionszeichen (seit 1489); ein schräg gestelltes Kreuz ist (seit 1631) Multiplikationszeichen wie der Punkt. Die waagrechte Gerade ist wie jede andere Gerade männlich, positiv, sie kann hier aber auch die Schwelle, Spalte, also ein Weibliches darstellen. Solche „Vertretungen" sind nichts Ungewöhnliches; im Arabischen steht z.B. der Punkt für die Null, als Zentrum des Kreises, wie erwähnt. Das „Minuszeichen" gibt also die Überschreitung der Schwelle, die Trennung an, und zwar entweder die Schwelle (weiblich) oder das „abgehende" Stück (männlich, schmerz- oder trauergefühlig), ganz ähnlich wie der waagrechte oder schräge Teilungsstrich; die Formel 10 – 3 gibt also an, dass von der Summe 10 ein Teil 3 abgeht, abgezogen wird; hiervon unterscheidet sich ein „Bruch" wie z.B. $\frac{3}{10}$ oder ³⁄₁₀ koordinativ. Ist die abzuziehende Zahl größer als die Zahl, von der abgezogen wird, dann ergibt sich eine negative Zahl, eine Zahl unter Null. 10 – 20 = 0 – 10; die 0 lässt man weg, es ist aber klar, dass die 0 nicht gleich nichts, sondern eine Ziffer ist, wie sich aus den Zahlenwerten 10, 100, 1000 usw. ergibt.

Das Pluszeichen ist ein Kreuz, schmerzgefühlig, zeichnet das Schwellenstadium, den Übergang, die Vereinigung eines Waagrechten mit einem Senkrechten, eines Weiblichen mit einem Männlichen nach Art des Lingam (Lingam ist die altindische kultische Darstellung der vereinigten Genitalien), indem der eine Strich die weibliche Schwelle malt. Das Pluszeichen ist somit additiv. Die subtraktiven und additiven Gleichungen sind selbstverständlich assoziative Reihen wie alles Rechnen; sie sind so, wie sie sind; über diese Tatsache der Assoziation hinaus noch nach Ursachen (Wille und dergleichen) dafür, dass die Rechnungen so erfolgen, wie sie erfolgen, zu suchen, ist müßig. – Auch das schräg liegende (Multiplikations-)Kreuz gibt den Übergang, die Vermehrung an; es ist ausgeprägter schmerzgefühlig als das Pluskreuz; man kann es als Zeichen für ausgefallene Zahlen ansehen: 3 × 4 ist nämlich gleich 3 + 3 + 3 + 3, also eine abgekürzte Formel, in der die ausfallenden Ziffern ersetzt werden durch das Zeichen, mit dem wir auch sonst „durchstreichen"; so sind drei dieser Ziffern ausgestrichen, und dafür steht das Kreuz, der Multiplikator gibt die Anzahl der „durchgestrichenen" Ziffern plus 1 (den Multiplikanden) an. Der Punkt · als Multiplikationszeichen ist der Rest des Kreuzes. Das Divisionszeichen :, der Doppelpunkt, malt die Öffnung-Schwelle, kennzeichnet den Teilungsvorgang als einen Durchgang nach Art einer Geburt, ist also weiblich; über den Bruchstrich siehe oben.

Die rechnerischen Zeichen + und – kennzeichnen nicht etwa die Zahlen, vor denen sie stehen, als positive (männliche) und negative (weibliche), sondern geben lediglich an, in welchem der beiden Zahlengebiete, dem über oder dem unter Null, die (an sich männlichen oder weiblichen, positiven oder negativen) Zahlen figurieren. Der Ausdruck „positive und negative Zahlen" für die mit dem Pluszeichen (oder gar nicht) und die mit dem Minuszeichen ausgestatteten Zahlen ist also nicht ganz korrekt, wird aber allgemein richtig verstanden. Diese sogenannten negativen Zahlen spielen natürlich nur eine Rolle gegenüber den sogenannten positiven Zahlen oder gegenüber der Null, also gegenüber Ziffern, von denen sie subtrahiert werden. – 10 Zigarren kann niemand rauchen, wohl aber (20 – 10) Zigarren. In den mathematischen Exempeln liegt eine weit entfernte Abstraktion der allgemeinen Tatsache vor, dass es Männliches und Weibliches gibt. Eine Fiktion ist es, anzunehmen, dass im Gebiet des Negativen, des Nichts, „Zahlengrößen" existieren; dies ist die gleiche Fiktion, die wir in der Bevölkerung der „Psyche" mit allerlei „psychischen Instanzen" oder „Parallelprozessen" usw. antreffen. Das Nichts ist nichts, da kann es keine Etwasse geben, auch keine Zahlen als spezielle Zeichen für bestimmte Etwasse; ebenso wenig lässt sich das Nichts in verschiedene Teile zerlegen und lassen sich solche Teile zählen. Genau so, wie die Minusgrade der Temperatur nicht etwa eine „Nicht-Temperatur" gradmäßig angeben, sondern die Temperaturgrade unter Null, sind auch die sogenannten negativen Zahlen tatsächliche Zahlen und in ihrem Vorzeichen ist lediglich das subtraktive Verhältnis zu anderen Zahlen angegeben, auch in dem Fall, dass die Zahl, von der subtrahiert, Null ist und nicht angeführt wird.

Ganz allgemein: Auch im Gebiet der Mathematik, selbst in ihren abstraktesten Regionen, beschreiben wir immer nur die Gegensätzlichkeit rund und gerade, weiblich und männlich, und zwar gemäß dem grundsätzlichen Verhältnis, dass das Gerade aus einem Runden herausgeht, „sich entwickelt". Die Anordnungen (Koordinatik) der Zahlen und ihre Verhältnisse entsprechen den Anordnungen der Gegenstände, an die sie sich entwicklungsmäßig angeschlossen haben, sowie deren Verhältnissen; nur ist die assoziative Entfernung (Abstraktion) der mathematischen Zeichen und Formeln von den phänomenalen „Mo-dellen" so groß und die assoziative Verknüpfung der Zahlen untereinander so mannigfaltig und in sich geschlossen, dass der Entwicklungsweg nicht ohne Weiteres ersichtlich ist. Die Koordinatik der Buchstaben und der Zahlen sowie die Bezeichnungen der mathematischen Verhältnisse, z.B. abziehen, zusammenzählen, trennen, vereinigen, teilen, vermehren, vervielfältigen, die Wurzel ziehen, in die Potenz erheben, entwickeln, herauskommen, extrahieren, sich ergeben (Ergebnis), lösen, positiv und negativ usw. usf., zeigen unverkennbar, dass auch die Mathematik ein Spezialfall des allgemeinen Erlebens und Beschreibens ist.

7

Die Wortbezirke

Mit „Wortbezirk" bezeichne ich je eine Abteilung im optischen und im akustischen Zentrum. Diese Abteilungen sind die Denkzellen, deren Aktualitäten die optischen und akustischen Buchstaben, Wörter, Sätze sind, und zwar die gegenständlichen und die begrifflichen; ferner gehören zu den Wortbezirken Gefühlszellen. Die Wortbezirke sind also grundsätzlich genau so organisiert wie die übrigen Teile der Hirnrinde.

Wir sprechen von „akustischen Buchstaben", obwohl „Buchstabe" eigentlich nur Optisches bezeichnet; indes gibt es für die den optischen Buchstaben entsprechenden Laute keine spezielle zusammenfassende Bezeichnung – außer etwa „Sprachlaute", womit aber auch die akustischen Wörter und Sätze gemeint sind, wie andererseits „Sprache" auch für die optische Beschreibung gilt. Mit „Sprache" ist hier die optische und die akustische Beschreibung zusammenfassend bezeichnet, sodass dieses Buch auch „Psychobiologie der Beschreibung" lauten kann.

7.1 Die Gefühle der Wortbezirke

Wie dargelegt, finden sich auch im akustischen Zentrum Sensilzellen der verschiedenen Gefühlsspezies, die den verschiedenen inneren Organen zugeordnet sind, und solche, die dem Ohr zugeordnet sind. Die Aktualitäten der letzteren sind die Hörgefühle: Hörhunger, Hörangst, Hörschmerz, Hörtrauer, Hörfreude als Grundgefühle sowie Misch- und Stauungsgefühle (Hörhass, Hörekel).

Den *Hörhunger* beschreiben wir z.B. mit den Worten „Ich muss mal etwas anderes hören", speziell auch: „Ich habe Verlangen/das Bedürfnis, Musik (eine bestimmte, z.B. Wagner'sche Musik) zu hören" („Musikhunger") oder „Ich habe Sehnsucht nach Mutters Stimme" usw. Er kann sich auch in Form von Ausrufen usw. äußern. Dies ist *sprach-*

licher Ausdruck des Hörhungers, d.h. an den sympathisch-sensorischen Innervationen des Sprechapparats sind vorwiegend Hungeranteile, und zwar reichlich sympathische und sympathogene Hungeranteile beteiligt; diese Passformen gehen von Hungerzellen des akustischen Zentrums aus, von aktuellen sensilen und unaktuellen modalen, sofern nämlich das Hörhungergefühl aktuell ist; es schließen sich dann Angstreflexe usw. an. Die beim sprachlichen Ausdruck abgegebenen akustischen Passformen bewegen sich (schwingen) zum akustischen Zentrum zurück, es ist nun die Wortreihe oder ein Ausruf aktuell, und es kann – je nach der spezifischen Funktionsperiodik – weiterhin das Hungergefühl oder der zugehörige hungerfühlige Gegenstand aktuell sein, oder die akustischen Hungersysteme funktionieren nunmehr unaktuell, andere Reflexsysteme sind in Präfunktion. *Auch in anderen Aktionen* kann sich – je nach Spaltung der Reflexe, d.h. je nach der spezifischen Funktionsperiodik – der Hörhunger „ausdrücken", vor allem natürlich in den die Hungerstellungen des otischen Stellwerks herbeiführenden Kontraktionen, sodann in gewissen Bewegungen des Kopfes (Hinneigen des Ohres usw.) oder des Oberkörpers, die ein Auslangen sind, ja sogar, gemeinsam mit anderen Hungerreflexen und anderen sympathischen und sensorischen Reflexen (Angstreflexen usw.), in Aktionen des Gesamtkörpers, in Lokomotionen. Soweit an solchen Aktionen sensorische Ausdrucksapparate beteiligt sind, geht die Innervation natürlich vorwiegend von den (auch aktuell fungierenden) Modalzellen oder doch von sensorischen subkortikalen Zellen usw. aus, d.h. sind die Reflexe vorwiegend sensorische; der sympathische (sympathogene) Anteil, d.h. der Anteil an solchen Passformen, die, sich entsprechend umwandelnd, ins sensorische Gebiet übertreten und, nach den kortikalen Vorgängen beschrieben, noch relativ hochgefühlig sind, ist nach der Funktionsperiodik mehr oder minder groß. – Die Bitte

„Neige mir dein Ohr!", „Schenke mir Gehör!" usw. ist Ausdruck eines Wunsches (Hungers), der so Angeflehte möchte Hörhunger nach den Worten des Bittstellers bekommen. Manchmal ist die Situation so, dass der gewünschte Hörhunger auftritt; manchmal tritt er nicht auf, dann „ist die Bitte vergeblich"; niemals aber ist die Bitte Ursache für das Auftreten des Hungers (sie müsste dann ja jedesmal den Hunger verursachen, und sie ist ja auch kein Zauber), sie geht diesem Hunger höchstens voraus.

Ist der Hörhunger der „Wunsch, zu hören", so ist die *Hörangst* die „Angst zu hören". Jemand sagt z. B.: „Was werde ich da wieder zu hören bekommen!" oder „Soll man da wirklich zuhören?" oder „Ich habe Angst, dass mir ein Satz entgehen könnte" usw., oder er gibt einen Angstruf, Angstschrei von sich. Abgesehen von sprachlichen Äußerungen ist der Ausdruck der Hörangst in erster Linie die Aktion des sympathischen Anteils des otischen Stellwerks (Trommelfells usw.), konfungent mit den Aktionen des sensorischen Anteils (Muskeln des Mittelohrs usw.), also Aktionen, die die Angststellung herbeiführen, ferner viele andere Angstaktionen. Die Intensität aller dieser Aktionen ist gemäß der Intensität der Innervation verschieden; sie kann in pathologischen Fällen bis zum Krampf gesteigert sein (z. B. neurotische Schwerhörigkeit bis Taubheit), andererseits in geringeren Graden schwanken (z. B. neurotische Feinhörigkeit, meist abwechselnd mit Schwerhörigkeit), sie kann auch in normaler Variationsbreite vielerlei Grade haben, sodass z. B. in einer akustischen Modalreihe gewisse Partien „ausfallen" („vor Angst" nicht gehört werden), indem die Hörangst aktuell ist und sich in so heftigen otischen Kontraktionen ausdrückt, dass die prämodalen akustischen Passformen – gemäß der geringeren Funktionshöhe der betreffenden sensorischen akustischen Reflexsysteme – nicht hinreichend zahlreich aufgenommen werden. Erweiterte Ausdrucksweisen hoher Hörangst sind z. B. Zuhalten des Ohrs mit der Hand, Zustopfen mit dem Finger oder Antiphon, Wegwenden des Kopfes, Zusammenzucken usw. Die neugierige Erwartung von Lauten nennt man „Spitzen des Ohres" (Hunger-Angstausdruck), die ängstliche Ablehnung „Verschließen des Ohres".

Der *Hörschmerz* ist nicht zu verwechseln mit dem taktilen Ohrenschmerz, der krankhafte, z. B. entzündliche Vorgänge im Ohr begleitet. Die akustischen Schmerzzellen funktionieren normaliter meist unaktuell wie alle anderen Schmerzzellen, wenigstens beim Erwachsenen, und auch im Fall ihrer aktuellen Funktion ist der Hörschmerz – wie übrigens auch die anderen Schmerzgefühle – von geringer Intensität. Er kann in bunter Reihe mit (also vor, zwischen oder nach) schmerzgefühligen Lautreihen (Geräuschen, Klängen, Melodien, Worten) auftreten und ist in seiner Besonderheit an diesen schmerzgefühligen Gegenständen zu erkennen, nicht aber mit deren Gefühligkeit zu verwechseln. Eine Mitteilung kann „schmerzlich" sein, ich kann sie aber auch „mit Schmerzen" vernehmen; eine Melodie kann grell, schrill, schneidend sein, sie kann mir „weh tun", d. h. ich habe interkurrent mit den schmerzgefühligen Lauten Hörschmerzen. Ohne begleitende Modalreihen tritt Hörschmerz von krankhafter Intensität in Fällen von Hypertrophie der akustischen Schmerzzellen auf: als nervöser (neurotischer) Hörschmerz, ein spezielles ins Ohr lokalisiertes neuralgiformes Schmerzgefühl. – Der Ausdruck der Schmerzreflexe ist, abgesehen vom sprachlichen, in erster Linie die (variable) Schmerzstellung des otischen Stellwerks (wobei prämodale Schmerzanteile aufgenommen werden), dann andere drehende und weitere Muskelkontraktionen. Nervöse mit hypertrophischen akustischen Schmerzsystemen leiden auch an schmerzlicher Fein- oder Schwerhörigkeit, je nach Intensität der Schmerzreflexe. Erweiterte Ausdrucksweisen des Hörschmerzes sind auch normaliter Drüsensekretionen (Tränen, Schweiß), ferner in Verbindung mit sensorischen Reflexen schmerzliche Verziehungen, Verzerrungen des Gesichts und anderer Muskelgebiete.

Die *Hörtrauer* ist zu beschreiben als „Trauer über Gehörtes" und in ihrer Besonderheit an trauergefühligen Lautreihen zu erkennen, insofern, als der Gefühligkeit dieser Lautreihen ein bestimmtes Gefühl, eben die Hörtrauer als Aktualität auriler Sensilzellen entspricht. Der die Hörtrauer beschreibende Ausdruck „Ich bedaure, diese Worte gehört zu haben" braucht nicht anzuzeigen, dass diese Worte trauergefühlig waren;

die Hörtrauer kann auch auf differentgefühlige Worte usw. folgen. Wohl aber können wir das Hörtrauergefühl an der Gefühligkeit trauergefühliger Lautreihen beschreibend differenzieren. Die Hörtrauerreflexe sind zunächst an der Trauerstellung des otischen Empfangsapparats beteiligt (mit den sensorischen Trauerreflexen usw.); der Trauerausdruck kennzeichnet sich als langsam sich vollziehende Erweiterung von geringer Ausdehnung, als Reihe spezieller Funktionsstadien zwischen Verschluss und geringer Erweiterung. Sind die sensilen Trauerreflexe gegenüber den zugehörigen modalen in Präfunktion, dann ist eben das Hörtrauergefühl aktuell, in Fällen von Hypertrophie dieser Sensilzellen in krankhafter Intensität und Dauer; es werden dabei gemäß der weniger intensiven Funktion der sensorischen Reflexe auch weniger zahlreiche prämodale Passformen aufgenommen, die modalen Aktualitäten bleiben aus, solange das Gefühl aktuell ist: Der hörtraurige Mensch ist hierbei für Worte usw. „unzugänglich", „will sich nicht trösten lassen" usw.

Die *Hörfreude* schließt sich im vollständigen Erlebnis an die Hörtrauer an (vielfach über die Etappe des „Trostes", d. h. freudenuancierter Trauerworte, Trauermelodien). Sie ist zu beschreiben als „Freude über Gehörtes" und in ihrer Besonderheit an freudegefühligen Lautreihen (Ausrufen usw.) zu erkennen, insofern, als der Gefühligkeit dieser Lautreihen ein bestimmtes Gefühl, eben die Hörfreude entspricht. Der die Hörfreude beschreibende Ausspruch „Ich freue mich, diese Worte gehört zu haben" braucht nicht anzuzeigen, dass diese Worte freudegefühlig waren; wohl aber zeigt dies ein Ausspruch an wie z.B. „Ich freue mich über diese Worte": Es werden „diese Worte" als freudegefühlig beschrieben und zugleich die Hörfreude angegeben. Die Hörfreudereflexe führen zunächst die Freudestellung des otischen Empfangsapparats herbei (konfungent mit den sensorischen Freudereflexen usw.); der Freudeausdruck kennzeichnet sich als in rascherem Tempo (dem spezifischen Freudetempo) sich vollziehende Erweiterung von größerer Ausdehnung, als Reihe spezieller Funktionsstadien zwischen Trauerstadium und stärkster Erweiterung (Kontraktion der longitudinal fungierenden Fasern des Trommelfells usw.). Auch hier gilt (wie allent-

halben), dass entweder die sensilen oder die modalen (oder die idealischen) Denkzellen aktuell fungieren und das Erlebnis je nach der Funktionsperiodik der beteiligten Reflexsysteme verschieden ist.

Die aurilen Sensilzellen sind mit den übrigen akustischen Sensilzellen vielfältig assoziiert, sodass sich ein Erlebnis nicht auf die aurilen Aktualitäten zu beschränken braucht und in der Regel auch nicht beschränkt, also auf andere innere Gebiete übergreift. Dass auch die aurilen wie überhaupt die akustischen Gefühle genische und trophische sind, ist hinreichend dargetan worden (vergleiche 1.2.3). Über die Koordinatik der Gefühle, auch der akustischen, ist im zweiten Band meines Lehrbuchs der Psychobiologie (Die neun Sinne, 2. Aufl. Berlin 1982) berichtet.

Auch in der Gefühlssphäre der beiden Wortbezirke finden sich Sensilzellen, die den einzelnen inneren Organen, und solche, die den Augen bzw. den Ohren zugeordnet sind, und zwar genische und trophische. Die Aktualitäten der okularen Sensilzellen des Wortbezirks sind spezielle Sehgefühle, die Aktualitäten der aurilen Sensilzellen des Wortbezirks sind spezielle Hörgefühle; wie diese Gefühle stehen auch die Aktualitäten der den einzelnen inneren Organen zugeordneten Sensilzellen der Wortbezirke in dem bekannten genetischen Verhältnis zu den optischen bzw. akustischen Buchstaben, den gegenständlichen und den begrifflichen; diese Reflexsysteme sind also genau so organisiert wie alle anderen. Wir bezeichnen die Sehgefühle des Wortbezirks mit *Wortseh- oder Lesehunger, -angst, -schmerz, -trauer und -freude,* die Hörgefühle des Wortbezirks mit *Worthörhunger, -angst usw.;* erstere sind ins Auge, letztere ins Ohr lokalisiert. Die Worthörgefühle sind nicht mit den *Sprechgefühlen* zu identifizieren oder zu verwechseln. Die Sprechgefühle sind eine Gruppe der koordinativen Gefühle; sie sind „in" die Sprechmuskeln lokalisiert, nicht ins Ohr. Eine andere Gruppe der koordinativen Gefühle sind den Augenmuskeln zugeordnet, die ja auch „beim Lesen" funktionieren; auch diese Gefühle sind „Muskelgefühle", man kann sie als *Lesemuskelgefühle* bezeichnen. Mit „Lesen" bezeichnet man den Ablauf optischer Buchstaben-Wort-Satzreihen (des „Gelesenen"), sodass die Bezeichnung

201

der Sehgefühle des Wortbezirks mit „Lesegefühle" richtig ist. Die den inneren Organen zugeordneten und dahin lokalisierten Gefühle der Wortbezirke bedürfen keiner besonderen Bezeichnungen. Im Übrigen gelten die Ausführungen über die optische und die akustische Sensilsphäre.

Mit den Wortseh- und Worthörgefühlen ist nicht zu identifizieren oder zu verwechseln das sogenannte *Sprachgefühl,* das Gefühl für die „Richtigkeit" oder „Unrichtigkeit" der Reihenfolge optischer oder akustischer Buchstaben, Wörter und Sätze. Diese Reihenfolge bezeichnet man technisch als Syntax, bedeutungsgemäß als Logik, spricht sonach auch von einem Gefühl für Syntax und Logik. Indes handelt es sich hier gar nicht um ein Gefühl oder um Gefühle, sondern um – besonders mittelbare, d. h. über die Begriffssphäre aktuell oder unaktuell verlaufende – Vergleiche von Buchstaben- und Wortreihen, und zwar um Individual- und Interindividualvergleiche. Man erlebt somit Ähnlichkeiten und Unähnlichkeiten mit der aus vielfältiger Erfahrung sich herausbildenden durchschnittlichen (normalen, korrekten) Verlaufsweise der Buchstaben- und Wortreihen, und man kann diese Vergleiche nun auch beschreiben: grammatisch-technisch als Syntax, bedeutungsgemäß als Logik. Je reicher und präziser die Wortbezirke – und zwar nicht bloß und nicht in erster Linie hinsichtlich der Anzahl der Denkzellen, sondern auch der Assoziationen zwischen ihnen – entwickelt sind, desto sicherer erlebt und beschreibt (bemerkt, erkennt) man syntaktische und logische Abweichungen als solche. Diese Erlebnisse und ihre Beschreibungen sind aber vorwiegend gegenständliche und idealische Vorgänge, und man spricht sonach statt von „Sprachgefühl" richtiger von „Sprachsinn", syntaktischem Sinn, logischem Sinn (Sinn für Syntax, Logik) – natürlich im Rahmen des Seh- und des Hörsinns.

Endlich sind die Wortseh- und Worthörgefühle nicht zu identifizieren mit der *Gefühligkeit der Buchstaben und Wörter.* Im Funktionsablauf eines assoziativen Systems der Wortbezirke (wie aller anderen Bezirke) können sensile, modale und idealische Aktualitäten in bunter Reihe, aber natürlich assoziativ geordnet, aufeinanderfolgen; diese Interkurrenz sensiler Aktualitäten kann leicht dahin missverstanden werden, dass die von Gefühlen unterbrochenen gegenständlichen oder begrifflichen Reihen besonders hochgefühlig seien oder dass hierbei überhaupt nur gegenständliche oder begriffliche Reihen von hoher Gefühligkeit abliefen. Gewiss sind bei hohen Intensitäten der sensilen Vorgänge auch die genetisch zugehörigen Gegenstände und Begriffe innerhalb der spezifischen Variationsbreite höhergefühlig als bei geringeren Gefühlsintensitäten, aber die Wortseh- und Worthörgefühle sind doch eben von den Wortgegenständen und -begriffen und ihrer Gefühligkeit verschieden, sie sind eben sensile, letztere modale und idealische Aktualitäten.

7.2 Die Gegenstände der Wortbezirke

7.2.1 Geräusche, Töne, Klänge

Gemäß der funktionellen Situation des akustischen Empfangsapparats (äußeres Ohr, Trommelfell, Mittelohr, inneres Ohr) werden prämodale akustische Passformen aufgenommen. Über die Funktion des „otischen Stellwerks" habe ich an anderer Stelle (Lehrbuch der Psychobiologie, Band 2) berichtet. Hiernach ist die jeweilige *funktionelle Situation des otischen Stellwerks* Ausdruckserscheinung sympathischer und sensorischer Reflexe und stimmt zu den Schwingungsphasen der speziellen Passformen, sodass diese eben nur bei dieser funktionellen Situation des Empfangsapparats aufgenommen werden, sozusagen Zutritt haben und sich im mittleren oder inneren Ohr, also auch in der Endolymphe weiterbewegen – bis zu den in der Schnecke liegenden Haarzellen und weiterhin zu den Nervenendigungen des Hörnerven usw. In jeder funktionellen Situation des otischen Empfangsapparats (akustische Akkommodation) werden also nur ganz bestimmte akustische Passformen aufgenommen – genau so, wie in jeder funktionellen Situation des okularen Empfangsapparats nur ganz bestimmte optische Passformen aufgenommen werden. Auf die Analogien in Struktur und Funktionsweise der beiden Empfangsapparate habe ich am angegebenen Ort bereits hingewiesen; grundsätzlich sind Struktur und Funktionsweise auch der übrigen Empfangsapparate der Struktur und Funktionsweise des optischen und des akustischen analog, die letzteren beiden sind nur besonders weit gehend differenziert.

Jede funktionelle Situation eines Empfangsapparats, hier also des otischen, setzt sich zusammen aus den Ausdruckserscheinungen spezieller Reflexe aller Gefühlsspezies, wobei jeweils die eine Gefühlsspezies vorwiegt. Die Hungerstellung des otischen Empfangsapparats z. B. ist eine solche funktionelle Situation, bei der der Ausdruck von Hungerreflexen, also die Kontraktion zirkulärer Fasern vorwiegt. Je nach der Zahl und der Intensität der beteiligten Reflexe („absolut" und relativ genommen) ist die Hungerstellung verschieden; diese Variationsbreite der Hungerstellung kann auch als *Spannungsbreite* bezeichnet werden. Die Hungerstellung des Trommelfells z. B. umfasst eine ganze *Reihe von Spannungen,* bei denen immer die Kontraktion von Hungerausdrucksapparaten vorwiegt; hierbei werden stets vorwiegend (prämodale akustische) Hungeranteile aufgenommen. Das Analoge gilt für die Angst-, die Schmerz-, die Trauer-, die Freudestellung.

Jede *Stellung („Einstellung")*, jeder *Spannungsgrad* ist also *Kontraktionsphase.* Bei jedem Spannungsgrad z. B. des Trommelfells werden nur Passformen von entsprechender (bestimmter) *Schwingungszahl* aufgenommen. Die Passformenbewegung ist die Reihe von Schwingungen, von koordinativen Veränderungen der Passformen. Die Zahl der Schwingungen jeder Passform in der Sekunde ist ihre Schwingungszahl; sie ist spezifisch, und zwar individual- und gruppenspezifisch. Der akustische Bezirk ist die Gesamtheit der akustischen Passformen; sie bewegen sich – als Vor-Formen – zum äußeren Gehörgang und durch ihn zum Trommelfell usw., und nur akustische Passformen, d. h. solche, deren Spezies und Schwingungszahl zur jeweiligen funktionellen Situation des Trommelfells wie überhaupt des gesamten otischen Empfangsapparats stimmen (passen), passieren das Trommelfell, das Mittelohr usw.

Die prämodalen akustischen Passformen sind nicht mit Passformen anderer Sensualitäten, also auch nicht mit den optischen zu verwechseln. *„Die Luft"* ist nach allgemeiner Auffassung optisch, kommt also *im akustischen Bezirk nicht vor* und darf auch nicht in ihn hineingedacht werden. Somit ist die allgemein gültige Theorie, dass „die longitudinalen Schwingungen der Luftmoleküle der äußere Reiz für die Gehörsempfindungen" seien, indem die schwingenden Luftmoleküle an das Trommelfell anstoßen und es in gleichartige Schwingungen versetzen, grundsätzlich unrichtig. Gewiss kann der akustische Apparat als optische Reihe auftreten: Wir studieren ihn als solche, wir beschreiben das Hörorgan (und die anderen Organe) anatomisch als optische Reihe. Wir können uns also auch optisch vorstellen, dass (optische) Luft an das (optisch vorgestellte) Trommelfell anstößt und dass dieses in solche koordinative Veränderungen gerät, die zu den koordinativen Veränderungen (Schwingungen) der Luftmoleküle stimmen (indem koordinative Passformen übertreten usw.). Wir erleben ja auch andere optische Vorrichtungen, die dem optisch wahrgenommenen akustischen Apparat analog sind, also z. B. die Trommel (wonach „Trommelfell"), die Pauke (wonach „Paukenhöhle") usw. Schwingen diese optischen Apparate in gewisser Weise (Geschwindigkeit usw.), dann hören wir ihren Eigenton. Man geht also keineswegs fehl mit der Annahme, dass auch das optisch vorgestellte Trommelfell des Ohrs, falls es während einer gewissen Spannung von schwingenden Luftmolekülen getroffen wird, ebenfalls in entsprechende Schwingungen gerät, und dass dann der Eigenton des Trommelfells hörbar werden kann. Geht man aber weiter und schließt, dass auf diese Weise die „Gehörsempfindungen" überhaupt entstehen, so macht man einen außerordentlich groben Denkfehler. Noch niemand hat ihn bisher bemerkt.

Für die akustischen *Traumaktualitäten* kommen die „molekularen Luftstöße gegen das Trommelfell" als „Ursache der Gehörsempfindungen" ebenso wenig in Betracht wie für die optischen Traumaktualitäten „das Licht". Das Gleiche gilt für die sogenannten subjektiven „Gehörs- und Gesichtswahrnehmungen" (die *„entotischen* und *entoptischen"* Wahrnehmungen). Da fehlen also die „äußeren Reize", und die Aktualitäten sind doch da. Schon diese Tatsachen widerlegen die gültige Theorie vollkommen.

Optische Vorgänge sind nicht akustische und umgekehrt. Man kann zwar die akustischen Vorgänge *analog* den optischen beschreiben, aber man darf sie nicht identifizieren oder verwechseln, etwa in der Weise, dass man akustische Vorgänge eine Strecke weit als optische beschreibt und alsdann den Salto mortale ins akustische Gebiet vollführt – und obendrein fest überzeugt ist, dass man mit diesem Salto die Entstehung der akustischen Aktualitäten „erklärt" hätte. Dieser Salto mortale setzt über eine Lücke, die nur mit Fiktionen, mit Deutungen auszufüllen ist. Den „Luftmolekülen" muss doch eine geheimnisvolle, unheimlich-heimliche Kraft oder Macht innewohnen, die es fertig kriegt, aus Luftstößen „Gehörsempfindungen" zu erzaubern! Wie sollen denn sonst, ohne Deus ex Machina, ohne Abrakadabra, aus Luftschwingungen, die sich – als Schwingungen – ins innere Ohr und durch die Endolymphe, zur Basilarmembran und von da durch die Nervenfasern bis ins akustische Zentrum fortpflanzen, die überaus zahlreichen und mannigfachen Geräusche, Töne, Klänge, die ganze Fülle der akustischen Wahrnehmungen entstehen?! Die Verschiedenheit der Schwingungsformen bietet keine hinreichende Erklärung. Und man wird doch am Ende nicht gar behaupten wollen, diese ganze Fülle akustischer Gegenstände sei nichts weiter als die Modifikationen des Eigentons des Trommelfells oder (vielleicht) der Gehörknöchelchen oder der Endolymphe oder der Basilarmembran oder aller dieser „Medien" zusammen!? Ebenso dunkel bleibt das Problem, wie denn aus diesen Schwingungen in der akustischen Zelle die Hörwahrnehmung zustande kommen soll!

Das optische Sinnesorgan ist spezifisch, und das akustische Sinnesorgan ist spezifisch, das einzelne Sinnesorgan usw. – die Anschauung ist spezifisch. Das Auge z. B. kann akustische Passformen ebenso wenig aufnehmen wie das Ohr optische, und der Sehnerv kann ebenso wenig akustische Passformen leiten wie der Hörnerv optische. Setzt man zur Erläuterung den Fall, es würde der Sehnerv an Stelle des Hörnerven in das akustische Sinnesorgan überpflanzt, dann käme doch keine Leitung akustischer Passformen vom Ohr zum akustischen Zentrum zustande. Schon die *Tatsache der Spezifität* widerlegt vollständig die me-

chanistische Theorie von der Entstehung der akustischen Wahrnehmung durch Schwingungen der Luftmoleküle.

Ebenso wenig, wie es im akustischen Bezirk optische Passformen gibt und geben kann, gibt es im optischen Bezirk akustische Passformen; es gibt da nur akustophile Passformen, d.h. solche optischen Passformen, die sich in Richtung auf die akustische Sensualität oder auch zu akustischen Passformen umwandeln. Für diese können die optischen Gegenstände, im Allgemeinen die optische Luft, als „Leiter" funktionieren, d.h. akustophile Passformen passieren die leitenden optischen Denkzellen auf ihrem Weg zum akustischen Bezirk. Natürlich gibt es noch *andere Leiter*, z. B. das Telefon, wobei der Draht (auch) akustophile Passformen von Sprecher zum Empfänger leitet (vergleiche das primitive Telefon, aus zwei Pappscheiben und einer diese verbindenden Schnur bestehend), usw. *Schalldämpfer* sind Anordnungen derart, dass weniger zahlreiche akustophile Passformen ins Ohr usw. gelangen. *Schallverstärker* sind Anordnungen derart, dass zahlreichere akustophile Passformen, die z. B. von einem tönenden Individuum ausgehen, ins Ohr usw. gelangen, die akustischen Aktualitäten also heller sind. Die Eigentöne sind hierbei spezifisch nuanciert, indem sich akustophile Passformen beteiligen, die von schwingenden Anordnungen der Apparate ausgehen („Verunreinigungen", z. B. der Lautsprecher). Je nach der Zahl der geleiteten akustophilen Passformen sprechen wir von guten und schlechten „Schallleitern". Je geschwinder sich während der Leitung die Veränderung des koordinativen Ingrediens der Zelle, also entsprechend der Ortswechsel der Aktualität vollzieht, desto weniger ist die Zelle bzw. die Aktualität leitfähig, desto mehr tritt der Eigenton als assoziierte akustische Aktualität hervor. Wer also die Bezeichnung „Schallwellen" für den optischen Bezirk gelten lässt, kann damit realiter nur die akustophilen Passformen meinen, nicht etwa die Luftwellen. Streng genommen sind aber „Schallwellen" die Bewegungen der akustischen Passformen, also die koordinativen Veränderungen, die sich im akustischen Bezirk abspielen; man könnte zur Not auch von „akustischer Luft" als Gesamtbezeichnung für die gasigen akustischen Passformen sprechen. Keinesfalls können diese Schallwellen, also die sich bewegenden akustischen Passformen (hier: Vor- und Nach-Formen) sich zum Trommelfell usw., also zum otischen Empfangsapparat, diesen optisch vorgestellt, in der Weise wie die optischen Luftmoleküle verhalten, sie sind eben akustisch und können nur während bestimmter Stellungen des otischen Empfangsapparats in diesen eintreten, ihn passieren, wobei er nicht eigentlich als Leiter analog den optischen Leitern akustophiler Passformen fungiert, sondern als (filterartiges) Organ, dessen Funktion (d. i. die koordinative Veränderung des Ganzen und seiner Teile) zur Funktion der akustischen Passformen „stimmt".

Es stimmen also auch jeweils die Schwingungen der den *Schneckengang* des häutigen Labyrinths durchfließenden *Endolymphe* zu den Schwingungen der passierenden akustischen Passformen. Von der Endolymphe aus treten sie, nämlich die Passformen, in die Haarzellen des Corti'schen Organs und von da in die Endigungen des Hörnerven über; die Fasern des Hörnerven endigen an den *Haarzellen,* und nur an diesen. Jede Haarzelle ist Empfangsorgan ganz bestimmter prämodaler Passformen, solcher von bestimmter Schwingungszahl; nur diese werden aufgenommen und bewegen sich in die zugehörige Nervenfaser und auf diesem Weg zu den zentralen, zuletzt den kortikalen akustischen Nervenzellen (dann weiter über die motorischen Fasern zu den Ausdrucksapparaten). Erreichen die kortikalen Nervenzellen, also die Denkzellen des akustischen Zentrums, im Gange ihrer Funktionsperiode den Funktionshöhepunkt, dann erscheint die akustische Aktualität. Dies ist psychobiologische Lehre. Die bisher gültige Theorie (Helmholtz u. a.) fasst das Corti'sche Organ als eine Art Saiteninstrument auf; die „Saiten" sollen die Teile der sich zur Schneckenspitze verjüngenden *Basilarmembran* sein. „Trifft ein Klang oder Geräusch das Ohr, so tritt eine Zerlegung in die Teiltöne ein, d. h. die Membran gerät an verschiedenen Stellen, deren jede einem bestimmten Ton entspricht, in Schwingungen. Diese Schwingungen wirken als mechanischer Reiz auf die Hörsinneszellen, die der Membrana basilaris aufgelagert sind" (Ziehen, Physiol. Psychol., S. 148). Realiter ist die Ba-

silarmembran nicht eine Anzahl Saiten, sondern lediglich Trägerin des Epithels des Schneckengangs, also auch der Haarzellen; sie ist eine strukturlose Haut und enthält auch nicht die Nervenendigungen (wie Ziehen irrigerweise angibt). Die der Basilarmembran aufsitzenden Haarzellen (außer den Pfeilerzellen usw.) liegen dem Inneren des Schneckengangs zu, werden also von der Endolymphe bespült, und es ist eine gänzlich verfehlte Annahme, dass erst die Basilarmembran in Schwingungen geraten solle und dass diese Schwingungen erst auf die Hörsinneszellen als „mechanischer" Reiz wirken sollen. Man sieht hier deutlich, zu welchen Schwierigkeiten, ja Unmöglichkeiten die ganze bisherige Theorie führt, die da anfängt mit den mysteriösen Stößen der Luftmoleküle gegen das Trommelfell. Es erhellt dies auch aus der Formulierung: „Trifft ein Klang oder Geräusch das Ohr …". Hiernach besteht also ein „objektiver" (vom Bewusstsein unabhängiger) Klang, sozusagen ein „Klang an sich", der „das Ohr trifft"; wir wissen aber doch, dass „der Klang" erst als akustisches Objekt existiert, also auch nicht vorher oder nachher oder gar außerdem existieren und „das Ohr treffen" kann. Nach der bisherigen Auffassung existiert ein Klang usw., trifft das Ohr, und nun werden die Schwingungen fortgepflanzt und erzeugen (wie?) – den Klang. Diese erkenntnistheoretische „Erklärung" ist genauso fiktional wie die „Erklärung" vom Zustandekommen des optischen Objekts, wonach vom „eigentlichen" Objekt „Strahlen" ausgehen und diese im Sehzentrum – das Objekt bewirken sollen; eine Deutung, die ich bereits andernorts dargetan habe.

Ebenso wenig, wie irgendeine andere Aktualität isoliert existiert, tritt *die akustische Aktualität* isoliert auf; sie ist auch *stets Glied einer Reihe.* So ist ein Geräusch, ein Ton, ein Klang, ein Konsonant, ein Vokal stets eine Anzahl akustischer Gegenstände, ein zusammengesetztes akustisches Individuum, zeitlich und räumlich messbar wie die optischen und anderen Aktualitätenreihen auch. Noch in einem anderen Sinn sind die Geräusche und Klänge „zusammengesetzt": sie sind *sozusagen chemische Verbindungen* aus akustischen Elementen, die man „Töne" nennt. Die akustische Aktualität ist wie jede andere einheitlich, homogen – gleichgültig, ob sie elementar oder eine

„chemische Verbindung" ist. Letztere entsteht ganz analog den optischen chemischen Verbindungen aus speziellen akustischen Aktualitäten, indem diese sich zu einer neuen Aktualität vereinigen – ganz wie sich z. B. aus Natrium und Chlor Kochsalz bildet. Solche akustischen Körper sind nun auch wiederum zu analysieren, d. h. es treten in speziellem Verfahren (Resonatoren usw.) oder auch rein akustisch-assoziativ (besonders bei Musikern) die Aktualitäten auf, aus denen der zu analysierende Körper entstanden ist, und diese *akustische Analyse* lässt sich fortführen bis zur Darstellung der akustischen Elemente, der Töne. Diese Analysierbarkeit ändert aber nichts an der Tatsache, dass auch jedes Geräusch, jeder Klang eine biologische Homogenität ist, wie die Aktualität überhaupt – genauer: eine Reihe von Homogenitäten oder Aktualitäten. Die „chemische" Zusammengesetztheit der akustischen Aktualitäten ist spezifisch, d. h. die Analyse eines bestimmten Geräuschs oder Klangs führt stets zu bestimmten Elementen, ganz so, wie die chemische Analyse eines optischen Körpers zu ganz bestimmten Elementen führt, zu denen nämlich, aus denen sich dieser Körper herstellen lässt. Das allgemein unterscheidende Merkmal der akustischen Elemente ist die *Schwingungszahl*, also die *Tonhöhe*. Es gilt das Gesetz: *Je größer die Schwingungszahl, desto höher der Ton.*

Die Schwingungszahlen der akustischen Elemente sind in gewisser Weise den Atomgewichten der optischen Elemente zu vergleichen. Auch die akustischen Elemente ordnen sich zu einem *„periodischen System",* und so, wie im periodischen System der optischen Elemente die auf ein bestimmtes Element folgenden Elemente jenem immer unähnlicher werden, in gewissen Intervallen aber sich Elemente von mehr oder minder weit gehenden Ähnlichkeiten mit jenem vorfinden, so nimmt im akustischen periodischen System die Ähnlichkeit mit wachsenden Schwingungszahlen ab und finden sich nach gewissen Intervallen wieder ähnliche Töne vor. Diese periodische Ähnlichkeit ist die sogenannte Oktavenähnlichkeit (Ziehen); sie ist von der Ähnlichkeit von Tönen ungefähr gleicher Schwingungszahl wohl zu unterscheiden. Die Oktavenähnlichkeit besteht zwischen Tönen von verdoppelten

Schwingungszahlen (n, $2 n$, $4 n$ usw.). Die Töne bilden freilich eine kontinuierliche Reihe (im Gegensatz zu den optischen Elementen); aus dieser Reihe heben sich aber die Gruppen, die wir Oktaven nennen, und innerhalb jeder Oktave („Tonleiter") sieben Töne hervor, die in einem gewissen „ästhetischen" (also geschmacklichen) Verhältnis zueinander stehen. Dieses Verhältnis der zu einer Tonleiter gehörenden Töne, und damit ihre ästhetische Zusammengehörigkeit, ist eine biologische Tatsache.

Die Analyse eines *Klangs* ergibt stets Töne, deren Schwingungszahlen im Verhältnis von Vielfachen nach dem Schema n, $2 n$, $3 n$, $4 n$ usw. stehen. Die Analyse eines *Geräuschs* dagegen ergibt Töne, deren Schwingungszahlen sich sehr kompliziert zueinander verhalten. Klang wie Geräusch sind *„chemische" Verbindungen,* d. h. ihre Schwingungsform ist einheitlich, nicht etwa ein Nebeneinander von Schwingungen der Einzeltöne, sondern ihr biologisches Symbol. (Übrigens ist die *Schwingungsform* jedes Körpers, jeder Sensualität biologisches Symbol der Schwingungen seiner Teile, z. B. ist die Schwingungsform einer angestrichenen Violinsaite biologisches Symbol der Schwingungen ihrer Teile, eine einheitliche Kurve, genau so, wie die Schwingungsform des Klangs dieser Saite Symbol der Schwingungen aller Teiltöne ist, die den Schwingungen der Teile der Saite entsprechen.) In einem Klang sind auch nicht etwa Grundton und Obertöne getrennt vorhanden, sondern der Klang ist ein Homogenes, dessen Analyse erst zur Differenzierung von Grund- und Obertönen führt; die Schwingungsform eines Klangs ist Symbol der Schwingungsformen seines Grundtons und seiner Obertöne.

Die einzelnen Geräusche oder Klänge unterscheiden sich (auch) nach der sogenannten *Klangfarbe;* jedes Geräusch, jeder Klang ist einem bestimmten optischen (usw.) Körper zugeordnet (interzentral assoziiert), und diese interzentrale Verwandtschaft prägt sich auch in der Klangfarbe aus. Der (gleich hohe) Klang einer Violine ist von dem einer Trompete oder des menschlichen Sprechorgans usw. durchaus verschieden.

Gleich hohe Töne verschiedener Klangfarbe sind also Aktualitäten verschiedener Denkzellen. Gleich hohe Töne gleicher Klangfarbe sind gleich, sind Aktualitäten der gleichen Zellen. Zwischen „verschieden" und „gleich" gibt es zahlreiche Ähnlichkeitsgrade. Gleich hohe Töne fast gleicher Klangfarbe sind fast gleich, sind Aktualitäten fast gleicher (ganz nahe verwandter) Denkzellen. Dies gilt natürlich auch für die „Tonreihe", d. h. für die akustischen Reihen aller Art: Geräusche, Töne, Klänge (Melodien), Konsonanten, Vokale (Worte). Und es gilt auch für die akustischen Begriffe. Eine gewisse Melodie, auf der gleichen Geige mehrfach gespielt, ist jedesmal Aktualitätenreihe der gleichen Denkzellen; auf mehreren fast gleichen Geigen nacheinander gespielt ist sie Aktualitätenreihe fast gleicher Zellen, zum Teil auch gleicher Zellen (sofern die Klangfarbe gewisser gleich hoher Klänge gleich ist); die hinsichtlich der Tonhöhe gleiche Melodie, auf der Bratsche gespielt, hat differente Klangfarbe, ist Aktualitätenreihe anderer Denkzellen als die Geigenmelodie, wenn auch nah verwandter. Der Mensch hat so viele verschiedene (modale und idealische) Denkzellen „U", wie er „U" verschiedener Klangfarbe (modal und ideal) erlebt, ferner, wie viele Tonhöhen – abgesehen von einer gewissen Variationsbreite – er erlebt, usw.

Diese Verschiedenheit ist eine solche, dass sich in der Analyse der einzelnen gleich hohen Klänge verschiedene, verschieden zahlreiche, verschieden hohe und verschieden helle Obertöne ergeben. Indes ist es fiktional, zu sagen, die Klangfarbe würde durch die Anzahl, Höhe und Helligkeit der Obertöne verursacht oder bedingt; welche unheimliche Kraft oder Macht müsste in den Obertönen walten, falls diese die Klangfarbe eines akustischen Individuums hervorrufen könnten! Realiter ist die Klangfarbe biologische Eigentümlichkeit jedes einzelnen akustischen Individuums – so etwa, wie die Farbigkeit biologische Eigentümlichkeit jedes einzelnen optischen Individuums, jeder optischen Aktualität ist. Dass sich die akustischen Individuen hinsichtlich der Klangfarbe unterscheiden und dass dieser Unterschiedenheit auch die genannte analytische Unterschiedenheit, also die Unterschiedenheit hinsichtlich Zahl, Höhe und Helligkeit der Obertöne entspricht, ist richtig, aber man kann realiter zwischen diesen analytischen Daten und der Klangfarbe einen Kausalnexus nicht annehmen –

ebenso wenig, wie man einen solchen zwischen der Farbigkeit eines optischen Körpers und seinen analytischen Resultanten annehmen darf, ebenso wenig, wie man ganz allgemein einen Kausalnexus zwischen den einzelnen Eigenschaften eines Individuums annehmen darf. Die Annahme eines solchen Kausal- (einschließlich Konditional- und Final-)Nexus oder eines Abhängigkeitsverhältnisses gehört eben zum metaphysischen Denken.

So wie wir vom peripheren Sehen sprechen, müssen wir auch vom *peripheren Hören* sprechen. Um die jeweilige akustische Aktualität liegt eine spezifische akustische „Sphäre" (um einen Ausdruck Schilders und Kretschmers hier anzuwenden), d. h. die Funktionsgrade der um die höchstfungente Denkzelle liegenden Denkzellen bilden eine absteigende Kurve. Wir rechnen das peripher Wahrgenommene zum Unbewussten. Innerhalb eines Denkzellkomplexes ist niemals nur eine einzige Zelle, sondern sind immer mehrere Zellen (nacheinander) aktuell, läuft also immer eine Aktualitäten*reihe* ab. Eine solche Aktualitätenreihe sind Grundton und zugehörige Obertöne, d. h. es können im Anschluss an den Grundton ein oder mehrere Obertöne aktuell sein, sodass man bei naiver Betrachtung glaubt, die Obertöne seien zugleich mit dem Grundton aktuell. Die Obertöne sind gewöhnlich weniger hell als der Grundton; sie klingen gewöhnlich nur an.

Die *Helligkeit der akustischen Aktualität* wird auch *Intensität* oder *Stärke* oder *Lautheit* genannt; sie entspricht der Intensität der die aktuelle Zelle passierenden Anteile, also der Zahl dieser Passformen. Der Intensitätsgrad des Passformenstroms, der zum Erscheinen der Aktualität ausreicht (die sogenannte akustische „Reizschwelle"), ist verschieden je nach der funktionellen Situation der Gesamthirnrinde, je nach der Entwicklungshöhe der Hirnrinde oder des Hörzentrums oder der betreffenden Denkzellen, je nach der Höhe des Klangs; so treten nachts, also während die Funktionshöhe der gesamten Hirnrinde relativ niedrig ist, gewisse akustische Aktualitäten schon bei relativ geringer Funktionsintensität der betreffenden Denkzellen auf, man hört nachts „besser" als tags; das Hörvermögen ändert sich während der Lebenskurve eines Menschen; höhere Töne werden „leichter" wahrgenommen als tiefe usw. Wie das *Intensitätsminimum und -maximum* kann man auch die *Unterschiedlichkeitsschwelle* bestimmen. Diese Daten sind individual-, gruppen-, artspezifisch; der Durchschnitt ist die Norm. Die *Hörschärfe* bezeichnet das Intensitätsminimum, bei dem eine gewisse akustische Aktualitätenreihe (z. B. die Zahl 32 usw.) von bestimmter Entfernung (z. B. fünf Meter) auftritt (analog Sehschärfe, Tastschärfe, Riechschärfe usw.).

Die *Schwingungszahl* eines Tons setzt man gleich der Schwingungszahl des so tönenden optischen Körpers; diese Schwingungszahl kommt auch den vom tönenden Körper ausgehenden akustophilen und dann prämodalen akustischen Passformen zu. Nach Helmholtz muss die Schwingungszahl eines optischen Körpers mindestens 28 bis 34 betragen, bevor die assoziierte akustische Aktualitätenreihe ein Ton ist. Bei geringerer Schwingungszahl ist die akustische Reihe ein geräuschähnliches tiefes Hauchen oder Brummen usw.; diese aktuellen akustischen Denkzellen nehmen nur Passformen von so geringer Schwingungszahl (mit gewisser Variationsbreite) auf. Nimmt die Schwingungszahl des optischen Körpers, also auch die der akustophilen Passformen zu, dann sind andere assoziierte akustische Denkzellen in Präfunktion, solche, die Passformen höherer Schwingungszahl aufnehmen usw.; die akustische Reihe ist dann ein Ton, zunächst ein tiefer. So kann auch ein Geräusch in einen Ton, in einen Klang übergehen; die Denkzellen, deren Aktualität ein Geräusch ist, sind andere als die, deren Aktualität ein Ton oder ein Klang ist. Die höchsten Töne sind solche mit ca. 24 000 bis 30 000 Schwingungen in der Sekunde.

Man hat viel höhere Schwingungszahlen von Luftmolekülen errechnet und gemäß der bisher gültigen Theorie vom Zustandekommen der akustischen Wahrnehmung geschlossen, dass es auch *Töne* solch hoher Schwingungszahlen geben müsse, *die wir nur eben wegen der Unzulänglichkeit unseres Hörorgans nicht hören könnten*. Dieser Schluss ist voreilig und naiv; er ist ebenso abwegig wie der weitere Schluss, dass es somit bewiesen sei, dass es eine vom Bewusstsein unabhängige Wirklichkeit gebe. Es mag Luftschwingungen von „ultrakurzer" Wellenlänge geben, also solche, denen man eine viel höhere Schwingungszahl zu-

schreibt, als sie im akustischen Bezirk vorkommt. Aber aus dieser optischen Tatsache kann man doch nicht kurzerhand schließen, dass es nun auch Töne so hoher Schwingungszahlen geben müsse! Der Denkfehler ist zunächst der, dass man die Luftschwingungen für die Ursachen der Töne hält, dann der Schluss, dass jede Luftschwingung einen Ton erzeugen müsse, endlich der, dass ein solcher Ton doch vorhanden sei, auch falls man ihn nicht höre! So abwegig denken alle, auch die fachgelehrten Leute. Wir betonen nachdrücklichst, dass es akustische Aktualitäten über der Reihe der – akustischen Aktualitäten, über die Funktion des akustischen Zentrums hinaus nicht gibt und nicht geben kann. Wir betonen, dass die Luftschwingungen keineswegs die „Ursachen" der akustischen Aktualitäten sind. Die Formel „*unhörbare Töne*" ist eine *contradictio in adjecto* wie „unhörbares Hörbares" oder „unhörbares Gehörtes". Wir sprechen zwar auch von „unsichtbarer Luft", hier hat aber das (somit missverständliche) Wort „unsichtbar" den Sinn von „unaktuell" oder „durchsichtig". Man könnte in diesem Sinn auch von Unhörbarem sprechen, z. B. von „*durchhörigen* Geräuschen" (solchen, „durch" die hindurch ein Klang gehört wird) usw., doch empfiehlt es sich nicht, solche missverständlichen Wörter in die wissenschaftliche Beschreibung einzuführen. Diese realische Beschreibung hat auch nichts zu tun mit der fiktionalen, die über die angeblich „unhörbaren Töne" glatt ins Mystische ausläuft und von „Sphärenmusik" und „Weltallharmonien" fabuliert.

Die tiefen Töne nähern sich dem Geräuschcharakter. Aber auch die Geräusche haben verschiedene Höhe; nur ist die Höhe weniger differenziert als die der Töne oder Klänge. Die Unterscheidung der einzelnen Geräusche, Töne, Klänge, die bei vielen Personen sehr scharf ist, ist ein unmittelbarer oder mittelbarer (begrifflicher), individualer oder interindividualer Vergleich.

Das Verhältnis der Schwingungszahlen zweier Töne oder Klänge nennt man *Intervall* (die Differenz der Schwingungszahlen dagegen *Tondistanz*). Töne oder Klänge von gewissen Intervallgrößen *konsonieren* oder *harmonieren* (z. B. Dreiklang); je mehr diese Intervallgrößen sich im Verhältnis zueinander verschieben, desto mehr *dissonieren* die Töne oder Klänge. Es ist klar, dass von den kon- oder dissonierenden Tönen jeweils nur immer der eine, dann der andere aktuell ist, nicht beide gleichzeitig aktuell sind. Gewiss sind immer sämtliche Reflexsysteme, sämtliche Denkzellen, also auch sämtliche akustischen, in Funktion, eine gewisse Denkzelle aber jeweils in aktueller Funktion, wie früher beschrieben. Will man überhaupt von „Reizen" sprechen, dann „wirken" solche „Reize" stets auf sämtliche Reflexsysteme und Denkzellen ein, und man darf nicht, wie es geschieht, sagen, dass nur „zwei Reize" zugleich „einwirkten". Die Funktionsintensitäten der einzelnen Reflexsysteme sind verschieden, und so treten auch die kon- und die dissonierenden Töne nicht zugleich auf, sondern nacheinander.

Auch der Ausdruck „*Verschmelzung*" kann nur im Sinn einer Synthese nach Art der Entstehung einer optischen chemischen oder physikalischen Verbindung gelten; ein „verschmolzener" Klang ist ein solcher, dessen Analyse zu gewissen Tönen führt, z.B. zu solchen, die um eine Oktave verschieden sind. Auch der „verschmolzene" Klang ist eine biologische Homogenität. Die Tatsache, dass sich ein solcher Klang in gewisse zwei Töne auflösen lässt, darf nicht dahin gedeutet werden, dass zwei etwa gleich starke „Reize" auf das Hörorgan „eingewirkt" hätten und nun zwei Töne gleichzeitig „sich verschmelzend" aufträten oder etwa gar erst „psychisch", „mittels eines psychischen Aktes" verschmolzen würden. Ein „verschmolzener" Klang ist ebenso Aktualität der Denkzelle, einheitlich, wie jede andere Aktualität. Die sogenannten *Kombinations-* und *Summationstöne* sind Aktualitäten von zum assoziativen Komplex gehörigen Denkzellen, deren Passformen und Aktualitäten Schwingungszahlen haben, die zu den Schwingungszahlen der Haupttöne in einem gewissen einfachen Verhältnis stehen.

Zu den „Verschmelzungen" gehören auch die „*Schwebungen*". Es treten akustische Reihen von periodisch ab- und zunehmender Helligkeit auf; dies ist der phänomenale Tatbestand. Auch diese akustischen Aktualitäten lassen sich auflösen zu gewissen Tönen, nämlich solchen, die bestimmten optischen Körpern von bestimmten Schwingungszahlen (d.h. bestimmter Geschwindigkeit der koordinativen Veränderungen, berechnet auf

die Sekunde) entsprechen. Aus diesen Tönen entsteht also jene „schwebende" Aktualitätenreihe nach Art einer chemischen Verbindung. Sie hat ihre eigene Schwingungsform, und diese ist biologisches Symbol der Schwingungen ihrer Partialtöne. Während der Schwebungen treten die Partialtöne natürlich nicht auf; die Funktionsintensität der betreffenden Denkzellen ist nicht hinreichend intensiv; statt dieser Zellen funktionieren solche aktuell, deren Aktualitäten ein „Mittelton" sind. In diese Zellen treten aus jenen gemäß einer Funktionsperiodik, die sich eben in der zu- und abnehmenden Helligkeit des Mitteltons anzeigt, mehr bzw. minder zahlreiche Passformen ein: Treten hinreichend zahlreiche Passformen ein (d.h. funktioniert der Zellkomplex aktuell), dann erscheint der Mittelton, und zwar umso heller, je zahlreicher die eintretenden Passformen sind, umso weniger hell, je weniger zahlreich die eintretenden Passformen sind, je mehr also die Funktionskurve dieser Zellen absinkt. Statt eines Mitteltons kann auch der eine Partialton (gewöhnlich der tiefere) als Schwebung auftreten; es fließen dann periodisch in die Zelle, deren Aktualität der schwebende Ton ist, auch noch hinreichend zahlreiche Passformen aus der Zelle ein, deren mögliche Aktualität der andere Ton ist. Die Zahl der Schwebungen, die synthetisch aus zwei Tönen entstehen, also die Periodik dieser Schwebungen, ist gleich der Differenz der Schwingungszahlen dieser Töne. Die Periodik der Schwebungen stimmt mit der Funktionsperiodik der akustischen Reflexsysteme und Denkzellen überein, deren Aktualitäten die „schwebende" Reihe sind: Dem An- und Abschwellen des Tons entspricht der An- und Abstieg der Funktionskurve. Zu dieser Funktionskurve stimmt wiederum die Funktionsperiodik derjenigen Zellen, deren (mögliche) Aktualitäten die Partialtöne sind. Während des Anstiegs der Funktionskurve nimmt die Zahl der die Zellen passierenden Passformen, die Intensität des Passformenstroms zu, also auch die Intensität der in die Zelle(n), deren Aktualität der schwebende Ton ist, einfließenden Passformenströme: der Ton wird heller, lauter; umgekehrt bei absteigender Kurve. Auf alle Fälle nehmen die Zellen, deren Aktualität der schwebende Ton ist, Passformen aus denjenigen Zellen auf, deren mögliche Aktualitäten die Partialtöne sind; dies ist eben ihre Spezifität.

Man sucht die Schwebungen aus der *Interferenz der Schallwellen* zu erklären: Treffen zwei Wellenberge oder zwei Wellentäler zeitlich zusammen, so summieren sie sich und verstärken den Ton; treffen aber Wellenberge mit Wellentälern zeitlich zusammen, dann erlischt der Ton oder wird schwächer. Wir bemerken hierzu Folgendes: Die Wellenbewegung ist wie die Schwingung eine koordinative Veränderung, im Optischen z.B. von Wasser-, Luftteilchen usw. Die Interferenz ist eine spezielle Veränderung der koordinativen Symbolkomponente der zusammentreffenden Teilchen der Welle, und zwar eine verschiedene je nach Richtung, Gangunterschied usw. „Aufhebung" der Wellenbewegung heißt: Beim Zusammentreffen entgegengesetzt gerichteter Wellenteilchen vollzieht sich eine Veränderung (ein Austausch) der koordinativen Symbolkomponenten derart, dass sich die Teilchen zunächst nicht weiter auf der Welle bewegen. Bei der Interferenz der Wasser- oder Luftwellen modifiziert sich also die Bewegung; das Wasser, die Luft als solche aber bleiben. Übertragen wir diese Tatsache der optischen Interferenz aufs akustische Gebiet, dann müsste bei der Interferenz akustischer Wellen auf alle Fälle der Ton erhalten bleiben, er dürfte nicht verschwinden, an ihm müsste sich vielmehr eben die Tatsache der Interferenz zeigen. Denkt man sich also die akustische Interferenz als eine solche entgegengesetzt schwingender akustischer Teilchen, so müsste ein Ton da sein, der nicht mehr auf der Welle schwingt; der „Mittelton" der Schwebungen hat aber eine spezifische Schwingungszahl. Und will man das An- und Abschwellen der Schwebungen bis zum Erlöschen des Tons als von der Interferenz verursacht „erklären", dann ist zu sagen, dass es sich bei dem An- und Abschwellen lediglich um Helligkeitsunterschiede handelt und dass eben ein „Interferenzton" nicht „kein Ton" sein kann.

Man darf annehmen, dass die interferierenden schallleitenden Luftwellen weniger gute Schallleiter sind als die nicht interferierenden, dass also die Zahl der im akustischen Bezirk eintreffenden Passformen geringer ist, am geringsten im Fall der „Aufhebung" der Bewegung der Luftteilchen

auf der Welle. Indes wäre damit auch nicht die Ursache des Aufhörens des Schwebungstons angegeben; die im akustischen Bezirk eintreffenden akustophilen Passformen sind keineswegs die Ursache für die Funktion der akustischen Reflexsysteme. Vielmehr muss eine Koinzidenz zwischen jenen optischen Interferenzen und der Funktionsperiodik der beteiligten akustischen Reflexsysteme bestehen, und zwar derart, dass mit der Aufhebung der Bewegung der Luftteilchen das unaktuelle Funktionsstadium der beteiligten akustischen Reflexsysteme zusammenfällt. Die Deutung, dass die Interferenz die Ursache des Verschwindens des Tons sei, beruht auf der grundsätzlich unrichtigen Auffassung, dass die Töne usw. durch Schwingungen verursacht würden. Bei dieser Deutung muss freilich, wie Ziehen betont, „die physiologische Erklärung der Schwebungen noch sehr zweifelhaft" sein und bleiben. Dass die Rechnungen der theoretischen Physik „stimmen", besagt wiederum nichts über die Richtigkeit oder Unrichtigkeit der erkenntnistheoretischen Auffassung; es werden ja eben die akustischen Vorgänge gemäß den assoziierten (verwandten) optischen gerechnet.

Jede akustische Modalzelle ist spezifisch insofern, als sie nur bestimmte Passformen, auch von bestimmter Schwingungszahl, aufnimmt, somit ihre Aktualität, das Symbol der anwesenden Passformen, immer nur ein bestimmter Ton, auch von bestimmter Höhe, ist; eine gewisse *Variationsbreite* gehört zur Spezifität. Ein Ton kann Aktualitätenreihe einer gewissen („seiner") Zelle sein, indem diese oft hintereinander aktuell funktioniert; er ist dann eine Reihe gleich hoher Töne („Ton" hier als Aktualität gefasst); die Höhe kann aber in gewissem (spezifischen) Ausmaß schwanken. Die Tonhöhe kann aber auch kontinuierlich steigen oder fallen: Dann funktionieren immer wieder andere Modalzellen aktuell, und eben aus der Variationsbreite verstehen wir den *kontinuierlichen Übergang* von einer Höhe zur anderen. Es können auch zwei Zellen abwechselnd nacheinander aktuell funktionieren, und zwar können die Aktualitäten derart geschwind aufeinander folgen, dass sie, wie man ungenau sagt, „gleichzeitig" auftreten. Liegen in diesem Fall die Tonhöhen ziemlich nahe beieinander, dann tritt die Angleichung oder

Assimilation auf; liegen die Tonhöhen mehr als eine Oktave auseinander, dann *kontrastieren* die Töne. Assimilation wie Kontrast verstehen wir als Kennzeichen der speziellen Änderung der Zellfunktion innerhalb der spezifischen Variationsbreite. Ähnlich die Angleichung und der Kontrast der Farben.

Die *Konsonanten* sind eine besondere Gruppe der Geräusche, als stimmhaft auch der Klänge, die *Vokale* eine besondere Gruppe der Klänge. Sie entsprechen den funktionellen Situationen des Sprechorgans.

Lokalisation der akustischen Gegenstände

Wie jede andere Aktualität ist auch die akustische jetzt und hier, gegenwärtig, *essenziell lokalisiert.* Jeder Laut erscheint in einer bestimmten Entfernung; diese ist gleich der des „tönenden" Körpers, also des Individuums, von dem die akustophilen Passformen ausgegangen sind, mag dies ein optisches oder ein taktiles sein; *nur den optischen und den taktilen Gegenständen kommen Eigenlaute zu,* die Gegenstände der übrigen Sensualitäten werden lediglich beschrieben, d.h. die von ihnen ausgehenden akustophilen Passformen erreichen das akustische Zentrum nur über die Sprechmuskulatur, und „in" diese ist die beschreibende Lautreihe lokalisiert. Dass dabei die optischen Körper im optischen Bezirk, die taktilen im taktilen Bezirk, die akustischen im akustischen Bezirk liegen usw., wurde bereits betont. *Die meisten akustischen Gegenstände* sind in die *Außenwelt* lokalisiert, d.h. sie gehören zur Außenwelt. *Viele* sind aber ins Innere des Organismus, in *innere Organe* lokalisiert, so alle Vokale, die ich selber spreche, viele Konsonanten (bis auf die Labiales) und andere Geräusche, z.B. die Töne meines Herzens (Muskelgeräusche), das Gurren meines Magens und Darms usw., ferner die entotischen Geräusche und Töne. Der akustische Raum erstreckt sich also auch „ins Innere", d.h. in die Regionen, in die die Gefühle lokalisiert sind, ohne dass natürlich dieser Teil des akustischen Bezirks mit dem Gefühlsbezirk identisch ist. Die akustophilen Passformen, die vom Herzmuskel abgegeben werden, treten also damit, d.h. mit dem Verlassen des Herzmuskels, in den akustischen Bezirk ein, wie dies auch die von den Sprechmuskeln abgegebenen akustophilen Passformen tun.

Auch in den Fällen, in denen der tönende oder beschriebene Körper unaktuell ist, also nicht mehr oder noch nicht wieder aktuell ist (ein sehr häufiger Fall, besonders bei vorgeschrittener Entwicklung des akustischen Zentrums), sind die entsprechenden akustischen Aktualitäten lokalisiert. Man schließt also aus der Lokalisation des akustischen Gegenstands z.B. auf die des entsprechenden optischen, und dieser Schluss bestätigt sich ausnahmslos, wird also zur Erfahrung, wobei freilich in Betracht zu ziehen ist, dass die akustischen Aktualitäten, besonders die Töne und Klänge, weniger präzis lokalisiert sind als die optischen und viele taktile Gegenstände.

Die *Entfernung* entspricht auch hier dem *Grad der Gefühligkeit:* Je entfernter ein Laut, desto weniger gefühlig ist er; diese Tatsache gilt allgemein, also für jedes Reflexsystem. Es besteht auch ein Verhältnis zwischen *Entfernung und Helligkeit* („Lautheit"): Ein näher lokalisierter Laut ist heller als der gleiche, entfernter lokalisierte; doch kommt auch, wenigstens innerhalb gewisser naher Entfernungen, der umgekehrte Fall vor. Die zu einem näher lokalisierten akustischen Individuum gehörenden Aktualitäten sind andere als die zu einem entfernter lokalisierten, mag dies auch „das gleiche" oder, wie man populär sagt, „dasselbe" sein.

Die akustischen Aktualitäten sind ferner auch *koordinativ lokalisiert,* stehen zueinander in einem lage-, kraft- und richtungsmäßigen Verhältnis. Wir unterscheiden recht genau die *Lagen,* z.B. einen links (oder mehr links) liegenden Laut von einem rechts (oder mehr rechts oder weniger links) liegenden; beim Hören mit beiden Ohren (beim diotischen Hören) folgen die entsprechenden Aktualitäten des linken und des rechten Hörzentrums in einer Weise aufeinander, dass der Naive sie für einheitlich hält (analog linker und rechter optischer Aktualitäten beim dioptischen oder binokularen Sehen). Ebenso unterscheiden wir die hinten und vorn sowie die oben und unten und die in Zwischenlagen befindlichen akustischen Aktualitäten, mögen sie in Intervallen auftreten (also jetzt ein Laut vorn rechts oben, jetzt ein Laut hinten links unten usw.) oder als assoziierte Reihe von auch lagemäßig verschiedenen Aktualitäten. Die Lagedifferenzen lassen sich auch mittels optischer Messapparate bestimmen, so wir ja auch die Entfernungen der Laute von „meinem Ohr" gemäß den optischen Entfernungen messen. Ich sage also: Eine gewisse akustische Wortreihe ist ca. drei Meter entfernt und ca. zwei Meter weiter hinten als eine andere vorhergehende oder folgende oder interkurrierende Wortreihe usw.; dass ich dabei optische Reihen assoziiere, ändert nichts an der Tatsache der akustischen Lokalisation auch hinsichtlich der Lage, also an der Tatsache, dass zu den Symbolkomponenten der akustischen Aktualitäten auch kinästhetophile gehören. Die Bezeichnungen „hoch" und „tief" können gemäß der Konfluenz der Beschreibung vorkommen zur Angabe lagemäßiger Unterschiede (eine Stimme erklingt fünf Meter hoch, aus fünf Metern Tiefe) wie zur Angabe der Schwingungszahlen (hohe und tiefe Töne) wie zur Angabe optischer Lageunterschiede und Längenunterschiede (hoher Turm) wie zur Angabe taktiler Lageunterschiede wie zur Angabe thermischer Schwingungszahlen (hohe und tiefe/ niedrige Temperatur) wie zur Angabe kinästhetischer Aktualitäten selber wie zur Angabe von Entwicklungsunterschieden (hohes Alter, hoher Rang, hohe Kunst – mit Gegensatz „niedrig", „gering" usw.).

Koordinative Symbolkomponenten

Auch stehen die akustischen Aktualitäten zueinander in einem lage-, kraft- und richtungsmäßigen Verhältnis, bilden runde und gerade und gedrehte Reihen, sind weibliche und männliche. Hierauf wird im Abschnitt 7.2.4 eingegangen werden. Die koordinativen Passformen der akustischen Denkzellen werden in Form der Muskelaktionen mit abgegeben, und diese akustogenen Muskelaktionen hinsichtlich Lage, Kraft und Richtung im koordinativen Zentrum registriert.

7.2.2 Die Aggregatzustände

Die optischen Buchstaben sind flüssig-fest. Wie in Abschnitt 6.2 dargelegt, sind die Buchstaben zunächst primitive, später stilisierte Zeichnungen phänomenaler Gegenstände. Grafisch darstellbar

sind nur feste und flüssige phänomenale Individuen. Gase können als solche nicht gezeichnet werden; Buchstaben „aus" Gas, gasige Buchstaben gibt es nicht, man müsste denn buchstabenähnliche Anordnungen farbiger oder lichtheller Gase auch als „Schrift" bezeichnen, indem man die übliche Anwendung der Wörter „Buchstabe" und „Schrift", mehr dichterisch, erweitert (solche gasigen Anordnungen sind auch nicht „fix", sondern verschwimmen rasch gemäß der koordinativen Veränderungsgeschwindigkeit der Gase; „Lichtreklamen" sind Anordnungen von Leuchtkörpern oder buchstabenförmige Ausschnitte, durch die Licht strahlt). Man kann also mit Gasen nicht schreiben. Gase werden mit flüssig-festen Buchstaben gezeichnet; ihre buchstäbliche Darstellung erfolgt indirekt, nämlich gemäß den festen und flüssigen Gegenständen, die mit den (einzelnen) Gasen genetisch (analytisch-synthetisch) zusammenhängen oder aus denen Gase physikalisch hervorgehen. Schreiben wir also die Buchstaben „Gas", so ist diese Reihe eine (von J.B. van Helmont Anfang des 17. Jahrhunderts angegebene) Modifikation des Wortes „Gischt", mittelhochdeutsch gis – Schaum (vergleiche gischen, gischten, gäschen, gähren, Geist usw.), bezeichnet also das aus dem Gischt Entwickelte, Hervorgegangene gemäß diesem Gischt, der eine Ansammlung von (mit Gas gefüllten) Flüssigkeitsblasen ist und sich beim Übergang des flüssigen in den gasigen Aggregatzustand bildet. Die Buchstabenreihe „Gischt" ist die grafische Darstellung der so bezeichneten phänomenalen Reihe, sie ist die Reihe der Aktualitäten der mit jener phänomenalen Reihe assoziierten Modalzellen des optischen Wortbezirks, die buchstäbliche Darstellung des „an" dem assoziierten Individuum buchstäblich Darstellbaren, das nämlich hinsichtlich der Anordnung zu den Mund-Zungenstellungen, die beim Aussprechen des Wortes „Gischt" vorkommen und ja eben in Form der eigentlichen Schriftzeichen abgezeichnet werden, genau stimmt. Die Buchstabenreihe „Gas" ist lediglich eine Modifikation der Reihe „Gischt", modifiziert besonders insofern, als für das I ein A eingetreten, somit also die Gischtblase als gefüllt oder sich weit öffnend (analog der Mundstellung beim Aussprechen des Wortes) gezeichnet ist; nicht aber zeichnet das

Wort „Gas" das aus den Gischtblasen Entweichende als solches, obwohl es dieses Entweichende benennt, „bezeichnet". – Das Wort „Luft" zeichnet nicht (sondern bezeichnet) die Luft, also die aëriale Gegenstandsreihe als solche, sondern die „leere", nicht mit festem oder flüssigem Material, sondern mit „Luft" gefüllte Höhle (u), also eine runde Reihe solidaler Aktualitäten, aus der die Luft entweicht (ft). – Das Wort „Licht" zeichnet nicht das Licht (als lichthelles Gas) als solches, sondern die solidale Schwelle (i), über die das Licht entweicht (cht), welcher Art auch der „leuchtende Körper" sein mag. Das Gas „Sauerstoff" wird indirekt als Bestandteil von Säuren, das Gas „Wasserstoff" als Bestandteil des Wassers beschrieben. Kurz, Gas als solches ist in (eigentlichen) Buchstaben nicht darstellbar, man schreibt mit festen und flüssigen Stoffen.

Auch die akustischen Buchstaben sind flüssigfest. Es gibt zwar Geräusche und Klänge, die gasigen Individuen entsprechen und selbst dem gasigen Aggregatzustand angehören (z.B. Heulen des Windes), aber diese Geräusche und Klänge sind keine eigentlichen Sprachlaute, keine akustischen Buchstaben. Auch das die ruhige Atmung begleitende Luftgeräusch (Eigengeräusch der aus- und eintretenden Atmungsluft) ist kein Sprachlaut. Der diesem Luftgeräusch nahestehende Konsonant H tritt erst bei sprechlicher Einstellung des Atmungsrohrs auf, und zwar sind dann die von den schwingenden Sprechmuskeln abgegebenen (muskulogenen) akustophilen Passformen an der Aktualität H im Sinn der biologischen Symbolik immer noch zahlreicher beteiligt als die von den schwingenden Luftteilchen abgegebenen (aërogenen). Also auch akustisch werden Gase indirekt beschrieben, nämlich in Form von Hauch- und Zischlauten, die zwar Luftgeräuschen ganz ähnlich, aber doch (nuancierte) Eigengeräusche und -klänge flüssig-fester Stoffe (Muskeln usw.) sind und flüssigen und festen optischen und anderen Individuen entsprechen. Der flüssig-feste Aggregatzustand der akustischen Buchstaben schwankt, je nachdem beim Sprechen mehr oder weniger flüssige oder feste Stoffe schwingen. Wir unterscheiden danach feste, harte, markige, breiige, salbige, schmalzige, schleimige, ja sogar flüssige, sprudelnde, „hauchende" Redeweise; mit „flüssig", „sprudelnd" wird aber nur die relativ große Beteiligung schwingender Flüssigkeitsteilchen des Sprechapparats bezeichnet. Flüssigkeiten werden akustisch ähnlich wie Gase beschrieben, vorwiegend in Zischlauten. *„Lautmalerei"* („Onomatopöie") ist die Angleichung der akustischen Buchstaben an die Eigengeräusche und -klänge der so beschriebenen (assoziierten) Individuen. Jede akustische Beschreibung ist eigentlich Lautmalerei, wie sich besonders beim gut entwickelten, „ausdrucksvollen" Sprechen zeigt; die Sprechreflexe gehen ja vom Beschriebenen aus, und die von den schwingenden Muskeln usw. beim Sprechen abgegebenen akustophilen Passformen stammen zum größten Teil aus dem Zellkomplex, dessen Aktualität das beschriebene Individuum ist, sodass die akustische Beschreibung stets eine mehr oder minder weit gehende Analogie zum Eigengeräusch oder -klang des beschriebenen Individuums ist.

7.2.3 Die Symbolkomponenten

Die Tatsache, dass die phänomenalen Individuen aller Zentren direkt oder indirekt beschrieben werden (vergleiche Konfluenz der Beschreibung, 2.4), dass also die phänomenalen Individuen direkt oder indirekt mit gewissen Worten assoziiert sind, zeigt an, dass in die Wortzellen Passformen aus den assoziierten Zellen der verschiedenen Zentren einfließen, die phänomenologische optische wie akustische Aktualität somit Symbol aller dieser Passformen, darüber hinaus (indirekt) aller Passformen überhaupt, aller Aktualitäten überhaupt ist. Von den Wortzellen fließen die Passformen je nach ihrer Spezifität in die assoziierten Zellen der einzelnen Zentren, und zwar in der Gegenstandssphäre auf extraindividualem, also über die sensorischen Ausdrucksapparate sich erstreckendem Weg. Es kommt also nicht ganz selten vor, dass auf eine gegenständliche Beschreibung das so beschriebene optische Individuum folgt („Lupus in Fabula" oder „Wenn man vom Esel klatscht, kommt er angetratscht"); weniger oft folgt ein gegenständliches Individuum eines anderen Zentrums auf seine gegenständliche Beschreibung. Diese phänomenologisch-phänomenalen Assoziationen sind also weniger entwickelt

als die entsprechenden phänomenal-phänomenologischen, immerhin reichlich genug, sodass
diese Reihenfolge im magischen Denken als die
Wirkung einer im Wort enthaltenen unheimlichen Kraft, als Wortzauber gedeutet wird (vergleiche „Gott *sprach:* ‚Es werde Licht!' – und es
ward Licht"; „Wie er *spricht,* so geschieht es, und
wie er *gebietet,* so stehet es da"; Geisterbeschwörungen usw.). Die ganz analoge Fiktion findet sich
auch im fiktionalen Denken höherer und hoher
Kulturzeiten vor, nämlich als Deutung des zeiträumlichen Zusammenhangs zwischen Wort und
ihm entsprechender, d.h. von den betreffenden
Modalzellen her innervierter Ausdrucksbewegung, mag diese beim sprechenden oder beim
bloß hörenden Individuum erfolgen (z.B. ich sage
„Fritz, komm her!", und Fritz kommt her). Solange
freilich der Reflexvorgang: sensible Strecke zu
den aktuell fungierenden optischen oder akustischen Wortzellen, motorische Strecke von da zu
den schaltungsmäßig zugeordneten Ausdrucksorganen, Muskelaktionen mit Abgabe (auch) gewisser opto- und akustophiler Passformen, sodass gegebenenfalls (d.h. bei aktueller Funktion der
betreffenden Reflexsysteme) die dem Wort entsprechenden optischen oder akustischen (usw.)
phänomenalen Reihen auftreten – solange dieser
Reflexvorgang in der von der Psychobiologie zuerst gelehrten Weise unbekannt war, musste diese Reihenfolge der Erscheinungen im naiven wie
im vorwissenschaftlichen Denken auf mystische
Ursachen zurückgeführt und „erklärt" werden.

Viel reicher als in der Gegenstandssphäre sind
die phänomenologisch-phänomenalen Assoziationen in der Begriffssphäre entwickelt. Auf die
phänomenalen Begriffsindividuen der verschiedenen Sensualitäten folgt die zugehörige Beschreibung ebenso häufig wie auf die Beschreibung das beschriebene Begriffsindividuum. Auf
das Begriffsindividuum z.B. „Pferd" folgt ebenso
häufig die begriffliche Beschreibung wie auf diese
jenes Begriffsindividuum. Sehr oft wird auch ein
modales Individuum, z.B. „Pferd", aus der Erinnerung in gegenständlichen Worten beschrieben,
d.h. auf ein Begriffsindividuum, z.B. „Pferd", folgt,
indem die Innervation der Schreib- oder Sprechmuskeln aus dem jetzt unaktuellen Zellkomplex
„Pferd" stattfindet, mit erheblicher Beteiligung

idealischer Passformen, die aus dem jetzt aktuellen Begriffszellkomplex „Pferd" einfließen, die
dem gegenständlichen Pferd entsprechende optische oder akustische Beschreibung – und umgekehrt: Sehr oft folgt auf die gegenständliche
Beschreibung das zu dem beschriebenen Gegenstandsindividuum gehörige Begriffsindividuum,
z.B. auf das Wort „Pferd" das optische Begriffsindividuum „Pferd". Im letzteren Fall geht der assoziative Weg von den modalen Wortzellen über die
zugehörigen idealischen Wortzellen zu den idealischen phänomenalen Zellen.

Über die *koordinativen* Symbolkomponenten
der Buchstaben siehe 6.2.1. Jeder optische und
akustische Buchstabe ist eine Reihe von Aktualitäten, deren jede zur vorhergehenden und folgenden in einem spezifischen koordinativen Verhältnis steht; so ist jeder Buchstabe vorwiegend
aus runden oder geraden Reihen (beide auch gedreht) zusammengesetzt oder ist eine runde
oder gerade, eine weibliche oder eine männliche
Reihe.

7.2.4 Weibliche und männliche Buchstaben

Für die *essenzielle* Lokalisation der phänomenologischen Aktualitäten gilt das über die essenzielle
Lokalisation der Gefühle (1.2.2), Gegenstände
(1.3.3) und Begriffe (1.4.5) allgemein Gesagte.

Die *koordinative* Lokalisation ist derart, dass
wir rund, gerade und gedreht angeordnete, also
weibliche und männliche Buchstaben unterscheiden, die wir nach der Spezies der Gefühligkeit als
hunger-, angst-, schmerz-, trauer- und freudegefühlig erleben und bezeichnen. Die *Spezies* der
Gefühligkeit der Buchstaben (und Wörter) entspricht in einer bestimmten Weise der Gefühligkeit des Beschriebenen. Die Schreib- und die
Sprechmuskulatur erhalten ihre Passformen von
solchen Zellkomplexen her, deren Aktualität das
Beschriebene ist; auch mehr oder minder zahlreiche sympathische (sensile) und idealische Passformen gelangen aus den zum Komplex gehörigen
Sensilzellen bzw. Idealzellen unter entsprechender Umwandlung auf dem Weg über die Modalität
und besonders das motorische Rindenfeld in die
zu den Schreib- bzw. Sprechmuskeln führenden
sensorischen Nerven und in diese Muskeln; die

eigentliche sympathische Innervation erstreckt sich auf die am Schreiben und am Sprechen beteiligten sympathischen Ausdrucksapparate (elastische Fasern usw.). Beim Schreiben werden (auch) optophile Passformen abgegeben, sodass sowohl die Schreibbewegung als auch im Anschluss an sie das Geschriebene aktuell wird; beim Sprechen werden (auch) akustophile Passformen abgegeben, sodass bestimmte Sprachlaute aktuell werden. Nun bewegen sich zwar nicht sämtliche Passformen aus dem Zellkomplex, dessen Aktualität das Beschriebene ist, zu den Schreib- oder zu den Sprechmuskeln, diejenigen Passformen aber, die diesen Reflexweg zurücklegen, gehören der gleichen Gefühlsspezies an wie die Zellen, von denen sie ausgehen, und wie die Zellen, von denen sie schließlich aufgenommen werden; der gleichen Gefühlsspezies gehören somit auch die endlich aktuellen optischen oder akustischen Buchstaben an. Von einer vorwiegend hungergefühligen phänomenalen Reihe z. B. bewegen sich also vorwiegend Hungerpassformen zu den Schreib- oder Sprechmuskeln, die sich hierbei zur Hungerstellung des Ausdrucksapparats kontrahieren, und dann zu den optischen oder akustischen Wortzellen, zu denen sie Passformen sind, also zu Hungerzellen, deren Aktualitäten einen hungergefühligen optischen oder akustischen Buchstaben bilden. Das Gleiche gilt für die einer anderen Gefühlsspezies angehörenden phänomenal-phänomenologischen Reihe. Ein hungergefühliger optischer Buchstabe z. B. entspricht demnach sowohl der beschriebenen hungergefühligen Reihe wie der Hungerstellung des Schreib- und des Sprechapparats (dieser optisch wahrnehmbar speziell als Mundstellung) wie dem dieser Stellung gemäßen akustischen Buchstaben.

Auch der *Grad* der Gefühligkeit der Buchstaben (Wörter und Sätze) ist etwa gleich dem Grad der Gefühligkeit des Beschriebenen. Der Grad der Gefühligkeit ist innerhalb spezifischer Grenzen variabel. Je größer die Beteiligung sympathogener Passformen am Ausdruck ist, desto mehr nähern sich die Buchstaben (Wörter, Sätze) den sogenannten (sensorischen) Gefühlsausdrücken; diese sind nach der Gefühlsspezies, der Intensität, dem Rhythmus verschieden.

Hier eine Liste (Tabelle umseitig) der optischen und der akustischen Buchstaben nach der Gefühlsspezies gemäß den Darlegungen über die Ausdrucksaktionen des Kehlkopfs (3.3) und über die Schrift (6). Die Liste gilt für alle Sprachen. Die Nuancen und die Diphthonge lasse ich hier weg; sie sind am angegebenen Ort besprochen.

Die schmerzgefühligen Buchstaben kommen je als weibliche und als männliche Aktualitätenreihe vor – bis etwa auf V, W, N, NG, die nur weiblich sind (6.2.1). Viele Buchstaben gehören zu verschiedenen Gefühlsspezies; je nach der Gefühlsspezies klingen sie anders (spezifisch) und sehen, als optische Buchstaben, anders aus, obwohl diese Unterschiede in der Umgangssprache und in der „ausgeschriebenen" Schrift nicht immer klar oder überhaupt nicht mehr erkennbar sind, wenigstens nicht für den phonologisch und graphologisch Unkundigen. Das Freude-A klingt anders und sieht grafisch anders aus als das Angst-A; dieses klingt stark nach O oder ist vielmehr ein A-nuanciertes (nach A klingendes) O und ist grafisch enger, runder gemalt als das Freude-A, das aus längeren, der Geraden sich annähernden oder geraden Linien besteht; als Druckbuchstabe wie überhaupt als stabilisiert ist freilich das Freude-A vom Angst-A nicht mehr zu unterscheiden. Den Schwingungen der nahezu zirkulär angeordneten Schrägfasern des Sprechapparats bei der E-Stellung entspricht ein weibliches E, den Schwingungen der nahezu longitudinal angeordneten Schrägfasern ein männliches E. Das hungergefühlige H entspricht Schwingungen zirkulärer Fasern bei Hungerstellung des Sprechapparats, das freudegefühlige K Schwingungen longitudinaler Fasern bei Freudestellung usw. Vom angstgefühligen J, CH, SCH zum schmerzgefühligen gibt es allerlei Übergänge. Die Diphthonge UE, OE, AE sind schmerznuancierte U, O, A, also Aktualitäten solcher Zellen, in die auch relativ zahlreiche Schmerzanteile aufgenommen sind. Das Analoge gilt für alle Nuancen. Die einzelnen Buchstaben sind also gemäß der Schreib- oder der Sprechweise innerhalb der Spezifität verschieden zusammengesetzt, das E kann mehr oder minder „freudehaltig" (freudenuanciert), auch das OE beispielsweise kann ein deutlich merkbares Freudeingrediens aufweisen, ein U kann mehr oder

Die optischen und die akustischen Buchstaben nach der Gefühlsspezies.

Vokale

U	hungergefühlig
O, OA (Angst-A)	angstgefühlig
E, I	schmerzgefühlig
Trauervokal (verschmolzenes UOA bis stumm)	trauergefühlig
A	freudegefühlig

Konsonanten

H	hungergefühlig
CH guttural	angst- oder schmerzgefühlig
G, K, CK	trauer- bzw. freudegefühlig
J, CH bukkal, SCH	angst- oder schmerzgefühlig
S, Z	schmerzgefühlig
D, T	trauer- bzw. freudegefühlig
V, W	hunger- oder angst- oder schmerzgefühlig
F	schmerzgefühlig
B, P	trauer- bzw. freudegefühlig
M	hungergefühlig
N, NG	angst- oder schmerzgefühlig
R, L	schmerzgefühlig

Weibliche Buchstaben	**Männliche Buchstaben**
U, O, E, I	E, I, A
H	
CH guttural	CH als schmerzgefühlig
	G, K, CK
J, CH bukkal, SCH	J, CH, SCH als schmerzgefühlig
S	S
	D, T, Z
V, W, F	F
	B, P
M	
N, NG	
R, L	R, L

minder angsthaltig, ein O relativ stark hungerhaltig sein usw. Diese Variabilität findet sich also im Phänomenologischen genau so wie im Phänomenalen.

Jeder Buchstabe ist, wie gesagt, eine Reihe, ist Aktualitätenreihe einer Zellgruppe. Nicht jedesmal, sooft der „gleiche" Buchstabe aktuell ist, braucht die gleiche Zellgruppe in Hochfunktion zu sein, sondern je nach der Nuance verschiedene Zellen, die freilich allesamt zur großen Gruppe des betreffenden Buchstabens gehören. Die Kombination der einzelnen Zellen, z.B. U, kann innerhalb der spezifischen Variationsbreite schwanken; es wird dann das U, sooft es als Aktualitätenreihe dieser Zellgruppe auftritt, gleich, d. h. unmerklich verschieden sein. Ist ein U vom vorigen U merklich verschieden, dann ist es Aktualitätenreihe einer Zellgruppe, die zwar zum großen Komplex U gehört, aber doch aus anderen, wenn auch nächstverwandten Zellen besteht; es kann z. B. bei mehr oder minder vorgewölbten Lippen gesprochen werden usw.; oder ist es z. B. deutlich schmerzlich nuanciert, schmerzhaltig, dann ist es Aktualität einer Zellgruppe, die fähig ist, eine relativ große Anzahl Schmerzanteile aufzunehmen und diese aufgenommen hat, während andere Zellen der großen Gruppe U nicht so viele Schmerzanteile aufnehmen konnten.

Wir unterscheiden also in jedem der beiden Wortbezirke große Zellgruppen (*„Großgruppen"*), deren jede so spezifisch ist, dass ihre Aktualitätenreihen einen bestimmten Buchstaben „rein" und in den verschiedenen Nuancen bilden, also z. B. eine große Zellgruppe U, eine andere O, eine dritte E, eine vierte S usw. Alle Zellen einer Großgruppe sind miteinander engstassoziiert, enger als mit den Zellen einer anderen Großgruppe, obwohl zwischen den Zellen der einzelnen Großgruppen enge, reichliche Assoziationen bestehen. Die einzelnen Zellen der einzelnen Gruppen sind auch hinsichtlich der Schwingungszahl der aufzunehmenden Passformen verschieden. Im optischen Wortbezirk zeigt sich die Verschiedenheit der Schwingungszahlen an der Verschiedenheit der Schriftsubstanzen („Schrift" im weitesten Sinn gemeint, also einschließlich Druck, Gravur, Meißelung usw.). Im akustischen Wortbezirk zeigt sich die Verschiedenheit der Schwingungszahlen in der Tonhöhe der Aktualitäten. Ein mit Tinte auf weißes Papier geschriebener Buchstabe, z. B. M, ist Aktualitätenreihe anderer Zellen als ein in Stein gemeißeltes M, beide Zellreihen gehören aber zur Großgruppe M. Ein „hoch gesprochenes" A ist Aktualitätenreihe anderer Zellen als ein tiefes A, beide Zellreihen gehören aber zur Großgruppe A. Endlich sind die optischen Buchstaben hinsichtlich der Farbigkeit, die akustischen Buchstaben hinsichtlich der Klangfarbe, beide Arten hinsichtlich der Koordinatik, Entfernung usw. verschieden, demgemäß die jeweils aktuellen Zellen der Großgruppen.

Aus den zuleitenden Nervenfasern strömen die Passformen in die Wortzellen ein, im Fall der Präfunktion, z. B. der Großgruppe U, in besonders hoher Zahl in die schaltungsgemäß zugeordneten, d. h. in Präfunktion befindlichen Zellen (*„Kleingruppe"*) dieser Großgruppe. Diese Passformen sind also vorwiegend Hungeranteile, ferner Pass-

formen anderer Gefühlsspezies in spezifischer und spezifisch wechselnder Kombination, entsprechend der biologischen Struktur der Zellen; die Aktualitätenreihe ist ein spezielles U. Sind andere U-Zellen (eine andere Kleingruppe) in Präfunktion, dann ist auch das U ein anderes, aber eben immer ein U. An diesen Buchstaben schließt sich (im Fall der Präfunktion dieser Zellen) ein anderer Buchstabe an, wobei in diese Denkzellen der Hauptzufluss aus der zuleitenden Nervenfaser, Nebenzuflüsse aus assoziierten Denkzellen der gleichen Gruppe usw. sowie aus den zum System gehörigen Gefühlszellen einströmen. So entsteht eine Buchstabenreihe, eine Silbe, ein Wort, ein Satz. Dies alles gilt auch für die Wortbegriffszellen, nur erhalten diese ihre Passformenzufuhr nicht direkt aus sensiblen Fasern, sondern aus den zugehörigen Modalzellen und Gefühlszellen, wie früher beschrieben.

Es ist klar, dass *mit den gleichen Buchstaben immer Gleiches beschrieben* wird, auch falls dieses Gleiche sich an verschiedenen zusammengesetzten Individuen vorfindet. Das optische und das akustische U „malt" unter allen Umständen und ausnahmslos das weite leere Rund, die Höhle als leer, die hungergefühle phänomenale Anordnung, mag sie sich an einem superfemininen oder supermaskulinen Individuum befinden. Das O malt ausnahmslos das engere leere Rund, die Öffnung der Höhle als leer, die angstgefühlige phänomenale Anordnung, mag sie ein Teil eines superfemininen oder eines supermaskulinen Individuums sein. E und I malen stets die Schwelle als weiblich oder das sie Überschreitende als männlich, die weibliche oder die männliche schmerzgefühlige phänomenale Anordnung. Die trauergefühlige phänomenale Anordnung, das (gerade, männliche) Stück, wird entweder mit dumpfen, aus AOU gemischten Vokalen oder (vikariativ) als schmerzlich oder schon freudig beschrieben. Das A malt stets das vollendete Gerade, die freudegefühlige Anordnung, das Männliche. Das Analoge gilt für die Konsonanten sowie für die Nuancen und die Diphthonge. Es kann nun aber auch die Höhle hinsichtlich des Füllmaterials, also „nach" dem in ihr befindlichen, sie verlassenden oder in sie eintretenden Männlichen, demnach mit A oder E oder I (als männlich-schmerzgefühligen Vokalen) oder mit männlichen Konsonanten beschrieben werden; dann gibt also die Beschreibung das Weibliche als Partner des Männlichen an, benennt das Weibliche „nach" dem partnerischen Männlichen usw. – ich werde hierauf im Abschnitt „Die Wörter" (8) zurückkommen.

Schon in Abschnitt 4.1 bemerkte ich, dass man *immer so spricht, wie man schreibt,* und umgekehrt. Dieser Grundsatz ist nicht immer mehr ohne Weiteres erkennbar in dem Verhältnis akustischer Buchstaben zu ihren stabilisierten oder stilisierten optischen Korrelaten (z. B. Druckbuchstaben, eingemeißelten In-„schriften" usw.), wobei ein optischer Buchstabe eine ganze Gruppe möglicher Nuancen des korrespondierenden akustischen Buchstabens optisch darstellt. Ferner werden in vielen Dialekten einer Sprache und in vielen (allen?) Sprachen vielen Individuen optisch nach anderen „Gesichtspunkten" als akustisch beschrieben; man gibt diese Tatsache mit den Worten an: Ein gewisser optischer Buchstabe wird anders ausgesprochen als er „eigentlich" ausgesprochen werden sollte. So werden z. B. im Englischen die optischen Vokale O wie U (to do, who, book) oder wie O (only) oder wie Œ (some) oder wie O mit sanft anlautendem, an W anklingendem U (one), ferner E wie I (he, she, we) oder wie kurzes Œ (the, übrigens auch im Deutschen das Schluss-E) oder wie langes Œ (sergeant), I wie EI (I – ich), A wie Æ (had) oder wie AO (after) oder wie E (name), AU wie OA (aunt), OU wie AOU (house) oder wie U (your), EA wie I (each) usw. gesprochen. Die Ausdrucksweise, dass ein Buchstabe oder ein Wort anders gesprochen als geschrieben wird, ist nicht ganz korrekt. Ein optischer Buchstabe, ein optisches Wort kann immer nur so „ausgesprochen" werden, wie es geschrieben ist, also ein U kann immer nur als U ausgesprochen werden, ein O immer nur als O usw. Wohl aber sind nicht selten die von einem phänomenalen Individuum ausgehenden Schreibreflexe andere als die von ihm ausgehenden Sprechreflexe, d. h. eben dieses Individuum wird optisch nach anderen Gesichtspunkten als akustisch beschrieben. So kann eine Höhle optisch mehr als Öffnung, also mit einem mehr oder minder „dunklen", nach U hin nuancierten O usw., oder mehr als Schwelle, also mit nach E oder I hin nuanciertem U oder O, dagegen akustisch mit U

beschrieben werden, z. B. wird englisch moon – Mond – „mūn" gesprochen; umgekehrt wird englisch sun – Sonne – (auch) „sŏn" gesprochen, die Sonne wird also im Englischen optisch vokalisch (auch) als weites leeres Rund (hungergefühlig), konsonantisch als engeres Rund und Schwelle, Abgegrenztes (s, n), akustisch als engeres Rund und Schwelle beschrieben, ganz ähnlich wie im Deutschen; bei dieser Verschiedenheit der grafischen und der entsprechenden phonetischen Reflexe ist aber die nähere Verwandtschaft beider unverkennbar. Das Weibliche wird niemals so beschrieben, wie das Männliche beschrieben wird, also das Weibliche wird auch bei Differenz der grafischen und der korrespondierenden phonetischen Reflexe doch immer nur als weiblich, das Männliche immer nur als männlich beschrieben. Die Tatsache der Verschiedenheit der von einem gewissen Beschriebenen ausgehenden grafischen und phonetischen Reflexe ändert nichts an der Grundtatsache, dass man immer so spricht, wie man schreibt – sie kann auch gegen diese Grundtatsache gar nicht ins Feld geführt werden.

7.2.5 Genische und trophische Reihen

Auch in den Wortbezirken unterscheiden wir die genischen und die trophischen Denkzellen; die Klassifikation ist die gleiche, wie wir sie von den übrigen Teilen des optischen und des akustischen Zentrums sowie von den übrigen Zentren kennen. Zu den oben genannten Verschiedenheiten der Denkzellen einer Großgruppe, z. B. der Großgruppe A, tritt noch die, dass es genische und trophische Zellen gibt (wobei daran erinnert sei, „genisch" streng genommen nur „vorwiegend genisch", „trophisch" „vorwiegend trophisch" heißt, wie überhaupt bei allen korrekten Beschreibungen das „vorwiegend" implizit oder explizit angegeben ist). Ein genisches A ist also die Aktualitätenreihe einer genischen Kleingruppe der Großgruppe A, ein trophisches A die Aktualitätenreihe einer trophischen Kleingruppe der Großgruppe A usw.

Die modalen *genischen* Wortzellen:

(1) Modalzellen *genitaler* Reflexsysteme. Hauptzufluss über genische Fasern des Sehnerven bzw. Hörnerven, Nebenzuflüsse aus assoziierten

Modalzellen über Kollateralen, ferner genische Zuflüsse aus genischen Sensilzellen, und zwar hauptsächlich aus genitalen, daneben auch aus vasalen und anderen Sensilzellen, ferner auch trophische Zuflüsse. Die Aktualitäten dieser Wortzellen sind die Buchstaben, die einzeln und als Reihen (Wörter, Sätze) die sinnlich geliebten Individuen beschreiben, sind sinnliche Wörter, Sätze.

(2) Modalzellen *okularer* bzw. *auriler genischer* Reflexsysteme. Hauptzuflüsse über genische Fasern des Sehnerven bzw. Hörnerven, Nebenzuflüsse aus assoziierten Modalzellen, ferner Zuflüsse aus genischen Sensilzellen, und zwar hauptsächlich aus okularen bzw. aurilen, daneben auch aus genitalen und anderen genischen Sensilzellen, ferner trophische Zuflüsse. Die Aktualitäten dieser Wortzellen sind die Buchstaben, die einzeln und in Reihen die platonisch geliebten Individuen beschreiben, sind platonische ("freundschaftliche") Buchstaben, Wörter, Sätze.

(3) Modalzellen *gastraler, vasaler, pulmonaler genischer* Reflexsysteme. Hauptzufluss wie oben, sympathische Zuflüsse hauptsächlich aus gastralen bzw. vasalen bzw. pulmonalen, daneben aus genitalen und okularen bzw. aurilen genischen Sensilzellen, endlich auch trophische Zuflüsse. Die Aktualitäten dieser Wortzellen sind die Buchstaben und Wörter, die Genisches der gastralen, vasalen (Genussmittel, Magen oder Herz als "Sitz der Liebe" usw.) und pulmonalen (Atmung als genisch) Vorgänge beschreiben. Diese Wörter sind häufig den sinnlichen und platonischen, auch den trophischen Beschreibungen beigesellt.

Die modalen *trophischen* Wortzellen:

(1) Modalzellen *gastraler, vasaler* und *pulmonaler* trophischer Reflexsysteme. Hauptzufluss über trophische Fasern des Seh- bzw. Hörnerven, Nebenzuflüsse aus assoziierten Modalzellen über Kollateralen, ferner aus trophischen Sensilzellen, und zwar hauptsächlich aus gastralen bzw. vasalen bzw. pulmonalen Sensilzellen, dazu genische Zuflüsse. Die Aktualitäten dieser Wortzellen sind die Buchstaben, die einzeln und in Reihen die Nahrungsmittel, ihre Ergreifung, Zubereitung usw. beschreiben.

(2) Modalzellen *okularer* bzw. *auriler trophischer* Reflexsysteme. Hauptzuflüsse wie oben, Nebenzuflüsse aus assoziierten Modalzellen, ferner aus trophischen Sensilzellen, hauptsächlich aus okularen bzw. aurilen, daneben auch aus gastralen und anderen trophischen Sensilzellen, endlich genische Zuflüsse. Die Aktualitäten dieser Wortzellen sind die Buchstaben, die einzeln und in Reihen die Arbeit (im weitesten Sinn) beschreiben.

(3) Modalzellen *genitaler trophischer* Reflexsysteme. Sensorische Zuflüsse wie oben, sympathische Zuflüsse hauptsächlich aus genitalen, daneben aus anderen trophischen Sensilzellen, endlich auch genische Zuflüsse. Die Aktualitäten dieser Wortzellen sind die Buchstaben, die einzeln und in Reihen die Trophik genitaler Vorgänge beschreiben (z. B. embryonale, fötale und andere trophische Wachstumsvorgänge).

Die genischen Buchstaben sind den trophischen "zum Verwechseln" ähnlich, z. B. ein genisches U einem trophischen U, sie sind aber doch voneinander unterschieden, wie die alltägliche Erfahrung zeigt. Ein Liebesgespräch ist von einem Geschäftsgespräch, ein Liebesbrief von einem Geschäftsbrief sehr wohl unterschieden. Die genischen Gefühle sind kompakter als die trophischen, auch der Grad der Gefühligkeit der genischen Buchstaben, Wörter und Sätze ist meist höher als der der trophischen Buchstaben usw. Auch aus der Situation ergibt sich der genische oder der trophische Charakter der Buchstaben und Wörter; in Liebessituationen spricht man nicht vom Beruf, und im Beruf spricht man nicht über Liebesangelegenheiten (normaliter!).

Die genischen und die trophischen Buchstaben entsprechen Aktionen genischer bzw. trophischer Schreib- und Sprechmuskeln, elastischer Fasern usw. Ihre Innervation geht von genischen bzw. trophischen Individuen oder Anteilen der Individuen aus.

Die Einteilung der Buchstaben in genische und trophische gilt auch für die Buchstabenbegriffe.

7.3 Die Begriffe der Wortbezirke

Die Ausführungen über Aufbau und Funktion der Begriffssphäre, die in Abschnitt 1.4 am Beispiel der optischen Begriffssphäre vorgetragen sind, gelten auch für die akustische Begriffssphäre. Hier nur noch einige Ergänzungen.

Die Gliederung der Begriffssphäre in die drei Zonen ist bei vielen, wohl bei den meisten Menschen im Akustischen weniger ausgeprägt als im Optischen, die akustischen Begriffe sind also in dieser Hinsicht weniger differenziert als die optischen. Vorhanden aber sind Gliederung und Differenzierung. Ich höre z. B. das Bellen eines Hundes, und zwar eines Dackels, erlebe also eine bestimmte (mit diesem Dackel assoziierte) modale akustische Aktualitätenreihe, eine bestimmte Lautreihe. Ich kann mich an dieses Bellen erinnern, es wiedererkennen: dann ist der zu dieser Modalreihe gehörige Begriffskomplex der ersten Zone aktuell. Solcher Begriffskomplexe erster Zone gibt es mehrere: die Erinnerungen an das Bellen anderer Dackel. Alle diese Begriffe erster Zone gehen in einen primären Kollektivbegriff ein, der das Bellen aller Dackel begrifflich-einheitlich, begriffstypisch darstellt. Solcher Begriffstypen gibt es nun wieder mehrere: die je das typische Bellen aller Dackel, aller Spitze, aller Schäferhunde, aller Terrier usw. darstellen. Und diese Begriffstypen der zweiten Zone sind die Basis einer sekundären Pyramide, an deren Spitze das akustische endbegriffliche Individuum „Bellen aller Hunde", „Bellen der Hunde überhaupt", das „typische Hundegebell" steht. Selbstverständlich kommt weder dieses endbegrifflich-typische „Bellen aller Hunde" noch das begriffstypische „Bellen aller Dackel" usw. in der gegenständlichen Welt vor; gegenständlich ist nur das Gebell jedes einzelnen Hundes, und an dieses schließt sich das individualbegriffliche Bellen und weiterhin das kollektivbegriffliche Bellen (das primäre und das sekundäre) erst an.

Bei Ausfall der Funktion der akustischen Begriffssphäre besteht sogenannte Seelentaubheit, d. h. *akustische Agnosie;* die akustischen Gegenstände werden (alle oder zum Teil) nicht wiedererkannt, auch nicht „gemerkt". Sobald die Funktion der akustischen Begriffssphäre wiedereinsetzt, ist auch das akustische Gedächtnis wieder da. Das Analoge gilt für alle übrigen Zentren (optische, taktile, thermische Agnosie usw.). Bei partiellem Ausfall der Funktion der Begriffssphäre eines Zentrums ist natürlich auch das Gedächtnis, das Wiedererkennen nur partiell gestört. So kommt es, dass manchmal ein Mensch (ein Kranker) seinen Namen usw. längere Zeit

vergisst und sich erst wieder erinnern kann, nachdem die Funktion der betreffenden Begriffszellen wieder eingesetzt hat, usw. Der Ausfall der Funktion der Begriffssphäre bei der Agnosie kann eine rein funktionelle Störung oder mit organischen Veränderungen der betreffenden Partien der Begriffssphäre verbunden sein. Mit „Ausfall der Funktion" sind natürlich nicht die normalen unaktuellen Funktionsgrade der Idealzellen, sondern eine spezielle pathologische Herabsetzung bzw. bei operativer Entfernung der totale Verlust gemeint.

Der Klang a eines Klaviers ist eine akustische Modalreihe, eine ganz bestimmte, mit diesem Klavier assoziierte. Die Erinnerung an dieses a ist der zugehörige (also auch hinsichtlich der Tonhöhe gleiche) Individualbegriff, Begriffsindividuum der ersten Zone. Solcher Individualbegriffe gibt es mehrere: die Erinnerung an die Klänge a anderer Klaviere, Pianos, Flügel. Der zu diesen Individualbegriffen gehörige Kollektivbegriff (Begriffsindividuum der zweiten Zone) umfasst einheitlich alle a aller Klaviere, ist das typische Klavier-a. Homolog sind die primären Kollektivbegriffe, die je die Klänge a aller Geigen, Trompeten, Singstimmen usw. begrifflich-einheitlich zusammenfassen, also das typische Geigen-a, Trompeten-a usw.; ich kann also z. B. einen gegenständlichen Klang a als typisches Geigen-a wiedererkennen, indem dieser primäre Kollektivbegriff existiert. Der zugehörige Endbegriff ist das a aller Instrumente (einschließlich des Kehlkopfs) überhaupt, der allgemeine Begriffstypus „Klang a", „Klang von der Tonhöhe a", der auch die Klangfarbe der einzelnen gegenständlichen a begrifflich zusammenfasst (sozusagen „losgelöst" von diesen Klangfarben ist). Dies gilt natürlich auch für die Klangfolgen, die Melodien. Ich erinnere mich einer Geigenmelodie (Begriffsreihe der ersten Zone); solcher Begriffsreihen gibt es viele; sie setzen sich zusammen aus den Erinnerungen an die einzelnen Klänge der Geige. Homolog sind die Begriffsreihen, die Erinnerungen an die Melodien anderer Geigen sind. Die zu allen diesen Begriffsreihen der ersten Zone gehörende Begriffsreihe der zweiten Zone ist die begriffstypische Geigenmusik, jeweils eine begriffliche Melodie, die die entsprechende gegenständliche Melodie, die auf allen möglichen Geigen gespielt werden kann, begriffstypisch darstellt. Das Analoge gilt für die Klavier-, die Trompetenmusik usw. Die endbegriffliche Reihe ist „die absolute Melodie", jeweils eine begriffliche Klangreihe, die die entsprechende gegenständliche Melodie, wie sie auf sämtlichen Instrumenten (einschließlich Kehlkopf) gespielt werden kann, also die gleichen Melodien verschiedener Klangfarbe begriffstypisch zusammenfasst.

Zu den Geräuschen und Klängen gehört die *Sprache*. Ich kann mich an das Wort, den Satz, die Rede eines bestimmten Menschen M, z. B. eines Handarbeiters, erinnern und erlebe so eine Begriffsreihe der ersten Zone. Solcher Begriffsreihen, die Erinnerungen an die Worte anderer Handarbeiter sind, gibt es (bei den einzelnen Menschen verschieden) viele. Die zu ihnen gehörige Begriffsreihe der zweiten Zone ist die begriffstypische Zusammenfassung der Worte (Sprechweise, Tonhöhe, Lautheit, Klangfarbe usw.) aller möglichen Handarbeiter, die begriffstypische Arbeiterrede („so spricht der Handarbeiter"). Homologe kollektivische Begriffsreihen stellen die Rede der Angehörigen aller möglichen anderen Berufe begriffstypisch dar, z. B. die der Kaufleute, der Soldaten, der Geistlichen, der Ärzte usw. usf. Auch nach dem Alter der Individuen sind die gegenständlichen wie die begrifflichen Worte verschieden; wir erleben auch eine begriffstypische Darstellung der Sprache *des* Kindes, *des* Knaben vor der Mutation und nach ihr, *des* Jünglings, *des* Mannes, *des* Greises – und weiterhin, wobei also auch die Geschlechtszugehörigkeit sich differenziell ausprägt, der Sprache *des* kleinen Mädchens, *der* Jungfrau, *der* Frau, *der* Greisin. Die gegenständlichen Worte eines Handarbeiters von 30 Jahren sind also „typisch" hinsichtlich der Berufs-, Alters-, Bildungsklasse usw., d. h. ihnen entspricht zunächst die Reihe der Individualbegriffe seiner Worte, und diese Reihe bildet mit homologen anderen Reihen die Basis der begrifflichen Pyramiden, an deren Spitzen die begriffstypische Wortreihe aller 30-jährigen Handarbeiter steht; indem die gegenständlichen Worte dieses einen 30-jährigen Arbeiters erinnert werden und die Erinnerungen in die zugehörigen Kollektivbegriffe „eingehen", ist der mittelbare Vergleich gegeben, den wir mit den Worten beschreiben: Dieser Mann spricht, wie *der* Arbeiter spricht, oder: Dieser Mann spricht wie der typische Arbeiter, oder: Diese Worte sind die typische Arbeiterrede. Die gegenständlichen Worte können niemals „typisch" im Sinn von „begriffstypisch" sein, sondern immer nur individuell, individualspezifisch; erst der mit der Existenz der Kollektivbegriffe gegebene Vergleich ergibt die Einordnung dieser gegenständlichen Worte in eine Gruppe, die Klassifikation, und nach dieser bezeichnen wir die gegenständlichen Worte als zu einem gewissen Typus gehörig, als „typisch".

An all diese primären Kollektivbegriffe schließen sich entwicklungsmäßig die „höheren" (sekundären) Kollektivbegriffe an: die begriffstypische Darstellung der Sprache *des* Mannes (Vaters), *der* Frau (Mutter), *des* Kindes. Diese idealischen Aktualitäten sind die zur menschlichen Sprache gehörigen akustischen Endbegriffe. Sie sind interzentral assoziiert mit den optischen Endbegriffen „Mann (Vater)", „Frau (Mutter)", „Kind", und diese Endbegriffe stellen das Allgemein-Menschliche, gestaltet als „Vater unser aller", „Mutter unser aller", „Kind für alle Kinder, *das* Kind" (Christus *das* Kind) dar. So ist auch die mit den optischen Endbegriffen assoziierte akustische endbegriffliche Reihe die Stimme Gottes, die Stimme und Sprache *des* Herrn, *der* Herrin, *des* Kindes; in patriarchalischen Kulturen steht wie der männliche Gott so die Stimme und Sprache *des* Herrn im Vordergrund gegenüber der Stimme der Mutter-Gottheit, der Himmelskönigin, die in matriarchalischen Kulturen den Vorrang hat (d. h. höhergefühlig, häufiger aktuell, schärfer differenziert, gewichtiger ist). Auch hier wird wieder klar, dass „Gott" als Endbegriff nicht gegenständliche Worte sprechen kann, sondern nur begriffliche, und zwar endbegriffliche, dass die Stimme des Herrn nicht in die oder in der Gegenständlichkeit erschallen und diese etwa befehlsmäßig erschaffen oder verändern kann (Gott sprach: „Es werde Licht", und es ward Licht – ein dämonistischer Mythos), sondern nur „menschlich" übermittelt, „offenbart", d. h. in gegenständliche Worte „übersetzt" werden kann (was aber nicht etwa dämonistisch aufzufassen ist).

Die *interzentrale Verwandtschaft,* die wir zwischen gegenständlichen Individuen beobachten, besteht auch zwischen begrifflichen Individuen, z.B. zwischen optischen und akustischen. In der Idealität sind die interzentralen Assoziationen *intraindividuale,* verlaufen über die Assoziationszentren (die assoziatorischen Neuronen) von Zelle zu Zelle, und zwar sind in dieser Weise bestimmte Idealzellen der ersten bzw. der zweiten bzw. der dritten Zone des einen Zentrums mit bestimmten Idealzellen der ersten bzw. der zweiten bzw. der dritten Zone des anderen Zentrums assoziiert. Mit den einzelnen optischen Individualbegriffen sind sonach bestimmte akustische Individualbegriffe, mit den einzelnen primären und sekundären optischen Kollektivbegriffen bestimmte akustische primäre bzw. sekundäre Kollektivbegriffe verwandt, z.B. mit einem begrifflichen Klavier die „ihm eigenen" begrifflichen Klänge, mit dem Kollektivbegriff „Klavier überhaupt" die akustische Begriffsreihe „typische Klaviermusik" und weiterhin die akustische Begriffsreihe „Musik überhaupt" („die absolute Melodie"), die auch mit den optischen Kollektivbegriffen „Geige überhaupt", „Trompete überhaupt" usw. assoziiert ist (einen Endbegriff „Musikinstrument überhaupt" gibt es nicht). Oder: Mit der Erinnerung „mein Vater" ist „seine" Stimme als akustischer Individualbegriff (natürlich: Reihe solcher Begriffe) assoziiert (ich höre „innerlich" seine Sprache, erinnere mich seiner Sprache); die primären Kollektivbegriffe „der Künstler überhaupt, als Typus" oder „der Handarbeiter als Typus" usw. (also die begriffstypischen Zusammenfassungen aller Künstler, Handarbeiter usw.) sind jeder mit „seinen" akustischen Kollektivbegriffen: Künstlersprache, Handarbeitersprache usw. assoziiert; die sekundären Kollektivbegriffe (endbegrifflichen Individuen) „Vater, Mann überhaupt", „Mutter, Frau überhaupt" mit „ihren" akustischen sekundären Kollektivbegriffen: Vater-Mannessprache, Mutter-Frauensprache assoziiert. Die Sprache dieser optischen primären Kollektivbegriffe, die in polytheistischen Zeiten „die Götter" sind, ist also eine begriffliche (kollektivbegriffliche), wie auch die Sprache des optischen Endbegriffs „Vater unser aller", des monotheistischen Gottes, eine endbegriffliche ist und nur sein

kann (sogenannte „Eingebung, Offenbarung, Inspiration"). Bei wem die betreffenden Denkzellen der dritten Zone der akustischen Begriffssphäre bis zu aktueller Funktion entwickelt sind, der hört (begrifflich) „die Stimme Gottes", sooft diese Zellen aktuell fungieren, der „erlebt Gottes Stimme". Die entwicklungsmäßige Ableitung dieser Begriffsreihen vom gegenständlichen Vater und seiner Stimme ist wie im Optischen so auch im Akustischen klar.

Mit diesen Begriffen, die den zugehörigen akustischen Gegenständen, den Eigenlauten der assoziierten Individuen entsprechen, sind nicht die akustischen Beschreibungen dieser Individuen zu verwechseln. Auch die Beschreibungen sind gegenständlich und begrifflich, und zwar Eigenlaute des Beschreibenden, des Sprechenden. Ich kann also den Vater aus der Erinnerung in gegenständlichen Worten beschreiben, und diese Erinnerung kann Individual- oder Kollektivbegriff sein; ich kann mich dieser gegenständlichen Beschreibung auch erinnern, zunächst individualbegrifflich, dann aber auch, indem „meine" Sprache zu der menschlichen gehört, kollektivbegrifflich.

Wie die Wortbegriffe raumzeitlich auf die Wortgegenstände, so können auch die Wortgegenstände auf die Wortbegriffe folgen, d. h. es können während der Hochfunktion von Sprechreflexen zunächst die akustischen Gegenstandszellen, dann die zugehörigen Begriffszellen oder umgekehrt erst die Begriffszellen, dann die Gegenstandszellen aktuell fungieren. Der Fiktionalist deutet diese raumzeitlichen Folgen ursächlich, indem er annimmt, dass die gegenständlichen Worte die begrifflichen oder umgekehrt die begrifflichen Worte die gegenständlichen „bewirken" (darüber hinaus sogar die so beschriebenen Individuen: Wortzauber, Allmacht oder Macht der Gedanken, Ideokratie). Realiter handelt es sich lediglich um raumzeitlich differente Funktionsabläufe der beteiligten Begriffs- und Gegenstandszellen gemäß ihrer spezifischen Funktionsperiodik, um begrifflich-gegenständliche Entsprechungen: die „gedachten" (d.i. begrifflichen) Wörter sind den gegenständlichen ähnlich, wie eben der Begriff dem zugehörigen Gegenstand ähnlich ist.

Wie die gegenständlichen, so gehören auch die begrifflichen Laute je einer bestimmten *Gefühls-*

spezies an. Was über die akustischen Gegenstände ausgeführt worden ist, gilt auch für die akustischen Begriffe. Es ist auch klar, dass, je mehr die Begriffe zu „höheren", d. h. zu Kollektivbegriffen „verschmelzen", desto mehr sich auch die Gefühligkeit typisiert, wie sich auch umso mehr die Gliederung der Lautreihen, der Melodien, der Worte, also die Koordinatik typisiert. Mit der Typisierung geht der Individualcharakter der in den Typus eingegangenen Individuen im Sinn der Verschmelzung verloren, der Typus ist eine Zusammenfassung von Individuen auch hinsichtlich der Gefühligkeit und Koordinatik. So, wie das optische Wort „Rose" als Gegenstandsreihe und Begriffsreihe der ersten Zone streng individualisiert ist, dann mit anderen Wörtern „Rose" (verschiedener Schreib- und Druckart) in den Begriffstypus eingeht, der als solcher zwar auch streng individualisiert ist, aber die einzelnen beteiligten Begriffsindividuen nicht etwa separat aufweist, sondern eben begriffstypisch-einheitlich, „verschmolzen" darstellt, also auch die Gefühligkeit und die Koordinatik (Gliederung) der einzelnen Wortindividuen „Rose" homogen in sich begreift, so ist auch der akustische Begriffstypus „Rose" summarische, homogene Darstellung aller akustischen Wörter „Rose", auch der Wortbegriffe „Rose", die alle Wörter „Rose" der verschiedenen Altersgruppen usw. kollektivisch umfassen, und dieser Begriffstypus stellt auch die Gefühligkeit und die Koordinatik aller beteiligten Wortindividuen „Rose" einheitlich, typisiert dar. Die individuellen Verschiedenheiten gehen in eine Gleichmäßigkeit über, die in jeder Hinsicht eine biologische Vereinheitlichung der individuellen Vielfältigkeit ist.

Über diese zur zweiten und dritten Zone der Begriffssphäre gehörenden Begriffstypen hinaus gibt es keine Worttypen mehr, sondern nur noch begriffstypische Verschmelzungen zu den Strukturen, die ich als „ultimäre Begriffe" bezeichnet habe. Sie stellen wie im Optischen so im Akustischen *das* Runde" und *das* Gerade" sozusagen als Quintessenz aller Individuen dar. Die Helligkeit, Lokalisation usw. ist natürlich die der Idealität. Die Veränderungsgeschwindigkeit ist so gering, dass sie als „unmerklich" bezeichnet werden kann, d. h. auch die akustischen Endbe-

griffe sind „ewig" (unveränderlich, solange die Begriffszellen aktuell funktionieren, deren Aktualitäten sie sind).

Die Koordinatik, also die koordinative Symbolkomponente der einzelnen Begriffe kann natürlich *nur eine begriffliche* sein; die in die Begriffszellen einfließenden koordinativen Passformen sind idealische, sei es, dass sie, sich umwandelnd, aus der sensilen oder der modalen Sphäre des betreffenden Zentrums, sei es, dass sie aus der idealischen Sphäre des koordinativen Zentrums in die Begriffszellen des betreffenden Zentrums (wir sprechen hier wieder beispielsweise vom optischen) übergehen. Die Begriffe der ersten Zone sind im Verhältnis zu denen der zweiten und dritten Zone noch ziemlich gegenständig, d. h. stehen der Gegenständlichkeit genetisch noch recht nahe; demgemäß ähnelt auch die Koordinatik der Begriffe der ersten Zone, der Individualbegriffe, noch ziemlich weitgehend der Koordinatik der Gegenstände, jedenfalls mehr als die Koordinatik der Begriffe der zweiten und der dritten Zone, der Kollektivbegriffe.

Die Begriffe stehen also zueinander ebenfalls in einem lage-, kraft- und richtungsmäßigen Verhältnis. Auch für die Begriffssphäre gilt, was über die Relation dieser drei verschiedenen Sorten von Passformen untereinander und zu der Gesamtheit der in der Denkzelle anwesenden Passformen sowie über die Veränderungen dieser Relation usw. bei der Besprechung der Kinästhetik, der Statik und der Topik der Gegenstände ausgeführt wurde, wie jeder alltägliche Vergleich zwischen einem gegenständlichen und dem zugehörigen begrifflichen Erlebnis zeigt. Die Begriffsindividuen, besonders die der ersten Zone, sind also auch in koordinativer Hinsicht Erinnerungen, „Abbilder", „ἰδέαι" der zugehörigen gegenständlichen Individuen, und wir können sehr wohl von einer Mechanik, einer Physik der Begriffe als einer Beschreibweise ihrer Koordinatik sprechen, also z. B. auch von der Kraft der Begriffe usw., müssen uns nur klar sein, dass Kraft usw. eben begrifflich gemeint, also auf einer gegenständlichen Waage nicht zu messen ist. Wir können uns den freien Fall usw. der Gegenstände in Form des begrifflichen freien Falls usw. vorstellen, also einen begrifflichen Körper erleben, der sich begrifflich-koordinativ so verändert, wie sich der zugehörige gegenständliche Körper gegenständlich-koordinativ – beim freien Fall – verändert usw. Gewöhnlich entspricht in dem genannten Sinn die Koordinatik der Begriffe der Koordinatik der zugehörigen Gegenstände, auch hinsichtlich der koordinativen Veränderungen.

Nun ist aber die *koordinative Veränderungsgeschwindigkeit der Begriffe sehr viel größer als die der Gegenstände,* besonders der festen. Ein gegenständliches Haus hat niemals den Schornstein horizontal an der Front und die Haustür auf dem Dach usw. angeordnet, steht auch niemals mit dem Dachfirst auf der Erde, erhebt sich niemals in die Luft oder wandert an einen anderen Standort usw., wohl aber kann das alles ein begriffliches Haus. Niemals erlebe ich meine gegenständliche Hand in wechselnder Größe, wohl aber kann ich mir die Hand begrifflich einen (begrifflichen) halben Meter oder auch einen Kilometer lang vorstellen, d.h. die peripheren Aktualitäten der begrifflichen Hand verändern sich koordinativ, sodass der Umfang der Hand ungeheuer groß sein kann, und ebenso kann die Koordinatik der sich an periphere Aktualitäten anschließenden, der Mitte zu gelegenen Aktualitäten eine solche sein, dass sie eine sehr lange Reihe bilden. Hierbei ist nicht etwa der Komplex der Begriffszellen, deren Aktualität die begriffliche Hand ist, vergrößert, sondern die einzelne Aktualität verändert sich koordinativ derart, dass sie mehrmals hintereinander an anderem Ort, anschließend an den vorigen erscheint, dann schließt sich die nächste Aktualität in gleicher Weise an usw. Ich kann mir begrifflich vorstellen, dass sich die Füße anstelle der Hände und umgekehrt befinden usw. Kurz, sowohl die Assoziationen der Begriffe wie ihre koordinativen Verhältnisse zueinander sind ungemein variabel. Dies gilt sowohl für die phänomenalen als auch für die phänomenologischen Begriffe. Sofern es sich um Begriffsmalerei handelt, entsprechen die gegenständlichen Zeichnungen auch Begriffsindividuen von stark abweichender Koordinatik und Assoziation; ich kann also ein Haus zeichnerisch z.B. auf der Seite liegend oder in der Luft schwebend darstellen, ein optisches Wort „richtig" koordiniert, aber auch „schief und krumm" schreiben usw. Die von der üblichen Ko-

ordinatik und Assoziation stark abweichenden Begriffsreihen habe ich *Phantasmen* genannt; ihre zeichnerischen (malerischen und anderen) Darstellungen sind phantasmatisch, sind *Phantasmagorien.* (Die *Allegorie* ist dagegen eine metaphorische Darstellung, also eine solche, die statt des eigentlich abzubildenden Individuums ein anderes zeichnet, das mit jenem hinreichend charakteristische Gemeinsamkeiten oder Ähnlichkeiten hat.) – Dass die Phantasmen nicht „willkürlich" herbeigezaubert werden können, sondern im Gange der spezifischen Funktionskurven der beteiligten Begriffszellen rein biologisch auftreten (wie alle anderen Aktualitäten), bedarf wohl hier keiner Betonung und Erläuterung mehr; die Auffassung, dass man willentlich irgendeine Vorstellung bewirken könne, ist lediglich eine Deutung der Tatsache ihrer Existenz. Bezeichnet man das Hungergefühl, oder besser: den Hungerreflex, mit „Wille", so kann der so verstandene Wille einer Vorstellungsreihe vorausgehen, aber lediglich im zeiträumlichen, nicht im ursächlichen Sinn.

Wir finden vielfach noch in der neueren Psychologie (bei Külpe, Bühler, Stern u.a.) die Wortbegriffsreihen als „Gedanken", ihre Abläufe als „Denken" bezeichnet. Dem Denken werden die „Vorstellungen" als „die aus Wahrnehmungen, deren Nachwirkungen und Verknüpfungen hervorgegangenen konkreten Bewusstseinsinhalte" gegenübergestellt; „denn im ‚Gedanken' werden nicht einfach konkrete Inhalte erlebt, sondern bezogen auf Gegenstände, die außerhalb seines Erlebens selber liegen" (W. Stern). Auch wird „Denken" mit „Bewusstsein" identifiziert, sodass nur das Denken Bewusstsein wäre; „Die Gerichtetheit des Bewusstseins auf ein Etwas bezeichnen wir als Intention" (Husserl). Und Stern sagt: „Alles Denken ist ein Hinausgehen über das Gegebene." Das „Gegebene", alias die „Vorstellungen" sind also die Etwasse, auf die sich das Denken bezieht, auf die das Denken gerichtet ist, und dieser „psychologische" Tatbestand ist für W. Stern ein zureichender Grund, von einem „Versagen der assoziationspsychologischen Erklärungen" zu sprechen und nun seinerseits in der Fiktion eines „niemals und nirgends fehlenden personalen Einschlags einer zielstrebigen Ichtätigkeit" eine Erklärung zu suchen und zu finden. „Nur dort kommt es zum Denken, wo das Ich aus der Fülle verfügbarer Bewusstseinsinhalte und assoziativer Verknüpfungen diejenigen auswählt, die intentional bedeutsam sind, …". Es ist klar, dass „das Ich" oder die „einheitliche Zielstrebigkeit der Person", genannt „Entelechie" (vergleiche die „Entelechie" H. Drieschs, d.i. die ganzmachende Ursache usw.), rein fiktionale Gebilde sind, deren freilich die bisherige Psychologie ihrer Meinung nach (sofern sie nämlich Psycho-logie bleiben wolle oder solle) nicht entraten kann. Das „Ich" wählt aus den „Bewusstseinsinhalten" diejenigen aus, die „intentional bedeutsam sind"; es kann also offenbar diese „Bewusstseinsinhalte" und ihre Assoziationen übersehen und wählt nun nach kluger Erwägung (wozu es freilich einer Hirnrinde bedürfen würde, nicht wahr?) das „intentional Bedeutsame", also „auf Grund der persönlichen Teleologie Erforderliche". Das Ich sitzt als ein (allmächtiger?) Dämon im Leibe wie ein Direktor in der Fabrik und wählt aus dem beobachteten Betrieb selbsttätig, eigenwillig das „intentional Bedeutsame", das „auf Grund der persönlichen Teleologie Erforderliche" aus; dies tritt dann ins Bewusstsein – und zwar handelt es sich nur um „Fälle des Konflikts". Das „Ich" ist also genau das, was die Metaphysiker „Seele" nennen: ein geheimnisvoll wirkendes Wesen im Wesen, unerforschlich und doch existent, also eigenschaftlich und funktionell bestimmbar, also nicht unerforschlich usw.

Indes, nicht die Metaphysik interessiert uns hier, sondern die Behauptung, das „Denken" sei auf die „Vorstellung" *gerichtet*. Dieses Gerichtetsein gehört zur Koordinatik. Die Psychobiologie versteht nun unter „Denken" die Funktion der Hirnrinde überhaupt, und alle Aktualitäten sind „Vorstellungen". Das „Denken" ist also nicht bloß das „Wortdenken", genauer: die Wortbegriffe, die Aktualitäten der phänomenologischen Begriffszellen, und es ist auch kein Mystikum, sondern eben die biologische Funktion der Hirnrinde, wie sie die Psychobiologie beschreibt.

Wir wissen, dass die phänomenalen Bezirke der einzelnen Zentren mit dem optischen und dem akustischen phänomenologischen Bezirk (Wortbezirk) assoziiert sind, dass also assoziativ zu jedem Phänomen, jeder „Vorstellung", jedem Erlebnis eine bestimmte Buchstaben- und Wortreihe (Bezeichnung, Beschreibung), also Aktualitäten gewisser Wortzellen gehören, dass diese Assoziationen wie auch die Wortzellen selber sich im Laufe der Entwicklung mehren und differenzieren. Wir brauchen nicht die Fiktion eines „auswählenden, zielstrebigen Ich", eines „Zusammenstrahlens" als eines „letzten Wunders alles persönlichen Daseins" (Stern), sondern wir sehen (auch) die Zusammenhänge zwischen Phänomenalität und Phänomenologie, zwischen dem Beschriebenen und der Beschreibung rein entwicklungsbiologisch. Wir können somit auch die Formel „das Bewusstsein ist auf Etwas gerichtet" nicht anerkennen, sondern sagen schlicht und einfach: Das Bewusste ist das Etwas. Und die Formel „das Denken", gleich die Wortbegriffe, sei(en) auf die „Vorstellungen", gleich Phänomene, gerichtet, können wir nur im assoziativen Sinn gelten lassen. Die Beschreibung schließt sich an das Beschriebene an – sofern die betreffenden Wortzellen und ihre Assoziationen eben bis zu der aktuellen Funktionsweise entwickelt sind (gerade W. und C. Stern haben über die Entwicklung der Beschreibung, auch hinsichtlich ihres Anschlusses an Phänomene, eine Fülle von Tatsachen mitgeteilt). Ein phänomenaler Komplex ist mit einem (seinem) phänomenologischen Komplex direkt oder indirekt assoziiert, und die topophile Symbolkomponente der vom ersteren ausgehenden Passformen ist eine solche, dass sich der Passformenstrom in der Richtung auf den letzteren Komplex bewegt. Auch umgekehrt kann der assoziative Weg zwischen dem phänomenologischen und „seinem" phänomenalen Komplex zurückgelegt werden, wobei freilich andere Assoziationswege begangen werden (Einsinnigkeit der Passformenbewegung im Nerven); es kann sich also an die Beschreibung das Beschriebene anschließen, nach dem (gegenständlichen oder begrifflichen) Wort das damit Bezeichnete (gegenständlich oder begrifflich) aktuell sein. Genetisch ist aber immer zuerst das Phänomen, dann seine Bezeichnung und weitere Beschreibung da; erst später, bei entsprechend hoch entwickelter Hirnrinde, sind auch die umgekehrten Assoziationen möglich. Man muss sich aber hüten, die letztere Tatsache so zu deuten, als ob das Wort den damit bezeichneten Gegenstand herbeizaubern oder gar erst schaffen könne; dies tut realiter weder das gegenständliche noch das begriffliche Wort, es bestehen lediglich assoziative Verknüpfungen, und auf das Wort folgt der damit bezeichnete Gegenstand oder Begriff nicht als Wirkung einer mystischen, im Wort enthaltenen Macht oder Zauberkraft, sondern lediglich als die zeiträumlich assoziierte mögliche phänomenale Aktualität, nämlich als die Aktualität, die im Fall der Präfunktion der betreffenden Reflexsysteme und Denkzellen auftritt (sonst nicht) – und die Präfunktion wird einfach im Gange der spezifischen Funktionsperiode der betreffenden Reflexsysteme erreicht. Die Fiktion, dass das Wort als Gegenstand oder als Begriff (der „Wortgedanke") das mit ihm beschriebene Erlebnis oder das Erleben überhaupt ändern könne, ist ein Rest des infantilen Glaubens an die Schöpferkraft des Wortes (Gott sprach: „Es werde Licht!", und es ward Licht; „Im Anfang war das Wort, und das Wort war bei Gott, und Gott war das Wort" usw.), an die „Allmacht der Gedanken" und gehört zur metaphysischen Weltanschauung, die an die *Ideokratie* glaubt.

Die gegenständlichen und die begrifflichen Wörter sind also „Gegebenes" (Vorhandenes, eben Objekte) wie die übrigen, die phänomenalen Aktualitäten auch, und es kann realiter keine Rede davon sein, dass sich die „Gedanken", d.h. die Wortbegriffe, „auswählend" auf die Phänomene richteten, dass „das Denken" eine Funktion des „Ich", eine „zielstrebige Ichtätigkeit" usw. sei. In diesem Sinn können wir eine „Intention" nicht anerkennen. Wohl aber sind Beschriebenes und seine Beschreibung miteinander assoziiert, fließt der Passformenstrom zwischen beiden Komplexen in der Richtung von einem zum anderen. Dass die inter- und intrazentralen Assoziationen in der Begriffssphäre besonders reichlich entwickelt sind, wird von der alltäglichen Erfahrung bestätigt.

Die Begriffe der Wortbezirke (die Wortbegriffe) habe ich erläutert. Hier ist noch hinzuzufügen, dass auch die Wortbegriffe in einer umso höheren, d.h. von der Modalität umso entfernteren Zone liegen, je geringer ihre Veränderungsgeschwindigkeit ist, und zwar je im Verhältnis zu den zum gleichen System gehörigen Wortbegriffen, die der Modalität näher liegen, und Wortgegenständen. Ich kann also Buchstaben, Wörter,

Sätze wiedererkennen, vergleichen, wie ich phänomenale Individuen wiedererkennen, vergleichen kann, d.h. die Wortgegenstände verändern sich geschwinder als die je zugehörigen Wortbegriffe. Demgemäß gilt auch für die Topik der Wortbegriffe das über die Topik der Phänomenalbegriffe Ausgeführte. Im Verhältnis zur Topik der Wortgegenstände ist die topophile Symbolkomponente des je zugehörigen Wortbegriffs ein „Vergangen", im interindividuellen Vergleich auch ein „Künftig"; im ersteren Fall stellt der Wortbegriff dar, wie das zugehörige gegenständliche Wort gelautet hat, im letzteren Fall (auch), wie ein erinnertes Wort künftig gegenständlich lauten wird (beides möglicherweise, eben erinnerungsgemäß); dazu kommen in gewissen Fällen die hellseherischen Wortbegriffszellen. So wie wir die phänomenalen gegenständlichen Individuen aus der Erinnerung beschreiben können, so auch die Worte, indem an den aus den modalen Wortzellen zur phonetischen oder grafischen Muskulatur fließenden Passformen relativ zahlreiche ideogene (aus den zugehörigen idealischen Wortzellen ins sensorische Gebiet einfließende) Passformen beteiligt sind; man nennt diese Art der Beschreibung nicht ganz korrekt „Beschreibung der Begriffe", hier also der Wortbegriffe.

Wir beschreiben also auch die Wortindividuen hinsichtlich des *grammatischen Tempus*. Zu dem gegenständlichen Satz „ich liebe" gehört der individual-begriffliche Satz „ich liebe", die Erinnerung an jenen. Wird der jetzt gesprochene Satz „ich liebe" mit sich selber, wie er war, also im Sinn des mittelbaren Individualvergleichs verglichen, dann hat der Individualbegriff im Verhältnis zu dem rezenten gegenständlichen Satz eine topophile Symbolkomponente „Vergangen"; und wird der gegenständliche Satz aus dem mittelbaren Individualvergleich und so aus der Erinnerung beschrieben, dann kann diese Beschreibung nur lauten „ich liebte". Der Satz „ich liebe" kann imperfektisch nur mit „ich liebte" beschrieben werden, nicht etwa mit „ich sagte, ich liebe (dass ich liebe)"; im letzteren Fall wird das Imperfektum von „ich sage" mit der Spezialisierung, was ich sage, angegeben, nicht aber die Vergangenheit von „ich liebe" als gegenständlichem Satz. Das Imperfektum „ich liebe" ist also Beschreibung des phänomenalen gegenständlichen Individuums „ich" hinsichtlich der Funktion „lieben" aus dem (phänomenalen) Individualvergleich, zugleich aber Beschreibung des gegenständlichen Satzindividuums „ich liebe" aus dem (phänomenologischen) Individualvergleich. Der Individualbegriff „ich liebe" hat vergangenheitlichen Charakter, und zwar etwa die gleiche Symbolkomponente „Vergangen" wie der Individualbegriff „ich liebte"; beide Individualbegriffe liegen in der ersten Begriffszone und sind sowohl miteinander wie mit dem phänomenalen Individualbegriff, den sie begrifflich beschreiben, hauptwegig assoziiert.

Wird der gegenständliche Satz „ich liebe" aus der Erinnerung mit „ich habe geliebt" beschrieben, dann weist – wie im Phänomenalen – das Zuständliche auf die Beteiligung des zugehörigen Wortbegriffs der zweiten Begriffszone hin. Der Wortbegriff zweiter Zone „ich liebe" (der Kollektivbegriff der von einer Gruppe gesprochenen oder geschriebenen gleich lautenden Sätze „ich liebe") hat im Verhältnis zu den zugehörigen Individualbegriffen eine topophile Symbolkomponente „Mehr-vergangen" – etwa die gleiche wie das Begriffsindividuum „ich habe geliebt", das in gleicher (der zweiten) Begriffszone liegt und mit dem Kollektivbegriff zweiter Zone „ich liebe" sowie nebst diesem mit dem so begrifflich beschriebenen phänomenalen Kollektivbegriff zweiter Zone hauptwegig assoziiert ist.

Wir der gegenständliche Satz „ich liebe" aus der Erinnerung mit „ich hatte geliebt" beschrieben, dann weist – wie im Phänomenalen – das Zuständliche und das „Mehr-vergangen" auf die Beteiligung des zugehörigen Wortbegriffs der dritten Zone hin. Der Wortbegriff dritter Zone „ich liebe" (der Kollektivbegriff aller dieser Sätze) hat im Verhältnis zu dem Kollektivbegriff zweiter Zone (also erster Ordnung) eine topophile Symbolkomponente „Mehr-vergangen", also „Noch-mehr-vergangen" im Verhältnis zu dem zugehörigen Individualbegriff – und zwar etwa die gleiche wie das Begriffsindividuum „ich hatte geliebt", das in gleicher (der dritten) Begriffszone liegt und mit dem Kollektivbegriff dritter Zone „ich liebe" sowie nebst diesem mit dem so begrifflich beschriebenen phänomenalen Kollektivbegriff dritter Zone hauptwegig assoziiert ist.

Diese temporalen Beschreibungen erfolgen aus Individualvergleiche. Wie der Satz „ich liebe" temporal künftig sein wird, nämlich so, wie er noch nicht gewesen ist, lässt sich aus Individualvergleichen nicht ermessen, sondern aus Vergleichen mit solchen Individuen, die bereits in die futurische Form übergegangen sind, im Verhältnis zu denen also „ich liebe" eine topophile Symbolkomponente „Künftig" enthält (Interindividualvergleich); je nachdem an solchen Vergleichen Begriffsindividuen der ersten oder zweiten oder dritten Zone beteiligt sind, lautet die Beschreibung „ich werde lieben" oder „ich werde geliebt haben". Die Begriffe dieser Sätze liegen in der ersten bzw. zweiten und dritten Zone und haben im Verhältnis zu den je verglichenen Begriffsindividuen eine etwa gleiche topophile Symbolkomponente; sie sind demgemäß assoziiert, auch mit den so futurisch beschriebenen phänomenalen Begriffsindividuen. Im frühesten Entwicklungsstadium des Menschen sind natürlich alle diese Vergleiche noch nicht möglich, sondern es kommen nur einfach die Erlebnisse als solche vor. – Für die Empfangsformen gilt das Analoge.

Es wird also sowohl die phänomenale wie die phänomenologische Begrifflichkeit erster Zone temporal mit dem Imperfektum und Futurum I, die der zweiten Zone mit dem Perfektum und Futurum I und II, die der dritten Zone mit dem Plusquamperfektum und Futurum II beschrieben – und zwar direkt bei der begrifflichen Beschreibung (Beschreibung in Wortbegriffen), indirekt bei der gegenständlichen Beschreibung (Beschreibung in Wortgegenständen), die direkt nur für die assoziierten Gegenstände, die so aus der Erinnerung beschrieben werden, gilt. Die Wortbegriffe, die derart temporal beschreiben, liegen in gleicher Begriffszone wie das so Beschriebene; zwar existiert z. B. zu „ich hatte geliebt" auch ein Individualbegriff „ich hatte geliebt", also ein Begriffsindividuum erster Zone, aber dessen Topik, nämlich ein „Mehr-vergangen" im Verhältnis zur Topik der homologen Individualbegriffe „ich liebe, „ich liebte„ usw. und ein „Weniger-vergangen„ im Verhältnis zur Topik der zugehörigen Kollektivbegriffe, ist eine andere (nämlich ein „Weniger-vergangen") als die mit dem Plusquamperfektum beschriebene.

Die *Allgemeinbezeichnungen* beschreiben aus einer unzähligen Menge aller möglichen Vergleiche, auch der Vergleiche, an denen die Endbegriffe beteiligt sind. Sie gelten auch für die phänomenologischen Individuen. Als Endbegriffe sind sie je allen anderen Wortbegriffen, auch Endbegriffen, als allumfassend übergeordnet, und auch in dieser Hinsicht sind die gegenständlichen Allgemeinbezeichnungen, die ja auch „ihre" Endbegriffe beschreiben – eben Allgemeinbezeichnungen. So z.B. sein, haben, leben, bewegen, verändern, Objekt, Etwas, Aktualität, Bewusstes usw. Sie beschreiben also alles Seiende, die gesamte Objektität. Indem nun die Objektität anschauungsgemäß

polarer Gegensatzpartner ist, sind auch die Bezeichnungen, mit denen wir „das dem Objekt Gegensätzliche" benennen, Allgemeinbezeichnungen und „letzte" Wortbegriffe; im Allgemeinen setzen wir da vor die Objektbezeichnung das Wort „nicht", sagen also: nicht-sein, nicht-haben, nicht-bewegen, Nichts, Nicht-Bewusstes usw., aber auch Subjekt, Ich, Inhalt und auch Seele, Psyche im polaren Gegensatz zu Leib, Physis.

„Jenseits" der Wortendbegriffe gibt es nur noch die *ultimären Begriffe*, die homogen zusammenfassenden Strukturen „rund" und „gerade", wie sie sich auch im phänomenalen Gebiet finden.

8 Die Wörter

8.1 Die phänomenal-phänomenologische Assoziation

8.1.1 Der biologische Mechanismus

Von dem Denkzellkomplex, dessen Aktualität das zu beschreibenden Individuum ist, gehen im Fall der Beschreibung Passformenströme auf dem Reflexweg vorwiegend zur Schreib- oder zur Sprechmuskulatur, im Fall des Lesens zu den Augenmuskeln. Die diesen Muskeln zufließenden Passformen werden bei den Muskelaktionen aus dem Nerven aufgenommen und alsdann abgegeben. Diese Passformen sind im Fall des Schreibens oder Lesens vorwiegend optophile, im Fall des Sprechens vorwiegend akustophile; sie sind nach der Abgabe von den Muskeln prämodale optische bzw. akustische Passformen und strömen mit verwandten Vor-Formen durch den optischen bzw. akustischen Empfangsapparat hindurch – und zwar jede Passform durch die seiner Spezifität gemäße Empfangszelle hindurch – zu den zugeordneten optischen bzw. akustischen Wortzellen, die im Fall der Präfunktion derart funktionieren, dass die dem phänomenalen Individuum entsprechenden Buchstaben und Buchstabenreihen erscheinen. Der Reflexweg ist also während des Wachseins in der Hauptsache ein extraindividualer; die intraindividuale Assoziation ist in der modalen Sphäre, von der hier die Rede ist, dünner; dass sie aber existiert, ergibt sich z. B. aus der Tatsache, dass auch im Traum Beschreibungen auftreten können, natürlich solche von traumhafter Helligkeit und Assoziation. In der idealischen Sphäre ist die phänomenal-phänomenologische Assoziation eine intraindividuale. In der sensilen Sphäre sind die Assoziationen intra- und extraindividuale.

Nicht nur Optisches, sondern auch Akustisches, Thermisches, Taktiles usw. wird beschrieben, jedes Zentrum ist mehr oder minder innig mit dem optischen und dem akustischen Wortbezirk assoziiert (vergleiche die Konfluenz der Beschreibung). Auch von den optischen und den akustischen Wortzellen gehen Passformenströme zu den Augen-, Schreib- und Sprechmuskeln und von da wiederum zum optischen und akustischen Wortbezirk: es werden also auch die Wörter selbst beschrieben, auf Wörter können andere Wörter folgen (optische und akustische Unterhaltung, Frage und Antwort, Wortanalyse).

Aus dem Zellkomplex, dessen Aktualität das zu beschreibende Individuum ist, gehen nicht sämtliche Passformen zu den Wortzellen, und ferner gehen nicht aus sämtlichen Zellen des Komplexes Passformen zu den Wortzellen. Was immer auch beschrieben wird, nie wird es in allen seinen Einzelheiten, nie (in diesem Sinn) vollständig beschrieben; wohl aber umfasst jedes Schriftzeichen, jeder Laut das Beschriebene („Gemeinte") symbolisch in seiner Totalität. Indem aber nur Teilströme sich vom Beschriebenen zu den assoziierten Wortzellen bewegen, ist *alle Beschreibung „partiell"*, ist *„Stückwerk"*. Nicht selten wird „Wissen" mit Beschreibung identifiziert; für diesen Fall gilt der Satz: „Unser Wissen ist Stückwerk", oder: „Wir wissen nur *von* (Genitivus partitivus) den Dingen (als Phänomenen)".

„Wissen" ist freilich ein mehrdeutiges Wort; es wird auch gebraucht im Sinn von Wahrnehmen überhaupt (vergleiche griechisch ὁρᾶν, ἰδεῖν, lateinisch videre; letzteren Worten ist das Wort „wissen" homolog). Im Sinn von Wahrnehmen (oder Denken oder Erkennen) überhaupt ist „unser Wissen" keineswegs „Stückwerk"; wer dies behauptet, fingiert ein mystisches (göttliches usw.) Wissen über das menschliche Wissen hinaus, eine Erkenntnis über die menschliche Erkenntnis hinaus, und weiß noch nicht, dass alles Wissen, Erkennen, bewusstes und unbewusstes Wahrnehmen Funktion der Rindenzellen ist, also auch seine Fiktion von einem „überirdischen", „göttlichen Wissen", einem Wissen, das dem Menschen verschlossen sei, usw. – Über die Funktion seiner Hirnrinde hinaus kann kein Mensch denken oder wissen, und ein anderes („jenseitiges") Wissen wie dieses sich „zu denken", ist eben metaphysische Denkweise. Die Welt des Menschen ist die Summe der Aktualitäten seiner Hirnrindenzellen, das „Bewusste"; der Mensch „weiß" also „alles", nämlich das, was er „weiß", und darüber hinaus gibt es kein Wissen; hierzu gehört auch z. B. das Wissen, dass es Menschen gibt, die mehr oder weniger wissen, als ein anderer weiß. Nur bei synonymem Gebrauch von Wissen und Beschreibung kann „unser Wissen" als „Stückwerk" – beschrieben werden.

Das Beschriebene ist genetisch immer zuerst da, dann erst folgt die Beschreibung, und zwar wiederum genetisch zuerst die akustische, dann die optische (das Kind lernt zuerst sprechen, dann schreiben und lesen). Niemals ist genetisch die Beschreibung früher da als das Beschriebene. Und weiterhin treten genetisch zuerst immer die Wortgegenstände, später die Wortbegriffe auf, wie auch in der Phänomenalität genetisch immer erst der Gegenstand, dann „sein" Begriff auftritt (abgesehen also von den Gefühlen, die genetisch wiederum früher aktuell sind als die je zugehörigen Gegenstände). Nachdem die mit einem bestimmten phänomenalen Individuum assoziierten Worte, also die Beschreibung dieses Individuums aufgetreten ist, braucht dieses Individuum nicht jedesmal vor oder nach der Beschreibung aktuell zu sein. Auch vom unaktuell funktionierenden Zellkomplex können die Passformen ausgehen, die im Sinn der biologischen Symbolik an der Beschreibung des Individuums teilnehmen, das im Fall aktueller Funktion als Aktualität jenes phänomenalen Zellkomplexes erscheint.

Es erfolgt also „Beschreibung aus dem Unbewussten". Die Beschreibung aus dem Unbewussten ist aber nicht etwa Beschreibung des Unbewussten. Das Unbewusste ist das Unbeschreibbare, wie das Nicht-Bewusste, das Nichts das Nicht-Beschreibbare ist. Beschreibbar sind nur die Aktualitäten, ist die Aktualität als immer-anders. Auch die genetische Beschreibung der Aktualität, in der wir von Vorstufen, also Unbewusstem sprechen, ist nicht Beschreibung des Unbewussten, sondern Beschreibung der Aktualitäten,

und zwar solcher, die vor der jetzigen da waren und im Sinn der biologischen Symbolik an der jetzigen Aktualität beteiligt sind. Dies gilt auch für die Beschreibung aus der Erinnerung.

Zwischen dem Phänomen und seiner Beschreibung besteht keineswegs ein kausales, sondern lediglich ein zeiträumliches Verhältnis. Genetisch entwickeln sich erst die phänomenalen Denkzellen zu aktueller Funktion, dann die phänomenologischen, in einer der jeweiligen Entwicklungsstufe der Hirnrinde entsprechenden Anzahl. Aber weder bringen die phänomenalen Zellen oder ihre Aktualitäten die phänomenologischen Zellen oder ihre Aktualitäten hervor noch umgekehrt die Beschreibung das Beschriebene, weder kann das Beschriebene an seiner Beschreibung irgendetwas ändern noch umgekehrt die Beschreibung am Beschriebenen, weder hat das Phänomen noch das ihm assoziierte Wort eine „schöpferische Kraft oder Macht". Entweder entwickeln sich die einem phänomenalen Komplex entsprechenden, ihm verwandten Wortzellen oder sie entwickeln sich nicht: Dass sie sich entwickeln oder dass sie sich nicht entwickeln, ist lediglich eine biologische Tatsache, das Phänomen kann die Entwicklung weder verursachen noch fördern noch hemmen. Ebenso wenig verursacht, „schafft", fördert oder hemmt usw. das Wort, mag es gegenständlich oder begrifflich sein, den phänomenalen Komplex, seine Entwicklung, seine Eigenschaften und Funktionen. Der Glaube an den „Wortzauber" ist naiver, die Lehre von der „Ideokratie" gelehrter Dämonismus. Freilich liegt es im Wesen der Beschreibung, dass sie partiell und dass sie symbolisch (im biologischen Sinn, nicht im Sinn E. Cassirers u. a.) ist, also auch Bestandteile enthält, die auch Bestandteile der Beschreibung solcher Individuen sind, die während des Ablaufs der Beschreibung eines bereits existenten Individuums noch nicht aktuell gewesen sind; ferner kann die Beschreibung eines Individuums für verschiedene Entwicklungsstufen dieses Individuums gültig sein; endlich ist niemals während der Beschreibung das Beschriebene aktuell und umgekehrt (nur Interkurrenz kommt vor): Unter allen Denkzellen funktioniert jeweils eine einzige aktuell, das Objekt ist immer der (mathematische) Punkt. Aber bei alledem handelt es sich um biologische

Eigentümlichkeiten, nicht um einen „schöpferischen Akt", auch nicht um ein geheimnisvolles Wissen oder Ahnen, das von irgendwem, einer immanenten oder transzendentalen mystischen Instanz, mag sie Geist, Seele oder Gott usw. heißen, „inspiriert" worden sei. Die Beschreibung ist die „Begleitmusik" des Beschriebenen.

Die *Reichweite (Ausdehnung) der Beschreibung* entwickelt sich natürlich auch; der eine kann ein Individuum, ein Ereignis ausführlicher beschreiben als der andere und der Erwachsene als das Kind. So ausführlich die Beschreibung aber auch sein mag, sie ist immer „partiell". Diese Partialität ist aber nicht eine von einem überirdischen Wesen gemäß einem unbegreiflichen „Heilsplan" usw. über die armen Menschen verhängte Beschränkung der Einsicht in das Wesen der Dinge, eine Beschränkung, jenseits derer erst die für den Sterblichen unerreichbare göttliche Weisheit wohne, sondern wir verstehen die Partialität vollkommen aus dem biologischen Mechanismus der phänomenal-phänomenologischen Assoziationen. Und der realische Mensch verlangt von der Beschreibung nicht mehr, als sie ihrem Wesen nach bietet, er erkennt vielmehr eine Beschreibung, die ein „Jenseits der menschlichen Beschreibung (Einsicht, Erkenntnis, Weisheit usw.)" annimmt, als fiktional. Wie es Fiktion ist, die phänomenal-phänomenologischen Assoziationen so zu deuten, als ob die Worte die „Dinge" und ihre Veränderungen schaffen oder zauberhaft leiten könnten oder umgekehrt die „Dinge" die Worte, ebenso ist es Fiktion, anzunehmen, dass es eine über die Beschreibung hinausreichende – Beschreibung gäbe, Fiktionen, die doch innerhalb der menschlichen und somit einzig möglichen Beschreibung liegen. Worte sind Worte, keine Dämonen! Es ist genug, dass Worte Worte sind! Lasst sie uns als solche erkennen!

8.1.2 Die phänomenal-phänomenologische Entsprechung

Weiter oben habe ich dargelegt, dass hungergefühlige optische und akustische Buchstaben stets hungergefühligen phänomenalen Reihen, angstgefühlige Buchstaben stets angstgefühligen phänomenalen Reihen usw. entsprechen, dass also

weibliche phänomenale Reihen stets in Form weiblicher, männliche Reihen stets in Form männlicher Buchstaben beschrieben werden. Nun existiert eine Höhle, ein Weibliches niemals isoliert, sondern stets als interpolarer Gegensatzpartner zu einem Geraden, Männlichen, das aus der Höhle „sich entwickelt", heraustritt oder in sie eintritt; ebenso wenig existiert eine Höhle ohne Öffnung und Schwelle, ebenso wenig ein Gerades, das sich nicht in Stücke zerlegen ließe, das nicht stück-, abschnittweise sich drehend die Schwelle überschritte (sondern gleich „im Ganzen") oder das ohne Überschreitung der Schwelle, ohne Eingang in die Öffnung sogleich in die Höhle als solche einträte. Positiv: Zu jeder Höhle gehört eine (ihre) Öffnung und Schwelle, und das Gerade dreht sich stets stückweise durch die Schwelle und Öffnung hindurch in die Höhle hinein oder aus ihr heraus; ferner gehört zu jeder Höhle ein (sein) Gerades als interpolarer Gegensatzpartner. Die weiblich-männliche Reihe bezeichnen wir als vollständiges Erlebnis, bestehend aus dem Hunger-, Angst-, Schmerz-, Trauer- und Freudestadium, wobei das Gerade stückweise, dann im Ganzen aus dem Runden „hervorgeht" (und damit in ein anderes Rundes eingeht). Ein zusammengesetztes Individuum ist eine spezielle Kombination oder Organisation weiblicher und männlicher Anordnungen, und zwar überwiegen die weiblichen (runden, hohlen, aufnehmenden und abgebenden) Anordnungen am ganzen Individuum – dann ist und heißt dieses ein superfeminines, oder es überwiegen die männlichen (geraden, vollen, aufnehm- und abgebbaren) Anordnungen – dann ist und heißt dieses Individuum ein supermaskulines.

Nun wird ein Individuum niemals „vollständig", in seiner „Gesamtheit", d.h. in allen seinen Einzelheiten beschrieben, sondern die Beschreibung ist, wie im vorigen Abschnitt dargelegt, immer partiell, entspricht immer nur gewissen Teilen des Ganzen, aber im Sinn der biologischen Symbolik, d.h. ebenso, wie die Teile eines Ganzen untereinander nächstverwandt sind, biologisch zusammengehören, wie jeder Teil symbolisch das ganze Individuum darstellt, so umfasst auch die partielle Beschreibung symbolisch das gesamte „gemeinte" Individuum, mag die Beschreibung, wie in den primitiven Anfängen, auch nur aus einem oder wenigen Buchstaben bestehen. Dieser Tatsache widerstreitet keineswegs die andere, dass sowohl die primitive wie die höher entwickelte Beschreibung von „Gebärden" (Mimik, Gestik, Physiognomik) begleitet ist, die die wortliche Beschreibung sozusagen ergänzen, ja nicht selten geradezu determinieren, definieren. Mindestens jeder geschriebene und gesprochene Buchstabe ist bei jedesmaliger Aktualität gemäß dem vom Ganzen beschriebenen Teil und somit auch gemäß diesem Ganzen nuanciert, und gewiss hat der Ägypter das Wort „ken" – „schwach" – (mit determinierender Geste) etwas anders gesprochen als das gleiche Wort für „stark" (mit entsprechender determinierender Geste). Je mehr sich freilich die Buchstaben gemäß der Entwicklung der Hirnrinde stabilisieren und stilisieren, desto mehr tritt die Nuancierung zurück; sie wird gewissermaßen ersetzt vom Wortreichtum, von der möglichen Ausführlichkeit der Beschreibung, ist aber grundsätzlich nicht ganz aufgehoben und in der „lebendigen" Sprache, also der gesprochenen und geschriebenen Beschreibung, mindestens für den Kenner vorhanden und verständlich.

Die einzelnen Buchstaben entsprechen also immer je nach ihrer Gefühligkeit, also der Gefühlsspezies, der sie als gegenständliche oder begriffliche Reihen genetisch zugehören, einer gleichgefühligen, also weiblichen oder männlichen Anordnung eines phänomenalen Individuums, desjenigen, das „so", d.h. hinsichtlich dieser Anordnung, in den mit dieser Anordnung assoziierten Buchstaben beschrieben wird. Dies trifft auch zu für den Fall der (normal oder abnormal) irrtümlichen Beschreibung. Das U beschreibt allemal eine hungergefühlige Rundung, eine leere Höhle, das weitgerundete Weibliche als leer, das (freudegefühlige) A beschreibt allemal ein freudegefühliges Gerades, Männliches usw. Nun kann aber die Höhle, die Öffnung, die Schwelle, also die weibliche Anordnung, „nach" dem partnerischen Männlichen – und umgekehrt dieses nach dem partnerischen Weiblichen beschrieben werden, die Höhle also als aufnehmend, gefüllt, abgebend, das Gerade als über die Schwelle in die Öffnung eintretend, die Höhle erfüllend, aus ihr austretend. Nicht selten wird ein superfeminines

Individuum „nach" einer männlichen Anordnung „an" ihm, ein supermaskulines Individuum „nach" einer weiblichen Anordnung „an" ihm beschrieben; je ausführlicher die Beschreibung eines Individuums, desto mehr weibliche oder männliche Anordnungen „an" ihm finden ihre phänomenologische Entsprechung. Wir bezeichnen diese verschiedenen Arten der Entsprechungen als die *phänomenal-phänomenologischen Korrelationstypen* und unterscheiden die folgenden drei:

Korrelationstyp 1: Die weibliche Reihe wird mit weiblichen Buchstaben, die männliche Reihe mit männlichen Buchstaben beschrieben.

Korrelationstyp 2: Die weibliche Reihe wird „nach" dem männlichen Partner (die Höhle nach dem Füllmaterial, als gefüllt oder füllbar), die männliche Reihe „nach" dem weiblichen Partner (der Höhle, in der sich das Männliche befindet usw., der Öffnung oder Schwelle, die es beim Aus- und Eintritt überschreitet) beschrieben.

Korrelationstyp 3: Das superfeminine Individuum wird hinsichtlich der männlichen Anordnungen (Anteile), also mit männlichen Buchstaben, das supermaskuline Individuum hinsichtlich der weiblichen Anordnungen (Anteile), also mit weiblichen Buchstaben beschrieben.

Nehmen wir an, die Innervation der Schreib- oder Sprechmuskeln – wir wollen hier zum Beispiel die letztere besprechen – erfolgt vom optischen Zentrum her, und zwar z.B. von dem Zellkomplex, dessen Aktualität ein bestimmter Mann ist. Es wird also mit dem Wort *„Mann"* ein bestimmtes optisches phänomenales Individuum beschrieben. Es ist klar, dass auch im Fall der Beschreibung nur ein – allerdings der größte – Teil der den phänomenalen Komplex verlassenden Passformen den Weg nach den Sprechmuskeln und dann zu den passrechten akustischen Empfangsapparaten und den zugeordneten akustischen Modalzellen zurücklegt; andere Passformen fließen aus dem phänomenalen Komplex zu assoziierten Denkzellen, zu anderen Ausdrucksapparaten, gemäß der Spezifität der Passformen, der Schaltung der Reflexe, also der Funktionsperiodik der beteiligten Reflexsysteme mit ihren mannigfachen Assoziationen. Auch bewegen sich nicht aus sämtlichen Denkzellen des phänomenalen Komplexes akustophile Passformen zu den

Sprechmuskeln usw. oder doch aus der einen Zelle mehr, aus der anderen weniger, und dann auch nicht immer in der gleichen Reihenfolge, sondern je nach der Funktionsperiodik, je nach der Schaltung bald in dieser, bald in jener Reihenfolge, sodass die einzelnen Teile der Beschreibung auch hinsichtlich der Helligkeit („Betonung") nuanciert sind und ihre Reihenfolge variiert.

Das phänomenale Individuum „Mann" setzt sich aus Aktualitäten aller Gefühlsspezies, vorwiegend aber aus männlichen (schmerz-, trauer-, freudegefühligen) zusammen. Je nachdem, aus welchen der zum Komplex gehörigen Zellen die akustophilen Passformen zum Sprechapparat abfließen, sind die innervierten Sprechmuskeln diese oder jene, sind zirkuläre oder oblique oder longitudinale – und demgemäß sind auch die Laute verschieden. So treten in der Beschreibung des phänomenalen Individuums „Mann" (oder irgendeines anderen supermaskulinen Individuums) auch weibliche akustische Aktualitäten, weibliche Buchstaben, auf, und umgekehrt in der Beschreibung eines superfemininen Individuums auch männliche Buchstaben.

In dem Wort „Mann" ist das a männlich (Korrelationstyp 1), das M und das n (nn) weiblich, M und n beschreiben das dem Männlichen partnerisch-gegensätzliche Weibliche (Korrelationstyp 2) sowie weibliche Anordnungen am Manne (Korrelationstyp 3). Der betonte Vokal „dominiert", die Konsonanten „determinieren". Das Wort „Mann" beschreibt also das so assoziierte phänomenale Individuum als vorwiegend freudegefühlig, als Vor-, Aufragendes, Gerades, das aus der Höhle (Mutter, Kindheit, Elternhaus, Pubertätsprüfung) hervorgegangen ist und zum Weibe (nn) hinstrebt, das vom Weibe aufgenommen, empfangen wird (Weib als Umschlingerin, vergleiche Liebestod), allgemein als das dem Weiblichen Gegensätzliche, eben das Männliche, den Mann.

Die Beschreibung dieses phänomenalen Individuums kann mit dem Wort „Mann" zu Ende sein; die Beschreibung kann aber auch – gemäß der Entwicklungsstufe der phänomenal-phänomenologischen Assoziation und der Funktionsperiodik der beteiligten Reflexsysteme – aus mehr oder minder langen Wortreihen bestehen, innerhalb deren die verschiedenen Eigenschaften und Funk-

tionen des Beschriebenen benannt werden. So tritt z.B. der Artikel hinzu. Er akzentuiert den Geschlechtscharakter, also die Gefühligkeit (Gefühlsspezies) des Beschriebenen in einer ähnlichen Weise wie die den betonten Vokal umgebenden Buchstaben (er ist ja auch in manchen Sprachen, z.B. im Lateinischen, ans Wort angehängt).

„*Der*" ist schmerzgefühlig-männlich, beschreibt nach Korrelationstyp 1 das die Schwelle Überschreitende, das Männliche, als schmerzgefühlig, den Hervorgehenden, Abgegrenzten, Seienden. Der Artikel „die" ist schmerzgefühlig-weiblich, beschreibt die Schwelle, das Weibliche, als schmerzgefühlig. „Die" kann Artikel auch zu Substantiven sein, die Männliches beschreiben, z.B. die Lanze, die Straße, dann gibt „die" das dem Männlichen partnerisch-gegensätzliche Weibliche an (wie im Lateinischen die Endung -us der Maskulina, griechisch -ος); das Analoge gilt umgekehrt für den Artikel „der": Er gibt also vor weiblichen Substantiven das partnerisch-gegensätzliche Männliche an, z.B. der Ring, der Mund, der Schlund (lateinisches -a als Endung der Feminina, griechisch -α, während -η wie der Artikel ἡ die Schwelle, Weibliches beschreibt und weiblich ist). Der Artikel „*das*" (a freude-, d trauer-, s schmerzgefühlig) beschreibt ein abgegrenztes (s) Gesamt (d, a), und zwar ein aus nahezu äquivalenten männlichen und weiblichen Aktualitäten bestehendes Ganzes, entweder ein solches, das hinsichtlich männlicher und weiblicher Anteile noch nicht hinreichend scharf gesondert, als supermaskulin oder superfeminin noch nicht klar ausdifferenziert ist, oder ein solches, das eine Vereinigung männlich-weiblicher Partner ist; solche Ganze nennt man „neutral", „Neutra"; neutrum gleich ne utrum heißt zwar so viel wie „keines von beiden", aber auch hier gilt der Satz vom ausgeschlossenen Dritten: „Keines von beiden" kann nur so viel heißen wie „unentschieden, noch nicht oder nicht mehr scharf gesondert/differenziert", nicht aber „weder männlich noch weiblich", „weder gerade, gestreckt noch rund, gehöhlt" (sondern ein Drittes); Ungeschlechtliches gibt es ebenso wenig wie Ungefühliges; bei hinreichend genauer Analyse erweist sich auch jedes „Neutrum" als aus weiblichen und männlichen Anteilen zusammengesetzt, als supermaskulin oder superfeminin – wie ja auch „das" aus männlichen (d, a) und weiblichen (s) Buchstaben besteht und wie viele Völker auch grammatisch nur die beiden Geschlechter kennen. „Das" ist Artikel zu Substantiven, die das „neutrale Gesamt" oder den einen oder anderen (den weiblichen oder den männlichen) zum Gesamt gehörigen Partner bezeichnen. Zur ersten Wortgruppe seien genannt z. B. Kind, Ding, Wesen, Organ, Tier, Fräulein, Mädchen, Bänkchen und andere Diminutiva, Gemenge, Getöse, Getümmel usw., substantivierte Eigenschafts- und Funktionsbezeichnungen wie das Große, das Lange, das Ganze usw., das Laufen, das Schreiben usw.; zur zweiten Wortgruppe rechnen z. B. Tuch, Haus, Tor, Weib, Fell, Licht, Band, also weibliche oder männliche, Weibliches und Männliches beschreibende Wörter, deren Artikel „das" das so Beschriebene als partnerisch zu einem „neutralen" weiblich-männlichen Gesamt zugehörig determiniert, z. B. Tuch als partnerisch zu dem damit Umhüllten, Haus zu den Bewohnern usw., Tor zu dem Hindurchgehenden, Weib zum Manne, Fell zum davon Eingeschlossenen (Muskeln, Knochen usw.), Licht zum Dunkel, aus dem es hervorbricht, Band als Gerades zu Bund als Rundem usw. „Das" gibt also immer das neutrale Gesamt an, gleichgültig, ob das zugehörige Substantiv dieses Gesamt als solches oder den männlichen oder weiblichen Teil – mit entsprechender Gefühligkeit – beschreibt. – Auch die lateinische Endung -um bezeichnet das Gesamt hinsichtlich der geschlossenen Umrandung, die griechische Endung -ov hinsichtlich der Öffnung-Schwelle, also Abgrenzung, wie τὸ ὄν – das Seiende, individuell Abgegrenzte (ähnlich der Artikel ὁ), während der Artikel τό ähnlich „das" die männlich-weibliche Vereinigung, somit das neutrale (chemisch: abgesättigte) Gesamt beschreibt. – Dass in verschiedenen Sprachen und auch in verschiedenen Dialekten einer Sprache ein bestimmtes Wort und das damit Bezeichnete verschiedenen Artikel und somit Geschlechtscharakter haben kann, verstehen wir aus der Differenz der Anordnung der betreffenden Reflexsysteme und Denkzellkomplexe; so sagt man in Süddeutschland vielfach „der Butter, der Sofa" usw., die Sonne ist nur in den Landkulturen weiblich, dagegen in den Meer-

kulturen männlich (L. Frobenius) usw. Im Französischen gibt es nur zwei Artikel: le bezeichnet das Männliche als schmerzgefühlig (Korrelationstyp 1) oder als dem Weiblichen gegensätzlich (gesprochen [lə] vorwiegend angst- schmerzgefühlig), la das Weibliche als Gegensatz zum Männlichen (a freudegefühlig, Korrelationstyp 2, je nach Aussprache aber auch angstgefühlig und dann Korrelationstyp 1). Ähnlich im Italienischen. Das englische the determiniert das Substantivum und das damit Beschriebene überhaupt nur als vorhanden, seiend (gesprochen [ðə]).

Weiterhin treten zu dem Substantivum Eigenschaftswörter. In der Formel „der *große* Mann" wird der Mann eigenschaftlich sowohl als der die Öffnung-Schwelle (o, r, ss) extensiv (ō, ss) Passierende (g, r) beschrieben, und zwar entweder nach Korrelationstyp 1, indem o angsthaltiger Freudevokal (angstnuanciertes a) ist und nebst g, auch nebst r und ss das Männliche angibt (vergleiche lateinisch grandis, französisch grand – groß, ferner lateinisch grex – Herde, cresco – wachse usw.), oder nach Korrelationstyp 2, in dem „groß" das die Öffnung-Schwelle passierende Männliche nach der Öffnung-Schwelle (o, r, ss), also das Männliche als partnerisch zum (genischen wie trophischen) Weiblichen bezeichnet – als auch in dem Sinn beschrieben, dass er als groß dem Gegner muskulär oder zerebral überlegen ist, funktionell Höhlen, Öffnungen, z. B. mit den Armen bilden und so den Gegner umschlingen, zerbrechen, vernichten kann, also nach Korrelationstyp 3. Mit dem Wort „klein" wird dagegen ein Individuum als im Übergang, auf der Schwelle befindlich, also noch nicht hervorgegangen, noch nicht ge-, erwachsen, als vorwiegend schmerzgefühlig nach Korrelationstyp 1 beschrieben.

Das Wort „*Weib*" beschreibt ein gewisses phänomenales optisches Individuum als schmerzgefühlig; das W kann auch hunger- oder angstgefühlig sein, das b schließt sich fast stumm an das schmerzliche ei an und weist auf das Eingehende und Hervorgehende hin (Korrelationstyp 1). „Weib" ist ein (bis auf das b) weibliches Wort. Das Weib ist die Schwelle, die Aufnehmende, Umstrickende, Umschlingende und Verschlingende, die Schlange (Eva!), die Umfangende, die Weberin (Parzen, Nornen mit – umschnürendem [σφίγ γειν!] – Seil) und Spinnerin, die den Mann in ihre Netze Ziehende, Umgarnende, den Mann Einkreisende und die Kreißende (zu kreisen, also sich drehen, winden usw., zu kreischen, so viel wie schreien, wehklagen usw.), die Schmerzensreiche, die Wehen hat, sich windet, aus der sich das Kind (b) mit Weh herauswindet, -dreht, -bohrt; „mit Schmerzen sollst du Kinder gebären". Das Weib ist die Sphinx, die Umschnürerin, Vernichterin, die Leben nimmt und Leben gibt. Der Artikel „das" gibt das Gesamt (Weib und Mann) als neutrale Vereinigung an, deren Teil „Weib" ist. – *„Frau"* dagegen beschreibt das assoziierte optische Individuum als vorwiegend gehöhlt, als hunger-angst-schmerzgefühlig mit Hinweis auf die männlichen Bestandteile (a) oder das die Höhle Erfüllende (Mann, Kind, Penis), nach Korrelationstyp 1, also ganz ähnlich „Weib". „Frau" ist ein weibliches Wort, auch in den älteren Formen mittelhochdeutsch vrouwe, althochdeutsch frouwa usw. Die Ehegöttin dagegen wird mit Freyja, Fricka als schmerz- und freudegefühlig (Korrelationstyp 1 bzw. 2 oder 3) beschrieben, als die Herrin (Korrelationstyp 2 oder 3), die hohe Frau, die zum Manne, zum Frô, Freyr gehört (Korrelationstyp 2 bzw. 1), die mit Schmerzen (Defloration) empfängt und mit Schmerzen das Kind (d. i. das den Geburtskanal passierende Männliche, das insofern männlich ist, auch als Mädchen) gebiert, sich von ihm trennt, deren Anblick auch freudig ist (Korrelationstyp 3), die frei, befreit von der Enge der Kindheit, des Elternhauses, gefreit zur Ehe ist, die Pubertätsproben bestanden hat und nun Herrin ist – wie ihr Partner Frô (o wie in „groß"), der zur Frau gehörige, von der Frau abstammende und zu ihr strebende, in sie eindringende, mit ihr vereinte Mann (Korrelationstyp 2), der Herr, der Freyr oder Freier, der nach Bestehen der harten Pubertätskämpfe die Braut freit und nun ein freier Mann ist … (Freier freudehaltig-schmerzgefühlig, Korrelationstyp 1).

Das u in *„Mutter"* beschreibt die Frau als hungergefühlig, gehöhlt, mag der Mutterleib (Uterus, Vagina) als geheimnisvoll verhüllt und verhüllend oder die hegende, umschlingende Haltung (Sphinx usw.) oder mehr allgemein das Gehöhltsein, die Aufnahme- und Abgabefähigkeit des Weibes gemeint sein (Korrelationstyp 1). Englisch mother betont im o die (angstgefühlige) Öffnung der Höhle, des Gehöhlten (Korrelationstyp 1), während lateinisch mater mit a die Höhle als gefüllt, also hinsichtlich des füllenden, ein- oder austretenden Männlichen (Kind), als partnerisch dem Männlichen (Korrelationstyp 2) oder als Einengung (Angst-a, Korrelationstyp 1) angibt und griechisch μήτηρ mit η die Schwelle, das Schmerzgefühlige (wie ei in Weib) beschreibt. Auch das M ist hungergefühlig (Korrelationstyp 1). Das t oder tt weist auf die mögliche Füllung der Höhle, das Austretende hin, ist männlich (Korrelationstyp 2), das er ist weiblich-schmerzgefühlig, bezeichnet also die Schwelle als weibliche Anordnung (Korrelationstyp 1) oder ist männlich-schmerzgefühlig, sodass mit ter oder tter die Mutter hinsichtlich des männlichen Partners, den sie aufnimmt, umhüllt, in sich trägt, austreibt, (Korrelationstyp 2 oder 3) beschrieben wird. – Das Wort *„Mamma"* oder „Mama" beschreibt im a ein Männliches an der Mutter, die vorragende Brust, die das Kind in den Mund nimmt, und damit auch – partem pro tota – die ganze Mutter (Korrelationstyp 3); die m sind weiblich, malen also die Zugehörigkeit des a, der „mamma" zur Mutter oder die höhlenmäßigen, weiblichen Anteile der Mamma, der Brust (Korrelationstyp 1 bzw. 3). – Das a im *„Vater"* (father, pater, πατήρ) ist freudegefühlig (Korrelationstyp 1).

Das Wort *„Kopf"* beschreibt einen bestimmten Teil gewisser Individuen, z.B. eines Menschen, auch diesen als Ganzes (man zählt eine Menge Menschen nach Köpfen). Das o entspricht dem Gehöhlten dieses Körperteils (vergleiche Kuppe, Koppe, Kufe, Kofel, Küpe, Schopf usw.), wie ja Primitive die Hirnschale erschlagener Feinde als Trinkgefäß benutzten (übrigens auch die heiliger Männer – mit der magischen Deutung, so die „Kraft" dessen, dem der Schädel gehörte, einzunehmen; vergleiche Schädeleinschlagen und Ausschlürfen des Gehirns usw.); vergleiche griechisch κεφαλή, Kopf, Scherbe (Schädelnähte!), zu καπ, fassen (Fass), lateinisch capere (kapieren), caput usw., in welchen Wörtern mit a das Eingehende, Aufgefasste, also Männliche, Freudegefühlige „am" Kopf, auch das Füllmaterial, also die Hirnmasse (Korrelationstyp 2) bezeichnet wird. Überdies ist der Kopf der vordere oder obere Teil eines geraden Individuums, also derjenige, der bei allen Übergängen vorangeht, zuerst die Schwelle von einer Rundung zur anderen überschreitet, mithin nach dem weiblichen Partner, in den er eintritt, beschrieben werden kann (Korrelationstyp 2; vergleiche unten „Bock", Rammbock, Kopf als Bezeichnung eines solchen Geräts, Brückenkopf, Bergkopf gleich -kuppe, Kofel usw., während Kuppel weiblich – Korrelationstyp 1 – ist, usw.). Das o in Kopf steht also nach Korrelationstyp 1 bzw. 2. Die Konsonanten K und pf sind männliche und entsprechen männlichen Anteilen des Kopfes (Korrelationstyp 3) oder dem im Kopf Befindlichen (Hirnmasse, Gedanken), aus ihm Herausgehenden und in ihn Hineingehenden (Korrelationstyp 2), geben auch die Härte, Kraft an.

Das Wort „Haus" ist vorwiegend hungergefühlig (Korrelationstyp 1) und beschreibt das optische Individuum als Höhle, wobei das a in au auf das Erfülltsein (Korrelationstyp 2), das s auf die Schwelle (Korrelationstyp 1 oder 2) hinweist. Das a gibt auch die geraden Anteile des Hauses (Baues usw.) an – Korrelationstyp 1 und 3 – und determiniert die Höhle u als weitgeöffnet, als groß. Das optische Individuum Haus kann aber auch „von außen" betrachtet werden, also aufgerichtet, ein Männliches sein, wobei allerdings die weiblichen Anteile (Fenster, Türen, Einbuchtungen usw.) zahlreich sind; auch dann wird es als „Haus", also vorwiegend weiblich bezeichnet. Die Innervationsströme gehen zu den angeschlossenen Sprechmuskeln vorwiegend von den weiblichen Anteilen des optischen Komplexes aus, auch falls diese unaktuell sind.

Die Wörter „Rock", „Glocke", „Loch", „Locke" usw. beschreiben optische Höhlungen gleich Öffnungen (Korrelationstyp 1) mit Hinweis auf das sie passierende Männliche (Korrelationstyp 2), z.B. die Beine im Rock, der Klöppel in der Glocke usw.; die Wörter sind ebenfalls vorwiegend angstgefühlig, mit männlichen Determinierungen, jedenfalls vorwiegend weiblich. Dagegen sind die optischen Individuen *Block, Pflock, Stock, Bock* usw. männlich, werden aber mit den genannten weiblichen Wörtern beschrieben, nämlich nach Korrelationstyp 2 als zu ihren weiblichen Partnern gehörig: Der Block und der Pflock sind das in der Öffnung, dem Loch (der Lücke) be-

findliche oder ins Loch gehörige, passende Individuum, nicht anders der Stock, der Bock (und zwar sowohl das mit „Bock" als „stoßend" im genischen wie im trophischen Sinn bezeichnete Tier wie der Prellbock, Stoßbock usw.). Der männliche Charakter von Block usw. wird buchstäblich mit den männlichen Konsonanten angezeigt. Der Stock kann sich auch zu einer hunger-, angstgefühligen Rundung biegen, also auch diese Anordnung im o mitgemeint sein. Weitere Beispiele später. Meine Ausführungen gelten für alle Sprachen.

Jedes Wort ist ein *zusammengesetztes Individuum*, dessen Teile verschiedenen Gefühlsspezies angehören können, dessen *betonter Vokal* aber auch hinsichtlich der Gefühlsspezies führt, sozusagen *dominiert*. Die *Konsonanten* – konsonieren, sind Mitlauter, ergänzen, *determinieren* je nachdem ohne weitere Vokale oder im Verein mit solchen den betonten Vokal als den Kern des Wortes, sie bilden gewissermaßen als Nebenbestandteile, Nebenglieder, mit dem betonten Vokal zusammen das Wortindividuum als Ganzes, und so ergänzt auch ihre Gefühligkeit die des Vokals derart, dass eine gewisse gegenseitige Assimilation unter Dominanz des betonten Vokals und seiner Gefühligkeit besteht. Besonders deutlich ist dies bei einsilbigen Wörtern wie überhaupt bei den Silben; bei mehrsilbigen Wörtern dominiert in dem genannten Sinn stets *ein* Vokal, die übrigen Vokale hängen als modifizierende Ergänzungen an der betonten Silbe. Wir bezeichnen den betonten Vokal als *Dominanten* der Silbe oder des Wortes, die übrigen Buchstaben der Silbe oder des Wortes als *Determinanten*, und zwar die mit dem betonten Vokal eine Silbe bildenden Konsonanten als Determinanten *erster*, die übrigen Buchstaben des Wortes als Determinanten *zweiter Ordnung*. Das Wort „Ofen" (vergleiche offen, Öffnung) z.B. ist als Ganzes gemäß dem O als angstgefühlig (Öffnung Korrelationstyp 1) zu registrieren; die Silbe „fen" ist vorwiegend schmerzgefühlig, „malt" das die Öffnung, das O passierende Männliche (Korrelationstyp 2), ergänzt somit das O zu einem bestimmten, einem bestimmten phänomenalen Individuum entsprechenden Wortindividuum, tritt aber hinter dem O zurück, sodass das Ganze als angstgefühlig mit schmerzgefühliger Appendix, schmerzlich determiniert (Einführen von Brennstoff, Verschließen der Öffnung, Verbrennen usw.) auftritt. Die betonte Silbe braucht nicht immer die Wurzelsilbe zu sein (z. B. Maschine, πατήρ usw.). Die akustische Betonung wird in vielen Sprachen auch optisch dargestellt, z. B. in Form von Akzentzeichen. Die Betonung ist stets mit einer größeren Helligkeit des Betonten verbunden; die betreffenden Reflexe sind also intensiver, der betonte Vokal ist lauter als die unbetonten Teile des Wortes. Ferner unterscheidet sich der betonte Vokal meist hinsichtlich der Tonhöhe von den anderen Buchstaben des Wortes.

Die *Reihenfolge* der Buchstaben eines Wortes entspricht der Reihenfolge der Sprechmuskelaktionen, also der Reihe der Innervationen vom phänomenalen Komplex her. Diese Reihenfolge, also auch das Wort, ist gemäß der Partialität der Beschreibung nicht immer *aktuell* nach dem Schema Hunger, Angst, Schmerz, Trauer, Freude gestaltet, viele Wörter sind unvollständig im Sinn des unvollständigen Erlebnisses. Die am Schema aktuell fehlenden Stationen sind unaktuell, aber symbolisch an den Aktualitäten beteiligt, die somit spezifisch nuanciert auftreten. Die Gefühligkeit der Buchstaben und ihrer Reihen entspricht dem Funktionsablauf des gesamten assoziativen Systems, der ja in der Buchstabenreihe (im „Wortlaut") seine aktuelle Darstellung findet.

Beschreibung der Gefühle

An den grafischen und phonetischen Ausdrucksbewegungen sind in mehr oder minder großer Anzahl sympathogene Passformen beteiligt, also sympathische Passformen, die, sich entsprechend umwandelnd, ins sensorische Gebiet übertreten. Je größer die Anzahl der beteiligten sympathogenen Passformen ist, desto mehr nähert sich der grafische und der phonetische Ausdruck dem sogenannten „*Gefühlsausdruck*". Gefühle als solche können natürlich nicht ausgedrückt werden; sie sind ja Aktualitäten der Gefühlszellen. Mit „Gefühlsausdruck" bezeichnet man nicht ganz korrekt die sympathischen oder sympathogenen Bewegungen. Ontogenetisch wie phylogenetisch ist in der Beschreibung der Gefühlsausdruck, und zwar der phonetische, das Primäre; das primitive Wesen „spricht" so zunächst in Konsonanten (ge-

wissen, individuell wechselnden, nicht allen), dann erst in Vokalen (vergleiche Preyer, Die Seele des Kindes, III. Teil, besonders S. 268, C. und W. Stern, Die Kindersprache), dann in Wörtern, die zunächst Lallwörter sind, also noch einen sehr hohen sympathogenen Anteil haben, dann allmählich in Wörtern, die in zunehmendem Grade der Gegenständlichkeit, der assoziativen Präzision usw., den Gegenständen entsprechen. Nunmehr setzt auch die optische Beschreibung ein: Mit Malereien, Kritzeleien, Beschmieren von Tischen und Wänden usw., also Bewegungen, die den Gefühlsausdrücken noch ganz nahe stehen, bis dann auch die optische Beschreibung einen mehr gegenständigen Charakter annimmt – gemäß der Entwicklung der grafischen Reflexsysteme einschließlich der kortikalen Anteile und ihrer Assoziationen zur Phänomenalität, die sich ebenfalls entwickelt. Auch in den späteren Lebensaltern kann der sympathogene Anteil der grafischen und phonetischen Reflexe episodisch so hoch sein, dass gegenständliche Buchstaben überhaupt nicht aktuell werden (Zittern der Hände bis zur Unfähigkeit, zu schreiben, Angstverschluss des Kehlkopfes, der Bronchiolen und Alveolen mit Aphonie usw.) oder in einer besonders hochgefühligen Form (z. B. „zittrige" Schrift, Tremolieren der Stimme, Schreien usw.). Es ist klar, dass den hohen Gefühlsintensitäten phänomenaler Bezirke im Fall der Beschreibung auch hohe Gefühlsintensitäten in den Wortbezirken entsprechen, also auch da eine Art Parallelismus (Koinzidenz) phänomenaler und assoziierter phänomenologischer Funktionsabläufe besteht; sofern er nicht besteht, kommt Beschreibung nicht zustande (die Reflexe sind dann anders geschaltet, die Ausdrücke sind andere).

Die grafischen und phonetischen „Gefühlsausdrücke" sind schon Beschreibungen von Gefühlen, nämlich der so ausgedrückten, aber schon diese Beschreibung ist gegenständlich, besteht aus gegenständlichen Buchstaben, mögen sie noch so „unartikuliert" sein („indirektes Verfahren"). Einen „reinen" sensorischen „Gefühlsausdruck" gibt es überhaupt nicht, ein „reiner" Gefühlsausdruck kann sich nur in Form von Aktionen glatter Muskelfasern und elastischer Fasern (z. B. an Drüsen) vollziehen. Sensorische

239

Ausdrucksbewegungen, auch die grafischen und die phonetischen, sind immer aus der modalen Sphäre gespeist, und sympathogene Passformen, die ja auch sensorische sind, sind immer nur – in mehr oder minder großer Anzahl – beteiligt gemäß der Konfunktion sensorischer und sympathischer Reflexsysteme. Die sensorischen Passformen, die bei grafischen oder phonetischen Gefühlsausdrücken abgegeben werden, stammen aus subzerebralen, subkortikalen und unaktuell oder schwachaktuell funktionierenden kortikalen Zellen; die zugehörigen Sensilzellen können aktuell funktionieren und geben wie die übrigen zugehörigen sympathischen Zellen einen Teil ihrer Passformen (gemäß ihrer Spezifität) ins sensorische Gebiet ab; es können aber auch die Sensilzellen unaktuell funktionieren, der Schrei usw. also „aus dem Unbewussten", d. h. eben aus unaktuell funktionierenden phänomenalen Komplexen erfolgen und bei unaktuell funktionierendem akustischem Zentrum des Ausdrückenden unaktuell, unbewusst sein, somit nur für einen anderen Menschen aktuell sein. Während der Präfunktion gewisser Reflexsysteme einer Gefühlsspezies sind auch die übrigen zum Komplex gehörigen Reflexsysteme in gesteigerter Funktion, sodass sowohl z. B. die grafischen oder phonetischen Abläufe und die ihnen entsprechenden Buchstaben und Wörter gemäß den jeweiligen Intensitätsgraden der beteiligten Reflexe modifiziert, nuanciert sind, wie auch die grafischen und phonetischen modalen Aktualitäten im Rahmen der Spezifität höhergefühlig sind und mit den zugehörigen Gefühlen in bunter Reihe auftreten. In dieser Weise ist auch der Hunger- oder Angstoder Schmerzschrei oder das Freude-A des jungen und das Lallen des älteren Säuglings, dessen Gegenstände noch ganz unpräzis, verschwommen sind, doch schon – entsprechend unpräzise – Beschreibung, und zwar mehr der beteiligten Gefühle als der der Gegenstände, aber doch auf alle Fälle gegenständlich. Auf andere Weise als in gegenständlichen (und begrifflichen) Worten können Gefühle überhaupt nicht beschrieben werden; alle Buchstaben und Wörter sind eben Gegenstände (oder Begriffe), und eine andere Methode, Gefühle zu beschreiben, als die geschilderte *indirekte* (mit relativ reichlichem sympa-

thogenem Anteil an den sensorischen Reflexen) gibt es nicht.

Die „Gefühlsausdrücke" sind Vorstufen der späteren Gefühlsbeschreibung, und an dieser zeigt sich mit aller Klarheit, dass die Gefühle nach (gemäß) den Gegenständen, die mit ihnen zusammen ein genetisches System bilden, beschrieben werden, also das Hungergefühl nach hungergefühligen, das Angstgefühl nach angstgefühligen Gegenständen usw. Die Buchstaben, mit denen ein Gefühl „gemeint" ist, entsprechen Gegenständen dieser Gefühlsspezies, sind aber als Reihe in einer gewissen Weise modifiziert, sodass die genannte Entsprechung erst der psychobiologischen Einsicht erkennbar wird. Diese Modifikation zeigt an, dass ein Gefühl gemeint ist. Wir besprechen hier als Beispiele die Namen der Grundgefühle.

Das Wort „*Hunger*" ist ein vorwiegend hunger-, dazu angst- und schmerzgefühliges Wort, es beschreibt ein gewisses Gefühl als höhlenmäßig mit Ausgang in Angst (Enge) und Schmerz (Schwelle), also die weibliche Reihe eines Erlebnisses. Die einzelnen Buchstaben bezeichnen entsprechende phänomenale Gegenstände; ein phänomenales gegenständliches Individuum, das man mit „Hunger" bezeichnete, gibt es nicht (abgesehen etwa von allegorischer Darstellung des Hungers, z. B. in Form eines verhungerten oder hungernden Menschen), die Reihe von Buchstaben also, deren jeder einer gegenständlichen Anordnung entspricht, ist derart, dass eine genau entsprechende phänomenale gegenständliche Reihe nicht vorkommt. Das Zeitwort „hungern" beschreibt einen weiblichen (und zwar hunger-, angst-, schmerzgefühligen) gegenständlichen Komplex hinsichtlich seiner spezifischen Funktion; ein Mensch hungert, ist so viel wie: er ist hohl, leer, eine weite leere, dazu engere leere, zur Schwelle sich verengende Höhle, diese als Entsprechung des Wortes „hungern", dessen u dominiert.

Statt Hunger sagt man auch Verlangen, Sehnen (Sehnsucht), Begehren, Wille usw. Diese Wörter beschreiben nicht eigentlich die Hungersituation, sondern je ein darauf folgendes Stadium, und sind demgemäß auch nicht hungergefühlig. Indes ist der Sinn dieser Wörter mit dem des Wortes Hunger so nahe verwandt, dass sie alle promiscue, fast synonym gebraucht werden. Hieraus folgt, dass die mit diesen Wörtern beschriebenen Situationen und diese Wörter selbst stark hungerhaltig, hungernuanciert sind, dass diese Wörter also solche Situationen beschreiben, die von intensiven unaktuellen oder interkurrent aktuellen Hungerreflexen begleitet sind oder die auf eine aktuelle Hungersituation als zum Gesamtablauf biologisch gehörend folgen werden, sodass das Hungerstadium gemäß diesen noch unaktuellen zugehörigen Stadien mit den den letzteren entsprechenden Wörtern, also sozusagen vikariativ bezeichnet wird. Diese Korrelationen sind unter die angegebenen Typen zu subsumieren. – Vergleiche ferner die fast synonym gebrauchten Wörter Angst, Furcht, Scham, Scheu: Angst siehe unten; Furcht ist vorwiegend hunger- und schmerzgefühlig, mittelhochdeutsch vorhte, vorht, althochdeutsch foratha vorwiegend angst- und schmerzgefühlig, und bezeichnet eigentlich das Aufgewühlt-, Gehöhlt-, Gebeugtsein hinsichtlich der Gefühlsspezies (vergleiche Furche, Fuhre, lateinisch furca, furor, furia, foramen usw.); Scham ist eigentlich so viel wie das Verhüllende und Verhüllte (vergleiche Schemen, schem, so viel wie Schatten, Schattenbild, Dämmerung, Dämmerlicht, und somit Schimmer und weiterhin Glanz), Schamgefühl also das Gefühl des Verhüllens, Verhülltseins, speziell im genischen Sinn (vergleiche nuptiae zu nubere – verhüllen, also eigentlich Verhüllung, nämlich der Braut für die Hochzeit, dann Hochzeit selber; „mit dem Gürtel, mit dem Schleier reißt der schöne Wahn entzwei"; vergleiche gotisch liugan – verhüllen, die Braut, die Wahrheit, also heiraten, lügen – zu Lug, lugen, Lücke, Luke, Loch usw.); Scheu ist im sche schmerz-, im u hungergefühlig, gibt also die abgrenzende, trennende Um- oder Verhüllung an; hierzu scheuen, scheuchen, Scheuche, schüchtern usw. In dieser Weise werden die einzelnen Gefühle und Gefühlsnuancen mit verschiedenen Wörtern bezeichnet. Hier nur die genannten Beispiele.

Das Substantiv „Hunger" ist eine Art Abstraktum, ein solches, das der Phänomenalität konstitutiv relativ nahe steht, fast so nahe wie ein Eigenname, nur dass „Hunger" die Gefühlsspezies als solche angibt, die phänomenale Gegenstandsreihe hinsichtlich der Gefühligkeit speziell beschreibt, nicht nur der gleichen Gefühlsspezies

wie das Beschriebene angehört. Das Gleiche gilt für die übrigen Gefühlsbezeichnungen: Jede gehört der gleichen Gefühlsspezies wie das Beschriebene an, jede beschreibt das assoziierte Gegenständliche hinsichtlich der Gefühlsspezies. An einem zusammengesetzten Individuum können sich mehrere solcher gegenständlicher Anordnungen vorfinden, z.B. beim Menschen, sodass wir von Magen-, Lungen-, Gefäß-, Gewebs-, Genital-, Seh-, Hör-, Bewegungs-, Entwicklungshunger usw., gruppiert von trophischem und genischem Hunger sprechen. – Lateinisch fames (Hunger) beschreibt ebenfalls die leere gegenständliche Anordung hinsichtlich der Gefühlsspezies, und zwar mit a nach Korrelationstyp 2, sofern a freudegefühlig ist, nach Korrelationstyp 1, sofern a an au (vergleiche faux, haud) oder o anklingt; vergleiche griechische Stammsilbe χα, χη in χάσκω, χαίνω – klaffe, gähne, χάρμα, χάος – Kluft, leerer Raum, χηρεύω – bin leer, beraubt, χηρόω – mache leer, χήρα – Witwe, sanskritische Wurzelsilben gha – klaffen, hā – verlassen, weichen, ferner griechische Wurzelsilbe φαγ in φαγεῖν – essen, sanskritische Wurzelsilbe bhaǵ – austeilen, zuteilen, genießen usw. – Die griechischen Wörter für Hunger, πεῖνα und λιμός, geben im betonten Vokal die Schwelle des Leeren an, bezeichnen also nicht eigentlich das Hungergefühl, sondern den Schmerz, der sich an den Hunger anschließt, die Entbehrung (vergleiche „Leere", „Pein": schmerzgefühlig).

Das Wort „*Angst*" gibt die Gefühlsspezies einer gegenständlichen Enge an. Mittelhochdeutsch angest, althochdeutsch angust, angi, engi, gotisch aggwus, lateinisch angor – Angst, angustus – eng, angustare, angere – beengen, angustiae – Engpass, Klemme, anguis – Schlange, angulus – Winkel, angina – Halsenge bei Mandelentzündung usw., griechisch ἄγχειν – schnüren, würgen usw. Das A ist hier wie das ng angstgefühlig, klingt an O oder E (Ängste, Enge) an, ist also auch schmerzhaltig, jedenfalls kein volles offenes, also freudegefühliges A; wird das A dennoch als freudegefühlig aufgefasst, dann beschreibt „Angst" nach Korrelationstyp 2 (vergleiche Angel, Gerades, das sich gebogen hat, Anker usw.). S ist schmerzlich wie das i in -gina (angina), während das u in -gustiae (angustiae) das Höhlenmäßige, -guis (anguis) die

Rundung, den Ring (ringeln, Schlinge) der Schlange als hunger-angst-schmerzgefühlig beschreibt.

Das Wort „*Schmerz*" beschreibt das Schwellenstadium des Übergangs, die Schwelle und ihre Veränderung (drehen, schneiden, scheiden usw.) hinsichtlich der Gefühlsspezies. Das Wort ist fast vollkommen schmerzgefühlig. Vergleiche mittelhochdeutsch smërze, althochdeutsch die smërza, gotisch smaírtan – in Weh versetzen, wehtun, ferner, mit Aphärese, merzen, ausmerzen, so viel wie ausscheiden, austilgen, zur Vernichtung auswählen, wozu März, früher Merze, mittelhochdeutsch merze, althochdeutsch marcëo – die Zeit der Auslese, der Frühlingskämpfe, die Zeit des Mars, des Kriegsgottes (mensis Martius), in der die zur (Pubertäts-)Probe herangereiften jungen Menschen sich auf Leben oder Tod zum Kampfe stellten, allerlei *Mar*-tern erdulden, *mor*-den oder ge-*mor*-det werden, lateinisch mordere – beißen, kränken, wehe tun, verletzen, brennen usw., griechisch σμέω, σμάω – reibe, streiche, schmiere (vergleiche „jemandem eine schmieren", mit Ruten streichen, reiben zu reifen, ein Geriebener usw., χρίω, χριστός, althochdeutsch smâhi – Schmach, Kleinheit, lateinisch macer usw.), σμερδαλέος – schrecklich, fürchterlich, grausig anzusehen, Wurzelsilbe smard, sanskritisch mard – aufreiben (eine Schar wird aufgerieben, also vernichtet), zerdrücken, und Wurzelsilbe smar – sich (der Tote) erinnern, gedenken (griechisch μάρ-τυς – Zeuge, Märtyrer, d. i. Verwundeter, Gemarterter usw., lateinisch me-mor-ia usw., ferner Wurzelsilbe mar – sterben, griechisch μαραίνω – lasse verwelken, μαρασμός – zehrende Krankheit, lateinisch mor-ior – sterbe, mors – Tod, mor-bus – Krankheit, unser marode usw.). Im „März" beginnt die „Natur" sich zu „erneuern", aus der Winterzeit geht der Frühling (vergleiche früh, frisch, Fro, Fricka, Frida, freien, Friedhof usw.) hervor – unter Wehen, unter Kämpfen, mit Sterben und neuem Leben; nicht bloß die Menschen, alle Wesen erleben da ihren Pubertätskampf („neues Leben blüht aus den Ruinen").

Das lateinische Wort für Schmerz ist dolor, Wurzelsilbe dol (dolare – behauen, spalten), del (delere – zerstören, vernichten); dolor beschreibt also nicht eigentlich den Schmerz, sondern die mit Schmerzen (del-, o abgelautetes e) entstehen-

de oder entstandene Öffnung (Spalte, Wunde) hinsichtlich der Gefühlsspezies, also die schmerzliche Angst. Ähnlich griechisch ὀδύνη und ὠδίς; ersteres wird zur Wurzelsilbe ἐδ – essen, fressen (ἔδω, sanskritisch ádmi, lateinisch edo, ὀδούς, (e)dens – Zahn) gestellt, beschreibt also diesen Vorgang wie jedes Beißen, Schneiden usw. hinsichtlich der Gefühlsspezies, also das „beißende, schneidende Gefühl" (wobei o die Öffnung, δ das Stück, υ die Höhle-Schwelle, νη die Schwelle malt); letzteres beschreibt zunächst die Wehen der Kreißenden, hinsichtlich der Gefühlsspezies als ängstlich-schmerzlich (klagendes ω und ι), dann jeden Angst-Schmerz (vergleiche δίς, lateinisch dis usw.). Dagegen beschreibt ἄλγος, ἀλγεδών, ἄλγημα das hervorgehende Männliche (α, determiniert mit λ und γ), das Männliche als sich durch die Schwelle drehend, windend, bohrend (vergleiche ὠδίς – Geburtsschmerz) hinsichtlich der Gefühlsspezies, die in den Wörtern mit η besonders als Schmerz angegeben wird, wie in den Wörtern ἀλγεινός – schmerzhaft, ἀλέγειν, ἀλεγίζειν – sich um etwas kümmern, ἀλεγύνειν – besorgen, ἀλέξειν – abwehren usw. mit ε; für λ steht das ebenfalls schmerzgefühlige ρ in ἀργαλέος – schmerzlich, vergleiche arg, Ärger usw.

Das Wort „*Trauer*" gehört wortbiologisch zu „trauern", dem Diminutiv-Frequentativum zu „trauen" (das r der Endung weist darauf hin, dass die Funktion als Reihe von Abschnitten abläuft, vergleiche flammen – flimmern, schlingen – schlingern, blinken – blinkern usw.). „Trauen" beschreibt funktionell mit tra das Männliche als schmerzgefühlig (r), als Stück, Abgetrenntes, mit u die Höhle, in die es eingeht, in der es sich befindet, somit das Männliche in dem auf das Schwellen- oder Schmerzstadium unmittelbar folgende Stadium – das ist eben das Trauerstadium: Das Gerade hat soeben die Schwelle passiert, ist so aus der Höhle aus- und in die andere eingetreten, „hinübergegangen", „eingegangen" (gestorben), hat sich ihr „anvertraut", ihr übergeben, ergeben, ist in sie hineingefallen, ihr verfallen, ist gefallen usw. (Trauung als Bezeichnung für die Eheschließung, Vertrauen als Bezeichnung des gegenseitigen „Gefallens" im genischen wie im trophischen Sinn, getäuschtes Vertrauen als Bezeichnung für das Hineingefallensein „auf" jemanden, der sich im Übrigen als „unpassend" erweist, fallen gleich sterben, vergleiche Liebestod). „Trauern" beschreibt dieses Stadium des Vorgangs, das stückweise Über- und Eingehen, diminutiv-iterativ, und zwar speziell hinsichtlich Gefühligkeit, Gefühlsspezies. Man kann das au hier als den „Trauervokal" ansehen. Im Mittelhochdeutschen und Althochdeutschen findet sich das a nicht: truwen, truren, druren, wozu althochdeutsch troran – gießen, schütten, tror – Blut (also so viel wie das Austretende), wohl aber im Gotischen trauan; vergleiche auch gotisch driusan – fallen, ferner Traufe, triefen, tropfen usw. Auch *Treue*, mittelhochdeutsch triuwe, althochdeutsch triwa, triuwa usw., gehört zur Familie; treu ist der/die Vertraute, nur wird in dem e des Diphthongs die schmerzliche Note des Stadiums nach dem Abschied oder auch die freudige Note (siehe unten) des vollzogenen Abschieds, der dem Freudestadium vorausgeht, angegeben (gotisch triggva – Vertrag, Bund, vergleiche tragen, ver-tragen). Die „*Reue*" dagegen beschreibt das Trauerstadium, aber auch das Freudestadium (F-reu-de) ausgeprägt schmerzlich (mittelhochdeutsch riuwe, riwe, althochdeutsch hriwâ, riwa, riuwa – Schmerz über Getanes), mit Angst vor den Folgen, eine Nuance des eu, die sich freilich optisch nicht darstellt. Zur Familie „trauen" gehört weiterhin „*Trost*" (gotisch trausti, altnordisch traust, althochdeutsch trost, drost); dieses Wort beschreibt den Ausgang der Trauer, den Beginn der Freude, eine Art Interferenz von Trauer und Freude, das o ist hier also freudenuancierter Trauervokal. – Lateinisch *tristitia,* ein ausgeprägt schmerzgefühliges Wort, malt das Trauerstadium als schmerzlich (auch im Lateinischen gibt es keinen eigentlichen Trauervokal). Ähnlich maestitia. – Griechisch πένϑος beschreibt ebenfalls das Trauerstadium als schmerzlich; Wurzelsilbe πεν, σπεν (πένομαι – arbeite, darbe, πενία – Armut, Mangel im Sinn von Getrenntsein vom Besitz, πονέω – arbeite, leide, πεῖνα – Hunger, σπάνις – Mangel, σπάω – ziehe, penuria – Mangel, patior – leide, πάϑος – etwa synonym mit πένϑος, dessen ε unter Eliminierung des ν zu angstgefühligem o in πόϑος – ängstlicher, dringender Wunsch, Sehnsucht – und zu freudegefühligem α in πάϑος – das erlittene, überstan-

dene Leid – ablautet, wie penuria, paene, pene, paenitet – es reut, tut leid – zu potis, potior und zu patior); auch griechisch wird der Traurige als leidend, schmerzfühlend, also hinsichtlich der Gefühlsspezies Schmerz beschrieben, nicht eigentlich als traurig, indem es einen optischen Trauervokal auch da nicht gibt. In potis, possum (pot-sum), potens, potestas usw. steht das o nach Korrelationstyp 1, 2 oder 3, wie in „groß", „Gott" usw. Vergleiche griechisch πόσις (πότις) – Gatte (Gatte mit Ablaut gleich Gott), δεσ-πότης – Herr, sanskritisch pátis – Gatte, Herr usw.; sanskritische Wurzelsilbe pa – schützen, erhalten (griechisch πάομαι – erwerbe, πέπαμαι – besitze, πατήρ, Πάν, böhmisch pan – Herr, πατέομαι – essen, erworbene Nahrung aufnehmen und so besitzen, sich essend erhalten, lateinisch pascor – füttere, lasse fressen, weide, „unterhalte", pastor – Hirt, Herr, panis – Brot, pater – Vater, der genisch und trophisch Potente, Mächtige, Zeuger und Ernährer, Erhalter) sowie sanskritische Wurzelsilbe path, panth – ausbreiten – in pathás – Pfad, Weg, das Langhingestreckte, Weithingebreitete, griechisch πατέω – trete, πάτος – Pfad, πόντος – Wasserstraße, Meer als Verbindung, lateinisch pons – Brücke, pando – breite aus, spreize, schreite, passus – Schritt (Klafter zu klaffen), äquivok mit passus vom hierher gehörigen patior – leide, dulde, bin Mühsalen, Gefahren, Verpflichtungen ausgesetzt, und zwar (a freudegefühlig) als Besitzer, Vater (pater), der sich und seine Habe, wozu auch Weib und Kind, verteidigt und in stetem Kampfe mehrt (erwirbt, ausbreitet, ursprünglich umherziehend, nomadisierend, später immerhin reisend, fahrend, sich „ins feindliche Leben" hinausbegebend), der lenkt und leitet und so der Leitende (pater) und der Leidende (patiens) ist.

Das Wort „*Freude*" gehört zu „freuen", das mit fre das Männliche als schmerzgefühlig, mit u die Höhle, in die das Männliche, Abgetrennte übergeht, angibt, also die Überschreitung der Schwelle, den Eintritt in die (neue) Umgebung als vollzogen, vollendet, vollbracht beschreibt – ähnlich wie reuen, treuen (betreuen), doch mit dem Unterschied, dass mit diesen Wörtern (besonders) das auf das Schwellenstadium unmittelbar, mit freuen das auf jenes mittelbar, nämlich über das Trauerstadium folgende (Freude-)Stadium des gesamten

Übergangs bezeichnet wird, also das Wort „freuen" mehr freudehaltig ist als reuen und treuen, ein Unterschied, den wir als biologische Tatsache anerkennen (das Trauergefühlige, also kurze Stück, ist mit trauen, reuen, treuen usw., das Freudegefühlige, also Lange, Gerade, Vollendete, mit freuen assoziiert); homolog lateinisch eu, griechisch εὐ. Vergleiche freien, befreien, so viel wie aus der Höhle (bisherigen Umgebung) herausholen, herausnehmen, lösen, trennen, über die Schwelle gehen lassen, somit in eine neue Umgebung aufnehmen, gotisch frijon, wozu frijonds, althochdeutsch friunt, mittelhochdeutsch vriunt, neuhochdeutsch Freund, althochdeutsch freidi, freidic, mittelhochdeutsch vreide, vreidic, älterneuhochdeutsch freidig, so viel wie abtrünnig (zu ab-trennen), kühn, verwegen, frei, freudig. Freude, mittelhochdeutsch vreude, vröude, althochdeutsch frewida, frawida, frowida, verwandt mit froh, Frau, Friede, frei, Friedhof (Freithof), Freier usw., bezeichnet also den Freien, Erlösten, Vollendeten hinsichtlich der Gefühlsspezies. Das hier stark freudehaltige eu, meist oi, oü, öü, mit weit geöffnetem Munde gesprochen, kann als ein spezieller Freudelaut, der optisch in Form des eu dargestellt wird, aufgefasst werden; der eigentliche Freudevokal ist ja A (in frawida usw.). Ohne Änderung des Tatbestandes kann das u im eu (wie im au des Wortes Trauer) auch als Bezeichnung nach Korrelationstyp 2, d.h. als Bezeichnung des (in die Höhle) Eingegangenen nach der Höhle, Umgebung gelten. Frei, Freier, freudig ist, wer die (Pubertäts-)Prüfung überstanden hat, das Werk vollbracht hat, gesättigt ist, und so auch noch den zurückgelegten (Arbeits-, Prüfungs-, Leidens-)Weg in seinen schmerzgefühligen Anteilen (Wunden, Narben usw.) präsentiert. – „Satt" ist ein männliches Wort, s schmerz-, a und tt freudegefühlig (tt auch trauergefühlig gleich Stücke), beschreibt das Erfüllt-, Vollsein, das Genughaben, das Voll-endetsein, also auch die männliche Gegenständlichkeit hinsichtlich der Gefühlsspezies, sofern satt, Sättigung, Sattheit synonym mit Freude gebraucht wird; vergleiche lateinisch satur – satt, voll, satis – genug, sattsam, recht, griechisch σάττειν – vollpacken, anfüllen, vollstopfen, sättigen usw. „Satt" zu Saat, säen usw.; wer die Pubertätsprobe bestanden hat, ist im Genischen wie im Trophischen ein Sämann,

hat Samen zur Saat, ist ein „Satan", „Saturnus" (Gott der Aussaat, zu serere – säen, pflanzen, hervorbringen, satus – gezeugt, geboren, entsprossen, „seiend", zur Wurzelsilbe se, sa). – Lateinisch *laetitia* – Freude – ist ganz ähnlich wie tristitia gebildet. Die Endung -itia malt reduplikativ die Schwelle-Abgrenzung als Kennzeichen der Gesamtheit eines Vorgangs, der hier hinsichtlich Gefühlsspezies beschrieben wird. Das ae ist schmerznuanciert freudegefühlig, der Schmerzgehalt malt wie im i die Schwelle, die überschritten werden muss, um zur Freude zu gelangen, und überschritten ist, sobald das Freudestadium erreicht ist; vergleiche die Verwandtschaft von laetari – sich freuen – und laedere – verletzen: Nur der „Lädierte" (Geschundene, Geriebene, Geschlagene, Verwundete, Gemarterte usw., kurz: Geprüfte – „prüfen" [probare] mit „prügeln" nah verwandt) kommt zur Freude, und der Freudige, der Sieger, Held usw. ist eben der Geschundene usw., der Verwundete und – mit Wundsekret – Gesalbte, der „Lädierte"; er kann nun auch säen und düngen, lateinisch laetare, ist selbst ein laetus – fruchtbar, freudig. – Auch für das η in griechisch γῆθος – Freude – gilt das vom lateinischen ae in laetitia Gesagte; hierzu γαίω – freue mich (vergleiche mundartlich „Fraide"), γάνος – Heiterkeit, Glanz, Wurzelsilbe γάϝ, γαυ (lateinisch gaudeo, gaudium), γα, γεν in γεννάω – zeuge, γαῖα, γῆ – Erde, Land (Gau), γύα – Saatfeld, sanskritisch ǵan (ǵánāmi) – zeuge, lateinisch genus, gigno usw; γῆθος beschreibt also das Hervorgebrachte und nun selbst Hervorbringende hinsichtlich Gefühlsspezies. Die Wörter χαρά, χάρμα – Freude („Charme") – malen das Schmerzliche in χ und ρ, das Freudige in α, Wurzelsilbe χαρ familienverwandt mit χερ in χείρ – Hand, sanskritisch har (ghar) – begehren, sich ergötzen und halten, nehmen, fassen; χαρά malt als das Freudestadium des Vor-gangs, hier des Begehrens, Nehmens, Erfassens, Haltens, mit schmerzlichen Determinanten, wie sie auch den übrigen Wörtern für „Freude" eigentümlich sind. – Diese Beispiele mögen genügen.

Beschreibung der Begriffe

Die adäquate Beschreibung der phänomenalen Begriffe ist die wortbegriffliche. Eine solche Reihe von Begriffen sind z.B. das phänomenalbegriffliche Individuum „Baum" und das wortbegriffliche Individuum „Baum" sowie alle anderen assoziierten Wortbegriffe, die zusammen die begriffliche Beschreibung des phänomenalbegrifflichen Individuums sind. Die Assoziation ist eine intraindividuelle: Vom phänomenalen Komplex gehen Passformen sub- und intrakortikal zum assoziierten phänomenologischen Komplex, strömen diesem also nicht von außen (extraindividual) über die sensorischen Empfangsapparate zu. Mit gegenständlichen Wörtern können streng genommen Begriffe überhaupt nicht beschrieben werden, sondern nur Gegenstände; diese können aber „aus der Erinnerung" beschrieben werden, d. h. es ist dann das gegenständliche Individuum nicht mehr aktuell, sondern das zugehörige Begriffsindividuum, von diesem modal-idealischen Komplex gehen die Passformen (extraindividual) zu den Wortzellen, wobei sich die idealischen Passformen zu sensorischen umwandeln (wie sie ja auch aus sensorischen oder auch sensilen entstanden sind).

Eine Beschreibung verläuft regelmäßig so, dass Aktualitäten des beschriebenen Komplexes interkurrieren; beim Beschreiben aus der Erinnerung interkurrieren also idealische Aktualitäten des Komplexes, von dem die Passformen, nicht bloß solche des idealischen Komplexes, sondern auch des unaktuell funktionierenden zugehörigen modalen Komplexes ausgehen. Beschreibe ich also mit gegenständlichen Wörtern aus der Erinnerung einen gewissen Baum, dann interkurrieren nicht modale Aktualitäten des phänomenalen Komplexes „Baum", sondern idealische: Ich stelle mir zwischen der Beschreibung immer wieder diesen oder jenen Teil des idealischen Komplexes „Baum", der zu dem gegenständlichen Komplex gehört, vor, schreibe den gegenständlichen Baum sozusagen aus der Erinnerung ab. Der Hauptanteil der hierbei in den beteiligten Reflexsystemen verkehrenden Passformen geht vom unaktuellen modalen Komplex aus, der geringere Anteil vom interkurrent aktuellen idealischen Komplex. Die Beschreibung aus der Erinnerung, die wir kurz und ungenau „Begriffsbeschreibung" nennen, geht also nach der grundsätzlich gleichen (indirekten) Methode vor sich wie die „Gefühlsbeschreibung", nur sind anstelle der sympathogenen Passformen entsprechend umgewandelte idealische („ideogene") Passformen beteiligt. Ganz und gar fallen übrigens die sympathogenen Passformen auch bei der Beschreibung aus der Erinnerung nicht aus, ihr Anteil ist aber geringer als bei der Beschreibung von Gegenständen oder gar von Gefühlen – wie wir ja auch die bei relativ hochentwickelter Begriffssphäre erfolgende Beschreibung als „besonnene", „überlegte" (im Gegensatz zum „impulsiven", „explosiven", „unüberlegten", „unbesonnenen" Gefühlsausdruck) bezeichnen.

Die phänomenalen Begriffe stehen zu „ihren" (d.h. den zum gleichen Reflexsystem gehörigen) Gegenständen im gleichen Verhältnis wie die Wortbegriffe zu ihren Wortgegenständen. Das Verhältnis ist in beiden Fällen ein genetisches: Der Begriff ist von seinem Gegenstand genetisch unterschieden. Die Anordnungen der Begriffe aber zu runden, geraden, gedrehten Reihen, die Zugehörigkeit zu den entsprechenden Gefühlsspezies (bei geringerem Gefühligkeitsgrad der Begriffe) ist durchweg die gleiche wie die der je entsprechenden Gegenstände; wir unterscheiden also weibliche und männliche phänomenale und phänomenologische Begriffsreihen wie Gegenstandsreihen (und Gefühlsreihen). Hierüber ist bereits ausführlich gehandelt. An dieser Stelle sei betont, dass die begrifflichen Buchstaben und Wörter den beschriebenen phänomenalen Begriffen genau so entsprechen wie die gegenständlichen Buchstaben und Wörter den phänomenalen Gegenständen, und ferner, dass diese Entsprechung auch für den Fall der begrifflichen Beschreibung von Gegenständen und für den Fall der gegenständlichen Beschreibung von Begriffen (also von Gegenständen aus der Erinnerung) gilt. Somit ist das in diesem Abschnitt über die gegenständliche Beschreibung der Gegenstände (und Gefühle) Gesagte auch für die Begriffsbeschreibung anzuwenden.

8.1.3 Die Wortklassen

Wie bereits in Abschnitt 2.3 dargelegt, setzt sich die Beschreibung aus Haupt-, Eigenschafts-, Zahl-, Für-, Zeit- oder Tätigkeitswörtern und den verschiedenen Arten von Partikeln zusammen und geben alle Wörter Eigenschaften und Funktionen des Beschriebenen an. Funktionen (Tätigkeiten, Wirkungen; „Wirkung" hier ohne kausale Bedeutung, sondern einfach synonym mit Tätigkeit; zu wirken, werken, Werk, ϝέργον usw., wirken etwa so viel wie „tun", aber mit Angabe des Schmerzstadiums: wir-ken) sind, mögen sie grammatikalisch als „aktive" oder „passive" unterschieden werden, vorwiegend koordinative Veränderungen, doch ändern sich niemals nur die koordinativen Symbolkomponenten der Aktualität, des Individuums, sondern immer auch, wenn auch zurücktretend, die übrigen Symbolkomponenten, es ändert sich überhaupt stets die Aktualität als Ganzes, auch hinsichtlich der Entwicklungshöhe, Helligkeit usw., kurz, mit der koordinativen Änderung im Sinn der Funktion ist stets auch eine gewisse eigenschaftliche Änderung verbunden, die sich in der speziellen Funktionsbezeichnung implicite phänomenologisch darstellt. Ebenso ist jede vorwiegend eigenschaftliche Veränderung mit einer gewissen koordinativen Veränderung verbunden, ist also ebenfalls Veränderung der Aktualität als eines Ganzen, aber eben eine vorwiegend eigenschaftliche. Die Eigenschaftswörter sind also implicite auch phänomenologische Entsprechungen von Funktionen, wie die Funktionswörter implicite von Eigenschaften, wobei im ersteren Fall die Funktion, im letzteren die Eigenschaft „Determinante" ist. Das *Hauptwort* stellt das Gesamt des so Bezeichneten symbolisch-phänomenologisch dar, derart, dass es – auch als Abstraktum – dem so Bezeichneten *konstitutiv* am nächsten steht, beschreibt übrigens stets auch die Reihe, das Objekt, als immer-anders, die Veränderung oder den Vorgang, Übergang, wie auch jedes Wort, je jeder Buchstabe selber eine Reihe ist. Auch alle übrigen Wörter geben Eigenschaften oder Funktionen, also Veränderungen, an und sind selber Reihen, sodass der Satz gilt: Alle Beschreibung ist Entwicklungsgeschichte, insofern nämlich die Reihe vollständiges oder unvollständiges Erlebnis ist und jedes vollständige Erlebnis sich aus dem Hunger-, dem Angst-, dem Schmerz-, dem Trauer- und dem Freudestadium zusammensetzt, jedes unvollständige Erlebnis aktuell aus einem oder mehreren dieser Stadien besteht, jedes Erlebnis also Teil oder Gesamt einer Entwicklung (Austritt des Geraden aus dem Runden) ist und auch so beschrieben wird.

Konstitution ist Zusammengesetztheit. Die optischen bzw. akustischen Buchstaben entsprechen koordinativ den grafischen bzw. phonetischen Muskelaktionen, somit der Koordinatik des Beschriebenen. Die Koordinatik der Aktualität, der Aktualitätenreihe, ist spezifisch; ein Rundes bzw. Gerades ist nicht mit einem anderen Runden bzw. Geraden identisch (die Aktualität ist nur mit sich selbst identisch). Die Koordinatik stimmt stets zum Gesamt und ist somit Kennzeichen der Konstitution. Demnach gibt der Buchstabe, die Buchstabenreihe mit der Koordinatik implicite die Konstitution des Beschriebenen an, und die konstitutive Entfernung zwischen Phänomen und seiner Beschreibung ist umso größer, je weniger genau (vollständig im Rahmen der Partialität aller Beschreibung) das Wort dem damit Bezeichneten entspricht. Dem Wort „Tor" ist nicht anzusehen, ob es ein hölzernes oder ein eisernes Tor beschreibt, aber das Wort „Tor" als Bezeichnung eines hölzernen Tores ist verschieden von dem Wort „Tor" als Bezeichnung eines eisernen Tores, und diese biologische Verschiedenheit stellt sich in der weiteren Beschreibung des einen und des anderen Tores heraus, z. B. in der adjektivischen Angabe „hölzern" bzw. „eisern" usw.; das Hauptwort ist biologisches Symbol der gesamten Beschreibung des beschriebenen Individuums.

Das Wort *groß* gibt eine Eigenschaft an (unbestimmte Zahl der die Reihe bildenden Aktualitäten), zugleich auch, aber zurücktretend, die koordinative Veränderung, die im Sinn der biologischen Symbolik an jeder der die phänomenale Reihe bildenden Aktualitäten teilhat, derart eben, dass die Reihe „groß" ist. Sowohl eine runde wie eine gerade Reihe kann „groß" sein und als „groß" beschrieben werden; die Koordinatik stimmt zur Gefühligkeit (Gefühlsspezies); indem eine weibliche oder eine männliche Reihe in der speziellen Weise, dass sie „groß" genannt wird, abläuft, ist die jeweilige Aktualität von der vorigen und der folgenden (mögen diese Aktualitäten der gleichen oder einer anderen Zelle sein) auch hinsichtlich der koordinativen Symbolkomponente verschieden, und eben diese koordinative Anderssein der jeweiligen Aktualität ist das Funktionelle. Dieses tritt freilich, wie gesagt, in der Angabe „groß" gegenüber dem Eigenschaftlichen (Anzahl der Aktualitäten und Gefühligkeit) zurück, während umgekehrt in dem Zeitwort „vergrößern" (groß machen, groß werden) mehr die Koordinatik, der Vorgang in dem speziellen, von der Anzahl und der Gefühligkeit der Aktualitäten determinierten Sinn angegeben wird. Beschreibt „groß" ein Weibliches, dann malt das o die Öffnung (Korrelationstyp 1), r und ss die Schwelle (Korrelationstyp 1 oder 2, im letzteren Fall Hinweis auf das aus dem o austretende Männliche, auf das auch das g hinweist). Beschreibt „groß" ein Männliches, dann liegen die Korrelationstypen vor, wie im Abschnitt 8.1.2 angegeben.

Das Zeitwort *„sehen"* gibt eine Funktion, also eine vorwiegend koordinative Veränderung an, und zwar eine spezifische und spezielle, d.h. eigenschaftlich dahin determinierte Funktion, dass eben nur das Auge diese Funktion ausübt, genauer: dass nur an einem (auch eigenschaftlich) bestimmten Komplex sich die „sehen" genannte Veränderung vollzieht. Es wird also mit „sehen" das Auge (die Augen) hinsichtlich der Funktion beschrieben, und zwar gibt das Verbum diese Funktion als schmerzgefühlig an, beschreibt das Schwellenstadium des Vorgangs, die eigenschaftlich bestimmte Schwelle (nämlich die des Auges) oder das sie Überschreitende funktionell: die Kontraktionen der obliquen Fasern der Augen (Drehbewegungen) und den Ein- oder Austritt der (gedrehten) „Strahlen". Die „Strahlen" sind die ein- und austretenden prämodalen, also phänomenal noch inexistenten, nur in der Beschreibung existenten optischen Passformenströme, sie sind nicht mit den Lichtstrahlen zu verwechseln oder zu identifizieren; diese setzen sich aus optischen Aktualitäten zusammen. Die phänomenale Entsprechung des Wortes „sehen" ist also nur das Auge als optisch-gegenständliche Reihe, und zwar werden speziell die zur spezifischen Funktion gehörenden Schmerzausdrucksbewegungen, die übrigens analog den Einstellungen des Mundes beim Aussprechen des Wortes „sehen" sind, angegeben. Das Imperfekt „sah" malt die Augenhöhle als erfüllt (a freudegefühlig, Korrelationstyp 2) oder das Erfüllende (Korrelationstyp 1), die spezifische Funktion als vollendet, ihr Freudestadium.

Nun lehrt die Erfahrung, also die häufige Beobachtung (Wiederkehr der gleichen Aktualitäten-

reihen), die entwicklungsmäßige Erweiterung und Vervielfältigung der Vergleiche und ihrer Beschreibung, schon frühzeitig, dass die spezifische Funktion nur bei (kurz gesagt) unversehrtem Auge möglich ist und dass zur Unversehrtheit auch die Zugehörigkeit des Auges zu dem „lebendigen" Organismus, dessen das Auge oder die Augen ein Teil (vergleiche Ge-sicht, πρός-ωπον), zu rechnen ist; „lebendig" heißt hier: der Organismus besteht als solcher, ist noch nicht aufgelöst („tot"), und ferner: Augenkrankheiten mit Beeinträchtigung der spezifischen Funktion sind hier unberücksichtigt geblieben. Später treten die einschlägigen anatomischen und physiologischen, zuletzt auch die psychobiologischen Tatsachen als Erweiterung des Komplexes „Auge" (Sehnerv, Sehzentrum, vitale Vorgänge in den optischen Reflexsystemen usw.) auf. Es ist klar, dass sich somit die eigenschaftlichen Determinanten der spezifischen „sehen" genannten Funktion vermehren und dass diese Vermehrung sich auch in der Beschreibung ausprägt, indem man nicht mehr bloß sagt „das Auge sieht", sondern „das Wesen, dessen das Auge oder die Augen ein Teil, sieht" und ferner die Tatsache, dass sich an einen gewissen optischen Gegenstand ein gewisses optisches „Erinnerungsbild", ein gewisser Begriff anschließt, ebenfalls mit dem Wort „sehen" funktionell bezeichnet, oft mit der genaueren Detaillierung „inneres Sehen" („innere Schau", vergleiche μύειν – die Augen schließen und nunmehr „innerlich", ja sogar „eigentlich sehen", „Seher sein", „eingeweiht sein") oder „gesehen haben" und nun „wissen" (der μύστης, der die „Mysterien", d.h. die Geheimnisse der Erwachsenen, der Eingeweihten kennen, also auch „sehen" lernen muss, auch die Sehprobe, die Probe, ob sein Auge die Bekanntschaft mit den Geheimnissen aushält – vergleiche z.B. den Jüngling von Sais, den Taucher, „da wurden ihre Augen aufgetan ..." usw. –, bestehen muss, gefährdet dabei sein Auge, wird vielleicht blind, geblendet, vergleiche Ödipus, Simson, Wotan usw., die Redewendung „ein Auge wende ich dran", „wenn du hinsiehst, wirst du blind" usw., vergleiche auch die neurotische Sehangst. Die ursprüngliche „mystische", magische Deutung der optischen Begrifflichkeit („inneren Schau") als „seelische Funktion", „Inspiration", „Geistigkeit" (vergleiche „Geistlichkeit") usw., die auch jetzt noch allgemein gang und gäbe ist, ersetzt die Psychobiologie durch die realische Beschreibung der biologischen Vorgänge im Nervensystem einschließlich Hirnrinde.

Die ganz analoge optische Erweiterung der eigenschaftlichen Determinanten der spezifischen Augenfunktion findet sich im Griechischen. Zu ὁράω (ich sehe) gibt es keinen Aorist, und zu dem Aorist εἶδον (ich sah) gibt es kein gebräuchliches Präsens, wohl aber hat das Perfekt οἶδα (ich habe gesehen) Präsensbedeutung, nämlich „ich weiß". Die Wurzelsilbe zu ἰδεῖν ist ἰδ, Ϝιδ, homolog zu sanskritisch vid – wissen – und lateinisch vid in videre – sehen, gotisch witan, althochdeutsch wizan, neuhochdeutsch wizzen – wissen. „Ich weiß" ist also so viel wie: „ich habe gesehen". So kommt es auch, dass sich ἰδεῖν wie sanskritisch vindámi mit „finden" übersetzen lässt, „ich finde etwas" ist so viel wie „ich habe es gesehen", das Sehen geht ins Finden über, wie es ins Wissen übergeht. Finden und wissen sind wie sehen vorwiegend schmerzgefühlig; finden und wissen sind Bezeichnungen von Funktionen, deren eigenschaftliche Determinanten zu einem sehr großen Teil mit denen der „sehen" genannten Funktion übereinstimmen und die sich an letztere anschließen.

Die spezifische Funktion des Auges vollzieht sich in Verlaufsweisen, die sich nach Gefühligkeit und gewissen eigenschaftlichen Determinanten mehr oder minder weit gehend voneinander unterscheiden; diesen zum Teil nur feinen Unterschieden entsprechen auch die Bezeichnungen dieser Funktionen. Es sei gleich hinzugefügt, dass auch viele andere spezifische Funktionen sich in verschiedenen Verlaufsweisen vollziehen und entsprechend beschrieben werden; unsere Erörterung der Augenfunktion und ihrer Beschreibung ist also nur ein Beispiel.

Eine solche Verlaufsweise ist die, die als „spähen" bezeichnet wird. Das ä steht für mittel- und althochdeutsch e (mittelhochdeutsch spehen, althochdeutsch spëhon); im Lateinischen findet sich homolog specere, spicere, im Griechischen σκοπός, σκώψ – Späher, σκεπειν, σκοπεῖσθαι – zweifelnd überlegen, optisch-begrifflich spähen (vergleiche „sehen" und „wissen"), im Sanskrit Wurzelsilbe spak, spaças – Späher, Wächter usw. Das a in der sanskritischen Wurzelsilbe betont das Freudestadium der Augenfunktion nach Korrelationstyp 1 oder 2, auch das Weithingestreckte des (spähenden) Blickes, oder aber, je nach der Aussprache, steht es für o als Angst-A (vergleiche das o in den griechischen Wörtern), würde dann das Ängstliche des (spähenden) Blickes malen. Das ε und das e in den griechischen und deutschen Wörtern ist dem e in „sehen" gleich. Das ä in „spähen" endlich malt entweder als freudenuanciertes e die Schwelle mit Hinweis auf den Erfolg oder das sie überschreitende Männliche, auf das auch das p (sowie das k der anderen genannten Wörter) hinweist – oder als schmerznuanciertes Freude-A (vergleiche sanskritisch spak) die Erfüllung mit Hinweis auf die Schwelle – oder als angstnuanciertes e (a ist dann Angst-A) die Schwelle mit Hinweis auf die ängstliche Nuance des (spähenden) Blickes, der also ängstlich in die Ferne gerichtet ist.

Eine andere Verlaufsweise ist die, die mit „blicken", nuanciert mit „(an)blitzen", „blinzeln", „linzen", „litzen" (Antlitz), „blinkern", („plinkern") beschrieben wird. Die i in der Wurzelsilbe betonen wiederum das Schmerzliche, das Schwellenstadium der Augenfunktion, mit mehr oder minder hoher Gefühligkeit (blinzeln, linzen, mit angstgefühligem n, so viel wie sehen aus engerer Augenspalte als beim Blitzen, Blicken). Die l, auch das zweite l in blinzeln (einem Frequentativum zu blinzen, linzen), geben das Gleitende, b gibt das Weich-stückweise-Vorbrechende, ck das Hart-Explosive, Plötzliche der Sehfunktion, ganz ähnlich wie tz (vergleiche Blitz), dessen z schmerzgefühlig ist, an (vergleiche Augenblick als kurzen Zeitabschnitt). Die i von blitzen, blicken, blinke(r)n sind oft etwas freudehaltig. – Lateinisch entspricht etwa nictari, griechisch βλέπειν; ferner δέρκεσθαι, das auch an „spähen" erinnert (δορκός – Gazelle, die vorsichtig, ängstlich Äugende), andererseits mit δράκων – Drache – familienverwandt ist, worin das α das Freudige (Helle, Leuchtende, Königliche, vergleiche Basiliskenblick, βασιλεύς – König) oder, je nach Aussprache, das Ängstliche, Schreckliche, Furchtbare des Blickes malt, wie sanskritisch darç.

Eine weitere Augenfunktion wird mit „schauen" beschrieben. Das „au" in diesem Wort malt mit dem u das Hungerstadium der Sehfunktion, das Au-ge als hungerweit offen, leer, als weite, leere Höhle, das Suchen des Blickes, der in weiter Runde schweift (auch wiederum mit Anwendung auf die Begrifflichkeit, vergleiche μύστης); in dem a Hinweis auf die sich anschließende Verengung, Einengung des Blickes als Angststadium (Angst-A) oder die Erfüllung des „leeren" Blickes, die als stückweise erfolgend (au als Diphthong trauerge-fühlig) oder als „Ganzes" (a freudegefühlig) be-zeichnet wird; vergleiche mittelhochdeutsch schouwen, schouen, althochdeutsch scouwôn, scouôn, scawôn, scowôn, scauwôn, gotisch skav-jan – vorsehen, in welchen Wörtern a und o vor u oder w wechseln und demgemäß die Gefühligkeit variiert. Lateinisch homolog cavere – vorsichtig sein, cautus, griechisch κοϝ in κοέω – merke, ϑυοσκόος – Opferschauer mit eigenschaftlichen Determinanten des begrifflichen (mystisch ge-deuteten) Schauens; von κοϝ, σκοϝ ist nur ein kleiner Schritt zu den erwähnten σκοπός usw. und Wurzelsilbe ὀπ, ὀκ in ὄψις – Gesicht, ὀπτήρ – Seher, ὀπή – Durchblick, Loch, ὀφϑαλμός – Au-ge, lateinisch oculus, in welchen Wörtern das o der Wurzelsilbe das Auge als Öffnung, das offene Auge, das Angststadium der Augenfunktion, das Vorsichtige dabei malt. Dagegen hat sanskritisch ak (ákshi – Auge) das angstnuancierte oder das freudige A, malt also mehr das ängstliche oder das freudig offene Auge, das Auge als erfüllte Öff-nung (Korrelationstyp 1 oder 2), als Öffnung, aus der etwas, nämlich „der Blick", austritt oder in die etwas, nämlich „der Strahl", eintritt (verglei-che ἀκτίς – Strahl, ἀκίς – Spitze, ἄκων – Wurf-speer, ἄκρις – Bergspitze, sanskritisch áçan – Schleuderstein, lateinisch acus, acuo, acer – mit Freude usw.). In sanskritisch īksh – blicken – be-tont das i wiederum das Schmerzstadium der Au-genfunktion, auch in īkshaṇam – Blick, Auge, während das Wort Auge mit Au die Höhle mit Hinweis auf die Öffnung (a angstgefühlig für o) oder das sie Erfüllende (a freudegefühlig) malt, wie au in schauen. Das sch des Wortes „schauen" determiniert das au als schmerzlich, weist auf die Schwelle hin. Mundartlich auch „schaugen" (bai-risch: Da schaugst hin!), worin das g wie in Auge das Trauerstadium, das Eben-aus- oder -eingetre-tensein des Männlichen in die Öffnung andeutet.

Den Wurzelsilben ὀκ, ὀπ stehen die Wurzel-silben ὀρ, ὀρ, ϝορ nahe in οὖρος – Wächter, Auf-seher, ὁράω (ἑώρακα usw.) – ich sehe, usw. Das o in ὀρ, determiniert vom Spiritus asper, malt die Augenöffnung, das Angststadium der Augenfunk-tion, das Vorsichtige, im engeren Kreise Umfas-sende und so Sorgliche, Hegende des Blickes, also die Augenbewegung als Angstausdruck, wie ὀπ und ὀκ (vergleiche Ohr, hören, Gehör, ὧς, οὖς usw.). Dass das o zu Hungernuancen neigt, also die weitere, leere Öffnung, das Suchen im weite-ren Kreise nuancemäßig mitmeint (vergleiche ὁρίζειν – abgrenzen, ὁρίζων – Horizont usw.), er-gibt sich aus der Form οὖρος, ἐπίουρος, φρουρός (προ-ορος) – Wächter, auch aus dem Spiritus as-per. Die zu ϝορ usw. homologen lateinischen For-men vereor, veritus usw. betonen die Schwelle, das Abgegrenzte und Abgrenzende des Blickes, sein Eindringen, Prüfen, Finden, auch mit Angst-nuancen; so ist vereri so viel wie ängstlich be-(ob)achten, scheu, furchtsam, ehrfürchtig anse-hen, (mit den Augen) verehren; vergleiche „der Angesehene", ein Wort, das auch im Deutschen den Charakter der Verehrung, Scheu hat, neben dem des weniger ängstlichen Erreichens mit dem Blick. ρ und r sind schmerzgefühlige Determinan-ten, malen die Abgrenzung, Schwelle. Der „Ange-sehene", „Verehrte" ist somit der mit dem Blick ängstlich Abgegrenzte, Umgebene, Erwählte („Ausersehene"), somit Behütete, Ge- oder Ver-wahrte, der Wahrgenommene, in Gewahrsam Ge-nommene (sozusagen damit er nicht aus den Au-gen schwindet, verschwindet, ihm nichts passiert, aber auch der Ansehende sich wahrt, sich hütet, vom Angesehenen nicht verlassen oder vernichtet wird); so ist regelmäßig, ja gesetzmäßig der Ange-sehene, Verehrte als besonders hochgefühlige Persönlichkeit der Herr, das Oberhaupt, der König, Fürst, Gott – und diese hohe Persönlichkeit wird geradezu in Form der Gefangenschaft behütet, verwahrt, auch nun wieder vor den Blicken der gemeinen (profanen) Untertanen, die noch nicht so weit entwickelt sind, dass sie den königlichen (göttlichen) Anblick ertragen könnten, die daran erblinden (sterben) würden, wie andererseits der mit den Augen „Erkannte" seinen mystischen Nimbus, seine dämonistische Autorität einbüßt und somit stirbt, vernichtet wird (hierfür zahlreiche Beispiele aus der Völkerkunde). – Lateinisch vērus bezeichnet den die (Pubertäts-)Schwelle Überschreitenden, den aus der Menge Herausgehenden, Herausgeforderten, Vorgezogenen, Ausgesonderten, (vergleiche di-ligere – lieben, so viel wie auslesen), den, „der es ist", den Seienden, Echten, Wahren (vergleiche sons, sonticus, präsens zu es-se), der sich bewährt hat (wer, er, Ehre); vērus benennt also nicht speziell die Augenfunktion, wiewohl die Auswahl, das „Ausersehen" zunächst mit den Augen erfolgt und der Wahre nun eben der „Angesehene" ist; es benennt aber wie vēreor die Schwelle, das Schmerzstadium des Übergangs. Vergleiche auch lateinisch vēr – Frühling, Schwelle vom Winter zum Sommer mit den Pubertätsprüfungen und somit Aussonderung, Ausmerzung der Reifen, Tauglichen von den Unreifen, Untauglichen usw.: ver sacrum – Frühlingsopfer, so viel wie das (die) im Pubertätskampf Fallende(n). Der nahen Verwandtschaft von vereor und verus entspricht im Deutschen die Konfluenz wahr, wahren, währen usw.

Im Sanskrit hat die homologe Wurzelsilbe var ebenfalls den Sinn von „die Götter verehrend ansehen", vratám – heilige Handlung, Gelübde, awestisch varena – Glaube. Im Deutschen entsprechen die Wörter wahren, gewähren, wahrnehmen, warten (aufwarten, Torwart gleich Torwächter) usw. mit dem Sinn „optisch erfassen, behüten, beachten" usw., dann auch – bei der Präponderanz des optischen Zentrums gegenüber den übrigen Zentren – „wahrnehmen überhaupt" (vergleiche ὁρᾶν – sehen und allgemein: wahrnehmen, auch ἀκούειν – hören – zur Wurzelsilbe κοϝ); auch „wesen", „war", „Ware", „wahr" gehören zur Sippe. (So ergibt sich auch aus diesen sprachbiologischen Zusammenhängen die psychobiologische Erkenntnis: Das Seiende, die Aktualität, das Objekt, das Wahrgenommene ist das Wahre; eine Wahrheit darüber hinaus, über die menschliche Wahrheit hinaus [transzendental usw.] anzunehmen, ist Fiktion.) – Das a in den Wurzelsilben dieser Wörter beschreibt die Augenfunktion als vollendet, als vollbracht, das Freudestadium, das Erfülltsein „des Auges", die Größe des Anblicks, den Blick als freudig, das Auge freudig geöffnet – im Gegensatz zu vereor usw., das die angstnuancierte Scheu (schauen – scheuen!) betont.

Eine andere Verlaufsweise der Augenfunktion wird mit „lugen" beschrieben. Das u malt das Hungerstadium, die weite, leere Augenhöhle, das Suchen „mit den Augen", vergleiche „schauen". Mittelhochdeutsch luogen, althochdeutsch luoken geben im o die Öffnung der mit u bezeichneten Höhle an, sozusagen das Loch, durch das der Blick austritt (vergleiche „Sehloch" für die Irisöffnung; vergleiche Pupille, pupilla – kleines Mädchen, griechisch κόρη). Hierzu englisch look. Schweizerisch luegen gibt mit e die Augenschwelle an. Lugen gehört zu einer Sippe mit Luch, Loch, Lücke, Lüge, Loki, Luft, Licht, leuchten, Leiche, -lich usw. Griechisch λεύσσω – sehe, λύχνος – Leuchte, λευκός – weiß (b-leich) usw.; zu ευ siehe „Freude". Sanskritisch lōk – sehen, erwägen („sinnen" gemäß der Präponderanz des optischen Zentrums, vergleiche auch „wissen"), lōkʹanam – Auge. Lateinisch lux, luceo, lucus (Lichtung), luna (lucna, lucina), lumen usw. Gotisch liuhath, althochdeutsch lioth – Licht.

Genug der Beispiele. Sie zeigen, dass die einzelnen Verlaufsweisen einer Funktion auch verschieden, nämlich gemäß der phänomenalen Besonderheit bezeichnet werden und dass die verbale Beschreibung implicite immer auch eigenschaftliche Determinanten, also die Funktion und die mit ihr verbundenen eigenschaftlichen Veränderungen des Beschriebenen angibt. Die *Genauigkeit* dieser phänomenal-phänomenologischen Entsprechungen sei besonders hervorgehoben; sie wird uns nur verständlich bei Kenntnis der biologischen Mechanismen, wie sie die Psychobiologie entdeckt und zuerst beschrieben hat.

Die Genauigkeit der Entsprechung findet sich auch in der *hauptwortlichen Beschreibung*. Wie gesagt, steht das Hauptwort (das doch „Hauptwort" im Gegensatz zu den „Nebenwörtern" heißt) dem damit Beschriebenen konstitutiv am nächsten; die Hauptwortzellen erhalten also von allen oder doch den meisten Stellen des Beschriebenen her – im Sinn der biologischen Partialität der Beschreibung – ihre Passformen, und zwar in der Relation, wie sich auch im phänomenalen Komplex vorliegt. Die anderen zur Beschreibung eines Individuums gehörenden Wortzellen erhalten dagegen ihre Passformen nicht von allen oder den meisten Stellen des Beschriebenen her, also auch nicht in der phänomenalen Relation, sind somit konstitutiv entfernter vom phänomenalen Individuum. Auch in den Fällen, in denen gewisse Buchstabenreihen z.B. eines Eigenschaftswortes mit denen des zugehörigen Hauptwortes übereinstimmen, besteht dennoch die größere konstitutive Entfernung des Eigenschaftswortes, wie sich besonders auffällig an den differenten Buchstaben, an Endungen usw., kurz, an den Eigentümlichkeiten, die das Eigenschaftswort als solches kennzeichnen, offenbart; auch „gleiche" Buchstaben sind „verschieden", je nachdem sie einem Haupt- oder einem Nebenwort angehören, nur ist diese Verschiedenheit im Allgemeinen derart, dass sie beim gewöhnlichen Vergleich unbemerkt bleibt und sich erst der psychobiologischen Analyse erschließt. Vom hauptwortlichen Zellkomplex führen, sozusagen wie von einer Zentrale aus, Assoziationen zu allen anderen zur Beschreibung eines Individuums (als eines solchen) gehörigen Wortzellen, d.h. es schließen sich an das Hauptwort alle möglichen Eigenschafts-, Zeitwörter usw. an, die zur Beschreibung eines hauptwortlich bezeichneten Individuums gehören, der hauptwortliche Zellkomplex ist so konstituiert, dass sich von da aus Passformen zu all den Wortzellen bewegen, deren Aktualitäten zur Beschreibung des hauptwortlich Bezeichneten gehören, sodass eine gewisse Wortreihe abläuft. Die Hauptmenge der beteiligten Passformen strömt beim modalen Beschreiben freilich auf extraindividualem Weg, über die sensorischen Fasern zu, aber diese Passformen stimmen zu (sind nächstverwandt mit) den vom hauptwortlichen Zellkomplex zuströmenden; eben darin besteht der Zusammenhang, gemäß dem die Beschreibung des einen Individuums sich von der eines anderen unterscheidet, auch falls beide Beschreibungen teilweise übereinstimmen, „gleichlauten".

In diesem Sinn rechnen zur Beschreibung eines Individuums nicht die Beschreibungen assoziierter Individuen, z.B. zur Beschreibung einer Bank nicht die Beschreibung der Nägel, des Holzes, des Sägewerks, aus dem das Holz bezogen worden ist, usw. Die zu einem größeren Komplex gehörenden Einzelindividuen und ihre Beschreibungen sind zwar miteinander assoziiert, aber doch eben als phänomenale und phänomenologische Individu-

en „abgegrenzt". Das Hauptwort ist die Summe, die biologische Einheit (Zusammenfassung) aller zur Beschreibung des mit dem Hauptwort Bezeichneten gehörigen Wörter, gibt somit im Sinn der biologischen Symbolik sämtliche Eigenschaften und Funktionen des Beschriebenen an. Unter den Hauptwörtern, die das gleiche phänomenale Individuum bezeichnen, bestehen aber Unterschiede hinsichtlich der konstitutiven Entfernung vom Beschriebenen; sie nähern sich bald mehr Funktions-, bald mehr Eigenschaftbezeichnungen, ja viele Hauptwörter sind substantivierte Zeit- oder Eigenschaftswörter. In jedem Fall aber steht das Hauptwort dem Beschriebenen konstitutiv näher als ein anderes zur Beschreibung gehöriges Wort. Hierfür nur ein Beispiel.

Pferd ist eine substantivische Bezeichnung für die einer gewissen Säugetiergruppe angehörenden Individuen. Zu jedem dieser Individuen ist das „Pferd" eine konstitutiv ganz nahe stehende Entsprechung; nur *dieses* Individuum *ist* und *heißt* Pferd, das Wort „Pferd" ist eine biologische Zusammenfassung aller Eigenschaften und Funktionen dieses Individuums, somit auch jedes Individuums, das „seinesgleichen" ist. „Pferd" ist ein männliches, und zwar vorwiegend schmerzgefühliges Wort; es beschreibt das sogenannte Individuum (nach Korrelationstyp 1) als das die Schwelle, die Stelle, die Grenze (er) ständig (langes e) hüpfend (pf, griechisch ἵππος) überschreitende (erd), dahinschreitende, passierende (passieren, Passagier, passus – Schritt, schreiten, so viel wie die Stelle wechseln, eine Grenze setzen und sich über sie bewegen, wobei eine neue Grenze, Abgrenzung gesetzt wird, vergleiche schreiten – reiten), den Weg dahinziehende, aber dieses Dahinziehen ist ein spezifisches, in dem Wort Pferd wird nicht bloß das Dahinziehen, Sich-Bewegen allgemein, nicht irgendein Dahinziehendes bezeichnet, sondern ein von jedem anderen Dahinziehen, Dahinziehenden, wenn auch nur nuancemäßig unterschiedenes, also spezifisches, das also noch in anderen Wörtern beschrieben und so weiterhin, im Einzelnen unterschieden wird – in solchen Wörtern, die im Sinn der biologischen Symbolik das Wort „Pferd" einheitlich darstellt.

Die historische Etymologie leitet „Pferd", mittelhochdeutsch pherit, pferit, althochdeutsch pherit von althochdeutsch párafrid und dieses von paraveredus (im 5. Jahrhundert), das aus παρά – neben, bei – und lateinisch veredus – (leichtes) Pferd –, ab, sodass paraveredus so viel wie Neben-, Beipferd, „zum Dienst auf Nebenlinien bestimmtes Postpferd" (Walde, Lateinisches etymologisches Wörterbuch, S. 820) bedeute. Das lateinische veredus wird weiterhin von βερέθος, βέραιθος, persisch Berd, sanskritisch bar – tragen – abgeleitet und heißt so viel wie Tragtier – oder von gallisch voredus, kymrisch gorwydd, das mit gallisch-lateinisch reda, raeda – vierrädriger Reisewagen (redarius, epiredium, althochdeutsch ritan – reiten, fahren, reita – Wagen, lateinisch rota – Rad usw.) und ve- als Rest von vehere – fahren – in Verbindung gebracht wird; Stowasser hält veredus wie burdus, burdo – Maultier – für entlehnt aus hebräisch phered – Reittier, Pferd, Maulesel usw. (Zu burdo vergleiche βερέθος und sanskritisch bar – tragen, Bürde, also Maulesel so viel wie Tragtier.) Meines Erachtens *braucht* Pferd kein Fremdwort zu sein; dem paraveredus entspricht althochdeutsch parafrid, mittelhochdeutsch parafredus, parafridus, parēdrus, nicht aber pherit, pferit, Pferd, das sonach lediglich als Homologon zu veredus usw. gelten kann.

Eine andere substantivische Bezeichnung für dieser Säugetiergruppe angehörende Individuen ist das Wort „*Ross*". Aber nicht jedes Pferd ist ein Ross; mit Ross bezeichnen wir eher ein edles, hohes Pferd, ein Streitross (englisch horse). Das o malt direkt das Hohe (wie in „hoch" selber, in „groß", „Gott" usw.), besonders nach Korrelationstyp 3: Ross so viel wie das sich bäumende und so, wie auch mit Nüstern und Maul, drohende, furchtbare Tier (o angstgefühlig), das „große Tier" (Totemtier!); r und ss schmerzgefühlige Determinanten. (Vergleiche „Gaul", mittelhochdeutsch gûl – Ungeheuer, erst vom Eber, dann vom 15. Jahrhundert an vom Pferd, verwandt mit „geil" – kräftig, mutwillig, geschlechtslustig; Gaul als Beschäler, die Gule – [alb]drückendes, „reitendes" Nachtgespenst.) Das Wort „Ross" steht also gewissen Individuen konstitutiv näher als das Wort „Pferd", doch sind alle Rosse Pferde, und es besteht in der konstitutiven Entfernung beider Wörter von den so bezeichneten Individuen nur ein geringer, jedenfalls innerhalb der für die Substantiva geltenden Variationsbreite liegender Unterschied. Auch das Wort „Ross" bezeichnet nicht ein beliebiges Wesen, das sich bäumt, schnaubt und schnappt, sondern ein eigenschaftlich und funktionell bestimmtes Individuum; an das Wort „Ross" schließen sich ganz bestimmte Wörter an, die die Eigenschaften und Funktionen, deren biologische Einheit das mit „Ross" hauptwortlich bezeichnete Individuum ist, im Einzelnen herausstellen, und das Wort „Ross" ist eben die biologische Einheit aller dieser Wörter. Zu „Ross" gehören als wortverwandt „reiten", „Reiter", „Reisige", „reisen", „reißen" usw., Wörter, die spezifische Bewegungen angeben, die auch das Wort „Ross" implicite angibt und die nur in Nuancen von denen verschieden sind, die das Wort „Pferd" implicite angibt (vergleiche „reiten" – „sch-reiten"). „Reiten" ist vorwiegend schmerzgefühlig, so viel wie „über die Schwelle gehen", malt also das Schmerz-, Trennungs-, Schwellenstadium einer Funktion, wie „reisen", „reißen", „reizen", „ritzen" (englisch to write – ritzen, schreiben, vergleiche kritzeln) usw.; mit „reiten", althochdeutsch rîtan, mittelhochdeutsch rîten, mitteldeutsch rîden, wurde die Bewegung sowohl zu Pferde wie zu Wagen, zu Schiff bezeichnet (vergleiche „sch-reiten"); später gibt es nur noch die Bewegung zu Pferde, die des Reiters, Ritters an. Das „Ross" ist also ein „Reitpferd", das „reiten" ist in „Ross" implicite angegeben; der konstitutive Unterschied von „Pferd", allerdings gering, ist offenkundig.

Die fast gleiche konstitutive Entfernung vom so bezeichneten Individuum wie dem Wort „Ross" kommt dem Wort „*Renner*" zu. Nicht jedes Pferd ist ein Renner, wie viele Reitpferde Rosse sind. Das „Ross" ist mehr ein hohes, gewaltiges, furchtbares, der Renner mehr ein flüchtiges, flinkes, aber auch edles Pferd. Auch „Renner" ist ein schmerzgefühliges Wort, das Doppel-n malt wie das kurze e das „Kurzwellige" der Bewegung (vergleiche rennen – rinnen). Auch noch andere Individuen rennen, aber sie sind keine Renner; mit Renner werden eben nur ein bestimmtes Pferd und seinesgleichen beschrieben, und das Wort gibt nicht bloß an, dass das Pferd rennt, sondern dass es eine ganz bestimmte Konstitution hat, eben die, der die Konstitution des Wortes „Renner" ganz nahe steht. Nicht jedes Pferd, das rennt, ist ein Renner, ein Rennpferd. Im Mittelhochdeutschen war „rennen" so viel wie „im Kampfe heftig, stürmisch anreiten", und im 11./12. Jahrhundert war der Renner auch das junge männliche Pferd als Geschlechtswesen, der Springhengst, Beschäler, der im Liebeskampf mit der Stute stürmisch „anreitende" Hengst.

Genische Substantiva, die konstitutiv den „Pferde" genannten Individuen ganz nahe stehen, sind *Mähre, Stute, Hengst. Mähre,* mittelhochdeutsch die merhe, merche, das march, althochdeutsch die mérihâ, merichâ, merhâ, marhe, meria aus ursprünglich marahia, das marach, altkeltisch marka – Pferd usw. Mähre (eigentlich Märe) beschreibt das so bezeichnete Individuum im ä, dem schmerzhaltigen a, nach Korrelationstyp 2 genisch als die (mit Samen, Kind) Erfüllbare, Erfüllte, die Gebärerin; vergleiche die historisch-etymologische Ableitung des Wortes „Pferd" von awestisch bar – tragen im trophischen Sinn (eine Last tragen) und im genischen Sinn (trächtig sein). Das M in Mähre malt die Höhle, re die Schwelle des weiblichen Genitales. Die alten Formen marahia usw. geben ebenfalls nach Korrelationstyp 2 das erfüllende Männliche an, die Formen mit e in der Wurzelsilbe nach Korrelationstyp 1 oder 2 die Schwelle (vergleiche Anschwellung der Schwangeren), den Schmerz (des Gebärens). Mähre ist also so viel wie Pferdemutter oder Mutterpferd, auch so viel wie altes, elendes Pferd, etwa altes, verbrauchtes Pferdemütterchen. Im Altenburgischen: Marche gleich (Menschen-)Mutter in altertümlicher (Pubertäts-)Tracht (vergleiche auch Marje). Mähre verwandt mit mähren, so viel wie mischen (Mährte so viel wie Gemischtes, Zerteiltes, auch Schlamm als aus Wasser und Erde Gemischtes, Kot, französisch merde, vergleiche Moor usw.), mischen trophisch, aber auch genisch (wie lateinisch miscere, griechisch μ(ε)ιγνύναι). „Mähren" ferner so viel wie Worte mischen, durcheinander erzählen, quatschen, hierzu Märe, Mär, Märchen, so viel wie Erzählung wunderbarer Begebenheiten, wobei das „Wunder" (Wunde, verwunden, überwunden, wundern) immer der wundenreiche Pubertätskampf, das dämonistisch gedeutete Heldenstück, das Mutterwunder (Muttergotteswunder: *das* Kind ist „Gott", Christus),

die Geburt, „das Mütterliche" ist, das der Primitive nicht begreift; vergleiche althochdeutsch mâri, mâre, mittelhochdeutsch maere usw., so viel wie hehr, ruhmreich, berühmt, wovon man Wunderdinge erzählt. Auch der Mahr gehört zur Familie, der Alb, das drückende Nachtgespenst, Maskulinum zu Mahre, das a freudegefühlig mit Angstgehalt, der gewaltige, zaubermächtige, gefährliche Nachtfahre, im Germanischen als Pferd, Teufel mit dem Pferdefuß (vergleiche Wotans Heer gleich wütendes Heer, Walkürenritt, Pferd als altgermanisches Totemtier, Pferdeopfer usw.). Hierzu Homologe in der sanskritischen Wurzelsilbe mar (márāmi) – sterben, marás – Tod usw., griechische Wurzelsilbe μερ (μορ, μαρ) in μαραίνω – mache verwelken, μαρασμός – Verwelken, Verdorren usw., lateinisch morior – sterbe, mors – Tod, morbus – Krankheit, mordere – beißen, französisch marode – krank, entkräftet, geschlagen (ausgeplündert), maroder – plündern, mordbrennen, maraud – Taugenichts (Geplünderter und Plünderer) usw., hierzu unser Mord, auch provinziell „abmarachen", das sich direkt an althochdeutsch marach anschließt und so viel wie sich oder einen anderen bis zur Entkräftung hetzen, quälen, antreiben ist, wie man ein Pferd trophisch und genisch (bei der Zucht) bis zur Erschöpfung ausnutzt, so lange, bis es eine alte Mähre, eine Schindmähre geworden ist.

Ebenso wie Mähre beschreibt *Stute* nicht ein beliebiges weibliches (gleich superfeminines) Individuum, sondern ein ganz bestimmtes, und eben dieses wird mit Mähre oder Stute und nicht irgendwie anders bezeichnet: Beides, das phänomenale Individuum und „sein" Hauptwort, stehen sich konstitutiv ganz nahe. Das Wort „Stute", mittel- und althochdeutsch die stuot, ursprünglich wahrscheinlich das stuot (vergleiche angelsächsisch das stôd, altnordisch das stod), bezeichnet eigentlich eine Mehrzahl von Zuchtpferden, ist also so viel wie das Gestüt, vielleicht auch der abgeschlossene Raum (Koppel, Gestänge, Stall, Stelle), in dem die Zuchtpferde untergebracht waren und die Begattung vor sich ging. Das u und uo oder o malen die weitere oder engere Rundung, den Bezirk, st und t oder d geben determinierend die Umgrenzung, die Schwelle, das Gattertor an. „stuot" ist familienverwandt mit alt- und mittelhochdeutsch „stat", neuhochdeutsch Statt, Stätte, Stadt, und beschreibt das gleiche als leeres Rund, was „stat" als gefülltes Rund (a freudegefühlig) beschreibt. Dieser so bezeichnete Raum ist die „Stätte", wo sich der Pubertätskampf der Pferde abspielt, wie man ja auch die heiligen Bezirke, innerhalb deren sich die menschlichen Pubertätskämpfe vollziehen, als Kampfstätte, Walstatt, Bettstatt, Schädelstätte usw. bezeichnet. Es ist die Stelle (Gestell als Umzäunung), wo sich die Pferde zum Liebeskampfe „stellen", wo sie sich begatten (vergleiche Gatter, Gattung, Gatte usw.). Der Springhengst wird in „die stuot" eingelassen, wie der Mann ins „Frauenzimmer", und wie wir die Frau gelegentlich auch noch als Frauenzimmer (nach ihrer Kemenate) bezeichnen, so nennen wir allgemein auch das weibliche Pferd nach der „stuot" eine Stute. Auf weitere Verwandtschaften, z. B. zu „stoßen" (mittelhochdeutsch stôzen, althochdeutsch stôzan, gotisch stáutan, altniederdeutsch stôtan usw.), „stehen", „stechen", „stutzen" (beschneiden) und andere genische Wörter will ich hier nicht eingehen. Diese Wörter lassen erkennen, dass die Bezeichnung „Stute" keine „übertragene" zu sein braucht, sondern Korrelationstyp 1 entsprechen (u malt die Höhle, das Weibliche wie in „Mutter" usw.), also einfach das weibliche, „mannbare" Pferd als solches angeben kann. Dass im Alt- und Mittelhochdeutschen „stuot" eine Herde solcher Tiere bezeichnet, besagt nichts dagegen; wir gebrauchen auch andere Wörter als Einzel- und Gruppenbezeichnungen, z. B. Vieh, Wild und ganz allgemein, indem mit der Betonung des Artikels ein Individuum als Präsentant der Gruppe beschrieben wird, z. B. *der* Mann, so viel wie alle Männer, *der* Hirsch, so viel wie alle Hirsche usw. So kann sehr wohl „die stuot" für die ganze Herde stehen. „Das Gestüt" ist dann so gebildet wie z. B. „das Getier". Fassen wir die Bezeichnung „Stute" als übertragen auf, dann steht sie nach Korrelationstyp 2: Das Erfüllende, hier die Herde der weiblichen Pferde, wird nach der umgebenden Rundung, hier der „Stätte", „Stelle", „Umzäunung", bezeichnet, das Erfüllende ist in seiner Gesamtheit also männlich, obwohl es sich aus weiblichen Wesen zusammensetzt – männlich im Verhältnis zur weiblichen Umrandung. Wir sagen ja auch „eine Koppel Pferde" oder

auch „Koppel" als Bezeichnung für das Gestänge und die darin befindliche Schar Pferde sowie für diese Schar allein; „Koppel" (lateinisch copula) übrigens zu koppeln, kuppeln, so viel wie verbinden (coniungere, coniux), auch im genischen Sinn, also ist „Koppel" etwa sinngleich mit „stuot", „Statt" als Ort der Pferdezucht. – Auch in den Fällen des Korrelationstyps 2 und 3 steht das Hauptwort dem damit Beschriebenen konstitutiv näher als die zugehörigen Nebenwörter; zu einem gewissen Weiblichen kann immer nur ein gewisses Männliches passen, ein im Sinn dieses Gegensatzes konstitutiv Passrechtes.

Das Wort „*Hengst*" steht konstitutiv ganz nahe einem gewissen, eigenschaftlich und funktionell bestimmten Individuum, das man auch als „männliches Pferd" bezeichnet, sowie seinesgleichen. Das Wort „Hengst" ist die biologische Einheit aller zur Beschreibung dieses Individuums gehörigen Nebenwörter. „Hengst" ist ebenfalls (wie Mähre, Stute) ein genisches Wort. Ein Hengst ist ein männliches Pferd als begattungsfähig und begattend. Aber nicht jedes begattungsfähige männliche Individuum ist und heißt „Hengst", sondern nur eben ein ganz bestimmtes. Einen männlichen Hund usw. wird man niemals „Hengst" nennen; nur einen begattungseifrigen Mann bezeichnet man manchmal scherzhaft gemäß der Konfluenz der Beschreibung auch als Hengst, wobei wir aber wissen, dass es sich da um einen Vergleich mit einem Hengst handelt. Vergleiche z. B. Hengist und Horsa, die Führer der Angelsachsen, bei ihrem Zug nach England (Land der Angeln); Benennung nach der Vater-, Führerschaft gemäß dem Totemtier. Horsa, englisch horse, gleich Ross (mit Versetzung des r, wie mittelhochdeutsch ros und ors, altfriesisch hors usw.). In dieser genauen Entsprechung des phänomenalen Individuums und „seines" Hauptwortes zeigt sich eben die konstitutive Nähe. Das Wort „Hengst" ist angsthaltig-schmerzgefühlig, das so bezeichnete Individuum wird als im Angst- und Schmerzstadium des Liebesaktes befindlich beschrieben: Das männliche Pferd „engt" die Stute ein, d. h. verfolgt, bedrängt sie, treibt sie in die Enge, bis sie nicht mehr entweichen kann, schlägt seine Vorderbeine um ihre Flanken (bespringt sie), drängt, stößt ihr den Penis in die Scheide, in die Enge – dieser Teil des Geschlechtsaktes, das von beiden Partnern erlebte Angst- und Schmerzstadium, stellt sich in der hauptwortlichen Bezeichnung des männlichen Partners dar.

Mit dem Hauptwort wird ersichtlich nicht bloß *eine* Funktion oder Eigenschaft angegeben, wie mit den einzelnen Funktions- oder Eigenschaftswörtern, sondern es entspricht konstitutiv dem phänomenalen Individuum in seiner Gesamtheit – konstitutiv, das heißt unbeschadet der Partialität der Beschreibung, die auch für die Hauptwörter gilt. „Der Renner" ist nicht bloß Angabe einer Funktion, nämlich „rennen". Viele und verschiedenartige Individuen rennen, aber ein Renner ist immer bloß ein Pferd. (Nicht einmal „das Ren(n)tier", eigentlich das Ren(n), schwedisch der ren, altnordisch der hreinn, angelsächsisch hrân, ein Wort, das meines Erachtens trotz der gegenteiligen Auffassung der Etymologen zu „rennen" gehört und jene Hirschart als die flinke, auch vor dem Schlitten rasch sich bewegende, eben rennende, kennzeichnet, nennt man gemeinhin „Renner", doch ist „ren" usw. unserem „Renner" gleichzusetzen, d.h. im Nordischen, wo es Pferde als „Renner" nicht gibt, wird jene Hirschart mit dem fast gleichen Wort bezeichnet, und dieses steht konstitutiv der Hirschart so nahe wie bei uns „Renner" dem damit bezeichneten Pferd.) Viele Individuen „bespringen", aber ein ganz bestimmter Bespringer ist und heißt „Hengst". Die einzelnen Funktionsbezeichnungen sind also konstitutiv vom so beschriebenen phänomenalen Individuum weiter entfernt als das Hauptwort. Dies gilt auch für die Eigenschaftswörter: Auch sie stellen Einzelheiten heraus, deren jede zwar im Sinn der biologischen Symbolik das Gesamt „involviert", aber doch eben konstitutiv vom phänomenalen Individuum weiter entfernt, ihm konstitutiv weniger ähnlich sind als die Hauptwörter, auch als die substantivierten Eigenschaftswörter. Viele Individuen sind rot, aber sobald wir ein Individuum als „das Rote", meist in Zusammensetzungen wie Rotbuche, Rotwild, Rotspon usw., oder als „die Röte" („Rötung") bezeichnen, wird damit mehr gesagt als mit der eigenschaftswortlichen Bezeichnung „rot" (die Buche, der Hirsch, der Wein, die Haut, der Himmel ist rot, sieht rot aus), es wird das „Wesentliche", die *Haupt*sache,

d.h. eben das Gesamt hinsichtlich der Konstitution mit dem *Haupt*wort „wiedergegeben". Viele Individuen sind warm, aber mit der hauptwortlichen Bezeichnung „das Warme" und „die Wärme" ist sehr viel mehr gesagt als mit dem Eigenschaftswort.

Nicht selten sind die Hauptwörter Zusammensetzungen aus einem Haupt- mit einem anderen Haupt- oder einem Tätigkeits- oder einem Eigenschaftswort. In diesen Fällen steht diese Zusammensetzung dem damit Bezeichneten konstitutiv am nächsten. Einem bestimmten Baum (und seinesgleichen) steht das Hauptwort „Apfelbaum" konstitutiv näher als das Hauptwort „Baum", aber auch dieses Hauptwort steht jenem Individuum immer noch konstitutiv näher, ist ihm ähnlicher, als ein zu seiner Beschreibung gehörendes Nebenwort. Ein Apfelbaum ist von einem Pflaumenbaum unterschieden, aber beide sind Bäume.

Konstitutiv dem Beschriebenen ganz nahe stehen die *Eigennamen* im engeren Sinn; sie gelten je nur für dieses eine so benannte Individuum und weiterhin für seinesgleichen. Man soll nicht einwenden, dass die Namengebung eine zufällige, von allerlei „Faktoren", die außerhalb der biologischen Zusammenhänge lägen, abhängige Angelegenheit sei, dass also z.B. ein neugeborenes Kind ebenso gut auf den Namen Karl statt Hans hätte getauft werden können und dass sein Vater ebenso gut Müller statt Schultze heißen könnte. Die phänomenal-phänomenologische Entsprechung ist genau. Das neugeborene Kind ist Aktualitätenreihe einer (z.B.) optischen Denkzellgruppe des Vaters sowie einer analogen Denkzellgruppe der Mutter und gewisser anderer Menschen; von dieser Zellgruppe geht der Passformenstrom (auch) zu den assoziierten Wortzellen aus, und indem diejenigen Wortzellen, deren Aktualität der Eigenname ist, aktuell funktionieren, ist der Name des Kindes da. Er ist also keineswegs beliebig, und auch falls die Eltern sich schon vor der Geburt des künftigen Erdenbürgers einen Namen überlegen, sind diese Überlegungen oder Besprechungen nur Vorgänge der später aktuell werdenden Namengebung, die sich nach dem genannten biologischen Mechanismus vollzieht. Daran ändert auch die Tatsache nichts, dass viele Menschen Karl oder Hans und Müller oder Schultze heißen;

sie sind sich eben auch alle konstitutiv, d. h. soweit ihre Konstitution im Eigennamen entsprechend „wiedergegeben" ist, verwandt und wir sprechen mit Recht von „Namensvettern". Nomen est omen. Ebenso wenig, wie ein Apfelbaum ein Pflaumenbaum ist und heißt, ist und heißt ein Hans ein Karl oder Fritz und ein Müller ein Schultze oder Meyer. Und ebenso, wie es viele Apfelbäume und viele Pflaumenbäume, ebenso, wie es viele Rhinozerosse und viele Ochsen gibt usw., gibt es auch viele Individuen Hans und viele Karl usw. Ein Mensch namens Karl Müller ist niemals „derselbe" wie Fritz Schultze, ja nicht einmal wie sein Bruder, sogar sein Zwillingsbruder, der ja auch einen anderen Vornamen hat. Aus einer Keimzelle entwickelt sich immer nur ein ganz bestimmtes Individuum, dasjenige, dessen biologisches Symbol die Keimzelle ist, und es ist eitel Fiktion, anzunehmen, dass sich aus dieser Keimzelle ebenso gut ein anderes Individuum „*hätte* entwickeln können", und dass diese Angabe gar mit dem Irrealis „bewiesen" werden könnte. Dieses Individuum aber kann auch immer nur in ganz bestimmten Wörtern beschrieben werden, eben gemäß der phänomenal-phänomenologischen Entsprechung, kann also auch immer nur einen bestimmten Eigennamen führen. Im Verhältnis zu „Apfelbaum" oder „Ochse", Bezeichnungen, die doch auch gattungsmäßig sind, steht der Eigenname im engeren Sinn dem so benannten Individuum konstitutiv noch näher, gilt eben für dieses Individuum als der ihm eigene Name.

Seit jeher ist die *Namengebung* ein besonders bedeutsames Ereignis, ja bei vielen Völkern oder bei einzelnen Teilen eines Volkes (Katholiken in Deutschland usw.) ist der Namenstag wichtiger als der Geburtstag. Bei primitiven Völkern erhält das Neugeborene alsbald einen vorläufigen Namen, dessen Mehrgültigkeit dem noch geringen Grad der Differenziertheit des Kindes entspricht. Erst zu einem späteren Termin, ursprünglich bei der Pubertätsprobe, erhält der Mensch statt dieses Kindernamens oder neben ihm den definitiven Namen, der seiner nunmehr ausgeprägten Konstitution gemäß ist. Der Kindername war somit der Vor-name, den endgültigen Namen (Nach-namen) erhielt der gereifte Mensch. Zur Pubertätsfeier kamen (und kommen) die Väter, die Priester, die Weisen, die Ältesten des Stammes mit den Prüflingen zum heiligen Bezirk (templum usw.) und hielten neben anderen Prüfungen auch die „Geschlechtsprüfung" im Sinn der Genealogie (pater semper incertus!) ab. Je nach Ausfall dieser Prüfung, die sich auf allerlei Ähnlichkeiten mit einem bekannten Alten oder Vorfahren erstreckte, also eine Konstitutions-, eine Charakterprüfung war, bestimmte sich der „Familien-" oder „Geschlechtsname" des jungen Menschen; in dieser Weise entwickelte die phänomenal-phänomenologische Assoziation bis zur aktuellen Funktion derjenigen Wortzellen, deren Aktualität der definitive Eigenname ist, und zwar bei Prüfer und bei Geprüftem. Und in irgendeiner Weise wurde der Geprüfte gemäß seinem Namen ge-kennzeichnet, erhielt ein Abzeichen, einen Ausweis, eine Legitimation, einen „Charakter" (χαρακτήρ das Werkzeug zum Eingraben, Einschneiden, Einprägen, ferner die den „Prägestock" handhabende Person, endlich auch das Gepräge, Eingeprägte selbst). Wie einer geprägt war, aus welchem „Holze" er „geschnitzt" war, das wurde eben bei den Pubertätsproben ermittelt, der Charakter wurde untersucht und die Verstümmelungen, die Wunden, Narben dieser hochpeinlichen Befragung waren die Merkmale dafür, „was für ein Kerl" der Geprüfte war, die Merkmale seines Charakters. All dem entsprach der definitive Name, somit ein wortliches Zeichen des Charakters, der Konstitution, der Familienzugehörigkeit, der Tatsache, dass man die Reifeprüfung bestanden hatte und so aus einem Namenlosen oder nur vorläufig Benannten ein Erwachsener, der einen Namen hatte und einen Namen zu verlieren hatte, geworden war.

Diese kurzen Darlegungen mögen zum Vergleich mit den entsprechenden Vorgängen dienen, wie sie höher kultivierten Völkern eigentümlich sind: Diese sind grundsätzlich jenen ganz analog, nur sind sie nunmehr milder in ihren Abläufen und reicher gegliedert, mit einem Wort: differenzierter als jene. In unserem Kulturkreis finden Teile der einstigen Pubertätsfeier bereits in der frühen Kindheit statt, so auch die „Verleihung" des definitiven Namens (Taufe). Was aus dem Kindlein werden wird, lässt sich freilich nur genealogisch prognostizieren, aber diese Prognose zu stellen, ist nunmehr sehr einfach: Die Familie ist definitiv abgegrenzt, pater in der Regel certus, wo nicht der biologische, so doch der legale (und dieser ist von jenem nicht allzu verschieden, insofern die Frau doch immer nur einen passrechten Partner annimmt). Somit ist das Kind, die biologisch-einheitliche (summenhafte) Präsentanz der beiden Eltern, also auch der Voreltern, Vorfahren, für uns ganz selbstverständlich, das eine „ein" Schultze, das andere „ein" Meyer, das dritte „ein" Müller usw., hat die Konstitution, den Charakter der Eltern, ist in allen seinen Teilen und als Ganzes *ihr* Kind, mag auch diese oder jene Eigentümlichkeit rezessiv oder dominant sein, mag das Kind „mehr" dem Vater oder „mehr" der Mutter nachgeartet, ähnlich sein. Es verschlägt nichts, ob der Vater oder die Mutter den Namen liefert (Patriarchat bzw. Matriarchat oder uneheliche Mutterschaft): Die Frau nimmt, wie gesagt, doch immer nur den passrechten Partner an, der Mann die passrechte Partnerin, die beiden Zeuger sind sich konstitutiv so nahe verwandt, dass auch der Name des einen mit dem des anderen gleichverwandt ist, eine Tatsache, die sich auch darin ausprägt, dass bei der Eheschließung der Name der Frau bzw. des Mannes sozusagen überflüssig ist, im Namen des Ehepartners aufgeht bzw. als Doppelname mit *Binde*strich („Müller-Schultze") fortbesteht.

Der Vorname ist nun eigentlich nicht der Vorname, er steht höchstens noch meist vor dem Familiennamen (vielfach, z. B. in Ungarn, aber auch dahinter). Er ist Determinante des Familiennamens geworden, gibt die Persönlichkeit aus der Reihe der Vorfahren oder der biologisch (also nicht bloß genealogisch) Verwandten an, der der Täufling konstitutiv am nächsten steht; es können auch zwei oder mehrere solcher Persönlichkeiten sein, der Täufling also zwei oder mehrere Vornamen erhalten. Unter allen Umständen trifft der Vorname des Urvaters zu, des längst verstorbenen, nur noch kollektivbegrifflich existenten, der eines Heiligen, eines Untergottes oder Gottes selbst. Auf dessen Namen wird der Nachkömmling getauft (εἰς τὸ ὄνομα oder ἐπὶ τῷ ὀνόματι τοῦ κυρίου, wie die frühchristliche Formel lautete, also auf den Namen des „Herrn", des Vaters, wobei der Name ausgesprochen wurde [oder nicht] –

mit der dämonistischen Deutung, dass damit, mit der Nennung des Namens, der Herr als persönlich, gegenständlich gedachter allmächtiger Geist zitiert wurde; z. B. Theodor, Gottlieb usw.). So gilt z. B. auf Java (wie übrigens bei allen primitiven Völkern) der Name des Kindes als Dämon selbst oder als Name eines Dämons, den man sozusagen dem Kind, das nach ihm benannt ist, verpflichtet oder zu verpflichten sucht, der diesem Kind verwandt, väterlich, göttlicher Schützer ist. Also wird das Kind Sugens getauft, das heißt Glück: Der Dämon Glück (Frau Fortuna usw.) ist somit Schutzgeist. Hat das Kind aber viele Krankheiten, dann ist der Name, also die Herleitung, offenbar falsch, man tauft es um, nennt es z. B. Waras, das heißt Besserung. Die Umtaufe kann sich noch mehrfach vollziehen, bis der „richtige" Name, also der richtige Schutzgeist alias Schöpfer, Vater, Urvater gefunden ist. Vergleiche die in katholischen Landen übliche Benennung des Kindes nach dem Heiligen des Namenstags; dieser Heilige ist der Urvater, eigentliche Zeuger, ein Untergott, der mit dem Vater unser aller zusammen das Schicksal seines Sprösslings bestimmt, usw. – So bilden Vor- und Zuname eine konstitutive Einheit, die der Konstitution des so Benannten so nahe steht, wie es innerhalb der phänomenal-phänomenologischen Entsprechung überhaupt nur möglich ist.

Auch wir pflegen das junge Kind nicht beim Familiennamen zu nennen, sondern beim Vornamen, und zwar wird dieser in der Regel irgendwie verballhornt, gemäß dem noch geringen Grad der Differenziertheit des Kindes, das selbst seinen Namen erst im Laufe der ersten Lebensjahre aussprechen und sich somit wenigstens namentlich kennen lernt. Vielfach wird auch nicht ein „Rufname" gebraucht, sondern ein weniger persönlicher, ein Zärtlichkeitswort, z. B. Muddelchen, Bübchen, Putzelchen, Mädi usw. Nur wenn's „ernst wird", nennt man den „richtigen" Namen – man erinnere sich! Und dann später in der Schule heißt man so und so, Karl Schultze oder Fritz Meyer, aber „sonst" hat man seinen Spitznamen, Kriegsnamen, Geheimnamen – und jeder entspricht konstitutiv genau der jeweiligen Entwicklungsstufe: Das Kind „ist" und heißt zu einer Zeit die große Schlange, der weiße Adler, Karl Martell, der Geigenfurz, der Schuster usw., und regelmäßig finden sich Zeiten, in denen die Persönlichkeit mit Eigennamen belegt wird oder sich belegt, die kein anderer Mensch kennt oder versteht wie eben die Kameraden, die „Eingeweihten" (Wortneubildungen). Erst bei der nahenden Pubertät geht der kindliche Name in die erwachsene Form über, aus Anneli wird Anna, Anni, aus Uschi wird Ursula, aus Petchen Peter, und nur bei hohem sympathogenen Anteil der sensorischen Schreib- oder Sprechreflexe, also bei hoher Gefühligkeit der phänomenologischen Funktionen, kommen die kindähnlichen Formen wieder vor. Die Analogie zu den primitiven Sitten ist ersichtlich.

Nun ist gewiss einem Menschen in der Regel nicht „anzusehen", ob er Müller oder Schultze oder Karl oder Friedrich heißt. Die vom phänomenalen Komplex ausgehenden grafischen und phonetischen Reflexe sind in der Regel zunächst nicht solche, an die sich als optische oder akustische Aktualitätenreihe der Eigenname (als von mir ausgesprochen) anschließt, sondern zunächst solche, an die sich alle möglichen Haupt- und Nebenwörter anschließen, die zwar alle dem phänomenalen Individuum konstitutiv mehr oder minder nahe stehen, aber doch die konstitutive Nähe des Eigennamens nicht erreichen. Dies ist eben eine biologische Tatsache. Die Wortzellen, deren Aktualität der Eigenname ist, fungieren im Zusammenhang meines phänomenal-phänomenologischen Erlebnisses zunächst ohne Beteiligung meiner eigenen grafischen und phonetischen Reflexe aktuell, die Passformen fließen ihnen vielmehr auf dem „Leitungsweg" zu, wandern also vom phänomenalen Komplex durch assoziierte Zellen hindurch und gelangen aus diesen über die Neuriten usw. zu den zugeordneten Muskelzellen, die keine „grafischen" oder „phonetischen" sind, und dann, von diesen abgegeben, über die betreffenden optischen und akustischen Empfangszellen zu den zugeordneten Denkzellen. Das heißt, der Mensch selber schreibt oder spricht seinen Namen, er „stellt sich vor", dann kann ich seinen Namen auch schreiben oder sprechen, ich habe ihn „kennen gelernt". Der Name braucht keineswegs ein „neuer", d.h. eine vorher als Reihe noch nicht dagewesene Buchstabenreihe zu sein; der Name Müller ist nicht gar selten, aber die Assoziation einer gewissen Person, deren Name mir noch nicht bekannt ist, mit dem Namen Müller als seinem Eigennamen hat eben noch nicht aktuell bestanden und stiftet sich erst in der beschriebenen Weise. Dies ist die Regel; die Ausnahme kommt ziemlich selten vor: Bei manchen Leuten öfter und wohl bei jedem Menschen gelegentlich vollzieht sich erst die eigene grafische oder phonetische aktuelle Assoziation und dann erst die „Leitungsassoziation" zwischen Individuum und Eigenname, schreibt oder spricht (oder „denkt", d.h. schreibt oder spricht begrifflich) man also den Eigennamen eines Individuums, bevor er von ihm (oder anderen) geschrieben oder gesprochen ist. Während der Entwicklung des Menschen treten die Eigennamen und auch die anderen Wörter bald mehr nach dem ersteren, bald mehr nach dem letzteren assoziativen Modus auf, also auch mein eigener Name.

Endlich ist einem Menschen in der Regel nicht „anzusehen", dass und inwiefern sein Eigenname gerade zu ihm passt; diese Tatsache fällt zum Teil mit der eben besprochenen zusammen. Ich weiß nicht, dass der vor mir stehende Mann Karl Müller heißt, ich „kann es ihm nicht ansehen"; falls ich es aber kann, dann weiß ich auch, dass und inwiefern der Name Karl Müller für diese Person passt. Muss ich den Namen erst von ihm oder anderen erfahren, dann bedarf es noch in der Regel eines eingehenden Studiums und einer ausführlichen Beschreibung dieses Mannes, bis sich genügend Tatsachen herausstellen, aus denen sich der Schluss ergibt, dass und inwiefern gerade für ihn der Name passt. „Studium" einer Person heißt: Der phänomenale Komplex differenziert sich, mehr und mehr zum Komplex gehörige Aktualitäten („Einzelheiten") treten auf. Entsprechend dieser Differenzierung erweitert und verfeinert sich auch die zugehörige Beschreibung. Wie weit die Differenzierung aber auch gehen mag, jede „neu" auftretende Aktualität ist biologisches Symbol des gesamten Individuums, dessen sie ein Teil, wie jede „ursprüngliche", noch relativ wenig differenzierte Aktualität Symbol des gesamten Individuums jeder beliebigen Entwicklungsstufe ist; das Individuum entwickelt sich niemals über seine Individualität, seine Spezifität hinaus, es ist und bleibt auf jeder Entwicklungsstufe „dieses" Individuum, spezifisch, einmalig, einzig, einheitlich. Das

„Studium" eines Individuums kann also niemals *wesentlich* Neues erbringen, sondern nur eine Mehrung, Vervielfältigung von Einzelheiten sein, dies allesamt zum Individuum gehören und seines Wesens sind. An jeder Einzelheit zeigt sich das ganze Individuum, und der „gewiegte" Menschenkenner braucht nur eine Einzelheit zu kennen, um zu wissen, wen er „vor sich hat". Diese Kennerschaft kann eine „intuitive" sein, d. h. eine solche, die ihrer Sache sicher ist, ohne dass es einer langen Beschreibung bedarf, eine unmittelbar phänomenale (intuitiv zu intueri – anschauen), eine naive, vorwissenschaftliche; sie kann ihre Einstellung nicht „begründen", d. h. entwicklungsgeschichtlich erläutern, detaillieren; eine solche Kennerschaft ist zum guten Teil eine gefühlsmäßige, und die Gefühle sind, wie wir nunmehr wissen, nur im indirekten Verfahren zu beschreiben. Die wissenschaftliche Kennerschaft liegt auf einer höheren Ebene, „höher" im biologischen Sinn, nämlich als höherer Grad von Differenziertheit im Phänomenalen und Phänomenologischen. Hier schließt sich die ausführliche Beschreibung an das phänomenal reicher gegliederte Individuum an, also die ausführliche „Begründung" für die Spezifität des phänomenalen Erlebnisses, für das So-Sein eines Individuums und des mit ihm unmittelbar, primär assoziierten Urteils. Und zu dieser Kennerschaft gelangt man immer nur auf dem Weg des fleißigen, eindringlichen Studiums, der Entdeckung möglichst vieler Einzelheiten. Der letztmögliche Grad von Kennerschaft, die letztmögliche phänomenale und phänomenologische Erkenntnis ist nur innerhalb der psychobiologischen Einsicht in die Struktur und Funktion des Menschen zu erreichen.

Der Eigenname „Müller" z. B. ist ursprünglich *Berufsbezeichnung*. Der Beruf aber ist nicht eine „willkürlich", aufgrund von magisch gedeuteten Überlegungen „gewählte" oder durch magisch gedeutete „Außenfaktoren" erzwungene Beschäftigung, sondern ist die Gesamtheit gewisser trophischer Reflexe, der Arbeitsreflexe, die zum biologischen Ganzen des Individuums gehören, biologisch da sind, nicht aber von inneren oder äußeren Mächten angezaubert werden. Der Mensch entwickelt sich eben auch auf dem trophischen Gebiet, das zu seiner Ganzheit, zu seiner Persönlichkeit gehört. Wer also von Beruf Müller ist, ist nicht Schulze (aus Schultheiß, d. i. der die Schuld heißt, die Verpflichtungen, Verbindlichkeiten, Steuern usw. kennt und nennt, der Richter, Gemeindeälteste) oder Meier (maior domus) oder Förster usw. Es ist eitel Fiktion, anzunehmen, dass wer Müller geworden ist, ebenso gut hätte Schulze, Bäcker oder Schriftsteller usw. werden können. Wer Müller geworden ist, konnte (gemäß seiner biologischen Beschaffenheit) eben nur Müller werden, und wer Müller ist, war es schon symbolisch, als er noch Keimzelle war. Nun ist aber nicht jeder, der Müller heißt, von Beruf Müller, wohl aber stammt jeder, der Müller heißt, von einem Vater oder Großvater oder Urahn ab, der von Beruf Müller war und nach seinem Beruf benannt wurde, dessen phänomenaler Konstitution das Hauptwort, der Eigenname Müller nächstverwandt war. Diese Konstitution aber ging in seinem Samen und dem seiner Söhne und Töchter (deren „Samen" Eier waren) und Enkel auf die deszendenten Geschlechter über. Die jeweiligen männlichen Erben als Träger des Namens Müller waren zwar in ihrer Konstitution von mütterlicher Seite her modifiziert, auch im Übrigen genealogisch differenziert, z. B. derart, dass sie in einen anderen Beruf hineinwuchsen, als ihn der Vater oder Großvater oder Urahn ausgeübt hatte, aber alle diese Erben des Namens Müller blieben dennoch „Müller", übten und üben ihren Beruf in einer gewissen Analogie zu dem des Müllers aus, in einer gewissen Arbeitsweise, die der Herkunft des Herrn Müller, seinem Stammbaum, seiner Konstitution gemäß ist. Jeder Mann namens Müller, falls er nicht Müller „ist", schustert doch oder bäckt oder schriftstellert oder amtiert als „ein Müller", ist Nachkomme, Erbe auch im Beruflichen und kann gar nichts anderes sein. Ein Mann, der nicht gerade ein solcher Nachkomme ist, heißt auch nicht Müller, kann aber von Beruf Müller sein; er übt in diesem Fall seinen Müllerberuf in einer seiner Deszendenz gemäßen Art und Weise aus. Die Erblichkeit des Berufs ist bei manchen Völkern, ja innerhalb früher Entwicklungsstufen aller Völker Gesetz, d. h. findet sich biologisch in hundert Prozent der Fälle, bei anderen Völkern die Regel, d. h. es kommen Ausnahmen vor, die aber doch immer noch als ein „Aus-der-Art-Schlagen" aufgefasst werden. Freilich gab es zu primitiven Zeiten eigentlich nur *einen* Beruf: den des Wehrfähigen, des „Vaters" im Allgemeinen Sinn des „Mannes", er „machte alles", war „allmächtig" (mächtig gehört zu machen). Erst mit der Differenzierung der Menschen differenzierte sich auch der Beruf zu Berufen.

Worin nun die erbbiologische, spezifische Art und Weise der Ausübung eines Berufs, z. B. der des Schneiders durch einen Herrn Müller, besteht, ist im Einzelnen nur bei eingehender psychobiologischer Analyse herauszustellen. Hierbei ergibt sich, dass die Unterschiede der einzelnen Berufe keine „grundsätzlichen" sind, sondern dass sie allesamt Entfaltungen, Entwicklungen sind, die auch in ihren jeweils gültigen Methoden (mehr oder minder) vieles Gemeinsam aufweisen, man sehe nur genau, man sehe nur psychobiologisch zu. Der Chirurg hat gewiss viel Gemeinsames mit dem Schlächter (Metzger, Metz, Messer) und dem Schneider, seine Tätigkeit liegt nur in einer höheren Differenziertheitsebene; und mancher Chirurg (zu Deutsch: Handwerker) hat in seiner Berufsausübung wie überhaupt in seiner Persönlichkeit so viel „Schlächtermäßiges" oder „Schneidermäßiges" an sich, dass sich der Schluss auf die Abstammung ohne Weiteres ergibt; selbstverständlich unbeschadet der Ergebnisse der chirurgischen Tätigkeit. Aus einer Soldatenfamilie (Schwert, Säbel) kann sich sehr wohl ein Schlächter, ein Schneider, ein Chirurg usw. entwickeln. Wird ein Soldat außer Dienst oder sein Sohn usw. Schriftsteller, dann wird sich auch da das Soldatische niemals verleugnen lassen: in der Wahl der Stoffe, der Diktion, in der Linienführung seiner Erzählungen usw. Wechselt jemand seinen Beruf, so heißt das, es vollzieht sich eine entsprechende Umwandlung seiner Arbeitsreflexe, aber auch dann ist an der Art und Weise der Ausübung des neuen Berufs bei hinreichender Einsicht in die psychobiologischen Zusammenhänge der frühere, allgemein: der individuelle Beruf sehr wohl zu erkennen.

Ein Mann namens Müller übt also seinen Beruf stets „müllermäßig" aus, und so steht der Eigenname konstitutiv diesem Menschen ganz nahe; er ist und heißt Müller. Der Vorname determiniert den Familiennamen; beide bilden eine Einheit. Karl Müller ist nicht Erich Müller. Karl,

althochdeutsch Charal, latinisiert Cárolus, Kerl (mit nach ä gesprochenem e), englisch earl, bezeichnet „den Mann": a freudegefühlig, desgleichen K, dann l, r schmerzgefühlig, das ganze Wort männlich, ein Karl oder Kerl (vergleiche die Kerle von Flandern) ist ein männliches Individuum, das die Pubertätskämpfe überstanden hat, ein Held, ein Mann und ein Manne. Erich, althochdeutsch Erih, Erich zu Ër, Eor – Kriegsgott, dem der ërtac, ërichtac, ëritac, der Dienstag (dieser Name vom diestag – Tag des Tyr, althochdeutsch Zio, ebenfalls Kriegs- und Siegesgott) gewidmet war (vergleiche ἔρις – Streit, ἔρως – Liebe); das Wort ist männlich-schmerzgefühlig wie er, Ehre, Wehre, ist also so viel wie der Mann im Streite, der Streiter, der Ehren-, Wehrhafte. Während „Karl" vorwiegend freudegefühlig ist, ist „Erich" vorwiegend schmerzgefühlig, und wer Karl heißt, ist damit auch phänomenal von dem, der Erich heißt, unterschieden. Wer beide Vornamen führt, ist damit entsprechend charakterisiert. Man muss nun aber nicht etwa denken, dass dem Karl immer bloß die helle Freude, dem Erich immer bloß der Schmerz aus den Augen sieht, dass Karl den ganzen Tag jubelt und Erich fortwährend „streitet". Die Charakterisierung ist eine biologische; sie ist gegeben *vor* aller Erörterung, Beschreibung, auch vor der detaillierten phänomenalen Erkenntnis der Persönlichkeit. Die psychobiologische Analyse ergibt in jedem einzelnen Fall, dass die Charakterisierung, d.h. ja eben, wie dargelegt, die Namengebung „stimmt". Jede Forschung kann ja nur darauf ausgehen, das „Gegebene", d.h. die Aktualität zu erkennen und zu beschreiben, nicht aber zu schaffen. Die Person und ihr Name sind „gegeben", beide sind biologische Tatsachen, und eine solche ist auch ihre genaue Assoziation; wir können diese Tatsachen nur erkennen und beschreiben. Dass und mit welchem biologischen Recht der Vorname des Vaters oder eines anderen Vorfahren dem Kind beigelegt wird, haben wir oben besprochen.

Die Eigennamen der Menschen sind vielfach auch *Ortsnamen*. Eine Siedlung, ein Dorf (lateinisch vicus, griechisch ϝοῖκος, altindisch viç, althochdeutsch wich – in „Weichbild" –, polnisch vice, unser -witz) im Luch (Ödland, vergleiche Wasser-lache, Loch, Luke, Lücke, lugen usw.) heißt

Luchwitz, Luckwitz (vergleiche Lyck, Luckau, Luckenwalde, Lauchstädt, G-logau, G-lauchau, Lunkensee bei Pech-lüge, Lugano usw.), Loschwitz, Lungwitz (mehrere Dörfer bei Glauchau). Das Oberhaupt, der Herr der Siedlung war eben der Herr von Lungwitz – und hieß auch so. Auch Auswanderer, die in fremde Siedlungen aufgenommen wurden, nannte man nach ihrer Herkunft, nach dem Heimatort: Dieser Fremdling war „ein Lungwitz", war und hieß Lungwitz. Damit war er charakterisiert, seine Konstitution, seine Persönlichkeit war so vollkommen wie möglich mit *einem* Wort, seinem Eigennamen, beschrieben. Das Kind – wie jedes Wesen – ist der Scholle verhaftet, auf der es geboren ist; es trägt ihre Züge. Die Landschaft, die die Eltern erleben, ist auch Erlebnis des Kindes. Die Denkzellen, deren Aktualitäten die heimatliche Landschaft sind, sind ganz analog bei den Eltern und bei ihren Kindern. Auch wer die Heimat verlässt, nimmt die Heimat mit. Auch wer kosmopolitisch sich gebärdet, ist irgendwo geboren – und dort ist seine Heimat. Auch der Nomade ist irgendwo „zu Hause" – und dort ist er verwurzelt. Sieh dir einen Menschen an – und du weißt, woher er stammt. Höre einen Laut – und du kennst das Land, in dem er heimisch. Nicht „ubi bene, ibi patria", sondern „ubi natus, ibi patria". Und „qualis patria, talis homo (animal, planta)".

Nicht selten führen Menschen gewisse *Tier-, Pflanzen- oder Sachennamen* als Eigennamen. Solche Namen sind eigentlich Gattungs- oder Eigennamen gewisser Tiere, Pflanzen, Sachen, stehen diesen phänomenalen Individuen konstitutiv am nächsten und sind auf den so bezeichneten Menschen nur „übertragen". Diese Übertragung ist die assoziative Verknüpfung eines gewissen Menschen mit einem Wort, das eigentlich substantivische Bezeichnung eines Tieres oder einer Pflanze oder einer Sache ist; die Verknüpfung ist natürlich nicht „willkürlich" gestiftet worden, sondern ist biologisch entstanden und zeigt an, dass von dem Komplex „Mensch" hinreichend zahlreiche Passformen zu dem Wortzellkomplex, z.B. „Rose" oder „Baum" oder „Hahn" oder „Stein" usw. gelangen. Dieser Mensch wird phänomenal mit der Rose bzw. dem Baum, dem Hahn, dem Stein usw. verglichen (Interindividualvergleich), es bestehen

so viele Ähnlichkeiten zwischen beiden Komplexen, dass die Assoziation zum Wortzellenkomplex „Rose" gemeinsam stattfindet. Worin im Einzelnen diese Ähnlichkeiten und Übereinstimmungen bestehen, ist mittels psychobiologischer Analyse zu ermitteln. Es ist daran zu erinnern, dass gewisse Tiere, Pflanzen, Sachen bei Primitiven den Charakter von Totemtieren, -pflanzen, -sachen hatten und bei den Kindern und vielen Erwachsenen noch heute haben: „Wortspiele" mit dem Namen in Verbindung mit mystischen Vorstellungen über die Herkunft des Menschen, primitiv direkt die aus Vergleichen stammende Deutung, dass die Menschen von dem Totem-Gott abstammen, „nach" dem sie benannt sind (vergleiche die indianische Sitte, das totemistische Tierbild [„Totem" so viel wie „Tierbild"] als Namensunterschrift zu verwenden; Wappentiere, -pflanzen; Deukalion und Pyrrha warfen Steine hinter sich und schufen so die Menschen; „Du bist wie eine Blume, so lieb und rein und hold"; Mithra wächst aus einem Baum wie Odin aus der Weltesche Yggdrasil – usw.). – Derartige Eigennamen stehen den so bezeichneten Tieren, Pflanzen, Sachen konstitutiv näher als den so bezeichneten Menschen, diesen aber doch so nahe, dass eben die Assoziation stattfindet. Benennungen wie Himmelreich, Treppengeländer usw. (kennzeichnende „Umtaufungen" der Juden nach behördlich angeordneter Annahme fester Familiennamen) sind überhaupt keine Eigennamen, sondern Bestandteile einer (in diesem Fall ironisierend-herabsetzenden) Beschreibung, die alsdann kurzschlussmäßig Person → Hauptwort verläuft. Das Analoge gilt übrigens auch für die Verwendung von Eigenschaftswörtern, z.B. Farbbezeichnungen (Grün, Schwarz, Weiß usw.) als Personenbezeichnungen; auch sie sind eigentlich keine Eigennamen.

Unter den Hauptwörtern sind vom phänomenalen Individuum konstitutiv am weitesten entfernt die *Abstrakta*. Ich habe dies schon im Abschnitt 2.3 dargelegt und begnüge mich hier mit diesem Hinweis.

Über die *Zahlwörter* und *Zahlzeichen* siehe Abschnitt 6.2.3.

Wie die Numeralia geben auch die *Pronomina* Eigenschaften und Funktionen des so Beschriebenen in einer den Hauptwörtern nahekommenden konstitutiven Entsprechung an, wie ohne Weiteres ersichtlich. Sie stehen ja eben „für" die Hauptwörter (pro-nomen).

Ebenso ist ersichtlich, dass die von Eigenschaftswörtern, Zeitwörtern, Hauptwörtern und Fürwörtern abgeleiteten *Partikeln* Eigenschaften und Funktionen angeben. Hierfür einige Beispiele: *„Morgen"* als Adverb ist äquivok dem Substantivum „Morgen", das sowohl einen Zeit- wie einen Raumabschnitt (Morgen Land, Parzelle) bezeichnet, d.h. zur zeitlichen und zur räumlichen Beschreibung gehört. Indes sind diese Wörter nicht nur äquivok, sondern auch sinngleich insoweit, als sie so viel wie aus der Höhle, Öffnung, Umrandung (m, o) hervorgehendes, somit abgeschnittenes Stück bedeuten. Das o ist Angstvokal (Korrelationstyp 2) oder Trauervokal (malt das Stück, Korrelationstyp 1), r Schmerz-, g Trauerkonsonant, en schmerzgefühlig. Der Übergang aus der Nacht in den Tag, der Nacht in den Tag, der Austritt des Tages aus der Nacht ist (wie jeder Übergang) ein Sterben-Werden. „Der Morgen" ist das erste aus der (mütterlichen) Nacht hervorgegangene Stück Tag, der „Anbruch" des (als „Sohn" gedachten) Tages, vergleiche „Morgenrot, leuchtest mir zum frühen Tod"; neurotische Angst vor dem Tag, Morgenangst; „Tag" freudegefühlig, lang-männlich, die Sonne als Sohn der Nacht, des nächtlichen Meeres. Der „Morgen Land" als das an einem Morgen zu pflügende Stück. – Lateinisch *cras* – morgen – zu Wurzelsilbe cre (qer) in (möglichem) crena (renis) – Einschnitt, Ker-be, creare – schaffen, d.h. abscheiden, (die Frucht) ausscheiden, abschneiden, crescere – hervorgehen, wachsen, excrementum – Ausgeschiedenes, cratis – das Abgeschnittene und Geflochtene, Flechtwerk, cera – das Herausgeschnittene (aus der Wabe: das Wachs), cernere – scheiden, sichten, zernieren usw. usf.; griechisch κείρω – schneide, κρίνω – scheide usw. Also cras fast sinngleich mit morgen, aber mit freudegefühligem a. – Griechisch αὔριον, Neutrum von αὔριος – morgendlich, zu αὔρα – Hauch, ἄω – hauche, ἄημι – wehe, αὔω – schreie, ἀήρ – Luft, αὖρον – Gold, ἥλιος (ἠέλιος, ἀϝέλιος, αὐέλιος) – Sonne, Ausosa, Aurora usw. (vergleiche Morgenstunde hat Gold im Munde, mit „Gold" wird die Morgenröte bezeichnet, „das rote Gold"). Das αὖ malt mit υ die Höhle, aus der der Morgen (α) hervorgeht

(Korrelationstyp 1) oder ist Ersatz für schmerzhaltigen Trauervokal (Korrelationstyp 1); αὔριον also etwa sinngleich mit morgen, cras. Das Adverb „morgen" gibt eine eigenschaftlich determinierte Funktion hinsichtlich der topischen Komponente an, wie cras und αὔριον.

„*Nachts*", „nächtens" gehört zu „Nacht", und so kommen wir zu „nicht" und „nichts". Nacht, althochdeutsch naht, gotisch naths, lateinisch nox, griechisch νύξ, sanskritisch náktis; das a der Wurzelsilbe dunkel, stark angsthaltig oder Angst-A, vergleiche o in nox und υ in νύξ, das N angst-, ch schmerz-, t trauer-freudegefühlig (auch Hinweis auf die Länge, auch auf den aus der Nacht hervorgehenden Morgen und Tag). Mit der sanskritischen Wurzelsilbe nak nächstverwandt naç in náçāmi – verschwinde, vergehe, nāças – Verschwinden, Untergang, nāshtrā – Gefahr, Verderben, awestisch naçu – Leiche; griechisch νέκυς – Leiche, νεκρός – tot, νόσος – Krankheit; lateinisch nex – Tod, necare – töten, nocere – schaden, verderben; gotisch naus (aus nagus) – tot, hierzu unser necken (mitteldeutsch beunruhigen, reizen, quälen; „Was sich neckt, das liebt sich" – Liebeskampf, Liebestod), Nickel gleich Schreckgespenst, dämonisches Wesen (Neck, Necker, Nickelmann, Nixe, althochdeutsch nicchessa – Wassergeister) usw. Nixe, Nicker usw. sind aus dem Wasser, dem Brunnen, dem Meer besonders nachts heraussteigende Dämonen. Wasser, Meer, Nacht werden so als die Dämonen verhüllend, hervorbringend und wieder aufnehmend, als mütterlich gedeutet (vergleiche auch Meer als Gebärerin und Verschlingerin der Sonne, des Tages, des Festlandes, der Schiffe und Menschen, der Seelentiere, die auch in Flüssen und Quellen hausen, z.B. die Nornen in dem See unter der Weltesche, Najaden zu νέω – schwimme, νάω – fließe, sanskritische Wurzelsilben snu – ausfließen lassen, sna – schwemmen, baden, lateinisch nare, natare – schwimmen usw.); aus dem Wasser kommen die Menschen und alle Dinge wie (nach Hippolytus) Thales von Milet lehrte: ἀρχὴ τοῦ παντὸς καὶ τέλος ὕδωρ, ferner Aphrodite, die Schaumgeborene (nämlich aus dem Meer, das von den abgeschnittenen Genitalien des Kronos, kastriert von seinem Sohn Zeus, befruchtet war), Moses, der aus dem Wasser Gezogene, Wotans Niederfahrt zum Brunnen Mimir,

Storchmärchen usw. So ist auch der Nickel als Metall, Metallstück so viel wie das aus dem Erz Abgeschiedene, aus ihm Hervorgehende (speziell aus dem Kupfererz, worin es der schwedische Mineraloge A. F. von Cronstedt 1751 entdeckte – daher Kupfernickel). Lateinisch nix, nivis, griechisch νιφάς – Schnee (vergleiche oben sanskritisch snu, sna) so viel wie das (sozusagen aus dem Nichts oder aus dem Wasser, der Luft) Hervorgehende, vergleiche „Tau“ – usw. Nicker gleich dolchartiges Messer, nicken eigentlich verneinen, ver-nichten, zunichtemachen, nicht, nichts (gleich mittelhochdeutsch nihtes – ganz und gar nicht, nichtes – nicht, „nichts“ also zusammengezogen aus dem Genitiv von „nicht“ und einem zweiten „nicht“). In „nicht“ lautet die Wurzelsilbe ni; das cht ist der Überrest von althochdeutsch wiht (Wicht, Wesen, w-icht, ich), und „nicht“ ist althochdeutsch nêowiht, aus ni êowiht gleich nicht irgendein Wesen, k-ein Wesen; n(i) ist die Verneinung, wie sie auch in den obigen Wörtern, also auch in „Nacht“ steckt, ist ein weibliches Wort: n angstgefühlig, i oder e (ne, nee) schmerzgefühlig, o (no) und a (bairisch naa) angst-, a auch freudegefühlig nach Korrelationstyp 2, also dann „na“ so viel wie das Männliche, Positive, im Gegensatz zum Weiblichen, Negativen, während ni, ne, no weibliche, negative, negierende Wörter sind, das Weibliche, Negative als solches beschreiben, und zwar nach Art eines Substantivs. – „Nacht“ ist also mit „nicht“ familienverwandt, die Nacht ist etwa so viel wie die Vernichtung, das Nichts (vergleiche Nonne, althochdeutsch nunna, ferner Nichte, althochdeutsch nift, lateinisch neptis usw.), „das Weib“, „die Mutter“ als Vernichterin, Verschlingerin, Töterin, Tod, Mahr, Sphinx, Rätsel, Ungeheuer, Hekate, Lamia, Empusa usw., mit ihren Töchtern, den Erinnyen, Furien, Hexen und anderen Nachtgeistern, dazu die Gebärerin des Tages (vergleiche Edda, wie die Mythologien aller Völker). Der Übergang zur Nacht ist wie jeder Übergang die Reihe Hunger (Schlafbedürfnis), Angst (vor der Nacht), Schmerz (Abschied vom Tage), Trauer (Kampfmüdigkeit, Erschlaffung), Freude (behagliches Einschlafen), und so ist und heißt die Nacht das Weibliche (Höhlenmäßige), das Nichts, in das der Hinüberschlummernde eingeht (wie in den Tod, „in“ den man auch „hinüberschlummert“,

freilich indem sich das Individuum auflöst, nicht wie aus der Nacht „wiedergeboren“ wird, „wie neugeboren“ erwacht, auf[er]steht); von hier aus wird die neurotische Angst vorm oder beim Einschlafen, die Schlaflosigkeit in ihren mannigfachen Formen verständlich. – Zu diesen Wörtern gehören auch die Partikeln „nu“, „nun“, „na!“. „Nun“, „nu“ (auch „im Nu“), mittel- und althochdeutsch, gotisch, sanskritisch nu, nū, griechisch νῦν, νύ, lateinisch num, nunc (numce), alles weibliche Wörter, beschreiben nach Art von Substantiven die Schwelle-Öffnung (n), Höhle (u, m), Öffnung-Schwelle (n), den Durchgang, somit die zeitliche und räumliche Verbindung zweier Komplexe. – *Jetzt* beschreibt den Übergang hinsichtlich des Schmerzstadiums, die Schwelle (je), mit Hinweis auf den Fortgang (tzt, aus älterem jetzund, itzund, ieze, iezuo, itzu, und zwar „ie“ je und „zuo“ zu, worin das u die Höhle angibt, in die sich der Vorgang nach seinem freudigen Ende fortsetzt). Die Zeit- und Ortspartikel beschreiben das Individuum besonders hinsichtlich der topischen Veränderung, also die topophile Komponente der eigenschaftlich determinierten Funktion. – *„Na!“* gibt je nach Aussprache das Angststadium oder das Freudestadium eines Vorgangs an; im ersteren Fall ist das a dunkel, klingt an no mit kurzem o an oder ist freudehaltig (zweifelnd, hoffend); im letzteren Fall konstatiert es einen Erfolg (Na siehst du!) mit oder ohne Angstingrediens; das n weist auf den Ausgangspunkt hin.

Das Wort *gestern* beschreibt den Übergang als Schwelle (es, ern) und das sie Überschreitende hinsichtlich der topischen Komponente, also das Individuum funktionell, und zwar im Schmerzstadium hinsichtlich der topischen Symbolkomponente. Das Wort ist vorwiegend schmerzgefühlig. Sanskritisch hjas – gestern – aus der Grundform ghjas, zur Wurzelsilbe ghe, ghi, gha – verlassen, hervorgehen, ha – springen, weichen, griechisch χθές, lateinisch heri, hesternus, ferner griechisch χῆρος – beraubt, leer, χωρίς – getrennt, χάσκω, χαίνω – klaffe, χατίς – Mangel, χηραμός, χεία – Kluft, Spalt usw., lateinisch fames – Hunger, heres – Erbe, d. i. der Nachgelassene, Verlassene (vergleiche χήρα – Witwe) usw. Auch die Wörter für „gestern“ geben die (vollendete: a in hjas) Trennung an, und zwar wird diese aus der Erinnerung beschrieben, wobei der zugehörige Begriffskomplex die topophile Symbolkomponente „vergangen" hat. Im Gotischen ist aber gistradagis so viel wie morgen, und immer findet sich bei jungen Kindern ein Stadium der topischen Unsicherheit (relativ geringen Differenziertheit auch der betreffenden Assoziationen), in dem sie gestern mit morgen verwechseln; es kann also auch ein Vorgang mit „gestern" zeitlich beschrieben werden, dessen Begriffskomplex die topophile Symbolkomponente „künftig" hat, d.h. gestern kann die die gleiche Zeit wie morgen angeben. Auch das Wort „morgen" gibt ja ein Verlassen, Trennen an, wie oben dargelegt.

Das Adverb „kaum" beschreibt im au und m die leere Höhle mit Hinweis auf die Öffnung (Angst-A) oder auf die mögliche Füllung (Freude-A, k); au kann auch Trauervokal sein. Mittelhochdeutsch kûme, althochdeutsch chûmo, Adverb zu dem Adjektiv kûm, chûm – schwach, elend, krank (chûmîg, kûmîg, auch kamig, z.B. vom Rotwein, der bei längerem offenem Stehen „übergeht") und zum mittelhochdeutschen Verbum kûmen, althochdeutsch chûman – krank, elend sein, wehklagen, beklagen, betrauern; dazu „kümmern", mittelhochdeutsch kumbern – belästigen, bedrängen, in Not bringen, ferner bekümmern, verkümmern, Kummer (Schutthaufen; Not, Mangel, Trauer; Haft, Arrest als Not usw.; vergleiche die heilige Kummernus) usw. – Lateinisch *vix* zu *vinco – bezwinge*, pervicax – hartnäckig, vincio – binde, fessele, umwinde (vicia – Wicke, Ranke, vieo – winde, vicis, vices – Wechsel, Wechselseitigkeit [also Grenze, hin und her], vergleiche althochdeutsch wësal – Wechsel, Handel, „Handel und Wandel", wëhha, wohha, gotisch wiko – Woche, eigentlich Wechsel, vis zu griechisch ἴς, Plural ἶνες [ϝῖσνες] – Sehne, dann Kraft, usw.); also „vix" bedeutet so viel wie gebunden, umwunden, gefesselt, beschreibt besonders das Schmerzliche dieses Eingeschlossenseins, das vorwiegend ängstlich im Griechischen mit μόγις oder μόλις, gleich mit Mühe, Anstrengung, kaum (μογέω – mühe mich; μῶλος, lateinisch moles – Mühe, Kampf), angegeben wird. Kaum, vix, μόγις bedeuten also so viel wie mit Mühe und Not und beschreiben verschiedene Stadien des Übergangs nach Art von Substantiven, wobei das Funktionelle überwiegt.

Die Konjunktion „und" gibt das Hunger-Angst-Schmerz-Trauerstadium (in althochdeutsch „unt", „unta" mit t das Freudestadium) des Vorgangs an, etwa wie Hund, Sund, Mund, kund usw.: u hunger-, n angst-schmerz-, d trauergefühlig usw. Es beschreibt also das Individuum vorwiegend als hungergefühlig, die Höhle, aus der etwas hervorgeht, an die sich etwas anschließt, mit der sich etwas „kopuliert". Das u knüpft an das vorhergehende Wort, das d, t, de, ti, ta an das folgende Wort an, d.h. die Wortzellen, deren Aktualität das Wort „und" ist, erhalten ihre Passformen aus den beiden phänomenalen Komplexen, deren Beschreibungen mittels „und" kopuliert sind, und aus den phänomenologischen Komplexen, deren Aktualitäten die Beschreibungen jener phänomenalen Individuen sind. So gibt das Wort „und" zugleich ein Teilchen des einen und ein passrechtes Teilchen des anderen (sich so mit jenem verbindenden) phänomenalen wie phänomenologischen Komplexes an, beschreibt „Partikel" und ist selbst „Partikel", beschreibt den phänomenalen Übergang und ist zugleich Ausklang des einen und Anklang des anderen Wortes (Satzes). „Und" gibt vorwiegend Funktionelles an, die eigenschaftliche Determinierung tritt so weit zurück, dass „und" alle möglichen Individuen, genauer: die sie verbindenden Teilchen, beschreiben und alle möglichen Wörter verbinden kann; selbst die meisten Tätigkeitswörter sind stärker eigenschaftlich determiniert. – Mittelhochdeutsch unde, und, unt, althochdeutsch unti, unta, unte, aber auch inti, indi, anti, enti, angelsächsisch und englisch and, mittelniederländisch en (ende), neuhochdeutsch und, ond, un, on (mundartlich); die verschiedenen Vokale der Wurzelsilben malen die verschiedenen (je entsprechenden) Stadien des Übergangs; das a in anti, and klingt an o oder (im englischen and) dunkles ae an, ist also als weiblich (angstgefühlig) aufzufassen oder es ist freudegefühlig, männlich, und gibt Männliches vom Ausgangskomplex an (ἀντί, Antlitz, Ant-wort). – Hierher gehört auch das Wort „Ende": Es malt den Übergang als Schwellenstadium im weiblichen (En) und männlichen (de) Sinn, den Abschnitt, das Schmerzstadium. Ebenso „ent": Es beschreibt das Herausgehende, die Schwelle Überschreitende und nun „draußen", ein Selbst, ein „ens", ein Wesen Seiende (lateinisch ens, entis

– Partizip Präsens zu esse, italienisch niente – nichts); z. B. ent-wickeln, ent-falten usw. Somit hat es auch etwa den Sinn von „gegen", griechisch ἀντί, althochdeutsch ant, gotisch and usw. Vergleiche *„Ente",* mittelhochdeutsch ante, althochdeutsch anut, anot, anit, enit, lateinisch anas, anatis (vergleiche natare – schwimmen): der aus dem Wasser auftauchende, auf dem Wasserspiegel schwimmende Vogel, wobei das Wasser als (mütterliche) Höhle, der Wasserspiegel als Schwelle beschrieben wird, die die „Ente" als nunmehr Seiendes, Wesenhaftes überschreitet (vergleiche Wasser als Gebärerin und Verschlingerin, als weiblich, mütterlich); „a" nach Korrelationstyp 1 oder 2; sanskritisch ātís bezeichnet einen anderen Wasservogel, nicht die Ente. Griechisch νῆσσα – Ente – zu νέω – schwimme (νάω – fließe), also die Schwimmerin (vergleiche νῆσος – Insel usw., νη umgekehrtes en). Eine „Zeitungsente" ist ein „auftauchendes" Gerücht. – Die *Verbalendung* -en malt gleichfalls die Schwelle, die die eine Höhle mit der anderen verbindet. Die Funktion ist stets ein – mit „en" als unbestimmt häufig, „infinit" bezeichneter – Übergang (Teil eines solchen) aus der einen in die andere Höhle, wobei die Individuen verschiedenen Aggregatzuständen angehören können, z. B. ein Quell aus der Erdhöhle in eine (durchsichtige oder unaktuelle) Lufthöhle eintreten kann. Das n weist auf die Schwelle hin, in die das aus der einen Höhle Austretende eingeht. Dies tut auch die Partizipialendung -end usw. Analog lateinisch -re, -ri, -ns usw. – Lateinisch *et* – und, auch – bezeichnet ebenfalls die verbindende Schwelle und das sie Überschreitende, malt also die Kopulation nicht so ausführlich wie und. Griechisch ἔτι – noch, darüber hinaus, altindisch áti usw. Im Gotischen steht für „und" jah (gleich jauh): Es malt die Kopulation zweier Individuen umgekehrt wie „und", nämlich der ängstlich-schmerzlich-freudige Teil (ja) leitet über in den passrechten hungergefühligen Teil (uh) des folgenden Individuums, auf dieses weist das h oder uh hin. Sanskritisch ka gibt die Verbindung zwischen zwei Individuen als Gerade, freudegefühlig an, καί, κάς dazu die Schwelle und das sie Überschreitende (ι, ς), lateinisch -que dazu die Höhle-Schwelle.

Die Kopulation, Konjunktion erfolgt immer nur zwischen (interpolar) Gegensätzlichem, so wird sie auch mit „gegen", „wider", „aber" (zu „ab") usw. beschrieben. Und ferner, führt die Kopulation weiter, setzt sich fort, so wird sie auch mit „noch", „auch", „darüber hinaus", „wieder" usw. beschrieben. – Den entwicklungsmäßigen Zusammenhang geben noch deutlicher die *subordinierenden Konjunktionen* an, wie nachdem, da, weil, wenn, damit, wozu usw.; sie werden zum Teil als Kausal-, Konditional- und Finalpartikeln bezeichnet, aber auch diese sind lediglich Beschreibungen zeiträumlicher Vorgänge, die Kausalität usw. wird in die Zusammenhänge nur hineingedeutet. „Da" ist freudegefühlig und beschreibt das Hervorgegangene, Daseiende, Männliche hinsichtlich der Lokalisation, ist also Zeit- oder Ortsangabe, z. B. als freudiger Ausruf des Entdeckthabens: „Da!", in Sätzen wie „da bin ich", „da ist dein Vaterland", „da und dort", „in dem Augenblick, da (gleich als, wo) ich eintrat", aber auch in den sogenannten Kausalsätzen, z. B. „Da ich zu arbeiten hatte, blieb ich zu Hause" („da" gibt „da" einen Zeitpunkt an, genau wie „weil", althochdeutsch dia wîla – dieweil, „weil" so viel wie „weilend", „während"). Die Tatsache, dass ich zu arbeiten hatte, wird zeitlich mit „da" beschrieben, dieses „da" weist auf das aus dieser Tatsache sich Ergebende, auf diese Tatsache Folgende, nämlich das Zuhausebleiben, hin; der Satz kann auch lauten: „Ich hatte zu arbeiten, daher blieb ich zu Hause"; oder „Ich blieb zu Hause, *denn* ich hatte zu arbeiten" (für „denn" kann „:" als Schwellenzeichen stehen); solche Sätze sind sehr oft aus einem bloß tautologischen Haupt- und Nebensatz kombiniert. – *„Daher"* so viel wie von diesem Ort, von diesem Zeitpunkt ausgehend, d. h. es wird mit „daher" das aus gewissen Umständen (um-stehenden, herum-stehenden Aktualitäten, also weiblichen Anordnungen) sich Entwickelnde, Ergebende zeiträumlich beschrieben. – *„Damit"* gibt die Kopulation des „da" (d. h. des mit „da" zeiträumlich beschriebenen Männlichen) mit dem „mit" (d. h. der Schwelle des folgenden Weiblichen, vergleiche Mitte, Mutter usw.) an, das Eingehen des einen Individuums oder Erlebnisses in das folgende. Analog *„dazu", „dahin"* usw.; die „Finalität" des dazu, wozu, damit usw. ist wieder Deutung, sofern „Finalität" nicht bloß das biologische Zuendegehen (finis) eines Vorgangs, sondern die „Zielstrebigkeit", das „Zweckliche", „Teleologische" als immanente geheimnisvolle, dämonistische Kraft oder deren Wirkung bezeichnet. „Zu" gibt also mit u das Runde an, in das das mit „da" oder (in „zu") mit z bezeichnete Gerade eingeht; wie alle Präpositionen (ursprünglich selbstständige Wörter) beschreibt „zu" hinsichtlich der Topik, ist also „Richtungswort". – Ähnlich „du", lateinisch tu, griechisch σύ, dorisch τύ, sanskritisch twam, awestisch tûm: Mit „du" wird also nach Art einer Kopulativpartikel der Übergang von einem zum anderen beschrieben, wobei „der andere" hinsichtlich des verbindenden weiblichen Teils, dann aber auch als Ganzes, gleichgültig, ob superfeminin oder -maskulin, bezeichnet wird und so „du" Pronomen (pro-nomen) ist. So steht auch das verwandte „zwei" – altertümlich zween, zwo – für die „drei" Geschlechter (d.h. Maskulinum, Femininum, Neutrum), obwohl nur Beschreibung der Schwelle, Abgrenzung oder Öffnung (zwo), also der weiblichen Anordnung, für das gesamte Individuum (Summand oder Summe), und „der zweite" ist so viel wie der andere (secundus – der folgende, secus – der andere, getrennte usw.); in den gotischen Formen tvái, tvôs, tva, sanskritisch dva, dvâu, ist mit a nach Korrelationstyp 1 oder 2 beschrieben. Griechisch δύο, δύω, δοιοί – zwei (δοιή – Zweifel, δοιάζω – zweifle, διά – zwi-schen, δίς – zer- usw.), lateinisch duo, bis (für dvis), dis, dubito – zweifle, duplex, althochdeutsch zer-, zuêne (Maskulinum), zuô, zuâ (Femininum), zuei (Neutrum) sind analog zu verstehen. – Zu „du" gehört „dein", auch dieses Wort beschreibt kopulativ den Übergang, die Trennung von „mir" und „mein" (mit abschließendem m), das d kommt als Gerades sozusagen von mir und geht ins „ein" als Schwelle des anderen Individuums, das nun auch in einzelnen größeren Teilen oder als Ganzes „dein" heißt (dein ist mein ganzes Herz; dein Kopf; dein Wille geschehe; deine Person). In „mein" bleibt das „ein", die Schwelle und das sie Passierende, sozusagen im Bereich des weiblichen m, der zu „mir" gehörigen Höhle, Umrandung. Es ist so verständlich, dass die Kinder und Neurotiker noch nicht gelernt haben, „mein" und „dein" (die Abgrenzung) zu unterscheiden. – Familienverwandt mit da, du ist auch die, der, das, dieser, diese, dieses.

„Wenn", gleich „wann", ist ursprünglich Fragepartikel. Mittelhochdeutsch wenne häufiger als wanne, althochdeutsch huanne, huenne, wanne, wenne, gotisch hvana, Akkusativ zu hvas (wer, was). Das w gibt die Höhle an, e oder a das die Schwelle Überschreitende, das weiterhin in das mit nn reduplikativ bezeichnete Runde (Schwellen-Öffnungen) eingeht. Das Wort hat also ebenfalls einen kopulativen Charakter, verbindet das eine mit dem anderen, das nun in Form der folgenden Worte aufgerollt wird. Dieser mit „wenn" oder „wann" ursprünglich und mit „wann" auch heute noch zeitlich beschriebene Zusammenhang wird (etwa vom 16. Jahrhundert an) „bedinglich" gedeutet. Der Konditionalismus ist aber realiter lediglich Deutung der Differenzierung von „wann" und „wenn" – derart, dass „wenn" nun auch mehr Örtliches angibt, während „wann" reine Zeitpartikel geblieben ist. „Wenn" ist nunmehr so viel wie „falls", „im Falle, dass", „vorausgesetzt, dass" und gibt die Umstände, aus denen sich etwas entwickelt, nicht mehr bloß zeitlich, sondern auch örtlich, also hinsichtlich der Koordinatik an; die Umstände als solche beschreiben die sich an „wenn" anschließenden Wörter. Indes wird „wenn" vielfach auch sinngleich mit „wann" gebraucht; es ist also entweder sinngleich mit „wann" oder mit „falls"; ich ziehe vor, statt „wenn" je nachdem „wann" oder „falls" zu sagen, und zwar mit Rücksicht darauf, dass die konditionale Deutung – ebenso wie die kausale und finale – im psychobiologischen Denken ausfällt. Auch „wenn", so viel wie „falls", leitet Sätze ein, die gewisse Umstände beschreiben, aus denen sich etwas ergibt, und zwar sind diese Sätze Irrealsätze, beschreiben also einen Tatbestand, meist aus der Erinnerung (die auch „künftig" sein kann), anders als er ist oder war. Derartige Zusammenhänge sind aber auch nur – wie alle anderen – zeiträumliche.

An der Tatsache der Genauigkeit der phänomenal-phänomenologischen Entsprechung ändert nichts der Hinweis darauf, dass es Irrtum, Lüge, List usw. gibt, also Beschreibweisen, die einen Tatbestand abwegig „wiedergeben". Rechnet ein Kind „3-mal 3 ist 8", dann ist zwar die Assoziation „abwegig" (falsch), aber die 8 (als Zahlzeichen und -wort) entspricht genau dem so bezeichneten phänomenalen Individuum. Und die fehlerhafte

Beschreibung – fehlerhaft, wie sich aus Vergleichen mit der „richtigen", d.h. durchschnittlichen (normalen) Beschreibung ergibt – entspricht genau dem fehlerhaften Erlebnis.

Genug der Beispiele. Ich hoffe, an ihnen die Genauigkeit der phänomenal-phänomenologischen Entsprechung gezeigt zu haben und ferner die Gültigkeit des Satzes: Alle Wörter geben Eigenschaften und Funktionen des Beschriebenen an. Der sprachkundige Leser kann die Beispiele leicht mehren und wird die hier dargestellten Grundsätze allenthalben, auch in jeder Sprache, die je ein Volk gesprochen hat oder spricht, bestätigt finden; und auch in künftigen Sprachen wird nie etwas anderes beschrieben werden als Eigenschaften und Funktionen.

8.2 Wortverwandtschaft

8.2.1 Wortanalyse und Bedeutungslehre

Die Buchstaben und Wörter sind Reihen akustischer und optischer Gegenstände und Begriffe, also Aktualitäten bestimmter optischer und akustischer Modal- und Idealzellen („Wortzellen"). Sie können beschrieben werden, wie die phänomenalen Individuen beschrieben werden. Genau so, wie von dem Zellkomplex, dessen Aktualitätenreihe ein bestimmtes phänomenales (gegenständliches und begriffliches) Individuum ist, Passformen zu bestimmten Wortzellen gelangen, zu denen nämlich, deren Aktualitätenreihe die „Beschreibung" jenes phänomenalen Individuums sind und die sich somit als mit ihm (extra- und intraindividual) assoziiert erweisen, genau so gehen auch von dem Zellkomplex, dessen Aktualitätenreihe ein bestimmtes phänomenologisches Individuum (Buchstabe oder Wort) ist, Passformen zu bestimmten anderen Wortzellen, deren Aktualitätenreihen die „Beschreibungen" jenes phänomenologischen Individuums sind und die sich somit als mit ihm assoziiert erweisen, und zwar ist diese Assoziation ebenfalls im Gegenständlichen hauptsächlich extra-, im Begrifflichen intraindividual. Die sich so anschließenden Wörter sind die Wortbeschreibung oder Wortanalyse.

Nun entspricht, wie dargelegt, jedes Wort dem damit beschriebenen phänomenalen Individuum genau, besteht eine enge Verwandtschaft zwischen den assoziierten phänomenalen und phänomenologischen Zellen und den auf dem Assoziationsweg zwischen ihnen verkehrenden Passformen. Konstitutiv, d.h. hinsichtlich der Kombination der die Zelle bildenden Passformenkomplexe, also auch der ein- und austretenden Passformen, stehen diejenigen Zellkomplexe, deren Aktualitäten ein *Hauptwort* sind, dem Zellkomplex, dessen Aktualitäten das mit dem Hauptwort bezeichnete phänomenale Individuum sind, am nächsten; die Hauptwörter bezeichnen also nur ein einziges (Eigenname, siehe oben) oder mehrere gleich konstituierte Individuen. Konstitutiv weiter entfernt sind die *Nebenwörter* (Eigenschafts-, Zeitwörter usw.); sie sind also auch je nach ihrer konstitutiven Nähe mit mehreren Individuen assoziiert, die eben konstitutiv mindestens insoweit übereinstimmen, wie die gemeinsame Bezeichnung mit einem oder mehreren Nebenwörtern anzeigt – insoweit also, dass eben *diese* nebenwortliche Beschreibung stattfindet. Das Analoge gilt für die Wortbeschreibung. Es sind also auch die ein bestimmtes Wort beschreibenden (analysierenden) Wörter diesem Wort engverwandt, und zwar stehen ihm die Hauptwörter konstitutiv am nächsten. Indem einerseits ein Wort dem damit beschriebenen phänomenalen Individuum, andererseits den es selbst beschreibenden (analysierenden) Wörtern engverwandt ist, besteht auch eine enge Verwandtschaft zwischen den letzteren Wörtern und jenem phänomenalen Individuum. Die zur Beschreibung eines Wortes, z.B. Pferd, gehörenden Wörter geben somit nicht nur Eigenschaften und Funktionen dieses Wortes, sondern auch des mit diesem Wort bezeichneten phänomenalen Individuums an, wie sich z.B. an unserer Erörterung zu „Pferd" (8.1.3) ohne Weiteres erkennen lässt, ja es ist bei dem geschilderten biologischen Mechanismus eine Wortanalyse gar nicht anders möglich (kommt niemals anders vor) als im Anschluss an das zugehörige phänomenale Individuum, das hierbei meist begrifflich vorgestellt wird und während der Wortanalyse immer mal wieder begrifflich aktuell ist, ebenso, wie während der

Wortanalyse sowohl das zu analysierende Wort wie auch andere jenes phänomenale Individuum beschreibende Wörter immer mal wieder aktuell sind.

Die verschiedenen *Beschreibweisen* (2.8) der phänomenalen Individuen kommen auch in der Beschreibung der phänomenologischen Individuen, in der Wortbeschreibung oder Wortanalyse, vor. Ein Buchstabe, ein Wort, die (optische und akustische) Sprache kann also pragmatisch, ästhetisch und ethisch beschrieben werden. Alle Beschreibweisen der Wörter fassen wir als *„Wortkunde"* zusammen. Zwar wird dieser Name gewöhnlich in einem engeren Sinn gebraucht, nämlich als Bezeichnung der *philologischen* Beschreibung, die sich aus der Inventarisierung des Wortschatzes, der Grammatik und der Etymologie (einschließlich einer Art historischer Morphologie des Wortes) zusammensetzt, aber die Philologie ist nicht die gesamte, nicht einmal die gesamte pragmatische Wortkunde: Zur letzteren rechnen auch die biologische Morphologie der Buchstaben und Wörter (Abschnitte 3, 4 und 5), die Physiologie und Pathologie ihrer Entstehung (einschließlich des Sprechens und Schreibens, Hörens und Lesens) und ihrer Assoziationen, die Logik usw., also Disziplinen, die als „Überschneidungen" der Wortkunde mit der Biologie, der Physiologie, der Philosophie usw. aufzufassen sind; und ferner gibt es eine Ästhetik und eine Ethik „des Wortes", die beide – als wertende Beschreibweisen – zur Wortkunde gehören. Die *psychobiologische Wortkunde* umfasst auch alle diese Beschreibweisen, liegt aber in einer anderen Denkebene (Anschauungsebene) als die bisherige Wortkunde. Diese Differenz der Anschauung gilt wie für die Wortkunde, so für die Beschreibung überhaupt und auch für das phänomenale Erleben, die Phänomenalität. Sie trifft also auch für die Zusammenhänge zu, die wir hier zu erörtern haben: die Zusammenhänge zwischen phänomenalem Individuum, Wort und Wortanalyse, die sogenannte *Bedeutungslehre.*

Die *Bedeutung* oder, wie man auch sagt, der *Sinn* eines Wortes erschöpft sich keineswegs in der Angabe einer oder mehrerer Eigenschaften und Funktionen des mit jenem Wort beschriebenen phänomenalen Individuums. Mit solchen Angaben ist nicht viel mehr gewonnen als mit der einfachen Konstatierung: Das Wort, z.B. Tür, „bedeutet" eine gewisse phänomenale Anordnung, eben die, die „Tür" genannt wird. Da wird „bedeuten" sinngleich mit „beschreiben", „bezeichnen" gebraucht. Die Vorsilbe be- ist ein „Richtungswort" (wie alle Präpositionen), beschreibt speziell das Schmerzstadium des Übergangs, die Schwelle, hinsichtlich der topischen Komponente, gibt so die Richtung des Deutens, Schreibens, Zeichnens usw., das Gerichtetsein auf etwas ausdrücklich an. Das Wort „deuten" gehört zur gleichen Wurzel wie da, du, dein usw., homolog lateinisch dis, duo, dubito usw., griechisch δις-, διά, δύο, δοιάζω usw.; d, t sind trauer-freudegefühlig, die verschiedenen Vokale geben die entsprechenden Stadien des Übergangs an, „eu" die Schwelle (e) der Höhle (u), das Männliche, das aus der Höhle tritt (vergleiche „Freude"), vom t determiniert, also in speziell-nuancierter Weise die Trennung, Teilung, das Zerfallen, Zwei-feln (so viel wie in zwei fallen, ent-zwei gehen). Mittel- und althochdeutsch diuten, altfriesisch thioda, schwedisch tyda, neuniederländisch duiden (vergleiche das duit gleich Deut, etwa so viel wie „der Zweier", ostpreußisch das Dittchen) usw. Dem griechischen δείκνυμι – zeige, δίκη – Recht usw. entsprechen lateinisch dico – sage (und somit zeige), indico, iudex (gleich ius-dex) usw., gotisch teiha – melde, althochdeutsch zîhu – zeihe, zeigôm – zeige usw.; zu zeigen zeichnen, bezeichnen, dessen nahe Sinnverwandtschaft mit „bedeuten" sich auch aus den genannten Homologien ergibt, wie ja auch das ei in zeigen, zeichnen, schreiben dem eu in deuten sehr nahe steht.

(Mit „deuten", „diuten" ist auch „deutsch", zu gotisch þiuda, althochdeutsch diot – Volk, Volksstamm, verwandt. Diese Wörter bedeuten so viel wie Gesamtheit der Geborenen, Nachkommen, Kinder, also der in der Geburt [nasci, natus, also natio so viel wie Geburtsgemeinschaft] von der Mutter Abgetrennten, Abgeteilten [di-], vergleiche Diener, familia, proletarii – wie ja auch „Volk", althochdeutsch folc, nichts anderes bedeutet als Nach-folg-er, im Gegensatz zum Herrn, Vater, und indem sich das Volk vom Urahn, dem Schöpfer, den Göttern oder Gott ableitet, ist diot so viel wie Göttersöhne, Gottessöhne, Gotteskinder [vergleiche Goten, dazu althochdeutsch goto, gota, mittelhochdeutsch gote – Taufeltern – und godsohn – Täufling – usw.], Helden, Schar der Streit und Wehrhaften, der Waffenfähigen [Kriegsvolk], vergleiche lateinisch dis, dies, deus – der strahlende Held, altgermanisch Tiu, Teut [Teutonen], Ziu, griechisch Zeus usw. – „diot" [deutsch, „völkisch"] war Ende des 5. Jahrhunderts Bezeichnung für die germanisch-konservative Art [Sprache, Sitte] der rheinischen Ostfranken im Gegensatz zu der Gesittung der Westfranken, die nach Eindringen in die römische Provinz Gallien keltoromanische Sprache und Sitten übernahmen.)

Sonach ist man sehr wohl berechtigt, „bedeuten" zunächst etwa gleich „beschreiben", „bezeichnen" zu gebrauchen, wir wissen ja auch, dass die Beschreibung eine Art Zerlegung des Beschriebenen ist: Alle Beschreibung ist partiell, und ferner sind die Wörter von dem damit Beschriebenen konstitutiv mehr oder minder weit entfernt, auch ist es eine biologische Tatsache, dass der Differenzierungsgrad eines phänomenalen Komplexes der Ausführlichkeit seiner Beschreibung entspricht, das phänomenale Individuum also umso differenzierter, umso „deutlicher" ist, je differenzierter (ausführlicher, klarer, „eingehender") seine Beschreibung, seine „Deutung", seine wortliche Auseinanderlegung, Darlegung, Aufteilung ist – wobei freilich zwischen dem Individuum und seiner Beschreibung nicht etwa ein Kausalnexus besteht. Im fiktionalen Denken ist nun aber die Deutung nicht bloß Zerlegung des Individuums in seine Teile, sondern auch – und zwar anschauungsgemäß – Zerlegung des Physischen in eben dieses Physische und ein angeblich in ihm wohnendes, es beherrschendes, ja sogar schaffendes „Psychisches". Diese Fiktion, diese Deutung ist die Eigentümlichkeit, das Wesentliche des fiktionalen Denkens. Somit gebrauche ich das Wort „deuten" als Kennwort des fiktionalen Denkens und unterscheide von dem deutenden das realische Erleben und Beschreiben. Die realische Beschreibung ist im Sinn der Zerlegung, die ja eben biologisch jede Beschreibung ist, ebenfalls „Deutung", sie ist aber keine Deutung in dem Sinn, dass in das Physische die metaphysische Seele (Kraft usw.) hineinfingiert wird, nicht im Sinn des weltanschaulichen Zweifels. Im Interesse klarer Unterscheidung verwende ich „deuten", „Deutung"

ebenso wie Kausalität, Ursächlichkeit usw. zur Beschreibung des metaphysischen (kausalen, motivischen, fiktionalen, Als-ob-) Denkens, die Wörter „deutlich" und „Bedeutung" dagegen auch im realischen Sinn.

Das Wort „bedeuten" hat nun aber in der Sprachkunde eine sehr viel weitere Bedeutung gewonnen als die des bloßen Beschreibens oder Bezeichnens eines phänomenalen Individuums. Die wesentliche Fragestellung der Bedeutungslehre ist nicht: Welchen Gegenstand bezeichnet ein gewisses Wort? – und vergleichend: Welche Wörter verschiedener Sprachen bezeichnen den gleichen Gegenstand?, sondern: Wie ist es zu verstehen (wie kommt es), dass dieses Wort gerade diesen Gegenstand bezeichnet und dass es so „lautet", wie es lautet? (motivisch formuliert: Warum heißt dieser Gegenstand gerade so, wie er heißt, oder warum ist ein gewisses Wort gerade Bezeichnung für diesen Gegenstand und warum „lautet" das Wort so, wie es lautet?). Die erstgenannten Fragen und ihre Erörterungen sind nur Vorstufen zum wesentlichen Thema der Bedeutungslehre, liefern nur Grundmaterial für den Aufbau der Bedeutungslehre, die nun auch die eigentliche, endgültig lösende Antwort auf alle Vorfragen und Hauptfragen gibt. Alle Methoden der Wortanalyse münden somit ein in die Bedeutungslehre; sie ist zwar eine philologische Beschreibweise, aber sie beschränkt sich, recht verstanden, nicht auf die inventarisierende, grammatikalische und historisch-etymologische Beschreibweise, sondern umfasst als Quellen ihrer Ergebnisse auch die Physiologie und die sogenannte Psychologie des Schreibens und Sprechens, des Lesens und Hörens, die Biologie des Wortes, und auch die Logik steuert Unentbehrliches bei.

Was bisher als Bedeutungslehre gilt, ist vom psychobiologischen Standpunkt aus gesehen nur eine Grundlegung, und über diese Anfänge ist auch die Etymologie kaum hinausgekommen, die es als ihre Aufgabe betrachtet, den „wahren Sinn" eines Wortes zu bestimmen, d. h. erklärtermaßen: „anzugeben, welche von den meist sehr zahlreichen Teilvorstellungen, deren Summe den durch das Wort ausgedrückten Begriff bildet, derart die Aufmerksamkeit des ersten Bildners dieses Wor tes fesselte, dass er den Begriff gerade nach diesem Merkmal benannte" (A. Walde, Lateinisches etymologischen Wörterbuch, 1910, S. XI). Abgesehen davon, dass in dem zitierten Satz „Begriff", „Wort" und bezeichneter Gegenstand nicht klar unterschieden sind, abgesehen auch davon, dass die primäre Bildung des Wortes als eine Art überlegter Willkürakt, als „psychischer Akt" hingestellt und so missverstanden ist, wird der „wahre Sinn" eines Wortes doch immer noch im Rahmen der Beschreibung der phänomenalen Individuen gesucht, also in der althergebrachten Enge definiert; an die Beschreibung des Wortes ist noch nicht gedacht. Die Tatsache, dass lateinisch luna – Mond – mit lucere – leuchten – verwandt ist, gibt mir noch lange keinen Aufschluss über die *Bedeutung des Wortes* lucere, d.h. darüber, *wieso diese individuale Buchstabenreihe gerade die ist, die sie ist, und wieso eine gewisse Funktion gerade mit dieser Buchstabenreihe als einer solchen bestimmter Wortbedeutung beschrieben wird.* Diesen Aufschluss erhält man auch nicht auf dem Weg der *Übersetzung* des lateinischen Wortes in „unser geliebtes Deutsch" oder in eine andere Sprache, ja auch nicht auf dem Weg der *Zurückführung auf die* lateinische oder griechische oder sanskritische *Wurzel;* die Frage nach der Wortbedeutung wird nicht gelöst, indem man die Homologen in anderen Sprachen angibt, sie gilt dann eben für diese anderen Wörter ebenfalls, und man sollte sich auch nicht darüber täuschen, dass die Wurzel eines Wortes, einer Familie nicht das Geringste über die Bedeutung dieser Wörter aussagt, sondern dass nun nach der Bedeutung der Wurzel gefragt wird. Die Tatsache, dass eine gewisse phänomenale Anordnung „Tür" heißt, gibt mir noch keinen Aufschluss über die Bedeutung des Wortes „Tür" als solchen, und bei der Übersetzung des Wortes „Tür" in andere Sprachen wird die Frage nach der Bedeutung nicht etwa gelöst, sondern nur weitergeschoben. *Gegenüber dem irrtümlichen Anspruch der Etymologen, mit der Zusammenstellung homologer Wörter verschiedener Sprachen, ein Verfahren, das man ebenso irrtümlich für eine „Herleitung" hält, wäre Sinn oder Bedeutung eines Wortes zu klären oder geklärt, muss betont werden, dass dieses Verfahren an die eigentliche Wortbedeutung überhaupt noch nicht*

herankommt, sondern nur – unentbehrliche – Grundlagen gibt, welche die Bedeutungslehre, auch im Sinn einer Bestätigung der Richtigkeit ihrer Konstruktionen, benützt.

Es ist bequem, sich darauf zu berufen, dass die Bedeutungslehre, so verstanden, ein – natürlich vergeblicher – Versuch sei, ins Gebiet des „Unerforschlichen" (das man so gern mit dem „Unerforschten" identifiziert) einzudringen: Die Bildung und die Wahrnehmung des Wortes sei ein psychischer Akt, und es sei dem „Menschengeiste" ebenso wenig „beschieden", das Wesen des Wortes zu ermitteln wie das Wesen der Dinge überhaupt; ohne die Erkenntnis des Wesens der Dinge sei aber die Frage nicht zu beantworten, wieso („warum") ein gewisser Gegenstand, z.B. ein Stuhl, nun gerade ein Stuhl und so und so beschaffen sei und ein Wort, z.B. das Wort Stuhl, nun gerade diesen Gegenstand bezeichne und gerade „so" sei, wie es sei. Die Psychobiologie lehrt das Wesen der Anschauung, damit „der Dinge", aus der biologischen Funktion der Denkzellen erkennen. So sind uns auch der (optische und akustische) Buchstabe und das Wort kein Rätsel mehr: Wir erkennen die Buchstaben als Aktualitätenreihen von Denkzellen, die je den einzelnen nach Gefühlsspezies benannten Reflexsystemen angehören. Die Erkenntnis der biologischen Symbolik gibt uns unter anderem auch Aufschluss über das Wesen der Anordnungsweise (Koordinatik) der Reihen, der phänomenalen wie der phänomenologischen, sowie über die phänomenal-phänomenologischen Entsprechungen, über die Wege (Methoden) der Wortanalyse. Somit beschreiben wir den Buchstaben, das Wort als und wie ein gegenständliches und begriffliches Individuum, also auch hinsichtlich der Gefühligkeit, Koordinatik usw. Und damit ist auch der letztmögliche Entwicklungsgrad der Bedeutungslehre gegeben. Das Wort „Tür" ist also Aktualitätenreihe einer bestimmten Wortzellgruppe, die gemäß ihrer spezifischen Funktionsperiodik, also periodisch aktuell ist usw.; das ü ist schmerzhaltig-hungergefühlig, malt also die Rundung mit Hinweis auf die Schwelle, das T ist freudegefühlig, Hinweis auf gerade Teile der Rundung-Schwelle und auf das die Rundung und Schwelle passierende Gerade (Türflügel usw.), das auch im determinierenden r angegeben ist, sofern dieses nicht die Schwelle als weiblich und überhaupt das Drehen der Tür oder bestimmter Teile (Angel, Klinke) angibt. Das Wort „Tür" entspricht gemäß der phänomenal-phänomenologischen Assoziation genau, und zwar als Hauptwort dem Beschriebenen konstitutiv nächststehend, einer bestimmten phänomenalen Anordnung. Damit ist, kurz zusammengefasst, die endgültige Lösung aller Fragen gegeben, die in der Bedeutungslehre vorkommen können, grundsätzlich also die: Wie kommt es, dass jene phänomenale Anordnung gerade und nur mit Tür bezeichnet wird, wie ist das Wort seinem Wesen nach zu verstehen?

Es ist klar, dass die psychobiologische Bedeutungslehre uns auch den *weitestgehenden Einblick in die verwandtschaftlichen Verhältnisse der Wörter und weiterhin der phänomenalen Individuen* gibt. Wir verstehen dies aus folgenden Tatsachen.

(1) Beim Sprechen und beim Schreiben werden vom phänomenalen Komplex ausgehende optophile bzw. akustophile Passformen abgegeben. Die Muskelaktionen des Schreibens und des Sprechens geschehen in einer Reihenfolge, die für jedes Beschriebene spezifisch ist; dieser Reihenfolge entspricht die Koordinatik der zugehörigen optischen bzw. akustischen Buchstaben und Buchstabenreihen (Wörter), und diese Koordinatik stimmt zu der des Beschriebenen. Das U ist und beschreibt also immer eine hungergefühlige Anordnung, eine Höhle, das O eine Öffnung usw., wie dargelegt, und eine gewisse Buchstabenreihe, ein gewisses Wort entspricht genau der Reihe der mit diesem Wort beschriebenen phänomenalen Anordnungen, die zusammen ein zusammengesetztes Individuum oder ein Teil eines solchen größeren sind. *Die phänomenal-phänomenologische Entsprechung ist also gemäß den biologischen Mechanismen spezifisch und genau.* Ein gewisses phänomenales Individuum kann immer nur mit „seinen" Worten beschrieben werden, also mit denen, die mit ihm reflexartig assoziiert sind.

(2) *Jeder Buchstabe, jedes Wort, jeder Satz ist ein Ganzes,* eine Ganzheit, ein (phänomenologisches) Individuum, wie das so beschriebene phänomenale Individuum ein Ganzes, eine Ganzheit ist. Ein Buchstabe kann also nicht so, wie er ist, aber auch anders gestaltet sein, ein Wort nicht so lau-

ten, wie es lautet, aber auch anders, ein Satz diese, aber auch eine andere Reihe, Zusammenstellung sein, sondern Buchstabe, Wort, Satz sind Aktualitätenreihen gewisser assoziativer Systeme, sind *spezifisch.* Auch das Hauptwort mit seinem Artikel ist eine assoziative Einheit, ein Ganzes, gleichgültig, ob der Artikel mit dem Wort verbunden (Endung) oder getrennt ist (vor dem Wort steht). Das phänomenologische Individuum „der Tor" ist von dem phänomenologischen Individuum „das Tor" unterschieden; die Verschiedenheit liegt in erster Linie im Artikel vor, aber Artikel und Wort sind ein Ganzes, und so erstreckt sich die Verschiedenheit, sozusagen ausklingend, auch auf das Hauptwort; in den Druckbuchstaben ist sie freilich unmerklich geworden.

(3) Als Individuum ist ein gewisses Eigenschaftswort von einem gewissen Haupt- oder Zeitwort usw. verschieden. Es ist auch von jedem anderen Eigenschaftswort verschieden, bildet aber mit den übrigen Eigenschaftswörtern eine Wortklasse, deren einzelne Mitglieder voneinander, eben als Mitglieder der gleichen Wortklasse, als Eigenschaftswörter weniger verschieden sind als von den einer anderen Wortklasse angehörenden Individuen, und zwar ist die Verschiedenheit besonders in denjenigen Bestandteilen (z.B. Endung) des Wortes ausgeprägt, die das Wort eben als Eigenschaftswort kenntlich machen. Das Wort „töricht" unterscheidet sich von „der Tor" insofern, als das o in ö umgelautet und die Endung „-icht" angehängt ist; diese Endung ist dem Substantiv-Pronomen „icht", abgekürzt „ich", aus „Wicht" (zu „wesen", „[an]wesend", „war"), gleichzusetzen, wie „-lich" zu „Leiche", „Leib", mittelhochdeutsch lîch, althochdeutsch lîh, gotisch leik – Leib, F-leisch usw. gehört. In anderen Fällen weist das Hauptwort eine bestimmte Endigung und einen entsprechenden Umlaut auf, z.B. „Länge" zu „lang". Die Individuen der einzelnen Wortklassen sind also untereinander und von den Individuen der anderen Wortklassen koordinativ in gewisser Weise unterschieden, und diese Unterschiede entsprechen wiederum den Unterschieden der so beschriebenen phänomenalen Individuen, wobei, wie wir feststellten, die Hauptwörter dem damit Beschriebenen konstitutiv näher stehen als die Nebenwörter. Die koordinative Symbolkompo-

nente stimmt stets zu den übrigen Symbolkomponenten der Aktualität. Das Wort als phänomenologische koordinative Entsprechung des phänomenalen Individuums ist somit implicite, d.h. im Sinn der biologischen Symbolik, Entsprechung des phänomenalen Individuum auch hinsichtlich übriger Symbolkomponenten; es geben also alle Wörter Funktionelles (koordinative Veränderungen) und Eigenschaftliches (Veränderungen der übrigen Symbolkomponenten) in symbolischer Homogenität an, die Tätigkeitswörter (Funktionsbezeichnungen) vorwiegend die koordinativen, die Eigenschaftswörter vorwiegend die Veränderungen anderer Symbolkomponenten, die übrigen Wörter beides in verschiedenen Relationen, wobei die Hauptwörter, wie dargelegt, hinsichtlich der Relation der Symbolkomponenten, also Konstitution, dem phänomenalen Individuum am genauesten entsprechen. Das heißt also: *Vollziehen sich an einem phänomenalen Individuum vorwiegend koordinative Veränderungen,* ändert sich das Individuum vorwiegend koordinativ (funktioniert es), *dann ist die assoziierte phänomenologische Reihe eine solche, die wir Tätigkeitswort nennen; ändern sich vorwiegend die übrigen Symbolkomponenten des phänomenalen Individuums, dann ist die assoziierte Buchstabenreihe ein sogenanntes Eigenschaftswort;* die übrigen Nebenwörter und die Hauptwörter stehen den Tätigkeits- oder den Eigenschaftsbezeichnungen mehr oder minder nahe. Je nachdem, welche Symbolkomponenten außer den koordinativen sich vorwiegend ändern, ist das Tätigkeitswort „eigenschaftlich determiniert", also eine spezifische Buchstabenreihe, und je nachdem, welche Symbolkomponenten sich abgesehen von den koordinativen vorwiegend ändern, ist das Eigenschaftswort eine spezifische Buchstabenreihe. So verstehen wir die Tatsache, dass es bestimmte Buchstabenreihen, also phänomenologische Individuen gibt, die wir als Tätigkeitswörter, und andere, die wir als Eigenschaftswörter bezeichnen usw.

(4) Das Wort gibt also an, welche Symbolkomponenten des assoziierten phänomenalen Individuums abgesehen von oder außer den koordinativen Symbolkomponenten sich vorwiegend ändern. Den Änderungen der Zahl der die phänomenale Zelle passierenden Passformen, also den Helligkeitsänderungen, entsprechen gewisse Wörter, die eben die Helligkeit, ferner die Farbigkeit angeben. Ändern sich vorwiegend die akustophilen Passformen des aktuellen optischen Zellkomplexes, d.h. „tönt" usw. das phänomenale Individuum, dann entsprechen spezielle Bezeichnungen, und zwar solche, die gemäß der „*Konfluenz der Beschreibung*" (2.4) auch akustische Vorgänge, Reihen beschreiben. Das Analoge gilt für die vorwiegende Änderung der übrigen Symbolkomponenten phänomenaler Individuen: Ändert sich vorwiegend die thermophile Symbolkomponente, dann entsprechen spezielle Buchstabenreihen, phänomenale Individuen, die auch mit thermischen Individuen, thermischen Aktualitätenreihen assoziiert sind, usw. Die Konfluenz der Beschreibung ist sozusagen eine Bestätigung der wortanalytischen Klassifikationen, somit auch der wortanalytischen Erörterungen, die wir „Bedeutungslehre" nennen.

Aus den unter (1) bis (4) mitgeteilten Tatsachen ergibt sich, dass *gleiche Wörter Gleiches beschreiben und Gleiches bedeuten,* d.h. dass gleiche Wörter gleichen phänomenalen Individuen (auch verschiedener Sensualitäten) entsprechen und mit gleichen Wörtern (die ihre Bedeutung angeben) beschrieben werden. Die Grade der Ähnlichkeit oder Verwandtschaft der Wörter stimmen mit den Graden der Ähnlichkeit oder Verwandtschaft der so beschriebenen phänomenalen Individuen und ferner ihrer Bedeutung überein. *Dies gilt für alle Sprachen,* sowohl insofern die einzelnen Wörter einer Sprache untereinander als auch insofern die einzelnen Wörter verschiedener Sprachen untereinander verglichen werden. Für die historische Etymologie war und ist der Gleichklang der Wörter eine „Sirene" (Pott), die Gleichbedeutung „eine jener Sirene verschwisterte Fee, der wir ebenso wenig (wie jener) folgen dürfen" (G. Curtius), oder, wie Curtius (Griechische Etymologie, S. 122) sagt, die Lautähnlichkeit ist ein „trübes Licht" und die Begriffsverwandtschaft (womit Curtius nicht ganz korrekt die Verwandtschaft der Wortbedeutungen bezeichnet) eine „nicht minder trübe Leuchte", deren sich nur der etymologische Dilettantismus bediene. Aber *die historische Etymologie ist eben Historie, nicht Biologie,* und soweit sich innerhalb dieser Sprachhistorie biologische Gesichtspunkte geltend machen, sind sie großenteils unzulänglich verwendet (vergleiche z. B. R. Kleinpaul, Das Leben der Sprache) und eben in dieser Anwendung keineswegs geeignet, das biologische Denken als auch innerhalb der Sprachkunde legitim erscheinen zu lassen. Mit dieser Konstatierung ist die historische Etymologie nicht etwa entwertet, sie ist im Gegenteil als spezielle Wissenschaft anerkannt; nur kann darüber kein Zweifel bestehen, dass die Eintragung (auch) der worthistorischen Tatsachen in die psychobiologische Sprachkunde (die ja den Etymologen noch unbekannt war und ist) erst die vollkommene Einsicht in die sprachlichen Zusammenhänge ergibt, die von der historischen Etymologie allein niemals erreicht werden kann.

Gleiche Buchstaben, gleiche Wörter sind Aktualitätenreihen gleicher Wortzellen. Gewisse Buchstaben (z. B. die Gutturalen) sind miteinander näher verwandt als mit anderen, so nahe, dass sie füreinander eintreten können. *Je mehr gleiche oder doch nächstverwandte Buchstaben zwei Wörter aufweisen,* wobei in erster Linie die Wurzelsilben verglichen werden, *desto näher sind sie miteinander verwandt,* und zwar ist die Verwandtschaft besonders nahe in den Fällen, in denen die gleichen oder verwandten Buchstaben in gleicher Reihenfolge stehen. *Der Verwandtschaft der Wörter entspricht die Verwandtschaft der so beschriebenen Individuen hinsichtlich des in der Beschreibung speziell herausgestellten Funktionellen und Eigenschaftlichen.* Werden Teile eines Individuums beschrieben, dann gilt die phänomenale und die phänomenologische Verwandtschaft in erster Linie für diese Teile, „verklingend" auch für die Zusammenhänge mit dem Ganzen, dessen Symbol ja immer auch der Teil ist. Hierfür einige Beispiele.

Die nahe Verwandtschaft von „*Tür*" und „*Tor*" ist ohne Weiteres ersichtlich. „Tür" beschreibt eine gewisse phänomenale Anordnung, wie oben angegeben. „Tor" unterscheidet sich nur im Vokal: Während ü die Höhlung-Schwelle, also die phänomenale Anordnung als hunger-schmerzgefühlig (schmerzhaltig-hungergefühlig) angibt und selber hunger-schmerzgefühlig ist, beschreibt o die Öffnung, die phänomenale Anordnung, als angstgefühlig und ist selbst angstgefühlig; geben

die Wörter die „Füllung" an (Tor-, Türfüllung, -flügel usw.), dann beschreiben sie vokalisch nach Korrelationstyp 2; die Determinanten t und r sind gleich. Die phänomenal-phänomenologische Entsprechung ist, wie ausgeführt, eine solche der Koordinatik und demnach der Gefühlsspezies (der Gefühligkeit), implicite auch Entsprechung der übrigen Symbolkomponenten; diesen entsprechen aktuell, gesondert die verschiedenen Funktions- und Eigenschaftswörter usw., die sich als weitere Beschreibung der phänomenalen Individuen an die Hauptwörter „Tür" bzw. „Tor" anschließen, vielfach derart, dass die Beschreibungen miteinander, wenigstens zum Teil, verschmelzen (konfluieren). Die Tatsache also, dass ein Tor z. B. aus Eisen oder aus Holz besteht, ist jeweils (d. h. bei der jeweiligen Beschreibung) *implizit* in dem Hauptwort „Tor", *explicite,* gesondert aber erst in gewissen mit „Tor" assoziierten weiteren Wörtern angegeben; das Analoge gilt für „Tür". Die Wörter „Tür" und „Tor" sind also „in erster Linie" hinsichtlich der Koordinatik und Gefühligkeit verwandt; die implicite gegebene Verwandtschaft, die der Verwandtschaft der so beschriebenen phänomenalen Individuen entspricht, stellt sich erst in der sich anschließenden Beschreibung heraus. Hier ist allerdings zu bedenken, dass die Wörter mit verschiedenen Individuen assoziiert sein können, die betreffenden Wortzellen also jeweils mehr oder minder beträchtliche Zuflüsse von anderen phänomenalen und phänomenologischen Zellen her erhalten können, demnach gewisse Wörter, die in der Beschreibung der Tür oder des Tores auftreten, mit anderen Wörtern näher verwandt sein können als mit „Tür" oder „Tor"; dies kommt umso mehr in Betracht, je ausführlicher die Beschreibung ist, und regelmäßig greift die Beschreibung in andere Verwandtschaftsgebiete über, besonders in Fällen, in denen auch die beschriebenen Individuen weniger verwandt sind als Tür und Tor.

Ferner ist „*das Tor*" mit „*der Tor*" nicht weniger verwandt als mit „*die Tür*", sowohl die Wörter wie die phänomenalen Individuen. Die Verwandtschaft ist sogar so eng, dass die Wörter „das Tor" und „der Tor" (so gut wie) ausschließlich im Artikel differieren. Die mit „das Tor" und „der Tor" beschriebenen Individuen sind in erster Linie koordinativ verwandt; sie müssen darüber hinaus auch sonst noch eigenschaftlich und funktionell verwandt sein, das wird sich dann jeweils in der weiteren Beschreibung zeigen. Gewöhnlich bezeichnen wir mit „das Tor" ein aus Holz oder Eisen usw. bestehendes Individuum, mit „der Tor" einen gewissen Menschen und seinesgleichen. „Der Tor" ist „der im Übergang begriffene Mensch", der Mensch, der sich in der Entwicklung befindet, die Pubertätsprobe, die Reifeprobe noch nicht bestanden hat, der Mensch vor oder in dem Übergang zum Erwachsensein. Der Erwachsene, soweit er „unvernünftig" ist und somit „Tor" genannt wird („Alter schützt vor Torheit nicht"), ist eben wie ein Kind, ist „kindisch"; insoweit er das ist, weiß er noch nicht, „was gut und böse ist", hat die „Vernunft" (zu vernehmen, wahrnehmen, Fähigkeit, in erwachsener Weise aufzunehmen, zu „kapieren") noch nicht gewonnen. Der Tor ist der μωρός, der ἄλογος, das infans, das Kind, das noch nicht reden (in-fari), das Wort führen kann, das „nichts zu sagen hat", stumm und dumm und taub, in allen Sinnesgebieten noch unentwickelt ist, der Hohlkopf, der Unerfahrene, der Parzival („der reine Tor"), der das Geheimnis sieht und dennoch nicht versteht, der Adam am Baum der Erkenntnis, der Uneingeweihte (μύστης), der Mensch „am Tore", dessen Überschreitung, Über-tretung den Tod, die Todsünde zu bedeuten hat, die Tat ist, die man nur tobend („Brausekopf") vollbringt: die Pubertätsfeier mit ihren Kämpfen („sich kriegen", „Krieg") und mit ihrem Rausch und Rasen (Liebesrausch usw.). *„Das Tor" wie „der Tor" malen also das Angststadium des Übergangs,* und zwar speziell „das Tor" nach Korrelationstyp 1 und „der Tor" nach Korrelationstyp 1 (Angstgefühl und Angsthaltung) oder nach Korrelationstyp 2 (der am Tor, im Übergang befindliche, das Tor passierende, also zum Tor hinsichtlich der Koordinatik partnerisch-gegensätzliche Mensch). Der Satz „Gleiche Wörter beschreiben Gleiches und bedeuten Gleiches" hat also auch hier seine Gültigkeit.

Dass „der Tor" der im Übergang, speziell im Pubertätsübergang befindliche Mensch ist, belegen weitere Bezeichnungen dieses Menschen, die einzelne Eigenschaften und Funktionen und damit Ähnlichkeiten und Unähnlichkeiten zu „das Tor" angeben. Ich führe einige dieser Wörter an, und

zwar solche, die dem Wort „der Tor" lautlich und bedeutungsmäßig nahe stehen, ohne dass ich schon hier die psychobiologische Bedeutung der Wörter, somit auch die (später zu erörternden) Grade der Verwandtschaft präzisieren will.

„Das Tor" ist mittel- und althochdeutsch das tor, gotisch das daúr, altsächsisch das dor, dur usw. „Der Tor" ist mittelhochdeutsch der tôre, mittelniederländisch der dôr, verwandt mit Dusel, Dussel, duselig, althochdeutsch tusîc, angelsächsisch dusig, englisch dizzy, niederdeutsch düsig, so viel wie dumm, dämlich, töricht, toll, schwindelig, taumelig, wozu man ein gotisches Verbum diosan – töricht, unvernünftig, wild sein – annimmt. – „Dumm", mittel- und althochdeutsch tump – unklug, unerfahren, dumpf, stumpfsinnig, stumm, taub (dazu althochdeutsch timpar – dunkel), gotisch dumbs – stumm; dieses *„stumm"* ist s-tumm, gehört also auch – mit stumpf, stimmen, Stimme, stammeln, stammen, Stamm usw. – zur engeren Verwandtschaft (stumm, stimmlos, ohne Stimme, z. B. im Rate, ist eben der Dumme, der Tor, das infans, der ἄλογος). Ferner *„taub"* (be-täuben, vergleiche be-tören), mittel- und althochdeutsch toup, toub, gotisch daúbs, so viel wie verstockt (aus Angst!), unsinnig, stumpfsinnig, altnordisch daufr – gehörlos („er hört nicht", d. h. gehorcht nicht) usw., wozu *„toben"* – sich unsinnig benehmen, tollen, rasen, duselig sein, wie das eben der Mensch im Pubertätskampf ist (vergleiche Korybanten, Mänaden: μαινάς zu μαίνομαι – rase, μανία – Raserei, Wahnsinn, μάντις – Seher, Begeisterter, eigentlich Rasender, usw. Vergleiche die altgermanischen Götter „Wanen", deren Trank [Blut] den Dichter, Seher zum „holden Wahnsinn" begeistert [Wahn – wähnen – mahnen – ahnen usw.], die Wanen sind „die Lichten"; Narrenfeste, Karneval, Redoute, Maskenball usw., Liebesraserei, Ekstase bei Tieren und Menschen, Liebesrausch, Alkoholrausch usw. als Pubertätsproben), *„taumeln"*, *„tummeln"*, „Getümmel", *„torkeln"* (vergleiche lateinisch torquere) usw. Der Pubertätskampf ist *„die Tat"*, und sie bedeutet den *„Tod"*: den Tod im Männerkampf, im Kampf mit dem Weibe, den Liebestod; vergleiche Tod als Tor (ins „Jenseits"), man rennt sehenden Auges in sein Unglück, Tod in der Liebesraserei, in der Brunft usw. Der „Täter" erhält die „Taufe" (Feuertaufe, Wassertaufe usw., „Täufling"), er kommt aus der Tiefe und wird in die „Tiefe" („Teufe") „getaucht" und ist „tauglich" oder „untauglich", „tugendlich" oder „untüchtig", er ist ein „Teufel", mittelhochdeutsch tiuvel, tiufel, tiefel, tûvel, althochdeutsch tiufal, diufal; hierzu „taufen", althochdeutsch toufen, doufen, gotisch dáupjan aus einem anzusetzenden gotischen diupan, althochdeutsch tiofan usw. – und „Tiefe", „Teufe", mittelhochdeutsch tiufe, althochdeutsch tiufî, diufî, gotisch diupei usw. (das gotische diabaúlos ist Lehnwort aus dem Griechischen [διάβολος – verleumderisch, schmähsüchtig, Lästerer] und gibt eine prägnante Funktion und Eigenschaft des Teufels an, des Gottes der Tiefe, der Finsternis und des Feuers [vergleiche Hephästos, Vulcanus, Prometheus, Lucifer, Loki usw.]; „Teufel" zu „Tiefe", „Teufe" wie Schlingel zu Schlinge, Klingel zu Klinge, Engel zu Enge usw.). Die mehr oder minder nahe Verwandtschaft der genannten und anderer zugehöriger Wörter ist Laut- und Bedeutungsverwandtschaft und stimmt genau zur Verwandtschaft der so beschriebenen phänomenalen Individuen. „Lautverwandtschaft" ist im akustischen und im optischen Sinn zu verstehen; es wird so die Verwandtschaft der akustischen Wortaktualitäten (Buchstaben und Wörter), dann auch die der „Lautzeichen", der optischen Buchstaben und Wörter bezeichnet, und die Verwandtschaft gewisser akustischer Buchstaben und Wörter stimmt genau zu der Verwandtschaft der entsprechenden optischen Buchstaben und Wörter.

Zu unserer Wortgruppe gehört auch das Wort „Tier". Was hat es mit „Tür" oder „Tor" zu tun, inwiefern sind diese Wörter und das damit Beschriebene verwandt? Die historische Etymologie wird jede Verwandtschaft zwischen „Tier" und „Tür" ablehnen, die Behauptung dieser Verwandtschaft für „wilde Etymologie" erklären. Dagegen lehrt die psychobiologische Wortkunde: „Tier" ist ein vorwiegend schmerzgefühliges männliches Wort und beschreibt das Schwellenstadium des Übergangs, das die Schwelle Überschreitende, also Männliche – im Gegensatz zu der mit „Tür" oder „Tor" beschriebenen weiblichen, also partnerischen Anordnung. „Tier" beschreibt das Schmerzstadium wie „der Tor" das Angststadium. „Tier" ist also so viel wie das Hervorbrechende,

Streitbare und im Streite, im Kampfe (mit anderen Tieren und Menschen) Begriffene, das Angreifende und Angegriffene, das Schmerzen zufügt („reißendes Tier", „Raubtier") und erleidet (gejagt wird), das tötet und getötet wird, das „Wilde" oder „Wild", das im „Walde" haust. Angreifer ist das Tier, sobald es trophisch oder genisch hungrig ist; besonders in der Brunst oder Brunft „vergisst es alle Vorsicht" vor dem Jäger, stürmt blindlings zum Liebeskampf – ganz ähnlich wie der primitive Mensch, ja auch wie der Kulturmensch in seinem „Liebeswahn" alle Besinnung, „den Kopf" verliert, sein Leben, seine Existenz aufs Spiel setzt („Liebe macht blind"). Sobald „das Tierische im Menschen herrscht", d.h. die sympathisch-sensilen Anteile der Reflexsysteme, auch mit Ausdrucksbewegungen der Skelettmuskeln, in Präfunktion (gegenüber den sensorisch-modalen und idealischen Anteilen sind), die Begriffssphäre sich im unaktuellen Funktionsgrade befindet („ausgeschaltet ist") und auch die Funktion der Gegenstandssphäre mehr oder minder erheblich herabgesetzt ist – kurz: sobald vorwiegend die Gefühle aktuell sind, hohe „Gefühlserregungen" ablaufen, verhält sich der Mensch „wie ein Tier". Solche Gefühlserregungen kennzeichnen die hochkritischen Übergänge, insbesondere die Pubertätserlebnisse bei primitiven Völkern: Da ist der Mensch blind und taub, rast und tobt, zerstört, was ihm entgegentritt, je nachdem auch sich selbst, kämpft auf Leben und Tod, tötet andere oder sich oder wird getötet, fällt „auf dem Feld der Ehre" – und erringt in diesem wilden, ekstatischen Vorwärtsstürmen, falls er „durchkommt", Besitz und Weib, wird so zum Herrn und Gebieter, zum Manne, Schöpfer, Gotte (Gatten); bei der Frau vollzieht sich dieser hochkritische Übergang gewöhnlich unter geringerer Beteiligung der Skelettmuskeln, also mehr „im Inneren". In Zeiten höherer Kultur verlaufen die analogen Erlebnisse in milderen Kurven, mit geringeren Gefühlsintensitäten, die aber noch immer viel höher sind als die der alltäglichen Erlebnisse; doch gibt es nicht wenige Menschen, deren hochkritische Erlebnisse (besonders die genischen) sich innerhalb der normalen Variationsbreite an Intensität den primitiven Abläufen annähern, und solche (die Neurotiker), deren hochkritische Erlebnisse, soweit sie krankhaft sind, ganz ähnlich wie die der Primitiven verlaufen. „Da werden Weiber zu Hyänen", da wird „der Mensch zum Tier". Besonders gilt als „tierisch" der „Geschlechtstrieb", der genische Anteil der Persönlichkeit, der andererseits als „das Schöpferische" angesehen wird (vergleiche den germanischen Gott Tor mit seinen Böcken, Dionysos, den Bock, die Faune, Satyrn, Satan, Saatgott Saturnus usw. usf.). Indem also der Mensch mit höchster Inbrunst (In-„brunst"! zu brennen) sein Liebesziel erstrebt, ist er Zerstörer und Schöpfer, ist er Tier und Gott, Teufel und Gott. Demnach wird der dämonistische Gott als Schöpfer des Menschen, der Welt und als blindwütiger Zerstörer (Sintflut, Seuchen, Kriege, Tod überhaupt usw.) gedeutet, und so wird das Tier zum Gott, von dem sich die Menschen ableiten (Totemtier als Stammvater, „großes Tier") und mit dem sie ihre Pubertätskämpfe austragen (alljährliche Tötung des Totemtiers, tierische Tanzmasken als Verkleidung in das Totemtier), und Gott wird zum Tier, das in blinder Wut („Wuotan", althochdeutsch wuot – Wut, Raserei, gotisch wōds – wütend, besessen, kymrisch gwawd – Gedicht, altirisch fáith – Dichter, gallo-lateinisch vates – Seher, Weissager) tobend, wild daher fährt und Menschen, Welt, sich selber zerstört („Götterdämmerung", „der große Pan ist tot", Weltuntergang usw.), dabei „neues Leben aus den Ruinen" hervorzaubernd. „Das Tier" ist „der Täter", der „Töter" und Schöpfer, im „Tun", im „Töten" und Sterben Schaffende; das Tier ist das im (Pubertäts-)Übergang (Tür, Tor) befindliche, die Schwelle, das Schmerzstadium passierende Wesen, so auch das Wesen schlechthin (animal – das Atmende). Vergleiche auch S-tier, althochdeutsch stior, gotisch stiur, lateinisch taurus, griechisch ταῦρος, schwedisch tjur, dänisch tyr usw.; Apis, der heilige Stier der Ägypter, Zeus als Stier (Entführung der Europa), Stierhörner als Helmzier der Germanen usw.

Tier, mittelhochdeutsch tier, althochdeutsch tior, teor, dier, gotisch dius, angelsächsisch deór, diór, altnordisch dyr; vergleiche „der Tor" und „Dusel", ferner altisländisch Tyr, Plural tivar, althochdeutsch Tius, Tiu, Ziu (Saxnôt, der germanische Mars, Tor aus Donar, der Donnerer, der mit Beil und Hammer bewaffnete Kämpfer, Zeus, der

νεφεληγερέτης und κεραυνοβόλος, der Wolkenschieber und Blitzeschleuderer). Homolog lateinisch deus, divus, dies, Diespiter (Iuppiter, „Vater Himmels", „Vater des Tages, des Lichts", Genitiv Iovis, altlateinisch Diovis), Diana usw., griechisch δῖος, ἔνδιος – mittäglich, εὐδία – heiterer Himmel, Διώνη, Ζεύς, δίαλος – hell usw., sanskritisch dínas – Tag, div – glänzen, spielen und Helle, Himmel, djāus – Himmel, Himmelsgott, Tag, dévās – Gott, awestisch div – leuchten, daêva – Dämon. Der Helle, der Held (Heros) ist der aus dem Dunkel, der Höhle (Hölle), dem „Nichts" Hervorbrechende, das Kind, das sich aus dem Dunkel des Mutterschoßes ans „Licht der Welt" durchringt, der Mensch, der im Pubertätskampf aus dem Dunkel der Kindheit in die Helligkeit des Erwachsenseins übergeht und so aus einem Dummkopf (dumm, dunkel, dumpf usw., siehe oben) ein „heller Kopf", aus einem Toren ein Eingeweihter, ein Wissender, Hehrer, Herr, aus einem sozusagen Noch-nicht- oder Noch-nichts-Seienden ein Seiender, ein Er, ein Etwas wird (vergleiche „er ist etwas geworden"), der Mensch, der sich aus dem Dunkel der Nacht zur Helligkeit des Tages durchkämpft, der erwacht (erwachen – erwachsen!), indem die Funktionsintensität der Reflexsysteme so weit ansteigt, dass nun auch die Denkzellen aktuell funktionieren, die Aktualitäten mit zunehmender Helligkeit auftreten, unter ihnen auch die Sonne, die somit – wie der „Tag", der „anbricht" – auch aus dem Dunkel der Nacht, des Noch-nicht-Seins (primitiv: des Meeres, des Schoßes der Weltmutter, einer Kiste, eines Walfischbauchs usw.) „auftaucht" und als „Licht der Welt" gilt (vergleiche die Lichtbringer Pramantha, Prometheus, Helios, Lucifer, den gefallenen Engel, gleich Teufel, Christus, das „ewige Licht", vom „Stern Davids" beschienen und die Menschen erleuchtend [Aureole ums Haupt], Loki, Lohengrin, den lohend-glänzenden Schwanenritter usw.), ferner der Blitz, der aus dunklem Gewölk herniederfährt – wie geschleudert von zürnender, zerstörender Gotteshand (siehe oben: Zeus, Donar) usw. Und zu Ziu, Tiu usw. gehört tiufel, Teufel; so ist und heißt der Gott Teufel und der Teufel Gott. Vergleiche ferner die Wörter „Zeug", „zeugen", „ziehen" usw.; „Zeug" (niederländisch das tuig, schwedisch tyg, dänisch töi), mittelhochdeutsch das ziuc – Gerätschaft zu Arbeit und Kampf, Rüstung, gerüstete Schar, Zeuge, althochdeutsch der ziuch zu althochdeutsch ziohan, gotisch tiuhan – ziehen – und mittelhochdeutsch ziugen usw. – zeugen. Der „Zeuger" („Er-zieher", Aufzieher, Voranzieher, gleich Herzog) ist Ziu, Tiu, Zeus, Gott und Teufel, der Tor als Pubertätskämpfer, blind und taub in Kampf und Liebesleidenschaft, das Tier, das wild zu trophischem und genischem Kampfe vorbricht (vorbrechen, verbrechen) und dem der Mensch in seinem Wahne gleicht (vergleiche auch den Aberglauben, der Mensch könne Tiergestalt annehmen, die so zu verstehen den Sitten, sich in gewisse Tiere zu verkleiden: Berserker, die Bären „waren", Herkules, der ein Löwenfell trug usw., Metempsychose, d. i. Seelenwanderung auch durch Tierleiber, Seelentiere wie in Germanien Schwan, Schlange, Maus, Pferd usw., in China Fuchs usw., ferner Benennung der Menschen mit Tiernamen, die das Charakteristische der so Benannten angeben).

Im *Griechischen* heißt Tür ϑύρα und Tier ϑήρ, ϑηρίον. Die Lautähnlichkeit der deutschen und der griechischen Wörter „beweist" keineswegs, dass sich die deutschen von den griechischen Wörtern „ableiten"; wir sehen nur, dass gewisse phänomenale Individuen von den Griechen ganz ähnlich erlebt und demnach auch bezeichnet wurden und werden wie von den Germanen und Deutschen. Die griechischen Wörter sind „Homologe" zu den deutschen. Der Lautähnlichkeit gleicht die Bedeutungsähnlichkeit: Je ähnlicher die verglichenen Wörter „klingen", desto ähnlicher sind auch ihre Bedeutungen. Diese Bedeutungen ergeben sich, wie gesagt, aus der *psychobiologischen* Einsicht in das Wesen der Wörter und des damit Beschriebenen, nicht aber aus der vergleichenden *historischen Etymologie;* letztere kann nur mitteilen, welche Wörter der verschiedenen Sprachen Homologe sind, wie diese homologen Wörter lauten, in welcher Weise sie voneinander differieren, welche Gesetze sich aus all diesen Vergleichen ableiten lassen, und auch die Zurückführung der Wörter auf „Wurzeln" und die entsprechende Gruppierung der Wörter zu Familien kann uns nicht darüber Aufschluss geben, wie es kommt, dass ein bestimmtes Wort und seine Homologen gerade so lauten, wie sie lauten, und gerade dieses

phänomenale Individuum bezeichnen. Es mag also im Awestischen eine Wurzel dvar – laufen, stürzen (von bösen Wesen) – existieren, dann ist keineswegs klargestellt, wieso eine Funktion, die wir mit „laufen, stürzen" bezeichnen, im Awestischen mit „dvar" bezeichnet wurde, und ebenso wenig ergibt sich daraus die Bedeutung von ϑοῦρος, ϑούριος – stürmend, eilend, ϑορεῖν – stürmen, eilen, springen und ϑήρ – Tier, welche Wörter man mit dvar vergleicht oder gar von dvar ableitet; übersetzt man hiernach auch ϑήρ mit „Stürmer, Springer", so ist die Frage keineswegs beantwortet, wieso ein gewisses Individuum, das im Deutschen mit „Tier" bezeichnet wird und mit „Stürmer, Springer" bezeichnet werden könnte, im Griechischen nun gerade mit ϑήρ bezeichnet wird.

Θύρα und ϑήρ sind ebenso wenig verwandt wie Tür und Tier; ihre Bedeutungen sind die gleichen wie die von Tür und Tier. Hierzu ϑύω – brause, tobe, opfere, ϑύος – Räucherwerk, ϑύνω – tobe, rase, stürme, ϑυμός – Mut, Leidenschaft, ϑυιάς – Bacchantin, ϑῦμα, ϑυσία – Opfer usw., ferner ϑέω – laufe, renne, τίϑημι – setze (vergleiche Besitz, Sitte usw.), tue, mache, schaffe, ϑέμις – Gesetz (ähnlich ϑέσις, ϑέμα), ϑεός – Gott, ϑεῖος – Oheim (der Oheim mütterlicherseits vertritt primitiv den Familiengott und ist auch jetzt noch der „gegebene" Taufpate), ϑεάομαι – staune, schaue usw. Die Laut- und Sinnverwandtschaft dieser griechischen Wörter ist eine ganz ähnliche wie die der deutschen Wörter Tür, Tier, Tor, toben, Teufel (der „Gott" ist); sie beschreiben je in spezieller Weise den Übergang, besonders den Pubertätsübergang mit seinem Toben und Rasen, seinem „Sturm und Drang", seiner Leidenschaft, seinem Opfer (der Junge oder der Alte wird getötet, entmannt, beseitigt usw.), seinem vernichtenden und schöpferischen Geschehen; der Pubertätskämpfer, den es nach trophischer und genischer Selbständigkeit hungert, setzt gegen den bisherigen Machthaber-Gott sein Leben ein und erringt sich unter Opfern (Wunden, Verstümmelungen, Verlusten), falls er nicht sein Leben verliert (althochdeutsch farliosan, Ver-lust, eglisch to lose, Losung, Los usw.), die Einweihung in die Geheimnisse der Erwachsenen, wird zum Schauer, Seher, Wissenden, Gott (vergleiche „blinder Seher").

Im *Sanskrit* finden sich die homologen Wörter dváram, dvār – Tür, Tor (vedisch dur), dhū (dhū-nṓmi) – rasch hin und her bewegen, schütteln, anfachen, dudh – ungestüm, wild sein (vergleiche althochdeutsch tunst – Sturm, toum – Dampf, Dunst, gotisch dauns usw., dazu duseln usw.), dha (dádhāmi) – setzen, tun, dhā́ma(n) – Wohnstätte, Gesetz (Wohnstätte gleich das Gesetzte, Zugeteilte [vergleiche νόμος und νομός], im Pubertätskampf wie überhaupt im Waffen- oder Wortkampf Erworbene), dhātṛ́ – Schöpfer usw. (awestisch dâ – machen, schaffen, setzen, dâmi – Schöpfung, dâman – Geschöpf; vergleiche althochdeutsch tôm – tue, tât – Tat, tuom, gotisch dôms, iudicium usw.); dhā (dhájāmi) – trinken, saugen, dhātrī – Amme, Mutter usw. Die Sanskritwurzelsilbe dhū ist im Einzelnen zu übersetzen mit brausen, erregen, dann mit rauchen, räuchern, endlich mit opfern (Curtius, a. a. O., S. 259), die Beschreibung des Pubertätsfestes ist klar zu erkennen; hierzu auch dhup (dhūpájāmi) – räuchern, griechisch τύφω – brenne, τῦφος – Rauch, Betäubung, mittelhochdeutsch dimpfen, neuhochdeutsch dampfen (dumpf usw.).

Lateinische Homologa sind zu Tür/θύρα foris (vergleiche porta – Pforte, Tür, portus – Port, Hafen, Furt, Fjord, griechisch πόρος, περάω – dringe durch usw., per, pro usw.), zu Tier/θήρ (äolisch φήρ) ferus. Vergleiche hierzu ferire (φάρειν) – stoßen, stechen, in Stücke schlagen, forare – bohren, foramen – Loch, gleich Gebohrtes, feriae (altlateinisch fesiae, wozu fa[s]num – Heiligtum) – Festtage, eigentlich Übergangstage, nämlich die Tage des Pubertätsfestes, das, wie gesagt, ursprünglich mit „wildem" Ungestüm, als rasender Kampf auf Leben und Tod mit beendender Orgie einmal im Jahr, im Frühjahr, in der Übergangszeit, begangen, in späteren Kulturzeiten mit Menschen-, dann Tieropfern, allerlei Martern und noch später in milderen Formen, dann auch öfter im Jahr, stets verbunden mit religiösen Zeremonien (Totenkult, *feralis,* so viel wie zu den Toten gehörig, wozu *bestia* [aus duestia] – die Bestie, so viel wie das wild schnaubende [Opfer- und Totem-]Tier, der Mensch als Tier usw. gestellt wird), *gefeiert* (vergleiche Feier – Feuer) wurde und wird; ferner festus – festlich, februarius – der Reinigungsmonat (zu februare – reinigen, vergleiche θύειν, sanskri-

tisch dhū, lateinisch fumare – rauchen, dampfen, subfire – räuchern, fumus – Rauch, Mist, Dünger, d. h. das Rauchende und Riechende, zu foetere – stinken, foetor – Gestank usw.), der Sühnmonat, Opfermonat (θύειν – opfern, ob-ferre – darbieten), also der Übergangsmonat (wo es febris – Fieber – gibt [zu ferveo – siede, walle, furo – rase, wüte], auch Liebesfieber, wie es sich für den Übergangsmonat mit seinen [be]rauschenden Festen gehört; dass der „Sühnmonat" ein „Sündenmonat" war und ist, nimmt nicht wunder); ferner ferre – tragen, fertilis – fruchtbar, fordus – trächtig, ob-ferre – opfern (griechisch φέρειν – tragen, altindisch bhárati, gotisch bairan, althochdeutsch beran – tragen, barm – Schoß [er-barmen] usw., neuhochdeutsch Bürde, Bahre, Bart, Gebärde, Bär, gebären; aus der Verwandtschaft von ferre und ferire ergibt sich die von gebären, geboren und bohren: Das Kind bohrt sich aus dem foramen des Mutterleibs); ferner facere – machen, fieri – werden, entstehen (griechisch τιθέναι, sanskritisch dhā, dhē), famulus, altlateinisch famul – Diener, Kind, Nachkomme, „Gemachtes", familia – Hausgenossenschaft, Nachkommenschaft, Gesinde, Freie und Unfreie usw.; ferner futuo – beschlafe, (griechisch φύω, sanskritische Wurzelsilbe bhu), fetus – Zeugen, Gebären und Gezeugtes, fecundus – fruchtbar, fenus – Ertrag, felix – fruchtbar, glücklich, femina – Zeugerin und Säugerin (griechisch θηλή – Mutterbrust), felare – säugen, filius – Sohn usw. usf. Was also über die Laut- und Sinnverwandtschaft von Tor, Tür und Tier, θύρα und θήρ gesagt worden ist, gilt auch – mit entsprechenden Nuancen – für foris und ferus.

Viele weitere Beispiele (die sich übrigens beliebig mehren lassen) für die Gültigkeit der hier mitgeteilten sprachbiologischen Gesetze werden in den folgenden näheren Erläuterungen der verwandtschaftlichen Verhältnisse der Wörter vorkommen.

8.2.2 Wurzeln, Stämme, Wurzelsilben

Im (ontischen wie phylischen) Entwicklungsgang der Wortbezirke erreichen zunächst solche Denkzellen, deren Aktualitäten Geräusche, also stimmlose Konsonanten sind, dann solche, deren Aktualitäten stimmhafte Konsonanten sind, endlich solche, deren Aktualitäten Vokale sind, den aktuellen Funktionsgrad. Welche Konsonanten und welche Vokale zuerst vorkommen, in welcher genetischen Reihenfolge also die akustischen Buchstaben auftreten, ist individuell verschieden. Dem Schema nach treten zuerst die hunger-, dann die angst-, dann die schmerz-, dann die trauer-, endlich die freudegefühligen Aktualitäten, also auch Buchstaben auf. Zugleich mit der Entwicklung der Wortzellen zum aktuellen Funktionsgrad bilden sich auch Assoziationen zwischen ihnen aus: Primitive Wörter erscheinen. Indem sich die einzelnen Wortzellen genetisch weiterdifferenzieren, ständig weitere Wortzellen den aktuellen Funktionsgrad erreichen, ebenso die Assoziationen zwischen den Wortzellen sich mehren, sich verändern, vollzieht sich die Entwicklung der (zunächst akustischen) Sprache aus den primitiven Anfängen über die *„Kindersprache"* bis zur Sprache der Erwachsenen, der *„Vollsprache"*. Diese Entwicklung vollzieht sich wie jede andere rein biologisch. „Innere Reifungsbedingungen des kindlichen Seelenlebens" (sic!) sind ebenso wenig wie „die äußeren Bedingungen der Umgangssprache" (C. und W. Stern, Die Kindersprache, S. 129) die „Ursachen" der sprachlichen Entwicklung; nur der Seelengläubige kann die Entwicklungstatsachen so deuten, und metaphysisch ist auch die Theorie von der „Konvergenz der Innen- und Außenbedingungen" (a. a. O., S. 129). Die Psychobiologie kennt nur die Entwicklungstatsache und -tatsachen als solche, als biologische Vollzüge, und erkennt die These, dass die Entwicklung, auch die der Sprache, durch „innere" („seelische") und „äußere Faktoren" „verursacht" werde, als Fiktion, die nur dem fiktionalen Denken eigentümlich ist. Als rein biologische verstehen wir auch die Tatsachen, dass die primitiven Sprachlaute zunächst phonetischen *„Gefühlsausdrücken"*, dann, bei steigender Entwicklung der sensorischen Funktionen, mehr und mehr *sensorischen Ausdrucksbewegungen* entsprechen, also zunächst ganz hochgefühlige, dann mehr und mehr gegenständige Aktualitäten sind, ferner, dass gewisse Wörter eher gehört als gesprochen werden (wobei aber wohl zu bedenken ist, dass das kindliche Hören vom erwachsenen sehr verschieden ist!) und – gemäß der Entwicklung der Wortbegriffssphäre

– eher gehört als gemerkt, „verstanden" werden, ferner, dass durchschnittlich die Mädchen früher und schneller sprechen lernen als die Knaben, dass sich die Entwicklung auch der Wortbezirke zwar stetig, aber doch in verschiedenem Tempo, auch „schubweise", d. h. mit zeitweise besonders hoher Geschwindigkeit (z. B. in der Pubertätsperiode) vollzieht usw. usf. – Die optische Sprache *(Schriftsprache)* entwickelt sich später als die akustische Sprache *(Lautsprache);* die Kinder lernen früher sprechen als schreiben.

Gemäß der Tatsache, dass alles Sprechen mit Konsonanten und Vokalen beginnt und die Wörter assoziierte Reihen von Konsonanten und Vokalen sind, betrachtet die Psychobiologie die Buchstaben als die *Wurzeln* der Wörter, und zwar jeden einzelnen Buchstaben als die Wurzel aller Wörter, die von ihm ausgehen, mit ihm beginnen (natürlich abgesehen von Vorsilben); so ist das T Wurzel aller Wörter, die mit T (oder t), das A Wurzel aller Wörter, die mit A (oder a) beginnen, usw. Als Wurzel heißt der Konsonant *Wurzelkonsonant,* der Vokal *Wurzelvokal.* Wir kennzeichnen die Buchstaben als Wurzeln mittels eines angefügten ^{W}, schreiben also A^W, B^W usw. Die Wurzel aller Wörter, die mit A beginnen, ist also A^W. Alle von einer Wurzel, z. B. S^W, abgeleiteten Wörter einer Sprache (das sind eben alle mit S anfangenden Wörter) nennen wir ein *Wortvolk,* sie sind wie Volkszugehörige miteinander verwandt *(Wortverwandtschaft dritten Grades, Volksverwandtschaft).* Darüber hinaus sind im Sinn der biologischen Symbolik alle Wörter einer Sprache, alle Wortvölker miteinander verwandt *(Wortverwandtschaft vierten Grades);* dieser Verwandtschaftsgrad kommt auch – gemäß dem gemeinsamen Ursprung und der Homologie – den Sprachen der Völker einer Rasse, einer Sprachengemeinschaft zu. Für die etymobiologische Gruppierung der Wörter einer Sprache kann man zwar, wie es hier geschieht, die Bezeichnungen der biologischen Menschengruppen – Familie, Sippe usw. – verwenden, doch ist die Übertragung nicht genau entsprechend.

Ein Wurzelkonsonant mit einem folgenden Vokal sowie ein Wurzelvokal für sich oder als Diphthong bilden die *Stammsilben* der Wörter, z. B. kla-gen, Fe-der, Tü-r, O-fen, Aa-l, Eu-ter usw.

Stammsilben sind also z. B. gu, gü, go, gö, ge, gi, ga, gä, gau, goi, geu, gäu, fu, fü, fo, fö usw., ferner die Wurzelvokale allein oder als Diphthonge. Die Stammsilben sind nicht immer die grammatikalischen Silben, nach denen wir die Wörter abteilen. Mit Stammsilbe bezeichnen wir lediglich die beginnende Assoziation der Wurzelkonsonanten mit Vokalen bzw. die Vokale, die wir auch als Wurzelvokale synonym bezeichnen. Es ist klar, dass alle Wörter mit gleicher Stammsilbe – wir fassen diese Wörter als „Wortstamm" (ähnlich einem Vokalstamm) zusammen – in einer anderen Weise miteinander verwandt sind als die Angehörigen verschiedener Wortstämme untereinander. Wir bezeichnen diese Verwandtschaft mit *Stammverwandtschaft* oder *Verwandtschaft zweiten Grades*. Die stammverwandten Wörter haben gleiche Stammsilben, z. B. Ha-g, Ha-be, Ha-hn, Ha-ls, Ha-ff, Ha-mmel usw. oder Mu-cker, Mu-ff, Mu-lde, Mu-t, Mu-tter usw. oder A-der, Aa-l, A-st, A-rm, Au-er, Au-e, Au-gust, äu-gen usw. Hinsichtlich der Stammsilbe ist z. B. also Hahn mit Hals in anderer Weise verwandt als mit Huhn, der Vokal in Hahn und Hals ist freudegefühlig, männlich, und beschreibt Freudegefühliges, Männliches, das u in Huhn dagegen ist hungergefühlig, weiblich, und beschreibt Hungergefühliges, Weibliches. Oder mucken ist mit den anderen Wörtern, deren Stammsilbe mu ist, anders verwandt (eben stammverwandt) als mit meckern; das u malt die Höhle, das e die Schwelle, das u ist hungergefühlig, das e schmerzgefühlig. Wir schreiben die Stammsilben wie auch die Wurzelsilben mit kleinen Buchstaben zum Unterschied von den Wurzeln, die wir groß schreiben. Je nachdem die Wortstämme einen Konsonanten oder einen Vokal als Wurzel haben, sind sie *Konsonanten- oder Vokalstämme*.

An die Stammsilben schließen sich weitere Buchstaben an. Es entstehen so zunächst *Wurzelsilben*. Diese sind entweder Wörter oder kombinieren sich mit weiteren Buchstaben (Endigungen usw.) zu Wörtern. Alle Wörter, deren Wurzelsilben die gleichen Konsonanten haben, während die Vokale der Wurzelsilben gleich oder verschieden sein können, sind *familienverwandt*, z. B. hucken, hocken, hecken, hicksen, hacken. Die Endkonsonanten der Wurzelsilben *sippenverwandter*

Wörter sind verschieden, bei engerer Verwandtschaft gehören sie einer bestimmten Gruppe an, z. B. den Dentalen oder den Gutturalen usw., z. B. hassen, hasten; reiten, reisen, reißen; tragen, trachten, trekken, oder der gleichen Gefühlsspezies, z. B. stockern, stottern (ck und tt trauer-freudegefühlig, männlich); streichen, streifen, Streich, Strafe; prangen, Pracht (ch, f, ng schmerzgefühlig). Sippenverwandt sind auch Wörter mit erweiterter gleicher Wurzelsilbe, z. B. mur, murb, mord usw. Die Familien- und Sippenverwandtschaft ist die *Verwandtschaft ersten Grades*. In nicht wenigen Fällen stehen prothetisch Konsonanten vor den Anfangskonsonanten der Wurzelsilben sippenverwandter Wörter, z. B. strecken, recken; schreiten, reiten; schreiben, treiben, reiben; bleiben (aus beleiben), leiben; blitzen, glitze(r)n, litzen usw. Ein regelmäßiger Vokalwechsel der Wurzelsilbe *(Ablaut)* findet statt bei der Konjugation (z. B. binde, band, gebunden; nehme, nahm, genommen; frango, fregi; φεύγω, ἔφυγον usw.); ein solcher Wechsel kommt auch bei Substantiven vor (Band, Bund; Kerl, Karl). Bei der Deklination (z. B. Mann, Männer; Haus, Häuser), bei der Verkleinerung (Haus, Häuschen) usw. findet häufig *Umlaut* statt. Für die Wurzelsilben kommen überhaupt die bekannten Erscheinungen des Lautwandels in Betracht; dass sich zugleich mit dem Lautwandel immer auch eine genau entsprechende Bedeutungsänderung einstellt und an beiden Änderungen sich zeigt, dass das Beschriebene entsprechend anders erlebt oder doch anders (anderes an ihm) beschrieben wird, versteht sich für uns von selbst. – Nicht selten sind Stammsilben zugleich Wurzelsilben, z. B. ϑυ in ϑύειν, φυ in φύειν usw.

Ich verwende also folgende Terminologie: Ein *Wortvolk* ist die Gesamtheit aller Wörter, die sich von *einer* Wurzel, also dem gleichen Wurzelkonsonanten oder dem gleichen Wurzelvokal ableiten. Ein *Wortstamm* ist die Gesamtheit aller Wörter gleicher Stammsilbe. Eine *Wortfamilie* ist die Gesamtheit aller Wörter, die eine gemeinsame Wurzelsilbe haben, wobei „gemeinsam" auch die speziellen intrafamiliären Unterschiede der Wurzelsilben (Ablaut usw.) einschließt; eine Gruppe von Wortfamilien ist eine *Wortsippe* (z. B. Hag, hegen, be-hagen usw., als Wortfamilie engverwandt den anderen Wortfamilien Habe, haben, heben, ge-hoben, Hub usw. und Hafer [Haber], Hafen, Hof, Gehöft, Hufe, Huf, Hüfte usw.). Die Familien- und Sippenmitglieder können also verschiedenen Wortstämmen angehören – so etwa, wie die Mitglieder einer Menschenfamilie oder -sippe verschiedenen Volksstammes sein können. (Nun, jeder Vergleich hinkt; er ist eben – Vergleich).

Ich unterscheide also Wurzel und Wurzelsilbe, während die historische Etymologie beide Wörter synonym gebraucht und die Stammsilbe nicht differenziert (allerdings von „Stämmen" in einem besonderen Sinn spricht, z.B. „Stamm" und Endung an einem Wort trennt, wogegen ich vorziehen würde, „Kern" oder – nach H. Walde – „Basis" und Endung zu sagen, sofern nämlich der „Kern" eines Wortes nicht die Wurzelsilbe ist; es bleibt dann das Wort „Stamm" einsinnig verwendet). Die Wurzelsilbe ist oft Stammsilbe und bei den Vokalstämmen auch Wurzelvokal. Dass ich die erweiterte Reihe „Wurzelsilbe" und nicht Stammsilbe genannt habe, liegt daran, dass ich „Wortstamm" und „Stammsilbe" in terminologischen Einklang bringen wollte. Viele Wörter bestehen nur aus Stammsilbe mit Endung, z.B. die Substantiva Tür, Tor, Tier, Bad, Meer, See, Wind usw. Solche Wörter können weitere Endungen annehmen, bei der Deklination oder als Bestandteile von Eigenschafts- oder Zeitwörtern; man muss dann jene substantivischen Lautkomplexe als Wurzelsilben der erweiterten Formen ansprechen, z.B. bad als Wurzelsilbe von baden, tier als Wurzelsilbe von tierisch, vertieren, tor als Wurzelsilbe von betören usw., die Substantiva selbst wird man kaum als Wurzelsilben bezeichnen. Viele Wörter haben also bloß Stammsilben, andere sind Buchstabenreihen, die wir, sofern sie Bestandteile erweiterter Formen sind, mit Stammsilbe bezeichnen, z.B. Gau, Frau, wo, wie, so, ha!, he! usw.

„Wurzelsilbe" ist derjenige Buchstabenkomplex, der beim Abstreichen von Endigungen (substantivischer, adjektivischer, verbaler usw., deklinatorischer und konjugativer Art usw.) *oder Vorsilben* (adverbialer, reduplikativer, prothetischer Art) *übrig bleibt.* Die Wurzelsilbe eines jeden Wortes ist also eine spezifische Buchstabenreihe; sie ist speziell, falls mehrere Wörter die gleiche Wurzelsilbe haben, z.B. Binde, binden, Binder. Die Wur-

zelsilben der familienverwandten Wörter kann man sozusagen auf eine gemeinsame Form eduzieren, d.h. man kann eine von ihnen als *„Grundform",* an die sich die übrigen gruppieren, annehmen. Mit Vorliebe wird man die Wurzelsilbe eines zur Familie gehörenden Zeitwortes aussuchen, z.B. die Wurzelsilbe bind des Zeitwortes binden als „Grundform" aller zur Familie gehörenden Wurzelsilben und somit Wörter (Band, band, gebunden, Bund, Bünde, Bündel, Bündnis, bändigen, Bänder, Bändiger, Binde, englisch bond – Band usw.) ansetzen. Gänzlich verfehlt wäre aber die Auffassung, dass sich die Mitglieder einer Wortfamilie von der „gemeinsamen Wurzelsilbe" genetisch ableiten, diese also zuerst dagewesen wäre und die erweiterten, abgelauteten usw. Formen sozusagen produziert hätte. Die einzelnen Familienmitglieder sind selbstständige assoziative Buchstabenreihen, wurzelgleich und mit gleichen Endkonsonanten der Wurzelsilbe; die Vokale der Wurzelsilben sind eben die verschiedenen Vokale, leiten sich aber nicht von dem Vokal der *„gemeinsamen Wurzelsilbe"* ab. Die „gemeinsame Wurzelsilbe" ist lediglich eine grammatikalische Firma der ganzen Familie, der etymologische Familienname. Eine gemeinsame Wurzelsilbe einer Wortsippe gibt es nicht.

Im Gang der Entwicklung einer Sprache verändern sich die Wörter. Die *Sprache des Kindes* macht von den primitivsten Frühstufen an fortgesetzt Wandlungen durch, bis die „Vollsprache", die *Sprache der Erwachsenen* erreicht ist, die zwar eine im Großen und Ganzen ausdifferenzierte, aber doch immer noch wandlungsfähige und sich wandelnde Entwicklungsstufe ist. Ebenso sehen wir, dass die *Sprache der einzelnen Schichten eines Volkes* sowie die *Sprachen der ein Volk zusammensetzenden Volksstämme (Dialekte)* voneinander hinsichtlich der Wort- und Satzstruktur vielfältig differieren. Weiterhin sind die *Sprachen der einzelnen Zeitalter,* die den Entwicklungsgang eines Volkes ausmachen, mannigfach voneinander verschieden; so heißt ein bestimmter Körperteil gotisch fôtus, althochdeutsch fuoz, fuaz, mittelhochdeutsch vuoz, fuoz, neuhochdeutsch Fuß. Endlich sind die *Sprachen der einzelnen Völker* verschieden, und zwar sind gewisse Sprachen einander höchst unähnlich, andere dagegen weisen so viele

Homologe auf, dass wir diese Sprachen als Sprachengemeinschaft klassifizieren und dann diese *Sprachengemeinschaften* unterscheiden (z.B. die indogermanische von der semitischen Sprachengemeinschaft); so entspricht neuhochdeutsch Fuß dem englischen foot, dem schwedischen fot, dem dänischen fod, dem lateinischen pes, Genitiv pedis, dem griechischen ποὑς, Genitiv ποδός, dem sanskritischen pâdas.

Die Wörter der verschiedenen Sprachen, die ein Mensch spricht und hört, schreibt und liest, sind meist differente Assoziationen von Buchstaben, also von Wortzellen. Das „Lernen" einer *fremden* Sprache ist die Entwicklung neuer Assoziationen zwischen den Wortzellen, solcher nämlich, wie sie dem Volk eigentümlich sind, das diese (fremde) Sprache spricht; mitunter sind gewisse Wortzellen nur im assoziativen Gefüge einer solchen fremden Sprache aktuell (z.B. das hebräische Ajin, optisch das griechische ϝ usw.).

Man kann die Entwicklung der Wortbezirke *onto-* und *phylogenetisch* beschreiben, und zwar ist auch hier die phylogenetische Beschreibung lediglich eine zusammenfassende Analogie zur ontogenetischen und kann über diese niemals hinausführen, weder auf dem Gebiet der Sprache noch auf irgendeinem anderen Gebiet; *die Geschichte der Völker, der Rassen, der Menschheit kann niemals über die Geschichte des Menschen hinausreichen,* sie ist lediglich eine analogische Zusammenfassung der Geschichte vieler Einzelmenschen. Die deutsche Geschichte ist die Geschichte der Deutschen. Die Beschreibung, dass ein Volk, eine Völkergruppe, die Menschheit gar auf zwei Ureltern zurückzuführen sei, ist eine syllogistische Analogie zu der Beschreibung der Entstehung des Einzelwesens, und niemand hat in dieser Hinsicht je etwas anderes erlebt und wird je etwas anderes erleben als die Geburt des Kindes; für das Kind aber sind „die ersten Menschen" es selbst und die Mutter, und eine lange Zeit vergeht, bis es einsieht, dass es die Eltern gezeugt haben. So ist auch die Zurückführung der Wörter einer Sprache oder Sprachgemeinschaft oder gar aller Sprachen auf „Urwurzeln", also die „Phylogenese der Sprache", eine syllogistisch zusammenfassende Beschreibung der ontogenetischen Tatsachen der Wortentwicklung, die, wie angegeben, von

Wurzeln ausgeht und zu Stammsilben und Wurzelsilben und Wortindividuen führt. So und nicht anders entwickelt sich alle Sprache, entwickeln sich alle Sprachen: Jede geht von Konsonanten und Vokalen als Wurzeln aus und führt über Stammsilben und Wurzelsilben zu Wortindividuen. Indem alle Sprachen menschlich sind (die „Tiersprachen", die in ihren hochentwickelten Formen der primitiven Kindersprache nahe stehen, sind Reihen besonderer, eben „tierischer" Laute), kommen allenthalben die gleichen Sprachlaute – neben einzelnen verschiedenen – vor, sind also die Wurzeln allenthalben gleich. Auch finden sich in allen Sprachen gleiche Stammsilben, d.h. Assoziationen von Wurzelkonsonanten mit einem Vokal oder Wurzelvokale als solche oder als Diphthonge, neben einzelnen verschiedenen; aber diese Stammsilben sind nicht immer homolog, z.B. ist neuhochdeutsch fu in Fuß homolog mit mittelhochdeutsch fu oder vu, althochdeutsch fu, gotisch fô, lateinisch pe, griechisch πο, sanskritisch pa usw., nicht homolog mit lateinisch fu in fui, futurus, griechisch φυ in φύω, sanskritisch bhu in bhûtís usw. Die weiteren Assoziationen der Buchstaben zu Wurzelsilben und Wortindividuen sind in den einzelnen Sprachen vielfach gleich, vielfach mehr oder minder verschieden; die zu einer Sprachengemeinschaft (Sprachenfamilie) gehörenden Sprachen weisen sehr zahlreiche gleiche oder doch ähnliche Wurzelsilben auf, doch brauchen auch sie nicht homolog zu sein, können also Gleiches bzw. Ähnliches in verschiedenen Individuen beschreiben, z.B. ist die Wurzelsilbe aug in Auge gleich der lateinischen Wurzelsilbe aug in augere, augmentum, augustus, griechisch αὐγ in αὐγή – Glanz, Schimmer – und ähnlich der Wurzelsilbe auk in gotisch aukan – wachsen, mehren, lateinisch auctor, griechisch αὐξάνειν usw., die Wurzelsilben beschreiben auch gleiche Anordnungen, nämlich Höhlen (u) mit Hinweis auf ihr Weitgeöffnetsein und auf das sie Erfüllende (a, g), Aus- oder Eintretende, Männliche, bedeuten also auch Gleiches, aber die beschriebenen Anordnungen sind Teile verschiedener Individuen. Homolog dagegen zur Wurzelsilbe aug in Auge ist mittelhochdeutsch oug, althochdeutsch oug, aug, gotisch aug, altsächsisch og, niederdeutsch og, angelsächsisch eág, êg, englisch ey, altfriesisch ag, altnordisch aug, schwedisch ög, dänisch öj, slawisch ok, litauisch ak, lateinisch oc(ulus), griechisch ὀκ, sanskritisch ak; alle diese Wurzelsilben und ihre Erweiterungen zu Wörtern beschreiben in einer gewissen je abweichenden Weise eine *bestimmte* Anordnung, nämlich die, die wir Auge nennen, und eben darin besteht ihre *Homologie*. Es wäre also unzulässig, wenn auch verlockend, das Wort Auge nach αὐγή als das Glänzende, Schimmernde zu „übersetzen"; immerhin geben a und g (α und γ) das aus der Höhle (u, v) Ausstrahlende an. Wir bezeichnen also mit *Homologie die Gleichheit des biologischen Ortes der einzelnen Wurzelsilben und zugehörigen Wörter in den einzelnen Sprachen.* Die Homologie umfasst auch die sprachbiologischen Tatsachen, die man mit dem Namen „*Lautwandel*" bezeichnet, also die Paragoge, Prothesis, Epenthesis, Nasalierung, Verdoppelung, Dehnung, Aphäresis, Apokope, Synkope, Metathesis, Assimilation, Dissimilation, Umlaut, Ablaut, Substitution usw.

Die Sprachforschung kann nun für die einzelnen Wurzelsilben der einzelnen zu einer Wortfamilie gehörenden Wörter die „gemeinsame Wurzelsilbe", sozusagen den „Familiennamen" ansetzen, sie kann dies innerhalb jeder einzelnen Sprache tun und diese „gemeinsamen Wurzelsilben" auf ihre Homologie hin untersuchen und danach ordnen. Sie kann weiterhin für die homologen „gemeinsamen Wurzelsilben" neuerdings eine „gemeinsame Wurzelsilbe letzter Ordnung" bestimmen, also eine grammatikalische Firma für alle homologen „gemeinsamen Wurzelsilben" ansetzen, wozu entweder eine tatsächlich als Wort gesprochene Wurzelsilbe oder eine unter Abstreifung „alles Formellen und Zufälligen" (Curtius, Griechische Etymologie, S. 45) konstruierte Wurzelsilbe geeignet ist (unter „Formellem und Zufälligem" sind die Veränderungen zu verstehen, die man als Lautwandel, Lautverschiebung, Beugung usw. bezeichnet). Aber *verfehlt ist die Auffassung, dass eine solche Wurzelsilbe* (oder, wie die historische Etymologie sagt, Wurzel) *die Urform wäre, aus der sich alle zugehörigen Wurzelsilben und Wörter im Werdegang der Sprachen entwickelt hätten.* Sowohl die „gemeinsamen Wurzelsilben" wie die „Urwurzelsilben" sind lediglich *Marken,* die sich bei der etymologischen Arbeit ergeben,

Bestandteile einer abgekürzten, übersichtlichen etymologischen Beschreibung: Jede Marke steht symbolhaft für eine ganze Gruppe von Wörtern, ungefähr wie der Abgeordnete die Gruppe seiner Wähler vertritt.

Jede Sprache beginnt mit den Wurzeln, also den Konsonanten und den Vokalen, und diese Wurzeln sind in allen Sprachen gleich. Daran schließt sich genetisch die primäre Assoziation der Wurzeln mit anderen Buchstaben zu den Stammsilben, dann die sekundäre Assoziation der Wurzeln mit anderen Buchstaben zu den Wurzelsilben, die selbst schon Wörter sind (wie das auch viele Stammsilben sind) oder sich zu Wörtern ausgestalten, indem sich weitere Buchstaben anschließen. Die akustischen und die optischen Buchstaben entstehen *ubiquitär,* und zwar, sobald die Wortzellen des Individuums entwicklungsmäßig den aktuellen Funktionsgrad erreicht haben. Und ebenso entstehen ubiquitär Assoziationen zwischen den Wortzellen, also auch ihren Aktualitäten. Buchstaben und Assoziationen, also Buchstabenreihen, sind *artspezifisch,* allgemeinmenschlich. Welche Buchstaben sich aber im Gange der phänomenal-phänomenologischen Entsprechung assoziieren, wie also ein gewisses Individuum (was an ihm) beschrieben wird, d. h. die Struktur der Wörter und Sätze, ist *gruppen-*(volks-, rassen-)*spezifisch* und individualspezifisch. Das Vorkommen gleicher primärer Lautverbindungen (Silben) und einzelner gleicher Wörter in verschiedenen Sprachen liegt noch innerhalb der allgemein-menschlichen Verwandtschaft und sollte nicht zu fantastischen Theorien über spezielle oder gar allgemeine genetische Zusammenhänge führen; solche Wörter können obendrein Fremdwörter sein. Das Analoge gilt für die Bild- und die Schriftzeichen. Die einzelnen Strukturen klassifizieren sich also im Sinn einer entfernteren und näheren *Verwandtschaft,* und mit dem Verwandtschaftsgrad der Sprachen stimmt der Verwandtschaftsgrad der Individuen und Gruppen überein, die diese Sprachen sprechen und schreiben. Die nahe Verwandtschaft gewisser Völker ist eine biologische Tatsache; die Verwandtschaft kann eine *autochthone* sein, also so, dass sich an zwei oder mehreren Stellen der Erde autochthone Menschengruppen vorfinden, die verwandt sind

(Indonesier – Joruben, ein Negerstamm an der Westküste Afrikas, vergleiche L. Frobenius), oder sie kann eine *genetische* sein, also so, dass eines der verwandten Völker „Keimzelle", „Muttervolk" des oder der anderen gewesen ist, indem sich bei Völkerwanderungen Volksteile abgesplittert haben und sesshaft geworden sind oder von einem sesshaften Volk Genossenschaften auszogen und kolonisierten. Dass bei solchen Absplitterungen von Volksteilen, die selbstständig werden und eine selbstständige Entwicklung, auch der Sprachlichkeit, nehmen, ein genetischer Zusammenhang mit dem „Muttervolk", auch hinsichtlich der Sprache vorliegt und erhalten bleibt, ihre Sprache also von der des Muttervolkes abzuleiten und als Entwicklungsform jener anzusehen ist, kann natürlich nicht zweifelhaft sein. Analog hat sich das Neuhochdeutsche aus dem Althochdeutschen über das Mittelhochdeutsche entwickelt; allgemein: Die Spätformen einer Sprache entwickeln sich aus den Frühformen, so wie sich die „Vollsprache" aus der Kindersprache entwickelt. Die Sprachen lassen sich vergleichen, und es wird sich dabei eine nähere oder entferntere Verwandtschaft herausstellen. So sind z. B. Sanskrit, Griechisch, Lateinisch, die germanischen Idiome engverwandt. Verwandte erleben Verwandtes und beschreiben es in verwandten Wörtern; gerade die linguistische Verwandtschaft ist ein gewichtiges Zeichen der Verwandtschaft gewisser Völker. Aber gleichgültig, ob man eine autochthone oder eine genetische Verwandtschaft der Völker einer Sprachengemeinschaft, z. B. der indogermanischen, im letzteren Fall etwa auch eine Entwicklung der verschiedenen Sprachen vom Sanskrit her annimmt, die konstruierten „gemeinsamen Stamm- und Wurzelsilben" der Wortfamilien der einzelnen Sprachen und auch die „Urwurzelsilben" der Sprachengemeinschaft sind doch nur als etymologische Marken aufzufassen, und es kann hierfür kein Problem sein, ob diese oder jene „Wurzel" ein selbständiges Wort war (ist) oder nicht. Die Annahme geht fehl, dass sich aus einer gewissen konstruierten „gemeinsamen Stamm- oder Wurzelsilbe" die zugehörigen Familienmitglieder oder gar aus *einer* Urwurzelsilbe alle Mitglieder der zu den einzelnen verwandten Sprachen gehörenden homologen Wortfamilien,

deren etymologische Marke oder Firma die Urwurzelsilbe ja bloß ist, im Werdegang der Sprachen entwickelt hätten. Diese Annahme ist ein Missverständnis der Wortverwandtschaft, aber auch der etymologischen Arbeitsmethode. Gar eine Ursprache „der Menschheit" hat es ebenso wenig gegeben wie eine Urschrift „der Menschheit".

Sanskritisch dhū ist gemeinsame Stammsilbe der Wörter dhūnṓmi – schütteln, anfachen, dhūmás – Rauch, dhūlís – Staub; im Griechischen findet sich die fast gleich lautende Stammsilbe ϑυ, zu der ϑύειν – brausen, toben, opfern, ϑύνειν – toben, rasen, stürmen, ϑῦνος – Andrang, ϑυμός – Mut, Leidenschaft, ϑυέλλα – Sturmwind, ϑυιάς – Rasende, Bacchantin usw. gehören; im Lateinischen lautet die homologe Stammsilbe fu in fumus usw., im Gotischen dau in dauns – Odor, im Althochdeutschen tu in tunst – Sturm, Andrang, im Neuhochdeutschen du in Dunst usw. Und man kann als etymologische Firma der verwandten Wörter eine dieser Stammsilben als Urstammsilbe angeben, also fu oder ϑυ oder dhu, aber die einzelnen Stammsilben sind nicht aus dieser Urstammsilbe, als ob diese zuerst dagewesen wäre, hervorgegangen, sondern sie sind Homologe wie die je zugehörigen Wörter. Aus dem d entwickelt sich nicht f oder t usw., sondern *anstelle* des dh, z. B. im sanskritischen dhu, steht im Griechischen ϑ, im Lateinischen f, im Gotischen d, im Althochdeutschen t, im Neuhochdeutschen d. Die Buchstaben sind je selbstständige Aktualitätenreihen, nicht sind die einzelnen Buchstaben aus einander oder aus einem „Urbuchstaben" hervorgegangen. Aus dem U ist nicht O oder E oder I oder A oder alle Vokale, oder diese sind nicht aus einem Urvokal entstanden; ein U kann immer nur U, ein A immer nur A bleiben usw.; das Analoge gilt für die Konsonanten. *Anstelle* des sanskritischen dhu steht im Griechischen ϑυ, im Lateinischen fu, im Gotischen dau usw.; die Silben sind eben „Homologa". Die *genetische Herleitung* der indogermanischen Sprachen vom Sanskrit oder einschließlich des Sanskrit aus einer rassischen Ursprache besagt nicht, dass sich die sämtlichen Buchstaben aus einem Urbuchstaben oder aus einem Buchstaben andere, z. B. aus dem Ur-A ein O oder U usw. entwickelt hätten, ferner, dass eine Urstammsilbe die homologen Stammsilben späterer zur Sprachengemeinschaft gehörender Idiome produziert hätte usw., sondern besagt, dass anstelle einer urtümlichen Silbe, eines urtümlichen Wortes im Gang der Genese der zugehörigen Idiome homologe Silben oder Wörter aufgetreten sind, also assoziative Umstellungen und andere Variationen stattgefunden haben. In diesem Sinn mag also sanskritisch dhu den homologen Stammsilben ϑυ, fu usw. vorausgegangen sein, nicht aber als eine Art Ursubstanz, aus der die späteren Homologen hervorgegangen sind. Ob der Inder jemals dhu gesprochen hat – außer „stamm-elnd" in der Kinderzeit gemäß der Entwicklung des Wortbezirks beim Individuum und seinesgleichen – und der Lateiner fu usw., ob also die primitive Sprache nur aus einzelnen Lauten (Wurzeln) oder Stammsilben bestanden hat, kann in unserem Zusammenhang dahingestellt bleiben; die Entwicklung jeder Sprache kann sich natürlich immer nur so vollzogen haben, wie wir es jederzeit bei den Einzelwesen erleben.

Endlich ist dhu oder ϑυ oder fu usw. nicht bloß gemeinsame Stammsilbe der genannten, sondern vieler anderer Wörter, z. B. dhu auch in dvār (für dhvār), vedisch dur – Tür, Tor, dúrjas – zum Tore, Hause gehörig, dhūpájami – räuchere, dhūpas – Räucherwerk (homolog griechisch τύφω – brenne, τῦφος – Rauch, Dünkel, Betäubung, τυφλός – blind, dunkel, gotisch daubs – taub, dumbs – stumm, dumm, dubo – Taube wie columba, πέλεια – die Dunkelfarbige, althochdeutsch dimpfen – dampfen, neuhochdeutsch taub, „tof" usw.), dhur (?) – verletzen, dvar – laufen, stürzen (stürmen), dhvar – beugen, zu Fall bringen, dhūrv – beugen, beschädigen, dhur – Teil des Jochs, dhúrjas – Zugtier, die beide familiär zu dhar (dhárāmi) – halte, trage, stütze, -dharas – tragend, erhaltend, dhartár – Träger, Erhalter, und sippenverwandt zu dhā in dádhāmi – setze, lege, tue, dhātṛ – Schöpfer usw., ferner zu dhájāmi – sauge, trinke, dhātrī – Amme, Mutter, dhēnús – Milchkuh usw. (homolog ϑηλώ – Säugamme, ϑηλαμών – Amme, ϑάλασσα – Meer, ϑάλος – Sprössling usw.) gehören, usw. Im Griechischen gehören zur Stammsilbe ϑυ, im Lateinischen zu fu ebenfalls Wörter, die gemäß den Wurzelsilben zu verschiedenen Familien gehören. Man sieht, das Herausstellen von Ur

stammsilben und Urwurzelsilben („Wurzeln" der historischen Etymologie) ist lediglich Hilfsmittel bei der sprachkundlichen Klassifizierungsarbeit.

Entscheidend für die Familien- und Sippenverwandtschaft ist die Wurzelsilbe, nicht die Stammsilbe (sofern diese nicht zugleich Wurzelsilbe ist), aber auch die gemeinsame Wurzelsilbe oder die Urwurzelsilbe ist nur etymologische Marke. So ist z. B. die Wurzelsilbe ped als Urwurzelsilbe („Wurzel" der historischen Etymologie) nicht etwa die Urform, aus der sich die homologen Wurzelsilben und ihre Wörter entwickelt hätten, also sanskritisch pádjē – falle, gehe hinzu, padám – Tritt, Schritt, Ort, Stelle, Spur, pad, pād, pádas – Fuß, pattís – Fußgänger usw., awestisch pad – gehen, padha – Fuß, griechisch πεδίον – Fußboden, Feld, πέδη – Fessel, πέζα – Fuß, Rand, πούς, Genitiv ποδός – Fuß usw., lateinisch pes (peds), Genitiv pedis, pedule – Sohle, pedare – gehen und mit einem Fuß, einer Stütze versehen, pedum – Hirtenstab, pessum – zu Boden, zu Grunde (vergleiche sanskritisch pad – fallen), pestis – Verderben, pedere – furzen („stinken wie die Pest"), podex usw., altisländisch fet – Schritt, feta – schreiten, angelsächsisch fetian – holen, altisländisch fantr – Landstreicher („Geher"), mittelniederdeutsch fant – Kriegsschar, mittelhochdeutsch vanz – Schalk, neuhochdeutsch Fant usw. – sondern „ped" ist die etymologische Firma für alle diese und andere verwandte Wörter, abgesehen davon, dass ped gemeinsame Wurzelsilbe der familienverwandten Wörter ist.

Die Bemühungen, auch noch über solche etymologischen Marken hinaus Urwurzeln der Wörter oder Sprachen ermitteln zu wollen, oder die Annahme, dass solche Urwurzeln als „Muttersubstanz" aller Wörter und Sprachen bestanden hätten, gehen ins Fantastische. *Die Wörter entwickeln sich immer aus Konsonanten und Vokalen als Wurzeln; über diese ontogenetische Tatsache kann auch die Phylogenese der Sprache niemals hinausführen.* Dass die historisch-etymologische Forschung die Bedeutungslehre nicht *wesentlich* fördern kann, sondern nur Beiträge und Belege bringt, habe ich schon dargetan. So kann uns die Aufstellung einer „Wurzel", also z. B. einer „Urwurzelsilbe" ped, über die Bedeutung aller zu ihr gehörigen Wörter keinen weiteren Aufschluss bringen, als ihn jedes

Die Verwandtschaftsgrade der Wörter.

	Konsonantenstämme	Vokalstämme
Verwandtschaft 1. Grades		
*Familien*verwandtschaft	gleiche Wurzeln gleiche oder verschiedene Vokale der Stamm- bzw. Wurzelsilbe gleiche Endkonsonanten der Wurzelsilbe	gleiche oder verschiedene Wurzeln gleiche Endkonsonanten der Wurzelsilbe
*Sippen*verwandtschaft	wie oben, aber verschiedene Endkonsonanten der Wurzelsilbe	desgleichen
Verwandtschaft 2. Grades		
*Stamm*verwandtschaft	gleiche Stammsilbe	desgleichen
Verwandtschaft 3. Grades		
*Volks*verwandtschaft	gleiche Wurzeln	desgleichen
Verwandtschaft 4. Grades	allgemeine Verwandtschaft der Wörter gemäß der biologischen Symbolik	

dieser Wörter selber bietet; die Bedeutung ergibt sich bei der psychobiologischen Erörterung der phänomenal-phänomenologischen Entsprechungen.

Ich stelle die *Verwandtschaftsgrade der Wörter* zusammen (siehe Tabelle oben).

8.2.3 Aus der Formenlehre: Deklination, Konjugation

Deklination

Ich beschränke mich hier auf einige Beispiele aus dem Deutschen und dem Lateinischen.

Der *Artikel* „der" wird in der bekannten Weise dekliniert. Das Wort „*der*" beschreibt das die Schwelle Überschreitende, das Gerade, Männliche als abgetrennt (schmerzgefühlig), abgeteilt, abgegrenzt. In diesem Sinn determiniert „der" das Substantivum, zu dem dieser Artikel gehört. „Der Mann" (Nominativ) ist also „Mann", determiniert im Sinne eines Abgegrenzten, Wesens, Individuums. In „der Männer" (Genitiv Plural) gibt der Artikel das von „Männer" Herkommende, zu „Männer" wesenhaft Gehörige als Abgegrenztes an,

ebenso in „der Frauen", „der Kinder" (Genitiv Plural); die Mehrzahl ist eben eine Gesamtheit, von der etwas herkommt, das artikelmäßig als „der" bezeichnet wird, gleichgültig, worum es sich handelt (das, was allgemein mit „der" angegeben wird, ist dann substantivisch spezialisiert, z.B. die Kraft der Männer usw.). Am Genitiv und Dativ Singular ist „der" beteiligt, sofern das Beschriebene artikelmäßig als weiblich bezeichnet wird, z.B. der Frau, der Lampe. In beiden Fällen gibt „der", wie gesagt, das Abgetrennte-Zugehörige an, im Genitivfall wird dieses aber substantivisch spezialisiert, im Dativfall treten zwischen das spezialisierende Substantiv und „den Dativ" noch das Zeitwort und (häufig) das Richtungswort, z.B. „die Kinder der Frau", dagegen „die Kinder gehören (zu) der Frau". Ob also „der Frau" Genitiv oder Dativ ist, kann man erst aus dem Zusammenhang erkennen.

„*Des*" ist nur am Genitiv beteiligt, und zwar auch nur, sofern das Beschriebene artikelmäßig als männlich oder sächlich bezeichnet wird. Auch „des" beschreibt das die Schwelle Überschreitende, von wo Herkommende, hat aber s statt r. In den oben angeführten Fällen ist also der phänomenale Komplex mit „der", in den jetzt angeführten mit „des" assoziiert.

„Dem" gibt die Schwelle an, determiniert mit m als zur geschlossenen Höhle gehörig und d als Angabe des in der Schwelle-Höhle befindlichen Geraden, das auch mit e angegeben wird. „Dem" ist nur am Dativ beteiligt, und zwar nur, sofern das Beschriebene artikelmäßig als männlich oder sächlich bezeichnet wird; zwischen dem spezialisierenden Substantiv und „dem Dativ" stehen Zeit- und Richtungswort, z.B. der Schüler kommt von dem (vom) Lehrer, geht zu dem (zum) Lehrer (siehe oben „der" im Dativfall).

„Den" beschreibt die Schwelle, determiniert mit n und d, sowie das die Schwelle Überschreitende (de). „Den" ist am Akkusativ Singular männlichen Geschlechts und am Dativ Plural der grammatikalischen „drei" Geschlechter beteiligt, in dieser Weise findet die phänomenal-phänomenologische Assoziation statt. Im Akkusativfall determiniert „den" das zugehörige Substantiv als Abgegrenztes, Individuum (wie „der" im Nominativ), und zwar ist „der" Akkusativ in Verbindung mit einem Zeit- und oft auch einem Richtungswort, z.B. der Richter schlichtet den Streit, der Knabe klettert auf den Baum. Im Dativfall gibt „den" ebenfalls ein Abgegrenztes an, das zu der mit dem zugehörigen Substantiv beschriebenen Gesamtheit von Individuen gehört und substantivisch spezialisiert wird, wobei dieses spezialisierende Substantiv und „der Dativ" verbal verbunden sind, z.B. „die Kette gib den Rittern".

„Die" beschreibt die Schwelle, Abgrenzung (ie), determiniert von dem sie Überschreitenden, in ihr Befindlichen (d), ist ein weibliches Wort (vergleiche „sie") und als solches am Nominativ und Akkusativ Singular weiblichen Geschlechts sowie am Nominativ und Akkusativ Plural aller „drei" Geschlechter beteiligt; die Mehrzahl wird als abgegrenzte Gesamtheit, Menge von Individuen hinsichtlich der Abgrenzung, also weiblich, artikelmäßig determiniert. Hierzu als Genitiv und Dativ „der" (siehe oben).

„Das" beschreibt das Hervorgegangene, das Objekt als daseiend, vorwiegend freudegefühlig, ist am Nominativ und Akkusativ Singular beteiligt, sofern das Beschriebene artikelmäßig als sächlich bezeichnet wird. Genitiv „des", Dativ „dem" (siehe oben).

Die *Deklination der Substantiva* geschieht in der Weise, dass die Substantiva gewisse Veränderungen erfahren, im Deutschen und den anderen Sprachen, die Artikel haben, koinzident mit entsprechenden Veränderungen der Artikel. Bei vielen Wörtern ändert sich nur die Endung, vielfach auch nur im Sinn des Singulars und des Plurals; bei anderen Wörtern ändert sich auch die Wurzelsilbe, besonders ihr Vokal (Mann, Männer). Die deklinatorischen Endungen sind: Genitiv „es", Dativ „e", Akkusativ „n", Plural „en", „er", „e", „s" (z.B. Müllers) usw. Die Genitivendung „es" gibt das die Schwelle Überschreitende, den Teil an, der von dem mit dem Genitiv (Artikel „des") beschriebenen Individuum ausgeht. Die Dativendung „e" gibt die Schwelle, Abgrenzung des mit dem Dativ beschriebenen Individuums und das sie Überschreitende, in ihr Befindliche an. Ähnlich das Akkusativ-n, das dem n in „den" entspricht. Die Pluralendungen geben die Gesamtheit als aus Teilen bestehend an, also sowohl die Gesamtheit als Abgrenzung als auch die einzelnen Teile, die die Gesamtheit bilden und die das Substantivum bezeichnet; „die Männer" ist also Bezeichnung für eine Gesamtheit als Abgegrenztes (die, -er), das mit Teilen, Einzelnen (e im ä, -er), deren jeder „Mann" ist, erfüllt ist.

Nach analogen Gesichtspunkten sind auch die Deklinationsendungen der lateinischen (usw.) Wörter zu verstehen. So beschreibt das e im ae des Genitivs und Dativs Singular und Nominativs Plural der ersten oder a-Deklination (z.B. mensae) das Gleiche, in gleicher Weise wie das deutsche e, das Akkusativ-m (z.B. mensam) ganz ähnlich wie das deutsche n. Die Genitivendung des Plurals, rum (z.B. mensarum), gibt mit r den Teil der geschlossenen Gesamtheit (um) an usw. In der zweiten oder o-Deklination gibt das i als Genitivendung des Singulars und Nominativendung des Plurals Abgrenzung und Teil an, wie in der ersten Deklination das e, in der dritten oder i-Deklination das is und es, in der vierten oder u-Deklination das ūs, in der fünften oder e-Deklination das i (z.B. dieï, während der Nominativ Plural gleich dem Nominativ Singular „dies" lautet und erst aus dem Zusammenhang sich ergibt, ob der Singular oder Plural angegeben wird) usw.

Konjugation

Personae, Numeri

Die erste Person Singular eines Zeitworts ist mit dem Fürwort „ich" zu einer grammatikalischen Einheit verbunden. „Ich" ist Bezeichnung für ein gewisses Individuum; dieses wird funktionell mit Zeitwörtern beschrieben, die eine bestimmte konjugative Form haben, eben die der ersten Person Singular, diese Wörter in dieser Form sind also mit dem „ich" benannten Individuum und mit dem Fürwort „ich" assoziiert. Diese Form endet mit e (liebe, gehe usw.), das sich an die Wurzelsilbe anschließt; es kann natürlich auch nichts anderes angeben als jedes e, nämlich die Abgrenzung, Schwelle. Dass gerade diese Form mit dem „ich" benannten Individuum und dem Wort „ich" assoziiert ist, kann nur einfach als biologische (eben assoziative) Tatsache konstatiert werden. Die Frage, warum die Assoziationen so verlaufen, wie sie verlaufen, ist fruchtlos – wie die Fragen, warum der Mensch zwei Augen, zwei Arme, zwei Beine und nicht 25 habe, warum überhaupt der Mensch, die Dinge, die Welt existieren, warum das Objekt Objekt ist, warum es die Frage „Warum?" gibt usw. Die Antworten führen niemals über die Tatsachen hinaus, sondern geben immer nur andere Tatsachen an, die wiederum in das Karussell des Warum hineingesetzt werden.

Das Analoge wie für die erste gilt für die zweite Person Singular. Zu ihr gehört das Fürwort „du", das die Höhle, Umgebung angibt, in die etwas (d) eingeht, indem es aus einer anderen Höhle austritt; vergleiche duo, dubito, δύω, δοιάζω – zweifle, sanskritisch dua, dva, gotisch tvai – zwei usw. „Du" ist also etwa so viel wie der Andere, der Zweite (secus, secundus), lateinisch tu, griechisch σύ, dorisch τύ, sanskritisch twam, awestisch tum usw. Dieses „du" benannte Individuum wird funktionell mit Zeitwörtern beschrieben, die eine bestimmte konjugative Form haben, und zwar diejenige, deren Endung st lautet. Dieses st gibt, schmerzgefühlig-trauergefühlig-freudegefühlig, die Schwelle-Abgrenzung (schmerzgefühlig) und das sie Über-

schreitende, sie Erfüllende (t) an, beschreibt also ähnlich wie „du", steht für „du", wie das „e" der erste Person für „ich" steht. (Auch in der Superlativform der Adjektiva gibt „st" das „alle Grenzen Überschreitende", das „non plus ultra" an.)

Zur dritten Person Singular gehören die Fürwörter „er, sie, es"; diese sind weder mit dem „ich" noch mit dem „du" bezeichneten Individuum assoziiert, sondern mit allen möglichen anderen Individuen, mit denen auch die Zeitwörter in der konjugativen Form der „dritten Person Singular", gekennzeichnet mit der Endung „t", assoziiert sind; die Endung t steht für die genannten Fürwörter, die schmerzgefühlig sind, während t als freudegefühlig das Hervorgegangene, das die Schwelle überwunden hat, angibt.

Zur ersten Person Plural gehört das Fürwort „wir"; dieses ist assoziiert mit einer Anzahl, an der ich teilnehme, es beschreibt die Umgrenzung, die Schwelle und die erfüllenden (zur Gesamtheit gehörigen) Teile (ir). Die Pluralendung der mit „wir" assoziierten Zeitwörter ist „en", die gleiche Endung, wie sie die Pluralform der dritten Person, auch die Pluralform vieler Substantiva und wie sie der Infinitiv hat, sie gibt ebenfalls die Abgrenzung und die zu ihr gehörigen Teile an, wobei das n, wie immer, eine Art reduplikativen, in Wiederholungen dauernden Charakter hat (Infinitiv zu infinire, so viel wie kein bestimmtes Ende machen, unbestimmt abgrenzen).

Zur zweiten Person Plural gehört das Fürwort „ihr"; dieses ist assoziiert mit einer Anzahl, an der ich nicht teilnehme, es beschreibt ähnlich wie „wir", nur steht statt w das Dehnungs-h (im Althochdeutschen fehlt es). Die Pluralendung der mit „ihr" assoziierten Zeitwörter ist „t", „et", sie beschreibt wie jedes t das Hervorgetretene, hier eine Anzahl als Einheit.

Zur dritten Person Plural gehört das Fürwort „sie", das die Mehrzahl (wie die Einzahl) als umgrenzt, also hinsichtlich der Umgrenzung, weiblich bezeichnet und weder mit der „wir" noch mit der „ihr" bezeichneten Mehrzahl, sondern mit jeder möglichen anderen Mehrzahl assoziiert ist. Die Pluralendung der mit „sie" verbundenen Zeitwörter ist „en", siehe oben.

Im *Lateinischen* (usw.) stehen vor den konjugativen Wortformen keine Fürwörter, sondern die

Endungen geben Person und Numerus an, nämlich o, m (ersten Person Singular), s, t, mus, tis, nt. Das o gibt, wie jedes o, die Öffnung an, das mit o Beschriebene ist nach Korrelationstyp 1 weiblich, angstgefühlig oder nach Korrelationstyp 2 das der Öffnung partnerisch Gegensätzliche, also männlich, vergleiche z. B. ego. Mit o wird hier also das sonst „ego" benannte Individuum angegeben, o steht für ego, wie im Deutschen e für ich. Die Endung m (z. B. amabam, amem usw.) gibt das sonst ego benannte Individuum hinsichtlich der Umrandung, als geschlossene Höhle an. Die Endungen s und t sind den deutschen Endungen st und t ganz ähnlich bzw. gleich. Die Endung „mus" (erste Person Plural) gibt die Mehrzahl als geschlossene Umrandung, die Teile (s) enthält, an, ähnlich wie „wir", und zwar weist das m (wie auch das m als Endung der 1. Person Singular) darauf hin, dass die Mehrzahl „mich", „me" einschließt. Mit einer Mehrzahl, an der „ich" nicht teilnehme, sind assoziiert die Zeitwörter mit der Endung „tis" (amatis), die wie eine Art Plural zu tu zu verstehen ist. Mit einer Mehrzahl endlich, an der weder ego noch tu teilnehmen, sind die Zeitwörter mit der Endung „nt" assoziiert, die die Schwelle, Abgrenzung (n) und das sie Füllende (t) angibt (amant, sunt, neuhochdeutsch sind usw.).

Genera

Man unterscheidet das Genus *activum* und das Genus *passivum,* die *Tätigkeits-* und die *Leideform.* Indes beschreibt auch letztere eine Tätigkeit, und zwar eine solche, die allgemein mit „werden" bezeichnet wird. Auch „leiden" ist eine Tätigkeit des Leidenden. „Ich werde geliebt" gibt also die Tätigkeit (Funktion) von mir an, nämlich „ich werde", und diese Funktion wird spezialisiert angegeben, nämlich mit „geliebt". Aber der Satz „ich werde geliebt" hat einen anderen Sinn als „ich werde lieben". Der Unterschied besteht in den Formen „geliebt" und „lieben". In „geliebt" (usw.) gibt die Vorsilbe ge (wie immer) mit g den Teil, mit e den Teil als abgegrenzt, abgeschieden, auch die Abgrenzung, zu der der Teil gehört, die Schwelle, über die er geht (vergleiche ge-hen, ge-nus, γέ-νος, Ge-nitiv usw.), an; dieser Teil wird in dem Wort spezialisiert angegeben, zu dem ge als Vorsilbe

gehört; ge kennzeichnet also z. B. eine Funktion als abgegrenzten, fertigen Einzelakt und auch das aus solchen Einzelakten bestehende Gesamt. Dies gilt auch für ge als Vorsilbe von Haupt-, Eigenschaftswörtern usw., z. B. ist das *Gerede* so viel wie das Reden als Einzelakt, als Stück, das abgetrennt ist, weitergeht und so zu einer Gesamtheit von Reden gehört, dann auch diese Gesamtheit selber, *Gewoge* so viel wie das Wogen als Einzelakt, als abgegrenzte Funktion unter gleichen Funktionen, dann auch deren Gesamtheit, *Gewalt* so viel wie das Walten als Stück, Einzelakt unter gleichen Akten, dann deren Gesamtheit, *Gebirge* so viel wie der Berg als Stück einer Reihe, Gesamtheit, dann auch diese Gesamtheit, *Gebüsch* so viel wie der Busch als Einzelstück einer Gruppe, dann auch diese selbst, *gemein* so viel wie „mein" als Einzelnes und so Teil eines Gesamt, dann dieses aus Teilen bestehende Gesamt selbst (Gemeinde, allgemein, vergleiche Allmende gleich Gemeindebesitz an Grund und Boden usw.). Auch die *Vorsilbe be* gibt das Stück (b) und die Schwelle, das Abgegrenzte (e) an, beschreibt also ganz ähnlich wie ge, nur ist die mit be determinierte Funktion (usw.) präziser gerichtet, auf einen bestimmten Teil des Individuums gerichtet, sozusagen aus größerer Nähe gerichtet (g Guttural, b Labial). So ist „ich bin beliebt" so viel wie „ich bin genaues Ziel eines abgegrenzten Funktionsaktes ‚lieben' oder einer Reihe solcher Akte", während „ich bin geliebt" den Funktionsakt „lieben" oder eine Reihe solcher Akte als weniger präzis gerichtet und auf mich als Ganzes gerichtet angibt; so auch „ich bin befangen" und „gefangen", „ich habe befreit" und „ich habe gefreit", „ich habe beschrieben" und „ich habe geschrieben" usw. Das t in „geliebt" (usw.) determiniert die Funktion als vollendet (freudegefühlig), weist auch allgemein auf die funktionierenden Individuen hin. „Geliebt" bezeichnet also die Funktion „lieben" als ab-/ausgeschieden, fertig, gerichtet auf …, und als vollendet, somit zuständlich. „Lieben" dagegen ist Infinitiv. „Ich werde geliebt" gibt also meine Funktion „werden" an in dem speziellen Sinn „geliebt", womit die Funktion „lieben" als (von jemandem) abgeschieden, (auf mich) gerichtet und vollendet, zuständlich bezeichnet wird; dieses Zuständliche hält an während der ganzen Dauer meines Werdens, gilt für jede Stufe, jeden Punkt dieses Werdens, und so gibt „ich werde geliebt" die Gegenwart in einer stetigen Veränderung an (die bloße Gegenwart wird mit „ich bin geliebt" angegeben). („Zuständlich" ist so viel wie „von sehr geringer Veränderungsgeschwindigkeit", „unmerklich sich verändernd", also „zuständlich in der Bewegung".) In dem Satz „ich werde lieben" ist dagegen ein Zuständliches nicht enthalten; „lieben" ist eben „infinitiv", unbestimmt, unbegrenzt, und „werden" bezeichnet die stetige Veränderung, speziell im Sinn des Überschreitens der Schwelle, der Ent-wicklung, des Eintritts ins (Geworden-, Vollendet-)Sein. „Ich werde lieben" beschreibt also meine Funktion „werden" im Sinn von „lieben" und bedeutet so viel wie ich verändere mich derart, dass ich von einer (unbestimmten) Entwicklungsstufe an die Funktion „lieben" ausübe; somit gibt „ich werde lieben" die Zukunft an (ich liebe noch nicht, bin aber auf dem Weg zum Lieben).

Hieraus erhellt ganz allgemein der Unterschied von Aktivum und Passivum. *Aktiv* ist ein Individuum, dessen Funktion auf ein assoziiertes Individuum gerichtet ist; diese Funktionen beschreiben die *Aktivformen* der Zeitwörter. Das „gerichtet sein auf …" ist also so viel wie Übergehen koordinativer Passformen von dem einen Zellkomplex auf den anderen. Funktion ist vorwiegend koordinative Veränderung, und diese vollzieht sich erfahrungsgemäß niemals bei einem Individuum isoliert, sondern stets im zeiträumlichen Zusammenhang mit Funktionen gewisser anderer Individuen, indem von jenem Zellkomplex koordinative Passformen auf assoziierte Zellkomplexe übergehen. So sind auch die Funktionen zu betrachten, die mit sogenannten *intransitiven* Verben beschrieben werden: Auch sie sind gerichtet auf gewisse Individuen, nur sind diese nicht angegeben wie bei den *transitiven* Verben. „Der Hund läuft" beschreibt den Hund hinsichtlich einer gewissen Funktion, eben die, die man laufen nennt, und diese Funktion, also vorwiegend koordinative Veränderung, „teilt sich" anderen Individuen „mit", z. B. der Luft, zunächst der den Hund unmittelbar umgebenden. Der Unterschied zwischen transitiven und intransitiven Funktionen ist also kein grundsätzlicher, sondern lediglich ein ver-

laufsmäßiger. – *Passiv* ist ein Individuum, dessen Funktion „werden" (und „sein") im Sinn einer von einem assoziierten Individuum ausgegangenen, vollendeten Funktion spezialisiert ist; diese Funktionen beschreiben die *Passivformen* der Zeitwörter. Innerhalb eines Erlebnisses ist das aktive Individuum bzw. seine Funktion Ausgangspunkt weiterer (bestimmter) Funktionen. Das passive Individuum bzw. seine Funktion ist innerhalb eines Erlebnisses Ziel, Ende einer von einem assoziierten Individuum ausgehenden Funktion, zugleich aber verändert es sich derart, dass es eben als Ziel auftritt. Zwischen aktivem und passivem Individuum besteht nicht etwa eine kausale, sondern lediglich eine zeiträumliche Verbindung.

Die Wörter *Subjekt* und *Objekt* gebraucht die Grammatik im Sinn von Subjekt- und Objekt-Individuum; erkenntnistheoretisch sind Subjekt und Objekt die polaren Gegensatzpartner, Subjekt also mit Nichts, Objekt mit Etwas identisch. Die Möglichkeit von Missverständnissen wird verhütet, indem man für das grammatische Subjekt und Objekt die Wörter „Sender" und „Empfänger" (geläufig aus der Radiotechnik) einführt; in dem Satz „ich liebe dich" ist „ich" Sender, „liebe" Zeitwort, „dich" Empfänger, in dem Satz „ich werde von dir geliebt" ist „ich" Empfänger, „von dir", also „du", Sender. Der Aktive ist Sender, der Passive Empfänger, die Aktivformen sind *Sende-*, die Passivformen *Empfangeformen*.

Die Konjugationsendungen von „ich werde", „du wirst" usw. sind nach dem Abschnitt „Personae, Numeri" zu verstehen. Im Lateinischen sind die Passivformen des Präsens, Imperfektum und Futurum, zu Deutsch: die Empfangeformen der Gegenwart, 1. Vergangenheit und 1. Zukunft, mit Ausnahme der zweiten Person Plural, mit dem r in der Endung gekennzeichnet, das dem Wort „werde" entspricht; so ist amo – ich liebe, amor – ich werde geliebt, amas – du liebst, amaris – du wirst geliebt (ri entspricht wirst, s entspricht du), amat – er liebt, amatur – er wird geliebt (ur entspricht wird, gibt den Empfänger als Höhle-Schwelle an), amamus – wir lieben, amamur – wir werden geliebt, amatis – ihr liebt, amamini – ihr werdet geliebt (das mini gibt reduplikativ die Schwellen i, die zu einer Höhle m, n als Abgrenzung einer Mehrzahl gehören, sowie die Vielzahl der Teile an; amamini ist mit einer Mehrzahl assoziiert, zu der „wir" nicht gehören), amant – sie lieben, amantur – sie werden geliebt (siehe oben amatur). Im Infinitiv unterscheidet sich das Passivum mit dem langen End-i (amari), das die Schwelle, das Schmerzliche intensiver ausdrückt, von dem Aktivum mit dem kurzen End -e (amare). In amatus, dem Partizip Perfekt Passiv, dem einzigen Partizip Passiv, entspricht das t dem t in „geliebt", gibt also die Vollendung (freudegefühlig) an; die Tatsache des Abgeschiedenseins, die in „geliebt" das ge bezeichnet, wird implicite von den Personalendungen us, a, um angegeben.

Die sogenannten *Deponentia* sind Empfangeformen mit Sendebedeutung in der Übersetzung und im Sprachgebrauch. Aber sie können ursprünglich doch nur Empfangebedeutung gehabt haben, z. B. horiri, hortari, so viel wie zu einer Rundung (Höhle-Öffnung-Schwelle, hor, vergleiche hortus, Hort) von jemandem gemacht werden und so diesen umfassen, schmerzlich drängen, antreiben, ermahnen; vereri, so viel wie von jemandem mit Schmerzen bedacht werden und ihn somit ängstlich beobachten, fürchten, scheuen, verehren; loqui, so viel wie von etwas zu einer Öffnung gemacht werden (loq, vergleiche locus, Loch usw.), speziell vom Atem und Mund gebraucht, also sprechen; largiri, so viel wie mit Teilen (rg) gleitend (l) vollgefüllt (a) worden sein und somit reichlich abgeben, schenken usw.

Tempora

Wie ist es zu verstehen, dass die Zeitwörter je nach ihrer Flexionsform implicite die Gegenwart oder die Vergangenheit oder die Zukunft, letztere beiden sogar mit verschiedenen Zeitabständen, beschreiben?

„Ich liebe" beschreibt das Individuum „ich" funktionell als gegenwärtig, meine Funktion „lieben" als gegenwärtig. Damit wird einfach eine Funktion angegeben, ein aktueller individualer oder interindividualer Vergleich findet nicht statt. *Ich liebte* dagegen beschreibt das Individuum „ich" aus der Erinnerung, aus dem mittelbaren individualen Vergleich, wobei das gegenständliche „ich" über den Begriffskomplex (Individualbegriff) mit sich selber verglichen wird, und zwar

hinsichtlich der Funktion „lieben"; der Begriffskomplex entspricht gemäß der relativ zum (damals) zugehörigen Gegenstandskomplex geringeren Veränderungsgeschwindigkeit etwa dem (damals) zugehörigen Gegenstandskomplex „ich", als dessen Funktion „lieben" gegenwärtig war; nunmehr, in der „jetzigen" Gegenwart, ist das gegenständliche Individuum „ich" hinsichtlich der Funktion „lieben" derart verändert, dass diese Funktion nicht mehr stattfindet, während der zugehörige Begriffskomplex noch veränderungsmäßig dem gegenständlichen Individuum nahe steht, als es die Funktion „lieben" ausübte. Die aus dem Begriffszellkomplex abfließenden Passformen sind ein relativ hoher (ideogener) Anteil des in Form der Beschreibungsaktionen sich ausdrückenden Passformenstroms. So wird also das gegenständliche Individuum „ich" beschrieben, wie es hinsichtlich der Funktion „lieben" war. Ob der Begriffskomplex jedesmal bewusst ist oder die Begriffszellen unaktuell funktionieren, ist hinsichtlich des biologischen Mechanismus unerheblich.

Mit „ich liebte" wird die Funktion „lieben" als in der Vergangenheit sich vollziehend angegeben, wie sie mit „ich liebe" als in der Gegenwart sich vollziehend angegeben wird. Ein Ausgeschiedensein der Funktion als solcher wird weder mit „ich liebte" noch mit „ich liebe" angegeben; das t in „liebte" determiniert die Funktion „lieben" als beendet (freudegefühlig) und weist auch allgemein auf das funktionierende Individuum hin; in anderen Wörtern ist das Beendetsein anders als mit t, z. B. mit dem Ablaut (siehe unten) beschrieben. Das Ausgeschiedensein der Funktion geben *„ich habe geliebt"* und *„ich hatte geliebt"* an. Die Form „geliebt" ist weiter oben erläutert worden. „Ich habe geliebt" beschreibt das Individuum „ich" hinsichtlich der Funktion „haben", spezialisiert im Sinn von „geliebt"; ich habe, also besitze – was? „geliebt", und dieses „geliebt", das ich (jetzt) habe, wird eben mit dieser Wortform als das ausgeschiedene, abgeschiedene, abgeschlossene und vollendete, beendete „lieben" beschrieben. „Ich habe geliebt" beschreibt sozusagen einen Besitz an Negativem, so wie man sagt „ich habe Not, ich habe Schulden, ich habe nichts" usw., nur ist dieses Negative funktionell spezialisiert mit Angabe dessen, was ich nicht mehr habe, und das ist eben die Funktion „lieben", die in „geliebt" als ausgeschieden, beendet angegeben wird. Mit „ich habe geliebt" wird also das Individuum „ich" insofern aus der Erinnerung beschrieben, als es mittelbar (also begrifflich, erinnerungsmäßig) mit sich selber als einem solchen „ich", das vorher etwas (nämlich die Funktion „lieben") hatte, was es jetzt nicht mehr hat, verglichen wird. Der Begriffskomplex „ich" steht also in diesem Fall jenem gegenständlichen „ich" veränderungsmäßig nahe, das die Funktion „lieben" noch hatte, während das gegenwärtige gegenständliche „ich" diese Funktion ausgeschieden hat, nicht mehr hat. Dieses begriffliche „ich" ist verschieden von jenem, das an dem mit „ich liebte" beschriebenen Vergleich phänomenal beteiligt ist, und zwar ist die Verschiedenheit vorwiegend eine solche der Veränderungsgeschwindigkeit, indem mit „ich liebte" ein sich vollziehender Vorgang (eben die Funktion „lieben" als in der Vergangenheit sich vollziehend), mit „ich habe geliebt" ein Zustand, ein Besitz beschrieben wird. Nun ist, wie dargelegt, die Veränderungsgeschwindigkeit der Individualbegriffe größer als die der Kollektivbegriffe 1. Ordnung, und so wird die Tatsache, dass „ich habe geliebt" einen Zustand (natürlich in der Bewegung) angibt, daraus verständlich, dass an diesem Vergleich auch der zugehörige *Kollektivbegriff 1. Ordnung* beteiligt ist, dass an dieser Beschreibung also auch Passformen aus dem zugehörigen Begriffszellkomplex zweiter Zone beteiligt sind.

Die Grammatik nennt „ich liebte" (usw.) ganz richtig *Imperfektum:* „Ich liebte" beschreibt eine in der Vergangenheit sich vollziehende Funktion, eine solche, die noch nicht ab- und ausgeschlossen, noch nicht ausgeschieden, also im-perfekt ist. Dagegen heißt „ich habe geliebt" (usw.) *Perfektum:* Diese Form beschreibt eben einen Zustand, ein Ausgeschiedensein der vollendeten Funktion, ein „Perfektes". Die deutsche Grammatik spricht weniger sinnvoll von Vergangenheit 1 und 2; dies ist entweder nur eine klassifizierende oder eine auch Zeitdifferenzen angebende Bezeichnung, letzteres in allen den Fällen, in denen das Imperfektum weniger weit zurück liegt als das Perfektum (was nicht immer der Fall ist). Sofern Imperfektum und Perfektum auch zeitliche Differenzen

angeben, beschreiben sie die differenten topophilen Symbolkomponenten der beschriebenen Individuen; es kann der Begriffszellkomplex, der imperfektisch beschrieben wird, eine topophile Symbolkomponente „Vergangen" aufweisen, im Vergleich zu der die topophile Symbolkomponente des Begriffskomplexes, der perfektisch beschrieben wird, ein „Mehr-vergangen" ist, aber der wesentliche Unterschied zwischen Imperfektum und Perfektum ist ein solcher der Veränderungsgeschwindigkeit. Im Übrigen beschreiben Imperfektum und Perfektum implicite stets auch die Differenz der topophilen Symbolkomponenten der an jedem einzelnen Vergleich beteiligten Begriffs- und Gegenstandsindividuen; auf dieser Differenz (die topophile Symbolkomponente des Begriffs ist, sofern er Erinnerung an Vergangenes ist, stets ein „Vergangen") beruht ja der zeitlich beschriebene Vergleich.

Das *Plusquamperfektum* (Vergangenheit 3) lautet „*ich hatte geliebt*" (usw.). „Ich hatte" ist Imperfektum zu „ich habe"; das t (englisch d in had) determiniert die Funktion „haben" als beendet, wie bereits dargelegt; das erste t steht für ein b, ist ein „assimiliertes b" („hatte" eigentlich „habte", wie man nicht selten von Kindern hört). „Ich hatte geliebt" ist sozusagen die Vergangenheit zu „ich habe geliebt" (wie ja das Präteritum manchmal als Präsens auftritt, so ist z.B. ich kann, ich weiß je ein „Präteritopräsens"). Für „ich hatte" gelten also die Ausführungen, die ich zu „ich liebte" gemacht habe. In „ich hatte geliebt" ist dieses Imperfektum „ich hatte" spezialisiert im Sinn von „geliebt". Mit „ich hatte geliebt" wird also das Individuum „ich" insofern aus der Erinnerung beschrieben, als es mittelbar mit sich selber als einem solchen „ich" verglichen wird, das mit „ich habe geliebt" funktionell beschrieben wird. Das beteiligte begriffliche „ich" ist somit wieder ein anderes als das am imperfektischen und perfektischen Vergleich beteiligte, und diese Verschiedenheit ist eine solche der Veränderungsgeschwindigkeit, aber auch eine solche der topophilen Symbolkomponente (die ein „Mehr-vergangen" ist als im Fall des Imperfektums und Perfektums). Nun ist, wie dargelegt, die Veränderungsgeschwindigkeit der Kollektivbegriffe 1. Ordnung größer als die der *Kollektivbegriffe 2. Ordnung* (der

Endbegriffe), und auch die topophile Symbolkomponente der begrifflichen Pyramide wird ein „Umso-mehr-vergangen", je weiter der Pyramidenspitze zu der Begriff liegt („Gott" als phänomenal identisch mit dem Endbegriff „Mensch" ist also „der Älteste", „der von Anbeginn war", der Urvater); somit ist an dem Vergleich, der mit „ich hatte geliebt" beschrieben wird, auch der zugehörige Endbegriff beteiligt.

Die Konjugationformen „ich werde lieben" und „ich werde geliebt haben" geben die Zukunft, das Futurum 1 und 2 an. Die Form „ich werde lieben" habe ich weiter oben erläutert. Sie beschreibt das Individuum „ich" funktionell als ein solches, wie es noch nicht ist: Es liebt jetzt noch nicht, ist aber so beschaffen, dass man sagt, es wird lieben. Auch hier liegt also ein Vergleich vor – ein Vergleich nicht hellseherischer Art, sondern ein Vergleich mit anderen Individuen (Interindividualvergleich) hinsichtlich der Funktion „lieben" an diesen Individuen haben wir erfahren, wie beschaffen sie sind, wann sie lieben, und aus dem Vergleich dieser oder solcher Individuen mit dem „ich" beschreiben wir das „ich" mit den Worten „ich werde lieben". Die topophilen Symbolkomponenten der mit dem „ich" verglichenen Begriffsindividuen sind im Verhältnis zu der topophilen Symbolkomponente des Begriffsindividuums „ich" je ein „Mehr-vergangen", die letztere somit ein „Künftig". Eine Differenzierung dieses „Künftig" ist in der Beschreibung „ich werde lieben" nicht ausgeprägt; es kann aber das „Künftig", wiederum aus Vergleichen, in allgemeinen und bestimmten zeitlichen Wörtern („bald", „in drei Jahren" usw.) angegeben werden – wie letzteres übrigens auch für vergangenheitliche Differenzierungen zutrifft, die immerhin aber, sozusagen im Groben, in den Formen Imperfektum, Perfektum, Plusquamperfektum implicite gegeben sind. Man kann also sagen, dass am futurischen Vergleich Begriffsindividuen aller drei Zonen, also auch Endbegriffe beteiligt sind (vergleiche die Beschreibung des Menschen als immer künftig, in jeder Zukunft existent, nämlich immer jünger als Gott [Jünger, Kind Gottes]).

Das Futurum 2 lautet „ich werde geliebt haben". Hier wird „ich" mit solchen Individuen verglichen, die wir hinsichtlich der Funktion „lieben" mit „sie haben geliebt" beschreiben, und das Individuum „ich" aus diesen Vergleichen als ein solches beschrieben, das künftig einmal hinsichtlich der Funktion „lieben" so wie die verglichenen sein wird, also dessen Veränderung, allgemein bezeichnet mit „werden", derart ist, dass künftig einmal das perfektische „geliebt haben" erreicht sein wird. Bezüglich der Differenzierung dieses „künftig" gilt das oben Gesagte. Auch hier sind am Vergleich Begriffsindividuen aller drei Zonen beteiligt.

Für die Empfangeformen (das Passivum) sind die „Hilfszeitwörter" werden und sein typisch, spezialisiert mit dem Partizip Passiv, in unserem Beispiel „geliebt". Die Präsensform „ich werde geliebt" habe ich oben erläutert: Es wird einfach eine mit „geliebt" spezialisierte Funktion des „ich", sagen wir kurz: eine Empfangefunktion angegeben. „Ich wurde geliebt" beschreibt dagegen das „ich" hinsichtlich dieser Empfangefunktion aus der Erinnerung, dem mittelbaren Individualvergleich. Das Imperfektum „ich wurde" gibt mit dem u (wu) die Höhle an, von der die Funktion „werden" ihren Ausgang nimmt, während „ich werde" mit e die Schwelle und das sie Überschreitende betont, die von beiden Formen mit r determiniert werden. Hier zeigt sich, dass das Imperfektische an einer verbalen Beschreibung nicht bloß im „t" (wie in „ich liebte"), also in der Angabe der Vollendung, sondern auch in Buchstaben, die andere Stadien angeben, im Fall „werden" im u, bestehen kann; auch o (ich goss), i (ich schrieb) und a (ich las) können das Imperfektum kennzeichnen (Ablaut, „stark biegende" Zeitwörter), also den hauptsächlichen Unterschied der imperfektischen Verbalformen von den je zugehörigen Präsensformen ausmachen. Die Funktion wird, je nach Art der phänomenal-phänomenologischen Assoziationen, imperfektisch entweder als beendet (trauergefühliges, freudegefühliges Temporalzeichen) oder als ausgegangen von … (hungergefühliges, angstgefühliges, schmerzgefühliges Temporalzeichen) beschrieben. Dass also „ich wurde" Imperfektum ist, ist zunächst assoziative Tatsache: Am phänomenalen Komplex „ich" ist mindestens der zugehörige Individualbegriff beteiligt, während „ich werde" einfach das „ich" ohne Vergleich funktionell beschreibt; dann aber wortanalytische Tatsache: „Ich wurde" bedeutet etwas anderes, hat einen anderen Sinn als das verglichene „ich werde", der Bedeutungsunterschied entspricht dem Unterschied u : e (bei „goss" und „gieße" o : ie, bei „las" und „lese" a : e usw.), also dem Unterschied der Temporalzeichen, somit auch dem Unterschied der beschriebenen Phänomenalkomplexe.

So wie die Sendeform „ich liebte" beschreibt auch die Empfangeform „ich wurde geliebt" die Funktion als in der Vergangenheit sich vollziehend. Das Ausgeschiedensein der Funktion (sodass sie nun nicht mehr zu „mir" gehört) geben die Sendeform „ich habe geliebt" und die Empfangeform „ich bin geliebt worden", also das *Perfektum* an. Wie „ich habe" ist „ich bin" Präsensform; wie jenes in der Form „ich habe geliebt" sozusagen einen Besitz an Negativem angibt, so dieses in der Form „ich bin geliebt worden" ein Sein, an dem etwas nicht mehr vorhanden ist, und dieses Nicht-mehr-Vorhandene, dieses Ausgeschiedene ist „geliebt werden", als solches, d.h. als ausgeschieden passivisch beschrieben mit „geliebt worden". Das Perfektum zu „ich werde" lautet „ich bin geworden", und diese Form beschreibt „ich" funktionell als seiend, und zwar so seiend, dass etwas, nämlich „werden", ausgeschieden ist und so als „geworden" bezeichnet wird; „ich bin geworden" heißt: ich werde nicht mehr, ich habe das Werden hinter mir. Dieses Werden kann nun spezialisiert sein, z. B. im Sinn von „lieben", und dann wird das ausgeschiedene Werden auch spezialisiert im Sinn von „lieben", nämlich als „geliebt worden" (statt „geliebt geworden") beschrieben. Der biologische Mechanismus ist hier der gleiche wie für die perfektische Sendeform angegeben.

Das *Plusquamperfektum* lautet „ich war geliebt worden". „Ich war" ist Imperfektum zu „ich bin" (eigentlich zu „ich wese", mittelhochdeutsches Imperfektum „ich was"); „war" gibt die Vollendung (freudegefühlig) an. Im Übrigen gelten mutatis mutandis die Ausführungen zur Aktivform „ich hatte geliebt".

Das *1. Futurum* lautet „ich werde geliebt werden". Zu „ich werde" ist 1. Futur „ich werde werden", und diese Form ist aktivisch, so viel wie „ich bin auf dem Weg zum ‚werden'". Dieses „werden" ist nun spezialisiert im Sinn von „geliebt", also im Sinn der ausgeschiedenen, vollendeten,

auf „mich" gerichteten Funktion „lieben", und so ist „ich werde geliebt werden" futurische Empfangeform.

Das *2. Futurum* lautet „ich werde geliebt worden sein". Zu „ich werde" ist 2. Futur „ich werde geworden sein", d.h. „ich bin auf dem Weg zum ‚geworden sein'", zu einem „sein", das darin gekennzeichnet ist, dass ihm etwas, nämlich „werden", nicht mehr eignet; dieses Nicht-mehr-Vorhandene wird mit „geworden" beschrieben, und in der Formel „ich werde geliebt worden sein" ist das „geworden" im Sinn von „geliebt" spezialisiert. Auch für die futurischen Empfangeformen gelten hinsichtlich Vergleichsmechanismus und Topik die zu den entsprechenden Sendeformen gemachten Ausführungen.

Im *Lateinischen* hat das *Imperfekt Aktiv* und *Passiv* (amabam, amabar) das Temporalzeichen ba, das die Vollendung anzeigt. Das *Perfekt Aktiv* hat das Temporalzeichen v, das nach Art des deutschen ge (in „geliebt" usw.) die Funktion als ausgeschieden (v schmerzgefühlig) kennzeichnet; an dieses amav schließen sich Endungen an, die einem Hilfszeitwort entsprechen, und zwar nicht dem deutschen haben, sondern sein. Die Form amavi gibt also mit i so viel wie „ich bin" an und ist genau zu übersetzen „ich bin ein Geliebt-Habender", „ich bin einer, dessen Funktion ‚lieben' vollendet und ausgeschieden ist"; diese Beschreibung ist also hinsichtlich des Hilfsverbs nach Art der Empfangeformen strukturiert, nur gibt das v die aktive Ausscheidung der Funktion an, im Gegensatz zu t in amatus (vergleiche französisch j'ai été – ich bin gewesen, worin, statt wie im Deutschen „sein", das Hilfsverb „haben" steht). Das i in amavi steht also dem Sinn nach für (e)sum, das ist in amavisti für es, das it in amavit für est, das imus in amavimus für sumus, das istis in amavistis für estis, das erunt in amaverunt für sunt; natürlich behaupte ich nicht, dass anstelle jener Endungen „eigentlich" die entsprechenden Formen von esse stehen müssten, sondern nur, dass sie sinngemäß diese Formen ersetzen. Deutlicher ist dies am Konjunktiv (amaverim, -eris, -erit usw.) und gar am *Plusquamperfektum* (amaveram, -eras, -erat, -eramus, -eratis, -erant) und Futur 2 (amavero, -eris, -erit usw.), wobei die Endungen mit den entsprechenden Formen von esse (also eram – ich war, eras – du warst usw. und ero – ich werde sein, eris – du wirst sein usw.) völlig übereinstimmen, sowie am Konjunktiv des Plusquamperfekts (amavissem, -isses, -isset usw.), wobei die Endungen mit den entsprechenden Formen von esse (essem, esses, esset usw.) bis auf das e, für das i steht, übereinstimmen. Dass sich in den genannten Formen zum Teil e, zum Teil i (hinter v) vorfindet, ist eine assoziative Tatsache, die auch sonst vielfach vorkommt und mit anderen hierher gehörigen Tatsachen als Lautwandel bezeichnet wird; jeder Buchstabe gibt natürlich die ihm entsprechende phänomenale Struktur an, und der Lautwandel zeigt, dass (und wie) der Einzelne, die einzelne kleinere oder größere Gruppe, die einzelne Sprachgemeinschaft das Beschriebene different erleben.

Das Temporalzeichen der Formen des *1. Futurs Aktiv* und *Passiv* ist bi (amabis usw.), mit personellem Umlaut bo, be, bu (amabo, amaberis, amabunt), nicht aber ba, das Temporalzeichen des Imperfekts. Während letzteres mit b das Stück, mit a das Vollendete, also die Funktion als abgegeben-vollendet im Sinn von „vergangen" angibt, weisen die futurischen Temporalzeichen die Funktion „amare" als Stück (b) aus, das über die Schwelle (i, e) oder die Öffnung (o) oder Höhle (u) geht. Das b ist natürlich das gleiche wie jedes andere b, auch wie das in „bin", an das es im Rahmen der Konjugationsformen am meisten erinnert (vergleiche auch lateinisch f in fuo, griechisch φ in φύω, sanskritisch bh in bhávāmi – werde, bin). Die Formen mit ba, also die imperfektischen, sind mit phänomenalen Komplexen assoziiert, die sich besonders hinsichtlich der beteiligten Begriffsindividuen von denen unterscheiden, die mit den futurischen Formen assoziiert sind. Hier gelten wiederum die zu Vergleich und Topik bereits vorgetragenen Ausführungen.

Das *Perfektum, Plusquamperfektum und 2. Futurum des Passivums* werden ganz ähnlich wie diese Formen des Aktivums gebildet, nur steht für amav das Partizip amatus und das Hilfsverb tritt getrennt auf, also amatus sum, amatus es, amatus est usw., amatus eram usw., amatus ero usw., amatus sim usw., amatus essem usw. Das Partizip amatus entspricht dem deutschen geliebt; kennzeichnend ist das t, das wie in „geliebt" die Vollendung angibt, aber auch die Endung, die zwar die Geschlechtszugehörigkeit des Beschriebenen angibt, damit aber auch die Selbstständigkeit, das Abgelöstsein – entsprechend dem Sinn der Vorsilbe „ge" in „geliebt" usw. So ist auch „amatus sum" nicht zu übersetzen „ich bin geliebt" oder „ich bin Geliebter", sondern „ich bin geliebt worden"; amatus ist einer, auf den sich die Funktion „lieben" richtete oder gerichtet hat, im Verhältnis zu dem diese Funktion als abgeschlossen angegeben wird, und so ist das „worden" der deutschen Form „ich bin geliebt worden" ausschließlich mit in „amatus", nicht in „sum" angegeben, während es in der deutschen Form zum Hilfsverb gehört und „geliebt" nur eben die Spezialisierung ist.

Nach diesen Beispielen sind alle anderen Formen der verschiedenen Tempora verständlich.

Modi

Man unterscheidet den Indikativ, den Konjunktiv und den Imperativ (die Aussage-, die Annahme- und die Befehlsform). Der *Indikativ* ist die Angabe einer Funktion als einer *Tatsächlichkeit*. Der *Konjunktiv* ist die Angabe einer Funktion als einer *Möglichkeit*. Der *Imperativ* ist die Angabe einer Funktion als einer *Notwendigkeit*.

Vom *Indikativ* war bisher die Rede.

Der *Konjunktiv* ist eine Fallsetzung, eine Annahme (ich setze den Fall, dass …, falls …, wenn …, ich nehme an, dass … usw.). Das Wesen der Fallsetzung oder Annahme besteht in der Unentschiedenheit, ob die Beschreibung dem Beschriebenen, wie es ist, genau entspricht. Hinsichtlich der beschriebenen Funktion oder Eigenschaft wird die Tatsächlichkeit nicht behauptet, sondern nur die Möglichkeit, die sich aus dem Vergleich des beschriebenen Individuums mit anderen Individuen, die jene Funktion oder Eigenschaft tatsächlich haben, ergibt. „Ich nahm an, du liebtest mich" heißt: Ich war zwar nicht sicher, dass du mich liebtest (Indikativ!), aber aus dem Vergleich deines Verhaltens mit dem entsprechenden Verhalten solcher Personen, die (mich) liebten (Indikativ!), schloss ich, dass du mich liebtest (Konjunktiv! Angabe der Möglichkeit). Wer sicher ist, dass er geliebt wird, kann sich zwar täuschen, aber er nimmt nicht bloß an, dass er geliebt wird. Während also die Indikativformen das phänomenale Individuum hinsichtlich der Funktion unmittelbar oder aus dem Vergleich hinsichtlich *dieser* Funktion mit sich selber (Individualvergleich) oder anderen Individuen (Interindividualvergleich) beschreiben, beschreiben die Konjunktivformen das phänomenale Individuum hinsichtlich einer Funktion, auf deren Möglichkeit aus dem Vergleich dieses Individuums mit anderen Individuen, die diese Funktion haben, geschlossen wird; verglichen wird hierbei nicht die in der Beschreibung genannte analoge Funktion, sondern verglichen werden andere Funktionen und Eigenschaften, aus deren Gleichartigkeit bei den verglichenen Individuen sich ergibt, dass dem beschriebenen Individuum auch die genannte Funktion zukommen *könne* oder müsse. An dieser Stelle betone ich auch, dass sehr häufig die konjunktivische Möglichkeit mit der Tatsächlichkeit verwechselt und dass besonders die Form des *Irrealis* fast durchweg dahin missverstanden wird, dass die irrealische Beschreibung eine *tatsächliche* Beschreibung eines Ereignisses sei, während ein Ereignis so, wie es der Irrealis beschreibt, gar nicht vorgekommen ist, sondern auf den *möglichen* Verlauf nur aus Vergleichen heraus mit einer mehr oder minder hohen Wahrscheinlichkeit geschlossen werden kann, wobei obendrein klar sein muss, dass es sich nur um eine phänomenologische Möglichkeit handelt.

Die konjunktivische Beschreibung entspricht also einer assoziativen Verbindung (Konjunktiv zu coniungere verbinden) eines Individuums mit gewissen Begriffsindividuen nach Art des Vergleichs, und zwar findet der Vergleich hinsichtlich solcher Bestandteile statt, aus deren Gleichheit oder Ähnlichkeit sich der Schluss auf die Möglichkeit ergibt, dass eine gewisse Funktion auch jenem Individuum zukomme. In diesem Sinn ist das beschriebene Individuum in einen Gesamtkomplex einbezogen, aus dem heraus die Beschreibung erfolgt; es ist so ein Teil des Gesamtkomplexes, und eben diese Tatsache, dieses Teilsein prägt sich in der Verbalform aus: Die konjunktivischen Formen kennzeichnen sich mittels eines e oder i *(Modalzeichen),* das sie von den entsprechenden Indikativformen unterscheidet. Im

Deutschen sind die Konjunktivformen des *Präsens* den Indikativformen gleich, bis auf die 2. Person Singular (du liebest – du liebst, du werdest geliebt – du wirst geliebt), lateinisch dagegen amem – amo, ames – amas, amet – amat, amemus – amamus usw., amer – amor, ameris – amaris usw. Die Konjunktivformen des *Imperfekts Aktiv* lauten im Deutschen ebenfalls gleich den Indikativformen oder werden mit dem Hilfsverb „werden" gebildet, also „ich liebte" gleich „ich würde lieben"; diese letzteren Formen haben aber einen mehr oder minder ausgeprägten futurischen Sinn, d.h. beschreiben aus einem nach Art der futurischen Vergleiche strukturierten Gesamtkomplex, vergleiche „ich nahm an, dass du mich liebtest" mit „ich nahm an, dass du mich lieben würdest". Dies gilt auch für die *passivischen* Formen: „Ich nahm an, ich würde geliebt werden". Im Lateinischen lautet zum Indikativ Imperfekt amabam der Konjunktiv amarem, zu amabar amarer; das Modalzeichen ist hier nicht bloß e, sondern re, das noch genauer den Teil angibt, nämlich das Beschriebene als Teil des Gesamtkomplexes, und zwar ihn als abgetrennt determiniert, im temporalen Sinn als vergangen, ausgeschieden (ähnlich der Vorsilbe ge). Je nach der Einordnung des Beschriebenen in einen Gesamtkomplex des imperfektischen oder des futurischen Vergleichs haben amarem, amares usw. und amarer, amareris usw. eher einen imperfektischen oder eher einen futurischen Charakter und Sinn; beide sind stets implicite gegeben, je nachdem ist der eine oder der andere vorwiegend. Abgesehen von diesen Formen gibt es keinen Konjunktiv des Futurums. Die Konjunktivformen des *Perfekts Aktiv* sind im Deutschen den Indikativformen gleich – bis auf die 2. Person Singular (du habest geliebt – du hast geliebt) und Plural (ihr habet geliebt – ihr habt geliebt); im *Passivum* ist der Konjunktiv Perfekt mit „sein" gebildet, also „ich sei geliebt worden" zu „ich bin geliebt worden", wobei also „ich sei", „du seiest" usw. Konjunktiv zu „ich bin", „du bist" usw. ist. Im Lateinischen wird auch der Konjunktiv des Perfekts Aktiv mit Formen von „esse" gebildet, die an den „Perfektstamm" angehängt sind, also amavi – amaverim, amavisti – amaveris usw.; Modalzeichen des Konjunktivs ist er oder eri (vergleiche hierzu auch die Indikativformen des Plusquamperfekts amaveram, amaveras usw.). Im Passivum ist das Hilfsverb getrennt; im Konjunktiv stehen sim, sis, sit, simus, sitis, sint, im Indikativ sum, es, est, sumus, estis, sunt, Modalzeichen ist hier i. Zu dem *Plusquamperfekt Aktiv* „ich hatte geliebt" gehört der Konjunktiv „ich hätte geliebt", auch „ich würde geliebt haben"; Modalzeichen ist in beiden Formen das e im ä bzw. ü; für die Form „ich würde geliebt haben" gilt das oben für die Form „ich würde lieben" Ausgeführte. Im Passivum lauten die entsprechenden Formen „ich war geliebt worden" und „ich wäre geliebt worden" oder „ich würde geliebt worden sein"; wiederum ist Modalzeichen des Konjunktivs das e im ä bzw. ü. Im Lateinischen gehört zum Indikativ amaveram usw. der Konjunktiv amavissem usw.; Modalzeichen ist i und Doppel-s (vergleiche eram – ich war, essem – ich wäre).

Die „*indirekte Rede*" verläuft im Konjunktiv; dieser zeigt die Möglichkeit an, dass die in indirekter Rede wiedergegebenen Worte so gelautet haben wie angegeben, es wird aber nicht (wie bei Wiedergabe in direkter Rede, also im Indikativ) behauptet, dass sie „wortgetreu", genau so gelautet haben. Die Funktion, auf die aus dem Vergleich geschlossen wird, ist hier das Sprechen, als Reihenfolge von Einzelfunktionen in Form der entsprechenden optischen oder akustischen modalen Aktualitäten (Wörter) dargestellt.

Der *Imperativ* beschreibt eine künftige Funktion. Ein Befehl wird ja auch oft in Form des Futurums gegeben. Dem Sinn nach kann man den Imperativ auch mit dem Hilfsverb „sollen" bilden, also statt „liebe", „gib" auch „du sollst lieben/geben" sagen; es wird da die Präsensform von sollen gebraucht, wie auch sonst die Präsensform imperativischen Sinn haben kann, z. B. in der Militärsprache. „Sollen" ist so viel wie „schulden"; es wird also ein Individuum hinsichtlich einer Funktion beschrieben, deren Leistung oder Unterlassung es nach Ansicht des Beschreibenden (Befehlenden) schuldet. Der Beschreibende vergleicht das (nachher mit dem Imperativ beschriebene) Individuum innerhalb eines gewissen Vorgangs mit anderen Individuen, deren Verhalten bekannt ist. Der Vorgang ist eine Reihe von Einzelheiten, und zu ihnen gehört die verglichene (befohlene) Funktion, sie ist somit für den Ablauf des Vorgangs *notwendig*

(integrierend). Hierbei ist es gleichgültig, ob der Vorgang normal oder abnormal ist: Die befohlene Funktion ist nach Ansicht des Befehlenden allemal notwendig für den Gesamtablauf. *Normal* ist das unter Analogem Häufigste, das Durchschnittliche (Übliche); es hat eine Variationsbreite. Aber auch die *abnormen* Vorgänge haben ihre Regel- und Gesetzmäßigkeit, die man freilich nicht Norm, sondern *Typus* nennt (z. B. ein typischer Einbruch, eine typische Angstneurose, eine typische Lungenentzündung – im Gegensatz zur atypischen, die aber mit analogen Abläufen wieder eine Art Typus bildet). Es können also eine normale und eine abnormale Funktion befohlen werden; ein normaler Mensch kann nur Normales befehlen und ausführen. Innerhalb der Norm gibt der Befehl die *normgemäße (normative),* außerhalb der Norm die *typgemäße (typikale) Notwendigkeit* an. Der Imperativ beschreibt also ein Individuum hinsichtlich einer künftigen Funktion, die normaler- oder typischerweise stattfindet.

Für die 1. Person Singular gibt es keine Imperativform; ich kann mir einen Befehl nur in zweiter Person, d. h. indem ich mich als zweite Person anspreche, erteilen. Der Befehl kann natürlich auch *wortbegrifflich* sein, in begrifflichen Worten bestehen. Diese Tatsache wird magisch so gedeutet, dass „*eine Stimme in mir spricht*", dass „eine innere Sprache" existiert, ein δαιμόνιον, ein geheimnisvolles, unfassliches „Wesen" mich als „zweite Person" antreibt oder hemmt, ermuntert oder warnt, als ein sogenanntes (gutes oder schlechtes) *Gewissen* lenkt und leitet; hiermit wird die weitere Tatsache verbunden, dass „in mir" Gefühlsreflexe ablaufen, die man ihrem Wesen nach noch nicht erkannt hat, somit ebenfalls dämonisiert und in diesem Sinn als *Antrieb* und *Hemmung* bezeichnet. Und diese biologischen Abläufe, die man missversteht, als biologisch noch nicht versteht, werden als „Beweise" für die Existenz einer „Seele", eines guten und eines bösen „Prinzips" im Menschen, für die „Richtigkeit" der dämonistischen Zerlegung in Seele (Geist) und Leib wie überhaupt der dämonistischen Denkweise angeführt! Zu den dämonistisch gedeuteten biologischen Abläufen gehört auch „*das Sittengesetz in mir*", *der hypothetische* und gar der *kategorische Imperativ* (Kant). Anstelle eines Imperativs, den ich an mich als zweite Person richte, kann ich auch die Formel „ich soll …" setzen, aber auch die 2. Person, „du sollst …", mir gegenüber beibehalten. Im Plural gibt es eine Imperativform bestehend aus dem Zeitwort und folgendem „wir", z. B. „gehen wir!" (vergleiche lateinisch simus – seien wir!). Hierfür auch „lasst uns gehen!", worin „lasst" oder „lasset" aber Imperativ der 2. Person ist und „ich" nur in „uns" mit eingeschlossen bin. Auch „wir sollen gehen". – Das Analoge gilt für die 3. Person Singular und Plural.

Die Imperativformen sind mit dem Individuum assoziiert, das aus dem (imperativischen) Vergleich beschrieben wird. Hierbei ist mit der 2. Person Singular gewöhnlich die Wurzelsilbe des Verbums assoziiert, nicht selten (im Deutschen) mit angehängtem e (sei, geh, hab, lauf, steig, werde, liebe, renne! usw.); nicht selten wird auch der Infinitiv im Sinn des Imperativs gebraucht. Diese Formen geben die Funktion als eine allgemeine, eben normative oder typikale an. Im Lateinischen ist ebenfalls die Wurzelsilbe oder der Kern des Verbums Imperativ (es, ama, dele, lege, audi!), die Deponentia haben als Imperativ den Infinitiv mit Endung e statt i (hortare, verere, loquere, largire!). Der Imperativ der 2. Person Plural hat die Endung t, et (liebt, liebet!) wie die 2. Person Plural des Indikativs; das t beschreibt die Anzahl als Einheit. Lateinisch amate, delete, hortamini, veremini! usw. Dem „du sollst", „er soll" entspricht im Lateinischen die Endung to, also amato – du sollst/er soll lieben; to und so(llst) sind nicht weit voneinander entfernt und demgemäß bedeutungsähnlich. Plural amatote – ihr sollt lieben, worin te die Mehrzahl angibt; amanto – sie sollen lieben, worin das n die Mehrzahl angibt (vergleiche amat – amant).

Verbalnomina

Der *Infinitiv* beschreibt eine Funktion einfach als solche, ohne Angabe eines bestimmten Individuums als funktionierend; es sind also alle Individuen, die eine gewisse Funktion ausüben können, mit dem betreffenden Zeitwort assoziiert. Aber auch bezüglich der Individuen, auf die sich die Funktion erstreckt (Ziel, Empfänger), gibt der Infinitiv keine bestimmte Auskunft. Er ist in beiderlei

Sinn „unbestimmt", „infinit". Die Infinitivendung ist im Deutschen en, sie ist an die Wurzelsilbe angehängt; sie determiniert die mit der Wurzelsilbe beschriebene Funktion als personell unbestimmt verlaufend (en gibt die Mehrzahl der Schwellen, das n-mäßig iterative des Hingehens, das in Wiederholungen Dauernde, also in vielen Fällen Vorkommende an). Im Lateinischen ist die Endung im Aktiv re, im Passiv ri, womit ebenfalls das „Unbestimmte" mit Iteration (r, e, i schmerzgefühlig) angegeben wird. Die Endung ist an den Kern (die Basis) des Zeitworts angehängt, also amā, delē, legĕ, audī; die Endvokale der Verbalkerne determinieren die mit der Wurzelsilbe grundsätzlich, d. h. als einmaligen oder allgemeinen Fall angegebene Funktion hinsichtlich ihrer Fortführung. So beschreibt die Wurzelsilbe sec die Funktion schneiden als einmaligen oder allgemeinen Fall, jedes einzelne Schneiden (eines bestimmten Bewegungstyps usw.) ist sec; das a in secāre gibt nun an, dass die Funktion in einer langen, geraden, kraftvollen Reihe von Einzelakten sec erfolgt. In delēre gibt das zweite e die mit del beschriebene Funktion als eine weitreichende, eindringliche, immer neue Schwellen überschreitende Reihe von Einzelakten del an, während das kurze e der 3. Konjugation, z. B. in cadĕre, pendĕre, legĕre usw., das Kurz-Iterative des Gesamtverlaufs beschreibt. Das lange i der 4. Konjugation, z. B. in audire, venire, vincire usw., determiniert die Reihe der Einzelakte als fein-, engabgegrenzt, scharf eindringlich, ganz enge Schwellen passierend, also ähnlich wie ē, nur noch feiner, enger.

Den *Infinitiv Futur* bilden wir im Deutschen, indem wir zum Infinitiv Präsens „werden" zufügen (lieben werden). Im Lateinischen wird das Künftige nicht im Hilfsverb (esse), sondern in der Form des spezialisierenden Verbums ausgedrückt, indem dieses als Partizip Futur auftritt (amaturum esse); in amatūrūs bezeichnet ūr die Höhle-Schwelle, in die das (liebende) Individuum (t) eingeht, und zwar als unbestimmbar weit (ū), worin auch das Iterative liegt, amaturus beschreibt ein Individuum aus dem futurischen Vergleich. – Der Infinitiv Perfekt setzt sich aus dem Partizip Perfekt und dem Hilfsverb „haben" zusammen (geliebt haben), im Lateinischen ist das

Hilfsverb wieder „esse", es wird mit dem „Perfekt-stamm" amav verbunden zu amavisse.

Der *Infinitiv Futur Passiv* wird im Lateinischen aus dem Partizip Perfekt, das hier zu der unveränderlichen Form amatum erstarrt ist, und iri gebildet (amatum iri – werden geliebt werden); dieses iri beschreibt reduplikativ die Schwelle, gibt also an, dass die mit „amatum" spezialisierte Funktion über viele Schwellen dahin schreitet, sich so in die Zukunft erstreckt (es mutet an wie ein Passivum zu ire – gehen, erinnert somit an deutsche Formeln wie „wir wollen baden gehen", „wir werden trinken gehen"; natürlich bedeutet „ire" auch nichts anderes als „[über die Schwelle] gehen", gibt also die Schwelle und das sie Überschreitende funktionell an – ähnlich wie „gehen", ἰέναι, sanskritisch und awestisch i). – Der Infinitiv Perfekt Passiv lautet amatum esse – geliebt worden sein.

Das *Partizip Präsens* wird mittels der an die Wurzelsilbe gehängten Endung end gebildet (liebend). Diese Endung beschreibt das die Schwelle n-mäßig überschreitende Stück (d), also das Individuum, als „seiend", als hervorgehendes, abgetrenntes Stück – vergleiche lateinisch ens, entis als Partizip Präsens zu ess (auch sens), neuhochdeutsch Ende, ent-, Ente; „liebend" bezeichnet also ein Seiendes, ein Individuum, das liebt, ein Seiendes spezialisiert im Sinn von „lieben". Ganz ähnlich das lateinische amans, worin die Endung ns im Sinn von ens steht. – Vom Partizip Perfekt war schon die Rede. Nach diesen Ausführungen würde diese Wortform besser gemäß dem Lateinischen (participium aus pars und capere) als „Teilnehmeform" denn als „Mittelwort" bezeichnet. Mit „Mittelwort" bezeichne ich die substantivierten Funktionswörter, die die Aktiv- und die Passiv-, also die Sende- und Empfangeform implizieren, z.B. ist Anschauung Mittelwort zu anschauen und angeschaut werden, Wahrnehmung Mittelwort zu wahrnehmen und wahrgenommen werden usw.

Gerundium. Der Infinitiv wird dekliniert: das Lieben, des Liebens usw. Im Lateinischen wird hier an die Wurzelsilbe nd angefügt, das das Funktionswort als abgegrenzt, seiend, als etwas Selbstständiges (vergleiche oben „end") determiniert, und dann werden die Deklinationsendungen angehängt: amandi, amando usw. Die hierzu pas-

sende Nominativform „amandus" hat dagegen passivischen Sinn und bedeutet so viel wie „ein zu Liebender" *(Gerundivum);* auch hier determiniert nd die Funktion als etwas Selbstständiges, nämlich ein solches, dessen jemand (us, a, um) teilhaftig wird; in diesem Sinn wird amandus dekliniert. Amandi heißt also so viel wie des Liebens und des zu Liebenden, das eine Mal gibt i den Teil (Genitiv!) des substantivierten amare, im anderen Fall den Teil der Person an, zu dem das amare passivisch gehört. Die beiden äquivoken Wörter haben gleichen Sinn, nur ist in dem einen Fall das Wort als solches nicht wie im anderen Fall mit einem Individuum assoziiert, auf das sich die so angegebene Funktion richtet.

8.2.4 Laut- und Bedeutungswandel

Unter Lautwandel versteht man die onto- und phylogenetischen Veränderungen der einzelnen Wörter. Diese Veränderungen geschehen in einer gewissen Regel- oder Gesetzmäßigkeit, sind somit wichtige Daten für die vergleichende Sprachkunde. Sie sind Kennzeichen der entwicklungsmäßigen assoziativen Veränderungen in den Wortbezirken; hierbei ändert sich auch die phänomenal-phänomenologische Entsprechung, es werden also von einem Vorgang oder Individuum zunächst z.B. mehr das Angstgefühlige, nachher mehr das Schmerzgefühlige angegeben, z.B. angil – Engel usw. Die hauptsächlichen Typen dieser Veränderungen sind folgende:

(1) *Wortverstümmelungen:* Bisher im Gange einer gewissen Reihe, also im Ablauf eines gewissen Wortes mitaktuell funktionierende Wortzellen verändern sich derart, dass sie gemeinhin nur noch unaktuell an diesem Ablauf beteiligt sind oder dass ihre Assoziation zu den bisher zugehörigen Wortzellen atrophiert. Es fallen also Buchstaben aus, und zwar im Anlaut, im Auslaut und im Inneren des Wortes (Aphäresis, Apokope und Synkope).

(a) *Aphäresis:* raus – heraus; rein – herein; naus – hinaus; rum – herum; num – hinum; laut, mittelhochdeutsch lüt, althochdeutsch hlüt, homolog lateinischem (in)clutus, griechisch κλυτός; sum – esum; dens – edens; englisch story – historia.

(b) *Apokope:* Fritz – Friedrich; Rudi – Rudolf, althochdeutsch Hruodolf, angelsächsisch Hrödvulf (so viel wie Ruhmwolf, ruhmgierig); Elise – Elisabeth; Apoll – Apollo, Apollon; Rom – Roma; Pils – Pilsner; Auto – Automobil; Prinz – princeps; nich – nicht; ne – nein; hie und da – hier und da; Pate – Pater; mundartlich mache – machen; Kassier – Kassierer; ju-dex – jus-des usw.

(c) *Synkope:* Kurt – Konrad, althochdeutsch Chuonrat; Rolf – Rudolf; Cospoli – Constantinopoli; Eurasien – Europaasien; edle – edele; schönre – schönere; Mensch – männisch; Ufa, Ifa, Ila, Bewag, I.G. Farben usw.; glaube – gelaube usw.; Händler – Händeler; gähm (sächsisch) – geben; tela – texla; ala – axla; velum – vexlum; malle – magis velle; altlateinisch poplus – populus; avant – ab ante; devant – de ab ante; del – de illo; lieu – locus; père – pater.

(2) *Worterweiterungen:* Zu den Wortzellen, deren Aktualitäten ein gewisses Wort bilden, assoziieren sich gewisse Wortzellen, die bisher noch nicht oder nur unaktuell beteiligt waren. Es kommen also Buchstaben hinzu am Anfang, am Ende, im Inneren des Wortes (Prothesis, Paragoge, Epenthesis).

(a) *Prothesis:* strecken – recken; schreiben – reiben; treiben – reiben; blecken – lecken; Aster – Stern; esprit – spiritus; écrire – scribere; ὀμιχέω, ἀμέργω, ἀμέρδω, ἀμέλγω, ἐννέα (ἐν-νέα zu νέος); als „unechte Prothesis" kann man das b in bleiben (beleiben), das g in glauben (gelauben) usw. ansprechen.

(b) *Paragoge:* mache! (Imperativ) – mach!; lache! – lach!; unde – und (mit Apokope; un); Männer – Manne(n); Wälder – Walde(n); Geister – Geiste; Obst – Obs; Axt – mittelhochdeutsch ackes, akes, ax.

(c) *Epenthesis:* allenthalben – von allen Halben (althochdeutsch allen halbon, halbe so viel wie Seite, Richtung); bisserl – bisschen; Schatzerl, Freunderl usw.; Fähndrich – Fähnrich; nombre – numerus; fangen – fahen; jung – Jugend; Dienstag – diestag, Tios oder Zios Tag; genung – genug; nackend – nack(e)t; Mutter – Muter (nicht Vatter, aber Vetter, Gevatter); tutto – totus.

(3) *Versetzung von Buchstaben,* also Änderung der assoziativen Reihenfolge der Buchstaben eines Wortes: Brunnen – Born; Brennstein – Bernstein; Schlag – Schalk; gloire – gloria; trouble – turbula; Ross – horse; Mast – Stamm; Pott – Topp

(Topf, griechisch πότος – Trank); tap(pen) – pat(schen); Berg – Grab; ren – Niere (rinnen, ῥεῖν); Mut – θυμός; forma – μορφή; γεν – γνο.

(4) *Ersetzung von Buchstaben:*

(a) *Lautverschiebung* (Substitution de consonnes, Grimm's law): cornu – Horn; χήν – Gans; genu – Knie; pater – father, Vater; to make – machen; tongue – Zunge; lateinisches f entspricht griechischem φ, deutschem b (frater, φράτηρ, Bruder), griechisches χ deutschem g (χολή, Galle), usw.

(b) *Lambdazismus:* Ersetzung des r durch l: Salvietta – Serviette (zu servare – salvare); Maulbeere – murperi, morum; Kilche (z.B. Kilchberg bei Zürich) – Kirche; Pilger – peregrinus. Ersetzung des n durch l: Orgel – althochdeutsch organa, ὄργανον; Himmel – gotisch himinis, englisch heaven; Kümmel – cuminum. Ersetzung des d durch l: lingua – dingua; lacrima – dacrima; Ulysses – Ὀδυσσεύς; im Deutschen (usw.) oft mundartlich bei Aussprache des Zungen-R (Brauch gesprochen Blauch).

(c) *Rhotazismus:* Unter gewissen Verhältnissen tritt r an die Stelle von s: honor – honos (Genitiv honoris, vergleiche flos, mos, ros usw.); edere – edese, esse; Aurora – Ausosa; carmen – sanskritisch çasman; eram zu (e)sum; er – es, gotisch is, lateinisch is; verlieren – verliesen (englisch to lose, vergleiche Imperfekt verließ, Substantiv Verlies); frieren – friesen (vergleiche „Gänsehaut" als „Friesel" bezeichnet).

(d) *Assimilation:* Marschall – Marschalk; Kamm – althochdeutsch camp; verdammen – verdamnen; hatte – habte; assimilatio – adsimilatio; empfangen – mittelhochdeutsch entvāhen, enphan, emphan, althochdeutsch ant-, intfahen; Zwilling – althochdeutsch zwinilinch; kamman aus kann man; wemman aus wenn man.

(e) *Dissimilation:* πέφυγα – φέφυγα; bairisch Gurteltaube – Turteltaube; Kartoffel – Tartufflen (anno 1664).

(f) *Umlaut:* z.B. Ersetzung eines a durch e, falls in der folgenden Silbe i steht (Eltern – althochdeutsch altiron; Engel – althochdeutsch angil, griechisch ἄγγελος); ferner: Männer – Mann; Früchte – Frucht usw.

(g) *Ablaut:* Vokalwechsel der Wurzelsilbe (nehme, nahm, genommen).

(h) *Brechung:* z.B. Ersetzung eines i durch e, eines u durch o, falls die folgende Silbe ein a enthält (wegen in bewegen – gotisch vigan; Vogel – althochdeutsch fogal, fugal, gotisch fugls, altsächsisch fugal), usw. Lateinisch rapio – eripio; facio – efficio usw.

(i) *Assibilation:* z.B. Ersetzung des wie k gesprochenen c durch einen Zischlaut vor i und e (Cicero sibilant gesprochen statt Kikero).

Ein *Bedeutungswandel* derart, dass die im Gange des Lautwandels vorkommenden Formen eines Wortes verschiedene Individuen, also jeweils ein anderes bezeichneten, findet nicht statt, nur wird eben das Individuum gemäß den Formen des Lautwandels verschieden beschrieben, und insofern liegt allerdings ein Bedeutungswandel vor, der in seinem Umfang genau dem Umfang der lautwandelmäßigen Veränderung entspricht. Meist handelt es sich da nur um unwesentliche Veränderungen. Bei den *Wortverstümmelungen* werden gewisse Teile des Individuums funktionell oder eigenschaftlich nicht mehr mit besonderen Buchstaben, sondern implicite, wie bei malle, Minka usw., beschrieben, mit den übrigen Buchstaben angegeben, oder sie werden überhaupt nicht mehr mitbeschrieben; in „rum" (statt „herum") liegt das he implicite im r, in „hlut" determiniert das h das l als aus der Höhle hervorgehend, sich an die Höhle anschließend, die mit ū vokalisch beschrieben wird, während in „laut" diese besondere Determinierung wegfällt, dagegen das Hervorgehende mit a – außer t – besonders angegeben wird, ohne dass das so eigenschaftlich Beschriebene wechselt (hlut und laut beschreiben gewisse akustische Reihen, ebenso clutus und κλυτός – berühmt, worin c und k das l im Sinne des „plötzlich" und „langhin" determinieren, dagegen beschreiben Blut, Flut, Glut usw. andere Individuen) usw. Bei den *Worterweiterungen* kommen Determinierungen im Sinn von *Spezialisierungen* vor, so ist strecken ein spezielles recken, schreiben und treiben je ein spezielles reiben, blecken ein spezielles lecken (b – mäßig, d.h. weichexplosiv eine Schwelle machen, durch die etwas zunächst l – mäßig, d.h. gleitend, dann ck-mäßig, d.h. hart-explosiv hindurchgeht) usw.; oder im Sinn von *Präzisierungen,* so gibt fangen mehr das der Funktion eigentümliche Ängstliche, Einen-

gende an, während fahen das Weithinreichende, Nachhaltige, Machtvolle betont. Bei den *Umkehrungen* wie Mast – Stamm usw. verläuft die Assoziation *ambivers,* doch kann jedes solcher ambiversen Wörter mit einem speziellen Individuum assoziiert sein, z.B. Burg und Grube, Berg und Grab (russisch χreb-et – Berg), Schiff und Fisch usw. Besonders reich an Ambiversionen sind „primitive" Sprachen, so z.B. das Koptische: ab – ba Stein, ăm – ma komm, ān – na Verzeichnis, ăr – ra machen, ken – nek zerschlagen, teb – bet Feige, săr – răs zerschneiden, teilen, fes – sef reinigen, peh – ḥep gehen, śnă – anś Wind, wehen usw., viele ambiverse Wörter haben je den entgegengesetzten Sinn (siehe unten). Auch der Kindersprache sind Ambiversionen eigentümlich; ein beliebtes Kinderspiel ist das Verkehrtsprechen (als eine Art der kindlichen „Geheimsprachen"). – In den Fällen der *Ersetzung von Buchstaben* ändert sich der Sinn gemäß dem eintretenden Buchstaben, wird also das Individuum entsprechend anders beschrieben.

Die Beschreibung eines Individuums und die Wortanalyse sind auf den verschiedenen ontischen und phylischen Entwicklungsstufen verschieden differenziert (präzis usw.), auch im Sinn der Ausführlichkeit, also der Anzahl der zugehörigen Wörter. In frühen Entwicklungsperioden gibt es viele Wörter, deren jedes eine gewisse Funktion oder Eigenschaft angibt, die in späteren Entwicklungsperioden zwiefach, und zwar im Sinn des Vergleichs bezeichnet werden (sogenannter „*Gegensinn der Urwörter*"). So gibt ägyptisch áft̬ eine Funktion an, die wir mit aufspringen, andererseits mit ruhen bezeichnen; áft̬ beschreibt lediglich einen bestimmten Bewegungsvorgang als solchen, ohne dass die *Geschwindigkeit* unterschieden wird, wir dagegen haben für die Geschwindigkeitsunterschiede dieser Bewegung verschiedene Wörter, und zwar umso mehr, je mehr sich der mit einem sich so bewegenden Individuum assoziierte Wortkomplex ausbaut; die extremen Unterschiede der Geschwindigkeit geben wir mit den Wörtern aufspringen und ruhen an. Es ist klar, dass diese verschiedenen Bezeichnungen vielfältigen Vergleichen von derart sich bewegenden Individuen entsprechen; solche Vergleiche haben natürlich auch die alten Ägypter angestellt, aber unsere Hirnrinde ist so strukturiert, dass mit jedem Individuum, das sich so bewegt, gemäß der Geschwindigkeit ein ihr entsprechendes spezielles Zeitwort assoziiert ist, ein solches nämlich, das gemäß der Konfluenz der Beschreibung einer bestimmten topischen Aktualitätenreihe entspricht. Die Hirnrinde der alten Ägypter war, hinsichtlich des hier besprochenen Gegenstands, weniger differenziert: Die sich mit verschiedener Geschwindigkeit bewegenden Individuen waren allesamt mit einem einzigen Wortzellkomplex assoziiert, dessen Aktualitäten die zusammenfassende Bezeichnung aller Geschwindigkeitsunterschiede waren, also das Wort, das die bestimmte Bewegungsart (die wir unterschiedlich mit aufspringen und ruhen bezeichnen) in allen möglichen Geschwindigkeitsgraden einheitlich beschrieb. Möglich, dass die Geschwindigkeitsunterschiede sich in einer *verschiedenen Aussprache* des Wortes åṭ phänomenologisch darstellten, jedenfalls koinzidierten mit den Beschreibungsreflexen zahlreiche solche Reflexe, die wir mit *Gestik* und *Mimik* bezeichnen, sodass die relativ geringe Differenziertheit der ersteren in Form gestischer und mimischer Konfunktionen (die natürlich aus dem gleichen phänomenalen Zellkomplex gespeist wurden) ausgeglichen, ergänzt wurde, wie das in der Schrift mittels beigefügter Abbildungen *(Hieroglyphen)* geschah.

Das ägyptische Wort ṭem beschrieb eine Funktion, die wir mit zerschneiden, andererseits mit verbinden bezeichnen. Hier kommen nicht Geschwindigkeits-, sondern *Lageunterschiede* des bei der genannten Funktion Abgetrennten, also seiner Zugehörigkeit zu dem einen oder dem anderen Individuum in Betracht. Zerschneiden wie verbinden, schneiden wie binden sind spezielle Bezeichnungen für das Schwellenstadium des Vorgangs, Übergangs; das Überschreiten der Schwelle ist Austritt aus der bisherigen Höhle, Umgebung, Zugehörigkeit und zugleich Eintritt in die andere Höhle, Umgebung, Zugehörigkeit, also Trennung und Vereinigung ein einheitlicher Vorgang, den eben als solchen das Wort ṭem beschrieb. Wir geben mit „zerschneiden" und „verbinden" die Funktion „übergehen" kinästhetisch differenziert an: Das von A Abgeschnittene gehört zu B, ist mit B verbunden. Der Ägypter hatte hier

für nicht verschiedene Worte, sondern ein Wort plus begleitende Gestik.

Das ägyptische Wort ken beschrieb eine Eigenschaft, die wir mit stark und mit schwach differenziert angeben. Ken beschrieb einfach eigenschaftlich die Intensität, Kraft, also die *Statik* von Reflexabläufen, speziell von Ausdrucksbewegungen der Skelettmuskeln. Den Intensitätsgrad gab ken nicht an, das tat die begleitende Gestik oder Hieroglyphe: Soll ken stark bedeuten, dann steht hinter dem alphabetisch geschriebenen Wort das Bild eines aufrechten, bewaffneten Mannes, sollte ken schwach bedeuten, dann folgte das Bild eines hockenden, lässigen Menschen, und ähnlich wird die Gestik gewesen sein. Wir haben für die *Intensitätsgrade* verschiedene Bezeichnungen, zunächst zwei (stark und schwach), die für alle Fälle, die verglichen werden, zutreffen derart, dass der Schwache immer nur schwach ist im Verhältnis zu einem Stärkeren, dagegen stark im Verhältnis zu einem Schwächeren, also immer nur schwächer oder stärker sein kann als ein anderer. Die einzelnen Intensitätsgrade können aber besonders bezeichnet werden, etwa mit den Zahlen eines Ergometers usw. – je nachdem, wie weit die hierher gehörigen Wortgebiete entwickelt sind. Ein absolutes „schwach" gibt es ebenso wenig wie ein absolutes „stark", wie überhaupt ein „Absolutes", d. h. aus der „Flucht der Erscheinungen", aus jeglichem Zusammenhang Herausgelöstes, Unvergleichbares weder erlebt noch beschrieben werden kann.

Analog beschreibt khelśerī das *Alter*, das wir nach jung und alt auch wortlich differenzieren, doch bedeutet khel alt und śerī jung, also das ganze hinsichtlich von Altersunterschieden gleichmäßig verwendete Wort so viel wie alt-jung; von der tatsächlichen wortlichen Differenzierung wird kein Gebrauch gemacht. Sa beschreibt *ästhetisch-ethisch,* bedeutet so viel wie schön und gemein, niedrig (wie übrigens die ethische und ästhetische Beschreibung vielfach, besonders in der Kindheit, konfluiert). Kb beschreibt die *Thermik:* kb – kalt, kep – warm; baḥ – voll, bak – mangeln, meχ – leer, meḥ – voll beschreiben die *Menge,* ås – würdig, ås – elend gewöhnlich den *Stand,* usw. Der Beispiele gibt es viele. Alle diese Wörter verstehen sich übrigens gemäß unseren wortbiologischen Darlegungen, z. B. tem homolog τέμνω gibt funktionell die Schwelle (e) der Höhle (m) und das sie Überschreitende (t) an, åṭ das langhingestreckte Gerade (a), das plötzlich (t) die Schwelle (f) überschreitet (ruht und aufspringt), vergleiche etwa neuhochdeutsch Saft, rafft, Kraft usw., ken eigenschaftlich das von innen her (k) die Schwelle (e) n-mäßig Überschreitende (vergleiche unser kennen), hōp – verbergen/enthüllen – funktionell die Höhle-Öffnung und das sie Erfüllende, das Ein- oder Austretende (p) (vergleiche etwa Hof), set – wegwerfen/erlangen – die Schwelle und das sie Überschreitende (vergleiche etwa lateinisch sed, neuhochdeutsch set-zen), usw. Dass das einzelne Wort gerade dieses und nicht ein anderes Individuum funktionell oder eigenschaftlich beschreibt, ist eine biologische (assoziative) Tatsache.

Von einem „Gegensinn" dieser „Urwörter" kann man somit eigentlich nicht sprechen. Ein solches Urwort ist tatsächlich „einsinnig", wird also nicht „gegensätzlich" verstanden; terp benennt einfach eine bestimmte Art des Trennens, erst die zugefügte Geste (Abbildung) gibt an, ob das terp ein Nehmen oder ein Geben beschreibt, von der Geste (dem Bild) geht die Differenz des Wortsinns aus. Daneben gibt es *ziemlich äquivoke Wörter,* die den Beginn des wortlichen Differenzierungsvorgangs erkennen lassen. So ist mo so viel wie nehmen, moi so viel wie geben, mu so viel wie Wasser, mue so viel wie Feuer (während das Wort kek urwortlich zusammenfassend die Helligkeitsunterschiede angibt, also das Feuer, Licht wie die Dunkelheit bezeichnet), baḥ so viel wie voll, bak so viel wie fehlen, mangeln, fek so viel wie voll, feṅka so viel wie leeren, tschne so viel wie stark, tschnau so viel wie schwach, nabh Knecht sein, nahm befreien, sam dunkel, sem sichtbar usw. Je mehr sich die Wortbezirke differenzieren, desto mehr tritt die Geste (das Bild) in den Hintergrund, desto weniger geht die Unterscheidung des Sinns einer Beschreibung von den ein Urwort begleitenden gestischen oder zeichnerischen Darstellungen aus, desto mehr von den Wörtern selber. In einem sprachlich hochentwickelten Kulturkreis spielt die das Wort begleitende Gestik nur noch eine ganz bescheidene, immer aber charakteristische Rolle, ja man erkennt an dem Ausmaß (und

der Art) der Gestik (Gestikulation) und Mimik geradezu den Entwicklungsgrad eines Zeitgenossen (an dem „Sprechen mit den Händen" also eine gewisse Primitivität, auch im Sinn der Neurose; hierzu das Pendant: die gestische, mimische Bewegungsstarre), einschließlich aller möglichen, auch charakterologischen Eigentümlichkeiten.

Auch in anderen Sprachen (gewiss in allen) finden sich solche „Urwörter". So ist im *Arabischen* abbana so viel wie tadeln/loben, taattama sündigen/sich der Sünde enthalten, azrun Stärke/Schwäche, afida eilen/zögern, āla dick werden/dünn werden, abtara schenken/verweigern, ablahu einfältig/klug, bainun Trennung/Verbindung, ḥazwarun und mušibbun Jüngling/Greis, naġlun Sohn/Erzeuger und viele andere. An diesen arabischen Wörtern zeigt sich die einsetzende oder fertige Differenzierung der beiden Bedeutungen darin, dass sie meist nur in einer Bedeutung in der Literatur vorkommen, in der anderen von den Lexikografen verzeichnet oder von den Grammatikern der Vulgärsprache dieses oder jenes Stammes zugeschrieben werden; auch bei den in der Literatur in beiden Bedeutungen vorkommenden Wörtern überwiegt meist die eine, z. B. raġâ – hoffen/fürchten, meist hoffen, asarra – geheim halten/verbreiten, meist geheim halten (Redslobs Abû Bakr Ibn al-Anbāriš Kitâb al-addād).

Weniger zahlreich sind die Urwörter in den *indogermanischen* Sprachen. Beispiele aus dem *Sanskrit:* ârât – fern/nah, bhara – Fülle/bar, bhṛgu – Fels/Abgrund, dara – Grube, dharadara – Berg, dîrgha – hoch/tief, lag – zerschneiden/verbinden usw. Aus dem *Griechischen:* νέμειν – geben/nehmen, ὀρέγειν – verlangen/darreichen, πηγνύναι – durchbohren/befestigen, σχολή – Muße/Fleiß, σπείρειν – ausstreuen/sparen, althochdeutsch speran, ὁλοός, οὖλος – sanus/salvus, ὁλοός, οὖλος – verderblich, passivisch untergegangen, δεινός – schrecklich/berühmt usw. Aus dem *Lateinischen:* altus – hoch/tief, cedere – gehen/kommen, findere – spalten/binden, winden, malus – schlecht, melior – besser, sacer – heilig/verflucht, sons – wahr/schuldig usw. In den *germanischen* Sprachen finden sich Urwörter nur vereinzelt, sofern wir die Sprache der Erwachsenen untersuchen (z. B. achten, ächten, Gift [zu geben] als Mitgift und als „Gift" usw.); dagegen sind Urwörter in der Kindersprache sehr häufig, ein Zeichen, dass die Urwörter tatsächlich Frühformen sind. Nicht selten bilden die Kinder eigene Wörter im Sinn der Urwörter, und diese gehen dann mehr oder minder rasch verloren, gemäß dem entwicklungsmäßigen Umbau der Wortzellen wie überhaupt der Hirnrindenzellen (usw.) und ihrer Assoziationen; oder die Kinder benutzen Wörter, die für die Erwachsenen gegensätzlich einsinnig sind, als Urwörter. So werden z. B. gestern auch für morgen oder morgen auch für gestern, kurz auch für lang oder lang auch für kurz, kalt auch für warm oder warm für kalt (vergleiche calidus – warm – und neuhochdeutsch kalt, englisch cold, dagegen französisch chaud, englisch hot – heiß), oben auch für unten oder unten auch für oben (vergleiche Boden als Raum unterm Dach und als Erdboden), links auch für rechts oder rechts auch für links usw. angewendet oder solche Wörter auch verwechselt (links statt rechts usw.), bis sich allmählich die phänomenalen und phänomenologischen Differenzierungen vollziehen und so auch jedes einzelne Wort seinen bestimmten Sinn, d.h. seine spezielle wortanalytische Assoziation gewinnt.

Auch für den Ablauf des Laut- und des Bedeutungswandels gilt unser Satz: Gleiche Wörter beschreiben Gleiches und bedeuten auch Gleiches. Je geringer oder größer die Wortdifferenzen, desto geringer bzw. größer die Bedeutungsdifferenz. So sind ägyptisch mo – nehmen – und moi – geben, moni – stehen – und monmen – gehen, mu – Wasser – und mue – Feuer, neh – trennen – und noh – Band usw. nicht mehr als Urwörter anzusprechen. Und ebenso wenig haben die Umlaut- und die Ablautformen der einzelnen Wörter den „gleichen Sinn", sondern beschreiben und bedeuten deklinatorische bzw. konjugatorische Modifikationen. Endlich ist noch an die Korrelationstypen zu erinnern, von denen ich im Abschnitt 8.1.2 gehandelt habe.

8.2.5 Synonymie, Homonymie

Synonyma sind die verschiedenen Wörter, die das gleiche Individuum als solches oder hinsichtlich einer gewissen Funktion oder Eigenschaft beschreiben. Das Individuum „als solches" wird vom Hauptwort als der zusammenfassenden An-

gabe aller seiner Funktionen und Eigenschaften, die einzelne Funktion oder Eigenschaft vom entsprechenden Tätigkeits- oder Eigenschaftswort beschrieben. Im Abschnitt 8.1.3 habe ich dargelegt, dass jedes Wort einer Gruppe von Synonymen ein Individuum oder eine Funktion oder Eigenschaft stets variativ beschreibt, also Synonyma im Sinn identischer Beschreibung nicht existieren. Das Hauptwort ist zwar, besonders als Eigenname, biologische Zusammenfassung aller Funktionen und Eigenschaften des so benannten Individuums, aber jedes solcher synonymen Wörter benennt eine gewisse Funktion oder Eigenschaft derart, dass alle übrigen konstitutiven Eigentümlichkeiten in diese Beziehung im Sinn der biologischen Symbolik eingegangen sind, das Hauptwort also dem Beschriebenen konstitutiv am nächsten steht; jedes der synonymen Hauptwörter beschreibt in dieser Weise das assoziierte Individuum sozusagen von einem anderen Gesichtspunkt aus. Vergleiche das Beispiel in Abschnitt 8.1.3: Pferd, Ross, Renner, Mähre, Gaul, Stute, Hengst, ferner betreffend Eigennamen ebenda. Die Verschiedenheit der einzelnen Synonyma entspricht genau der Verschiedenheit, in der sich das gleiche Individuum von verschiedenen Gesichtspunkten aus betrachtet präsentiert; so wird es auch gemäß den Korrelationstypen vokalisch-konsonantisch verschieden beschrieben. Dies gilt für alle Sprachen, auch für die Übersetzungen aus der einen in eine andere Sprache. So ist Pferd zwar die Übersetzung von lateinisch equus, griechisch ἵππος, sanskritisch áçvas, aber Pferd beschreibt das so benannte Säugetier als das Dahinschreitende, -ziehende (pf-mäßig die Schwelle Passierende), während equus so viel wie das sich jäh-spitz („eckig") Erhebende (eq) und wieder Niederfallende (u), also Trabende, Galoppierende beschreibt, ganz ähnlich wie áçvas, worin das a die Höhe, Kraft betont – wogegen ἵππος die Kürze, Schnelligkeit, Häufigkeit dieser Bewegung angibt (vergleiche unser hippeln, ferner tippeln, trippeln, schnippeln, schnippisch usw.); die Bezeichnungen sind gewiss einander ähnlich, aber doch eben nuanciert. – Das Analoge gilt auch für die Funktions- und Eigenschaftswörter, wie leicht ersichtlich; vergleiche „sehen" am angegebenen Ort.

Homonyma sind gleiche Bezeichnungen für verschiedene Individuen als solche oder für gewisse Funktionen und Eigenschaften. Aber auch hier gilt der Satz: Gleiche Wörter beschreiben Gleiches und bedeuten Gleiches. Ein Wort also, das für mehrere Individuen „zutrifft", beschreibt Gleiches an diesen Individuen, mögen diese auch im Übrigen noch so sehr voneinander verschieden sein.

Besonders reich an Homonymen ist die Sprache der hieroglyphischen Periode. So bezeichnet im Ägyptischen z.B. uaḥ das, was wir setzen, legen, arbeiten, Girlande, Korn, Fisch nennen; dass man setzen, legen, arbeiten mit einem Wort „zusammenfassen" kann, leuchtet ohne Weiteres ein (vergleiche die sanskritische Wurzelsilbe dha, griechisch τιϑέναι); das hieroglyphische uaḥ gab die Höhle und das aus ihr Hervorgehende (als freudegefühlig) an, und zwar funktionell, aber auch hauptwörtlich, d.h. die Funktionsbezeichnung konnte auch als Hauptwort auftreten, wie wir das ja von allen Sprachen wissen (vergleiche Verbalnomina), und so wird es ohne Weiteres verständlich, dass uaḥ auch Girlande, Korn, Fisch bezeichnen konnte: Es werden diese Individuen als aus der Höhle freudegefühlig hervorgehend, hervorgegangen, determiniert mit ḥ (gleich hh), das auf die Vielheit hinweist, beschrieben, und diese Beschreibung war eben mit den genannten Individuen hauptwörtlich, dazu mit vielen anderen als Funktionsbezeichnung assoziiert. Mit anderen Individuen war uet' assoziiert: mit Pflanze, Gefäß, Opferkuchen, Zepter, Augenwasser, Steinart, als Funktionsbezeichnung bedeutete es so viel wie verletzen und als Eigenschaftswort so viel wie grün; auch uet' beschreibt die Höhle und das Hervorgehende, aber anders als uaḥ, nämlich mit Betonung der Schwelle (e) und Angabe des sie Überschreitenden mit e und t' (dieses t' wurde wohl ähnlich dem hebräischen Waw oder Ajin gesprochen); dass so das Gemeinsame an der Pflanze, dem Opferkuchen, dem Zepter, auch dem Gefäß (als hohl und gedreht) usw. bezeichnet werden konnte, leuchtet ein, auch dass uet' die Funktion verletzen (vergleiche let-zen, wet-zen usw.) und die Übergangsfarbe Grün bei verschiedenen Individuen angeben konnte.

Auch alle anderen Sprachen sind reich an Homonymen. In dem Wörterverzeichnis im Anhang finden sich zahlreiche Beispiele, ich nenne nur folgende: Aus dem *Griechischen:* σχολή – Anhalten, Versammlung, Schule, Fleiß, Muße; μαρασμός – Verwelken, Verdorren, Altersschwach-Werden usw. (Nr. 17); μῦς – Maus, Muskel (Nr. 209); μύειν – schließen, schauen (Nr. 47); μυρίζειν (wie χρίειν) – aufreiben, verletzen, ritzen, salben (Nr. 98); μορύσσειν (wie maculare) – zerreiben, beflecken, besudeln (Nr. 116); μαραίνειν – auslöschen, ersticken, aufreiben, hinschwinden (Nr. 132); νέω – spinne, häufe (d.h. „spinne" gleich verbinde, z.B. die Scheite zum Scheiterhaufen), schwimme: alles so viel wie n-mäßig (windend, wellenartig) sich bewegen (sanskritische Wurzelsilbe sna, snu) usw. – Aus dem *Lateinischen:* musculus (Nr. 47); murra (Nr. 53); mora (Nr. 54); mordere (Nr. 72); muscus, musca (Nr. 202, 200); mutare, mutus (Nr. 266, 269); mola (Nr. 316); malus (Nr. 357); virgo, virga (Nr. 425); munus (Nr. 461); manus (Nr. 461); mentum, mentula (Nr. 472); sinus (Nr. 567) usw. – Aus dem *Deutschen:* Murmel, Murmeltier (Nr. 3); Mor, Moor (Nr. 5, 6); Mohr (Nr. 10); Meer, mehr (Nr. 11, 12); leeren, lehren (Nr. 12); Ma(a)r, Mahr (Nr. 15, 20); Mal, Mahl (Nr. 322, 324); Mark (Nr. 37); Marsch (Nr. 46); Schnur (Nr. 122); Schenkel als Glied des Körpers, Teil einer Maschine, eines Winkels (Nr. 128); vermessen (Nr. 163); matt, Matte (Nr. 253, 254); Metze (Nr. 262); Mädchen (Nr. 210, kleine Made, kleines weibliches Kind); Maul (Nr. 328); Mond, Monat (Nr. 431); Mandel (Nr. 433) usw. Die Beispiele der Homonymität lassen sich geradezu beliebig häufen.

Statt homonym sagt man auch *äquivok*, eine Äquivokation ist also ein „Wort mit verschiedenen Bedeutungen". Wir haben aber gesehen, dass es solche Wörter gar nicht gibt, sondern dass ein Wort, sooft es auch angewendet werden mag, immer nur Gleiches beschreibt und bedeutet. Gewiss war diese Tatsache vor der Psychobiologie noch unbekannt, und die Äquivokationen mussten bis dahin rätselhaft bleiben; auch klären sich viele Äquivokationen erst im Zusammenhang mit entwicklungsgeschichtlichen Tatsachen der Völkerkunde, speziell der Sprachkunde, völlig auf. Von besonderer Wichtigkeit sind hierfür wieder die Pubertätserlebnisse, zu denen ja auch sprachliche Entwicklungsschübe gehören; so sind viele Wörter zunächst nur Beschreibungen der einzelnen Akte der Pubertätsübergänge und geben erst bei späterem Ausbau der Assoziationen auch Analoges weniger kritischer Vorgänge an. Zum Beispiel bezeichnet ἔτυμος, lateinisch sonticus, zunächst den, der die Pubertätsprobe bestanden hat, den „Sündenfall" begangen und somit wahr, echt und schuldig geworden ist; auch unser „echt" (vergleiche ἔχω – habe, besitze) beschreibt das Überschreiten (zunächst) der Pubertätsschwelle, wobei erprobt wird, „ob der Mann etwas wert ist", beschreibt dann auch den, der die Probe bestanden hat, sich als „echt" und „recht" und – „schlecht" (schl-echt, schl-icht) erwiesen hat, nunmehr auch – freudegefühliges a für schmerzgefühliges e! – ge-achtet ist, Achtung und – „Aechtung" genießt, in die Acht getan, in Acht und Bann erklärt wird (vergleiche sacer, χριστός – gerieben und gesalbt; vergleiche auch ἄχθομαι usw.) – und beschreibt schließlich jeden und jedes, das die Probe bestanden hat (z.B. echter Stein, echte Briefmarke, echtes Gemälde usw.). Dass der „Echte" auch in die „Ehe" tritt, ist ebenso gewiss, wie Ehe mit echt (mitteldeutsch das echt gleich die Ehe) – und übrigens auch mit „ewig" (der Echte ist eben auch der Ewige, wie er der „Ehafte", d.h. ehelich, ehrlich Geborene, und der Eheliche, d.h. gesetzmäßig Verheiratete, Gatte ist) familienverwandt ist. Die Verwandtschaft von echt und acht zeigt sich auch in ächt, einer historischen Nebenform von echt, die eine Art Übergang von echt zu acht ist; andererseits hieß die Acht (gleich Achtung) angelsächsisch die eaht, eht. Die Acht als Achtung und als Ächtung war mittelhochdeutsch aht, ahte, althochdeutsch ahta. Was aber, fragt man, hat die Acht mit der Acht als Zahlwort (mittelhochdeutsch ahte, althochdeutsch ahto, gotisch ahtáu, lateinisch homolog octo, griechisch ὀκτώ, sanskritisch adhtáu) zu tun? Nun, auch die Acht als Zahl ist so viel wie das, was herauskommt, das Ergebnis, nämlich einer Zählung über sieben hinaus oder einer Multiplikation von 2-mal 4, die zu Zeiten der Tetradenrechnung das Zählen abschloss; die Dualformen kennzeichnen also diese Zahl, dieses Herausgekommene als ein Doppel, nämlich von vier, und als später weiterge-

zählt wurde, hieß die „neue" Zahl „neun" (mittel-, althochdeutsch und gotisch niun, lateinisch homolog novem [novus – neu], nonus – neunte, griechisch ἐννέα mit prothetischem ε und geminativem ν zu νέος [νεϝος] – neu, jung, sanskritisch und awestisch návan) und die letzte Zahl der Dekadenrechnung „zehn" (mittelhochdeutsch zehen, althochdeutsch zehan, so viel wie das Herauskommende, die Schwelle Überschreitende und die Abgrenzung, Umfassung [vergleiche ziehen, Zehe, zeugen usw.], gotisch taihun, mehr die Größe, das Umfassende als freudegefühlig betonend, lateinisch homolog decem, griechisch δέκα, sanskritisch dáçan, ebenfalls so viel wie das Herauskommende, Umfassende [vergleiche lateinisch decere usw., δέχεσθαι usw.]; vergleiche auch „tausend", auch gotisch taihuntaihund gleich zehnzehn, abgekürzt hund-ari, hund-ert [die Endungen geben das Umfassende, Mehrfache, Multiplikative an], analog lateinisch centum aus decendecentum, ἑκατόν aus δεκαδεκατον, sanskritisch çatám aus daçadaçatam). – So bezeichnet und bedeutet „acht" in allen Fällen das Gleiche, gibt das eine Mal das pubertätliche Ergebnis, das andere Mal das rechnerische Ergebnis an, das Wort ist also das eine Mal mit dem Pubertätsvorgang, das andere Mal mit der Auszählung assoziiert, und es mag darauf hingewiesen werden, dass auch die Auszählung eine pubertätliche Prozedur war und ist (Auszählung der zur Probe, zum Examen, zum Militärdienst, zum Kampf usw. zuzulassenden Individuen, Numerus clausus, einer, der zählt, mit dem man rechnet, auch Prüfung auf rechnerische Fähigkeit, vergleiche „der kann noch nicht bis drei zählen", so viel wie „ist noch ein kleines Kind" usw.).

Ein anderes Beispiel: *Reif* ist ein kreisförmig geschlungenes Band, ein hölzernes oder eisernes rundes Spielzeug der Kinder (Reif- oder Reifenspiel, wobei der Reif, mit einem Stock vorwärtsgetrieben, sich dreht), Reif ist ferner gefrorener Tau, und reif ist der und das im Wachstum Vollendete. Das Wort ist schmerzgefühlig, bezeichnet also die Schwelle und das sie Überschreitende. Ist das Wort mit dem kreisförmig geschlungenen Band oder dem Spielzeug assoziiert, so beschreibt es diese Gegenstände als Rundungen, rund oder rundlich angeordnete Schwellen, Abgrenzungen, weiblich; ist es mit dem gefrorenen Tau assoziiert, dann beschreibt es diesen Gegenstand als um einen anderen (z. B. die Zweige) herumliegend, ihn umhüllend, also weiblich oder als aus dem feuchten Dunst hervorgegangen, eben als gefrorenen Tau, also männlich; endlich ist reif Bezeichnung für den der Pubertätsschwelle Überschreitenden (vergleiche Reifeprüfung, reifen zu reiben, der Reife ist der im trophischen wie genischen Sinn „Geriebene", ein geriebener Kaufmann, Liebhaber usw.), dann für alle möglichen anderen Individuen, die sozusagen die Kindheit hinter sich haben (reifes Obst, reife Kristalle, reifes Volk usw.). Das Wort „Reif" oder „reif" hat also gar nicht mehrfachen Sinn, sondern beschreibt immer das Gleiche an verschiedenen Individuen, mit denen es assoziiert ist, freilich einmal die Schwelle, das andere Mal das sie Überschreitende, immer aber (in spezieller Weise) das Schmerzstadium.

Das Wort *Strauß* bedeutet so viel wie das in vielen Teilen (s, r, ss) die Höhle (u) Füllende (t, a), wobei t und a die Größe, Gewalt, Macht (freudegefühlig) angeben. Somit ist der Strauß Bezeichnung für das Getümmel der Kämpfer (auch Wortkämpfer) auf dem Kampfplatz (u), in dem abgesteckten Ring oder Bezirk, dem Gericht usw., sodann für die zusammengefasste (also in einer Höhlung befindliche) Menge Blumenstängel (der Strauß ist von der Hohlhand umschlossen oder gebunden oder steckt in der Vase, im Gefäß, ist auch am Hut oder Helm befestigt, somit Hut- oder Helmzier, auch aus blumen- oder pflanzenähnlichen Nachbildungen bestehend); endlich ist Strauß Bezeichnung für den bekannten Vogel, der einen Strauß von Federn trägt, ferner in Herden auftritt, sich tummelt – wie sich die Sperlinge geschwätzig (im „Wortkampf") in großer Zahl tummeln und somit griechisch στρουθοί hießen; überhaupt alle kleinen, in Mengen auftretenden, sich schreiend, schwatzend, piepend – στρουθίζειν – tummelnden Vögel, aber auch die größten Vögel, eben die Strauße, d. h. die Größe war nicht das Bezeichnete, sondern die Zahl der Versammelten, die sich schreiend usw. tummelten, sich zankten, miteinander kämpften und somit alle wie einer, einer wie alle στρουθός hießen (vergleiche Vieh: das einzelne Tier und eine Gesamtheit von Tieren, λαός – Nachkomme und

Volk usw.). Das Wort Strauß beschreibt und bedeutet also immer das Gleiche, ist aber mit verschiedenen Individuen assoziiert. Vergleiche zu στρουθός unser Strudel, trudeln, Rudel. – Weitere Beispiele nach Belieben.

Der Terminus „homonym" oder „äquivok" besagt also durchaus nicht, dass das gleiche Wort verschiedenen Sinn habe, sondern nur, dass es mit verschiedenen Individuen assoziiert ist, Gleiches an ihnen beschreibt. Die Wörter mit gleicher Wurzelsilbe und verschiedenen Erweiterungen und Endungen rechnet man nicht zu den Homonymen; homonym ist eben nur die Wurzelsilbe, aber diese ist ja das Gemeinsame der familienverwandten Wörter, sie beschreibt und bedeutet in allen zugehörigen Wörtern das Gleiche. Die Erweiterungen usw. sind Determinierungen derart, dass die mit der Wurzelsilbe angegebene Funktion oder Eigenschaft als in einer bestimmten Weise modifiziert bezeichnet wird; an solchen Erweiterungen – abgesehen von den deklinatorischen und konjugatorischen – ist besonders reich die griechische Sprache (sie ist so auch zur Bildung zusammenfassender Fachausdrücke besonders geeignet, und die deutschen Sprachreiniger sollten hier nachsichtig sein!). So beschreibt die Wurzelsilbe ἀρ das *Freude-* und Schmerzgefühlige, das *Gerade, Starke,* Mächtige usw., kurz: Männliche, das sich in eine Schwelle eindreht oder sonst r-mäßig einfügt (vergleiche Arm, arma usw.), die Schwelle überschreitet. Hierzu einige Erweiterungen: ἄρα, auch ἄρ oder ῥα, eine zusammenfügende, verknüpfende Partikel, als ἆρα im fragenden Sinn (ἆρα μή; – doch wohl nicht?), ferner ἀρά akustische, und zwar wortliche Verknüpfung, Verbindung zwischen Individuen, speziell Gebet und Fluch (vergleiche religio, auch unser Verfügung, mit jemandem ein Gespräch anknüpfen usw.), daher die Ἀρά – die Rachegöttin, ἀράομαι – bete und fluche und ἀραῖος – so viel wie fluchend und verflucht, in diesem speziellen Sinn also „wortlich verbunden mit …", während das homonyme ἀραιός (attisch auch ἀραιός, vergleiche ἁρμόζειν – fügen, ordnen, passen, ἁρμονία – Fügung, Bindemittel usw.) so viel wie verbunden, gefügt, und so „nicht aus dem Ganzen", undicht, dünn (Aräometer), schwach, wozu ἡ ἀραία – die Weichen des Leibes, der Unterleib. Die akustische Verknüpfung kann auch eine andere als die wortliche sein, und so ist ἀραβεῖν so viel wie rasseln, klirren, mit den Zähnen knirschen, ἀράζειν knurren (vom Hund) und ἀράσσειν (ἀ-ράσσειν) rasseln usw., nämlich Bezeichnung für Geräusche, die heftigen Zusammenstößen, also „Verbindungen" zwischen zwei Körpern entsprechen, dann auch für diese Zusammenstöße selbst (vergleiche unser rasseln, rasen, reißen usw., auch Rasse als Art-, Volks-, Kampfgemeinschaft, französisch race, altindisch rāçih – Haufen, Menge, Masse, lateinisch racemus – Fruchtstand aus Beeren, Trauben [also aus Teilen zusammengefügtes Ganzes], ῥάξ, ῥαγός – Traube, ῥακόω – zerreiße usw.; Rassel als indianisches Pubertätsinstrument, ähnlich dem indonesischen Schwirrholz und anderen ursprünglich zur akustischen Prüfung der Jungen dienenden Radauinstrumenten, zu denen übrigens auch der Kehlkopf gehören konnte und kann, Rasselbande usw.). Die ἀράχνη ist die Spinne als Weberin, Zusammenfügerin und das Spinngewebe als Zusammengefügtes. ἀρείων (vergleiche Arier) ist der gewaltige Füger, Verfüger (Nr. 212), der Herr, die Herrin, auch über Leben und Tod (vergleiche die Parzen als Spinnerinnen, das Nornenseil usw.), und noch mächtiger, der Mächtigste, den man als den Besten, aber auch als den Schlimmsten (vergleiche lieber, böser Gott, letzterer Teufel) erleben kann, ist ἄριστος (wozu ἀρετή – Kraft, Männlichkeit, Tugend, ἀρετᾶν – taugen, ἀρετοῦσθαι – gedeihen, ἀρήγειν – helfen, beistehen, ἀρηγών – Helfer). Der Herr über Leben und Tod ist auch Ἄρης, der Todes-, Kriegsgott (indisch Ahriman, vergleiche Aar, althochdeutsch aro), der an ἄρρην, ionisch und altattisch ἄρσην, so viel wie männlich, kraftvoll, eigentlich verbindungs-, heiratsfähig (also ἀρ genisch, kräftig, so viel wie „potent") erinnert, wie ja Liebe und Krieg, Liebe und Tod eng verbunden sind (vergleiche unter vielem anderen ἔρως und ἔρις, siehe unten); hierzu ἀρήν, ἀρνός usw. – das junge Schaf, das Lamm, eigentlich das Junge in der Geburt, das in das weibliche Genitale Eingefügte, es Verlassende und insofern gegenüber dem weiblichen Genitale Männliche, dann auch der Widder, das männliche Schaf (ἀρεινός), bei Theophrast der junge Schössling. ἀρόω – ich ackere, d. h. füge ein – im trophischen wie genischen Sinn,

also bebaue Land und befruchte, schwängere (ähnlich φαρόω, φάρω – pflüge), vergleiche unser Ar, lateinisch area – das eingefügte Stück Land, abgegrenzte Fläche, Ackerland, auch Dreschtenne, arena (harena), hara – Hürde für Gänse, Schweinestall, arēre – in Teilen aneinandergefügt, somit trocken, dürr sein (siehe oben ἀραιός), daher arena auch Sand bedeutet, usw. ἀρύειν dagegen ist so viel wie schöpfen, Wasser herausheben (αἴρειν, ἀείρειν), also „fügen" im besonderen Sinn von: einen Teil über den Wasserspiegel (die Schwelle) heraus-, hochheben, den Eimer usw. ins Wasser einfügen und dann aufziehen, und ἄρειν – zusammenfügen, verbinden usw. – ar war die altgermanische Heilsrune, die Schönheit, Vollendung, Macht usw. bedeutete: Aar, Arier usw. Vergleiche auch Nr. 212 ἄρειν, ἄρχειν, Nr. 472 ἄργυρος, Ararat, sanskritisch arat, Nr. 558 lateinische Endung are usw. Die Silbe ar kommt gewiss in allen Sprachen vor und bezeichnet überall das Gleiche; aus dieser Tatsache ist aber nicht etwa auf genetische Zusammenhänge dieser Wörter oder gar der Sprachen (und Völker) überhaupt zu schließen. „Arier" kann man auch mit „die Reinen" übersetzen, vergleiche Nr. 64; der Sieger, Vollendete usw. ist eben „der Reine" (καθαρός, wovon aber „Ketzer" abgeleitet wird, vergleiche sons usw. Nr. 550). – Sippenverwandt mit ar ist as, vergleiche Asien, Nr. 392 Askr, sanskritisch as, Ase, ägyptisch ás usw; ferner an, vergleiche Nr. 429, 565 usw.; ferner al in all, alt, lateinisch altus, französisch altesse – Hoheit, Allah, ἄλλος (Nr. 226, 293) usw. usf.

Die Wurzelsilbe ἐρ beschreibt in spezieller Weise die Schwelle und das sie Überschreitende. Einige Erweiterungen: ἔρα – Erde (vergleiche terra, terere – eigentlich die Schwelle überschreiten, somit zerreiben, Nr. 223, terebra – Bohrer, terrere – schrecken usw.; vergleiche auch werden, Nr. 550), ἔραμαι, ἐράω – liebe, begehre, habe Gefallen an etwas, eigentlich überschreite die Pubertätsschwelle (usw.), bin verbunden mit …, Substantiv ἔρως, ἔρος – Trieb, Trachten, Verlangen usw., dazu ἔρις – Streit, Kampf (um Besitz und Weib), ἐρίζειν – streiten, das heißt eben, die Schwelle überschreiten, ἐρανίζειν – Beiträge einfordern, Geld einsammeln, ἐρέθειν, ἐρεθίζειν – zum Kampfe reizen, fordern, dagegen ἐρείδειν – drängen, stoßen, anlehnen, stützen, also auch

wieder in nuancierter Weise die Schwelle überschreiten, ἐρείκειν – zerbrechen, zerspalten, trennen, ἐρείπειν – zerstören, einreißen, ἐρέσσειν –
trennen und so fortbewegen, ἐρέχθειν – zerreiß-
en, ἐρέφειν – abtrennen im besonderen Sinn von
mit einem Dach versehen, auch umkränzen,
ἔρημος – abgetrennt, einsam (Eremit), vom Land:
verlassen, unbebaut, wüst usw. Auch ἔρω – ich sage, ἔρομαι – ich lasse mir sagen, ich frage, ἐρωτάω
– ich frage geben ein Überschreiten der Schwelle,
Eindringen (in Worten) an, ähnlich wie ἐρυέω, das
den besonderen Sinn von hervorfließen (ῥεῖν),
sich von etwas trennen, von etwas ablassen, auch
transitiv etwas von einem anderen trennen, zu-
rücktreiben, -halten (ἐρύκω, ἐρύω) hat, usw. usf.

Die Wurzelsilbe ven beschreibt in spezieller
Weise die Schwelle, enge Höhlung und das in sie
ein-, aus ihr ausgehende, in ihr befindliche Gerade
als schmerzgefühlig. So ist vēna – Blutader – die
enge Höhlung und das in ihr Fließende, vĕnus die
genische Bezeichnung für die Überschreitung der
Pubertätsschwelle hinsichtlich begleitender Gefühle (auch dämonistisch personifiziert als Venus,
Göttin der Liebe), venia ähnlich, so viel wie Ge-
neigt-, Gewogenheit, Gefälligkeit, vēnus (nur im
Dativ und Akkusativ) das Überschreiten der
Schwelle von mir zu dir oder umgekehrt, somit
der Verkauf, der Kaufpreis, den einer dem anderen gibt, venenum – Gift, Gabe (vergleiche Mitgift), venerari – so viel wie (religiös) scheu verehren, also in diesem besonderen Sinn lieben
(vergleiche vereri), venari – jagen, d.h. die
Schwelle überschreiten im Sinn der Verfolgung,
des Antreibens (auch hinsichtlich des begleitenden Schmerzgefühls), vĕnire – kommen, d.h. die
Schwelle überschreiten (vergleiche griechisch
βαίνειν – gehen, βιβάζειν – kommen lassen, bringen, sanskritische Wurzelsilbe ga – gehen, gamá-
jāmi – lasse kommen, führe herbei, awestische
Wurzelsilbe ga – gehen, worin das die Schwelle
ιν, ζ Überschreitende mit β, α, im Sanskrit mit ga
angegeben wird), vēnire (veneo) – verkauft werden, vendere – verkaufen (Stück d abgeben, wie
emere, mercari, Nr. 88, so viel wie teilen, Teil erhalten bedeutet), ventus (vergleiche Partizip Perfekt ventus) – Wind, eigentlich der die Schwelle
Überschreitende, Kommende und Gekommene,
Gehende, Wehende (sanskritisch vā – wehen,

griechisch ἄϝω – hauche, ἀϝήρ – Luft, mit dann
ausfallendem Digamma), venter – Bauchhöhle,
vensica, vesica – Harnblase; Blase zu blasen, wehen, vergleiche φυσάω – blase, blase auf, blähe
auf, φύσις – das durch den Hauch (vergleiche
ψυχή!), aus der Luft, aus dem Nichts, aus dem Ur-
nebel, Gas Geschaffene, vergleiche Nr. 522, das
Geblasene und Blasende, φυσαλίς – Blase, lateinisch pustula, neuhochdeutsch Pustel, pusten;
vergleiche auch Blähung, flatus, wonach die
Bauchhöhle, der venter ein „Blasebalg" ist; vergleiche ferner ἔντερον, ϝέντερον – das Inn-ere,
speziell Darm, Eingeweide, lateinisch interus, in-
testinus; den venter als gefüllte, geblähte Höhle
bezeichnet auch γαστήρ, verwandt mit γαργαί-
ρειν (Reduplikation) – voll sein, wimmeln (vergleiche Wamme, Wampe usw.), γάργαρα – Haufe,
γαργαρίζειν – gurgeln, ἀγείρειν – sammeln usw.,
sanskritisch ǵar – herbeikommen und ghas – essen, verschlingen, ǵatháras – Bauch (auch udá-
ram, griechisch homolog ὕστρος, ὑστέρα – Mutterleib [vergleiche υἱός, ὗς, Nr. 544], lateinisch
uterus, vergleiche Mutter, Nr. 245; ὑστερεῖν –
hinter, später sein, ὑστερίζειν – hinterherkom-
men usw., so viel wie aus der Höhle herausgehen,
nachkommen, Nachkomme sein) – wozu übrigens
zu vergleichen unser *Gast,* so viel wie der Her-
beigekommene, die Schwelle s Überschreitende
(a freudegefühlig) und sich so mit uns Verbindende, speziell zur gemeinsamen Mahlzeit, an der er
als hospes, altlateinisch ghospes, teilnimmt oder
bei der er als hostis, ghostis gefressen wurde (man
wusste ja noch nicht, ob der ξένος, der Fremde,
Freund oder Feind war), ferner *Geist,* mit Betonung der Schwelle, der Erscheinende, zunächst
als luftig, später auch als begrifflich, englisch
ghost – „Komm, Herr Jesus, sei unser Gast!" –, gotisch gaisjan in usgaisjan – jemanden erschrecken, weiterhin als luftig oder gasig auch das bei
der Gärung Erscheinende, Hervorgehende, z.B.
der Weingeist, das Sumpfgas usw. – vergleiche
Gatte, Nr. 527, Gott, Nr. 522, „Gott ist ein Geist …",
Joh. 4, 24.

Nicht ganz selten sind deklinatorische oder
konjugatorische Formen anderen Wörtern äquivok. So ist z.B. *lauter* Komparativ zu laut und ein
Positiv, der so viel wie rein bedeutet, endlich ist
lauter so viel wie nur (lauter brave Leute). „Laut"

beschreibt in spezieller Weise die Höhle und das sie Füllende, aus ihr Hervorgegangene, in sie Aufgenommene (a, t), mittelhochdeutsch lut, althochdeutsch hlut, lateinisch homolog in-clutus, griechisch κλυτός; es gibt speziell Akustisches an als das ins Ohr (als Öffnung-Höhle) Aufgenommene, nachdem es eine andere Höhle (Mundhöhle) verlassen hat; vergleiche κλύειν – hören, λύειν – lösen, die Höhle verlassen, κλυτός – so viel wie der Gehörte, auf den man hört, und auf den sich das Gehörte richtet, von dem man spricht, der genannt wird, also berühmt ist, und dieser ist auch der λυτός, der Gelöste, Erlöste, der die Pubertätsprobe bestanden hat, groß geworden ist usw. Der Laut ist also das ausgeschiedene und aufgenommene Akustische (vergleiche Lied, Nr. 388), und laut ist seine eigenschaftliche Beschreibung, und zwar besonders hinsichtlich der Helligkeit; lauter ist das aus den Lauten hinsichtlich der Helligkeit Ausgeschiedene, Abgesonderte, sich Abhebende (Komparativendung-er, vergleiche Nr. 223) eigenschaftlich bezeichnet, und eben das aus der Menge Ausgeschiedene ist „lauter" im Sinn von rein (vergleiche merus, mirus, Nr. 62, 64), sowohl als Bezeichnung des Einzelwesens wie einer Gesamtheit solcher („nur"). Sonach hat lauter stets komparativische Bedeutung. Vergleiche zu κλύειν – hören, κλύζειν – spülen, reinigen, lateinisch cluĕre, später cluēre, so viel wie höre, werde genannt, heiße und cluēre – reinigen (cloaca), ferner zu λύειν – lösen, λούειν – waschen, lateinisch luere, lavare, lautus (f-luere – fließen), zu lösen Losung als Kot des Wildes, als Losungswort (Parole, Schibboleth), als Ertrag (was einer löst), Los, losen, liesen (gleich lieren in verlieren, to lose) usw.

Das Wort „klang" als „der Klang" und „es klang" beschreibt das eine Mal funktionell, das andere Mal substantivisch ein akustisches Individuum, und zwar entweder als vorwiegend weiblich, angstgefühlig, falls Angst-A gesprochen wird, determiniert mit l als schmerzgefühlig und k freudegefühlig (Hinweis auf das Männliche), auch hinsichtlich des Bewegungstypus, oder als vorwiegend männlich, falls Freude-A gesprochen wird, wobei ng die passierte Öffnung-Schwelle angibt usw. Die imperfektische Bedeutung von „es klang" ergibt sich aus der Tatsache, dass diese Beschreibung aus einem gewissen Vergleich er-

folgt, das Wort als solches aber hat genau den gleichen Sinn wie das Substantiv; das funktionell beschriebene „es" ist zunächst Bezeichnung für Akustisches, dann auch für das „klingende" Optische usw. – Weitere Beispiele nach Belieben.

8.2.6   Haupt- und Nebensinn

Jedes Wort kann nur *einen,* nämlich *seinen* Sinn (d.i. seine Bedeutung) haben, wie es nur *einen,* „seinen" phänomenalen Komplex beschreiben kann. Es kann aber ein bestimmtes Wort gleiche Individuen oder Gleiches an verschiedenen Individuen beschreiben, und zwar derart, dass der beschriebene gleiche Komplex das eine Mal das ganze Individuum, das andere Mal ein mehr oder minder großer Teil eines Individuums ist, das „nach" diesem Teil bezeichnet wird. So ist z.B. Bank Bezeichnung für ein um etwas (b, a, k) Gekrümmtes (ank angstgefühlig, vergleiche bang, fangen, Ranke, krank usw.), das auch kurze und lange gerade Teile (b, k, a) aufweist, zugleich auch für das in der angstgefühligen Krümmung, Öffnung-Schwelle Befindliche, aus ihr Hervor-, in sie Eingehende (ba, k); speziell ist Bank assoziiert mit der bekannten Sitzgelegenheit, die eng ist, den Sitzenden umfängt, gefangen hält und ursprünglich für den (Pubertäts-)Prüfling bestimmt war (Folterbank, Fleischbank!) und als Schulbank, Gerichtsbank usw. heute noch ist. Eine Form dieser Bank ist die Bank der Geldwechsler auf den mittelalterlichen Märkten, die τράπεζα der Alten; banco rotto war die zerbrochene Bank (rumpere – zerbrechen, ruptus – zerbrochen): Einem betrügerischen oder zahlungsunfähigen Geldwechsler (Bankier) wurde zur Brandmarkung die Bank zerbrochen, also das Geschäft geschlossen und der Bankrottierer schwer bestraft. Und heute heißen die Riesenunternehmungen der Finanzwirtschaft immer noch Banken (nicht Bänke, wie die andere Pluralform lautet, die speziell für Bank als Gartenbank usw. gilt). Der Sinn von Bank hat sich also keineswegs geändert, nur wird mit Bank einmal ein Totum, ein Ganzes (Gartenbank usw.), das andere Mal, pars pro toto, ein Teil fürs Ganze (Bank als Geldinstitut) angegeben.

Die Tatsache also, dass eine Bank als Geldinstitut noch in vielen anderen Wörtern beschrieben werden kann und dass diese Beschreibung von der einer Schulbank verschieden ist, darf nicht zu der Meinung verführen, dass „Bank" beide Male einen anderen Sinn habe und somit ein Sinn- oder Bedeutungswandel oder ein Doppelsinn vorläge (vergleiche auch die Beispiele zur Homonymie und zum Bedeutungswandel). Der Sinn eines Wortes ist nicht identisch mit dem Gesamtsinn der Gesamtbeschreibung eines Individuums als solchen oder gar als eines Teils eines größeren Ganzen. Auch die Übersetzung eines Wortes in mehr oder minder sinnähnliche Wörter darf nicht dahin missverstanden werden, dass verschiedene Wörter identischen Sinn hätten oder dass sich der Sinn eines Wortes bis zur Identität übereinstimmend mit einem anderen Wort darstellen ließe; solche Übersetzungen sind vielmehr Umschreibungen, Erläuterungen. Der Sinn (die Bedeutung) eines Wortes ist eine abgegrenzte wortanalytische Reihe; auch für den Wortsinn gelten die Ausführungen über die assoziative Abgrenzung der Beschreibung. Ein bestimmtes Wort kann aber in verschiedenen Zusammenhängen auftreten, gemäß den phänomenalen Zusammenhängen, und hierbei wird sehr häufig „pars pro toto" angegeben, mit einem Wort also (auch) ein größeres Gesamt, dessen Teil das Beschriebene ist, gekennzeichnet: Dann ist auch der Sinn dieses Wortes nach Art des Pars pro Toto in den Gesamtsinn der Gesamtbeschreibung, in das Sinnganze eingegliedert, und in solchen Fällen kann man ihn von denjenigen Fällen unterscheiden, in denen ein Wort und sein Sinn in *andere* größere Ganzheiten eingegliedert sind oder für sich eine Ganzheit darstellen, und von einer Sinnerweiterung, demnach von *erweitertem Wortsinn* im Gegensatz zum *eigentlichen Wortsinn* sprechen, nicht aber von „Doppelsinn". Ein Wort kann mehrfältig angewendet werden, d. h. wie beschrieben, mit mehreren Individuen assoziiert sein, aber es kann nicht mehrfältigen Sinn haben.

Demnach kann auch von einem Haupt- und einem Nebensinn eines Wortes nicht derart die Rede sein, dass man meint, ein Wort könne einen zwiefachen Sinn überhaupt oder einen ranglich zwiefachen Sinn haben, sondern nur insofern, als ein Wort häufiger mit dem einen als mit dem anderen Individuum, die es als solche oder an denen es

Gleiches beschreibt, assoziiert vorkommt, oder insofern, als das an zwei Individuen mit einem Wort beschriebene Gleiche bei dem einen das Ganze oder einen großen Teil, bei dem anderen einen kleineren, zurücktretenden Teil ausmacht und so auch der Wortsinn „eigentlich" oder „erweitert".

Das Wort „frech", mittelhochdeutsch vrech, althochdeutsch freh, frech, verwandt mit frei, freien, Freiheit, frisch usw., hatte schon im Althochdeutschen einen Sinn, der sich mit den Worten kühn, tapfer, frischen Mutes, keck und dreist, „allzu frei", habsüchtig erläutern lässt. Man sagt, frech hätte einen Doppelsinn gehabt, einen guten und einen schlechten Sinn. Tatsächlich beschrieb und beschreibt aber frech einfach in spezieller Weise den die Schwelle Überschreitenden eigenschaftlich, einen anderen Sinn hat das Wort nie gehabt und wird es nie haben. Nun kann aber der die (Pubertäts-)Schwelle, Grenze Überschreitende (der sich „etwas herausnimmt", vergleiche Nr. 233, 539) noch mit anderen Worten eigenschaftlich beschrieben werden, z. B. mit den genannten, deren Bedeutungen sich in mehr oder minder großem Ausmaß mit der von frech überschneiden oder decken, ihr ähnlich sind (Sinninterferenz). Das Wort frech kann also mit einem Individuum assoziiert sein, das weiterhin mit kühn, tapfer usw. beschrieben wird, oder mit einem solchen, das weiterhin mit dreist usw. beschrieben wird oder mit beiden oder mit einem Individuum, das weiterhin sowohl mit kühn, tapfer usw. als auch mit dreist usw. beschrieben wird. In unserer Zeit ist frech vorwiegend mit solchen Individuen assoziiert, die weiterhin mit dreist, zudringlich, aggressiv usw. beschrieben werden; kühne, tapfere Individuen werden kaum mehr (auch) mit frech bezeichnet. So wird denn auch frech „übersetzt" oder erläutert mit dreist, zudringlich usw., nicht mehr mit kühn, tapfer; dabei hat sich aber der Sinn von frech keineswegs geändert, wenn auch der Sinn von frech jetzt fast nur noch in der Sinnganzheit vorkommt, zu der auch der Sinn von dreist, zudringlich usw. gehört. – Wie die ethische (usw.) Klassifikation „gut" und „schlecht" (usw.) zu verstehen ist, wurde in Abschnitt 2.8 dargelegt.

Das Analoge gilt für den Sinn von sons, sonticus (Nr. 550), arg (Nr. 472), sacer (Nr. 569), echt, geachtet und geächtet, Kerl, Täter, fertig als so viel wie abgekämpft, unfähig und vollendet, erledigt als so viel wie abgetan und beendet, schlecht „im Sinn" von verwerflich und „im Sinn" von recht (schlecht und recht, schlicht, Nr. 357), frei im Sinn einer Anerkennung und (weniger) im Sinn eines Tadels, letzteres in allen Fällen, in denen die *andere* Partei frei ist oder zu sein glaubt; vergleiche auch die „Urwörter". Viele solcher Wörter galten zunächst für den Pubertätsübergang, der aus der kindlichen Gebundenheit in die Freiheit des Erwachsenen führte, also in einer mehr oder minder gewaltsamen Beseitigung des Oberhaupts (Vater, Mutter, Gott, Obrigkeit) bestand, jetzt darin besteht, dass das Kind der elterlichen Obhut entwächst, selbstständig wird, den Eltern „über den Kopf wächst", und im Sinn von „gut" und „böse" beschrieben wurde und wird (vergleiche die Sühnezeremonien der Völker nach vollbrachter Pubertätstat); später gelten solche Wörter auch für die Beschreibung weniger kritischer Vorgänge, ohne dass aber ihr Sinn sich ändert.

Die Tatsache der Eingliederung eines Wortsinns in ein größeres Sinnganzes zeigt sich auch an den *Korrelationstypen* (8.1.2). Es kann z.B. ein superfeminines Individuum hinsichtlich eines bestimmten männlichen Anteils bezeichnet werden (Korrelationstyp 3), der Sinn dieses Wortes also zum Sinnganzen der Gesamtbeschreibung dieses Individuums gehören; man darf dann nicht meinen, dass der Sinn dieses Wortes, sofern er nach dem Tropus „pars pro toto" auftritt, ein anderer sei als in dem Fall, in dem er selbstständig oder in anderen Zusammenhängen auftritt. Alle schmerzgefühligen Wörter können z.B. sowohl die Schwelle wie das sie Überschreitende, also ein schmerzgefühliges Weibliches und seinen männlichen Partner angeben, aber der Sinn des Wortes ist in dem einen Fall kein anderer als im anderen Fall. Dies gilt allgemein.

Ein Wort kann *Genisches und Trophisches* beschreiben (man nennt solche Worte „zweideutig"; damit ist aber nur ihre zweifache Anwendbarkeit bezeichnet): Es wird dann Gleiches auf den beiden Gebieten angegeben, der Wortsinn ändert sich dabei nicht; z.B. ist „Frucht" Bezeichnung für ein Essbares und für ein Kind, in jedem Fall beschreibt das Wort Gleiches, nämlich nach Korrelationstyp 2 das aus der Höhle (u) über die Schwelle

(f, r, ch) Hervorgegangene (f, r, ch, t), vergleiche „Fracht", das nach Korrelationstyp 1 das in der Höhle Befindliche angibt und fast ausschließlich Trophisches beschreibt; „stoßen" beschreibt Trophisches und Genisches funktionell, in jedem Fall bedeutet es so viel wie heftig, kräftig eine Öffnung-Schwelle (o, ss) setzen, die Öffnung-Schwelle passieren, usw. So kann jedes Wort auch genisch „aufgefasst" werden, d.h. eben auch Genisches beschreiben, und die Erotomanen (Genitomanen) und Zotologen, mögen sie Naturburschen oder „Wissenschaftler" sein, exzellieren in dieser „einseitigen" Auffassung, ja auf ihr werden immer mal wieder ebenso großartige wie grundsätzlich verkonstruierte und so brüchige weltanschauungsmäßige Lehrgebäude begründet (z.B. um 1900 Freuds, Jungs Libidinismus).

Viele Wörter sind an *verschiedenen Beschreibweisen* (Konfluenz der Beschreibung) beteiligt, z.B. schlecht, gut (sogar als klassifikatorische Bezeichnungen) an der pragmatischen, ethischen und ästhetischen Beschreibweise; man gebraucht also schlecht „im Sinn" von falsch, fehlerhaft, unrichtig (die Arbeit hast du schlecht gemacht, er hört schlecht), im Sinn von ethisch schlecht (schlechter Kerl) und von hässlich (vergleiche schlechter Geschmack, Geruch, schlechte Farbenkomposition, Musik usw.), aber dabei ist der Sinn von schlecht immer der gleiche: Es gibt in spezieller Weise eigenschaftlich das Schwellenstadium an. Dies auch, sofern schlecht einen größeren Komplex, an dem auch andere Gefühlsspezies beteiligt sind, nach dem Tropus „pars pro toto" bezeichnet, z.B. die „schlechten Geschmäcke", die „schlechten Düfte".

8.2.7 Begriffsbestimmung

Die genaue Abgrenzung dessen, was ein Wort beschreibt und was es bedeutet, nennt man Begriffsbestimmung (Nominaldefinition). „Begriff" bezeichnet substantivisch zunächst gewisse Muskelfunktionen (also koordinative Reihen), an die sich gewisse taktile Reihen anschließen; die Muskeln können dabei optische Aktualitäten sein. Das Begriffene ist zunächst ein optisches gegenständliches Individuum, das, worauf ich meine Hand lege, was ich in die Hände bekomme (Berühren,

Handauflegen, Schlagen als Geste der Besitzer-*greif*ung), vergleiche handeln, behandeln, jemandem etwas zuschlagen, manu capere, manceps, manucipium, Emanzipation, princeps, χείρ – Hand – und χέρης, Komparativ χείρων – untertan, in der Hand eines Mächtigeren befindlich usw., siehe Nr. 130), was ich in Gewahrsam nehme, bewahre – und so überschneidet sich der Sinn von begreifen mit dem von bewahren, gewahren, wahrnehmen (vergleiche Nr. 550), wobei die Wörter mit der Vorsilbe be die Funktion als genau gerichtet, zergliedernd, untersuchend angeben; greifen ist so viel wie (in spezieller Weise) die Schwelle überschreiten (g-reifen, reiben, sch-reiben, γ-ράφειν usw.), somit abteilen, einen Teil abgrenzen und so in sich aufnehmen (vergleiche Greif, Gruft usw., auch Graf, mittelhochdeutsch grave, greve, [neuhochdeutsch Gräfe], zu γράφειν, also so viel wie Schreiber; das Schreiben war einst eine seltene Kunst und ein Schreiber [so viel wie Gelehrter] hochangesehen, auch als Beamter [Geheimschreiber, Minister, Kämmerer usw.] – vergleiche Kardinal, eigentlich so viel wie Türsteher, Torwächter, zu cardo). Dieser Sinn bleibt erhalten, auch sooft das Wort begreifen oder Begriff in Zusammenhängen, als Teil eines Sinnganzen auftritt (vergleiche vorigen Abschnitt). So kann man gewisse Wörter, ja jedes Wort als „Begriff" bezeichnen, indem man die Beschreibung als ein zergliederndes Aufnehmen eines phänomenalen Individuums bezeichnet; gewöhnlich werden aber nur „zusammenfassende", d.h. mit mehreren Individuen assoziierte Wörter als Begriffe bezeichnet. Für die gegenständlichen Vorgänge wird das Wort Begriff kaum mehr angewendet (im Gegensatz zu Griff, Angriff); die bisher als „Begriffe" bezeichneten Wörter zieht die Psychobiologie vor Abstrakta zu nennen, indem dieser Name dem Wesen dieser Wörter genauer entspricht (sie fassen ja eigentlich nicht zusammen, sondern sind nur mit verschiedenen Individuen assoziiert, an denen sie Gleiches bezeichnen). Die Psychobiologie nennt nur die Aktualitäten der Idealzellen, die Erinnerungen, Begriffe. Für das gefühlliche und gegenständliche Wahrnehmen ist, wie gesagt, das Wort Begriff sowieso schon nicht (mehr) gebräuchlich. – Ferner ist das gegenständliche Wahrnehmen eine Vorstufe des „Erinnerns", d.h.

der Aufnahme ins „Innere", die Erinnerung gilt als „ein Inneres" im Gegensatz zu der „unabhängig vom Menschen existenten gegenständlichen Welt" oder gar „jenseitigen Welt" und ist somit das eigentliche „in sich Aufnehmen", „Begreifen", „Auffassen" (kapieren, capere, concipere, Konzeption usw.); für die Psychobiologie ist die Erinnerung eine Erscheinungsform des Objekts, die regelmäßig eine geringere Veränderungsgeschwindigkeit als der erinnerte Gegenstand hat und insofern die Dauerform des Gegenständlichen, das vom Gegenstand im Sinn einer biologischen Entwicklung herausgelöste Dauernde, in dauernden Besitz Übergeführte, Ergriffene, das Ergebnis eines Begreifens, das Begriffene oder der Begriff ist. Und die Kollektivbegriffe sind wiederum die Ergebnisse von Zergliederungen und Verschmelzungen (Begreifungen) der Individualbegriffe.

Wir können somit das Wort „Begriffsbestimmung" nicht anders verstehen denn als definierende Beschreibung der Begriffe, d.h. dessen, was an einem Gefühl oder Gegenstand begriffen, gleich erinnert wird; die definierten Begriffe können phänomenale oder phänomenologische sein, die Begriffsbestimmung also auch eine definierende Beschreibung von Wortbegriffen sein. Diese Beschreibung kann wie jede andere eine wortgegenständliche oder eine wortbegriffliche sein. Die Begriffsbestimmung ist eine spezielle, nämlich definierende Beschreibung der Gefühle und der Gegenstände aus der Erinnerung; sie unterscheidet sich von anderen Beschreibungen darin, dass der idealische Anteil besonders groß ist und dass sie „definiert", d.h. das Besondere des Beschriebenen (natürlich aus Vergleichen) herausstellt, vom Wort also den besonderen, eigentlichen Wortsinn angibt, der nun stets dem Besonderen des assoziierten phänomenalen Individuums genau entspricht.

Die Präzision der Begriffsbestimmung nimmt gemäß der Entwicklung der Hirnrinde zu und erreicht mehr oder minder hohe Grade, ist also bei den einzelnen Menschen jeweils verschieden. Diese Verschiedenheit liegt innerhalb oder außerhalb der normalen Variationsbreite, und demgemäß „verstehen sich" die Menschen oder „reden aneinander vorbei". Das heranwachsende Kind

„versteht" von den Worten der Erwachsenen um-so mehr und versteht dies umso „besser", je mehr sich die kindliche Begriffsbestimmung der erwachsenen annähert; hierbei ändert sich entwicklungsmäßig der Wortsinn so, wie sich das Wort und das damit Beschriebene ändern, also im Sinn der Zunahme der Präzision, der Mehrung der assoziativen Zusammenhänge, innerhalb deren ein Wort (und das von ihm Beschriebene) auftritt, also der „Erweiterung" bei gleichbleibendem eigentlichem Wortsinn. Die Tatsache, dass ein Wort in verschiedenen Zusammenhängen und Beschreibweisen auftreten kann, wird gewöhnlich dahin missverstanden, dass man annimmt, das Wort habe seinen Sinn geändert; und hierin sind weitere Schwierigkeiten in der gegenseitigen Verständigung gegeben: Nicht gar selten tritt z. B. während einer Unterhaltung ein Wort bei dem einen Menschen in einem anderen Zusammenhang auf als bei seinem Partner, denkt also der eine in einem anderen Sinnganzen als der andere. Auch hier gibt es eine normale Variationsbreite. Das neurotische (hypertrophische, infantilistische) begriffliche Denken, das ja immer auch spezielle Begriffsbestimmungen aufweist, also das Denken der Neurotiker (Neurastheniker und Hysteriker), soweit dieses Denken neurotisch ist, liegt angrenzend an (fast) gesunde Denkgebiete außerhalb der normalen Variationsbreite, und noch weiter entfernt von der Norm verläuft das Denken der Irren (sogenannten Geisteskranken). Das kranke Begriffsdenken ist aus allen möglichen Entwicklungsstufen der Begriffe und ihrer Assoziationen zusammengesetzt, es ist sozusagen stufenartig aufgebaut, dazu krampfartig-verkompliziert und differiert insofern mit dem (harmonischen, einfachen) Denken des Gesunden. Dieses kranke Denken ist gerade bei „Denkern" nicht selten anzutreffen, und der Zwangsdenker mit seinem verbildeten Gehirn war und ist schon gar nicht ohne Weiteres in der Lage, sein Denken als krank zu erkennen, die Diagnose anzuerkennen. Mit solchen Leuten ist eine Verständigung umso schwerer zu erzielen, als das hypertrophierte begriffliche Denken vielfach von hypertrophierten Gefühlsabläufen, also Affekten begleitet ist, sodass jede sachliche Darlegung, sofern sie von der „Meinung" des Neurotikers verschieden ist, jede leiseste Kritik als persönliche Beleidigung aufgefasst und „auf Leben und Tod" bestritten wird. Wo es sich um Streit und nicht um die Sache handelt, nützt die genaueste Begriffsbestimmung nichts; sie ist aber unerlässlich gegenüber dem Neurotiker, der sich anschickt, den Heilweg zu beschreiten.

„Missverständnisse" sind also Differenzen der Begriffsbestimmung; sie können ins Krankhafte reichen. Entwicklungsmäßige Differenzen gehören zur Norm, können aber auch krankhaft sein. Missverständnisse unter Angehörigen einer gewissen Entwicklungsstufe werden umso weniger vorkommen, je präziser die Begriffsbestimmungen und je mehr sie (innerhalb dieser Gruppe wenigstens) Allgemeingut sind. Für die Wissenschaft ist eine klare Begriffsbestimmung, besonders der Fachausdrücke, ebenso unerlässlich wie die Fähigkeit der Beteiligten, die Begriffsbestimmungen der anderen nachzudenken, ihre Sprachlichkeit zu verstehen und erst auf dieser Basis, also auch ohne Affekte, zu diskutieren.

9

Die Sätze

Ein Satz ist eine syntaktische Wortreihe, ein assoziatives Wörtersystem, also ein aus mehreren Wörtern bestehendes phänomenologisches Individuum. Was für jedes Individuum gilt, gilt auch für den einzelnen Buchstaben, das einzelne Wort, den einzelnen Satz: Die das zusammengesetzte Individuum bildenden Aktualitäten sind solche aller Gefühlsspezies, vorwiegend aber der einen, nach ihr kann das Individuum klassifikatorisch benannt werden. Es gibt also vorwiegend hunger-, angst-, schmerz-, trauer- und freudegefühlige oder kürzer *Hunger-, Angst-, Schmerz-, Trauer- und Freudesätze,* dazu natürlich die nach den Gefühlsnuancen benannten *Hass-, Ekel-, Neid-, Reue-, Trostsätze* usw. Wie jeder Buchstabe und jedes Wort, so entspricht auch jeder Satz hinsichtlich seiner Gefühligkeit gemäß der phänomenal-phänomenologischen Assoziation, die nach einem der der Korrelationstypen (8.1.2) verläuft, dem so Beschriebenen, ein Hungersatz also einem vorwiegend hungergefühligen Individuum oder einer vorwiegend hungergefühligen Situation (Mehrheit von Individuen), wobei freilich das so Beschriebene nach Korrelationstyp 1 oder 2 oder 3 beschrieben und im Übrigen ein mehr oder minder großer Teil eines Gesamt sein kann (ein Spezialfall der Partialität aller Beschreibung) – eines solchen Gesamt, das vorwiegend zu einer anderen Gefühlsspezies gehören kann als das aus ihm Beschriebene.

Gemäß dem Korrelationstyp 2 wird eine weibliche Anordnung nach dem männlichen Partner, also nach dem in ihr befindlichen, aus ihr aus- oder in sie eintretenden Geraden, d. h. mit männlichen Buchstaben, Wörtern, Sätzen beschrieben, indem die Wortzellen aus dem zu der weiblichen Anordnung partnerischen männlichen Komplex ihre Zuflüsse erhalten; gemäß Korrelationstyp 3 wird eine weibliche Anordnung nach ihren männlichen Anteilen beschrieben, doch ist in beiden Fällen (sowie in den Fällen, in denen männliche

Anordnungen nach Korrelationstyp 2 oder 3 beschrieben werden) der dominierende Vokal mit mehr oder minder zahlreichen anderen Vokalen und auch Konsonanten determiniert, ein Tatbestand, an dem wir ja gerade den Korrelationstyp erkennen. Der Satz „die Halle ist leer" beschreibt ein weibliches Individuum hauptwortlich nach Korrelationstyp 2 oder 3, wobei das freudegefühlige a mit dem hungergefühligen h und den schmerzgefühligen lle sowie mit dem Artikel determiniert ist, ferner zeitwortlich, also funktionell sowie eigenschaftlich nach Korrelationstyp 1, und zwar hinsichtlich der Schwelle („ist leer" fast ganz – bis auf das t – schmerzgefühlig); der Satz ist ein (vorwiegend) weiblicher, und zwar ein vorwiegend schmerzgefühliger, die Dominanz des betonten a in Halle wird übertroffen von den zahlreichen schmerzgefühligen anderen Buchstaben des Satzes. Der Satz „die Halle ist gefüllt" ist ein männlicher Satz, und zwar auch ein vorwiegend schmerzgefühliger, der Satz „die Halle ist rund" ein weiblicher, „die Halle ist lang, gerade" ein männlicher Satz usw. – Zu einer freudegefühligen Situation kann ein hungergefühliger (usw.) Anteil gehören, der beschrieben wird; das Gesamt der Situation ist vorwiegend freudegefühlig, aus ihr wird aber ein hungergefühliger (usw.) Anteil beschrieben; man darf den beschriebenen Anteil nicht mit dem Gesamt verwechseln oder identifizieren, auch nicht in dem Fall, dass „pars pro toto" beschrieben wird, der Anteil also nicht definiert, sondern als symbolische Darstellung des Ganzen (mit entsprechender Nuancierung) beschrieben wird.

Unter Beachtung dieser Tatsachen ist die dominierende Gefühlsspezies eines Satzes sozusagen zu errechnen; dies ist die Methode der Klassifikation der Sätze hinsichtlich der Gefühlsspezies. Zu beachten ist, dass der Gefühligkeits*grad* der Buchstaben und Wörter hierbei nicht mitspricht. Auch die Änderungen des quantitativen Verhältnisses der in einer Wortzelle anwesenden Passformen der verschiedenen Gefühlsspezies bleiben bei dieser Klassifikation unberücksichtigt; diese Veränderungen bleiben innerhalb der Spezifität der Zelle, also eine Hungerzelle bleibt unter allen Umständen eine Hungerzelle, ihre Aktualität bleibt bei allen möglichen Nuancen (vorwiegend) hungergefühlig. Es kann also z. B. auch aus einer Angstsituation ein Hunger- oder Freudesatz usw. gesprochen oder geschrieben werden, er wird allerdings entsprechend nuanciert, also umso stärker angsthaltig sein, je größer der Angstanteil der mit dem Hunger- oder Freudesatz beschriebenen phänomenalen Teilsituation ist.

Auf einer gewissen, d. h. der jeweiligen Entwicklungsstufe der Denkzelle wechselt der Gefühligkeitsgrad der Aktualität im Rahmen der Spezifität regelmäßig koinzident mit dem An- bzw. Abstieg der Intensität der zugehörigen sensil-sympathischen Reflexe; Gefühlsaktualitäten können in den Ablauf der gegenständlichen, auch der wortgegenständlichen Reihen interkurrieren. Der An- und Abstieg des Gefühligkeitsgrads eines Buchstaben usw. entspricht der Zu- und Abnahme des *sympathogenen Anteils* am sensorischen Passformenstrom, doch kann sich auch je nach der biologischen „Schaltung" der sympathische Passformenstrom nur an dem zugeordneten inneren Organ ausdrücken; im ersteren Fall ist die Sprache „gefühlvoller", im letzteren Fall „ruhig" oder nur wenig höhergefühlig, während z. B. „rasendes Herzklopfen" stattfindet. Hierbei kann sich also das quantitative Verhältnis der in der Wortzelle anwesenden Passformen der verschiedenen Gefühlsspezies (im Rahmen der Spezifität) ändern, also z. B. der Angstgehalt auch der hunger- oder schmerzgefühligen (usw.) Aktualitäten zunehmen, sodass diese entsprechend nuanciert auftreten; es geht sozusagen eine Angstwelle durch den ganzen Komplex. Solche Veränderungen prägen sich auch im Ablauf der phonetischen und der grafischen Ausdrucksbewegungen aus (z. B. ängstlich erregte Sprache oder „zittrige" Schrift), also im Rhythmus des Sprechens und des Schreibens. Der sympathogene Anteil an diesen sensorischen Reflexen kann so groß sein, dass wir (nicht ganz korrekt) von „Gefühlsausdrücken" sprechen. Die ihnen entsprechenden Buchstaben, Wörter

und Sätze, sofern wir da noch von Sätzen reden können, sind auch beim Gesunden relativ gering artikuliert, bestehen nur aus wenigen Buchstaben, die sich wiederholen (z. B. huhu, hoho, hehe, wehweh, hihi, haha, hahaha, lalala usw., gemäß den kindlichen Lallworten) oder sich zu langen Reihen ausdehnen (z. B. aaaah, ooooh, äääh, mmmh usw., geschrieben äh, ōh, m̄h), Reihen, die wir mit lachen, kichern, staunen, ächzen, heulen, schreien, wimmern, schluchzen, lärmen, toben usw. bezeichnen.

Andererseits kann der sympathogene Anteil zurücktreten und der *ideogene Anteil,* also die Zahl der aus der idealischen Sphäre in die sensorischen Reflexbahnen (und dann in die modalen Wortzellen) übergehenden Passformen ansteigen; man beschreibt dann „aus der Erinnerung" (mit oder ohne interkurrente idealische Aktualitäten), und demgemäß verlaufen die Rhythmen und die Reihen der Aktualitäten spezifisch-anders („besonnene Redeweise").

Alle diese Abläufe liegen *inner- oder außerhalb der normalen Variationsbreite,* sind also gesund oder krank. Der *Stotterer* z. B. ist sprechkrank derart, dass hauptsächlich der Angstanteil der phonetischen Reflexe hypertrophisch ist, sodass besonders, wann diese Angstreflexe in hoher Funktion sind, die phonetischen Angstmuskeln sich krampfig kontrahieren, usw. Die Ausdrucksrhythmen und ihre Veränderungen gehören zu den Persönlichkeitsmerkmalen, die man Temperament und Charakter nennt. Auch an den phonetischen und den grafischen Rhythmen sind also Temperament und Charakter (auch als normal oder krank) zu erkennen.

Die *grammatikalischen Satzformen* sind zunächst *verschiedene assoziative Reihen,* angeordnet gemäß dem Ablauf der phänomenal-phänomenologischen Assozationen, dann aber auch unterschieden hinsichtlich der Tonhöhe der einzelnen Satzteile, also hinsichtlich der *Satzmelodie* und endlich hinsichtlich der *Gefühlsnuancen* (wie oben beschrieben). Die Gefühlsnuancen der Wortaktualitäten entsprechen dem Wechsel der Komposition der aktuell funktionierenden Wortzellen. Im Verhältnis zu den *konstatierenden* Sätzen sind – immer im Sinn der genannten Gefühlsnuancen – die *Fragesätze* mehr hunger- oder angst- oder schmerzhaltig, die *Antwortsätze* mehr schmerz- oder trauer- oder freudehaltig, die *Wunschsätze* mehr hungerhaltig, die „*Willenssätze*" sind Wunschsätze einer höheren Entwicklungsstufe (das Kind wünscht, der Erwachsene will) und wie die *Befehlssätze* (Warnung, Gebot, Verbot, Verwandte der Willenssätze) je nachdem mehr hunger-angst-schmerzhaltig oder mehr schmerz-trauer-freudehaltig, die *Bittsätze* mehr hunger- oder angst- oder schmerzhaltig, die *Tadelsätze* (auch Beleidigungen usw.) mehr schmerzhaltig, die *Lobsätze* (Anerkennungen) mehr freudehaltig usw. Die *Urteilssätze* sind Konstatierungen, und zwar einfach beschreibende (indikative) Sätze oder im weiteren Sinn aus einem ganzen Beschreibungskomplex hervorgehende „Schlussfolgerungen", als solche (hervorgehend) mehr schmerz-trauer-freudehaltig; über die einzelnen Formen der Urteile siehe die Lehrbücher der Logik. (Urteil, mittelhochdeutsch urteil, urdeil, althochdeutsch urteil, urteili, angelsächsisch ordal [wovon mittelalterlich ordalia, so viel wie Gottesentscheidung] usw.; urteilen so viel wie auf das ur, or, den Ursprung hin teilen, aus-teilen [nämlich das Recht], entscheiden; Urteil, Ur-teil so viel wie Teil des Ur, das sich bei der Untersuchung auf den Ursprung, der Erforschung, Zerlegung eines Ungeklärten, aus einer res occulta wie aus einer dunklen Höhle sich Ergebende).

Die Sätze sind grammatikalisch *negierende* und *affirmierende*. Ein Tatbestand kann in negierender und in affirmierender Form beschrieben, z. B. die Eigenschaft „groß" auch mit „nicht klein", die Funktion „arbeiten" mit „nicht faulenzen" angegeben werden; der Unterschied ist der, dass im ersten Fall nicht aus einem aktuellen Vergleich beschrieben wird, wie das im zweiten Fall geschieht. Der Satz „der Tisch ist nicht klein" entspricht einem aktuellen Vergleich des Tisches mit anderen, und zwar kleineren Tischen; er hat antithetischen Charakter, ist gegen die mögliche oder tatsächliche Behauptung, der Tisch sei klein, gerichtet. Dagegen ist der Satz „der Tisch ist groß" eine einfache Konstatierung; es gibt zwar weder ein „absolutes" Groß noch Klein, sondern „groß" bedeutet immer nur so viel wie „größer als" und ist als Positiv die unbestimmte metrische Bezeichnung für alle Individuen von einer gewissen Ausdehnung an, die größer ist als die der mit „klein" bezeichneten Individuen (vergleiche „warm" und „kalt"); aber die vielen Vergleiche, die zu der Gruppenbezeichnung „groß" und „klein" (usw.) entwicklungsmäßig hingeführt haben, sind regelmäßig nicht mehr aktuell (also vergessen), sobald wir „groß" oder „klein" sagen. Mit der negierenden („negativen") Form wird ein Individuum eigenschaftlich oder funktionell aus dem Vergleich mit einem Individuum beschrieben, das die angegebene Eigenschaft oder Funktion hat. Der Satz „der Tisch ist nicht klein" besagt nicht etwa, dass die Eigenschaft klein überhaupt nicht existiere, sondern dass sie einem mit dem beschriebenen verglichenen, also (mindestens) begrifflich existenten Individuum zukommt; ein Individuum, eine Funktion, eine Eigenschaft kann natürlich nicht „nicht existieren". Die Negierung „nicht" tritt hier also in der Beschreibung der interpolaren Verhältnisse auf; wir verwenden sie auch in der Beschreibung der polaren Beziehung, z. B. seiend/nichtseiend usw., aber auch in diesem Zusammenhang, also innerhalb eines anderen Sinnganzen, hat „nicht" einen spezifischen, „seinen" Sinn, den, den es immer hat. „Nicht" ist ein weibliches, negatives Wort und mit dem negierten weiblichen oder männlichen Wort zusammen eine weibliche, negative Formel, die den ganzen Satz, zu dem sie gehört, als negativ kennzeichnet. Die weiblichen, negativen Sätze sind die Hunger-, Angst-, Schmerzsätze (letztere, soweit sie Schwellen, Weibliches beschreiben), die männlichen, positiven Sätze sind die Schmerzsätze (soweit sie Männliches beschreiben), Trauer- und Freudesätze. Das Wort „nicht" ist aber nicht integrierender Bestandteil der negativen, sondern nur der negierenden, verneinenden Sätze, einer Klasse der negativen Sätze. Affirmierend, bejahend sind alle Sätze ohne negierende Partikel, alle nicht-verneinenden Sätze; zu ihnen gehören auch negative (z. B. ich habe Hunger). Ob ein Satz negativ, weiblich oder positiv, männlich ist, erkennt man nach der eingangs angegebenen Methode.

Die *Haupt-* und die *Nebensätze* unterscheiden sich in der Art wie die Haupt- und die Nebenwörter. Der Hauptsatz ist konstitutiv das Gesamt, der Nebensatz eine Spezialisierung. In dem Satzindividuum „ich freue mich, dass du gekommen bist"

ist „ich freue mich" konstitutiv das Gesamt dieser Beschreibung, der Nebensatz die Spezialisierung; in dem Satzindividuum „das Weib, das du mir zugesellt, verführte mich" ist der Hauptsatz konstitutiv das Gesamt, der Nebensatz die Spezialisierung dieses Gesamt, zu dem er gehört. Für die Klassifizierung hinsichtlich der Gefühlsspezies ist der Hauptsatz maßgebend.

Auch die Beschreibung kann technifiziert werden, sie ist dann letztens nur noch Grammatik, also Methodik des Wort- und Satzbaus. Alles Geschehene ist methodisch (koordinative Symbolkomponente), aber die Methode ist nicht das Geschehen. Die Technik des Essens ist nicht das Essen, das Kochbuch ersetzt nicht die Speise, das Lesen im Baedeker ist nicht die Reise, mancher ist ein guter Mathematiker, aber rechnen kann er nicht. Nichts gegen die Grammatik, aber sie ist nur das Gleis, auf dem die Beschreibung fährt.

10

Die Entwicklung der Sprache

10.1 Die Methodik unserer Beschreibung

Wir sprechen dem älteren, geburtsnahen Fetus (andämmerndes) Gefühls- und dann auch Gegenstandsbewusstsein zu. Aber wie ist es möglich, über die Beschaffenheit des fetal-infantilen Bewussten, über die fetal-infantile Anschauung Auskunft zu gewinnen? Mit Recht ist das einfache Übertragen erwachsener Sachverhalte auf das kindliche und gar frühkindliche Erleben zu beanstanden. Der Mensch muss auf jeder Entwicklungsstufe als Ganzes, in der Gesamtheit seiner Einzelheiten betrachtet, und die einzelnen Eigenschaften und Funktionen müssen als Daten der stetigen biologischen Entwicklung verglichen werden, und zwar sowohl individuell wie interindividuell. Ansatzpunkt ist allemal die Ausdrucksbewegung, besonders die phonetische und grafische Mitteilung; ihre Beschreibung und die sich anschließenden Folgerungen müssen zu allen einschlägigen und in weiteren Zusammenhängen zu allen Tatsachen stimmen (z. B. auch zu den anatomisch-histologischen, physiologischen usw.). Andere Möglichkeiten als die Beobachtung und sachgemäße Beschreibung mit logischen Schlüssen hat niemand.

Wir erleben die Individuen (auch) als genetisch verschiedene, ordnen sie demnach in die verschiedenen Entwicklungsstufen ein und beschreiben sie demgemäß. Der Mensch ist ein Reflexwesen, eine ganzheitliche Kombination von Reflexsystemen, zu denen auch die Denkzellen gehören; die Entwicklung des Menschen ist die seiner Reflexsysteme einschließlich Denkzellen. Indem wir also den Menschen auf seinen verschiedenen Entwicklungsstufen beobachten, kommen wir in die Lage, legitime Schlüsse auf sein Bewusstsein zu ziehen, die Entwicklungsgeschichte seiner Anschauung zu gewinnen. Die Beobachteten leisten uns dabei mit ihren Beschreibungen, auch mit den Mitteilungen aus der Erinnerung, gute Dienste. Für uns entfällt die Deutung des Bewusstseins als einer seelisch-geistigen Funktion usw.; wir bleiben durchaus im Physisch-Biologischen, erkennen das Bewusste als Biologikum und beschreiben auch seine Entstehung als biologische Funktion.

Aus der Tatsache, dass jede Einzelheit biologisches Symbol (Merkmal) des Ganzen ist, dem die Einzelheit zugehört, folgt, dass auch jede Anschauungseinzelheit biologisches Symbol der Gesamtanschauung des Individuums ist, das einzelne Bewusste wie die Anschauung überhaupt individualspezifisch ist, die „Totalqualität" als die dem Individuum eigentümliche Abwandlung aller Eigenschaften und Funktionen auch jeder seiner Denkzellen, also auch jeder seiner Aktualitäten zukommt. Und ebenso wie die Organismen gruppieren sich auch die Anschauungen nach der Ähnlichkeit-Unähnlichkeit. In Vergleichen und logischen Schlüssen zeigt sich die Klassifikation der Menschen und ihrer Anschauungen zu den totalistischen und den partikularistischen Gemeinschaften und ihren Anschauungen, also die Gruppierung nach Familie, Stamm, Sippe, Volk, Rasse, nach den phylischen und ontischen Altersstufen, nach dem Geschlecht, ferner nach politischen, sozialen, wirtschaftlichen, beruflichen und weiteren Interessen. So schließen wir z. B. aus der Tatsache, dass das Verhalten primitiver Völker nah-analog zu dem des Kulturkindes ist, dass auch die Anschauungen nah-analog sind; für die Ausarbeitung dieser Analogien werden die erbbiologischen Tatsachen herangezogen, somit genealogische Besonderheiten ermittelt usw. Aus unzähligen Beobachtungen ergibt sich uns die Gruppierung nach gesund und krank. Die kranke Anschauung finden wir bei den vorwiegend funktionell Denkgestörten, weniger ausgeprägt bei den anatomisch Kranken, abgesehen von den anatomisch Hirnkranken. Auch hier sind die wortlichen (oft auch zeichnerischen) Mitteilungen besonders aufschlussreich, indem wir sie mit den entsprechenden Mitteilungen der Kulturkinder und Angehöriger primitiver Völker vergleichen.

Die Beschreibung, die uns ein Mensch von seinem Erleben gibt – sie liegt auf der gleichen Entwicklungsebene wie sein Erleben –, vergleichen wir mit den Beschreibungen, die uns andere Menschen geben, und ordnen sie zur Erarbeitung der Entwicklungsbiologie der Anschauung genetisch ein. Die Psychobiologie beschreibt also auf ihre Weise das Erleben wie das Beschreiben der einzelnen Entwicklungsstufen, die einzelnen Denkweisen, ist sich aber darüber klar, dass diese von Fiktionen freie Beschreibung den magischen Denkweisen nicht eigentümlich ist, grenzt sie vielmehr von anderen Beschreibweisen ausdrücklich ab. Weiterhin: wir beschreiben z. B. die Denkweise des Kindes vom Standpunkt des Erwachsenen mit der Ausführlichkeit und Sachkenntnis des Fachmanns und betonen, dass das Kind diese Ausführlichkeit und Sachkenntnis natürlich noch nicht besitzt. Das Kind denkt selbstverständlich anders als der Erwachsene (eben als Kind), aber jener kann mit seinen Worten das kindliche Denken beschreiben. Der Erwachsene kann sein Denken nicht verlassen und identisch denken wie das Kind, als Kind denken. Er kann aber das Denken des Kindes ausführlicher, in mannigfacheren Formulierungen darstellen, als das Kind mit seiner noch geringen Beschreibungsmöglichkeit es kann, und somit verständlicher machen. Das Denken des jungen Kindes ist primitiv, seine Beschreibung „keimhaft", aber eben diese Tatsache sowie die Art und Weise des kindlichen Denkens beschreibt der Fachmann ausführlich. Wir beschreiben ja auch z. B. die Herztätigkeit des Kindes, ja sogar des Fetus, ohne behaupten zu wollen, dass das Kind überhaupt etwas von seinem Herzen wisse, oder dass es über seine Spiele usw. nach Einsicht und Ausführlichkeit so denke wie der Erwachsene. Wir sagen, dass das ganz junge Kind mit seiner Welt identisch ist, also die unistische Entwicklungsperiode durchlebt, behaupten aber nicht, dass das junge Kind hierüber eine wissenschaftliche Abhandlung schreiben könne, dass es, unistisch erlebend, von diesem Erleben zugleich Distanz haben und es von einer anderen Erlebensweise absetzen könne; wir behaupten nur, dass aus seinem Verhalten einschließlich seiner sprachlichen Äußerungen kein anderer Schluss gezogen werden darf als der auf die unistische Erlebensweise. So lautet die Antwort auf die häufig gestellte Frage, woher der Fachmann denn wisse, wie das Kind anschaue.

Dabei handelt es sich keineswegs um eine Übertragung unserer Einsicht auf das Kind, sondern um die Darstellung, was und wie das Kind erlebt und, soweit dazu imstande, beschreibt. Wir sagen, der Fetus lebt im Uterus, und beschreiben diese Umgebung in zahlreichen Einzelheiten, aber wir sagen nicht, dass der Fetus diese Umgebung als die, die wir kennen, erlebe und wortlich wisse, dass er im Uterus lebe, wir sagen vielmehr, dass er seine Umgebung in der seiner Entwicklungsstufe gemäßen Art, in einer gewissen, ganz primitiven Entsprechung zu der Art, wie wir seine Umgebung kennen, erlebt und noch gar nicht beschreibt. Das Gleiche gilt für die späteren Entwicklungsstufen. Die differenzierte Erkenntnis zeigt, dass alle Erlebnisse Analogien, Hunger-Angst-Schmerz-Trauer-Freude-Reihen sind, dass sie also hierin einheitlich – mit den genetischen, episodischen und weiteren Unterschieden und Verschiedenheiten – zu beschreiben sind. Dass jemand auf einer anderen Differenzierungsstufe erlebt und beschreibt (denkt) als ein anderer Mensch, beweist nicht etwa die Unrichtigkeit des einen oder des anderen Erlebens und Beschreibens, sondern zeigt lediglich entwicklungsbiologische Unterschiede auf.

Die Beschreibung aus der Erinnerung leistet für die Ermittlung der Anschauungsgenese gute Dienste. Erinnerungen an die Kindheit reichen in der Regel höchstens bis etwa ins dritte Jahr, selten auch bin ins zweite, ja vereinzelt bis ins erste Lebensjahr, d. h. es sind aus jenen Frühzeiten noch Begriffszellen erhalten und zu aktueller Funktion fähig, die anderen sind zugrunde gegangen oder soweit involviert, dass sie nur noch traumaktuell werden können. Bei der Auswertung ist freilich zu bedenken, dass auch die noch erhalten gebliebenen Begriffszellen normaliter in der einheitlichen Entwicklungsfront des Gesamtorganismus liegen, ihre aktuellen also keineswegs identisch mit den einstigen sind, sondern nur so nah- oder entfernt-analog zu ihnen, wie die Gesamtdifferenzierung zu den durchlebten kindlichen Entwicklungsstufen analog ist. Es sind aber eben Erinnerungen, und sie lassen einen Schluss auf die einstigen gegenständlichen Erlebnisse zu, deren Erinnerungen sie sind. Alle Menschen wissen, dass sie dereinst Märchen erzählt bekommen und dann Märchenbücher „verschlungen", also im Märchenalter gelebt haben; alle können sich bei einigem Nachdenken im Zusammenhang mit einer dahin aufklärenden Besprechung erinnern, dass sie Gespenster gesehen und gespielt, dass sie gezaubert, Zauberspiele in Hülle und Fülle getrieben, also im Zauberalter (gleich Märchenalter) gelebt haben. Alle haben „Schicksalsspiele", die wir beim Erwachsenen als „Aberglauben" bezeichnen, veranstaltet und so im Kampf mit dem dämonischen Schicksal gestanden usw. Einzelne Erinnerungen sind kennzeichnend für die gesamte „damalige" Anschauungsweise. Diese Erinnerungen beweisen die Richtigkeit des Schlusses, den wir aus der Beobachtung des kindlichen Verhaltens und Beschreibens ziehen: dass das Kind nämlich zaubert, d.h. zaubern zu können, von Zaubermächten umgeben zu sein glaubt, d.h. realiter das Geschehen magisch deutet; hierfür wiederum Beweise aus der Anschauung primitiver Völker. Das Kind braucht weder das Wort Zauber noch Dämon usw. zu kennen oder zu verstehen, darauf kommt es gar nicht an, sein Verhalten und sein Beschreiben bezeugen seine magische Denkweise. Kann also auch ein Erwachsener sich zunächst nicht erinnern, dass er als Kind „Magier" war, so beweist das nichts gegen die Tatsächlichkeit auch seines einstigen Zauberalters – und, wie gesagt, bei einigem Nachdenken werden hierfür zeugende Erinnerungen aktuell (das Nachdenken ist ja eben Präfunktion der betreffenden Begriffszellen, sie fällt in eine Situation der Forschung oder tritt auch außerhalb ihrer ein). Die Worte des Kindes sind gewiss so unpräzis wie das Erleben, die Deutungen sind noch ganz roh, primitiv, sie können aber auf der magischen Denkstufe sozusagen beliebig erweitert werden, wie es ja auch ungezählte Märchen gibt; und diese Erweiterungen kann nun auch der Erwachsene, besonders der Fachmann, ausführen, der dem Partner P sein früheres Denken, das kindliche Denken überhaupt, recht eindringlich klar machen will. Der Einwand „Das habe ich nie gedacht"

beweist nur, dass P sich entweder nicht erinnern kann oder dass er gerade die dargebotene Formulierung nicht „gedacht" hat oder sich ihrer nicht erinnern kann, beweist aber nicht, dass nun gerade er die magische Denkstufe nicht durchlebt habe. Bestreitet jemand, dass er als kleines Kind seinen Kot als wesenseins mit sich selber, somit seine Abgabe als mögliche Vernichtung seines Wesens, seiner Allheit „betrachtet", sein Hottopferd usw. (animistisch) als lebendig aufgefasst, seine Spiele als Schicksalsproben erlebt habe, usw., so hat er darin recht, dass er sich nicht erinnern kann, auch darin, dass er als Kind sein Erleben nicht in den einsichtigen Worten wie der Erwachsene und gar der Fachmann, sondern eben nur in der Kindersprache beschreiben konnte, aber er hat unrecht darin, dass er die Gültigkeit eines allgemeinen menschlichen Tatbestands für sich ablehnt – und ebenso unrecht hat der Forscher, der ihm darin beipflichtet. Das magische Denken denkt grundsätzlich magisch, es kann ja gar nicht unmagisch denken. Das fiktionale Denken ist grundsätzlich fiktional, also nicht realisch, und es ist grundsätzlich unwichtig, welche Fiktionen im Einzelnen vorkommen und wie sie im Einzelnen formuliert sind; wichtig sind solche individuellen Verschiedenheiten nur für die Untersuchung der Entwicklungsbiologie der individuellen Anschauung.

Das Verhalten des Neurotikers ist als infantilistisch erkennbar, somit ist auch seine Anschauung, soweit krank, infantilistisch, also auf der infantilen Entwicklungsstufe zurückgeblieben und auf dieser Stufe hypertrophiert und altersmäßig nuanciert. Auch insofern ist oft die Erkennung dieser Tatsache nicht ganz leicht, als der Neurotiker ja auch fastgesunde Anteile, oft von hohen Differenzierungsgraden, hat, also aus einer zerklüfteten, „geschichteten" Anschauung spricht und handelt. Er kann also *über* sein krankes Erleben ganz sachliche, ja sogar sachverständige (aus Büchern erlesene oder selbstgefundene) Angaben machen; sobald er aber *aus* seinem kranken Erleben spricht, zeigt er es als rohdämonistisch an. Er sagt z.B.: „Es ist zu dumm, zu blödsinnig, ich kann nicht (allein) über die Straße gehen, ich stehe an der Bordschwelle (der Gehbahn) wie festgenagelt, alles zittert in mir usw., dabei weiß ich ganz genau und sage es mir auch andauernd vor: Die Straße ist ja nur die Straße, die tut dir ja nichts usw., aber dieses Wissen ändert nichts an meiner entsetzlichen Angst." Dann fährt er fort, *aus* seinem Erlebnis „Straße" zu erzählen: „Die Straße erscheint mir ganz verschwommen, wie ein Wellengewoge, das mich zu verschlingen droht, oder wie ein Abgrund, der ins Bodenlose führt, es zieht mich hinein, ich falle ins Nichts, aber im letzten Moment kann ich mich zitternd und bebend zurückhalten." Er benimmt sich also ganz so wie das kleine Kind, ja als kleines Kind, das sich auch noch nicht (allein) über die Straße wagt, und in seiner kranken Anschauung ist „die Straße" noch das unheimliche Ungeheuer, das graue Zaubergespinst, das Leben-Tod-Rätsel, das sie für das kleine Kind ist. „Mir graut es vor dem Bett", klagt der Schlaflose und bekennt damit, dass ihm das Bett die gleiche dämonische „Sterbestätte" (einschlafen gleich entschlafen usw.) ist wie dem kleinen Kind. „Ich fühle mich ständig wie vor der Hinrichtung" – damit berichtet der Kranke, dass er als kleines Kind die Umwelt, besonders das Ungetüm „Vater" als die Feind-Dämonie erlebt hat, die ihn schicksälig „auf Leben oder Tod" bedrohte und gegen die nur seine dämonische Angst ihn schützte, usw. Viele Kranke wissen freilich nicht in Worten anzugeben, dass sie in ihrem kranken Erleben „Magier" sind; sie sind es im bewussten Erleben, aber sie wissen den weltanschaulichen Sinn dieses Erlebens nicht, d. h. sie können ihn nicht in Worten angeben, doch ist ihre Beschreibung aus dem kranken Erleben – wiederum oft unwissentlich für den Kranken und den Nichtkenner – Bekenntnis der rohen Dämonie. Das Denken des Neurotikers bewegt sich, soweit krank, im rohen Dämonismus, und alle solche Deutungen treffen als Beschreibung seines kranken Denkens zu, gleichgültig, ob der einzelne Fall sich erinnern kann, diese oder jene Deutung dereinst vollzogen zu haben, oder sie noch vollzieht oder nicht. Ohne die kranke Weltanschauung Erwachsener unmittelbar auf das Kind übertragen, ihm etwa gar die kranke Weltanschauung zuschreiben zu wollen, schließen wir doch legitim aus ihr auf die Denkweise des Kindes und ihre Entwicklungsstufen.

Wir sprechen von *bewussten* und *unbewussten* Erlebnissen. Die Aktualität ist immer nur ei-

ne, die gegenwärtige, und sie ist immer-anders. Unbewusste Erlebnisse (Handlungen usw.) sind solche, die vor dem gegenwärtigen Erlebnis abgelaufen, also nicht mehr bewusst sind, und solche, die nach ihm ablaufen werden, also noch nicht (wieder) bewusst sind. Unzählige Verhaltungen des Individuums M sind M unbewusst, dagegen den Beobachtern bewusst. „*Unbeachtet*" ist so viel wie „unbewusst", meist aber so viel wie „schwachbewusst". Von „bewusst" ist *wissentlich* zu unterscheiden. „Wissen" ist die Funktion der Begriffssphäre; oft wir mit „wissen" im engeren Sinn nur das Wortwissen bezeichnet und auch die ihm entsprechende gegenständliche Beschreibung (das gesprochene oder geschriebene usw. Wort) einbezogen. Die Begriffssphäre ist bei den Einzelwesen verschieden differenziert, jeder hat auch ein spezifisch gering- oder hochdifferenziertes, auch aus weniger oder mehr Worten bestehendes Wortwissen. Eine Handlung kann bewusst sein, aber *unwissentlich* vollführt werden, d.h. die Begriffssphäre ist auch nicht interkurrent aktuell beteiligt, auch das Wortwissen ist unaktuell – oder die Begriffssphäre einschließlich Beschreibung ist noch relativ gering differenziert, sodass es dem Handelnden an Einsicht in die Art seines Tuns und die Zusammenhänge, in denen es geschieht, an Urteil über sein Tun gebricht, er „nicht weiß, was er tut". „Unbewusst" ist also nicht mit „unwissentlich" synonym. In diesem Abschnitt sprechen wir von der Weltanschauung, d.h. von der Art und Weise, wie der Mensch der Welt anschaut, erlebt und wie er sie in seiner Entwicklung dem-„entsprechend" beschreibt.

10.2 Die Sprache des jungen Kindes

Das Sprechen ist eine bestimmte Ausdrucksaktion, an die sich normaliter bestimmte akustische Reihen anschließen, die Buchstaben, Silben, Wörter, Sätze. Über die Differenzierung der *phonetischen* Reflexsysteme siehe 10.2.1 und 10.3.2. Im frühkindlichen Erleben sind auch die akustischen Aktualitäten chaotisch, weder unter sich noch von den Aktualitäten anderer Sensualitäten geschieden. Die frühen phonetischen, wie alle anderen

Aktionen sind sogenannte sensorische Gefühlsausdrücke, und ihnen steht das Lallen noch ganz nahe, auch dauern die Gefühlsausdrücke in Form des Weinens, Schreiens, Jauchzens usw. noch lange fort. Das Lallen ist noch vorwiegend Stimm- und Sprechübung, aber doch schon auch beginnende Beschreibung, ist schon mit Gegenständen, freilich noch ganz unbestimmt, assoziiert, und ebenso wenig wie sich die Gegenstände von den Gefühlen im Phänomenalen abheben, tun dies die Lallwörter und die primitiven Wörter, die Einwortsätze (Ende des 1. Lebensjahrs).

Um die Mitte des 2. Lebensjahrs beginnen die phänomenalen Reihen schon deutlicher im Undeutlichen Gestaltung anzunehmen und die intra- und interzentralen Assoziationen sich in der zunehmenden Vermannigfaltigung zu zentrieren, in der Labilität zu stabilisieren, und so schließen sich auch die Buchstaben und Silben in ziemlich raschem Entwicklungstempo zu allerlei mehrsilbigen Wörtern zusammen, ebenso labil und unbestimmt wie die so beschriebenen Gestaltungen, aber doch schon angedeutet und deutlicher artikuliert, also koordiniert, gegliedert. Das Kind benennt die Gegenstände gemäß seiner phänomenal-phänomenologischen Entsprechung, also „nach eigenem Ermessen", vielfältig anders als später und labil, aber es bilden sich doch allmählich etwas festere Assoziationen heraus, gemäß den Ergänzungen und Berichtigungen, die das Kind von den Erwachsenen auch auf sein beständiges Fragen hin erfährt und zunächst noch ganz unsicher, dann zunehmend sicherer im Unsicheren versteht und verwendet. Es fragt nach dem Was, Wie und Wo, nach dem Hauptwort, aber doch auch schon nach Eigenschaften und Funktionen, und es hat auch schon außer Hauptwörtern allerlei Nebenwörter (Eigenschafts-, Tätigkeits-, Beziehungswörter) zur Verfügung, beginnt neben den Einwortsätzen Mehrwortsätze zu bilden, dann im 3. Lebensjahr auch zu konjugieren, deklinieren, komparieren, zu zählen, später auch die Sätze zu modifizieren (Ausrufe-, Fragesätze usw.) und als Hauptsätze (Parataxe) aneinanderzureihen, endlich gegen Ende des 3. Jahres auch aus Haupt- und Nebensätzen (Hypotaxe) Satzgefüge zu bilden und nach zeitlichen Bestimmungen (wann?), schließlich etwa von Mitte des 4. Jahres

an auch nach kausalen Verbindungen (woher, wozu, warum?) zu fragen.

Im chaotischen Erleben sind auch die Sprachlaute und ihre Reihen (und natürlich auch die anderen akustischen Aktualitäten) „alle eins", vage Verdichtungen des Einheitlichen und somit selber einheitlich, eins auch mit den phänomenalen Gestaltungen, die sich eben nur in die Wörter, Namen usw. umwandeln, (auch) als Wörter, Namen usw. vorkommen. Alle Gestaltungen sind und heißen „da", „dada" (vergleiche dare – geben, „da" so viel wie „gegeben"), aber ebenso gut „mama, amma, papa" usw., dann beginnen sich andeutungsweise und zunehmend deutlicher gewisse Gestaltungen voneinander abzuheben, die eine heißt dann „Mama", die andere „Papa", aber sie können eine Zeitlang auch umgekehrt heißen, alle anderen Gestaltungen gleicher Art heißen auch so oder später „Tanten", „Onkels" usw., viele Wesen „wau-wau" oder „huhu" oder „pipip" usw. Es stellen sich sogenannte Urwörter ein, die ein Gemeinsames angeben, das sich aus dem Einheitlich-Vielen abzuheben beginnt und sich später zu Unterschieden differenziert, demgemäß auch gestisch und wortlich differenziert bezeichnet wird; z.B. „doos" (so viel wie groß) gibt eben nur Größe, nicht aber Größenunterschiede an, treten diese andeutungsweise auf, so sind sie mit „doos" und gewissen mimisch-gestischen Begleitbewegungen assoziiert, die Größe und Kleinheit andeuten, und erst später heben sich Groß und Klein und die Worte hierzu mehr und mehr voneinander ab. Auch das Auf und Ab der Klanghöhe dient als Kennzeichnung von Gestaltungsabstufungen (vergleiche die chinesische Sprache). All das aber geschieht noch im Einheitlichen, das in mancherlei vagen Formen und Figuren da ist, in Gestaltungen, die sich fließend ineinander verwandeln, ohne ihre Einheitlichkeit zu verlieren, die in allen Wandlungen „dasselbe" sind. Auch die Zahlen sind zunächst ungeschieden, „eins" ist „dasselbe" wie „eins und eins …", dann wie zwei oder drei – vage akustische Figuren von implikatem „Zahlenwert"; Ein- und Mehrzahl und Summe entdeckt das Kind erst am Ende der 1. Kindheitsperiode und noch später (es lernt rechnen). Das junge Kind spielt Sprechen, spielt auch mit den Lauten und Wörtern, spielt auch Frage und Antwort, Bitte und Befehl, Wunsch und Erfüllung usw. Frage und Antwort sind nur Abwandlungen der Form im Einheitlichen, ihre Gegensätzlichkeit ist noch keineswegs entdeckt, aber natürlich keimhaft vorhanden. So fragt das junge Kind, ohne eine Antwort (im erwachsenen Sinn) zu erwarten und die gegebene Antwort als so, wie sie gegeben wird, zu verstehen; es kann sich auch selbst antworten – ein Hin und Her im einheitlichen Flusse. Zu diesem einheitlichen Fluss gehören auch die Wandlungen der Fragewörter (was, wie, wo usw.) und der Antworten, die Satzbildung und ihre Entwicklung, die Formen der Deklination, Konjugation usw., die Aussagen als richtig und falsch, gut und böse, als Wahrheit und Lüge, die Identität von Wort und Tat, Name und Namensträger usw. – kurz, die frühkindliche Welt differenziert sich wesentlich nicht über das chaotische Ineinander hinaus, bereitet sich aber allmählich auf, bis mit dem Übergang in die 2. Kindheitsperiode der Entwicklungsgrad der Individuation erreicht wird. Die frühkindliche Beschreibung kann „konkret" genannt werden in dem Sinn, dass sie mit dem Beschriebenen noch „eins" ist und erst allmählich sich andeutet, dann deutlicher im Undeutlichen von ihm abhebt, sowie in dem Sinn, dass Abstrakta noch nicht vorkommen.

Die *grafischen* Reflexysteme, also die optische Sprache (Schreiben und Lesen) gliedern sich später aus als die phonetischen Reflexsysteme, also die akustische Sprache, doch sind die frühkindlichen Schmierereien mit Kot, Harn, Speichel und anderen „Farbstoffen" Vorstufen einerseits der kindlichen Zeichnungen, andererseits der kindlichen Buchstaben. Auch hier ist Abmalung als Zeichnung wie als Schrift „eins" mit dem Abgemalten, Bild „eins" mit dem Abgebildeten, Name „eins" mit dem Benannten (mit der Zeichnung wird der Gezeichnete zerrissen usw., vergleiche primitiv-phylische sowie abergläubische Auffassungen), doch beginnen sich in dieser Einheitlichkeit allmählich Abstufungen einzustellen und Sonderungen vorzubereiten.

10.2.1 Das Sprechenlernen

Auch das Sprechenlernen ist reine Entwicklungstatsache. Es wird nicht durch „den Geist" oder durch Vorsprechen usw. verursacht. Wo sich die Sprechreflexe nicht entwickeln, nützt selbstverständlich alles Vorsprechen nichts. Wohl aber entwickeln sich die Sprechreflexe des Kindes normaliter im zeiträumlichen Zusammenhang mit sprachlichen Äußerungen älterer Menschen. Die Frage, ob ein Kind auch sprechen lernen würde, wenn es allein bliebe, ist rein fiktional; man glaubt, vereinzelte pathologische Fälle „erklärend" auf die Norm übertragen zu dürfen. Ein Kind, das nicht sprechen lernt, dessen Sprechreflexsysteme sich also nicht normal entwickeln, ist eben abnorm – und ob ein solches abnormes Kind isoliert oder in der Gemeinschaft aufwächst, ist hinsichtlich der Phonetik natürlich gleichgültig. Ebenso ist ein Kind abnorm, das isoliert (etwa von unmenschlichen Eltern im finstern Kellerloch gehalten) aufwächst, und ein solches Kind (vergleiche den – fragwürdigen – Kaspar Hauser) kann auch sprachlich unentwickelt bleiben – nicht etwa, weil ihm nicht vorgesprochen wird, weil der „äußere Reiz" fehlt, der sonst auf nur magisch „erklärbare", somit unerklärliche Weise das Kind angeblich zum Sprechen bringt, sondern eben als auch phonetisch abnormes Wesen. Ein normales Kind wächst niemals isoliert auf, es ist also eine ganz müßige Frage, ob das normale Kind sprechen lernen würde, wenn es isoliert bliebe – müßig insofern, als ja dann dieses Kind eben nicht normal ist!

Auch die Aktionen des Sprechapparats sind zunächst Gefühlsausdrücke: Schreien, Weinen, Wimmern, Schluchzen usw. als Hunger- oder Angst- oder Schmerz- oder Trauerausdruck und je nachdem nuanciert, Krähen, Jauchzen, Vorstufen des Lachens als Freudeausdruck. Allmählich wird auch hier der sympathogene Anteil der sensorischen Reflexe etwas geringer: das *Lallen* setzt ein, ebenfalls als Hunger-Angst-Schmerz-Trauer-Freude-Ausdruck und demgemäß spezifisch, auch hinsichtlich der Periodik. Der sympathogene Anteil ist aber noch sehr groß und steigert sich gemäß der schwankenden Intensität der Reflexe zeitweise zu den hohen Graden des Schreiens usw., begleitet von konsensuellen mimischen und gestischen Bewegungen. Die Sprechmuskeln werden über die verschiedenen Sinnesgebiete innerviert. Es bilden sich auch die kortikalen Assoziationen von den einzelnen Rindenzentren zum motorischen Feld, also auch zu den Neuronen, die zu den Sprechmuskeln leiten. Die begleitenden (kettenmäßig angeschalteten) mimisch-gestischen Bewegungen nennt man *Gebärdensprache,* auch sie differenziert sich aus Vorstufen allmählich heraus, bleibt aber noch lange im Niveau des Unklar-Vagen. Diese Bewegungen unterscheiden sich nach Reihenfolge, Intensität, Rhythmus usw. von sonstigen Aktionen der gleichen Muskeln, z.B. beim Spiel, später bei der Arbeit.

Schließen sich an phonetische Reflexe der Mutter (usw.) die analogen Reflexe des Säuglings an, so nennt man den Vorgang *Nachahmung.* So spricht die Mutter eine Lautreihe, ein Wort „vor", und der Säugling ahmt die Lautreihe, der ältere das Wort in seiner primitiven Weise „nach"; hierbei sind „vor" und „nach" zeiträumlich, als Bezeichnungen der Prä- und Sukzedenz zu verstehen: Der Anfang, Ausgangspunkt, die Ur- oder Vor-Sache in dieser zeiträumlichen Reihe ist das Sprechen der Mutter, daran schließen sich die akustischen Aktualitätenreihen „Wort der Mutter" bei Mutter und Kind, dann folgt das Sprechen des Kindes und zuletzt sein „Wort" (die Nachahmung) als seine und der Mutter akustische Aktualitätenreihe, die der ersten (dem Wort der Mutter) bei aller Primitivität so ähnlich ist, dass wenigstens Mutter und Kind sie als nachgeahmt erfassen. Falls die betreffenden akustischen Reflexsysteme des Säuglings noch nicht bis zum aktuellen Funktionsgrad entwickelt sind oder falls sie nur jetzt unaktuell funktionieren, hört natürlich der Säugling weder das Wort der Mutter noch sein eigenes „Wort", gleichwohl kann eine Koinzidenz der beiderseitigen akustischen Reflexe vorliegen und der Säugling primitive phonetische Bewegungen ausführen, Vorstufen der späteren, die dann auch mit akustischen Aktualitäten verbunden sind. Dass die Reflexe des Menschen, also in primitiver Weise des Fetus und des Säuglings usw. den Vorgängen der Umgebung, also akustische Reflexe bestimmten akustischen Vorgängen entsprechen, wurde schon früher gesagt, und dass

auch die Hochfunktionen analoger Reflexsysteme vielfach bei mehreren und vielen Menschen, besonders bei denen, die zusammen eine „Masse" (Gemeinschaft) bilden, ungefähr koinzidieren, ist nicht ein Wunder, sondern eine Tatsache, die uns aus der Gleichartigkeit der menschlichen Organisation verständlich ist (umgekehrt wäre es ein „Wunder", wenn die Koinzidenz nicht vorkäme!).

Bemerkenswert ist es, dass sich nur an die phonetischen Reflexe (die Sprechbewegungen und ihre Vorstufen) die akustischen Reflexe, deren Aktualitäten die Sprachlaute (Buchstaben und ihre Reihen) sind, anschließen, nicht an andere Muskelaktionen. Ferner: (Auch) die phonetischen Reflexe laufen im primitiven Alter sehr oft, im späteren Alter weniger oft zwei- oder mehrmal hintereinander ab, es werden also die gleichen Buchstaben, Silben, dann auch Wörter, später Sätze (meist bestimmte Formeln, aber bei gewissen Neurotikern auch „gewohnheitsmäßig" ganze Sätze) entsprechend oft wiederholt: Vorstufen des *Reimes.* Ferner: Die phonetischen Reflexe sind ebenfalls Hunger-Angst-Schmerz-Trauer-Freude-Reihen, wobei das eine oder andere Stadium mehr oder minder überwiegen kann (phonetische Hunger- oder Angsterlebnisse usw., vollständige und unvollständige). Man sieht es dem Kind oft an, dass es sprechen möchte, also Sprechhunger hat, aber „es kommt nicht dazu"; hier liegt entweder eine noch zu geringe Entwicklungsstufe des sensorischen Sprechapparats vor oder die Hochfunktion läuft vorwiegend im zugehörigen sympathischen Gebiet mit inneren und mimisch-gestischen Ausdrucksweisen ab oder an das Hungerstadium schließt sich ein intensiveres Angst- oder Schmerzstadium an, also Sprechangst und Sprechschmerz mit solchen sympathisch-sensorischen Ausdrucksweisen, bei denen oft „kein Laut zustande kommt". Solche Sprechversuche finden oft statt, wann die phonetischen Reflexe in eine neue Reihenfolge (Koordination), entsprechend neuen Buchstaben oder neuen Silben oder Wörtern, übergehen; der Versuch wird normaliter wiederholt, bis er gelingt, d.h. die neue Reihe komplett abläuft, abnormaliter wird „das Neue" überhaupt nicht oder mit zu viel Mühe bewältigt: Vorstufen zu später manifesten Sprechstörungen (Stottern usw.) oder schon solche manifesten Störungen.

10.3   Die Sprache des älteren Kindes

Am Ende der 1. Kindheitsperiode haben sich die grammatischen Grundformen als Abstufungen im Einheitlichen abgehoben und werden nun zu Individuen, die sich voneinander wie von anderen akustischen Reihen und mit diesen von den Individuen der übrigen Sinnesbezirke deutlicher absetzen, sich als aus Teilen bestehende „artikulierte" (articulus – Gelenk, Glied) Buchstaben-, Wort-, Satzgestalten mit vielerlei Veränderungsmöglichkeiten erweisen und selber Teile interzentraler Gestalten sind. Die Entfernung ist verschieden, je nachdem das Kind selber oder ein anderer spricht und wie weit diese anderen jeweils entfernt sind; dabei sind Stimme und Sprache in jedem Fall so anders, dass man den Sprechenden daran mit zunehmender Sicherheit erkennen kann. Die Lautheit steht mit der Entfernung in gewissem Zusammenhang, doch kann sie auch bei verschiedenen Entfernungen gleich sein. Stimme und Sprache sind also mit optischen Individuen verbunden und wie diese Individuen verschieden, also Stimme und Sprache der Menschen (jedes Menschen, auch des Kindes, des Jugendlichen und Erwachsenen usw.) von der „Sprache" der Tiere (jedes Tieres, z.B. „Wie spricht der Hund?", aber der Kanarienvogel singt „in der Vogelsprache", und zwar anders als der Buchfink usw.), der Pflanzen (jeder Pflanze, z.B. flüstern die Bäume im Walde, im Winde schütteln sie die Köpfe und raunen sich allerlei Geheimnisse zu usw.), der Sachen (jeder Sache, z.B. heult der Wind, brüllen Sturm und Meer, knirschen die Steine, weint die Geige, brummt der Bass usw.) – kurz, alle Wesen sprechen je auf ihre Weise, und man kann diese Sprache sehr wohl, wenn auch noch unklar, unterscheiden, auch ungefähr erraten oder verstehen, was die Wesen einander und dem Kind erzählen, ja man kann Tiere, Pflanzen und Sachen sogar oft besser verstehen als die Menschen, besonders die großen und die fremden, obwohl die Großen behaupten, die Menschen allein könnten sprechen, die anderen Wesen hätten keine Sprache, wenigstens keine verständliche. Nach und nach wächst auch das Kind aus dem Alter, in dem es alle Sprachen „versteht", heraus und lernt die Niveauunterschiede zwischen der menschlichen Sprache und den tierischen Lauten und den Geräuschen der Pflanzen und der anorganischen Dinge kennen.

Es stellt sich ferner zunehmend deutlich heraus, dass die Worte, verschieden je nach dem sprechenden Wesen, etwas Bestimmtes „meinen", bezeichnen, beschreiben. In vielen Einzelheiten ist dieser Zusammenhang schon gewohnt und bekannt, in vielen anderen sind die Assoziationen noch labil, mehrwegig, werden aber allmählich sicherer. Ein Zusammenhang besteht auch zwischen den „Schriftzeichen" (wie die Erwachsenen sagen) und den Worten, man entdeckt, dass Vater einen Brief, etwas aus der Zeitung vorliest, aber auch nachdem das Kind selber schreiben und lesen gelernt hat, bleiben der funktionelle Zusammenhang und die Übereinstimmung zwischen grafischem und phonetischem Wort schwer rätselhaft. Der Worte werden immer mehr, sie werden auch anders, sie nähern sich der Beschaffenheit an, die die Worte der Großen haben. Aus dem Wauwau wird der Hund, und der Hund wird ein Schäferhund und ein Spitz und ein Teckel usw.; das Wort „Haus" klingt anders vom Kind und anders vom Erwachsenen, und dazu wird das Haus vom Achtjährigen ausführlicher, eingehender beschrieben als vom Fünfjährigen. Die Beschreibung zentriert sich gemäß der Zentrierung des Beschriebenen, und die Assoziationen sondern sich mehr und mehr zu Haupt- und Nebenwegen, entsprechend den Haupt- und Nebensachen an einem Individuum, einem Erlebnis. Die trophische Stimme und Sprache hebt sich mehr und mehr von der genischen ab, die Berufs- von der Liebessprache, die Alltags- von der Feiersprache. An der Stimme lernt das Kind die Stimmung, an den Wortgefügen die Gefühlsspezies, zu der sie genetisch gehören, immer sicherer abschätzen, also z.B. Hunger- von Angst-, beide von Schmerzworten und -sätzen usw. unterscheiden. Gemäß dem Ausbau der interzentralen Assoziationen baut sich die Konfluenz der Beschreibung aus. Die zunehmende Ausführlichkeit der Beschreibung ist nicht bloß eine Entwicklung in die Breite, eine Wortvermehrung auf gleichbleibendem Differenzierungsniveau (wie es abnormaliter der Fall ist), sondern zugleich eine stetige krisische Erhöhung des biologischen Niveaus; diese Tatsache ist sehr zu betonen: Wer sie nicht kennt, wird die Rede des neurotischen Schwätzers, die ja auch die üblichen menschlichen Worte gebraucht, ernst nehmen und vielleicht sogar bewundern, während es sich tatsächlich nur um hypertrophierte Kindersprache (Plattheiten, Gemeinplätze, Selbstverständlichkeiten) handelt und dazu um hypertrophiertes Geschrei oder Lallen. Die Beschreibung des gesunden älteren Kindes ist zwar noch sehr vorwissenschaftlich, aber doch von der primitiven Naivität des jungen Kindes deutlich unterschieden, eine Annäherung an die populärwissenschaftliche Beschreibung und bei manchen (den so spezifischen) Kindern schon als Vorstufe künftiger Wissenschaftlichkeit (auf gewissen Gebieten) erkennbar.

Im ersten Abschnitt der 2. Kindheitsperiode (etwa bis ins 7./8. Jahr hinein) lebt das Kind im *Zauber-Märchenalter.* Alles Geschehen ist Zauber-Märchen, zauber-märchenhaft, so auch alle Beschreibung. Nicht also, dass das Kind bloß Märchen als formulierte Erzählungen (dem jeweiligen Alter entsprechend) ersinnt und hört, auch die Alltäglichkeit ist voll Zaubers. Die formulierten Märchen sind sozusagen nur das Extrakt. Das „es war einmal" ist magisch „zeitlos", d. h. zeitlich unbegrenzt. „Aufklärungen", die Märchen seien „nicht wahr", werden als Märchen aufgefasst. Der Satz des Kindes „Gib mir eine Schnitte Brot!" klingt durchaus „rational", aber man darf die Sätze des kleinen Kindes nicht mit gleichlautenden des älteren Kindes und des Erwachsenen identifizieren. Die Sprache des kleinen Kindes liegt eben in der magischen Weltanschauung, und so ist auch die genannte Bitte eine magische Formel, und auch die Mutter, das Brot, das Schneiden, die Schnitte, das Darreichen, das Nehmen und Essen sind Zauberdinge und Zauberwirken – nicht anders als der Zauberteppich, auf dem man im Nu durch die Lüfte saust, das Zauberpferd, die Wunderlampe des Aladin usw., die Mutter ist der große Zaubergeist, der dem Kind dienstbar ist, und die Bitte des Kindes ist die Zauberformel, in der sich der Anspruch auf die Dienstbarkeit äußert und erfüllt. Das Lesen und Schreiben, das das Kind vor oder in der Schule zu lernen beginnt, sind nicht weniger als das Beschriebene Magisches, die Buchstaben, Worte und Sätze die Zahlen und das Rechnen also magische Formeln, die das Kind

magisch bewältigen muss – usw. Über eidetische Szenen, Träume usw. wird märchenhaft berichtet. *Märchen sind nicht Lügen,* sondern die Erlebnis- und Beschreibweise des kleinen Kindes.

Das Märchenalter geht über in das *Sagenalter:* Die Jungen ersinnen, hören und lesen (ihrem jeweiligen Alter entsprechende) Götter- und Heldensagen (Indianerbücher, Piratengeschichten, Robinsonaden, dann Erzählungen „von kuener recken strîten", von tollen Gefahren, die der Held besteht), aber die Helden sind Schützlinge der Götter, Träger göttlicher Mächte, Lieblinge des Schicksals – oder von Göttern, Schicksalsmächten Verfolgte, aber auch so ihnen ebenbürtig. Die Mädchen bevorzugen Bücher, die von der Heldenhaftigkeit der Frau und von der Ritterlichkeit des Helden der Frau gegenüber berichten, und auch da sind die himmlischen und höllischen Mächte, die guten und bösen Götter-Dämonen die eigentlichen „treibenden Kräfte". Solche Sagen sind wiederum sinnangebende Extrakte, Musterbeispiele aus dem Alltag, der in seiner Gesamtheit mythologisch-dämonistisch ist. Die Frage „Warum?", Kennwort der dämonistischen Deutung jeden Verdünnungsgrades, setzt ein mit dem Aufdämmern des animistisch-magischen Denkens und erhält sich bis in das Kausaldenken des ungelehrten und gelehrten Erwachsenen.

Die dämonistisch deutende Beschreibung – sie wird selber auch so gedeutet – ist nicht mit einer abstrakten Beschreibung zu verwechseln. Die Beschreibung des Kindes ist vielmehr zunächst nur *konkret.* Erleben und Beschreiben ist im chaotischen Zeitalter noch ungeschieden, dann andeutungsweise abgestuft, in dieser Art so konkret, erlebnisnah wie möglich, nämlich erlebniseins, dann erlebnisgleich. Auch im primitiv-dämonistischen Denken sind Ding und Wort zwar schon physisch unterschieden, magisch aber noch wesenseins, das Wort kann für das Ding (d. h. die bezeichnete Person usw.) stehen, dieses kann sich in jenes verwandeln, der Name hat die gleiche magische Kraft wie die so benannte menschliche, tierische, pflanzliche, anorganische „Persönlichkeit". Das Kind fasst die Wörter „wortwörtlich" auf. „Der Film läuft schon vier Wochen" – wird er gar nicht müde? „Jemandem den Rücken kehren" – dazu braucht man einen Besen. „Der Mai ist gekommen, die Bäume schlagen aus" – wo ist Herr Mai? Er soll eintreten (vergleiche Maius, Maia), aber wenn die Bäume ausschlagen, muss man sich doch sehr vorsehen, dass man nicht eins abkriegt. „Der Wind heult" – warum denn? Haut ihn jemand? Heulen kann doch nur ein Wesen, das geprügelt wird, aber vielleicht macht „der Wind" (Dämon) nur „Huhu!", um die Leute zu erschrecken, usw. Die Eltern gehen zu einem Tanzvergnügen, sie sagen „zum Ball" – spielen denn die Großen auch noch Ball? Bitte bringt mir den Ball mit! (Das ursprüngliche Tanzfest war mit Ballspiel verbunden.) „Was ist am Himmel, wenn ich das Blaue herunter gefragt habe?" Vom „Kindermund" gibt es zahllose Beispiele als Belege für die konkrete Beschreibweise des Kindes.

Die konkrete Beschreibung ist erlebnisnah, d. h. steht dem Beschriebenen konstitutiv nahe. Die *abstrakte* Beschreibung steht dem Beschriebenen konstitutiv ferner. Ein Abstraktum ist ein Hauptwort, das analoge Eigenschaften und Funktionen mehrerer oder vieler oder aller Individuen zusammenfassend angibt, nicht aber selber Name eines Individuums ist. Abstraktion ist die Zusammenfassung analoger Eigenschaften und Funktionen mehrerer (usw.) Individuen in einem Hauptwort, das selber nicht Name eines Individuums ist. Die konkrete und die abstrakte Beschreibung verstehen wir aus der biologischen Struktur und Funktion der phänomenal-phänomenologischen (Ding – Wort) Assoziationen. Die Grade der Abstraktion sind die Grade der konstitutiven Entfernung der Worte von dem Beschriebenen. Konkret ist z. B. die Angabe: die Rose ist rot. Geringabstrakt sind Wörter wie Röte, Größe, Länge, Farbigkeit, Differenzierung, Entwicklung usw. Höherabstrakt sind Wörter wie Tugend, Frechheit, Güte, Tapferkeit, Sitte, Glaube, Recht, Einigkeit usw. Höchstabstrakte Wörter sind z. B. Leben, Tod, Sein, Werden, Vergehen, Gesundheit, Krankheit, Norm, Abnorm, Nichts, Etwas usw. „Etwas" ist da nicht ein Einzelding, sondern Bezeichnung für alle Einzeldinge ihrem Wesen nach; analog „Nichts" als Bezeichnung des dem „Etwas" Polar-Gegensätzlichen. Viele Abstrakta sind zuerst Konkreta und entfernen sich genetisch mehr und mehr aus der Konkretheit, viele Abstrakta werden auch in der konkreten Beschreibung verwendet, z. B. „die

Schönheit dieser Frau ist größer als ihre Tugend", auch werden Abstrakta „allegorisch" „versinnbildlicht", z. B. der Tod als Knochenmann mit der Hippe. Gattungsnamen, Artnamen stehen den Abstrakta nahe, Kollektivbezeichnungen wie Versammlung, Verein, Gruppe, Tierwelt, Menschheit usw. sind nicht Abstrakta, sondern Namen für ein individuales Gesamt (eine Gemeinschaft). Abstrakta sind zwar eine Art Kollektivbezeichnung (sie geben gemeinsame Merkmale an), aber die eigentlichen Kollektivbezeichnungen (Klassifikationswörter) sind nicht Abstrakta. Die Tierwelt z. B. ist die Gesamtheit der Tiere, alle Tiere existieren als Individuen, und ihr Gesamt ist ein individualer Kreis, der den Namen Tierwelt führt. Dagegen gibt es kein Individuum, das den Namen Gesundheit oder Norm oder Nichts usw. führt.

Bezeichnungen für das Metaphysische sind wiederum nicht Abstrakta, sondern Konkreta, die man zur Bezeichnung des ins Physische hineinfingierten Metaphysischen aus der Objektbeschreibung entliehen hat. Das Wort „Gott" z. B. ist für das kleine Kind konkreter Name für ein Wesen, wobei es rätselhaft bleibt, wer „gemeint" ist. Der vierjährige Peter fällt; Mutter sagt: „Siehst du, Gott hat dich fallen lassen, weil du ungezogen warst." Peter denkt nach, und als er bald darauf wieder fällt, ruft er missmutig aus: „Oller Gott!" – Der vierjährige Karl spricht von Gott. Jemand fragt ihn: „Wo ist denn Gott?" Karl umherzeigend: „Da – und da – und da – und da!" Frage: „Kann man ihn denn sehen?" Karl: „Jetzt ist er auf dem Dach, jetzt sitzt er auf dem Baum, jetzt (lachend) auf deiner Nasenspitze …" Frage: „Was ist denn Gott?" Antwort: „Ein Räuber." Das kleine Kind erlebt zwar die „Dinge" (Gefühle, Gegenstände und Begriffe) als animistisch-magische Wesen, aber es hat noch keine Wörter für die Bezeichnung des Metaphysischen reserviert. Gott ist zwar unsichtbar, aber das tut sozusagen seiner Sichtbarkeit, seinem gegenständlichen Sein keinen Abbruch. Immerhin beginnt schon das Rätsel aufzukeimen, dass es Wörter gibt, die nicht die Wesen selber, sondern ein hinter oder in ihnen Verborgenes bezeichnen, z. B. „Leben", „Gott", „Allmacht", „Schicksal", „Zauber", sodann Wesen hinter und in den Wesen bezeichnen, z. B. „Geister", „Seelen", „Götter", „Teufel", „Leben" und „Tod" als Dämonen, „Lebens- und Todesboten", „Engel aus dem Himmel" oder „Bengel aus der Hölle", „Feen und Hexen", wobei Himmel und Hölle selber metaphysische Räume sind. Und weiterhin organisiert sich die jenseitige Hierarchie gemäß der diesseitigen: An der Spitze der Dämonen-Götterwelt steht „der Gott", der Dämonen-Teufelswelt „der Teufel", wie diesseits an der Spitze der Vater-Herr steht, bald vom Gott, bald vom Teufel beseelt. All diese Wörter bleiben aber Konkreta. Einzelne dieser Wörter, wie „Leben" und „Tod", werden nach und nach zu Abstrakta – umso mehr, je mehr sich der Dämonismus verdünnt, und ganz und gar im kognitiven Denken (in dem aber erkannt wird, dass auch diese Wörter in gewissen Denkstufen als Konkreta gebraucht werden).

Das Kind beschreibt also zunächst nur konkret, allmählich erweitert-erhöht sich die Beschreibung – gemäß der fortschreitenden Differenzierung der Wortbezirke und ihrer Assoziationen zur Phänomenalität – auch bis in die Abstraktion; diese entwickelt sich dann weiter und erreicht bei manchen (den so spezifischen) Jugendlichen und dann Erwachsenen, besonders den Gelehrten, hohe Grade der Differenzierung.

Die *Klassifikation* vollzieht sich aus den Vergleichen der Individuen nach der totalen und der partikularischen Ähnlichkeit; diesen phänomenalen Vergleichen entspricht die klassifizierende Beschreibung mit Angabe des Tertium Comparationis, oft auch eines Namens, der für die Klasse und für jedes zu ihr gehörende Einzelwesen gilt. Klassifikation setzt also die Explikation vergleichbarer Einzelheiten voraus. Vor der Explikation – keine Klassifikation. Im chaotischen Erleben und Beschreiben sind alle Einzelheiten noch implizit. Die Klassifikation setzt mit der Individuation ein. Sie ist zunächst ganz primitiv, wie es die Individuen und ihre Einzelheiten sind, wie ja auch die Wörter erst anfangen, sich zu unterscheiden. Zudem werden alle Dinge, auch Ding und Wort, als animistisch-magisch identisch aufgefasst. Alles, was „wauwau" macht, ist eine noch unklar abgegrenzte Gruppe im Magisch-Identischen, jedes Individuum, das „wauwau" macht, auch der Mensch, ist ein Wauwau und dieser Gruppe angehörig, und der Laut und Name „wauwau" sind für das Kind vielen anderen Lauten ähnlich, ja gleich,

und alle diese Wesen kommen in diese Gruppe; in ihr gliedert sich dann eine eigentliche Gruppe „wauwau", die nun „Hund" heißt, von anderen Gruppen ab. Alles „Große" gehört zu einer Gruppe, und diese ist von der Gruppe „klein" noch unscharf unterschieden, wie das Wort „groß" mit einer entsprechenden Geste auch ein Kleines bezeichnen kann (zehn Meter groß – fünf Zentimeter groß gleich klein), vergleiche den „Gegensinn der Urwörter"; auch die Assoziationen zu den Wörtern „groß" und „klein" sind noch variabel. Dann bildet sich die Komparation „größer – kleiner" (usw.) heraus, und mit diesen Wörtern sind sowohl die beiden Gruppen wie auch die zu ihnen gehörenden Einzelwesen assoziiert, die sich immer deutlicher präsentieren; dabei bleibt aber (für alle Zeit) „groß" als Kollektivbezeichnung für die zu einer Gruppe gehörenden Individuen, die größer sind als die zu einer verglichenen Gruppe „klein" gehörenden. Analog ist „warm" so viel wie „wärmer als …", aber auch Kollektivwort für „die Wärmegrade" (gegenüber den „Kältegraden") oder auch für bestimmte mittlere Wärmegrade. „Papi hat Ferien – haben alle Papis Ferien?", fragt der vierjährige Fritz – usw. Im kollektivischen Zeitalter sind auch die Namen noch kollektivisch. „Karl" ist zwar „mein Name", „ich bin Karl", aber „Karl" ist von anderen Namen zunächst noch ebenso wenig unterschieden wie „mein" und „dein" überhaupt, die magische Verwandelbarkeit der Individuen gilt auch für ihre Namen, die ja eben für die Individuen stehen; zudem gibt es viele Karle, eine Gruppe „Karl", und erst nach und nach heben sich die Menschen, die Karl usw. heißen, schärfer voneinander ab, wird „Karl" usw. präziser zum individuellen Eigennamen. An die Stelle des Vornamens tritt etwa im vierten Jahr in der Selbstbezeichnung das Wort „ich", aber zunächst ist auch „ich" vom „du" noch wenig unterschieden, alle Wesen sind „ich" oder „du", und erst nach und nach heben sich „ich" und „du" klarer voneinander ab. „Ich gehe zu uns", sagt die fast vierjährige Else; „uns": das sind die Nachbarn der Eltern. Gemäß der Mehrung und Zentrierung der Eigenschaften und Funktionen, also dem Aufrücken der Individuen auf höhere biologische Entwicklungsstufen, werden die primitiven Gruppierungen zu reiferen Klassen, die Gemeinschaften,

Gattungen, Arten grenzen sich schärfer voneinander ab – und in ihnen die Einzelwesen, somit auch ihre Beschreibungen, unbeschadet der Homonymie, Synonymie, Metaphorie, Umschreibung usw., die sich natürlich auch präzisieren.

Mit Einsetzen der Individuation beginnen sich die drei Beschreibweisen, die *pragmatische, ethische* und *ästhetische,* zu differenzieren, und zwar gliedert sich die pragmatische der ethischen und beide der ästhetischen vorauseilend aus. Schon früh kommt es zu normativen Urteilen, zu primitiven Klassifikationen nach richtig und falsch, gut und böse, schön und hässlich, insgesamt also nach normal und abnormal, gesund und krank. Wie alles Beschreiben, so ist auch das Urteilen noch ganz unsicher und gewinnt erst allmählich an Sicherheit, gemäß der Explikation der Individuen und der Mehrung, Zentrierung und Stabilisierung der phänomenal-phänomenologischen Assoziationen. Demnach erweitert, erhöht und verfestigt sich auch der *Wortsinn,* die Wortbedeutung. „Wortsinn" ist einmal die spezielle Assoziation des Wortes zu dem mit ihm bezeichneten Phänomen; z.B.: „Baum" bedeutet eine bestimmte Pflanze, bestehend aus Wurzeln, Stamm, Blattkrone, tragend Blüten und Früchte, verarbeitbar zu Brettern usw. Sodann ist „Wortsinn" die Beschreibung des Wortes selber, die Wortanalyse, die philologische Beschreibung; z.B.: Woher kommt das Wort „Baum"? Wie kommt es, dass das Wort so lautet, wie es lautet? In beiderlei Art fragt das Kind: Warum heißt der Baum Baum? – doch differenziert sich zumeist lediglich die Assoziation zum gegenständlichen Baum aus, seltener und jedenfalls später die Wortanalyse, in einer Vorstufe beim Erlernen fremder Sprachen.

10.3.1 Wortzauber

Wie das Bild, die Zeichnung ist auch der Buchstabe, das Wort zauberkräftig, mit dem Bezeichneten magisch identisch. Wer „Baum" heißt, ist ein Baum und stammt vom Baum ab (vergleiche Totemismus). Wer „Kalb" genannt wird, ist auch als Mensch ein Kalb, und die Kuh-Muh ist seine Mutter. Wer Hahn heißt, ist ein Hahn, kräht usw. Der Name *ist* der, der so heißt. Wie einer heißt, das ist er. Vom „Ding" (ganz allgemein, also ein-

schließlich Mensch) geht wohl ein Zauber auf mich über, der sich in meiner Beschreibung auswirkt – oder ist es mein Eigenzauber, der das Ding in seinen *Namen,* in seine *Beschreibung* verwandelt und so „festmacht"? Schreiben (Be-schreiben) ist Zauberei wie Lesen, Sprechen („Be-sprechen") usw. Das Ding fordert mich wohl heraus, es steht vor mir und *fragt, prüft* mich stumm oder laut: Wer bin ich? Löse mein Rätsel! Sein Zauber zwingt mich, zu *antworten,* den Namen usw. zu nennen – warum und wozu sonst gäbe es Namen, Wörter und Sätze? Mit Nennung seines Namens habe ich den Fragezauber, der allemal auch nur Lebens- und Todeszauber ist, „erkannt", somit überwunden, „mich *behauptet*", das Frageding in meine Gewalt bekommen; kann ich die Frage nicht beantworten, so bin ich unterlegen, magisch in der Gewalt des Fragers (vergleiche Mime und Wotan in „Rheingold"), mein Zauber ist gebannt, aber ist das Ding, das mich bannt, nicht auch von mir gebannt, ist der geringere Zauber nicht auch Zauber und gerade fähig, den stärkeren Zauber so festzumachen, dass er den geringeren nicht loslassen kann, sonst würde ja der unterlegene Zauber entwischen? Übrigens kann ich den Fragezauber auch so bannen, dass ich ihn unbeachtet lasse, ihm den Rücken kehre, ihn negiere, so tue, als ob es sich bloß um eine geringe Frage handele, die zu beantworten keine Verpflichtung bestehe, vor ihr die Augen und Ohren schließe und sie so wegzaubere. Der Magier ist niemals um eine Wendung verlegen, die es „erklärt", dass er gegenüber dem Fremdzauber weiter existiert; Zauber kann ja eben nicht „vernichtet" werden, er ist realiter ja bloß Deutung des Geschehens, und dieses geht eben weiter seinen (biologischen) Gang.

Zunächst sind die Worte mehr allgemein, dann aber muss man den richtigen Namen wissen, nur der „zieht". Ist die Benennung falsch, so bin ich nicht nur in der Gewalt des Fragedings, sondern obendrein zitiere ich das andere Ding, das ich genannt habe, herbei, wenn auch nicht immer „leibhaftig". Man kann den Fragezauber „überstürzen" mit einer Gegenfrage, man kann ihm sogar zuvorkommen, die Gegenfrage kann auch nur gedacht sein. Man kann die Frage auf sich beruhen lassen: Die Dinge sind ja sowieso fragwürdig, sie „müssen" also Fragen stellen, auf die man nicht zu antworten braucht. Die Antworten sind ohnehin nur umgewandelte Fragen, sie spinnen das Zauberspiel nur weiter. Die Großen verstehen oft gar nicht, was ich frage und wissen will; sie antworten mit einem Kauderwelsch, womit ich nichts anfangen kann, sie wissen es entweder nicht besser – dann brauche ich sie nicht zu fragen, oder sie sagen es bloß nicht besser (aus Angst, dass ich ihren *Wissenszauber* mir aneignen könnte, oder aus Sorge, dass mich der Wissenszauber überwältigen könnte; Wissen ist wohl tödlich – vergleiche Schiller: „Nur der Irrtum ist das Leben, und das Wissen ist der Tod") – dann brauche ich sie wiederum nicht zu fragen. Ich weiß ja auch schon „alles", und was ich erfahren könnte, sind ja nur Einzelheiten im Allgemeinen, die eigentlich nicht interessieren können, mit denen man nur spielt. Daher fragen mich wohl auch die Großen so oft. Der Lehrer fragt immerzu: Weiß er wirklich so wenig – oder tut er bloß so? Aber warum? Will er mich hereinlegen? Mir zeigen, wie dumm ich bin? Mich blamieren? Wenn ich alle Sätze in die Wenn-Form setze (Irrealis), alle Fälle setze, weiß ich alles (oder nichts?), banne alles in meine Worte und bin selber ungebunden („lege mich nicht fest", spreche „unverbindlich", „freibleibend").

Indes, oft habe ich erlebt, dass die Großen vorher etwas gewusst haben, was ich hinterdrein auch so weiß wie sie. Man muss sie also fragen, um zu erfahren, was sie wissen, und sich dann überlegen, ob das stimmt oder nicht. Manches verbieten sie zu fragen – warum? Sind sie neidisch, oder ist dieses Wissen verderblich? Man merkt aber sehr wohl, wann sie Ausflüchte machen, nicht selten ertappt man sie auf Irrtümern und sogar Lügen, also sind sie doch nicht allwissend – oder wollen sie manches bloß nicht verraten, weil ihr Allwissenheitszauber mich sonst vernichten würde oder ich diesen ihren Zauber brechen könnte dadurch, dass ich ihn erkenne? Ich muss sie auf die Probe stellen. Die Antwort erweist sich doch als der Frage gegensätzlich, sie ist die Lösung der Frage, aber ist sie das wirklich? Ist sie nicht neue Frage? Jede Frage ist Schicksalsfrage, richtet sich auf das Neue, Verhüllte, Unbekannte, sie will das Geheimnis ergründen, aber das Schicksal antwortet immer nur mit neuer Frage – und die ist doch nur die alte, ist nur ein Echo, die

Enthüllung offenbart nur Irdisches, nicht aber das „Dahinter", was man eigentlich wissen möchte. Lohnt es, zu fragen? Lohnt es, zu antworten? Das Schicksal, Leben und Tod, das Dämonische zeigen sich meinen Augen nicht – oder vielmehr: sie „zeigen" sich in der Verhüllung, im Problem, in der ewig unlösbaren Frage. Dies eben ist ja das Geheimnis. Ein Gott, der eine klare Auskunft gäbe, würde aufhören, Gott zu sein; er hätte sich zu erkennen gegeben. Gott kann nur orakeln; nun sieh, was du daraus machst!

Indes, hat man mit der Frage nicht schon das Geheimnis erkannt und somit überwunden? Bedarf's da noch der Antwort? Kann sie mir mehr sagen, als die Frage mir sagte, wenn doch der Fragezauber das Frageding bannt? Spreche ich jemanden an, so bleibt er stehen, bis ich ihn löse. Oder gehört doch zum Fragezauber die so erzauberte Antwort, hat er sich dann erst richtig ausgewirkt? Dann Vorsicht, wenn man gefragt wird! Solange ich nicht antworte, bleibt das Spiel noch in der Schwebe. Jemand fragt den fünfjährigen Fritz: „Wie heißt du denn, mein Kleiner?" Antwort: „Fritz sagt nicht, wie er heißt." Ich werde doch meinen Namen nicht sagen, der Frager will mir bloß meinen Namen herauszaubern und mich somit in seine Gewalt bringen. Nenne ich mich aber „in dritter Person", so habe ich meinen Namen nicht genannt und doch geantwortet. Vater nennt mich beim Namen, ich aber darf das nicht, ich darf nicht sagen Franz, sondern muss Vater sagen; die Mutter nennt der Vater Emma, aber ich werde ausgelacht (gleich magisch vernichtet, aus-gelacht), wenn ich auch Emma zur Mutter sage. Haben die Eltern Angst, dass ihr Name, von mir genannt, sie entzaubere? Man soll Gottes Namen auch nicht „in den Mund nehmen", er würde sich dafür furchtbar rächen, es wäre so, als ob man ihn selber „in den Mund nähme", ihn bannte, entmachtete. Man kann jemanden „totfragen", ihm „ein Loch in den Bauch fragen", aus ihm alles Mögliche herausfragen und ihn so erkennen (als gut oder böse?) und bannen. Wenn ich nicht gleich antworte, den Frager nötige, nochmals zu fragen und ein drittes Mal: dann habe ich den Fragezauber überwunden und kann nun ruhig antworten. Wenn mich Vater ruft und ich höre zunächst nicht auf ihn, ich „lasse" ihn nochmals rufen, ehe ich komme: so komme ich frei-willig, aus Eigenzauber, nicht auf Befehl. „Du musst es dreimal sagen!" „Erkennt ihr ihn, so muss er von euch ziehn", weil der Zauber gebrochen ist. Jemanden warten lassen bedeutet: den größeren Zauber haben.

Nenne ich den Namen eines Dings, so habe ich es in meiner Gewalt. Ich kann den Namen aufschreiben und mit einem Strich oder Riss das Ding vernichten. Ich kann es „im Namen" herzaubern, sooft ich will. Ich kann auch absichtlich einen anderen Namen schreiben, aber jenes Ding meinen; dann kann ein Dritter mein Geheimnis nicht entdecken. Aber das gesprochene Wort – was ist das? Es ist vorbei, entschwunden, ein unsichtbares Gespenst – wo ist sein Zauber hin? Kann ich den entschwundenen Zauber noch beherrschen? Vielleicht, indem ich das Wort wieder-hole, nochmals und nochmals, sooft ich will; man kann ein Wort „zurücknehmen". Aber wo ist es unterdes? Wer nimmt es mir weg – oder weicht es von selbst „geflügelt" über die Lippen? Wirkt es weiter – Gutes oder Böses? Es gibt gute und böse Worte, man kann am Wort, an der Rede erkennen, ob jemand gut oder böse ist, aber sicher ist das nicht oder nicht immer. Ein böses Wort ist tödlich, ein gutes Wort belebt. Man kann jemanden „schlecht machen" und ihm „Gutes nachsagen", jemanden in die Hölle schicken und in den Himmel heben, verdammen oder segnen. Mit einem bösen Wort setze ich den Tod in die Welt, mit einem guten Wort gebe ich Leben ab. Man kann jemanden verdächtigen, „Gerüchte" gehen unheimlich rasch um und haben die geheime Kraft, Glauben zu erwecken, viel guter Zauber ist nötig, sie zu bannen. Bei besonderen Gelegenheiten, z.B. bei Tisch, in der Schule, in der Kirche, überhaupt oft im Beisein der Großen, über denen die Allmacht unsichtbar schwebt, ist es besonders gefährlich, zu sprechen: man stört dann, und die Großen und die Allmacht nehmen das übel, „Du hast nichts zu sagen!", heißt es – vielleicht sorgen sie nur, dass man sich nicht bemerkbar macht, unsichtbar, unhörbar bleibt, nicht zur Rede gestellt, geprüft und beurteilt werde? Wenn ich spreche, werden da die Worte nicht mal „alle", oder ist mein Wortschatz unerschöpflich, bin ich Besitzer aller Wörter? Vielleicht kann ich mir meinen Wortzauber erhalten, indem ich ein Zeichen anfüge, einen Buchstaben, eine Miene, eine Geste, einen Gedanken, ein wenig verhalte, moduliere usw., unmerklich für die anderen. Dann könnte wenigstens niemand mit meinem Wort zaubern. Mit einer solchen Zauberei, einer Miene, Geste, einem Gedanken usw. kann ich auch den Wortzauber, der mich trifft, entmachten, eine Art Ant-wort geben, die freilich an den „irdischen" Worten für die anderen nicht merkbar sein darf, sonst wäre ja der Zauber hin. Ich kann auch etwas anfassen, mit der großen Zehe dreimal leise den Boden klopfen, dann habe ich den Gegenzauber abgeleitet und „mich" gerettet. Das muss freilich erprobt und dann streng eingehalten werden (magisches Zeremoniell), sonst wirkt der Eigenzauber nicht, der Gegenzauber hat freies Spiel, ich bin vernichtet. Man kann eine Art Geheimsprache ersinnen, die nur die Eingeweihten kennen, dann ist man gegen den Zauber der anderen Worte gefeit.

Das Wort wirkt derart, dass der Benannte erscheint, nicht immer leibhaftig, aber doch „irgendwie". So kann man „wahrsagen": das Vorausgesagte „muss" kommen; sehe und sage ich Unheil voraus, und tritt es nicht ein, so habe ich es eben mit dem Wahrseh- und -sagezauber gebannt und das eintretende Ereignis unschädlich gemacht; tritt das Unheil ein, so habe ich es heraufbeschworen, oder das Schicksal hat es verfügt und mich zum Sprachrohr auserwählt (vergleiche Kassandra) usw. Man ruft – und der Gerufene kommt; kommt er nicht, so ist ein Gegenzauber am Werk – oder ich wollte es „eigentlich" nicht, dass er kommt. Wenn man vom Esel klatscht, kommt er angetratscht, so sagen die Leute. Man kann den Teufel an die Wand malen, man kann Geister beschwören. Weiß man das richtige Wort, so müssen sie erscheinen und mir gehorchen. Aber ich muss das Wort kennen, sie wieder wegzaubern, sonst wirkt mein Rufzauber weiter, und „die ich rief, die Geister, werde ich nun nicht los" (Zauberlehrling). Hat man etwas gewünscht, so muss man Minenone oder Pferdebums oder Ballebafenweg sagen, dann geht der Wunsch in Erfüllung. Zaubereien sind auch Verbote und Gebote, Bitten und Vorschriften usw. – wie sollten sie sonst wirken? Jemanden anpfeifen, anhauchen bedeutet: seinen Zauber brechen, ihn „klein machen", aber dagegen gibt es Abwehrzauber genug.

An wen ich eine *Bitte* richte, dem traue ich zu, dass er sie erfüllen könne. Des zum Beweis muss er sie erfüllen. Meine Bitte ist Prüfung auf die Leistungsfähigkeit dessen, den ich bitte. Meine Bitte enthält den Zauber, dem der Gebetene gehorchen muss; sie ist eine magische Herausforderung, sie zwingt ihn zur Erfüllung, soll er sich nicht bloßstellen als unfähig, ohnmächtig. Bittet man freilich zu viel (Unmögliches), so wird man ausgelacht und ist selber entzaubert. Man muss prüfen, was sich „gehört". Man kann Bitten auch denken und prüfen, ob der Gebetene vermöge seines Zaubers die Bitte erkennt und erfüllt („die Wünsche an den Augen absieht"); kann er das nicht, so ist mit seinem Zauber nicht viel los. Aber bekenne ich mit der Bitte nicht einen Mangel auf meiner Seite und ein Vermögen auf der anderen Seite? Aber ist nicht der Mangel, das Fehlen von etwas schon mit dem Bekennen ausgeglichen, ist nicht mein Wort, mein Wunsch mit dem Fehlenden identisch, der Name mit dem damit Bezeichneten? Eine Fehle (Sünde, Schuld) bekennen heißt: sie auslöschen, ungeschehen machen, Gott „muss" vergeben (vergleiche Beichte). Mein ist anders als Dein, aber mein Wunsch verfügt auch über das Deine, alles gehört allen, und Besitzunterschiede sind lediglich Zaubergrößen (kollektivisches Zeitalter). Nenne ich das, was mir fehlt, so ist es damit schon mein, sei es, dass es in das Mein übergeht oder in dem (aufgehobenen) Dein verbleibt. Das Wort, die Bitte steht für das Erbetene, mag es seinen Ort wechseln oder nicht, mag es sichtbar werden oder im Unsichtbaren bleiben. Mein Zauber wirkt hier genauso wie anderswo, nur trifft er eben auf Gegenzauber – aber der müsste ja auch überall wirken! Meine Bitte kann nur auf magischen Widerstand stoßen – und da muss es fraglich bleiben, welcher Zauber der größere ist, ob meine Bitte sich erfüllt oder nicht, ob der Gebetene sie erfüllen kann oder nicht. Das, was ich benenne, gehört mir, aber der Gegenzauber sagt: Nein, mir! Die Zauberworte kreuzen sich. Kommt das Erbetene zu mir (mir zu), so ist mein Zauber stärker – oder der Gegenzauber ist stärker, indem er mir das Erbetene überlässt; kommt es nicht zu mir, so wollte es vielleicht mein Eigenzauber gar nicht (ernstlich) haben oder wollte zeigen, dass er es zwar hat, aber dem Gegenzauber überlässt, oder der Gegenzauber ist mächtiger und behält das, was mir ebenso gehört wie ihm und allen, oder er ist so schwach, dass er über das Erbetene (magisch) nicht verfügen kann, er hat die Prüfung nicht bestanden. Indes, ob dem Kind die Bitte erfüllt wird oder nicht, sein Zauber ist dem Gegenzauber jeweils gewachsen: Es bittet normaliter ernstlich nicht um Dinge, die ihm nicht „zukommen" und auf die es notfalls nicht verzichten könnte.

Das Kind betet auch schon zu Gott als dem großen Zauberer. Das *Gebet* ist die an Gott gerichtete Bitte. Gott muss fähig sein, die Bitte zu erhören, oder er ist eben nicht der Allmächtige. Man kann Gott prüfen („versuchen") – aber wer das kann, ist der nicht Gott schon überlegen? Muss Gott nicht meine Wünsche schon kennen, ehe ich sie ausspreche, ja denke? Muss ich ihm erst sagen, was ich brauche? Dann hätte Gott gefehlt, wenn er mir von sich aus nicht das bereits gegeben hat, worum ich ihn bitten muss. Kann aber Gott fehlen? Habe ich bei ihm einen Fehler festgestellt, ja ihm auch nur zugemutet, so habe ich Gottes Zauber berühren dürfen und ihn entmachtet – oder ist mein Zauber bei der Berührung auf Gott übergegangen und bin ich entmachtet? „Fehler" ist doch böse, teuflisch – kann Gott Fehler haben? Aber muss er nicht auch alle Fehler haben – als fehler-los? Darf ich mich überhaupt an Gott wenden? Ist das Ausbleiben des erbetenen Brüderchens, der guten Zensur, des guten Wetters Strafe für meine Vermessenheit, mich überhaupt in Gottes Regiment einzumischen – oder „kann" er einfach meine Bitte nicht erfüllen und hüllt sich in (verdächtiges?) Schweigen – oder ist ein Fremdzauber auf Gott wirksamer gewesen als der meine – oder tut Gott unrecht – und kann er das? (Er muss als allmächtig ja auch jedes Unrechts fähig sein – aber dann wäre er ja der Teufel!) Ist er nicht verpflichtet, meine Bitte zu erfüllen, weil eben meine Bitte schon die Bannung (Überwindung) des Gotteszaubers und mit ihrer Erfüllung identisch ist? Wie kann sie dann ausbleiben? Ich habe obendrein meine Bitte schon mit der Gegengabe versehen, z. B. mit dem Gelübde, ihm etwas zu weihen (es ist zwar nicht kostbar, aber Gott wird nicht gerade hinsehen, und obendrein: für den Allmächtigen ist es doch gleich, was meine Gegengabe wert ist, er hat ja schon alles) oder ihn zu loben oder drei Tage ganz brav zu sein usw. Da „muss" doch Gott meine Bitte erfüllen (vergleiche „Do ut des", „Dedisti et reddo", Opfer und „fürstlicher", göttlicher Lohn).

Wünsche enthalten den – guten oder bösen – Wunschzauber, *Versprechungen* den Zauber, der mich zwingt, sie zu halten, und mich straft dafür, dass ich sie nicht halte – oder liegt darin, dass jemand ein Versprechen nicht hält, schon die Überwindung des Zaubers? Oder liegt vielmehr darin, dass man sein Versprechen „selbstverständlich" hält, die Bannung des Zaubers (er kann mich nicht zwingen, der ich „von mir aus", „so schon" das Versprechen halte)? Kann ein Versprechen nicht auch ein Sich-Versprechen sein? „Der Weg zur Hölle ist mit guten Vorsätzen gepflastert" – also ringt der Vorsatzzauber mit den höllischen Mächten. Man kann sich *irren*, „der Irrtum" ist der böse Zauberer, der „die Wahrheit" irreführt, verführt, aber wie sollte es möglich sein, „die Wahrheit" zu täuschen? Wie ist *Lüge* möglich? „Die Lüge" ist die böse Dämonin – aber manchmal wirkt sie Gutes, indem sie jemandem in einer Prüfung beisteht. Mutter sagt, Notlügen seien erlaubt, aber ich kann auch in der Not nicht lügen, ich sage, dass, wenn Mutter zu Hause ist, sie eben zu Hause ist, auch wenn der Mann kommt, der Geld abholt, und ich sagen soll, sie sei nicht da – und sie ist doch da – warum vermag ich nicht zu lügen, ist das eine Schwäche meiner Zauberkraft? Aber man soll doch nicht lügen! Aber große Leute lügen oft – oder nicht? Die Großen wissen oft auch nicht, was Lüge und was Wahrheit ist; als ich wahrheitsgemäß erzählte, dass ich Onkel Paul auf der Straße gesehen hätte, sagte Vater: „Du schwindelst, Onkel Paul ist verreist." – Und ich hatte ihn doch gesehen (tatsächlich – er war zurückgekehrt – oder verwechselnd).

Man muss sein *Wort halten,* es ist unverbrüchlich: Mein Wort ist mein Zauber, und ich entmachte mich selber, wenn ich es nicht „halte". Man kann mit dem Wort das Künftige vorhersagen, d.h. bewirken, dass es so wird, wie vorhergesagt (pro-phezeit). Das Wort ist mit der Erfüllung identisch; trifft die Vorhersage nicht ein, nun, so

war ein Gegenzauber am Werk. Man kann die Worte auch *denken,* d.h. der Geist denkt in mir, der Zauber denkt Gedanken, die selber Zauber sind, gute und böse Zaubermächte, die auch die Gestaltung der Zukunft bewirken, z.B. ein Unheil entmachten, es gar nicht „eintreten" lassen, es sei denn ein Gegenzauber hätte meinen Gedankenzauber durchkreuzt.

Eine Bitte muss man „anständig" vorbringen, man muss sich überhaupt in bestimmter Weise verhalten, das ist so – aber warum? Mein Gebet zum Gott-Zauberer, z.B. Mutter möge gesund werden, muss, um zauberkräftig zu sein, in bestimmten Worten usw. gesprochen werden. Weiche ich von der Gebetsformel ab, so wendet sich der Zauber gegen mich. Ich muss mich an die *Vorschrift* halten – hier wie sonst auch. Die Vorschrift ist das Vor-Geschriebene, das Vor-mich-hin-Geschriebene, das Gesetzte, das Gesetz, Gebot und Verbot. Ist die Vorschrift der Fremdzauber, der mich zum Hören, Ge-hor-sam zwingt – oder ist die Vorschrift mein Eigenzauber, indem ich sie befolge, erkenne, mir zu eigen mache, den Fremdzauber unwirksam mache? Die Vorschrift, die ich befolge, hat keine Macht über mich. Befolge ich sie nicht, so hat sie erst recht keine Macht über mich, aber manchmal hat sie ihre Macht nur nicht sogleich betätigt, sie hat mich verlockt zum Widerstand, sie wollte mich bloß sicher machen, auf dem Weg weiter führen oder verführen, um dann umso heftiger zuzuschlagen, mich zu er-tappen (taper gleich schlagen, tap-fer gleich schlagfertig). Gottes Mühlen mahlen langsam, aber umso feiner.

Das *Gebot* befiehlt, etwas zu tun, was noch nicht getan ist. Es bewirkt Künftiges – oder ist von dem Künftigen (noch Unbekannten, Verhüllten) bewirkt, das z.B. aus dem Vater spricht. Kann ich ihm trotzen, so trotze ich „der Zukunft", dem Schicksal und entmachte es, aber oft ist es nur ein Zurückdrängen der Gegendämonie, sie sammelt bloß Kräfte; aber oft ist der Befehlszauber endgültig erledigt, es wird dann ein schlechter Befehl gewesen sein, dem zu trotzen ein guter Zauber war – nur, wer kann das sicher entscheiden, ob ein Gebot gut oder böse ist? Auch mein Selbstgebot, die innere Stimme (Gewissen usw.) kann gut oder böse sein, ohne dass man das sicher weiß: Das Gute kann sich in die Gestalt des Bösen und umgekehrt kleiden. Ich unterlasse manches, was ich hätte tun sollen, und tue manches, was mich nachher reut, aber habe ich mir redlich Mühe gegeben, Recht und Unrecht zu unterscheiden, so mag es gehen, wie es will: mein Mühezauber wird mich rechtfertigen, den Schicksalsschlag abfangen.

Ein Gebot ist auch das *Verbot*. Warum verbietet mir Mutter, Äpfel aus der Kammer zu nehmen, wenn sie doch „unsere Äpfel" sind und „allen" gehören? Und warum lockt mich gerade das Verbot unheimlich drängend, es zu übertreten? Es entmachtet sich somit selber – oder zaubert es in mich die Versuchung hinein – oder geht der Zauber von den Äpfeln aus? Aber warum locken die Äpfel nicht mehr, nachdem die Mutter die Kammer offen gelassen hat? Wirkt Mutters Zauber im Verbot, so muss es doch dahin wirken, dass ich es nicht zu übertreten vermag; kann ich es aber übertreten, so ist der Mutterzauber macht-los, vernichtet. Ist Mutter nicht böse, wenn sie mich erst in Versuchung führt? Dies geschieht ja eben mit ihrem Verbot, das den „Reizzauber" enthält, es zu übertreten. Oft steht Verbot der Mutter gegen Gebot oder Erlaubnis des Vaters: Warum? Wie ist das möglich? Wer hat recht? Wer weiß mehr? Wer hat den größeren Zauber?

Ich gebiete der Sonne: Komm aus den Wolken! – und sie tut's, also ist mein Zauber über die Sonne mächtig; sie tut's nicht, also ist der Sonnenzauber mächtiger als der meine – oder ein anderer Fremdzauber hat den meinen entmachtet – oder war's mein „eigentlicher" Zauber, den die Sonne befolgte, war's mein Befehl, dass er umgekehrt befolgt wurde, habe ich gewollt (auch ohne es zu wissen), dass die Sonne erst später, erst morgen aus den Wolken käme, hat also mein Wartezauber die magische Sofortigkeit unterbrochen? Ich verbiete mir, etwas anzufassen, aus der Zuckerdose zu naschen usw. – wer ist das „Ich", das verbietet? Gehorcht mein Körper dem „Ich"? In der Dose sitzt ein Zauber, der mich lockt: Manchmal überwindet dieser Zauber mein „Ich" (ich nasche), manchmal ist es umgekehrt. Bin „ich" überhaupt an diesem Zauberspiel beteiligt? Muss meine Hand nicht tun, was der stärkere Zauber will, das Dämonische in mir oder das in der Dose? „Ich"

wünsche „mir", dass der gute Zauber siegen möge – wer ist dieses „Ich" nun wieder, das auf das „Ich" wünscht, dem „ich" zu gehorchen habe? Ich wünsche jemandem guten Tag – wozu anders als dazu, dass der Wunsch sich erfülle, ja der Wunsch ist ja eigentlich schon erfüllt, indem er gedacht oder gesprochen wird; bewirkt mein Zauber da den „guten Tag"? Vater sagt: „Zum Donnerwetter noch mal!", aber es donnert gar nicht – aber in dem Donnerwort donnert es doch, „noch mal" sogar – man muss es zweimal sagen! Und es donnert auf den, der angedonnert oder verdonnert werden soll, er beugt sich, wird klein, sein Zauber ist machtlos. Segen und Fluch – Zaubermächte.

Man kann jemandem mit dem Wort ein Übel, eine *Krankheit anhexen,* und Krankheit ist Todesbote, Tod selber. Man kann sie auch wieder weghexen mit bestimmten Worten, mit Zaubermitteln, die die weise Frau, der weise Doktor kennt und nennt. Der Kranke ist vom Krankheitsdämon „besessen", man kann ihn beschwören, austreiben, woandershin treiben, aber dann richtet er doch dort Schaden an – oder kann das Übel, wenn es in ein Höllenwesen fährt, nichts schaden? (Mutter erzählt, dass die Teufel jemanden besessen hielten und vom Herrn Jesus ausgetrieben wurden und mit seiner Erlaubnis in Schweine fuhren und sie sich dann ins Wasser stürzen mussten, wobei sie, die armen Schweine, und mit ihnen die Teufel ersoffen, also starben?) Wer die Krankheit vertreiben will, muss die Formeln, die Mittel und Methoden genau kennen und anwenden, sonst trifft den Zauberer der Gegenzauber oder der Kranke wird noch kränker, der Tod rückt näher, schon streckt er seine Krallen nach ihm aus. Manchmal wirkt der gleiche Zauber als Gegenzauber (vergleiche similia similibus), Krankheit gegen Krankheit, Beelzebub gegen Teufel, Gift gegen Gift, die Zauberweise (Methode) des Krankheitsdämons gegen ihn selbst, man hat sie ihm abgesehen und ihn so entmachtet. Manchmal wirkt der Gesundheitszauber gegen die Krankheit, Gegengift gegen Gift (vergleiche contraria contrariis), Engel gegen Teufel. Solche Dinge kennt der große Medizinmann (Onkel Doktor), aber der Krankheitszauber kann ihn täuschen, und wenn er den falschen oder den zu schwachen oder zu starken Zauber anwendet, hat es der Kranke zu

339

büßen; darum „untersucht" er den Kranken immer wieder, um den bestimmten Zauber zu ergründen, schüttelt den Kopf (ratlos, streicht den Zauber durch), „versucht" diesen und jenen Zauber, bis er den richtigen gefunden hat – oder nicht, dann muss man einen anderen Zaubermeister fragen und von ihm Zauber kaufen. Mutter sagt: „Du machst mich noch krank mit deinen Dummheiten", also ist mein Dummheitszauber schuld an Mutters Krankheit. Aber ich habe vielleicht insgeheim gesündigt – auch dann kann meine Sünde an der Mutter sich rächen. Ich kann also über Mutters Wohl und Wehe, über ihr Leben und ihren Tod verfügen – oder ein Fremdzauber wirkt auf mich in dieser Weise gut oder böse. Ich kann der kranken Mutter das Leben retten, indem ich zu Gott bete, ihm etwas Schönes verspreche, meine Sünde, auch die, die ich nicht kenne, auch die, die vielleicht Mutter begangen hat, bereue, auch aufbegehre, wenn Gott gar zu böse ist und nicht gegen den Tod eingreift: „Ich will nicht, dass Mutter von uns geht – nein und tausendmal nein, ich will es nicht!" Das hat dann geholfen, wenn Mutter gesund wird, und wenn sie stirbt, dann hat man das Schicksal oder Gott herausgefordert und ist mit Mutters Tod bestraft worden – oder der Protest war nicht scharf genug, usw.

Wie das Wort, so ist auch die *Zahl* ein Zauberwesen. Es gibt gute und böse Worte und Zahlen, heilige und unheilige, Lebens- und Todeszahlen. Man kann mit den Zahlen zaubern, ihren Zauber in seinen Dienst nehmen, wenn man den größeren Zauber hat, der den Zahlzauber beherrscht und damit auch den Zauber der Dinge, gegen den er angewendet wird. Mit der heiligen Zahl kann man Unheil bannen, Heil herbeizaubern, die böse Zahl bringt Unglück, man darf sie weder sprechen noch schreiben noch denken. Gute Zahl zaubert gegen böse Zahl. Aber welche Zahl ist gut, welche böse? Oft bringt die 3 Unglück, ist sie doch böse, oder hat man den Zauber nicht verstanden? Wer es mit der 7 hält, ist wohl selbst böser Zauberer. Wer das Hexeneinmaleins kennt, kann damit die Hexerei bannen und selbst verüben usw. Das Geheimnis des Wortes und der Zahl erweitert sich in die Magie des Satzes und der Rechnung: Warum sagt man so und nicht anders? Was ist eine „Summe"? Warum ist $2 \cdot 2 = 4$ und nicht 5? Warum ist

$4 + 2 = 6$ und $3 + 3 = 3 \cdot 2$ auch $= 6$ usw.? – Analog Gedankenzauber.

Geräuschzauber

Jedes Wesen bringt Geräusche, Töne, Klänge hervor, der Mund die Sprachlaute, also sitzt in jedem Wesen die magische Kraft, die das ihm eigentümliche Geräusch bewirkt, in das Geräusch übergeht, sodass das Geräusch das Ding selber ist. Man kann den Geräuschzauber in Gang setzen, wenn man das Zauberverfahren versteht, z.B. auf einen Knopf drücken und das Klingeln wecken. Aber es treten auch Geräusche auf, deren Herkunft dunkel ist, z.B. „es" heult draußen, „es" knistert in der Tapete, „es" klopft an die Tür usw.; der Zauberapparat „Telefon" klingelt von selbst, man nimmt den „Hörer" ab und hört sprechen, man erkennt wohl auch an der Sprache, wer spricht, aber der Sprechende ist unsichtbar, eine Geisterstimme kommt aus dem Apparat, der eben zur Offenbarung aus dem Jenseits dient. Analog Musikzauber der Zauberinstrumente. Die Geräusche usw. sind vielfach den menschlichen ähnlich, sie müssen es ja auch sein, da ja in den Dingen menschlich gestaltete Dämonen wohnen, man deutet also in die Dinge und ihre Geräusche Menschliches hinein und kann so ihre „Sprache" verstehen, wie uns das ja auch die Dichter erzählen.

Besonders nachts sind alle Geister „losgelassen", sie treiben als Klopf-, Knack-, Knister-, Heulgeister usw. ihr Wesen-Unwesen und neckenschrecken die Menschen, sodass sie nicht einschlafen können oder aus dem Schlaf auffahren. Die Turmuhr schlägt nachts so unheimlich, jeder Schlag ein Schicksalsschlag, der Donner grollt schauerlich, der Blitz „schlägt ein", die Hölle tobt in der Finsternis, ihrem „Element" frei dahin. Die Windhexe klopft mit Knochenfingern an das Fenster, und man hört ihr Huhu, es ist die alte Nachbarin, die so lange, dürre Finger hat und unhörbar dahinschleicht („Leisetreterin" nennt sie die Mutter), oder die „Kartenhexe", die aus dem Teufelsbuch die Zukunft liest. Man muss ihren verderblichen Zauber bannen: Man betet, macht sich den guten Zauber dienstbar, oder man versteckt sich, hält sich die Ohren zu, hört die Geräusche „weg", oder man „klopft" ab, knistert dagegen (auch in Gedanken) und löscht so die Zauber-geräusche aus, oder man macht Licht, weil die Nachtgeister lichtscheues Gesindel sind, dunkle Existenzen, die also vor dem Licht fliehen, um nicht gebannt zu werden und den Zauber zu ver-lieren; man kann auch sagen „Ach Quatsch!" oder „Husch, husch, ins Grab!", dann müssen die Geis-ter auch parieren, und man kann schön einschla-fen. Es ist freilich fraglich, ob sie damit schon ih-ren Zauber verloren haben oder ob sie ihn mitnehmen, ob mein Zauber sie entmachtet hat, wenn ich sie bloß davontreibe, aber das muss wohl so sein, weil sie mir ja nichts tun, indes kom-men sie immer wieder.

Der Wind heult. Was ist „der Wind" anderes als ein Dämon? „Das himmlische Kind" heißt er manchmal, der gute Wind, aber der böse Wind ist ein Gespenst aus der Hölle. Ungesehen fährt er daher, bald mit leisem, bald mit lautem Gesau-se, in hohen und tiefen, schrillen und dumpfen Tö-nen, er biegt starke Bäume krumm, ja zerbricht sie, er hebt Wassermassen hoch und wirft sie auf die Schiffe, er lässt mein Herz erbeben, zaubert mir Angst in die Brust – aber damit verrät er sich, warnt mich, und mit der Warnung, mit der Er-kenntnis der Gegendämonie ist sie auch schon entmachtet. Er hat eine Braut, die Windsbraut (ei-gentlich „-braust", aber das weiß das Kind noch nicht), die heult, wie Hexen heulen, oft machen die Katzen, die Hexentiere, ihre Nachtmusik dazu – oder sie ist eine verwunschene Prinzessin, die wehklagt, bis sich ihrer ein Held erbarmt und sie erlöst. Der Wind kann Seelen mitnehmen, man muss ihm standhalten, man muss ihn auszanken, sein Heulen nachmachen, dann ist man ihm über, man ist selber Wind, ein himmlisches oder hölli-sches Kind, wer weiß? Der kalte Wind bringt Käl-te, Erkältung, Tod, aber er erfrischt auch; der war-me Wind umfächelt einen wohlig, er belebt, aber er kann auch ermatten, matt machen – wer kennt sich da aus!?

Der Wetterhahn quietscht auf dem Dach. Er „macht" das Wetter, man sieht nach ihm und kann an seiner Stellung sehen, was für Wetter er macht. Sein Quietschen zeigt an, wie sehr er sich anstrengt, wie sehr er mit den Wettergeistern rin-gen muss, wie sie ihn quälen – oder er sie? Sein Zauber teilt sich den Menschen mit: Das Quiet-schen geht einem „durch Mark und Bein"; es ver-kündet den Dämonenkampf in den Lüften, man muss sich bekreuzigen oder sonst einen Abwehr-zauber machen. Manchmal verwandelt er sich in den roten Hahn, er entzündet das höllische Feuer, der Teufel trägt eine rote Hahnenfeder am Hut, er wandelt wohl tagsüber mit einer Herde Hühner umher, scheinbar ganz harmlos. Vielleicht ist der Wetterhahn der gute Hahn, wacht hoch oben über Haus und Menschen, sieht das Wetter vorher und hält es mit seinem Zauber ab, aber manchmal ist der Wetterzauber stärker, die Menschen wenden dann Zaubereien gegen das Unwetter an, mag es Wolkenbruch oder Hagelschlag oder Dürre sein (Gebete in der Kirche, Prozessionen usw.), dann geht das böse Wetter weg, und wenn nicht, muss der Zauber verstärkt werden, mit der Zeit „wird das Wetter wieder gut", zum Zaubern gehört auch der Geduldszauber! Auch „der Hahn auf dem Mist" ist ein Wettermacher oder -prophet, und wenn's nicht zutrifft, so war ein Gegenzauber am Werk.

Wasserdrude schüttet Regen wie Frau Holle Schnee (schüttelt die Himmelsbetten aus – ist denn da Schnee drin? Da muss es sich aber schlecht schlafen lassen, da ist es in der Hölle wär-mer!). Der Regen klopft gegen die Fenster, man hört ihn rauschen – unheimlich in der Nacht, rät-selhaft am Tag. Woher zaubert die Drude das viele Wasser? Aus den Wolken am Himmel. Die Drude lässt es durch die Sonne hochziehen, dann öffnet sie den großen Wasserkessel. Sie ist wohl auch eine gute Zauberin: Sie lässt es regnen, wenn die Erde trocken ist und das Feuermännchen droht – man kann sie da auch „bestellen"; aber manchmal ist sie böse, dann macht sie Regengüsse und Über-schwemmungen. Und auch dagegen schützt sich der Mensch mit seinen Zaubermethoden: Denn alles, was geschieht, ist magisch.

„Mit den Wölfen muss man heulen", sagt Vater. Man kann also den Geräuschzauber entmachten, indem man ihn nachahmt, aber das muss genau geschehen, dass es die Geister nicht merken, sonst merken sie, dass ein Mensch da ist, und vernich-ten ihn, verzaubern, verwünschen ihn. Mit der Nachahmung (Wiederholung) hat man den Zau-ber übernommen, ist selber Geräuschgeist gewor-den, und eine Krähe hackt der anderen die Augen nicht aus. Man kann das Geräusch auch „überhören", man kann „nein" dazu sagen, es ist dann nicht da. Man kann das Geräuschding anfassen und so den Zauber ableiten. Spricht man genau nach, was der Lehrer-Dämon vorspricht, so erhält man ein Lob, man ist dann selber der Lehrer-Dämon geworden, hat ihn entzaubert – eigentlich müsste er darüber böse sein, aber das kann er eben nicht mehr. „Nachbeten" heißt selber Gott-Vertreter und somit göttlich sein; wenn ich alles genau so mache wie der Gegendämon, kann er mir nichts tun, ich habe seinen Zauber übernommen, ich bin er selber geworden.

10.3.2 Das Sprechen

Auch die Entwicklung der Sprechreflexsysteme des Kindes beschreiben wir hier als Beobachter, nämlich als Hörer: Wir hören phonetische Geräusche und Laute, also Konsonanten und Vokale des Kindes und beschreiben ihre Entstehung so, dass wir sagen: Vom Sprechapparat des Kindes werden akustische Passformen abgegeben, die zum Teil (gemäß der Spezifität) den Weg in das Ohr des Zuhörers, also in gewisse akustische Modalzellen zurücklegen und im Sinn der biologischen Symbolik an den Aktualitäten dieser Denkzellen beteiligt sind. Es interessiert uns hier also nicht, ob auch das Kind akustische Aktualitäten erlebt und wie diese beschaffen sind. Aus den gehörten Lauten schließen wir auf die jeweilige Entwicklungsstufe der phonetischen Reflexsysteme des Kindes, so, wie wir aus den optischen Aktualitätenreihen „Kind und seine Umgebung" und ihren Veränderungen, also auch aus dem gegenseitigen Verhalten, den Aktionen-Reaktionen, auf die Entwicklungsstufen der optischen und weiteren Reflexsysteme des Kindes schließen. – Auch das Sprechen des Kindes ist zunächst vorwiegend trophisch, dazu platonisch-genisch, später gliedert sich auch das sinnliche Sprechen aus und vom trophischen ab.

Wie früher dargelegt, stehen beim jungen Kind auch die sensorischen Strecken der phonetischen Reflexsysteme den sympathischen noch ganz nahe, und es treten sehr reichlich sympathogene Passformen in die sensorischen Bahnen über, sodass die phonetischen Ausdrücke zu den (sensori-

schen) „Gefühlsausdrücken" zu rechnen sind. Auch hier vollzieht sich die Entwicklung wie der episodische Ablauf der Reflexgefüge nach dem Schema Hunger-Angst-Schmerz-Trauer-Freude, doch funktionieren nicht immer sämtliche Reflexsysteme der einzelnen Gefüge so intensiv, dass ihnen ein Laut, also eine akustische Modalreihe entspricht. So sind die ersten „hörbaren" phonetischen Äußerungen – spezifisch bei jedem Kind – bald mehr Hunger-, bald mehr Angst-, bald mehr Schmerzgeräusche und -laute, dann folgen Trauer- und Freudeäußerungen; immer gehen also die sogenannten „Unlust-" den sogenannten „Lustäußerungen" voraus. Die Ausgliederung erfolgt auch hier derart, dass sich die Funktionen mehr und mehr präzisieren und koordinieren, sodass allmählich Lautverknüpfungen, Lautreihen hörbar werden, das sogenannte *Lallen* (λαλεῖν so viel wie lala machen, unartikuliert schwatzen), das sowohl „spontan", d.h. ohne vorangehende analoge Lallworte der Umgebung, als auch „nachahmend" erfolgt. Aus solchen speziellen Zusammenhängen ist der Schluss auf ein beginnendes Sprachverständnis, also beginnende aktuelle Funktion von Wortbegriffszellen zu ziehen.

Etwa vom Abschluss des 1. Lebensjahrs an koordinieren sich die phonetischen Reflexe derart, dass ihnen schon fester gefügte Lautreihen, sogenannte *Einwortsätze* entsprechen, also das Sprechen im engeren Sinn einsetzt. Aus dem hiermit zusammenhängenden sonstigen Verhalten des Kindes ist nunmehr deutlich zu ersehen, dass die Phonetik über aktuell (vorher über unaktuell) funktionierende Denkzellen gespeist wird, die Einwortsätze also Gegenständliches bezeichnen, doch sind die Lautreihen und das damit Bezeichnete noch chaotisch-verschwommen, „alles" ist „dada" oder „ata" usw., nachher beginnen sich schon gewisse gruppenmäßige Assoziationen herauszubilden, aber noch sind alle Wesen, die wir als „Frauen" bezeichnen, „mama", alle Männer „ata", „papa" usw., alles Essen „papapp", alle Tiere „wauwau" usw. Im Erleben des Kindes sind alle Wesen noch „eins", die Individuation bereitet sich aber schon vor. Der Satzcharakter solcher Wörter ist darin gegeben, dass sie jeweils (akustische) Bestandteile einer gewissen nach dem vorwiegenden Gefühl gearteten Situationen und demgemäß hinsichtlich der Gefühligkeit nuanciert sind. In einer Hungersituation z. B. besagt „papapp" so viel wie „Ich möchte essen", wobei die spezielle Struktur der Situation aus den zugehörigen Gesten und Mienen zu erschließen ist; in einer freudehaltigen Hungersituation fasst „papapp" den Satz zusammen: „Ei da ist ja mein Essen!" usw.; in einer Freudesituation heißt „papapp" so viel wie „Ich habe gegessen, was bin ich für ein Held!".

In der 2. Hälfte des 2. Lebensjahrs findet eine lebhafte schubweise Ausgliederung der phonetischen Reflexe, also auch ihrer Koordination und ihrer Assoziationen zu den einzelnen Sinnesgebieten statt. Der sympathogene „Einschlag" tritt schon – abgesehen von den Zeiten sympathischer Hochfunktionen, also hoher Gefühlserregungen – mehr und mehr zurück, der sensorische Charakter und damit die Gliederung der Buchstabenfolge, ihrer individualen Abgrenzungen, ihrer Assoziation mit den so bezeichneten Gegenständen stellen sich schon mehr und mehr, wenn auch noch ihm Rahmen der Primitivität, heraus, dann macht sich auch schon ein ideogener Anteil mehr und mehr geltend. Diesen Reflexen entsprechen zunächst *Haupt-*, dann *Tätigkeits-*, dann *Eigenschafts-*, dann *Beziehungswörter,* und zwar folgen diese Wortklassen in den jeweils vorhandenen Exemplaren genetisch aufeinander. Noch finden sich viele Gefühlsausdrücke: Interjektionen, Krähen, Singen, Weinen, Lachen, Plappern. Die Koordination der Reflexe baut sich derart aus, dass ihnen *satzähnliche* Wortgefüge entsprechen.

Etwa vom Beginn des 3. Lebensjahrs an ist die Differenzierung der phonetischen Reflexe soweit gediehen, dass ihnen reicher gegliederte, die Flexionsarten in ihren Anfängen und in zunehmender Genauigkeit enthaltende *Sätze* entsprechen. Auch die Verknüpfung der Wörter zu Sätzen und der Sätze zu Ketten wird mannigfaltiger, wenn auch noch die Form des *Hauptsatzes,* die *Parataxe* vorherrscht. Je nach der Situation, charakterisiert nach der vorwiegend Gefühlspezies, sind die Reihenfolgen der Reflexe, also die Formulierungen der Sätze verschieden, wenn auch im Ganzen noch unpräzis, labil in der Art einer „Launenhaftigkeit der Phonetik".

Den sensorischen Aktionen der Kleinkinder eigentümlich ist die mehrmalige Wiederholung der Hochfunktion gleicher Reflexfolgen, also gleicher Bewegungen, die *Palimpraxie* (wie ich zu sagen vorschlage, πάλιν so viel wie wieder); es sind dies primitive Übungen, Vor-Übungen, aus denen sich die späteren Übungen mit ausgebreiteter und präzisierter Koordination entwickeln, z. B. Turnübungen aller Art (also auch der Augenmuskeln usw.), längeres Gehen, Schreiben, Spiel- und dann Arbeitsaktionen. Ein Spezialfall der Palimpraxie ist die von mir sogenannte *Palillalie* und *Palillogie,* die ein- oder mehr-, oft zehn- oder zwanzigmalige Wiederholung der gleichen Lall-Laute (lala, mama, papa usw.), der gleichen Silben, Wörter und Sätze. Ihr steht nahe der *Reim,* ferner die mehrfache Beschreibung eines Tatbestands in „Bildern", aus verschiedenen Vergleichen *(Palineikasie)* mit gewissen assoziativen Variationen (Hinzunehmen und/oder Weglassen von Wörtern), wie sie im Alltag der naive Mensch, in spezieller Explikation der Dichter äußert. Die „Umformulierung", also die mehrfache variierende Wiederholung der Beschreibung (die Paraphrasierung) eines Tatbestands, ferner die zwei- oder mehrmalige Wiederholung gleicher Worte und Sätze, aber auch das Reimen kann schon beim älteren Kind, erst recht beim Erwachsenen zwanghaft, also neurotisch geschehen, liegt also auf der Entwicklungsebene der frühkindlichen Palillogie; nicht selten imponieren solche krankhaften Äußerungen, z. B. von Dichtern, Volksrednern, „Propheten" usw. dem Unkundigen gewaltig, wohl gar als „genial".

Etwa von der Mitte des 3. Jahres an gliedern sich die phonetischen Reflexsysteme derart aus, dass ihren Funktionsreihen (primitive) Haupt- und Nebensätze entsprechen, die *Hypotaxe* mehr und mehr zur Geltung kommt. Die Eigensprachigkeit des Kindes, die, wie die Autoren Meumann, Ament, C. und W. Stern und viele andere mit Recht betonen, eine Art Dialekt oder Idiom ist („Kindersprache"), dokumentiert sich auch jetzt noch in der Bildung von mancherlei Reflexabfolgen, denen Lautreihen, Silben, Wörter, die in der Sprache der Erwachsenen nicht mehr vorkommen, entsprechen – Kennzeichen der stetigen genetischen Veränderung der phonetischen Reflexsysteme und ihrer Koordination. Der im kindlichen Alter überwiegende Hunger drückt sich im Sprachlichen dieser Periode besonders in dem gehäuften Auftreten der *Frageform,* des „*Warum?*" aus; die Fragen fallen oft auch in die Angst- und Schmerzsituationen, während die Antworten mehr in die Schmerz-, Trauer- und Freudesituationen fallen, die freilich im Kindesalter immer stark hungerhaltig sind, sodass das Kind keineswegs befriedigt ist, sondern weiter fragt. Ursprünglich ist auch die Frageform nur Sprechübung, deren Ausführung in der für das junge Kind möglichen Befriedigung, Freude, ja in einem gewissen Stolz endet, also eine Antwort gar nicht heischt, zumal die Fragen noch unsicher, vage, sozusagen „an alle", „an alles" gerichtet sind; das Kind „kann schon fragen" (wie es „schon" auf den Stuhl klettern, auf den Tisch sehen, gewisse Dinge hin und her schieben kann usw.), es kann in dieser Weise Stellung nehmen – und das genügt; die „Antwort" ist zunächst sogar unerwünscht, und erst allmählich lernt das Kind, dass auf eine Frage eine Antwort gehört, doch ist ihm diese nur eine umformulierte Frage oder doch fragwürdig, fragehaltig, Ausgangspunkt neuer Fragen. – Zu den Eigentümlichkeiten der kindlichen Phonetik gehören auch die situative Umkehrung der Koordination, also das *Rückwärtssprechen* der Silben und Wörter, ferner die mehr oder minder ausgebaute situative Abweichung von der üblichen Koordination, eine Art „*Geheimsprache*", die sich in den späteren Jahren zu einem gruppenspezifischen Jargon entwickelt.

Wie alle Muskelaktionen werden auch die phonetischen von allen Sinnesgebieten her innerviert (gespeist), je nach der Funktionsperiodik (Reflexschaltung) bald mehr von diesem, bald mehr von jenem und innerhalb des einzelnen Sinnesgebiets bald mehr von dieser, bald mehr von jener Denkzellgruppe. Diese Zusammenhänge bilden sich, wenn auch in primitiver Verschwommenheit, schon zu einer Zeit, in der die Denkzellen noch nicht oder erst in geringer Zahl den aktuellen Funktionsgrad erreicht haben. Sobald Aktualitäten auftreten, können sie beschrieben werden, zuerst in Lall-Lauten, dann in Lall-Worten, dann in Einwortsätzen usw.; schon der primitivste phonetische Gefühlsausdruck kann mit Recht als (eben primitivste) Gefühlsangabe oder Gefühlsbeschreibung bezeichnet werden. Die Aktualitätenreihen brauchen aber nicht jedesmal

beschrieben zu werden, d.h. die von den betreffenden Denkzellen ausgehende Innervation kann gemäß der Reflexschaltung auch zu anderen Muskeln gelangen. Später präzisiert und festigt sich die phänomenal-phänomenologische Assoziation, sodass ein gewisser Gegenstand „seinen" Namen, „seine" Beschreibung hat, die sich genetisch verändert und ausbaut.

An jedem Reflex sind koordinative Passformen als „syntonische" beteiligt, sie stehen in einem bestimmten Verhältnis zum Idiotonus und somit zum Gesamttonus. Dem syntonischen Anteil der Muskelaktionen entsprechen die Intensitäten der koordinativen Reflexe, die koordinativen Aktualitäten, sie registrieren also diesen Anteil und damit das „Technische", „Mechanische", „Motorische" der Muskelaktionen. Dies gilt auch für die phonetischen Aktionen. *Sprechtechnik* ist also das Koordinative der Sprechbewegungen, also die Koordinatik (Lage, Kraft und Richtung) und die Koordination (die Zusammenordnung, Reihenfolge der Einzelaktionen, ihr koordinatives Verhältnis zueinander). Die Beschreibung des Sprechens nach der Koordinatik, also auch Koordination, ist die Beschreibung der Sprechtechnik, ein Spezialfall der Beschreibung der Technik, Mechanik überhaupt (Physiologie als physikalische Beschreibung biologischer Vorgänge, ausgeartet als Physikalismus, der weder Neurologie noch Psychologie ist). Die Beschreibung der Sprechtechnik ist nicht mit dem „mechanischen" Sprechen zu verwechseln. Sprechen ohne Technik gibt es nicht; rein koordinatives Sprechen gibt es ebenso wenig, wie andere rein koordinative Muskelaktionen (die koordinativen Passformen sind nur Begleiter der idiotonisch-motorischen Passformenströme, reichen allein zur Speisung der Muskelaktionen nicht aus).

Die phonetischen *Reflexe,* die wir als *Sprechübungen* bezeichnen, sind *akustische.* Die Sprachlaute sind auch hierbei Beschreibung, doch kommt es nicht selten vor, dass ihre Reihenfolge, also Koordination, „selbständig" ist, d.h. von der Koordination irgendeines beschreibbaren Individuums abweicht, insofern keinem beschreibbaren Individuum entspricht. Dieses Sprechen ist sozusagen Selbstzweck, der assoziative Zusammenhang mit der Phänomenalität (als dem Beschriebenen) ist dünn, nebensächlich, unaktuell, es kommt nicht darauf an, *was,* sondern *dass* und *wie* gesprochen wird. Und eben dieses Sprechen wird hinsichtlich der Koordinatik als *technisches* oder *mechanisches* Sprechen bezeichnet, an ihm besonders wird die Technik beschrieben. Von ihm zu unterscheiden ist das *beschreibende* Sprechen (siehe unten). Es ist aber nicht zu vergessen, dass auch beim mechanischen Sprechen mindestens die einzelnen Buchstaben bestimmten Aktualitätenreihen im Sinn der Beschreibung entsprechen und nur eben die Koordination der Buchstaben zu Silben und Wörtern abweichen kann. Das mechanische Sprechen ist dem *Singen,* also den menschlichen musikalischen Lauten, verwandt insofern, als es auch hier nicht auf den beschreibenden Charakter der Laute ankommt, sondern auf ihre Koordinatik, deren Präzision, dazu auf die Tonhöhen und ihre Übergänge (Melodie). Dennoch sind auch die Singlaute, mögen sie auch nur ein Summen oder Lallen (lalalala, aaaaa, ataralarada) sein, selbst das „Lied ohne Worte" in der genannten „verdünnten" Art, beschreibend; „reine", d. h. solche Sprechübungen, die gar keinen Zusammenhang mit Beschriebenem haben, gibt es ebenso wenig, wie eine derartig „reine" Musik, „reine" Melodie, auch die von Instrumenten ausgehende Musik „beschreibt", mindestens eben diese Instrumente (vergleiche die Geige weint, schluchzt, jubelt usw.), man pflegt aber die musikalischen Geräusche, Töne, Klänge nicht zur Beschreibung zu rechnen, sondern höchstens zur Tonmalerei (vollendet beispielsweise in Verdis, Wagners, Puccinis Musikdramen). Insofern das Singen unartikuliert, also eine spezielle genetische Fortführung des kindlichen Lallens, besonders Vokalisierens, ist, ist es einfacher als das Beschreiben, das auch genetisch die höhere Aufgabe darstellt; man kann bei vielen Arbeiten usw. „vor sich hin singen", „hinnuddeln", „pfeifen", nicht aber Dinge beschreiben, die mit der Arbeit nichts zu tun haben, viele Stotterer sind nur Sprech-, nicht Singstotterer usw. Das Singen hat in der Regel eine größere Gefühligkeit als das „sachliche" Beschreiben, es steht den Gefühlsausdrücken relativ nahe; analog die Musik, doch ist es unrichtig, zu sagen, Musik „ist Gefühl" und „wendet sich an das Gefühl, nicht an den Verstand" und „ist über-

haupt ein Wunder" (ich zitiere einen angesehenen Musiktheoretiker), richtig ist nur, dass Musik eine akustische Gegenständlichkeit (ihr entspricht die optische Gegenständlichkeit „Notenschrift") ist, die man mit oder ohne „kritischen Verstand" erleben kann, die hinsichtlich Komposition, Harmonie, Kontrapunkt usw. „verständlich" sein muss, die oft von höheren Gefühlserregungen begleitet ist, die von einem „Gefühlskünstler" (z. B. Richard Wagner) oder einem „Begriffskünstler" (z. B. Richard Strauss) geschaffen ist.

Die Sprechübungen sind *eine Art Turnen:* es turnt der Sprechapparat. Sein Turnen ist Ausdruck akustischer Reflexe mit relativ hohen syntonischen Anteilen, wobei die abgegebenen Passformen immer wieder (sooft die Wiederholung stattfindet) in die gleichen phonetischen Reflexsysteme aufgenommen werden. Die Koordination der zugehörigen akustischen Aktualitäten stimmt zur Koordination dieser phonetischen Reflexe, und es ist hierbei gleichgültig, ob diese akustischen Koordinationen denen eines Beschriebenen entsprechen oder nicht. Indem aber alle Sprachlaute grundsätzlich beschreibend sind, ist „die Beschreibung" niemals ganz aus den Sprechübungen auszuschalten, bestehen immer gewisse Assoziationen zur Phänomenalität, die nur eben ganz lose zugeschaltet sind.

Von den Sprechübungen sind die *Beschreibübungen* zu unterscheiden. Bei diesen wird die phonetische Motorik vorwiegend über die aktuell oder unaktuell funktionierenden Denkzellen, deren Aktualitäten das Beschriebene sind, gespeist und stimmt die Koordination der Wörter und Sätze zur Koordination des Beschriebenen, ja der Zweck der Beschreibübungen ist ja gerade die Herausbildung einer möglichst präzisen phänomenal-phänomenologischen Entsprechung, während der Zweck der Sprechübungen die Herausbildung einer möglichst präzisen Funktion des Sprechapparats ist.

Die phonetische Entwicklung setzt sich also zusammen aus Übungen des technischen und des beschreibenden Sprechens. „In" ersterem fehlt niemals „das Beschreibende" ganz, „in" letzterem niemals „das Technische". Bei jeder Art Sprechen (wie bei jeder anderen Muskelaktion) sind die koordinativen Passformen nur syntonische, Begleiter der idiotonischen Passformen, also ist auch das technische Sprechen (wie das Turnen überhaupt) nicht bloß koordinativer Ausdruck, sondern es ist akustischer Ausdruck mit relativ hohen koordinativen Anteilen. Man darf das biologische Gesamt einer Muskelaktion nicht mit ihrer Koordinatik identifizieren oder verwechseln, wie das der Techniker, der Mechanist – als Mensch des technischen Zeitalters, der mechanistischen Weltanschauung –, oft in Übertreibung, tut, mag er auch Biologe sein. Gewiss kommt die Ausgliederung der Sprechtechnik dem beschreibenden Sprechen zugute – so, wie die turnerische Ausbildung den Arbeitsbewegungen zugute kommt. Indes ist die besondere Ausbildung der Sprechtechnik keineswegs die notwendige Voraussetzung zur Ausbildung des beschreibenden Sprechens oder gar deren Ursache, wenngleich kein Mensch, wie gesagt, „frei" von Sprechtechnik sprechen kann. Ein technisch guter Sprecher oder Sänger braucht noch lange kein guter Beschreiber, ein guter Beschreiber noch lange kein guter Sprecher zu sein, ja die „Rhetorik" verträgt sich im Allgemeinen nicht mit der Exaktheit der Beschreibung, dem „Rhetor" (vergleiche Demagogen, Sektierer usw.) kommt es mehr auf die Eleganz, die Wucht, den hohen Gefühligkeitsgrad seiner Worte, auf den Beifall der suggerierten Masse, auf Überredung an, nicht auf die sachliche Richtigkeit seiner Angaben, nicht auf Überzeugung der Hörer. Auch ein geschickter Turner kann ein ungeschickter Arbeiter, ein geschickter Arbeiter ein ungeschickter Turner sein.

Gibt es so etwas wie einen *„Sprechtrieb"*? C. und W. Stern (Die Kindersprache, 4. Aufl., S. 124) verneinen „einen eigenen selbstständigen ‚Sprachtrieb' als Uranlage des Menschen" (mit „Sprachtrieb" meinen die Verfasser „Sprechtrieb", ihr Ausdruck ist ungenau oder falsch) und „präparieren in jenen primitiven Stadien gewisse urtümliche, zum Sprechen führende Triebregungen mit Vorsicht aus der personalen Gesamtregung heraus" – als „solche, die nicht rein sprachlicher Natur sind, sondern von viel allgemeinerem, formalerem Charakter, denen aber die Eigenschaft zukommt, im Bestand ihrer mannigfachen Auswirkungen auch lautliche Äußerungen zu enthalten". In dieser in schlechtem Deutsch geschriebenen,

gewundenen und nichtssagenden „psychologischen" Phrase steht „Trieb" für „innere Spannkräfte", und was das für „Wesen" sind, erfahren wir natürlich nicht: Das Dämonische ist ja „unerforschlich". Realiter sind die sogenannten „inneren Spannkräfte" die hinsichtlich der Intensität bezeichneten Reflexe mit ihrem Ausdruck in Muskelaktionen. Sprechtrieb ist also realiter synonym mit *Sprechhungerreflex,* kurz Sprechhunger, auch -wunsch, -bedürfnis usw. zu nennen. Er gehört zu den dem Sprechapparat zugeordneten koordinativen Reflexen, die also *Sprechhunger, -angst, -schmerz, -trauer* und *-freude* sind. Diese Reflexe und ihre Aktualitäten (sie sind „in" den Sprechapparat lokalisiert) registrieren die Aktionen des Sprechapparats nach Lage, Kraft und Richtung.

Während der Sprechruhe ist die Innervation gering. Sobald die Sprechruhe ihrem Ende entgegengeht, also von einem Sinnesgebiet her zunehmend intensive Passformenströme in die phonetischen Muskeln einfließen, nimmt zunächst der Tonus der Hungermuskeln zu, und dieser Zunahme entspricht der unaktuelle oder aktuelle Sprechhungerreflex. An die phonetische Hungerbewegung schließt sich die Angstbewegung, an den koordinativen Hungerreflex also der Angstreflex an, die Sprechangst als Gefühl oder die angstgefühligen Lage-, Kraft- und Richtungspunkte. Der Hunger leitet auch hier eine Bewegungsreihe ein; als relativ stark angsthaltig heißt er *Sprechdrang* (Rededrang), ein Wort, das auch das Angststadium mit oder besonders bezeichnet und speziell für die neurotische Hypertrophie gilt. Die unaktuellen oder aktuellen Sprechschmerzreflexe registrieren die phonetischen Drehbewegungen, die Sprechtrauerreflexe die beginnende phonetische Erweiterung, die Sprechfreudereflexe die sich vollendende phonetische Erweiterung. Je nachdem das Sprechen technisch oder beschreibend ist, sind die zugeordneten koordinativen Reflexe als Hunger nach technischem bzw. beschreibendem Sprechen, als Angst vor …, Schmerz bei …, Trauer über (nach) … und Freude über … zu bezeichnen.

Die Sprechgefühle sind von den *Hörgefühlen* zu unterscheiden: Diese sind den akustischen Buchstaben, Wörtern, Tönen und Klängen zugeordnet, sind also Hörhunger, -angst usw. Beide Gruppen sind zu unterscheiden von den Gefühlen, die systemgenetisch den jeweils beschriebenen oder zu beschreibenden Gegenständen zugeordnet sind; die Gefühlsspezies, der ein Reflexsystem, also auch seine Aktualitäten (das Beschriebene) angehört, ist natürlich die gleiche wie die der zugehörigen Ausdrucksbewegung, also auch der phonetischen.

Es gibt also einen Sprechtrieb. Wir verstehen darunter den Sprechhunger. Dass er existiert, ergibt sich nicht nur aus der allgemeinen Erfahrung, wonach jeder Vorgang vom Hungerstadium eingeleitet wird, sondern auch aus der Beobachtung des jungen Kindes, dessen phonetische Mundbewegungen mit den sie begleitenden mimisch-gestischen Bewegungen zunächst Hungerausdrücke und stark hungerhaltige Ausdrücke sind und mit den Worten „Das Kind möchte sprechen, nur gelingt es ihm noch nicht" beschrieben werden (vergleiche analoge Ausdrücke bei Haustieren). Die phonetischen Reflexsysteme differenzieren sich wie alle anderen aus der „Anlage Keimzelle", man darf aber nicht sagen, der Sprechtrieb sei eine separate Uranlage und derart „eine Wurzel" des Sprechens.

Die Psychobiologie lehrt, dass sich auch die phonetische Entwicklung rein biologisch vollzieht, d. h. nicht von Innen- und Außenfaktoren verursacht, gehemmt oder gefördert wird und werden kann (sie müssten denn Zauberer sein!). Zur phonetischen Entwicklung gehört auch die Bildung und Ausbildung der Assoziationen zu den Denkzellen der einzelnen Sinnesgebiete, deren Aktualitäten das Beschriebene ist, über die also die Innervation des Sprechapparats jeweils verläuft, ferner die Entwicklung der akustischen phonetischen Reflexsysteme, also auch die des akustischen Sprachzentrums (wir haben einen akustischen und einen optischen Wortbezirk) mit seiner sensilen, modalen („sensorischen") und idealischen Sphäre und den Assoziationen zum motorischen Sprachfeld im vorderen Zentrallappen. Die optischen und anderen Gegenstände, also die Aktualitäten aktuell funktionierender Denkzellen, sind ebenso wenig, wie die gehörten Worte anderer Menschen, also die Aktualitäten bestimmter akustischer Gegenstandszellen, dann die gelesenen Worte Ursachen für

die Entwicklung der Phonetik, sondern lediglich Aktualitäten im Ablauf von Reflexen, die ihren Ausdruck bei entsprechender Reflexschaltung in phonetischen Muskelaktionen finden und wie diese lediglich Entwicklungstatsachen sind; die Phänomene sind auch nicht Ursachen ihrer Beschreibung. Und ebenso wenig ist der mystisch-mysteriöse „Sprachdrang" mit seinen „Triebfedern" Ursache der Entwicklung der phonetischen Reflexsysteme. Realiter koinzidieren die phonetischen Entwicklungsvorgänge des Kindes vielfach mit phonetischen Reflexen, also Worten anderer Menschen (Eltern, Geschwister usw., Erzieher) oder folgen zeiträumlich auf sie, gehen ihnen aber auch oft voraus (sodass sich der Naive wundert, wo denn „das Kind das eigentlich her habe"). Der Beobachter hört also z. B. die Worte des Erziehers, dann die gleichen (mehr oder minder primitiven) Worte des Kindes und beschreibt diese zeiträumliche Folge (Sukzession) so, dass er sagt: Der Erzieher hat vor-gesprochen, das Kind hat nach-gesprochen, die Worte des Erziehers nachgeahmt. Sind beim Kind diese Reflexsysteme noch nicht hinreichend entwickelt, dann „nützt" alles Vorsprechen nichts; erst sobald sie genügend entwickelt sind, gelingt das Nachsprechen. Das frühere Vorsprechen war aber ebenso wenig die Ursache der phonetischen Entwicklung des Kindes, wie es die Ursache der imitativen Funktion ist. Der dämonistisch-kausale Zusammenhang wird aber noch allgemein angenommen und muss ja auch angenommen werden, solange man noch von „seelischen Wurzeln", „Triebfedern" usw., überhaupt von den geheimnisvollen seelischen Innen- und Außenfaktoren fabelt, also die biologische Struktur und Funktion (auch) der phonetischen Reflexsysteme noch nicht kennt oder anerkennt.

Die Worte, die der Beobachter als die des Erwachsenen (auch als die seinigen) und als die des Kindes hört, sind gleich (gleichlautend), also ganz ähnlich, nicht aber identisch, sie sind verschieden in ihrem biologischen Gesamt, und diese Verschiedenheit wird mit den Worten „erwachsen" und „kindlich" bezeichnet. In der Welt des Beobachters B gehen also vom Sprechapparat des Kindes K akustische Passformen aus, die in das Ohr usw. des B, also aus seinem optischen in seinen akustischen Bezirk einfließen und im Sinn der biologischen Symbolik an seinen Aktualitäten „Worte des Kindes K" beteiligt sind; das Gleiche gilt für die Entstehung seiner Aktualitäten „Worte des Erwachsenen, der zu dem Kind spricht". B schließt aus den Worten (der Ant-wort, dem Ge-gen-wort) des Kindes, auch aus gewissen anderen Ausdrucksbewegungen, dass es die Worte des Er-wachsenen gehört hat; ferner ist zu schließen, dass es auch seine eigenen Worte hört. *Nimmt B hierbei infantile Passformen in sein erwachsenes Ohr usw. auf, d. h. hat er unter seinen Reflexsystemen auch infantile?* Nein. Das Individuum Mensch ist die Gesamtheit seiner Reflexsysteme. Jedes seiner Reflexsysteme ist so alt wie der ganze Mensch; die Entwicklungsfront ist jeweils norma-liter im Rahmen einer Variationsbreite gleich-mäßig. Übrigens sind auch zurückgebliebene (kranke) Reflexsysteme so alt wie die übrigen zum Kranken gehörenden Reflexsysteme („aus-gealtert"). Infantile Reflexsysteme gibt es also im Erwachsenen nicht; auch die beim Kranken auf infantiler Entwicklungshöhe stehengebliebenen Reflexsysteme sind nicht mehr echt infantil, sondern infantilistisch. Dies gilt auch für die Denkzellen. Das vom gesunden B optisch wahrge-nommene Kind K ist also nicht Aktualitätenreihe infantiler Denkzellen des B, sondern spezieller Denkzellen, die genau so alt sind, die gleiche Dif-ferenzierungshöhe haben wie alle anderen, also auch wie z. B. die, deren Aktualitätenreihe ein Er-wachsener ist; beide Zellgruppen sind aber vonei-nander (auch) derart verschieden, dass die einzel-nen Aktualitäten der Gruppe „Kind" weniger voneinander verschieden, „different" sind als die einzelnen Aktualitäten der Gruppe „Erwachse-ner", das Kind also weniger differenziert ist als der Erwachsene. Auch das Kind nimmt auf jeder Entwicklungsstufe eben gemäß dieser Stufe wahr, seine Aktualitäten gehören dieser infantilen Ent-wicklungsstufe an, doch sind auch da jeweils die Individuen mehr oder minder differenziert. Diese Tatsache zeigt nicht an, dass das erlebende Indivi-duum (seine Denkzellen) innerhalb einer gewis-sen Differenzierungsstufe verschiedene Differen-zierungsstufen habe („geschichtet" sei). Gewiss können relativ wenig differenzierte Individuen auch Aktualitäten von entsprechend wenig diffe-renzierten Denkzellen sein: Dann handelt es sich

im Fall der Norm um Aktualitätenreihen des Kin-des – oder es handelt sich um infantilistische, also kranke Aktualitäten infantilistischer, also kranker Denkzellen. Auch der Gesunde nimmt Krankes wahr, doch sind seine Denkzellen gesund, und das Kranke ist lediglich das vom Gesunden spezi-fisch, grundsätzlich auch nach dem Differenziert-heitsgrad Verschiedene. Die Aktualitäten des Kranken, also die Aktualitäten kranker Denkzel-len sind natürlich kranke, und auch die seiner „ge-sunden", genau: fastgesunden Denkzellen sind mehr oder minder krank-haft, d. h. der Kranke er-lebt auch hinsichtlich des Unterschieds krank : ge-sund mehr oder minder, immer aber spezifisch abweichend vom gesunden Menschen, er hat sei-ne eigene, seine private Diagnostik.

Somit sind auch die akustischen Passformen, die von der optischen Zellgruppe „Kind" des Be-obachters in seinen akustischen Bezirk, speziell in die akustischen Denkzellen, deren Aktualitäten „die Worte des Kindes" sind, übergehen, nicht in-fantil, sondern so erwachsen, wie es der ganze Be-obachter ist. Infantil kann man diese Passformen nur nennen insofern, als sie vom Kind (Infans) ausgehen, aber der Erwachsene erlebt das Kind nicht etwa infantil, sondern „als Infans", „als Kind" (Akkusativ), er hat nicht „infantile Aktuali-täten" – diese hat nur das Kind –, sondern unter anderem solche erwachsenen Aktualitäten, deren Gruppe „das Kind K" bzw. „die kindlichen Worte" usw. sind. Der Vorgang „Hören der kindlichen Worte" vollzieht sich wie jeder andere Vorgang in der Welt des Beobachters, und diese ist die eines Erwachsenen. Die Welt des Kindes ist eine andere als die des Erwachsenen; jeder Mensch, jedes Hirnwesen „hat" nur seine Welt und kann auf „andere Welten" nur schließen – in seiner Welt, wie ich im logischen Schluss, der sich in meiner Welt vollzieht, erfahre. Die „gleichen" Worte, die das Kind und die Erwachsenen hören, sind (auch) darin verschieden, dass das Kind „kindlich", der Erwachsene „erwachsen" hört.

Ein Übergang von Passformen aus meiner Welt in irgendeine andere und umgekehrt ist unmög-lich. Die Assoziation „Kind – Worte des Kindes" vollzieht sich in meiner Welt, das Kind und seine Worte sind meine Aktualitäten und von denen des Kindes und aller anderen Wesen verschieden.

Dies gilt auch für alle Worte, die ich als Worte anderer Wesen höre. Jeder hört die Worte eines anderen so, wie er sie hört – und versteht sie so, wie er sie versteht, und er kann sie anders weder hören noch verstehen, und dieses Hören und Verstehen differiert mehr oder minder weit von dem anderer Wesen, mögen sie sich auch noch so ähnlich sein. Auch wechselt das Hören und Verstehen genetisch und episodisch in mehr oder minder ausgeprägtem Grade. („Verstehen" ist der Einbau der gehörten oder gelesenen Worte in das assoziative Gefüge der Wortbegriffe.) Je näher sich die Entwicklungsstufen zweier Menschen liegen, desto besser verstehen sie sich. Kinder verstehen sich gegenseitig besser als Kinder und Erwachsene, und Kinder gleichen Alters, gleicher Bildungsstufe verstehen sich besser als Kinder verschiedenen Alters, verschiedenen Bildungsgrades usw. Dies gilt auch für Erwachsene. Dem Gelehrten wird es meist schwer, sich so auszudrücken, dass ihn der Ungebildete oder Halbgebildete – soweit es überhaupt möglich ist – versteht, die Berufe haben ihre „Fachsprachen", und im Alltag gibt es zahllose Missverständnisse.

Die Mutter steht dem Kind entwicklungsmäßig näher als der Vater, aber auch sie versteht die „Kindersprache" nicht ganz so, wie sie das Kind und seine Gespielen verstehen, und ebenso wenig versteht das Kind die Sprache des Erwachsenen „ganz", sondern immer nur gemäß der jeweils erreichten Entwicklungsstufe. Im Gange seiner phonetischen Entwicklung kann das Kind nur das verstehen, was es – versteht. Der Erzieher bietet aber unabsichtlich oder absichtlich nicht nur das, was nach seiner Meinung das Kind verstehen könne, sondern immer etwas mehr: Er stellt dabei unbewusst oder bewusst die stetig fortschreitende phonetische Entwicklung des Kindes in Rechnung. Im Lauf der Entwicklung nähern sich das kindlichen Sprechen und die kindliche Sprache immer mehr der Phonetik der Erwachsenen, der Vollsprache. Hierbei bilden sich bei vielen Kindern spezielle Koordinationen heraus, deren Ablauf das Sprechen *fremder Sprachen* ist; diesen Koordinationen, die also von denen der „Muttersprache" verschieden sind, entsprechen die akustischen Reihen „fremde Sprache", also den von der Muttersprache verschiedenen Assoziationen

von Buchstaben, Wörtern und Sätzen. Alle diese Entwicklungen verlaufen als Hunger-Angst-Schmerz-Trauer-Freude-Reihen. Aus Vergleichen des Sprechens und der Sprache ergibt sich die Klassifikation nach den Gruppen: Familie, Sippe, Stamm, Volk, Rasse (Dialekte, Idiome); eine „Menschheitssprache" („Weltsprache") gibt es nicht, der Versuch, das „Esperanto" einzuführen, schlug fehl, wohl aber sprechen alle Menschen menschlich und menschliche Laute.

Analog geht die Entwicklung der *grafischen Reflexsysteme,* des Schreibens (zunächst palingrafisches Malen usw.) sowie der Schrift vor sich. Auch in der Grafik sind das *technische* und das *beschreibende* Schreiben zu unterscheiden. Überhaupt sind alle Funktionen nach der technischen und der assoziativen Seite, also hinsichtlich syn- und idiotonischer Anteile zu beschreiben, so auch das Sehen, Hören, Tasten usw. als technisches und als wahrnehmendes Sehen, Hören, Tasten usw. (beim technischen Sehen kommt es darauf an, dass gesehen, beim wahrnehmenden Sehen, was gesehen wird, usw.).

10.4 Die Sprache des Jugendlichen

Im Pubertätsübergang entwickeln sich das technische und das beschreibende Sprechen und Schreiben, die phonetische und die grafische Sprache aus der Kindlichkeit zur Jugendlichkeit, und diese Entwicklung setzt sich während der Pubertätsperiode fort, bis die Vollsprache erreicht ist. Ein besonders auffälliges Kennzeichen der phonetischen Krise ist der Stimmbruch bei den Knaben; der Übergang der Kleinmädchen- zur Jungfrauenstimme vollzieht sich mehr fließend. Auch die Schrift geht, oft in deutlich abgesetzter Krisis, im Übrigen stetig, aus der Kinder-Schülerschrift in die Schrift des Jugendlichen über: Die Schülerschrift ist noch steif, eckig, schablonenmäßig usw. in der ohne Weiteres erkennbaren „kindlichen" Art, die Schrift des Jugendlichen bekommt mehr und mehr die ausgeglichene, gewandte, „ausgeschriebene" Art des Duktus, das ausgeprägt Persönliche. Die Zahl der Wörter und ihrer Assoziationen untereinander wie zu der beschriebenen Phänomenalität nimmt – trotz Ausfalls vieler Kinderwörter – beständig zu, insbesondere bildet sich die Berufssprache mit immer größerer Fertigkeit heraus, aber auch die Alltagssprache gewinnt an Vielfältigkeit, Ausdehnung, Genauigkeit, doch ist die Berufssprache besonders exakt. Die phänomenologische stimmt zur phänomenalen Differenzierung: Je zahlreicher die Eigenschaften und Funktionen der Phänomene werden, desto zahlreicher werden die Wörter, die sie bezeichnen, desto mehr geht die Beschreibung ins Einzelne, desto ausführlicher wird sie. Zugleich mit der konkreten erweitert-erhöht sich die abstrakte, ferner die synonyme, homonyme, metaphorische, ferner die klassifizierende Beschreibung. Auch macht die Liebessprache große Fortschritte (Zärtlichkeiten, Liebesbriefe, Gedichte), besonders in der Zeit der Romantik, doch bleibt sie im Allgemeinen weniger ausgegliedert als die Berufssprache und ist eigentlich nichts weiter als eine Paraphrasierung des Satzes „Ich liebe dich", modifiziert nach den einzelnen Gefühlsspezies. Die Dichter sind in der Darstellung der Liebessprache, in der Beschreibung der Liebe überhaupt besonders begabt, und die Tondichter übersetzen die Liebessprache in Melodie, doch ist die Dichtung wie jede Kunst platonische Funktion, und mancher Künstler, der die schönsten Liebesromane schreibt oder Liebeslieder komponiert, ist seiner Geliebten gegenüber arm an Worten oder gar verlegen. Übrigens sind die Unterhaltungen mit Freunden oder mit der/dem Geliebten natürlich nicht immer Freundschafts- bzw. Liebeserklärungen, sonder erstrecken sich auf allgemeine Dinge, auf Berufsangelegenheiten, auf gemeinsame Interessen.

Mehr und mehr prägt sich auch die Sonderung der *pragmatischen* Beschreibung (mit ihren fachlichen Unterteilungen) von der *ethischen* (der moralischen, religiösen und rechtlichen) und beider von der *ästhetischen* Beschreibung aus, doch bleiben vielerlei Überschneidungen derart, dass nicht wenige Wörter mehreren Beschreibweisen angehören, auch späterhin erhalten. Dies gilt sogar für die normative Beschreibung, z.B. kommt das Wort „schlecht" sowohl in der pragmatischen wie in der ethischen wie in der ästhetischen Beschreibung vor. Diese Mehrwegigkeit der Assoziationen ist in den pubertätlichen Übergangszeiten besonders ausgebreitet (Neubildung von Assoziationen), die Beschreibung ist da in dieser Art unsicher, schwankend, variabel, und erst nach Abklingen der Krise bildet sich aus der Labilität eine (vorläufig) bleibende Mehrwegigkeit heraus, innerhalb deren sich Haupt- und Nebenwege sondern (vergleiche auch die Konfluenz der Beschreibung). Besonders präzis werden die Assoziationen in der pragmatischen Beschreibung, und innerhalb dieser wieder in der beruflichen. Weniger präzis sind im Allgemeinen die ethische und die ästhetische Beschreibung, hier trifft man besonders oft auf die „Phrase". Die Wörter „richtig" und „falsch", „gut" und „böse", „schön" und „hässlich" sind und bleiben in allen noch unausgereiften Denkweisen direkt oder indirekt mit allen Dingen assoziiert; zwar sondern sich in vielen Fällen und, je älter der Jugendliche oder Vollerwachsene wird, umso schärfer die haupt- von den nebenwegigen Assoziationen ab, aber die Nebenwege bestehen doch und werden in ihren speziellen Zusammenhängen begangen, sodass manche Dinge hauptwegig als richtig, gut und schön, nebenwegig (also in einem anderen Zusammenhang, von einem anderen Standpunkt aus) als unrichtig, schlecht und hässlich bezeichnet werden.

Für die Differenzierungsgrade der Stimme und der Sprache (des technischen und des beschreibenden Sprechens und Schreibens) gibt es für jede Entwicklungsstufe des Jugendlichen (usw.) eine normale Variationsbreite und eine Abnorm. Sänger und Sängerinnen haben eine relativ hochentwickelte Stimme, zum Wohllaut (zur Schönheit) der Stimme gesellt sich eine wohlgebildete, durchgebildete Technik. Der höhere Schüler beschreibt höherdifferenziert als der gleichaltrige Handwerkslehrling oder -geselle, doch beschreibt letzterer sein Handwerk ausführlicher, als es der höhere Schüler kann. Höchstdifferenziert ist jeweils die wissenschaftliche Beschreibung. Ferner gibt es eine normale Variationsbreite (also auch eine Abnorm) im Verhältnis der Ausgliederung der Beschreibung zu der des Beschriebenen (Erlebens): Der eine beschreibt ausführlicher, aus einem größeren Wortschatz als der andere, der eine ist wortreich, der andere wortarm, wortkarg. Am ausführlichsten beschreibbar ist immer das meistausgegliederte Erlebnisgebiet, z.B. der Beruf. Mancher schreibt mehr (lieber), als er spricht; mancher spricht mehr (lieber), als er schreibt; mancher zeichnet, malt lieber, als er schreibt, usw. Weiterhin gibt es eine normale Variationsbreite (und eine Abnorm) im Verhältnis zwischen Theorie und Praxis. *Theoretiker* sind Menschen, die vorwiegend beschreiben, *Praktiker* sind Menschen, die vorwiegend handeln; dort überwiegen die phonetisch-grafischen Reflexe, hier die „praktischen" Reflexe, d. h. die Funktionen anderer und mit anderen Dingen beschäftigter Muskeln als der Sprech- und Schreibmuskeln. Oft eilt die Theorie der Praxis voraus; damit ist ein rein zeiträumlicher Zusammenhang angegeben, er wird fictionaliter irgendwie kausal gedeutet. Bei manchen Jugendlichen entwickelt sich die ethische, bei anderen die ästhetische Beschreibung mehr als die pragmatische; jene sind angehende Moralisten, Geistliche, Richter, Ethiker-Philosophen und können auch in diese Berufe hineinwachsen, diese dagegen sind Ästhetiker als Künstler, Kunstkritiker, Philosophen (ungelehrte oder gelehrte). Manche Menschen lesen mehr (lieber), als dass sie schreiben oder sprechen (Überwiegen der Lesereflexe, auch in periodischem Wechsel). Manche sind „sprachbegabt", d. h. es entwickeln sich bei ihnen im Weg des Unterrichts die je einer fremden Sprache eigentümlichen Assoziationen zwischen Buchstaben, Wörtern und Sätzen; diese Begabung zeigt sich in der Regel schon beim Kind, sie erreicht im Jugendalter mehr oder minder hohe Entwicklungsgrade. Viele Unbegabte leiden nur an neurotischen Hemmungen (Angst vor dem Fremden), ihre Behebung „macht die Bahn frei". – Gemäß der Entwicklung der Beschreibung erweitert, erhöht und verfestigt sich auch der Wortsinn.

Die Denkweise des Jugendlichen ist die *mystisch-humanische,* das Jugendalter ist die Periode der fortschreitenden „Einweihung" in das „Mysterium" Mensch und Welt. In der Art des zur Mystik verdünnten magischen Denkens erlebt und beschreibt der Jugendliche alle Dinge und ringt heldenhaft mit dem Geheimnis ihres Wesens, sodass es sich immer mehr (aber noch lange nicht ganz) als physisch entschleiert. Wie im magischen Zeitalter das Märchen, im mythischen die Sage, so sind im mystischen Zeitalter die *Jugenderzählung* und *-dichtung* Musterbeispiele des allgemeinen Geschehens. Der Jugendliche liest also mit Vorliebe Schicksalsbücher, Geschichtenbücher: Reise-, Seefahrer-, Abenteurer-, Kriegs-, Helden-, Volksgeschichten aus Gegenwart und Vergangenheit, Lebensbeschreibungen großer Männer (Erfinder, Entdecker, Dichter, Heerführer, Könige usw.), ferner Dichtungen in Poesie und Prosa (Gedichte, Geschichten, Dramen, Romane, besonders in der romantischen Periode), ferner vorwissenschaftliche, dann zum Teil auch wissenschaftliche Bücher über Mensch und Welt (biologische, kosmologische, naturwissenschaftliche, technische, psychologische, soziale, politische und andere Bücher), ferner religiöse Mysterienbücher (Wundergeschichten, Heiligentaten, Schicksale von Religionsstiftern, Märtyrern, religiöse Lieder, geistliche Bücher über Gott und die Welt, über religiöse Probleme, Auslegungsbücher, Sitten- und Anstandsbücher, „heilige Schriften") bzw. sieht und hört die entsprechenden Produkte der Medienkultur. Das Niveau der Lektüre erhöht sich mit zunehmendem Alter; es geht beim höheren Schüler und Hochschüler ins Wissenschaftliche über.

10.5 Die Sprache des Erwachsenen

Auch die Entwicklung der Sprache ist beim Vollreifen im Großen und Ganzen vollendet (Vollsprache), sie erfährt weiterhin nur noch Ausbau, Ergänzung, Verfestigung bis zum Grad der Höchstreife. Die Phänomenologie gleicht hierin der Phänomenalität. Wie in der Alltags-, so hat der Vollreife auch in der Berufssprache ausgelernt. Die Berufssprachen sind zum Teil derart voneinander verschieden, dass eine Verständigung unter den Angehörigen der einzelnen Berufe oft erst nach Erläuterungen möglich ist, ja die wissenschaftlichen Berufssprachen sind dem Laien nur bruchstückweise verständlich, ihm müssen wissenschaftliche Beschreibungen in populäre Sprache übersetzt werden, doch lassen sich wissenschaftliche Tatsachen nicht immer ganz sinngerecht volkstümlich darstellen, Fachausdrücke sind meist einwortliche Zusammenfassungen langer Sätze, deren jedesmalige Anführung die Darstellung überladen, ungenießbar, ja unverständlich machen würde.

351

Fremdwörter sind als Fachausdrücke unentbehrlich, sie bezeichnen eben je einen ganzen Sachverhalt mit einem Wort; auch sonst sind viele Fremdwörter nicht ganz sinngleich zu übersetzen. Vermeidbare Fremdwörter sind gewiss zu vermeiden, aber viele „Sprachreiniger" sind Fanatiker, die jedes Fremdwort als bösen Feind umbringen wollen, also „das Kind mit dem Bade ausschütten". An seiner Sprache und Schrift ist (auch) der Bildungsgrad eines Menschen ohne Weiteres erkennbar. Nur neurotisches Missverständnis kann die Eingleichung (Kollektivierung) der Unterschiede der Bildung, also auch der Sprachlichkeit fordern und anstreben. Ein höhergebildeter Mensch hat schon in der Schule mehrere Sprachen gelernt, und mag er auch vieles vergessen haben, so hat er doch die sprachliche Übung durchlebt, die Ausdrucksmöglichkeit und -gewandtheit, auch in der Muttersprache, hat sich so gemehrt-erhöht, die Genauigkeit der Beschreibung vertieft, die Verständigung erleichtert. Von besonderem Wert für die logische Schulung sind die „alten Sprachen" (Latein, Griechisch), und kein vernünftiger Mensch, der sie auf der Schule gelernt hat, möchte jene Übungen missen, durch die hindurch seine Sprachlichkeit ein vor-zügliches biologisches Niveau erreicht hat. Mehrere „lebende Sprachen" zu lernen, ist für viele Berufe unerlässlich, für die allgemeine Bildung von hohem Wert. Die reiche Ausgliederung der Sprache ist ein Zeichen hoher Kultur, die Versimpelung und Verwässerung der Sprache ein Zeichen des Kulturverfalls.

Die phonetische und grafische Sprachlichkeit ist individualspezifisch: Der eine schreibt lieber, als er spricht, der andere umgekehrt, der eine ist wortkarg, schreibfaul, der andere gesprächig, schreiblustig, der eine kommt mit 500 Wörtern sein ganzes Leben aus, andere verwenden 10 000 und mehr Wörter. In alledem gibt es eine normale Variationsbreite. In die Abnorm gehören in hohen Kulturzeiten der Analphabetismus, die neurotische Ausübung des Schreibens, Lesens, Sprechens, Beschreibens (z. B. allzu wortarm, geschwätzig, geziert, verschwommene allgemeine Redensarten, pseudogelehrtes, intellektualistisches, spitzfindiges, snobistisches, pseudovulgäres, in Kraftausdrücken, in Gemeinplätzen schwelgendes Wortgetue usw.).

Je höher sich die Hirnrinde differenziert, desto mehr verfeinert sich auch die Sprachlichkeit, sie wird verständiger-vernünftiger, gewinnt an Überblickhaftem, sodass mit relativ wenigen Worten, ja oft mit einem Wort ein ausgedehnter Sachverhalt integrativ dargestellt wird, andererseits sehr viele Vergleiche zur Hand sind, aus denen heraus ein Sachverhalt genauer im Zusammenhang erläutert wird als bei geringeren Bildungsgraden. Die trophische und die genische Sprache, die pragmatische, ethische und ästhetische Beschreibweise sind so vollkommen wie nur möglich gesondert und sind übrigens Zeugnisse der Abgeklärtheit des vollreifen Menschen. So ist der Liebesbrief, den der Ehemann an seine Frau schreibt, nach dem Schillerwort „Die Leidenschaft flieht, die Liebe muss bleiben" geartet, und in der zärtlichen Unterhaltung der Ehegatten klingt die Harmonie der innigsten Vertrautheit.

10.6   Die Sprache des Höchstreifen

Wie die Sprache des Vollreifen aus-gebildeter ist als die des Jugendlichen, so ist wiederum, wenn auch in geringerem Unterschied, die Sprache des Höchstreifen aus-gebildeter als die des Vollreifen: Sie ist vollendet zu dem je spezifischen Höchstgrade. Kennzeichnend ist die Zunahme der Ideogenität, die Sprache (wie alle Ausdrucksaktionen) des maturen Menschen ist so besonnen, überlegt-überlegen, übersichtlich „wie nur möglich". Ein Satz aus der praktischen Vernunft gesprochen ist genau so integrativ wie die Begrifflichkeit, aus der beschrieben wird: Er umfasst homogen alle Sätze, mit denen die differenzialen Einzelheiten beschrieben werden. Die Sätze aus der praktischen Vernunft sind noch nicht so allgemein wie die aus der reinen Vernunft, sie haben aber doch schon das Charakteristische der „Sentenz", sie sind Regeln und Gesetze für einen speziellen Kreis von Einzelheiten, während die Sätze aus der reinen Vernunft überhaupt allgemeine (sozusagen allgemeinste) Geltung haben, Naturregeln und -gesetze sind. Natürlich spricht der Mature auch in Sätzen, die Einzelheiten beschreiben, wie er ja auch sonst in Einzelheiten praktisch zufasst, er ergeht sich beileibe nicht in einer Art

Orakelei, doch gibt er regelmäßig umfassendere und umfassende Anordnungen, Richtlinien, Auskünfte, er vermag eben gemäß seiner Hirnstruktur und -funktion die ihm etwa vorgetragenen Einzelheiten sofort zu integrieren zum vernünftigen Zusammenschluss, an dem auch viele andere Einzelheiten, an die der Geringerdifferenzierte im Augenblick nicht denkt oder die er noch gar nicht kennt, beteiligt sind. Die Integration vollzieht sich aber nicht etwa durch „psychische Kräfte", durch „Willen", als „psychischer Akt" usw., also irgendwie dämonisch, sondern ist ein rein biologischer Vorgang.

Für die zur reifen Vernunft ausdifferenzierte Begrifflichkeit ist die jeweilige aktuelle Kenntnis aller integrierten Einzelheiten weder erforderlich noch möglich: Der Voll- und Höchstreife hat ja alle diese Einzelheiten durchlebt und ist auf diesem Weg zu einer organisch ausgebauten Entwicklungsstufe gelangt, die über den durchlaufenen Einzelheiten als genetischen Vorstufen liegt. Diese organische Entwicklung „muss" also stattgefunden haben, d.h. sie hat normaliter stattgefunden, anderenfalls ist die allgemein gehaltene Beschreibung des Erwachsenen eben nicht der reifen Vernunft entsprungen, sondern ist „allgemeine Redensart", die auf der Entwicklungsstufe *vor* dem Durchleben der Einzelheiten, also auf kindlicher Stufe liegt. Dies trifft zu für die Begriffsneurotiker, die eine Pseudoweisheit verzapfen, „alles" schon wissen, ohne „etwas" gelernt zu haben, in chaotischen Plattheiten und Gemeinplätzen sich ergehen, das Allerselbstverständlichste als allerhöchste Weisheit propagieren, oft mit einer formalistischen Beredsamkeit, die zunächst dem pp. Publico gewaltig imponiert, es einnebelt und umdunstet, bis sich zeigt, dass der Rhetor „viel gesprochen und nichts gesagt hat" und ein übler Scharlatan und Marktschreier ist. Der Reichtum an Worten ist da Reichtum an Papiergroschen, die sich die Kinder anfertigen, und die „grundsätzlichen Erkenntnisse" sind bloß Erweiterungen des doch auch allgemeingültigen Dada der Säuglinge.

Die durchgebildete *Sprache des Maturen* unterscheidet sich (für den Kenner) klar von der *infantilistischen Phraseologie*. Einige Beispiele: Der Direktor ordnet nach „reiflicher" Überlegung aus seinem durch ungezählte Erfahrungen gewonnenen Überblick heraus die Schließung einer Abteilung seines Betriebs an. Er macht dazu nicht viele Worte, er dekretiert: „Die Abteilung wird am x-ten geschlossen." Er hat aber die beteiligten Mitarbeiter vorher zu Rate gezogen und ruft sie dann wieder zusammen, um ihnen Aufschluss zu geben, und zwar einen solchen, der ausreicht, seinen Entschluss ihnen verständlich zu machen. Er sagt nicht: Es geht euch gar nichts an, ich bin der Herr, ihr Kulis habt zu parieren. Er versteht das Führen richtig, er prunkt nicht im Autoritätsfimmel daher, fühlt sich nicht himmelhoch über dem profanum vulgus, verachtet, ja verbietet nicht jede Äußerung als eine unmögliche, jedenfalls unerträgliche Kritik an seiner Unfehlbarkeit – nein, der gesunde Direktor denkt und tut „mit" seinen Mit-Arbeitern, gemeinsam mit ihnen, er macht nicht mit ihnen, was er in göttlicher Laune gerade für richtig hält, er spricht mit und zu ihnen, kurz und bündig, aber so ausführlich, wie es echte Mitarbeiter verlangen, wie es ihnen zukommt. Auch ein kleines Kind kann sagen: „Die Abteilung wird am x-ten geschlossen." Der Unterschied braucht wohl nicht erläutert zu werden. Der neurotische Direktor aber redet ganz so wie das Kind, sei es, dass er sich als Despot gebärdet und „kurzerhand" befiehlt, sei es, dass er sich als Sklave benimmt und mit wortreichem Dada um Zustimmung bettelt.

Ein ärztlicher Großmeister trägt etwa vor: „Wir verdanken der Bakteriologie viele Einblicke in das Krankheitsgeschehen, keinem Vernünftigen fällt es ein, die Verdienste dieser Wissenschaft zu schmälern, aber bei der vorwiegenden, ja ausschließlichen Blickrichtung auf die Mikroben als die vermeintlichen Krankheitserreger lässt man außer Acht, dass jede Krankheit ein biologisches Gesamt ist, an dem die Mikroben nur symptomatisch teilnehmen." Er gibt dazu Beispiele, doch kann er die unzähligen Einzelfälle, die er beobachtet hat und aus denen sich seine allgemeine Einsicht gebildet hat, ebenso wenig anführen wie die für jeden Einzelfall einsichtsgemäß erforderliche Ausrichtung der Diagnose und Therapie; er kann aber, sofern er Praktiker genug geblieben ist, diese Ausrichtung jeweils selber vornehmen oder entsprechende Anweisungen geben, die mehr oder minder speziellen Charakter haben.

353

Der Vater sagt seinen Kindern: „Wir werden dieses Jahr nicht an die See, sondern ins Gebirge reisen." Das ist schon ein die verschiedenen Einzelumstände zusammenfassender Satz, allerdings ist der Kreis dieser Umstände relativ gering. Die Kinder fragen nach solchen Umständen („Warum?"), und der gute Vater gibt bereitwillig Auskunft, sodass die Kinder den Entschluss verstehen und billigen, aus dem Gespräch lernen. Ein schlechter Vater fährt die Kinder an: „Haltet den Mund, das geht euch nichts an, ihr habt zu gehorchen, was ich sage, gilt allemal, ich habe immer recht (auch wenn ich nicht recht habe) …" usw. Aus höherem Niveau des Überblicks stammt der Satz: Das Gemeinschaftsleben erfordert vielerlei Rücksichten (also stell das Radio leiser ein!) – oder: Der Einzelne kann nicht machen, was ihm gerade passt, als ob er allein auf der Welt wäre – oder positiv: Der Mensch lebt als Mitglied, der gesunde Mensch denkt und tut so, dass sein Wohl mit dem Gemeinwohl identisch ist, usw.

Treffliche Beispiele für die Sentenzen der praktischen Vernunft sind die *Sprichwörter.* Der Satz „Spare in der Zeit, so hast du in der Not!" umfasst alle einschlägigen Einzelfälle. Das Volk ist unermüdlich darin, die Einzelfälle unter allgemeine Gesichtspunkte zu subsumieren und diese in kurzen, treffenden Formulierungen zu beschreiben. Je differenzierter die Gehirne, desto mehr nähern sich solche Sentenzen der reinen Weisheit; sie ist freilich in ihren Höhenlagen nicht populär, sondern muss auf schlichte Formeln gebracht werden. Die Kant'sche These „Handle so, dass die Maxime deines Willens jederzeit zugleich als Prinzip einer allgemeinen Gesetzgebung dienen könnte!" ist gelehrt, akademisch, ja „geschwollen". Das Volk sagt etwa: „Was du nicht willst, das man dir tu, das füg auch keinem anderen zu" oder „Wie du mir, so ich dir" oder „Wie's in den Wald schallt, schallt es zurück" oder „Ehrlich währt am längsten" usw.

Dem Gelehrten fällt es (mehr oder minder) schwer, aus seiner Wissenschaft populär zu sprechen oder zu schreiben. Es ist aber ein grobes Missverständnis, der Wissenschaft vorzuwerfen, dass sie Wissenschaft sei, und zu „fordern", sie solle gemeinverständlich sein. Solche gleichmacherischen Wirrköpfe muten z. B. der höheren

Mathematik zu, für Klippschüler „geeignet" zu sein. Der Arzt brauche oder gar solle kein Wissenschaftler sein, da die Laienpraktiker „dasselbe", ja vielfach „Besseres" leisteten; zum Heilen sei Wissenschaft überflüssig, ja hinderlich; es sei gleichgültig, wie und womit man heile, wenn man nur heile! Überhaupt sei die Wissenschaft, je höher sie liege, umso weniger brauchbar, und entscheidend für den Wert sei auch hier „der unmittelbare Nutzen für das Volk". Und gar nun die Philosophie! Was soll „das Volk" mit Philosophie? Philosophen sind Tagediebe, sie sollten zu nützlicher Beschäftigung angehalten werden! Solche wissensfeindlichen Redereien sind insofern nicht ungefährlich, als sie von Unkundigen mit dem gesunden Protest gegen die „Verabsolutierung der Wissenschaft", gegen die „Verwissenschaftlichung", gegen den nur horizontalen Wissenschaftsbetrieb, kurz: gegen die Hypertrophie verwechselt werden können. Realiter ist auch die Wissenschaft pyramidisch organisiert, an dieser biologischen Tatsache kann keine Theorie und kein Dogma etwas ändern. Die populäre Wissenschaft impliziert die explizierteren Grade der Wissenschaft und ist somit ihre Vorstufe. Die hohe Wissenschaft kann insoweit popularisiert werden, als sich ihre Tatsachen und Lehren in ein weniger differenziertes Wissen einarbeiten, übersetzen lassen; die Möglichkeit der Missverständnisse ist da immer groß.

Die Sätze der reinen Vernunft liegen auf höherem biologischem Niveau als die der praktischen. Sie sind Naturregeln und -gesetze, letzte Erkenntnisse, Weisheitssätze in gelehrten und ungelehrten Formulierungen. Schopenhauers letzte Worte waren (angeblich): „Das Leben ist, wie es ist, ich möchte nur wissen, wer etwas davon hat", das heißt populär etwa: „Man muss das Leben nehmen, wie es ist" oder „Wenn's vorbei ist, ist's vorbei" oder „Es ist alles eitel, es ist alles ganz eitel" usw. Weisheitssprüche finden sich in allen „heiligen Schriften" wie der Edda (das Wort zu Veda – wissen), den Veden, der Bibel, dem Koran usw., in vielen Werken der Dichtung, der Philosophie usw., sie kursieren auch im Volk. Sie sind von der Beschreibung der Einzelfälle am weitesten entfernt, sie haben erst über die Sätze der praktischen Vernunft Anschluss an die Praxis, die ihre genetische Grundlage war. Alle Weisheit ist weltanschaulich-philosophisch – wie denn eben der reine Denker der (gelehrte oder ungelehrte) Philosoph ist. In seiner Art ist jeder Höchstreife Philosoph (Lebensphilosoph), in besonderem Grade der Realist (im metaphysikfreien Sinn).

Für die metaphysische Deutung der Begrifflichkeit (des „Geistes" usw.) und der Sprache nur einige Beispiele. Aus einer Pfingstpredigt: „Denn auch Pfingsten verkündet eine Großtat Gottes – die Ausgießung des Heiligen Geistes. Aber was ist das: Heiliger Geist? Er ist etwas Geheimnisvolles. Mit Brausen und Flammenzungen kam auch der Heilige Geist in die Welt, Gottes Geist, der uns in der Heiligen Schrift offenbart ist, Geist von dem Geist, der Himmel und Erde geschaffen hat, der göttliche Geist, der in Jesus Christus Gestalt annahm und nun seit dem ersten Pfingstfest die Menschen durch das Evangelium beruft, sammelt, erleuchtet, heiliget und bei Jesu Christo erhält im rechten einigen Glauben …" Phrase in Reinkultur. Aus L. Klages' Charakterkunde (1928, S. 41): „Nur weil das Leben, das in der Sprache geronnen ist, so an Glut und Wildheit wie an geistiger Flugkraft die letzten Höhen und letzten Tiefen im Leben des einzelnen – von den dunkeln Gefühlen der ersten Jugend abgesehen – hinter sich lässt, so kann es, wenn in Bewegung gesetzt, noch heute mit fast dämonischer Zauberkraft die Seelen sich selbst entrücken und in sonst unerreichbare Wirbel eines mehr als menschlichen Geschehens reißen …" Da haben wir einen sonst unerreichbaren Wirbel von Worten. Aus Schönpflug, Methodenlehre, S. 201, über Nicklisch, Organisation: „Sobald die Kraft in den Zweckbereich der Menschen tritt, von ihnen erfasst wird, wird sie gestaltete, ziel- und zweckbewusste Kraft, wird sie geistige Kraft. In den Beziehungen von Mensch und Natur wird die Ursache alles körperlichen Seins dadurch umgewertet, dass sie zum Bestandteil eines geistigen Prozesses gemacht wird, bei dem letztlich die Entscheidung liegt, ob eine Wirkung herbeigeführt werden soll oder nicht. Diese Entscheidung liegt aber nicht in der Kraft, sondern wird von etwas bestimmt, das außerhalb ihres Bereiches liegt und selbst nicht Kraft ist. Wirkung erfolgt nicht mehr wie in der bloßen Körperwelt, dass Gründe zufällig vorhanden sind, die zurei-

chen, sondern diese selbst werden künstlich, d. h. bewusst in der Absicht gestaltet, eine bestimmte Wirkung zu erreichen …" Mit dieser illustren Weisheit wird die Organisation der Wirtschaft natürlich jedermann vollkommen verständlich! Das sind aber nicht etwa ausgesuchte Muster, sondern die Literatur wimmelt von solchen Beispielen, sie ist ja weitgehend in der fiktionalen Denkweise verfasst. Die Sprache sei „seelisch-geistiger" Ausdruck, der mit der erst recht geheimnisvollen „inneren Sprache" in einem „unerforschlichen", aber natürlich kausalen Zusammenhang steht, so wähnt die Psychologie und will oder kann es durchaus nicht verstehen oder zugeben, dass das Sprechen Reflexausdruck und die Sprache akustische und optische gegenständliche und begriffliche Aktualitätenreihe ist, wie die Psychobiologie gefunden hat und lehrt.

10.7 Die Sprache des Greises

Gemäß der Involution der Phänomenalität involviert sich auch die Phänomenologie, die grafische und phonetische Sprache. Wie die Aktualität bei der fortschreitenden Komplikation explizierte Eigenschaften und Funktionen „einzieht", so verliert auch die Beschreibung an Reichhaltigkeit und Präzision: Die nicht mehr explizierten Einzelheiten können auch nicht mehr explizit angegeben werden, sie sind mehr „mitgemeint". Je mehr sich die Aktualitäten einander angleichen, desto unbestimmter, allgemeiner wird auch die Beschreibung. Schrift und Stimme werden zittrig, schwach, verwaschen, matt, eingeglichen, desartikuliert bis zur ultimären Lallsprache. Der Greis vergisst nicht nur allerlei Namen von Personen, Tieren, Pflanzen, Sachen, allerlei Eigenschafts- und Funktionsbezeichnungen, er nimmt sie auch mehr und mehr in Gesamtbezeichnungen auf, die mit denen der reinen und der praktischen Vernunft übereinstimmen oder ihnen nahe stehen, aber auch Ähnlichkeit mit denen des Kindes haben; sie sind nicht eigentlich Klassifikationswörter (Gattungsnamen usw.). Der Greis mahnt z. B. „Seid einig, einig, einig!" oder „Die Wirtschaft muss belebt werden" oder „Habt Vertrauen zur Zukunft!" oder „Alles ist eitel" oder „Die Dinge gehen ihren Lauf, das All schuf sie und nimmt sie auf" usw. Solche Allgemeinsätze ähneln oder gleichen den Sentenzen des einfachen Mannes, der Spruchweisheit des Volkes, auch den noch undifferenzierten Sätzen des kleinen Kindes – und den Gemeinplätzen und allgemeinen Redensarten, in denen sich der Neurotiker, besonders der neurotische Redner und Schreiber ergeht. In solchen Sätzen der Altersweisheit sind aber nicht mehr viele Einzelheiten überblicklich beschrieben, sondern in ihnen spricht sich die zunehmende Eingleichung, das Verblassen der Individuation aus. In der gewöhnlichen Unterhaltung braucht diese Einschmelzung der Beschreibung nicht ohne Weiteres kenntlich zu sein, besonders nicht bei Leuten, die niemals eine hochdifferenzierte Sprache hatten. Manche Leute werden im Alter schreib- und redselig, geschwätzig mit Feder und Mund; dabei sinkt das Niveau des Ausgesagten mehr und mehr ab, Wiederholungen von Worten und Sätzen, von Mitteilungen werden häufig, aber bei der zunehmende Vergesslichkeit (Ausfall des Wiedererkennens) jeweils als neu, erstmalig aufgefasst (es wird bestritten, dass man das Geschriebene oder Gesagte schon soeben x-mal geschrieben bzw. gesagt habe). Schließlich sterben auch die Schreib- und Sprechreflexe; und mit einem letzten Wort oder Seufzer endet auch der stolzeste Reichtum der Sprachlichkeit.

10.8   Die kranke Beschreibung

Zu den Ausdrucksweisen gehören auch die phonetischen und die grafischen Muskelaktionen, also diejenigen Aktionen, denen die akustischen und die optischen Wörter entsprechen. Sie und die Wörter heißen sogar „Ausdrücke" im engeren Sinn; wir sagen Beschreibung (Phänomenologie). Hier sei die phonetische Beschreibung – beschrieben; für die grafische gilt das Analoge. Die Innervation des Sprechapparats geschieht über den Denkzellkomplex, dessen Aktualitätenreihe das Beschriebene ist; die Beschreibung entspricht also dem Beschriebenen (Phänomen). Aus der Beschreibung ist auf das Beschriebene zu schließen; mit seinen Worten gibt der Mensch (in einer speziellen, besonders ausgegliederten Art und Weise,

zu der sich die Mimik, Gestik, das weitere Verhalten gesellen) an, was er jeweils erlebt und wie er es erlebt, gibt er Eigenschaften und Funktionen des Erlebten an. Die Beschreibung der Gefühle erfolgt in gegenständlichen Worten, also im indirekten Verfahren, ebenso die Beschreibung der Begriffe, diese kann aber auch in begrifflichen Worten geschehen, insofern direkt, und die begriffliche Beschreibung (das Wortdenken, die Gedanken) kann ausgesprochen werden (Reflexe auf den Sprechapparat), dieses Aussprechen ist aber keine Beschreibung der Gedanken, sondern die der begrifflichen Beschreibung der Phänomene entsprechende gegenständliche Beschreibung (Beschreibung in gegenständlichen Worten), doch können auch Worte, kann die Beschreibung selber – z. B. philologisch – beschrieben werden. Die Gegenstände können auch aus der Erinnerung, also aus der zugehörigen Begrifflichkeit beschrieben werden. Die phänomenal-phänomenologische Entsprechung verstehen wir also aus dem assoziativen Zusammenhang Erlebtes (Beschriebenes) → Beschreibung; sie ist in dieser Art „genau" (zuverlässig), auf dieser Genauigkeit beruht die Verständigung.

Nach diesem biologischen Mechanismus beschreibt auch der Kranke, und auch seine Beschreibung ist „genau", gibt also – und zwar sehr viel mehr ausgegliedert als die anderen Ausdrucksweisen – zuverlässigen Bericht aus seinem Erleben, nur liegt die Zuverlässigkeit eben im Krankheitsgebiet, sodass uns der Bericht des Kranken zur Diagnose dient, aber selber ebenfalls diagnostiziert werden muss. Die Beschreibung, die *aus* dem kranken Erleben erfolgt, ist zu unterscheiden von der Beschreibung des Kranken *über* sein Leiden; diese Beschreibung ist mehr oder minder „unpersönlich", „sachlich", d.h. die leidende Person ist dabei nicht „persönlich" gemeint, von ihr ist abstrahiert, es wird nur die Krankheit am Einzelfall „Ich" beschrieben, diese Beschreibung ist schon „medizinisch", laienhaft oder fachmännisch. Natürlich kann der Kranke auch über seine Krankheit nur als Kranker sprechen, bestenfalls normnah, fast-richtig; auch konfluieren die Beschreibung *aus* dem kranken Erleben und *über* es in mehr oder minder weiten Strecken. Hier interessiert uns die Beschreibung aus dem kranken Erleben. Der Arzt fragt: Was fehlt Ihnen? Der Patient berichtet: Ich habe Schmerzen da und da, sie ziehen vom Nacken über den Kopf, sie strahlen vom Magen aus, ich habe Herzklopfen, die Beine sind geschwollen, meine Gedanken verwirren sich, ich leide an Gedächtnisschwäche usw. usf. Zwischendurch kann er ächzen und stöhnen usw., also sensorische Gefühlsausdrücke von sich geben. Es kann sich eine ausführlichere Beschreibung anschließen, die auch anamnestische Einzelheiten enthält. Der rechte Arzt lässt den Kranken (im Rahmen der ärztlichen Möglichkeiten) ausreden, er kann bei hinreichender Erfahrung in vielen Fällen rein an der Beschreibung des Kranken die Diagnose stellen, ja sie müsste sich prinzipiell in allen Fällen daran stellen lassen, doch ist in praxi die Beschreibung des Kranken aus seinem kranken Erleben oft nicht hinreichend spezifiziert; immerhin – manche Fehldiagnose ergibt sich aus der ungenügenden Betrachtung des Berichts des Kranken.

Die reflexmäßige Genauigkeit ist nicht identisch mit der Genauigkeit im Sinn von Präzision, Exaktheit: Das beschriebene Kranke ist ja Überrest aus der Kindheit, in dieser Art also ungenaues, verschwommenes Erleben, und so kann auch die kranke Beschreibung nur beschaffen sein, eben gerade in ihrer reflexmäßigen Genauigkeit. Die Folgerichtigkeit im Krankheitsgeschehen, die logische Reihe der ein Krankheitsbild ausmachenden Symptome zeigt sich natürlich auch in der kranken Beschreibung, aber diese Logik ist eben krank, von der gesunden unterschieden, die gesunden Zusammenhänge sind anders als die kranken, der Kranke lebt in einer anderen Welt als der Gesunde. Genau so wenig, wie die Beschreibung des Gesunden aus seinem (eben gesunden) Erleben krank sein kann, kann die Beschreibung des Kranken aus seinem (eben kranken) Erleben gesund sein. Diese Beschreibung ist selber symptomatisch. Mancher Kranke ist abnorm wortkarg (Wortverstopfung, Angst vorm Arzt, Angst zu sprechen, Angst vor der Diagnose, Therapie usw., auch der Trauerkranke ist wortträge), andere reden uferlos (Wortdurchfall, Rededrang), ohne dass dabei die Beschreibung richtiger würde, andere reden niemals von ihrer Krankheit, umso mehr von den Krankheiten an-

derer Menschen, usw. Der Kranke kann sich pathologisch irren, mancher lügt: Spezielle Fehlassoziationen zwischen Ding und Wort, Frage und Antwort, sie sind in die reflexmäßige Genauigkeit einzubeziehen, sie gehören eben zum kranken Ablauf und sind diagnostisch wichtig. Dazu kommt, dass der phonetische Apparat selber Herd der Krankheit sein kann.

Seine hypertrophen *Gefühle* beschreibt der Kranke je nach Innigkeit der sympathischen Zuschaltung zur sensorischen Phonetik in Form von sensorischen Gefühlsausdrücken oder weniger sympathogenen Worten. Die *kranken Gefühlsausdrücke* sind besonders sinnfällig infantilistisch, der Kranke benimmt sich „kindisch": Er brüllt, schreit nach etwas (Hunger), er schreit, stöhnt aus Angst und Angst aus, er schreit, ächzt, wimmert, winselt in und aus seinen Schmerzen, er seufzt in dumpfer Trauer, er jauchzt, kichert, feixt in „lächerlicher" Übertreibung usw. Es gibt auch ein hungriges (leeres), verächtliches, höhnisches (ironisches, spöttisches), ängstliches (verlegenes), schmerzliches (grimmiges, sardonisches), trauriges „Lachen" oder „Lächeln", d.h. eine der betreffenden Mimik anklingend beigemischte, entsprechend nuancierte Mitkontraktion von Freudemuskeln des Gesichts, aber auch das freudehypertrophierte (alberne, läppische usw.) Lachen ist unecht. Ferner gibt es ein sensorisches Lachen: imitiertes, aufgestecktes, gespieltes, offizielles Lachen oder Lächeln (Letzteres bei öffentlichen Persönlichkeiten, die „gute Laune", „prosperity" usw. zeigen müssen); hierbei sind die Gefühle kaum beteiligt (vergleiche das stereotype Lächeln der Ostasiaten). Der gesunde Erwachsene ist zu solchen Gefühlsausdrücken nicht fähig, er bleibt im Auf und Ab der Erregung immer maßvoll, er hat keine übermäßigen, auch keine untermäßigen Gefühlsintensitäten. Die normalen Analoga zu den kranken Gefühlsausdrücken sind die frühkindlichen, gleich, ob es sich um „organisch" oder um rein funktionell Kranke handelt (alle Krankheit ist organisch). Viele Organkrankheiten gehen mit heftigen Gefühlserregungen einher, sie gehören zur Symptomatik, sie werden nicht durch die anatomischen Veränderungen verursacht und somit erst „verständlich" und „gerechtfertigt". Der Irrealis „Wenn der Gichtiker die

357

Gicht nicht hätte, hätte er auch keine Schmerzen und würde nicht stöhnen" beweist nicht, dass „die Gicht" (die Tophi usw.) Schmerzen verursache (wie denkt man sich denn das?), sondern „beweist", dass zur Symptomatik der Gicht Schmerzen gehören, dass der Gichtiker, wenn er die Gicht nicht hätte, kein Gichtiker wäre! Nur dass er sie eben hat und somit auch Schmerzen. Die Gefühlserregungen, also auch ihr Ausdruck, sind beim strukturell Kranken genau so übermäßig wie beim funktionell Kranken; bei diesem fehlt der anatomische Befund, es ist aber irrig, seinen Gefühlsausdrücken deshalb die „Berechtigung" abzusprechen, sie gehören eben auch zu seiner Symptomatik.

Alle Hyperfunktionen sind *Übertreibungen,* ihre In- und Extensitäten steigen und fallen periodisch, sie durchlaufen dabei auch Grade, die physikalisch-mathematisch gesprochen normalen Graden gleich sind, biologisch gesprochen aber sind sie immer übertreiberisch, auch im Sinn des Gegenstücks, der Untertreibung, die Übertreibung nach der anderen Seite ist (eine andere Art der Untertreibung ist die Hypofunktion, aber auch sie kann als Übertreibung „nach unten" bezeichnet werden). Gemäß den schwankenden Funktionsintensitäten und -extensitäten ist die Übertreibung mehr oder minder sinnfällig, ausgeprägt, „stark". Die kranken Gefühlserregungen sind also mehr oder minder in- und extensiv, sie können sich mehr in den subkortikalen Reflexstrecken (bei entsprechender Abschaltung von den kortikalen Neuronen) abspielen, es brauchen also auch bei hochgradigen Erregungen die Gefühlsaktualitäten nicht entsprechend hell zu sein, sie können schwachaktuell sein, ja die betreffenden Gefühlszellen können unaktuell funktionieren (z.B. Schmerzlosigkeit bei Leitungsunterbrechungen anatomischer oder funktioneller Art, bei Ohnmacht). Die vegetativen Reflexstrecken können den sensorischen mehr oder minder innig zugeschaltet sein, sodass mehr oder minder zahlreiche sympathogene Passformen übertreten und hiernach die sensorischen Ausdrücke modifiziert sind. Auch bei inniger Zuschaltung zu sensorischen Bahnen braucht der sensorische Gefühlsausdruck nicht phonetisch zu sein, z.B. kann er bei entsprechender Schaltung ein krampfiges Zusammen-

beißen der Zähne (z.B. Verbeißen des Schmerzes), Ballen der Fäuste usw. sein. Es kann ferner bei schwachaktuellem kranken Gefühl, aber hochintensiver subkortikaler Erregung ein phonetischer Gefühlsausdruck stattfinden, der eben vorwiegend aus subkortikalen Bahnen gespeist ist (vergleiche z.B. Exzitationsstadium bei Narkosen, initialer Schrei des Epileptikers, Stöhnen des Bewusstlosen usw.). Endlich kann der Gefühlsausdruck dem Beobachter aus Erfahrungen bei analogen Fällen „angemessen" erscheinen. Man überträgt auch gern Erfahrungen an Gesunden auf Kranke und „misst" hiernach die Übertreibung, die man dann als „seelisch verursacht", als „vom Willen, von der Selbstbeherrschung" usw. abhängig, also magisch deutet und dem Kranken zum Vorwurf macht. Wehleidige z.B. klagen und wimmern oft bei vermutlich geringen Schmerzen, man sagt, sie übertreiben, sie sollten sich zusammennehmen usw. Gewiss, im Verhältnis zur vermuteten Helligkeit des kranken Schmerzes mag der Schmerzausdruck zu heftig sein, aber wie sollte die heftige phonetische Muskelaktion zustande kommen, wenn nicht auf innervatorischem Weg? Die Intensität der Muskelaktion entspricht immer der Intensität des zufließenden Nervenstroms. „Übertreibt" also der Wehleidige, dann ist der phonetische Apparat vorwiegend über subkortikale Bahnen inerviert – und zwar so intensiv, wie seine Aktion ist, d.h. er „übertreibt" eben nicht, er kann gar nicht „übertreiben" in dem genannten magischen Sinn, doch sind seine Erregungen und ihr Ausdruck als krank allemal übertrieben. Er schätzt den „kleinen" Schmerz, wie etwa an dem heftigen Wimmern usw. erkennbar, als „großen" Schmerz, als „Schmerz überhaupt" (Dämon Schmerz); er kann ja auch die Schmerzen anderer Leute nicht erleben, also fehlen ihm die Vergleichsmöglichkeiten (wie hierin übrigens allen Leuten). Analog ergeht es dem Kranken, der im Gegenständlichen „aus der Mücke einen Elefanten macht": Für ihn *ist* die Mücke eben ein (verwandelter) Elefant, d.h. er ist sich über die Größenunterschiede usw. des Gesunden nicht klar, er lebt hier in chaotisch-magischer Denkstufe. Der anatomisch Kranke übertreibt also wie der funktionell Kranke, und es ist ein Irrtum, nur den Letzteren der Übertreibung zu „zeihen", dem Ersteren aber seine Gefühlsausdrücke zu „verzeihen", „zuzubilligen" oder „nachzusehen". Man darf freilich die Übertreibung nicht motivisch-kausal deuten: Beim Neurotiker sei sie (mangels anatomischen Befunds) „gemacht" oder „Schlappheit", beim anatomisch Kranken sei der Gefühlsausdruck überhaupt keine Übertreibung, sondern „durch das organische Leiden verursacht".

Diese magische Deutung ist auch nicht daraus zu rechtfertigen, dass der Kranke selber magisch deutet und dass wir seine Gefühlsausdrücke (usw.) nur als Kennzeichen seines rohdämonistischen Gefühlserlebens verstehen können. Die Übertreibung zeigt an, dass der Kranke ein Geschehen erlebt, das in seiner Unheimlichkeit und Rätselhaftigkeit über das Physische „hinausreicht", für ihn gibt es im einfach-menschlichen Leben solche „ungeheuren" „seelischen" Erregungen und Ausdrücke nicht, und dass er sie hat, ist eben „das (konkurrenzlos) Besondere" im weltanschaulichen Sinn des Dämonischen. Der Kranke braucht diesen Sinn nicht oder doch nicht ausführlich zu wissen, er braucht das Wort Dämon oder Chaos ebenso wenig zu kennen, wie das kleine Kind solche Wörter kennt; der Kranke, der von Dämonen usw. spricht, die er (in seiner kranken Weltanschauung) erlebt, glaubt wissentlich oder unwissentlich an ihre Existenz – wie ja überhaupt jemand, der dämonistisch deutet, nicht zugleich undämonistisch erleben und beschreiben kann. Der Dämonist kann die Dämonen leugnen, mit ihnen in negierenden Worten sich unterhalten, mit ihnen kämpfen – und sie so bannen, d.h. eben doch an ihre Existenz glauben. Dass also mancher Kranke einwendet, er denke nicht dämonistisch, ja er sei von Kind auf „ganz irdisch" und sogar atheistisch, beweist nicht das Geringste gegen die Tatsache, dass er, soweit krank, Infantilist mit infantilistischem Gebaren und Erleben ist; er bedarf hierüber der Aufklärung, z.B. darüber, dass der „Atheist" bloß „dämonischer" Gottnegierer ist (er muss an den Gott glauben, den er verneint, magisch entmachtet); z.B. darüber, dass der Skeptizist mit der „Dämonie" seiner Zweifel „das Problem" befehdet, das er eben dabei immer setzt; z.B. darüber, dass er mit der These „Alles ist natürlich" das Übernatürliche, mit der These „Jeder ist auch nur ein Mensch" die Dämonie des Jeden negativ anerkennt und bannt, somit seine Allmacht wahrt usw. Notabene: es ist vom Kranken die Rede, und der ist von der metaphysikfreien Erkenntnis „Alles ist natürlich", „Der Mensch ist ein Reflexwesen" usw. noch sehr weit entfernt, mag er solche Sätze auch theoretisch kennen, in seine Allwissenheit einverleiben und etwa in einer Erörterung ausspielen. „Ich habe mich auch als Kind nie um Märchen gekümmert, mich immer nur an die Wirklichkeit geklammert", versichert ein Ordnungspedant; er weiß noch nicht, dass er dennoch wie jedes Kind im Märchenalter gelebt hat (und, soweit krank, noch lebt), dass seine „Wirklichkeit" eben die märchenhafte war, dass er die (formulierten) Märchenerzählungen nur überängstlich mied und ihre Unheimlichkeit somit „aus der Welt schaffte", dass er krampfig bemüht war, die „Mechanik der Dinge", als magisches Wirken aufgefasst, absolut genau nachzumachen, somit ihre Dämonie zu übernehmen, auszulöschen und so der Allordner, das „Ordnungsprinzip" zu bleiben: Dies ist der Sinn des „Anklammerns an die Wirklichkeit". „Mir ist, als ob der Tod hinter mir stünde", klagt ein Kranker, aber dass er damit den Dämon Tod meint, muss er erst einsehen lernen. „Ich kann keine Luft kriegen", stöhnt ein anderer, aber dass er damit nicht bloß die dingliche Luft meint, sondern die Luft als Lebensprinzip, als Träger des magischen Lebens, muss er erst erfahren. „Mitten im Leben sind wir vom Tod umfangen", sagt auch mancher gesunde Erwachsene, aber seine Magie ist so verdünnt, dass er sich aus der Nähe „des Todes im Leben" (!) nicht eben viel macht, solche Formeln sind „bildliche" Redewendungen, die man nicht ernst nimmt; ganz anders der Abergläubische: Er wähnt die Wirklichkeit des dämonischen Todes „im" dämonischen Leben, und die Unklarheit der Formel ist ihm nur „Beweis" für die unheimlich-heimliche Existenz der unerforschlichen Lebens-Todesmächte. Jeder Kranke ist abergläubisch, jeder Abergläubische ist krank („mindestens" neurotisch). Sagt man ihm, dass er Dämonist im primitiven Sinn ist, so antwortet er wohl zunächst: „Gut, dann gibt es eben Magie, ich eben erlebe sie! Alle Menschen, auch die Gelehrten, glauben an die Seele, den Geist, das Seelisch-Geistige ‚im' Menschen und erklären bei aller Forschung die

Unerforschlichkeit des Metaphysischen, also ist auch mein Dämonenglaube ‚berechtigt‘, ja ‚bestätigt‘!"

Über seine Gefühlsausdrücke hinaus beschreibt der Kranke seine Gefühle in *Worten,* die ebenfalls nur als rohdämonistische zu verstehen sind, z. B.: „Es" sitzt in mir (in der Brust, im Magen usw.) „etwas" drin, ich weiß nicht, was das ist; „die Krankheit" hat mich überfallen, niedergeworfen, schwächt, bringt mich um, ich muss mich mit aller Kraft zur Wehr setzen; ein unheimlicher „Trieb" lässt mich nicht zur Ruhe kommen, hetzt mich, „der Hunger", „der Durst" (Namen für dämonische Mächte) wühlt in mir, ich kann ihm beim besten Willen nicht widerstehen; „die Angst" (Name für Dämon) schnürt mir die Kehle zu usw., nimmt mir den Atem usw.; ein dumpfer „Druck" sitzt mir in der Leber usw.; „der Schmerz" (Name für Dämon) reißt, bohrt, brennt, schneidet, zieht umher, ich muss ihn beherrschen, ich leide über-, unmenschlich, ich muss meinen Leichtsinn furchtbar büßen, er ist mein Verhängnis, ich war immer gesund, nun hat mich die Krankheit heimgesucht, sie ist von Gott oder vom Teufel geschickt, durch „Erkältung", „Bazillen" usw. verursacht, warum muss ich gerade daran glauben? „Die Trauer" (Name für Dämon) drückt mich nieder, nimmt mir allen Lebensmut usw.; „die Freude" (Tochter aus Elysium) macht mir das Leben leicht, erhebt mich über alles Leid, bringt mir die Gesundheit zurück, weil ich die unbändige Lebensenergie, den starken Lebenswillen hatte usw. usf. Und weiterhin wird in Als-obs beschrieben, „ausgemalt", Bestimmtes lässt sich über Unbestimmtes nicht sagen, der Zweifel lässt sich nicht auf zweifelfreie Formeln bringen. Die Krankheit, die Gefühle werden dämonisiert-personifiziert, in „mir" walten Lebens-Heil-Kräfte, die mit dem Tod, der Krankheit als Dämon ringen, und die der Oberdämon „Ich" mit seinem dämonischen „Willen" wachrufen und befehligen kann und „muss", auch mithilfe des Arzt-Medizinzaubers. Der Kranke kann gesund werden, wenn er nur will; er „muss" wollen, er muss „seinen Willen anspannen", um die Krankheit auszutreiben, zu beherrschen, zu überwinden, er „darf" sich nicht unterkriegen lassen. Wissen die Ärzte, was „Krankheit" ist? Sie wissen auch „nichts"! Sie nennen bloß einen Namen für etwas, das sie nicht verstehen! Was ist und heißt „Krebs"? Was „Lungenentzündung"? Was „Neurose"? Was „Psychose"? Der Arzt gibt seine Zaubermittel und verordnet das Zeremoniell der Anwendung, dessen Vernachlässigung die Wirksamkeit des Zaubers mindert oder auslöscht und so großen Schaden stiften kann: Dann triumphiert die Krankheit, der Arzt kann nichts, er hat den kleinen oder gar den bösen Zauber … So findet der Kranke Bestätigung seines eigenen Wunderglaubens in der Tatsache, dass das Wesen der Krankheit auch manchem Arzt noch unklar ist, dass auch der Arzt motivisch-kausal, verdünnt-metaphysisch denkt, von Seele, Geist, Willen usw., auch von den Gefühlen als metaphysischen Mächten spricht, die den Leib krank und auch wieder gesund machen und deren Gesundheit oder Krankheit wiederum durch innere und äußere Mächte („Faktoren") verursacht werden usw.

Besonders leicht als magisch durchschaubar sind die Beschreibungen der funktionell Hirnkranken: Es fehlt ja da eben „das Substrat", der anatomische (sogenannte „objektive") Befund, von den nur „subjektiven" Beschwerden nimmt man vielfach an, dass sie nicht vorhanden, eingebildet seien, im Metaphysischen schweben, nur als seelisch-geistig „gelten" und somit „eigentlich" nicht gelten können. Abgesehen von rein pragmatischen (diagnostischen) Angaben, z.B. „Ich leide an Asthma, an Darmverstopfung, an chronischen Durchfällen, an Migräne, an Depressionen" usw. usf., beschreibt der funktionell Kranke im Niveau der chaotisch-magischen Ratlosigkeit, auch falls diese Beschreibungen ebenso „überzeugt" klingen wie die Märchen des Kleinkindes. Die kranken Gefühle sind ihm unheimlich wie dem jungen Kind, das den Namen „Gefühl" noch nicht kennt oder als Namen für chaotisch-dämonisches Wesen und Geschehen auffasst, das sich dann mehr und mehr als „Innen" von dem „Außen" trennt. Unsichtbare Gespenster sind die Gefühle, die Hunger, Angst, Schmerz usw. oder, in irgendeiner Weise vergegenständlicht, z.B. Drache, knurrender Hund, Bock, Leibschneider usw. oder Kopf, Mund, Magen, Herz, Bauch, Hinterloch usw. (also nach dem Organ, das ja das Kleinkind noch nicht kennt) heißen und allesamt

Lebens- oder Todes-, göttliche oder teuflische, gute oder böse Dämonen sind, sich auch ineinander verwandeln können. Der überwiegend rein funktionell Kranke verwendet solche Bezeichnungen, dann auch genetisch höher liegende wie Seele, Geist usw., besonders gern auch „es". Der Teufel sitzt in mir und treibt mich in die Kneipe, ich gebe mir alle Mühe, standzuhalten, aber der Versucher ist stärker als ich, es ist, als ob „es" mich in die Kneipe zieht oder treibt, ich bin nicht mehr ich selbst, ich bin besessen, der Wille ist wie ausgelöscht, der Leib bewegt sich ganz mechanisch wie auf Befehl einer unfassbaren und unwiderstehlichen Macht: Ich muss gehorchen, kaum dass ich mir bewusst bin, was um mich ist … usw., so schildert der Alkoholiker. In gleicher Weise berichten andere Süchtige über das teuflische „Es" und den Kampf zwischen ihm und „dem besseren Bewusstsein", das Halt gebietet und dann doch überwältigt wird; so auch der Diabetiker: Wie bewusstlos rannte ich in den Laden und schlang die Schrippen herunter, ich hasse sie geradezu, weil sie mich höhnisch angrinsen, mich zwingen, sie zu vertilgen usw. – Ich kann den Weibern nicht widerstehen, sobald mir eine gefällt, muss ich sie unter mich kriegen, koste es, was es wolle, sogar heiraten würde ich sie notfalls, aber ich habe schon eine Frau – leider! Was ist das bloß für ein Zauber, der von den Weibern ausgeht? Ein wahres Verhängnis; und dann ekeln sie mich an, ich muss sie grob hinausjagen, sie kränken, ihnen Geld hinwerfen, und wenn sie heulen, habe ich meine helle Freude; bin ich nicht ein Scheusal? – In mir sitzt ein Gott oder Teufel: Ein unbändiger Trieb nach Arbeit, Geld, Macht, der Geist der ewigen Unruhe erfüllt mich, ich halt's nicht aus, wo immer ich bin, es treibt mich weiter, nichts kann mich halten – als ob der Tod hinter mir her wäre und vor mir das Leben, in das ich mich flüchte und das doch mit dem Tode letztens verschmilzt usw. – Eine wahnsinnige Angst sitzt in mir, das Herz ist ein wüster Trommler, es will mir die Brust zersprengen, was ist das bloß? Ich kann keine Ursache finden, es kommt von selbst über mich, es bringt mich noch um, was soll ich nur tun, um der furchtbaren Qual zu entgehen, einem tausendfachen Alpdrücken, dem Vampir, der mir das Herz abdrückt? – Wenn ich auf dem Abort sitze, ist alles wie zu, ich drücke und drücke, aber je mehr ich drücke, desto mehr schließt sich der After, es ist wie verhext; dabei habe ich einen wild aufgeblähten Leib, es rumort darin herum, aber ich kann die Teufels nicht loswerden; schon immer Angst vorm Abort gehabt, der schwarzen Öffnung, die in die Hölle führt, die Verstopfung, der Darm „macht" mir immer mehr Angst usw. – Ich „muss" zwanzig- und dreißigmal auf den Abort rennen, es ist wie ein unwiderstehlicher Befehl aus dem Teufelstempel, ich muss mich opfern, immer ein bisschen, meist Schleim, ich bin schon ganz schwach von dem ewigen Ausleeren, aber wenn ich ein wenig Drang verspüre, „muss" ich gleich laufen, sonst geht's in die Büxen, der Drang wird plötzlich so heftig: „Jetzt aber sofort!", heißt es; ich weiß nicht, was das ist. – Mir legt sich eine riesige Spinne um die Brust, sie hat scharfe Arme und Beine, ein sadistisches Gesicht, d. h. so stelle ich mir das Angst- und Schmerzgefühl vor, dass sich mir wie ein Gürtel umlegt, ich denke, die Spinne saugt mir das Blut aus, will mich langsam abwürgen, aber dann hält sie inne, ich darf aufatmen, bis ich wieder etwas Leben angesammelt habe, dann kommt der Anfall von neuem, nur meine Energie hat mich bisher aufrecht erhalten, sonst wäre ich schon längst hin; warum diese ewige Qual? – In die Kopfplatte bohrt sich mir ein Nagel, so weh tut mir der Schädel da oben, ich lege mich im Bett ganz fest gegen die Bettwand, dann habe ich das Gefühl, dass der Nagel nicht hinein kann, und kann einschlafen, sonst kriecht mir so ein Zittern durch den ganzen Leib; leider ist kein wirklicher Nagel da, sonst wüsste ich, woran ich bin, aber so ist mir alles ein Rätsel. – Wenn ich in der Schule gefragt werde, tut mir mein ganzes Inneres weh, wie mit Millionen feiner Nadeln gestochen, und wenn es vorbei ist, sinke ich hin, vollkommen zermürbt, als wenn ich wie ein fauliger Käse von Maden zerfressen wäre, ich denke, jetzt hat das letzte Stündlein geschlagen, aber leider „muss" ich in dieser Hölle noch weiter leben. – Das Wort „jetzt" ist mir ein Hammerschlag, es hängt wie das Damoklesschwert über mir, es ist der Termin der Hinrichtung, das Jetzt! Dass es solche schaurigen Wörter gibt! Die Welt ist doch ein großes Unglück, und wenn ich so die Leute machen sehe, muss ich sie bedauern, dass sie nicht ahnen, wie es steht, aber noch mehr mich selber, dass ich es ahne, ahnen „muss". – Ich bin ein Glückskind, trage das Glück in mir, die göttliche Fortuna, die ich nur wachzurufen brauche, um alles im schönsten Licht zu sehen; sie hilft mir, dass alles gelingt, „ich" brauche gar nichts zu tun, das Glück besorgt alle meine Geschäfte usw.

Wie das Kleinkind von seinen Organen und ihren Funktionen noch nichts weiß – es kennt zwar einige Namen wie Herz, Magen usw., aber das sind Namen für dämonische Wesen, die „drin", „hinten" (d. h. hinter der Fassade) ihr Wesen und Unwesen treiben –, so auch nicht der Kranke, soweit krank. Für das Kind ist z. B. die Entdeckung des Herzschlags ein großes Ereignis, ein neuer Dämon taucht auf, aber es gewöhnt sich daran und erfährt später allerlei über das rätselhafte „Ding da drin", wo die Liebe sitzt und das gute-böse Gewissen usw.; anders beim künftigen Herzneurotiker: Ihm bleibt der sogenannte Herzschlag ein unfassliches Geheimnis, es wird nach und nach zum Zentralproblem, neben dem alles andere verschwindet, so muss er immer das Herz kontrollieren, auf seinen Schlag lauschen, es ist die Lebens-Todesuhr, die schlägt; solange es schlägt, ist „das Leben" darin, ich muss ständig Angst um den Herzschlag haben, und wenn es nun immer rascher schlägt, muss es doch mal „aus-schlagen", und dann ist der Tod eingezogen, hat die Herzuhr ihren letzten Schlag getan, und je mehr ich Angst um das Herz habe, desto rascher schlägt es – schlägt es den Tod zurück? Die Zigarre ist das Zauberding, das mir das Herz so toll schlagen macht, ich brauche nur hinzusehen, hinzufassen, einen Zug zu tun, dann packt es mich fürchterlich, der Tod sitzt in dem Teufelskraut, und mein Herz (das Leben) wehrt sich gegen den Tod. – Die ganzen Gedärme zittern mir, es greift unaufhörlich im Bauch; wenn ich sitze, stößt es mich aus dem Stuhl rhythmisch gegen den After, manchmal kitzelt es auch am Loch – was mag das bloß sein? Ich habe keine Hämorrhoiden, putze mich peinlich sauber, die Ärzte – wie viele habe ich schon befragt! – haben mir allerlei Salben und Zäpfchen verschrieben, einer wollte mich operieren, aber ich sagte mir selber, das ist ja Unsinn. – Ich habe den Krebs im Leib: Wie sollte sich sonst das Ziehen und Kneifen erklären lassen? Mit mir geht's

den Krebsgang, Krebs ist Tod, mir tun nur die Hinterbliebenen leid. – Ein Auto fährt im Bauch hinauf und hinunter, ein Vogel flattert im Magen umher, das Herz flattert wie ein Vöglein; im Magen sitzen sieben Männerchen, das sind meine Kinder, ich habe sie gefressen, aber sie leben weiter, bis sie geboren werden aus der Magengrube (auch dem After, der linken Brust, die stärker ist als die rechte, daher ist die linke Brust die Lebens-, die rechte die Todesbrust) usw. usf. – ad infinitum.

All solche Märchen gedeihen neben reiferen Beschreibungen, sodass die Kranken in mehr oder minder weiten Strecken „ganz vernünftig" sind, ja in diesen Denkbezirken es selber für unmöglich halten, dass sie, soweit krank, an Gespenster glauben und sich, selber Gespenst, mit ihnen herumschlagen. In seinem fastgesunden Denken weiß der Kranke, dass es Gespenster, Dämonen nicht gibt – er glaubt aber (auch in negativischer, skeptizistischer Art usw.) noch an Schicksalsmächte, an die Vorsehung, die waltende Gottheit mit dem Widerpart Teufel, an die Seele usw., er „denkt" das nicht so rohdämonistisch wie im kranken Bezirk, aber doch immer im Rekurs auf die primitive Dämonie. Aberglaube ist Unsinn, sagt auch mancher Abergläubische; die Einsicht nützt ihm nichts für sein krankes Erleben, sie ist nur theoretische Aufgeklärtheit, sie wird nicht angewendet, das kranke Geschehen läuft sozusagen selbständig ab, und es muss dem Kranken erst aufgezeigt werden, dass er sich so abergläubisch benimmt, wie er es selbst als Unsinn bezeichnet. Er ahnt nicht, dass er mit Angaben, die Hölle brenne in ihm, eine furchtbare Hitze schwele in seinem Unterleib, die Flammen züngelten bis zur Brust hinauf, er komme sich vor „wie" die Hexe auf dem Scheiterhaufen oder der Sünder im Fegefeuer usw., tatsächlich und ernsthaft den weltanschaulichen Sinn seiner Symptome beschreibt, und dass seine Äußerung, das alles sei ja nur Vergleich, bildliche Darstellung, sein Leib sei natürlich keine Hölle usw., nicht aus seinem kranken Bezirk, sondern aus reiferen Bezirken stammt, die übrigens vom kranken Bezirk keineswegs abgemauert sind. Er sagt, er glaube nicht an Himmel und Hölle, für ihn gebe es kein metaphysisches Problem, er habe die Religion längst über Bord geworfen (freilich ohne das Gottesproblem, das Leib-Seele-Problem gelöst, also an die Stelle dessen, was er negiert, die positive Erkenntnis gesetzt, den weltanschaulichen Zweifel behoben zu haben!) – und doch ist seine Symptomatik so, dass sie gar nicht anders beschrieben werden kann als mit den Worten des rohen Dämonismus: Im kranken Erleben erduldet er – die Fiktion ist eben seine Tatsächlichkeit – Höllenqualen, ist der Leib, wie das Kleinkind deutet, eine leere Höhle, in die oben etwas Rätselhaftes, das Essen und Trinken heißt, hineingeht und unten etwas Rätselhaftes, das Äx, Pfui und Kacke, Kot heißt, herausgeht, abgeht und in der dämonische Mächte, Leben und Tod, obere und untere Geister sich ihre magischen Kämpfe liefern unter geheimnisvoller Beteiligung dessen, was oben eingeht und unten ausgeschieden wird. Selbst der kranke Arzt, der doch in seinen reiferen Bezirken die inneren Organe genau kennt, verfügt in seinem kranken Bezirk ganz und gar nicht über diese Kenntnisse und ist da genauso primitiv-dämonistisch wie der Laie. Je gebildeter ein Kranker ist, desto weniger glaubt er im fastgesunden Denken an Dämonen, desto weniger gebraucht er da die Worte des rohdämonistischen Denkens, und doch sind im kranken Erleben alle „guten und bösen Geister mobil", ist er „ein anderer" als sonst, „sich selber fremd", eine „zweite Persönlichkeit" (wo steckt die andere?), „entpersönlicht", „entselbstet", und es bedarf eingehender fachmännischer Aufklärung und Führung, bis der Kranke die Tatsachen erkennt, dass er sich, soweit krank, in einer dunkel-verworrenen Gespensterwelt, in der Primitivzeit der Weltanschauung befindet und dass seine Symptome den weltanschaulichen Sinn haben, den er in seinem reiferen Denken als Unsinn bezeichnet. Die Diagnose „Unsinn" nützt nichts, der Unsinn muss in Worte übersetzt und recht ausführlich vorgeführt werden, der Patient muss erfahren, wie der Unsinn lautet, auf die Formulierungen, mit denen diese kranke Märchenwelt beschrieben wird, kommt es nicht an; Unsinn ist eben Unsinn, und Märchen ist Märchen: Dämonen-, Zauberglaube. Die endgültige Heilung der weltanschaulichen Ratlosigkeit ist das Ausreifen zu der Erkenntnis, dass es realiter Dämonen, überhaupt metaphysische Mächte, also auch einen Kampf mit und zwischen ihnen gar nicht

gibt, dass die Fiktion Fiktion ist, d.h. nicht etwa beweist, dass das Fingierte realiter existiere, sondern im Gegenteil beweist, dass es realiter nicht existiert.

In der primitivistischen Art beschreibt der Kranke auch seine krank erlebte *Umwelt,* und auch diese kranke Beschreibung ist zu- und einassoziiert den gesünderen und fastgesunden Bezirken. Zur Außenwelt gehört auch die Körperoberfläche. Die charakteristische Formel ist wieder: Was ist das bloß? Ich weiß nicht, was das ist, was da „los" ist. Diese Formel der Ratlosigkeit erweitert sich zu primitivistischen Kausaldeutungen. Das Brot, der Alkohol, das Morphium usw. haben eine magische Anziehungskraft, wie sollte es sonst zu erklären sein, dass ich, der Diabetiker, dem Brot, ich, der Alkoholiker, dem Alkohol usw. nicht widerstehen kann, ja mich gezwungen fühle, das Unheimliche in mich aufzunehmen? Kein Arzt kann erklären, warum ich solch „gewaltigen" Durst habe; die gültigen wissenschaftlichen Deutungen gehen bei Licht besehen über den Zauber- und Wunderglauben nicht hinaus. Was ist denn „Durst"? Ein Seelisches. Was ist „Seelisches", wie wirkt es? Die Gewebe sind trocken, und „dadurch" entsteht Durst – aber wie denn das? Der Durst meldet die Trockenheit der Gewebe an – wie geschieht und bei wem geschieht diese Meldung? Beim „Ich", das „mir" nunmehr Befehl gibt, den Durst zu löschen, den unmäßigen mit unmäßigen Mengen von Getränken, die immer mehr Durst „erzeugen"? – Wer die Unerbittlichkeit des Morphiums einmal erlebt hat, kann nicht an seiner Dämonie zweifeln, und wenn es mich ausgesucht hat, muss ich, der Morphinist, ein dämonisches Wesen sein oder beherbergen, mit dem jenes um die Allmacht ringt – bitte, wie soll der unheimliche Zwang sonst zu „erklären" sein? Kein Arzt kann sagen, was Morphinismus ist; die Angabe „Gier nach Morphium" ist doch bloß Übersetzung, keine Erklärung, warum und was! Der Arzt sagt: Sie müssen sich um jeden Preis zusammennehmen, sonst richtet Sie das Morphium zugrunde; es fehlt nur an festem Willen, die Macht des Versuchers zu brechen usw. Lieber Himmel, was hat der Arzt für eine Ahnung von der Gewalt des Morphiums und des Begehrens, das es in mir weckt! Ich biete ja schon alle Energie auf, dem Zwang zu widerstehen – vergeblich. Und was ist „Wille", was „Selbstbeherrschung", was die tödliche Macht des Morphiums usw. anderes als Dämonie? Kampf zwischen Leben und Tod auf Leben und Tod? – Was ist Fieber? Ein ungelöstes Rätsel. Es wird verursacht durch Bazillen, den bösen Feind der Menschheit, auch durch Kälte, aber wie? Magisches Geschehen, wobei „das Fieber" „übertragen", „angefacht" wird, das mich verzehrt, verbrennt, wenn es nicht gelingt, es durch Gegenzauber zu dämpfen, zu unterdrücken. „Das Fieber" kann auch in mir selbst „entstehen", der Krankheitsdämon, der mich befallen hat, entzündet es, er entzündet auch innere Organe, das Blut, die Haut, er umnebelt meine Sinn, er zieht mich ins Dunkel der Nacht und des Jenseits: Schon wimmeln die Schatten um mich. „Die Entzündung" – was ist das? Die klinische Beschreibung klärt doch nicht ihr Wesen, es ist und bleibt ein schlimmes Wunder, ein Todeszauber – wie? Oder ein Heilswunder? Was ist eine Geschwulst? Meine Haut wird fettlos, faltig, grau, verfällt – ich weiß nicht, was das ist; der Arzt sagt, das hänge mit dem inneren Leiden zusammen – ist das eine Erklärung? Nein, der Zusammenhang ist magisch-ursächlich, eben unerklärlich. Die Haut ist übersät von Geschwüren: Todeskeime haben sich eingenistet, die Haut ist die Front, an der sich der Kampf Leben gegen Tod abspielt. Die Welt ist voll böser Geister, die Krankheiten sind oder verursachen, daher auch Krankheitsursachen heißen, ohne dass die gelehrtesten Ärzte sagen können, was denn „Ursache", „Ursächlichkeit" sei, wie sie wirkt, warum sie wirkt, warum sie so wirkt, wie sie wirkt und nicht anders, warum der eine durch einen Stoß einen Krebs, der andere nur eine seelische Erschütterung bekommt – und wie man sich das alles vorstellen soll. Die Tuberkulose ist durch die Entdeckung des Tuberkelbazillus geklärt, aber wie kommt es, dass die Bazillen bei dem einen Tuberkulose, beim andern nichts verursachen und dass es seit der erfolgreichen Bekämpfung des Bazillus noch immer Tuberkulöse gibt? Nichts ist geklärt – es bleibt alles im magischen Dunkel. Zahlreiche Kranke sind primitivistisch-abergläubisch: Die Krankheit, ihre Ursache, ihr Wirken usw. sind in aller Umschreibung gespenstisch, verhängnisvoll, Schicksalsfügung, Fügung des Himmels oder der Hölle.

Wiederum ist die Tatsache der rohdämonistischen Deutung leicht erkennbar an der Beschreibung des Denkkranken. Zum Beispiel berichtet ein Patient über „Depersonalisation": „Ich habe das Verhältnis vom Ich zum Du nicht gefunden. Ich weiß oft selber nicht recht, ob ich Ich bin oder nicht, d. h. ich weiß es einerseits, aber dann verschwimmt wieder alles ineinander, als ob ich mich auflöste und mit der Umwelt eins würde; da gibt es natürlich auch kein Du, und doch ist es dann wieder da und trennt sich vom Ich." Chaotisch-magisches Geschehen, genetisch-episodisch assoziiert mit differenzierterem Erleben. – Da ist ein Fleck am Tisch, bei seinem Anblick bekomme ich rasendes Herzklopfen, ich kann mich nicht wegrühren, ich muss ihn immer anstarren, er bannt meinen Blick – oder ich banne den Fleck, sodass weder er noch ich wegkann. Ich muss aber zum Dienst gehen. Ich sage: Ach, der Fleck ist ja nichts, aber er ist doch da, er muss etwas bedeuten, was ist das bloß? Bedeutet er das Nichts, die Vernichtung, Zerstörung, Sünde, das Übel, den Tod, der am Tisch nagt wie der Bazillus an der Lunge – und muss ich dem Tod ins Auge sehen, ihn so überwinden – oder überwindet er mich – oder müssen wir uns gegenseitig bannen-binden-bändigen, um uns gegenseitig zu besiegen – oder doch nicht zu besiegen? Wie komme ich weg? Ich schneide in den Tisch einen zweiten Fleck, genau so groß wie der erste, ihm ganz genau gleich geartet, da muss mit dem Zirkel gearbeitet werden! Dieser zweite Fleck ist von mir geschaffen, trägt meinen Zauber, bannt für mich den ersten Fleck. Nun kann ich gehen, muss aber oft daran denken, was die beiden Flecken miteinander machen, ob nicht der erste entweicht und als Tod durch die Welt zieht und sie vernichtet – meine Schuld wäre das, mein Zauber hätte nicht gereicht. Ich rase schweißtriefend nach Hause: Gott sei dank, beide sind noch da, mein Heilzauber hat das Unheil gebannt, mein Lebens- den Todeszauber überwunden – aber ob das vorhält? Nachts bei der Heimkehr knipse ich lieber das Licht nicht an, sonst würde ich sehen, ob beide Flecken noch da sind; und wenn nun der erste weg wäre, sich meinem Zauber entzogen hätte – wo wäre dann meine Allmacht? Was ist das alles für ein Spuk, für ein Wahnsinn – und doch komme ich nicht los! Ich muss immer nach Flecken suchen, nach dem kleinsten, sie sind ebenso zaubermächtig wie die großen, aber sie können sich leichter verstecken, unsichtbar machen, sie sind umso gefährlicher, und wer den Tod im Fleck bannen will, muss ihn in den leisesten Andeutungen aufspüren. Das ist eine „Lebensaufgabe"; entgeht ihm der geringste Fleck, so ist er „vernichtet". Schon als Kind war mir das feine Dunkel irgendwo und irgendwie unheimlich, besonders am Leib; so bin ich im dämonischen Kampf mit dem Fleck Arzt geworden, der Allheiler, der den Tod im Fleck besiegt, aber ich habe mich dabei überanstrengt, bin durch die ständigen Aufregungen zusammengebrochen, der Tod ist mein Herr geworden, ich muss mich ihm willenlos unterwerfen, um ihn – zu besiegen.

Dies nur ein Beispiel. Wer die Sprache der funktionell Kranken richtig versteht, findet sie allemal als Bericht aus dem chaotisch-animistisch-magischen Erleben. Dies trifft auch für die Beschreibung der anatomisch Kranken aus ihrem kranken Erleben zu, nur ist da die weltanschauliche Diagnose oft nicht so leicht zu stellen wie bei den reinen Weltanschauungskrankheiten.

Für die kranke *Begrifflichkeit* gilt das Gleiche. Aus seinen kranken Begriffen, den phänomenalen und den phänomenologischen, spricht der Kranke von Gespenstern, Geistern, Schatten, Stimmen usw., die „irrlichtern", auf ihn eindringen, durcheinanderwirbeln und ihm den Kopf zerbrechen, verdrehen, davonhuschen, wie Würmer kriechen, sich listig, hartnäckig in die Arbeit, in die Ruhe mischen, ihn wie Wegelagerer plötzlich überfallen, sich nicht fortscheuchen lassen und dennoch „beherrscht" werden müssen usw. Natürlich beruft sich der Kranke auch hier auf fachmännische, poetische und andere Beschreibungen des begrifflichen Denkens, gesunde und kranke, einstige und jetzige. Hat nicht der große Philosoph George Berkeley (1684–1753) die Geister, den göttlichen Geist als einzig existent „erkannt", steht nicht in einem Buch des zeitgenössischen Medizinprofessors Martin Sihle zu lesen: „Der Geist ist der Urgrund der gesamten Welt" und „Die einzige Stütze des gesamten Weltalls ist Geist, nur Geist" usw., und baut nicht der Geist den Körper sich zurecht? Die Dichter und Denker aller Zeiten – sind sie

nicht „inspiriert" (spiritus gleich Geist) und die Frommen vom Heiligen Geist erleuchtet, ist nicht Gott selber der Geist? „Die ewige Idee" ist seit Platon „Grund des Seins". Also weile ich im metaphysischen Jenseits, in der Welt des Geistes, wenn ich mich mit meinen Gedanken und Erinnerungen beschäftige – oder sie sich mit „mir", meinem „Ich". Die Gedanken sind weiße und schwarze, göttliche und teuflische, schöne Wesen, Engelsgestalten und hässliche Fratzen, Tiergestalten des Himmels und der Hölle, Einflüsterungen des Guten oder des Bösen, und ich bin der Ein-Einzige, dem sich so das Metaphysische offenbart, der so mit seinem Denken die Welt, mit dem Vorausdenken die Zukunft beherrscht. Die Beschäftigung mit der Geisterwelt ist wichtiger als Lernen und Wissen, als alle Wissenschaft; alles mögliche Wissen, das Allwissen ist in der Offenbarung der Vorsehung beschlossen, und man braucht ihr nur blindlings zu folgen, nur auszuführen, was einem gerade einfällt, dann muss immer alles „zum Besten" gedeihen, es sei Heil oder Unheil: Es ist Befehl des Schicksals. „Ich" kann „meinen Geist" „überanstrengen" und durch die Überanstrengung krank werden, auch „körperlich". Die Krankheit steht mir wie ein drohendes Gespenst vor dem inneren Auge, sie trübt meinen Geist, sie zerstört ihn, treibt ihn aus, die geistigen Qualen, die ich zu ertragen habe (Sorge, wie wird die Krankheit enden, Angstgedanken vorm Tode und vor dem, was dann kommt, usw.), sind viel größer als das körperliche Leiden. Manche Denkkranken bekennen ihren geistigen Fanatismus, ihren Größenwahn usw., bekennen somit die chaotische, rohdämonistische (verworrene usw.) Beschaffenheit ihres begrifflichen Denkens.

Die Beschreibung, die der Kranke gibt, läuft auf infantilem Niveau und auf (von diesem mehr gesonderten oder mit ihm kraus gemischten) höherdifferenzierten bis fast gesunden Stufen, sie ist wie die Weltanschauung, die kranke Persönlichkeit überhaupt geschichtet, in sich widerspruchsvoll. An der *Normferne* oder *-nähe* ist die Normferne oder -nähe des kranken Erlebens erkennbar. Je normnäher die Krankheit, desto schwieriger, oft auch für Fachleute, die Diagnose. Sie kann weiterhin schwierig sein, falls die kranke Beschreibung in einem relativ engen Bezirk verläuft (er kann obendrein vom Alltag mit den gewöhnlichen sprachlichen Verständigungen in der Art eines verschraubten Fachjargons weit entfernt sein und so als großartig imponieren) oder von höher-differenzierten Satzreihen sozusagen überdeckt wird. Meist setzt sich die kranke Beschreibung aus Wörtern zusammen, die mit den gesunden gleichlauten, wie ja auch das Kind – in der Art der Kindersprache – viele gleiche Wörter wie der Erwachsene gebraucht, nur ist der weltanschauliche Sinn der Wörter und des mit ihnen Beschriebenen verschieden je nach der Entwicklungsstufe, in der Beschreibung und Beschriebenes liegen. Der vom Kleinkind erlebte und bezeichnete „Tisch" z. B. ist genetisch verschieden von dem „erwachsenen" Tisch (jener ist ein noch ganz unklares Gebilde, ein Zaubertisch). Der Kranke, besonders der funktionell Hirnkranke, gebraucht gemäß seiner gebrochenen Entwicklungsfront gleiche Wörter in den verschiedenen Stufen des magischen Deutens und „meint" entsprechend verschieden Erlebtes – auch hierin also verwirrt. Ferner differieren dem weltanschaulichen Sinn nach seine Wörter von den gleichlautenden der Gesunden. Diese Tatsachen sind diagnostisch und therapeutisch sehr wichtig; man muss sie kennen, will man den Kranken, sein Erleben und Beschreiben verstehen. – Wortneubildungen als Kontaminationen, Vermanschungen, Verdrehungen usw. kommen nur bei manchen Neurosen (z. B. in einer Art Reimerei, Witzelei, Wortspielerei) und bei schwerer Denkkranken (in analogen, aber normfernen Formen wie Wortsalat, Witzelsucht usw.) vor. Kranke Sätze haben oft normnahe Struktur und normnahen Sinn. Leichte stilistische Entgleisungen, Nachlässigkeiten, Weitschweifigkeiten, Flüchtigkeiten, Gehemmtheiten, Geziertheiten, Bizarrerien, Formalismen, Drehereien, Geschraubtheiten, Spitzfindigkeiten, Kargheiten, flottes Drüberhinreden sowie saloppe, schlecht artikulierte, verwaschene, stotternde Aussprache und andere Sprachfehler sind in leichten Formen oft von der Norm ohne fachmännisches „Hörvermögen" nicht zu unterscheiden und fallen dem Laien (zu denen hier auch die meisten Ärzte gehören) überhaupt nicht auf. Noch schwieriger ist es oft, den Sinn eines Satzes, d.h. seinen Einbau in ein Satzgefüge und in die dazugehörige Begriff-

lichkeit, auf Norm oder Abnorm, auf Recht- oder Fehlsinn zu diagnostizieren. „Es glaubt der Mensch, wenn er nur Worte hört, es müsse sich dabei doch auch was denken lassen" – und so denkt er sich das, was er gemäß seiner Hirnstruktur eben denken kann, und meint, die anderen dächten ebenso. So legt besonders der naive Hörer den Worten eines z. B. neurotischen Redners den eigenen gesunden Sinn unter, überhört das Krankhafte. Hinzu kommt, dass das kranke Geschehen wie die kranke Beschreibung die „Ordnung der Symptome", also die „Logik der Krankheit", die nicht selten zu geradezu imposanten Systemen ausgewuchert und verfestigt ist, aufweisen und dass es oft nur dem erfahrenen Menschen- und Sachkenner möglich ist, die kranke Logik (Pseudologik) von der gesunden abzusetzen und das kranke System als Fehlkonstruktion aus fehlerhaften Bausteinen zu durchschauen. Es kann, falls der Redner eine Notlage ausnutzt, eine autoritäre Stellung hat, über eine formalistische Geschicklichkeit, dialektische Gewandtheit, ein (ebenfalls nicht diagnostiziertes) Pathos, eine „wohl"-lautende, bestechende, überwältigende Stimme verfügt, geraume Zeit dauern, bis die Hörer dahinterkommen, dass und inwieweit der Redner „sich verstiegen" und Unsinn geredet hat. Es ist erstaunlich, was sich solche Gaukler an Schwätzereien, Ungereimtheiten, Lügen, Widersprüchen, höherem Blödsinn leisten können, ehe sie erkannt werden.

Dem „allgemeinen", also chaotisch-magischen, individualistisch-kollektivistischen Erleben der Kranken entspricht die „allgemeine Redensart", der „Gemeinplatz", die „Plattheit", Naivität, Trivialität, Phrase. Manche Leute schwelgen in Unbestimmtheiten, Vermeint- und Vermutlichkeiten, in vagen Annahmen, die, auch falls sie sich widersprechen, eben als vage eine Art von primitiver Allgemeingültigkeit haben. Einzelheiten, präzise Angaben, exakte Fachkenntnisse sind „die Feinde" der Windbeutel, Großsprecher, Maulhelden, Schwätzer, Logizisten, Skeptizisten; werden überhaupt welche angeführt, dann nur in einer Art der magischen Aufhebung (negierend, zersetzend usw.) – so, wie auch im kranken Erleben „die Einzelheit" der dämonische Gegensatz des „All" ist, also ent-einzelt, entmachtet werden „muss". Positiv zur Kenntnis nehmen und nutzbar machen kann der Kranke die Einzelheiten nicht, er lehnt sie in Wahrung seiner Allmacht krampfig ab; er kann Richtig und Falsch, Recht und Unrecht, Gut und Böse, Schön und Hässlich, Gesund und Krank nicht recht unterscheiden und nivelliert auch die normativen Unterschiede, ja gerade sie im Erleben und Beschreiben zu einem verschwommenen In- und Durcheinander, das er als seine (vermeintliche) Allwissenheit – wiederum mit krampfigen Methoden – gegen jede Kritik (die ja wieder eine Einzelheit wäre!) verteidigt. Von dieser kindischen Wortinflation ist natürlich die höchstreife Beschreibung der Einzelheiten aus dem verständig-vernünftigen Überblick zu unterscheiden, aber jene Redehypertrophie kann eine Zeitlang gar als erhabene Weisheit imponieren, sie ist auch nur auf (suggestive) Überredung, auf blinden Glauben, nicht auf Überzeugung abgestellt. Solche Hohlköpfe, die selber jede Kritik an ihrer Allwissenheit radikalistisch ablehnen, sind in ihrem Kampf mit den Tatsachen die radikalistischen Kritiker der anderen, die ihnen ja todgefährlich sind, also weggezaubert werden müssen.

Ein „Volksbeglücker" eifert: „Es wird Zeit, dass die ungerechte Verteilung des Besitzes aufhört! Wir sind alle Menschen. Wir wollen alle leben. Wir wollen so leben, wie es menschenwürdig ist. Raum für alle hat die Erde. Die Reichen sollen nicht länger prassen, während die Armen hungern. Eigentum ist Diebstahl, und Diebstahl ist ruchlos. Wer etwas für sich besitzen will, hat keinerlei Empfinden für das Gemeinschaftsgefühl, die Grundlage aller Ordnung und allen Aufbaus. Sozialer Ausgleich – das ist es, was wir brauchen, was wir mit allen Mitteln und um jeden Preis erkämpfen müssen …", so in rhetorischen Fanfaren aus der Kleinkindtrompete stundenlang „unter frenetischem Beifall" derer, die nicht alle werden. Gewiss, kein vernünftiger Mensch zweifelt daran, dass die *ungerechte* Verteilung der Güter ein *Unrecht* ist, dass wir alle Menschen sind usw., das sind ja alles Binsenweisheiten. Aber kein vernünftiger Kulturmensch hält die Besitzunterschiede überhaupt für ein Unrecht und ist mit kollektivistischen „Idealen", mit der Einschmelzung des Besitzes zum kindlichen „Alles allen", oder mit dem individualistischen „Ideal" „Alles (m)eins!", der

säuglingsmäßigen Verabsolutierung einverstanden. Wird nun ein solcher „Philanthrop" befragt, wie er sich die „Neuordnung" im Einzelnen denke, so wischt er den „Ruhestörer" je nach Temperament donnernd oder ironisch usw. weg und verheißt unter stürmischem Beifall (siehe oben), dass alles sich finden werde, wenn es nur erst einmal so weit sei. Er bezieht wohl auch aus seiner verstiegenen Ideologie allerlei Phrasen, mit denen er „konkrete Methoden" anzugeben wähnt, während er wieder nur dummes Zeug schwatzt. Über „allgemeine Belange" lässt sich wunderschön „Allgemeines" daherfantasieren. Und der Taschenspieler „Irrealis", an den die Leute so gern glauben, hilft zuverlässig, die Gemüter einnebeln.

Ein Pessimist (Trauerneurotiker) klagt, sein ganzes Leben sei ein einziger Beweis für die Richtigkeit seiner Weltanschauung, dass die Erde ein Jammertal sei, und weist an x Beispielen nach, dass es allen anderen Menschen auch schlecht gehe, am schlechtesten aber denen, denen es gut gehe. Er ist mit vielen pseudologischen, kranklogischen De- und Induktionen zur Hand und merkt gar nicht, dass er nur seine kranke Weltanschauung bekennt. Der Abstinente wettert gegen das, dessen er sich enthält: Alkohol, Kaffee, Tabak, Besitz, Macht, Erfolg, Liebe, und falls er nicht wettert, so macht er doch aus der Not eine Tugend. Der alte Junggeselle preist seine „Freiheit", die Ehe koste viel Geld und Ärger, sie sei eine Fessel, alle Ehen seien unglücklich, das „Eheglück" sei nur vorgespielt, Frau und Kind störten bei der Arbeit, bei der Durchführung der überlebensgroßen Aufgabe, zu der *er* allein berufen sei, und er, der somit „immer alles mindestens 150 Prozent richtig, absolut richtig macht", vermag nicht einzusehen, dass er als gesunder Ehemann seine Aufgabe viel besser, ja überhaupt erst richtig und gut erledigen könne und dass er zwar nicht nach der Uhr, aber biologisch mehr Zeit hätte denn als Fanatiker, der die Zeit und die Arbeit magisch frisst – oder fressen sie ihn? Auch ist das „Weib" die Sünde und „Keuschheit" ein Verdienst für die Ewigkeit; und wenn die anderen auf Erden ungestraft sündigen können, so nur, weil der „Heilige" den Sinnlichkeitsteufel an sich bannt (oder jener ihn?), und so verlangt der „Gottesstreiter" göttliche Ehren, usw.

367

In den normnahen Fällen ist der rohdämonistische Sinn der kranken Beschreibung nicht immer leicht ersichtlich. Der Einwand mancher Ärzte, ihre Kranken „dächten nicht so", zieht ebenso wenig, wie der gleichlautende vieler Kranker; die weltanschauliche Diagnostik muss gelernt und geübt werden. Überhaupt: Viele (auch gelehrte!) Leute sind so naiv, zu glauben, jeder Mensch müsse über sich selber, so auch über seine Weltanschauung am besten Bescheid wissen und dürfe die fachmännische Beschreibung, soweit sie anders lautet, als unzutreffend ablehnen. Man muss schon geschult sein, um das Über-Untertreiberische herauszuhören oder herauszulesen. Über- und untertreiberisch wird aber niemals das menschlich-irdische, sondern immer nur das über-untermenschliche Erleben beschrieben, und niemals über-untertreibt der Gesunde, sondern immer nur derjenige, der sich selbst überlebensgroß dünkt und sich somit auch nur mit überlebensgroßen Gewalten herumschlagen zu „müssen" wähnt, der sich verabsolutiert und mit dem Schicksal, mit Himmel-Hölle, Leben-Tod im ewigen Kampf um die Allmacht zu liegen glaubt, der ewige Feind des ewigen Feindes. Das normale Analogon der Über-Untertreibung ist nicht die verdünnt-dämonistische Beschreibung des gesunden Erwachsenen unserer Epoche, sondern das kindliche Märchen. Zur Diagnosestellung wird man oft auch den *Ton,* der bekanntlich die Musik macht, den Grad der die Worte begleitenden Gefühlserregungen und des sympathogenen Gehalts der Phonetik (Pathetik, Aufgeregtheit, Auftrumpfen, Polterei, Ironie, Geschraubtheit, Miesmacherei, Rührseligkeit, Schwärmerei, Ruhmredigkeit usw.) sowie die Mimik und Gestik in Betracht ziehen: Auch an diesen Merkmalen zeigt sich, dass sich der Kranke so verhält, als ob er es mit über-unterirdischen Mächten, und nicht mit natürlichen Menschen und Dingen zu tun habe und somit selber ein solches „Wesen" sei, ja das einzig-allmächtige, das alle Gegendämonie entzaubert.

Es kommt noch hinzu, dass der Kranke, soweit er krank beschreibt, unwissentlich und wissentlich diese seine Worte selber magisch auffasst, wie ja auch das Kleinkind „dem Wort" die Allmacht, die allmachtliche Zauberkraft zudeutet.

Auch der gesunde erwachsene Zeitgenosse fingiert dem Wort noch eine „Macht" zu, er spricht von der suggestiven Kraft der Rede usw., er glaubt noch an das göttliche Schöpfungswort, er weiß auch im Alltag noch nicht deutungsfrei, also rein menschlich, zu begreifen, wie es kommt, dass das Wort, der Satz die darin benannte Handlung (vermeintlich) verursacht, er kennt den Reflexorganismus „Mensch" noch nicht. Diese Fiktion ist aber verdünnt, während der Kranke, soweit krank, seinen Worten Zaubermacht, ja Allmacht, Unfehlbarkeit usw. zudeutet und sich demgemäß benimmt, nämlich so tut, als ob er mit seinem Wort Sein oder Nichtsein, Leben oder Tod usw. „verhängen", die Welt schaffen und zerstören, das Schicksal bannen und lösen, die ewige Seligkeit oder Verdammnis verfügen, die Sünden vergeben oder wirksam erhalten, zum Himmel oder zur Hölle sprechen könne, ja als ob das Wort selber Gottes-Teufelswort, Leben-Tod sei – bald dies, bald das oder beides zugleich, wer kann sich im Verworrenen auskennen? „Ich bezahle natürlich", versichert der Schuldner, und damit *hat* er bezahlt. „Ich komme bestimmt", sagt X, und somit *ist* er gekommen, hat den Termin entmachtet, seinen „Zwang" gebrochen – nun kann er kommen, wann er will. Das Wort ist hiernach wohl vom Menschen gesprochen, aber nur „durch" den Menschen, es stammt von der dämonischen gutbösen Macht in mir und muss auch dämonisch wirksam sein. Das Kind lallt, ruft „Mama" – und das große Gespenst „erscheint": durch Zauber, wie sonst? Der Kranke spricht, „und wie er spricht, so geschieht es, und wie gebietet, so stehet es da", und falls es nicht dasteht, dann hat er es eben so gewollt, man findet dann immer eine Dreherei, Ausrede, mit der das hundertprozentige Rechthaben, die Allmacht des Wortes, die Dämonie des Allwortes, die keine Ant-wort gelten lässt und lassen darf, herausgedeichselt wird.

Auch bei der normfernen Beschreibung ist nicht immer ohne Weiteres der rohdämonistische Sinn erkennbar. Manche Wahnsinnigen nennen sich Gott oder Obergott oder Teufel oder Universum oder All-Nichts oder das ewige Leben, den ewigen Tod usw. Wer 167 Jahre in diesem Hause war, wer früher schon öfter enthauptet worden ist, wer tausend Klafter unter der Erde wohnt, wer sich Hexe, Gespenst usw. beschimpft und Christus, Oberchristus, Welterlöser rühmt, wer mit dem Teufel buhlt oder von Gott, Christus und allen Heiligen allnächtlich, aber auch tagsüber auf der Straße heimgesucht wird, wer verkündet, dass die Sonne und in ihrem Auftrag der Himmelsgeneral den Leib elektrisiert, wer von sich sagt: „Ich will andern dienen und leuchten, indem ich mich selbst verzehre. Wie das möglich? als Mediziner sage ich: nur durch eine ganz unverschämte assoziierende Ideenflucht … die natürliche Folge: das Gesetz, die Urkraft … dieser Grundsatz: ich will andern dienen und leuchten … dann kommen die großen Zeiten" usw. (Bumke, Die Diagnose der Geisteskrankheiten, S. 142) – der wähnt sich gewiss kein irdisches Wesen. Auch wer Kaiser und Oberkaiser der Welt, die Majestätsdame, die den Zweck für die ganze Menschheit ersonnen hat, usw. ist, fasst diese Position nicht bloß menschlich, sondern göttlich auf – oder auch teuflisch. Solche absolutistischen Phrasen sind umrahmt und durchsetzt von allerlei sprachlichem Kauderwelsch (Inkohärenz, Zerfahrenheit, Verbigeration, Ideenflucht, Witzelei, Wortsalat usw.), das auch insofern die Allmacht des Kranken bestätigt, als er souverän über Worte, Syntax, Sprechweise, Stil verfügt – analog wie das Kleinkind, dessen Lallworte und -sätze, Wort- und Satzspielereien, Palillogie, Umstellungen, Ablenkbarkeit usw. die sprachliche Alleinherrschaft dartun.

Alles Menschliche ist dem Kranken, insoweit er krank ist, fremd. Allen Kranken ist die Welt und alle Kranken sind sich selbst ein dunkles Rätsel, Fassade und „das Dahinter", und die Schichtung der Weltanschauung kann das Dunkel nicht erhellen. Ein Neurotiker schrieb mir: „Meine Seele, selbst unlösbares Geheimnis, gaukelt mir eine geheimnisvolle Welt vor, der ich nie vertrauen darf, weil sie immer anders ist, als wie sie ist, und mein Geist, wiederum unlösbares Geheimnis, müht sich vergeblich um die Lösung der ewigen Fragen: Sein oder Nichtsein."

Anhang

Beispiele zur biologischen Wortverwandtschaft

Im Wörterverzeichnis verwendete Abkürzungen

Abkürzungen, bei denen lediglich die Endung -ich (z. B. sächl.: sächlich) oder -isch (z. B. att.: attisch, got.: gotisch usw.) zu ergänzen ist, sowie allgemein gebräuchliche Abkürzungen sind nicht aufgeführt.

agf.	angstgefühlig		ndt.	niederdeutsch
ags.	angelsächsisch		nhd.	neuhochdeutsch
ahd.	althochdeutsch			
alat.	altlateinisch		schgf.	schmerzgefühlig
			scil.	scilicet (nämlich)
eigtl.	eigentlich		sippverw.	sippenverwandt
			skt.	sanskritisch
famverw.	familienverwandt		Skt.	Sanskrit
fgf.	freudegefühlig		StS	Stammsilbe
frz.	französisch		svw.	so viel wie
			S^W	Wortvolk S
G^W	Wortvolk G			
			tgf.	trauergefühlig
hdt.	hochdeutsch			
hebr.	hebräisch		urspr.	ursprünglich
hgf.	hungergefühlig			
hlg.	homolog		vw.	vorwiegend
Hlg.	Homologon			
			wbl.	weiblich
KT	Korrelationstyp		WS	Wurzelsilbe
			WSn	Wurzelsilben
lat.	lateinisch			
mdt.	mitteldeutsch			
mhd.	mittelhochdeutsch			
ml.	männlich			
mlat.	mittellateinisch			
mndl.	mittelniederländisch			
M^W	Wortvolk M			

Die Rechtschreibung der einzelnen Stichwörter folgt nicht immer der gegenwärtig gültigen Schreibweise, sondern ist teilweise historisch.

Aus der Volksverwandtschaft M^W

Alle Wörter, deren StS oder WS mit M (oder m) anfangen, deren Wurzel also M ist, gehören zum Wortvolk M^W, sind also volksverwandt. Das M ist ein weiblicher Buchstabe, hungergefühlig und oft nach den übrigen weiblichen Gefühlsspezies mehr oder minder deutlich nuanciert; M beschreibt gemäß der phänomenal-phänomenologischen Entsprechung stets eine gleichgefühlige phänomenale Anordnung, also die Höhle als leer, die hungergefühlige bzw. nuanciert-hungergefühlige Reihe, die hungergefühlige Umrandung, und zwar als mundartig geschlossen sowie den Hunger-Bewegungstypus in entsprechenden Nuancen. Die an M sich anschließenden Buchstaben des Wortindividuums beschreiben je entsprechende Anordnungen des phänomenalen Individuums, das mit dem Wort beschrieben wird. Alle StS mu beschreiben also Gleiches und bedeuten Gleiches, ebenso alle StS mo, ebenso me usw., und dies gilt auch für die gleichen WS wie für die gleichen Wortindividuen: Sie beschreiben Gleiches und bedeuten Gleiches. Die Verschiedenheit der Wörter entspricht genau der Verschiedenheit des Beschriebenen und der Verschiedenheit der Bedeutung. Der Lautwandel stimmt ebenfalls genau zum Wandel der phänomenalen Individuen (die auf jeder Entwicklungsstufe, eben gemäß der jeweiligen Entwicklungshöhe verschieden erlebt werden, so verschieden, wie sie verschieden beschrieben werden, auch falls die Individuen die gleichen Aktualitäten, d. h. Aktualitäten gleicher Zellkomplexe sind) und zum Bedeutungswandel. Dies gilt auch für die Verschiedenheit homologer Wörter. – Der Vokal der WS (der nicht immer der betonte des Wortes ist) dominiert, die übrigen Buchstaben determinieren. – Die Gefühligkeit der Buchstaben habe ich in 7.2.4 zusammengestellt; die genaue Bekanntschaft mit den entsprechenden Abschnitten des Werks ist für das ganze „Wörterbuch" unerlässlich.

Als Familienbezeichnung (etymologische Firma, Marke) gilt die gemeinsame WS. Diese hat den Vokal u, sofern ein Wort mit einer solchen WS in der Familie existiert, sonst hat die gemeinsame den Vokal o oder e oder i usw. Wir stellen die Wörter nach dem Schema Hunger, Angst, Schmerz, Trauer, Freude zusammen.

Diese Bemerkungen gelten mutatis mutandis für alle Wortvölker. – Auf Vollständigkeit in der Anführung von Wörtern erhebe ich natürlich keinen Anspruch; ein „psychobiologisches Wörterbuch" würde viele tausend Seiten umfassen.

Familie „mur" und Sippenverwandte

Deutsch

WS

mur	Mur	Mor	Meer	mir	Mar	Mär
	Mure	Moräne	mehr	Miere	Maar	Mähre
	Muräne	Moor			Maria	mähren
	murmeln	Morast			Marmor	
	murren	Morchel			marode	
	mürrisch	Möhre			Marotte	
		Mohr			Mahr	
murb	murbeln					
	mürb					

(Fortsetzung nächste Seite)

Familie „mur" und Sippenverwandte   *(Fortsetzung)*

Deutsch   *(Fortsetzung)*
WS

mord (mort)		Mord			Marder	Märten
		Mörder			Marter	März
		Mörtel			Martha	märzen
					Martin	(merzen)

murg	murgeln	Morgen	mergeln			

murk	murksen		merken		Mark	Märker
					Marke	
					markieren	
					Markt	

mors (morsch)		morsch			Marsch	
		mörscheln			marschieren	
		Mörser				

Lateinisch
WS

mur	murex	mora	merere	mirus	mare
	murena	moretum	merula	mirio	maris
	muria	mori	merus		maritus
	muris	moris	meridies		marmor
	murmur	morosus			marra
	murus	morum			
	murra	morus			

morb		morbus			

mord (mort)		mordere	merda		martes
		mortarium			Martis
		mortis			martulus
		mortuus			

merg			mergae		marga
			merges		margarita
			mergere		margo
			mergus		

murc	murcidus		mercari		marcere
	murcus		merces		marcus
			merx		

mors		mors			Mars
		morsus			marsupium

Fortsetzung nächste Seite

Familie „mur" und Sippenverwandte *(Fortsetzung)*

Griechisch

WS

μυρ	μύραινα	μόρα	μερίς	μάρ
	μυριάς	μοράζω	μεριμνάω	μάρη
	μύρον	μορέα	μέρμερος	μάραγνα
	μῦρος	μορία	μέρμις	μαραίνω
	μύρμηξ	μόριον	μερμνός	μαρίλη
	μύρρα	μορίς	μέρος	μαρῖνος
	μυρρίνη	μόρον	μέροψ	μάρις
	μουρρίνη	μόρος	μεῖραξ	μάρμαρος
		μοῖρα	μείρομαι	μαρμαίρω
		μορρία	μηρός	μάρναμαι
		μορμύρω	μηρύω	μάρρον
		μορύσσω		
		μωραίνω		
		μωρία		

μαρπ(τ)				μάρπτω

μυρτ	μύρτον	μορτή	μέρδω	μάρτυρ
	μύρτος	μορτός		
	μύρω			

μοργ		μόργος	μέργω	μαργαίνω
				μαργαρίς
				μάργος
				μαργόω

μορσ		μόρσιμος		μαρσύπιον
				μαρσίπιον

Erläuterungen

Alle angeführten (und viele andere) Wörter der einzelnen Sprachen sind sippverw. Alle Wörter der gemeinsamen WS mur, d.h. die Wörter mit den WS mur, mor, mer, mir, mar sind famverw., ebenso die Wörter mit den WS mord, mard, ebenso die Wörter mit den WS murg, morg, merg, marg usw. Von den Sippverw. sind nur Wörter mit erweiterter WS aufgeführt; weitere Sippverw. siehe in den folgenden Verzeichnissen.

Die WS mur beschreibt stets eine wbl. (hgf., hohle, leere) Anordnung (u), determiniert gemäß den Determinanten der WS (m und r). Die WS mor beschreibt stets eine wbl. (agf., hohle, leere) Anordnung (o), eine Öffnung, determiniert gemäß den Determinanten des o (m und r). Die WS mer beschreibt eine wbl. oder ml. (schgf., schwellige, gedrehte) Anordnung (e), determiniert gemäß den Determinanten des e (m und r); dies gilt auch für die WS mir. Der Trauervokal wird substituiert von dumpfem aou; diese WS beschreibt stets eine ml. (tgf., volle, kurze, gerade) Anordnung, das Stück, das Abgetrennte, determiniert gemäß m und r. Die WS mar beschreibt (a fgf.) stets eine ml. (fgf., volle, lange, gerade) Anordnung, das Ganze (als ml.) determiniert gemäß m und r. Über Nuancen und über die KT ist früher gehandelt worden.

1

Mur, Mure, Murbruch, Moräne: Erd-, Stein-, Geröll-fall im Gebirge, derart, dass das Geröll oft mit Glet-scherwasser (unter einem Gletscher hervor) wie aus einer Höhle in einem Geröllbett, einer Art Rin-ne, herniederstürzt, einer Lawine oder einem Was-serfall vergleichbar. Das u beschreibt nach KT 1 das Geröllbett oder die Höhle, aus der sich das Geröll ergießt, oder nach KT 2 das Geröll als Füllmaterial, wobei r ml. ist; mur bedeutet also die Höhle, aus der und in der (auch in die) sich etwas m-, r-mäßig be-wegt, oder das sich aus ihr und in ihr (in sie) Ergie-ßende oder beides. Um was für eine Höhle, um was für ein sich Ergießendes es sich handelt, ist in Mur usw. separat nicht angegeben; man „sieht" es dem Wort Mur nicht an, ob Erde, Steine oder Wasser usw. beschrieben werden. Dies ergibt sich aber aus der weiteren Beschreibung des substantivisch mit „Mur" Bezeichneten. An der weiteren Beschrei-bung ist Mur im Sinn der biologischen Symbolik beteiligt, wie das Substantiv „Meer" ebenfalls an der weiteren Beschreibung des mit „Meer" be-zeichneten Individuums beteiligt ist usw. Wir ver-stehen so, dass die Beschreibung immer in je be-stimmter Weise verläuft, aus je bestimmten Wörtern besteht, und schließen, dass es nicht bloß ein einziges M oder U oder R usw. gibt, sondern mehrere Aktualitäten verschiedener Wortzellen, die aber zusammen eine Gruppe bilden, die nächstverwandt bis zur Gleichheit sind. Das M in Mur ist also von dem M in Meer unmerklich oder kaum merklich verschieden; dass aber eine Ver-schiedenheit besteht, schließen wir nicht nur aus der Verschiedenheit des Klangs oder der Schreib-weise und der folgenden Buchstaben, sondern auch aus der Verschiedenheit der sich anschlie-ßenden Wortreihen, deren eine die nähere Be-schreibung des Mur, deren andere die Beschrei-bung des Meeres ist. – Mur heißt auch ein Fluss in der Steiermark und Murr ein Fluss in Württem-berg. Auch in den Flüssen, den Fortsetzungen von Gletscherbächen, findet sich am Boden Geröll größeren oder kleineren Kalibers, auch das Wort „Fluss" beschreibt nach KT 1 das Flussbett oder nach KT 2 das darin fließende Wasser. „Murr" weist auch auf das Geräusch hin, s. „murmeln". – Die En-

dung äne in Moräne malt das Langhinschlängeln des Gerölls; s. auch Nr. 5.

2

Muräne, lat. murena, griech. μύραινα, μῦρος: ein Meeraal, svw. der in der Höhle (des Meeres) Hau-sende, aus ihr langschlängelnd Hervorgehende. Fremdwort.

3

murmeln, Murmel, eine Art Reduplikation der WS mur (vgl. lat. murmur Nr. 51, griech. μυρμύρω Nr. 99), beschreibt das Geräusch der Mur und sei-nesgleichen, ein gewisses Geräusch der Bäche usw., das ähnlich auch beim Sprechen vorkommt, sofern nämlich der Sprechapparat eine hunger-weite Höhle ist (vgl. Muh, Mund, murren, muck-sen, muffeln usw.). Diese Beschreibung dieses Ge-räuschs konfluiert mit der Beschreibung der optischen Anordnung, die mit diesem Geräusch (oder Klang-Geräusch) assoziiert ist, es „hervor-bringt", doch ist das Wort hauptwegig mit akusti-schen Denkzellen assoziiert, beschreibt demnach „in erster Linie" Akustisches. – *Murmeltier* schließt sich an muris, Genitiv zu lat. mus, an (mus montis Bergmaus, ahd. mus pergis); auch mus, muris bezeichnet das in der Höhle, im Loch (Mauseloch) Hausende, daraus Hervor- und dort-hin Zurückschlüpfende, also ein Gleiches wie Mur; dass Mur Stein und Wasser, mus, muris ein Tier bezeichnet, zeigt sich am (hier merklichen) Unterschied der Substantive und an der weiteren Beschreibung. „Murmel" in „Murmeltier" be-schreibt also nicht Akustisches, sondern Opti-sches und kann als heutige Wortform nur un-merklich von „Murmel" als Wort für Akustisches, nämlich als Aktualitätenreihe anderer, aber nächstverwandter Wortzellen (Wortzellen ver-schiedener Kleingruppen gleicher Großgruppen) unterschieden werden.

4

murren betont im Doppel-r das Schmerzgefühlige des „Murmelns" besonders. Die heutige Form ent-spricht dem mlat. murrare, das aus murmurare synkopiert ist; aber auch falls man annimmt, dass murren aus murrare entstanden sei, ist doch eben diese verkürzte Form ein neues Wort, das in seiner Struktur verstanden werden will, dessen Bedeutung gemäß dem Strukturunterschied anders, spezifisch ist; **mürrisch** betont im e des u noch mehr das Schmerzliche des Murmelns; ein mürrischer Mensch ist nicht bloß ein „Murrkopf", sondern einer, der mit einer schmerzlichen Nuance murrt, ein bitteres, verdrießliches Gesicht zieht, ja im Ganzen eine gewisse Haltung hat, die zu seiner mürrischen Sprechweise stimmt.

5

Mor in „Platinmor" (isländ. mor – feiner Staub) malt Höhle und Öffnung (mo), aus der etwas heraustritt (r Schwelle), auch, und zwar vw. nach KT 2 das die Öffnung Erfüllende, in der Öffnung-Schwelle Erscheinende, Aus- oder Eintretende. Innerhalb eines Erlebnisses sind die weiblichen Reihen, die Höhlen, Öffnungen dunkelfarbiger als die männlichen, die „hell", „glänzend", aber immerhin auch dunkel, schwarz sein können. So sind auch die Wörter der WS mur, mor mit der Farbbezeichnung „dunkel" assoziiert. Das r malt die Trennung, Zerlegung des aus der Höhle Austretenden, und diese Trennung kann zu groben (Geröll) oder zu feinen Partikeln (Pulver, Sand, Gemisch von Wasser- und Erdteilchen, auch Gasteilchen) führen, sodass das ganze Wort als trauerhaltig anzusehen ist; das o betont die Enge im Vorgang, also auch die Einengung, Einzwängung des passierenden Füllmaterials, womit eine feinere Zerteilung verbunden ist oder sich einleitet als solange das gleiche Füllmaterial sich in der weiteren (hungergefühligen) Höhle befindet. Mor bedeutet also: von der Höhle her in der Öffnung, an der Schwelle erscheinende dunkle, (mehr oder minder fein) verteilte, vermengte Masse (KT 2). Platinmor ist feinverteiltes Platin. – **Moräne** betont, anschließend an Mur, mehr die Enge des Gletscherwasser- und -geröllbettes, s. auch Nr. 1. – Der studentische und Gaunerausdruck „*More*" Angst (vgl. hebr. מוֹרָא, griech. μοῖρα, μόρος, μόρα, lat. mora) beschreibt im o das Angststadium hinsichtlich der Gefühlsspezies, determiniert vom m (Hunger) und re (Schmerz), als o die mit Mor ge-

genständlich beschriebene Situation hinsichtlich des Gefühls; vgl. Nr. 54.

6

Moor wie Mor, aber mit Betonung der weiteren Ausdehnung der Öffnung oder der Mehrzahl von Öffnungen (oo), damit auch Hinweis auf die spezielle Beschaffenheit des mit Moor Beschriebenen, das nämlich eine mit einem dunklen Gemenge von Erde und Wasser und Gas (Sumpfgas usw.) gefüllte Erdöffnung oder eine vereinigte Mehrzahl von solchen kleineren Öffnungen ist. Auch nach KT 2 dieses Füllmaterial (Moorerde). Altnord. der môr Torferde, die myri Sumpf, die mœri Ebene, Grenze, engl. meer Sumpf, Grenze; Moor ist ein Abgegrenztes, eben eine Öffnung, und ist Grenze, Landscheide; neu- und mittelniederdeutsch das môr, ags. der môr, mhd. und ahd. das muer usw.

7

Morast dunkles, schlammiges Erdreich, weist in der (betonten) Silbe ast auf das Aufquellende, Aufsteigende des moorigen Gemenges aus den Öffnungen hin, auch auf die damit verbundenen Geräusche quatschender, klatschender Art. Mlat. maragium, frz. marage, engl. morass, niederländ. maras, moeras, deutsch im 17. Jahrhundert Morass, Marast usw.

8

Morchel Erdschwamm, Waldrübe, auf moorigem, humosem Boden wachsend, ist mit der schwammigen Beschaffenheit, der grubigen, runzelig vertieften Oberfläche seines Hutes und der dunklen Farbe selber eine Art kleines Mor, eine Morchella (Diminutiv), ein „Moorkind". Ahd. mórhila, mórhela, mhd. (ohne Diminutiv-l) morche, morhe. Vgl. *Lorchel*, ein der Morchel ganz ähnlicher Pilz, aber mit mützenförmigem, unregelmäßig gelapptem, blasig aufgetriebenem Hut; m und l verschieden, gemäß der Verschiedenheit der beiden Pilzarten; zu Lorchel Lorch – Kröte, Lurche – Amphibien, Lur – Nachtgespenst (Nr. 15, 20) usw. svw. aus dem Dunkel (Erdboden [vgl. Luch, Loch], Wasser, Nacht) Auftauchendes, im Dunkeln Lebendes.

9

Möhre gelbe Rübe, svw. die im (feuchten, dunklen) Erdreich (Mor, Moor) wachsende, steckende, aus ihm herauszuziehende spindelförmige Wurzel. Das Spitze an ihr malt das e in ö, das aber auch das Stecken im Erdloch, die Schwelle angibt, während das h als Dehnungs-h die Länge der Wurzel, mit ihren zahlreichen Würzelchen, die in zahlreichen kleinen Löchern stecken, malt, falls es nicht zum r gehört (Mörhe wie 1482 die morhen, mhd. morhe, mörhe, ahd. morahâ, morehâ, morhâ) und die Verkleinerungssilbe einleitet wie ch in Morchel, Morche, h in morhe. Die Möhre ist also auch ein „Moorkind" wie die Morchel; die phänomenalen Unterschiede sind in den Unterschieden beider Wörter angegeben. Die Verkleinerungsform (das Diminutivum) gibt vielfach die Herkunft, die Abstammung an. – Im Griechischen heißt Möhre καρωτόν Karotte, zu κάρ, κάρα Haupt, Kopf, also kopfähnlich, „Köpfchen", nach der Gestalt der Karotte (vgl. Krauthäuptchen usw.). καρ übrigens svw. hart, stark, strack, jäh auf-, vorragend (κ,α fgf., ρ schgf.), vgl. Kar (in Oskar, Karstadt, Karmann usw.) svw. das Hochragende, nämlich das Haus, dann dazu der Besitz, ferner Kar gleich Gebirgsschlucht nach KT 2, eigtl. die aufragenden Wände (Köpfe, Spitzen, Berghäupter), die die Schlucht einfassen, „bilden", vgl. Kärnten, Karawanken (-wanken, Wang, Wengen svw. Enge), Karakorum, Karaiben, Karawane (pers. kârwân), Karre (im Gegensatz zu currus, das mit u die Höhlung des Wagens angibt) und alle anderen Wörter mit kar (char), eine WS oder ein Wort, die bzw. das in allen Sprachen das Gleiche bedeutet – wie das eben für alle gleichen Buchstaben, Silben, Wörter zutrifft. Vgl. ferner κάρος Schlaf, κάρωσις Schlaf, Schwindel, Betäubung, wobei Schlaf, Tod usw. als überwältigende (Schicksals-)Mächte bezeichnet werden; skt. karas Totschlag, d.h. Machthandlung, kārava(s) Krähe, Rabe, schwarzer und somit Totenvogel (Wotans, Barbarossas Raben usw.). Das Schmerzliche, die Schwelle (Abgrenzung, Teilung usw.) beschreibt κήρ (Nr. 342) Verderben, auch als Gottheit, Schicksal gedacht, κηραίνειν schädigen (vgl. schäd-igen, Schäd-el, κεφαλή eigtl. Scherbe: der Schädel setzt sich aus mehreren Knochen, Teilen zusammen, vgl. Scheitel, Scheit,

scheiden, schneiden, spalten usw.), κείρειν, κεραΐζειν zerstören, schädigen, κέρας svw. das Hart-spitz-Ragende, Hart-spitz-Stoßende, während cor-nu und Horn mit o die enge Höhlung angibt, ferner Kerker, lat. carcer, got. karkara svw. Steintrümmer, zur Umfassung gefügt, kehren gleich abwischen und so teilen (Nr. 257), umkehren (gleich Weg teilen, abbrechen) usw.

10

Mohr dunkelfarbiger (schwarzer, schwarzbrauner) Mensch, Neger (heute pejorativ), lat. niger – schwarz, svw. ein Mensch, der aus dem Dunkel stammt und selbst dunkel ist (KT 2), der im Dunkel, im dunklen Erdreich, im schwarzen Erdteil wohnt und von ihm herkommt (worauf das n in niger ebenfalls hinweist). Vgl. den „schwarzen Mann" als Kinderschreck (o agf.), den Schornsteinfeger, der schwarz aus der rußigen Feueresse herauskommt, die „Schwarzhemden" (Faschisten Italiens), todgeweiht und dem Feind den Tod androhend, Tod und Teufel selbst als dunkle, schwarze Gestalten (Hephästos, Hades, Vulcanus, Nibelungen usw.). Das h in Mohr unterstreicht die schreckhafte Größe oder Anzahl; im mhd. und ahd. môr fehlt das h als Schriftzeichen, das o wurde aber lang gesprochen (Zirkumflex anstelle des h). Die Endung -in des Wortes Mohrin ist weiblich (i schgf., n agf. und schgf.); dazu betont das e im œ des mhd. Wortes mœrin, mœrinne das Schmerzgefühlig-Weibliche, die Schwelle (vgl. Mann – Männin usw.). Lat. Maurus benennt den Ureinwohner Nordafrikas nach KT 2 als den in der dunklen Höhle (au) lebenden und von ihr dunkelfarbigen, dunkelhäutigen Menschen. – Mor, mœre hieß im Mhd. auch der Rappe, das schwarze Pferd, s. Mahr Nr. 20. Der Mohr, die Mohrin bezeichnen Menschen, die Möhre eine Pflanze, das Moor und Mor mineralische Anordnungen; die Wörter geben Ähnliches, Gemeinsames der beschriebenen Individuen an und sind insofern selber ähnlich. Das Angegebene ist das im Sinn der substantivischen Beschreibung Wesentliche der beschriebenen Individuen, wie die psychobiologische Wortanalyse zeigt. Weitere Ähnlichkeiten und dann auch die Unähnlichkeiten stellen sich in der an das Hauptwort sich anschließenden Beschreibung von Einzelheiten heraus. Das Hauptwort, das hier dem Eigennamen im engeren Sinn ganz nahe kommt, ist in seiner spezifischen Struktur biologisches Symbol der sich anschließenden weiteren Beschreibung, wie früher dargetan, entspricht also dem konstitutiven Gesamt des Beschriebenen.

11

Meer unterscheidet sich von Mur, Mor usw. insofern, als die beiden e die Schwelle, das Schmerzstadium betonen, und zwar, sofern e weiblich ist, die Schwelle als Umrandung, sofern es männlich ist, das aus der Umrandung Heraustretende, Hervortretende, sich Hervorwölbende. Meer als männlich bezeichnet das die Erdmulde füllende, sich hervorwölbende, erhebende Wasser. Dieses Wasser kann nun aber selber als gehöhlt, als Höhle, aus der etwas hervorgeht (Wellenberge, Inseln, die Sonne, Pflanzen, Muscheln, Fische, Menschen, Aphrodite usw.) oder in die etwas hineingeht (Schiffe, Schwimmer, besamende Stoffe der Fische, nach primitiver Auffassung auch der Dämonen, die Genitalien des Kronos usw.) oder in der etwas lebt (Seetiere, Nixen, Gottheiten usw.), auftreten und somit weiblich sein. Auf alle Fälle betont das Wort die Schwelle, die Grenze, und engl. und mndl. meer, altnord. mœri (s. Nr. 6) ist geradezu mit Grenze zu übersetzen. Das Doppel-e malt die Weite. Mhd. das mer, ahd. das und der mari, mare, meri, got. die marei, niederländ. die mare, maar, meer, ags. der mere, altnord. der marr usw. Die Formen mit a, auch das lat. mare, betonen das männlich Weithingestreckte, Hervorsteigende, sich Erhebende, genauer das Erhobene, Erhabene, Hohe und somit auch Glänzende, Helle, sofern a freudegefühlig ist; das a kann auch „dunkel", dem o nahe klingen, also angsthaltig oder überhaupt angstgefühlig sein und beschreibt dann Weibliches, sozusagen das Meer als Höhle, wie oben bemerkt; hierzu altslaw. morje, russ. more, poln. morze usw. Ebenso unterscheidet sich das mehr dunkel gesprochene Wort Meer von dem mehr hell gesprochenen in dem genannten Sinn (vgl. „Das Meer erglänzte weit hinaus" usw.). Das griech. θάλαττα, θάλασσα beschreibt das Meer als das in Wiederholungen Aufwallende,

also hinsichtlich von Wellenbergen („hohe See"): Drei sozusagen reduplikative Silben mit α und Konsonanten (vgl. ähnlich ταράσσω, ταράττω rühre durcheinander, verwirre u.a.), die wohl auch das Meeresgeräusch malen (wie das S in See, sausen, Seele, spirare, spiritus, ψυχή, ψυχρός usw.); ϑ und τ mögen das klatschende, harte Anprallen der Wogen angeben. Famverw. mit ϑάλος Sprössling, Zweig als „ragend", ϑάλαμος Gemach als „hochragend, erhaben, glänzend", ϑῆλυς säugend, Milch (gleich mütterliche Flüssigkeit) abgebend, ϑηλή Mutterbrust als schwellend und milchspendend (skt. dha trinken, saugen) usw. Auch das Meer „stillt den Durst". – Dagegen ὁ ἅλς Salz: das aus dem (Salz-)Wasser Herauskommende, sozusagen aus dem Wasser Geborene; ἡ ἅλς Salzflut, die salzhaltige, salzliefernde „Mutterlauge" (ἡ), nach KT 2. Famverw. ἅλλομαι springe, hüpfe, insofern das Springen, Hüpfen ein Hochheben „aus der Tiefe" ist (α und Spiritus asper) und wiederholt (Doppel-λ) stattfindet; ὁ ἅλς also das aus ἡ ἅλς „Herausspringende", und ἡ ἅλς selber springend, aufspritzend (dann nach KT 1), wie θάλασσα. Skt. sar laufen (das ein Auf und Ab ist), gleiten, fließen (in Wellen), sarás salzig, salilás wogend; awest. har gehen; lat. salire, saltare, sal usw.

Sonach erübrigt sich die „Herleitung" des Wortes Meer aus dem Sanskrit (WS mar sterben, marás Tod, maris Seuche, Pest, marús Wüste, marút Wind usw.) oder aus dem Griechischen (WS μαρ in μαραίνω lasse verwelken und μαρμαίρω schimmere) oder aus dem lat. mare. Die Deutung von G. Curtius (Griechische Etymologie, S. 332), wonach das Meer gemäß der Abstammung aus dem Sanskrit seinen Namen daher hätte, dass es „Pflanzen ersterben und den nach Wasser Suchenden dursten", somit also verwelken, verdorren lasse, ist gekünstelt und kommt an die eigentliche Bedeutung des Wortes Meer gar nicht heran. Schon eher könnte man Corssen zustimmen, der Meer von μαρμαίρω schimmere ableitet, also mit „das Schimmernde" übersetzt. Wir betonen dagegen, dass das Wort Meer gewissen lateinischen, griechischen und sanskritischen Wörtern der WS mar homolog oder ähnlich (gleich) ist, dass uns aber die Homologie oder die Ähnlichkeit (Gleichheit) keinen Aufschluss über die eigentliche Bedeutung von Meer oder der WS mar und ihren Wörtern geben kann, zumal die ähnlichen (gleichen) Wörter nicht gleiche Individuen zu bezeichnen brauchen, sondern nur die gleichen WSn Gleiches an gleichen oder verschiedenen Individuen bezeichnen. Meer bedeutet weder das Verwelken-Machende noch das Schimmernde (wenn es auch schimmert), sondern seine Bedeutung ist die oben angegebene, sie lässt sich überhaupt nicht mittels einer Übersetzung des Wortes Meer in ein anderes Wort wie schimmernd usw. erschöpfend darstellen, schon insofern nicht, als ein solches erläuterndes Wort eben nicht „Meer", sondern „schimmernd", ein ganz anderes Wort ist, das sich zwar mit „Meer" vergleichen lässt, aber eben seine eigene Bedeutung hat, wie Meer die seinige, mögen auch die Bedeutungen sich in gewissem Umfang schneiden oder decken. So kann uns auch, wie gesagt, die historische Etymologie nur Beiträge und Bestätigungen für die Bedeutungen der Wörter liefern; diese Bedeutungen ermittelt die Psychobiologie.

12

mehr beschreibt wie Meer die Grenze (weiblich) und das sie Überschreitende (männlich), also das Schmerz- oder Schwellenstadium des Übergangs; das h malt die Weite, Dauer (zeiträumliche Ausdehnung), Wiederholung des Übergangs, ganz ähnlich wie das zweite e in Meer, aber doch eben unterschiedlich, sodass „Meer" speziell Wasser, „mehr" das Schwellenstadium allgemein bezeichnet (das Wort „schwellen" beschreibt selbst das Schwellen-, das Schmerzstadium, das Aufnehmen und somit Abgeben, das Übergehen aus der einen Höhle in die andere, die sich somit füllt). – *mehren* svw. die Schwelle, Grenze überschreiten, aus der einen in die andere Höhle übertreten, wobei sich Erstere leert, Letztere füllt. In *„vermehren"* ist ver (wie stets, vgl. Nr. 163) auch Angabe der Richtung, ebenfalls schmerzgefühlig, also Schwellenbezeichnung hinsichtlich der Topik.

„Meer" verhält sich zu *„mehren"* wie *„leer"* zu *„lehren"* usw. „Leer" beschreibt eigenschaftlich die Schwelle, die von der Höhle her überschritten wird; „leeren" beschreibt den Übergang des Erfüllenden (Männlichen) aus der Höhle über die Schwelle, wobei das „Übergehende" in eine andere Höhle „eingeht", also ist leeren svw. teilen, mitteilen. Auch „lehren" ist svw. mitteilen, und zwar speziell Wortliches; „Lehren" ist sozusagen ein spezielles „Leeren", und eben dies Spezielle ist in dem eh statt ee ausgeprägt. Beide Wörter geben auch die Topik des Vorgangs an, nämlich die Richtung aus der Höhle über die Schwelle, wie „mindern" (s. Nr. 432), während „mehren" die Richtung „in die Höhle hinein" angibt. Leer mhd. laer, ahd. lâri (vgl. Larifari leeres Geschwätz); das a betont das austretende Männliche. Lehren mhd. lêren, ahd. lêran, lêrran statt lêrjan, griech. hlg. ληρεῖν schwatzen, albern reden, got. aber láisjan mit Betonung des austretenden und in die andere Höhle eintretenden Männlichen (a der WS und a der Endung). *„Lernen"* gibt im n der WS wie der Endung die aufnehmende Schwelle, in l und er die abgebende Schwelle und das Abgegebene an; vgl. got. láis ich habe aufgenommen, weiß (analog οἶδα), ferner „gelahrt". Die got. Wörter gelten zunächst nur für die Lokomotion, das Herausgehen aus dem Wohnsitz, das Fahren, Ziehen, Reiten usw. und die dabei hinterlassene Spur, an der sich die „Nachkommen" (Nachkommenden) orientierten; vgl. Gleis, Ge-leise, leise, leisten, List, leiten usw. (Nr. 388, 568).

Das Überschreiten der Schwelle ist die Trennung des Übergehenden von der bisherigen Umgebung (Höhle), damit der Eintritt in die neue Umgebung (Höhle), das (Ab-)Scheiden, (Ab-)Schneiden, der Abschied, der Abschnitt, die Teilung, die Abgrenzung dessen, was übergeht, von dem, was zurückbleibt. – *mehr*, mhd. mêre, ahd. mêro, aber ags. mâra, got. máiza: Diese beiden Wörter betonen im a (fgf.) das Erfülltsein der Höhle (m), r und iz bezeichnen die Schwelle zur anderen Höhle, die ebenfalls als erfüllt, hinsichtlich der Füllung (End-a) beschrieben wird. Das homologe skt. mahat groß beschreibt ganz ähnlich, dagegen malt lat. magis in der Endsilbe die Schwelle, über die das Männliche (a) aus- und eintritt, in magnus wird mit der „männlichen" Endung nach KT 2 die neue Umgebung noch als leer (u) angegeben (in sie tritt die Füllung a aus der Höhle m ein), während maior, maius, maximus (maxumus) bestimmt den Übergang im Sinn des Mehrens angeben und so – wie auch magnus –

einen Vergleich des a mit dem u, des vollen, geraden, freudegefühligen Männlichen mit dem hohlen, leeren, hunger- und angstgefühligen Weiblichen darstellen. Griech. μέγας beschreibt Schwelle (ε) und erfüllte Höhle (α), die ihrerseits abgegrenzt ist (ς); μ gibt die Höhle an, aus der das Gerade stückweise (γ) austritt; μείζων und μέγιστος ähnlich wie maior und maximus, skt. mahischta, got. magists, maists meist. Betont „mehr", „mehren" den Übergang vw. als Aufnehmen, so „minder", „mindern" (Nr. 432) vw. als Abgeben; das Mindern des Erfülltseins der einen Höhle fällt stets mit dem Mehren des Erfülltseins der anderen Höhle zusammen, in die das Füllmaterial, das Gerade, Männliche übertritt; vgl. die homologen Wörter minus, minor, minimus, minuere, minutus usw., μινύς, μικρός, μείων, μεῖστος usw. (gerade die beiden letzten Wörter zeigen, dass die Minderung immer mit der Mehrung koinzidiert). – „machen" (Macht, Gemächte usw.) beschreibt das Erfülltsein (a) der Höhle (m) und die Abgabe, das Überschreiten der Schwelle (chen); homolog mactus, magis, magnus, Maia (Monat Mai), maiestas usw., μέγας, μάγος, μηχανή, μηχανάω Nr. 116, 182, 222, 376 usw., skt. máhas Glanz, Reichtum, mahán Größe usw. In „posse" malt das p das Männliche, das die Öffnung o und die Schwelle sse überschreitet; ähnlich ponere, positum usw.

13

mir, Dativ zu ich. *Ich,* schmerzgefühlig, beschreibt das Individuum als (von der Umgebung) abgegrenzt, abgeschnitten, geschieden, und zwar betont das i die Schärfe, Präzision der Abgrenzung; das Wort ist von einem gewissen Reifestadium der Hirnrinde an nur noch mit einem bestimmten phänomenalen Individuum hauptwegig assoziiert und gibt dessen Gesamtheit an. Grammatisch ist es „Subjekt"; statt „Subjekt" müsste es genauer „Subjekt-Individuum" heißen. „*Mich*" malt mit m die Hülle, Abgrenzung, in der das Ich sich befindet, die zum Ich gehört. „*Mir*" beschreibt mit m die Hülle des Ich, mit ir (das i ist lang) die Schwelle (wbl.) und das sie Überschreitende, Ein- oder Ausdringende (ml.); „mir" ist also „mehr" sehr ähnlich, nur betont das i die Enge, Genauigkeit der

Schwelle besonders, somit auch das Minuziöse, Schwierige des Ein- und Austritts, die beide besonders strenge Prüfungen, Einengungen, Zergliederungen, Aufteilungen des Aufzunehmenden oder Abzugebenden (Männlichen) sind, und ferner ist „mir" nur mit dem als „ich" bezeichneten Individuum assoziiert, eine Tatsache, die sich auch in der strukturellen Verschiedenheit von „mir" und „mehr" ausprägt. Grammatisch ist „mir" Dativ, d.h. das Individuum, das mit „mir" bezeichnet wird, ist Richtungsziel einer Veränderung, derart, dass etwas *zukommt* oder *weggeht*, sich *von* ihm trennt (z.B. ich nehme mir eine Zigarre, du nimmst mir das Wort aus dem Mund usw.). „*Mein*" beschreibt mit m wieder die Hülle des Ich, mit ei die Schwelle und das sie Überschreitende in einem speziellen Sinn, der sich auch im n anzeigt: Der die Schwelle überschreitende Teil bleibt im Bereich der mit m und n angegebenen Abgrenzung, während im „mir" diese Tatsache nicht buchstäblich hervorgehoben ist. So ist „mein" Genitiv zu „ich", d.h. das Individuum „ich" wird als teilbar, sich teilend („Genitiv" zu generare zeugen, d.h. sich teilen), aus Teilen bestehend beschrieben (z.B. „gedenke mein" heißt: Gedenke gewisser Einzelheiten, die zur Gesamtheit „ich" gehören, deren jede symbolisch das Gesamt „ich" darstellt), und ferner ist „mein" Possessivpronomen, gibt also die mir gehörenden Besitzstücke an.

„Ich" ist ein männliches Wort. Ahd. ih, got. usw. ik, ags. ic, engl. I, altnord. ëk, lat. ego, griech. ἐγώ, ἐγών, skt. aham (für agam); g und k sind ebenfalls männliche Buchstaben, trauer-freudegefühlig. Die Endung o determiniert das mit ego bezeichnete Individuum als hoch, drohend, groß, angstgefühlig (vgl. „groß"). Skt. aham ist vw. freudegefühlig; das m wie das griech. v von ἐγών weist auf den Übergang des Männlichen ins Weibliche hin, wie denn erst der reife Mensch, der die Pubertätsprobe trophisch und genisch bestanden hat, eigentlich ein „Ich" ist (vorher war er ein „Nichts", ein „Noch-nicht-Ich", vgl. „er ist etwas geworden" usw.), ein Ech-ter, ein Eig-ner, Eigentümer (eigen ahd. eikan, altsächs. egan, ags. âgen usw.), ein Besitzer, ein ἔχων (ἔχω habe, halte, redupliziert ἴσχω, wozu ἰσχύς Kraft, σχολή Ansammlung, Anhalten, vgl. lat. schola Schule, s. unter Nr. 223, also ἔχω spätere

Form zu einem σέχω, skt. sah bewältigen, ertragen, sáhas Gewalt, Sieg usw., aber doch eben als ἔχω ohne σ von spezieller Bedeutung und sippverw. mit ἐγώ; vgl. auch ἐχῖνος hlg. ahd. igil, nhd. Igel, sippverw. mit ich, ick: Das i betont die Schärfe der Abgrenzung [Stichel, Stacheln, stechen], wie das ι und auch das ε in ἐχῖνος [zu -ῖνος vgl. καρκίνος aus καρ(κ) hart, s. Nr. 9, und ινος, das die scharfen Scheren des Krebses und ihr Kneifen malt]; ferner ἔχις Schlange, svw. die *Stechende,* während skt. áhis mit a die Länge [lang – Sch-lange] der Stechenden, sich Ringelnden, Zischenden (his) malt, ebenso wie lat. anguis, griech. ἄγχω schnüre, würge, ἔγχελυς Aal, lat. anguilla usw.), ein Erfahrener, der die Gefahren des Pubertätsübergangs als „Fahrender" bestanden hat (daher ἔχω sehr wohl zu ὀχέομαι fahre, reite, ὀχεύω bespringe usw., also ἐχ und ὀχ famverw. Ablautformen).

Mich, mhd. mich, ahd. mih, got. mik, lat. me, griech. μέ, skt. mā, mām. In den lateinischen, griechischen und sanskritischen Wörtern steht e bzw. a als Bezeichnung des Individuums, das nominativ mit ego, ἐγώ, aham bezeichnet wird; man könnte sagen, e steht für das ausführlichere ego, a für aham. – Mir, mhd., ahd. mir, got. mis, lat. mihi, griech. μοί. Got. mis beschreibt ganz ähnlich wie mir; lat. mihi betont mit dem doppelten i das Enge, Genaue der Schwelle und des sie Überschreitenden und die Wiederholung; Ersteres tut auch das griech. ι, während das o die zur Schwelle gehörige Öffnung malt; skt. mahjam ist sozusagen aham mit determinierendem m und j, die beide wie m und i in mir beschreiben. – Mein, Genitiv, mhd., ahd. mîn, got. meina, lat. meï, griech. μοῦ, skt. mama. Griech. μοῦ beschreibt mit ου die Höhle, Öffnung, aus der sich die Einzelheit sondert, die in den übrigen homologen Wörtern mit ei, i benannt wird, also nach KT 2 auch diese Einzelheit, den Teil. Skt. mama gibt mit der Reduplikation die Zweiheit, die Mehrzahl an, somit auch das Sich-Teilen des aham, wie denn auch mámi messen, zumessen, d.h. teilen ist. – Über mein, meinen s. Letzteres (Nr. 418).

„Mir" ist famverw. mit mehr, Meer, Mor usw. und sippverw. mit „mich", „mein", die beide ebenfalls sippverw. sind. „Ich" dagegen ist ein ganz anderes Wort als „mir", wie ego, ἐγώ ganz andere Wörter sind als mihi, μοί; nur insofern „mich"

aus „m" und „ich" besteht, „ich" also als Wort im „mich" vorkommt, ist „ich" über „mich" auch mit „mir", „mein" usw. verwandt.

14

Miere, synonym mit Ameise, svw. die aus der Höhle (m) durch enge Gänge, Öffnungen, Schwellen Aus- und Eingehende, somit Kleine, eng Gebaute (Insekt gleich gekerbt, eingeschnitten, insecare); das schgf. ie betont auch die Häufigkeit des Hin und Her, des Ein und Aus, auch die Fruchtbarkeit, Zahlreichigkeit der Individuen eines „Ameisenhaufens", Ameisenvolks, das Gewimmel, die Mehr-Zahl, ferner den mehrenden Fleiß (Miere eine Mehrerin), das eifrige Eintragen von Beute, ferner das Ausspritzen von stechender Ameisensäure (vgl. Biene). Ähnlich dän. myre, schwed. myra, während altnord. maur mehr die Beutegier, den Hunger (au, vgl. Maus, mausen) und die Höhle, in der die Ameise, die Wühlerin, wohnt, angibt. Got. (wahrscheinlich) miura, miera, russ. murawei, pers. mûr, awest. môirina, maoiri, griech. μύρμος, μύρμηξ (eine Art Reduplikation, die die Menge beschreibt), auch βύρμαξ, lat. formica, worin β und f Teil und Schwelle beschreiben statt m, das die Höhle angibt. Die Verwandtschaft von Miere zu mir, mehr, Mor, Mur usw. ist offenkundig. – Gleiches, aber an anderen Individuen, beschreibt das Homonym Miere als Bezeichnung gewisser Pflanzen (Anagallis arvensis, Alsine media, Stellaria graminea): Auch da beschreibt Miere das Individuum als eines von vielen, als Vermehrerin, Aussenderin von zahlreichen Teilchen, Samen, Früchten, sodass allenthalben im Umkreis die Pflänzchen (Primeln, Sternblumen) aus der Erde hervorkommen – und sich so analog den Ameisen verhalten. – *Ameise* svw. Sammlerin; „am" malt die gefüllte Höhle und das sie Füllende, die eingetragene Beute, die Tracht, „eise" malt die Schwelle und das sie eifrig hin und her Überschreitende, den Sammeleifer, Fleiß, die „Emsigkeit" dieses Insekts. Für Ameise auch mit Umlaut *Ämse, Emse, Imse,* wozu *emsig;* die Wörter mit e und i bezeichnen nicht die Fülle der Tracht, sondern das eifrige Hin und Her, das Winzige, Wimmelnde (wie Miere). Vgl. *Imme,* Biene, Bienenschwarm (Imker Bienenzüchter), i wie in Imse, die *Biene* sticht und entleert hierbei Ameisensäure, sie ist fleißig (Bienenfleiß) und ihre „Tracht", nämlich das von ihr Eingetragene, ist der Honig; lat. apis malt im a die Tracht (das Erfülltsein), im i das Stechen usw., apis svw. die Sammlerin, die sticht (ganz ähnlich wie Ameise, aber doch buchstäblich unterschieden); griech. ἐμπίς Stechmücke. Vgl. auch lat. apere ver-, umbinden (apisci fassen usw.), worin fgf. a das Angefügte, aptum angibt, ferner apex Spitze, d.i. das Angefügte, Angebundene (z.B. Wollschmuck der Priestermütze), vorragende Spitze, wie das auch der Stachel der apis ist, ferner Apis, der heilige Stier der Ägypter zu Memphis, svw. der (genisch und trophisch) gewaltige Stecher, Stößer, der Hoch- oder Omnipotente, das „große Tier", der große Vater-Gott (Herleitung der Menschen vom Tier).

15

Mar, Maar kraterförmige, mit Wasser und Geröll, Schlamm, gefüllte Vertiefung nach KT 2, das Füllmaterial der Vertiefung nach KT 1. a fgf.; wird das a nach o hin gesprochen, dann ist es angsthaltig, und der Angstgehalt malt die Öffnung, es kann auch ein freudehaltiges o sein, dann ist Mar ein nunanciertes Mor. – Das fgf. a in Mar weist auch auf die Ausdehnung des Geländes hin. Vgl. Ortsnamen wie Marbach (Bach aus dem Mar), Marburg (Burg am oder im – schützenden – Mar), Moorburg, Moorfleth (Fluss aus dem Moor), Moringen (ingen zu Enge, Abgrenzung, also Moringen svw. das vom Mor Eingeschlossene, das Morgebiet) usw. – ähnlich den Ortsnamen Luckau, Loschwitz usw., die nach dem Luch benannt sind, und den Ortsnamen Lahr, Goslar (Gōzlāri svw. Gotenniederlassung oder Kultstätte Godans-Wotans) u.a. Lahr oder lar aus ahd. gilâri, lâr Niederlassung, Wohnung, abgegrenztes (l, r), ausgedehntes (a) Stück Land als Wohnsitz (s. Nr. 57), „mächtiges Gebiet", das als Siedlung zunächst versteckt, abgeschieden (z.B. umgeben von Sumpf, Wald, Moor, Mar usw.) ist. Während das M (in Mar usw.) die Umfassung als hgf. Höhlung beschreibt, gibt das L (in Lar usw.) die Abgrenzung, das Abgeschiedensein, die Schwelle (schgf.) an.

Auch im Lat. findet sich ein Wort Lar; Lares waren „die Geister, die am Grundstück haften oder auf den Wegen schweifen" (Walde, Lat. -etymol. Wb., S. 413), dazu larua, larva Gespenst, böser Geist, Larve, Maske (vgl. Tanzmasken, Fastnachtslarven usw. als Abbildungen der großen Geister, der abgeschiedenen dämonisch-mächtigen, erhabenen Seelen, letzten Endes Vater-Gottes oder des Totemtiers). Also auch da bezeichnet lar das abgeschiedene (vom „Leben", von den Lebenden abgegrenzte, vgl. Grenze des Totenreichs, Bannring bei Geisterbeschwörungen usw.) Große, Erhabene, Mächtige (a), nur wird im Germanischen ein Stück Land, im Lateinischen der Verstorbene so bezeichnet, d.h. beide Male wird an verschiedenen Individuen Gleiches beschrieben: das Abgeschieden-, Abgetrenntsein (l, r) und die Größe, Macht (a). Zu Lar vgl. unser Lur svw. der F-lur-Dämon, das in Höhlen, im Dunkel hausende, aus dem Dunkel, dem „Nichts" auftauchende („Dunkelmann"), umfangende, einfangende Gespenst, der Lauernde (König Laurin, Lurlei-Lorelei, die Rheinsirene, Lohengrin usw.), der Mahr (Nr. 20) usw., ferner *Lorbeer* aus dem lat. *laurus* (das als „unerklärt" gilt): laurus ist der dunkle, erhabene, mächtige (von mächtigen Dämonen bewohnte), unsterbliche (immergrüne!) Geister- und Seelenbaum, ein Gott selbst, ein Totembaum, in dem die Abgeschiedenen lauern und mit ihrer unheimlichen Macht Verderben oder Heilung (Laurus uralter Arzneibaum, s. bei Dioskorides), Tod oder Leben bringen (vgl. μῖλαξ Nr. 392). Der Lorbeer war dem Apollo geweiht, dem Feld-Lur, dem Hüter der Herden, dem Herrn über Leben und Tod, dem Erfinder des Bogenschießens (Ἀπόλλων – ἀπόλλυμι vernichte, töte und sterbe), der Heilkunde (Vater des Asklepios), des Liedes (vgl. λύρα, laudare, Lied, Nr. 388; Pubertätskampf in Dichtung und Musik, Kampf der Wagen und Gesänge, Sängerkrieg zwischen Marsyas und Apollo, wobei Ersterer, Erfinder der Flöte, unterlag und „geschunden" wurde, usw.), dem Gott der Weissagung (in Delphi aus dem Erdinneren, dem Geister-, Seelenreich heraus durch die dampfnarkotisierte, ekstatische Pythia, eine jungfräuliche Sibylle wie die Kassandra des troischen Ida, wie die Prophetinnen des Apoll auf Samos, im ionischen Erythrae, im italischen Cumae usw.). Im Rom der Decemvirn war Apoll besonders der sühnende (luere!), heilende Gott, der ἀλεξίκακος, der Arzt und Abwender,

Vernichter der Feinde, später nach griechischem und orientalischem Vorbild der Sonnengott mit monotheistischen und messianischen Attributen, die dann von Augustus besonders gepflegt und ad maiorem suam gloriam nutzbar gemacht wurden; übrigens ist diese Entwicklungsform des Apollodienstes dem Christusdienst (Nonnen, Weissagungen, Heiligungen, Totenerweckungen, Sühnung mit eigenem Tod, Unsterblichkeit, Salben und Öl usw.) ganz ähnlich. Der Vollender, der Vollendete erhielt den Lorbeer, war laureatus und somit apollinisch, ja göttlich, Gott selbst. – Im Griech. hieß der Lorbeer δάφνη, das ich zu ϑάπτειν beerdigen, τάφος Leichenbestattung, Grab, τάφρος Graben, hlg. skt. WS dabh beschädigen, sippverw. mit dagh brennen (Leichen-, Witwenverbrennung, brennende Wunden, brennendes Gift usw., vgl. Nr. 133) stelle, wie denn Δάφνη, Tochter des Flussgottes Peneus oder Ladon, in einen Lorbeerbaum verwandelt, d. h. ihre Seele in einen Lorbeerbaum aufgenommen wurde (vgl. Dryaden, Beerdigungen in hohlen Bäumen usw.); auch hiernach ist der Lorbeerbaum der Toten- oder Seelenbaum. Und der Schwan (Nr. 544), der weiße Seelenvogel des Nordens, der Hyperboreer, der sterbend singt (Schwanenlied) und der Lebens- und Kinderträger ist, war dem Apollo geweiht, dem Gott des Liedes und des Todes – und des Lebens.

Nach Herman Wirth (Die Heilige Urschrift der Menschheit, Anm. 15 zum 1. Hauptstück) soll sich „die Herkunft des Namens des Apollo wortgeschichtlich aus dem Griechischen nicht erklären lassen", sondern der Name von altfries. apôl Pfuhl abstammen und svw. der „wintersonnenwendliche Gottessohn ‚in den Wassern'" (also der aus den Wassern Auftauchende, Geborene, vgl. Anadyomene usw.) bedeuten. Nach meinen Darlegungen erübrigt sich eine solche Deutung, bei der Apollo zum Pfuhlgott gemacht und der Pfuhl erst wieder mit Wasser, Erde, Nacht identifiziert werden muss, um Apollos Göttlichkeit nicht zu – beschmutzen! Ebenso abwegig erscheint mir die Wirthsche Übersetzung von „Hyperboreer" mit „Überbringer" (nämlich von allerlei, besonders apollinischem Kulturgut). Die WS βορ bezeichnet mit ορ die Öffnung-Schwelle, mit β das sie plötzlich-stückweise, mit ρ das sie reißend, drehend

Überschreitende, vgl. bohren, βορεῖν verschlingen, βόρβορος Schlamm, das Viellöcherige (Moor, Nr. 6), auch Pore usw. βορέας ist also svw. der Bohrende als Bezeichnung für den kalten Nordwind (vgl. Bora [Adria], ferner Ora [Gardasee], vgl. Nr. 538), auch für das Gebiet, die Himmelsrichtung, in dem und aus der der Wind weht, und die Grenze, über die er einbricht. Die Hyperboreer sind also die Leute, die über die nördliche Landesgrenze hinaus, jenseits ihrer, im hohen Norden wohnen, die Fernnördlichen (vgl. unser „fernöstlich").

16

Maria, mhd. Maria, Marja, Marje (vgl. Marche), ahd. Maria, Marja, Fremdwort, entspricht dem hebr. Mirjam, das svw. die Widerspenstige, Streitbare, Wehrhafte (vgl. Brünnhilde, virgo unter Nr. 425 usw.), also die sich im Pubertätskampf wehrt, gegen den Mann wehrt, der sie bezwingen, erobern, besitzen will, also die Jungfrau („Jungfrau Maria" eigentlich Tautologie); indes: Gibt die Silbe „mir" die Wehrhaftigkeit an, so zugleich die Schwelle, die die Jungfrau bzw. der Mann überschreitet, wie später das so empfangene Kind sie überschreitet (Teilung wie Miere usw.); die Silbe „jam", „ja" bezeichnet die Widerspenstige als gezähmt, als überwunden, als erfüllt, als mütterlich. Diese Tatsache heben die Formen mit a in der WS noch mehr hervor: Maria svw. die hohe Mutter, die Fruchtbare, die Frau, Gattin, die mit Schmerzen (r) empfängt und gebiert, die tapfere Kämperin im Liebes- und Geburtskampf, in dem es urzeitlich und nicht allzu selten auch jetzt noch um Tod oder Leben der Partner geht. Vgl. Mahr Nr. 20, Martha Nr. 28.

17

Marmor, Marmel, mhd. marmel, mermel, ahd. marmul, murmul, lat. marmor, griech. μάρμαρος, Letzteres bei Homer „Felsstück" (also ohne Betonung des „Schimmernden"). Die beiden Silben eine Art Reduplikation. Mar beschreibt die (in einer Mur laufende) Masse von Gesteinsstücken, den Strom von Geröll, Felsstücken als ein Gerades, Männliches (a), das zerteilt, zertrümmert (r) aus der Höhle-Öffnung (m) herausrollt; die Reduplikation malt die Wiederholung, auch die Mehrheit der Felsstücke. Vgl. skt. mar sterben gleich teilen, zerfallen, griech. μαραίνειν verwelken lassen, μαρασμός Verwelken, Verdorren, Altersschwachwerden, μείρομαι erhalte Anteil, verteile durch Los, μερίζω teile, μόρος, μέρος, μάρτυρ usw., lat. mori, Mars usw. Auch μαρμαίρειν schimmern, flimmern (Nr. 137) beschreibt das vielfältige (Reduplikation) stückweise Hervorbrechen des Männlichen aus der (somit gefüllten) Höhle, und zwar speziell des „Lichtstrahls", der vibrierend von einem Metall, von weißem Gestein usw. ausgeht; ganz ähnlich beschreiben die Wörter schimmern, flimmern, funkeln (Nr. 440): In den i der WS und den r der Endsilbe ist die Enge der Schwelle, die Kleinheit der „Lichtteilchen", in den r und mm die Häufigkeit der Ausstrahlungsrhythmen (r hier also auch diminutiv und frequentativ), im l der Endsilbe von funkeln das rhythmische Hingleiten angegeben, ja die Endsilbe mer von schimmern und flimmern ist gleich der WS mer in Mermel und μερ in μέρος Anteil, μερίζειν, teilen usw.; die Struktur des Wortes μαρμαίρω entspricht speziell dem phänomenalen Vorgang der „Lichtaussendung". Nun schimmern auch weiße Felsstücke, und insofern das μάρμαρος genannte Gestein weiß ist (λευκὸς λίθος, λευκός hlg. zu leuch-ten, Licht usw), schimmert es – Marmor ist also Fremdwort. Die Form Marmel hat statt r als Diminutiv und Frequentativ l am Ende; vgl. auch das Adjektiv marmeln gleich aus Marmor bestehend.

18

marode krank, entkräftet, nachzügelnd, frz. die marode unerlaubte Plünderung, maroder, marauder plündernd umherstreifen, eigtl. vom großen Heerhaufen als Nachzügler sich trennen, abteilen, ein Teil werden und als solcher umherstreifen; die Nachzügler sind die Kranken, Entkräfteten, Ermatteten, sodass marode diese weitere Bedeutung hat, und ferner sind eben die vom Heer sich trennenden Teile der Disziplin entronnen und somit Plünderer, Mordbrenner, also hat sich die ursprüngliche Bedeutung von marode auch nach dieser Richtung erweitert. Das a weist auf den ge-

samten Heereszug hin, von dem sich der Kranke, Deserteur (deserere die Reihe, series, das Heer verlassen) usw. trennt. WS mar also gleich den WSn mar der übrigen Wörter, beschreibt und bedeutet Gleiches. Das o in -ode malt die Not der Nachzügler (vgl. Öde), aber auch die Not der von ihnen Heimgesuchten, agf., determiniert vom tgf. d; -e bzw. -er Endigungen, schgf. – Marode ist Fremdwort.

19

Marotte, aus dem Französischen, zunächst Bezeichnung für das Narrenzepter mit Puppenkopf, steht für mariotte, marionette, Mariechen (s. Nr. 16). Das Narrenzepter mit dem Puppenkopf ist eine Art Lingam; der Narr regiert zur Fastnachtszeit, also zur Zeit der frühjährlichen Pubertätsfeste (Narrenfeste, Karnevale, Redouten, Maskenbälle, entsprechend den primitiven Tanzfesten mit Anlegen von Tanzmasken, als Darstellungen von Göttern, Götzen, Dämonen in Menschen- und Tiergestalt). Das Wort „Narr" beschreibt den Teilnehmer am Pubertätsfest als groß, alt, erhaben (a), verspottet und verspottend, im heftigen Gefecht, Streit (rr schgf.) begriffen, als den König (Vater usw.), der das Zepter, den Herrscherstab, den großen Phallos trägt und sich gegen den Angriff der Jungen wehrt (alter Narr), aber auch als den Jungen, der um den Kampfpreis (Zepter und Krone, Besitz und Weib) ringt oder ihn eben errungen hat, Besitzer im genischen und trophischen Sinn geworden ist und nun sich schon wieder zur Wehr setzen muss; Narr beschreibt also die Höhle, Öffnung (n), aus der das Männliche (a) über die Schwelle (r) geht, wobei die „Höhle" das Kindesalter insgesamt, das Elternhaus, die Obhut der Eltern ist, das bzw. die der junge Mensch in der Pubertät verlässt, indem er ein Erwachsener, selbständig usw. wird. Vgl. „Tor", ein Wort, das oft synonym mit Narr gebraucht wird, beide im Sinn von verrückt (ver-rückt zu verrücken – eben aus der Kindheit ins Erwachsensein, aus dem Paradies in die Welt der Reife), albern (Alb!) usw., wobei aber Narr mehr das freudige im a betont (Narrenspossen usw., zu „possen" vgl. lat. posse können, potentia trophische und genische Leistungsfähigkeit). So ist auch, wie gesagt, Maria svw. die im Pubertätskampf Befindliche, und Marotte die als klein, unreif (Diminutiv) Verspottete, d.h. auf ihre Wehrhaftigkeit, „Schlagfertigkeit" (schlagen!) auch im Redegefecht usw. Erprobte, dann ihr „Abbild", ihre figürliche Darstellung als Püppchen (auch Bezeichnung für ein zierliches Mädchen) und schließlich ihr Verhalten: ihre Narrheit, Torheit, Grillenhaftigkeit usw.

20

Mahr Nachtgespenst, verhält sich zu Mar wie mehr zu Meer usw.; der Mar, die Mare, Mar, mhd. der mar, ahd. die marâ. Das Wort beschreibt speziell das aus der Nacht, dem nächtigen Dunkel als Höhle (m) hervortretende (r) Hohe, Gewaltige (ah), Mächtige, Alte, den Alb (Alberich, Alp, Alf, Älf, Elfe, Elbe, lat. albus, sabin. alpus weiß, alpes Alpen, d.h. die hohen weißen Berge, Berghäupter, den grauhaarigen Köpfen der Alten vergleichbar), den Nachtalb, Nachtmahr (engl. nightmare), der als grauweiß dahinwallende, übermenschlich große, auch tierähnliche oder tierische Gestalt, als Schemen (dies zu schimmern), als „Seelenwesen" sich vom nächtigen Dunkel abhebt und über dämonische Zauberkräfte verfügt (Alpdrücken, -reiten, womit man nächtliche Ängste, Beklemmungen, Angstträume deutete und noch vielfach deutet). Der Mahr ist auch Darstellung der (personifizierten) Nacht, des Todes, der den, dem er erscheint, vernichtet (Walküre, Zeus – Semele usw.; Nacht – nichts, nox – nex usw.), ist die Seele eines Toten, der im Grab, der Unterwelt haust, ein „Seelentier" (z.B. der Storch, der die Kreißende beißt, Nr. 25), der Teufel selbst, der aus der Tiefe auftaucht als Pferd (Mahr – Mähre, Nr. 22), Gestalt mit Pferdefuß (vgl. Hufeisen als Glücks- oder Unglückszeichen, je nachdem es dem Finder die konvexe oder die konkave Seite zuwendet) erscheint, die Hexe (Lamia, Empusa, Hekate usw.), die dem Befallenen Leid (Krankheit, Liebeskummer) zufügt, wohl gar zum Siechtum, Marasmus, Tod verhilft. Als aus der Höhle (Nacht usw.) herauskommend ist der Mahr „Teil", Abgetrenntes, Abgeschiedenes, auch in dem Sinn, dass die Seele beim Tod nach dämonistischer Auffassung die Höhle Leib verlässt und dann, wiedererscheinend,

den Abgeschiedenen, den Verstorbenen, *mortu*us sozusagen, repräsentiert und andere Seelen mitnimmt. Das Sterben ist eben auch ein Teilen, Scheiden. Das a ist meist „dunkel", angsthaltig. Gespenstererscheinungen sind dem primitiv-dämonistischen Erleben eigentümlich. Skt. mārā Teufel, griech. μορμώ (auch Γοργώ) Schreckgespenst.

21

Mär, Märe, Märchen, mhd. mære, ahd. mârî Berühmtheit, Gerücht, Adjektiv mâri, mâre, altnord. mærr, mœrr svw. wovon viel gesprochen wird, berühmt, famos (fama, fari), ahd. Verb mârran, got. mêrjan verkündigen, bekannt machen, mitteilen. Die Mär ist spezielle Bezeichnung für den aus der Mundhöhle (m) in Teilen, Artikulationen, Rhythmen austretenden (e in ä, r) Redestrom (a), also für akustische, dann auch für optische Wortreihen, die ein Erlebnis „auseinandersetzen", „zergliedern", „in Einzelheiten zerlegen", „erzählen" (svw. der Zahl nach darlegen, aufzählen, worin Zahl, mhd. zal, ahd. zala svw. auf-, zu-, mitteilen, vgl. ags. talu, altfries. tale, tele, altnord. tala Berechnung, Verzeichnis, Bericht, Rede, engl. to tell erzählen, plattdeutsch vertellen, svw. in Worten, Worte verteilen). Sächs. mären, mähren svw. Märchen erzählen, aber auch allgemein durcheinanderreden, viel Worte machen (über Unwichtiges, als ob es Wichtiges wäre). Mär hat heute die engere Bedeutung „Erzählung eines wunderhaften Ereignisses" und ist synonym mit Sage, ahd. saga (zu sagen), Mythos (μῦθος eigtl. Wort, Rede, dann Erzählung, Erdichtung, μυθέομαι spreche, erzähle, worin μυ die Mundhöhle mit Hinweis – e-Nuance – auf die Schwelle, das „Gehege der Zähne" – vgl. μύειν schließen, μυστήριον Verschlossenes, Geheimes usw. [Nr. 228], ϑ fgf. das aus dem Mund Hervorkommende angibt und ος die Endung ist; es wird so die Sprechbewegung als optischer Vorgang hinsichtlich der akustophilen Symbolkomponente, auch die ihm entsprechenden akustischen, dann auch die optischen Wortreihen – Konfluenz der Beschreibung – bezeichnet; dies trifft auch für Mär, Sage, fama, fabula usw. zu). *„Wunder"* aber ist jeder Übergang, speziell jeder kritische, hochkritische Übergang, Geburt, Pubertätskämpfe in den Vor- und Hauptstufen, Tod, die Tat schlechthin (vgl. Nr. 64, 223), und so ist die Mär der Bericht solcher wunden- und wunderreichen Vorgänge: „Uns ist in alten mæren/wunders vil geseit/von heleden lobebæren/von grôzer arebeit,/von fröuden, hôchgezîten,/von weinen und von klagen,/von küener recken strîten/muget ir nu wunder hœren sagen" (Nibelungenlied). Auch die wortbegriffliche Beschreibung „der Tat" ist Mär, vgl. griech. Homologa zu Mär, mären: μερμηρίζειν sich besinnen, ersinnen, sorgen, μέρμερος mühevoll, schwierig, verderblich, unheilvoll, speziell von Kriegstaten (μέρμερα ἔργα denkwürdige Taten), μάρτυρ Zeuge usw., awest. mar sich erinnern, erwähnen, skt. smar, lat. memor usw. Die Tat selber, d. i. das Heraustreten aus dem Dunkel, der Abschied, die Trennung von der bisherigen schützenden Umgebung, das Sich-Durchsetzen, -kämpfen ist „mer, mor, mar", und dies ist auch die Beschreibung der Tat.

22

Mähre Stute, Mutterpferd, svw. Mehrerin, Vermehrerin, Gebärerin. Wohl auch Arbeitspferd, speziell das (auch genisch) abgearbeitete, alte Pferd, das dem Schinder (Schindmähre) überliefert wird und mit diesem sozusagen seinen Endkampf kämpft, bei dem es stirbt. – Dass der Mahr auch als Mähre, Pferd erscheint (Teufel mit dem Pferdefuß, der schwarze Mann als Hinker, Henker usw.), wurde schon erwähnt. – *Marschall* s. Nr. 547, eigtl. Pferdeknecht: *Marstall* gleich Pferdestall; **mähren** mischend rühren, eigtl. eine im Trog, Schaff (m) befindliche Menge verteilen, also z. B. Teig mit Wasser, Erde mit Wasser mischen, sodass eine feinere Verteilung, die *Mährte* entsteht. Das e im ä weist auf die Verteilung, Zerreibung, Mischung (Schwellen- oder Schmerzstadium) hin wie das r, während das h iterativdehnend ist. Vgl. Nr. 21.

23

murbeln vulgär svw. eine Arbeit in vielen kleinen Abschnitten, in ungeschickter Reihenfolge vornehmen, sodass „nichts Rechtes herauskommt", die Arbeit unvollendet bleibt, die Tätigkeit einem kindischen Spielen gleicht. „Na, der murbelt was zusammen", sagt man, d. h. er macht aus dem Material eine „Mur", ein Konglomerat zusammenhangloser Stücke, einen Trümmerhaufen. Er möchte wohl gerne (Hunger) etwas Rechtes schaffen, aber er kriegt es nicht fertig: Seine Arbeit bleibt sozusagen im Angst- und Schmerzstadium, im Kampf mit dem Material, den Geräten usw. stecken, er zerlegt, baut aber überhaupt nicht oder ungeschickt zusammen (so z. B. viele Neurotiker, die das ordentliche, d. h. reife Arbeiten noch nicht gelernt haben). Auch von der Rede: Zerstückeln von Worten und Sätzen, „Kauen" der Worte und stückweise Entleerung (ähnlich murmeln). Also murbeln svw. „stückweise aus der Höhle (mu) entfernen", von jeder Ausdrucksbewegung. Das b malt als tgf. das Zerstückte, Weiche, Schwache, das l ist iterativ- und diminutiv-gleitend (wie in funkeln, ringeln usw., Nr. 17). – Der *Murbel*: kleiner, schwacher Mensch, besonders in dem Sinn, dass sich ein Erwachsener kindisch, wie ein Kind benimmt, das sich noch in der Obhut der Großen (mu) oder erst im Übergang zum Erwachsensein befindet, ein „Stück Mensch", ein Weichling, Schwächling. Vgl. Nr. 32, 35.

24

mürb, mürbe svw. in kleine Teile weich (b) zerfallend, mhd. mürwe, mür, ahd. muruwi, murwi, murwe. Vgl. Nr. 1 und 23, auch Nr. 42. Die ahd. Formen maro, márawi malen die Hülle (Trog, Mulde usw.), aus der das Füllmaterial (a) in Teilen (r) über die Öffnung, Schwelle (o, awi) tritt.

25

Mord, mhd. mort, ahd. mord, ags. mord (eigtl. svw. Tod und Verderben, Todsünde usw.), lat. mors, mortis, hlg. griech. μορτός, skt. marás usw. Mord beschreibt den Übergang hinsichtlich des Hunger- (m), Angst- (o), Schmerz- (r) und Trauer-Freudestadiums (d, t), also komplett, und zwar eigtl. den Übergang überhaupt, der stets eine Art „Sterben" gleich Sich-Teilen, Abscheiden, aus einer Höhle in die andere Übergehen, aus der „Vergangenheit" in die „Zukunft", die somit „Gegenwart" wird, Eintreten (zeitlich beschrieben), wobei der Übergehende „den alten Adam" zurücklässt (verliert) und „einen neuen Adam" anzieht (gewinnt), sich verändert, einen Schritt weiterkommt usw., dann aber speziell den Übergang der Pubertät, also den Pubertätskampf mit seinen lebensgefährlichen Prüfungen, die ursprünglich einzige Gelegenheit zu sterben: im Kampf mit dem Weibe, im Kampf um Besitz und Weib (Männerkampf; der „Strohtod" war noch unbekannt und später im Gegensatz zum Heldentod verachtet), endlich heutzutage die vorsätzliche Tötung eines Menschen. Jemanden morden ist also svw. jemanden aus der bisherigen Höhle, Umgebung („Leben") durch eine Öffnung-Schwelle (or) stückweise (rd) übergehen lassen, ausscheiden. – **Mörder** ist, wer den Gegner (vorsätzlich) tötet, also primitiv der Sieger im Pubertätskampf (Vatermord, Kindsmord, auch im Sinn des Wegwerfens, Verwerfens, Auffressens, Opferns der Erstgeburt, die urzeitlich als erstes Kind, das den Weg aus dem Mutterleib bahnte, sozusagen die Probeleistung der Mutter war und verendete, später demgemäß aufgefressen wurde, usw.); d.h. ursprünglich war Mord svw. Sterben, mori, mors. Erst als die Begriffssphäre so weit entwickelt war, dass sich der Mensch die Tat vorher überlegen konnte (wobei freilich dieses Überlegung, d.h. Wortbegriffsreihe, nicht die Ursache der Tat, sondern eben nur ein dem möglichen gegenständlichen Vorgang vorausgehender begrifflicher Vorgang ist), wurde die Tat zum Mord im Sinn des vorsätzlichen Tötens. In „Mörder" weist das e im ö (wie stets) auf die Schwelle (r) hin, auf das Schmerzliche (scheiden, schneiden, stechen, durchbohren usw.), „-er" ist Endung, die den Mordenden als einen „Er" bezeichnet und so – wie alle diese Endungen – für einen Artikel steht, während die weibliche Endung „-in" für den weiblichen Artikel (der obendrein zugefügt sein kann) steht. – Das a der Skt.-Wörter marás Tod, maris Seuche, Pest usw. betont als fgf. das Gewaltige, Erhabene, die Hoheit, Macht des Todes, des Tötenden und des Sterbenden, Getöteten, das Freudestadium des Übergangs, als angsthaltig, auch das Unheimliche, Schreckliche, vgl. Nr. 20, 56. – Das lat. Hlg. zu „morden", mordere beißen (auch stechen, sticheln, verletzen usw.), weist darauf hin, dass die ursprüngliche Waffe (Arm und) Gebiss war, das

die Halsschlagader des Gegners aufriss (Blutdurst, Bluttrinken) und ihn „zerfleischte", zerstückelte.

26

Marder, Raubtier, zerreißt, zerfleischt mit den Zähnen das „Opfer", mhd. marder und mart. Vgl. Nr. 20, 25, 27.

27

Marter (Pubertäts-)Übergang unter Qualen, Schmerzen, Zerstückelung, Verstümmelung, Zerfleischung, „Leidensweg", wobei nicht selten der Gemarterte stirbt (Nr. 146, 211 usw.). Das a und t (fgf.) beschreibt das Übergehende (den Gemarterten) als männlich, erhaben, groß (fgf.): Nur der hervorragende Mensch, der sich „*hervor*zutun", zu *exponieren*, *heraus*zustellen wagt, nur der Kampffähige wird gemartert, d.h. der Schmerzensprobe unterzogen, erträgt die Marter, das Martyrium, wird und ist Märtyrer, Kämpfer, Held. „Marter" ist jeder hochkritische Übergang, speziell der Pubertätsübergang: Der Adept auf die Männerweihe hat sich schon als solcher aus der Schar der Kinder „hervorgetan", hat das Pubertätsalter erreicht und sich zur Prüfung vorbereitet, tritt nunmehr aus der bisherigen Umgebung (m) in den entscheidenden Kampf mit dem Prüfer, dem Alten, Älteren (Eltern) ein, „misst sich" mit den Kampferfahrenen, wobei es natürlich auf beiden Seiten Wunden, Verletzungen, Schmerzen gibt. Urzeitlich und vielfach heute noch geht der Kampf auf Leben und Tod: Einer der beiden Kämpfer muss auf dem Platz bleiben (Εἷς κοίρανος ἔστω! Einer sei Herr!); in Zeiten höherer Kultur hat sich die Rohheit soweit gemildert, dass nur noch der Adept gemartert wird, indem er in irgendeiner grausamen Weise geprügelt (prügeln – prüfen), verstümmelt (Beschneidung, Zähneausschlagen, Verwundungen, Tatauierungen, Trepanationen usw.) oder sonstwie misshandelt wird, wobei manch einer „vom großen Geiste heimgeholt wird", der Überlebende aber als waffenfähig, erwachsen anerkannt wird. In noch späteren Entwicklungsstufen wird aus derartigen Martern die Abschlussprüfung irgendeiner Art (Schule, Kirche, Gesellen-, Meisterprüfung,

Staatsexamen usw.), wobei der Prüfling „geschunden", „gezwiebelt", „gepiesackt", „vorgenommen", „gequält" wird usw.: Ὁ μὴ δαρεὶς ἄνθρωπος οὐ παιδεύεται (Menander) oder „per aspera ad astra". Vgl. auch die „Kampfhandlungen" der jungen Leute, Mensuren, Keilereien usw. sowie „Mord und Totschlag" als *Verbrechen,* d.h. als primitive oder archaistische Kampfprobe mancher Zeitgenossen, die sich somit als Neurotiker oder Irre, „Psychotiker" erweisen (nicht zu verwechseln mit den Soldaten, die im Krieg, also in einer volklichen Entwicklungsperiode töten). Vgl. auch die mittelalterliche Folter (Folter zu Fohlen, Pferdchen, ein auch bei den Römern – equuleus – benutztes Martergerät, das heute Turngerät geworden ist, wie ja Turnen, Turnieren zu den Kraft- und Kampfproben gehört). – Selbstverständlich sind die Martern nicht „ersonnen" und „aufgrund von Überlegungen" eingerichtet worden (etwa, wie Freud wähnt, von den Vätern, „um den Inzest der Söhne zu verhüten", oder, wie Hirschfeld-Götz wähnen, „um sich das ewige Leben zu retten"), sondern sind einfach Kennzeichen eines Entwicklungsschubs, biologische Erlebnistatsachen, die zum Pubertätsübergang gehören, und die man natürlich auch beschrieben, magisch gedeutet hat, auch so, wie Freud oder Hirschfeld-Götz deuten; diese Deutungen sind aber nicht die Ursachen der Pubertätsfeiern mit ihren Martern, sondern ihre Beschreibungen. Die Milderung der Martern ist ebenfalls nicht etwa verursacht von Überlegungen, Verabredungen, sondern ist ebenfalls im Gang der Entwicklung, der Ausdifferenzierung der Reflexsysteme, also rein biologisch eingetreten; zugleich haben sich natürlich auch die Beschreibungen geändert. Im weiteren Sinn ist sonach Marter jeder „Leidensweg", z.B. auch der, den viele Erfinder, Entdecker durchzumachen haben, bevor sie zur Anerkennung gelangen, falls sie diese bei ihren Zeitgenossen zu Lebzeiten überhaupt erreichen; jeder, der Neues lehrt, wird „gemartert": eine biologische Tatsache.

28

Martha, Fremdwort, Femininum zu aramäisch mâr Herr, d.h. eigtl. Erwachsener (a), der die Pubertätsweihen erhalten, die Pubertätsproben bestanden hat, selbst Prüfer, d.h. Herr über Leben und Tod geworden ist. Martha also svw. Herrin, Mutter usw.; vgl. Maria Nr. 16.

29

Martin, Martinus, Fremdwort zu Mars, dem römischen Kriegsgott, Nr. 77.

30

Märten vulgär für Martin, z.B. Pelzmärten gleich Pelzmartin, etwa Knecht Ruprecht. Das e in ä betont das Schmerzliche, wie auch in März.

31

März, der Monat des Mars, der Lenzmonat, also die Zeit, in der die Kriegs- und Liebeskämpfe, die Frühlings-, die Pubertätskämpfe stattfinden, mhd. merze, ahd. marcëo usw. Dabei werden die Tauglichen von den Untauglichen geschieden, letztere *„ausgemärzt", „ausgemerzt",* wie im März die zur Zucht untauglichen Schafe „ausgemerzt" werden. Indessen braucht sich **märzen (merzen)** nicht von „März" herzuleiten, es kann eine selbstständige Wortbildung, ein selbstständiges Mitglied der Familie „mord" (sofern man z gleich ds, ts setzt), also „morden" ganz ähnlich sein, nur ist eben im e der WS mehr die Schwelle, das Schmerzstadium betont; merzen also svw. zerteilen, aus der Hülle, Höhle, Umgebung, Menge (m) herausziehen, herausschneiden, absondern. Auch März, merze beschreibt den Übergang mit Betonung der Schwelle, des Schmerzstadiums, und März könnte sehr wohl auch der Schmerzmonat heißen (Sch-merz). *„Lenz"* schgf. gibt ebenfalls die Schwelle und das sie (gleitend: L) Überschreitende an, das junge Jahr, das hell, g-länz-end, licht aus dem Dunkel des Winters wie aus einem mütterlichen Schoß geboren wird. Vgl. linzen svw. durch eine enge Spalte, K-linze sehen oder leuchten, b-linzeln, Lanze mit seinem die „Länge", das Männlich-Gestreckte betonenden a, svw. das Vorragende, aus der Armbeuge gleitend (L) Geschleuderte, usw.

32

murgeln svw. murbeln, Nr. 23, nur weist das g als Guttural darauf hin, dass sich die Zerlegung, Zerteilung mehr in der Höhle, im Inneren vollzieht, während das b als Labial auf den eigentlichen Ausgang hinweist.

33

Morgen s. Nr. 249.

34

mergeln svw. in einer Höhle (m) in kleinste Stücke zerlegen, sodass eine Art feinverteilte weiche (g) Masse entsteht, mit Betonung des Schmerzlichen, im l auch der Kleinheit der Stücke, des Gleitens, des Vorgangs. – *ausmergeln:* jemanden nach und nach (l) ganz „klein, schwach machen" und ihm Kräfte, Nahrung usw. entziehen (aussaugen), sodass er „ausgemergelt" aussieht. – *Mergel* (Schmirgel): feinverteilte, mit fettigen Bestandteilen durchsetzte Erde (Düngemittel), vgl. Moor Nr. 6.

35

murksen, ganz ähnlich murgeln, doch weist k auf härtere, kräftigere Bewegung und größere Stücke (fgf.), s außer r auf das Schmerzliche hin, das Diminutiv-l fehlt. – *abmurksen* svw. zerstücken, vernichten, töten, genau: Jemanden mit den Armen usw. schmerzhaft (r) umhüllen (m) und in Stücke pressen, auch jemanden aushöhlen und so zu Stücken vernichten. Vgl. massakrieren svw. zu einer (unkenntlichen) Masse zerteilen, zermetzeln.

36

merken svw. derart zerlegen, dass die Zerlegung oder ihre Spuren präzise (k) Kennzeichen, „Merkmale", „Marken" sind. So wurden im primitiven Pubertätskampf die Prüflinge verwundet, geschlagen, verletzt, verstümmelt, gemartert (s. Nr. 27), sozusagen „gemerkt", „gemarkt", mit einer Marke versehen (Fleck [Nr. 116], Befleckung, Kainszeichen, Einbrennung gleich Brand*mark*ung mittels des χαρακτήρ, des Werkzeugs zum Eingra-

ben, Einschneiden, Einprägen, sodass der so Markierte, mit einem „Denkzettel" Versehene ein Gepräge, einen Charakter hatte – vgl. χάραξ Pfahl usw.; vgl. auch „Marke" svw. ungünstig ausgezeichneter Mensch: „Das ist eine Marke", „eine feine Marke" (ironisierend), „ein Mensch, den man sich merken muss" usw. Merkmale waren auch die Narben – wie heute noch die „Schmisse" der Studenten, die Narben der Kämpfer, der Operierten (auch die chirurgischen Operationen sind Analogien zur primitiven Pubertätsfeier) und in weiterer Entwicklung die Titel, Amtsbezeichnungen („Charakterverleihungen"), Orden, Vereinsabzeichen usw. Die WS merk ist also bis auf das k gleich WS mer zerlegen, zerteilen, aus dem Gesamt als Höhle, Umgebung (m) schmerzlich, in Teilen herausheben (er), und das k determiniert im Sinn der Trauer-Freudestadien des Vorgangs, des Erfolgs, der in der Männlichkeit des Gemerkten, Markierten besteht. Der Prüfer ist der *„Merker"*, und der Beckmesser, die mit besonderem Eifer, mit Eifersucht, Neid, Gehässigkeit den Prüfling oder sein Werk zersetzen, verletzen, verkleinern, gab und gibt es jederzeit viele. Der Ort, wo gemerkt wurde, war der heilige Bezirk (circus, cernere), das fanum, das templum, das für die heilige Handlung der Pubertätsprobe abgesteckte (τέμνω schneide, Nr. 228) Stück Land, der Versammlungsort (Schule, schola, σχολή, Nr. 233), der *„Markt"*, auf dem der Markt stattfindet (ursprünglich einmal im Jahr wie die Pubertätsfeier, Jahrmarkt, später öfter: Wochenmarkt). Von den einstigen blutigen Vorgängen, den Menschen- und Tieropfern, dem Verzehren des beim „Merken" Getöteten zeugen noch die auf dem Markt feilgehaltenen Waren der Schlächter. Wer also zum Markt geht, geht eigentlich zu einer Pubertätsfeier, und wer Fleisch einkauft, beteiligt sich so an der Verteilung der Beute, des Getöteten, und wird so der Deutung nach an dem Mord mitschuldig (vgl. Abendmahl!); so wird es verständlich, dass manche nervöse Hausfrau nicht wagt, zum Markt zu gehen, usw. Das einstige Zeremoniell der Pubertätsfeier, die ja immer auch Gottesdienst war, lebt noch in der Marktordnung wie in dem gottesdienstlichen Ritus fort. – „Merken" heißt auch die Erinnerung an den gegenständlichen Vorgang, also die diesem entsprechende Begriffsreihe.

37

Die **Mark** svw. das fest (k) Abgeteilte, hart Abgegrenzte, die Grenze (m, r) Erfüllende, speziell ein Stück Land, Grenzland, das eben als solches ein bestimmtes Gepräge hat (Befestigungen usw.), auch eine Münze besonderer (scharfer) Prägung, das Ergebnis der Prägung (a fgf.). In beiden Fällen bezeichnet Mark Gleiches an verschiedenen Individuen, deren Verschiedenheit sich erst wortlich in der weiteren Beschreibung herausstellt; indes zeigt sich eben in der Verschiedenheit der ausführlicheren Beschreibung auch eine gewisse konstitutive Differenz der beiden Wörter „Mark" an. *Das Mark* unterscheidet sich von den beiden obendrein durch den Artikel, beschreibt aber auch das Abgegrenzte, die Höhle Erfüllende, nämlich das die Knochen-, Ast-, Stamm-, Fruchthöhle Erfüllende (Knochenmark, Rückenmark, Holundermark usw.; Fruchtmark usw.); mhd. marc, Genitiv marges, ahd. marac, Genitiv márages, altfries. merg, merch, mit dem Mergel zu vergleichen ist, das also mehr die lockere, sozusagen feinverteilte, beim Tier fettige Beschaffenheit des Marks betont. Griech. μυελός zu μύω schließe.

38

Marke betont im e die Schärfe, Genauigkeit der Abgrenzung (r), ebenso in …

39

… **markieren** das ie; in beiden Wörtern weisen die Endungen auch auf den Übergang in dem Sinn hin, dass die Marke einem Individuum eingeprägt, eingedrückt, eingestochen ist oder wird. So ist auch *markant* svw. als scharf geprägt sich einprägend, als „gemerkt" (Nr. 36) be-merkt oder bemerkbar, hervorstechend, wie markieren auch den Sinn hat: eine Marke (Kennzeichen, Eigenschaft usw.) vordringlich zeigen, sodass sie bemerkt wird, der andere davon scharf und einseitig „beeindruckt" wird und so nicht dazu kommt, andere Eigenschaften usw. zu bemerken, also auch getäuscht werden kann.

40

Markt s. Nr. 36.

41

Märker malt im e des ä die Herkunft, das Überschreiten der Mark-Grenze, also svw. „der aus der Mark".

42

morsch, urspr. mursch, mhd. murc, murch, ahd. murg usw., ähnlich mürbe, doch betont das o die Öffnung, das u die Höhle, in der sich das mit rsch, rc, rch, rg als zerrieben, zermahlen, zerteilt angegebene Material befindet oder aus der es sich auflösend herausfällt. Morsch ist auch die moorige, „moorische" Erde (vgl. Nr. 46), und so hat auch im Mhd. murc, murch den Sinn von moorig, sumpfig. Ahd. murg (vgl. Nr. 23, 32, 34) hat auch die Bedeutung unseres „kurz" und beschreibt insofern die geringe Größe der Stücke (tgf.), die aus der Höhle fallen (vgl. Mur Nr. 1); hierzu morkeln quetschen, zerreiben (vgl. Nr. 35), schwed. murken faul, murkna faulen, morsch werden, got. gamaúrgjan kürzen, in kurze Stücke zerlegen usw.

43

mörscheln, auch zermörscheln, svw. morsch machen, in kleine Teile zerlegen, wobei das e im ö und das sch das Schmerzliche, die Schwelle malen, das l diminutiv und frequentativ ist.

44

Mörser hohles (m, ö) Gerät zum Zerkleinern, Zerreiben mittels einer Mörserkeule (Pistill), auch die ein Geschütz darstellende Höhlung, in der sich Pulver und Geschoss befinden; hierzu mörsern, zermörsern, zermörscheln, altertüml. mürsen, vgl. Nr. 43.

45

Mörtel die in einer Art Mörser zubereitete Mischung von Mauerkalk und grobem Sand.

46

Die **Marsch** (vgl. Nr. 6, 11, 15 usw.) svw. die eine weite an Wasser grenzende Landmulde, Niederung (M) füllende (a), bewegliche („Wanderung der Marsch"), mit Wasser, Fett usw. vermengte (r, sch), also „moorische", „morsche" Erde (grasbewachsen, Weideland). Der wbl. Artikel weist auf die umgebende Abgrenzung sowie auf die Nachgiebigkeit des weichen, also aufnehmenden, auch (Gras) hervorbringenden Erdreichs hin. – *Der Marsch* svw. die abgegrenzte, geschlossene (M) aus Teilen (Menschen, Tieren, Wagen) gemengte (r, sch), bewegliche, vordringende (a) Masse, also der Heereszug (noch im 17. Jahrhundert), dann auch svw. die abgegrenzte, aus Teilen (Schritten, Abschnitten) bestehende, vordringende (a) Bewegung des Heeres- oder anderen Zugs, das **Marschieren,** das mit seinem harten Aufschlagen der Stiefel, der Hufe, dem Eindringen der Räder usw. eine Art Zermörsern des Bodens zu „Marsch", „Matsch", Schlamm, Staub ist und Fuß-, Huf-, Räderspuren usw. als „Wegmarken" (frz. marche Marsch – marché Markt) hinterlässt. Der ml. Artikel beschreibt den Marsch als gerade, voll, hart, vor-, eindringend, kurz: als männliche Anordnung. Die Differenz zwischen „die Marsch" und „der Marsch" liegt im Artikel und den mit dem Artikel und den weiteren Beschreibungen biologisch zusammenhängenden konstitutiven Nuancen der Substantiva. „Der Marsch" ist übrigens auch noch Bezeichnung für die das Marschieren kennzeichnenden akustischen Reihen (taktmäßiges Stampfen, Trappen, Tappen – frz. taper schlagen –, dann Geräusch der großen und kleinen Trommeln u.a. Schlaginstrumente, dann eigentliche Musik).

Lateinische Homologa

47

murex Purpurschnecke, besitzt eine Drüse (die Purpurdrüse), deren Sekret an der Luft purpurn wird und im Altertum zur Purpurfärbung benutzt wurde. Meerschneckenart mit gewundener, stachliger Schale. Also murex svw. die in einer Hülle (mu), einem „Haus" Wohnende, aus dem Haus Hervorkommende und dorthin Zurückkeh-

rende (r, ex), die Schwelle Überschreitende, daneben: die im Meer (mu, vgl. mare) Lebende, aus ihm Herausgezogene (r, ex), endlich: die aus ihrem Inneren, der Mantelhöhle (mu), eine dunkle Flüssigkeit (Purpur, vgl. Tintenfische) Abscheidende. WS mur beschreibt also stets Gleiches: die Höhle und Schwelle (wbl.) und/oder das sie Überschreitende (ml., hinsichtlich von mu nach KT 2). Also murex famverw. mit *muris,* Genitiv zu *mus* Maus (Nr. 50): Auch die Maus lebt in der Höhle („Mauseloch"), kommt aus ihrem Versteck hervor und kehrt wieder dahin zurück, wie die Schnecke, auch wie der Räuber, als welcher ja auch die Maus angesehen werden kann (vgl. skt. mush svw. rauben, stehlen, d.h. aus dem Versteck vorbrechen und den oder das Angefallene „ausleeren", zur Höhle machen, des Besitzes berauben, urspr. auch entmannen, töten, des Penis, der Potenz oder des Lebens berauben; auch das Nagen der Maus usw. – vgl. mordere Nr. 25 – ist ein Rauben: ein stückweises leises, weiches [g] Vor- und Eindringen eines Geraden [a] über die Schwelle [n] und Abreißen von Stückchen [g]; aber diese Bedeutung „Dieb" wäre nur ein „Nebensinn", der „Hauptsinn" ist wie angegeben). In „Maus" beschreibt das au die Höhle u und das aus ihr Kommende a; lat. mus gibt nur die Höhle an, das aus ihr Kommende ist mit s oder – im Genitiv – mit r angegeben, kann aber im u nach KT 2 mitgemeint sein; ähnlich griech. μῦς Maus (Nr. 209). Ebenso bezeichnet *„Muschel",* ahd. muscula, mit mu die Höhle und nach KT 2 das in ihr Befindliche, mit sch die Schwelle und das sie Überschreitende, el ist hier Verkleinerungsendung. Hlg. lat. *musculus* Mäuschen, auch Muskel, Letzteres spezielle Bezeichnung für die unter der Haut, also in einer Art Höhle liegenden und bei der Kontraktion als „Muskelbauch" aus ihr hervortretenden Fleischindividuen. Die Endung ulus ist diminutives ul (auch el, ell, z.B. in muscellus Nr. 21, metella Nr. 276), hlg. unserem el, und die ml. Endung; ul beschreibt die Höhle-Schwelle, el die Schwelle, also die gleitende (l) Trennung, d.i. die Verkleinerung, Verminderung (di-minuere), ähnlich unserem chen, lein – wie ja die Muskulatur sich aus einzelnen Muskelindividuen und deren jedes aus Muskelfasern zusammensetzt. Bei diesem Hervortreten über die Schwelle (s) verengen, ziehen sich zusammen, schließen sich Maus und Muskel: μῦς Maus, Muskel, μύω schließe (Nr. 21, 228), μυῶν muskelreiche Gegend des Leibes. Auch der Hode liegt im Hodensack wie die Maus in der Höhle: skt. mushkás (u Höhle, a Erfüllendes), das auch die weibliche Scham als Höhle, die den Penis usw. aufnimmt und einschließt, die ferner ausscheidet (s. Nr. 177), beschreibt; μόσχον malt im o die Rundung des Hodens (wie dies auch das deutsche Wort tut) bzw. die Öffnung der weiblichen Scham, in die der Penis eindringt. Zu μύω, μυάω, μυέω auch μύαξ Miesmuschel (das deutsche Wort eine Art Reduplikation: „Mies" die enge Schwelle der Muschel, auch die Kleinheit betonend, insofern auch die Mehr- oder Vielzahl, die auch die Reduplikation angibt), ferner μυῖα Fliege svw. die aus verwesendem Fleisch oder aus Wirtstieren, wissenschaftlich: aus der Puppe (Tönnchenpuppe) Auskriechende, Zahlreiche, Kleine (μ Höhle, Puppe, υ Höhle mit Hinweis auf die Schwelle, ι Enge der Schwelle, Kleinheit, υι Vielheit, α wbl. Endung – vgl. Mücke, μικρός usw.), μουῖα Made svw. die in der Höhle (μου) Lebende und aus ihr durch die enge Schwelle dünn Herausdringende, -kriechende, sich Durchbohrende (ῑ), während das a in Made die relative Länge angibt; s. auch Nr. 210.

Griechisch heißt die Purpurschnecke κάλχη; dieses Wort bezeichnet die Schnecke selbst, nicht ihre Hülle, Letztere kann aber mit λ und χ hinsichtlich der Schwelle angegeben sein, sonst ist das Wort männlich. Es benennt auch den Purpursaft als die von der Schnecke abgeschiedene dunkelrote Flüssigkeit. Auch der Zornige, Erregte ist dunkelrot, auch das Meer heißt die purpurne Tiefe, somit καλχαίνειν aussehen wie das „aufgeregte" Meer, bewegten Gemüts sein, aus der Ruhe errötend aufschäumen, nachsinnen (Κάλχας). Hierzu κάλυξ Hülle, Blumenkelch, lat. calix Kelch, skt. kalaça Gefäß, καλύπτειν verhüllen usw. mit Angabe des Verhüllten im α. Die Hülle selber gibt an κόγχη Muschel, κογχύλη Purpurschnecke, lat. concha, cochlea usw. Zu Kelch: Kehle, Keller usw. mit Betonung der Enge. Murexid heißt das Ammoniumsalz der Purpursäure (Imidoalloxanthin).

48

murena, muraena Muräne, s. Nr. 2.

49

muria Salzlake, eigtl. Meerwasser als „Mutterlauge", aus der sich Salz absondert, vgl. Nr. 11, auch ἅλς ebenda, also zu mare mit Ablaut, hlg. zu μύρειν fließen usw.

50

muris, Genitiv zu mus Maus, s. Nr. 47; muris svw. von der Maus ausgehend (Genitiv), zur Maus (als Teil ihrer selbst oder ihres Besitzes) gehörig. Die Maus ist also hier die Höhle (mu), von der etwas ausgeht, sich trennt (ris), und insofern steht das Wort muris den hier behandelten Wörtern der WS mur verwandtschaftlich sogar näher als seinem Nominativ mus. Zur Erläuterung: Das von der Höhle mu Ausgehende könnte muris heißen, auch falls diese Höhle nicht mus hieße. – Ähnlich *murinus,* worin us die Endung ist, rin die Herkunft, Zugehörigkeit (Schwelle) angibt.

51

murmur hlg. zu Nr. 3.

52

murus Mauer: mu die Höhle, Hülle, r die Grenze, Schwelle und das Aus- und Eingehende, us ml. Endung (KT 2), die auf die weite Umgebung hinweist, von der eben r abgrenzt und in die das Ausgehende eintritt, aus der das Eintretende herkommt. Hlg. Mauer: „Mau" Höhle mit Erfüllendem (a), „er" Grenze und das sie Überschreitende. Alat. moiros: m Höhle, o Öffnung, ir Schwelle, Durchgang, os Umgebung als Öffnung ähnlich us. Synonym moenia, s. Nr. 442.

53

murra, murrha, myrrha, Fremdwort, griech. μύρρα, Harz von Commiphera abyssinica und Citrus Schimperi, arabisch-ostafrikanisches Bäumchen mit Harzgängen (Familie Burseraceen), svw. das aus dem Inneren (mu) in zahlreichen Gängen (Harzgängen) und Öffnungen-Schwellen (rr) tropfenweise (rr) austretende (a) Harz, im Altertum als Kosmetikum und Therapeutikum gebräuchlich (vgl. unsere Myrrentinktur). Murra ist auch Bezeichnung für das Material gewisser Gefäße (vasa murrina), die nach Farbe und Glanz der Schale der Porzellanmuschel glichen; diese Gefäße wurden aus Japan und China nach Italien importiert, und man glaubte, sie würden aus einem Material bestehend aus dem mit Wasser verkneteten Staub feinstzerriebener Muschelschalen hergestellt (tatsächlich wahrscheinlich aus Flussspat). Dieses Material hieß murra sowohl der urspr. Beschaffenheit (zerrieben, mit Wasser vermengt, vgl. Mur, Mor usw.) wie auch der (vermeintlichen) Herkunft von Muscheln nach.

Auch *Porzellan* ist svw. von Muscheln (Porzellanmuscheln) abstammend, indem porcellus Schweinchen, porcus Schwein, eigtl. das Fruchtbare (skt. pu, su, awest. hu zeugen, griech. σῦς, ὗς, lat. sus, ahd. su Sau, got. suein Schwein – und porcus, πόρκος, das mit or [vgl. in Pore, πόρος usw.], die Öffnung, Schwelle und mit p, r, c, k das aus ihr in eine andere Öffnung, Höhle [us] austretende Junge, also den Gebärakt bezeichnet, wie pu, su, hu die mütterliche Höhle, die Gebärmutter), auch für das weibliche Genitale galt, dieses auch Muschel und hiernach die (ähnlich gestaltete) Porzellanmuschel genannt wurde. Zu porcus vgl. porca Erhöhung zwischen zwei Ackerfurchen, ahd. furuh Furche, eigtl. die Furche als Vertiefung, im rca liegt aber der Hinweis auf das Erhabene wie in rca von furca und in rche von Furche der Hinweis auf das Aufstrebende (schgf.). Porcus ist auch Name für einen Stachelfisch, ferner für das aus „Öffnungen" bestehende Fischernetz (Geflecht), porcellio Mauerassel, Kellerwurm svw. das in Poren, Ritzen hausende Tierchen (por bezeichnet also Gleiches an verschiedenen Individuen). πόρκης Ring, Reif, πόρνη Hure usw.

Die beiden Wörter murra bezeichnen also auch Gleiches an verschiedenen Individuen: aus einer Höhle (Harzgang, Muschel) tröpfchenweise oder feinverteilt Hervorgehendes (Hervorsickerndes, Zubereitetes). Vgl. μύρειν fließen, μύρον Salbe (das Zerriebene in einem Gefäß, Nr. 49, vgl. auch Mergel, Mörser) usw. Dass jenes Harz bitter schmeckt und ferner, dass arabisch murr mit bitter (hebr. מָרַר bitter sein) zu übersetzen ist, ändert nichts an der Bedeutung des Wortes murra;

„bitter" zu beißen, lat. mordere (Nr. 25), also bitter svw. gustatorisch beißend, mordens, und zu dem lat. Wort hlg. ist arab. murr, also svw. zersetzend, zerteilend im gustatorischen Sinn; murra, das Harz, war also auch „murr" im gustatorischen Sinn. (Zu „bitter" übrigens „Bitte", „bitten", „beten", lat. hlg. petere, im-petus usw., „bitten" also svw. jemanden nach Art des Beißens, Wegnehmens angehen.) Vgl. Nr. 59.

54

mora Verzug, Verzögerung, Aufenthalt, Pause auf dem Marsch, beim Reden, räumlicher und zeitlicher Abschnitt, vgl. Nr. 5. Das Wort beschreibt mit o die Öffnung der Höhle m, die Angstsituation, mit a das die Schwelle Überschreitende als ml. fgf. Ein Heereszug (vgl. Nr. 46) z. B. ist ein Langhingestrecktes (a), das sich im Raum (m) geschlossen (m) vorwärtsbewegt (a), bis es an eine Stelle (r) kommt, an der der Marsch unterbrochen wird, ein neuer Marschabschnitt beginnt; beim Anmarsch an diese Stelle verlangsamt sich die Geschwindigkeit (Angstausdruck, o), wobei zu erinnern ist, dass als Halteplatz vorsichtig (o) ein möglichst geschützter, also relativ enger Ort (o) ausgesucht wird, eine Öffnung, durch die der Zug aus dem bisherigen m in das nächste m (weite Leere) hindurchzieht. Mora betont mit dem o das Angstgefühlige (die Öffnung, Vorsicht, Verlangsamung, das Zögern, die Hemmung) des Vorgangs, r die Schwelle, den Abschnitt. So heißt denn auch mora, griech. μόρα, svw. Heeresabteilung, μόρος das Zugeteilte, Schicksal, zu μείρομαι verteile. – *mŏrari* zögern, sich aufhalten usw. mit kurzem o der WS. Dagegen *mōrari* mit langem o der WS svw. ein Narr sein, Fremdwort, zu griech. μωρός töricht, dumm usw., vgl. Nr. 25, 27: Der μωρός ist ein Tor, d. h. ein im (Pubertäts-)Übergang, und zwar speziell im Angst- und Schmerzstadium (or) befindlicher, gefühlserregter Mensch, einer, der die mora im speziellen Fall des Pubertätsvorgangs erlebt. Beide Wörter morari sind also fast gleich, bis auf die Längenunterschiede des o, das in mōrari (Narr sein) die Wiederholung, somit das Verweilen im Angststadium, die Mehrfältigkeit der Pubertätsproben besonders betont. Den gleichen Sinn wie die WS dieser Wörter hat natürlich auch die gleiche WS mor in *memoria*, Gedächtnis, Andenken (an Vergangenes oder Künftiges), worin die erste Silbe reduplikativ, also iterativ und frequentativ ist. Die mora spielt sich hier als begrifflicher Vorgang ab, als zögerndes, also ängstliches Verweilen an einem begrifflichen (sehr oft wortbegrifflichen) Ort, bevor der „Gedankengang" über die Schwelle r weiterläuft (vgl. dagegen meditari usw. Nr. 271). Im Griech. betont das hlg. Wort μέρμηρα (Sorge usw.) mehr die Schwellen, das Schmerzliche des begrifflichen Denkvorgangs (das „Kopfzerbrechen"), während im synonymen μέριμνα das μερ mit ι als besonders schmerzlich, ins Kleine gehend, minuziös, peinlich und mit μν (vgl. μέμνημαι erinnere mich, μνήμων eingedenk usw., Nr. 452, 495, 510) als sich analog wiederholend determiniert wird. Sippverw. mit μερ ist auch μεν in μένειν bleiben, verweilen (Nr. 495), das ν malt aber den Vorgang ebener, milder, nicht so „einschneidend" wie das grimmigere, rollende, also das ein mehrfaches Teilen, Schneiden malende ρ; hierzu die Familienmitglieder auch mit der WS μαν, μνα usw. Entsprechend skt. WS smar, awest. mar gedenken, sippverw. WS man (mánas Sinn, Geist, Wille, Gedenken usw.). Im Lat. ist mit mora, memoria usw. sippverw. die Familie der WSn men (mens usw.), man (manere bleiben, manus Hand usw.), mon (monere mahnen), min (reminisci sich erinnern), mun (munis zu Dank verpflichtet) usw. Aber natürlich „stammen" die Wörter der einzelnen Wurzelsilben nicht voneinander ab, also memoria nicht von mora oder umgekehrt (sodass mora mit „sinnend dastehen" zu übersetzen wäre, wie A. Walde will), auch nicht von manere oder reminisci usw., sondern sie sind eben lediglich Verwandte, und zwar sind die Wörter mer, mor usw. und andererseits men, mon usw. famverw., beide Familien sippverw.

55

moretum zusammengeriebenes Gericht aus Knoblauch, Raute, Essig, Öl usw. (vgl. unser „Zusammengekochtes"); „mor", wie bekannt, das Runde, Enge, in dem und aus dem sich das Füllende zerteilt bewegt, also das Reibegefäß und das Zerriebene, „et" gibt das Herausnehmen, den Teil, und „um" als neutrale Endung die Umfassung, Ab-

grenzung des Ganzen an. Zu et in etum vgl. edere, das allerdings keine Form mit t hat, dem aber griech. ἐσθίειν, got. itan, etum, plattdeutsch eten, engl. to eat homolog sind; ich will aber keineswegs sagen, dass etum in moretum von edere „herkommt", sondern nur auf die analoge Struktur und Bedeutung hinweisen. – Zu mortarium (Nr. 73) besteht keine genetische Verwandtschaft, sondern Sippenverwandtschaft.

56

mori sterben, hlg. zu Mord (Nr. 25) usw., beschreibt den Übergang als Auflösung, Zerteilung (ri), und zwar mit o als angstgefühlig, als Öffnung. Skt. und awest. mar betont im a das aus der Höhle m über die Schwelle r Übergehende als erhaben usw., ml., fgf., also hinsichtlich des fgf. Ergebnisses (Tod als willkommener Erlöser aus dem irdischen Jammertal, als vw. freudiges Ereignis); doch kann das a auch angsthaltig oder überhaupt ein Angst-a sein, je nach der Aussprache. Hebr. מוּת sterben betont die Höhle, den Hunger (vgl. Mut, Mutter, mother usw., Nr. 242 ff.), מוֹת Tod betont die Öffnung. WS mer betont die Schwelle, die Trennung, den Abschied, das Abscheiden, Abschneiden, Zerteilen usw. – Das o kann natürlich auch trauerhaltig sein. – In *morior* zeigt die Endung or die grammatische 1. Person an, wie unser „ich" in organischer Verbindung mit einer gewissen „Form" eines Zeitworts (ich sterbe); dieses Ich, das stirbt, beschreibt der Lateiner also mit „morior", und zwar beschreibt das o der Endung nach KT 1 das Individuum als angstgefühlig (groß, hoch usw.) oder nach KT 2 als in der Öffnung befindlich, als somit individuell abgegrenzt, während das r nach KT 1 das Individuum als schmerzgefühlig („passiv", „leidend") oder nach KT 2 als in der Schwelle befindlich (und somit ebenfall leidend) beschreibt; das i in morior ist kurz und malt den Übergang des mor zu or, ebenso in moritur usw., in der 2. Person Singular moreris steht dafür ein kurzes e. Das Wort moreris ist mit der „zweiten Person", die stirbt (dem „tu", „du"), assoziiert, diese zweite Person wird speziell mit der Endung ris angegeben, einer schgf. Silbe, die das Du als von mir abgetrennt und als schgf. auch im Sinn des grammatischen Passivs bezeichnet. Die Endung der 3. Person tur (moritur) beschreibt eben dieses Individuum (t) als ein solches, das in eine Höhle (u) übergeht, „vernichtet" wird, wobei das r auf die Schwelle, das Schmerzliche hinweist. Die Endung mur (morimur wir sterben) malt mit m die Mehrzahl, an der ich beteiligt bin, den Kreis um mich (vgl. Nr. 13), aus Einzelnen bestehend, die allesamt „passiv" sind, d. h. eben ins u, die Höhle, ins „Nichts" eingehen, das r malt das Schmerzliche (die Schwelle, Abgrenzung). Die Endung mini (morimini ihr sterbt) malt mit dem m wieder die Mehrzahl, den Kreis um mich, aus dem das i sozusagen herausführt, sodass die anderen gemeint sind, die nun je als angst- und schmerzgefühlig (ni) bezeichnet werden. Die Endung untur (moriuntur sie sterben) malt mit n die Mehrzahl von Individuen, deren jedes als passiv mit tur beschrieben wird (wie die 3. Person Singular); das u vor ntur verbindet wie das i in morior und das e in moreris. In analoger Weise sind die übrigen konjugativen Wortformen zu verstehen. – In *moriturus* bezeichnet das (im Gegensatz zu dem u in moritur) lange u der Silbe tur die Höhle, in die das (sterbende) Individuum (t) eingeht, als unbestimmbar weit, ist auch iterativ (Wiederholung der Übergänge); „us" ml. Endung. Ähnlich *moribundus* im Sterben liegend, sterben machend (ungesund, tödlich): bund malt die Höhle, in die das Individuum stückweise, allmählich (b) eingeht.

57

moris, Genitiv zu mos Sitte, beschreibt ganz ähnlich wie mora, mori usw., also den Übergang hinsichtlich der Höhle, Öffnung, Schwelle (m, o, r oder s), dann auch das aus der Weite (m) eng (o) Abgegrenzte, das Zugeteilte (vgl. νομός, das zur Viehweide, Wohnung zugeteilte Stück Land, und νόμος, ebenfalls das Zugeteilte, Festgesetzte, Gesetz, beide zu νέμειν verteilen, hlg. unserem nehmen). Das aus der weiten, leeren Landfläche (m) dem Einzelnen zugeteilte Stück Land ist sein Wohnsitz, seine Wohnung. Die Zuteilung geschah bei, nach der Pubertätsfeier; wer die lebensgefährlichen (vgl. mori, auch μωρός Nr. 57) Pubertätsproben bestanden hatte, erhielt ein Stück Land, baute sich dort sein Haus, seinen Hof, seinen Unterhalt und führte die Braut heim (vgl. „jeman-

dem den Hof machen" usw.). Bei nomadisierenden Stämmen wurde den Einzelnen jeweils ein Stück Weideland vom Oberhaupt zugewiesen; waren die Völker sesshaft, „sitzhaft" geworden, so ordneten sich die Besitz-Verhältnisse: Der junge Mann, der mit dem Bestehen der Mannbarkeitsproben ein Besitzer, ein auf einem bestimmten Landstück Sitzender, auch ein Weib Besitzender geworden war, der eine eigene Wohnung hatte (got. „bauan" ist unserem „wohnen" fast sinngleich), verteidigte Haus und Hof für sich und seine Kinder, und so wurde aus der Verteilung des einem Stamm, Volk gehörenden Landes ein Rechtszustand von mehr oder minder langer Dauer, aus dem Bewohnen einer Wohnung eine Gewohnheit, aus dem Sitz und Besitz eine Sitte. Das Wort *Sitte* ist famverw. mit Sitz. Sitte ist die Art und Weise der Verteilung des Landes, des trophischen und genischen Besitzes. Sittlichkeit ist Bezeichnung für das allgemeine der Sitte (als einem Rechtszustand) gemäße Verhalten. Unsittlich ist, wer gegen die Sitte verstößt, sich nicht gemäß der Sitte verhält. Ebenso bezeichnet mos, moris zunächst die Zuteilung, dann auch den trophischen und genischen Besitz, dann auch die hiermit gegebenen Rechtsverhältnisse, Ge-setze (auch soweit sie nicht kodifiziert wurden oder werden). Eine „Herleitung" aus μαίομαι strebe, trachte, μαιμάω verlange heftig, μῶσθαι strebe usw. oder lat. movere bewegen (s. bei A. Walde, a. a. O., S. 496) kommt nicht in Betracht, sondern nur Homologie zu den griechischen Wörtern und Sippenverwandtschaft auch mit movere usw., wobei die Bedeutungen der einzelnen Wörter gemäß der strukturellen Verschiedenheiten mehr oder minder erheblich verschieden sind; dass die Verteilung des Landes mit einer Bewegung (z. B. Wanderung nomadisierender Völker), auch einer Änderung der bisherigen Situation, mit einem Streben nach Besitz und Weib verbunden ist, liegt auf der Hand, aber aus diesen Tatsachen genetische Zusammenhänge im Sinn der historischen Etymologie zwischen mos, movere usw. zu konstruieren, ist nicht gerade „exakt", vielmehr eines der unzähligen Beispiele dafür, dass die historische Etymologie ohne (zum Teil vage) Vermutungen und gefühlsmäßige Kombinationen nicht auskommt. – Die hier angegebene Bedeutung von mos hat auch das griech. ἔϑος Sitte, Gewohnheit, ἦϑος Wohnung, Sitte, das skt. svadhá Heimat, Sitte, Gewohnheit. Skt. svadhá besteht nach Benfey und Kuhn aus sva selbst, eigen und WS dha setzen (vgl. dhā́man Wohnstätte, Gesetz), bedeutet also svw. Eigenbesitz, eigene Wohnstätte; sva hlg. lat. se, suus, griech. ἕ (aus σεϝε?), σφε sich, σφός eigen, sein, und ἔϑος steht somit für σϝέϑος, das demnach auch svw. „Eigenheim" bedeutet (σϝε und ϑος, Letzteres zu τίϑημι setze, ϑέμις Gesetz usw., also ἔϑος svw. das für jemanden, von jemandem Abgesteckte, Abgegrenzte, Festgesetzte, sein Besitz). Got. sidus, ahd. situ Sitte und got. sitan, ahd. sizzan sitzen, hlg. lat. sedere (se-de-re, worin d dem skt. d.h. entspricht, wie in credere usw.), situs Lage, Bau, „Situation". Das Wort Sitte beschreibt den Verteilungsvorgang, nämlich mit „Si" das Schwellen-, Schmerzstadium des (Pubertäts-)Übergangs, bei dem aus dem noch nicht besitzenden Kind der besitzende Erwachsene wird, das Abgegrenzte des Landstücks usw., mit „tte" die Vollendung (tt fgf.), die eben darin besteht, dass der nun Erwachsene Zugeteiltes, Land und Weib hat; weiterhin bezeichnet Sitte den auf den Pubertäts- und Verteilungsvorgang folgenden Zustand, die so erreichte Ordnung der (trophischen und genischen) Dinge. Für Sitte sagt man auch Ethik oder Moral. – Moral aus *moralis,* moralia. Die adjektivische Endung alis beschreibt den am mos als Rechtszustand Beteiligten fgf. (al, während is die ml., wbl. Endung ist), als den, der den Übergang vollzogen hat und Besitzer geworden ist. Analog ist sittlich svw. an der Sitte teilnehmend, vom Wesen der Sitte seiend (lich, ahd. lih Leib, got. leik Leib, Fleisch, Leiche, vgl. Nr. 547).

58

Auch **morosus** beschreibt den am mos Beteiligten, aber die Endung osus (vgl. studiosus, odiosus) gibt den Teilnehmer als angst- und schmerzgefühlig (os, während us ml. Endung ist) an, im Gegensatz zu alis als einen solchen, der sich noch im Angst- und Schmerzstadium des Übergangs in die Rechtsordnung befindet. Wie mos, moris ist morosus famverw. mit mori usw., hlg. zu μωρός usw. und beschreibt das Individuum, das sich blind und taub, töricht, eigensinnig usw. in das lebensge-

fährliche Abenteuer des Pubertätskampfs stürzt (vgl. auch Nr. 25 usw.), dann aber auch das (neurotische) Individuum, das den Pubertätskampf auch als Erwachsener in absonderlicher (eben neurotischer) Art und Weise immer noch fortsetzt, insofern also noch nicht erwachsen ist, sondern in kindischer Weise (Infantilismus), eigensinnig, grämlich, wunderlich, pedantisch-ängstlich zur Umwelt sich verhält, mit der Umwelt im nervösen Kampf (gleich Krampf) liegt, also noch ein morosus im eigtl. Sinn ist.

59

morum Maulbeere, mhd. mûlber, ahd. môrperi, mûrperi, Frucht der **morus,** des Maulbeerbaums. Die Maulbeere (auch die Brombeere, die Feige usw.) ist eine sog. Scheinfrucht, d.h. ein ganzer aus einer Infloreszenz hervorgegangener Fruchtstand hat das Aussehen einer Einzelfrucht. Die Fruchthülle, aus der diese Scheinfrucht hervorwächst, auch die Umgrenzung der ganzen Scheinfrucht ist mit mo (Hülle-Öffnung) bezeichnet, r gibt die Teile, die einzelnen Beerchen, die Zusammengesetztheit an; mor weist – vgl. Nr. 1, 5, 6, 10 – auch auf die schwarze Farbe hin. Ferner bezeichnet mor den Austritt (r) von Saft (die bei uns offizielle Morus nigra liefert den Sirupus mororum, und übrigens ist auch der Maulbeerbaum sehr milchsafthaltig) aus dem Inneren (m) durch Öffnungen (o), vgl. murra Nr. 53, μύρτον Nr. 103, Muskat Nr. 183; morum also svw. die aus Teilen bestehende, saftige, schwarze Frucht. Auch der Maulbeerbaum morus ist ein m, eine Art „mütterliche" Höhle (vgl. Baum, svw. gefüllte [a] Höhle [u], ὕλη, δρῦς, wozu δένδρον, während arbor das Aufragen des Baumes betont), die Saft und Früchte hervorbringt und sich so teilt (r), morum ist sozusagen ein Moruskind, ein Neutrum. Griech. μόρον, famverw. mit μορίς (Nr. 110), μόρος (Nr. 112) usw. – Dass statt ahd. murperi, murpoum, mulpoum heute Maulbeere und Maulbeerbaum gesagt wird, zeigt nicht einen wesentlichen Bedeutungswandel an: Auch Maul (Nr. 328) beschreibt die dunkle Höhle, die mit zerteiltem (e) Inhalt (a) erfüllt ist, aus der etwas austritt, freilich in etwas anderer Form als mur- oder mor-, gemäß dem heute etwas anderen Erlebnis der so bezeichneten Frucht oder Pflanze (der Laut- und Bedeutungswandel eines Wortes entspricht stets genau der Veränderung des damit bezeichneten phänomenalen, erlebten Individuums). Die konstitutive Eigenart der Maulbeere, die ihre Bezeichnung „Maul" angibt, ist der eines Mauls so ähnlich, dass eine entsprechend ähnliche, ja sogar gleiche phänomenal-phänomenologische Assoziation stattfindet, freilich mit determinierender und differenzierender Hinzufügung von -beere.

60

merere erwerben, verdienen, eigtl. teilen (WS mer), verteilen und dabei einen Teil nehmen, erhalten, teil-nehmen, vgl. Nr. 57. Griech. Hlg. μερίζω, μείρομαι, μέρος usw. Die gegenständliche Zuteilung kann auf eine begriffliche („gedankliche") Reihe, auch Wortreihe, auf eine begriffliche Zuteilung folgen, und eben diese ist der Vorgang, den man „jemanden bedenken" nennt; hierin zeigt sich die Verwandtschaft von mer mit mor, vgl. Nr. 54 (memoria). Ganz ähnlich wie merere beschreibt *erwerben*: werben bezeichnet mit w die Höhle (ähnlich m), aus der über die Schwelle (er) etwas (er, b) austritt und in eine andere Schwelle, Höhle (en Verbalendigung, ähnlich lat. ere) austritt, beschreibt also den Übergang ebenfalls vw. als schgf., als eine Art Drehen und Wenden (vgl. Wirbel, sippverw. mit wirren, Wirtel, lat. vertere usw.), Auseinanderlegen, also auch Teilen und Teil-nehmen, determiniert in „*er*werben als ein Sich-Aneignen, indem die Vorsilbe „er" das Herausnehmen des Teils aus der Gesamtheit, das Eingliedern in einen neuen Kreis, also ein besonderes Überschreiten der Schwelle malt (vgl. Nr. 64, 524); werben ahd. huërpan, huërban, wërban, wërfan (werfen); vgl. sterben svw. sich teilen, auflösen, ferner: erben, Erbe svw. Teil (gleich Kind, Degen [τέκνων], Arb-eiter) und Teilnehmer (an Ertrag, Besitz, Erbschaft) usw. Auch „*dienen*" beschreibt den Übergang als vw. schgf. (ie), als ein in besonderer Art sich vollziehendes Zerlegen, Teilen; ahd. diu, dëo der Leibeigene, also eigtl. das Kind als Teil (Fleisch und Blut) des eigenen Leibes der Eltern, die Gewalt über den Leib des Kindes hatten, der Nach-komme (proles), Nach-folger (sequi), der Zweite (secundus) im Verhältnis zu

den Eltern, den Älteren, den Ersten (the first, Fürst, princeps aus „primum capiens" zuerst ergreifend, s. unter Nr. 442, usw.), der „du" (vgl. dies, deus, Zio, Tius usw.; „Kind ist Gott", Nr. 296), dann auch der – im Kampf – zum „Kind" Gemachte, Leibeigener Gewordene, Unterworfene, Knecht, Sklave, Diener, also der Mensch, der wie das Kind noch keinen eigenen Besitz hat, wie ein Kind sich verhält (eben „dient") und wie das Kind (proles aus pro-oles zu alere ernähren, aufziehen) seinen Anteil am Ertrag, dann auch am Besitz erhält, ein Freier wird usw. (vgl. Arbeiter – Erbe, Nr. 233). Auch der Landesfürst nennt seine Untertanen, der General seine Untergebenen Kinder, sie dienen (ihm); und alle Menschen sind Gottes Kinder und dienen ihm (im Geist und in der Wahrheit) – aber „vox populi vox dei"!

61

merula Merle, Amsel, svw. die Fruchtbare, Mehrerin, sich Teilende, Eintragende, ula Diminutivendung (Nr. 47). Singvogel, Nesthocker, geringe Größe, vgl. Miere Nr. 14. Amsel ähnlich wie Ameise, Ammer usw. svw. die Sammlerin.

62

merus eigtl. abgeschnitten, abgetrennt, abgeteilt, somit rein, unvermischt, „weiter nichts als …", griech. hlg. μέρος usw. Vgl. castus zu carere nicht haben, für sich sein, abgeschnitten, getrennt sein, somit entbehren, castus also „rein" (Nr. 462), incestus unrein. Ein genetisches Verhältnis zu μαρμαίρω schimmere (s. Nr. 17), sodass merus als hell, klar, schimmernd gedeutet wird, besteht ebenso wenig wie zu simplex; wie gekünstelt sind doch oft die etymologischen Assoziationen – Zu merus auch meridies (Nr. 63).

63

meridies Mittag svw. das abgetrennte Stück Tag, wie auch Mitte svw. Abgetrenntes, Abgemessenes (s. Nr. 251). Ob meridies früher medidies (medius dies) war, kann dahingestellt bleiben; die Form meridies muss als solche verständlich sein und ist es auch.

64

mirus wie merus, nur mit besonderer Betonung der Feinheit, Genauigkeit des die Schwelle Überschreitenden (i), vgl. Nr. 13, also mirus auch svw. abgetrennt, rein, unverfälscht, somit wunderbar, erstaunlich (vgl. Nr. 187). Was bedeutet *wunderbar? Wunder* beschreibt die Höhle, ganz ähnlich Wunde (Wu hgf., n agf.-schgf., d tgf.; vgl. rund, Mund, Schlund usw.), dann auch hinsichtlich des Hungerstadiums das Hervorgehen aus der Höhle, das Erscheinen aus dem Dunkel, endlich auch das Erscheinende, die Erscheinung (deren Herkunft und Wesen dem Dämonisten – im Gegensatz zum realischen Menschen – ein Geheimnis, Rätsel, und zwar ein übersinnliches, unlösbares, göttliches usw. ist); vgl. über-winden (vw. schgf.), wenden, Wand, wandern usw. Hiernach ist „alles" ein Wunder; in specie aber beschreibt Wunder die hochkritischen Übergänge (Geburt, Pubertät, Tod, vgl. unter Nr. 21, 223), wobei es Wunden gibt. Die Silbe *bar* malt das die Höhle Erfüllende, Abgebbare und Abgegebene, auch nach KT 2 die Höhle als erfüllt; hierzu gebären, Bahre, Bart (Nr. 227), Bürde usw., ahd. përan, lat. ferre, griech. φέρειν, skt. WS bhar tragen, (hervor)bringen; zu tragen trächtig, Tracht, Getreide, traktieren, tractare, trahere usw. Wunderbar also svw. Wunder tragend, voll Wunders (wundervoll, engl. wonderful), geheimnisvoll, rätselhaft im erhabenen Sinn. Wunderbar ist, wer das Wunder erlebt hat und seine Abzeichen: das Geheimnishafte, auch die erlittenen Wunden, Narben, die Marken (Nr. 36 ff.) des Eingeweihtseins, der Erfahrung, des Wissens um Gut und Böse, der Weisheit trägt; wunderbar ist das Mysterium, aber auch, wer es kennt, wer aus dem Dunkel hervorgegangen ist, wer es überwunden hat, somit im Sinn von mirus abgetrennt, abgelöst („absolviert"), erlöst, hell, klar, verklärt ist (vgl. „O Haupt voll Blut und Wunden" und „Es ist vollbracht"; Amfortas' Wunde und Heil[ig]ung, Wunden der Stigmatisierten, Wunden und Narben als Ehrenmale, ferner alle sonstigen Ehrenzeichen, also Zeichen des Eingeweiht-, Vollendetseins), *wundern* svw. das Wunder (den Übergang) erleben lassen, also *sich wundern* svw. sich im Dunkel (der Höhle) befinden und so vor der Öffnung-Schwelle, vor dem Neuen, noch Unerkannten, Unbegriffenen stehen, das so-

mit noch dunkel erscheint, „über" das man sich wundert, das zerlegt, auseinandergelegt, zerteilt (mirari), kennengelernt, erforscht und so (verwundet, verletzt und) überwunden werden muss – falls man nicht im Stadium des Sich-Wunderns verharrt; sich wundern heißt: hungrig sein nach Entwicklung, nach Lösung des Rätsels, nach neuer Erkenntnis, und dieses Ziel erreicht man, indem man das Wunder mutig angeht, es und sich selber hin- und her*wendet, -windet* (es erforscht), bis man es *überwindet* (e, i schgf.), bis man es, selbst verwundet, überwunden hat und nun stracks zum freudigen Ergebnis weiter*wandert* (a fgf., r diminutiv-iterativ, vgl. Nr. 17, 54). So löst der Mensch in seinem Werdegang ungezählte Wunder. – Wer den Übergang vollzogen, das Wunder erlebt und überwunden hat, ist nun „bewundert", mirus, wie der Mensch, der die Wanderschaft hinter sich hat, „bewandert" ist. In diesem Sinn wird mirari mit „sich wundern" und „jemanden bewundern" übersetzt. Ganz ähnlich beschreibt auch „*erstaunlich*": staunen (vgl. stauen), mndl., schweizerisch stunen, betont das Hunger-Angststadium des Übergangs, staunen über etwas svw. sich wundern über etwas. „*Bestaunt*" ist der, der das Staunen hinter sich hat, der gestaunt und nun dieses Hunger-Angst-Schmerzstadium überwunden hat, der „etwas geworden ist"; ihm gegenüber befinden sich die anderen im Staunen, er ist für die anderen erstaunlich, wobei die Vorsilbe „er" die besondere Teilnahme der Staunenden angibt (vgl. Nr. 60, 524); zu „lich" s. Nr. 57 letzten Satz. – Das Wort „rein" (Nr. 462) beschreibt den in der Schwelle Befindlichen, sie Überschreitenden, somit Abgetrennten, Verwundeten, Verletzten (Letze Grenze, lützel klein, zerteilt, engl. little), mit seinen Schmerzen, Wunden, Büßenden, Sühnenden; vgl. lat. purus, WS pur, worin p fgf. das die Höhle u Füllende, die Schwelle r Überschreitende und so sich Abtrennende beschreibt, ungefähr wie mirus, merus. – Zu mirus vgl. sippverw. minus Nr. 455.

65

mirio missgestalteter Mensch, Knirps, kurz, klein, verkrümmt, krüppelhaft, verdreht (mir, i), wohl auch gnomartig und so unheimlich, wunderbar. Vgl. Nr. 187, auch 23.

66

mare hlg. zu Meer Nr. 11, Mar Nr. 15, weiter siehe maris Nr. 67.

67

maris, Genitiv zu *mas* männlichen Geschlechts, svw. der aus der Höhle (m) über die Schwelle (r, s) Hervorgegangene (a), also der Abgeteilte, Getrennte, Selbständige als fgf., der Erhobene, Erhabene, Hohe, somit Glänzende, Helle, Held. Als ragend, aufragend, mas kann auch das erigierte (regere, rex) männliche Genitale als Abzeichen des reifenden oder reifen Mannes gelten, zumal mas ein ausgeprägt genisches Wort ist. Im Wesentlichen bezeichnet mas das männliche Individuum, das die Pubertätsproben bestanden, das Geheimnis (Mysterium) gelüftet hat, geschlechtsfähig ist, mas ist der, der weiß, was gut und böse ist, der den mos, die mores kennt und lehrt; mas gibt aber ausschließlich das Genische, ja das Genitalische an, während Mann das genische und trophische Gesamt bezeichnet; s. weiter Nr. 425.

68

maritus, marita verheiratet (vom Mann bzw. von der Frau), wie mas, maris famverw. mit allen Wörtern der WS mar, svw. der/die die Pubertätsproben bestanden hat und nun ein Weib bzw. einen Mann hat.

69

marmor s. Nr. 17.

70

marra Hacke zum Ausjäten des Unkrauts, a fgf., Instrument zum Zerkleinern, Zerstückeln des Bodens (rr frequentativ und intensiv), Fremdwort, aus assyr. marru Hacke, worin u die Höhle malt, in die das gestreckte (a fgf.) Eisen der Hacke hineinfährt oder die von der Hacke beim Zerkleinern, Ausheben des Bodens gesetzt wird.

71

morbus Krankheit, WS morb, worin mor das Zerreiben, Zerteilen, Zerstückeln (vgl. alle Wörter der WS mor), b das tgf. Stück angibt. Ähnlich beschreibt *krank* das in Angst und Schmerz (r, n) Befindliche (k, a, Letzteres *kann* in ank – wie in Angst, Ranke usw. – agf. sein, k ist fgf., weist also auf die Erlösung vom Übel, die Gesundung, Genesung, sanitas hin); über *gesund* s. Nr. 569. Die Verwandtschaft von morbus zu mori kann man ebenso wenig bestreiten wie die zu mordere; abwegig ist bloß der Gedanke, es müsse morbus aus mori oder mordere usw. „hervorgegangen" sein.

72

mordere beißen, stechen, verletzen, s. Mord Nr. 25. Es sei ein für alle Mal betont, dass die Übersetzung eines Wortes in andere Sprachen oder ihre Erläuterungen in Form der Anführung von ähnlichen Wörtern nicht genau den Sinn dieses Wortes wiederzugeben brauchen, z. B. betont beißen, stechen, verletzen das Schmerzgefühlige, nicht aber das Angstgefühlige, während mordere außer dem Schmerzgefühligen (r) auch das Angst- und das Hungergefühlige (o, m) angibt. Man muss eben die Wörter nehmen, wie sie sind, verstehen, wie sie sind, aus ihrer tatsächlichen Struktur ihre Bedeutungen ermitteln. Hierbei ergeben sich auch ohne Weiteres die Wortverwandtschaften, und zwar als, man möchte sagen: natürliche, eben biologische Zusammenhänge. Den Vorgang, den wir heute mit beißen (svw. in einer besonderen Art und Weise zerteilen, zerreißen, nhd. mit den Zähnen, mhd., ahd., got. usw. auch mit dem Speer, Schwert, Messer, nhd. bissig, beißend auch von Worten, beizen von Flüssigkeiten, Beize svw. Jagd [Nr. 185] usw., vgl. lat. „bis" zweimal usw.) beschreiben, erlebte der Lateiner etwas anders als wir, so anders nämlich, dass er ihn mit mordere beschrieb, als einen Vorgang also, den wir heute mit morden beschreiben; mordere und morden sind (fast) gleiche Wörter und beschreiben (fast) Gleiches, bedeuten auch (fast) Gleiches. Awest. mared, skt. mard beschreiben den Vorgang ähnlich wie mordere und morden gemäß dem ähnlichen Erleben, nur gibt das fgf. a (falls das a nicht wie o gesprochen wurde, also agf. war) das beißende Instrument, den Zahn, die Waffe an, wie auch skt. WS dąç, griech. δάκνειν beißen. Im Griech. findet sich das hlg. μέρδειν (ἀμέρδειν), svw. entreißen, berauben, blenden, des Augenlichts, der Augen berauben; dieses Wort beschreibt wiederum den Vorgang ähnlich wie mordere, nur betont das ε das Schmerzliche. Die WS ist nicht, wie Curtius u.a. annehmen, μερ und μαρ (wie μαρμαίρειν schimmern), sondern μερδ, und es kann für uns nicht zweifelhaft sein, dass das Blenden eben eine Beraubung, nämlich der Augen war, beide Bedeutungen also eigtl. eine sind: die ähnliche, wie sie den genannten homologen Wörtern zukommt (vgl. Blendung als Pubertätserlebnis, das ja auch ohne Blendung stets ein Kampf mit Berauben, Abschneiden, Beißen, Morden war); dass μερδ eine Weiterbildung von μερ ist, wie mord von mor, kann ebenso wenig zweifelhaft sein. Zur Familie gehört auch *merda,* svw. das Zerriebene, Zerteilte, und so aus der Höhle Ausgeschiedene, der Kot, Unrat (vgl. Mährte Nr. 23, Mergel Nr. 34 usw.); merda stinkt zwar auch, aber heißt nicht „das Stinkende", sondern eben das ausgeschiedene Zerriebene, „kommt" auch nicht „von" mordere („beißender Gestank"!), sondern ist eine spezielle Weiterbildung von mer. Weiterhin gehören hierher die Wörter der WSn mort und mart, dann entfernter noch die Wörter der WSn smerd (griech. σμερδνός schrecklich, ahd. smërzan schmerzen, vgl. merzen Nr. 31, womit sippverw. ahd. smëro Schmer, Fett als feinverteilte Masse, Schmiere usw.), smart (engl. smart svw. schneidig, scharf, zerteilend, a fgf., vgl. skt. WS mard zerdrücken, zerreiben [vgl. Nr. 26, 27], sippverw. mit smr̥tis, smaranam, smarás Gedenken svw. begriffliches Zerlegen [vgl. Nr. 54] und mr̥tis, marás Tod, márāmi sterbe usw. und die griech., lat. usw. Homologa). Und noch weiterhin schließen sich die sippverw. Wörter an. So ist mordere famverw. zunächst mit allen Wörtern der WS mord (mort), dann der WSn merd, mard usw. und smerd, smart, sippverw. mit allen anderen eingangs angeführten lat. Wörtern, zu denen noch zahlreiche Sippenverwandte hinzukommen. Die Verschiedenheit der Strukturen der einzelnen Wörter (des „Wortlauts") stimmt mit der Verschiedenheit ihrer Bedeutungen und der Verschiedenheit der so bezeichneten phänomenalen Individuen überein.

73

mortarium Mörser, s. Nr. 44. Die Endung arium gibt das gefüllte (a) Hohlgerät an, in dem sich das mort vollzieht. Vgl. instrumentarium svw. Behälter mit Instrumenten, diarium svw. Behälter mit „Tagen", d.h. Tagesnotizen, aerarium Behälter des aes, Erzes, Schatzes usw. Weder zu moretum noch zu murra (Nr. 53) genetische Verwandtschaft (Herleitung von …), sondern einfach Sippenverwandtschaft, wie zu allen hier besprochenen und zu besprechenden Wörtern (s. Nr. 72).

74

mortis Genitiv zu *mors,* s. Nr. 56.

75

mortuus s. Nr. 56, „tu" wie moriturus.

76

merda Kot, s. Nr. 72.

77

martes Marder, s. Nr. 26.

78

Martis Genitiv zu Mars, s. Nr. 27 – 31. Mars, famverw. mit mord usw., gehört zur ganzen hier angeführten Sippe, ein besonderes Verhältnis zu μάρναμαι kämpfe (wie Walde will) kann ich nicht anerkennen. *Mavors* nicht aus Mars „hervorgegangen" oder umgekehrt, sondern selbstständiges Wort: „Ma" zu magnus (vgl. machen, skt. máhas Macht usw.) und „vors" zu vorto, verto wende, drehe (vgl. Vertumnus, der Gott des Wandels und Wechsels, urspr. der Jahreszeit); Mavors der mächtige Wender, Erneuerer. Dagegen *Mamers* aus „Ma" groß, mächtig und „mars" mit Ablaut.

79

martulus, martellus, marculus, marcellus, Diminutiv (ulus s. musculus Nr. 47) zu marcus, svw. großer Schmiedehammer, der Zermarternde (Nr. 27), Zerschlagende, a fgf. (vgl. marra Nr. 70), der aus der Höhle m die Schwelle r Überschreitende und in eine neue Höhle (us) Eindringende, sie Setzende (a, t), also Aufschlagende, Zertrümmernde. Ähnlich beschreibt *Hammer:* h Höhle, a das Gerade (Stein, Eisen), mm iterativ das zur Höhle gemachte und so zerteilte Getroffene (auch wohl lautmalerisch: Geräusch des Auframmens), „er" ml. Endung oder Endung „mer" als die Zerlegung in Teile, Abgrenzung malend (vgl. „Klammer" usw.). Vgl. marcere Nr. 91. *Malleus* svw. der Zer-malm-ende, Nr. 359.

80

mergae Mähgabel, hlg. mergeln Nr. 34, WS merg svw. in Stücke zerlegen, worin g das Stück (tgf.) bezeichnet, somit eindringen, einstecken, einsenken, einschneiden usw. (wobei eben das Zerteilen stattfindet). Auch *Gabel* ist das fgf. (a) Eindringende, Einstechende (vgl. *Gabe,* svw. Teil, Zugeteiltes); mergae betont aber im Gegensatz zu Gabel das Schmerzliche, das Schwellenstadium, und bezeichnet eine Mehrzahl von Zinken.

81

merges Garbe, das Abgeteilte, aus der Masse der gemähten Halme Herausgenommene und Gebundene (Bund). Ähnlich *Garbe* (zu *gerben,* svw. beizen, schlagen, streichen gleich Streiche versetzen, also auch die Haut, das Fell mehr oder minder „eindringlich" verletzen, zertrennen, schgf.): Das a in Garbe betont das Abgetrennte als Gerades, Aufrechtes, im Bund Befindliches, während merges das Herausnehmen der Halme aus der Menge, also die Schwelle, das Schmerzliche betont.

82

mergere eigtl. zerlegen, zerteilen, somit eindringen, eintauchen usw. (s. Nr. 80), auch verbergen (WS berg der WS merg ganz ähnlich). Griech.

μέργειν, ἀμέργειν zerteilen, abpflücken, abstreifen (Blätter, Früchte), famverw. ὀμόργνυμι wische ab (und trenne so) usw. Skt. WS marǵ abreiben, abwischen, abstreifen. Griech. ἀμέλγω melke (svw. streife die Zitzen ab), sippverw. mit ἀμέργω; s. Nr. 148.

83

mergus der Taucher (Wasservogel), Nr. 82.

84

marga Mergel, ahd. mergil, mlat. margila, s. Nr. 34. Das lat. oder vielmehr nach Plinius urspr. kelt. Wort betont mit a die (zerriebene) Masse als Füllmaterial einer Höhlung (vgl. Margarine). – Eine Weiterbildung ist **margarita,** griech. μαργαρίτης; die Weichtiere (Mollusken) scheiden aus dem Epithel des Mantels und der angrenzenden Körperoberfläche dicke Lagen einer reichlich mit kohlensaurem Kalk imprägnierten organischen Substanz aus, eine Art marga, nämlich die Schale; margarita ist also svw. die ausgeschiedene (rita) marga. Auch die Perlen sind solche Ausscheidungsprodukte, wie ja auch aus der Schale gewisser Mollusken, der Perlmutter, Perlen usw. hergestellt werden; somit kann margarita auch mit „Perle" übersetzt werden. Hlg. pers. marvârîd und skt. mandschari „beweisen" nicht, dass das griech. und das lat. Wort „überkommen", also Fremdwörter sind; skt. mandsch svw. griech.-lat. marg, vgl. nhd. manschen, auch panschen, planschen usw., svw. mengen, und marga ist ein Gemenge. – Auch *Perle* ist svw. das Ausgeschiedene, das über die Schwelle Ausgetretene (vgl. lat. per, porta, griech. περάω dringe durch, schaffe hinüber, πόρος Pore, Durchgang, skt. par hinüberführen, usw.), somit auch das sich aus der Menge, dem Ge-menge Absondernde, Abgesonderte (perlen svw. tropfen) und so Vor-zügliche („unser Mädchen ist eine Perle"; vorzüglich zu vor-ziehen). Die „Ableitung" Perle von lat. *pirum,* Birne, über ein nicht vorhandenes Diminutiv pirula ist wieder eines der zahlreichen Beispiele für das komplizierte historisch-etymologische Denken; hier hat ahd. perula verführt. Freilich bedeutet auch pirum svw. das Herausgehende, Hervorgebrachte, Erzeugnis (p fgf., ir schgf., pir svw. das die Schwelle Überschreitende, wie auch in pirus Birnbaum, worin pir den Baum als aufsprießend, tragend bezeichnet, vgl. pomum Obstfrucht und pomus Obstbaum, morum und morus Nr. 59, usw.); das i in pirum betont mehr das Spitze, Enge der Bir-ne, das o in pomum das mehr Rundliche, Gedrungene; ganz ähnlich *pisum*, πίσος Erbse – wie überhaupt alle Wörter aller Sprachen der WS pis, pir (πῦρ Feuer, πυρός Weizen usw.) – und im weiteren Sinn alle Wörter der WS oder StS pu, po, pe, pi, pa (vgl. Nr. 53).

85

margo svw. das eine Höhlung füllende, sie überragende Zerriebene, Abgeteilte, das selbst rund (o) angeordnet ist, Rand, Grenze. Man zieht eine Grenze, indem man den Boden usw. im Umkreis aufreißt, zertrennt; das so zerschlagene Erdreich usw. höht sich aus der Furche zu ihren Seiten an und bildet den Rand; so ist auch jeder Gefäßrand, Wundrand usw. erhöht, abgesetzt. Vgl. Mark Nr. 37 usw., auch Nr. 53. – Ganz ähnlich beschreibt *Rand:* Ra wie ar in margo, n entspricht dem m und o, d dem g; hierzu rund, Ronde, ags. rond Schildbuckel, Rain, Rennweg, Rinne, Ranft, ahd. rampft, rümpfen, Rang, ringen, gerungen, Ranke usw. Ferner *Grenze:* G-renze, worin G das tgf. Stück, Zerstückte angibt und renze zu Rand stimmt.

86

murcidus svw. zermürbt (Nr. 23, 24), zunichte, zur Höhle (u) gemacht, der Fähigkeit beraubt, unfähig; das u kann auch tgf. sein (als Trauervokal gelten), sodass murcidus svw. der Niedergekämpfte, Abgekämpfte, Ausruhende, Müde usw. ist. – Auf den Pubertätskampf weist besonders die *Murcia,* wie die Venus auch genannt wurde, hin: Sie „reibt" den Menschen „auf", tötet, vernichtet ihn, macht ihn „selig" usw.

87

murcus ganz ähnlich murcidus, in dem das id das Schmerzlich-Traurige besonders angibt. Beim Pubertätskampf fand die Zermürbung, Verstümme-

lung, Marterung (Nr. 27) usw. statt. Engl. *merry* lustig gehört nicht, wie Zupitza will, hierher, sondern ist famverw. mit den Wörtern der WS mer und beschreibt wie diese das (eifrige, rr) Kämpfen, Fechten, besonders mit Worten, das Zerlegen in kleine Teile, das Auseinandersetzen, ist also svw. kampflustig, genauer: kampfgierig, kampfeifrig, aber keineswegs „lustig" im Sinn von freudig erregt, auch nicht „verstümmelt", kampfmatt im Sinn von murcus.

88

mercari, WS merc, also erweiterte WS mer, s. mehrere Nr. 60, teilen, teil-nehmen, Teil erhalten. Das c gibt ähnlich wie g (mergeln) oder k (merken, Markt) oder z (merzen) das Abgetrennte als schgf.-tgf.-fgf., ml. an. – Zu μάρπτω ergreife, fasse, halte oder gall. marka Pferd (als Handelsobjekt) kein genetisches Verhältnis (als ob mercari von jenen Wörtern „herkäme").

89

merces der zukommende Anteil, Lohn, Verdienst, Preis. Vgl. frz. merci.

90

merx, mercis Ware, ganz ähnlich merces, das Zugeteilte, Abgeteilte (nicht aber mit Corssen „die Verdienende"). Das Wort *Ware* betont mehr das Ganze (a), das sich in der Höhle (W) befindet und abgegrenzt (re) ist, svw. das Erworbene (s. werben Nr. 60), der Besitz, das Verwahrte, in Verwahrung, Gewahrsam Genommene als Zu- oder Abgeteiltes fgf. (wahren mhd. warn, ahd. warôn, die wara usw.); hierzu s. Nr. 550 (war usw.).

91

marcere schlaff, matt sein, also den Kampf, das Hunger-Angst-Schmerzstadium des Übergangs überstanden, das Ziel erreicht, die Arbeit geleistet, das Werk vollbracht haben und die Zeichen des „Durchgemachten" (Wunden, Narben, Marken Nr. 37 – 39, Nr. 64), der Marter (Nr. 27) an sich tragen, also a trauerhaltig-fgf. oder tgf. Vgl. Marsch Nr. 46, morsch Nr. 42 usw.

92

marcus s. Nr. 79.

93

mors s. Nr. 74 und 56.

94

morsus Biss, zu mordere Nr. 72.

95

Mars s. Nr. 78.

96

marsupium Geldbeutel, Börse, Behälter (u) der Münzen, Marken, der abgeteilten Einheiten, „upium" malt mit u die Höhle, mit p das sie Füllende, mit i die Stücke, die Schwelle der Höhle, also das Hineintun und Herausnehmen, „um" Neutralendung (abgeschlossene Höhle). Griech. μαρσύπιον.

Griechische Homologa

97

μύραινα Muräne, s. Nr. 2 und 48.

98

μυριάς aus vielen Teilen zusammengesetzte Menge, Gemenge; μυρίος aus vielen Teilen bestehend, eigtl. zerrieben, aufgeteilt (vgl. Nr. 355). Das α in μυριάς betont als Endung das Ganze der einzelnen Teile, die Gesamtheit, das ι in μυρίος die Tatsache des Geteilt-, Zerriebenseins; υ gleich ü malt die Höhle mit Hinweis auf die Schwelle, Trennung, das Zerteiltsein des Füllmaterials. μυρίζειν salben (σμυρίζω schmiere), d.h. aufreiben, verletzen, ritzen (also zerteilen), wobei Wundsekret ausfließt, wie μύρον aus der Pflanze, das dann auch als Salbe auf die Wunde zur Ergänzung und als Ersatz

für Wundsekret, aber auch auf das zum Reiben, Schneiden, Zerteilen benutzte Instrument aufgetragen wird; vgl. χρίειν die Haut verletzen, ritzen, streifen (zu strafen!), streichen (Streich, Rutenstreich) – und salben; also χριστός der (im Pubertätskampf) Geriebene, Verletzte, Verwundete, Gegeißelte – und Gesalbte. Die Endung ίζω betont das Schmerzliche, die Endung όω in μυρόω, salbe, das Angstgefühlige (Setzen von Öffnungen). Zu μυρίζω vgl. ritzen, Riss, reizen usw., auch reiben und reifen (Reibe- gleich Reifeprüfung), auch sch-mieren, sch-merzen usw., Nr. 72, 31, 106 usw.

99

μύρον svw. das aus dem Inneren (μυ) einer Pflanze durch Öffnungen-Schwellen, Poren (υρ) Ausfließende, Ausgepresste (ρ), Saft, Öl, als Salbe oder zur Salbenbereitung dienend, besonders der Myrrensaft (s. murra Nr. 53); ov Neutralendung hlg. lat. um, vgl. τὸ ὄν, s-on-s (Nr. 559). μυρίς Salbenbüchse, μυριστικός Öl ausscheidend, Salbe liefernd, vgl. Myristica, Semen Myristicae, Nr. 183. Die Öffnung-Schwelle ist auf alle Fälle, d.h. ob von selbst (Pore) oder beim Eindringen eines Instruments („künstlich") entstanden, eine Verletzung, ein Schnitt, eine Wunde, eine Zerteilung. – Hierzu μύρειν fließen, aus der Öffnung, Schwelle austreten, und zwar in „Abschnitten" (schgf.), in Stücken, Tropfen, ejakulativ (was sich nicht bloß auf die Samenentleerung bezieht); das die Höhle-Öffnung-Schwelle überschreitende Gerade, Männliche ist stets als schgf.-tgf. gedreht, zerstückt, kurz oder doch eingeschnitten (Schwelle!), gekerbt, eingeengt, schmal, erst als fgf. ein Langes, aber auch als solches abgegrenzt, nicht „unendlich", d.h. der Austritt (und Eintritt) erfolgt stets „schubweise", in Perioden, eben ejakulativ, und zwar dies mehr oder minder ausgeprägt. Auch das Fließen des Wassers, als Bach, Fluss, Strom, Meer ist ein Drehen, Strudeln und geht „ejakulativ", nach Art von Ebbe und Flut und obendrein in Wellen vor sich; selbst der stürzende Wildbach zeigt diesen Rhythmus. So ist alles Fließen – wie alles Austreten fester und gasiger Individuen – eine Zerteilung, ein μύρειν, auch in dem Sinn, dass es ein fortgesetztes Eintreten in neue Höhlen, Öffnungen, Schwellen, also ein Zerteilen, Zerreißen der Erde (Flussbett) oder der Luft oder der Flüssigkeitsanordnungen selber ist. Vgl. ῥεῖν usw. Auch *fließen* beschreibt diesen Sachverhalt mit „ieß", während ahd. fliozan mit o die Öffnung, ags. fleotan mit o die Öffnung, mit t und „an" das Langhinwallende, lat. fluĕre mit u die Höhle, mit der Endung ĕre das diminutiv-frequentative Überschreiten der Schwelle, das Zerteilen angibt; l malt das Hingleiten; s. auch Nr. 98. – Reduplikation in μυρμύρω, μορμύρω murmelnd fließen („Es murmeln die Wellen …"), dahinrauschen.

100

μῦρος zu μύραινα Nr. 97.

101

μύρμηξ, μύρμος Ameise, s. Nr. 14.

102

μύρρα s. murra Nr. 53, μύρον Nr. 99, auch Nr. 103.

103

μυρρίνη, auch μυρσίνη Myrtenzweig, -kranz, zu μύρτος Myrtenbaum, μύρτον Myrtenbeere. Die Myrte liefert Myrtensaft, besonders die Eucalyptus globulus das Eukalyptusöl, bedeutet also svw. die reichlich (τ) Saft Abscheidende (wie morus Nr. 59, Myristica fragrans, deren Früchte Muskat-nüsse [Nr. 99, 183] heißen und das Muskatnussöl liefern, murex Nr. 47, μορία Nr. 108 usw.). Das τ weist wohl auch auf die fgf. Höhe, Kraft, Macht, Härte des Myrtenbaums hin, das zweite ρ in μυρρίνη und das σ in μυρσίνη (statt ρ) malen das Herauskommen (Teilsein), das Gewundene des Myrtenzweigs oder -kranzes, das auch ινη beschreibt. Die Myrte ist aber auch immergrün, sozusagen unsterblich wie der Lorbeer (Nr. 15), die Yggdrasil usw.; sie trägt viele Früchte und ist ertragreich an Öl, und ihre Säfte bergen geheimnisvolle Kräfte. Die jungen Mädchen tranken (und trinken zum Teil noch heute) um die Zeit der Pubertät Zubereitungen aus Myrte; es war (und ist) dies eben ein „Pubertätstrank" wie viele andere (vgl. Nr. 179), ein Trank, der gemäß der Entwick-

lung der gustatorischen und weiteren Reflexsysteme, also von einer gewissen Zeit an und während einer gewissen Zeit (eben der Übergangszeit der Pubertät) von den Mädchen genommen wird: eine rein biologische Tatsache. Sie wurde und wird gedeutet: Wer Myrtensaft trinkt, gewinnt die Zauberkräfte der Myrte, scheidet also ebenfalls Saft (Menstrualblut) aus, wird also „durch den Zauber der Myrte" geschlechtsreif und ist zugleich vor Schwangerschaft geschützt, bleibt „immergrün", immer jugendlich, jungfräulich (d.h. nicht schwanger), erfreut sich der immergrünen Liebe („ohne Folgen") und ist dann in der Ehe fruchtbar und dabei vor dem Tod, vor Todesgefahr beschützt, „unsterblich" (der Aberglaube, dass man mit dem Verzehren eines Individuums, z.B. eines Apfels usw., der Muskeln, des Gehirns, der Zunge, des Blutes usw. eines Tiers oder Menschen, besonders des erschlagenen Älteren, Vaters, Herrn – vgl. Abendmahl – sich dessen [Zauber-]Kräfte „einverleibe", ist zu allen Zeiten und bei allen Völkern anzutreffen). Insofern das wbl. Genitale ausscheidet („Scheide"), konnte man es mit der Myrte (und Muschel) vergleichen, zumal die Klitoris der Myrtenfrucht ähnlich geformt ist, und so heißen die Schamlippen μυρτοχειλίδες (τὸ χεῖλος die Lippe). Die Myrte hat natürlich auch ihren Jahreswechsel, sie stirbt (μυρ-μορ), aber ihr Immergrün, ihre „Unsterblichkeit" geht über das Sterben hinweg; auch die Liebe führt zum Tod, zur Todesgefahr (Liebestod, Eros mit der gesenkten Fackel, Amors Pfeil, der das Herz durchbohrt, Venus Libentina und Libitina, die Liebes- und zugleich Todesgöttin usw.), zum Sterben mindestens in dem Sinn, dass „das Alte stirbt und neues Leben aus den Ruinen blüht", dass der Tod zu neuem Leben, ja ins „ewige Leben" geleitet, d.h. realiter, dass sich die Teile, hier die Samenzelle eines Individuums mit der Eizelle der Partnerin zu einem neuen Individuum vereinen. So ist die immergrüne Myrte Sinnbild des trotz des Todes ewigen Lebens, der Fortpflanzung des Menschen über die Geschlechter hin, das Fortleben der Eltern (Älteren) in den Kindern, Jungen, wie ja auch „Ehe" mit „Ewigkeit" famverw. ist (ahd. êwa, êa). So ist die Myrte ein Lebens- und Todesbaum, eine genische Totempflanze, eine Liebesgottheit selbst und der Venus geweiht. Noch heute trägt die kindlose

Braut den Venus-, den Myrten-, den Jungfern-
kranz, wie der Dichter, der Sieger den Lorbeer-
kranz (Nr. 15); der offene Brautkranz zeigt bekanntlich an, dass die Braut kein unversehrtes
„Kränzlein" mehr hat, ihr Hymen, ihre Jungfräu-
lichkeit verloren hat.

104

μουρρίνη, auch μορρίνη scil. λιθία gleich vasa
murrina, s. Nr. 53.

105

μόρα, μοῖρα zu μείραμαι, Abteilung, s. Nr. 54, 112.

106

μοράζω, μοιράζω teile zu, s. Nr. 98, 105.

107

μορέα Maulbeerbaum, s. morus Nr. 59, auch
Nr. 111.

108

μορία Ölbaum, s. Nr. 103.

109

μόριον Diminutiv zu μόρος Teil, Zugeteiltes, also
Teilchen.

110

μορίς, μερίς Teilchen, betont mit der Endung ις
die Kleinheit, Feinheit des μορ, während die Neutralendung ον in μόριον beschreibt, wie in Nr. 99
dargetan. Dazu μορόεις feingearbeitet.

111

μόρον schwarze Maulbeere, s. Nr. 107.

112

μόρος, **μοῖρα** das Ab-, Zugeteilte, vgl. mos, moris
Nr. 57, das Los, der Lohn. *Los* beschreibt ganz ähnlich wie μόρος, für μ steht l, für ρ steht s, das o
malt die Öffnung, aus der das Abzuteilende, Abgeteilte gleitend (l) heraustritt. Der Erlöste ist der
Mensch nach Überstehen der Pubertätskämpfe,
überhaupt nach Überschreitung der Schwelle,
also der Trauer-Freudegefühlige, der das hinter
ihm Liegende los ist, ver-*lor*en hat, der selber „los
gegangen", entlassen ist, der seinen Teil ausgelost
und hoffentlich das große Los gewonnen hat; die
Losung ist in der Jägersprache das, was das Tier
„verloren" hat, nämlich der Kot, der allemal einen
Ver-*lust* (Lust betont mit u den Hunger, das Verlangen) darstellt, wie denn auch der infantile und
der darmneurotische (insofern infantilistische)
Mensch große Angst vor dem Verlust, nämlich
der Absetzung von Kot (auch Harn, Atem, Speichel, Schweiß, Samen, Haaren, Worten usw.) hat
– mit allen möglichen Deutungen Auch *Lohn*
(Nr. 223) ist das Zugeteilte im Sinn des Empfange-
nen, Auf- oder Wahrgenommenen (hn), während
Los das Abgeschiedene, Verlorene (engl. to lose)
ist, das natürlich einem anderen zufällt.

113

μοῖρα s. Nr. 105, 112, 143. Das ι betont die Genauigkeit, das genaue, minuziöse Ab- und Angemes-
sensein des Zugeteilten, sozusagen die gerechte
Zumessung, die göttliche, schicksalsmäßige Gerechtigkeit. Μοῖρα Schicksalsgöttin (*Schicksal*,
Geschick, das „Geschickte", nach dämonistischer
Auffassung: von Göttern oder Gott); schicken zu
geschehen, Geschichte, altertüml. „geschicht"
gleich „geschieht", schichten usw., Schicksal svw.
Geschehen.

114

μορρία s. murra Nr. 53.

115

μορμύρω reduplikativ wie murmeln, Nr. 3.

116

μορύσσω beflecke; *Fleck* ist das Abgegrenzte (F-leck, Leck, Lücke usw.), das Stück, sowohl als Stoffteil (Lappen, Fetzen, Flicken) wie als Stück Darm, Gekröse („saure Fleck", besonders ostpreuß. Gericht) wie als Stück Land, Dorf wie als andersfarbige (Nr. 342, 382, 407) Stelle der Haut, der Kleidung usw.; „Fleck" ist eine normale oder abnormale „Stelle", die sich von der Umgebung abhebt, eine versehrte (lädierte, absterbende usw.) Stelle in unversehrter Umgebung, eine Stelle, die also genisch und trophisch das pragmatische Rätsel „Richtig oder falsch?", das ethische Rätsel „Gut oder böse?", das ästhetische Rätsel „Schön oder hässlich?", das Rätsel des „Wesens" und der Gegensätze darstellt und von allen Dämonisten, besonders von Kindern und manchen Neurotikern, ebenso eifrig wie erfolglos gedeutet wird. Lat. *macula,* WS mac und Diminutivendung ula, WS mac ähnlich der WS mar (Nr. 15–23, 66–70, 130–137 usw.), also m Höhle, a das sie Füllende, r oder c schgf., Grenze, Teilung, macula also svw. das Abgegrenzte, Abgeteilte, Umschriebene, zu macerare svw. mürbe machen, also zerteilen, die Teile vermischen (z.B. mit Wasser, wässern, einweichen), macer mager, d.h. zerteilt, aufgeteilt, aufgerieben, vgl. μυρίζω Nr. 98, macellum Marktplatz, der abgeteilte Bezirk, vgl. Nr. 36, maceria Umfriedigung, mactare schlachten, strafen (Pubertätsprobe!) und so feiern, durch Opfer ehren, mactus geweiht, gefeiert (und so geschlachtet, „am Stamme des Kreuzes geschlachtet"), vgl. sacer heilig und verflucht, Nr. 569, „macte!" Opferruf „Heil!" usw., dagegen magnus groß, erhaben, mit tgf.-fgf. g; μάχομαι kämpfe, mache nieder, Nr. 12, 182 (vgl. interficere), μάχη Schlacht (vgl. „jemanden in die Mache nehmen") usw. – Also μορύσσω: WS μορ, worin o das Angststadium, die Öffnung betont, und υσσω, das mit υ die Höhlung-Schwelle, mit σσ das Diminutiv-Frequentativ-Schmerzliche angibt, ungefähr svw. wie maculare, aber mit Betonung des Angst- und Schmerzstadiums, mit Flecken versehen, beflecken, zerreiben, zerteilen, vermischen, be-sudeln (*Sud* svw. das Zusammengekochte und das so gewonnene Extrakt, sieden, sudeln diminutiv-iterativ auskochen, daher denn der Mensch, der die „Kochprobe" als Teil der Pubertätsproben bestanden hat, ein „Ausgekochter" heißt und „besudelt" ist).

117

μωραίνω ein Tor sein, töricht sein, s. „Tor" gleich Tür. WS μωρ der WS μορ ganz ähnlich, das lange o (ω), etwa wie in nhd. oh, oo, betont die Intensität, Dauer des Angststadiums des (Pubertäts-)Übergangs; αινω gibt die angst-, schmerzhaltig-freudige Größe des Toren, des Törichtseins an (vgl. Nr. 132, 371, 383); ω als Endung der 1. Person Singular wie o in „groß". – Hierher ἰόμωρος aus ἰά Geschrei, Ruf und μωρός, also svw. toller Maulheld, alberner Schreihals (Verhöhnung der „Helden", die nur mit Worten, Rufen kämpfen, wie ja übrigens die griechischen und anderen Kämpfer sich immer erst eine „Redeschlacht" lieferten und liefern; vgl. „Hurra!" und anderes Kampfgeschrei); ἐγχεσίμωρος aus ἐγχέζω scheiße hinein, also svw. feiger Hosenscheißer, oder ἔγχος Speer, Schwert, Pfeil, also svw. mit den Waffen Herumfuchtler, noch ungeübt, dumm im Waffengebrauch; ὑλακόμωρος töricht bellend, bloß bellend, aber nicht beißend, groß daherbellend usw. Ich vermag nicht einzusehen, dass diese Wörter „schwierig" sein sollen (Curtius, a.a.O., S. 330) und dass sie von μαρμαίρω schimmere (!) abzuleiten wären, wie Goebel annimmt.

118

μωρία Torheit, Dummheit, WS μωρ s. Nr. 117; wbl. Endung ια schgf.-fgf., nach KT 2 svw. die Schwelle-Höhle, mit μωρ (Tor) gefüllt, sozusagen das Umfassende (vgl. Nr. 211, 505) der Toren, die Gesamtheit des Törichten, ähnlich unserer Endung *heit* svw. Abgrenzung, Umgrenzung, somit Umfassung, Art, sippverw. zu haben, habere, habitus, ahd. der heit, ags. der hâd, got. der háidus usw. (vgl. auch die Heide, der Heide usw.).

119

μερίς Teil, μερίζω teile, WS μερ gleich mer, s. Nr. 11, 12, 34, 36, 60–63, 98.

120

μεριμνάω sorge, s. Nr. 54 bei memoria.

121

μέρμερος, reduplikativ, mühe-, sorgenvoll, s. Nr. 54, desgleichen μερμηρίζω (ιζω s. Nr. 98).

122

μέρμῑς Faden, Schnur, svw. das aus Teilen drehend Gemischte, Zusammengedrehte, das die Schwelle drehend Überschreitende (wozu zu bemerken ist, dass alles Überschreiten eine Drehung, Wendung, Windung, eben schgf. ist) und somit Aus-, Herausgezogene, Gedehnte und so fast oder ganz Zerrissene, Zerteilte (vgl. Nr. 299). „Faden" betont mit dem ml. a die Länge, das Gerade des Gedrehten (f), das in Stücke (d) zerfallen kann, falls das d nicht ebenfalls fgf. ist; zu Faser, worin f, s und r die Drehung, Zerteilung (beim Ziehen) angeben, auch fahen, fangen usw. Schnur, mhd. snūr, ahd. snuor betont die Rundung (nu), sch, r die Drehung, also svw. das Gedreht-Gerundete, das Gewundene, Herumgebundene, „Schnürende"; so auch „Schnur" gleich Schwiegertochter, lat. nurus (snurus), vgl. griech. νεῦρον Sehne, Flechse (Flech-se zu flechten, flectere), nervus, während νυός, hlg. skt. snushá, für ρ ein s hat, also mit Schnur wird das (fremde) Weib als Schnürerin (Sphinx, σφίγγω umschnüre, mit Betonung des Schmerzlichen), Umschnürerin, nämlich des Sohnes (als Mannes), als die, die ihn gebunden, umschlungen, umgarnt, gefesselt hat, bezeichnet, wie denn auch die Geliebte bei der Verlobung dem Geliebten eine Schnur, ein Band um den Arm schlang (altgermanische Sitte) und heute Ringe getauscht werden. Vgl. Rebekka, hebr. Ribhkā die Umstrickende, Fesselnde (arab. rabaka binden, wozu hlg. Rebe, reiben, Rippe gleich das Gewundene, Gedrehte usw.). – Faden und Schnur beschreiben also etwas anders als μέρμις, das das Schmerzliche betont und reduplikativ ist (Mehrzahl der Stücke, der Windungen). Die Formen μήρινθος, σμήρινθος Schnur, μῆριγξ, σμῆριγξ festes Haar, Borste betonen ebenfalls das Schmerzliche (Gedreht-, Gewunden-, Gedehntsein und Umbinden, Einschnü-

ren und somit Einkerben im Sinn einer beginnenden Trennung, Teilung), aber auch das Ängstliche, die Enge des Schnürens (mit ινθ, ιγξ, vgl. σφίγξ, σφίγξις Zusammenschnüren, vgl. Schlinge, Ring, Rinde usw.), das η malt die fortgesetzte Drehung (wie etwa eh, ee, vgl. Nr. 11, 12); hierzu auch μηρύω winde, ziehe, ziehe zusammen, wickle zusammen usw.

123

μερμνός eine Falkenart. Der Falke ist wie der Adler, der Bussard, der Habicht usw. ein Raubvogel, ein Stößer, Zerfleischer, Zerreißer, der sein Opfer, es jagend, zermürbt, bis es mürbe ist und nun von ihm zerteilt wird, der aber auch selber zerfleischt werden kann. Falke (a fgf.) etwa svw. Fäller und fällbar, der Kämpfer, der den Gegner fällt oder selber fällt, der Edle (Adler, adelig), Hohe, Erhabene, der auf Tod und Leben ficht, lieber fällt als sich ergibt („Lieber tot als Sklav'!"), somit als Gefallener falb, fahl ist usw. (vgl. Nr. 185); auch das edle Ross heißt Falke, Falbe, und Falke ist totemistischer Personenname schon bei Langobarden, Westgoten usw. (Falco). Der Grieche nannte den Vogel reduplikativ μερμνός, das Schmerzliche betonend.

124

μέρος Teil, s. Nr. 119, 128 usw.

125

μέροψ aus μερ und οψ, Letzteres zu ὄψομαι sehe, ὄψις Gesicht, also svw. der mit den Blicken Zerlegende, der die Teile sieht, dann auch weiß (ιδεῖν), die Zusammensetzung kennt, der Scharfsichtige. Keineswegs „von" μάρπτω ergreife, Nr. 140.

126

μεῖραξ Mädchen, dann auch Knabe, svw. das aus der (mütterlichen) Höhle μ über die Schwelle (ειρ) Gehende, sich Trennende, Heranwachsende (αξ), das Kind als geboren und wachsend, als fähig (αξ), abgetrennt zu werden (von der Mutter, vom Elternhaus usw.). Zu μείρομαι teile. – εἴρην Jüngling (in Sparta, vom 20. Jahr an) ist gewiss mit ειρ dem ειρ in μεῖραξ ganz ähnlich, bedeutet auch den Teil einer Reihe, den (in die Kämpferschar) Eingereihten, Eingeordneten (ordo – Ort), sozusagen „Abgeordneten", indem der εἴρην eine kleine Abteilung befehligte und so Vorgesetzter war, Ordnung stiftete, in die Reihe brachte (εἴρω reihe aneinander, εἰρήνη „Reihung" der Dinge, Ordnung), aber die beiden Wörter sind dennoch ebenso voneinander verschieden wie ihre Bedeutungen und haben kein unmittelbar genetisches Verhältnis zueinander. Skt. márjas Mann, junger Mann, svw. der die Pubertätsproben überstanden hat (vgl. mas, maris Nr. 67 usw.), ist gewiss ein Hlg. zu μεῖραξ, von diesem aber so unterschieden, wie die Bedeutungen unterschieden sind, und Letzteres ist nicht etwa aus márjas „hervorgegangen", wie Curtius anzunehmen scheint; natürlich gehört zu márjas die WS mar sterben, wie hier genugsam dargetan (Pubertätstod, Pubertätsübergang mit „Ausziehen des alten" und „Anziehen des neuen Adam", also einer entwicklungsmäßigen Erneuerung). – Dass μεῖραξ urspr. wohl nur svw. Mädchen hieß und später auch Bezeichnung für den Buhlknaben, qui muliebria patitur, war, lässt darauf schließen, dass μειρ urspr. die weibliche Anordnung als Schwelle, speziell als weibliches Genitale bezeichnete, μεῖραξ also das aus dem mütterlichen Genitale kommende, mit weiblichen Genitalen ausgestattete Kind, wobei αξ dieses Kind als im Freudestadium der Geburt befindlich, als hervorgegangen, fgf., ml. (wie eben das aus der Höhle-Öffnung über die Schwelle Gehende als solches ml. ist, auch falls es ein Mädchen ist), dann auch als heranwachsend kennzeichnet. Erst später mag das Wort den allgemeinen Sinn „Kind" angenommen haben, worauf auch das Diminutiv μειράκιον Knabe hinweist.

127

μείρομαι teile, erhalte Anteil, s. Nr. 60, 112, 119 usw.

128

μηρός Schenkel, Oberschenkel, Fleisch am Oberschenkel, svw. das vom Rumpf Abgeteilte, aus dem Rumpf über die Schwelle, also abgesetzt, gedehnt (η, vgl. Nr. 122) Hervorkommende, der gedehnte, ausgezogene (μηρύω) Körperteil, der abgetrennt, abgeschnitten, zerstückelt wird (μηρίον, Diminutiv, im Plural die aus den μηροί der Opfertiere geschnittenen Schenkelknochen, die mit Fett umwickelt und verbrannt wurden, nach Voss u. a. die Stückchen des Schenkelfleischs, die geopfert wurden). Vgl. Mett Nr. 248, Metzger Nr. 264; vgl. auch Nr. 130, 226. Dass man aus μηρός ein Wort μεμσρος als Vorform konstruiert, um eine Verbindung mit membrum, mambrana und somit eine Bedeutung herzustellen (Bezzenberger), oder μηρός mit skt. urús gleichsetzt (Benfey), sind wiederum Beispiele für die oft komplizierte und komplizierende Deuteweise der historischen Etymologie. – Ähnlich beschreibt *Schenkel,* auch dieses Wort bedeutet svw. das Abgesetzte, die Öffnung-Schwelle (Schen) und das zu ihr passende Gerade (kel), das mit jener *„Enge"* getrennt-verbunden (nk) ist, nämlich „gelenkig" (vgl. *Senkel* svw. das in eine Öffnung-Schwelle Passende, mit ihr ge*lenk*ig Verbundene, *Henkel* svw. enges Rund und das mit ihm ge*lenk*ig verbundene Gerade, dann auch bloß Ersteres [das „Ohr" eines Gefäßes], in das man hineinfasst, an dem das Gefäß aufge-*hängt, -henkt* wird usw.); hierzu *schenken,* svw. einen Teil abtrennen, weggeben (Geschenk, einschenken, Mundschenk); man vergleiche die Deutung der historischen Etymologie, wonach schenken das Faktitiv eines vorausgesetzten (!) ahd. scinchan, got. skigkan (?) durchhingehen (?) sei, also schenken svw. „durchhingehen, durchhinfließen machen" bedeute, „und zwar, insofern durch eine in ältester Zeit wohl aus einem Knochen bestehende Röhre eingegossen wurde, mit dem Gedanken an ags. der sceanca Bein" usw. Man setzt also ein ahd. und got. Verbum voraus, setzt ebenso dessen Bedeutung voraus und leitet von solchen „Voraussetzungen" das nhd. Wort und seine angebliche Bedeutung ab! – Ferner *Schinken* svw. das scharf Abgesetzte (abgekerbte Dickfleisch des Gesäßes, Schenkels), Abgeschnittene usw. Vgl. Nr. 388. – Vgl. ferner *Enkel,* synonym mit Fußknöchel, svw. der in der *Enge,* dem engen Rund des Ge*lenk*s, der Gelenkpfanne schw*ing*ende, aus ihr hervorkommende Knochen, und zwar Knöchel („el" diminutiv), mhd. enkel, ahd. anchal, enchil, die enchila, anchala; vgl. mhd. anke, ahd. ancha, svw. Gelenk, dann Nackengelenk, Nacken, dann Haarknoten im Nacken, griech. ἀγκύλη, ἄγκος, ἀγκών Ellbogen (vgl. ἀνάγκη Zwang, Schicksalsfügung, deren ewiges Walten, dem niemand entrinnen, ausweichen kann [vgl. lat. necessitas aus ne und cedere weichen], in der Reduplikation αν-αγ angegeben ist; vgl. ἄγκυρα Anker usw., Nr. 159, 439). Auch *Enkel*, synonym mit Kindeskind, ist svw. der aus der Ehe von Sohn oder Tochter Hervorgegangene, der Sprössling, der Nachkomme als Diminutiv, der Nachkomme des Nachkommen; mhd. enikel, eninkel, enenkel, ahd. eninchil, also mit Reduplikation (en-en-kel), die die Wiederholung der Fortpflanzung angibt und in nhd. Enkel in das eine En eingegangen ist; das el ist diminutiv, malt die Kleinheit des Kindeskinds; vgl. Enke Kleinknecht (sabin. ancus Knecht, lat. ancilla Magd usw.) – wie ja urspr. die Knechte, Diener, Arbeiter, Beamten Leibeigene, d. h. Kinder des Oberhaupts, des Vaters („unser aller") waren und erst später Fremde zur Familie Zutritt fanden (s. auch Nr. 60, 222, 442). Enkel also nicht aus ahd. ano gleich Ahne, Großvater (etwa svw. kleiner Großvater!), obwohl bei manchen Primitiven das Kind für den wiedergekommenen Großvater gehalten wird und ja auch das Neugeborene oft eine Art greisenhaftes Aussehen hat. – Dagegen *Onkel* zu avunculus und dieses Diminutiv zu avus Ahn (Ahn zu got. anan hauchen, Nr. 425, 429, aber auch der Große, Erhabene: a fgf. wie auch in Arier, Asen [Nr. 392], lat. altus usw.; das Land Asien ist svw. das große, gewaltige Land, nicht etwa „das Land der Asen"; der Ararat ist das vielgipfelige hohe Gebirge [ar-ar-at Retriplikation], nicht das Ariergebirge usw.; in allen Sprachen beschreibt a das Freudegefühlige, also lange, hohe Gerade, das Erhabene, Gewaltige und ist selbst fgf.); in avunculus vgl. das unc zu enk (das Wort heißt nicht avulus!), usw.

129

μηρύω ziehe, winde, s. Nr. 122, 128.

130

μάρ, μάρη Hand, ähnlich μηρός, doch mit fgf. α, also svw. der an den Arm sich gelenkig anschlie-

ßende Teil als Gestrecktes, Gerades und (η) aus Teilen Zusammengesetztes (nämlich aus Fingern, Fingergliedern, Mittelhand, Handwurzel und deren Knochen), Teilbares (Spreizen der Finger), Abtrennbares (Abhacken von Fingergliedern bei Pubertätsfesten, z. B. der Mandaner-Indianer, bei Totenfesten, z. B. gewisser indonesischer Stämme, Abhacken der Hand des Diebs im alten Persien usw.). Die Hand ist auch μάρ, insofern sie eine Faust, d. h. eine mit Fingergliedern gefüllte Höhle (Hohlhand), eine Art Hammer (vgl. martellus, marra Nr. 70, 79) bilden und sich strecken, d. h. aus der Form einer Höhle, und zwar gegliedert, abgeteilt, hervorgehen kann, ferner, indem sie eine Teile fassende, gefüllte Höhle sein kann (vgl. Nr. 15 ff.), wobei das Fassen ein Aufnehmen von Stücken, Herausnehmen von Teilen aus einem Ganzen ist, das somit gehöhlt, zerteilt, zertrümmert wird. – Ähnlich *manus*, WS man, worin n statt ρ in μαρ, ohne dass aber manus aus μαρ „hervorgegangen" ist; manus svw. das Abgeteilte und Abteilende als fgf., somit das Ergreifende, Fassende, Schaffende (schaffen zu Schaff, svw. Gefäß [Fassendes] als gefüllt, füllbar); s. Nr. 54, 461. Das Abteilen ist natürlich immer auch ein Messen, und so kann μαρ, manus, Hand auch „messen", „Maß" (z. B. drei Handbreit, eine Handvoll Leute) genannt werden. – χείρ ist ein ganz schgf. Wort, beschreibt die Hand als Greif- und Reichorgan (χειρ umgedreht gelesen gleich „reich"), als Teilungsorgan. – *Hand* dagegen beschreibt ähnlich wie μάρη: für μ steht h, für ρ das mildere n (wie in manus), das tgf. d malt das Stück; handeln svw. die Hand und darin Stücke, Teile hin und her bewegen (diminutiv-frequentativ), behandeln desgleichen mit Richtung auf einen anderen (be), vgl. χειρουργός Chirurg svw. Handarbeiter, usw.

131

μάραγνα Geißel, Peitsche, svw. das lange, gerade Zerreibende, Zerteilende, Zerstückelnde (ρ, γ); vgl. auch die Reihe ραγ in ῥαγάς Riss, Ritze, ῥήγνυμι reiße, schlage durch, vgl. ferner μάρ Hand und ἄγω führe, treibe, sodass μάραγνα auch svw. „die mit der Hand Geführte" bedeuten kann. – Vgl. auch Nr. 240.

132

μαραίνω lösche aus, ersticke (das Brennende), lasse verwelken, aus μαρ, das das Gerade als zerteilt, als Stücke (zermürbt usw.) beschreibt, und αινω, das das Gewaltig-Große, das Fgf. (α) mit der Schmerznuance (ι) und der Angstnuance (υ) angibt und mit der Reihe αιν in αἰνός (svw. δεινός schrecklich, furchtbar, berühmt, zu αἴνη Ruhm, αἰνέω sage, nenne, lobe, vgl. Mär Nr. 21) übereinstimmt, also das μαρ-Machende, das μαρ-Machen beschreibt (vgl. Nr. 117, 371, 383). Vgl. αἰνόμορος schreckliches Schicksal habend. – Hlg. skt. mar sterben, s. Nr. 56, 72, auch 15 – 20. – Auf die Familienverwandtschaft mit μείρομαι teile, μερίζω teile, μερμερίζω sorge habe ich schon hingewiesen. – Hierher auch die Pflanze μαραυθίς, der Fenchel μάραθον, der sich in Griechenland in allen feuchten Niederungen (auf moorigem Boden) wild findet und zu medizinischem Gebrauch abgeschnitten, getrocknet, „welk gemacht" wurde, wie auch *Fenchel,* lat. feniculum, Diminutiv zu fenum Heu, das Abgemähte, Welke bedeutet (fen schgf., fendo stoße, schlage, zerteile, defendo; fenestra Lücke, fenus das Abgeteilte, der Ertrag, das, „was es trägt", d.h. einbringt, vgl. Ge-treide, Tracht usw., fenum der Ertrag der Wiese, das Heu, vgl. „Geld wie Heu"; sippverw. felix fruchtbar usw. – μαρασμός Nr. 17.

133

μαρίλη, σμαρίλη kleine Glutkohle, glühende Asche, aus μαρ Teile, Stückchen (eines Ganzen) und ιλη, das die Einengung (das Zusammenfallen) der Kohleteilchen beschreibt und mit ἴλη zusammengedrängte Schar, Haufe übereinstimmt, also svw. glimmendes Aschenhäufchen, welkendes Kohlenfeuer. Mit dem Welken, Sterben (μαρ) ist stets auch ein „Welken", „Sterben" der Wärme („Kaltwerden" – Konfluenz der Beschreibung optischer und thermischer Vorgänge), des Leuchtens, des Lichts, ein Blasserwerden des Glanzes, der in ein Glimmen, Flimmern, Schimmern übergeht, verbunden; in dieser Weise kann auch die Flamme, das Feuer selber welken, sterben. Welkt also ein Holzbrand, dann bleibt die μαρίλη übrig. Ferner ist aber auch das Welken, Sterben selber ein Verbrennen, und mit dem Sterben des Verbrennenden stirbt auch die Flamme (vgl. Einbrennen von Marken [Nr. 36], Ordalien, d.h. Abkömmlinge der primitiven Pubertätsproben und selber primitiv genug: Gehen mit nackten Sohlen über glühendes Eisen, Verbrennen auf dem Scheiterhaufen, wobei eigtl. nur die bösen Dämonen ausgetrieben, ausgeräuchert werden sollten und es persönliches Missgeschick der oder des Besessenen war, bei diesem Exorzismus zu verbrennen, ferner Leichenverbrennungen usw.; „innerliches Brennen" in Form der Saufprobe, Branntwein „brennt"; ferner „brennende Wunden"; ferner „brennende Liebe", heiße Liebe, Liebesglut, Springen übers Feuer usw.). Ein (bei Aufgießen von Wasser) brennender, zerfallender Stein (CaO, Ätzkalk, vereinigt sich mit Wasser unter starker Wärmeentwicklung zu „gelöschtem" Kalk) hieß μαριθεύς, worin μαρ das Gemenge, ιθευς das Brausen, Schwälen, Rauchen (vgl. θύω, θυόω, θύος, auch αἴθω brenne, ἰθαίνω erwärme, erhitze) beschreibt. Mit der WS μαρ wird also weder in μαρίλη noch in μαριθεύς das Brennen, Glimmen angegeben, dies geschieht vielmehr mit den weiteren Bestandteilen dieser Wörter, mit ιλη insofern, als die beim Verbrennen der Kohle eintretende Einengung beschrieben wird; nimmt man mit Curtius μαρίλη als einfaches Diminutiv, svw. Kohlenstaub, dann fehlt erst recht der Hinweis auf das Glimmen, man müsste denn μαρίλη als μαιρίλη auffassen und zu μαρμαίρω schimmere (Nr. 136) stellen (ebenso μαιριθεύς statt μαριθεύς), aber wir wollen ja keine Konjekturen machen, sondern die Wörter verstehen, wie sie sind. Wir übersetzen also μαρίλη als das im Brennen Zerfallende, und das ist eben die Kohle, und μαριθεύς das sich erhitzend brausend Zerfallende, und das ist ein gewisses Gestein (geglühter Kalkstein, Marmor).

134

μαρῖνος Meerfisch, s. mare Nr. 66. Hierzu Ἀμφίμαρος Sohn Poseidons.

135

μάρις ein Maß für Flüssigkeiten, womit diese also abgeteilt wurden; beschreibt das Gefäß als gefüllt. Vgl. Nr. 130.

136

μάρμαρος s. Nr. 17.

137

μαρμαίρω, Reduplikation zu μαίρω schimmere, flimmere (von der vibrierenden Bewegung des Lichts), beschreibt „das Licht" als in vielen Teilchen (ι, ρ) aus der leuchtenden Materie (Metall, Stein, Himmel usw.) als einer Höhle (μ) ausstrahlendes Gerades (α), also eigtl. ganz im Sinn der heutigen Physik; vgl. Nr. 17. Die Reduplikation ist frequentativ. Das Austreten des Lichts kann man als eine Art Sterben (vgl. μαραίνω Nr. 132) auch insofern bezeichnen, als das Licht schwächer wird, sozusagen welkt, abnimmt (z. B. das Sonnenlicht am Nachmittag und Abend); wir sagen auch „jemandem das Lebenslicht ausblasen". Mit diesem „Abnehmen" des Lichts (d. h. mit dem Nachlassen der Funktionsintensität der betreffenden Denkzellen) ändert sich auch die Thermik: Es wird kühler, d. h. anstelle der thermophilen Symbolkomponenten höherer Schwingungszahlen treten solche niedrigerer Schwingungszahlen ein. Auch die mit dem Schimmern verbundene Thermik beschreibt das Wort, wie sich besonders deutlich an μαιριάω, abgekürzt μαρίω Hitze, Fieber haben, somit krank sein zeigt (Konfluenz der Beschreibung assoziierter optischer und thermischer Vorgänge, vgl. Nr. 133). Die WS ist also nicht μαρ, sondern μαιρ; in dem ι wird hier gerade das Licht angegeben, während μαρ für andere Stoffe gilt, die in den weiteren Buchstaben der betreffenden Wörter als verschieden speziell beschrieben werden. So ist auch in μαραυγία Flimmern vor den Augen, Blendung das „Licht" mit αὐγία (zu αὐγή Glanz, Schimmer), das Vibrieren gleich Zerlegtsein mit μαρ angegeben; μαρμαρυγή (zu μαρμαρύσσω) kommt zur Bedeutung „Geflimmer, Gefunkel" wie μάρμαρος (Nr. 17) zur Bedeutung „schimmernd".

138

μάρναμαι kämpfe, streite, ringe, also zerreibe, zerteile, entkräfte, nehme teil vom Partner (ναμ vgl. zu νέμω teile, gebe, nehme), auch: töte, morde. Die Bemerkung Curtius', dass μάρνασθαι auch vom Ringkampf gesagt wurde, wobei es auf Tötung nicht ankam, und dass somit „töten oder töten wollen keineswegs die Grundvorstellung sein könne", ist hinfällig gegenüber der Tatsache, dass die ursprüngl. (Pubertäts-)Kämpfe stets auf Leben und Tod abgestellt und die Kampfspiele eben nur Spiele, d. h. Vorbereitungen für die eigentlichen, „ernsten" Kämpfe waren. Mit μύλη Mühle, μύλλω mahle (Nr. 314) besteht gewiss Sippenverwandtschaft, aber kein genetischer Zusammenhang; μυ malt Höhle und Schwelle (ε im υ), λ das Gleiten, das Herausgleitende (Mehl), mit ε (im υ) und λ, λλ wird das Zerreiben angegeben; die Wörter wie ihre Bedeutungen sind also ähnlich, aber die Verwandtschaft von μάρναμαι mit μύλλω ist, wie Max Müller entgegengehalten werden muss, keineswegs so eng wie die mit den übrigen Wörtern der WS μαρ und mit denen der WSn μορ, μερ usw. Vgl. besonders μαρ Nr. 130.

139

μάρρον s. marra Nr. 70.

140

μάρπτω greife, ergreife, lange aus, fasse, halte; μ Höhle, ρ Schwelle, α das sie Überschreitende, Hinauslangende, Fassende und das Abgetrennte, Erfasste als fgf., gerade, determiniert noch als solches mit ππ. Das Wort beschreibt also das Auslangen und den aus seinem Verband „herausgelangten" Teil als (somit ergriffenes) Gerades, d. h. eben die Höhle als füllbar und erfüllt. Das ππ gibt dazu das Plötzliche, Stürmische, Kraftvolle, Gewaltige, Mächtige des Vorgangs an (vgl. z. B. πτίσσω zermalme, zerstampfe, πτύω spucke, πίπτω falle usw.). Greiforgan ist die Hand μαρ, auch der aus dem Zusammenhang herausgenommene gerade Teil ist „μαρ"; man kann μάρπτω als μαρ-πτω auffassen, wobei μαρ das Erfasste, πτω das Hinlangen, Fassen angibt, hlg. ist lat. peto verlange, suche zu erlangen, gehe los auf (griech. πέτομαι fliege, πίπτω falle usw.). – Skt. WS març anfassen, ergreifen ist nicht, wie Roth will, mit μαρπ gleichzusetzen, sondern ist hlg. zu lat. marcere (Nr. 91), marcus (Nr. 92), nhd. Mark, Marke (Nr. 37, 38) usw.; allerdings ist marcere intransitiv, skt. març transitiv, doch ist das Ergreifen ein Zerteilen dessen, wovon (ein Teil) ergriffen wird, dieses also zerteilt. – μαρπ(τ) ist auch nicht lat. mulc (mulcere streichen, liebkosen) gleichzusetzen, wie Curtius will. – Zu μέροψ s. Nr. 125. Dagegen famverw. μορφή Gestalt als Umriss, Figur, Abbildung, μορφᾶν abbilden, darstellen, eigtl. einen μόρος (Abriss) machen (zu φᾱ vgl. φαίνω scheine, zeige). – Vgl. ferner skt. marb tot.

141

μύρτον, μύρτος s. Nr. 103.

142

μύρω fließe, s. Nr. 99.

143

μορτή Teil, Anteil in einem etwas anderen Sinn als μόρος und μέρος: Während μέρος (ε schgf.) im Allgemeinen Sinn von Teil, μόρος (o agf.) im Sinn von Los, Schicksal (Μοῖρα Schicksalsgöttin, Μόρος Sohn der Nacht, Nr. 113) gebraucht wird, hat μορτή etwa den Sinn von Deputat, Anteil am Ertrag eines gemeinsam bestellten Landes; das τ weist auf das fgf. Ergebnis des Teilungsvorgangs hin, das η betont das Abgegrenztsein, Schwellenhafte, Weibliche des gesamten μορτ.

144

μορτός im Übergang, in der Teilung befindlich mit Hinweis auf das fgf. Ergebnis (τ), sterblich mit Hinweis auf die Erlösung, das Freudestadium des Sterbens, die Größe, Erhabenheit des Toten. Es ist ganz unberechtigt, dieses Wort von μείρομαι, μέρος, μόρος zu trennen und seinen Sinn auf den von μαραίνω welke einzuengen, wie das Bopp und nach ihm Curtius getan haben; vgl. auch Nr. 11. Auch *welken* ist svw. aufteilen, zerteilen,

weich, mürbe, morsch (Nr. 24, 42) machen oder werden, we – hgf.-agf.-schgf. – beschreibt die Höhle-Öffnung-Schwelle, über die das Gerade (lk) trauer-freudegefühlig gleitet, abgeht, vgl. Welle usw., auch volvere (reduplikativ) wälzen, velle wollen (Nr. 358), wählen usw.; welken also svw. abgeben von Teilen, zerfallen, sterben.

145

μέρδω, ἀμέρδω nehme Teile weg, zerteile, beraube, s. merda Nr. 76, 72, auch Nr. 82.

146

μάρτυρ Märtyrer, s. Nr. 27, der aus der Höhle (μ) unter Schmerzen, Kämpfen, Verletzungen, Verlust von Teilen (Verstümmelungen) Hervorgehende, sich kraftvoll Durchsetzende, somit Erhabene (α, τ), besonders also von kritischen Übergängen, ganz speziell von den Pubertätsproben (Standhaftigkeitsproben). Die Endung υρ oder υς reduplikativ gibt die Vielfältigkeit der Proben, Schmerzen an. Vgl. auch Nr. 138 usw.

147

μόργος aus Teilen (Flechtwerk) bestehender, Teile, Stücke aufnehmender Behälter, Korb; μ Höhle, o Öffnung, ρ Schwelle, γ weiches Stück, ος ml. Endung; ργ gibt die Teile an, also auch die abgeschnittenen Ruten, die geflochten werden. Auch „Korb" heißt svw. der geflochtene, also aus abgeschnittenen Ruten (k, r, b), indem diese gebogen (o) werden, hergestellte, offene (o), gefüllte oder füllbare (k, r, b) Behälter. „Korb" hat auch genische Bedeutung, svw. wbl. Genitale, z. B. „jemandem einen Korb geben" gleich „ihm mitteilen, dass der ‚Korb' leer bleiben soll", „dass der Empfänger nicht als ‚Hahn im Korb' erwünscht ist". Auch Kerbe, Schnitt genisch gleich wbl. Scham. In der Oberpfalz wird dem Bewerber zum Zeichen der Abweisung ein Korb mit einer Strohfigur aufgesteckt, der Bewerber also mit der Strohfigur verglichen, als unfähig usw. gekennzeichnet. Auch ein bodenloser Korb wurde im 17./18. Jahrhundert dem Abgewiesenen ins Haus geschickt – anschließend an die Sitte, den Bewerber in einem Korb hochzuziehen und so festzustellen, ob er die Prüfung (vor der Erwählten und anderen Prüfern), die Liebesprobe bestünde oder „durchfiele", wobei denn das Mädchen, falls der Bewerber unwillkommen war, den Boden des Korbs gelockert hatte. Nach Hagens „Gesamtabenteuern" und Murners „Geuchmatt" hat Virgilius dereinst diese Probe nicht bestanden. Das Durchziehen eines Mannes, der ein Mädchen verlassen hat, durch einen alten Korb, wie es in der Eifel vorkommt, erinnert an das „sub iugum mittere", ferner an das Durchziehen des Jünglings durch eine gespaltene Weide als Pubertätszeremonie (Geburtsanalogie), die Linientaufe (Überschreiten der Pubertätsschwelle) usw. – Vgl. *Kerbe,* svw. keilförmiger Einschnitt, Abschnitt mit Betonung des Schmerzlichen (e), während das o in Korb die Rundung betont. Lat. hlg. corbis Korb, corbita Transportschiff usw. – Nebenform μόλγος, worin das λ, milder als ρ, das Langhingleiten der geflochtenen Ruten angibt (vgl. Korb und Kolben usw.).

148

μέργω, ἀμέργω s. Nr. 82.

149

μαργαίνω, μαργάω bin rasend, wüte unsinnig, eigtl. ein μαραίνω (Nr. 132) mit γ, das als tgf. das Stückhafte des abgetrennten μαρ, das Plötzliche des Vorgangs angibt, also μαργαίνειν svw. gewaltig kämpfen und so zerteilen, verletzen, vernichten, „welken machen", „auslöschen". Ein solches (Pubertäts-)Kämpfen ist eben ein Rasen, Toben, Wüten, s. Nr. 25, 27.

150

μαργαρίς s. Nr. 84.

151

μάργος rasend, wütend, auch genisch: wollüstig, zu Nr. 149.

152

μαργόω mache rasend, wütend, zu Nr. 149. Das Transitive ist im o angegeben, das auf das Ängstigen, Reizen hinweist, während das entsprechende α in μαργάω die eigene Person fgf. als rasend angibt.

153

μόρσιμος vom Schicksal bestimmt, zu Nr. 112. Eigtl. svw. vom Schicksal Ausgehendes (σιμ, worin σι die Schwelle, das vom μορ im genitiven Sinn Ausgehende, μ die empfangende Höhle angibt) aufnehmend und enthaltend, schicksal-haft („haft" zu „haben"), schicksälig.

154

μαρσύπιον marsupium, Nr. 96; das Wort betont mit υ das Gehöhlte des Beutels, der Tasche.

155

μαρσίπιον marsupium, Nr. 96; das Wort betont mit ι die Schwelle des Beutels, der Tasche.

Familie „mus" und Sippenverwandte

Deutsch

WS

mus	Mus	Moos	messen	miss	Mase	Maus
	Muse		Messer	missen	Maser	mausen
	müssen				Maß	mausern
	Muße				Masse	
					maßen	
					mäßig	
					Maas	
musch	Musche	Mosche	Meisch	mischen	Masche	
	Muschel	Moschus			Maschine	
		Mösch				
musk	Muskat				Maske	
	Muskel					
	Muskete					
must	Muster	Most	meist	Mist	Mast	
			Meister			

Lateinisch

WS

mus	mus	mos	messum	miser	mas	
	Musa				massa	
	mussare					
musc	musca			miscere	masculus	
	muscellus					
	muscus					
	musculus					
must	mustela					maestus
	mustus					

Griechisch

WS

μυσ	μῦς	μόσυν	μέσος	μισέω	μασάομαι	
	μυῶν			μῖσος	μάσσω	
	μυῖα				μάσσων	
	μύσαγμα					
	μυσαρός					
	μυσάττομαι					
	μύσις					
	μύσος					
	μοῦσα					
μοσχ		μόσχος		μίσχος	μασχάλη	
μυστ	μύσταξ		μεστός	μιστύλη	μαστάζω	
	μύστης			μιστύλλω	μάσταξ	
	μύστρος			μισθός	μαστεία	
					μαστεύω	
					μαστήρ	
					μαστίζω	
					μάστιξ	
					μαστός	

Erläuterungen

Die eingangs gemachten Vorbemerkungen gelten entsprechend auch hier.

Die hier angeführten WSn beschreiben ganz ähnlich wie die WSn mur, mor, mer usw., also wie die WSn der vorher besprochenen Sippe. Auch das s ist schgf., hat aber phonetisch wie grafisch einen etwas anderen Charakter als das r, das sich schon als stimmhafter Konsonant von dem Sibilanten typisch unterscheidet; das r beschreibt die kurzrhythmische, vibrierende, drehende, reißende und ähnliche Veränderung der Schwelle und des sie Überschreitenden, ist auch selbst eine kurzrhythmische Lautreihe, der auch ein mehrfach gebrochenes Lautzeichen (optischer Buchstabe) entspricht, während das s mehr ein gleichmäßig drehendes, feines Gleiten beschreibt und eine gleitende Reihe ist. Gewisse Mitglieder der beiden Sippen sind miteinander besonders eng-, fast familienverwandt, z.B. mus mit Genitiv muris, mos mit Genitiv moris usw. Mit Rücksicht auf den Umfang des Buchs werde ich mich im Folgenden möglichst kurz fassen; die bisherigen Ausführungen über Etymobiologie werden den nachdenkenden Leser, besonders den Sprachkundigen in die Lage versetzt haben, die Wörter nach den psychobiologischen Gesichtspunkten zu ordnen.

156

Mus svw. das in geräumiger Höhle (Mu) befindliche Gemenge (KT 2) von schleimig-zäher Konsistenz (s); es kann auch selber Höhlen bilden (KT 1), den Löffel usw. aufnehmen. Das s malt also das Zerlegt-, Zerteiltsein zu einem zähen Gemenge. Mus ist nicht eigtl. Brei, der aus gröberen Brocken („br" wie in brechen, wozu Brocken) besteht und dicklicher, trockener ist als Mus. Das s weist auch auf das Hin- und Her-, Hinein- und Herausgleiten hin. Vgl. dagegen Mur Nr. 1, worin das r das Zerriebensein, die voneinander abgetrennten Stücke beschreibt; vgl. auch Mor Nr. 5, Moor Nr. 6 u.a. – *Gemüse* gleich die für die Zubereitung von Mus geeigneten Garten- und Feldgewächse sowie diese Speise selber, vgl. moretum Nr. 55.

157

Muse, lat. Musa, griech. Μοῦσα, Μῶσα, Μοῖσα, Göttin des Gesangs und der Tonkunst (Musik), dann auch der Dichtkunst, Tanzkunst usw., auch der Wissenschaft (Musensohn, Alma Mater), für jede Kunstgattung eine besondere Muse. Mu (Μω, Μοι) gibt die mütterliche, weibliche Höhle an, das Mütterliche, Weibliche schlechthin, das s gibt das aus der Höhle Hervorgehende, die Schwelle Überschreitende als sanft herausgleitend, -fließend a, in Μοῖσα weist das ι auf die Schwelle hin (vgl. Μοῖρα Nr. 143, μοῖρα Nr. 112, 113). Muse also svw. Erzeugerin, Schöpferin, und zwar in einem – gemäß dem strukturellen Unterschied der Wörter – anderen Sinn, als ihn die Wörter Mutter (Nr. 245), mater, μήτηρ, mātā haben: Während die letztgenannten Wörter das Weib als *genitale* Zeugerin beschreiben, beschreibt Muse das Weib als *geniale* Zeugerin, als „Zeugerin im Geiste", als künstlerisch Schaffende, als „Mutter der Wissenschaft". Somit wird die künstlerische und wissenschaftliche Tätigkeit als genisch bezeichnet (vgl. auch den Mythos von der Geburt der Athene aus dem Haupt des Zeus usw.), und zwar im Sinn der magischen Deutung. – Es erübrigt sich hiernach, etymologisch Μοῦσα auf eine erdachte (!) Form Μονσα und diese auf Μοντια zurückzuführen und so eine Verbindung mit WS μεν (in μένος Mut, Sinn, μένω bleibe usw.) und damit zu μάντις Wahrsager herzustellen, um eine Bedeutung des Wortes Μοῦσα als die Sinnende, Ersinnende zu gewinnen (Curtius, a.a.O., S. 312). Uns ist die Bedeutung von Μοῦσα ohne solche konjekturalen Umwege, die doch nicht zum eigentlichen Ziel führen, offenbar. Dass eine mögliche (!) Form Μονσα mit WS μον zu den anderen Wörtern dieser WS sowie zu den Wörtern der WS μεν, μαν famverw. wäre und eine entsprechende Bedeutung hätte, soll keineswegs bestritten sein; diese Bedeutung wäre aber eben von der des Wortes Μοῦσα verschieden, und man soll etymologisch nicht einwenden, dass das sogenannte „geistige Zeugen" schließlich auch nichts anderes sei als ein Sinnen, Ersinnen, Wahrsagen: Es handelt sich eben – abgesehen davon, dass Μονσα bloß erdacht ist – bei diesen und anderen ähnlichen Wörtern um strukturelle Nuancen, denen Bedeutungsnuancen entsprechen, und solche Unterschiede zu ermitteln und biologisch verständlich zu machen, ist meines Erachtens auch Aufgabe der exakten Etymologie.

158

müssen beschreibt mit mü das Weibliche, das Hohle, Leere mit Hinweis auf die Schwelle (e im ü), auch hinsichtlich der Gefühlsspezies (Hunger, schmerzhaltig) und des Ausdrucks (Hungerbewegung schmerzhaltig), mit ss die dringliche Überschreitung der Schwelle (das Eilige, Dringliche auch im kurzen ü), also die Schwelle selbst und das sie Überschreitende, ist also svw. dringlich verlangen nach einem Aufzunehmenden (das somit von einer anderen Höhle abzugeben, das abzutrennen ist), eines solchen dringend bedürfen, in Not sein nach etwas und diesem Bedürfnis gemäß sich verhalten (sympathisch-sensorischer Reflexausdruck). Mhd. müezen, ahd. muozan, (o Angabe des Angststadiums), got. môtan svw. Raum haben für etwas (t), leer sein, mit Betonung der Öffnung (o) und Hinweis auf das Aufzunehmende (t), während got. matan das Erfülltsein, Fassen als Gefassthaben, speziell vom Mund, angibt. – „Ich bin, fühle mich bemüßigt" svw. ich habe das Bedürfnis; jemanden (be)müßigen svw. jemandem ein Müssen zueignen, zu eigen (Endung „igen") machen, jemanden nötigen; vgl. auch Nr. 159.

159

Muße svw. Leersein, mit Betonung der Weite, Dauer der Leere (langes u), ß wieder Hinweis auf das alsdann Aufzunehmende, auf das not-wendig folgende Überschreiten der Schwelle (vgl. Nr. 158). Not-wendig ist das die Not Wendende, Beendende, also das die Leere Erfüllende, als schgf. die Schwelle überschreitend hier mit ß beschrieben. So folgt auf das Leer-, Hungrigsein notwendig die Erfüllung – gemäß dem Schema Hunger, Angst, Schmerz, Trauer, Freude. Diese von der Psychobiologie erkannte Tatsächlichkeit wurde und wird magisch gedeutet, indem man eine abgesehen von dieser Tatsächlichkeit (Ablaufsordnung) existente, also transzendentale und trans-

zendente Macht fingiert, die eben diese Tatsächlichkeit bewirke und erhalte; diese fingierte Macht heißt Gott, Schicksal, Verhängnis, Vorsehung, *Notwendigkeit,* necessitas, ἀνάγκη usw. (necesse schgf. aus ne und cesse, das zu cessum, dem Supinum von cedere weichen gehört, also svw. unausweichlich, nicht weichend; ἀνάγκη aus αν reduplikativ und αγκ agf., vgl. Ang-st, Ank-er, f-ang-en, Zw-ang, anguis, angina, ἀγκών Bug, das Gebogene, ἀγκύλος krumm, ἀγκύλη Schlinge usw., also svw. immer wieder einengend, umfangend, zwingend, nicht aus den Fingern lassend, also auch unausweichlich, eine andere Art, das Not-wendige zu beschreiben, s. Nr. 128). Die Psychobiologie erkennt, dass die ständige Reihenfolge Hunger → Freude oder Leere (Not) → Erfüllung eine biologische Tatsache ist, die wir aus der Funktion der Hirnrinde als den gesetzmäßigen, d.h. in hundert Prozent der Fälle vorkommenden Ablauf der Assoziationen verstehen; dieser Ablauf ist so, wie er ist, und bedarf keiner ursächlichen Deutung, die allemal fiktional ist.

160

Moos, ganz ähnlich Moor Nr. 5, nur malt das s (statt r) das Feinflockige, Spiralig-Weichgleitende, Zähverfilzte des so Bezeichneten, wärend das r das bröckelige, gröbere Gemenge angibt (s. Nr. 156). Moos bezeichnet also eine im genannten Sinn von Moor verschiedene Art Sumpfland, ferner den aus ihm herauskommenden Pflanzenfilz, der den humosen Boden wie eine Decke eng und vielfältig (oo) überzieht. Lat. muscus Nr. 202, vgl. auch musca Nr. 200.

161

messen, mhd. mëzzen, ahd. mëzan, got. mitan, beschreibt das Schmerzstadium des Übergangs (ess, ezz, ez, it) aus der Höhle (m), also das Abteilen, Trennen, Schneiden (Abschnittemachen). Vgl. müssen Nr. 158. Das ss ist wieder frequentativ-intensiv. Unterschied von den verwandten Wörtern mit r statt s in der WS (s. die angeführten Wörter) wie beschrieben. In got. mitan betont das i die Genauigkeit des Abgrenzens, Abteilens, das t gibt das Austretende und somit Abgeteilte als tgf.-fgf., kurzes-langes Gerades an, vgl. lat. metare, griech. μετρεῖν (mit ρ, das das Messen als Trennung kennzeichnet), skt. mā́trā Maß, während skt. mā́-mi messe einfach das Herausgehen des Geraden (a) aus dem Runden (m) beschreibt, das in jedem Fall eine Trennung ist, also diese Trennung nicht besonders angibt; s. weiter Nr. 218. – Hierzu der *Meiß* gleich Holzschlag, Rodung (Roda, Neurode usw.), svw. das Abgemessene (Klafter); *Meißen* an der Elbe; der/die *Meißel* Nr. 291. – „*Messias*" s. Nr. 211.

Messer svw. das Abmessende, Abschneidende, sowohl die trennende, schneidende, scheidende Schwelle (wbl.) wie das Scheidende, gemäß dem Herausgehen (gradi schreiten, Schritte machen, also gradweise, nach Graden) Abgeteilte, Abgemessene, „Graduierte" und hiernach beim Messen anderer Gerader als Vorlage dienende, somit „messende" Gerade. „Graduiert" ist auch, wer sich mit Konkurrenten erfolgreich „gemessen" und so einen (höheren) Titel, Rang erhalten hat. Die schgf. wbl. Anordnung (Schwelle) kann eine glatte Rundung (als Rundmesser, Sichel, Krummsäbel usw.) oder eine gezähnelte Rundung (Mund mit Zähnen) sein, das Gerade kann glatt-gestreckt, geschweift, gezähnelt (Säge), gekerbt, kurz (tgf.) oder lang (fgf.), mit Gradabzeichen versehen oder ohne solche sein, im letzteren Fall ist das jeweils vorragende Stück abgeteilt oder erfolgt die Teilung „nach Augenmaß". Das Gerade wird auch in ein zu Messendes, d. h. zu Zerlegendes, Abzuteilendes eingetaucht (z. B. Aräometer), dringt ein (Stichwaffe, Schneidewerkzeug, die verschieden weit, in verschiedenen Abständen eingehen und dabei in verschiedenem Maß zerlegen). *Der* Messer ist gewöhnlich ein graduiertes Gerades (Thermometer usw.), auch ein kombiniertes Instrument (Gasmesser, Zeitmesser usw.), ferner eine messende Person (Landmesser usw.); *das* Messer ist gewöhnlich ein Schneide- und Stechinstrument. Wie früher dargetan, ist der Artikel mit seinem Substantiv eine biologische Einheit; die Bezeichnungen „der Messer" und „das Messer" sind also im Wesentlichen im Artikel unterschieden, und diesem Unterschied entspricht genau der Unterschied der phänomenalen Individuen: Der Messer ist eine mindestens seinem Hauptbestandteil nach ml. Anordnung, also auch an einer

Uhr als Zeitmesser werden Zeiger und Graduierung, das Gerade mit „der Messer" bezeichnet (während „die Uhr" das Runde, Wbl. angibt); das Messer ist eine nahezu äquivalente Kombination ml. und wbl. Anordnungen (Klinge und Heft, Klinge und Scheide usw.) oder Teil eines solchen, eben mit „das" bezeichneten Neutrums. – Wir verstehen so das Wort „Messer" in seiner heutigen Form, unbeschadet der Tatsache, dass *der* Messer mhd. der mezzære, mezzer, ahd. mezari, mezzari, *das* Messer mhd. das mezer, mezzer, ahd. das mezers, mezzeres, mezzires, mezziras, mezzras, mezrehs, mezzarehs, mezzirahs, einmal auch mezzisahs hieß und dieses mezzisahs sich aus mezzi (svw. „Gehacktes", zerschnittenes, gemetztes Fleisch, s. Nr. 263) und sahs das Schneidewerkzeug als lang, gerade, fgf. (vgl. lat. saxum Felsstück, also Abgeteiltes und, zugeschärft, selbst Teilendes, Steinmesser, zu secare schneiden) zusammensetzt; diese ahd. Buchstabenreihe veränderte sich in der Weise, dass das Wort dem mezzari immer ähnlicher wurde und demgemäß auch seine Bedeutung sich der des mezzari anglich. Im Mhd. und Nhd. lauten diese im Ahd. verschiedenen Wörter gleich, abgesehen vom Artikel, und demgemäß gleicht sich auch der Sinn beider Wörter so, wie oben dargelegt. Für „das Messer" gibt es eine Nebenform „das Metz" (provinziell), s. Nr. 261. – Hierher *Meißel*, Nr. 160, 291.

162

miss (z. B. in „missfallen" usw.), svw. im Schmerzstadium, dem Stadium, in dem etwas abgemessen, abgetrennt wird und somit fehlt, befindlich. Ein „Missfallen" ist kein rechtes „Gefallen", ein „Misswachs" kein ganzes, vollendetes „Wachsen", eine „Missetat" keine vollkommene, rechte Tat. *Misslich* svw. nach Art, vom Wesen (lich) des im Schmerzstadium, der peinlichen Trennung (iss) Befindlichen. Vgl. lat. miser Nr. 147, griech. μισέω Nr. 219.

163

missen wie messen, aber mit Betonung des Genauen, Peinlichen des Trennens, Scheidens (i). „Ich mag das nicht missen" svw. „ich mag mich von ihm nicht trennen". In *vermissen* determiniert die Silbe „ver" (wie auch in anderen Zusammensetzungen) den Vorgang des Missens noch besonders als schmerzlich, als zu einer Trennung führend; der Vermisste ist nicht nur abgetrennt, sondern obendrein aus der Gruppe, deren Teil er ist oder war, ausgeschieden. Ebenso determiniert „ver" in *vermessen* das Messen noch besonders als ein (genaues, vergleichendes) Teilen, Absetzen der Teile (vgl. verlegen, Verleger, Verlag), ferner auch als fehlerhaftes, unvollkommenes Messen, als ein Messen, dem als solchem, als Vorgang etwas abgeschnitten ist, abgeht, das somit im doppelten Sinn schmerzlich verläuft; vermessen ist jemand, der „das richtige Maß" noch nicht oder nicht mehr hat und es somit auch nicht an anderes anlegen kann, usw.

164

Mase, mhd. mâse, ahd. mâsâ, Wundenmal, Narbe, verunzierender Fleck, eigtl. das eine Umrandung (m, s) Füllende (a); vgl. Mark Nr. 37, Marke Nr. 38, markieren Nr. 39, worin r statt s (abgesehen vom k) – mit dem angegebenen Unterschied. Vgl. Nr. 116.

165

Maser wie Mase, nur gibt das r die schärfere Abgrenzung an. *Der* Maser: die bekannte ringartige oder flammige Zeichnung („Maserung") des Holzes, auch Knorren, Auswuchs, Vorsprung an Bäumen, als ml. nach KT 1 oder 2 bezeichnet; *die* Maser: jene Zeichnung des Holzes, auch der Haut (gewöhnlich „die Masern", wobei die einzelne Maser etwas vorspringt), als wbl., also hinsichtlich der Umrandung bezeichnet.

166

Maß die Höhle-Schwelle, also Abgrenzung (m, ß) als erfüllt (a) nach KT 2, das aus der Höhle über die Schwelle gehende Gerade, also das Abgemessene als fgf. (a) nach KT 1; im ersteren Fall das Messgefäß, im letzteren das Abgemessene, das Messgefäß Füllende, das bei fester Beschaffenheit mit anderen festen Individuen verglichen und

zeitlich-räumlich, d.h. „metrisch" beschrieben werden kann, ebenso wie das ein Gefäß füllende Flüssige und Gasige mit den anderen Gefäße füllenden Flüssigkeiten und Gasen zeitlich-räumlich verglichen und mit zeitlichen und räumlichen Wörtern und Zahlen beschrieben werden kann, die dann auch für die Gefäße als Messgefäße gelten. Das Messgefäß ist *das* Maß; das Abgemessene ist *die* Maß, sofern es gemessen wird, *das* Maß, sofern es metrisch verglichen wird, also selber zum Messen dient. – Die *Maße,* Plural: die Maßen (veraltet), svw. die Abmessungen eines Individuums, die „Größenanordnung", mit dem besonderen Sinn des richtigen Maßes; Dativ Plural *maßen* altertümliche Konjunktion, svw. „nach dem Maße, dass …", „gemäß dem, dass …", „indem", „weil", „da", eigtl. zeitlich-räumliche Angabe, dann kausal gedeutet. – Das Imperfekt *maß* (ich maß) beschreibt genau so wie das Substantiv: Das Messen, z.B. das Eingießen einer Flüssigkeit in ein Gefäß, *fand* statt, so wurde „(ich) maß" gleich „Maß". – *mäßig* svw. im (richtigen) Maß bleibend (in „zweckmäßig", „Mäßigkeit" usw.), auch svw. von geringem Maß.

167

Masse svw. das eine Höhle füllende Gemenge, die eine Höhle füllende Menge als Gesamt. Das lange a in „Maß" (früher auch Doppel-a: Maaß) betont das Gerade als ausgedehnt, es kommt auf die Ausdehnung sowie auf die Mehrheit der abgemessenen Einheiten an, worauf auch das ß (früher auch ss) hinweist; das kurze a in „Masse" tritt hinter dem Doppel-s (ss) ziemlich zurück, es wird mehr die Menge, das Gemenge von Teilen beschrieben, allerdings als ein Gesamt (a). Vgl. materia Nr. 282.

168

maßen s. Nr. 166.

169

mäßig s. Nr. 166.

170

Maas, Fluss, svw. das aus der Höhle (m) sich Langhinerstreckende, im Flussbett (m, s) fgf. Langhinfließende (aa). *Mosel* (Mosella) gibt die engere Höhlung (o) des Flussbetts an, wie die Endung el (ella) diminutiv ist. *Memel* beschreibt den Fluss als das reduplikativ sich Wälzende, Mahlende (Nr. 325), Malmende (Nr. 327, 333, 334), auch als das Einschneidende, Trennende, als Schwelle, Grenze der an die Ufer sich anschließenden Gelände.

171

Maus s. Nr. 47, 50.

172

mausen svw. sich wie eine Maus verhalten, s. Nr. 47.

173

mausern (Mauser, Mause, früher Mauße) svw. aus der Höhle, (Feder-)Hülle herausgehen, die Hülle abwerfen, mhd. sich mûzen, ahd. mûzôn. Das hlg. lat. mutare ist auch svw. aus der Höhle, der (bisherigen) Umgebung herausgehen, wechseln, aber im Allgemeinen Sinn.

174

Musche svw. Höhle (Mu) mit Öffnung-Schwelle (sche, s. Nr. 180), die von etwas (sche ml.) passierbar ist, aufnimmt und ausscheidet, speziell das weibliche Genitale, dann auch das ganze weibliche Individuum als Geschlechtswesen, sowohl das (sich hingebende) Menschenweib (Mutze, Mutzel, Nr. 255), dann auch die Kuh (Musche, Mutsche, Mutze usw.), das Sperlingsweibchen, dann Sperling überhaupt (dessen Fruchtbarkeit sprichwörtlich ist), die Fliege (lat. musca, Nr. 200), die Mücke, die Mucke (weibliches Schwein) usw. Vgl. Nr. 175. – Dagegen mu, muh hgf. Laut der Kuh (Kuh beschreibt die gefüllte, füllbare Geschlechtshöhle, das Rind als Weib, Mu-tter, im trophischen Sinn die „Kauende", Fresserin).

175

Muschel s. Nr. 47.

176

Mösche Bezeichnung für die noch junge, unträchtige Kuh, o die Öffnung, speziell die Geschlechtsöffnung, s. Musche Nr. 174. – Dagegen *Moschee* svw. heiliger Ort, Bezirk, Bethaus der Mohammedaner („Mo" Höhle-Öffnung, Haus mit Eingang, „schee" genaue Abgrenzung, arab. aber mesdjid Anbetungsort, sadjada beten).

177

Moschus, der durchdringend riechende dicke Saft des zwischen Nabel und Vorhaut liegenden Drüsensacks (Moschusbeutels) des männlichen Moschus- oder Bisamtiers, svw. das – optisch und olfaktorisch – aus der Höhle-Öffnung-Schwelle Ausgeschiedene (vgl. murex Nr. 47, murra Nr. 53 usw.), altindisch aṇḍadscha gleich das vom aṇḍa, Hoden, Erzeugte. Skt. mushkás Hode und weibliche Scham, s. unter Nr. 47. Vgl. auch μόσχος Nr. 224.

178

Mösch Sperling, s. Musche Nr. 174; ö malt die Öffnung-Schwelle.

179

Meisch, meischen (auch Maisch, maischen): Extraktion des Biermalzes mit warmem Wasser (im Meischbottich), worauf das Hopfen, Kochen und Gären des Meisches erfolgt. Meisch ist also das digerierte *Gemisch* von Malz (Nr. 349) mit Wasser, urspr. mit Honig (Nr. 349) vermischtes *Bier* (Met, μέθυ, skt. mádhu süßer Trank; Bier hlg. lat. bibere), Honigtrank, berauschender Trank (skt. WS mad trunken sein, mádas Trunkenheit, Stolz, Freude, mattas trunken, WS mat, math umdrehen, quirlen, schütteln, ferner mâtrâ Maß usw.). Die Bedeutung der Wörter ergibt sich aus der Tatsache, dass bei den Pubertätsfesten auch eine *Trink-* oder *Saufprobe* abgehalten wurde (und wird), die

Adepten also auch ihre Trinkfestigkeit erweisen, sich im Trinken messen mussten. Es wurde ihnen also der ortsübliche berauschende Trank zugemessen, es wurde abgemessen, wie viel sie trinken konnten, die Gemäße, die sie leerten, gezählt usw. – wie das heute auch noch der Fall ist (auf der Kneipe, im „Keller", im „Lokal"). So herrschte bei allen Pubertätsfeiern eine tolle Trunkenheit – und heute? „Wer am meisten saufen kann, ist König." In den den Zeiten des rohen Dämonismus wurde natürlich auch der Rauschtrunk dämonisiert (Haoma oder Soma der Inder, eine Art Most [Nr. 425, 544], Wanenblut der Nordländer, Dionysos, Oinos, Bakchos der Griechen usw.); der Berauschte war also Gottes voll, von einem Gott besessen und somit selbst ein Gott, göttlich, dämonisch – wie jeder Trunkene, auch der Liebestrunkene –, und es musste zweifelhaft bleiben, ob der Gott ein guter oder ein böser war. Somit hatte der Jüngling die Pubertätsprüfung bestanden, sobald er berauscht war, also selbst göttlich (Schöpfer – Zerstörer) geworden den Vater-Gott so überwunden, in sich aufgenommen hatte (wie sonst das Blut des Herrn); das christliche Abendmahl ist ein Überrest jener primitiven Sitte: Anstelle des Leibes und des Blutes des (überwundenen, getöteten) Herrn wird Hostie und Wein genommen. Ganz archaistisch verhält sich der Trunksüchtige: Auch er vollzieht den primitiven Kampf mit dem Gott im Rauschtrank, bemächtigt sich seiner im Trinken und ist somit „selig", „göttlich" (allüberlegen: hält alle frei, weiß alles usw.), bis ihn der Katzenjammer belehrt oder er diesen „Teufel" wiederum mit „Beelzebub" (eben dem Rauschgott) austreibt. Der *Alkoholgenuss* ist eine biologische Tatsache, und keine Abstinenzbewegung (Angstausdruck) kann sie beseitigen, gehört vielmehr als negative, eben Angstphase zum Ablauf des alkoholischen Erlebens und seiner Beschreibung, und ihre extremen Formen und ihre Verallgemeinerungen sind Kennzeichen der Angstneurose, wie auch das Pendant, die Trunksucht, eine Neurose ist. Man kann übrigens auch „*liebestrunken*" sein, wie „Trunkenheit" („Rausch") auch eine allgemeine Bezeichnung für das (törichte, närrische, rasende, tummelnde – μόϑος Getümmel, μέϑυ Met –, wild tanzende, drehende usw.) Verhalten der „Festteilnehmer" war und ist.

– Meisch oder Maisch ist also etwa svw. Gemisch, und zwar das zugemessene schäumende („sch" s. Nr. 180) scil. Getränk, mit dessen „Vertilgung" sich die Teilnehmer an einem Fest (urspr. dem Pubertätsfest, später allen möglichen Festen als entwicklungsmäßigen Aufsplitterungen des urtümlich einzigen Jahresfestes) messen, als „Männer" erweisen.

180

mischen svw. in einer Höhle (m) auf die besondere mit „sch" angegebene Weise verteilen (i). Das sch ist die grafische Entsprechung eines einheitlichen akustischen Konsonanten, eine Art chemische Verbindung aus s und ch, die im ahd. misgan, miscan, lat. miscere (Nr. 204), griech. μίσγειν noch nicht existiert. Als einheitlicher Konsonant ist sch runder (als wbl.) bzw. voller (als ml.), also weniger eingeengt als s und ch und beschreibt auch einen solchen phänomenalen Vorgang, nämlich ein rundliches, schraubendes, umrührendes Bewegen als Ausdruck von sensorischen Schmerzreflexen, sodass mischen svw. „in einer Höhle umrührend verteilen" bedeutet. Das sch malt auch das hierbei entstehende Geräusch, d.h. das Eigengeräusch des Individuums, das gemischt wird oder sich mischt, vgl. hierzu schäumen, schluchzen, schallen, rauschen, lauschen usw. Auch in „meischen" wird sowohl das Umrühren wie das Schäumen, Gischten des zugemessenen Tranks mit sch angegeben. Ganz ähnlich wie sch beschreibt die Kombination sg, sc als eine Art Vorstufe des sch. Wird die Reihe sch getrennt gesprochen, also wie in „bisschen" (in Berlin: bissken) oder wie in der westfälischen Mundart „Schinken" (S-kinken), dann wird auch der phänomenale Vorgang entsprechend anders erlebt als der mit sch als einer Einheit beschriebene: s ist enger, feiner als ch, beide (s und ch) sind enger als sch, das gutturale ch obendrein härter, gepresster, rauer, g und k geben das Abgetrennte als tgf.-fgf. an.

181

Masche, mhd. masche, ahd. masca, die Höhle (m), die ein Gerades (a) mit rundlich-schlingenden, umschlingenden Bewegungen umfasst, umwindet (sch), die Umschnürerin, Verschlingerin (vgl. Sphinx usw., Nr. 122), die jemanden in ihre Netze lockt (Spinne, Hexe, Zauberin, das Weib dem Mann gegenüber), dann auch – und im Nhd. nur noch – ihr aus Schlingen bestehendes Gewebe, Netz, mit dem sie „umgarnt" (worin a die Länge angibt). Das Umgarnen ist ein Umschnüren und so Abtrennen, Zerlegen, Aufteilen, Abschneiden, Berauben: Freiheit, Besitz, Ehre, Leben – vgl. Liebestod – muss der in den Schlingen des Weibes liegende Mann lassen; das sch gibt auch dieses Schmerzliche, eine Art Abmessen an. – Ganz ähnlich *Maske*, worin sk zusammengehört, wie sg, sc in misgen, miscan, miscere, μίσγειν (Nr. 180); dieses Wort hat noch die urspr. Bedeutung Umschnürerin, Töterin, Hexe, „Dämon Weib", dann allgemein Schreckgespenst, Popanz auch männlichen Geschlechts, wie die die große Gottheit und ihre Zaubermacht darstellenden Tanzmasken der Völker aller Kulturstufen zeigen (Tanzfeste bei Pubertätsfeiern, Maskenbälle, Narrenspiele). Genetische Verwandtschaft zu lat. masticare kauen (J. Grimm) oder mandere kauen besteht nicht, auch nicht zu masculus (Nr. 67), das sich aus „mas" und diminutivem „culus" zusammensetzt.

182

Maschine beschreibt ein Werkzeug als Kombination von Rund und Gerade, und zwar derart, dass das Runde (m) ein Füllmaterial (a) umschlingend aufnimmt (schin), zerteilt, verteilt, mischt usw., oder dass das Gerade (a) aus der Höhle, Rundung (m) über die Schwelle (sch) vor und in ein anderes Individuum, dieses zerteilend, eindringt (schin). Lat. hlg. māchĭna, mit betontem, langem a und kurzem i, also mit Betonung des Geraden, und mit gutturalem ch (s. Nr. 180). Griech. μηχανή Werkzeug, auch im wortbegrifflichen Sinn (List, Ranke, jemanden zu umschlingen, etwas einzufangen, zu zerlegen), mit Angabe der Schwelle, des längeren Drehens, Hin- und Herwendens, Zerlegens, Abmessens (ηχ) und dessen, worauf sich die Funktion richtet (αν); das betonte ή gibt noch besonders das Weiblich-Schmerzliche an. Hierher als famverw. μάχομαι kämpfe, μάχη Schlacht, μάχαιρα Messer, Schwert usw. Lat. mactare schlachten (dies Intensivum von „schlagen"),

eigtl. jemanden im Kampf besiegen, schlagen und als Sieger, Erhabener, Großer (a) mit einem Geraden (a) den Besiegten zerlegen, zerteilen (ct), aus ihm (m) Teile herausschneiden, ihn zerstückeln, zur Höhle, zunichte machen, niedermachen. Der aus dem Kampf Hervorgegangene ist magnus, maior, magus, μέγας, skt. mahā, die Frau Maia usw. Hlg. unser machen, Macht, „gemachter Mann" usw. (Nr. 12, 116, 222). – Dass wir „Maschine" sagen und nicht z. B. „Machine" (auch der Franzose spricht machine „maschin" aus) oder „Meschine" usw., kann nur von der psychobiologischen Wortkunde verständlich gemacht werden.

183

Muskat, Muskatnuss, semen Myristicae (Nr. 99), liefert das Muskatnussöl, das wie Moschus riecht, mhd. muscāt, muschat, worin das „-at" besitzanzeigende Endung, svw. „habend" (mlat. Adjektiv muscatus), und musc, musch svw. das aus der Höhle, dem Inneren Abgeschiedene sowie die abscheidende Höhle ist, vgl. Moschus (Nr. 177), skt. mushkás Hode und weibliches Genitale (samen-, blut-, kindabscheidend, auch geruchsabscheidend). Muskat also svw. „vom Moschus, mushkás habend", auch olfaktorisch. Die Muskatnuss ist dem Hoden ähnlich, der ja auch vielfach als Nuss bezeichnet wird („Nuss" ganz ähnlich „mush" usw.).

184

Muskel s. unter Nr. 47.

185

Muskete: „et" verkleinernde Endung (für ette, etto) oder Angabe der Schwelle, in die „sk" eindringt; „musk" svw. das aus dem Inneren Herauskommende, Herausfliegende (sk) und die herausschleudernde Höhle, hier Wurfgeschoss, Bolzen, Kugel und die Schleuder-, Schießwaffe. Vgl. mlat. muschetus eine kleine Art zur Beize (Nr. 72) verwendeter Sperber, lat. musca Fliege (zu „fliegen"), mus Maus, Moschus usw., die alle, jedes nach seiner Besonderheit, als aus der Höhle, dem Inneren herauskommend beschrieben werden, und zwar mit spezieller Buchstabenreihe gemäß der phänomenal-phänomenologischen Entsprechung, also auch je nach dem Übergangsstadium, das beschrieben wird, mit anderen, d. h. den jeweils assoziierten Buchstaben und Buchstabenreihen. – Dass die Muskete nach dem Jagdsperber oder der Fliege benannt worden sei, ist nicht nötig anzunehmen (trotz Falkonet – Falke usw.); wir haben ja auch die Fliege nicht nach dem Herausfliegen eines Geschosses oder dessen Fliegen und Flugbahn nach der Fliege benannt. Es werden vielmehr die eigenschaftliche und funktionelle Ähnlichkeit gewisser Individuen, z. B. eines Geschützes und seiner Geschosse mit einem Stoßvogel, auch entsprechend ähnlich beschrieben. *Falke:* F und l schgf., ak fgf., worin k die Kraft, das Plötzliche der Bewegung, auch das Ziel, das scharfe, harte Auftreffen angibt, e schgf., Schwelle des Getroffenen, Eindringen, also Falke svw. der plötzlich-kräftig auf ein Ziel Hingleitende und dieses hart Treffende, svw. der Fallende und Fällende, aber mit spezieller Determinierung (Nr. 123); *fallen* – hlg. lat. fallere – svw. in langer, reduplizierter Bahn hingleiten, Funktionsbezeichnung, dessen eigenschaftliche Determinante hinsichtlich der Farbigkeit mit *„fahl, falb"* bezeichnet wird. Die funktionelle Ähnlichkeit zwischen Falke und *Falkonet, Falkaune* ist offensichtlich. Vgl. auch *Balken*, Bolzen, Ball, frz. la balle, ballen, ballern; lat. ballare tanzen, βάλλειν werfen, βάλανος Eichel usw.).

186

Maske s. unter Nr. 181.

187

Muster svw. das aus der Höhle, Hülle, Gesamtheit (Mu) Herausgenommene und so Abgetrennte, Gezeigte (ster). Lat. monstrum, monstrare, monasterium (Münster); μόνος (Nr. 489), indem das aus der Gesamtheit Herausgenommene abgetrennt, isoliert, allein (alles in einem) ist. Vgl. mirus Nr. 64.

188

Most das aus der Höhle-Öffnung (Mo) Ausgeschiedene (st), nämlich der aus Trauben, Obst gepresste Saft, der im Fass (Mo) schäumend (st, mundartl. scht) zu Wein vergärt. Das st malt das Herausgleiten, die Bewegung des Saftes, auch hinsichtlich des Eigengeräuschs, das t speziell die explosive Erweiterung und das sich hierbei reichlich Entleerende. Vgl. Nr. 177.

189

meist Superlativ zu „mehr", Nr. 12; m Höhle, eis Schwelle, Abgrenzung und das sie Überschreitende, das mit t als fgf. gekennzeichnet wird, während es mit r in „mehr" als begrenzt angegeben wird; „das Meiste" also svw. das Abgemessene als größt (s. Nr. 190). **Meister** der Abgemessene (gleich Erprobte) als größt; lat. magister, engl. mister, master (Gegensatz zu magister ist minister). Im Got. máist wird das in der Höhle Befindliche, aus ihr Hervorragende noch besonders mit a als fgf. betont, ähnlich in skt. mahischta usw.

190

Mist svw. das die Höhle-Abgrenzung Erfüllende, aus ihr Hervorgehende, Abgeschiedene (Kot, Harn), insofern Abgemessene; in der Verbindung st ist wiederum das Superlativische angegeben. Vgl. „er hat Geld wie Mist", Misthaufen als Kennzeichen des Reichtums (Viehzahl – pecus, pecunia) des Bauern usw. Got. maíhstus. Genetische Verwandtschaft mit ags. mīgan, hlg. lat. mingere, griech. ὀμίχειν Harn lassen nicht zwingend, schon insofern nicht, als „Mist" gar nicht (bloß) Harn ist.

191

Mast das die Höhle Erfüllende, Zugemessene oder die Füllung der Höhle (*die* Mast) und das aus der Höhle Aufragende (*der* Mast), beides im superlativischen Sinn (st).

Lateinische Homologa

192

mus, muris Maus, s. Nr. 171.

193

Musa s. Nr. 157.

194

mussare in den Bart brummen, vor sich hin murmeln, eigtl. in der (Mund-)Höhle hin und her bewegen, sozusagen zu lautlichem Mus zerlegen (vgl. Schmus) und dann ausstoßen; ähnlich: munkeln, worin aber das charakteristische Doppel-s (ss) nicht vorliegt (Nr. 270). Vgl. moussieren, ferner μύσσειν schnäuzen, ähnlich μύζειν mit geschlossenem Mund einen Laut hervorbringen.

195

mos, moris s. Nr. 57.

196

messum Supinum zu metare mähen, ernten, mit dem Messer abschneiden, abmesse(r)n; metari abmessen, Ziel abstecken; s. Nr. 161, 162, 275.

197

miser svw. im Schmerzstadium befindlich, vgl. miss Nr. 162, auch „mies". Hlg. griech. μῖσος, Nr. 220. Keine genetische Ableitbarkeit von maerere traurig sein, maestus traurig, Nr. 208.

198

mas, maris s. Nr. 67.

199

massa Masse, s. Nr. 167. Hlg. griech. μάσσω, Nr. 222.

200

musca Fliege, s. Nr. 174, svw. die aus der Höhle Herauskommende, Auskriechende (aus der Larve), Ausfliegende, auch die Fruchtbare (Ausscheidende).

201

muscellus Diminutiv zu mulus Maulesel, also das Maultierjunge, das aus der (Mutter-)Höhle Geborene; mulus, Stute und Eselhengst, svw. Muttertier (Mu, das l gibt das Herauskommende, auch das Aufzunehmende, scil. männliche Genitale, an), als ml. nach KT 2: der zum Muttertier gehörige Hengst. Vgl. Musche Nr. 174 usw.

202

muscus Moos, s. Nr. 160. Nicht Maskulinum zu musca Fliege, famverw., nicht aber voneinander abzuleiten. Die Gleichartigkeit der phänomenalen Individuen muscus und musca wird eben auch mit gleichartigen Wörtern beschrieben; beide Individuen gleiten aus der Höhle heraus, und ihre Mehrzahl ist ein Gewimmel kleiner „Teile", ein Durcheinander von zahlreichen Einzelnen (sc).

203

musculus Muskel, s. Nr. 47.

204

miscere mischen, s. Nr. 180. Im Supinum mixtum ist x metathesiertes sc.

205

masculus Diminutiv zu mas, Nr. 198. Zu ulus s. unter Nr. 47 bei musculus.

206

mustela Marder (Mustela martes L.), s. Nr. 26, svw. das aus der Höhle, dem Versteck (mu) Herauskommende (s) und in langen Sprüngen (tel) Dahineilende; in der Form mustella malt das Doppel-l die Mehrzahl der Sprünge. Ähnlichkeit mit Maus, mus. Man vergleiche die fantastischen „Erklärungen" der historischen Etymologie!

207

mustus jung, neu, svw. aus der (mütterlichen) Höhle herausgekommen (st), das t weist auf das Aussprießen, Aufwachsen (fgf.) des Stücks (tgf.) hin. Kein genetischer Zusammenhang mit μύδος Flüssigkeit, Nässe, sodass agna musta „das noch nasse Lamm" hieße (!), auch nicht mit mulier Weib, múhyati wird irre usw.; auch erübrigt sich die Konstruktion eines Wortes „mudstos", um zu μύ(δ)σος Makel, Verbrechen (mit der hinzugedachten Bedeutung „Nässe"! – das δ ist ebenfalls hinzugedacht!) und so zu einer Bedeutung und „Herleitung" zu gelangen; und auch altindisch mōdatē – ist lustig, fröhlich – hat mit mustus nichts zu tun; s. Nr. 206 letzten Satz!

208

maestus traurig, verstimmt; maestitia, maerere. Das ae steht hier als Trauervokal, ist ein schmerzhaltiges a, determiniert vom hgf. m und schgf. s, worin sich maestitia von laetitia, maestus von laetus unterscheidet, sodass das ae in laetus „freudiger" ist. Die Endung in maerere ist zum Unterschied von laetari schgf. (vgl. merere Nr. 60); maestus also svw. der aus der Höhle (m) über die Schwelle (es) soeben Hervorgegangene, als solcher ein Held (t), aber (noch) ein Stück, kurz, gedrungen, müde, matt, langsam usw. (aest, mit Hinweis auf das folgende Freudestadium [t]). Der Traurige ist gewöhnlich kurz (Stück), untersetzt, gedrungen, voll (Trauerkloß!), langsam, plump usw. – und umgekehrt ist ein solcher Mensch für gewöhnlich in trauriger Stimmung. So ist maestus auch Bezeichnung des Traurigen hinsichtlich seiner besonderen Eigenschaften und Funktionen, als eines vollen, plumpen (usw.) Menschen und mit ge-mästet, μεστός zu vergleichen.

Griechische Homologa

209

μῦς Maus, Muskel, s. Nr. 171, 203. Genitiv μυός svw. von der Maus, vom Muskel ausgehend, abgetrennt, zu ihr bzw. ihm gehörig (ος); **μυών** muskelreiche Leibesgegend, das ω betont die Mehrzahl, die Weite der aus einzelnen Muskeln bestehenden Region, auch die Mehrzahl der Muskelfasern eines Muskelknotens; s. auch Nr. 214: μύσις Schließen der Augen usw. Skt. mūshas, mūshakas Maus, Ratte, dazu mushkás Hode und wbl. Scham: im Inneren befindlich, versteckt und selbst gehöhlt, ausscheidend, s. unter Nr. 47; wir nennen auch das Mädchen zärtlich Maus, Mäuschen und ihr Genitale vulgär Möse (vgl. Öse, Loch), wohl auch die dunkle Behaarung mit der der Maus vergleichend.

210

μυῖα Fliege, s. unter Nr. 47; das i betont besonders die Feinheit, Kleinheit des Abgeteilten, aus der Höhle „fliegenden" Tiers, auch wohl das feine Fliegegeräusch der hier von der Fliege noch nicht scharf unterschiedenen Mücke. Vgl. musca Fliege, Mücke, Mucke („Muckchen" Bezeichnung für ein „lockeres Mädchen", das „flügge" ist, eine „lockere Fliege"); dagegen beschreibt skt. mákshas die Mücke, Fliege als aus der Höhle hervorgegangen (a fgf.), ausgekrochen, ähnlich wie Made, auch wie Mädchen, svw. das Ausgekrochene, aus der mütterlichen Höhle Hervorgegangene, also Geborene (mhd. maget, ahd. makad, maged, got. magus, mac Knabe, Sohn, Nr. 222, auch Nr. 253, 262).

211

μύσαγμα Weiterbildung zu τὸ μύσος. Dieses Wort beschreibt ganz ähnlich wie Mus (Nr. 156). Das Gemenge von schleimig-zäher, feuchter, schlüpfriger, gleitender Konsistenz (vgl. Sch-mutz, Schmiere – mit Betonung der Kleinheit der gemengten Teilchen –, μύδος Nässe, Feuchtigkeit usw.) wird ausgeschieden, ausgestoßen und wird auch nach den Ausscheidungsreflexen als hässlich, schrecklich, abscheulich, widrig (Angst-Schmerz), ekelig (Überfüllung, Überdruss) bezeichnet; dann benennt μύσος auch diese Gefühle selbst, also Hass, Angst, Schmerz, Ekel und Nuancen. In μυσιάω verabscheue, habe Widerwillen gibt die Reihe ια (vgl. Nr. 118, 505) das Teil (ι)-haben (α), den Besitz an μυσ, an Hass, Widerwillen, Abscheu an, in μυσάττομαι gibt die Reihe αττ in spezieller Nuance den Besitz an Abscheu, das „Vollsein", Erfülltsein mit Abscheu an (vgl. σάττειν, satt usw.); in diesen Wörtern wird mit μυσ das Gefühl Abscheu gemeint, im Gegensatz zu den folgenden Wörtern, in denen μυσ das Schmutzige, den Schmutz, das Abscheuliche usw. benennt. In μυσαχθής gibt αχθης das „Haben" des μυσ noch besonders an, den Besitz an μυσ – vgl. ἔχω habe, ἄχθομαι bin belastet, beschwert, ἄχθος Last, Bürde, Beschwerde, d.h. eigtl. Besitz, Habe (α fgf.) als schgf., begrenzt, zugeteilt (χ), als zu groß (θ), als beschwerlich, lästig, vgl. unser Acht, geachtet und geächtet (wer die Pubertätsprobe bestanden, die Tat vollbracht, „begangen", den „Sündenfall" vollzogen hat, ist Besitzer, geachtet und sofort neuen Angriffen ausgesetzt, geächtet, ein Echter, sonticus der Wahre, Echte, Schuldige, eigtl. Seiende). In μυσαχνός abscheulich gibt das αχ ebenfalls die abgegrenzte Größe, den Besitz, das vielfältig geteilt Langhingestreckte (vgl. unser ach, die Ach, Ache, der Bach, Nr. 334, achern, ächzen, jachern, ἄχεσθαι usw.) an, das ν determiniert als ängstlich, beengt, eng verteilt in einer zusammenhängenden, sozusagen rinnenden Weise (vgl. ἄχνα, ἄχνη das sich oben Abhebende, z.B. der Schaum des Meeres, des Weins usw.); μυσαχνός also svw. schmutzbedeckt, dem Wesen nach reichbefleckt, somit abscheulich; μυσάχνη Hure, svw. Dreckschwein, Saustück. In μύσαγμα Befleckung, Zufügung von Flecken, Schmutz, Abscheulichem und das Befleckende gibt αγμα die Masse (vgl. μάγμα Nr. 222, ἄγμα, φράγμα, μάλαγμα Nr. 395) an, von der μυσ ausgeht (vgl. ἄγω, lat. ago), die μυσ führt, μυσ-haltig ist, aus μυσ besteht und μυσ an Berührtes abgibt, sowie diese Übertragung des μυσ.

Der Seufzer „ach!" beschreibt ein Gerades, das die Schwelle (ch) passiert, das schmerzliche (zerteilte, gedrehte, gequälte usw.) Männliche hinsichtlich des Gefühls, ist also ein schmerzlich-trauriger Ausruf. Vgl. ἄχος Schmerz, Betrübnis, Ärger, ἄχομαι bin betrübt, traurig, synonym mit

ἄχθομαι, sofern dieses Wort Gefühle angibt, ferner ἀχέω (später ἠχέω) töne, lasse ertönen (vgl. Echo) usw., Ἀχιλλεύς aus ἀχ und ἴλλω drehe, winde, also svw. der sich in Schmerzen Windende, Gemarterte (Nr. 27, 146, 228), Verwundete (vgl. χριστός Nr. 64, 98, Maria, die Schmerzensreiche, Nr. 16), der Schmerz-, Kampferprobte, der die Pubertätsmartern bestanden hat, der Held, Sieger, Herr (die Herleitung von Ἀχιλ[λ]εύς aus ἀχι und λαός Volk, sodass der Name etwa svw. Herold, Rufer des Volkes zum Kampf bedeuten würde, will mir nicht einleuchten, das Rufen zum Kampf ist kaum als schmerzlich-traurig aufzufassen, einem solchen Ruf würde das Volk gewiss nicht folgen); vgl. auch Ὀδυσσεύς zu ὀδύσσομαι zürne, grolle, ὀδύρομαι wehklage, ὀδύνη Schmerz, ὠδίς Schmerz (speziell Geburtsschmerz) usw., also svw. der Schmerz-, Schwergeprüfte, der viel durchgemacht hat, der „edle Dulder". Vgl. χριστός Nr. 27, 64, 98, Messias zu „messen" Nr. 161, also der Gemessene, Erprobte usw. (wie χριστός) und somit Gesalbte (hebr. מָשִׁיחַ), wovon „Messias" ausgegangen ist). Der Held ist immer der, der die Pubertätsprüfung bestanden hat, mag er lebendig oder tot davongekommen sein.

212

μυσαρός aus μυσ (Nr. 211) und αρος, worin αρ das aus Teilen (ρ) Zusammengefügte, in dieser Art Große, Volle (α fgf.) angibt (vgl. ἄρειν, mit Reduplikation ἀραρίσκειν zusammenfügen, verbinden, aus Teilen ein Ganzes, Volles machen, ἄρχειν, der die Pubertätsproben [ρχ] bestanden, die Schwelle [ρχ] überschritten hat, also der Große, Erste, Held, Herrscher sein, der als Anführer, Herzog etwas tut, was die anderen mitmachen, sodass eine verbundene, ge- und verfügte Handlung geschieht, usw.); μυσαρός also svw. groß in μυσ, voll von μυσ, derart mit μυσ ausgestattet, dass die vielen Flecken, Schmutzteile ein Zusammengefügtes, Großes ergeben, ganz und gar befleckt, unrein.

213

μυσάττομαι s. Nr. 211, 212.

214

μύσις das Zusammendrücken (der Augen, des Mundes usw.), zu μύειν sich schließen: μ Höhle, υ Höhle-Öffnung-Schwelle (Letztere im ε des υ), vgl. Mühe, müde usw.; s. auch Nr. 47. Das ι der Endung gibt die Enge der Schwelle besonders an.

215

μύσος s. Nr. 211 und 214.

216

μοῦσα s. Nr. 157.

217

μόσυν, μόσσυν ein hölzernes Haus, hölzerner Turm (Μοσύνοικοι Volk an der asiatischen Küste des Pontus Euxinus, Holzhaus-, Holzturmbewohner); das Wort beschreibt die Höhle-Öffnung-(Enge-) Schwelle, wie das auch das Wort „Haus" tut; nur ist die Gestalt des Hauses, die Anordnung der Räume mit μόσυν anders angegeben als mit Haus. Vgl. frz. maison (das ich aber nicht etwa als von μόσυν „abstammend" angeben will).

218

μέσος, μέσσος mitten, in der Mitte, eigtl. abgemessen, vgl. Nr. 161; die Stelle, bis zu der gemessen wird, die abgesteckt ist, ist von der Stelle, von der aus gemessen wird, ebenso weit entfernt wie von allen möglichen anderen gleich weit entfernten Punkten, insofern befindet sich das Gemessene als abgesteckter Punkt stets „in der Mitte", und Mitte (Nr. 251) heißt eben auch svw. abgesteckter, abgemessener, beim Messen abgesteckter Punkt. Vgl. Mittag, Mittwoch usw., ferner μετά, μετρεῖν usw., lat. medius, metare usw., skt. mádhjas medius, mâtrā Maß usw. Die WSn mit s als Endkonsonant beschreiben bis zum Schwellen-, die WSn mit d, t als Endkonsonant bis zum Trauer-Freudestadium, s. unter Nr. 156, 161.

219

μισέω verabscheue, hasse, mit Betonung des Schmerzstadiums (ι für υ in μύσος), s. Nr. 211, auch Nr. 197. Das ι hat einen schärferen, zugespitzteren, stechenderen Charakter als das e und das υ. – Das Wort *Hass* beschreibt eigtl. den Kampf, Streit, den „Hader", wobei das a entweder agf. oder angsthaltig-fgf. ist, im letzteren Fall also den Erfolg, die Größe, Macht der Streiter betont (mhd., ahd. haz, got. das hatis, altnord. hatr, vgl. Hatz, Hast, Hader usw.); dann auch die „zurückgehaltene" Kampflust, den gestauten Streithunger, den gestauten Hunger überhaupt.

220

μῖσος Hass, Abscheu, Feindschaft, s. Nr. 219. Das lange ι malt die Dauer, das wiederholte Auftreten auch die Intensität.

221

μασάομαι, μασσάομαι ein Ganzes (α) in Teile zerlegen (σ), somit abgrenzen, vgl. Nr. 164, 165, messen Nr. 161, speziell mit Mund und Zähnen, also svw. zerbeißen, mahlen (Mahlzähne), verzehren, kauen (Nr. 234). Lat. masticare.

222

μάσσω mache zur Masse, massiere, s. Nr. 167, also knete, drücke, quetsche, betaste, streiche, bestreiche, wische usw. – und alle diese Wörter bezeichnen ein Zerteilen, Zerlegen eines Ganzen. Auch das Kauen (Nr. 221) ist ein Kneten, Quetschen, Zur-Masse-Machen, Aufteilen. – Das α betont auch die Gesamtheit der Teile, die σσ angibt, die Größe dieser Gesamtheit. In der attischen Form μάττω weist das reduplizierte ττ auf die große Anzahl der Stücke (tgf.-fgf.) hin; vgl. nhd. matt svw. aus der Höhle zerstückt hervorgegangen, s. Nr. 253, auch σάττω unter Nr. 211 usw. Ähnlich beschreiben Perfekt μέμαχα, worin χ die Schwelle, die Teilung angibt (vgl. Maschine, machina usw. Nr. 182, ἄχθος Nr. 211), und μέμαγμαι, worin γ das Stück angibt; hierzu μάγμα Geknetetes, Zerteiltes als Gesamt, Masse (Nr. 211), μαγίς Backtrog als das μάγμα-Haltige, μαγεύς Bäcker, eigtl. Kneter, μάγος der große Zerleger, Deuter, Wahrsager (Nr. 12), skt. mak̕ zerlegen, zer*malmen*, lat. macerare zer*mürben*, mactare schlachten usw., magnus der Teil (g) als groß (Nr. 182), *mächtig*, got. magus, mac Knabe, Sohn, der „Hochwohlgeborene" (vgl. Nr. 210, 350), der aus dem Mutterleib kraftvoll Hervorgegangene, von der Mutter Abgetrennte, die Mutter kräftig Zerlegende, aus ihr Heraus- und Heranwachsende, ahd. māged, mhd. maget Magd, Mä(g)dchen (Nr. 210, 262), mâc, mâg, mâgr Blutsverwandter, Mage, ferner ahd. mago, mhd. mage Magen, svw. die fassende (a) und zerteilende, Masse, μάγμα bildende (g) Höhle (m), KT 2, der mächtige Fresser, Zerteiler und Ausscheider, KT 3, mager zerlegt, ohne Fett (macer); „ich mag" zu mögen, vermögen, hochmögend, gemocht, Nr. 376, usw. – Kein Ableitungszusammenhang mit μάω taste an, μαίομαι, μαιμάω strebe, verlange heftig, trachte, μαιμάσσω bin heftig bewegt, verlange leidenschaftlich usw., wohl aber Sippenverwandtschaft.

223

μάσσων, μᾶσσον Nebenform zu μακρότερος länger; μακρός beschreibt das Lange als abgeteilt (ρ), μάσσων gibt mit dem σσ die Mehrzahl der langen Stücke, das „Massige", „Massenhafte", also das Ganze als zerlegt an, vgl. Nr. 222. Die Komparativendung τέρος beschreibt das Überschreiten der Schwelle, das Heraustreten des Geraden (τ) als Teil (ερ) aus dem Runden über die Schwelle (ερ) – vgl. τείρω reibe, zerreibe, teile ab (δείρω, δέρω schinde), τέρας eigtl. das Hervorgehende, sich Heraus-, Abhebende, aus dem „Nichts" die Schwelle Überschreitende und so Erscheinende, also das Zeichen, Wunder (s. Nr. 21, 64), Ungeheuer, die Missgeburt, der Stern, die glänzende Lufterscheinung, der Regenbogen usw., wobei das τ auf die fgf. Größe hinweist (wozu τέρμα terminus, Ziel, Endpunkt, τέρμων Grenze, τέρϑρον Ende, Spitze, ἀστήρ Stern, nhd. Aster, hlg. skt. tar durchmachen, überwinden, táras Vordringen, tárman Spitze, tārā́ Stern, lat. hlg. stella für sterula, astrum, ahd. sterro Stern, terra Erde, ferner τορέω durchbohre usw., vgl. auch ϑύρα Tür, Tor, altsächs. thurh, thuro, ahd. duruh, durh, mhd. durh, durch

usw., s. auch Nr. 544). Die Komparativendung, auch unser-er (größ-er usw.), gibt also an, dass das eine Verglichene sich gegenüber dem anderen „durchgesetzt hat", erschienen ist, es überwunden hat.

224

μόσχος svw. das aus der Höhle-Öffnung-Schwelle Hervorgehende, „Schwellende", Sprießende, vgl. Nr. 177, also der Spross, Sprössling der Pflanze, des Tiers (besonders der Kuh), des Menschen. Mit dem Wort ὄσχος wird nur die Höhle (μ) nicht besonders angegeben; ὄσχη auch Hodensack – vgl. skt. mushkás, ferner ὄρχις Hode, der Umhüllte und Abscheidende, ὄρχος Umhegung, Gehege, abgeteilter Raum, ὀρχέομαι tanze, springe, hüpfe, eigtl. den (heiligen, geweihten, abgegrenzten) Ort, den Bezirk der Pubertätsfeier und ihrer Abkömmlinge betreten, sich auf diesem Festplatz tummeln, Tanz-, Narrenspiele usw. begehen. (Vgl. dagegen Curtius, a. a. O., S. 593.)

225

μίσχος Blatt-, Fruchtstiel, sozusagen ein kleiner (ι) μόσχος. Das Neutrum τὸ μίσχος Wollflocke, also sprießendes Haar, als gerade-rund, „neutral". Das ι betont also die Enge der Schwelle.

226

μασχάλη Achselhöhle, als gefüllt und ausscheidend, also hinsichtlich des sich anschließenden Arms (α), der sozusagen aus der Achselhöhle herauskommt (Nr. 128, 388), auch hinsichtlich des riechenden Sekrets der Achseldrüsen, Behaarung usw. (KT 2); die Reihe αλ gibt das Aufragen (α) und die Wendigkeit, gleitende Beweglichkeit (λ) der Schulter an – vgl. ἀλ in ἀλέω wende ab, ἀλέξω wehre ab, ἀλετρεύω mahle, ἅλς Meer, s. Nr. 11, ἄλλος Entgegengesetzter (Nr. 293), Aal svw. der Langhingleitende, sich schlängelnde Lange usw. – Weniger ausführlich beschreibt μάλη Achsel; dieses Wort gibt das Aufragen und die Beweglichkeit, das „Mahlen" an, wie „Achsel", ahd. ahsala, lat. a(x)la, axilla, ἀκχός, ferner Achse, ahd. ahsa, lat. axis, ἄξων, skt. ákshas das Erhabene, Ragende, Lange als gedreht und sich drehend, wendend beschreibt (vgl. ἄγω treibe, führe, skt. ágāmi gehe, treibe, schwinge, lat. ago usw.

227

μύσταξ svw. der die geschlossene Mundhöhle (μυσ) Überragende (ταξ), die Oberlippe und ihr Bart, der über den Lippenspalt vor- und herunterhängt (frz. les moustaches); zu ταξ vgl. τάξις Anordnung, Reihe von Teilen, τάσσειν zu einer Reihe zusammenstellen (Nr. 392) usw. Man kann das τ auch zur WS rechnen, ohne dass die Bedeutung sich ändert. Ganz ähnlich βύσταξ Schnauzbart, worin das β auf die (beginnende) Öffnung und Füllung der Mundhöhle (υσ) hinweist, vgl. βύσμα das (in die Höhle-Öffnung-Schwelle) Hineingestopfte, der Pfropf, Spund, nach KT 2, βύω stopfe voll (vgl. μύω Nr. 228). Auch *Schnauze, Schnute* beschreibt mit „Schnau" die abgegrenzte Mundhöhle (oft einschließlich Nasenhöhle, vgl. schnäuzen, schnauben [μύζειν], während schnauzen sich nur auf den Mund bezieht), aus der etwas (sch, z, t) herausgeht, und *Bart* ist das Langhervorragende, fgf. Männliche, das „Getragene" (vgl. barba, skt. bar tragen), also Schnauzbart ist die genaue Übersetzung von μύσταξ; s. auch Nr. 235, 64.

228

μύστης, μυστήρ (in die Mysterien) eingeweiht, der die Pubertätsproben zu bestehen hat und dann die Geheimnisse (der Erwachsenen) kennt („schaut"), und zwar sowohl derjenige, der die Reifeprüfung ablegt (der Prüfling, μύστης), wie derjenige, der sie vollzieht (der Prüfer, μυστήρ). Das μυσ gibt die Höhle-Öffnung-Schwelle an, aus der der Prüfling beim Bestehen der Pubertätsproben hervorgeht, dieser selbst wird mit σ, η als schgf. und mit τ als tgf.-fgf., als erfolgreich, Vollender, Vollbringer, Sieger beschrieben, das ης gibt auch die Schwelle, die Abgrenzung zur neuen Gemeinschaft, des neuen Lebenskreises an, in den der Prüfling mit Bestehen der Prüfung eintritt; μύστης also svw. der aus dem bisherigen Lebenskreis (der Kindheit) die Schwelle in den neuen Lebenskreis (Jungmannen-, Jungfrauentum, juveniles Zeitalter) Überschreitende; Femininum μύστις

Eingeweihte (und Einweihende), worin die wbl. Endung ις im Gegensatz zur ml. Endung ης die Enge, Feinheit, Zierlichkeit, Kleinheit der Schwelle und der sie Überschreitenden angibt. Als μυσ wird im engeren Sinn auch der abgegrenzte Platz, der heilige, geweihte Bezirk, in dem die Pubertätsproben stattfanden und -finden (vgl. Klausurarbeiten bei unseren Prüfungen usw.), bezeichnet, das *templum* (griech. hlg. τέμνειν, τέμπειν schneiden, abgrenzen, lat. tempus Zeitabschnitt, contemplari einen Abschnitt des Himmels und der Erde mit dem Augurstab umschreiben und darauf „Betrachtungen", z.B. des Vogelflugs, anstellen und so „wahrsagen", temnare eigtl. jemanden schneiden im Sinn von abschneiden, beschneiden, im Pubertätskampf verstümmeln, verletzen, verhöhnen, „schneiden", auch im Sinn von aus der Menge der Übrigen ausscheiden, als Adepten für die Pubertätsproben absondern usw.) – das templum also, das nur die Schar der Prüflinge und ihre Prüfer betreten dürfen, das abgeschlossen (μύω Nr. 21, 36, 47), geheim ist und Abgeschlossenes, Geheimes (μυστήριον), die Geheimnisse der Erwachsenen, hier speziell der Prüfer (μυστήρ, worin die Betonung des ή und das ρ die Genauigkeit, Schärfe der Abgrenzung, der Abgeschlossenheit, Verschlossenheit unterstreicht) enthält. Die Pubertätsproben (Initiationsriten – inire hineingehen) waren urtümlich auf Leben oder Tod abgestellt und waren und sind auch in den Zeiten höherer Kultur, wenn auch entwicklungsmäßig gemildert, so doch hochkritische Erlebnisse; so betont das Wort *Einweihung* das Schmerzstadium (weihen, Weh, weichen gleich zermürben usw.), und in der *Prüfung* (prüfen, prügeln, probare) wird man *geschunden,* gequält, geschliffen, gepiesackt usw., hat man schwere *Mühen* zu bestehen (Nr. 27, 36, 211, 233 usw.), wird bemüht und *müde,* matt (s. Nr. 222) usw.

229

μύστρος, μύστρον Löffel, Messgefäß, also Höhle-Öffnung-Schwelle, die abteilt, in die ein Abgeteiltes, somit Abgemessenes eingeht.

230

μεστός angefüllt, voll, eigtl. svw. abmessend, abgemessen.

231

μιστύλη, μυστύλη Löffel, ausgehöhltes Brotstück als Löffel, s. Nr. 229 und 232.

232

μιστύλλω zerstückele, vgl. Mist Nr. 190. Die Reihe υλλ gibt die den Behälter, die Höhle füllende Vielheit der Stücke diminutiv an (vgl. Müll Nr. 311 usw.).

233

μισθός das Zugemessene, der Anteil, der Lohn. Das ϑ als th gibt das Gerade (t) in Verbindung mit dem Runden (h), das Gerade als reif, reich, vollkommen an (Nr. 408, 502); die englische Aussprache des th entspricht der Haltung der Zunge als eines Geraden (t) in der Zahn-Lippenspalte als eines Runden (h). Dem einfachen t fehlt diese vervollkommnende Determinante; sie geht im Wandel der Sprache dem th vielfach verloren (thun, Thor usw. – tun, Tor usw.). So liegt auch in dem ϑ des Wortes μισθός der Hinweis auf die Leistung, auf ihre entwicklungsmäßige Reife; μισθός ist nicht ein beliebiger Teil, sondern der verdiente, wohl erworbene Teil, auf den einer dank seiner Arbeit Anspruch erheben darf, der ihm zukommt, der verabredet ist. Das Kind erhält noch keinen Lohn im reifen Sinn; es arbeitet nicht, sondern spielt; sobald der Mensch „verdient", ein „Verdiener" (vgl. Diener) geworden ist, hat er die Pubertätsschwelle überschritten, ist er erwachsen, „älter" (Eltern), Arbeiter, Erbe, Besitzer, mindestens der Leistungsfähigkeit, die ihm der Arbeitgeber mit dem angemessenen Anteil des Ertrags abkauft; vgl. merere Nr. 60. So ist auch Lohn (Nr. 112) svw. Anteil; lohnen svw. Anteil geben, mit Betonung der Öffnung (o), aus der der Anteil hervorgeht und die bei der Verteilung an dem, wovon abgeteilt wird, entsteht; vgl. lehnen svw. die Schwelle passieren, abteilen, abgeben (l gibt das abzugebende

Gerade als schgf., eh die Schwelle als gedehnt, mehrfältig, n als gewunden an, en ist Infinitivendung), entlehnen, ablehnen, anlehnen, hinauslehnen, Lehen, leihen usw. Mit Sold wird das „Soll" als Teil (d) beschrieben; sollen svw. herausnehmen, d. h. die Schwelle-Öffnung überschreiten, eindringen und Füllendes, Gerades aus oder in einer Mehrzahl (ll) abtrennen, ahd. scelan (vgl. hlg. lat. scelere), got. skulan svw. sondern, trennen, spalten, verletzen, eigtl. aushöhlen, z. B. jemandem etwas abschneiden und somit ein Leeres setzen, aus einem Behälter Füllendes (Besitz) herausnehmen, ihn teilweise oder ganz leeren, wozu schulden, Schuld (svw. das in der genannten Weise vor sich gehende Herausnehmen, der Eingriff, dann auch – KT 2 – das Herausgenommene, was man sich angeeignet, „herausgenommen" hat, und wofür man den Gegenwert zu geben hat, vgl. Nr. 362, 539) usw. Sold ist das, was gesollt, geschuldet wird, wobei das d (tgf.) auf die geringe Größe, das Festverabredete, Vereinbarte hinweist (solidus fest); der so in Sold Genommene ist Söldner (das e im ö gibt das Teilnehmen am Sold an), Soldat. – Mit Schuld ist auch sippverw. Schule, svw. abgegrenzte (sch, l) Höhle, Umfassung, in die über die Schwelle (sch) etwas (l) eingeht, also Ort der Versammlung, geschlossener Bezirk (Nr. 36, 228; vgl. fanum, templum, der heilige Bezirk, der Versammlungsort auch im Sinn der Schule war, die Priester als Lehrer, Klosterschulen usw., ferner Versammlungsort im pro-fanen Sinn), dann auch die Versammlung, die Versammelten (KT 2); schulen svw. in die Versammlung aufnehmen (einschulen), sich in der Schule, im abgeschlossenen Raum befinden, verborgen sein, im Verborgenen liegen, lauern (vgl. schielen, ie schgf., schräg sehen). Mhd. schuolhûs Schulhaus, svw. Erziehungs- und somit Zucht-Haus, daneben schûlhûs Hurenhaus, eigtl. Gemeinschaftshaus (vgl. die Redewendung „mit Schulern und Buhlern umgehen"). Ahd. scuola, lat. schola, griech. σχολή Versammlung, eigtl. Anhalten und so Verweilen, Zeit-, Muße-Haben, speziell zum Lehren, also zu ἔχω habe, halte, ἴσχω aus σεσέχω, also reduplikativ, svw. halte intensiv, halte fest usw. (s. auch unter Nr. 13). Die ursprünglichste Versammlung war die, in der der Junge mit dem Alten auf Tod und Leben kämpfte, also die Pubertätsversammlung;

bei steigender Kultur nahm die Zahl der Versammelten zu, die Reifeprobe milderte und vervielfältigte sich, es wurde geschunden, gemartert usw. – daher der in Nr. 27 zitierte Ausspruch des Menander („Wer nicht geschunden worden ist, ist auch nicht erzogen") oder des Hesiod: Τῆς δ'ἀρετῆς ἱδρῶτα θεοὶ προπάροιθεν ἔθηκαν – „Die Mannestugend, die Mannbarkeit ist nach göttlichem Gesetz nur mit schwerer Mühe (Schweiß) zu erreichen", vgl. die Arbeiten des Herkules, den Tod Jesu, des Sokrates, des Giordano Bruno usw. (Nr. 211). Vgl. Zuchthaus als Strafanstalt; es sollte Erziehungshaus werden, wie sein Name besagt.

234

μαστάζω zerlege ein Ganzes in große Stücke; μαστ svw. Mast Nr. 191, das die Höhle (μ) Erfüllende (α), ja über sie Hinausragende (στ), das die Höhle maximal Erfüllende, der Vorgang der maximalen Erfüllung, Vollstopfung, αζ das Zerteilen (ζ) der Füllung (α) zu großen Stücken (α), vgl. atzen, ätzen, äsen, essen. Das Wort bezeichnet speziell den Vorgang der Mundfüllung und das Kauen mit vollem Mund (lat. masticare); s. Nr. 222, 225, 235, 239.

235

μάσταξ der gefüllte Mund, auch das über ihn Hinausragende: die Oberlippe mit Bart, vgl. Nr. 227.

236

μαστεία Zerlegung eines Ganzen, somit Suchen, Forschen, s. Nr. 237.

237

μαστεύω zerlege ein (die Höhle füllendes) Ganzes, suche, forsche. Die Form ματεύω beschreibt ohne das schmerzliche σ. Die Reihe ευ gibt den Erfolg, das Eindringen (ε) in die Höhle (υ) als „dunkles Gebiet" an (vgl. „Freude"), ähnlich wie ει in μαστεία die Überschreitung der Schwelle betont. Das α der WS gibt das Gerade an, das in die Höhle ein- oder aus ihr ausgeht und somit abgemessen, abgeteilt wird: Nur ein gewisses „Maß" kann eine

Höhle füllen. Mit ματεύω wird dieses Ein- oder Austreten als „fortlaufende" Handlung ohne den schmerzlichen Einschnitt (σ) beschrieben, der in ματίζω dagegen nachträglich mit ιζ angegeben wird. Alles Forschen ist ein Abmessen, Eindringen, Zerlegen, „Analysieren" eines Gesamt als solchen (vgl. μάττω Nr. 222), wobei freilich die so entstandenen Teile sich während ihrer Entstehung zu neuen Ganzheiten zusammenfügen); dieser Vorgang wird in den genannten Wörtern mit dem α hinsichtlich des beteiligten Geraden, in den Wörtern „suchen", „forschen" mit u bzw. o hinsichtlich des beteiligten Runden, des Auslangens bzw. des ängstlichen, vorsichtigen, einengenden Strebens beschrieben. Aber – es irrt der Mensch, solang er strebt; kaum hat er ein Problem (vermeintlich) bewältigt, so tritt ein neues, eine Fülle neuer Probleme an ihn heran, und all sein Mühen ist umsonst, eitel, töricht, vergeblich: Die Wahrheit – so lehrt der Fiktionalismus – wird er doch nie erreichen, auch nach dem Haupterlebnis des extrauterinen Lebens, der Pubertätsprobe, muss er einsehen, dass die hochgespannten Erwartungen, Hoffnungen und Ängste, mit denen der Knabe, das Mädchen in den großen Kampf zog, dass der wilde Taumel, das rasende Vorwärtsstürmen über die große Schwelle nur eine Episode waren, ein Rausch, auf den die Ernüchterung, der Katzenjammer, die Ermattung (Nr. 253), das Trauerstadium folgt. Diese Resignation (Trauer-Reue) liegt in den Wörtern ματεύω, ματία vergebliches, erfolgloses Bemühen, matte Langsamkeit, ματάω vergeblich, langsam tun, zaudern, μάτη vergebliches, also törichtes, eitles Beginnen, μάτην vergeblich, umsonst („Es ist all unser Tun umsonst, auch in dem besten Leben"), μάταιος eitel, nichtig, töricht, ματάζω handle töricht usw. (worin mit αι und αζ reduplikativ die Unablässigkeit, Hartnäckigkeit des Suchens angegeben wird). „Alles ist eitel", sagt nur der Fiktionalist in seinem Zweifel, seiner Verzweiflung – oder er sagt „Ignoramus, ignorabimus". Wir aber sagen: „Non ignoramus." – Das α in den genannten WSn kann also auch trauerhaltig oder tgf. sein (d. h. für den fehlenden Trauervokal stehen), das Gerade als Stück, Abgemessenes, den Menschen im Trauerstadium des Übergangs bezeichnen. Den Wörtern der WS μαστ kommt die resignative Bedeutung nicht zu, das σ ist vor τ komparativisch-superlativisch (vgl. Nr. 189, 190), weist auf den Abschluss, das Fertigsein hin. – Vgl. μανθάνω lerne, Futur μαθήσομαι, τὸ μάθημα das Gelernte, die Wissenschaft (speziell Mathematik), Nr. 517.

238

μαστήρ (μαστρός) Aufspürer, scharfer Nachforscher (z. B. nach dem Vermögen der Verbannten), Eindringer in Geheimnisse, mit α als gerade, ml. beschrieben, s. Nr. 237. Die Endung ηρ betont die Schwelle als wesentlich, das Nachdrückliche, Heftige, Gründliche des Nachforschens. Auch ohne σ: ματήρ; dieses Wort bezeichnet den Aufspürer als oft erfolglos, als umhersuchend (ματεύω Nr. 237). Vgl. dor. ἡ μάτηρ für att. μήτηρ mater, Mutter; das dor. Wort hat wie das lat. mater ein langes betontes α, mit dem das die Höhle (Gebärmutter-Scheide) Füllende, determiniert vom τ, das die Schwelle ηρ überschreitet, auch die Mutter selbst als die große Ausscheiderin (die sich teilt) und somit Umschlingerin, Umschnürerin bezeichnet wird; s. Nr. 296.

239

μαστίζω vgl. μαστάζω Nr. 234; das ι betont den Schmerz, die Zerlegung als scharf, fein, schneidend, vgl. spitzen, spritzen, flitzen, kitzeln, splittern, scindere, σχίζειν usw. (Nr. 381). Speziell beschreibt das Wort das Zerlegen, Zertrennen der Haut mittels der hinflitzenden Geißel, die auch mit μαστ (vgl. Nr. 191, 240) angegeben wird.

240

μάστιξ, ion. μάστις, Geißel, Peitsche, eigtl. das aus der (Hand-)Höhle oder der runden Anordnung (μ) langhin sich streckenden, hinflitzende und so (die Haut) schneidende, beißende, zerteilende Gerade. Das Wort Geißel beschreibt das Gerade (g) als schgf., sich drehend, kreiselnd (eiß) und sich so in das Getroffene einbeißend (Nr. 72), einreißend; „-el" ist Substantivendung, gibt das individuelle Abgegrenztsein an (vgl. Zügel, Flügel, Engel usw., Nr. 357; mundartlich auch Diminutiv für „-lein", z. B. Kindel – Kindlein, bissel – bisschen, eigtl. biss-

lein; s. auch unter Nr. 47). Die Geisel ist der aus einer Schar, einem Ganzen durch Schlag, Berührung Abgesonderte, Auserwählte (ahd. kisal, wozu kiesen prüfend auswählen, vgl. küren – Kurfürst, Walküre, Nr. 324), als Teil von den Seinen Abgetrennte, Geschlagene, für alle Gegeißelte und weiterhin zu Geißelnde. Die Geiß ist die Stoßende, Schlagende, auch im genischen Sinn (Nr. 442). – Ähnlich beschreibt Peitsche: das plötzlich lang zischend vorspringende Gerade (poln. bicz, wie man auch pitschen, pitschern sagt; die Peitsche „beißt"; vgl. lat. petere, impetus, πέτεσθαι fliegen [Nr. 140] usw.). – Vgl. μάσταξ Nr. 235 und Nr. 239; das Zerlegende, Beißende sind hier die Zähne. Wie „die Geißel" zu „die Geisel", so verhält sich μάστιξ, Geißel, zu Mastix, Harz der Pistacia lentiscus, griech. μαστίχη, die man im Orient (wie Kaugummi) kaute und kaut. Mastix also svw. das zu Kauende, Gekaute. Das Suffix ιχ in μαστίχη, μαστιχάω (knirsche mit den Zähnen) betont das Einstechen, Stich. – Vgl. auch Nr. 131.

241

μαστός das strotzend voll Hervorragende, speziell die Mutterbrust („Mama", Reduplikation beim kindlichen Lallen, vgl. Papa, Pipi, Popo, Bäbä usw.), auch Hügel, Kuppe. Vgl. Nr. 191. Dagegen μαζός Brustwarze, dor. μασδός (mit metathesiertem δσ gleich ζ), svw. das in den Mund des Kindes Hineinragende und „Gekaute" („Geknetete", vgl. Nr. 234, ferner μαζάω knete, μάζα Geknetetes, vgl. Nr. 222, 265).

Familie „mut" und Sippenverwandte

Deutsch

WS

mut	Mut	Motte	Meter	mit	matt
	Mutich		Mett	Mitte	Matte
	Mutt		Mette	mitteln	
	Mutter				

mutz	Mutz	Motz	Metz		Matz
	Mütze	Motze	Metze		
	mutzen	motzen	metzen		
			metzgen		
			Metzger		

Lateinisch

WS

mut	mutare	motus	meta	mitis	mater
	mutilus		metari	mittere	materia
	muto		metere		matia
	mutus		metiri		matta
	muttire		metella		matula
			metellus		maturus
			metus		matus

Griechisch

WS

μυτ	μύτις	μοτόν	μετά	μίτος	ματάω
	μύτιλος		μέταλλον	μιτόω	μάταιος
	μύττος		μετρέω	μίτρα	ματάζω
			μέτρον	μίτυλος	ματεύω
			μήτηρ		μάτη
			μητιάω		ματία
			μῆτις		μάτιον
					ματτύα

Erläuterungen

242

Mut Mu Höhle, t das aus ihr Hervorgehende (Gerade, Männliche). Mut beschreibt den Vorgang hinsichtlich der Gefühlsspezies, und zwar das Hungerstadium mit Hinweis auf den Erfolg (t), also den Hunger mit Hinweis auf das Trauer-Freudestadium, im engeren Sinn den Hunger, dem Ausdrucksbewegungen der Skelettmuskeln entsprechen, während *Gemüt* Bezeichnung für das Hungergefühl, dem innere Ausdrucksbewegungen entsprechen, weiterhin überhaupt für die Gesamtheit der Gefühle, und zwar speziell der genischen Gefühle ist. Mit den Wörtern hoch-, edel-, frei*mütig* usw. werden die Gefühle, speziell die Hungergefühle, nach den verschiedenen Gesichtspunkten, die sich aus den Ausdrucksbewegungen ergeben, also hinsichtlich Differenzierung, Richtung, Intensität, Rhythmus usw. bezeichnet. An*mutig*, missmutig usw. wie umgelautetes „-mütig". Aus diesen Adjektiven sind die Substantiva „die Anmut", „die Demut" usw. entstanden. *Muten* svw. hungrig sein nach etwas, begehren, suchen, z.B. in „vermuten", im Bergbau „muten" (wozu Mutung) usw. Mhd. muot, ahd. das und der muot, muoth, muat, moad, mot, got.

môds (mehr Unwille, Zorn), griech. θυμός („mut" umgekehrt θυμ); t ist fgf., oft aber trauerhaltig oder Hinweis auf das vorangegangene Trauerstadium oder Ersatz für tgf. Konsonanten.

243

Mutich mit mooriger, fauliger Erde gefüllter Grund, auch die Moorerde selbst (KT 2), der *Modder*, mdt. das mot Schlamm; weiterhin auch mit anderen Dingen (Geld, Obst usw.) gefüllter Behälter.

244

Mutt, Mött, ein Messgefäß, Maß für Getreide, Flüssigkeiten, also eine Höhle für oder mit Füllung (tt).

245

Mutter die in die (Geschlechts-)Höhle (Mu) wiederholt Aufnehmende und aus ihr Abgebende (tter), die Empfängerin und Gebärerin. Vgl. Nr. 238. Lat. mater Nr. 28, griech. μήτηρ Nr. 296. Vgl. auch Nr. 174. – Hierzu Schraubenmutter gleich das die ml. Schraube aufnehmende hohle Gewinde; Mutterlauge gleich die ein Salz in Lösung enthaltende und es ausscheidende Flüssigkeit usw.; gelegentlich heißt auch das Ausgeschiedene „Mutter", z.B. der Bodensatz bei Wein, Essig (vgl. Modder Nr. 243), auch werden nicht selten die Kinder, also die aus der Mutter (Gebärmutter) Ausgeschiedenen nach dieser Herkunft als Mutterchen, Muttelchen usw. zärtlich bezeichnet (KT 2).

246

Motte wie Mutter die Fruchtbare, nur gibt o die Öffnung an, durch die die Eier abgelegt werden bzw. durch die der junge Schmetterling auskriecht, und die Endung-e ist weniger präzisiert als die Endung-er; Motte also svw. die sich vielfältig Teilende, aber auch trophisch die Zerlegende, Zernagende, sich Einbohrende, vgl. hierzu *Milbe*, ahd. miliwa, got. malo, das got. Wort für Motte, zu mahlen, Mehl (Nr. 325, 319) usw.

247

Meter das Abgetrennte, „Gemessene", wonach gemessen wird, vgl. Nr. 161, 166 und 295.

248

Mett, in „Mettwurst" usw., das zerschnittene, gemetzte, gemessene, zertrennte Fleisch, „Gehacktes", „Gewiegtes", Schabefleisch. Nr. 161, 263.

249

Mette Frühmesse, Christmette usw., die aus der Höhle (m) führende Schwelle, Grenze (e), die überschritten (tt) wird, Zeitabschnitt, eigtl. die Morgenstunde (Nr. 33) hora matutina, die Schwelle zwischen Nacht und Tag, die der Tag und auch der Mensch aus der Nacht wie neugeboren erwachend überschreitet; hierbei gedenkt der Mensch seiner Erzeuger (Andacht, Andenken) als derjenigen Personen, denen er Geburt, Leben verdankt (denken – danken), insbesondere seiner Mutter, als welche die Nacht und die Morgenstunde im magischen Denken personifiziert vorgestellt werden, vgl. Nr. 33. So ist die *Matuta* die Göttin der Frühe und der Reife (maturus Nr. 286) und Mette auch Bezeichnung für eine webende, spinnende, d. i. schaffende Göttin, Dämonin, besonders Wassergöttin, Wasserfrau wie auch für ihr Gewebe, den Altweibersommer, Marienfäden (vgl. Mutter als Spinnerin, Spinne, die den Mann anlockt, umgarnt und tötet, als Leben und Tod bringende Weberin, Sphinx, Parze, Norne, Nixe usw., ein Wesen, dessen dunkle Rätselhaftigkeit und Gefährlichkeit ebenso groß ist wie die Angst, die man vor ihm hat, vgl. Nr. 122, 181). Ableitung von Mette aus Margarete über Meta erübrigt sich. Vgl. auch mittere Nr. 280.

250

mit svw. aus der Höhle-Schwelle (mi) ausgetreten (t) und somit abgeteilt, abgemessen, abgeschnitten, Teil seiend, vgl. mis, miss Nr. 162, worin das s, ss (ähnlich wie r) das schmerzliche Durchschneiden, das Abtrennen als solches angibt, während das t das Trauer-Freudestadium, das Stück als zum Ganzen zugehörig beschreibt. Selbstständiges Adverb oder Präposition (mitgehen, Mitarbeiter). Die Zugehörigkeit zum Ganzen betont hlg. μετά, skt. mithás (während skt. mithu, falsch, mit u das Fehlen des Teils „mit" – analog miss – angibt, also svw. without, „mit-ohne", ist).

251

Mitte s. Nr. 281. Das Doppel-t weist auf die Mehrzahl der Teile, des Abgemessenen hin, das e auf die Schwelle, den Punkt, in dem sich die Abgemessenen treffen.

252

mitteln svw. den Mittelpunkt, den Punkt, in dem man sich trifft, den Einigungspunkt angeben, z.B. ermitteln, vermitteln (worin „ver" das genaue Vergleichen, das Hin und Her angibt, s. Nr. 163, vgl. „sich vergleichen").

253

matt svw. aus der Höhle hervorgegangen, also das Gerade (a), das als Mehrzahl von Stücken (tt) aus der Höhle (m) hervorgegangen ist; das a vertritt also hier den Trauervokal, wie sich aus dem Sinn des Wortes ergibt. Matt ist, wer oder was das Schmerzstadium, das Stadium der *Mühe* hinter sich hat, somit abgetrennt, abgeschieden, verwundet, zerschlagen ist, sich im Trauerstadium, in der Trauerruhe befindet, ein tgf. Stück ist. Vgl. Nr. 90, 237. Auf die überstandene Mühe weist erkennbar noch das Wort *müde* hin: svw. aus der Mühe (μύω Nr. 228), der Enge hervorgegangen, d tgf. (vgl. Made Nr. 210, svw. das aus der Höhle hervorgegangene Lange, das Ausgekrochene, griech. μαδάω fließe langhin aus [dagegen μαζός, μαζάω s. Nr. 241, entgegen Curtius], lat. madeo, mano). – In *matschen* gibt das sch die feuchte, zerrührte Beschaffenheit des Ausgetretenen (at) an, vgl. Nr. 46, 84, 180, 428. Vgl. *patschen.*

254

Matte svw. das vielfältig Hervorgewachsene (Matte als Grasland), Abgetrennte (Matte als aus abgeschnittenen Binsen, Strohhalmen usw. geflochte-

ne Decke, lat. matta), Ausgeschiedene (Matte als geronnene Milch, aus der Milch Ausgeschiedenes, auch Satte – altind. satah Schale – als füllend und gefüllt genannt).

255

Mutz svw. gestutztes, beschnittenes, somit statt des Geraden (Schwanz, Penis) mit einer Höhle versehenes Tier. Auch ein unansehnlicher, sozusagen gestutzter, entmannter Mensch, besonders der „so tut, als ob", ein Stutzer, Gigerl, aber auch einer, der die Pubertätsproben mit ihren Verstümmelungen überstanden hat. Mu Höhle, tz das Gerade abgeschnitten, beschnitten. Mutz auch zärtliche Abkürzung für Mutter, vgl. Musche Nr. 174.

256

Mütze Höhle-Schwelle, in die der Kopf ein Stück (tz) hineinragt, die einen Teil des Kopfs bedeckt, *schützt,* auch als Kopfschutz gekürzt im Gegensatz zum „hohen Hut" („Zylinder"), ragenden Helm. Ähnlich der *Mutzen:* kurzes, bequemes Oberkleid der Frau, kurzer Rock.

257

mutzen zum Mutz machen, abschneiden, auch abwischen, reinigen (vgl. merus Nr. 62) und so putzen, schmücken (vgl. Schmutz – Schmuck – Putz). *Putzen, schmücken* ist also svw. abtrennen, abschneiden, ausscheiden, wie ja auch *abwischen* svw. abtrennen, entfernen von Vorragendem, Aufliegendem, Ausgeschiedenem (Schmutz, s. Nr. 211, vgl. „jemandem ‚eins auswischen'") ist, das in „putzen" auch mit dem p (in „butzen" mit b) angegeben wird, während in „schmutzen" mit sch die feuchte, verrührte, gleitende, schmierige Beschaffenheit, in „schmücken" außerdem mit e in ü die Schwelle, mit ck das Freudige, das Frequentativ-Intensive, auch Kompakte des Abscheidens und des Abgeschiedenen beschrieben wird. Schmücken ist also auch das Versetzen von Wunden (Trennen der Haut), Verstümmeln (Abtrennen von Körperteilen, z. B. von Zähnen, Fingergliedern, der Vorhaut usw.), Prügeln usw., also

Prozeduren der primitiven Pubertätsprüfungen, auf deren Bestehen der junge Mensch stolz war (vgl. rezent: Schmisse der Studenten, Wunden, Narben der Krieger, Verwundetenabzeichen als Ehrenmal, Kreuze und andere Ordenszeichen usw.), ferner Tatauierungen, Bemalungen als eine Art Ersatz für Verletzungen, weiterhin das Anhängen von Abgeschnittenem (z.B. primitiv von Köpfen, Skalpen, von Vorhäuten, zur Halskette gereiht [z.B. in Abessinien], von Armen und Händen [z.B. altind. Göttin Kali], von Zähnen als Berlocke usw., von Haaren, zur Uhrkette geflochten, von Löwenfell [Herkules], Bärenfell [Berserker] usw.) oder von Nachbildungen des Abgeschnittenen, die mehr oder minder stilisiert sind (z.B. von Tanzmasken als Ersatz für den Kopf des Besiegten, dessen Aus- und Ansehen der Sieger übernimmt; Tanzmaske eigtl. Totenmaske, s. Nr. 181, ferner von allerlei Kleidungsstücken), oder von getauschten oder geraubten Besitzstücken (Perlen, Edelsteinen, Edelmetallen, Zierrat als „Trophäen", Zeichen des Vermögens, des personellen Werts); ein Schmücken ist schließlich auch eine Geste, z.B. das Bekreuzigen als Ersatz für die Kreuzigung.

258

Motz beschreibt wie Mutz, nur mit Betonung des Angststadiums. Obermotz: wer die Pubertätsproben gut bestanden hat, aber auch svw. „Obereunuch".

259

Motze s. Mutz Nr. 255.

260

motzen s. mutzen Nr. 257.

261

Metz Nebenform für Messer, Nr. 161. Das tz gibt das Gerade als begrenzt, auch das Gründlich-Intensive des Zerlegens an (vgl. Nr. 255; vgl. auch die Formel „jemandem etwas ‚bis zum tz' auseinandersetzen", le-tz-t usw.). Got. der mats, ahd. der maz, Plural mezzi, svw. das Zerschnittene, die

Speise, vgl. Mett Nr. 248. Das nhd. Metz gilt aber nur für Messer; s. Nr. 263.

262

Metze svw. das Abtrennende, Ausscheidende, Abmessende und das Abgetrennte, Ausgeschiedene, Abgemessene, also ein Messgefäß bestimmter Größe, auch das somit Abgemessene, z.B. der Teil des Getreides, den der Müller als Mahllohn behält, ferner svw. das Mädchen (Nr. 222) als Ausgeschiedene und Ausscheidende, mit der Scheide Ausgestattete, die auch eine „Schneide" ist, auch das Mädchen, um das gekämpft, „gemetzelt" wird (s. Nr. 263), dann svw. Hure.

263

metzen svw. abtrennen, abschneiden, abscheiden, abmessen; *metzeln:* in eine Mehrzahl kleiner Stücke schneiden (l frequentativ-diminutiv). Vgl. Markt Nr. 40, 36, ahd. *madal* der Ort, wo die Metzelei, d.i. urspr. der Männerkampf, die Pubertätsfeier stattfand; *Madalhilt,* Mathilda svw. die Kampfholde (altnord. Hildr Walküre), um die gekämpft wird, wozu Diminutiv matza, dann Metze (vgl. Männerverbraucherin).

264

metzgen ähnlich wie metzeln, nur gibt das g das (tgf.) Stück an. **Metzger** svw. Schlächter, „-er" ml. Endung.

265

Matz wie Mutz, nur betont das a fgf. den „Gemutzten" als ml., also svw. einfältiger Mensch, auch einfältiges Tier (Starmatz). Vgl. „Wenn ich nicht recht habe, will ich Matz heißen". Herleitung von Matthias unnötig anzunehmen. *Matzfotz,* Femininum, svw. junge Fotz, junges Ding, Backfisch (Fisch zum Backen, zu jung zum Kochen, unausgewachsenes Mädchen, auch einem gebackenen Fisch zu vergleichen: Backen, Kochen, Sieden als Pubertätsmarter, vgl. ein „Neugebackener", ein „Ausgekochter", „Hartgesottener", „Brandfuchs", „Brander", „Gebrandmarkter" usw.). *Fotz, Fott* (vgl. Motz, Motte): die aufnehmende und ausscheidende Geschlechtsöffnung des Weibes, f, tz, tt geben das ein- und austretende Gerade (Penis, Kind) an; vgl. lat. fossa, auch fica Feige (Feigenblatt gleich Blatt des Feigenbaums für die „Feige"), Ficke gleich Tasche (vulva, volvere), ficken usw. Ein „Hundsfott" ist ein zur (geilen, feilen, feigen) Hündin herabgesunkener, verächtlicher, also entmannter Mensch, ein schamlos weibischer Mann, wie man auch „Hund" (Hundesohn, Schweinehund) als Schimpfwort für den Menschen gebraucht (Friedrich der Große zu den weichenden Soldaten: „Ihr Hundsfötter, wollt ihr denn ewig leben?!"). Matzfotz auch der zum Backfisch gehörige, ihm gleichende junge Mann (KT 2). – Matz ferner Name für abgeschlagenes, „taubes" Gestein. *Matzer:* der abgeschiedene Schleim in den Augenwinkeln, Kennzeichen besonders der Pubertätsjahre; wer ihn hat bzw. nicht wegputzt, ist eben ein Matz. *Matze,* hebr. mazzáh, svw. das Geknetete, vgl. Nr. 241, speziell der aus Wasser und Mehl bereitete Osterkuchen der Juden.

Lateinische Homologa

266

mutare svw. aus der Höhle (mu) hervorgehen (ta), somit verändern, mit mu hinsichtlich des Hungerstadiums, des „Muts" (Nr. 242) beschrieben. Mutieren der Stimme, Mutation als pubertätliche Veränderung.

267

mutilus svw. aus der Höhle hervorgehend und abgeschnitten, beschnitten (il Schwelle), also (im Pubertätskampf) verstümmelt, griech. μύτιλος Nr. 289. Ähnlich *muticus,* worin das c (gleich k) das Hervorgehen als plötzlich-kräftig angibt, während l sanfter, weicher ist.

268

muto das ml. Glied, das zur wbl. Höhle Gehörige (KT 2), sich Aufrichtende, in die Öffnung-Höhle Eindringende.

269

mutus stumm, eigtl. gehöhlt, weiblich (mu), mit Hinweis auf das Füllende (t), das aber eingeschlossen, verschlossen bleibt; auch das aus dem Weib Kommende, das (Neu-)Geborene, das Kind, das „nichts zu sagen hat", noch dumm und stumm ist, noch nicht reden kann (infans, in und fari), vgl. mustus Nr. 207. Etwas anders beschreibt *muhen* (von der Kuh, Nr. 174), mucksen usw.: Diese Wörter beschreiben das Eigengeräusch der Höhle, die dem Herausgehen aus der Höhle entsprechende akustische Reihe. – *mutulus:* Kragstein, Sparrenkopf, also der aus der Höhle (dem Inneren und so auch der die Öffnung umgebenden Ebene) hervorragende Teil, Diminutiv zu mutus (K-rag-stein, svw. Rag-stein); auch Nebenform für mytilus gleich der aus der Muschel hervortretende (essbare) Tierkörper, Nr. 289.

270

muttire aus der Höhle stückweise (tt) ausstoßen (vgl. stottern), speziell: kleinlaut, also in kleinen (noch unentwickelten, zerstückten) Lauten reden. Ähnlich *mugire* murmeln (Nr. 3), wobei g das weiche Lautstück angibt, statt tt, das frequentativ die Länge, Härte, das plötzlich Aufspringende der ausgestoßenen Laute angibt, und *mussare,* Nr. 194. In „munkeln" (Nr. 440) wird mit nk das Einengen und Herausplatzen der Laute, der Stimme angegeben.

271

motus das kräftige, harte Hervorgehen (t) aus der Höhle-Öffnung, mit Betonung der Öffnung (o), also Bewegung, Veränderung; *motio* gibt in der Endung „-io" das Enge, Gewundene, Weibliche der Bewegung an, im Gegensatz zu dem geradlinig erfolgenden ml. motus. Das Partizip Perfekt motus ist substantiviert, und dies weist auch darauf hin, dass motus eigtl. nur „der Bewegte" heißt, wie es ja auch nach unseren früheren Darstellungen phänomenal niemals „Bewegung" als solche gibt, sondern immer nur Bewegtes. Mit der Substantivierung ist hier eine andere Deklinierung gegeben: Genitiv moti gibt mit i den Teil nach KT 1 an, Genitiv motūs gibt das in Rhythmen Iterative, Frequentative, die Fortsetzung, Fortpflanzung, also auch den Teil, aber nach KT 2, an. – *movēre* determiniert die Öffnung-Schwelle mo mit v, während ēre mit ē die Dauer der Funktion und mit re – wie mehr oder minder deutlich alle „Infinitiv"-Endungen – eben das Infinitive, „Endlose", sich weithin Erstreckende, zeiträumlich und auch so personell Unbestimmte einer Funktion angibt; hlg. ἀμείβω wechsle, skt. mīv bewegen. – *modus* ganz ähnlich motus, nur gibt d die Weichheit, Sanftheit, das Gemessene der Bewegung an, modus also svw. die maßliche Art und Weise, nach der Bewegungen verlaufen und verglichen werden, das „absolute" Maß, dann auch das Maß, das eine Sache hat, also die Quantität, Größe, Länge, Grenze (wonach ich die gegenständlichen Aktualitäten und ihre Reihen als „modale" bezeichnet habe, nämlich als im genannten Sinn maßgebende, begrenzte); hierzu modulus Maß als Diminutiv, modius Scheffel, modicus mäßig, moderari mäßigen usw., famverw. die Wörter der WS med, z. B. medius mittlere (Nr. 218), meditari begriffliche ermessen, nachdenken, mederi heilen, eigtl. ermessen, für etwas sorgen (curare kurieren), in maßlich richtiger Weise, also „angemessen" sinnen, also etwas Richtiges, Passendes, Angemessenes ersinnen, griech. μήδεσθαι, μέδεσθαι, μῆδος richtig Ermessenes, guter Rat, List (vgl. μῆτις Nr. 297, 298). Vgl. skt. ma messen, hebr. מָדַד messen (Nr. 161).

272

mēta svw. das in der Schwelle steckende, eingesteckte, einsteckbare Gerade (t), der Pflock, Pfahl, der zugespitzt (ē) ist (wie alles Eindringende), dann auch die pyramiden-, kegelförmige Figur, Spitzsäule (vgl. Nr. 293) usw.; skt. hlg. mit svw. Pfosten; meta ist (Endung a) Femininum, dies weist (nach KT 2) auf die Höhle, das Loch hin, in die bzw. das mēta eingeht. Das Wort bezeichnet auch den Pfahl als abgegrenzt, abgeschnitten (spitz), abgemessen.

273

mētari abstecken, mittels Pfählen abgrenzen, Pfähle einstecken und so ein Lager, einen heiligen Bezirk „abstecken", befestigen.

274

mětěre abschneiden, abhauen, mähen, ernten; die kurzen ě zeigen das Hiebartige, die Kürze, das Schmissige des Schneidens (vgl. Schnitter, schmettern usw.) an – zum Unterschied vom ē und a in mētari, die auch die Länge der absteckenden Bewegung angeben. Das Perfekt messui, Supinum messum, ferner die Substantive messis, messor bezeichnen das Abschneiden als ein Messen (Nr. 161, 196). – Das hlg. Wort *Mahd,* ahd. mad, beschreibt das Abge*mähte* und auch das Gesamt des Mähens; *mähen* selbst betont das Weite, Umfassende, die Größe des Abzuschneidenden und Abschneidens, mit Schmerznuance (e in ä), das h gibt in reduplikativer Art die Wiederholung, das Rhythmische, auch die auf das Abschneiden folgende Leere (hgf.) an; mähen also svw. weitausholende, rhythmische Bewegungen machen und somit Langes, Gewachsenes in großer Zahl abschneiden. Mähen als Bezeichnung der Stimme des Schafs (Mähschaf) beschreibt die langhin sich erstreckende, schmerzhaltige Lautreihe, die der jener Mähbewegung analogen Bewegung des Stimmapparats des Schafs entspricht; vgl. *meckern,* das die rhythmisch zerstückelte, hartklingende Lautreihe malt (scheppern usw.).

275

mētiri messen, betont mit dem langen ē und i die Wiederholung und enge Genauigkeit des Teilens, Abschneidens, Absteckens, Abstechens. An den abgemessenen Punkten (termini, s. unter Nr. 223) wird eine meta als Marke eingesteckt; mensus s. Nr. 485.

276

metella Diminutiv zu meta, kegelförmiger, holzgeflochtener Behälter, dessen Füllmaterial, nämlich Steine, über die Belagerer ausgeschüttet wurde. Auch spitz zulaufender chirurgischer Verband. – „ella" s. Nr. 47, 232, 293, 356.

277

metellus der zur metella Gehörige, also Krieger, eine ml. metella, der Wurfgeschosse bei sich trägt und schleudert. Dagegen metallum, μέταλλον s. Nr. 293.

278

metus Furcht, Besorgnis, svw. das Abstecken, Ermessen als begriffliches Geschehen, speziell das vw. schgf. wortbegriffliche Bedenken, Vorausdenken, Erwägen; auch die diesen Begriffsreihen entsprechende Ausdrucksbewegung. *Furcht* betont das Hungrige, Leere, Weibliche des begrifflichen Vorgangs, determiniert von schgf. f, r, ch (vgl. Furche); das t gibt den Fortgang, Ausgang als tgf.-fgf. an. Der Ausdruck der Furcht ist eine schmerzlich-ängstlich geduckte, eingehöhlte Haltung; die Angstkomponente ist weder in „metus" noch in „Furcht" angegeben. *Ehrfurcht* ist das oben genannte Denken und der ihm gemäße Ausdruck gegenüber dem Ehre Besitzenden, Verehrten. Angst ist dagegen Bezeichnung für ein Gefühl. – *metuere* betont mit u die genannte Negativität, auch in der Ausdrucksbewegung.

279

mitis fein (i) zerlegt, zerlegbar, somit weich, mild (μέλδω erweiche, sch-melz-e, unser melden [Nr. 335] svw. mit-teilen, mildern svw. erweichen usw.). Vgl. „mit" Nr. 250. – Kein Ableitungszusammenhang, sondern nur Sippenverwandtschaft mit moenus, munus Geschenk, μειλια Sühngeschenk (Nr. 336) usw. (vgl. dagegen Curtius, a. a. O., S. 329, Walde, S. 488).

280

mittere schicken, also abtrennen, abscheiden, absenden, vgl. missen Nr. 169. Perfekt misi, Supinum missum, vgl. Nr. 274, auch 247 ff.

281

mater s. Nr. 238, 245.

282

materia das, woraus (m) etwas (at) hervorgeht (er), entsteht, hergestellt wird, das gefüllte, zeugende Mütterliche, der Mutterstoff, Rohstoff, das sich Teilende, zu Messende (skt. mā́trā Maß, Materie); die Endung „-ia" gibt das abgegrenzte Gesamt, das die Einzelfälle umfassende Allgemeine an, sodass der Sinn von materia sich dem Sinn von Chaos, svw. die den „Raum" erfüllende rohe Masse (Magma Nr. 211), aus der die Dinge entstanden sind, nähert und ihm fast gleicht – wie übrigens auch dem Sinn von ὕλη, mindestens in der philosophischen Anwendung des Wortes. Überflüssig, materia von gewissen Baumnamen „abzuleiten" (Walde, a. a. O., S. 469).

283

matia, mattea, ματτύη: feines Fleischhäcksel mit Gewürz, also etwa unser „Tatarbeefsteak", vgl. Mett Nr. 248.

284

matta Matte als geflochtene Decke, s. Nr. 254.

285

matula, matella, matellio: kleines gefülltes, füllbares (at) Gefäß (m). Die Diminutivendungen geben die verschiedenen Formen der Töpfe an.

286

maturus reif, futurische Wortbildung (vgl. futurus, moriturus, Nr. 56, usw.), svw. der aus der Höhle (m, Unreife, Mutterleib, Kindheit, Jugend) Austretende (at) und in eine neue Höhle, Umgebung, Lebenssphäre (ur) Eintretende, von Menschen, Tieren, Pflanzen, Früchten usw. *maturitas:* Reife, worin tas in spezieller Weise das die Einzelfälle (i) Umfassende angibt; Maturitäts- oder Reifeprüfung der Abiturienten (abiturus wer abgehen wird, abire abgehen, auch sterben: Pubertätstod [„Welches Tages du davon issest, wirst du des Todes sterben" usw.], auch obire [Schopenhauer zum Tod seiner Wirtschafterin: „Obit anus, abit onus"]). *Matuta* Göttin des Übergangs, besonders der Morgenstunde (hora matutina), s. Mette Nr. 249.

287

matus s. matt Nr. 253, besonders von der Trinkprobe als Akt der Pubertätsfeier, die der Trinker immer wiederholt, also „matt vom Weingenuss, verkatert bis alkoholverblödet".

Griechische Homologa

288

μῦτις das im Inneren (μυ) Befindliche (τ), Abgeschlossene und Austretende, Abgeschiedene, speziell von der Leber-Galle und dem „ἐν τῷ σηπίας στόματι μέλαν" des Tintenfischs.

289

μύτιλος s. mutilus Nr. 267. Auch μίτυλος. Vgl. auch Nr. 232. Dagegen μυτιλος der aus der Schale, Muschel hervorgehende (essbare) Tierkörper (vgl. Nr. 47); das betonte ί weist auf die Abtrennung des Tiers von seiner Schale hin.

290

μύττος mutus, s. Nr. 269, 270. Hierzu μυττωτεύω quetsche zu Mus, worin die Reihe ωτ reduplikativ die Höhle und das sie Füllende angibt (vgl. οὖς, ὠτός Ohr, ὠτειλή Wunde usw.).

291

μοτόν zerzupfte Leinwand, Scharpie zum Füllen von Wunden, d. i. (aus dem Gewebsverband) Herausgezupftes, Abgerissenes, das in Wunden (Höhlungen) eingeführt wird; μοτόω stopfe zerzupftes Linnen in die Wundöffnung. Vgl. die Meißel (vgl. r-eiß-en), altes deutsches Wort für Scharpie, svw. das Abgetrennte, Ausgezupfte (s. Nr. 161, auch Nr. 240).

292

μετά s. „mit" Nr. 250. Dagegen mēta Nr. 272.

293

μέταλλον Metall, nämlich μετ zerlegen, αλλ das, worauf sich das Zerlegen erstreckt, das aus vielen Teilen (λλ) bestehende Gesamt (α), vgl. ἄλλος (Nr. 226), das „All", Welt-All usw., auch frz. aller gehen, allée Gang und die Formel „es ist alle", d. h. nichts mehr da, vergangen, verbraucht, aufgeteilt. Das Zerlegen ist, wie unter Nr. 237 (ματεύω) gesagt, ein Forschen, Suchen, Aufspüren, sodass μέταλλον eigtl. ganz allgemein svw. das, worauf sich das Suchen richtet, und das hierbei Gefundene, aus dem Gesamt Herausgelöste ist, wie μεταλλᾶν ganz allgemein „nach etwas forschen, suchen", und nicht bloß „nach Metall suchen" heißt. Das Wort hat nun aber den besonderen Sinn von Bergwerk, Erz, Stein, Ausgegrabenes angenommen, und wir verstehen unter Metall bloß noch solche „ausgegrabenen" Stoffe, in der Physik und Chemie speziell die eine Klasse der Elemente (im Gegensatz zu den Nichtmetallen oder Metalloiden). Vgl. die Reihe υλλω in μιστύλλω Nr. 232 usw. – Die Verwandtschaft mit metella (Nr. 276), die auch metalla heißt, besteht darin, dass Zerlegtes beschrieben wird, mit metella der gestaltmäßig einer meta ähnliche Behälter für Steine, die man sehr wohl als metalla, Plural zu metallum, bezeichnen kann, sodass metella der Behälter für metalla ist.

294

μετρέω messe, Nr. 161.

295

μέτρον Maß, Nr. 161, 166, Meter Nr. 247.

296

μήτηρ svw. die mit Schmerzen Gebärende, Beschreibung der Höhle-Schwelle (μη) und des sie schmerzlich, sich abtrennd Überschreitenden (τηρ); die beiden η können auch die Wiederholung der Wehen, den rhythmischen Verlauf der Geburt, τ, ρ das die Schwelle Überschreitende, das Kind in der Geburt als abscheidend, abgeschieden, abgeschnitten angeben. Über die dor. Form μάτηρ s. Nr. 238; lat. mater Nr. 281. Skt. mātā beschreibt nicht das Schmerzstadium wie μήτηρ, sondern das Freudestadium: das Weib als die Große, Mächtige, Großmächtige, Erhabene (vgl. auch Maia), mit Hinweis auf das kennzeichnende Gehöhlte (m), auch auf das Ausgeschiedene, das ebenfalls als fgf. (ta) beschrieben wird (vgl. „Kind ist Gott" der Finnen, Eskimos usw. [Nr. 60], „Kind ist Häuptling" der Wadschagga usw., Kind ist ganz allgemein nach dämonistischer Deutung „göttlichen Ursprungs" [Gottes Geschenk, Theodor, von Gott „beseelt" usw.], wird angebetet, ist „Tyrann der Familie" usw.). „Mutter" betont die Höhlung, die aufnimmt und abgibt, s. Nr. 245; s. auch Nr. 157.

297

μητιάω beschreibt ähnlich wie μήδομαι, μητίομαι (Nr. 271, 298) den begrifflichen, speziell wortbegrifflichen Vor-gang, das begriffliche Hervorbringen, „geniale" (Nr. 157) Gebären, Erzeugen sowie den entsprechenden wortgegenständlichen Ablauf, ist also etwa svw. ermessen, ersinnen, beschließen, entschließen: μη Höhle-Schwelle, τια das sie gerade, langhin Überschreitende, vgl. Nr. 296.

298

μῆτις das „geniale", „geistige" Zeugen, somit auch Verstand, Einsicht usw.; s. Nr. 297. Skt. matis Gedanke, Absicht, Andacht (gleich Andenken).

299

μίτος das eng Herauskommende, der Faden; vgl. Nr. 122: μέρμις beschreibt das Gedrehte, Abgeris-

sene, das Mehrmalige der Stücke, μίτος das abgeschnittene Lange.

300

μιτόω „fädele" (einfädeln), spanne Fäden, Saiten auf, Nr. 299.

301

μίτρα das herumgedrehte, umgewundene (ρ) Gesponnene, Leibbinde, Gürtel usw.

302

μίτυλος s. Nr. 289.

303

ματάω s. unter Nr. 237.

304

μάταιος s. unter Nr. 237.

305

ματάζω s. unter Nr. 237.

306

ματεύω s. unter Nr. 237.

307

μάτη s. unter Nr. 237.

308

ματία s. unter Nr. 237.

309

μάτιον kleines Maß, Abgeteiltes und Abteilendes.

310

ματτύα s. Nr. 283.

Familie „mul" und Sippenverwandte

Deutsch

WS

mul					
Mull	Mole	Mehl		Mal	Maul
Müll	Molle	Meile		malen	Maulwurf
Müller	moll	Meiler		Mahl	
Mühle				mahlen	
Mulm				mählen	
mulmig				malmen	

molch					
	Molch		Milch		

molk					
	Molke	melken			

muld					
Mulde	Moldau	melden	mild		

mult					
Multer	Molte			Malter	
	Molter				

Lateinisch

WS

mul				
mulier	mola	mel	miles	mala
mulleus	moles	meles	milia	malus
mulus	molere	melior	milium	malle
	mollis		mille	malleus
	molucrum			malluvium
				malva

mulc				
mulcere				

mulg				
mulgere				

mult				
multa	molta			maltae
multus				

Griechisch

WS

μυλ				
μυλεύς	μολεῖν	μέλας	μῖλαξ	μάλα
μύλη	μόλις	μελέδη	μίλιον	μάλαγμα
μυλλάς	μόλιβος	μέλεος		μαλακίζειν
μυλλαίνω	μῶλος	μέλι		μαλάσσω
μύλλον	μῶλυ	μελίνη		μάλη
μυλλός	μωλύω	μέλισσα		μᾶλις
μύλλω	μώλωψ	μέλος		μαλός
		μέλλαξ		μᾶλλον
		μέλλω		
		μῆλον		

μολγ				
	μολγός	μέλγω		

μελκ				
		μέλκα		μάλκιος

μελδ, μιλτ, μαλθ				
		μέλδω	μίλτος	μαλθάσσω

443

Erläuterungen

Das l determiniert schgf. Rundes und Gerades als relativ leicht beweglich, weich, fein, somit leicht zerleglich, zerfallbar, zerbrechlich, zerdrückbar, aus Teilchen zusammengesetzt, gibt also eine spezielle Note der Veränderungen an, und zwar ein gleichmäßig glattes Gleiten – im Gegensatz zum n, das die gewundene, rinnende Bewegung angibt.

311

Mull Stauberde, Schutt. Mu Höhle, ll Vielheit des sich nach dem genannten Bewegungstypus darin, hinein- oder hinausbewegenden, also zerkleinerten Füllmaterials (vgl. Nr. 232 u.a.). Auch *Müll,* worin das e im ü die Schwelle, Zerkleinerung besonders angibt. *Mull* ist auch eine Zeugsorte (Verbandsmull, Mullgardine): Ein zartes, weiches (mollis Nr. 347), leichtbewegliches, schmiegsames, also um*hüll*endes (Hüllen, Höhlen bildendes), lockeres, auch leicht zu zerreißendes, zerstückelndes Gewebe; es kann leicht in Höhlen (Wunden usw.) eingeführt werden (vgl. Nr. 291). Hiernach kann auch Mull Stauberde als Umhüllendes, Aufgeschüttetes (Schutt!) aufgefasst werden. – Ahd. molta, got. molda beschreiben mit „lta" und „lda" noch ausführlicher das die Höhle füllende oder sie verlassende Zer*mahl*ene (Nr. 325, vgl. auch Mulde Nr. 333). Ähnlich beschreibt *Staub:* sta das die Höhle u füllende, in sie eingehende oder aus ihr herausgleitende, auch selbst einhüllende Zerlegte, das als zerstückt weiterhin vom b determiniert wird; dagegen *Stab* (also ohne u) das Lange, Gerade als abgeschnitten, als Stück (b). *Schutt* beschreibt das über die Schwelle in die Höhle mehrzählig (tt) Eingefüllte, Einge*schütte*te, auch das zu einem Haufen, über etwas Aufgeschüttete und es so Verhüllende; *schütteln* svw. in der Höhle das Füllende hin- und herbewegen, kleinen Schutt machen; dagegen *Schute* die etwas (t) aufnehmende Höhle (Hut usw.).

312

Müll s. Nr. 311.

313

Müller der zum Müll, Mehl, zur Mühle Gehörige, Mehlmacher.

314

Mühle, mhd. müle, mül, ahd. mulin, muli, Höhle als das Füllmaterial (l) in gleitenden Bewegungen (l) zerlegend. Das h gibt die Weite, die Dauer der rundgleitenden Bewegung an.

315

Mulm mittels Zerteilens (Zerfressens, Verwitterns usw.) ausgehöhltes, zermahlenes Holz, Gestein, Erdreich sowie das in diesen Höhlen befindliche Zerlegte; auch *Molm.* Der Vorgang wird mit l als ein gleitender, allmählicher determiniert. Das zweite m reduplikativ. Dazu **mulmig.** Vgl. malmen Nr. 327.

316

Mole Hafendamm; das in der Bucht (Mo enge Bucht, Öffnung), aus der gebogenen Küste (Mo) ins Wasser als eine Öffnung (Mo) lang Vorragende, meist im Bogen verlaufende Aufgeschüttete, woran sich das Wasser bricht (zermahlen, zermalmt wird); auch *Molo;* vgl. lat. mola Mühlstein, und zwar der obere, dessen kegelförmiger Vorsprung in die Höhlung des unteren Steins eingreift und sich darin bewegt, nämlich mahlt. Mole auch ein pathologisches Gewächs im Uterus, gleitend, aus Teilen bestehend, aus der Wand in die Höhle-Öffnung vorragend (Blasenmole: ein aus flüssigkeitsgefüllten Blasen bestehendes Schwangerschaftsprodukt, auch Mon-, Mondkalb usw. genannt), auch die Trägerin „zermahlend" (starke Blutungen!), entkräftend; lat. mola (Nr. 344, 345), griech. μύλη (Nr. 369), ferner μωλύειν entkräften, erschöpfen.

317

Molle Holz-, Glasgefäß, Backtrog; ll die Füllung; s. auch Mulde Nr. 333.

318

moll musikalisch „weich", mollis (Nr. 347), im Gegensatz zu *dur* (hart, worin die Härte vom schgf. r – wie in „hart" – angegeben wird).

319

Mehl das in der Mühle Zerlegte; e gibt das Zerteilen an, mit h als längere Zeit fortgesetzt, gründlich, somit zu kleinsten Teilen führend determiniert, betont also das die Schwelle Passierende als fein zerlegt, staubfein; s. auch mahlen Nr. 325.

320

Meile, mhd. mīle, mīl, ahd. mīla, svw. die von einem Ausgangspunkt (M) im Raum (M, Raum als Höhle) in Teilen, Abschnitten, Schritten (ei, i) sich im Sinn des l Erstreckende; die Zusammengesetztheit aus Teilen wird in lat. mille (Nr. 355) noch besonders mit dem Doppel-l angegeben (vgl. italien. miglia, miglio). Vgl. Zeile, Weile (weil), Eile usw.

321

Meiler, mdt. miler, dän. mile, schwed. mila; die mit aufgeschichteten (geraden Holz-)Stücken gefüllte (Erd-)Höhle, der Holzstoß, der mit Erde bedeckt wird (und zu Kohle brennt). Vgl. Nr. 133. Das Brennen ist nicht mitangegeben, nur die spezielle Zusammengesetztheit beschrieben. Vgl. auch *Weiler:* Abgegrenztes (W), bestehend aus *vielen* gleitend miteinander verbundenen *Teilen* (Menschen, Tieren, Gebäuden, Wegen usw.), wo man *weilt* – oder *Pfeiler:* gerade (Pf) aufgleitendes, aus Teilen (Steinen) zusammengesetztes Stützwerk.

322

Mal svw. Kennzeichen eines Abschnitts. Jeder Ablauf setzt sich aus Teilen zusammen, die ineinander übergehen; das an einem solchen Abschnitt Befindliche, selbst ein Teil des ganzen Ablaufs (M), ein *Pfahl,* Stein, Fleck usw., wird als abgegrenzt, Grenzzeichen (M) und lang, schlank (l) aufgerichtet (a fgf.) mit „Mal", als Teil, Schwelle (schgf.) mhd., ahd. mit „meil" (vgl. Nr. 382) bezeichnet. Es ist ein Wort der räumlichen und der zeitlichen Beschreibung (Denkmal, einmal). Auch die Kampfmale, Wundmale (Pubertätsmale), die Kennzeichen von „Abschnitten", auch im Sinn von Verstümmelungen, sind fgf., ihr Träger ist stolz auf sie. Vgl. Nr. 36–38, 257. Malstatt, Walstatt Nr. 324.

323

malen Male machen, speziell bunte, mit Pinsel und Farbe.

324

Mahl. Der heilige Bezirk war die Stätte des Pubertätskampfs, die Mal- oder Mahlstatt, auch Walstatt, Wahlstatt (vgl. Walküre, Walhalla usw.). Da gab und gibt es die Pubertätsmale zu holen (vgl. Nr. 36). Den Jugendproben wohnten (und wohnen) die Alten als Gegner oder Richter bei. So war (und ist) die Mahlstatt die Gerichtsstätte. Urtümlich ging der Kampf auf Leben oder Tod, und wer fiel, wurde aufgefressen: es gab ein Mahl (vgl. Leichenschmaus). Später wurden (Totem-)Tiere geschlachtet, auch (Totem-)Pflanzen verzehrt; daher unser Markt (Nr. 36). Der Sieger führte die Braut heim, feierte *Vermählung.* Die römische confarreatio (Vermischung von far, farina Mehl als Zeichen der ehelichen Besitzgemeinschaft und wohl auch als Fruchtbarkeitszauber) kann man als „Vermehlung" übersetzt; doch „stammt" Vermählung nicht daher.

325

mahlen in der Höhle (m, Mühle) das Füllmaterial (a) anhaltend (h) gleitend bewegen und so all-*mähl*-ich zerkleinern. Malen dagegen ist svw. Zeichen setzen, die Teile eines Ablaufs mittels eines Mals abgrenzen, somit den Ablauf zerlegen, wobei das Mal selber ein Glied der ablaufenden Reihe ist, als Teil zu ihr gehört. Somit sind die (fast) gleichen Bezeichnungen „mahlen" und „malen" und ihre (fast) gleichen Bedeutungen verständlich. Auch das Mahl ist, wie Nr. 324 ergibt, eine Zerteilung,

Zerstückelung, sowohl was die Kampfproben mit ihren Verstümmelungen, Verletzungen, Schneidungen als auch die Verteilung des Fleischs usw. angeht.

326

mählen in „vermählen" s. Nr. 324.

327

malmen genau, wiederholt mahlen (reduplikativ). Das so Zerteilte heißt Melm, wohl auch Malm (got. malma Staub usw.); vgl. auch Mulm, Molm Nr. 315.

328

Maul, mhd. mūl, ahd. mūla; Höhle (M, u) sich weit öffnend (a), mit Inhalt (a), der in gleichmäßigem Gleiten (l) zerlegt wird, auch aus- und eingeht. Vgl. *Maulbeere,* morum Nr. 59; auch Maulwurf, worin „Maul" (wie in „Maulbeere") nicht die mahlende Mundhöhle (Mund Nr. 430), wohl aber die ihr gleichende und so auch gleich bezeichnete Anordnung und das in ihr Befindliche, aus ihr austretende Zermahlene, Zerriebene (Saft bzw. Erdkrumen) bezeichnet. In *Maultier* gibt „Maul" ebenfalls die gleitend aufnehmende und abgebende Höhle, und zwar hier die Mutterhöhle an (vgl. unsere Bezeichnungen Muttermund, Schamlippen), lat. mulus, mula, wozu mulier Nr. 341; das Füllende (vgl. übrigens „Füllen" gleich Fohlen, Pferdekind, lat. pullus, griech. πῶλος) gleitet in der Höhle hin und her und dann hinaus, ist eine Art mola (Nr. 316) und wird sozusagen gemahlen (Mutter als Umschlingerin, Zerteilerin, sich Teilende, μήτηρ Nr. 298, als Backofen, Kochgefäß, worin also das Kind gebacken, gekocht wird usw.; mahlende Bewegung beim Tanz, Koitus; Zeus als μυλεύς usw.); mulus auch das zur Stute gehörige männliche Tier, Zuchtesel (KT 2), vgl. muscellus Nr. 201. Unsere Abiturienten hießen von einem bestimmten Zeitpunkt an (als sie die Schulmützen ablegten und den Männerhut aufsetzten) Muli, Maultiere, als die Jungen, die Springesel, die reifen(den) jungen Männer. – Vgl. auch „Mulle" als Rufname für Katzen.

329

Molch, früher Moll, mhd. mol, molle, ahd. mol; das aus der Höhle-Öffnung hervorgleitende, längliche, leichtbewegliche, weiche Tier.

330

Molke, mhd. das mulchen, molchen, molken (ahd. chaziwazar Käsewasser); das aus der Milch beim Gerinnen Hervorgleitende, Dünnflüssige, somit Leichtbewegliche, Schlüpfrige, Weiche; das ch gibt mehr das Schwellenstadium (das Hervorgehen), das k das Trauer-Freudestadium (das Hervorgegangensein, den Vorgang als vollendet) an.

331

melken, mhd. mëlchen, ahd. mëlchan, got. milkan; aus (e) der Höhle (m) über die Schwelle (e) in langen, gleitenden Rhythmen (lk) quetschend (e) bewegen und so die Höhle ausleeren, speziell die Euter ausstreichen; das k weist auch auf die Länge und das ruckweise (ejakulative) Austreten des (Milch-)Strahls hin. Lat. mulgēre beschreibt mit mu die Höhle, mit gēre das Herausstreichen (ēre) von Teilen (g) in weichen, langhindrehenden (ē) Bewegungen. Ähnlich mulcēre, worin das c auf das Zerteilen (schgf.) hinweist. – Vgl. *welken,* worin we die Schwelle, Grenze, das Abteilen, Trennen, lk das allmähliche Dahingleiten des Zerfalls zu Stücken (k) angibt.

332

Milch das aus der Höhle feinverteilt, in feinem Strahl (i) über die Schwelle (i) weich (ch) Hingleitende (l); vgl. Molch Nr. 329. Ahd. miluh, miluch gibt mit dem u besonders die Höhle an, aus der oder in die das mil „*flutet*". Griech. μέλκα Milchspeise.

333

Mulde glatte, langrunde Höhle, in der etwas (d) gleitet. Got. mulda aber – KT 2 – Zermahlenes (Staub, lockere Erde), vgl. Mull Nr. 311.

334

Moldau Flussname wie Mulde, nur o statt u, womit die Enge des Flussbetts angegeben wird; au gerade-rund, langer Fluss, Wasser im Flussbett, Insel im Fluss, Gelände mit Bächen, vgl. Aue, ahd. ouwa, aha, got. ahva, lat. aqua, Ache, B-ach, Nahe usw. Auch die sich gleitend dahinwälzende, mahlende (lat. molere) Flut. Vgl. Nr. 170, 211.

335

melden aus der (Mund-)Höhle über die Schwelle (e) (Worte) gleiten lassen und so „mit-teilen", auch (im Sinn der phänomenal-phänomenologischen Entsprechung) ein gesamtes Ereignis (m) allmählich (in Worten) zerlegen, von ihm (in Worten) mit-teilen, vgl. „Alle Beschreibung ist Stückwerk"; s. auch μέλδειν Nr. 383, 406.

336

mild aus seinem Besitz, Bereich (Reich-tum, m) Teile (i, d) allmählich vielfältig (l) abgebend, seinen Besitz teilend und verteilend, freigebig, auch leicht zerlegbar; *mildern:* von seinem Besitz abgeben. Ähnlich griech. μειλίσσειν, worin ει und σσ die Teile und ihre Mehrheit, λι das spezielle Überschreiten der Schwelle, das mehrfache (σσ) Abgeben beschreibt; also eigtl. auch svw. aus seinem Besitz abgeben, somit freundlich (vgl. Gastgeschenke) behandeln, schmeicheln, besänftigen, erheitern usw.; τὰ μείλια das Abgegebene als (μειλ) als Mehrheit (vgl. Nr. 355) zusammengefasst (ια), Liebesgaben. Skt. WS mil entgegenkommen, sich (mit) jemandem verbindem, ihm teilgeben (vgl. „,verbindlichen' Dank" usw.).

337

Multer, ahd. muhltra, lat. mulctra; Melkkübel, Behälter für Gemahlenes.

338

Molte s. Molm Nr. 315, ahd. molta Nr. 311; das t gibt das Fertig-, Vollendetsein der Zermahlung an.

339

Molter s. Multer Nr. 337; auch Mahllohn (Anteil am Gemahlenen), vgl. Metze Nr. 262.

340

Malter abgemessene Menge von Gemahlenem oder zu Mahlendem (ca. 200 Pfund), auch das Messgefäß von bestimmter Größe.

Lateinische Homologa

341

mulier Weib: mu (Genital-)Höhle, die sich gleitend bewegt und in die, in der, aus der sich etwas (ier, Penis, Kind) über die Schwelle (i) gleitend (l) bewegt, die somit Teil (Penis, Samen) Aufnehmende, (Kind) Umhüllende, Bewegende, Gebärende, sich Teilende. Griech. μυλλός weibliche Scham, μύλλειν beschlafen (d.i. „mahlen"), μυλλάς Hure usw.; s. auch Nr. 328.

342

mulleus etwa svw. mulmig (Nr. 315), zerfressen, aufgerieben, somit gehöhlt, und zwar so, dass die Höhle beim allmählichen Zermahlen, Zerlegen, Zerfallen (vgl. Mull, Müll Nr. 311) entstanden ist, demnach auch fleckig (Nr. 116), beschmutzt, auch hinsichtlich der Farbigkeit von der Umgebung verschieden, und zwar dunkler als diese (vgl. μέλας Nr. 382). Beim Menschen ist diese Farbe (bei Verletzungen, Geschwüren usw.) rötlich (Nr. 407) bis purpurn; dies ist auch die Farbe der Körperhöhlen, einschließlich der weiblichen Scham (vgl. mulier Nr. 341). Weiterhin bezeichnet mulleus alle möglichen anderen bei Zermahlungen, sozusagen Müllbildungen entstehenden Verfärbungen, dann auch Farben überhaupt (die als Malerfarben Verrührungen von staubfeinen Partikeln sind), vgl. auch Mal Nr. 322 ff. – Die beim Fallen, Fällen (cadere, caedere) sich an den getroffenen Stellen zeigenden Verfärbungen beschreibt *caeruleus* blau (vgl. griech. κείρειν schneiden, κηρύλος Eisvogel, Schicksalsvogel, Seelentier – vgl. Käuzchen, Möwe, Schwan usw. –, κήρ Todes-, Schicksalsgöttin – vgl. Wal-*küre* [Nr. 9, 240, 324], *Kar-freitag,* Ceres, Göttin der fruchtbaren Erde, des Wachstums [*creare* schaffen, *cera* Wachs] und des Abschneidens, die „Schnitterin", Töterin, die Mutter der Proserpina, der Göttin der Unterwelt, s. auch Nr. 9); der Himmel aber heißt nicht *caelum* als blau, sondern als gewölbt (*celare* verhüllen, *cella* Zelle usw., κοῖλος hohl usw.), wie auch *Himmel* svw. die weithin (mm) abgegrenzte (i, el) Höhle (H, mm), got. *himinis* zu *himan* bedecken, heaven zu heben das Gehobene, Erhabene bedeutet. *Blau* zu „bläuen" gleich schlagen (Nr. 377), „blaue" Flecken machen (das Venenblut ist blau; „blau" zu *Blut,* dies svw. das [im Körper, aus der Wunde] *Flu*tende, vgl. *fluere, flutare, luere* Nr. 360 usw.).

343

mulus s. Nr. 328.

344

mola s. Nr. 316. In *molucrum* Missgeburt gibt die Reihe ucr die Höhle-Schwelle an, über die sich die mola bewegt.

345

moles ganz ähnlich mola Mühlstein, svw. das sich auf einer Unterlage gleitend Bewegende, auf der Unterlage Mahlende und sie so (zu einer Öffnung) Zermahlende, die Last. Die Endung -a weist auf gerade, vorragende Anordnungen (Vorsprung des oberen Mühlsteins), die Endung -es auf die Schwelle, das Schmerzliche, das Eindringen hin.

346

molere als Höhle-Öffnung und in der Höhle-Öffnung (sich) gleitend bewegen, somit zerteilen, s. mahlen Nr. 325, das mit a das Füllmaterial angibt, während molere lediglich die Bewegung, Zerkleinerung als solche beschreibt, das Zermahlene also nicht besonders angibt.

347

mollis leicht beweglich, weich, fein, „mollig", aus vielen Teilen gleitend zusammengesetzt, somit leicht zerfallbar, nachgiebig usw., s. Nr. 311, 318, 342, 346.

348

molucrum s. Nr. 344.

349

mel das in der Höhle (Wabenzelle) befindliche feinteilige Weiche, das aus der Höhle herausgelöst wird, vgl. Mehl Nr. 319, mollis Nr. 347, ferner Malz Nr. 179, Sch-*melz*, sch*melz*en. Auch *Honig* svw. das in der Höhle-Öffnung (Ho) befindliche zusammenhängend (n) Geteilte (ig), also Weiche, Wachsartige oder Zähflüssige (lat. cera, Nr. 342).

350

meles das aus der Höhle-Schwelle gleitende Tier (Marder Nr. 26, Dachs Nr. 392), vgl. Molch Nr. 329. Der Marder heißt auch wie die Katze *feles,* worin (schgf.) das Hervorgehen, die Bewegungen als fein, enghinlaufend (nach Art der Aussprache des f) determiniert sind; man beobachte nur die Bewegungen der Katze, besonders in der Brunstzeit oder beim Nahrungsfang. Zwischen feles und felix besteht natürlich Familienverwandtschaft; felix svw. der fein-gleitend (f, l) die Schwelle (e, i) Passierende (x, ks) oder Hervorgegangene, also „wohlgeboren" oder „hochwohlgeboren" (Nr. 222), auch der und die in dieser Weise Hervorbringende (vgl. Glück aus Ge-lück, „lück" zu Lücke, Loch usw., Nr. 463); so kann auch feles genischen Sinn haben.

351

melior besser; mel svw. aus vielen zusammenhängenden Teilen bestehend, somit leicht zerlegbar, weich, abgebend, freigebig, vgl. mild Nr. 336; -ior ml. Komparativendung, wovon eigtl. nur das i komparativisch ist, derart, wie unter Nr. 223 für ερ (vgl. unser -er, z. B. in „besser") angegeben. Der Positiv zu melior ist *bonus,* alat. duonus (vgl. bellum – duellum, bestia – duestia), worin b oder d das die Höhle-Öffnung (uo, o, n) in Stücken (tgf.) Füllende und Überschreitende, also Besitz und Abgabe angibt (frz. bon, der Bon, Gutschein). Bonus ist also der abgebende Besitzer, der Teil-nehmer und Sich-Teilende (duonus – duo usw.). Ganz so beschreibt auch *gut:* die erfüllte (g, t) Höhle, aus der g, t, also Stücke tgf. und „Ganze" fgf. abgegeben werden, den weiten, erfüllten Umkreis („das Gut" als Bauerngut usw.), der trägt, aufzieht (tragen, Tracht, trekken, trahere, tractare, Getreide) und abgibt. Vgl. Nr. 519. Das Wort *besser* hat wieder das b zur Angabe des Füllenden, des Teils, „ess" gibt die Schwelle und das sie Überschreitende an, das Doppel-s ist reduplikativ und so komparativisch gegenüber der einmaligen Abgabe; „-er" siehe oben; vgl. *Buße* usw., auch messen. – So ist *beare* svw. beschenken, beglücken, bewilligen usw., das „be" wie in be-sser, be-ne, be-schenken usw.

352

miles Soldat, svw. der Ausziehende, aus der Heimat, der Wohnung (m) über die Schwelle (i) im Zusammenhang mit anderen Teilen, also mit Gefährten (il) gleitend sich Bewegende (Marschierende, Reitende, Reisende, Fahrende). Milites sind die Jungmannen, die in den Pubertätskampf ziehen, die morituri, maturi, und so heißen unsere Studenten (studere hungern nach, streben) auch Kommilitonen: die zusammen in den Pubertätskampf, die Reifeprüfung (Mensur, Krieg, Examen) ziehen; Student und Krieger waren und sind biologisch engverwandt. Vgl. griech. ὅμιλος Haufe, Versammlung, die natürlich aus Einzelnen, Gliedern, Teilen besteht; das ὁ gibt die Umrandung, die Gesamtheit hgf.-agf. an, wie H, u in „Haufe", worin a die Masse, fe die Schwelle, den Zu- und Abgang angibt; ὁμιλία Umgang, Verkehr usw.

353

milia Plural zu mille Nr. 355.

354

milium Hirse, μελίνη, das aus zahlreichen zusammenhängenden (Ähre!) Teilen (Einzelblüten, Früchten) Bestehende, auch die Früchte, die Hirsekörner selbst, die eine aus vielen kleinen weichen oder erweichbaren Teilen (vgl. Mehl) bestehende Menge sind.

355

mille (auch mile) svw. aus vielen zusammenhängenden (ī, ll) Teilen bestehend (vgl. „viele"); m gibt den Raum, das Umfassende an, vgl. Meile Nr. 320, mild Nr. 336. Nach Sommer aus einem (erdachten!) smi und ghsli entstanden und Letzteres aus skt. sahasram abgeleitet! – χίλιοι ganz ähnlich mile, statt des m steht ein χ (Kreuz) als Bezeichnung der Schwelle, Abgegrenztheit; das m findet sich auch in μυρίος, μύριοι (Nr. 98), das als Vielheit die Bedeutung „zehntausend" angenommen hat, wie mille, χίλιοι die Bedeutung „tausend". Auch das Wort *tausend* gibt die mit Teilen (s) gefüllte (ta) Umfassung, Höhle (u) als abgegrenzt (end) an; mhd. tūsend, ahd. (Substantiv) dūsunt, thūsunt, tūsunt, got. thusundi usw. (vgl. *das Tau* das Lange-Herumgewundene, aus Rund sich Streckende, Geradewerdende; *der Tau* das aus dem „Nichts", dem Dunst Hervorgehende, Fallende und sich wieder zu „Nichts", Dunst Auflösende; *tauschen* svw. in die gefüllte Höhle aufnehmen und aus ihr abgeben; *täuschen* svw. „einwickeln" usw.).

356

mala (für maxla) die mahlende Kinnlade (Mahlzähne!), vgl. Nr. 325. Das Diminutiv *maxilla* weist mit x auf das „Knackende", „Knacksende" des Kauaktes und das betreffende Eigengeräusch hin, während l das gleichmäßige Gleiten angibt; ill gibt ganz ähnlich wie ell das Mehrfach-Kleinere an (also im Sinn von „x-mal kleiner", während die Diminutivreihe il, el, ähnlich auch ul, ol usw. das Einfach-Kleinere angibt), wobei das l das Zusammenhängende (im Gegensatz zu r usw.) malt. Vgl. auch Nr. 222, 276 u. a.; zu mandere kauen s. Nr. 465.

357

malus aus der Höhle (dem Boden, dem Inneren des Schiffes usw., der bisherigen Umgebung) gleitend hervorwachsend, vgl. Mal Nr. 322, Mast Nr. 191, 241, mustus Nr. 207 usw. Somit kann malus einen *Baum* (vgl. morus Nr. 59, pirus Nr. 84), malum die in der Höhle befindliche, aus ihr hervorgehende (abzupflückende, fallende) *Frucht* bezeichnen, und zwar den *Apfel* svw. Voll-Rundes, Herauswachsendes, Her*ab*fallendes, -el s. Nr. 240 (vgl. *Obst,* mhd. obez, ahd. opaz, worin o die Rundung, b das Gefülltsein – lat. ops, opes Vermögen, Reichtum, Ops Göttin des Erntesegens, opimus fruchtbar, fett –, st das Superlativische, die Vielheit der Einzelnen, die Menge angibt, während diese in obez, opaz mit ez, az bezeichnet wird); malus ist der aus der Erde lang aufsprießende, die genannten Früchte erzeugende Baum (alle Bäume sind im Lat. weiblich!), dessen „Kind" malum heißt, griech. μῆλον, das zugleich die Frucht der Schafe und Ziegen bezeichnet. – Dann heißt malus auch *der Mast,* das Mal, nämlich die aufgerichtete Stange, Fahnenstange als Hoheitszeichen, auch Schiffsmast. Endlich bedeutet malus svw. *schlecht* – und „schlecht" ist, wer an die Pubertätskämpfe heranreift, sich somit gegen die Älteren, ihre Autorität, ihre trophische und genische Herrschaft auflehnt, ferner, wer im Kampf unterliegt, jedoch auch, wer siegt, also den Gegner tötet, verstümmelt, verletzt, irgendwie schädigt; auch hier ist malus der sich Aufrichtende, aus der Höhle (Kindheit, Elternhaus) Herauswachsende, der/die Kleine, der/die groß wird, der/die sich Besitz und Weib/Mann nimmt, ge-*schlecht*-lich (dies zu „schlagen") reift und *schlichten,* richten kann (weiß, was gut und böse ist). Auf wen sich die Schlichtung erstreckt, wer ihr unterworfen ist, der ist schlecht, malus im Sinn von „noch nicht frei", gering, schlicht, schwach, untüchtig gleich untauglich. *Bonus* aber ist der Freie, Besitzer (Nr. 351).

358

malle (malo) lieber wollen, mehr wollen, aus magis volo, magis velle. Über *magis* mehr s. Nr. 182, 222; *volo* svw. ich bilde gleitend eine Öffnung, in die etwas hinein- und aus der etwas herausgleiten kann (l), also will, begehre, lange aus nach, auch: breite die Flügel, fliege. Die Infinitive sind verschieden: volare fliegen beschreibt das Weithingestreckte, Anhaltende (a) des Fliegens, velle wollen (Nr. 144) dagegen betont die Sch-welle, die gleitend mehrfach (ll) überschritten wird („wollen" betont die Öffnung). Die Reihen malo, malle verlaufen assoziativ unter kurzschlussmäßigem Ausfall der Aktualitäten gis und vo bzw. ve (Synkope), wobei die assoziierten wortanalytischen Reihen wie also auch die Bedeutung gleich bleiben; die Silbe gis im Sinn der biologischen Symbolik im ma, die Silbe vo bzw. ve im l bzw. ll enthalten, während dies bei malo als Dativ zu malus nicht der Fall ist: Eben dies ist der Unterschied zwischen den beiden Wörtern malo, der sich auch in den Zusammenhängen, in denen das eine und das andere malo vorkommt, herausstellt. Analog *nolle* aus non velle. Also auch abgesehen von der Wortgenese hat malo, malle den genannten Sinn; er ergibt sich aus dem Wort, wie es ist; malo, malle beschreibt den mit „mal" (in mala, malus usw.) benannten Vorgang als Reflexausdruck, und zwar von relativ hoher Intensität, von höherer, als mit volo, velle angegeben wird; es wird also nicht der Gegenstand als solcher, sondern seine Bewegung (koordinative Veränderung), und zwar hinsichtlich Gefühlsspezies, Bewegungstypus und Intensität, oder genauer: es wird der Gegenstand als in bestimmter Weise (einschließlich Intensität) sich bewegend beschrieben, und zwar entsprechen dem Gegenstand und seiner bestimmten koordinativen Veränderung die gleichen Buchstabenreihen, nämlich WS mal, und es kommt darüber hinaus die Bewegungsbezeichnung WS mal auch solchen Gegenständen zu, die als solche (im Übrigen) nicht mit WS mal bezeichnet werden, aber sich in der mit WS mal bezeichneten Art und Weise bewegen. Nun sind volo, velle, wollen, Wille usw. realiter Bezeichnungen für die aktuell oder unaktuell verlaufenden Hungerreflexe, also auch für die Hungerausdrucksbewegungen (vu – in vult –, vo, wo Höhle-Öffnung, ve, Wi Höhle-Öffnung-Schwelle sich gleitend bewegend). Ganz ähnlich beschreibt malo, malle, nur gibt es eine höhere Intensität an als die mit volo, velle, wollen bezeichnete, indem das m die Höhle als weiter und als geschlossen, also vom a zu durchbrechen (im Gegensatz zum engeren, offenen v, w), und das a das Erfülltsein (im Gegensatz zum leeren u, o, e) betont. Vgl. μάλα, μᾶλλον Nr. 394.

359

malleus Hammer, svw. der Zermalmende (Nr. 327). Das Reduplikative in malmen (zwei m) ist in malleus im Doppel-l ausgedrückt, das auch das Intensive angibt. Vgl. martulus, marcus, Hammer Nr. 79; s. auch Nr. 399.

360

malluvium Waschbecken, *malluviae* Waschwasser, aus manus Hand (Nr. 130, 461; vgl. auch manare fließen Nr. 456) und luere, lavare waschen, reinigen (somit luere, λύειν auch abbüßen, bezahlen, svw. von Schuld reinigen, lustrum Sühnopfer), eigtl. vom Wasser: ausfließen, benetzen (lu Höhle als sich gleitend bewegend, vgl. fluere, lumen, flumen usw.; lav desgleichen, gefüllt, füllbar, das Füllende, Ausfließende, vgl. Lava, Lawine). Auch ohne Synkope (vgl. malle Nr. 358) verständlich: mall das in, aus der Höhle gleitend sich Bewegende, Wallende, „Zermalmte", uv Höhle, besonders als Behälter von Feuchtem (vgl. uva Traube, uvidus, udus feucht, nass, uvor Feuchtigkeit, Nässe usw.) oder luv zu luere, lavare, also malluviae svw. die ein Rundes füllenden, gleitend bewegten, nämlich (beim Waschen) zerteilten Wassermassen, malluvium dieses Runde.

361

malva die Erweichende, Zerteilende (z. B. Entzündungen), somit Mächtige, Heilkräftige (α), auch Zerlegbare, Weiche (samtige Blätter, schleimabscheidend); v determiniert agf.-schgf. Griech. μαλάχη Malve, μαλάσσω erweiche (Nr. 397), worin χ bzw. σσ (anstelle von v) schgf. determinieren, das betonte α das α der WS redupliziert, die Gewalt, Macht, Kraft des Vorgangs betonend.

362

mulcēre s. unter Nr. 331; in gleitender Bewegung (l) etwas so zerlegen (c), dass sich eine Höhle (mu) bildet, ein- oder aushöhlen, die oberflächliche Schicht entfernen oder über sie eindrückend (c) hingleiten, also streichen, streicheln (l gibt die glatten Rhythmen an); das lange ē der Endung -ēre betont die längere Dauer des Schmerz- oder Schwellenstadiums, das lange a der Endung -are in *mulcare* die fgf. Ausdehnung und Intensität, Kraft der Bewegung, sodass mulcare svw. misshandeln, kräftige Streiche versetzen, übel zurichten bedeutet. Das Wort *streichen* ist schgf. und beschreibt den schgf. Vorgang einer oberflächlichen oder tiefer einschneidenden, zertrennenden Bewegung: Jemanden mit der Hand, mit der Rute streichen, Landstreicher, jemandem etwas anstreichen, eine Wand anstreichen, einen Strich ziehen usw. Ähnlich *streifen, strafen* svw. abtrennen, vgl. *multa, molta* Strafe am Eigentum, indem ein Stück abgetrennt wird, das der „Schuld" (Nr. 233) äquivalent ist.

363

mulgēre melken, s. Nr. 331; svw. mit gleitenden, glatten Bewegungen die gefüllte (Euter-)Höhle rhythmisch ausdrücken, entleeren, zur leeren Höhle machen.

364

multa, molta s. unter Nr. 362, 366.

365

multus svw. aus der Höhle lang hervorgegangen (t), und zwar gleitend, aus zusammenhängenden Teilen bestehend, also „viel" als Gesamtheit, groß, stark usw. Femininum multa, z. B. in multa pars, ist als Substantiv Strafe, d. h. abgetrennter (der Schuld entsprechend großer) Teil, Nr. 364.

366

molta betont die Öffnung, aus der das Abgetrennte abgeht, *multa* die Höhle.

367

maltae, malthae Weichlinge, eigtl. Zermahlbare, Zermahlene.

Griechische Homologa

368

μυλεύς Müller, Beiname des Zeus als Vorstehers der Mühlen, auch genisch nach Nr. 328, 341 (etwa „Schürzenjäger"); Nr. 313.

369

μύλη Mühle, Nr. 314.

370

μυλλάς Hure, Nr. 341, zu μύλλω mahle, beschlafe Nr. 374.

371

μυλλαίνω svw. mache mahlen, speziell von den Lippen, dem Mund, also den Mund gleitend, mahlend bewegen, verziehen, somit mimisch verspotten. Über αιν s. Nr. 117, 132, 383.

372

μύλλον, μύλλος Lippe, eigtl. das Mahlende, die kleine, fortwährend gehende Mühle („Mundwerk").

373

μυλλός mahlenden, verzogenen Mundes usw., auch weibliche Scham (Schamlippen) als mahlend.

374

μύλλω mahle, beschlafe, mahle mit den Lippen (ähnlich murmeln).

375

μολεῖν die Öffnung gleitend passieren, gehen und kommen, vgl. molere Nr. 346.

376

μόλις kaum, mit Mühe und Not, eigtl. mit Aufreibung, Zermahlung, Verlust von Teilen, die spezieller noch in μόγις mit γ (tgf.) angegeben werden. Vgl. μῶλος Nr. 378. Zu μόγις: μογεῖν sich anstrengen, Not und Mühe aushalten, erdulden, eigtl. ausgehöhlt (μο) und somit zerteilt werden, Teile verlieren, vgl. nhd. *mögen* (s. unter Nr. 222), svw. aus der Höhle-Öffnung-Schwelle (mö) Teil (g) abgeben, sich teilen, können (vermögen, posse, Potenz), transitiv: „ich mag dich" svw. „du bist ein Teil von mir und ich liebe dich demgemäß", „mögen" dann also Gefühlsbezeichnung. Unser *kaum* zu *Kummer,* svw. das um etwas (k) in Form einer Höhle (um) aus Teilen bestehend (mer) Aufgeschüttete, früh-mlat. combrus hemmende Aufschüttung, Verhau, Fischgehege, Schutt, frz. combre, mhd. kumber Aufgeschüttetes, Auferlegtes, Last, besonders Gemütslast, bekümmert svw. belastet, niedergedrückt, also „kaum" svw. „um"-hüllt, belastet, behindert, wobei ka das Umhüllte, Behinderte angibt, mhd. Adverb kūme, Adjektiv kūm, Verb kūmen svw. behindert, somit in Not, krank, elend sein, Kummer haben.

377

μόλιβος Blei, μόλι das Weiche, Zerteilbare, Leichtflüssige, Gleitende, ι gibt die Teilung, das Trennen an, β den weichen Teil als tgf., also svw. das Leichtsch(n)eidbare, Ausschmelzende; ähnlich μόλυβος, μόλυβδος (vgl. Molybdän, das als grafitähnlich aussehender Molybdänglanz und als Gelbbleierz vorkommt und vom Blei erst 1778 durch Scheele gesondert wurde). Epidaur. βόλιμος (μ und β vertauscht) zu βολεῖν (βάλλειν Nr. 185) svw. aus der Öffnung gleitend bewegen, werfen, βολή Wurf, also βόλιμος das Ausschmelzbare, Ausgeschiedene, aus dem Erz Herausgleitende, Werfbare. Beide Wörter sollen wie Lat. plumbum aus dem Spanischen oder aus nördlicheren Sprachen übernommen worden sein; altisländ.

bly, ahd. blio, plio, pli usw., nhd. *Blei* svw. das Herausgeschlagene, -geschmolzene, zu *blau, bläuen,* mhd. bliuwen, ahd. pliuwan, lat. hlg. plēctere (plangere), πλήσσειν (πληγή) schlagen, φλάειν quetschen, drücken usw., sodass „blau" als Farbbezeichnung eigtl. das Geschlagene, Gequetschte (scil. Hautstück) bedeutet (s. Nr. 342), wobei das b die weichere, das p die härtere, heftigere Bewegung (l als hingleitend), a das Gefasste, Getroffene, auch das Auftreffende, Schlagende, u die drückende Umhüllung, auch die beim Schlagen entstehende Höhlung angibt, während die WSn mit i und e und ei das Schmerzstadium, die Zerteilung betonen. Das Blei ist auf frischen Schnittflächen bläulich-weiß und läuft an der Luft blaugrau an (Oxidschicht); es ist matt glänzend: *bleich,* ahd. pleih, wie der Geschlagene, die *Leiche* b-leich ist, weißlich wie das matte *Licht.* Die „blauen Bohnen" sind Bleigeschosse; Blei ist selbst ein Schlagendes, Treffendes, Bläuendes. Die Schwere betont das lat. *plumbum:* Es malt das dumpfe, „plumpe" Aufschlagen („plumps") einer Bleimasse, wobei eine Einhöhlung u entsteht. Mögen also auch genetische Zusammenhänge zwischen Blei, plumbum, βόλιμος, μόλιβος bestehen – die Bedeutungen sind jedenfalls ähnlich, d.h. so verschieden wie die Wörter der einzelnen Sprachen selbst.

378

μῶλος s. moles Nr. 345. Vgl. auch Nr. 376.

379

μῶλυ zauberkräftiges Kraut bei Homer, svw. das Zermahlende, Entkräftende, somit Lösende (scil. den Gegenzauber, z.B. den Zauber der Kirke); Nr. 380.

380

μωλύω zermahlend lösen (vgl. λύω), auflösen, entkräften usw.

381

μώλωψ Beule, von Schlägen blutunterlaufene Stelle, beim „Mahlen" (Schlagen usw.) der Haut auf-

tretende Höhle (ωψ); das ψ malt (auch grafisch) die Höhle-Schwelle mit dem sie überschreitenden Geraden; in μωλωπίζειν Striemen machen gibt das ιζ das schmerzliche Hinflitzen und Einfressen der Geißel an (vgl. Nr. 239, 240).

382

μέλας dunkel, schwarz, eigtl. mahlend, zerreibend, erweichend und zermahlt, zerteilt mit Betonung des Schmerzstadiums (ε) und Hinweis auf die Größe des Gesamt (langes α) der zusammenhängenden Teile; vgl. mulleus Nr. 342. Die mahlende Höhle ist also dunkel, aber auch das in ihr Befindliche, aus ihr Hervorgehende. So beschreibt auch *dunkel* die Höhle-Öffnung-Schwelle und das sie Erfüllende (d, kel Nr. 440), vgl. dumpf, dumm usw.; ferner *schwarz:* schw Schwelle wbl., arz das sie in Teilen (r) Erfüllende (a) und Überschreitende (rz), lat. surdus, vgl. Schwarm, schwärmen, Schwären usw. – Skt. malam Schmutz, Unrat (eigtl. das Zermahlene, der Fleck, das „Mal", Nr. 116, 322, 323), malinás schmutzig, schwarz usw.

383

μελέδη zu μελεδαίνειν svw. gleitend zerlegen, erweichen (vgl. sch-mel-zen), darüberhinstreichen (Nr. 362), und zwar wiederholt (εδ reduplikativ) und kräftig-eindringlich (αιν, s. Nr. 117, 132, 371), sowohl von der Höhle-Schwelle (wbl.) wie dem in ihr Befindlichen, sie Überschreitenden (ml.), also in dieser Weise etwas umgeben, umhüllen, in etwas eindringen, somit sich Sorge machen um, pflegen, ärztlich behandeln (μελετᾶν), z.B. eine Verhärtung (Kongestion, Infiltrat usw.) erweichen, massieren usw. Demnach μελέδη, μελεδώνη Sorge, Pflege, Wartung. Vgl. μέλδειν erweichen, schmelzen usw., Nr. 406, auch Nr. 384, ferner μήδεςαι Nr. 271.

384

μέλεος in der unter Nr. 383 genannten Weise zerlegt, erweicht, zerrieben, zergliedert, zerstückt, somit pflege-, sorgebedürftig („zu erweichen" usw.), elend, unglücklich, nichtig. Hierzu μελεΐζειν zergliedern, zerstückeln (ιζ schgf., s. Nr. 381), μέλε Anredeform für einen geliebten Menschen, um den man sich sorgt, der besorgt wird (vgl. „mein Kind" als Anrede unter Ehegatten usw.), auch für den „Versorger", vgl. Nr. 336.

385

μέλι s. mel Nr. 349.

386

μελίνη s. milium Nr. 354.

387

μέλισσα, μέλιττα Biene, svw. die Teile (Honig) Aufnehmende (ισσ, ιττ), Honigträgerin; das Doppel-σ oder -τ gibt die Fülle des Honigs an, Ersteres auch Akustisches (Summen).

388

μέλος zu μελεΐζειν zergliedern, also Glied, Stück, ferner Lied als das Gegliederte, aus Gliedern bestehend, gleitend (auch „Stück" [Konzertstück], frz. pièce genannt). Vgl. auch *Glied* und *Lied:* Glied, bei Luther gelied, mhd. gelit, glit, ahd. gilit, also g (ge, gi) und lied, und zwar gibt die Vorsilbe ge, gi, verkürzt zu g, das Teilsein dessen, wovor die Silbe steht, innerhalb einer Abgrenzung (e, i) von Gleichartigem, hier also die Zugehörigkeit des „lied" zu einem abgegrenzten Ganzen an; dieses „lied", mhd. lit, ahd. lid ist svw. das über die Schwelle, in der Schwelle (ie, i) gleitende Abgeteilte, also z. B. der Arm in der Pfanne des Schultergelenks, ferner der im Scharnier gleitende Deckel, so auch das *Augenlid.* Glied ist also svw. zu einem Gesamt (Gelenk usw.) gehöriger, mit Gleichartigem gleitend verbundener Teil. Das Lied ist eine Verbindung singbarer Strophen, ein die Schwelle (ie) in zusammenhängenden (l) Teilen Überschreitendes, aus zusammenhängenden Teilen Bestehendes, zusammenhängend Dahingleitendes, und zwar – im Gegensatz zu „lied" in „Glied" – eine akustische Reihe (vgl. laut, auch lat. laudare); diese Verschiedenheit ist eben in dem g angegeben, im Mhd. in der Form liet (vgl. glit, lit), im Ahd. in

der Form liod, lioth, lied (vgl. gilit, lid). Hierzu *leiden,* ahd. lidan, svw. gehen lassen, hingehen lassen, eigtl. gleitend ausscheiden und so Teile verlieren, Trennung, Schmerz erleben; *leiten* svw. gehen lassen (das t gibt Länge, Härte im Gegensatz zum d an); *geleiten,* worin das ge wieder die Gemeinsamkeit von Teilen angibt; *gleiten:* mit „verschlucktem" e und transitiv in begleiten, begeleiten (bege reduplikativ) und mit WS gleit und intransitiv svw. sich weich, leise, leicht, „glatt" hinbewegen; *Gleis* usw. Vgl. auch *lenken* svw. in enger, bestimmter (enk) Bahn gehen lassen (s. auch schenken usw. unter Nr. 128); *Gelenk* usw. Griech. ἄρθρον svw. das sich in die Schwelle eindrehende, in der Schwelle drehende Gerade (α, ϑ), ἀρτύειν ein Gerades (α, τ) über die Schwelle (ρ) drehend in ein Rundes bewegen, einfügen usw., vgl. lat. arma Waffen, armus Gelenk, Oberarm, artus Glied, got. arms, ahd. aram, nhd. Arm (s. Nr. 226); skt. márman Gelenk.

389

μέλλαξ, μέλαξ Jüngling, svw. der pflegebedürftige (s. Nr. 384) Heranwachsende, der „noch nichts ist", erst „etwas werden soll", der „Milchbart"; vgl. μεῖραξ Nr. 126, auch 367.

390

μέλλω zerlege wiederholt (λλ) wortbegrifflich, bewege „gedanklich" hin und her, überlege, „bin im Begriff", zaudere, etwas zu tun, „habe Bedenken". Vgl. Nr. 372: μέλλειν ist sozusagen ein begriffliches Mahlen mit Betonung des Schmerzlichen („Kopfzerbrechen"). Hierzu μέλλησις Zögern usw.

391

μῆλον (s. Nr. 357) Apfel und Schaf, beides als „Früchte", Hervorgegangenes.

392

μῖλαξ, σμῖλαξ Taxus, Eibe, svw. der Schneid-, Schnitzbare, Zerlegbare, vgl. σμίλη Messer, eigtl. Zerlegendes (Nr. 161), σμιλεύειν fein ausschneiden, schnitzen, ferner μελία Esche: Aus Eiben-

und Eschenholz werden Speere, Bogen, Geräte, Balken usw. geschnitzt. Ganz ähnlich beschreibt τάξος, taxus svw. der zu Behauende, aus dem Waffen usw. gefertigt werden; ταξ beschreibt das Gerade (τα), das hart, plötzlich (τ) auf ein anderes, eine Schwelle machend, zerteilend, abgrenzend auftrifft (ξ), auch das hiermit verbundene Geräusch (des *Hack*ens, der *Axt* auf hartem Holz, „*tak*-tak", „*knacks*" usw., vgl. σμῖλαξ), famverw. mit τάξις svw. das Behacken, Berühren und somit Abtrennen von Teilen, Abgrenzen, das Bearbeiten, Zurechtmachen, Richten, Einrichten, Ordnen, Taxieren, zu ταξιόω, τάσσω (Aorist Passiv ἐτάχθην) ordne, richte, setze ein Abzugebendes fest, grenze ab usw., ferner famverw. mit τόξον, worin das o den „Bogen" angibt. Skt. hlg. taksh behauen, einrichten, verfertigen, táksha Holzhauer, Zimmermann, tákman Kind, awest. tash schneiden, zimmern, tasha Axt, tasta das Behauene, Schale, Tasse (KT 2 oder 3), ferner skt. tak schießen, stürzen (eigtl. vom Auftreffen), awest. tac laufen, fließen usw., wozu weiterhin hlg. τόκος Geburt, Zins (eigtl. beides ordnungs-, „taxmäßige" Abgabe), τοκεύς Zeuger, τέκνον Kind, eigtl. Abgegebenes, τέκτων Zimmermann, τέχνη Kunst (vgl. Kind svw. Gekonntes), τήκω sch-*mel*-ze, τακερός schmelzend, ταχύς schnell, eilend usw. Lat. hlg. taxare, Frequentativ zu tangere berühren, be-*tasten*, schlagen, stechen, stoßen, treffen, somit wie τάσσειν im Sinn des Abgebens richten, zurichten (vgl. „Der hat mich schön zugerichtet!", ferner: hinrichten), abschätzen, taxieren, got. tekan, engl. take nehmen, ferner lat. texere behauen, bearbeiten, bauen (textor Zimmermann), dann auch weben, flechten, ahd. hlg. dehsa, dehsala Hacke, dihsel Deichsel, dahs Dachs (Nr. 350) usw., lat. tegere, Perfekt texi, decken, tectum Dach usw. und auch taxo, taxus Dachs (svw. Bauer, vgl. „Dach" svw. das aus Teilen ragend Geflochtene, Gezimmerte) und taxus Eibe svw. die zu Behauende, zum Bau usw. Geeignete, somit auch Waffen, Bohlen usw. Abgebende, sozusagen Zeugende, Verfertigende (vgl. „Dieses Holz gibt [gleich ergibt, gibt ab] gute Pfosten", ähnlich: „Der junge Mann gibt einen guten Kaufmann ab" usw.). Vgl. auch das „Ausschlagen" der Bäume im Mai. – Was bedeutet aber *Eibe*? Das Wort beschreibt mit ei die Schwelle und mit b das sie Überschreitende, ganz ähnlich

wie *Eiche, Esche*. Diese Bäume „geben ab", wie Taxus: Holz zu Waffen, zu Geräten, zum Bauen, ferner gewisse heilkräftige Stoffe, ferner die Eiche (wie die Buche, worin das u die Höhle betont) Früchte, die im alten Germanien den Menschen, heute nur noch Tieren als Nahrungsmittel dienten bzw. dienen (Bucheln, Eicheln, sozusagen kleine Eichen, Eichenkinder, vgl. Busch – Büschel, Arm – Ärmel usw., Nr. 8, 47). Die Heilkraft wurde magisch gedeutet, und so wurden den genannten Bäumen geheimnisvolle Mächte zugeschrieben, wie ja überhaupt die Bäume als Sitz von Dämonen galten (vgl. Lorbeer Nr. 15, Myrte Nr. 103 usw.). Die Eibe ist zudem (in landschaftlich verschiedener Stärke) giftig: In Italien soll die Eibe so giftig sein, dass es schon als gefährlich gilt, sich in ihren Schatten zu begeben, während in Bayern (von den „Holzerern", den Holzschlägern) und in der Schweiz die Eibenbeeren offenbar ohne Schaden genossen werden; junge Zweige sind ein volkstümliches Abtreibungsmittel, zerstoßene Blätter in Bier ein Mittel gegen Hundswut, Insektenstiche und Schlangenbisse („Schwarzenbergisches Mittel" in Österreich) usw. Der *Eibisch* (Althaea officinalis, Malvaceae, Nr. 361) liefert heilsamen Schleim, die Eichenrinde ist tanninhaltig usw. So werden diese Bäume zu „heiligen", zu Glücks- und Unglücksbringern. Die Eibe schützt gegen Hexen und böse Geister und ist zugleich seit alters (besonders in den keltischen Ländern) Friedhofs-, Totenbaum, Eiche und Esche liefern Waffen zu Sieg oder Niederlage. Die Esche ist in der Völuspa (Liederedda) der „Maßbaum", ein Analogon zum „Baum der Erkenntnis" und zum „Baum des Lebens" (Weltesche Yggdrasil, d. h. Odins Ross), altnord. ask, askr (a fgf., ragend, gewaltig, mächtig), wie denn auch die „ersten Menschen" Ask oder Askr und Embla (hebr. Adam und Eva; vgl. die Asen, Asgard) hießen. Die Eiche ist der altgermanische Gerichtsbaum (z. B. die Donarseiche zu Fritzlar, von Bonifatius gefällt), der „Baum der Erkenntnis" des Guten und Bösen, unter dem über Leben und Tod entschieden wird (Zweikampf, Gottesurteil, Blitz und Donner), der also Baum des Lebens und des Todes ist, der „Maßbaum", wie denn auch eine gewisse Art des obrigkeitlichen Messens „eichen", „aichen" (Eichsfeld, Aichach, Aichau usw.) heißt. So bedeuten Eibe, Eiche,

Esche svw. Schwellen-, Grenz-, Richtbäume (vgl. *Ei* svw. das über die Schwelle Gehende, Ausgeschiedene und die Frucht Ausscheidende, der Teil; *Eid* svw. Überschreitung der Schwelle, Abgrenzung, zumessende, gerichtmäßige Verabredung, unter Anrufung des Richt-, Gerichtsgottes; *Eis* das [aus dem Wasser] Ausgeschiedene und [Wasser] Ausscheidende; *Eisen* das [aus dem Erz] Ausgeschiedene [vgl. μέταλλον Nr. 293] und Eindringende; *Eimer* Schwelle wbl., die Teile [mer] aufnimmt [urna Urne betont die Höhle wie Uhr] usw.).

393

μίλιον römische Meile, s. Nr. 320, 355.

394

μάλα beschreibt adverbiell den Vorgang des Zermahlens, Abteilens mit reduplikativer Angabe des Zermahlens (α) und der Dauer, Intensität. Vgl. Mal Nr. 322, mala Nr. 356, malus Nr. 357. Das Wort *sehr* ist dagegen rein schgf., bei Luther seer, mhd. sēre, sēr, ahd. sēro, mhd. und ahd. der oder das ser Schmerz (vgl. Nr. 31 usw.); dazu versehren svw. abtrennen, Schmerz zufügen, verletzen, vgl. verzehren. – Komparativ μᾶλλον; das Komparativische liegt im Doppel-λ, auch in der agf.-schgf. Endung (während das Schluss-α in μάλα eher auf den gleichmäßigen Fortgang hinweist); vgl. Nr. 358, 359 usw. – Superlativ μάλιστα meist, s. Nr. 189, 190.

395

μάλαγμα erweichende, zerteilende, „mahlende" Masse, vgl. Nr. 211.

396

μαλακίζειν jemanden (α) auf fein-schmerzliche (ιζ, s. Nr. 381), aber nachhaltige (κ) Weise mahlen, weich machen, verweichlichen.

397

μαλάσσω s. Nr. 361, 408.

398

μάλη s. Nr. 226.

399

μᾶλις, μῆλις Rotzkrankheit, svw. die Zermahlende, Zerfressende, Erweichende (es bilden sich am häufigsten in der Nasenschleimhaut knotenförmige Schwellungen, die zu eitrigen Geschwüren zerfallen). Lat. malleus, indem „die Krankheit" ebenso wie ein Hammer zermalmt, s. Nr. 359.

400

μᾶλός zermahlen, weich, besonders vom Haar, somit wollig (vgl. mollig), zottig, zu Locken zerlegt; μᾶλός, μαλλός als Substantiv Locke, Zotte; ὁ μᾶλός der Zottige, der Bock. Aber μᾶλον dor. gleich μῆλον Nr. 391.

401

μᾶλλον s. Nr. 394.

402

μολγός Sack aus Rindsleder, vgl. Molle Nr. 317, auch „Melker" im trophischen wie im genischen Sinn (genisch: melken svw. den Penis reiben, bis „Milch" kommt).

403

μέλγω, ἀμέλγω melke, s. Nr. 331, 363.

404

μέλκα s. Nr. 332.

405

μάλκιος, μαλκός s. Nr. 396, eigtl. auf fein-schmerzliche, nachhaltige (κ) Weise erweichend, speziell von der Kälte, somit Frostbeulen machend, dann überhaupt frostig, kalt.

406

μέλδω s. Nr. 384, auch melden Nr. 335.

407

μίλτος kleinzerrieben, somit fleckig, und zwar rötlich, vgl. mulleus Nr. 342. Bezeichnung für Rotstein, Rötel (Eisenoxid), Mennige (Bleiorthoplumbat), Zinnober (Quecksilbersulfid), Nr. 454; auch für ein rotgefärbtes abgrenzendes Seil (vgl. Rot als Grenzfarbe, rot angestrichene Termini, Priapi).

408

μαλθάσσω s. Nr. 397; das ϑ gibt das Nachdrück-lich-Kräftige, Vollkommene des Vorgangs an (s. Nr. 233, 502).

Familie „mun" und Sippenverwandte

Deutsch

WS					
mun	Munition München	Monat Monarch Monade Mönch Mohn	Mensch mein meinen	Mine Mineral Minne Minute Miene	man Mann mannig manch Manie manschen mahnen
mund	Mund Mündung	Mond		mindern	Mandel
munt	munter	montieren	mental		Mantel
meng			Menge		mang mangeln
munk	munkeln			Minka	

Lateinisch

WS					
mun	munia munire munus	monere Moneta monile moenia	Mena	mina minari minare Minerva reminisci minister minium minuere	manare manere manes manica mannus manus
mund	mundus		mendax mendicare mendum		mandare mandere
munt	promunturium	montis	menta mentis mentiri mentula mentum	mintrire	mantare mantele mantellum mantum manticulari

Fortsetzung nächste Seite

Deutsch

WS

						mingere	mango
mung	mungere					mingere	mango
manc							mancus
mons, mens		mons	mens mensa mensis				

Griechisch

WS

μυν	μύνομαι μύνη μοῦνος	μόνος μονή μόνιμος	μέν, μήν μενεαίνω μένος μένω (μέμνω) μήν μήνη μῆνιγξ μῆνις μηνύω	μίν μινύθω μινυρίζω	μάν μανία μάννα μανός μανόω μάνος μανύω μνάομαι
μυνδ	μυνδός			μίνδαξ	μάνδαλος μάνδρα μανδρύς
μινθ, μανθ				μινθόω	μανθάνω
μαντ					μάντις

Erläuterungen

Das N beschreibt die Öffnung-Schwelle und ihre Veränderung (Bewegung), determiniert im Sinn eines zusammenhängenden wellenartigen Windens, Rinnens, wie es an der Koordinatik des optischen Buchstabens ersichtlich ist. Auch das Gerade kann sich winden oder gewunden sein; es ist dann insofern schgf., und je nachdem die Windungen mehr längs oder mehr zirkulär gerichtet sind, sind sie Reihen männlicher oder weiblicher Anteile; die N-Windungen sind wie die M-Windungen weiblich. Die WS mun beschreibt also die vom m (als geschlossen usw.) determinierte Höhle, die in die Öffnung-Schwelle übergeht, die WS mon die Höhle-Öffnung-Schwelle, die WS men die Höhle-(Öffnung-)Schwelle, mit e auch das sie in der n-Bewegung überschreitende Gerade, die WS min wie men, nur mit Angabe der feineren

Enge der Schwelle und des sie Überschreitenden, die WS man die Höhle-Öffnung-Schwelle als erfüllt, das aus ihr in der n-Bewegung Hervorgegangene und der neuen Schwelle-Öffnung Zustrebende. Hiernach sind die im Folgenden erläuterten Wörter zu verstehen.

409

Munition s. munire Nr. 442.

410

München s. Mönch Nr. 414.

411

Monat zeitliches Wort; Mon Höhle-Öffnung-Schwelle, also Rundes, at das sich anschließende, ausgehende Gerade, Männliche (vgl. Morgen Nr. 33), also die Zeit als rund und gerade mit Angabe der Schwelle, des Abschnitts (n), an dem sich an das Runde das Gerade, sozusagen die junge Zeit, die von der Vergangenheit geboren wird, anschließt; at kann auch die lange Reihe angeben, also Monat svw. runder Teil der sich langhinerstreckenden Zeit. Mhd. mānōt svw. das aus der Höhle n-mäßig Hervorgegangene, in ein neues Rund (o) Eingehende, ahd. mānōd, got. mēnōþs (worin e die Schwelle, den Abschnitt betont, vgl. mensis Nr. 486, μήν Nr. 496); s. auch Mond Nr. 431.

412

Monarch zu μόνος Nr. 489.

413

Monade zu μόνος Nr. 489.

414

Mönch zu μόνος Nr. 489.

415

Mohn Höhle-Öffnung-Schwelle, mit h (als abgeschwächtes g), das hier ebenso wie n auf die Ausscheidung hinweist; mhd. mahen, mage, magen, ahd. mago, worin das a den auszuscheidenden und ausgeschiedenen Saft angibt, dor. μάκων hlg. ahd. mago, att. μήκων mit Betonung der Schwelle (η), über die der Saft (ηκ) reichlich (ω) austritt, auch mit Hinweis auf die betäubende, tödliche („magische", göttliche) Macht, Kraft des Opiums (vgl. μῆκος Länge, μάκαρ reich, mächtig, μακρός lang, magnus groß usw., s. auch unter Nr. 182, 222); ahd. mago Mohn ein mächtiger Ausscheider wie mago Magen.

416

Mensch s. Mann Nr. 425.

417

mein s. unter Nr. 13.

418

meinen svw. aus der Höhle über die Schwelle gehen machen, speziell von Worten und Wortbegriffen, auch von Gefühlen, also Worte oder Wortbegriffe („Gedanken"), auch Gefühle auf etwas oder jemanden richten, an etwas, jemanden wenden, sich so zu etwas, jemandem neigen, somit auch etwas, jemanden aus der bisherigen Umgebung (m) trennen und in „meinen" Bereich (m) über die Schwelle (ei) n-mäßig aufnehmen, „mein" machen, m-einen. Vgl. Nr. 451.

419

Mine svw. hohler, enger, n-mäßig gewundener Gang, auch von Gesichts-„Zügen", dann *Miene* geschrieben, worin i und e die feineren, dünneren und die schleifen-spaltenförmigen Eingrabungen der Gesichtskonfiguration angeben, während akustisch nur das lange I auftritt und die Länge, Vielheit usw. angibt. Mine auch das in der Mine als hohlem Gang, Behälter Befindliche, z.B. Sprengladung.

420

Mineral svw. das die Mine (Nr. 419) Füllende, Zerteilte, das Berggut.

421

Minne zu „*minnen*", eine Art Reduplikativ (nn) und Intensiv (i, nn) zu „meinen" Nr. 418; minnen speziell genisch.

422

Minute s. minuere Nr. 455; minutus svw. winzig.

423

Miene s. Nr. 419.

424

man svw. alles aus der Höhle, Umgebung n-mäßig hervorgehende (somit abgeschiedene, abgegrenzte) Gerade, eigtl. jedes einzelne solche Gerade (vgl. mundartlich, z.B. berlinisch „man" svw. doch, ja, wahrlich, allerdings, allgemein bekräftigend, s. μάν Nr. 504), dann kollektivisch, ungeachtet der Geschlechtsunterschiede, z.B. „man sagt …".

425

Mann s. man Nr. 424, also der einzelne Gerade, Aufrechte in der Masse, Menge, Umgebung, Höhle, nn reduplikativ (Abgrenzungen). Ferner speziell der aus dem Kindesalter, der elterlichen Obhut (als Höhle, Umgebung) n-mäßig (mit Windungen, Krämpfen, Schmerzen usw.) durch die Pforte der Pubertät Hervorgegangene, Erwachsene, Selbstständige, der den bisherigen Lebenskreis gesprengt hat und erwachsene Leistungen vollbringt, trophische und genische, muskuläre und denkerische; diese Aufgaben (Schwellen, die zu bewältigen sind) gibt das nn an. Im genischen Sinn ist „Mann" der von der Mutter (M) Stammende und zum Weib (nn) Strebende, Liebende (vgl. mas Nr. 67, 68); im trophischen Sinn ist „Mann" der aus dem Schutz, der Hut gerade, aufrecht, erhaben Hervortretende und sich dem nie endenden Lebenskampf (nn) Stellende, der Herr, Besitzer, Held. Nach dem Mann ist alles Gerade, Aufrechte, Aufgereckte, Gestreckte, Vorragende (Hervorragende), also aus der Höhle Hervorgehende und in die Höhle Eingehende *männlich* (zu „-lich" s. unter Nr. 57). Eine ähnliche Bildung ist *männisch* svw. zum Mann gehörig („-isch" gibt den Teil an), vom Wesen des Mannes. Der Mann selbst ist also männisch (seinem Wesen nach Mann), und das Weib ist männisch (zum Mann gehörig, ihm partnerisch, vgl. Adams Versuch, das Rätsel Weib zu lösen: „Das ist doch Bein von meinem Bein und Fleisch von meinem Fleisch; man wird sie Männin heißen, darum dass sie vom Manne genommen ist."). Und männisch ist synkopiert *Mensch – der* und *das Mensch:* „Der Mensch" als allgemeine Bezeichnung der Männer und Frauen, darüber hinaus dann auch der männ-

lichen und weiblichen Kinder; „das Mensch" als Bezeichnung des Weibes; mhd. der und das mensche, ménnische, ahd. mánnisco, mit Umlaut ménnisco, ménnischo usw., got. Adjektiv mannisks zu manna, ahd. man, nhd. Mann. – Skt. *mánuh* Mensch zu WS man, die verbal beschreibt, was „Mann" substantivisch beschreibt, also svw. aus der Höhle langhin (a fgf.) n-mäßig hervorgehen oder -gegangen sein und sich n-mäßig (durch neue Öffnungen-Schwellen) fortbewegen bedeutet, zunächst im gegenständlichen, dann auch im gefühllichen und begrifflichen, besonders aber im wortgegenständlichen und -begrifflichen Sinn („Denken"), ähnlich wie „meinen" (Nr. 418), doch betont das fgf. a die Vollendung, Größe, Festigkeit, Kraft, Ausdauer (ei schgf. die Schwelle, das Abtrennen, Zerlegen, Teilen), vgl. mánas, das geradezu mit Geist (gleich begriffliches Denken), Sinn (zu „sinnen"), Gemüt, Wille, Trachten (nach etwas) übersetzt werden kann (vgl. Nr. 297, 298). Insofern WS man begriffliche, „denkerische" Vorgänge bezeichnet, kann auch mánuh als „denkendes Wesen" übersetzt werden, doch erschöpft sich hiermit die Bedeutung weder von mánuh noch von Mann oder Mensch; z.B. weist schon die Bezeichnung eines des Penis Beraubten als „entmannt" auf die genische Bedeutung von „Mann" hin, und wir gebrauchen das Wort „Mann" ganz allgemein keineswegs bloß im Sinn von „denkendes Wesen"; die übliche etymologische Auffassung, wonach sich Mann, Mensch von skt. mánuh „ableitet" und beide nur das Denken angeben, ist eine aus der Überschätzung der Begrifflichkeit, des „Geistes" (im dämonistischen Sinn) und der Unterschätzung des „Menschlichen" verständliche Einseitigkeit. – Eine Weiterbildung von skt. WS man ist WS *manth* (auch math); die WS beschreibt zunächst Gegenständliches: Der Quirl, das Drehholz (a) tritt aus der Handhöhle (m, n) heraus und in die Milch (n) in n-mäßiger Bewegung ein, dreht sich kräftig (th) in der Milch, bis aus ihr (m) die Butter, das Feste (a) (vgl. Butterbuddha, Kuh als heiliges Tier der Inder usw.) heraustritt (nth) – oder der hölzerne Drehstab des primitiven Feuerzeugs (a) tritt aus der Hohlhand oder Drehschlinge (m, n) heraus und in die Nabe (n) des flachen Bretts in n-mäßiger Bewegung ein, dreht sich kräftig, rasch in der

Nabe, bis feiner Holzstaub herausgerieben wird und sich entzündet, somit das Feuer (a) heraustritt, das skt. agnis (lat. ignis) heißt, wie der Feuerbohrer pramanthas heißt – oder der Penis erigiert (tritt aus der Schlaffheit, dem schlaffen Gebogensein heraus) und dreht sich strotzend in die Vulva, bewegt sich in der Vagina kraftvoll hin und her, bis der beiderseitige „Same", das Feuer des Orgasmus heraustritt, eine Analogie, die in den indischen Schriften fortgesetzt vorkommt und übrigens die genische Bedeutung von man, manth belegt (vgl. auch mentula Nr. 467). Dass das „Feuerreiben" auch im zerebralen Sinn („Feuer des Geistes", Ausgießung des Heiligen Geistes: „Und es erschienen ihnen Zungen zerteilt wie von Feuer, und er setzte sich auf einen jeglichen unter ihnen", Entzünden eines Gedankens, Leuchten des Geistes, Erleuchtung, Erlaucht gleich erleuchtet, Geistesfunken, Geistesblitz usw.) gemeint ist, zeigt auch der griechische Feuerräuber Prometheus, der lateinische Feuerräuber Luzifer, der hebräische (aramäische?) Lichtbringer Jesus („Ich bin das Licht" usw.), der germanische Loki, der Teufel als Widerpart des Baldur usw. – wie ja in allen Religionen das himmlische Feuer, auch im Sinn der Erlösung, den Göttern oder Gott entrungen wird (vgl. Paradiesmythos der Juden, Jesu Opfertod usw.).

Vgl. auch Sonnenkulte: Agni, Baal, Simson, Asdes, Helios, Horus, Sol, das heilige Zeichen Swastika, Sonnenkult der Mayas, der Chinesen, deren Könige Söhne der Sonne (des Himmels) sind, die ewige Flamme der Vestalinnen, das Ewige Licht in den katholischen Kirchen usw. Es ist klar, dass auch die Sonne dämonisiert wurde; man kann sie – wie die Gottheit – nicht ansehen, ohne geblendet, blind zu werden (Zeus und Semele; das Antlitz Mose leuchtete noch tagelang, nachdem er auf dem Sinai Gottes Glanz gesehen hatte [als „Mittler", der Gott näher stand als das „profanum volgus", konnte er Gottes Antlitz schauen und ertragen], Blendung als Strafe für das Hinsehen, das optische Erkennen, Lüften des Geheimnisses des Vaters analog dem Essen vom Baum der Erkenntnis, der Einweihung Wotans, der ein Auge verlor, als er bei Erda das Zeugungsgeheimnis erfuhr usw.); der Seher, also der, der „gesehen" hat, ist blind. Die Blendung ist einer Zerstörung, Tötung

gleich. So ist die Sonne wie die Gottheit schaffend und zerstörend: „Alles Leben geht von ihr aus", aber sie zerstört, eben in Auswirkung ihrer schöpferischen Kraft, das Geschöpf, das es wagt, ihr ins Angesicht zu schauen. Sie ist so Gott und Teufel (vgl. Nr. 522) zugleich, wie der Vater-Gott, der den Sohn zeugt, aber im Pubertätskampf vernichtet oder der, falls er vernichtet wird, „im Himmel" weiterlebt und somit nicht eigentlich vernichtet werden kann; der Auserwählte, der den Vater-Gott überwindet, ist dann der Lichtbringer, Echte, Wahre und – der Schuldige (der gefallene Engel, der Teufel Luzifer, Urian, der nun aber doch „Meister", göttlich ist wie der sieghafte Gottmensch Christus, der seine Tat, die Überwindung des altjüdischen Gottes Jahwe, mit dem Tod büßen muss, der sons, sonticus, sannr usw.).

Eine andere Bezeichnung für Mann, Mensch im Skt. ist nar, naras, svw. der aus der Öffnung-Schwelle (n) mit Schmerzen, Kämpfen (r) Hervorgegangene (a) und in sie Eingehende, also gleicher Bedeutung wie „Mann", nur steht n für m und r für nn, und so sind Wort und Beschriebenes unterschiedlich determiniert. Vgl. hierzu snusha, lat. nurus Schwiegertochter, worin das u das Weibliche betont; griech. νεῦρον Schnur, Sehne, lat. nervus (auch Riemen, Penis), svw. das Zusammengedrehte, Gedreht-Gedehnte, drehend, gedreht die Schwelle Überschreitende, Bindende, Umschlingende (ner schgf.), s. unter Nr. 122; hierzu ahd. snara Strick (als gedreht und gerade, lang, a fgf.), snuor Schlinge, narwo Klammer, Schnalle, das zwei Dinge Zusammenfassende (a fgf., ml., das in ein Loch, eine Lücke Eingehende), narwa Narbe (das zwei Wundränder Zusammenziehende, -fügende) usw. – Das Wort ἀνήρ Mann aus prothetischem α, das fgf. das Aufrechte, Aufragende angibt, und νηρ, hlg. skt. nar, mit Betonung der Schwelle, des Schmerzlichen (sich durchringen, kämpfen, Schmerzen zufügen und erdulden usw.), wie ausgeprägter noch in ἠνορέη Mannhaftigkeit, ἀγ-ήνωρ; es kann aber ἀνήρ auch, und zwar im gleichen Sinn, verstanden werden als ἀν svw. an, auf, aufwärts, oben (ἀνά, ἄνω) und ηρ Schwelle, Schmerzstadium – also ἀνήρ svw. der Aufrecht-Abgegrenzte, der sich mit Schmerzen aufwärts Durchsetzende, der Kämpfer, Held, Herr (vgl. M-ann). Im Genitiv ἀνδρός (neben ἀνέρος) wie in ἀνδρεῖος mannhaft usw. weist das δ (statt des schgf. ε) auf das tgf. Abgetrenntsein (svw. „vom Wesen …", ähnlich „-lich") hin. Schließlich ist ἀνήρ auch svw. der Atmende, Hauchende, mit dem Hauch Schaffende und Zerstörende, der Herr der Lebensluft, des Lebens, des „Geistes" (vgl. Atman, Adam, Odin, Atem, Odem, ahd. atum für ahadum, got. ahjan, aha [auch Geist, Verstand], anan hauchen, atmen, ahnen, Ahne, ahmen usw., skt. WS an atmen, anas Hauch, anilás Wind, prâna Lebenshauch, griech. ἄνεμος Wind, lat. animus Seele, Geist, anima Luftzug, Hauch, Seele [vgl. ψυχή unter Nr. 522, 544], ānus die Ahne, ägypt. ankh Leben, hebr. anach seufzen, stöhnen usw.). Der altnordische Odin (Odinn) entspricht dem altgermanischen Wuotan, Wotan, langobard. Wodan, westfäl. Guodan, Gudan, Godan (vgl. Godesberg), südskandinav. Gautr (Gauten, Gotland), mundartl. Wode, Waud, Waur, Wutan, Wute, Guet, Foen, Oen, Noen usw. Wuotan svw. der Wütende (Wuotanes Heer gleich wütendes Heer), Ungestüme. „Wut" bezeichnet den gestauten Hunger, den Hass, den Zorn und die Ausdrucksweisen dieser Gefühle, also die ungestümen Bewegungen (Wu Höhle, t das plötzlich Hervorbrechende), also das wilde Dahinstürmen (vgl. waten, worin a fgf.), auch das erregte Atmen, Sinnen, den Sturm und Drang, den Rausch des schaffenden und zerstörenden „Gottes" (vgl. „Sinnentaumel", Wanen gleich Urgötter usw.). Hierzu skt. WS va wehen, vatas Wind, griech. ἄ(ϝ)ω hauche, ἄ(ϝ)ήρ Luft, lat. ventus, got. vinds Wind usw. Gott blies nach dem jüdischen Mythos dem Erdenkloß den lebendigen Odem ein, und so ward der Mensch beseelt; und Wotan, Odin ist der Gott des Windes, Sturms, der Luft, Lebensluft, der den Atem, das Leben, den „Geist" gibt und nimmt usw.; Godan, Gott s. Nr. 522. – Der Sinn des Wortes ἀνήρ bleibt in jedem Fall der gleiche: der Aufragende, Erhabene, Held, Herr. Der Reihe ανδρ steht zur Seite die Reihe ανθρ in ἄνθρωπος Mensch svw. der das Gesicht (WS οπ) aufrecht, aufwärts Tragende (vgl. Ant-litz, ἀντί gleich aufrecht und so gegenüber). – Die Silbe ner (vgl. ver – vir) begegnet uns als WS im lat. Nero, Nerio, neriosus mannhaft, tapfer, stark, osk. ner vir (dagegen nare schwimmen WS na, griech. νάειν, νέειν). Vgl. altgerman. Nerthus (n-ert – erd – urd),

die Mächtige, Fruchtbare, „Mutter Erde", ferner die Nornen, die Schicksalsfrauen, Weberinnen, Flechterinnen (analog die griech. Parzen), die nach der Edda als Wassergöttinnen am Urdarbrunnen unter der immergrünen Yggdrasil (s. unter Nr. 392) sitzen und deren eine Urd, Urdr heißt, ferner den Windwanen Njörd, den gewaltigen, reichen Gott, die Normannen, der Norden usw. (s. Nr. 538).

Auch das lat. *vir* Mann, in der älteren Sprache einziges Wort für „Gatte", schgf., beschreibt das Schmerzstadium, den die Öffnung-Schwelle mit Schmerzen (Pubertätsproben!) Überschreitenden und so zum Mannestum sich Durchringenden, sowie auch den, der diese Schmerzproben hinter sich hat, schmerzgestählt, kampfgeübt, heldenhaft, somit mächtig, kraftvoll (vis, vires) Familie und Besitz verteidigt (bei den Martern der Pubertätsproben durften und dürfen die Prüflinge keinen Schmerzenslaut von sich geben, sonst „fallen sie durch", sind Memmen, keine Männer); vis Kraft, Stärke beschreibt die Haltung des vir hinsichtlich der Funktionsintensität (Statik), dann ganz allgemein die Funktionsintensität des im Schmerzstadium des Übergangs, also im Aus- und Eindringen, Ringen, Drehen usw. befindlichen Individuums („Kraft" beschreibt die Haltung des Siegers nach dem Kampf: K, a fgf., aber auch mit r und f schgf. determiniert, also mit Hinweis auf das Stadium des Schmerzes, der Mühe); diese Haltung hinsichtlich der Gefühlsspezies beschreibt das Wort vis du willst (zu volo ich will, s. Nr. 358), in etwas anderer Weise die Form vois, nämlich auch mit Angabe des Angststadiums (o). – Dazu virga der sich windende (schgf.) Zweig, viriae eine Art Armband; virgo die Jungfrau, eigtl. die Übergang Befindliche, Schmerzen Erduldende, im Pubertätskampf Wehrhafte (vgl. Maria Nr. 16); virere grünen, d. h. sich im (Pubertäts-)Übergang befinden, sprießen und so die Farbigkeit junger Blätter haben (vgl. auch „grüner Junge", „grünende Liebe", Bleichsucht als Chlorose, Grünsucht usw.); virus das Gift, das Eindringende, Wirkende usw. Das g in virga und virgo gibt tgf. das Stück, das Abgetrennte, den Zweig, den Spross, Sprössling als Stück des mütterlichen Baums, der Mutter an. Skt. hlg. vajá Zweig (a gibt die Länge, Geradheit an), vītikā Band, Binde, also das Gewundene, Geflochtene, vgl. lat. vitis Weinranke (vinum, ϝοῖνος Wein svw. das Ausgepresste), vita Leben, eigtl. das (alles) durchdringende, sich langhinziehende, während (vgl. Nr. 457) Kräftige, Mächtige (vgl. βίος Leben, βία Kraft, Gewalt; vis vitae fast tautologisch), im mythologischen Vergleich auch das Gewebte, Geflochtene, nämlich von den Parzen, Nornen u. a. Göttern, von der Mutter, die „webt" usw., vitare ausbiegen und so meiden, vitium Abweichung usw. Skt. vishám (WS vish wirken) Gift usw. Griech. hlg. ἴς Muskel, Sehne, Kraft (eigtl. das sich Windende, Gewundene; vgl. skt. ishirás kräftig, frisch), ἰός Gift, ἴον (ϝίον, viola) Veilchen, eigtl. das Giftige, d. i. Heilkräftige (Blutreinigungs-, Schmerz-, Fieber-, Epilepsie-, Krebsmittel usw.), auch die früh, im Frühjahr erscheinende Blume, also in jedem Sinn „Übergangsblume", ἰάομαι heile, d. h. gebe Kraft, Kräftigungsmittel, kräftige und kräftigende Arzneien, „Gift" (svw. Gabe, δόσις, engl. give), füge (heilsame) Schmerzen zu, eigtl. bin heilkraft-, giftbegabt.

Lat. *homo* beschreibt den Menschen als sich öffnende (o) schließende (m) Höhle (h, m), als Höhle mit Öffnungen. Famverw. humus Erde, Erdboden, worin u die Höhle auch vokalisch angibt, humus also svw. geschlossene Höhle; ferner hamus Haken, besonders Angelhaken, svw. das aus einer Höhle-Öffnung Herausragende (a fgf.) und sich Schließende, Krümmende (Hamen) – doch leitet sich homo nicht etwa von humus usw. her, sodass homo svw. Irdischer, wie Walde (a. a. O., S. 368) annimmt, hieße („irdisch" bedeutet svw. auf der Erde lebend, freilich eigtl. „vom Wesen der Erde", wofür wir aber das Wort „irden" haben; dass der Mensch seinem Wesen, seiner Herkunft nach „aus Erde bestehe", also „irden" sei, ist lediglich eine mythologische Fantasie, die nicht ausreichen dürfte, um die Herleitung von „homo" aus „humus" zu rechtfertigen). Got. guma, ahd. gomo, nhd. Bräuti-gam halte ich für hlg. zu griech. γαμεῖν heiraten, γάμος Hochzeit, Ehe (s. Nr. 527), nicht hlg. zu oder gar abgeleitet von homo. – Skt. haoma, homa, hom ist ausgepresster Saft von besonderen göttlichen (berauschenden, Nr. 179) Eigenschaften, ein Pubertäts-, also Opfertrank, der dann selbst vergottet wurde (vgl. Soma Nr. 544, Nektar, Ambrosia); haoma ist der in der geschlossenen Hülle enthaltene, aus ihr hervorgehende

fgf. Saft, die Formen homa, hom geben nur die Höhle-Öffnung an, das heilige Wort hom oder om der indischen Priester gibt die Kelterung des Haoma (oder Soma) und seinen Genuss als geheimnisvolle kultische Handlung an, analog dem Verzehren des im Mond enthaltenen Amṛta, einer Art Ambrosia, durch die Götter, die somit unsterblich werden, usw. (vgl. das Viṣṇuparāṇa, den Veda und das Awesta). Der eigtl. Sinn von hom und homo ist, wie ersichtlich, ganz ähnlich. – Altfranzös. hom, om, neufranzös. on man gehört zu lat. homo. Mann, man, Mensch leitet sich nicht von homo ab.

426

mannig, manch, mhd. manec, manc, ahd. manac, manag zu man Nr. 424; die Endsilbe gibt Teil und somit Mehrzahl an.

427

Manie s. μανία Nr. 505.

428

manschen svw. in der Höhle Füllendes (a) n-mäßig zerlegen (sch) und so mengen, mischen; auch mantschen, vgl. manth unter Nr. 425, ferner matschen Nr. 253.

429

mahnen, ahd. manon, manen, s. WS man unter Nr. 425; svw. aus der Höhle heraus n-mäßig sich langhinerstrecken (mit Dehnungs-h), speziell von wortgegenständlichen und -begrifflichen Vorgängen, die man gewöhnlich „geistige", „denkerische" nennt, vgl. monere Nr. 443. Die Determinierung der Höhle als geschlossen (m) gibt den Ursprung in seiner speziellen Art an; diese Angabe fällt weg bei *ahnen,* das somit den Charakter des „Anfanglosen", zeiträumlich Unbegrenzten hat, also svw. ohne bestimmten Anfang sich n-mäßig weithinerstrecken bedeutet, und zwar speziell von sog. „geistigen" Vorgängen, mögen diese „luftiger" Art (vgl. anan, animus, anima, spiritus, spirare, Seele, Psyche usw.) oder wortgegenständliche oder -begriffliche Reihen („Denken", „Wissen") oder auch gefühllicher Art sein; in dem ah ist zugleich das Erhabene, Alte, also die hohe Entwicklungsstufe des Ahnenden, der eben ein *Ahne* ist, angegeben. Ahnen kann nur der Weise, der Alte (altus; votre Altesse Eure Hoheit); auch er kann nur *ahnden,* d.h. seiner Weisheit gemäß denken, urteilen, Recht (richtig) sprechen, wobei das d den zu besprechenden Sachverhalt und das Rechtsprechen als Stück, als Akt, als abgeteilte (Streit-) Sache angibt. Die Luft galt und gilt als das Belebende, ja das Leben selbst, und wer atmet, anhaucht, gibt Leben, „Seele" von sich, belebt, beseelt den Angehauchten und ist so Schöpfer, Atmender, Ahne usw.; ja die Luft selbst ist als belebend, als Leben göttlich, „Ahne" (Atman, ἄνεμος, anima, anus, annus usw., awest. aṅhu Herr, Welt, ahmi ich bin), und auch hier weist das a oder ah auf das Unbegrenzte, Ewige, Unendliche hin (der „unendliche" Luftraum, der Ahne als unvergänglich, ohne Anfang und Ende, als Gott, s. Nr. 522). Die Manen, manes dagegen sind die abgeschiedenen, vom irdischen Leib (m) getrennten „Seelen", „Geister", als solche erhaben, mächtig, unvergänglich (s. Nr. 458, auch Nr. 128).

430

Mund, mhd., ahd. munt; geschlossene Höhle, die in die Öffnung-Schwelle übergeht und sich, indem etwas durchtritt, erweitert, öffnet (d, t tgf.-fgf., s. auch Nr. 431), somit auch svw. Umhüllung als Schutz (die Mund, der Vormund). Bergname „Hohe Munde": Berg als Höhle. In **Mündung** weist das e im ü noch besonders auf die Schwelle hin; die Endung-ung ist substantivisch, gibt das Umfassend-Abgegrenzte (Höhle-Öffnung-Schwelle, hgf.-agf.-schgf.) einer Funktion an, also Mündung svw. das Münden als Totales, Einheitliches hinsichtlich der Umgrenzung beschrieben, die Lösung svw. das Lösen als Gesamt hinsichtlich der Umgrenzung beschrieben (Nr. 530) usw. – Vgl. mundus Nr. 462.

431

Mond wie Mund, mundus ein Rund, aber hinsichtlich der Öffnung, eines engeren, sich verengenden Runds betont; das d weist wieder auf die Erweiterung und das hierbei Austretende, also auf die Gestaltveränderung (Phasen), die hervortretenden dunklen Stellen (Gebirge, „Mann im Mond", auch „Frau im Mond"), das „austretende" Licht hin, determiniert auch „Mon" als hervortretend, als Stück, Teil (aufgehend, Himmelskörper, aus dem Meer, dem Himmelsdunkel „geboren") – ebenso wie das d in Mund, rund, Bund usw. das so Beschriebene (auch) als Teil, Stück, für sich Seiendes, insofern aus einem größeren Gesamt hervorgegangen, von ihm abgegrenzt determiniert. Mhd. māne, mōne, mān, mōn, ahd. māno, got. mēna, altnord. māni, griech. μήνη; die Wörter mit a betonen das Hervorgegangensein (vgl. Nr. 424), die mit e das Überschreiten der Schwelle, die Grenze und das Abgegrenzte, somit das Wechseln (svw. eine Grenze überschreiten, z.B. das Wild wechselt, auch teilen und tauschen, z.B. Geld wechseln), geben also den Mond als „den Wechselnden", Abgrenzenden und Abgegrenzten an – ganz ähnlich wie skt. mās (vgl. lat. mas Nr. 67, Maß Nr. 166 usw.). Mond wird auch für Monat gebraucht (Nr. 411). – Lat. *luna* beschreibt den Mond als hervor- und dahingleitendes (l, n) Rund, aus dem etwas (Lichtstrahlen) hervorgleitet (l, n); dieses wird in der Form lucna (Lucina) mit c besonders angegeben, wie in den Worten lucere, lux Licht.

432

mindern svw. aus der Höhle über die enge Schwelle (in) einen kleinen, feinen Teil (in, auch d) abgeben; vgl. lat. minuere, worin das u die Höhle angibt, in die das Abgegebene eingeht, griech. μινύειν usw.

433

Mandel geschlossene (M, n) Gesamtheit (a) von Teilen (n, del), in der Hülle (M, n) Befindliches (a), das zerlegbar oder zerlegt ist. Mandel gleich aus der Masse ausgeschiedene Gesamtheit von 15 oder 16 Stück, Garben, ferner die bekannte Frucht (hervorgegangen und sich teilend, siehe unten), ferner die Glättrolle (beschickt mit Wäschestücken, die gequetscht werden, und gefüllt mit Steinen zur Beschwerung, auch Mangel, s. Nr. 439), ferner Diminutiv zu Mann (kleiner Mann, Männchen, Männel, sozusagen „Stück Mann", Mannsstück, vgl. Weibsstück). Die Frucht Mandel, ahd. mandala, griech. ἀμυγδάλη, worin α prothetisch ist (fgf., s. bei ἀνήρ unter Nr. 425), μυγδ dem mand entspricht (υ Höhle mit Hinweis auf Schwelle, Teilung, γδ Teilbarkeit, viele Teile, nämlich: viele Früchte, Aufplatzen des Exokarps, Auspressen von Öl usw.), αλη das Hervorgehen (Nr. 226), hier aus der Fruchthülle, aus der Blüte, überhaupt „aus" dem Baum (als Frucht, α) angibt.

434

munter beschreibt mit u die Höhle, determiniert von m und n, hinsichtlich des Gefühls, also Hunger, Verlangen, Streben, mit ter das aus der Höhle Hervorgehende (vgl. Nr. 223), also das freudehaltige Schmerzgefühl; munter also svw. mit freudigem Eifer verlangend. Mhd. munder, ahd. muntar.

435

montieren, zu *mons* Berg, der als Höhle-Öffnung, sich verengende Rundung beschrieben wird (vgl. Munde unter Nr. 430, Berg, bergen, Burg, borgen, geborgen usw.), also zu einem Berg machen, erhöhen, ausstatten usw.; frz. monter steigen.

436

mental zu *mens,* s. Nr. 484.

437

Mantel mhd. mantel, mandel, ahd. mantal, mandal usw.; svw. Hülle mit Umhülltem (a), Hülle hinsichtlich des Umhüllten (nach KT 2 oder 3) beschrieben, das aus der Hülle heraustreten kann (tel), also Mantel svw. geschlossene (zu schließende) Gesamtheit von Teilen – wie Mandel Nr. 433; auch n-mäßig zu schließendes oder geschlossenes (M) und öffnendes, sich teilendes (tel) Langes (a, t), dann nach KT 1 beschrieben. Vgl. lat. mantellum, mantele, mantica Nr. 475 – 477.

438

Menge Zerlegtes (e, g) in der Höhle-Öffnung-Schwelle, Teile in der Rundung, weites bis enges Rund erfüllende Teile. Bei *„Enge"* fehlt die umschließende weite Rundung (M), das Wort beschreibt die Öffnung-Schwelle als wbl. *(„Engel"* svw. der aus der Enge Herausgleitende [vgl. Enkel Nr. 128], also das Kind in der Geburt, dann auch nach der Geburt hinsichtlich der Herkunft, dämonistisch aus dem Himmel, von Gott [Christus, *das* Kind], aus dem Nichts, indem man den phänomenalen Kollektivbegriff „Kind" missdeutet, zumal, falls er mit Teilen von Vogelbegriffen koordinativ verschmilzt, also geflügelt [vgl. Seelenvögel] gedacht wird – vgl. ἄγγελος Bote, Himmelsbote; *Bengel* gibt mit B das Weich-Plötzliche des Erscheinens, das Sich-Öffnen der Enge, das Stücksein des aus der Enge Erschienenen an; vgl. auch bang, Bank, Bingen; vgl. auch Angst).

439

mangeln svw. etwas (a) umhüllen (m), einengen (ng, ang) und so auch zerlegen (ng schgf.), in dieser Weise umschließen, drücken, drängen, abtrennen, und zwar in diminutiv-frequentativgleitender Bewegung (l). Vgl. famverw. *mengen,* mengeln (mengelieren), ferner **mang** svw. inmitten, eingeschlossen in der Menge (der Berliner sagt: mittenmang, mang uns mang), insofern abgetrennt, *Mangel* also svw. (besondere Art von) Bedrängnis, Not, sowohl *der* Mangel („an etwas", von dem man nämlich abgetrennt ist, mhd. mang, lat. hlg. mancus Nr. 482) als auch *die* Mangel (auch Mandel als Glättrolle, Nr. 433, mhd. mango, mang, urspr. Steinschleudermaschine). Vgl. *angeln,* wie mangeln, nur ohne m, also svw. einengen und zerlegen (vgl. fangen, hangen, hangeln, bangen, Zange, Wange, Drang usw.), *Angel* svw. das Einengende-Zerlegende, Fanggerät, das selbst ein Langgekrümmtes ist (wobei das a fgf. oder agf. ist; zu fgf. a vgl. mhd. ange, ahd. ango, altnord. angi usw. Stachel, Haken, lat. ancus sich beugend, ἄγκυρα Anker [vgl. Nr. 128] usw.; zu a agf. vgl. ags. onga, altnord. öngull, ὄγκος, lat. uncus Krümmung usw. – je nachdem der „Haken" mehr oder weniger gekrümmt ist; so auch ἄγγελος, s. unter Nr. 438, angustiae, angina, anguis usw.).

440

munkeln svw. eine geschlossene Höhle bilden (mun, munk) und in ihr etwas (k) hartnäckig langhin (k) in diminutiv-frequentativ-gleitender Weise (eln) bewegen, in dieser Weise heimlich etwas tun, z.B. sprechen (vgl. Nr. 270); im 16. Jahrhundert muncken; mhd. munkel heimlicher Streich. Vgl. *dunkeln* svw. in eine weite, sich engende Höhle übergehen (d), vom Übergang des Tages (dies) in die Höhle der Nacht, „keln" wie oben; *funkeln* wie dunkeln, nur beschreibt das f deutlicher noch als das tgf. d den Helligkeitsunterschied zwischen dem Eingehenden und der Höhle (f schgf., eng, intensiver als das mildere, langsamere, leisere d), auch svw. aus der Höhle, dem Dunkel hervorbrechen (f), s. Nr. 17; *kunkeln* svw. k–mäßig (plötzlich, rasch, intensiv) in die Höhle eintreten usw. (wie oben), besonders vom Sprechen, also heimlich etwas besprechen, auch von Wortbegriffen: heimlich etwas bedenken (vgl. Hirngespinst, die Worte „im Herzen bewegen" usw.), hierzu Kunkel Spinnrocken, der über den Spinnstock gelegte Flachs-, Hanf-, Wollflausch, der als gehöhlt den Stock (der auch Rocken heißt, KT 2) umfasst; *Unke* svw. Höhlentier, Kröte, ahd. crota svw. Höhle-Öffnung, Grotte, die altfranzös. crote heißt (crypta, Gruft, Grab, graben usw.), dazu *unken.*

441

Minka Abkürzung von Dominica, svw. dem Herrn (dominus) gehörig. Das do „steckt" im Sinn der biologischen Symbolik im m, das somit von anderen m verschieden ist, es steht für „dom" (Dom) und gibt die Hülle des Hauses, das Haus als geschlossene Höhle an (wie o die Öffnung, d das Gerade, die Stücke, aus denen das Haus besteht, angibt). Das „in" in „dominus" bezeichnet den zum Haus Gehörigen, „in" dem Haus Befindlichen (vgl. familia), „us" ml. Endung. Min von Minka also auch svw. im Haus als zugehörig befindlich (vgl. Mine Nr. 419); das Do konnte also wegfallen (Aphärese), ohne dass sich der Sinn änderte. Die Endung -ka, lat. -(i)ca, gibt den selbstständigen Teil eines We-

sens, hier des dominus an, also Minka svw. selbstständiger Teil des im Haus Befindlichen, des Herrn, d.h. zum Herrn gehörig, vom Wesen des Herrn, Herrenkind. Das Wort ist also auch ohne Kenntnis der Ableitung aus Dominica verständlich.

Lateinische Homologa

442

munia, alat. moenia, zu **munire** eng abgrenzend (i) umgeben, also umwallen, befestigen, sodass ein Kreis, eine „Mauer" (Nr. 52) entsteht, auch ein Wirkungskreis, ein Ressort, bis zu dessen Grenzen sich die Tätigkeit eines Menschen erstreckt, sodass diese Grenzen, diese moenia diese Tätigkeit umfassen und sie umfassend bezeichnen. So ist das Wort munia, moenia svw. Mauer, Befestigung und Kreis der Pflichten, Obliegenheiten (d.i. was einem ob-liegt, über-, entgegenliegt). Singular **munus** nur von dem Kreis der Pflichten, also svw. obliegende Leistung, Amt, Leistung auch im Sinn von Abgabe, Geschenk, zu dessen Hergabe man verpflichtet ist, wie man einen Pflichtenkreis, ein Amt usw. zugeteilt bekommt; der so Verpflichtete ist *munis* (-is statt-us gibt das Beteiligtsein am *munus* an), der Mitverpflichtete ist *communis,* der Unverpflichtete *immunis* (etwa svw. homo privatus, procul negotiis). Auch *Amt* eigtl. svw. Verpflichteter, Vertragspartner, got. der andbahts, ahd. ampaht, ambaht, worin and, am svw. gegen, am, daran beteiligt und baht, paht zu ahd. pahan, bachan, packan, nhd. backen, packen, d.i. plötzlich weich anfangend (b), hart anfangend (p) und hart endigend (ck) gerade-langhin (a) bewegen, in dieser Weise also schlagen, hart-, festschlagen und so vereinigen (paktieren, pachten, einschlagen), verbinden, festmachen (vgl. „Schlagen" des Gegners im urspr. Pubertätskampf mit seinen Ausläufern wie Handschlag, auch Händedruck als Kraftprobe und zur „Bekräftigung" eines Abkommens, Ritter-, Gesellenschlag, Zuschlag bei Auktionen, zum Zeichen der Besitzergreifung [manicipium, manceps aus manus und capere, svw. mit der Hand ergreifen als rechtliches Zeremoniell des Vertragsabschlusses, daher Ver-, Unter-hand-lung, vgl. princeps Nr. 60], Vorschlag usw.), hlg. lat. paciscor, pactus sum, pango, pax, pagus usw., griech.

πήγνυμι, πῆγμα Gefügtes, Gestell, Zusammengeschlagenes, πηγός fest, stark, eigtl. hart geschlagen, skt. pagrás feist, derb, pāçájāmi binde, eigtl. schlage (schlage ein), páças Strick (zum Schlagen und Verbinden, Festmachen) usw. Also ampaht svw. der Gegenschlagende, Einschlagende (noch heute Handschlag bei Einführung ins Amt), später die so getroffene Vereinbarung betreffend Arbeit und Lohn, die gegenseitige Verpflichtung und der Ort ihrer Erfüllung. In dem t von Amt ist paht, baht biologisch enthalten (bei Luther: Ampt, mhd. ambet), es ist hart, plötzlich (explosiv), fgf., gibt also den „am", daran Beteiligten an. Die bisherige Auffassung (Weigand u.a.), das paht in ampaht leite sich ab von altsächs. bac, altnord. bak, die beide „Rücken" bedeuten sollen (tatsächlich bedeuten sie aber Backe, Hinterbacke, svw. das weich-hart Vorragende), und ampaht bedeute also svw. der am Rücken Stehende, das sei eben der Diener, will mir als zu naiv (trotz „Hintermann", „Nach-komme") nicht einleuchten.

443

monēre mahnen, mit Betonung des Angststadiums, der Öffnung und des Schmerzstadiums, das mit langem ē als langandauernd angegeben wird; vgl. Nr. 429.

444

Monēta die Mahnerin, die Erinnerungen wachruft, Beiname der Juno, in deren Tempel die römische *Münz*stätte war. Es kann aber auch sehr wohl moneta zunächst die Münzstätte, Münze bezeichnet haben, dann erst die Juno, die Göttin des Reichtums; dann ist moneta das Runde (mon) als herausgeschlagen, aus der Masse gegossen, also abgegrenzt-hervorgegangen, das runde Geldstück (wie Münze, ahd. muniza); vgl. Nr. 445, 448. Gegen Ableitung von moneta von monere spricht das e (zu erwarten wäre eher i).

445

monīle svw. das Runde, das n-, l – mäßig (gleitend) sich verengt (o, n, i), das Halsband, das umgelegt wird, auch anderer umzulegender Schmuck, auch

Mähne, die den Kopf und Nacken umgibt. Vgl. moneta. Vgl. Nr. 508.

446

moenia s. Nr. 442.

447

Mena bei Augustinus Göttin der Menstruation, μήνη, got. mena, Nr. 431.

448

mina Gewicht, Münze, s. Mine Nr. 419, Mineral Nr. 420, svw. das in der Mine, dem Bergwerk Befindliche, also Erz, Metall (vgl. Nr. 293); griech. μνᾶ, μνᾶς, hebr. maneh, assyr. manah, akkad. mana, skt. manā bestimmtes Goldgewicht geben mit a das Herausgekommene, Herausgeschlagene an. Vgl. moneta, Nr. 444.

449

minari svw. aus der Höhle (dem Boden, dem Haus, der Mauer usw., m) eng (i) n-mäßig (in Spitzen, Biegungen) lang-gerade (a) hervorgehen, derart aufragen, und, indem dieses Überragende sich biegen, einstürzen usw. kann, auch drohen (o agf.); *minēre* betont die Enge, das Spitze mit ē, während a in minari die Länge, Geradheit betont; *eminare* mit e, ex also Angabe der Schwelle, aus der das Ragende aufsteigt, *imminere* mit im, in also Angabe dessen, in das, zu dem sich das Ragende erstreckt; *minae* die aufragenden Zinnen (der Mauern), dann auch Drohungen.

450

minare, zu minari, also in der genannten Art gegenüber jemandem aufragen, größer, mächtiger sein, dann ihn mit Schlägen, Worten fortjagen.

451

Minerva, etrusk. Menerfa, Meneru(v)a, die griech. Athene, Göttin der Weisheit, des Verstands, Denkens, der Künste und Wissenschaften, des Handwerks, der Einsicht des Feldherrn, zu *memini* (Nr. 452) erinnere mich, denke, bin eingedenk. WS min wie in minari, Mine usw., nur speziell von begrifflichen Vorgängen, wie auch men in mens, mentio, mentior usw., μένος Sinn usw., meinen usw.; erva, erfa, eru(v)a ähnlich wie erus, era Herr (er), Herrin.

452

reminisci, zu memini (Nr. 451), dies reduplikativ wie μιμνήσκω (Nr. 54, 495, 510); das isc gibt das Zerlegen und Teilsein des Denkens, die Zusammensetzung aus Abschnitten, Worten, Sätzen an, vgl. Nr. 510.

453

minister heißt beileibe nicht der Denker, sondern der Diener, zu minor, mit doppeltem Komparativ (analog der Bildung von magister), also der Geringere unter den Geringeren, d.i. etwa der Geringste.

454

minium s. Nr. 448 und 407.

455

minuere mindern, s. Nr. 432.

456

manare aus der Höhle n-mäßig langhervorgehen oder -gegangen sein, speziell von Flüssigkeiten, also in dieser Weise fließen, rinnen. Vgl. emanieren, Emanation, aber Manier svw. Handhabung zu manus.

457

mānēre hervorgegangen (wie manare) und abgeschieden sein, wobei das lange ē die Dauer angibt, somit bleiben (be-leiben, leiben, leben, lieben usw., svw. als Stück b über die Schwelle gleiten und so abgegrenzt, abgesondert, ausgewählt [diligere], verlassen – linquere, λείπειν [λειπ – leib]

– sein, worin ei, ē, ie auch die Dauer angibt). Vgl. μένω Nr. 495, auch Nr. 54.

458

mānēs die Abgeschiedenen, Bleibenden (vgl. z.B. die „[auf dem Feld der Ehre] Gebliebenen"), s. unter Nr. 429; vgl. auch Nr. 461; *maniae* svw. Gespenster, Schreckpuppen, also erscheinende Abgeschiedene und Abscheidende (Abberufende), modern: materialisierte Seelen (der Okkultisten, Spiritisten, Parapsychologen und anderer sog. „Seelenforscher"). Vgl. Manitu, indianische Gottheit.

459

mănica zu manus Hand, Nr. 461.

460

mannus (gall.-illyr. Fremdwort) männliches Pferd, speziell Pony.

461

mānus der aus der Höhle n-mäßig Hervorgegangene, also der Freudegefühlige (a), Vollendete, der die Geburt, die Pubertätsprobe bestanden hat, somit aus dem Mutterleib, der Kindheit abgeschieden, abgetrennt ist, Besitzer und somit „gut" ist (vgl. Nr. 57, 351, 357, 519); vgl. Nr. 425, 458. Aus der Höhle n-mäßig hervorgegangen, fassend usw. bedeutet auch *mănus* Hand, s. Nr. 130; hierzu *manica* über die Hand reichender Ärmel der Tunika, Handfessel (vgl. aber mantica Nr. 476).

462

mundus Höhle-Öffnung-Schwelle, aus der etwas (d) hervorgeht oder die mit d als Stück, Teil, Abgetrenntes, Abgeschiedenes determiniert wird, s. Mund Nr. 430, Mond Nr. 431. Ein Rundes, aus dem etwas abgegeben ist, ist rein, sauber, schmuck (vgl. monatliche „Reinigung" der Frau, populär für Menstruation; zu schmuck s. Schmutz Nr. 257), in Ordnung, geordnet usw., und das Gleiche gilt für das Abgeschiedene, Abgetrennte, also vom „Übrigen" Entfernte, vgl. merus Nr. 62, mirus Nr. 64. So bezeichnet mundus den (us) Reinen, Schmucken, in Ordnung Befindlichen und dann auch das Gesamt des Geordneten, das umfassende Rund, das Weltall. Vgl. κόσμος, worin οσ der WS die Öffnung-Schwelle angibt, aus der etwas (κ, σ) hervorkommt, sich trennt, die sich somit reinigt und die mit μο reduplikativ als all-umfassend determiniert wird, während ς des Abschluss, die Abgrenzung des Ganzen angibt; μος beschreibt auch die Rundung, in die das Abgetrennte eingeht (-ος ml. Endung), sodass die Ordnung (vgl. mos Nr. 57) universal gewahrt bleibt; κόσμος gibt also in anderen Buchstaben, also entsprechend nuanciert, auch das Reine, Geordnete an wie mundus; κοσμεῖν schmücken, ordnen, eigtl. svw. aus einer Öffnung etwas teilend herausnehmen, etwas s-mäßig zu einer Öffnung-Höhlung machen (vgl. mutzen, putzen Nr. 257), somit abwischen, abreiben; vgl. kosten svw. etwas herausnehmen, somit eine Höhlung-Öffnung setzen, während καθαρός den Abgetrennten, somit Reinen als fgf., ρ schgf., ganz ähnlich wie lat. castus (s. unter Nr. 62) beschreibt; skt. hlg. çad prangen, çudh reinigen usw. Das Wort rein (Nr. 64) beschreibt die Schwelle und das sie Überschreitende, ganz ähnlich wie merus; ahd. hrinan, rinan zerlegen und somit berühren, ahd. rinnan intensiv-frequentativ n-mäßig über die Schwelle gehen, eilen, rinnen, rennen. Dagegen beschreibt purus die Höhlung-Schwelle (ur), aus der etwas (p, r) herausgeht, und zwar plötzlich einsetzend, dann in Abschnitten, Abrissen, Drehungen sich fortsetzend, also p- und r-mäßig, wie in κόσμος k- und s-mäßig; dazu purgare reinigen, mit determinierendem g, alat. purigare, pŭtus rein (t statt r), putare reinigen, putzen, d. h. abscheiden, abschneiden (amputare), auch beschreibend „ins Reine bringen", ordnen, berechnen, veranschlagen, meinen, ferner pus, puris Eiter, eigtl. das Ausgeschiedene (Schlechte, Faulende usw.), putēre, putidus, πῦον, πύη, πύθειν, got. fuls, ahd. ful, nhd. faul usw.; vgl. auch puer, puella, pusus, pusa, pullus (Nr. 328) usw.

463

mendax, zu mendum, menda, svw. das n-mäßig aus der Höhle (Masse, Umgebung) abgetrennte Stück, das in eine neue Höhle eingeht, das Fehlende auch hinsichtlich von Bewegung, also der Fehler, das Gebrechen (woran es einem gebricht, zu „brechen", in dieser Weise zerteilen), skt. hlg. minda Körperfehler, vgl. mindern Nr. 432; Suffix -ax svw. hervorragend, groß in …, z. B. medax im Lügen, fugax im Fliehen, μῖλαξ im Zerlegtwerden usw., fähig zu … (vgl. Nr. 126, 226 f., 356, 392, 512); mendax also svw. Fehler, Gebrechen habend, fehlerhaft, speziell vom Sprechen, also Unrichtiges sprechend, und zwar dies im Sinn einer Eigenschaft (ax), nicht bloß als gelegentliches Fehlsprechen, somit lügnerisch (Lüge, lügen svw. gleitend [„gleisnerisch"] eine Höhle-Abgrenzung um etwas [g] bilden, verhüllen, also gleitend etwas absondern, aus der Umgebung abtrennen, sodass das Verhüllte nun eben fehlt, speziell vom Sprechen, got. liugan svw. heiraten, d. h. die Braut verhüllen [lat. nubere, nuptiae], sie entführen [Frauenraub, jetzt Hochzeitsreise], verbergen [Weib als Geheimnis, das der Mann zu lüften hat, Schleier der Neith von Sais, Brautschleier, Schleier der Novizen usw.], ahd. liokan, liogan, mhd. liegen, nhd. lügen; auch liegen svw. abgetrennt, verhüllt sein [mit Decken, Bett, Erde usw.], legen svw. absondern, abscheiden, trennen, ahd. lekan, got. der lēkeis, leikeis, ahd. lāhhi Arzt, lat. hlg. legere, λέγειν usw. [vgl. κλίνειν beugen, sich legen, κλίνη Bett, wozu Klinik]; lugen svw. eine Höhle bilden, aus der etwas hervorgeht, aus einer Höhle gleitend hervorgehen, speziell vom B-lick); mendīcus gebrechlich, vom Wesen des Gebrechens (icus), Bettler; mendicare Bettler sein, betteln.

464

mandare etwas aus der Höhle (Gesamtheit, Masse) über die Schwelle n-mäßig stückweise (d) abscheiden, abtrennen, abgeben, übergeben, somit anvertrauen, von manare mit dem d unterschieden und transitiv wie dare geben (zu man vgl. manus, aber Ableitung aus manus und dare nicht zwingend anzunehmen); vgl. Nr. 465, 474.

465

mandĕre kauen, svw. aus einer Masse kleine Stücke machen, von ihr kleine Teile abtrennen, vgl. μασάομαι Nr. 221, zu dem aber keine genetische Verwandtschaft besteht (d.h. mandĕre ist nicht aus μασᾶσθαι „entstanden").

466

promunturium zu mons Nr. 483.

467

montis Genitiv zu mons Nr. 483.

468

menta, μίνθη Minze, mhd. müntze, ahd. munza, minza, die bekannte Labiate (Lippenblütler), deren Blüten also eine Höhle-Öffnung-Schwelle bilden, durch die etwas (th, t, tz) aus- und eingeht (z.B. die Bienen); auch die Duft, Öl Ausscheidende (vgl. murex Nr. 47 usw.). Vgl. Münze unter Nr. 444.

469

mentis Genitiv zu mens Nr. 484.

470

mentiri lügen, zu mens Nr. 484.

471

mentula Diminutiv zu mentum Nr. 472.

472

mentum svw. das aus der Höhle-Schwelle abgegrenzt Herauskommende, Vorspringende, Vorgestreckte, speziell das aus dem Gesicht Vorspringende, das Kinn, auch Gebäudevorsprung. Diminutiv *mentula* das ml. Glied, das aus der Schoßenge Vorspringende, sich Erigierende, vgl. skt. manth unter Nr. 425, somit auch das Eindringende. – Das mentum, das abgegrenzt Hervorgehende oder Hervorgegangene, Seiende (vgl. ens,

entis Partizip Präsens zu esse Nr. 550) kann spezifiziert werden, indem eine WS vortritt, z.B. stru: in-stru-mentum (struere svw. eine Höhle mit Teilen anfüllen, somit ein-richten usw., vgl. nhd. streuen; instrumentum also instru-mentum, ein eingerichtetes und einrichtendes mentum, eine Vorrichtung); oder arg: argumentum (arguere klar machen, „überführen", nämlich ein Männliches [arg] über die Schwelle [r] in ein Weibliches [u], ein Helles in ein Dunkles, sodass dieses „hell" wird, dazu argutus scharf ausgeprägt, vgl. ἄργυρος, argentum Silber, eigtl. ausgeschiedenes Helles, Glänzendes, Geprägtes, nhd. arg eigtl. scharf hervorragend, mit Schmerzen hervorgegangen, groß, somit auch svw. schlecht, schlimm usw., Ärger usw., vgl. WS ἀρ; argu-mentum also svw. ein klares, helles mentum, das so auch Klarheit, Helligkeit bringt); oder seg-mentum svw. ein abgeschnittenes und selbst abschneidendes, trennendes mentum, Stückchen, Streifen, Abschnitt (seg zu secare schneiden) usw. Vgl. auch mens, mentis Nr. 484 und frz. seule-ment, italien. sola-mente.

473

mintrire piepen, pfeifen, svw. aus der Höhle über die feine, enge Schwelle tr-mäßig (trillern) fein-eng-hinlaufend ausscheiden, speziell von der Stimme. Auch *minurrire* mit dunklem u und reduplikativem r. Griech. hlg. μινυρίζειν winseln, μινυρός wimmernd usw.

474

mantare Frequentativum zu manēre, svw. oft, lange bleiben; das t gibt die bei der Wiederholung gegebene Unterbrechung des manere, mit dem a die Dauer, Länge des manere an. Vgl. mandare Nr. 464, das den Vorgang mit d als weicher, kürzer verlaufend beschreibt.

475

mantēle Handtuch, zu verstehen wie Mantel Nr. 437 (angeblich – wie manutergium – aus manus Hand und tergere abwischen).

476

mantellum, mantēlum Hülle, Decke, s. Mantel Nr. 437; *mantica* Mantelsack.

477

mantum kurzer Mantel, s. Nr. 437.

478

manticulari bemänteln, verhüllen, somit heimlich, „unter der Decke" zu Werke gehen, betrügen usw.

479

mungere schnäuzen, svw. aus einer Höhle Weiches (ng) stückweise (g, kurzes e) abgeben, auch emungere. Sippverw. *mucus,* muccus Schleim, eigtl. der aus der Höhle Ausgeschiedene, Ausgestoßene, Ausgeworfene („Auswurf"); *mucor* auch Auswurf, speziell Schimmel, Kahm, Rahm; *mucēre* kahmig sein; griech. hlg. ἀπόμυξις Schnäuzen, μύξα Schleim (Sch-leim), Sch-*mieg*-sames usw. Vgl. auch Nr. 481. („Schimmel" als weißer Pilzrasen und als weißes Pferd zu Schimmer Nr. 137, 17; schummeln gibt im u hierzu die Höhle an, beschummeln svw. „einwickeln", s. Nr. 481).

480

mingere wie mungere, nur mit Betonung der engen Öffnung-Schwelle, speziell Harn lassen; griech. hlg. ὀμίχειν usw., sippverw. mit μιγνύναι, miscere mischen, auch genisch (Amphimixis usw., μοιχός Ehebrecher usw.); skt. mih Harn, Samen absondern. Vgl. auch Nr. 190.

481

mango betrügerischer Händler, s. mangeln, mang Nr. 439, also einer, der den Käufer „einwickelt" (anschmiert, beschummelt, dies zu Schimmel Nr. 479), indem er die Ware (Sklaven usw.) derart verhüllt (und so absondert), dass ihre Beschaffenheit nicht klar erkennbar ist. Das „Einwickeln" des Käufers mit „schleimigen" Redensarten usw. gibt auch emungere an. Griech. hlg. μαγγανεύειν,

μάγγανον; Letzteres bedeutet sowohl Trugmittel (eigtl. Verhüllendes) wie Achse des Flaschenzugs und ist so hlg. unserem „Mangel" als *der* Mangel und *die* Mangel (Nr. 439, 433).

482

mancus svw. Mangel habend an etwas, somit verstümmelt, verkrüppelt, gebrechlich, s. Nr. 439: Vgl. unser Manko, auch mundartl. mang, mank krank (kr-ank), schwächlich, mager, unfruchtbar (genitalverstümmelt). Nicht zu manica Handfessel, obwohl mancus auch svw. schreibfaul bedeutet (dagegen Walde, a. a. O., S. 459).

483

mons Berg, s. Nr. 435; promunturium Vorgebirge gibt im u die Höhle an (vgl. Mund Nr. 430, Sund Nr. 538 usw.).

484

mens Höhle-Schwelle, über die etwas (s) n-mäßig hervorgeht, das so Abgemessene, speziell von „inneren Vorgängen" wie Gefühlen und Begriffen, und da wieder speziell von Wortbegriffsreihen, also svw. Denkart, Gemüt, Geist, Gewissen, Verstand, Gesinnung, Besinnung, Ermessen usw.; das a gibt besonders die Abgrenzung, das Abgeteiltsein an. Vgl. griech. hlg. μένος Nr. 491, auch Nr. 451, 452 und 472.

485

mensa Tisch, Esstisch, Speise, svw. das Abgemessene, Zugeteilte, zu metiri, mensus sum Nr. 275. Also Bezeichnung gewisser Gegenstände, während mens Bezeichnung für Gefühls- und besonders Wortbegriffsreihen ist.

486

mensis Monat, s. Nr. 411; das Abgemessene, die Schwelle n-mäßig eingeschnitten, abgeschnitten (s) Überschreitende, der Abschnitt; *menstruus* monatlich, monatig, worin tru oder stru das rund Abgegrenzte (die umhüllten, umgebenen Teile, vgl. struere unter Nr. 472) angibt, das zu men von mensis gehört, also einen Monat dauert oder im Monat auftritt (immer wieder: uu).

Griechische Homologa

487

μύνομαι ich schütze vor, **μύνη** Vorwand (Vor-Wand), vgl. munire, munia Nr. 442.

488

μοῦνος s. μόνος Nr. 489.

489

μόνος allein, einzeln, ab-, ausgeschieden oder in der Höhle-Öffnung-Schwelle befindlich, somit abgeschlossen, abgegrenzt von der Umwelt (nach KT 2); μον gibt also die Umgrenzung an, die abgeschieden hat oder abschließt, die ml. Endung weist auf den in der Abgrenzung Befindlichen als ml. hin; s. auch Nr. 410, 414; μοναχός einzeln (Mönch), worin αχ den „Besitz" an „μον", an Alleinigkeit angibt (vgl. ἔχω Nr. 211), also svw. (die) Einsamkeit habend. Vgl. Nr. 187.

490

μονή das Bleiben, Verweilen, zu μένω Nr. 495, s. mora Nr. 54.

491

μόνιμος bleibend, ausharrend, treu, zu μένω Nr. 495; μον und (μ)ος reduplikativ, verbunden mit ι als Schwellenvokal; dagegen Partizip Präsens μένων bleibend, also bleib-end, worin -end dem -ων entspricht, beides svw. seiend-wesend, (ὁ) μένων somit (das) Wesen, das bleibt, (der) Bleibend(e); μόνιμος beschreibt nach KT 2: μον wie in μόνος (Nr. 489), der somit Abgeschlossene (All-eine) ist eben der Bleibende, vgl. Nr. 457, 458, nur eben beschreibt ihn μον hinsichtlich der Umhüllung, Abgrenzungslinie.

492

μέν, μήν abgrenzende, abmessende Partikel, äquivok μήν Nr. 496.

493

μενεαίνω eigtl. bin groß (αιν) im Abgrenzen (in der Art des μεν), im Überschreiten der Schwelle, speziell von wortbegrifflichen und gefühllichen Vorgängen, vom „Sinnen, Denken" und „Fühlen", somit: bin groß im sinnenden, gefühllichen Überschreiten der Schwelle, Abgrenzen, Abmessen, begehre heftig (begehren, gehren, gieren, gern, Ger usw., ahd. Formen mit k: kiran, kerno, ker beschreiben ebenfalls das Überschreiten der Schwelle, Abtrennen, Abmessen, vgl. griech. κείρειν schneiden, κέρμα Schnitt, κεραΐζειν zerstören, κηραίνειν schädigen, κήρ Verderben, Schicksal, Verhängnis usw., skt. kar verletzen, töten usw., vgl. Nr. 9. Zu αινω s. Nr. 132. Ganz ähnlich μενοινάω.

494

μένος das Überschreiten der Schwelle (in der Art des μεν), Abgrenzen, Abmessen, Abschneiden, Begehren usw., dann auch svw. Zorn, Kraft usw. (vgl. „jemand überschreitet jede Grenze", „das geht über die Hutschnur", „Ich weise dich in deine Grenzen zurück!" usw.). Vgl. Nr. 493.

495

μένω überschreite die Schwelle, bin somit abgegrenzt, bleibe, s. manere Nr. 457. Sinngleich **μέμνω** (aus μίμνω), worin ι die besondere Enge, Feinheit, das erste μ reduplikativ die Abgeschlossenheit angibt; μιμνάζω, worin αζ das Schmerzlich-Beharrliche, in Abschnitten Dauernde des μιμν malt; ferner μιμνήσκω halte reduplikativ abgegrenzt, speziell von „Gedanken" im Sinn von Wortbegriffen, aber auch von phänomenalen Begriffen, die somit bleiben, also erinnern, sich erinnern, gedenken, μέμνημαι ich habe mich erinnert und bin somit eingedenk, μνάομαι (s. Nr. 54, 510) usw.

496

μήν Monat, s. Nr. 486, 411.

497

μήνη Mond, s. Nr. 431, 447, 496; svw. die Abgegrenzte, über die Schwelle weithin Gehende, somit selbst Abgrenzende, auch Auftauchende, Auf- und Untergehende usw. Vgl. σελήνη, worin ηνη wie in μήνη das Abgegrenzte, Überschreiten der Schwelle, σελ (σέλας Glanz) das aus der Öffnung-Schwelle gleitende (gleißende) Licht angibt, σελήνη also svw. die leuchtende Abgegrenzte, Auf- und Untergehende, Dahinziehende (lat. luna, lucna, Lucina); ähnlich Σείρ Sonne, skt. svar Himmel, als WS svw. leuchten, scheinen, sūras Sonne, lat. sol, serenus, got. sauil, sunno, altnord. sol, frz. soleil, engl. sun, nhd. Sonne (Nr. 543).

498

μῆνιγξ Haut, Abgrenzung, die sich eng herumlegt (ιγξ).

499

μῆνις dauernder, bleibender Zorn, Groll, zu μένος Nr. 494, das η betont die Dauer. Dazu μηνίω grolle dauernd.

500

μηνύω eröffne (υ) Abgegrenztes, Abgeschlossenes, Geheimes, verrate, lasse etwas aus der Höhle über die Schwelle in die „Öffentlichkeit" (υ) gehen.

501

μίν ion. ihn, das n-mäßig eng Abgeteilte, worin n (ν) auch die Richtung angibt (Akkusativ), vgl. „in" und „im"; s. Nr. 432, 448 usw.

502

μινύθω gebe aus der Höhle über die enge Schwelle einen Teil plötzlich-kräftig nach außen (υϑ) ab; auch μινύω, vgl. minuo Nr. 455. Zu ϑ s. Nr. 233, 408 u. a.

503

μινυρίζω gebe einen feinen Teil (μιν) nach außen (υ) in schmerzlich-zerrissener, zerreißender Weise (ριζ) ab, speziell von der Stimme, also herzzerreißend, in abgerissenen Tönen leise klagen, wimmern. Vgl. Nr. 473.

504

μάν dor., entspricht μέν Nr. 492; das α (fgf.) betont das Vollendete, Freudig-Gewisse, also svw. allerdings, wahrlich usw.; vgl. man Nr. 424.

505

μανία, wie μένος, nur mit fgf. α, also von freudigen, mächtigen, gewaltigen Vorgängen, besonders Ausdrucksbewegungen, aber auch ihren zerebralen Entsprechungen, speziell von diesen Vorgängen, wie sie sich bei der antiken Pubertätsfeier abspielten, also Raserei, Wahnsinn usw., dann auch von analogen krankhaften Vorgängen. Zu ια s. Nr. 118, 211. Ähnlich μαίνομαι rase, dagegen ohne ν, ohne als n-mäßig bewegt, abgegrenzt determiniert zu sein, μαίομαι, μῶμαι strebe, begehre usw. (vgl. Nr. 222).

506

μάννα Manna, svw. das aus kleinen Teilen Bestehende, in kleinen Teilen (νν) Zugemessene, Krümchen, Brocken.

507

μᾱνός svw. zerteilte große Masse, große Menge von Teilen seiend, also locker, lose, auch einzeln, selten usw. Hierzu **μανόω** zerstreue, mache lose, locker.

508

μᾶνος, μάννος Halsband, eigtl. das Gerade, das sich (um den Hals) windet (νν mehrfach); vgl. Mann Nr. 425, dessen nn auf die Vielzahl der Leistungen (Kämpfe, Windungen, Schmerzen usw.) hinweist. Das Halsband besteht aus Teilen (Nr. 507). Vgl. Nr. 445.

509

μανύω dor., entspricht att. μηνύω Nr. 500, das α gibt das Abgeschlossene als gerade, fgf. an.

510

μνάομαι s. Nr. 495; das μν ist etwa sinngleich dem μεν, nur fehlt eben das ε; μνήμη Gedächtnis, die beiden Silben reduplikativ, wie in μιμνῄσκω (σκ weist auf das Zerlegen und das Gesamt der Teile hin, ähnlich lat. sc in reminisci Nr. 452).

511

μυνδός stumm, s. Mund, mündig, Nr. 430, mutus Nr. 269; das δ weist auf das auf das Schließen der Höhle folgende Öffnen leise hin, also auf das dabei Herausgehende (ähnlich das härtere t in mutus).

512

μίνδαξ Räucherwerk, eigtl. das (Duft) Abscheidende, vgl. menta Nr. 468, griech. ἡ μίνθος, ferner ὁ μίνθος Menschenkot, das Ausgeschiedene und (Duft) Ausscheidende; αξ (Nr. 463) malt das Fgf., die Größe, Macht (Betäubung, Narkose, vgl. Tempelschlaf usw.) des Duftes, das plötzlich Aufsteigende, Überwältigende, wohl auch das Akustische beim Räuchern (Nr. 392).

513

μάνδαλος svw. der aus der Höhle über die Schwelle n-mäßig gehende, auch gleitende Gerade, speziell der Türriegel.

514

μάνδρα die langhingestreckte gerade Umzäunung, Koppel, die abgrenzt und aus Teilen besteht (νδρ), dann auch Kloster usw.

515

μανδύς, μανδύας Mantel, s. Nr. 437, 476.

516

μινθόω besudele; ὁ μίνθος Kot, s. Nr. 512; μίνθα, μίνθη, ἡ μίνθος s. menta Nr. 468.

517

μανθάνω lerne, vgl. WS manth, math unter Nr. 425, speziell von begrifflichen Vorgängen, also dem rasch-intensiv-freudigen wiederholten (μαν, θαν reduplikativ) Sinnen, Zerlegen, Merken. Vgl. Nr. 237.

518

μάντις Wahrsager, Wahrdenker, großer (α) Wisser, Weiser, vgl. Nr. 517, auch Nr. 505 (Wahrsagung im Rausch) usw.

Aus der Volksverwandtschaft G^W

Familie „gut" („gud") und Sippenverwandte

Deutsch

WS

gut (gud)	gut		Güte	Gote	Götze	vergeuden	Gitter	Gatte	gäten
				Gott	ergötzen			Gatter	gätlich
								gattern	
								Gattung	
								Gaden	

Lateinisch

WS

gut	gutta
	guttur
	gutturnium
	guttus

Griechisch

Im Griechischen gibt es diese Wurzelsilbe nicht.

Erläuterungen

Der Buchstabe G ist ein weicher Explosivlaut, ein Guttural, kurz, tgf., übergehend ins Fgf., ml., beschreibt das Stück, das Abgegebene sogleich nach der Überschreitung der Schwelle und den ihm eigentümlichen Bewegungstypus als weich, kurzstreckig, matt, langsam, sanft.

519

gut s. Nr. 351; g beschreibt das in die Höhle u Aufgenommene, sie Erfüllende, Wachsende, t das alsdann Abzugebende, Abgegebene, den Ertrag; gut ist also, wer aufnimmt, Besitz erwirbt, vergrößert und dann abgibt, ein Gut ist ein Umkreis, der aufnimmt, trägt, abgibt. Mhd. guot, ahd. kuot, cuot, cot, guat usw., got. gōds, altnord. gōdr – mit Nuancen gleichsinnig (vgl. Godan, Gautr). Vgl. der Kot, mhd. das kot, kath, kat, svw. das die enge Höhle, das (Darm-)Rohr, die Öffnung Füllende und Herauskommende, Abzugebende, Ausgeschiedene (vgl. kotzen), ferner das Kot(h), die Kot(h)e, Kotte usw., svw. die aus geraden Teilen (Pfosten usw., vgl. Kate) errichtete enge Hütte; der Köter svw. der zur Kot(h) gehörige, in einer Hütte wohnende Hund; die Köt(h)e Schrank, Behälter usw.

520

Güte das Gutsein; das e im ü vertritt sozusagen das „sein", gibt das abgegrenzte Gesamt der Guten hinsichtlich dieser Eigenschaft als Abstraktum, das mit jedem dieser Guten assoziiert ist, an, wie das i in ahd. kuoti, das ei in got. godei usw.

521

Die **Gote,** mhd. die und der gote, gotte, göte, ahd. die gota, der goto; Bezeichnung für den Täufling und die Taufpaten, die schwed. gudfader, gudmoder, engl. godfather, godmother, also Gottvater, Gottmutter hießen, wie der Täufling schwed. gudson, guddotter, engl. godson, goddaughter, also Gottsohn, Gotttochter hieß. Zusammen mit „der Gote", „die Goten" (germanischer Volksstamm), „die Gauten" (südskandinavischer Volksstamm) usw. zu „Gott".

475

522

Gott, mhd. got, ahd. kot, cot, got, got. guþ, alt- und angelsächs., altfries., altnord. god (vgl. Godan) usw. (das Wort findet sich in allen germanischen Mundarten, nicht aber in den übrigen indogermanischen Sprachen) beschreibt ähnlich wie „gut" (vgl. got. gods, altnord. godr, engl. good), nur steht o statt u, gibt also nach KT 1 die Öffnung (enge Höhle, agf.) an, in die etwas (g, k) ein- und aus der etwas (tt, t, d) ausgeht, und zwar geben g, d den Teil, das Weiche, Sanfte, Milde, Langsame usw. (auch hinsichtlich des Bewegungstypus), k, t, tt das Große, Vollendete, Mächtige, Harte, Kraftvolle, Heftige, Plötzliche usw. (auch hinsichtlich des Bewegungstypus) an. *Gott ist* also *das* (in der genannten Weise trophisch und genisch) *aufnehmende und abgebende Wesen.*

Schon von früh an wurde der Mensch (usw.) nicht nur als gegenständliches Wesen, sondern vielmehr auch aus der Erinnerung, also zunächst als individual-, dann als kollektivbegriffliches Individuum mit „Gott" usw. beschrieben, und zwar in magischer Deutung. Ob man aber wie in primitiven Zeiten den Menschen als gegenständliches Wesen oder dann in den polytheistischen Zeitaltern den Individualbegriff und den Kollektivbegriff 1. Ordnung „Mensch" (Vater, Mutter, Kind) oder in monotheistischen Zeitaltern den Kollektivbegriff 2. Ordnung, den Endbegriff „Mensch", mit „Gott" bezeichnet oder allen möglichen anderen Wesen die dämonistische Gottheit zufingiert – der Sinn des Wortes „Gott" bleibt der eingangs dargelegte. – Über Gott und Gatte s. unter Nr. 52. – Mit „gut" ist „Gott" famverw., leitet sich aber nicht von diesem Wort ab.

523

Götze svw. kleiner Gott (Nebengott), indem für das zweite t das schgf. z als Angabe des Geringeren, Abgeschnittenen, Verkleinerten (vgl. Mutz Nr. 255, mutzen Nr. 257, Stutz, verletzen, zerfetzen usw.), ferner für o das ö, oe (worin e auf die Verkleinerung hinweist) steht; somit auch kleine Gottesfigur oder Gottesfigur von geringer Macht, als sie dem so dargestellten Gott zugeschrieben wird. Nur im Nhd. Die Herleitung von mhd., ahd.

goz gleich (Metall-)Guss ist keineswegs zwingend.

524

ergötzen, richtiger: ergetzen; götzen svw. in zunächst weicher, langsamer (g), dann heftigerer, härterer Bewegung (tz), also g-tz-mäßig abteilen, kleine-größere Stücke abteilen, aufnehmen-abgeben (ö, e Öffnung-Schwelle), vgl. verletzen (l gleitende Bewegung), wetzen, metzen (Nr. 261), fetzen, setzen (s. Sitte Nr. 57) usw. Der, dem das so Abgeteilte zukommt, wird im Akkusativ angegeben (ich ergötze dich, mich). Die Vorsilbe er- bezeichnet das „götzen" als die Schwelle, Grenze des Individuums überschreitend (vgl. Nr. 60). Das Wort beschreibt auch die dem gegenständlichen Vorgang entsprechenden Gefühle. – Ähnlich beschreibt *(ver)gessen,* mhd. (ver)gezzen, ahd. (fer)gëzan, svw. g-ss-zz-z-mäßig teilen, zerlegen, in der Schwelle („in der Klemme") halten, somit festhalten, binden, fesseln, merken (Nr. 63), aufnehmen usw., und zwar „ver" (s. Nr. 163); vergessen also svw. fehlgehend, nicht (richtig) festhalten, nicht (richtig) merken; engl. to forget, forgotten (vgl. Gott), ferner got. gitan svw. g–t-mäßig fein teilen, treffen, finden (vgl. binden, worin weiches b, in „finden" schärferes, schgf. f). Ohne g: *essen* svw. zwischen den Zähnen halten und zu ss zerkleinern, so aufnehmen; das g in „gegessen" (eigtl. „geessen") weist auf das Stück, Zerstückeln hin; vgl. lat. esse Nr. 550. Auch *gießen,* mhd. giezen, ahd. kiozan, got. giutan, svw. (in entsprechender Nuance) über die Schwelle bewegen; ohne sz (ß), griech. χύειν, χεύειν, χέειν usw., vgl. gutta Nr. 534, auch mit Angabe der Akustik (ß, z, χ, tt).

525

vergeuden, mhd. geuden, giuden, göüden, svw. Teile (g, d, e) aus dem mit u (KT 2) bezeichneten Gesamt (vgl. gut Nr. 519) abgeben, vgl. Freude, γῆθος. Ist das Gesamt leer, also nach KT 1 beschrieben, dann nimmt geuden die Bedeutung von „aus einem Leeren abgeben", also großtun, prahlen an. Vergeuden ist geuden im ersteren Sinn mit „ver", womit das Fehlerhafte des „geuden" (s. Nr. 163) angegeben wird.

526

Gitter s. Gatter Nr. 528. (Vgl. Ghetto svw. Abgrenzung.)

527

Gatte, wie Gott (Nr. 522), nur a statt o, also fgf., svw. das g-tt-mäßig determinierte Männliche, der Mann, also Gerade, Aufrechte, Erhabene, Starke, Mächtige usw., der Partner des Weiblichen, ihm gegensätzlich Verbundene; zu g, tt s. unter Gott. Gatte bezeichnet das männliche Individuum in seiner Gesamtheit als Partner der Frau (der „Gattin"), zunächst als Liebenden (Zeuger), dann auch als Ernährer. Er ist der aus der Pubertätsprobe Hervorgegangene. In einem weiteren Sinn, den nhd. Gatte nicht mehr hat, ist mhd. gate auch svw. Genosse, Verwandter, d.h. zu einem Kreis gegensätzlich-partnerisch (passrecht) Gehöriger. – Ähnlich, aber ausschließlich im genischen Sinn beschreiben die lat. Wörter der WS gen, griech. γεν, die das Hervorgehen (g Teil, en Schwelle) auch hinsichtlich des Bewegungstypus angeben, z.B. genus Geschlecht (Gesamtheit der Nachkommen), gens Geschlecht, Stamm, gener Schwiegersohn, genitor Erzeuger, genetrix Erzeugerin, genius urspr. die personifizierte Zeugungskraft des Mannes, dann Schutzgeist, zerebrale Zeugungskraft (vgl. Muse Nr. 157), gi-g(e)n-o erzeuge, (g)nascor werde geboren, gnosco kenne, zeuge zerebral, gnarus kundig, ignoro bin unkundig, unwissend, (g)notus bekannt usw. (zu gen vgl. ken in „kennen"). Ferner die griech. Hlg. γένος Geschlecht, γένεσις Ursprung, γενετήρ Erzeuger, γείνομαι werde geboren, γίγνομαι werde, γυνή Frau, γιγνώσκω erkenne, zeuge zerebral, γνῶσις Erkenntnis, γνώμη Meinung, (γ)νόος, νοῦς Sinn, Verstand, νοέω meine usw. Skt. hlg. WS ǵan zeugen, ǵanas Wesen, ǵanus Geschlecht, ǵanitá Erzeuger (genitor), ǵanī Weib (got. yoni Vulva), ǵānámi kenne, ǵñānam Kunde, Kenntnis usw. Nicht ausschließlich genisch sind lat. gena Wange, griech. γένυς Kinn, γνάθος Kinnbacke, genu, γόνυ Knie, γωνία Winkel, Ecke usw. Wiederum genisch sind die Sippenverwandten γάμος Hochzeit, Ehe, γαμεῖν heiraten usw., skt. hlg. ǵāmātr Ehegatte, Tochtermann, ǵāmā Schwiegertochter, ǵāmís ver-

schwistert, zugehörig, lat. hlg. gemini Zwillinge, got. hlg. guma, altnord. gumi Mann, nhd. Bräutigam (s. unter Nr. 524 bei „homo"); diese Wörter „stammen" natürlich nicht von der WS γεν, gam „ab", sondern sind mit den Wörtern dieser WSn sippverw. (vgl. dagegen Curtius, a.a.O., S. 546 f., unrichtige Fragestellung der historischen Etymologie): Die WS gam beschreibt die gegensätzliche Bindung männlich (ga): weiblich (m).

Gatte, Gott, (der) Gute „leiten" sich nicht voneinander „ab", sondern sind famverw. und bezeichnen das gleiche Wesen nach den verschiedenen Gefühlspezies. Die Anerkennung der biologischen Verwandtschaft der Wörter tritt an die Stelle der (oft krampfigen) Bemühungen der historischen Etymologie, die Wörter voneinander abzuleiten, und an die Stelle des methodischen Irrtums, Wörter, die sich nicht voneinander „ableiten" lassen, als unverwandt und ihre „Herkunft" oder „Wurzel" als „dunkel" oder „unerklärt" zu betrachten.

528

Gatter, mhd. der und das gater, ahd. der kataro, svw. Gesamtheit, Abgrenzung, Mehrzahl (r) von Geraden, die g-tt-mäßig (bzw. g–t- oder k–t-mäßig) determiniert sind, speziell von Stäben, Pfählen als gegensätzlich-verbunden mit Weiblichem (Eingerammtsein in die Erde, eine Rundung-Höhlung, einen Bezirk umgebend, absteckend, Teile einer verbundenen Anzahl, Menge, sozusagen eine „Genossenschaft" bildend); vgl. Gatte Nr. 527. Ganz ähnlich *Gitter,* mit i statt a, also Betonung der Enge, Schmalheit der Stäbe und der ihnen entsprechenden Öffnungen-Schwellen. Das *Gatt* bezeichnet nach KT 2 das dem gate, dem Pfahl Gegensätzliche, die Öffnung, das Loch, den Durchgang; vgl. Loch, Locke und Pflock, Block.

529

gattern svw. ein Gatter bilden, ergattern svw. ein Gatter bilden um etwas, etwas in ein Gatter einschließen, abzäunen, einfangen usw., s. Gatter Nr. 528.

530

Gattung zu Gatte Nr. 527. Zu „-ung" s. Nr. 430. Gattung also svw. „gatten als Totales", auch im Sinn der hieran beteiligten Wesen, also die gesamten Mitglieder einer zu Gatten gehörigen Gemeinschaft.

531

Gaden Umzäunung, Abgrenzung mit Geraden (Stäben, Pfählen, Wänden), also ähnlich wie Gatter, nur sind die abgrenzenden, verbundenen Geraden als eine einheitliche Gesamtheit (gad), nicht als einzelne Teile (wie in „Gatter") beschrieben, und das „-en" benennt auch diese Abgrenzung. Gaden svw. einzeln stehende geschlossene Räumlichkeit (Abteilung des Hauses, Gemach, Stockwerk), z.B. in „Berchtesgaden" gleich Gemach, Wohnung der Berchta, Bertha (der alten mittelsüddeutschen Hauptgöttin, svw. Mutter Erde, die große, hehre *Berg*erin, *Gebär*erin, auch Frau Holle, Holda, Hulda usw. genannt).

532

gäten, jäten, mhd. jëten, gëten, ahd. jëtan, gätan, svw. aus einer Gesamtheit (a in ä) passende und unpassende Teile sondern, vgl. getzen Nr. 524, geuden Nr. 525; das lange e betont die Dauer, Genauigkeit usw.

533

gätlich füglich, passend usw., zu Gatte, Gatter.

Lateinische Homologa

534

gutta Tropfen, svw. das weich aus der Höhle Herauskommende und hart Aufschlagende, somit eine Höhle Bildende („Steter Tropfen höhlt den Stein"); KT 2; tt gibt auch die Mehrzahl an. Ähnlich *Tropfen* (vulgär Troppen, vgl. Tripper, trippen, trippeln): Der aus der Öffnung tr-mäßig (gedreht, als getrennter Teil) Herausfallende und hartschmerzlich (pf) Auffallende; KT 2. Nach KT 1 geben beide Wörter das weitere bzw. engere Rund (u, o) des Tropfens und die Weichheit (g) bzw. Härte (tt, tr, pf), auch die Akustik des Aufschlagens an.

535

guttur Gurgel, svw. Höhle, die sich g-tt-mäßig, also mit weichen, kleinen, auch harten, größeren Stücken füllt; KT 1. Ganz ähnlich *Gurgel* (rg statt tt). Auch der *Kropf* der Vögel hieß guttur, also auch die enge Höhle (o), die sich füllt (kr) und abgibt (pf), endlich auch die Kehlkopf-Gaumenhöhle als Ort der Lautbildung, gefüllt mit weichen, harten und anderen Lauten (vgl. Gutturale), die abgegeben werden; unser „Kehle" betont mehr die Enge (vgl. kehlen, hehlen, stehlen usw.).

536

gutturnium Mischgefäß für sakralen Wein, Behälter für Wasser, auch cuturnium (nuanciert, c für g, nur ein t). Vgl. κύτος Höhlung, Wölbung, Gefäß (was fasst), Hülle, Haut (lat. cutis), κώϑων Trinkgefäß mit gewundenem Hals, κώδων Glocke, Schelle usw. Man kann gutturnium als gutt Tropfen und urnium zu urna Krug auffassen, also svw. Krug, aus dem der Inhalt tropfenweise sich ergießt, tropft.

537

guttus wie guttur, nur s statt r und speziell im Sinn von gutturnium, also Krug mit engem Hals und kleinem Mund, aus dem der Inhalt (Wasser, Salbe, Öl) nur tropft.

Aus der Volksverwandtschaft S^W

Familie „sun" und Sippenverwandte

Deutsch

WS

sun	Sund	Sonde	senden	sind	Sand
	Sünde	sondern	Seneschall	sinnen	Sahne
	Sühne	Sonne	sehnen		sann
		Sohn	Sehne		
		söhnen	Senne		
			sein		

Lateinisch

WS

sun	sunt	sonare	esse	sin	sanare
		soniari	senex	sine	
		sons	seni	sinere	
			senium	sinus	
			sensus	sinister	

Griechisch

WS

συν	σύν	σωννύω	σεῖν	σινιάζω	σάνδαλον
				σίνομαι	σάνδυξ
					σανίς
					σαννίον
					σανυρίζω

Erläuterungen

Der Buchstabe S ist schgf. und gibt ein feines, enges, drehendes, windendes, schlängelndes, auch schleifenartiges Überschreiten der Schwelle an, also einen solchen Bewegungstypus, d.h. den Schmerzbewegungstypus derart nuanciert.

538

Sund Höhle-Öffnung-Enge in s-n-mäßiger Schlängelung, in der sich auch das Passierende (S, d) bewegt, speziell Meerenge; ähnlich *Meerbusen,* worin Busen die Höhlung und das sich darin, hinein und hinaus Bewegende (b, s) in s-mäßiger Koordinatik angibt (vgl. Buse Schiff, Kombüse Schiffsküche, Buse hohl gerolltes, feinwelliges Pflanzenhaar, Buse Katze Nr. 174, Buße Nr. 539, vgl. auch *Bucht*). – Sund auch svw. *Süd,* Süden (vgl. Sundern, Sundhausen, Sundwig, Sontheim, Sonthofen, auch Sudan usw.), indem diese Himmelsrichtung, dieses Gebiet als weite Rundung mit Schwelle beschrieben wird – im Gegensatz zum Nord, Norden, mhd., ahd. nort, nordan, mit welchem Wort das engere n–r-mäßig abgegrenzte Rund (Land-, Meergebiet), auch – nach KT 2 – das in diesem engen Gebiet sich n–r-d-mäßig Bewegende, aus ihm n–r-d-mäßig Hervorkommende, das Nordwasser (Nordsee), der Nordwind (der Njörd, ein Sturm- und Meergott wie der griech. Nereus usw., vgl. νηρός, νᾱρός flüssig, nass, skt. nâra(m), nîra(m) Wasser usw., vgl. βορέας), die Nornen (Schicksalsgöttinnen), die Nor(d)mannen (Normandie), die Norier (Nürnberg) usw. bezeichnet werden. Zu Nord vgl. Mord Nr. 25. Mit Süd famverw. ist Sud, sieden. – Über *gesund* s. Nr. 569.

539

Sünde, eine Art Verbalsubstantiv, beschreibt das s-n-mäßige Überschreiten der Schwelle, Grenze, das Herausnehmen eines Teils (S, d) aus einer Höhle-Öffnung-Schwelle (S, ü, n) in der konsonantisch determinierten Weise, also das Setzen einer Höhle-Schwelle, indem aus einem gefüllten Behälter etwas herausgenommen, getrennt, abgesondert (vgl. sondern Nr. 542) wird; dann auch, aber zurücktretend, beschreibt „Sünde" das so Herausgenommene; vgl. *Schuld* unter Nr. 233. Sünde ist somit das „Eingreifen" in einen Besitzstand, in eine Sitte (s. Nr. 57), der „Angriff" auf die bestehende Ordnung, wie er sich primitiv speziell im Pubertätskampf des Jungen gegen den Alten (vgl. „Sündenfall" der jüdischen biblischen Geschichte, wobei der junge Adam, d. i. der junge Mensch, die Grenze Kindheit/Mannheit überschreitend, den alten überwindet – „du wirst sein wie Gott" – usw., vgl. Jesus – Jahwe [Jesus überwand den altjüdischen Drohgott], Ödipus – Laios, Siegfried – Wotan usw.), späterhin auch in Form von milderen Auflehnungen gegen den Alten, Vater, Gott vollzog und vollzieht. Vgl. die Formeln „sich etwas, zu viel herausnehmen", „sich an jemandem, an etwas vergreifen" usw. Mhd. sunde, ahd. sunta, sunda, súntëa, altfries. sende, altnord. synd; nicht von got. sunis wahr usw. „abgeleitet", sondern zur gleichen Sippe gehörig, s. Nr. 550. *Sündig* svw. vom Wesen (ig) der Sünde; *sündigen* etwas vom Wesen der Sünde tun, mhd. sünden, ahd. sundon, sunton, sunteon, womit das Herausnehmen direkt, nicht vergleichend („ig" gleich „vom Wesen …") bezeichnet wird. *Sündflut,* bei Luther Sindflut, mhd. sintvluot, sinvluot, ahd. sinfluot, worin sin svw. seiend, von Dauer (vgl. Sinngrün, Singrün, sinlib ewiges Leben, sinnahti ewige Nacht usw., auch „Dauerregen"); sin wie Sünde gehören mit „sein" usw. zur Familie „sun" (gemeinsame WS), ein Bedeutungsunterschied zwischen Sündflut und Sin- oder Sintflut liegt nur vor, falls man Sündflut als „Flut wegen der Sünde der Menschen" auffasst, wobei freilich sin, sint, sind, Sünde immer noch famverw. sind. – Sünde beschreibt also einfach den Übergang, die Überschreitung der Schwelle, den Fortschritt, insbesondere den Pubertätsübergang, die Reifeprü-

fung, die urtümlich auf Leben und Tod ging, den „Eintritt ins Sein" – d. h. Sünde beschreibt den normalen Übergang. Nach der gültigen ethischen Auslegung ist aber Sünde etwas, das vermieden werden muss (vgl. Sündenfall der sog. „ersten Menschen", durch den der Tod in die Welt gekommen sei, bis Christus den Tod mit seinem Opfertod überwunden habe usw.), d. h. es wird von einem übel missverstandenen Christentum die abstruse Forderung erhoben, der Mensch müsse den normalen Entwicklungsgang durch Gebet usw. verhüten (etwa unter Berufung auf das gänzlich missverstandene Christuswort: So ihr nicht werdet wie die Kindlein, werdet ihr nicht ins Himmelreich kommen)! Also groß werden, Großes leisten ist Sünde! Realiter ist Sünde ethische Bezeichnung für krankhaftes Verhalten und sündigen gerade und nur die Menschen, die den normalen Entwicklungsgang als Sünde ansehen und diese angebliche Sünde meiden zu sollen glauben (was eben nur dem Kranken möglich ist).

540

Sühne, ganz ähnlich „Sünde", nur wird nicht mit d das herausgenommene Stück noch besonders angegeben und weist ferner das h auf die Nachhaltigkeit des Vorgangs hin. Sühne also svw. das Überschreiten der Schwelle, Grenze (Ausstoßung, Verbannung, Gefangensetzung des Sünders), das Herausnehmen, Abtrennen eines Teils (S), sodass eine Höhlung-Öffnung-Schwelle gesetzt wird, wobei derjenige, von dem genommen wird oder der abgibt, der Sünder ist, also vorher „herausgenommen" hat und das nunmehr Abgegebene an Wert gleich dem vorher Herausgenommenen ist. Der Sühnende, Sühner ist der Sünder, aber auch der, der die Sühne verhängt oder vollzieht. Sünde und Sühne stehen im Verhältnis wie Schuld und Strafe (Buße, vgl. Nr. 233 und 362), nur sind Sünde und Sühne ganz eng verwandte, fast gleiche Wörter, wie sie ja auch den fast gleichen Vorgang beschreiben, fast gleich insofern, als es sich beide Male um Herausnehmen, Absondern, Abtrennen von Teilen handelt, sodass je nach dem Standpunkt eine gewisse Handlung als Sünde, aber auch als Sühne bezeichnet werden kann und wird. Von einer gewissen Kulturhöhe an wird über

Schuld und Strafe, Sünde und Sühne im Streitfall nicht mehr unmittelbar von Mensch zu Mensch entschieden, sondern von einer juristischen Persönlichkeit (Oberhaupt) oder Behörde (Obrigkeit); sie bestimmt auch die Höhe des an einen, dem herausgenommen wurde, zu erstattenden Werts, des Gegenwerts, des Ausgleichs, dessen Abgabe die *Versöhnung* ist. Das Wort *söhnen* beschreibt wie sühnen, nur steht ö statt ü, beschreibt also die Öffnung-Schwelle. Beide Wörter sind auch im Mhd. verschieden: Sühne mhd. süene, dagegen Versöhnung mhd. suone, mdt. sune, ahd. suona, suana Versöhnung, Urteil, Gericht (Ur-teil, Gericht übrigens zu „richten", svw. die Zugehörigkeit eines Dings bestimmen), aber beide Wörter sind natürlich ganz eng verwandt. Vgl. *Sohn* Nr. 544.

541

Sonde svw. das in eine Öffnung, ein enges Rohr (on) allmählich, sacht (d) s-mäßig eindringende, eine Öffnung setzende, somit zur Öffnung gehörige Instrument (KT 2). Herleitung von einem nicht nachzuweisenden mlat. „subundare" (sub unter und undare überströmen) unnötig und unglaubwürdig (gegen Weigand, Diez).

542

sondern etwas herausnehmen, sodass eine Öffnung entsteht, eine Öffnung setzen und somit etwas abtrennen, ausscheiden (die Abgabe kann immer nur aus einer Höhle-Öffnung-Schwelle erfolgen; auch beim Aussondern wie bei jedem Trennen zeigt sich eine Leere, die vorher, eben mit dem Abgetrennten, gefüllt war). Auch als Partikel (sondern, sonder) gleichsinnig.

543

Sonne, mhd. sunne, ahd. sunna, got. der sunno usw. beschreibt den sogenannten Himmelskörper nach KT 1 als Rundung (o, u), die sich n-mäßig fortwährend (nn) bewegt und aus der s-n-mäßig etwas hervorgeht (Strahlen, vgl. Nr. 497), nach KT 2 als aus der Höhle-Öffnung (nämlich der Nacht, dem Meer, der dunklen Höhle, die „mütterlich"

sind und bei afrikanischen, indonesischen u.a. Völkern auch als Kasten, Walfisch usw. gedeutet werden, aus denen die täglich junge, neue Sonne hervorgeht wie Jonas aus dem Bauch des Fischs, wie der *Sohn* aus dem Mutterleib, wie der Held aus dem Pubertätskampf usw.) s-n-mäßig hervorgehend und sich ununterbrochen und immer wieder n-mäßig (nn) dahinbewegend. Vgl. Mond Nr. 431, Mund Nr. 430, mundus Nr. 462. Die unter Nr. 497 zitierten Namen für Sonne usw. haben nuanciert-ähnliche Bedeutungen. Skt. sûras, sûrjas (svarjas), awest. hvare Sonne enthalten nur r statt n, nn, geben also eine Nuance der Überschreitung der Schwelle (der Teilung, des Hervorgehens aus der Höhle u, v, auch der Ausstrahlung) an, mit a das Männlich-Erhabene, Langhinstrahlende usw.; hlg. griech., lat. und got. Wörter haben auch nuancierend r (Σεíρ, serenus) oder l (σέλας, sol, sauil); vgl. hierzu skt. WS su zeugen, gebären, auspressen, d.i. hervorbringen, awest. hu (vgl. Sohn Nr. 544). Ohne wesentlichen Bedeutungsunterschied steht neben su zeugen, svar leuchten, scheinen, auch erschallen, tönen, d.i. hervorgehen, griech. σῦριγξ Hirtenflöte, die WS ush (nach vas, s. unter Nr. 550), brennen, leuchten, d.h. auch: aus der Höhle hervorbringen (KT 1), hervorgehen (KT 2) (ush Morgen, ushás leuchtend, Morgen, Morgenröte), griech. hlg. ἠώς, αὔως Morgenröte usw., lat. aurora (ausosa), got. ōstan, altnord. austr, ahd. ōstar im Osten, ferner lat. uro brenne, eigtl. bilde schmerzlich eine Höhle (Wunde usw.), ussi, ustus, ustor usw. Der Hervorgehende und nun Strahlende, selbst Hervorbringende ist auch ἥλιος, der Helle (der Hellene, svw. Sohn der Sonne, d.i. Gottes), der Held, der das Dunkel, das Noch-nicht(s)-Sein, die Ungeborenheit, den Mutterleib kämpfend verlassen hat, sich durchgesetzt und nun „das Licht der Welt" erblickt hat, und ferner der Held, der die Pubertätskämpfe überwunden hat, aus dem Dunkel Kindheit (Dummkopf usw.) übergegangen ist in die leuchtende Kraft der Reife usw.; vgl. Hel, die Gebärerin und Töterin, hehlen Nr. 535, Holde Nr. 531 usw.

544

Sohn, bei Luther Son, mhd. sun, ahd. sunu, got. sunus, skt. sunus, awest. hunu, griech. υἱός usw., svw. der aus der Höhle-Öffnung (dem Mutterleib) n-mäßig (windend usw.) Hervorgehende (KT 2), der Geborene, Seiende. Vgl. Nr. 543, 550. Und *Sau,* ahd. su, got. svein, lat. sus, griech. ὗς, σῦς, awest. hu, bedeutet svw. das fruchtbare (aus der Höhle abgebende) Tier, eigtl. wbl., dann auch als zur Sau partnerisch gehörig, ml.; wo die Sau Totemtier ist (z. B. bei den Papuas), stammen auch die Menschen mythisch von ihr ab, ist sie Urmutter, genau so, wie bei den Germanen (unter anderen Tieren) der *Schwan* – mhd. swane, ahd. die swana, der suon (suan) – „Zeuger(in)" heißt und als Seelenvogel, Lebens-, Todes-, Gottesvogel, Totemtier, also Urahne der Menschen gilt. Das von ihm Hervorgebrachte kann auch ein Gesang sein, das Wort „Schwan" ist gewiss auch hlg. zu skt. svan, lat. sonare tönen (Nr. 557), ags. swin Musik, Gesang usw. – „Hervor kommt" auch der Regen (ὑετός, ὕει es regnet), er wird so „gezeugt" wie die Milch, der Luftraum (skt. sūmám), der Saft „Soma", der aus der heiligen Pflanze ausgepresst, gekeltert wurde (vgl. Haoma unter Nr. 179, 425), der Same (lat. semen), der somit der s-mäßig Hervorgekommene und Verstreute (m die ihn [a] aufnehmende Höhle) ist (vgl. säen, σπείρειν ausstreuen, σπέρμα, ahd. spriu Spreu) usw. Vgl. zu ὕειν nass machen, befeuchten, regnen lassen, υἱός Sohn usw. auch φύειν zeugen, φύομαι wachse, werde, φύσις (vgl. ψυχή) das Gezeugte und Zeugende, die mütterliche Natur (nasci), φῦμα Gewächs, φῦλον, φυλή Geschlecht, Stamm, skt. WS bhū werden, sein (s. Nr. 550), lat. fuo, fui, futurus, futuo beschlafe, fetus, fecundus, femina, felo sauge, filius Sohn, filia Tochter, beide nicht so sehr Säuglinge als vielmehr Gezeugte. Vgl. ferner ϑηλή Mutterbrust, eigtl. die (Milch) Abgebende, ϑῆλυς weiblich (svw. abgebend), ϑυγάτηρ *Tochter,* worin ϑυγ, „Toch" das Weibliche (Abgebende, Gehöhlte, nämlich υ Höhle-Schwelle, och Öffnung-Schwelle, determiniert von ϑ, γ bzw. T, die ml. Bestandteile angeben) und ατηρ, „ter" das die Schwelle Überschreitende, Zu- oder Angehörige, das Zeugende und Gezeugte angibt (vgl. πατήρ, skt. pitar, lat. pater, got. fadar, ahd. fatar, altir. athir, Genitiv athar, nhd. Vater; ferner μήτηρ [Nr. 296], skt. mata, awest. matar, lat. mater, ahd. muotar, altir. mathir, nhd. Mutter; ferner ἄττα Vater, Väterchen, lat., got. usw. atta, skt. tatas, τέττα, lat. usw. tata Väter-

chen, wie Papa usw.; ferner die Wörter der WS ter, z. B. skt. táruṇas jugendlich, zart, tarṇas Kalb, τέρην zart, τείρω reibe, τερέω bohre, lat. tero, teres usw. [s. auch Nr. 223], skt. taluni Mädchen, junge Frau, τᾶλις Braut, ϑάλος Sprössling, Schössling, ϑήρ Tier usw. usf.), sodass ϑυγάτηρ Tochter, skt. duhita(r), awest. dughdhar, got. dauhtar, ahd. tohtar, mhd. tohter, svw. weibliches Kind, Mädchen als von Vater und Mutter gezeugt bedeutet. Ähnliche Wortbildungen sind „Schwester" und „Bruder". *Schwester,* ahd. suestar, got. svistar, skt. svasar, svw. das weibliche Kind einer Familie (Schwes, sues, svis, svas geben etwa wie Sau, su usw. und Schwan, swan, suon usw. das Weibliche, die Höhle-Öffnung-Schwelle an, die hervorbringt, und zwar sowohl das weibliche Genitale als auch die Gemeinschaft „Familie", „Sippe" – und ter, tar das Hervorgehende, Hervorgegangene, also das Kind, Angehörige). *Bruder,* ahd. bruodar, pruodar, got. broþar, skt. bhrā́tār, awest. bratar, griech. φρατήρ, lat. frater, svw. das männliche Kind einer Familie (bru, bruo usw., bhra, φρα, fra zu bhar, φέρω, fero trage, zeuge), wobei im Germanischen das Wbl. mit ml. Determinanten, also die hervorbringende Gemeinschaft (die Brut, vgl. Braut usw.), im Awest., Skt., Griech. und Lat. das ml. Hervorgebrachte, und zwar ter usw. als angehörig. „Schwester" ist stets mit einem weiblichen Wesen, „Bruder" stets mit einem männlichen Wesen assoziiert; „Geschwister" aber umfasst beide Geschlechter, ein Zeichen, dass der sprachbiologische Unterschied zwischen „Schwester" und „Bruder", wie dargelegt, kein großer ist. Die Assoziation „mein Bruder", „meine Schwester" kommt nur bei Geschwistern vor, niemals bei Eltern gegenüber ihren Kindern. – Im lat. soror Schwester entspricht „sor" der Reihe sues, svis, „or" der Reihe ter, ar; vgl. serere, series Reihe, Verknüpfung. – Vgl. auch τήϑη, τίτϑη Amme, τίτϑος Mutterbrust, ahd. tutta, tuta, nhd. Tutte, Tute, Tüte usw.; ferner τίκτω zeuge, τέκος Kind, τόκος Geburt, auch Ertrag (Zins) usw.

545

söhnen s. unter Nr. 540.

546

senden svw. etwas, jemanden (s, d) über die Schwelle (sen) in s-n-mäßiger Bewegung abgeben, vgl. mittere Nr. 280.

547

Seneschall der älteste Hausdiener; got. sins alt, sinista Ältester (vgl. senex Nr. 561 und sein Nr. 550), eigtl. svw. Seiender (der etwas geworden ist, es zu etwas gebracht hat, sich durchgesetzt hat usw.), Alter (altus zu alere, svw. Ernähr[t]er), und got. shalks, ahd. scalc, scalch, scalh, mhd. schalc, schalch, nhd. Schalk, svw. der Abgetrennte, Abgesonderte als fgf., der im Männerkampf Geschlagene und so Gefangene, Knecht Gewordene, Unterworfene (Nr. 60, 233), Verworfene (vgl. schal svw. verdorben, abgesondert; Schall das beim Schlagen Abgesonderte als fgf.; schellen svw. in bestimmter Weise schlagen, erschüttern und so erklingen machen, d.h. Akustisches absondern [vgl. schelten]; schälen svw. trennen, etwas aus der Hülle absondern; Schale nach KT 2 das, woraus etwas abgetrennt wird; schulden svw. herausnehmen, s. Nr. 233, 540; Schelm wie Schalk, nur mit Betonung des Schmerzlichen, der Trennung [von den Mitmenschen], usw. – alle Wörter konsonantisch determiniert). – Marschall s. Nr. 22.

548

Sich **sehnen** svw. sich langdauernd (eh) über die Schwelle bewegen, speziell hinsichtlich von Gefühligkeit und Gefühl, also anhaltend Schmerz haben, und zwar einen leisen, in innere Organe, besonders Genitalien, Herz usw. lokalisierten (also genischen) Schmerz, meist aber als Bezeichnung für den dem eigentlichen Schmerz vorangehenden schmerzlichen Hunger (Sehnsucht) gebraucht. Mhd. senen, die sene, sen, wozu die **Sehne,** mhd. sene, ahd. senawa usw., svw. das anhaltend die Schwelle Passierende, *Gedehnte,* schmerzlich Gespannte, Gedrehte.

549

Senne svw. der n-mäßig immer wieder (nn) Drehende und so Trennende, nämlich die Butter und den Käse von der übrigen Milch (Molke, s. Nr. 330). Auch der Ort, wo der Senn arbeitet, die Weide, Alpenweide, die sich übrigens n-mäßig vielfältig (in Erhebungen, Windungen usw.) dehnt und so gleiche Bezeichnung wie der Senne, aber auch wie die Sehne (Nebenform Senne) findet. Vgl. Sahne Nr. 554.

550

sein, schgf., svw. sich auf der Schwelle befinden, die Schwelle s-n-mäßig überschreiten, eine Schwelle, Abgrenzung bilden, beschreibt also den Übergang hinsichtlich des Schwellen- gleich Schmerzstadiums, zunächst die s-n-mäßig nuancierte Bewegung (Veränderung, Funktion) der Schwelle und des sie Überschreitenden, darüber hinaus auch die alles Runden und Geraden, aller Aktualitäten als schmerzhaltig, zur Schwelle strebend und von ihr herkommend, und zwar sofern die Bewegung mit geringstmöglicher Geschwindigkeit erfolgt. Je nach der Veränderungsgeschwindigkeit sind die phänomenalen Individuen mit verschiedenen Zeitwörtern assoziiert, die somit auch die verschiedenen Veränderungsgeschwindigkeiten angeben, z.B. stehen, liegen, sitzen, haben, sein usw. und rennen, laufen, werden, vergehen usw.; die erstgenannten Wörter geben die geringstmögliche Veränderungsgeschwindigkeit, das Zuständliche in der Bewegung an (ein „absolut Unveränderliches" gibt es nicht), werden, vergehen usw. geben die Bewegung als gleichmäßig, also abgesehen von Geschwindigkeitsunterschieden an, andere Wörter, wie laufen, gehen, kriechen usw., geben die verschiedenen Geschwindigkeiten an. In diesem erweiterten Sinn ist also „sein" (und seine Flexionsformen) allgemeine Funktionsbezeichnung und als solche „Hilfsverbum" bei der Beschreibung spezieller Funktionen und Eigenschaften.

Zunächst beschreibt (in der angegebenen Weise) „sein" die Schwelle und das in ihr Erscheinende, ja in einem noch engeren Sinn nur das Letztere. Im fiktionalen Denken ist es zweifelhaft, ob die

Schwelle, überhaupt das Weibliche, das Negative „etwas" oder „nichts" ist; die polare und die interpolare Gegensätzlichkeit sind noch nicht erkannt. Das aus der Rundung Austretende kommt „aus dem Nichts", „ist" erst im Moment des Austritts und von diesem Moment an; das Überschreiten der Schwelle, das Hervorgehen ist somit der Eintritt in das „Sein". Dies gilt für jeden Übergang, besonders aber für die Hauptübergänge, die kritischen und hochkritischen Erlebnisse wie Geburt und Pubertät. Das Kind tritt aus dem „Nichts" des Mutterleibs „ins Sein", und der herangereifte Mensch geht aus dem „Nichts" der Kindheit im Pubertätskampf wiederum „ins Sein", hier des Erwachsenen, über, ist nun ein „Seiender", „Gesunder", ein „Er", eine „Sie", eine Mehrheit „Sie" (Ehe, Familie), ein „Wer", ein „Etwas"; vgl. die Formeln: Er ist *etwas* geworden, er ist wer geworden, eine Größe, mit der man rechnet – während das Kind noch „nichts" war oder ist und mancher es „zu nichts" bringt, aus manchem „nichts wird" (indem er im Pubertätskampf versagt, „vernichtet" wird). Der somit Seiende ist der „Sünder", der „Schuldige" (sons, siehe unten): Er hat den Pubertätskampf bestanden, den Alten besiegt, getötet, beseitigt, sich seinen Platz, Sitz, Be-sitz (vgl. Sitte Nr. 57), sein „Sein" erobert, er „ist" es oder er „ist es gewesen" (vgl. die inquisitorische Frage: Wer war's, wer ist es gewesen?). Es ist klar, dass hier mit „sein" und „noch nicht sein" oder „nichts sein" lediglich bestimmte entwicklungsmäßige Unterschiede bezeichnet werden. Die Bedeutung des Wortes „sein" erweitert sich aber dahin, dass sämtliche Aktualitäten als solche, als aktuell, als gegenwärtig funktionell mit „sein" beschrieben werden, wie oben gesagt: Alle Beschreibung ist Entwicklungsgeschichte, die Aktualität wird also als entwickelt, hervorgegangen, ent-standen, geworden und so als seiend im Gegensatz zu den Vorstufen der Aktualität, die demnach als unseiend, auch unaktuell, unbewusst im Sinn von „noch nicht seiend" beschrieben werden, und im Gegensatz zu den „Nachstufen" der Aktualität, die demnach als unseiend, unaktuell, unbewusst im Sinn von „nicht mehr seiend" beschrieben werden. Auch die Tatsache, dass Anschauung (polare) Gegensätzlichkeit ist, wird mit dem Wort „sein" derart beschrieben, dass dem Seienden das Nicht-Seiende gegenübersteht, also zur Bezeichnung des dem Seienden polar Gegensätzlichen eben das Wort „sein" mit der polaren Negation „*nicht*" (statt der interpolaren Negation „*un*") verwendet wird. Vgl. zu dieser Bedeutungserweiterung u. a. die des Wortes ex(s)istere, das eigtl. hervortreten, entstehen, ins Leben treten, dann aber „existieren" (Existenz), also „sein" überhaupt bedeutet.

Flexionsformen zu „sein" sind: *sei, seiend, wir seien, wir sind, ihr seid* usw.; WSn se, es mit Ablaut, z. B. ist; vgl. lat. es-se, Reduplikation mit Metathesis. Got. im (ich bin), ist usw., ferner sunis svw. der aus der Höhle Hervorgegangene, Seiende, Wahre, Schuldige (vgl. sons, auch sunus, Nr. 544), wozu sunja die Wahrheit, altnord. sannr sons, mit fgf. a, usw. – Lat. hlg. *esse*, sum (esum), est, sunt, ab-sens, prae-sens (sens Partizip Präsens gleich „seiend"), sonst (son[t]s), sonticus usw.; sons kann ebenfalls als Partizip zu es-se gelten (wie -sens) und bedeutet dann auch svw. seiend, dazu aber schädlich, sträflich, schuldig, gefährlich, wie oben erläutert; sonticus Erweiterung von sons, vgl. ὄν, ὄντ- seiend, ἐτεός, ἔτυμος (für ἐ- oder σε-) seiend, wahr, echt, nämlich in der Pubertätsprobe geprüft, geprobt, ἐτάζω prüfe, skt. sat (für sant) seiend, gut, satjás wahr, recht, echt, satjám Wahrheit usw. – wobei „der Wahre" eben „der Schuldige" ist, der „den Sündenfall" (vgl. Sünde Nr. 539), das Pubertätsverbrechen begangen, die Pubertätsproben bestanden hat, also gut, tapfer, trefflich ist (trefflich svw. treffbar, zum Treffen [Gefecht] tauglich, kampf-, satisfaktionsfähig). – Griech. hlg. εἰμί (ἐσμι), ἐστί ist, εὐεστώ Wohlsein, ἐσθλός trefflich, ἐΰς (für ἐσυς) gut, ἐτεός, ὄν, οὐσία, οὖσα Wesen usw., siehe oben. – Skt. hlg. ásmi ich bin, ási du bist, ásti est, sa(n)t gut, WS su zeugen, hervorbringen, s. unter Nr. 544, su- (als Präfix) gleich εὐ- wohl, eigtl. svw. seiend, awest. ahmi sum, açti est usw.; die Formen mit a in der WS betonen nicht (wie sein, esse, εἶναι) das Schwellenstadium, sondern das Freudestadium, die Vollendung, das „Zum-Sein-Gelangtsein"; wer aber hervorgegangen ist (nämlich aus der Geburt, der Pubertätsprobe), ist nicht tot, sondern „lebendig", er atmet, und so ist „sein" gleich „atmen", wobei zu bedenken ist, dass der Atem ja auch aus dem Mund (skt. ās atmen – auch svw. sitzen, ástam Sitz, Wohnsitz, Heimat, auch vastu zu WS vas wohnen, weilen: Die Asen, die Alten, die Götter, die Atmenden sitzen, sind sesshaft, wandern nicht mehr wie die weitenhungrige Jugend, dagegen Wotan, Chidher, Ahasverus, der Fliegende Holländer usw. waren Wanderer –, āsán, āsjám, lat. os Mund als Öffnung, im Skt. nach KT 2) hervorgeht und mit dem Leben gleichgesetzt wird. – Zu lat. ĕsse sein vgl. das (fast) äquivoke ēsse essen (nach Vollmer ĕsse), Nebenform zu edĕre, wozu ēsus, ēsca Speise, ēsurio begehre nach Essen (ur Höhle-Schwelle), ēs du isst, ēst er isst usw., griech. ἔδω, ἐσθίω esse, εἶδαρ Speise, skt. ádmi esse, ádman, ánnam Speise, got. itan, ahd. ëzan (izu ich esse), mhd. ezzen (Präteritum az), nhd. essen (aß, wozu ahd. ās Speise, nhd. Aas, aasen, äsen, atzen, Atzung). Die Verwandtschaft von „essen" und „sein" ist sprachbiologisch leicht erkennbar; „essen" (vgl. Nr. 524) bedeutet eben auch svw. zerlegen, teilen (ss, vgl. m-essen Nr. 161), gibt transitiv das Schwellen- oder Schmerzstadium des Übergangs an, wie „sein" intransitiv, und die Formen mit a betonen beide Male das Freudestadium (das Erfülltsein und das Erfüllende). So hießen die altgermanischen Alten, also die Herren, Hohen, Erhabenen, die Götter *Asen* (Nr. 128, 392), d. h. die Seienden, Atmenden, die die Kampfproben bestanden hatten und somit Väter und Mütter (Gatten, Götter, Schöpfer), Eltern, Ahnen (Nr. 429) geworden waren und dann dämonisiert wurden (Nr. 522; Asgard-Walhall); ndt., ags. Os (z. B. in Oskar, worin kar svw. der Hochragende scil. Haus, dann dazu das abgegrenzte Gebiet, der Besitz, die Macht, Herrschaft [Nr. 9], Oskar also svw. der Hausherr, der Gebieter, der Er-kor-ene, κύρ-ιος), got. und hdt. Ans (in Ansgar gleich Oskar, Ansbach, Anselm gleich Anshelm, vgl. Ahne) usw. Erinnern wir uns, dass ahd. as die Speise und so wie unser „Aas" das Alte, Getötete, Verweste, somit Essbare (Hautgout usw.) bezeichnete, ferner, dass die im Pubertätskampf Getöteten kultmäßig verzehrt wurden (vgl. Abendmahl als Abkömmling der urmenschlichen Sitte), dann konfluiert der Sinn von „Ase" als Herr und als Speise (tötbar usw.), wie der von „sein" und „essen". – Sippverw. mit as ist auch ar (in Arier, Aar usw.).

Die Flexionsformen *war, gewesen* gehören zu *wesen* (Substantiv Wesen, Verb ver-wesen), sozusagen w-esen, worin esen zu sein, es-se gehört und w hgf.-agf.-schgf. das „esen" als von der Höhle-Öffnung kommend abgegrenzt determiniert; in dieser Weise beschreibt also „wesen" ganz ähnlich wie „sein" funktionell die Schwelle, Abgrenzung und das sie Überschreitende, in ihr Befindliche, Abgegrenzte. Ein *Wesen* ist ein Abgegrenztes (eine Abgrenzung und das sie Erfüllende), ein Seiendes. Ein *Anwesen* ist ein Abgegrenztes, das (zu) jemandem gehört, mit ihm ein Gesamt, Ganzes (An) bildet, wie der *Anwesende* zu einer Gesamtheit gehört. Mhd. wesen, ahd. wesan, got. visan, svw. weilen, wohnen (vgl. Weiler unter Nr. 321, Wiese usw.); skt. WS vas, mit fgf. a, das Abgegrenzte als fgf. (Erfüllendes, w, s Abgrenzung) funktionell beschrieben, also svw. weilen, wohnen, kleiden (d. i. abgrenzen, umgeben, lat. vestis, nhd. Weste), abgrenzen auch vom Tag (vāsarás Tag, vasatís das Übernachten, auch die Behausung, vgl. nhd. der Westen, got. das vis „die Bleibe", Ruhe, lat. vesper, alle svw. abgegrenzt, Nr. 457, usw.), vom Herd (ἑστία, ϝεστία, Vesta) als der abgegrenzten Feuerstelle, wonach WS vas auch zu der Bedeutung brennen, leuchten gelangen kann (vgl. WS ush unter Nr. 543). – Die Flexionsform *war* zeigt im a die Vollendung an. Hierzu *wahren,* mhd. warn, ahd. waron, waren svw. in Gewahrsam nehmen, d. h. etwas (a) in eine Höhle (w) aufnehmen, sodass es aus dem Sein, der Schwelle in die Vollendung, Erhaltung, Dauer gelangt, „währt" (vgl. *während, Währung, Ware*), ahd. die wara, mhd. der und die war svw. *Verwahrung,* auch im Sinn der Bewusstseinsvorgänge, des *Wahrnehmens,* zunächst des optischen, dann auch des akustischen usw. Ferner *Wahrheit:* Der Seiende ist der Wahre (Echte, Gute und Schlechte, Schuldige, der „es war", der sonticus, ἐτεός, sat [vgl. satis, σάττος, satt usw.], sannr, soth), insofern er ins Freudestadium gelangt ist, das Werk vollbracht hat; darüber hinaus ist das Seiende überhaupt das Wahre, sofern es auf-, wahrgenommen, dauernd geworden, nicht bloß ge- oder bekannt, sondern erkannt ist, und Wahrheit ist das „Wesen" („heit" svw. das abgegrenzte Gesamt, got. háidus, lat. habitus Gehabe, Gebaren, Gestalt usw.) des Wahren – außer dieser Wahrheit gibt es keine andere. „Die Wahrheit sagen" heißt, etwas so beschreiben, wie es „ist", genauer: wie es „war", wahrgenommen worden ist, das Wahre seinem Wesen gemäß beschreiben – und so, wie es im Gang der Entwicklung viele Vorstufen der Erkenntnis gibt, gibt es auch viele Vorstufen der Wahrheit, deren jede man „eine Wahrheit" nennen mag. – Auch „wesen" gibt das „Zuständliche" in der Bewegung an, das ihm – über „war" usw. – verwandte *„werden"* die gleichmäßige Bewegung, svw. aus der Höhle-Öffnung-Schwelle r-mäßig in Teilen (d) hervorgehen. Hierzu „wer", „was", „etwas" usw.

Die Flexionsformen *bin, bist* beschreiben die Schwelle und das sie Überschreitende (i), determiniert von b (Stück) und n bzw. st als Flexionsendungen. Die mhd. Formen wir birn, ihr birnt und die ahd. Formen wir pirumes, pirun, ihr pirut lassen über biru ich wohnte, biruwis du wohntest usw. auf Verwandtschaft mit ahd. puan, mhd. biuwen, buwen, bouwen bauen schließen, die lat. fuo, fui usw., griech. φύω zeuge, φύομαι werde usw., skt. WS bhu werden, sein hlg. sind, wie denn auch bauen svw. eine Höhle herstellen und erfüllen (a) bedeutet – meist im trophischen Sinn (ein Haus herstellen und darin wohnen, den Acker in der genannten Weise bearbeiten, vgl. hauen usw.), seltener im genischen Sinn („ein Kind bauen", die weibliche Genitalhöhle erfüllen), wobei zu bedenken ist, dass der Mann nach bestandener Reifeprüfung sein Haus, seinen Hof, sein Anwesen baute und die Braut heimführte, also, wie beschrieben, ein „Seiender" war, „eine Existenz" hatte. Aber auch ohne diese Zusammenhänge ist „bin" und „bist" verständlich.

„Sein" ist nicht nur eine allgemeine Funktionsbezeichnung, sondern auch *Fürwort*, beschreibt also die Schwelle, Abgrenzung und das in ihr Befindliche, weiterhin alle Aktualitäten nicht bloß funktionell, sondern auch – und zwar nun nicht allgemein – pronominal, auf substantivische Art, d.h. „sein" beschreibt in allen Fällen das Gleiche, als Zeitwort aber eben funktionell, als Fürwort auf substantivische Art. Als Pronomen ist „sein" erstens *Genitiv* zu „er" und „es", zweitens *besitzanzeigend,* und zwar steht es nur für die 3. Person Singular ml. und sächl. Geschlechts; als Possessivpronomen steht es volkstümlich nicht selten neben dem (vertretenen) Substantiv, z.B. „dem Nachbar Schulze sein Hund". Als Pronomen bezeichnet „sein" also das Schwellenstadium nur in assoziativer Verknüpfung mit der 3. Person Singular ml. und sächl. Geschlechts. Als Genitiv gibt „sein" das die Schwelle Überschreitende, den zu einem Individuum, nämlich „er", „es" gehörigen, auf der Schwelle befindlichen, von ihm herkommenden Teil an („Wie könnt ich sein vergessen?"); nicht anders beschreibt das besitzanzeigende „sein" den Teil als zum Ganzen einer 3. Person gehörig. – Über „mein" s. Nr. 13, „meinen" Nr. 418.

Lat. *suus* gibt mit su die Höhle (u) als Umfassung von Teilen (s) an, ebenso su in *sui,* worin i den Teil (Genitiv) bezeichnet, der als zum „su" gehörig von ihm ausgeht; *sibi* gibt mit si die Schwelle an, über die ein Stück b eintritt, das zweite i ist, wie überhaupt sibi – reduplikativ (sibi gilt auch für die Mehrzahl); *se* gibt das Abgegrenzte an, wie nhd. es (vgl. lat. es-se), das dem lat. is, id (Schwelle und Stück), griech. ἴδιος (für σϝέδιος) eigen, ἕ, σϝέ usw. entspricht und auch eine allgemeine Bedeutung (svw. das Seiende überhaupt, z.B. „es gibt") gewonnen hat. Griech. hlg. ἑός, ὅς, σφός eigen, sein, suus, skt. svas eigen, svajám selbst usw. Die zahlreichen übrigen hierhergehörigen Pronomina verstehen sich hiernach von selbst (*selbst:* selb aus se svw. seiend und determinierendem lb, das auf das Abgetrenntsein – vgl. Leib unter Nr. 457 – besonders hinweist, während st superlativisch ist; vgl. *Ge-sell, Silbe* usw.).

551

sind (wir, sie sind) zu „sein" Nr. 550; die Mehrzahl ist hier mit nd angegeben, vgl. lat. sunt, skt. santi, während griech. εἰσί die Mehrzahl mit σι oder bloß ι angibt (Schwelle-Trennung).

552

sinnen svw. sich wiederholt (nn) s-n-mäßig über eine enge Schwelle bewegen (die Enge der Schwelle weist auf die Bestimmtheit des Ziels hin, dem die Bewegung zustrebt, auf die Genauigkeit der Richtung), urspr. in der genannten Weise reisen, gehen, dann (und heute nur noch) im Begrifflichen sich derart bewegen. Vgl. Gesinde(l) svw.

Reisegefährten, die urspr. die „Nachkommen", „Nachfahren" waren, ferner „senden" Nr. 546. *Sinn* svw. die in der genannten Weise erfolgende Bewegung, also urspr. Weg, Richtung (mhd. sin, got. sinþs Gang, Weg, dann „mal"), später von zerebralen, besonders begrifflichen Vorgängen (*Sinnesorgan*, d. i. das zu einem bestimmten Sinn gehörige Empfangsorgan; *Sinn* auch svw. „*Bedeutung*", also die an ein Individuum, besonders an ein Wort, einen Satz sich anschließenden, von ihm ausgehenden wortlichen Erläuterungen; *sinnvoll* ist eine moderne Bezeichnung für einen genau zielgerichteten Vorgang, *sinnreich* ist ein Vorgang „von weitreichender Bedeutung", eine Vorrichtung, deren Funktionen nach verschiedenen Richtungen hin zielbestimmt sind; *Unsinn*, Nonsens ist nicht „kein Sinn", „Nicht-Sinn", sondern Noch-nicht- oder Nicht-mehr-Sinn, fehlgehender Sinn, fehlgehende Bewegung; *sinnlich* bezeichnet dagegen speziell gefühliche und gegenständliche, und unter ihnen besonders genische Vorgänge, usw.). Vgl. lat. sensus.

553

Sand eigtl. das den Sund (Nr. 538), die Höhle Erfüllende, aus ihr Abgeschiedene, dann überhaupt feinkörnige Kieselerde.

554

Sahne beschreibt ähnlich wie „Rahm" das aus der Milch Abgesonderte, sich Heraushebende.

555

sann, Imperfekt zu „sinnen", betont mit a die Vollendung, das „Sinnen" als beendet, vollbracht.

Lateinische Homologa

556

sunt sie sind, s. Nr. 551; das u betont die umfassende Höhle.

557

sonare svw. aus der Öffnung sich s-n-mäßig langhin (a) bewegen, eine Öffnung bilden und aus ihr s-n-mäßig langhin hervorgehen, speziell von akustischen Reihen, also tönen, das ganz ähnlich beschreibt; *singen* dagegen betont die enge Schwelle, ähnlich klingen usw.; *sonĕre* (alat.) gibt mit dem ĕ die Reihe kurzer Abschnitte an.

558

soniari, ganz ähnlich sonare, nur gibt das i die enge Schwelle, das Schmerzstadium an, wie in gleicher Weise das End-i; das a betont die Dauer, die Macht, Größe, nicht so sehr von akustischen Reihen (obwohl der sich Sorgende in Worten klagt, jammert), als vielmehr von den entsprechenden Gefühlen Angst, Schmerz, also svw. sich ängstigen, sorgen, quälen. Ähnlich beschreibt *sorgen*: Angst-Schmerz-Trauer (g), vgl. sehren, versehren (Betonung des Schmerzlichen) usw. Hierzu sonium Sorge.

559

sons, sonticus s. esse unter Nr. 550.

560

esse s. unter sein Nr. 550.

561

senex, Genitiv senis, der Alte, der Mensch, der die Pubertätsschwelle überschritten hat, ein Seiender geworden ist und nun den erworbenen Besitz, die Position als Vater, Oberhaupt so lange verteidigt, bis er schwach, „hinfällig" (hinfallen!) geworden ist und dem Nachkommen, Nachfolger erliegt oder ihm freiwillig Platz macht. Während seiner Herrschaft, Herr-lichkeit ist der Mensch „der Alte", der Erhabene, Hohe usw., ist er senex (vgl. Seneschall Nr. 547) dem eigentlichen Wortsinn nach. In späteren Kulturperioden verlaufen die Pubertätskämpfe minder grausam, sozusagen friedlicher; die Söhne werden Herren unter dem „alten Herrn", dem Oberherrn (senator), sie heißen nun iuvenes, iuniores im Gegensatz zum senior, dem Älteren (Eltern). So gewinnt senex die Bedeutung, die auch unser „alt" gewonnen hat, d. h. älter als die schon mannbaren Nachkommen, bejahrt, Greis, und **senium** ist das Greisenalter, das Hinwelken, wie senescere svw. hinschwinden, altern, abnehmen (besonders auch vom Mond) ist. Griech. hlg. ἔνος, skt. sánas alt (mit fgf. a). Vgl. Nr. 569.

562

seni je sechs, also für sex-ni, worin ni Negation (noi, noenum, nom gleich n-unum, n-ein, n-iemand), also seni svw. „sechs und keiner", während wir affirmativ mit „je" die Anzahl als abgegrenzt angeben.

Die *Bedeutung der Zahlwörter* ist bereits im Hauptteil besprochen; hier noch folgende Ergänzungen: *Eins* ist schgf., bezeichnet das die Schwelle Überschreitende, Abgegrenzte, Seiende (vgl. das Zahlzeichen 1), das Männliche, weiterhin auch das ihm partnerische Weibliche, die Schwelle, Grenze, also jedes „*Einzelne*" (vgl. auch unter „sein" Nr. 550); man kann so „eins" als eine (die zahlenmäßige und artikelmäßige) Beschreibung der *Vereinigung (unio)* von Männlich und Weiblich auffassen. Got. ains betont das Männliche als fgf.-schgf., während hlg. lat. inschriftlich oino(m) wie griech. οἰνός (vgl. οἶνος bei vir Nr. 425) mit o die Öffnung, die das Männliche passiert, angibt und unus die Höhle-Schwelle, das Männliche also nach KT 2 beschreibt; griech. εἷς (ἕν, ἑνός) beschreibt ähnlich wie „eins" – vgl. auch Nr. 392 Schluss – das die Schwelle Überschreitende, Hervortretende, mit Hinweis auf die Höhle (Spiritus asper), während das Femininum μία mit μ die Höhle angibt. Skt. ékas, awest. aêva geben das die Schwelle Überschreitende als schgf.-fgf. (e, s; k, a) an. Die nahe Verwandtschaft von „ein(s)" und „sein" (also „eins" svw. „seiend") findet sich auch in anderen Sprachen; lat. ens und (prä-, ab-)sens, sons zu es-se, ferner semel und Verwandte wie semen, similis, simul usw., griech. ὄν und εἰμί (ἐσμι, ἐστί), skt. ékas und sakŕt einmal, sa, sas er, sā sie, WS su zeugen (vgl. Nr. 544).

„*Zwei*" beschreibt mit w (u im ahd. zuëne usw., lat. duo usw., griech. δύω, skt. duá, v im got. tvai

usw., skt. dva usw.) die Höhle (Schwelle), mit z (bzw. t, d) das aus der Höhle Aus- und damit in eine neue Höhle Eintretende, also die Trennung-Vereinigung, die partnerische Gegensätzlichkeit; man kann zw gleich zu, tv, du usw. als Richtungssilben auffassen, sie beschreiben dann die beiden sich verbindenden Individuen hinsichtlich der topophilen Symbolkomponenten, geben also an, dass die beiden Individuen als Teile zu einem Ganzen streben oder zu einem Ganzen gehören. Die Summanden wie auch ihr Ganzes, ihre Verbindung wird in „zwei" mit ei (ei – ein[s]) beschrieben. Das zw usw. gibt also die Kopulation beider Teile an; gleichgültig, ob der eine Teil vom anderen herkommt (wie z. B. das Kind von der Mutter) oder von einem anderen Individuum ausgeht oder dieses selber ist (wie z. B. der Mann, der sich mit einer Frau „paart") – in jedem Fall kommt zu „eins" (dem Ersten) das „andere" (Zweite, Folgende), ad-diert sich (ad zu, dare geben), und so ergibt sich aus dem Additionsvorgang die Summe, die neue Einheit. „Zwei" beschreibt den Additionsvorgang und sein Ergebnis. Das Ergebnis ist eine weibliche Anordnung: die beiden verbundenen Summanden (vgl. das Zahlzeichen II). Doch prägt sich, sofern das Zahlwort dekliniert wird, der Geschlechtscharakter der Summanden in den Endungen des Zahlworts aus, z. B. gibt mhd. zween die Summe von männlichen, zwo die Summe von weiblichen Summanden an, während zwei mhd. Neutrum war.

Die *Drei* gibt mit rei die Schwelle, Grenze und mit d sowie rei als männlich das sie Überschreitende, also die weiblich-männliche Vereinigung zu einer Summe an: Zwei ist die Schwelle, zu der noch eins (das Folgende, Dritte), das sich hinein- oder heraus*dreht*, hinzukommt, sich ein*reiht*, das Ganze ist „drei". Lat. tres, griech. τρεῖς, skt. trajas usw.; die determinierenden Buchstaben entsprechen natürlich auch hier den phänomenalen Variationen. „Drei" beschreibt also den Additionsvorgang und sein Ergebnis, das „Ge-reih-te"; ursprünglich mag das unserem „drei" entsprechende Zahlwort svw. „mehrere" bedeutet haben, dann aber war und ist das Zahlwort nur noch mit der aus zwei und eins entstandenen Summe assoziiert.

Die *Vier* gibt wiederum die Schwelle und das sie Überschreitende, zugleich die Gesamtheit,

Summe an. Mhd. vier, ahd. fior, feor, fiar, fier, got. fidvôr, fidur, lat. quatuor, quattuor, umbr. petur, griech. πέτορες, πίσυρες, πέσσυρες, τέσσαρες, skt. k̇atvārás usw. Die ersten Silben vi, fi, fe, fid geben je die Schwelle und das sie Überschreitende in ähnlicher Weise an, wie auch pet, πετ, πις, πες, τες – mit verschiedenen konsonantischen Determinanten, die den verschiedenen Erlebnissen der so bezeichneten Summe entsprechen; quat(t) weist mit u (w) auf die Höhle hin, gibt im Übrigen das Herauskommende, Hinzukommende, Folgende als fgf. an wie skt. k̇at. Die zweiten Silben geben je das Gesamt an, das sich aus dem in der ersten Silbe beschriebenen Additionsvorgang ergibt, und zwar wird diese Summe hinsichtlich Umgrenzung, Höhlung, also weiblich (er, or, vor, ur, uor, oρ, υρ), oder hinsichtlich Füllung oder Abgegrenztem, also männlich (ar, αρ aus var, Ϝαρ – mit determinierendem r als Hinweis auf das Begrenztsein) beschrieben. „Vier" usw. also svw. die aus einem Additionsvorgang sich ergebende Zahl als Summe. Die Summe war ursprünglich wohl auch erst unbestimmt, eine „kleine Zahl" (wie griech. τέσσαρες oft gebraucht wurde), dann bestimmt (d.h. das Zahlwort war und ist dann immer nur mit einer bestimmten Mehrzahl assoziiert), auch innerhalb der Tetradenrechnung abschließend (vgl. skt. WS var schließen, umschließen, auch wählen usw., vgl. unser wehren, wahren, Nr. 550, wählen usw.).

In „Fünf" gibt ün die Höhle-Schwelle, f redupliziert das Aus- oder Eintretende, Hinzukommende (also mehrere Teile, Einer) an; zu einer Summe (ün) tritt also der Einer (f), und aus dieser Verbindung ergibt sich die neue, folgende Summe, die nun – wie ihre Entstehung (der Additionsvorgang) – mit „fünf", nämlich als mehrere Einer (f, f) umfassendes Gesamt (ün) bezeichnet wird. Reduplikativ sind auch lat. quin-que, griech. πέν-τε, πέμπε, skt. pañ-k̇an usw.; sie beschreiben den Additionsvorgang und die sich ergebende Summe variiert – so, wie leicht ersichtlich.

Sechs, mhd., ahd. sëhs, lat. sex, griech. ἕξ, gibt die Schwelle und das sie Überschreitende, Herauskommende, Zukommende, dann auch die aus der Verbindung, Addition resultierende, folgende Summe (hinsichtlich Umgrenzung) an; vgl. ein, sein, seiend, secus, secundus, sequi usw. Got.

saihs, skt. shash betonen das Folgende (das Zukommende wie die Summe) als fgf. Die beiden s reduplikativ.

Sieben, mhd. siben, ahd. sipun, sibun, got. sibun, lat. septem, griech. ἑπτά, skt. saptan, awest. haptan usw., beschreibt die Schwelle (sie, si, se, ἑ, s; awest. h wie Spiritus asper die Höhle) und das sie Überschreitende (sie usw. als ml., b, p, pt) sowie die Summe als gegliedert, aus Teilen (s, b, p, pt) verbunden und aus der Verbindung von Teilen entstanden, im Skt. und Awest. fgf.

Acht, neun und *zehn* sind in Abschnitt 8.2.5., *elf* und *zwölf* in Abschnitt 6.2.4 besprochen. *Zwanzig* gleich zween-zig und zig gleich zehn usw. *Hundert* und *tausend* (mille Nr. 355) siehe ebenfalls Abschnitt 8.2.5.

563

sensus zu sentire, s. sinnen Nr. 552, nur steht e statt i, und das Iterative ist mit nt, ns statt nn angegeben. Auch bezeichnet sentire in erster Linie Gefühlsvorgänge (fühlen, empfinden), dann aber auch die gegenständlichen und begrifflichen Abläufe (wahrnehmen); *sententia* Meinung, Gedanke, Ausspruch, Sinn, sent und entia (vgl. potentia usw.), zu ens, entis, esse, also sententia svw. eine Wesenheit „sent", ein Seiendes, dessen Wesen „sent" ist, eine Seinheit „sent" (fühlen, denken usw.), ein Gedankenindividuum; *sentina* dagegen ist die Schiffsjauche, das Schiffsbodenwasser, der Auswurf, die Hefe, der Unflat, besonders als Bezeichnung liederlicher, pöbelhafter Menschen, also svw. das s-n-mäßig die Schwellen (e, i) Passierende (s, t), das überallhin (e, ī, n, n), auch in feine Öffnungen (i) Eindringende und Auszuscheidende. Auch die Dornen des Dornstrauchs dringen in feine Öffnungen-Schwellen ein, stechen, und daher heißt der Dornbusch *sentis,* sentix und dornig *sentus.*

564

sin wenn aber, antithetische Partikel zu si, εἰ; Letztere geben das Schwellenstadium, also das Erscheinen, Sichtbarwerden des Austretenden in der Schwelle, das Ereignis (früher Eräugnis, ahd. arougnessi, aroucnissa, das, was eräugt wird), den Fall an, sin dagegen negiert mit dem n jenen Fall, den das vorangehende si angibt und setzt somit einen anderen Fall.

565

sine beschreibt als Partikel das über die Schwelle Gegangene, Abgeschiedene und die Schwelle, die abscheidet, sodass Ersteres von Letzterer sich trennt oder getrennt ist; vgl. *sinere* gehen lassen, niederlegen, eine Verbindung lösen, und zwar mit Angabe der Verbindung, ähnlich wie mittere (Nr. 546), mit (Nr. 250), σύν das Abgeteilte als zugehörig angeben. Mhd. *ohne* gibt mit oh die Öffnung (Dehnungs-h) an, statt wie sine mit si die Schwelle, beschreibt also die leere Öffnung, aus der etwas (e) ausgetreten ist; Letzteres kann auch unangegeben bleiben (ohn, on, un). Mhd. ān, āne, ahd. ānu, griech. ἄνευ (s. unter Nr. 425), skt. sanitúr geben mit a das Ausgeschiedene, Abgesonderte an, got. inuh wieder die Schwelle und das sie Überschreitende, mit εν, ur, uh wird die Höhle im Gegensatz zu dem Geraden, Abgegebenen bezeichnet (vgl. außer, äußern). Die Wörter, die wir mit „ohne" übersetzen, und „ohne" selbst geben also das Trennen, Getrenntsein einer Verbindung an – wie das im engl. without besonders klar dokumentiert ist.

566

sinere s. Nr. 565.

567

sinus Schwelle in s-n-mäßiger Bewegung, in derartiger Anordnung, derart abgegrenztes Hohles, Leeres, also Gefäß, Krippe, Trog (sīnus, sīnum), Krümmung, Biegung, Busen, Schoß (sīnus) hinsichtlich der Schwelle (Abgrenzung), über die etwas ein- und austreten kann, bezeichnet. Vgl. Sund Nr. 538.

568

sinister Wortbildung wie minister, magister, dexter, also Komparativendung zu „sin", das svw. sinus die Krümmung, Biegung angibt, sinister svw.

mehr gebogen, gekrümmt (nämlich mehr als „*rechts*", das zu gerichtet, rectus, gereckt, gerecht gehört und svw. die Schwelle geradlinig überschreitend, sich aufrichtend bedeutet, während *links,* mhd. lenc, leng, link, zu lenken (sich) biegen, krümmen gehört und svw. sinister bedeutet). Wie „rechts" ist auch *dexter* svw. geradegerichtet, nur steht d statt r und x statt ch; vgl. decēre svw. in bestimmter Richtung auf etwas (de), also bestimmt-gerichtet die Schwelle überschreiten, gefügt (Fug), gerichtet sein (vgl. das Mahl ist angerichtet, eine Sache ist gerichtet, d.h. in die Reihe, Ordnung gebracht), somit ziemen, gut passen, decus das gut Passende, was einem gut passt, gut steht, wohl ansteht, Zierde (Dekoration) usw. Griech. hlg. δεξιός, δεξίτερος rechts, δέχομαι, δέκομαι bin auf etwas gerichtet, erwarte, nehme etwas als passend an usw., δοκός Tragbalken, eigtl. Passrechter, Eingepasster (KT 2), δοκάνη Ort, etwas (α) aufzubewahren (das hineinpasst), Gabel zum Stützen des Stellnetzes, δοκεύω passe auf, bin gerichtet, eingestellt auf, eigtl. trete aus der Öffnung hervor in Richtung auf etwas, bilde eine Öffnung, die für etwas passt (passen – passieren!), besonders von den Sinnesfunktionen, δοκέω passe auf, passe zu, nehme an und werde angenommen, speziell von phänomenologischen Vorgängen („Annahmen", d.h. Beschreibungen ohne die Behauptung, dass die Beschreibung genau oder endgültig dem Beschriebenen, wie es ist, entspreche, Fiktionen, Deutungen), vgl. lat. doceo lehre, unter-richte, eigtl. beschreibe in der Weise, dass die Beschreibung angenommen (akzeptiert: ad und capere) wird, während disco lerne svw. zerlege gerichtet (zielgerecht, zweckmäßig) in Teile (dis) bedeutet; δάκτυλος Finger svw. der in eine Höhle-Schwelle (υ) gleitend (λ) in gerader Richtung eingehende oder in eine Höhle-Schwelle, Krümmung übergehende (zur Krümmung fähige, s. Nr. 130) Gestreckte (strecken, recken); „Finger" dagegen zu „fangen"; δάκνω beiße (füge ein Gerades ein), δάκρυον Träne, das ausfließende (ρυον – ῥέω) Beißende, Schmerzliche usw. So ist δεξιός rechts svw. gestreckt, gereckt, auf etwas, das ergriffen werden soll, das passt, gerichtet, wie denn die rechte Hand die vorgestreckte, die Gruß-, Kampf-, Greif-, Arbeitshand ist (ml.), die linke Hand dagegen sich wbl. gebeugt hinten verbirgt, usw. –

Griech. λαιός links, eigtl. zum Volk (λαός) gehörig, volksmäßig, vgl. λάϊτος publicus, λαϊκός laicus, bei Kirchenschriftstellern der Laie, der Uneingeweihte, wie eben das „gemeine Volk", die Masse noch „unmündig", „unreif", „uneingeweiht" („pro-fan", fanum Heiligtum), nämlich in die Mysterien, die Pubertätsgeheimnisse, ist und ihre Zelebrationen nicht versteht (vgl. z.B. Parsifal bei der Gralsfeier, Siegfried vor der schlafenden Brünnhilde), während die Eingeweihten, die Götter, die Priester, die Könige, reges, die Rechten („es streit't für uns der rechte Mann"), die Richtigen „wissen, was gut und böse ist"; λαός svw. der l-mäßig Hervorgegangene (α), Nachkomme, dann auch die Gesamtheit der Nachkommen (λαοί die Leute, mhd. liute, ahd. liuti, auch das liut Volk), die Lallenden (λαλεῖν undeutlich, unartikuliert, mit Reduplikationen [lala, mama usw.] reden, noch nicht richtig reden können, wie das die „Unmündigen", die noch „nichts zu sagen haben", tun, während die „Mündigen" das Wort ergreifen, eine Stimme haben, im Rat, „Parlament" – parler reden – sitzen), die Begehrenden (λάω will, λιλαίομαι begehre), die gelenkt (links) und geleitet, gerichtet, regiert werden, die Schlichten, Schlechten (Nr. 357), Untauglichen usw. – daher denn λαιός wie „links" einen fatalen „Beigeschmack" hat (vgl. linkisch, der Linke gleich der Böse usw.) und von den Griechen lieber durch euphemisierendes ἀριστερός oder εὐώνυμος ersetzt wurde. Lat. hlg. laevus.

569

sanare svw. s-n-mäßig lang-gerade (a fgf.) hervorgehen, kräftig, gesund machen, heilen; *sanus* gesund, heil, kräftig, eigtl. hervorgegangen aus der Höhle-Öffnung-Schwelle, dem Kampf mit den Nöten und Ängsten, den Schmerzen und Mühen, den Kennzeichen der Krankheit, des „Leidens", urspr. hervorgegangen aus der Geburt und aus der Pubertätsprobe mit ihren Wünschen, Ängsten, Schmerzen; sanus ist also der Sieger, der Seiende (vgl. Nr. 550), der Herr, der nun selbst „sanat", heilt, der Heiland, Retter. *Gesund,* mhd. gesunt, ags. gesund oder sund, altfries. sund, worin sund die Höhle, Umgebung angibt, aus der etwas (s, d) aus- und in die etwas eingeht; gesund ist also derjenige, der aus der bisherigen Umgebung (Mutterleib, Kindheit, Elternhaus, Schule) in eine neue Umgebung (Lebenskreis, Gesellschaft der Erwachsenen usw.) übergegangen ist, der die Schmerzen usw. des Übergangs überstanden, Wunden (u) empfangen hat, verletzt (beschnitten, tätowiert, der Schneidezähne beraubt, verprügelt, gerieben, geschunden usw.), „durchgekommen" ist (der Arzt sagt: „Den haben wir glücklich durchgebracht" usw.), der Seiende, Lebende. Gesund ist auch svw. *genesen,* auch svw. hervorgehend, „nes" umgekehrtes „sen", vgl. nascor wurde geboren (Nr. 527), sie genas eines Kindes, nesen – wesen (Nr. 550) usw. *Krank* ist, wer sich im Kampf, Krampf, in der Enge, im Angst- und Schmerzstadium des Übergangs befindet, wobei a den, der es durchmacht, die beiden k die Intensität, Größe, r das Schmerzliche, n Angst und Schmerz angeben; vgl. k-rank, rank, Ränke, renken, ringen, Bank usw., kränken svw. Leid zufügen, verletzen, krank machen (Nr. 71). Griech. hlg. zu sanus: σάος, σόος, σῶς heil, σῶκος kräftig, σαόω, σῴζω heile, rette, σωτήρ Retter, Heiland (Σω-κράτης, Je-sus, Jo-sua svw. „Gott hilft" usw.), ferner σάω siebe (wähle aus, lasse hervorgehen), auch σήθω, lat. hlg. satus die Saat (das Sieben), saturare sättigen (σάττειν), satis genug, satur satt, Saturnus Saatgott, Satan, semen Samen usw. – Ganz ähnlich sanus beschreibt *salvus,* worin lv statt n, salve sei gegrüßt!, heil!, salus Heil, Gesundheit, salvator Retter, Heiland („salvator dixit" sagten die Mönche zur Bekräftigung ihrer Predigten, daher „salbadern"), saliva Speichel (das Abgeschiedene), Salbe (der Speichel ist die urtümliche Salbe, vgl. Lecken der Wunden usw.; auch das Wundsekret ist „Salbe", vgl. Nr. 98), salix Weide, svw. das sich windend (ix) Hervorgegangene, solidus fest, ganz, solus abgeschieden, allein usw. Griech. hlg. οὖλε! salve!, ὀλοός salvus, ὅλος, ion. οὖλος ganz, οὔλιος heil, stark, gewaltig, heilend und verderblich, arg, entsetzlich (Beiname des Apollo, des Eros, des Ares, der Artemis) – wie *sacer* heilig und verflucht, *sons* echt, wahr und straffällig, schuldig (wer den Pubertätskampf bestanden hat, ist eben heil, aber zugleich schuldig, und der Mächtige ist verderblich, „mit den großen Herren ist nicht gut Kirschen essen"; vgl. die Sühnzeremonien der Völker nach vollbrachter Tat); die griech. Wörter haben o, ου wie das deutsche „gesund". Got. sels gut, tauglich, ahd. salic selig. – Lat *servare* eigtl. ausscheiden, einen Teil (ser) umfangen (v), in eine Höhle aufnehmen, in Hut nehmen, somit erretten, servator Retter, servus der Behütete, in Schutz aufgenommene Abgeschiedene, somit Untertan, Sklave usw.

Griechische Homologa

570

σωννύω (bei Deinolochos) svw. σῷζω nehme ein aus der Öffnung in Teilen (vv) Hervorgehendes in eine Höhle (υ), in Hut auf, ähnlich wie servare (s. unter Nr. 569); vgl. auch Sohn Nr. 540.

571

σύν mit, s. sine Nr. 565.

572

σεῖν über die Schwelle gehen, laufen, seihen, seichen, seigen (im Sinn von „Harn lassen"); vgl. sein Nr. 550.

573

σινιάζω lasse etwas fein, mehrfach (ι, ι) über die Schwelle gehen, scheide fein aus, siebe, sichte: σινίον Sieb, σινίασμα Ausgeschiedenes, Abgang, Spreu usw. Zu αζ s. Nr. 234.

574

σίνομαι wie σινιάζω, nur in einem etwas gröberen Sinn (nur ein ι); lasse so über die Schwelle gehen, scheide aus, beschädige („scheiden" famverw. mit „schaden"), raube; vgl. sinere Nr. 566; σίνος Schaden, Abgang, dann auch Unglück, Unheil („unheil", also „nicht ganz heil", „noch nicht heil"), vgl. sinus Nr. 567; σίντης räuberisch, reißend, schädigend (Wolf, Spinne) usw. Vgl. Sinter, altnord. sinder, svw. Stein-, Metallsplitter, Abgesplittertes, Abgeschlagenes, Niederschlag.

575

σάνδαλον hölzernes Brettchen, das mit Riemen am Fuß festgebunden wurde, eigtl. Ausgeschiedenes, Ausgeschnittenes (α fgf.) als länglich-hingleitend (αλον); vgl. Bezeichnung „Bretter" für Skier, Skihölzer; s. auch Nr. 577.

576

σάνδυξ, σάνδιξ das ausgeschiedene Zerkleinerte, das zerkleinerte Ausgeschiedene, speziell von Mennige, dann auch von anderen, der Mennige ähnlich gefärbten Dingen und mennigeähnlichen Farben, vgl. Nr. 454, 407, auch Sand Nr. 553.

577

σανίς Brett, svw. das aus-, herausgeschnittene Gerade, vgl. Nr. 575.

578

σαννίον Wedel, Schwanz, eigtl. das (quasi aus dem Leib) Hervorragende, das n-mäßige Bewegungen iterativ (vv) macht (wedelt).

579

σανυρίζω, wie σαννίον zu σαίνω, Aorist ἔσανα, das svw. wedle mit dem Schwanz, schwänzle (eigtl. vom Hund), dann auch wackle mit den Ohren usw., mit dem Phallos (vulgär „Schwanz"), besonders von den Komikern, die sich außer Masken, künstlichem Gesäß, Bauch usw. auch einen überlebensgroßen Phallos (ὄλισβος lederner Phallos) vorbanden – Verkleidungen, die den Tanzmasken primitiver Völker, den Verkleidungen bei Narrenspielen usw. entsprechen und dämonische Mächte, Schreckgespenste, Popanze, urspr. den getöteten und somit wiederauferstandenen Gott-Vater darstellen. Daher hieß ein solcher Komiker (und seine Maske) σάννας, σαννίων, σανυρίζων, eigtl. svw. Schwanzwedler, dann Possenreißer, Narr, Spaßmacher, und σανυρίζειν ist dann svw. Spaßmacher sein, Narr sein, spotten usw.

Die Reihe der Beispiele sei hiermit abgeschlossen. An ihnen sollte das Grundsätzliche der Wortbiologie aufgezeigt werden. Mit ihrer Hilfe und mithilfe der im Hauptteil gegebenen Darlegungen ist die Bedeutung jedes Wortes, mindestens für den Sprachkundigen, leicht zu ermitteln. Die psychobiologische Erkenntnis, dass sich auch die Buchstaben und Wörter aller Sprachen in das Schema Hunger-Angst-Schmerz-Trauer-Freude einordnen, lehrt, wie einfach sie im Grunde genommen gebaut sind und wie einfach es ist, ihren Sinn zu entschleiern.

Wort- und Wurzelsilbenregister

Wortregister

Die Zahlen geben die Nummern der Stichworte an.

Deutsch

Lateinisch

moris   57
morosus   58
mors   93
morsus   94
mortarium   73
mortis   74
mortuus   75
morum   59
morus   59
mos   195
motus   271
mulcere   362
mulgere   363
mulier   341
mulleus   342
multa   364
multus   365
mulus   343
mundus   462
mungere   479
munia   442
munire   442
munus   442
murcidus   86
murcus   87
murena   48
murex   47
muria   49
muris   50
murmur   51
murra   53

murus   52
mus   192
Musa   193
musca   200
muscellus   201
musculus   203
muscus   202
mussare   194
mustela   206
mustus   207
mutare   266
mutilus   267
muto   268
muttire   270
mutus   269
promunturium   466
reminisci   452
sanare   569
senex   561
seni   562
senium   561
sensus   563
sin   564
sine   565
sinere   566
sinister   568
sinus   567
sonare   557
soniari   558
sons   559
sunt   556

Griechisch

μάλα   394
μάλαγμα   395
μαλακίζειν   396
μαλάσσω   397
μάλη   398
μαλθάσσω   408
μᾶλις   399
μάλκιος   405
μᾶλλον   401
μαλός   400
μάν   504
μάνδαλος   513
μάνδρα   514

μανδύς   515
μανθάνω   517
μανία   505
μάννα   506
μανός   507
μάνος   508
μανόω   507
μάντις   518
μανύω   509
μάρ   130
μάραγνα   131
μαραίνω   132
μαργαίνω   149

μαργαρίς 150
μάργος 151
μαργόω 152
μάρη 130
μαρίλη 133
μαρῖνος 134
μάρις 135
μαρμαίρω 137
μάρμαρος 136
μάρναμαι 138
μάρπτω 140
μάρρον 139
μαρσίπιον 155
μαρσύπιον 154
μάρτυρ 146
μασάομαι 221
μάσσω 222
μάσσων 223
μαστάζω 234
μάσταξ 235
μαστεία 236
μαστεύω 237
μαστήρ 238
μαστίζω 239
μάστιξ 240
μαστός 241
μασχάλη 226
ματάζω 305
μάταιος 304
ματάω 303
ματεύω 306
μάτη 307
ματία 308
μάτιον 309
ματτύα 310
μεῖραξ 126
μείρομαι 127
μέλας 382
μέλγω 403
μέλδω 406
μελέδη 383
μέλεος 384
μέλι 385
μελίνη 386
μέλισσα 387
μέλκα 404
μέλλαξ 389
μέλλω 390

μέλος 388
μέμνω 495
μέν 492
μενεαίνω 493
μένος 494
μένω 495
μέργω 148
μέρδω 145
μεριμνάω 120
μερίς 119
μέρμερος 121
μέρμις 122
μερμνός 123
μέρος 124
μέροψ 125
μέσος 218
μεστός 230
μετά 292
μέταλλον 293
μετρέω 294
μέτρον 295
μῆλον 391
μήν 492, 496
μήνη 497
μῆνιγξ 498
μῆνις 499
μηνύω 500
μηρός 128
μηρύω 129
μήτηρ 296
μητιάω 297
μῆτις 298
μῖλαξ 392
μίλιον 393
μίλτος 407
μίν 501
μίνδαξ 512
μινθόω 516
μινύθω 502
μινυρίζω 503
μισέω 219
μισθός 233
μῖσος 220
μιστύλη 231
μιστύλλω 232
μίσχος 225
μίτος 299
μιτόω 300

Wurzelsilbenregister

Die Zahlen geben die Nummern der Seiten an.

Deutsch

Lateinisch

Griechisch

Psychobiologisches Glossar

Dieses Buch enthält einige psychobiologische Fachausdrücke, die nachstehend kurz erläutert werden. Weitere, im Text definierte Begriffe sind im Sachverzeichnis unter den einzelnen Stichwörtern zu finden.

Aktualität Synonyma: Angeschautes, Bewusstes, Existentes, Objekt, Seiendes, Vorhandenes, Wahrgenommenes usw. Bewusstseinserscheinung, die auf dem Funktionshöhepunkt spezifischer Hirnrindenzellen vorkommt.

Begriff Bezeichnung für die idealische Aktualität, Erinnerung an Gefühltes und an gegenständlich Wahrgenommenes. Der Begriff ist eine Bewusstseinserscheinung, die auf der Reflexstrecke liegt, welche über die kortikale Begriffssphäre führt. Eine der drei Objektarten: Gefühl, Gegenstand und Begriff.

Begriffssphäre Kortikales Zentrum (funktionelle Einheit) des auf die Hirnrinde beschränkten idealischen Nervensystems, nur indirekt mit der Motorik verbunden. Organ der Begriffswahrnehmung.

Begriffszellen Synonym: idealische Denkzellen. Hirnrindenzellen, deren Funktionshöhepunkt mit dem Erscheinen der Begriffe (Erinnerungen, Vorstellungen, Gedankenbilder, innere Sprache usw.) einhergeht.

Denken Physische, biologische Funktion der Hirnrinde, bei deren Funktionsablauf die Aktualität, das Bewusste entsteht. „Denken" bezeichnet ganz allgemein die Funktion der Hirnrinde, gleich, ob sie unbewusst, unaktuell oder bewusst, aktuell (d.h. mit Bewusstsein, Aktualitäten) verläuft. „Denken" im engeren Sinn bezeichnet die begriffliche Tätigkeit der Hirnrinde.

Denkzellen Hirnrindenzellen, zu deren biologischer Funktionseigentümlichkeit die Entstehung des Bewusstseins gehört.

Gefühl Bezeichnung für die sensile Aktualität. Das Gefühl ist eine Bewusstseinserscheinung, die auf der Reflexstrecke liegt, welche über die sensile (Gefühls-)Sphäre der Hirnrinde führt. Eine der drei Objektarten: Gefühl, Gegenstand und Begriff.

Gefühligkeit „Gefühlsgehalt" der Gegenstände und Begriffe nach den sensilogenen Passformen, die, sich biologisch umwandelnd, in die die Gegenstände und Begriffe einheitlich bildenden Komplexe als Symbolkomponenten (Bestandteile) der Aktualität mit eingetreten sind. Nicht zu verwechseln mit den Gefühlen selbst.

Gefühlssphäre Kortikales Zentrum (funktionelle Einheit) des sympathisch-parasympathischen Nervensystems. Organ der Gefühlswahrnehmung.

Gefühlszellen Hirnrindenzellen, deren Funktionshöhepunkt mit dem Erscheinen der Gefühle (Affekte, Emotionen, Gemütszustände, Launen, Stimmungen usw.) einhergeht.

Gegenstand Bezeichnung für die modale Aktualität. Der Gegenstand ist eine Bewusstseinserscheinung, die auf der Reflexstrecke liegt, welche über die modale (Gegenstands-)Sphäre führt. Eine der drei Objektarten: Gefühl, Gegenstand und Begriff.

Gegenstandssphäre Kortikales Zentrum (funktionelle Einheit) des sensorischen Nervensystems. Organ der Sinneswahrnehmung.

Gegenstandszellen Hirnrindenzellen, deren Funktionshöhepunkt mit dem Erscheinen der Gegenstände nach den verschiedenen Sinnesqualitäten einhergeht.

Genik Das gesamte Liebesgebiet, umfassend die „nichtsinnliche", d.i. die sogenannte platonische Liebe („reine" Zärtlichkeit, Nächstenliebe, Liebhaberei, Liebe zur Religion, Kunst und Wissenschaft als Laie, Mäzen, zum Sport als Amateur usw.) und die Zeugung, die „sinnliche", geschlechtliche Liebe (Sexualität im engeren Sinn).

Hirnrinde (Cortex) Organ des Bewusstseins, in dem sich die bewussten und unbewussten Prozesse (Wahrnehmen und Denken) vollziehen. Ihre wesentlichen Elemente sind Nervenzellen, in die die von der Peripherie her eintretenden Passformen (Informationen) aufgenommen und aus denen sie zu den Ausdrucksorganen abgeleitet werden.

negativ Klassifikatorisch sind ganz allgemein die runden, gehöhlten, aufnehmenden Anordnungen negativ; sie werden pragmatisch letztlich auch als weibliche bezeichnet. Negative, in diesem erkenntnistheoretischen Sinn weibliche Anordnungen kommen bei beiden Geschlechtern vor. Eine wertende Beschreibung des weiblichen Geschlechts ist damit nicht gemeint.

Objekt Physischer Beziehungspol in der Subjekt-Objekt-Beziehung. Kommt vor als Gefühl, als Gegenstand und als Begriff.

Passform Allgemeine Bezeichnung für eine Konstituente der Aktualität (des Bewussten) sowie ihrer Vor- und Nachformen. Passformen sind in der Mehrzahl unaktuell, unbewusst und kommen lediglich in der Beschreibung der Genese der Aktualität vor. Sie sind nicht gleichzusetzen mit den Neurotransmittern (Botenstoffen, Überträgerstoffen), Neuromodulatoren usw. Diese werden eingeengt biochemisch-physikalisch beschrieben, je-

ne umfassend neurobiologisch. Der Begriff der Passform bezieht sich zudem auf die (nichtgegenständlichen) Gefühle und die (nichtgegenständlichen) Begriffe, nicht allein auf die bei ihrer Entstehung auch beschriebenen chemisch-physikalischen Gegebenheiten.

Passformenkomplex Mit seiner Entstehung in spezifischen Hirnrindenzellen fällt der Funktionshöhepunkt zusammen, bei dem die Aktualität (das Bewusste) erscheint und erlischt, sobald er zerfällt. Passformenkomplexe entstehen ständig neu und sind, entsprechend den Aktualitäten, die sie bilden, fortlaufend unterschiedlich zusammengesetzt, immer-anders.

positiv Klassifikatorisch sind ganz allgemein die geraden, gestreckten, aufgenommenen Anordnungen positiv; sie werden letztlich auch als männliche bezeichnet. Positive, in diesem erkenntnistheoretischen Sinn männliche Anordnungen kommen bei beiden Geschlechtern vor. Eine wertende Beschreibung des männlichen Geschlechts ist damit nicht gemeint.

Psychobiologie Die Psychobiologie von Hans Lungwitz beschreibt die sogenannten geistig-seelischen Vorgänge einschließlich der Sprache als physische Nerven-Gehirn-Funktionen und zeigt auf, dass Erlebnis und Beschreibung, Phänomenalität und Phänomenologie, mit Hirntätigkeit und Reflexverhalten genau übereinstimmen und dass auch die Entstehung des Bewusstseins nichts anderes als Funktion der Reflexsysteme ist.

Reflex Funktion der Reflexsysteme. Zu unterscheiden sind die interganliären, spinalen, medullären, subkortikalen und kortikalen Reflexe, je nach Ausdehnung der Reflexstrecke. Verläuft der Reflex über die Hirnrinde, so nennt man ihn Denken.

Reflexsystem Synonym: Persönlichkeitsanteil. Ein Reflexsystem setzt sich zusammen aus der peripheren Empfangsstelle (sensiblen Nervenendigung), der zentralwärts leitenden (sensiblen) Nervenstrecke, der peripheriewärts leitenden (motorischen) Nervenstrecke und dem Ausdrucksorgan (Bindegewebe, Drüsen-, Knochen-, Muskelzelle). Ein vollständiges Reflexsystem besteht aus einem sensilen (sympathisch-parasympathischen), einem modalen (sensorischen) und einem idealischen Anteil. Diese Anteile des Gefühls-, Gegenstands- und Begriffsnervensystems sind miteinander assoziiert, einschließlich ihrer kortikalen Zentren sowie ihrer peripheren Empfangsapparate und Ausdrucksorgane. Der menschliche Organismus ist eine ganzheitliche Kombination von Reflexsystemen. Etwas anderes als Reflexsysteme findet sich an ihm tatsächlich nicht vor.

Sprache Zusammenfassende Bezeichnung der optischen und der akustischen Beschreibung.

Symbol Alle die Denkzelle im Moment ihres Funktionshöhepunkts bildenden Passformen repräsentieren einheitlich die Aktualität, sind ihr Symbol.

Symbolkomponenten der Aktualität Bestandteile (Anteile, Ingredienzien, Konstituenten) der Aktualität (zu griechisch συμβάλλειν – zusammenfügen). Der zu einem einheitlichen Ganzen zusammengefügte Passformenkomplex. Die Symbolkomponenten (Passformen) der Aktualität sind einzeln phänomenal nicht wahrnehmbar (sie wären dann ja selber Bewusstes, Aktualität) und kommen als solche lediglich in der Beschreibung vor.

Trophik Das gesamte Gebiet der Ernährung, der Arbeit und des Berufs.

Wert Gefühligkeit der Gegenstände und Begriffe.

Wort Phänomenologisches Objekt, bezeichnet Phänomenales. Aktualitätenreihe der Wortbezirke im optischen und im akustischen, seltener im taktilen Zentrum („Blindenschrift"). Ist als Objekt der Beschreibung selber Phänomen und kann als solches beschrieben werden.

Wortzellen Denkzellen, deren Aktualitäten die Buchstaben und ihre Reihen (Wörter, Sätze) sind.

Sachverzeichnis